2018—2019名城名校融合发展战略项目

江苏红十字运动
百年史 1904—2004

池子华◎总主编

在探索中砥砺前行

（1904—1949）

池子华　郝如一◎主编

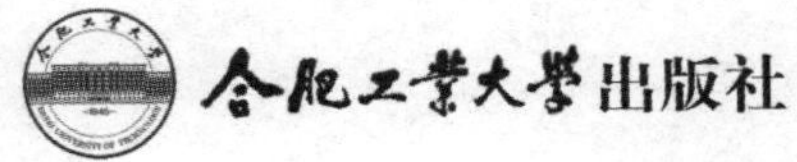
合肥工業大學出版社

图书在版编目(CIP)数据

江苏红十字运动百年史:1904—2004. 在探索中砥砺前行:1904—1949/池子华,郝如一主编. —合肥:合肥工业大学出版社,2021. 6
ISBN 978-7-5650-5251-4

Ⅰ. ①江… Ⅱ. ①池…②郝… Ⅲ. ①红十字会—历史—江苏—1904-1949 Ⅳ. ①D632. 1

中国版本图书馆 CIP 数据核字(2021)第 083709 号

江苏红十字运动百年史(1904—2004) 第一卷
在探索中砥砺前行(1904—1949)

池子华　郝如一　主编

责任编辑	章　建　张　燕
出版发行	合肥工业大学出版社
地　　址	(230009)合肥市屯溪路 193 号
网　　址	www. hfutpress. com. cn
电　　话	总　编　室:0551-62903038 市场营销中心:0551-62903198
开　　本	710 毫米×1010 毫米　1/16
总 印 张	59
总 字 数	937 千字
版　　次	2021 年 6 月第 1 版
印　　次	2021 年 6 月第 1 次印刷
印　　刷	安徽联众印刷有限公司
书　　号	ISBN 978-7-5650-5251-4
总 定 价	268.00 元(共 3 卷)

如果有影响阅读的印装质量问题,请与出版社市场营销中心联系调换。

前　言

江苏位于中国的东南，长江、淮河穿省而过，自古就是文化昌盛、物产丰饶之地。清康熙六年（1667 年），清政府析江南省，分置江苏、安徽两省。这是江苏建省之始。时江苏省辖江宁府（今南京）、苏州府、徐州府、常州府、镇江府、松江府（今上海）、扬州府、淮安府，两江总督署驻南京，江苏巡抚衙门驻苏州。“江苏”取江宁、苏州二府的首字而得名，简称“苏”。

鸦片战争后，江苏开始受到西方的影响，按照 1842 年中英《南京条约》的规定，江苏省松江府的辖县上海被辟为通商口岸，并先后设立了上海公共租界和上海法租界，上海迅速发展成远东贸易、金融中心和国际化的大都会。在此过程中，众所周知，红十字作为西方的“舶来品”首先登陆上海，上海成为中国红十字运动的起源地。

自 1904 年 3 月 10 日上海万国红十字会（中国红十字会的前身）诞生以来，上海以其独特的区位优势，成为红十字文化中国化的试验场、传播红十字文化的集散地、全国红十字运动的中心。而 1911 年诞生的沪城分会（上海市红十字会的前身）作为中国红十字会直接领导下的地方分会，给予中国红十字会及中国红十字会总办事处（驻沪）以有力的配合、支持，逐渐成为上海区域红十字事业发展的“领头羊”。毫无疑问，中国红十字运动的发生、发展，是与“上海”紧密联系在一起的。而在 1927 年 7 月 7 日上海特别市成立之前，上海属于江苏管辖。正因为如此，江苏顺理成章地成为中国红十字运动的发祥地。1927 年，国民政府将上海县、宝山县一部划出设立上海特别市，直隶于行政院，上海这才正式脱离了江苏。但不言而喻，研究 1927 年之前的江苏红十字运动，不能不涉及上海。

还应该特别强调的是，1927 年国民政府定都南京，从这个时候开始直到 1949 年，首都南京的红十字运动历史理应与江苏红十字运动相剥离。但考虑到历史传承的因素，以及南京红十字运动与江苏红十字运动之间血脉相连、不可分割的联系，故而本书将 1927—1949 年的南京红十字运动仍然视为江苏红十字运动的有机组成部分而纳入研究视野。1949 年中华人民共和国成立后，南京初为中央人民政府直辖市，而江苏省以长江为界划分为苏北、苏南两个行政公署区。1952 年，中央人民政府委员会批准江苏恢复建省，南京改为省辖市，为省人民政府驻地。因此，本书亦将 1949—1952 年南京、苏北、苏南的红十字运动都作为江苏红十字运动的一部分进行论述。

另外，民国时期以及新中国成立以后，江苏的行政区划多有调整，一些区域现在已不在江苏省界之内，如砀山、青浦、嘉定、嵊泗等；又有一些区域是新中国成立后才划入江苏的，如盱眙、泗洪等。因此，本书论述的原则，是以本书各卷行文过程中当时的行政区划为准。还有一点要说明一下，即本书各卷中的地名，一般依当时的名称为准，如泰县、吴县、清江浦等。

全面研究江苏（包括 1927 年之前的上海、1927—1952 年的南京及其他调整的县域）红十字运动百年史，对弘扬红十字人道主义精神，推进中国人道救助事业的发展，加强国际人道主义领域的交流与合作，以及促进江苏的对外开放，多有裨益。

《江苏红十字运动百年史（1904—2004）》由池子华总主编，全书共分三卷，第一卷《在探索中砥砺前行（1904—1949）》，第二卷《调适与曲折发展（1950—1965）》，第三卷《复兴与蓬勃推进（1976—2004）》。本书是集体劳动的结晶，第一卷由池子华、郝如一担任主编，由池子华修改定稿，各章具体著者如下：

第一章，第二章第一、二节：池子华；

第二章第三节：池子华、郝如一；

第三章：曹金国；

第四章：薛丽蓉；

第五章：吕志茹、马红英。

第二卷由浙江科技学院徐国普副教授撰写；第三卷由北方民族大学杨红星教授撰写。

由于时间有限，本书仍有不尽如人意之处，敬请读者批评指正。

池子华

2020 年 1 月

目　　录

第一章　江苏红十字运动的前奏

江苏是中国红十字运动的发祥地。1904 年 3 月 10 日，中国红十字会在江苏属地上海诞生。这是中国红十字运动史上新的里程碑，也是江苏红十字运动的前奏曲。

第一节　红十字运动的起源及其在江苏的“登陆”

一、红十字运动的起源

红十字源自西方，并非中国的“土特产”。

红十字运动的“触发”，来自于 1862 年 11 月在瑞士日内瓦出版的一本小册子——《索尔费里诺回忆录》，书的作者就是被称为“国际红十字运动之父”的亨利·杜南[①]。“世界各国红十字会的肇始”无不与他的名字“紧密联系在一起”[②]。中国的红十字运动自然也不例外。

亨利·杜南（Henry Dunant，1828—1910），法国传教士后裔，1828 年 5 月 8 日出生于瑞士日内瓦的一个中产阶级家庭。1859 年，作为商人、旅行家、慈善家的他，经历了一生中最难忘的事。这一年的 6 月 25 日，当他

① 参见池子华：《红十字的起源及其在中国的传播》，《合肥学院学报》（社会科学版）2004 年第 1 期。

② 《联合国信使报》，转引自尤德新编著：《闪光的红十字》，湖北科学技术出版社，1992，第 6 页。

行抵意大利卡斯蒂廖内镇附近的索尔费里诺村（Solferino）时，“想象不到的最可怕的景象”呈现在他眼前：“战场上布满了人和马的尸体，道路上、壕沟里、峡谷里、灌木丛中和田野上到处散布着尸体，尤其是在索尔费里诺附近更是尸横遍野，田地被糟蹋了，麦子和玉米被压扁在地，篱笆被折断，果园被摧毁，到处是斑斑的血迹。”① 原来，一场自滑铁卢之战以来更为残酷的战斗刚刚在这里结束。拿破仑三世统帅的约15万法国–意大利撒丁联军和弗朗索瓦·约瑟夫皇帝统率的数量相当的奥地利军队对垒鏖战，“战线长达15英里，战斗持续了15个小时”②，结果联军凯旋，奥军也撤退而去，但4万多死伤士兵被遗弃在战场上，血腥弥漫。

亨利·杜南

杜南被眼前的场景震惊了。面对“痛苦的呻吟和令人心碎的乞求”，他尽了“最大所能在最需要的地方组织救护”，但还是眼睁睁看着许多伤兵带着遗憾死去。

10天后，杜南回到日内瓦。那段“不愉快的往事”激发他去“完成一项圣洁的有助于人类未来发展的事业”，他开始撰写《索尔费里诺回忆录》。

1862年11月，《索尔费里诺回忆录》在日内瓦出版后，立即引起轰动。书中对那场血淋淋的残杀细节的真实描写，在人们心灵深处产生强烈的震撼。在书中，杜南还提出许多“假设”，更是发人深思：

“如果在索尔费里诺战役打响的时候，有一个国际救济会存在，如果

① ［瑞士］亨利·杜南：《索尔费里诺回忆录》，杨小宏译，社会科学文献出版社，2013，第23页。

② 同上书，第4页。

在6月24日、25日、26日，在卡斯蒂廖内……有许多志愿救护人员，那么他们会做多少有益的事呀!”

“在卡斯蒂廖内，那些可爱的女孩子和妇女们都全心全意地帮助伤员，但是她们只是能为其中一些人减轻一点痛苦而已，并不能将许多伤病者从死亡之中拯救出来。那里需要的不仅仅是纤弱的妇女，在她们身边还需要许多心地善良、经验丰富的男人，他们有组织、有能力而且坚韧不拔，能够马上井井有条地开展工作。如果是这样，就可以避免起初的轻伤急剧恶化，感染并发症、高烧且很快致命的情况了。

“如果有足够的人手帮助收集伤员，那么在……索尔费里诺低矮的小山上情况就大不一样了！也就不会有6月24日在痛苦的煎熬和无助的苦难中那漫长的等待了，那些贝尔萨列里神枪手、乌兰骑兵和朱阿夫兵也就不用再忍受着疼痛挣扎着起来，无望地乞求着人们把家信拿给他们。而且也绝不会发生战后那天非常可能出现的将活人与死人埋在一起的可怕事情!

“如果能有更好的运输工具运送伤员，那么在布雷西亚，禁卫军那个轻装备步兵就不需要痛苦不堪地做截肢手术了。因为把他从部队卫生站送往卡斯蒂廖内时，他的腿没有得到妥善护理，才不得不进行截肢。而且如果不是靠着自己身强体壮，他也会像许多士兵那样死于手术。

“想想在卡斯蒂廖内野战医院和布雷西亚的医院里那些没人管的人吧！他们中许多人说着自己国家的语言，却没人能听得懂。如果在他们身边有人能听懂他们的话并安慰他们，这些人还会诅咒、谩骂着咽下最后一口气吗?”①

“如果”背后透出杜南心中的期盼。“如果”不再出现，在他看来，只能寄希望于一个超然中立的“救护协会”出现，这样一旦战争爆发，可以有效组织经过培训的、具有良好素质的志愿者“以真诚的博爱精神，全身心地投入到战时的慈善工作中去”。而要保证战时慈善工作顺利展开，他认为，国际社会必须也应该制定一些国际准则和“一项不可侵犯的公约”加以保护。因为战争非但难以避免，而且变得越来越残酷，成立伤员救护组织，已成为急切的现实需要。如杜南所说：“世界上有哪个亲王或君主

---

① ［瑞士］亨利·杜南：《索尔费里诺回忆录》，杨小宏译，社会科学文献出版社，2013，第74—76页。

会拒绝建立这些组织，会不愿意确保他们的士兵们在负伤后立刻得到妥善的照顾呢？有哪一个政府不愿意帮助这样的团体去保护人民的生命，确保为国负伤的士兵得到国家的关怀呢？那些把部队视作‘自己孩子’的军官或将军，有哪一个不渴望为志愿帮助者提供便利呢？又有哪一个军需官、哪一个军医会不感激这样一群有组织、有能力、聪明能干的人所给予的帮助呢？”①

杜南的希望终于变成了现实。1863 年 2 月 9 日，在日内瓦公益会的支持下，“伤兵救护国际委员会”（International Committee for the Assistance to Sick and Wounded Soldiers，简写为 the International Committee，或 the Geneva Committee）宣告成立。委员会由亨利·杜福尔将军（Guillaume Dufour）、居里达夫·莫瓦尼埃律师（Gustave Moynier，中国历史文献中译为穆业）、路易·阿皮亚医生（Louis Appia）、黛奥多·莫诺瓦医生（Theadore Maunior）和亨利·杜南 5 人组成，史称“五人委员会”（1876 年，一说是 1880 年，“五人委员会”改称为红十字国际委员会，International Committee of the Red Cross，缩写为 ICRC），杜福尔将军出任主席，杜南担任秘书。他们是国际红十字运动的奠基人，被后人尊称为“日

五人委员会（从左至右：莫瓦尼埃、杜福尔、阿皮亚、莫诺瓦、杜南）

① ［瑞士］亨利·杜南：《索尔费里诺回忆录》，杨小宏译，社会科学文献出版社，2013，第 78—79 页。

内瓦五君子”。“伤兵救护国际委员会”的成立，标志着红十字的诞生[①]。

委员会成立后，即着手筹备一次“旨在为军队医务机构不能有效服务时向伤员提供帮助而召开的国际会议”。1863 年 10 月 26—29 日，在日内瓦“雅典宫”召开国际预备会议，16 个国家和 4 个慈善机构的非官方代表共 36 人参加。会议根据杜南的构想，通过了如下 10 项决议：

——各国均应设立这样一个委员会：其责任是在战时需要的情况下尽其所能协助军队医务机构的工作。该委员会可依据其认为有效和适当的方式自行组织。

——作为中心指挥机构，该委员会可成立不受数目限制的下属部门协助其工作。

——该委员会应与本国政府取得联系，以便在需要时其服务能被接受。

——为确保在战时能够提供切实服务，该委员会及其下属部门在和平时期即应采取相应步骤，特别是准备好各类救济物品，并尽力对志愿医务人员进行培训。

——在战争时期，各交战国的委员会应尽其所能向本国的军队提供救济，特别是组织志愿工作人员以备随时服务，并在军事当局的同意下，获得救护伤兵所需要的场地。各交战国的委员会也可向中立国的委员会寻求援助。

——委员会可应军事当局的要求或在获得其同意时派遣志愿医务人员去战场服务。志愿医务人员应接受军事当局指挥。

——委员会应向隶属于军队的志愿医务人员提供一切所需物品。

——不论在何国家，他们都应佩戴相同的识别标志，即有红十字的白袖标。

---

① 关于红十字诞生日问题，国际上尚未有统一认识，分歧有三：一种观点认为是 1863 年 2 月 9 日，红十字国际委员会前身伤兵救护国际委员会诞生日；一种观点认为是 1864 年 8 月 22 日，《日内瓦公约》签订日；还有一种观点认为它不是一个单一的日期，而是一个历时 22 个月的阶段，即从 1862 年 11 月杜南《索尔费里诺回忆录》书中提出两条建议时起，直至 1864 年 8 月第一个《日内瓦公约》的签订，才标志着红十字运动的成熟，因为红十字的孕育和诞生经历了一系列的重要事件，这些事件相互关联，好似一个胚胎阶段，很难将其中一个事件的发生确定为红十字的诞生日。见尤德新编著：《闪光的红十字》，湖北科学技术出版社，1992，第 4 页。不过，大多数人倾向于第一种观点。

——不同国家的委员会及其下属部门可召开并参加国际会议，以便交流经验、成果，并就改进工作的措施达成协议。

——各国委员会之间的交流通信暂通过日内瓦委员会进行。

10 项决议之外，会议还提出 3 条建议：

（1）各国政府应赞助成立救济委员会，并尽可能为其执行任务提供便利；

（2）战时交战各国应宣布救护车和军队医院中立化，这种中立应得到全面绝对的承认，并包括官方医务人员、志愿医务人员、向伤兵提供救济的居民以及伤兵自身；

（3）统一的识别标志应为所有军队医务部门所承认，或至少为同一军队部门的所有人所承认，所有国家的救护车和医院均应使用统一的旗帜①。

这些建议和决议，为翌年国际会议的召开以及红十字运动在世界范围内的发展奠定了良好的基础。

1864 年 8 月 8 日，国际外交会议在日内瓦正式举行。这次在世界红十字运动史上具有里程碑意义的国际会议，由瑞士联邦委员会和法国政府共同发起，瑞士、比利时、丹麦、西班牙、荷兰、意大利、葡萄牙、法国、美国、英国、瑞典、撒克逊（萨克森）12 国全权代表参加，日耳曼 4 个邦国——巴顿（巴登）、海西（黑森）、普鲁士、乌登堡（符腾堡）也派代表出席。22 日，会议圆满结束，并在日内瓦市政厅“阿拉巴马宫”通过了“五人委员会”起草的 10 条公约文本，定名为《改善战地陆军伤者境遇之日内瓦公约》（Convention Welfare of Soldiers Wounded in Action，简称 Treaty of Geneva，或 Geneva Convention，我国最初译为《万国红十字会公约》《日来弗红十字会原约》，日来弗即日内瓦，简称《日内瓦公约》）。公约签署“以后的几年里为几乎所有的国家所批准。这个公约使 1863 年大会的建议落实到了纸面，并且阐明了这样一个至关重要的原则，即必须不分国籍接收伤病员并对其予以照顾”②。为了表示对瑞士的敬意，会议选择了与瑞士国旗颜色颠倒的白底红十字符号，作为救助与保护的标志。“红十字”即

① 《日内瓦国际会议决议和建议》，见中国红十字会编译：《国际红十字与红新月运动基本文件汇编》，群众出版社，1997，第 1—3 页。

② ［瑞士］汉斯·豪格：《杜南的设想——时间的考验》，见［瑞士］亨利·杜南：《索尔费里诺回忆录》，杨小宏译，社会科学文献出版社，2013，第 83 页。

由此而来。

在杜南等人的奔走呼吁与推动下，红十字运动蓬蓬勃勃开展起来[①]。作为人类文明的新成果，“红十字”为越来越多的国家所接受，形成“全球化”浪潮，以文明古国著称的中国自然也被“席卷”。

二、江苏：红十字“东渐”登陆中国的“桥头堡”

1864年日内瓦会议后，各国纷纷建立红十字组织，签署《日内瓦公约》的国家不断增加，至1903年已有40多个国家加入了国际红十字组织。

按照国际惯例，只有签署《日内瓦公约》，才能成为国际红十字大家庭中的一员。而中国直到1904年才有了真正意义上的红十字会，显然“迟到”了。不过，话又说回来，长期“闭关锁国”之后迈入近代社会的中国对西方文明的接纳，总要经历一个过程，这个过程绝不是一朝一夕所能完成的。红十字“东渐”登陆中国何尝不是如此！

值得注意的是，红十字作为“西学东渐”的“快艇”，首先在江苏境内登陆中国。据研究，早在1874年5月，由于日本在中国台湾寻衅滋事，中日两国发生冲突，上海的《字林西报》[②]与《申报》[③]等开始讨论战争救护问题。《字林西报》刊发了一篇大力宣介当时救治战争伤病的红十字

---

① 1901年，亨利·杜南被诺贝尔委员会授予第一个和平奖。5月8日是杜南的生日，1948年，红十字国际联合会确定这一天为“世界红十字日”，以表彰其对国际红十字运动做出的巨大贡献。

② 《字林西报》（*North China Daily News*）初为英国商人奚安门（Henry Shearman）1850年8月3日创办之英文周报《北华捷报》（*North China Herald*）附刊，1864年7月1日增出日报，《北华捷报》反而成为该报星期日附刊。《字林西报》主要刊载通讯报道、时事新闻和有关中国的军事情报等，系上海公共租界工部局的喉舌。1951年3月31日停刊。见王桧林、朱汉国主编：《中国报刊辞典》，书海出版社，1992，第4页。

③ 《申报》，1872年4月30日由英商美查（Ernest Major）等在上海创办，该报“凡国家之政治，风俗之变迁，中外交涉之要务，商贾贸易之利弊，与夫一切可惊、可谔、可喜之事，足以新人听闻者，靡不毕载，务求其真实无妄，使观者明白易晓，不为浮夸之辞，不述荒唐之事”（《申报》创刊号），因而深受各界欢迎，为旧中国出版时间最久、影响最为广泛的报纸之一。1909年，《申报》为席裕福所收买，1912年转让给史量才，次年由史接办。九一八、一·二八事变后，该报反映抗日救亡要求，并出《自由谈》副刊，发表进步言论；1934年史量才被国民党特务暗杀后，趋向保守；抗战时期上海沦陷，在日伪控制下出版；抗战胜利后被国民党接收，成为CC系报纸；1949年5月上海解放时停刊。见夏征农、陈至立主编：《辞海：第六版缩印本》，上海辞书出版社，2010，第1658页。

会的文章（只是未点出红十字会的名称，然其论域则全为红十字会规则），非常推崇红十字会的中立性："（开）战后，不分彼此，两造所有受伤者，均令设法调治"，并盛赞红十字会的救治善举。《申报》主笔了解到这种救护组织在战争中保全伤病员的巨大作用后，也撰文称道并希望中国能够效仿。"这两篇文章可以说是近代中国公开讨论西方红十字会问题的最先声"①。《字林西报》《申报》均为外国人在上海创办的，而当时的上海则属于江苏，从这个意义上说，江苏乃是红十字"东渐"登陆中国的"桥头堡"。江苏红十字运动开始"萌芽"。

1875 年，红十字会规则虽然在江苏出现，但遗憾的是没有点出"红十字"之名，直到 10 多年后，红十字才重新在江苏上空闪现。

据 1898 年 5 月 9 日《申报》报道说："十余年前，英医梅威令君设伤科医院于台湾，广收台闽聪慧子弟数十人，教以临阵医伤之术，学成试可，挈之至申江（即上海——引者）演习于租界工部局广场，招子及西友往观。其人腰佩利刀，左手持红十字小旗，肩荷药笼医具，衣袖亦以红十字为记号，出入于白草黄沙之内，施其妙技，井井有条。后航海至天津谒当道贵人，愿赴军营效力，当道者不之用，乃仍返台湾。"② "十余年前"，即 1888 年前，至于具体时间，据周秋光、靳环宇先生的考证，可以确定为 1888 年③。这是我们目前所见有关红十字在江苏活动的最明确的记载。这条资料也说明，在此之前，中国台湾已有红十字医疗救护组织的存在④。换句话说，虽然红十字最早登陆江苏，但在实践层面上，台湾先行，并欲首先在江苏推而广之，只是没有取得成功。

---

① 周秋光、靳环宇：《早期红十字会在中国的演变》，《光明日报》2006 年 2 月 21 日。

② 鲰生：《创兴红十字会说》，《申报》1898 年 5 月 9 日。鲰生在 1904 年 3 月 5 日的《申报》上发表《中国宜入红十字会说》，再次提及："回忆十五、六年前，有英国名医梅威令者，就台湾设红十字会学堂，募得我华聪慧子弟数人悉心指授，学有成效，则携之至沪，一试其临阵救护之方。其人咸戎服佩刀，手执红十字小旗，号褂右肩亦绣一红十字。"

③ 周秋光、靳环宇：《早期红十字会在中国的演变》，《光明日报》2006 年 2 月 21 日。

④ 有研究指出，近代以来，不少西方的医生与传教士居住于台湾，为红十字会的传播以及战时医疗救护技术的实践提供了较为优越的条件。其中，英国人梅威令医生曾为之做出过突出的贡献。梅威令认为："临阵对敌，非死即伤。死者已矣，伤者必为之救拯，而中国则向无此法。"因此，19 世纪七八十年代，梅威令医生在台湾开办了慕德医院，除日常施医救病外，还专门为中国培养战时可资应用的红十字医疗救护人员。见周秋光、靳环宇：《早期红十字会在中国的演变》，《光明日报》2006 年 2 月 21 日。

那么，为什么江苏会成为红十字登陆中国的“桥头堡”？显然这与近代江苏的“开放性”有着莫大的关系。

1840年，鸦片战争洞开了长期“闭关锁国”的大门，中国被迫对外开放。而江苏正处于对外开放的前沿，江苏上海是首批开放的口岸城市。根据中英《南京条约》，1843年11月17日，上海正式开埠。1845年11月29日，通过《上海租地章程》（亦称《上海地皮章程》），西方侵略者取得在沪“租借”土地的特权。租界由此成为“国中之国”。

江苏上海对外开放后，得益于“江海要津”的特殊地位而迅速崛起，很快形成全国对外贸易、工商、金融、传播西方文化的中心。“上海发展起来，发展得比悉尼或旧金山更为迅速！发展之快，有如肿瘤”①，上海一跃而成国际性大都会。

十里洋场，五光十色，各种异质文化长驱直入，在这里汇聚、碰撞、交流，上海因而有“鬼国”之称②。作为近代中国第一大都会，上海已成为国内其他城市无法替代的“西学东渐”的桥梁和西方文化的传播源。源自西方的红十字，首先登陆江苏上海，乃顺理成章之事，非偶然也。

扎根江苏上海的《字林西报》《申报》的论说，以及梅氏红十字医疗救护队的申江演习，如昙花一现，并没有给人们留下多么深刻的记忆，倒是那场影响中国历史进程的中日甲午之战，让中国人大开眼界，真正认识到红十字的魅力。

1894年甲午战事发生至1895年战争结束，这期间，一方面，在华西人尤其是传教士先后在牛庄（营口）、烟台、天津等地开办红十字医院，收治伤兵。江苏虽然远离战地，但却成为救护善举的坚强后盾。战争爆发后，各国驻上海领事、传教士、驻沪外国银行董事即发起成立了红十字会，借助《申报》等大众传媒，筹款募捐。江苏人民积极响应，给予支持，其中寓沪的吴江人施善昌与施则敬父子经营的仁济善堂、丝业会馆起到了关键作用。尽管“该红十字会实际是一个募捐筹款的机构”③，不是严格意义上的红十字会组织，但对日后江苏红十字运动的开展不无裨益。

---

① 转引自周武：《从江南的上海到上海的江南》，见郭太风、廖大伟主编：《东南社会与中国近代化》，上海古籍出版社，2005，第29页。

② 有诗为证：“申江鬼国正通商，繁华富丽压苏杭。”引自《民国南浔志》第31卷，《农桑》。

③ 周秋光、靳环宇：《早期红十字会在中国的演变》，《光明日报》2006年2月21日。

另一方面，成千上万赤十字社（日本红十字组织之称谓）志愿者不辞艰险①，远道而来，深入战地，救死扶伤，令中国人颇为惊讶；而对他们“不特日兵临阵受伤蒙其医疗，即华兵之中弹而仆者，亦不分畛域，一体留医”之举②，国人更是肃然起敬，“其实心行善，畛域不分，诚哉可嘉而敬焉！”③ 红十字会是中立性慈善组织，理应如此，其救护行动，更应受到敌对双方的尊重与保护，“红十字会行乎其间，例不得有所伤害”，这是国际惯例。但中国官兵对此并不了解，竟有“伤害红十字会人者”，引起“西人讪笑”④。两形相较，实令中国人难堪。立足江苏上海的《申报》开始反思，由此拉开了红十字启蒙运动的序幕。

总之，甲午战争中在华西人和日本赤十字社的救援行动，在凸显国人对红十字无知的同时，也使国人从直接的“观摩”中受到刺激与启发，认识到红十字之于战争救护的重要性和弥补这一“缺陷”的必要性、紧迫性⑤。这样，以甲午战争为嚆矢，中国红十字的启蒙运动——红十字知识的传播，以江苏为“桥头堡”，开始兴起。

第二节　江苏与红十字运动的启蒙

一、启蒙运动在江苏

红十字启蒙运动仍以立足江苏上海的《申报》为主要阵地，向全国“辐射”。

1894 年 12 月 19 日，《申报》发表社论，对源自西方的红十字会做了简要的介绍，谓“教会中有所谓红十字会者，其人专习医伤之技。每逢战

① 1899 年 4 月 10 日《申报》所载《中国亟宜创兴红十字会说》称，“赤十字社中医生及看护妇之驰赴战地者多至十万人”，显系夸张。10 万人应指总数，1898 年 5 月 9 日该报发表鲰生的文章《创兴红十字会说》，谓日人“入红十字会者多至十余万人”，可以为证，而“随军士赴辽东者亦以万计”，当比较可靠。

② 《中国亟宜创兴红十字会说》，《申报》1899 年 4 月 10 日。

③ 《劝助行营医院经费说》，《申报》1895 年 2 月 10 日。

④ 《中外日报》1899 年 8 月 20 日。

⑤ 《行军以医生为要说》，《申报》1894 年 12 月 19 日。

阵，衣袖上缀红色十字之衣，腋下悬利刀，提药笼而出，见有中弹中刃者，舁归医室，敷以刀圭。又有舍身妇人悉心奉侍，称药量水，劳瘁不辞。此等人出自善心……无论敌人与本营卒伍，但见伤者即舁归医之，敌人亦敬其为善会中人，任其出入于枪林弹雨，不准有人加害”①。红十字志愿者并非“教会”中人，这个介绍显然过于简略，尚未触及红十字的本质。不过，在以后的几年里，《申报》对红十字会的介绍越来越详细、具体，尤其是戊戌变法期间，《申报》连续发表了《创兴红十字会说》《红十字会历史节译》《红十字会说》《中国亟宜创兴红十字会说》等一系列文章，介绍红十字会的缘起、性质、宗旨、任务以及中国“亟宜创兴红十字会”的理由，把红十字启蒙运动推向高潮。

关于红十字会的缘起，《申报》介绍说：“红十字会者何？泰西各国陷阵救护受伤兵士之善举也。其议创自英人，而瑞士人实成之。”所谓“其议创自英人”，是指南丁格尔在克里米亚战争中的救护行动。弗劳伦斯·南丁格尔（1820—1910），1820 年 5 月 12 日生于意大利，后迁居英国，矢志献身护理事业。在 1853—1856 年英、法、土耳其等国与沙俄争夺中近东地区霸权的克里米亚战争中，她率领 38 名护士前往战地，“逢伤必救，不嫌污秽，遇疫必疗，不惧传染，遂使三国之在战地者，上自将帅，下及兵卒，莫不出水火而登衽席”②，她由此成为“救护被疮兵士之鼻祖”。她的战地救护行动，是“各国红十字会的滥觞”③。所谓“瑞士人实成之”，是指亨利·杜南发起成立红十字会的创举——“厥后法、奥二国战于沙利夫贤利（即索尔费里诺）地方，兵士三十万人历十五点钟时，死伤山积，军医及侍疾者为数有限，不敷应用，以致军士断脰折腰，疾痛呻吟，生死之间，几不容发。呜呼！如此惨状，稍有恻隐者有不目击心伤潸焉陨涕者乎？瑞士国海痕利席那托托氏（即亨利·杜南）恻然悯之，著书立说（即《索尔费里诺回忆录》），发明战场救护受伤人之法，遍赠列国好善士求为佽助，一时志士仁人上自政府下逮议员，无不踊跃乐从，集议数回，遂创

① 《行军以医生为要说》，《申报》1894 年 12 月 19 日。

② 孙淦：《红十字会说》，《申报》1898 年 11 月 16 日。

③ 《红十字会历史节译》，《申报》1898 年 5 月 30 日。1912 年，在美国华盛顿举行的第九届国际红十字大会上通过决议，设立南丁格尔奖，授予在护理岗位上做出突出贡献的“白衣天使”；南丁格尔的生日（5 月 12 日）为国际护士节。

立红十字会"[①]。红十字标志，"公定以瑞士国国旗覆而用之。瑞士国旗系红地白十字，此会则用白地红十字旗。又以瑞之杰乃法（即日内瓦）为环球公会之盟坛，定其条约曰杰乃法条约，又曰涂南（即杜南）条约，由此公定为例，凡环球各国无分大小得邀公许加入此盟者，方准用此旗帜，会外不得滥用，若未经与杰乃法缔约者，不得享此会之利权"[②]。问渠哪得清如许，为有源头活水来。通过对红十字会历史的追根溯源，该报使人们对红十字运动的源流以及杜南、南丁格尔的历史功绩，有了一个基本的认识。

关于红十字会的宗旨和任务，《申报》介绍说："会内宗旨专在救伤疗疾，减军民之痛苦，埋尸卫生，免生存者之疫疠。何地开战，即行驰赴救护之劳役，盖与战事相终始。"就是说，救伤瘗亡是它的主要职责。当然，"救护于战时而不救护于平日，惠犹未遍，愿未尽尝，因矢博济之怀，扩救护之量"[③]。平时的"博济"也在其业务范围之内。

关于红十字会的性质，《申报》介绍说，红十字会是"中立"性人道救助组织，救死扶伤"无彼我之分，一律为之施救，庶足以昭一视同仁"[④]。而对救护人员，交战国任何一方均不得加害，这是《日内瓦公约》所赋予的特殊"利益"，即所谓"局外之利益"[⑤]。红十字会"自守局外中立之条，战国不得枉害会中员役。观战无过虑，救伤无歧视，良法美意兼而有之"[⑥]。

如何进行战地救护，《申报》也做了较为详细的介绍："当会中医士赴战地时，器物须随身携带，所最要者以小口袋置猫肠线、直针、弯针，各

---

① 《红十字会历史节译》，《申报》1898年5月30日。杜南对南丁格尔推崇备至，他在《回忆录》中写道："在英国这边，熟悉英国医院和欧洲大陆主要慈善机构的佛罗伦萨·南丁格尔小姐，放弃了个人的享乐，一心扑在慈善事业上，她接受了大英帝国战时国务大臣悉尼·赫伯特勋爵请她前往近东照料英国士兵的恳求。已经颇有声望的南丁格尔小姐毫不犹豫地承担起这项任务。她于1854年9月带领37位英国小姐动身前往君士坦丁堡和斯库台，她们一到那就立即开始救护因克尔曼战役的许多伤员……在长达几个月的时间里，南丁格尔把爱奉献给了遭受痛苦的人们，以其崇高的自我牺牲精神闻名于世。"（见亨利·杜南：《索尔费里诺回忆录》，杨小宏译，社会科学文献出版社，2013，第74页）。由此可见，亨利·杜南创立红十字会，的确受到南丁格尔的影响。

② 孙淦：《红十字会说》，《申报》1898年11月16日。

③ 同上。

④ 《红十字会历史节译》，《申报》1898年5月30日。

⑤ 《红十字会条约》，《申报》1904年3月29日。

⑥ 孙淦：《红十字会说》，《申报》1898年11月16日。

式利刀紧扣腰带间，又以皮袋盛细麻绒布卷、象（橡）皮膏、止血机、葡萄酒、凉水、冰水、玻璃水、吗啡水、节剪刀、石膏粉……负之于肩，盖以备临时急救之用也。其救人也，分为四站：第一站，医士与战士同行，见有受伤者或用布被或用安车舁至第二站交代；其第二站须设在离战场七百码或九百码之远，务使敌军弹丸不能飞至，既有受伤者送到，医士急为之止血止痛……并整理其折断之骨，然后送交第三站；第三站须离战场一千码，医士之职在查明伤之轻重，或截去肢体，或扎缚血管，或整其碎骨，然后开列一单送交第四站；其第四站名曰战场医局，须离战场约十华里至十二华里，受伤者由车送到，即安置养病处，依期施治至告痊而止。"[①] 这样的介绍，具有相当的可操作性，至少可以提供一种参照。

至于中国何以"亟宜"创兴红十字会，《申报》强调，国有异俗，人无异性，"地球之上，无论为大国，为小国，为强国，为弱国，不入此会则不仁，居今之时而不入此会则不智"[②]。况且，红十字是国家文明、社会进步的标志，"今则合欧亚美诸洲，除野蛮外，凡有教化之邦，无不踵兴斯会，所未兴者惟我中国及朝鲜耳。朝鲜孱弱，几不克自存，原在不论不议之列。若中国则声名文物照耀寰区，王者之师最重仁义，而坐令兵卒于效命疆场之际，断脰折胫，惨怛呼号，而无人焉为之尽力扶持，拯其困苦，不特中心有所不忍，且不将贻四邻之笑而鄙之为野蛮乎?"[③] 不创兴红十字会，不仅与中国礼仪之邦的声名地位极不相称，而且还有沦为"野蛮"之国的危险。红十字会在现代战争中具有独特的作用，但其作用绝不局限于硝烟弥漫的战场，"平日遇有疹疠、天花，或则洪涛漭瀁之中轮船失事，会中人亦皆得施其神术，以拯生灵，正不第枪林弹雨之间得以行慧心仁术也……目前疹疠、天花尚不多见，轮船失事岁亦不数数闻。然皖北、山东以及江苏之淮、徐、海诸处，或旱或潦，饥馑洊臻，小民荡析离居，死亡载道。死者长已矣，其幸而生者，经旬槁饿，病骨支离，加以尸气熏蒸，必多疾疫，如有红十字会，正有乘此时世艰难之际，施妙术以救群黎"[④]。无论从哪方面说，中国创兴红十字会，不仅重要，而且

① 鰥生：《创兴红十字会说》，《申报》1898年5月9日。
② 孙淦：《接录红十字会说》，《申报》1898年11月17日。
③ 鰥生：《创兴红十字会说》，《申报》1898年5月9日。
④ 《中国亟宜创兴红十字会说》，《申报》1899年4月10日。

“亟”需。

在对红十字会的认识方面，社会上也存在一些误区，对此《申报》也做了必要的澄清。有人认为：“十字为西教中标志，我中国既不入其教，则创兴斯会，不妨另立一名，何必即以其名名之，致与彼教相混乎？”《申报》指出：“红十字会已通行于欧亚美各洲，我苟另立一名，则各国会中人未必肯同舟共济，与其各行其是致失辅车之相依，曷若借用其名而得互相连络？”还有人认为：“我中国军中本有伤科，何必更兴斯会？”《申报》指出：“中国伤科向无真实本领，迩惟天津之北洋医学堂及京师德贞氏所管之医院仿行西法颇能以三折称良，然临阵医生务须朴实耐劳，与寻常施医者迥别，且军士多至数万或数十万，交战既毕，满目疮痍，岂每营一二医生所能奏手？”[①] 这些迷雾的廓清，为红十字启蒙及在中国创兴红十字会扫清了道路。

值得赞赏的是，《申报》对革命党人孙中山翻译出版的《红十字会救伤第一法》一书，颇为推崇。

1896 年，伦敦蒙难获释后的孙中山，利用英国图书馆、博物馆便利的条件，博览群书，寻求救国之方。这年冬天，他与伦敦红十字会的柯士宾医生“往游英君主云塞行宫，得观御跸之盛”。其间，柯士宾告之，他著有《救伤第一法》一书，已译有法、德、意、日 4 国文字，希望孙中山将该书译成中文，一方面“以呈君主，为祝六十年登极庆典之献”，另一方面“其有裨于寄英宇下之华民，良非浅鲜”[②]。孙中山欣然接受柯士宾的请求，很快译毕，次年春夏间由伦敦红十字会出版。这是孙中山先生唯一的一部译作。

《红十字会救伤第一法》“此书之旨，乃示各人略知救伤之法，俾遇意外之事可即行设法施救，而补伤之人由此可保性命于危急之顷，并解痛楚于医者未至之时”。它是一本教材，所述内容为“通行之知识”，即红十字会员必须掌握的现场、初级救护的基本方法、技能。全书共 6 章，图文并茂，言简意赅，剖析精当，被孙中山誉为“济世之金针，救人之要术”[③]。

---

① 鳏生：《创兴红十字会说》，《申报》1898 年 5 月 9 日。

② 孙中山：《〈红十字会救伤第一法〉译序》，《孙中山全集》第 1 卷，中华书局，1981，第 108 页。

③ 同上。

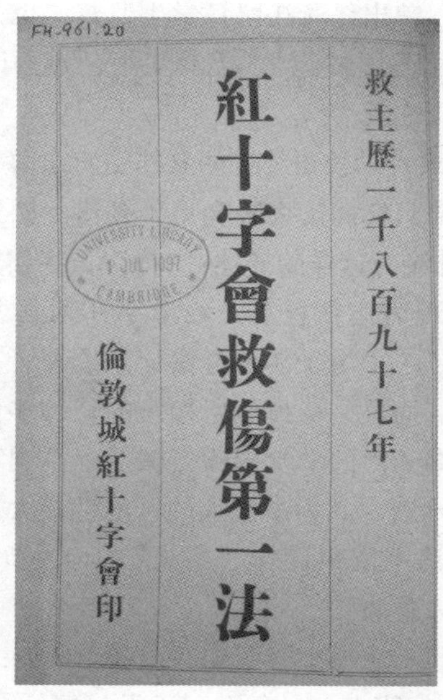

救主歷一千八百九十七年

紅十字會救傷第一法

倫敦城紅十字會印

孙中山译作《红十字会救伤第一法》扉页

作为“华文的第一部关于红十字会的书籍”①，这本译著虽然在海外出版，但在国内亦有流传，《申报》发表评论说：“孙文所译《红十字会救伤第一法》亦颇有用，正不必以人废言也。”②《申报》的推介，收到了“广而告之”之效③。

总之，《申报》立足江苏上海，以其强大的影响力“辐射”全国，传播红十字知识，把红十字启蒙运动推向高潮，这对人们认知红十字以及红十字会在中国江苏的创立，无疑是强有力的推动。

二、红十字启蒙的先驱——孙淦

在红十字启蒙运动中，江苏人孙淦发挥了特殊的作用。

在进入正题之前，首先应该澄清孙淦的籍贯问题。孙淦，字实甫，商

① 池子华、崔龙健：《“华文的第一部关于红十字会的书籍”——孙中山译著〈红十字会救伤第一法〉述论》，《江苏社会科学》2015年第4期。

② 鳜生：《中国宜人红十字会说》，《申报》1904年3月5日。

③ 池子华：《红十字与近代中国》，安徽人民出版社，2004，第10—12页。

人，长期在日本经商，曾出任浙江留日学生监督，也是中国人留学日本史上的首任监督，是一位爱国侨胞[①]。但其生平，史籍记载不够翔实，甚至连其籍贯也还存在歧义之处。

1903 年 6 月，直隶省学校司督办胡景桂受直隶总督袁世凯之命，赴日进行教育考察，并在滞日期间于大阪会见了孙淦。胡景桂在其日本视察记《东瀛纪行》中，对孙淦有这样的描述："孙淦，字实夫，浙人。在日本二十余年，初任监督，现为南帮首事，红十字亦列其名。谈许久，颇知时务。"[②] 有学者据此认为："由于胡的考察记录是著者在日本与孙直接面谈后作成，可信度较大。而且，从孙淦所接触的官绅多为浙江人，被任命为浙江留日学生监督，向浙江的学堂捐赠器械等一系列事件看，其对浙江的时务甚为关心。以此推断，其为浙江人的可能性较大。"[③]《东瀛纪行》仅系孤证，而且竟把孙淦字实甫误作"实夫"，其为浙江人"可能性较大"的判断，实在难以令人信服。

其实，孙淦的籍贯，史书中有明确的记载。例如：

鳏生说："我友孙实甫上舍，名淦，江苏上海人。"[④] 鳏生为孙淦好友，交往颇多，对孙淦的"底细"自然一清二楚，非胡景桂一面之交可比，谓孙淦为江苏上海人，殆无疑义。

《汪康年师友书札》附录《汪康年师友各家小传》记载说："孙淦，字实甫，上海人，清光绪间曾由浙抚廖寿丰举为留日学生监督，后任职于日本邮船会社。译有《日本赤十字社社则》。"[⑤] 社会名流汪康年是浙江人，孙淦与之多有交往，这是判断孙为浙江人"可能性较大"的理由。而汪的记载说明，与之交往较多的孙淦并不会因此改变其籍贯。

如果说上述资料仍不足以说明问题，那么孙淦的"自我介绍"当无可置疑。1898 年 11 月 16 日、17 日的《申报》连载了《红十字会说》一文，

---

① 吕顺长：《浙江留日学生监督孙淦事迹》，http：//www. ch. zju. cn/xwxy/rbs/lvshunchanglwj4liuxuesjdu. htm.

② 胡景桂：《东瀛纪行》，见王宝平主编：《晚清中国人日本考察记集成·教育考察记》，杭州大学出版社，1999。

③ 吕顺长：《浙江留日学生监督孙淦事迹》，http：//www. ch. zju. cn/xwxy/rbs/lvshunchanglwj4liuxuesjdu. htm.

④ 鳏生：《创兴红十字会说》，《申报》1898 年 5 月 9 日。

⑤ 上海图书馆编：《汪康年师友书札》第 4 册，上海古籍出版社，1989，第 4126 页。

署名为“上海孙淦实甫”。《时务报》第44册刊登译文《日本赤十字社社则》，署名“上海孙淦译”[①]。红十字会史料也提及“孙淦君自署上海平民，大阪侨商”[②]。这些“自署”，明白无误，铁板钉钉，原本毋庸去做“可能性”的判断。当然，上海毕竟是一个“移民世界”[③]，孙淦祖籍浙江也是有可能的，即便如此，从其自称“上海孙淦”判断，他本人是江苏上海人则是无疑的。

孙淦是一位成功的商人，“多财善贾”，但热心公益事业，“以济人行善为心”[④]，是一位“仁慈恺恻，卓识热忱”的慈善家[⑤]。他在日本加入了赤十字社，“习见日人于陷阵冲锋时深获红十字会之益”[⑥]，萌生了在中国创兴红十字会的理想。1897年，他与好友鲰生议及此事，“奋然而兴，曰：有是哉！我其首先立之基础哉！”[⑦] 乃“商之日本会中诸友，无不乐赞其成”[⑧]。但要在中国创兴红十字会，如上所述，需要一个启蒙运动加以推动。而要“启蒙”，不仅要启“官（朝）蒙”，而且要启“民（野）蒙”，双管齐下，才易收功。在这两方面，孙淦都做出了不懈的努力。

在启“官蒙”方面，1897年冬，孙淦在东京向驻日公使裕庚呈递了

---

① 《时务报》第44册，第3031页。

② 中国红十字会总会编：《中国红十字会历史资料选编，1904—1949》，南京大学出版社，1993，第5页。

③ 叶孝慎：《上海旧影——移民世界》，上海人民美术出版社，1999。

④ 《创兴善会》，《申报》1898年3月26日。

⑤ 中国红十字会总会编：《中国红十字会历史资料选编，1904—1949》，南京大学出版社，1993，第6页。

⑥ 鲰生：《创兴红十字会说》，《申报》1898年5月9日。

⑦ 鲰生：《中国宜入红十字会说》，《申报》1904年3月5日。鲰生是红十字启蒙的积极推动者，《申报》所发《创兴红十字会说》《中国宜入红十字会说》等文，均出自他的手笔，文中总要提及好友孙淦，其受孙淦之影响，是显而易见的。1898年5月30日《申报》所载《红十字会历史节译》一文，虽未署译者之名，但可以肯定是鲰生。他在《中国宜入红十字会说》一文中称：“仆亦商诸寓沪日医原口君（名谦尔，日本长崎人——原注），以瑞士万国红十字会章程，译作华文，登诸戊戌年《申报》上。”文中“仆”即“我”之意，即鲰生。且《节译》文谓“本馆曾登（孙淦）上裕朗西星使禀牍及星使批词”。“本馆”是指《申报》报馆，可知鲰生为《申报》编辑。而且“鲰生”通常用于“对他人的蔑称或对自己的谦称”（见教育部语言文字应用研究所、中华书局编辑部编：《中华字典》，中华书局，2000，第642页），其为某位编辑谦称或笔名，亦未可知。至于其生平事迹，有待进一步考证。

⑧ 《红十字会历史节译》，《申报》1898年5月30日。

《大阪华商孙淦呈请裕钦使转咨总署奏设红十字会禀》（附有汉译日本赤十字社章程）[①]，恳请裕庚咨明总理衙门，代为上奏。禀文称，红十字会“救灾恤邻，无分人己，博施济众，意美法良”，实为近世“至善之大政”。世界各国，除“野蛮”之邦外，莫不设有此会。中国若不创兴红十字会，势必“坐令西方之人，以野蛮相待，蔑我滋甚”，事关国体，岂可等闲视之？况且，创兴红十字会，至少有“四利”：“疾伤有恃，军士气壮，鼓行而前，图功自易，一利也；万邦善政，是则是效，结盟诸国，人不敢轻，二利也；国有病疫，大凶大札，会众疗治，保全必多，三利也；我国医学，讲求未精，此会若成，研究益易，四利也。”有利无害，何乐而不为？

孙淦的“一片婆心”，深深打动了裕庚。裕庚阅禀，当即批示，表示支持：“查红十字会，西人谓之 Red Cross Society，拯灾济众，最称善举，本大臣亦曾目睹。该商所禀各节，具见心存利济。惟善举之设，事出众擎。允准之权，应听政府。仰候据情咨请总理衙门核夺，可否迟速，应俟覆到之日，再行饬遵。”[②] 孙淦的上书，通过裕庚传递给清政府。这是清政府第一次听到在中国创兴红十字会的呼声。

孙淦只是一位普通的商人，人微言轻，书上之后，不免担心。1898 年 1 月 3 日，他在给汪康年的信中说，《奏设红十字会禀》“虽经裕星使咨总署，恐亦难望其成”[③]。我们也无从得知清朝中央阅禀后的第一反应，但从随后清政府对中国加入红会组织表现出的异乎寻常的热情，可以断定孙禀在朝中产生了反响。1899 年 5 月，世界和平会议（清代外交文件称“减兵保和大会”）在荷兰海牙召开，清政府态度积极，派遣原驻俄公使杨儒赴会。大会于 7 月 29 日通过《推广日来弗原议行之于水战条约》（即《关于日内瓦公约原则推行于海战的海牙公约》[④]）。不少国家先后签约。12 月 7

---

① 分别参见中国红十字会总会编：《中国红十字会历史资料选编，1904—1949》，南京大学出版社，1993；《中国红十字会杂志》1914 年第 2 号；《申报》1898 年 3 月 26 日；《时务报》第 55 册。裕庚，字朗西，汉军正白旗人，1895 年以候补四品京堂任出使日本大臣，1898 年回国任太仆寺少卿，次年入直总理衙门，旋任出使法国大臣，1902 年回国后不久病逝于上海。

② 《大阪华商孙淦呈请裕钦使转咨总署奏设红十字会禀》，见中国红十字会总会编：《中国红十字会历史资料选编，1904—1949》，南京大学出版社，1993，第 5 页。

③ 上海图书馆编：《汪康年师友书札》第 2 册，上海古籍出版社，1986，第 1434 页。

④ “日来弗原议”是指 1864 年 8 月 22 日通过的《改善战地陆军伤者境遇之日内瓦公约》，即《红十字会公约》。

日，清廷特命杨儒前往海牙签署。12 月 27 日，杨儒抵达荷兰，遵旨在《推广日来弗原议行之于水战条约》上“画押”①。清政府这一系列举动，当然是孙淦所欣闻乐见的，他在给汪康年的信中兴奋不已，谓：“红十字会一事，昨矢野君返国晤谈，知近日我政府似有举办意。询及鄙人一切，故鄙意拟将凡有关涉于此之文字搜求汇集，择要付诸手民，以广流传，而冀有力者之闻风兴起也。”② 孙淦的努力得到了回报，他要继续为在中国创兴红十字会奔走呼吁。

在启“官蒙”的同时，启“民蒙”的工作也在推进之中。孙淦希望广大民众认识红十字，了解红十字，为红十字会在中国的创兴奠定厚实的社会基础。

要启“民蒙”，大众传媒的作用不可小视。在此过程中，有两位报人推波助澜，给予了孙淦难能可贵的支持，一位是鳜生，另一位即汪康年。

鳜生是孙淦好友，是《申报》编辑和主要撰稿人。他以《申报》为阵地，抬出“我友孙君实甫”③，传播红十字知识，并愿“为之执鞭”效力④，而孙淦也正是借助好友之力，在《申报》桴鼓相应。孙淦《呈请裕钦使转咨总署奏设红十字会禀》在 1898 年 3 月 26 日《申报》全文刊出，引起强烈反响。接着他又于同年 11 月 16 日、17 日的《申报》上发表《红十字会说》，详细介绍红十字会的发轫、继起、定帜等情。文中还对日本红会组织赤十字社的历史、现状做了概括性绍介，谓：“红十字会，日本名之曰赤十字社，非独我华人误认为耶稣教会也，昔年日本亦然。明治十九年六月五日，日廷特命全权公使侯爵蜂须贺氏茂韶诣瑞都……与各国商议缔盟于杰乃法（即日内瓦——引者），列入涂南（即杜南）条约。日廷急欲此会之兴，谕令地方官吏善为劝导，无如神佛二教之徒，猜嫌观望，入会者仍属寥寥……及中日之役，绅民目睹其效，外人颇誉其善，兼以政府极意奖励，各新报亦揄扬在事者之勤勉耐劳，致会员之题名者月增万余。以本年五月杪计之，通国会员五十万四千六百十三人，内有外国人二

---

① 池子华：《红十字与近代中国》，安徽人民出版社，2004，第 30 页。

② 上海图书馆编：《汪康年师友书札》第 2 册，上海古籍出版社，1986，第 1465 页。

③ 鳜生：《创兴红十字会说》，《申报》1898 年 5 月 9 日；《红十字会历史节译》，《申报》1898 年 5 月 30 日。

④ 鳜生：《创兴红十字会说》，《申报》1898 年 5 月 9 日。

百九十六名，合计全国每九十人得会员一人，年醵金一百四十万三百九十三圆六角五分。通国最盛之区，莫如大阪，当地人口一百四十八万八千一百八十八人，会员三万四千六百十四人，计四十三人中得一人。倘再历十年，更不知如何兴盛。"[①] 是时，向日本学习成为一股时代潮流[②]。孙淦对日本赤十字社的介绍，更易激发国人对创建红十字会的热情。

鳜生及《申报》为孙淦提供了"启蒙"的宣传平台，当然希望孙淦"竭忠尽智，以底于成，不致被废于半途之诮也"[③]。这对孙淦也是一种激励。

另一位好友汪康年同样是孙淦"启蒙"活动的有力支持者。

汪康年

汪康年（1860—1911），浙江钱塘（今杭州）人，字穰卿，光绪进士，曾入张之洞幕，1895 年参加上海强学会，1896 年在上海参与创办《时务报》，并担任该报总理。《时务报》"讲求时务"，力倡变法维新，传播西学，颇受时人瞩目，创办当年发行量即达7000 份，次年更增至万余份，"为中国有报以来所未有"[④]。这样一份在朝野上下具有广泛影响的媒介，自然引起孙淦的关注，而好友汪康年出任总理，可谓"近水楼台"。孙淦所译《日本赤十字社社则》在《时务报》连载[⑤]。孙淦《呈请裕钦使转咨总署奏设红十字会禀》呈递裕庚后，即将文稿寄发汪康年，

① 孙淦：《红十字会说》，《申报》1898 年 11 月 17 日。
② 参见黄新宪：《中国留学教育的历史反思》，四川教育出版社，1991。
③ 《中国亟宜创兴红十字会说》，《申报》1899 年 4 月 10 日。
④ 转引自汤志钧：《戊戌变法史》，人民出版社，1984，第 178 页。
⑤ 《时务报》第 44 册，第 3031—3036 页；第 45 册，第 3095—3096 页。

并请“从速登报”[①]。汪康年照办，禀文发在1898年3月22日出版的《时务报》上[②]。同年，孙淦还寄上“《赤十字社各国缔盟表》贰纸，请与前《红十字会说》附登报末”[③]。不仅如此，他还“冒昧拜恳”汪康年，请他多方联络，促成红十字会的建立。孙淦在给汪康年的信中说：“阁下如到江阴、湖南等处，请将红十字、游学两会周行，倘公不竭力提倡，总无成日。”[④] 随后他又寄上日本《赤十字》两册，“以备鉴裁”[⑤]。虽然汪康年未能达成孙淦宏愿，但他的臂助，促进了红十字启蒙运动的深入。这是值得肯定的。

《申报》《时务报》的受众为社会各阶层，孙淦以此为媒介传播红十字知识，呼吁在华创兴红十字会，虽以广泛意义上的启“民蒙”为主，但启“官蒙”亦在不言中。

“若论人类同胞之义，体天仁爱之道，忠君报国之忱，危难怜悯之心，则谁不当列名此会耶！而吾华人士亦有亲爱，亦有仁慈，亦有忠义，亦有恻隐，何其宜兴而久不兴也？抑乏有力者起而创之，故相需殷而相遇疏欤！惟冀我政府提倡速为筹建，与政教、交际、卫生、兵事均有关系，且使仁爱忠义之士尽列此会得沾博济之荣名而享公共之利益。”[⑥] 孙淦的主观意愿乃“速为筹建”红十字会，但客观效果只能局限于启蒙层面。红十字会对国人来说毕竟是新事物，“相遇疏”，欲速则不达自在情理之中。

另据红会史料记载，孙淦还编辑《博爱》一书，遍赠好友以广宣传，只是该书是“自行刊送，流传无多，人鲜知者”[⑦]。笔者多方查找，亦无法得见该书的“庐山真面”。不过从上引孙淦致汪康年书“拟将凡有关涉于此（红会）之文字搜求汇集，择要付诸手民，以广流传，而冀有力者之闻风兴起”推测，该书主要内容当为孙淦著译作品的“汇集”，同时也从报刊上收录部分相关文章。这一推测，可以从孙淦致汪康年的另一封书信中

---

① 上海图书馆编：《汪康年师友书札》第2册，上海古籍出版社，1986，第1437页。

② 《时务报》第55册，第3732—3734页。禀文另发《集成报》1898年4月5日。

③ 上海图书馆编：《汪康年师友书札》第2册，上海古籍出版社，1986，第1451页。

④ 同上书，第1437页。

⑤ 同上书，第1460页。

⑥ 孙淦：《红十字会说》，《申报》1898年11月17日。

⑦ 中国红十字会总会编：《中国红十字会历史资料选编，1904—1949》，南京大学出版社，1993，第5、6页。

得到证实，信中提及："弟前见上海《大公报》载有郑陶斋观察所撰红十字会歌略一首，言简意赅，颇深韦佩。前拟奉烦令弟颂谷兄代为一觅，并昔日《时务旬报》《日报》登过之此项章程、缘起等译文，及此外有用各件，凡能办者，均祈转恳觅齐，从速掷下，至感至盼。弟处原稿因各友取阅，散失者多，欲求全璧，不得不劳诸同志者耳。"① 《大公报》创办于1902年，《博爱》一书刊印的时间当在此之后、1904年3月中国红十字会诞生之前。难怪红会史料谓"本会（中国红十字会）成立，已在孙君倡议之后，则是书实本会之先河"②。该书在红十字运动中的地位与影响，不言而喻。

孙淦为在中国创兴红十字会"号呼奔走，艰苦备尝"③，这种创始精神，当载入红会史册。作为"请准回国倡导红十字会第一人"④，孙淦的"创兴"之梦尽管没有实现，但其振聋发聩的启蒙，为红十字会的创立铺平了道路，他无愧为中国红十字运动的先驱。特别值得一提的是，他还于1911年与金韵梅等创立天津红十字会，为红十字事业发展做出了卓越的贡献。他是江苏人的骄傲。

红十字启蒙运动以江苏为中心，轰轰烈烈开展起来，为红十字会在江苏的诞生创造了条件。

第三节　春风拂面——中国红十字会在江苏的诞生

一、中国红十字会的摇篮

红十字启蒙运动在江苏日趋广泛深入，表明孙淦等先驱者的理想已成为现实的需要。红十字会——红十字运动的领率机关——呼之欲出。而"催生"红十字会的外部条件，则是发生在千里之外东北的战事——日俄

① 上海图书馆编：《汪康年师友书札》第2册，上海古籍出版社，1986，第1465—1466页。

② 中国红十字会总会编：《中国红十字会历史资料选编，1904—1949》，南京大学出版社，1993，第6页。

③ 同上书，第5页。

④ 转引自何克明：《中国的红十字启蒙运动》，见《中国红十字》1991年第11期。

战争。

日俄战争是日本和俄国为争夺我国东北而进行的一场帝国主义战争，1904 年 2 月 8 日开战，1905 年 9 月 5 日《朴次茅斯条约》的签订标志着战争正式结束。日本获胜，东北大部成为日本的势力范围。

兵凶战危。在战祸的摧残下，白山黑水间，疮痍满目，“人民死者不可数计，村落为墟”①。大批难民，流离失所，受尽煎熬。清政府坚守“中立”，未便“轻率举动”②，忍看山河破碎，人民惨遭蹂躏，“不平之事，莫甚于此”③。于是人们寄希望于红十字会，把期待的目光转移到了江苏。

江苏上海作为红十字“东渐”登陆中国的“桥头堡”和中国红十字启蒙运动的发祥地，已奠定了红十字会生成的较为深厚的社会心理基础，加上一批热心慈善公益事业的官绅人士的奔走呼吁，红会组织建设终于提上了议事日程。在此过程中，在中国红十字运动史上具有举足轻重地位的“关键人物”——沈敦和走上了历史舞台。

沈敦和（1857—1920）④，字仲礼，浙江宁波人，“世业茶商”⑤，家境殷实。其父沈雄曾入崇厚幕府办理文案，“随崇（厚）办理五口通商事宜数年，知办洋务非通西文不可。又以通异国文语，非引置庄、岳之间不可”，乃挈敦和定居江苏上海，并“延英人至家，课英国文语”⑥。在英文

---

① 苏曼殊等：《民权素笔记荟萃》，山西古籍出版社，1997，第 6 页。

② 《施君肇基笔译上海创设万国红十字支会会议大旨》，见中国红十字会总会编：《中国红十字会历史资料选编，1904—1949》，南京大学出版社，1993，第 21 页。

③ 《红十字会日记摘存》，见中国红十字会总会编：《中国红十字会历史资料选编，1904—1949》，南京大学出版社，1993，第 48 页。

④ 关于沈敦和生年，学界普遍采用 1866 年说，而据 1908 年英国伦敦皇家出版公司出版的《香港、上海及中国其他地方商埠二十世纪印象记》一书，在《上海著名中国人士·沈敦和》中记载：“父沈筱余，宁波茶商，君为次子。君生于 1857 年。”（转引自孙善根编著：《中国红十字运动奠基人沈敦和年谱长编》，浙江大学出版社，2014，第 1 页）明确沈敦和出生于 1857 年。1920 年 7 月 5 日沈敦和病逝，次日《申报》报道说：“前红十字会副会长沈仲礼患病多日，于昨日下午五时在白克路退思里寓所逝世。闻沈君享年六十四岁。”（见《沈仲礼逝世》，《申报》1920 年 7 月 6 日）按此推算，1857 年说是可信的。

⑤ 南苕外史：《沈敦和》，集成图书公司，1911，第 4 页。按，该书作者封面题为“南苕外史”，而封底版权页则题为“苕水外史”，这种情况较为少见，谨此说明。《沈敦和》一书共 8 章：第一章绪论，第二章沈敦和之发迹，第三章兵家之沈敦和，第四、五章外交家之沈敦和，第六章慈善家之沈敦和，第七章教育家之沈敦和，第八章结论。该书出版后，很快销售一空，1912 年再版时，引起日本商界的广泛关注，《申报》多次报道此事。

⑥ 南苕外史：《沈敦和》，集成图书公司，1911，第 4 页。

沈敦和

家教的精心督导下，沈敦和学业大进，继而留学美国，旋至英国，肄业于剑桥大学，学习法政。回国后沈敦和知遇于刘坤一、李鸿章、曾国荃、左宗棠、张之洞等朝廷重臣，历任张家口洋务局督办、山西省洋务局督办、山西大学堂督办、江南水师学堂提调、吴淞自强军营机处总办、上海记名海关道等职，著有《俄罗斯国际略》《英吉利国际略》《德国军制述要》《日本师船考》《自强军西法类编》等。沈敦和“不独为军界之干材，也是外交界、慈善界、企业界出类拔萃的人物”①。他虽然官阶不高，但却是“江南一红道台”②，是一位有影响力、号召力的社会活动家。

日俄构兵，直接受害者为中国。东北难胞，“骨肉摧残，风云愁惨”。当局欲救受阻，一筹莫展。激于义愤，沈敦和乃与前四川川东道任锡汾、直隶候补道施则敬等社会名流，奔走联络，“拟援万国红十字会例，力筹赈救北方被难民人之策”③。沈敦和等的努力，得到了回报，1904 年 3 月 3 日，一个名为“东三省红十字普济善会”的慈善团体宣告成立。普济善会“专以救济该省被难人民为事”，决定由沈敦和等发起人“垫银十万两，以应急需”，并打算“延请中西大善董，就近开办。在沪设立总局，专为筹款之所，而另设分局于京津，招留救援出难之人，以期一气贯注救之之法”④。值得注意的是，尽管沈敦和打出“红十字”的招牌，但同时冠以中国传统慈善组织“善会”之名，看似“中西合璧”，其实不中不西、不伦不类。换句话说，“东三省红十字普济善会”还不是真正意义上的红十字

① 何克明：《中国红十字会创始人沈敦和先生事略》，《博爱》1993 年第 1 期。

② 南茗外史：《沈敦和》，集成图书公司，1911，第 5 页。

③ 《普济群生》，《申报》1904 年 3 月 11 日。

④ 《东三省红十字普济善会章程并启》，《申报》1904 年 3 月 3 日。

李提摩太

组织，不可能取得交战双方的认可，更不可能享有红会本应享有的权利。有鉴于此，深陷窘境的沈敦和请求老朋友李提摩太臂助，得到了李提摩太的慷慨应允[①]。沈敦和遂决定抛开刚刚组建的“东三省红十字普济善会”，另行“设一万国红十字会，牵合日俄两国及局外中立各国，共同组织，以收战地救护之权”[②]。而李提摩太则“游说”英、法、德、美等国领事，希望给予支持，“初各国尚不承允，嗣经李提摩太从中说项，始得定议”[③]。

1904 年 3 月 10 日，历史将永远记住这一天。下午 5 时一刻，中、英、法、德、美 5 国代表集会于上海英租界公共工部局，“定议”创设红十字会。会上推举出 45 名董事（其中西董 35 人、华董 10 人[④]，并从 45 名董事中推出 9 人组成办事董事，其中西董 7 人，为英刑司威金生、公共租界工部局总董、法租界工部局总董、李提摩太、律师麦尼而、医生巴伦、傅密生；华董 2 人，为沈敦和、施则敬（不久增添任锡汾）[⑤]。中西办事董事分工合作，负责具体会务工作。这次“特别会议”，在中国红十字运动史

① 李提摩太（Timothy Richard，1845—1919），英国传教士，1870 年受英国浸礼会差会派遣来华，先后在山东、东北、山西等地传教；1890 年在天津主办《时报》；1891 年任同文书会总干事，任内大量出版中文报刊，传播西学；1895 年在北京参加康有为领导的强学会，附和中国的维新运动；1898 年 9 月拟出任光绪皇帝的顾问，因西太后发动政变而未成。他是在华传教士中极具影响力的人物。1902 年，山西大学堂创办，李提摩太出任西学专斋总理（谷如墉任中学专斋总理），沈敦和则是山西大学堂督办（校长），与李提摩太交往甚密，时相过从。

② 南茗外史：《沈敦和》，集成图书公司，1911，第 24—25 页。

③ 《红十字会定议后闻》，《大公报》1904 年 5 月 24 日。

④ 华董为沈敦和、施则敬、严小舫、朱葆三、周金箴、徐润、苏实森、陈润夫、曾少卿、朱礼琦。

⑤ 《施君肇基笔译上海创设万国红十字支会会议大旨》，《申报》1904 年 3 月 14 日。

上具有非同一般的意义，它宣告上海万国红十字支会的成立①。它的成立，标志着中国红十字会的诞生。在此过程中，李提摩太起到了关键性作用，他在其《回忆录》中不无自豪地写道："我们组成了一个国际红十字会组织，中国人、英国人、美国人、法国人、德国人，还有其他民族的人在这个组织里共同合作。沈先生任中方秘书，我任外方秘书。"②

中国红十字会的创建，是中国红十字运动史上的里程碑，是近代以来中国慈善界"第一伟举"③，同时也是中国传统慈善事业走向近代的标志性事件，"慈善事业遂开亘古未有之局"④，意义重大而影响深远。而江苏上海，作为中国红十字会的摇篮，彪炳红会史册，熠熠生辉。

那么，江苏上海何以会成为中国红十字会的摇篮？这是一个令人感兴趣的问题。根据笔者研究，以下几个方面的因素是主要的：

首先，如前所述，江苏是红十字登陆中国的"桥头堡"，也是红十字启蒙运动的发源地，红十字在社会各阶层中有着较为广泛的影响；同时，由于江苏上海是首批对外开放的口岸城市，人们思想观念远较内地开通。天时地利人和，有此肥沃的"土壤"，红十字在这里找到生长点，是极其自然的。

其次，随着启蒙运动在江苏的不断深入，热心公益事业的慈善家风云际会，他们不断尝试着将红十字理念付诸实践，从而积累了一定的经验。如1899年春，上海绅士汪炳等人，经苏松太道批准，开办"中国施医局"，该局"酌照红十字会章程办理，有事施于军事，无事施于贫民"⑤。这个"中国施医局"，可能是江苏第一个"照红十字会章程办理"的慈善组织。接着，在1900年八国联军侵华战争期间，上海一批绅商陆树藩、庞

① "万国"，即国际之意，"支会"，即分会，以与瑞士总会相区别。7天后，也就是3月17日，正式定名为"上海万国红十字会"，5国合办，日俄战争结束后由中国自办。之所以定名"万国红十字会"，除5国合办具有的国际性之外，也与中国一时难以建立红十字会有关，按史书上的话说，即"中国向无红十字会，仓猝不能成立，故用万国红十字会之名义"。见中国红十字会总会编：《中国红十字会历史资料选编，1904—1949》，南京大学出版社，1993，第48页。

② ［英］李提摩太：《亲历晚清四十五年——李提摩太在华回忆录》，李宪堂、侯林莉译，天津人民出版社，2005，第307页。

③ 《普济群生》，《申报》1904年3月11日。

④ 南苕外史：《沈敦和》，集成图书公司，1911，第24页。

⑤ 《照录中国施医局章程》，《中外日报》1899年5月5日，转引自闵杰：《近代中国社会文化变迁录》第2卷，浙江人民出版社，1998，第184页。

元济、严信厚、施则敬等“为救各国难民及受伤兵士起见”，发起成立了“中国救济善会”“中国济急善局”，“拟派妥实华人，并延请洋医、华医，赴津沽一带，遇有难民，广为救援……亦如外国红十字会之例”[①]。当年10月，中国救济善会在领取护照后，驰赴华北前线，展开广泛的人道救护。中国救济善会的成立，为“红十字会的先声”[②]，对中国红十字会在江苏的组建有着直接的影响，沈敦和在发起成立“东三省红十字普济善会”时，即“仿照庚子救济会（即中国救济善会）之例，筹集款项，雇募轮船，前赴东省一带救济被兵难民”[③]，这既是“被难人民所亟盼，而亦两战国所乐从也”，只不过时异境迁，“照搬”为难：“庚子联军虽伙，合出于一，故与甲国商之而允，而乙国亦必无阻，今则必周旋二国之间，较为棘手，其难一；庚子第在京师，今则奉天、吉林、黑龙江绵亘数省，其地益远，其难二；联军在外无留难救济会事，今则必深入两战国屯军之处，穿越险道，节节遇兵，其难三；拳匪时已平定，今则两战国外，又有胡匪马贼，出没其中，到处抢劫，其难四。有是四难，而人心皇皇，欲进辄退。”[④] 这“四难”，也是沈敦和最终放弃“东三省红十字普济善会”，另行创立“万国红十字会”的不可忽视的原因。江苏绅商开办的这一系列慈善机构，虽然有着浓厚的传统善堂的色彩，但其运作方式无不力图遵行国际红十字运动的基本规则，由此积累了创会经验。中国红十字会一朝“开张”，如果没有“经验”，是不可想象的。江南慈善传统与红十字会救济模式结合而进行的这些实践活动，最终使中国红十字会在江苏脱颖而出，朱浒博士据此提出的“中国红十字会的地方性起源”论[⑤]，是有见地的。

再次，兴办慈善事业，有一个非常现实的条件，那就是财富。江苏上海作为国际性大都会和全国工商业中心，有着任何其他城市难以匹敌的经济实力，“上海为中外交通巨埠，缙绅名流，硕腹巨贾，车马辐辏，靡不毕集，而善举亦惟是为最多，善量为最大，筹赈鬻恤，各省靡不挹注”[⑥]。

---

① 《中外日报》1900年9月17日。

② 闵杰：《近代中国社会文化变迁录》第2卷，浙江人民出版社，1998，第181页。

③ 《御史夏敦复奏请成立中国红十字会片》，《历史档案》1984年第2期。

④ 《申报》1904年3月3日。

⑤ 朱浒：《中国红十字会的地方性起源》，《石家庄学院学报》2005年第4期。

⑥ 中国红十字会总会编：《中国红十字会历史资料选编，1904—1949》，南京大学出版社，1993，第18页。

亨利·杜南之父雅克·杜南有一句名言："财富可转化为仁慈的德行。"[①]上海之"富"，为中国红十字会的创建及运行，提供了物质保障。

由上述可知，江苏上海之成为中国红十字会的摇篮，绝非偶然。

二、吴江施则敬：中国红十字会创始人之一

上海万国红十字会成功组建，作为创始人，沈敦和厥功甚伟，他是早期中国红十字运动的灵魂，这是学术界一致公认的[②]。不过，在中国红十字运动创业史上，吴江震泽的施则敬，同样功不可没。

施则敬（1855—1924），字临元，号子英，著名慈善家，1855年11月6日出生于江苏吴江震泽镇，后随父迁居上海，经营商业，为上海丝业董事。

施则敬

施氏故籍浙江泾溪，清初迁居吴江震泽，"历二百余年，支派蕃衍"[③]，成为吴江望族。施则敬就生长在这样"一个书香门第，积学好德、急公好义的大家族中"[④]。1875年，他考取乙亥恩科乡试中式第九名举人，后又在丁丑科考取咸安宫官学汉教习第一名，期满引见以知县用[⑤]。在他的慈善生涯中，其父施善昌对他的影响是巨大的。

---

① 马克·德斯贡伯：《亨利·杜南传》，《中国红十字报》1992年1月24日。

② 池子华：《一生奔走为人道——中国红十字事业奠基人沈敦和的"四个身份"》，《中国红十字报》2018年8月31日。

③ 《施氏义庄子英公长生建龛记》，载《笠泽施氏支谱》，http：//yhml. gol. icpcn. com/00jp04. htm。

④ 施嘉远、周毅平：《施氏家族与中国红十字会》，见吴江市政协文史和学习委员会编：《吴江文史资料》第16辑，第78页。

⑤ 《中国红十字会创始人——施则敬》，载《笠泽施氏支谱》，http：//yhml. gol. icpcn. com/00jp12. htm。

施氏家族“代有阴德，绳武不替”[①]，施善昌更是“敦行积学”，好行善事。1849年苏南水灾，吴江饥民遍地，嗷嗷待哺，惨不忍睹[②]，施善昌慷慨解囊，“倾赀以助赈”[③]。1876—1878年，华北遭受中国历史上罕见的特大旱灾，饿殍上千万[④]，史称“丁戊奇荒”。面对如此奇灾，施善昌联络江南绅商，“首轫义赈于苏、浙”，筹集款物，全力“赴赈”。施善昌的义举，深深感染着施则敬，施则敬“在其父善昌教导下，年轻时就献身于赈济救灾事业”[⑤]。施善昌举办的各种义赈活动，施则敬均积极参与，故有资料记载说：“直、鲁、晋、豫、皖诸行省水旱偏灾，辄奔走募赀赴赈，父子躬其役，不惮劳勤，所募金以数十百万计，义声震天下。”[⑥] 施则敬在赈灾活动中名重一时，受到李鸿章的赏识。1890年，直隶淫雨连绵，永定河决口，一千数百里间一片汪洋，“被灾极重之区共计四十余州县，庐舍民田尽成泽国，灾深民困，为数十年来所未有”[⑦]。灾情发生后，李鸿章飞檄施则敬，请其北上办理赈务。施则敬不负所望，“靡精销志，日厘荒政”[⑧]，可谓尽心尽力。

值得注意的是，施则敬的仕进与其热心慈善公益事业保持着正相关关系，这从《笠泽施氏支谱》对其履历的记述中清晰可见：“在国难民灾之际，赴山东堵筑黄河漫口出力，保升知州加四品衔；又筹办顺直工赈出力，特旨以知州留于直棣（隶）补用，堵筑永定河南七工漫口出力，保俟补缺，以知府用加三品衔；又助办晋边义赈出力，保俟补缺，以道员用；为劝办江南海防捐输出力，保俟归道员，后加二品顶戴。历办山东、顺直、江苏、河南、安徽等地抗洪劝捐义赈，并修筑房山县煤道工程出力有

① 《贞惠先生碑》，载《笠泽施氏支谱》，http：//yhml. gol. icpcn. com/00jp12b. htm。

② 参见李文海等：《近代中国灾荒纪年》，湖南教育出版社，1990，第79—82页。

③ 《施氏义庄子英公长生建龛记》，载《笠泽施氏支谱》，http：//yhml. gol. icpcn. com/00jp04. htm。

④ 李文海等：《中国近代十大灾荒》，上海人民出版社，1994，第86页。

⑤ 施嘉远、周毅平：《施氏家族与中国红十字会》，见吴江市政协文史和学习委员会编：《吴江文史资料》第16辑，第78页。

⑥ 《施氏义庄子英公长生建龛记》，载《笠泽施氏支谱》，http：//yhml. gol. icpcn. com/00jp04. htm。

⑦ 李文海等：《近代中国灾荒纪年》，湖南教育出版社，1990，第538页。

⑧ 《贞惠先生碑》，载《笠泽施氏支谱》，http：//yhml. gol. icpcn. com/00jp12b. htm。

功，先后九次奉旨嘉奖。”[①] 而这些慈善活动，同时使他赢得了巨大的社会声望。由此可见，施则敬参与创建红十字会组织，绝非无根之木。

更重要的是，施则敬的事业在红十字启蒙运动的中心上海。在这里，他把父亲的事业发扬光大，如其父有仁济善堂之设，他则开办了慈善机构普善山庄[②]；同样在这里，他领略到红十字的魅力，并积极推进将红十字理念付诸实践的慈善行动。如前所述，1900 年为救援庚子之役（即八国联军侵华战争），他参与了“中国济急善局”的发起，对北方难民进行力所能及的救助。1904 年 3 月 3 日，“东三省红十字普济善会”的成立，也与他的推动分不开，《申报》报道说：“昨日（3 月 3 日）午后三下（点）钟时，由施子英观察在英界六马路，邀集东三省红十字普济善会同志诸君，商议开办之法。先由沈仲礼观察表明泰西红十字会缘始及会中一切章程，既而在座诸君以次各抒己见。”[③] 这些活动，使他获得了创建红十字会的宝贵经验。在红会组织建设方面，施则敬堪称“元老”级人物，被沈敦和倚为“后盾”。有资料说“清光绪三十年（1904），施子英五次奏保送部引见候旨，被朝廷选用创办中国红十字会”，并给予其“创办中国红十字会的第一人”的评价[④]，固然言过其实，但沈敦和发起成立万国红十字会，施则敬鼎力相助、义无反顾地参与其中则是毫无疑问的，谓其为“创始人之一”，当是恰如其分的历史定位。

1904 年 3 月 10 日，上海万国红十字会诞生，施则敬成为中方最初的两名办事董事之一（后增补宜兴人任锡汾为办事董事），作用举足轻重。施则敬深感责任重大，第二天他便邀集各华董集会于丝业会馆，决定“先行筹备五万金，以期及早开办”[⑤]。接着，他又与其他华董一起，筹集款项。其父开办的仁济善堂“代收捐款”，他主持的丝业会馆“设立总收发所，所有华董办事、劝捐等事，即以丝业会馆为总汇之区”[⑥]。至于款项如

---

① 《笠泽施氏支谱》，http：//yhml. gol. icpcn. com/00jp12. htm。

② 《公益事业》，《笠泽施氏支谱》，http：//yhml. gol. icpcn. com/00jp17. htm。

③ 《记普济善会初次议事情形》，《申报》1904 年 3 月 4 日。

④ 施嘉远、周毅平：《施氏家族与中国红十字会》，见吴江市政协文史和学习委员会编：《吴江文史资料》第 16 辑，第 78 页。

⑤ 《申报》1904 年 3 月 14 日。

⑥ 中国红十字会总会编：《中国红十字会历史资料选编，1904—1949》，南京大学出版社，1993，第 25 页。

何使用、难民如何救济，他也与中西各董达成共识。3 月 17 日，上海万国红十字会初次集议时，他与会议主席威金生有如下对话：“施曰：嗣后捐款，是否由华董公同允准，方可动支？主席曰：此自然之理。施曰：目前东三省办理此举，自须仰仗西国教士偏劳，惟中国善士愿往者甚多，宜亦派往。西董曰：前往与西教士合力更好。施曰：如不派华人前往同办，恐华人捐款，不能源源踊跃。威曰：请于牛庄设一分会，亦举中西董事合办。”① 透过这段文字，虑事周全、老成练达的施则敬形象呈现在人们眼前。

上海万国红十字会的成立，还得助于清政府的“幕后”支持，时任驻沪商约大臣吕海寰、盛宣怀和会办电政大臣吴重熹均与沈敦和、施则敬保持着密切联系。万国红会在江苏诞生后，清政府的支持公开化②，这使施则敬等深受鼓舞。3 月 29 日，为筹集救济日俄战灾赈款，由吕海寰领衔，通电各省将军、督抚、海关，呼吁“拨助捐款”。这通“元电”电文称：“日俄开衅，战地华商绅民被难凄惨，亟宜救护。限于两国禁令，惟泰西红十字会救护最得实际。中国向未入会，动多格碍，在沪绅商竭尽心思笔舌，商准在沪英、德、法、美各官商，公举中西办事董事，合办上海万国红十字会。适奉商部饬筹办，因即电请外务部据情商明日俄驻使，电驻日俄使转致政府承认此会。各董事并电各国政府一体转商承认。事体重大，于中立有益无损。而经费浩繁，议明中西分筹，并由海寰等先行筹凑，以上海丝业会馆为华董办事处，公司酌刊捐册，备函分寄各省官绅富商，务恳鼎力提倡，俾被难华人同登衽席。中立主义益明，国势民心两有裨益，不胜祷盼。”③ 与吕海寰联名者，除盛宣怀、吴重熹、沈敦和、任锡汾、庞元济、杨士琦等之外，当然少不了创始人之一的施则敬。

“元电”发出后，各省纷纷响应，在物资上或道义上给予广泛支持。上海万国红十字会在沈敦和、施则敬等人的积极努力之下，开始有序、高

① 《二月初一日上海万国红十字会初次集议问答》，《申报》1904 年 3 月 21 日。

② 池子华：《红十字与近代中国》，安徽人民出版社，2004，第 31 页。

③ 《电筹救护》，《申报》1904 年 4 月 2 日。

效运作起来[①]。

可贵的是，在上海万国红十字会的创建过程中，施则敬还有两位家人与闻其事，一位是其长子施振元[②]，另一位是其父施善昌四弟施善增第四子、后来成为著名外交家的施肇基[③]。由于上海万国红十字会组建过程中中西董事的集会以英文为正式语言，为便于沟通、交流起见，施则敬特让族弟施肇基担任书记。在3月10日创会集会中，“施肇基问主席者曰：今日议事情形，已用洋文笔记，仆拟译成华文，分送在场各华董及来探问情形者，请问在场诸人准否？主席者转问在场诸人曰：施所问一节，有不以为然者否？众无词。主席者云：可以照办”[④]。我们今天所见《上海创设万

① 作为海上名流，1897—1898年，施则敬会同经元善、严信厚、郑观应、梁启超在上海创办了中国第一所女子学堂，开辟了慈善教育的新路径（见周秋光、曾桂林：《中国慈善简史》，人民出版社，2006，第243页）；1913年（一说1914年），他发起成立吴江震泽红十字（分）会，“原以赈济四乡贫乏为职志，当时会员约四十余人”（《吴江》第115号）；大约1917年，他创办上海贫儿院，时大总统题词赠送“急公好义”匾额（《中国红十字会创始人——施则敬》，载《笠泽施氏支谱》，http：//yhml. gol. icpcn. com/00jp12. htm）；1919年，他发起成立吴江旅沪同乡会，被举为会长（见郭绪印：《老上海的同乡团体》，文汇出版社，2003，第765页）。1924年7月31日，施则敬病逝于上海，享年70岁。为纪念施则敬功绩，施氏宗族在故居震泽施族祠旁建有六角亭，亭内立有“贞惠先生碑”，以表彰其公德。碑文有“于休先生，令德孔昭。缵承先绪，光耀昆苗。膺仁线义，确乎其操。清心庇物，华首弥劭。惟水有澜，惟木有枝。君子有惠，惟民之思。德充而茂，理和而慈。景是轨躅，永为世师”之句（《贞惠先生碑》，载《笠泽施氏支谱》，http：//yhml. gol. icpcn. com/00jp12. htm）。

② 据《施氏家族与中国红十字会》一文说：“施子英的长子振元，也于光绪三十年（1904）五月调入万国红十字会工作；侄施赞元于民国3年（1914）获美国华盛顿大学医学博士学位后，亦被派往万国红十字会任中国代表。施氏家族对早期中国红十字会事业作出了贡献。”施嘉远、周毅平：《施氏家族与中国红十字会》，见吴江市政协文史和学习委员会编：《吴江文史资料》第16辑，第78页。

③ 施肇基（1877—1958），字植之，1877年4月10日生于江苏震泽镇纯孝里，1888年入上海圣约翰书院读书，1893年随出使美国大臣杨儒赴美，任使馆翻译学生；后入华盛顿大学、康奈尔大学，获文学硕士、哲学博士学位。1902年，施肇基回国后入张之洞幕府，历任京奉铁路会办、天津海关道、吉林洋务局总办、外务部左丞，出使美、墨、秘、古大臣。进入民国后，他历任交通总长、财政总长、总统府大礼官、驻英公使，1919年任出席巴黎和会代表，1921年调驻美公使，同年兼任出席华盛顿会议全权代表，1924年特任出席日内瓦国际禁烟会议中国全权代表，1929年任驻英公使，1933年后任驻美公使、大使等职。1958年，施肇基在美逝世。《笠泽施氏支谱》所载《外交家施肇基年谱》，为施肇基“自定年谱”，较为翔实，可供读者参考（http：//yhml. gol. icpcn. com/00jp14. htm）。

④ 《施君肇基笔译上海创设万国红十字支会会议大旨》，《申报》1904年3月14日。

国红十字支会会议大旨》即由“施君肇基笔译”①。

总之，在中国红十字会“开”会史上，江苏人施则敬是一位不容“淡忘”的人物。1914 年（一说 1913 年），他又发起成立了吴江震泽红十字分会，为江苏红十字运动的发展做出了卓越的贡献②。

第四节　江苏红十字运动的兴起

一、金陵分会：江苏第一个红十字组织

上海万国红十字会诞生，江苏成为举国瞩目的“焦点”。这里是东北救护的“神经中枢”，是落难同胞希望之所系。

作为“神经中枢”，上海万国红十字会统筹全局，为救助东北难胞筹措万端，竭尽心力。在此过程中，清政府给予了难能可贵的支持，1904 年 5 月 24 日特拨出帑银 10 万两，资助上海万国红十字会的救援懿行，并发布“上谕”，以示激励与表彰。“上谕”称：“此会医治战地受伤军士，并拯救被难人民，实称善举。现经中国官绅筹款，前往开办，深惬朝廷轸恤之怀，着颁发内帑银十万两，以资经费。传谕该员绅等尽心经理，切实筹办。”③ 上海万国红会中国董事不负朝廷厚望，践行救援行动计划，有声有色、有条不紊地开展各项救援活动。

除了筹集善款外，中西董事经磋商于 7 月 12 日制定出《上海万国红十字会暂行简明章程》8 条，对万国红会的宗旨、性质、任务、经费、分会等做了原则性规定。《章程》规定：“此会系中、英、法、德、美五中立国联合倡办，由中国政府知照两战国政府，转告战国军队将帅士卒，皆知此会，其名曰上海万国红十字会。”经费来源“以电报、轮船、火车为三大

---

① 中国红十字会总会编：《中国红十字会历史资料选编，1904—1949》，南京大学出版社，1993，第 21—23 页。

② 1914 年，中国红十字会迎来建会 10 周年，施则敬“因劝办红十字会有功，由陆军部奖给金色奖章”。见池子华：《施则敬：满门子弟入“红门”的创会“四公”》，《中国红十字报》2018 年 7 月 27 日。

③ 中国第一历史档案馆馆藏《外务部》档，第 5082 卷。

宗，均承北洋核准免费，沪汉火车亦免半费。蒙中国皇上钦奉皇太后慈恩颁帑，又承中西官商输助”①。该会任务“专以医治战地因战被伤之战国及局外兵民，救护战地之无关战事因战被难人民”，且“救护出险，无论华人西人何国人，均一体相待”，具有鲜明的中立性。

不过，话说回来，江苏上海虽然是万国红十字会的大本营，但毕竟距离东北遥远，远水救不了近火。如何采取有效的救护行动，不能不令中西董事殚精竭虑，费尽心思。按照国际惯例，红十字会总会可以根据需要，随时随地添设分会。有鉴于此，《章程》特别规定：“所有附近战地之紧要地方，由总董会议遴延中西绅董，缮给凭信，前往添设分会，办事仍由总董呈请中国钦差吕（海寰）、盛（宣怀）、吴（重熹）三大臣给发该分会华董印札，以专责成而昭慎重”；“各分会或西董主持，华董襄理，或华董主持，西董襄理，皆与上海总董联络一气。”② 牛庄（营口）、新民屯、沟帮子、辽阳、开原、奉天、铁岭、安暑河、海城、山海关、塘沽等分会相继开办。考虑到烟台为水陆要冲，是往来东北的重要门户，“联络津、沪、旅、青之气”，因请招商局李福全（字载之）设立分会③。随着分会次第添设，大规模的救援行动逐渐推开。

上述分会或近战地，或为东北救援要道，不以为奇。但值得注意的是，上海万国红十字会另在远离硝烟的金陵（即南京）添设分会，耐人寻味。

关于添设金陵分会事，1904 年 4 月 12 日的《申报》有这样的报道：“本会（指上海万国红十字会——引者）前经邀请邓笠航通守驰赴金陵禀商江南善后局总办何诗孙观察设立金陵分会，现得来书，略云何观察业已

① 详情可参见全国图书馆文献缩微复制中心：《国家图书馆藏清代孤本外交档案》第 37 册，2003。

② 《上海万国红十字会暂行简明章程》，见中国红十字会总会编：《中国红十字会历史资料选编，1904—1949》，南京大学出版社，1993，第 27、30 页。

③ 同上书，第 30 页。

慨允，并邀姜蘅浦兄为帮办。”[①] 就是说，金陵分会的创办人为何诗孙[②]，姜蘅浦为帮办，创立的具体时间虽然不得而知，但因救援急如星火，不容拖延很久，很可能在4月中旬即已开办。这应当是合理的推测。

那么，上海万国红十字会为什么要在远离战地的金陵设立分会？这是一个值得探讨的问题。毫无疑问，个中原因是多方面的，其中有两点不容忽视：

其一，金陵为两江总督所在地，江苏（包括上海）为其所辖，政治地位特殊，具有各种资源动员的政治优势，且距离上海近便，声气相通，在金陵添设分会，可以得到两江总督的支持，从而为东北救助提供政治上的后援保障。这是显而易见的。

其二，金陵是东南地区首位城市，经济实力较强，在金陵添设分会，对筹集救助难民的善款不无小补。事实上，设立金陵分会之目的，也主要着眼于经济上的考虑，受命筹办金陵分会的何诗孙说得明白，他“请饬文武各差缺酌量捐助，府厅州县与各厘卡各武职由江宁首府厘捐总局杨镜岩军门分别致函，各寄捐册一份，即假金陵省城门帘桥和静书屋姜公馆为收捐处。刻因捐册不敷，请再添寄”[③]。这个门帘桥和静书屋姜公馆既为收捐处，可能也是金陵分会的办公地点。何诗孙的热情，使上海万国红十字会的董事们深受鼓舞，“除备函酌寄捐册外，如蒙金陵乐善官绅捐助经费，请即就近送往（金陵分会）掣取收照，俟转解到日，即由本会（上海万国红十字会——引者）汇列清单，乞登各报”鸣谢[④]。显然，添设金陵分会的直接动因是为东北救援提供经济上的保障，而且的确收到实效，以致上海万国红十字会所寄捐册不敷使用。这种局面的出现，令人欣喜。

作为中国红十字会的前身，上海万国红十字会诞生于江苏，而金陵分会则是其在江苏境内建立的第一个基层组织，这对江苏红十字运动向纵深

① 《万国红十字会设立金陵、烟台分会》，《申报》1904年4月12日。

② 何维朴（1844—1925，一说1842—1922），字诗孙，晚号盘止，亦号盘叟，又号秋华居士、晚遂老人，室名颐素斋、盘梓山房，湖南道县人，以山水画著称，宗娄东派；1867年副贡，官内阁中书、协办侍读、江苏候补知府、江南善后局总办；辛亥革命后寓居上海，以书、画自给，收藏古印甚多，有《颐素斋印存》6卷及《何诗孙手书诗稿》传世（http://yishujia.findart.com.cn/27905-zixun.html；http://artist.artxun.com/15897-heweipu）。

③ 《万国红十字会设立金陵、烟台分会》，《申报》1904年4月12日。

④ 同上。

发展是有利的。不过，上海万国红十字会是运动的中心，是举国瞩目的焦点。总部的动向及一切活动，总是吸引人们的眼球，至于金陵分会诞生后的运作情形，几乎完全被“盖”住，至少没有引起媒体的足够关注，资料缺乏，以致我们无法透过历史文献再现金陵分会的活动风采，这一缺憾，只能待日后相关资料“浮出”后弥补了。尽管如此，作为现代江苏省历史上第一个红会组织，金陵分会的诞生，无疑是江苏红十字运动的里程碑，其意义之重大、影响之深远，不可低估。

二、救援：在东北与江苏之间

分会不断添设，救援行动逐渐推开。在此过程中，东北各分会担负起伤兵救护、难民出险的具体工作，而在江苏的上海万国红十字会总部则运筹帷幄，指挥调度，协调救援事宜，这其中筹集善款尤为紧要。清政府虽拨帑银10万两，但远不敷开支，筹款募捐实际上成为万国红会工作的重中之重。因此在“元电”发出后，万国红会中国董事又在4月2日的《申报》上刊出劝捐启事，大声疾呼“经费浩烦（繁），议明中西分筹，并由（吕）海寰等先行筹凑，以上海丝业会馆为华董办事处，公同酌刊捐册，备函分寄各省官绅商富，务恳鼎力提倡，俾被难华人同登衽席，中立主义益明，国势民心两有裨益，不胜祷盼”①。“元电”和劝捐呼吁得到各省当局的积极响应，截止到5月16日，在短短的一个多月中，广东捐助2万元，天津捐助2万两，盛京将军增祺助银万两，湖北、湖南、江西、山东各捐万两，河南、陕西各捐5000两等②，捐助之踊跃，可见一斑。

在捐款助赈活动中，江苏依然是全国瞩目的“中心”，这从以下几个方面可以得到确证：

其一，江苏为上海万国红十字会总部所在地，境内外捐款均汇集于此，如“山西藩台吴方伯来电……元电敬悉，蒙提倡中西红十字会，俾东省难民举庆更生，而中立大局亦实有裨益，钦佩莫名。晋省官商谊应尽力捐助，已禀商筱帅一律劝办。因恐缓不济急，先由司库垫拨库平银八千

① 《电筹救护》，《申报》1904年4月2日。

② 池子华：《红十字与近代中国》，安徽人民出版社，2004，第37页。

两，于本月二十三日交商号大德通汇沪以副拯溺救灾德意”[①]；“湖北荆州绰军帅来电……敬悉尊处兴办红十字会，拯救难民，无任钦佩，兹先由公中垫捐银五百两交招商（局）解沪，到希查收，以应急需”[②]；“本会昨承湖北抚台端中丞筹助估平实银一万两，河南抚台陈中丞助平足银五千两，湖广制台张宫保……以拯济所需款巨事迫，册收汇解，缓不济急，先饬由库筹垫库平银一万两解沪以资应用”[③]；“陕甘督帅来电云……接公函并捐册十本，稔知俄日构衅，旅顺各口人民致遭蹂躏，拟筹款将难民迁徙，急公好义，实于时局有裨，感佩殊深，当分递各属，广为劝募，特甘省地瘠民贫，集款不易，即竭力凑办，亦迟时日，诚恐缓不济急，兹由公款内先挪借库平银二千两，交大德恒号汇沪以备要需”[④]；“本会昨承驻日神户领事吴太守来函并交来代募神户北帮商人规元二千两，又广帮商人日金一千元合来元八百两，建帮商人日金四百八十六元合来元三百八十三两九钱四分，除分掣收照并另函复外，谨乞登报伏希公鉴”[⑤]。这样的“公告”，屡见报端。善款汇解江苏上海红会总部后[⑥]，由总部统筹安排，量入为出，使之发挥最大的效用。

其二，江苏是近代文化事业最为发达的地区，尤其是上海，更是近代报刊丛集之地。利用大众传媒“广而告之”，向全国“辐射”，这是江苏的优势，可以有效拓宽募捐渠道。这里应特别指出的是，《申报》《新闻报》《中外日报》不仅代收捐款[⑦]，而且利用自身独特的影响，为人道救援呼吁。例如《申报》多次发布《劝捐万国红十字会经费〈申报〉馆协赈所谨启》，谓：“俄日兴兵，生灵涂炭，旷日持久，尚无已时。两国受伤之

---

① 《万国红十字会电文》，《申报》1904 年 4 月 14 日。

② 《上海红十字会来函》，《申报》1904 年 5 月 3 日。

③ 《万国红十字会来函》，《申报》1904 年 5 月 6 日。

④ 《万国红十字会来函》，《申报》1904 年 5 月 31 日

⑤ 《万国红十字会来函》，《申报》1904 年 5 月 24 日。

⑥ 值得注意的是，当时已有“总会”之称，如 1904 年 12 月 8 日的《申报》所发《汇解万国红十字会捐款声明》中即称：“敝所前于十月初一日将九月初一日至二十九日所募万国红十字会第六次捐款洋银五百零九元，票银十两，铜质伪银十八元九角汇交总会解赴灾区。”

⑦ 如《申报》馆协赈所“经收万国红十字会捐款自去年十一月至今年六月止，共收洋二千二百十三元两角，规银三十两，铜洋九十六元三角，今已悉数汇解本埠红十字会总经理处。”《申报》1905 年 8 月 29 日。另据 1904 年 9 月 17 日《申报》所载《万国红十字会来函》谓：“本会昨承《中外日报》馆汪仲谷先生交来经收秋季英龙洋一千八百五十元，规元一千零十两，小洋二十三角九分，赤金寿星一座，计重九钱六分。”

兵，例由泰西红十字会救治。独我东三省黎庶，连天烽火，骨折心惊，去住两难，死生莫卜，昊天不吊，何又降此鞠凶耶！沪上同仁，恻然悯之，商之各国乐善诸君，联为万国红十字会。派人前往战地，救援被难之人，寒则衣之，饥则食之，病则更为之药之。并特赁轮船载之出险。特是事关重大，所费不赀，刻虽集有五万余金，而来日大难，亟须补助。所望寰中义士，海内仁人，各解囊金，拯民水火，较之散财助赈，其功德更无可限量矣！如荷乐施，请交《申报》馆协赈所帐房，自当掣奉收条，以昭凭信。率布寸臆伫盼，慈云敬叩善安，伏维垂鉴。”① 这些新闻媒体的助赈宣传、号召，产生了广泛的社会影响。社会各界广泛参与，捐款源源不绝，这从《申报》连篇累牍的“捐款清单”中，我们仿佛看到了各界民众涓滴助赈的感人场景。

其三，在捐款捐物助赈活动中，江苏社会各界尤为踊跃。“元电”发出第二天，即3月30日，江苏巡抚恩寿即率先做出反应，致电吕海寰、盛宣怀、吴重熹，表示一“俟奉到捐册，必竭尽心力之所能至，广为劝集，用副雅望并志同心寿愿”②。两江总督也表达了同样的意愿③。不久，治所在苏北清江（今淮安）的漕运总督陆元鼎“倡捐银一千两，并垫拨公款银二千两，一并先汇”上海应急④；“镇江府祥太守来函捐助洋银一百元，又筹垫洋银一百元”⑤；“江宁永军帅、奎都护合捐龙银六百元，又饬江宁八旗驻防公捐龙银四百元，两共一千元。又承刘少峰观察捐助九八规元二百两，镇江关道郭月楼观察倡捐九八规元五百两”⑥；江苏巡抚恩寿“以拯济所需款巨事迫，册收汇解，缓不济急，先饬由库筹垫库平银一万两”⑦；“苏州织造荣尚衣捐洋三百元，又代募广源庄捐洋一百元，共洋四百元”⑧；

① 《劝捐万国红十字会经费》，《申报》1904年4月10日。
② 《万国红十字会电文》，《申报》1904年4月4日。
③ 《万国红十字会电文》，《申报》1904年4月14日。
④ 《万国红十字会电文》，《申报》1904年4月15日。
⑤ 《红十字会来文》，《申报》1904年5月1日。
⑥ 《万国红十字会小启》，《申报》1904年5月2日。
⑦ 《万国红十字会来函》，《申报》1904年5月6日。
⑧ 《万国红十字会来函》，《申报》1904年5月19日。

江阴县令郭曾程“捐助龙银一百元，又代募四百五十三元”[①]。如此等等，不一而足。

官方捐款踊跃，民间亦然，如“江苏学台唐宗师来函并筹助洋二千元”[②]。正是这位时人口中的“唐大宗师”（即唐景崇，官至学部尚书、内阁学务大臣），此后募集10余宗款项[③]，捐款者有各府州县的官绅商学和普通民众，多者数百元，少者数角，虽多寡不一，但无不表达了江苏民众滚烫的爱心。

在救助东北难民的捐款过程中，不少江苏民众甘为“无名英雄”，如徐州有“无名氏捐银五百两”[④]；上海县有“不留名捐洋五百元”[⑤]；通州有“无名氏捐助洋银二百元”[⑥]；苏州有“无名氏（捐）规元五十两”[⑦]。此类事例，在当时的报刊中，并不鲜见。

在捐助行动中，涌现出许多动人故事，令人啧啧称道，筵资助赈就是例子。据《申报》报道：“本会（上海万国红十字会——引者）昨承苏州陈芝山善士来条（信）并洋一百元，云本月为鄙人六十初度，蒙诸亲友惠赐隆仪，理应设筵款待，藉答盛情。念中国红十字会创办伊始，爰将筵资

① 《万国红十字会来函》，《申报》1904年8月1日。其他如“江宁藩宪黄方伯捐助龙银五百元，并解到各营局、各府厅州县捐款库平银一千二百两，湘平银三百两，规平银二百两，鹰银二千四百零二元，龙银一万三千六百八十四元，小银钱四百五十五元五角，制钱一百八十六千”，《申报》1904年10月10日；“淮扬道台杨观察募助英洋七百九十四元，高淳县李大令交来曹辅宸捐洋五十元”，《申报》1904年11月14日；“徐州府张太守交来募助各学龙银一千七百五十三元”，《申报》1904年11月17日。

② 《万国红十字会来函》，《申报》1904年5月18日。又据12月21日《申报》报道说：“昨承江苏学政唐大宗师募助大洋二千四百四十七元，合苏漕足纹一千四百四十两，合规元一千五百五十一两七钱三分。又另募龙银三百二十九元五角，内铜者八元。”捐助者名单分批公示于《申报》。

③ 1905年6月5日、13日的《申报》分别载有《谨将江苏学台唐大宗师经募红十字会捐款第十三批清单抄登公鉴》《谨将江苏学台唐大宗师续募六合、靖江、南汇、清江、赣榆各学捐款清单抄登公鉴》之公告。

④ 《万国红十字会来函》，《申报》1904年5月19日。

⑤ 《万国红十字会来函》，《申报》1904年5月23日。

⑥ 《万国红十字会来函》，《申报》1904年9月27日。

⑦ 《万国红十字会来函》，《申报》1904年12月8日。

洋一百元移助善举，为诸亲友祝福”[①]；“本会昨承（上海）后马路永安里周澍三善士师霖来函，云月之初四日为家君六十寿辰，承诸亲友惠赐隆仪……家君嵩目时艰，慨念东三省惨遭兵劫，遍地疮痍，与其设席肆筵，特备酬情之宴，不若移花接木……移助贵会经费洋百元，为二老添寿，并为诸君子造福”[②]；“本会昨接苏州仁和庄倪锡畴先生来函，以麟儿弥月，承焦乐山司马雅意，嘱将汤饼各款移助本会棉衣经费，为亲友祝福并为文郎积德，兹特将洋银二百元悉数汇奉”[③]。另据报道，“上海戏园四家亦各分班合演，以所得戏资之半，移助本会经费”[④]。这样的故事，连外国人也为之感动，谓中国人“同心好善，深为可喜”[⑤]。

不过，在当时的报道中，我们常常可以看到这样的“留言”：“菇苏胥江钓叟求消灾延寿捐助鹰银一百元”[⑥]；苏州陈钟昌“求病速愈助洋银一百元”[⑦]；常熟“翁缉夫太守求病速愈助洋二百元”[⑧]；苏州蒋友松“为次子病愈酬愿鹰洋十元”[⑨]。显然，无论是消灾延寿，还是求病速愈，抑或病愈还愿，都具有一定的迷信色彩，是不足取的。但积德行善是当时普遍的社会心理，是中国由传统社会向近代社会转型时期的常态，不足为怪，亦毋庸苛求。

总之，以江苏为依托，筹款募捐，通过江苏与东北之间的“桥梁”，

---

① 《申报》1904年6月8日。此处“念中国红十字会创办伊始”的表达，值得注意。在此之前，上海万国红十字会在《暂行简明章程》中特别指出：“至中国红十字会章程，应由华董另拟，呈候咨部核奏，请旨饬行，合并声明。”见中国红十字会总会编：《中国红十字会历史资料选编，1904—1949》，南京大学出版社，1993，第30页。这是红会正式文件中首次亮出“中国红十字会”的招牌，而专门另行制定一个《中国红十字会章程》，更是意味深长。这说明5国合办上海万国红十字会的同时中国红十字会已客观存在了，否则，制定《中国红十字会章程》岂不成了无源之水？退一步，至少可以认定，5国合办红会的同时，中国独立自主自办红会的决策已在酝酿之中了，尽管《中国红十字会章程》直到日俄战争救护结束未见出笼。“念中国红十字会创办伊始”，也表达了人们对“中国红十字会”品牌的认可与渴求。

② 《筵资移助红十字会经费》，《申报》1904年6月25日。

③ 《万国红十字会来函》，《申报》1904年11月8日。

④ 如“赓春集同人准于四月初四、五、六等夜，假天仙茶园客串昆戏，多得戏资悉以捐助红十字会。”见《万国红十字会来函》，《申报》1904年5月16日。

⑤ 《详记万国红十字会问答之词》，《申报》1904年7月1日。

⑥ 《万国红十字会来启》，《申报》1904年5月30日。

⑦ 《万国红十字会来函》，《申报》1904年6月19日。

⑧ 《万国红十字会来函》，《申报》1904年7月9日。

⑨ 《万国红十字会来函》，《申报》1904年11月18日。

源源接济，为日俄战灾救护行动的顺利开展提供了后援支持和物资保障。救助日俄战灾，至1907年结束，历时三载，救护出险、收治伤兵病民、留养资遣、赈济安置难民总计达46.7万人，因伤重不治而亡者仅331人，堪称“成绩特佳”[①]。这其中，江苏社会各界人士的贡献是巨大的，历史不会忘记他们的爱心善举。

① 胡兰生:《中华民国红十字会历史与工作概述》，见中国红十字会总会编:《中国红十字会历史资料选编，1904—1949》，南京大学出版社，1993，第499页。

第二章　辛亥战时救护崭露头角

日俄战灾救护结束后，中国红十字会在江苏实现了与万国红会的分离，走上了独立发展之路。作为中国红十字会的诞生地，江苏依然是中国红十字运动的中心舞台。在改变中国历史命运的辛亥革命中，中国红十字会以江苏为依托，展开卓有成效的救援，而江苏红会组织也在这场救护行动中崭露头角，把江苏红十字运动向前推进了一大步。

第一节　战前准备

一、中国红十字会在江苏“脱胎换骨”

1905 年日俄战争的硝烟散去，但战争影响还未消除，大批难民需要救济、安置，再加上“海参崴有乱事，华民住处被焚饬即派轮前往救护等因”①，万国红会的赈济救护工作直到次年秋天方告结束。1907 年 7 月 21 日，吕海寰、盛宣怀联衔上奏《沥陈创办红十字会情形并请立案奖叙折》，

① 《红十字会来函》，《申报》1905 年 12 月 10 日。

一方面为万国红十字会“出力中西员绅”请奖[1]，另一方面“结万国红十字会之全局，即以巩中国红十字会之初基”[2]。历时3年有余的上海万国红十字会至此终结。

上海万国红十字会在江苏境内存在了3年多时间，这对江苏红十字运动的发展具有深远影响。实际上，江苏红十字运动与中国红十字运动同构共存，共生共荣，是“二合一”的关系，毕竟江苏是孕育中国红十字会的“母体”，又是其生长发育的沃土，更是其释放势能的基地和遂行天职的依托。江苏红十字运动固然是中国红十字运动的组成部分，从上述意义上说，中国红十字运动又何尝不是江苏红十字运动的有机组成部分呢？

使命完成，上海万国红十字会自然“功成身退”，走向解体。而作为“合办”国之一的中国，做何抉择，不能不引起社会各界的关注。在一片“自立”声中，中国红十字会的“脱颖而出”，势所必然。

一方面，如前所述，上海万国红十字会在江苏组建之时，中国就有自主创立红十字会的打算，只不过“自立”条件不成熟，才选择“五中立国权宜联合”的模式[3]，而自主创立红会的努力，也在不断推进之中。先是1904年3月26日，出使美国大臣梁诚上奏朝廷，“请联约各国仿设红十字会”，将“真奈瓦（即日内瓦）公会联约条款、各国入会年份暨美国红十字会章程译成汉文，照录清折，恭呈御览”，并“就管见所及略陈办法，

---

① 奖励勋章共分三等，一等金质、二等银质、三等铜质，外嵌双龙，内含红十字标志。上海万国红十字会“创始及办事人”中国总董记名海关道沈敦和、前四川川东道任锡汾、直隶候补道施则敬、江西补用道任凤苞、江苏提学使毛庆蕃、江海关道梁如浩、前直隶通永道沈能虎、浙江候补道徐润、江苏候补道周晋镳，以及候选道唐德熙、陈作霖，候选主事黄錞，共华员12名；西总董领袖威金生，西总董裴式楷、安特生、勃鲁那、麦尼而、宝隆、葛累、李提摩太、潘慎文，书记李治，分会西董领袖魏伯诗德，西董居达纳、霍医士、虞医生、密勒、法勒、额必廉、大理医生、魏华司德、克澜斯惕、麦克诺顿、费有顿、英格烈司、伯勒、葛澜格、克禄福、杨克罗、魏雅格、远来、傅密生，共洋员30名，荣获“中国红十字会一等金质勋章”，其余“异常出力人员”“寻常出力人员”百余名也分别受到表彰。见《东督等奏保红十字会名单》，《申报》1908年4月28日。

② 盛宣怀：《愚斋存稿》第13卷，《奏疏》。按《中国红十字会二十年大事纲目》记载说，“吕海寰、盛宣怀、吴重熹奏上海创设红十字会，缕陈办理情形及善后持久事宜，并请立案，奖叙在事出力员绅一折”。其实吴重熹并未列衔，奏折中明确说：“此折系臣海寰、臣宣怀主稿，邮船部左侍郎臣吴重熹在京供职，未经列衔。”《纲目》编者没有认真审读折件，出现讹误。

③ 《晚清关于红十字会开创之奏折》，见中国红十字会总会编：《中国红十字会历史资料选编，1904—1949》，南京大学出版社，1993，第9页。

拟请饬下外务部照会瑞士国政府，声明愿入红十字会联约缘由，俟复文到日，专派大员签约。一面查取东西洋各国红十字会章程，按照现在情形参订会章，颁发总会，克期举办。庶几上张国体，广含宏怙冒之恩；下恤军民，作有勇知方之气”①。接着，3 月 28 日，御史夏敦复“奏请成立中国红十字会”，以“广我圣主衽席同登之赐”②。4 月 25 日，外务部上奏朝廷，请命驻英大臣张德彝赴日内瓦补签红十字会原约“作为入会之据”③。在创建中国红十字会的一片呼声中，清廷表示出极大的热情，不仅给予上海万国红十字会以强有力的支持，而且特派驻英公使张德彝专程赴瑞士办理相关手续，6 月 29 日，张德彝在日内瓦补签《日内瓦红十字会公约》（即《1864 年8 月22 日改善战地陆军伤者境遇之日内瓦公约》），取得了自主创建红十字会的资格。不过，按照程序，“凡新立之会，应由本会（红十字国际委员会）介绍，与各会联为一气”④，才能得到国际红会的正式承认。换句话说，中国要加入国际红会，必须首先组建全国统一的、自主的红十字会组织。上海万国红会虽然“在中国地方创始承办，中国遂永有红十字会主权”⑤，但毕竟是 5 国“合办”，非独自拥有，显然不符合“承认”条件。日俄战灾救济紧锣密鼓，只能维持“合办”的局面，不便公然自立门户以中国红十字会名义自行其是，这是当时的历史情境使然。上海万国红十字会使命完成，“自立”问题自然而然提上了议事日程，这是顺理成章之事，也是朝野上下早已形成的共识。

另一方面，“合办”虽然是“权宜”之计，是暂时的，但也招致许多

---

① 《出使美国大臣梁奏拟联约各国仿设红十字会折》，《东方杂志》1904 年第 11 期，第 417—418 页。

② 《御史夏敦复奏请成立中国红十字会片》，《历史档案》1984 年第 2 期。

③ 《外务部具奏补画红十字会原约折稿》，《大公报》1904 年 5 月 10 日。

④ 《日内瓦红十字会会长为中国入会事复函》，《历史档案》1984 年第 2 期。

⑤ 《晚清关于红十字会开创之奏折》，见中国红十字会总会编：《中国红十字会历史资料选编，1904—1949》，南京大学出版社，1993，第 9 页。

人的不理解、非难甚至更为过激的情绪宣泄。有位王熙普[①]，就在《申报》上发表《创设红十字会之理由》一文，对这种“合办”模式进行抨击，指出：“托英人（指李提摩太——引者）代办不能自救其生命，已耻不可言，不能自救反使救济权为外人所操，嘤嘤乞救于外人，耻莫甚焉。”[②] 他认为5国“合办”上海万国红十字会，简直就是中国的奇耻大辱。

王熙普

廖太夫人更以实际行动“示威”[③]。1906年5月，她在京师发起成立“中国妇人红十字会”（又称中国妇人会，是为中国第一个具有红十字会性质的妇女团体），以洗中国不能独立创办红十字会之耻。正如时论所评：“国际红十字会创立后，各国纷纷加入。中国1904年成立的上海万国红十字会，系中、英、法、德、美五国合办，并非华人独立创办，国人引以为耻。时值美国旧金山发生大地震，国人纷纷捐款救济在美华侨，廖太夫人遂发动女界，借此机会成立一个由妇女组成的红十字会，独立募捐以救济华侨，一尽同胞之谊，二洗中国无独立的红十字会之前

① 王熙普（1881—1911），原名槐清，字熙普，艺名钟声，浙江上虞人，中国话剧的先行者、同盟会会员。1898年，王熙普留学德国攻读医学和法律，1906年归国后曾任浙江法政学堂监督和洋务局总办，1907年初来到上海，在复旦大学首任校长马相伯与其连襟、著名京剧表演艺术家汪笑侬的支持下，创建了中国第一个新戏剧团“春阳社”，专演新戏（即话剧）。在沪期间，他与沈敦和相识，并在沈敦和等的资助下创办了中国第一所话剧学校——通鉴学校，沈敦和任校长。1908年，王熙普到天津，与天津戏剧界知名人士刘子良合办“大观楼舞台文明戏院”。1909年，他以“天津新舞台有限公司”名义，在报纸上发表宣传戏剧改革的文章。辛亥革命爆发后，他前往上海参加革命；上海光复后，一度出任沪军都督府参谋，旋在天津被捕遇害。

② 王熙普：《创设红十字会之理由》，《申报》1907年7月3日。

③ 邱彬忻，字冰欣，四川广汉人，度支部部郎廖邵闲之母，人称廖太夫人，医术精湛，热心公益事业和妇女解放运动。1903年，她在宣武门外珠巢街（今珠朝街）寓所开办京师卫生女学医院，是为京师首家华人妇女创办的医院。见池子华：《廖太夫人：女界参与红十字运动首倡者》，《中国红十字报》2018年7月20日。

辱。故中国妇人会一名中国妇人红十字会。”[①] 这些“挑战”，对上海万国红十字会中国董事而言，既是压力，也是动力，日俄战事救护告毕，只有“自立”，别无选择。

从“合办”的上海万国红十字会中“脱颖而出”而“自立”，对沈敦和、施则敬、任锡汾等创始者来说，有其自身的优势，正如笔者分析的那样，至少有如下三大优势[②]：

优势之一，上海万国红十字会救济日俄战灾的使命已经完成，并赢得“中外同称”的美誉，这是一笔财富。这可观的无形资本，当“永有红十字会主权”的中国一方在终结万国红会而选择“自立”——独立自主经办中国红十字会时，较之中国妇人红十字会、红十字会爱群社[③]，以及王熙普“纸上”所谈之“红十字会事务所”[④]，更容易被社会各界所认同。

优势之二，官方的支持。上海万国红十字会从成立之日起，就得到清政府的鼎力扶助，特别是吕海寰、盛宣怀、吴重熹三大臣，秉承朝廷旨意，为万国红会的救援行动大开方便之门，给予人力、物力、财力上的支持。而且，当局一直把争取国际红会的承认作为一项重要外交活动，勉力从事。可以断言，一旦中国红十字会从上海万国红十字会中“脱胎”而出，步入“自立”之途，官方的支持是一如既往的。

优势之三，有“自立”的经济基础。据统计，在上海万国红十字会存在的3年多时间里，“所有收款项下，敬谨领到恩帑银十万两，又核收中西筹拨募捐合银五十四万一千九百两零；所有支款项下，自臣等暨各该中西总董、会员均无薪水、夫马公费，以资撙节，综计各项支款，共银五十七万七千四百两零。其间银洋、金镑、佛郎、马克、卢布、军用手票等类兑解赢耗头绪纷繁，尚须逐细核算。又支旧金山华侨震灾抚款合银二万两。收支两抵，共余银四万四千五百两零”[⑤]。44500两余款作为“自立”的开办经费，应该是较为充裕的，况且，尚有募捐之法。

人心所向，时机成熟。1907年7月21日，也就是光绪三十三年六月

---

① 闵杰：《近代中国社会文化变迁录》第2卷，浙江人民出版社，1998，第482—483页。

② 池子华：《红十字与近代中国》，安徽人民出版社，2004，第64页。

③ 《红十字会爱群社传单》，《申报》1908年7月8日。

④ 王熙普：《创设红十字会之理由》（续），《申报》1907年7月4日。

⑤ 盛宣怀：《愚斋存稿》第13卷，《奏疏》。

十二日，吕海寰、盛宣怀联衔上奏朝廷，缕陈上海万国红十字会办理情形及善后持久事宜。这份奏折向我们传递了一个重要信息，即中国红十字会开始“脱胎换骨”走上独立发展之路。奏折中说：“各国红十字会各有佩章，重以国家之命，由会制备。今中国红十字会成立，西董亦愿得中国红十字会佩章以永纪念等语。臣等因饬总董仿照各国红十字会佩章式样，酌拟中国红十字会佩章。派员测绘各地设会办事情形，拟具图说，俟石印成册，咨送外务部核议呈进，并分送京外中西捐助之官绅士商，表明此次办法，即为中国红十字会商订专章之据。”① 这里应特别注意的是“今中国红十字会成立”的表白，显而易见，“今”即意味着奏折呈上之时中国红十字会已正式“成立”，至于“成立”的具体时间，我们不得而知，“极有可能没有举行相关仪式，否则，《申报》《大公报》等媒体会有消息发布。因此，说中国红十字会‘成立’，倒不如说中国红十字会从上海万国红十字会中‘脱胎’或‘流变’而出，更为恰当，因为……‘中国红十字会’的底牌，在上海万国红十字会组建时即已亮出，只不过格于‘合办’，非常隐晦。如今万国红十字会全局终结，中国一方自然而然旗帜鲜明打出‘中国红十字会’品牌。这是顺理成章之事。由此我们可以说，上海万国红十字会终结之时，也是中国红十字会‘自立’之始”②。在没有相关资料发现以前，我们完全有理由把1907年7月21日吕海寰、盛宣怀上奏之日视为中国红十字会“自立”走上自我发展之路的起点。

中国红十字会在江苏“脱胎换骨”，走上自我发展之路，这是中国红十字运动史上新的里程碑。天时地利人和，自此以后，江苏红十字运动在中国红十字会的直接推动下势必出现新的起色，这是人们所期盼的。

二、盛宣怀：产自江苏的中国红十字会首任会长

在江苏实现转型的中国红十字会，在组织建设上面临一个重要问题，那就是选出首任会长取代万国红会时期的“办事董事”。

首任会长的候选人至少应具备两个条件：

① 《本会开创时之奏折》，见中国红十字会总办事处编：《中国红十字会二十周年纪念册》，1924，第2—3页。

② 池子华：《红十字与近代中国》，安徽人民出版社，2004，第65—66页。

一是具有官方背景的朝廷重臣。虽然红十字会组织是非政府组织，但没有中央政府的支持，很难形成全国统一性，毕竟中国红十字会是全国性的组织，不是地方性的慈善团体，会长一职非一般人所能胜任。

二是参与上海万国红十字会的运筹，具有创办人的资历。

沈敦和、施则敬、任锡汾，都是上海万国红十字会的创始者、"办事董事"，也都有一官半职，但不是官方大员，权威性、影响力都很有限，很难掌控全局。

看来，会长的合适人选也只有吕海寰、盛宣怀、吴重熹三人了，他们既是朝廷重臣，同时"由中国联合英、法、德、美五中立国，创设上海万国红十字会，公同推举臣海寰、臣宣怀及臣重熹为领袖"①，当然是绝佳候选人。

吕海寰

吕海寰（1842—1927），字镜宇，山东莱州掖县人，1862年以童生资格取得顺天府大兴县县籍，1867年中举，捐官员外郎，签分兵部②，因关心时务，受到协办大学士、总理各国事务衙门大臣李鸿藻的赏识，迭膺优保，历任兵部车驾司总办兼则例馆提调、总理各国事务衙门总办章京、司务厅收掌、兵部员外郎、圣典馆协修官、清档房提调、记名海关道赏加二品衔等职③。1894年，吕海寰外放任江苏常（州）镇（江）通（通州）海（海门）道，任内"首倡保婴局，开浚荷花塘船坞和京口

① 中国红十字会总会编：《中国红十字会历史资料选编，1904—1949》，南京大学出版社，1993，第7页。

② 徐凌霄、徐一士：《凌霄一士随笔·吕海寰轶事》，山西古籍出版社，1997，第1546页。

③ 李石孙：《吕海寰的一生》，见《天津文史资料选辑》第35辑，第119页。

救生会等社会福利事业，缴价承领镇江租界滨江滩地收租救生事，已属慈善之端倪”[①]。其间，办理泰安、淮阴两教案，有理有节，颇为得体，赢得善办外交的美誉。1897 年，经李鸿章保荐，他被任命为出使德国大臣，回国后，“以中国皇帝之使往往贻笑邻邦”，乃辑历代奉使事迹为《奉使金鉴》，进呈光绪帝；又著《庚子海外纪事》一书，记述使德始末，“盖隐寓忧殷启圣之意”[②]，表达了对祖国前途命运的强烈关注。1902 年 2 月 23 日，官至工部尚书的吕海寰被朝廷任命为钦差办理商约大臣，在沪与西方列强进行商约谈判，盛宣怀、吴重熹会办，予以协助。因在沪办理商约的关系，吕海寰与红十字结下了不解之缘。上海万国红十字会的成立、维持以及救助行动的顺利实施，他都倾注了大量心血[③]。可以说，他是一面旗帜，是出任红十字会会长的最佳人选。

盛宣怀

盛宣怀（1844—1916），字杏荪，又字幼勖，号愚斋、止叟，江苏武进人，出身于一个官宦之家，“幼慧，有深沉之思”，但科举之路颇不平坦，“弱冠补县学生，屡试秋闱不第”[④]。1870 年，经杨宗濂推荐，盛宣怀入李鸿章幕府办文案。盛宣怀之父与李鸿章交谊甚厚，加上盛宣怀精明能干，深受李鸿章赏识，遂得大用。1873 年，盛宣怀任轮船招商局会办（后升任督办）；1880 年，筹办中国电报局，任总办；1893 年，筹办华盛纺织总厂，任督办；1896 年，从湖广总督张之洞处接办汉阳铁厂、大冶铁矿，经办芦汉铁路；1897 年，在

① 转引自孙兴林：《血雨腥风聚正气，爱国救民献丹心——纪念中国红十字会先师吕海寰诞辰 150 周年》，《中国红十字》1992 年第 3 期。

② 中国红十字会总会编：《中国红十字会历史资料选编，1904—1949》，南京大学出版社，1993，第 553、554 页。

③ 见池子华：《红十字与近代中国》，安徽人民出版社，2004。

④ 陈夔龙：《皇清诰授光禄大夫太子少保邮传大臣盛公神道碑》，见盛宣怀：《愚斋存稿》，卷首。

上海成立中国铁路总公司，开设中国通商银行。他一跃成为当时屈指可数的洋务企业家。上海是盛宣怀的大本营和活动中心，1900 年义和团运动期间他参与“东南互保”，运动两江总督刘坤一、湖广总督张之洞与驻沪各国领事订立“东南互保章程”（《东南保护约款》和《保护上海城厢内外章程》），以避免因义和团运动和八国联军侵华战争而可能引发的社会震荡，事后受到慈禧太后的赞赏，目为“不可缺少之人”①。1902 年，盛宣怀出任会办商约大臣、办理商税事务大臣，协助吕海寰与各国进行增加关税、改订商约的谈判，由此与红十字结缘。他是上海万国红十字会的领袖人物之一②，也是首任会长的合适人选。

吴重熹

吴重熹（1841—1921），字仲怡，山东海丰县人，光绪初年任河南陈州府知府。1900 年八国联军攻占京师，慈禧太后与光绪皇帝出逃西安，吴重熹即在途中恭请圣安，得太后欢心；后又仿唐代杜甫诗作“麻鞋见天子”，集一诗册《麻鞋草》，对慈禧朝政极尽歌功颂德之能事，渐见大用。1907 年护理直隶总督，又署理江西巡抚，后调任邮传部侍郎，继出任河南巡抚，1911 年又调任邮传部侍郎，直至清帝逊位，吴始解职，寓居天津③。他在江苏上海出任会办商约大臣期间与吕海寰、盛宣怀秉承朝廷旨意，鼎力支持上海万国红十字会的开办与运作。他是朝廷大员，也是万国红会的领袖人物之一，当然也是首任会长的合适人选。

由上述可知，吕、盛、吴三大臣都具备荣膺首任会长的资格，不过，“吴重熹除了在一些有关文件中与吕海寰、盛宣怀共同署名外，很少出面，1905 年他被调至北京任仓场侍郎，几乎不再过问红十字会的活动，因此他

① 盛宣怀：《愚斋存稿：附录·行述》。

② 《愚斋存稿》记载说：“府君与尚书吕公海寰、侍郎吴公重熹为领袖，联合各中立国，创始经画，嗣得加入瑞士国总会，中国遂永有红十字会主权。”见盛宣怀：《愚斋存稿：附录·行述》。

③ 张达骧：《吴重熹生平记略》，见《天津文史资料选辑》第 35 辑，第 127 页。

在万国红十字会创建过程中的作用十分有限，真正起作用的是吕海寰和盛宣怀”①。显然，从资历、阅历上看，首任会长的最佳人选首推吕海寰，盛宣怀其次。事实上，民国以来至今，中国红十字会出版的各种读物也都认定吕海寰为首任会长。我们可以随意举出几个例子，如：

《红十字手册》云：“1907 年清政府颁发关防，将上海万国红十字会改名为大清红十字会，会长为商务大臣吕海寰。”②

《闪光的红十字》谓：“1907 年，上海万国红十字会改名为大清红十字会，商约大臣吕海寰监临会务（称‘盛大臣’，即会长——原注）。”③

《中国红十字会的九十年》称：“1907 年 7 月 21 日（光绪三十三年六月十二日）清政府批准将上海万国红十字会改名大清红十字会，任吕海寰为会长。”④

《中国红十字事业》说：“1907 年，清政府颁发关防一颗，将‘上海万国红十字会’改名为‘大清红十字会’，并派‘办理商约大臣’吕海寰‘监临会务’（称‘盛大臣’，即会长之职——原注）。”⑤

另外，我国台湾地区出版的《九十纪要》亦云：“清廷因于一九〇六年派驻英公使张德彝赴瑞士签订救护伤病员兵条约，并于一九〇七年组织大清红十字会，由政府颁发关防，令派吕海寰为会长，（沈敦和为副会长）一九〇九年接收上海万国红十字会余款，上海万国红十字会解散，大清红十字会遂取而代之。”⑥

从上面的随机列举中不难发现，吕海寰为首任会长，可谓众口一词，不容置疑。

的确，吕海寰是中国官方“监临”上海万国红十字会事务的头号人物，由他出任“脱胎”而出的中国红十字会会长，应该是天经地义、理所当然的。这几乎是历史常识。但当我们溯本求源、检视这一说法的出处

① 冯金牛：《中国红十字会第一任会长研究》，见中国红十字会总会编：《探本溯源——来自博爱论坛的声音》，北京大学出版社，2010，第 6 页。

② 中国红十字会总会编：《红十字手册》，辽宁科学技术出版社，1988，第 14 页。

③ 尤德新编著：《闪光的红十字》，湖北科学技术出版社，1992，第 90 页。

④ 中国红十字会总会编：《中国红十字会的九十年》，中国友谊出版公司，1994，第 9 页。

⑤ 曲折主编：《中国红十字事业》，广东经济出版社，1999，第 30 页。

⑥ 台湾地区红十字组织编：《九十纪要》，台湾致琦企业有限公司，1994，第 16—17 页。按，清政府派张德彝赴瑞士补签日内瓦“原约”的时间为 1904 年，并非 1906 年。

时，发现这实在是一个历史的“误会”。

上述说法，源自中国红十字会总会总办事处1924年所编《中国红十字会二十年大事纲目》（以下简称《纲目》），载入1924年出版的《中国红十字会二十周年纪念册》，1993年中国红十字会总会编辑出版《中国红十字会历史资料选编，1904—1949》时亦将《纲目》收录其中。这份资料，记载1904年至1924年中国红十字会活动大事，是研究中国红十字会早期历史的重要文献。关于1907年的“大事”，《纲目》记载说：

> （纲）改名大清红十字会，吕海寰为会长。（目）吕海寰、盛宣怀、吴重熹奏上海创设红十字会，缕陈办理情形及善后持久事宜并请立案，奖叙在事出力员绅一折。光绪三十三年，奉朱批，着徐世昌查明具奏。该部知道，钦此。旋改名大清红十字会，政府颁发关防，派吕海寰充会长[①]。

这是吕海寰为首任会长的最原始的资料，上引诸书以及红十字会的历史文献，均依据于此。不过，这一记载与史实颇有出入。

首先，1907年没有改名大清红十字会，改名大清红十字会是3年以后的事（根据中国第二历史档案馆外交部档案记载，1910年6月5日正式启用大清红十字会关防[②]），在此之前的近3年中，无论红会往来函件，还是最具权威影响的《申报》，均称中国红十字会或红十字会[③]。

其次，遍检《吕海寰奏稿》及函电，以及《光绪朝东华录》《清实录》《光绪朝朱批奏折》等史籍，没有找到吕为会长的记载，谓“派吕海寰充会长”之说，难以令人信服；而且，一“派”（即朝廷任命）字，根本不符合1910年前红会运作机制（董事会选举制）。官派会长也是从3年以后的1910年开始的，对此《纲目》也有明确的记载。《纲目》记1910年大事说：“（纲）正月，盛宣怀为会长。（目）盖至是清政府派充会长，以前则称盛大臣，监临会务，不称会长。”[④] 这就等于否定了“派吕海寰充

---

① 《中国红十字会二十年大事纲目》，原载《中国红十字会二十周年纪念册》，见中国红十字会总会编：《中国红十字会历史资料选编，1904—1949》，南京大学出版社，1993，第452—453页。

② 参见周秋光：《晚清时期的中国红十字会述论》，《近代史研究》2000年第3期。

③ 参见《申报》1908年4月28日、9月4日、9月23日。

④ 中国红十字会总会编：《中国红十字会历史资料选编，1904—1949》，南京大学出版社，1993，第453页。

会长”的前说。

又次，《纲目》谓1910年前，会长不称会长，称“盛大臣”。视“盛大臣”为职官，更是不伦不类，翻检红会函件，有“盛大臣”的记载，那是对盛宣怀的称谓，相应地称吕海寰为“吕大臣”、吴重熹为“吴大臣”[①]，从未见把“盛大臣”与“会长”画等号。这一错误产生的原因比较复杂，其中不排除一时疏忽的可能，如在1910年5月12日《申报》刊登的《中国红十字会医学堂添招新生》广告中，就有“本会奉旨派盛大臣为会长”之句，这是指清政府任命盛宣怀为会长事，《纲目》编者可能产生“盛大臣为会长”的错觉，臆断“以前则称盛大臣，监临会务，不称会长”，以致以讹传讹[②]。其实1910年前，红会会长照样称会长，会长由董事会推举，政府认可即可，无须另“派”。

那么，首任会长究竟是谁呢？不是吕海寰，而是盛宣怀[③]。理由如下：

其一，《纲目》所载1910年“以前则称盛大臣，监临会务，不称会长”的记载虽然不实，但由此衍生的“盛大臣为会长”，却透露了一个重要信息，被称为“盛大臣”的盛宣怀其实就是“会长”。这从下面的记载中可以得到证实。

其二，“盛大臣为会长”，在《吕海寰往来电函录稿》中有明确的记载：“洎乎一千九百零四年创立之万国红十字会解散后，中国会员遂于上海开会，议决另行组织中国红十字会，以为久远之计。适商约大臣盛宣怀驻沪，遂公推为会长。一千九百零七年盛大臣（盛宣怀）将组织会务情形

---

① 如《申报》报道说：“广东督抚宪来电：盛大臣、吕大臣、吴大臣钧鉴：现饬王丞拨解二万元交尊处备东三省红十字会之用。”见《万国红十字会电文》，《申报》1904年4月5日。

② 朱浒先生也认为，《中国红十字会二十年大事纲目》“对中国红十字会起源的说法根本不能被称为‘信史’”。朱浒：《中国红十字会的第一任会长及相关问题考辨》，见中国红十字会总会编：《探本溯源——来自博爱论坛的声音》，北京大学出版社，2010，第61页。

③ 笔者这一看法曾以《吕海寰是中国红十字会的首任会长吗?》为题，发表在《河北大学学报》（哲学社会科学版）2002年第2期，并在《红十字与近代中国》一书中做了进一步阐述。为了澄清事实，中国红十字会总会在2005—2008年期间，分别委托上海图书馆盛宣怀档案研究中心的冯金牛先生、国家图书馆社会科学咨询室的李凡先生、中国社会科学院近代史所的朱浒先生做了《中国红十字会第一任会长研究》《中国红十字会第一任会长考辨》《中国红十字会的第一任会长及相关问题考辨》三个研究课题，“得出了一致的结论：盛宣怀是中国红十字会第一任会长”。研究报告收录进中国红十字会总会编的《探本溯源——来自博爱论坛的声音》一书中，2010年由北京大学出版社出版。盛宣怀出任会长的时间为1911年2月27日，清政府颁发任命上谕。在这点上，没有分歧。至于1907年盛宣怀是否被“公推”为会长，则存在不同看法。

奏达朝廷，当奉谕旨，准照办理，并派盛大臣为会长。其时本会并未请领敕旨书，亦未订立规章，故其范围未见推广。”① 这段史料来源于1912年中国红十字会向在美国举行的国际红十字会第九次大会提交的《中国红十字会中央部赴会报告》，抄件存于《吕海寰往来电函录稿》，虽属于追溯性质，但毕竟距离上海万国红十字会解散的时间不远，记忆“失真”的概率极小，因此可信度高②。它说明：（1）上海万国红十字会解散后，上海绅商举行了专门会议，“议决另行组织中国红十字会”；（2）因盛宣怀恰巧在沪，遂推为会长；（3）组织会务情形由盛宣怀上奏朝廷，也就是《沥陈创办红十字会情形并请立案奖叙折》，希望能够“立案”得到官方的批准；（4）因为没有订立规章，自立后的中国红十字会影响范围有限。一言以蔽之，盛宣怀才是中国红十字会的首任会长，而且是“公推”的，得到朝廷

① 《吕海寰往来电函录稿》，见沈云龙主编：《近代中国史料丛刊》第3编第58辑，（台北）文海出版社有限公司，1978，第885页。

② 李凡先生完全否认这份资料的可靠性，今录此供参考。他认为：“1912年《中国红十字会中央部赴会报告》是一个特定历史时期的产物，它也是错误的，这是因为：第一，盛宣怀不可能1907年即担任红会会长，否则吕海寰为什么还要在《酌拟中国红十字会试办章程请旨立案折》中再向政府建议：‘可否简派大臣作为会长，以昭郑重’呢？第二，撰述这个报告的黄鼎是沈敦和选派参加万国红十字会第九次大会的代表，而他当时是留美学术监督，所撰报告应该出自沈敦和之手。辛亥革命爆发后，沈敦和在上海组织一个名为‘中国红十字会万国董事会’的机构，与北京的中国红十字会分庭抗礼，在此次万国红十字会第九次大会上，沈敦和就抛出了一个《致美京万国红十字会第九次大会会长函》，并自署‘中国红十字会会长’。而他要对抗的恰恰是当时的会长吕海寰，所以不能排除他在‘报告’中扬盛贬吕的可能。另外，从《吕海寰往来电函录稿》中很难看出吕海寰有‘审核’这份报告的可能性。第三，从吕、盛、吴三大臣‘监临’红十字会会务的情况看，不但吕海寰的职衔最高，而且他对会务指导也最多，这从《吕海寰往来电函录稿》中收录的《红十字会发电》与《红十字会来电》中是不难看出的。反之，盛宣怀则较少过问会务，这在《盛宣怀未刊信稿》中收录的宣统元年十二月二十一日《寄吕尚书函》中可以看出：‘红十字会均得优奖，此后倘能造就一班好医生，不特为战时调用，即平常亦可济人利物。惟各处民穷财尽，无事之秋募捐，恐无把握。大疏中集款造医船数只，奢愿不易偿。请部铸关防，似亦非吾三人手无斧柯所能领办。鄙见莫如奏明归部为是。’可见他是不大愿意管红十字会的事情的。遍查他的信函、奏稿等，很少有涉及红十字会的，也能够说明这一点。第四，这份报告的叙述有许多不符合历史事实之处，如‘一千九百零七年盛大臣将组织会务情形奏达朝廷，当奉谕旨，准照办理，并派盛大臣（盛宣怀）为会长。其时本会并未请领敕旨书，亦未订立规章，故其范围未见推广。’1907年的《沥陈创办中国红十字会情形并请立案奖励折》是由吕海寰领衔的，盛宣怀只是参加会奏者。其后，也未‘并派盛大臣为会长’的圣旨。此外，需要强调的是这个记载是一条孤证，未见于任何盛宣怀的传记资料中。因此，这个记载也是错误的。”参见李凡：《中国红十字会第一任会长考辨》，中国红十字会总会编：《探本溯源——来自博爱论坛的声音》，北京大学出版社，2010，第29—30页。

的认可而已，所谓“派”，目前尚未找到有关原始资料，只能理解为官方只是顺水推舟，并非实质性的“政府任命”。

其三，与吕海寰相比，盛宣怀有自身的优势，尽管吕海寰官位较盛宣怀为高。这一点，冯金牛先生进行过比较，认为“吕海寰早年在兵部任职十余年，1897 年任驻德国、荷兰公使，1900 年任满回国，在总理各国事务衙门任职，后任办理商约大臣，因此他的特长在外交事务方面，很少参与社会慈善活动”。盛宣怀则不同，他“从 1871 年始就参加民间救灾活动，1878 年奉李鸿章之命负责河北献县的赈灾工作，之后的二三十年间几乎每年都要参与赈灾救济活动，与沈敦和、施则敬、任锡汾等民间慈善事业活动家有着长期的交往与合作。1900 年八国联军侵略中国时期，盛宣怀就联合严信厚、任锡汾、施则敬等慈善界人士，成立‘东南济急善会’，筹款前往华北救援受累于战争的难民。盛宣怀因此在义赈界有着很高的威望，他熟悉赈灾救济活动的人员组织、善款筹集、灾区救援、善后事宜等一系列赈灾活动的程序及实施方法，从万国红十字会的具体事务来说，盛宣怀无疑是轻车熟路，比吕海寰有优势，所起的作用更大。1904 年 3 月，在沈敦和、施则敬等发起创办上海万国红十字会之初，他虽未出面，但为山东赈济事与施则敬等人仍时有来往，就盛宣怀与沈、施等人的密切关系而言，他比吕海寰显然更容易接触创办万国红十字会的核心人物，了解内情”①。

另外，当时吕海寰已回北京供职，鞭长莫及，而盛宣怀仍留上海，正好“就近经理”，出任会长也在情理之中。盛宣怀在上海一直热衷于慈善事业，由他来“经理”红十字会事，轻车熟路，这也是他之成为首任会长的一个重要条件②。

中国红十字事业的进步，离不开官方的支持。因此，1910 年 2 月 27 日，吕海寰、盛宣怀、吴重熹联衔会奏《酌拟中国红十字会试办章程请旨立案折》特别强调：“惟会务头绪繁多，关系中外交涉，可否简派大臣作为会长，以昭郑重，如蒙俞允，即由会长督率该董等妥为筹办，并将办事情形

① 冯金牛：《中国红十字会第一任会长研究》，中国红十字会总会编：《探本溯源——来自博爱论坛的声音》，北京大学出版社，2010，第 6—7 页。

② 冯金牛、高洪兴：《“盛宣怀档案”中的中国近代灾赈史料》，《清史研究》2003 年第 8 期。

随时报部查核以期核实”，提出了“官派”会长的正式请求①。当日朝廷准奏，“著派盛宣怀充红十字会会长”②。盛宣怀因此又成为政府正式任命的首任会长。因为盛宣怀自1907年后一直担任着红会会长职务（尽管是“公推”而非官方正式任命），故此次任命是顺理成章的，否则，倒有些不近情理了③。

综上所述，吕海寰并不是中国红十字会的首任会长，首任会长为来自江苏的盛宣怀。

三、巩固“初基”的努力

中国红十字会在江苏“脱胎换骨”，实现了由上海万国红十字会向中国红十字会的平稳过渡。这是一个新的转折点。首任会长“公推”出来，即“产自”江苏武进的盛宣怀；作为红十字会创始人之一的沈敦和，理所当然被“公推”为副会长，施则敬、任锡汾、任凤苞等，继续担任董事。对中国红十字会首届领导人来说，“中国红十字会，事属创举，自无成案办法可援”④，如何巩固上海万国红十字会打下的一点基础，不能不有所规划。对此，中国红十字会首任会长盛宣怀在1907年7月21日与吕海寰联衔上奏的《沥陈创办红十字会情形并请立案奖叙折》中已经有了初步的打算，谓：

---

① 盛宣怀：《愚斋存稿》第15卷，《奏疏》。根据1910年2月28日《吕海寰致盛宣怀函》所言本折“业于本月十八日具奏”可知，上奏时间为宣统二年正月十八日，即1910年2月27日。见中国红十字会总会编：《探本溯源——来自博爱论坛的声音》，北京大学出版社，2010，第113页。

② 《宣统二年正月十九日吕海寰致盛宣怀函》，见国家清史编纂委员会编：《盛宣怀档案选编》第1册，上海世纪出版股份有限公司、上海古籍出版社，2014，第2页。

③ 朱从兵教授认为，盛宣怀正是这样一个在当时的官场上以“可联南北，可联中外，可联官商”而著称的人物，他的这种能力是吕海寰不可比拟的，且自1906年以后，吕海寰已返京赴兵部尚书等任。因此，在当时的情形下，考虑由盛宣怀担任会长是合适的，这个奏折的目的几乎就是推荐盛宣怀。而且，自1896年中国铁路总公司成立后，任铁路总公司督办大臣的盛宣怀长期驻在上海，对上海中外官商的情况比较了解。他参与了上海万国红十字会和中国红十字会的筹办过程，他对中国传统的社会救助活动也相对热衷，自称“素性喜办赈济”，进行过独立思考。由盛宣怀担任中国红十字会会长，可谓是正当其选。参见朱从兵：《为什么盛宣怀成为中国红十字会首任会长?》，载池子华、郝如一主编：《红十字运动与慈善文化》，广西师范大学出版社，2010，第96—97页。

④ 中国红十字会总会编：《中国红十字会历史资料选编，1904—1949》，南京大学出版社，1993，第9页。

一面参考日本初创赤十字社情由，与西董订明，先就中国自筹之款酌拨以为基础，兼仿瑞士总会真奈瓦（即日内瓦——引者）地方之意，在上海购地，采取各国医院、学堂、医船、医车之式样，筹措经费，次第仿办。另选聪颖华童，一面在沪附设医学堂，一面出洋学习会医，考求会医与军医之如何区别，本国看护人之如何储备招致，务期悉臻详备，以结万国红十字会之全局，即以巩中国红十字会之初基①。

上述两个方面，即建造医院以立根基，培养救护人才以为根本，是中国红十字会得以“持久”的重要条件，其中后者尤为紧要，1910 年 1 月 30 日盛宣怀在给吕海寰的信中还强调说：“红十字会……倘能造就一班好医生，不特为战时调用，即平常亦可济人利物。”② 这是极有远见的。

《沥陈创办红十字会情形并请立案奖叙折》“声明”在上海购地建造医院、学堂等以立基础，说明江苏地位的特殊与重要，其依旧是中国红十字运动的中心。但在江苏建造医院、学堂等以立基础，依然要依靠沈敦和、施则敬等创始者的积极配合，为此“饬由原办总董记名海关道沈敦和、前四川川东道任锡汾、直隶候补道施则敬、任凤苞等就上海万国红十字会余款先行筹办，所有一切事宜，仍责成该总董等一手经理”③。沈敦和、施则敬等“原办总董”不负众望，为巩固“初基”进行了不懈的努力。

① 盛宣怀：《愚斋存稿》第 13 卷，《奏疏·沥陈创办红十字会情形并请立案奖叙折》。

② 盛宣怀：《寄吕尚书函》，见北京大学历史学系近代史教研室整理：《盛宣怀未刊信稿》，中华书局，1960。

③ 盛宣怀：《愚斋存稿》第 15 卷，《奏疏·酌拟中国红十字会试办章程请旨立案折》。

1909年，开办医院积有经验的沈敦和[①]，经手在上海徐家汇路购买土地10余亩[②]，设计“建造高大洋房一所”，作为中国红十字会总医院。第二年春天，总医院落成，“其间冷热水管、解剖房（病理室——引者，下同）、割症房（手术室）、蒸洗器械房（消毒室）、爱克司电光房、配药房（制剂室）、储药房、发药房、化学房（化验室）、汽锅房（锅炉房）、浴室、病房、议事厅（会议室）、殡殓所（太平间），无一不备”[③]，规模之大，设备之精良，“为沪之冠”[④]。总医院延聘著名西医柯师为内科医生，解剖专家峨利生为外科医生，血液学专家亨司德为血液检验医生，克立天生女士为看护妇（护士），王培元为驻院医生，主持医院事务。

中国红十字会总医院“远隔市廛，宜于养病而不便于施诊”，于是，1910年12月26日，中国红十字会特于天津路80号开设分医院，“利便租界居民治病”[⑤]。分医院与沈敦和经理的公立医院分医院合办，“费省惠溥，一举两得，就诊者日三百余人，遇重病则送总医院留养，或须解剖者，亦送总医院施治，取其房屋构造合宜，器械精养（良）适用也。”[⑥] 因其时中国红十字会易名为“大清红十字会”，分医院遂定名为“大清红十字会中国公立医院分院”。后因继设南市医院于沪南十六铺，“大清红十字会中国

① 1908年，沈敦和即在上海开办了时疫医院。南茗外史著《沈敦和》一书记载说：1908年秋，“上海时疫大行，患之者或朝发而夕死，俗称之为瘪螺痧。西人恐其传染也，特设医院治华人之患瘪螺痧者，华人不愿往。敦和稔知西医柯师发明盐水注射机器，灌治时疫，可以起死回生，又以病人不愿入外国医院，虑为西人藉口，乃就上海租界自设时疫医院两处，倡捐五百元，募款八千余元，为开办经费，延中西义务医生六人诊治之，愈五百余人。其明年，以住院人多，推广病舍，而成绩亦愈著。计戊申（1908年）、己酉（1909年）、庚戌（1910年）三年中医活殆六千余人，有海关巡船长、西人卡尔生，亦被救治。时疫医院之名震中外，是为中国自立医院之导源。”南茗外史：《沈敦和》，集成图书公司，1911，第8—9页。

② 关于购地亩数，吕海寰、吴重熹会奏《酌拟中国红十字会试办章程请旨立案折》谓“在上海徐家汇路购地一区，计十一亩零。”见盛宣怀：《愚斋存稿》第15卷，《奏疏》。而《中国红十字会二十年大事纲目》则称：“在沪西徐家汇路今名海格路，置地十四亩有奇，建筑洋房二所，为总医院及医学堂。”见中国红十字会总会编：《中国红十字会历史资料选编，1904—1949》，南京大学出版社，1993，第453页。未知孰是，待考。

③ 中国红十字会总会编：《中国红十字会历史资料选编，1904—1949》，南京大学出版社，1993，第47页。

④ 转引自养科：《中国红十字会早期在上海设立的医院》，《中国红十字报》1987年8月5日。

⑤ 《大清红十字会中国公立医院分院开幕广告》，《申报》1911年6月11日。

⑥ 中国红十字会总会编：《中国红十字会历史资料选编，1904—1949》，南京大学出版社，1993，第47页。

中国红十字会总医院

公立医院分院”易名为北市医院。红会医院“诊病给药，只收号金（挂号费——引者）。病较重者留院疗治，酌量收费，贫者则免，只收膳费，极贫者膳费亦免”[①]。总而言之，红会医院尽其所能为患者提供人道、周至的服务。

上海人烟稠密，五方杂处，夏秋之交，极易发生疫情。1908 年，时疫流行，中国红十字会乃于天津路 316 号设临时救疫医院，对患者进行诊治，“嗣后岁以为常，全活无算，成绩最著”[②]。

医护人才的培养是红十字事业发展的根本，而医学堂则是人才培养的摇篮，故“欲兴此会，必先创设医学堂”[③]。中国红十字会在兴工建造总医院时，当然不能忽略兴办医学堂这头等大事。但医学堂营建需时，不能因此而耽误根本大计，而采用“委托培养”的灵活方式，不失为一种选择。当时，德国医生宝隆在上海设有同济医院德文医学堂，“意在昌明医学，跻于极高等而止”[④]。德国医学素称发达，沈敦和因有“遴选聪颖华童之粗通德文者，分班送至该学堂附习”之想[⑤]，于是“婉切商订”于宝隆，请

① 中国红十字会总办事处编：《中国红十字会二十年大事纲目》，1924，第 3 页。

② 同上书，第 2—3 页。

③ 《中国宜人红十字会说》，《申报》1904 年 3 月 5 日。

④ 中国红十字会总会编：《中国红十字会历史资料选编，1904—1949》，南京大学出版社，1993，第 11 页。

⑤ 盛宣怀：《愚斋存稿》第 15 卷，《奏疏》。

准中国红十字会“委托代培”。

宝　隆

埃里希·宝隆（Erich Paulun，1862—1909），医学博士，同济大学的创始人，1862 年生于德国东北部小镇帕泽瓦克；1895 年来到上海，在德国医生卡尔·策德里乌斯的诊所里当助手。1899 年，他以德医公会的名义开始筹建一所诊治中国病人的医院，筹建工作得到德国驻沪总领事克纳佩，以及上海实业界人士虞洽卿、叶澄衷等人的支持，医院建成后取名同济医院。此后，克纳佩向德国政府建议，在同济医院的基础上建一所培养中国医生的医科学校，这一建议得到以宝隆为首的上海德医公会的积极支持。根据德国外交部、普鲁士文化部的计划，德医公会负责在上海的具体建校工作。1907 年，上海德文医学堂建成，第二年改名同济德文医学堂。宝隆出任学堂首任总监（校长）。

宝隆热心红十字事业，是上海万国红十字会的积极参与者和中国红十字会一等金质勋章的获得者，与沈敦和志趣相投，结下了很深的友情，对中国红十字会之请，极表赞成。同济德文医学堂，于是成为中国红十字会医护人才的培养基地①。

1908 年 8 月 31 日、9 月 4 日和 7 日，中国红十字会连续在《申报》刊登广告，面向社会招考医学生。广告称：中国红十字会“先以培植医员为入手基础，因医院、校舍尚未造竣，暂附科学完备、程度最高之同济德文医学堂授课。宗旨：招选聪颖子弟教授医科，卒业后任凭充红十字会医员；学所：附在同济德文医学堂；学额：先收十名；学龄：以十五岁至十八岁身家清白，素无疾病，英文及算学业已粗通，华文能作短简论说者为

① 参见池子华：《红十字与近代中国》，安徽人民出版社，2004，第 71—73 页。

合格，如已通德文者，得特别卒业年限；学级：八年卒业，给予文凭，不及格者补习；卒业后任事：听凭红十字会委任，遇战役，除安家费外，薪水从优。”学费、食宿等费用，由红会支给，考试合格后，“除具保证书外，应由父兄出具愿书，如有半途退学，除追偿修缮等费外，另行议罚”[①]。第一期额定招生人数为10名，实际招收曹民、邵树华、邵骥、朱恪臣、马廉、包拯衽、钱泰堃、华寿眉、蔡雍周、邱仁高、陈鲁珍、朱寿田等共计12人[②]。对于他们，红会寄予厚望，“如是，则本会医才或免缺乏之虞欤！”[③]

1910年夏初，中国红十字会医学堂在总医院旁拔地而起，多年的夙愿终于变成现实。医学堂当年招生，定为5年卒业，首批招收18岁以上、具有英文基础的学生20人，专攻医学。学堂特聘著名西医柯师、峨利生、亨司德及王培元为教员，“并以化学、西文、国文设为附课，各聘教员授之”[④]。医学堂“用最新学术教授专门医科”，“务使学生学识精深，确有实习，成为医学名家，此本会之厚望也”[⑤]；而总医院近在咫尺，“便于实地练习也”[⑥]，学习条件可谓优越。

医学人才的培养固然重要，“看护人（护士）亦为救护所必需”，未可偏废。为此，中国红十字会“特觅他医院谙悉英语，富有经验，天资灵敏之侍者廿人，分派于（沈）敦和所办之各医院，学习看护”[⑦]，通过这种途径，造就护理人才。

总医院在江苏的建成、医学堂的成功开办，为中国红十字会在江苏的自立和发展，奠定的“初基”，创造了“持久”的“资本”。这是难能可贵的进步，也为即将到来的辛亥革命战事救护准备了条件。

---

① 《中国红十字会招考医学生广告》，《申报》1908年9月4日。

② 《中国红十字会考取医学生》，《申报》1908年9月30日。

③ 中国红十字会总会编：《中国红十字会历史资料选编，1904—1949》，南京大学出版社，1993，第47页。

④ 同上。

⑤ 《中国红十字会医学堂添招新生》，《申报》1910年5月12日。

⑥ 中国红十字会总会编：《中国红十字会历史资料选编，1904—1949》，南京大学出版社，1993，第47页。

⑦ 同上。

第二节　辛亥风云中的变幻

一、红十字会："中国"向"大清"的异变

建医院、办学堂固然重要，制定会章，规范管理，同样不可小视。早在1904年7月12日，上海万国红十字会制定《暂行简明章程》时，就曾有"至中国红十字会章程，应由华董另拟，呈候咨部核奏，请旨饬行"的特别声明[①]，但因当时红会由5国合办，中国未便独立，故没有"另拟"。直到1907年上海万国红十字会解组、中国红十字会"脱颖而出"后，吕海寰、盛宣怀才奏请朝廷饬沈敦和等"详拟章程呈核"[②]。沈敦和等即参酌《上海万国红十字会暂行简明章程》《日本赤十字社章程》，拟出《中国红十字会试办章程》。1910年2月27日，吕海寰、盛宣怀、吴重熹联衔会奏《酌拟中国红十字会试办章程请旨立案折》，"伏候圣裁"。《中国红十字会试办章程》[③]（以下简称《试办单程》）共6款，内容如下：

第一条，上海为通商总埠，中外交通便利。前经中西总董创办万国红十字会，现仍于上海徐家汇路设立中国红十字会总会、医院、学堂，附设事务所。应由中国总董仿照日本赤十字社酌拟规则呈候会长核议施行，并妥定集资入会章程，以垂永久。

第二条，从前万国红十字会，由中西总董会议，刊刻中西合璧图记，钤用信守。现创设中国红十字会，拟请旨饬部铸造中国红十字会关防一颗，颁由会长执掌印用，以昭凭信。

第三条，本会按照原约制用白地红十字旗，在会人员衣袖各缀白地红十字，以为标识外，又参酌日本等国会章，制备双龙嵌十字勋章，第一等金质，第二等银质，第三等铜质，均配用相称色带，拟定字样，并给发勋

① 《上海万国红十字会暂行简明章程》，《申报》1904年7月31日。

② 中国红十字会总会编：《中国红十字会历史资料选编，1904—1949》，南京大学出版社，1993，第10页。

③ 盛宣怀：《愚斋存稿》第15卷，《奏疏》。

章凭照章程，呈请会长核明，请旨敕部核定，饬会制备通行。以上会旗、会衣、勋章，非在会人员，不得滥用，违者究治。

第四条，上海徐家汇路总会，设立医院，定章施医。又设学堂定额招考华童，教习医学，均由总董厘定经理专章呈请会长核示报告于众认可施行，一面另选略晓德文聪颖华童每班十人先以两班分年送入上海德医学堂肄业，八年毕业得有高等文凭，回会由总董分派办事，仍轮派至德医院临诊以增长见闻胆识，并由总董分向各省各埠展设分会，力祛骛名弊混，以尽认真核实之主义。

第五条，本会谨守瑞士原约十条，荷兰推广约十四条医伤救难宗旨。参酌万国红十字会暂行简明章程，日本赤十字社章程，因时因地以制宜。医车由总会陆续仿制备用，医船与战地医院临时商酌设法实行，藉节糜费。其常年会集报告一切办法，暂照现下通行新章办理。

第六条，以上系现在组织大纲，各项支（文）件，中国自相往来，均用华文，有关交涉者配用英文，仍以华文为准。组织完备后，应否改良，或原约推广约有所增删，及一切未尽事宜，随后由总董禀商会长妥酌办理。

2月27日，朝廷“依议”，《试办章程》开始实施。这个《试办章程》，尽管较为粗糙，挂漏之处在所难免，但它是中国红十字运动史上第一个正式会章，其存在的价值和意义是应该肯定的。

不过，《试办章程》仍以江苏上海为中国红十字会总会所在地的主张，引起了军谘处的不满。1910年5月20日，由“军谘处主稿，会同外务部、筹办海军事务处、陆军部办理，合并声明谨奏”① 之《详核红十字会原奏敬陈管见折》上呈朝廷，对《中国红十字会试办章程》颇有指摘，其中就认为：“上海虽系通商之埠，与京师相隔较远，虽倡设在先，自未便作为

① 中国红十字会总会编《中国红十字会历史资料选编，1904—1949》第33页把这段话写作“军咨处主稿，会同外务部筹办，海军事务处、陆军部办理，合并声明谨奏。”这其中有两处错误，一是把“军谘处”误作“军咨处”。军谘处成立于1907年6月7日，归陆军部，1909年7月15日脱离陆军部独立。第二个错误为“海军事务处”，清代官僚机构中倒有“筹办海军事务处”的设置。该处成立于1909年夏，以贝勒载洵、提督萨镇冰为筹办海军大臣，《清史稿》第119卷中记载甚详。类似错误，《中国红十字会历史资料选编，1904—1949》中所在多有，研究者使用这部资料时，尽可能仔细核对，以免以讹传讹。

总会。拟请将总会移设京师，而各省省会及沿海商埠各设分会一所，以期相互联络，逐渐推广。"[①] 这个建议得到了朝廷的支持，"奉旨依议，钦此。"[②] 总会设在江苏上海还是京师，成为朝野上下关注的"焦点"。

红十字运动的发展，当然离不开官方的支持。因此，吕海寰、盛宣怀、吴重熹联衔会奏《酌拟中国红十字会试办章程请旨立案折》特别强调："惟会务头绪繁多，关系中外交涉，可否简派大臣作为会长，以昭郑重，如蒙俞允，即由会长督率该董等妥为筹办，并将办事情形随时报部查核以期核实"，提出了"官派"会长的正式请求[③]。朝廷准奏，1910 年 2 月 27 日降旨："著派盛宣怀充红十字会会长。"[④] 江苏人盛宣怀因此又成为政府任命的首任会长。

盛宣怀虽然出任中国红十字会会长，但对"中国红十字会"这一传统称呼，却有意加以改变。1910 年 2 月 26 日，也就是他被"派充"会长的前一天，还致函吕海寰，表达了他对这一称呼的不同意见，谓："红十字会稿，书奏寄上，关防'中国'字样请酌，因近来对于各国皆书'大清'。此事欲劝捐，恐难办。"[⑤] 意向很明确，就是希望把中国红十字会改名为"大清红十字会。"

盛宣怀既然心存红会归官之想，那么，在他受命出任中国红十字会会长后，立即付诸行动。3 月 13 日，他咨行礼部，以中国红十字会系遵旨开办，应行奏请添铸"大清红十字会"关防，以昭郑重。4 月 30 日，外务部咨复，告知"大清红十字会"关防已缮模具奏，俟铸妥后再行知照请领。5 月 5 日，盛宣怀札委山东补用直隶知州袁鉴赍文专程赴京候领。16 日，礼部将新添铸的该关防粘贴印花发交袁鉴领取送往上海。6 月 5 日，"大清红十字会"关防正式启用[⑥]。中国红十字会"蜕变"为大清红十字会。

自 1907 年盛宣怀被"公推"为会长，到 1910 年朝廷降旨"派充"之前，几年中他并没有感觉中国红十字会的名称有什么不妥，那么究竟是什

---

① 《军谘处奏详核红十字会原奏敬陈管见折》，《申报》1910 年 6 月 19 日。

② 中国红十字会总会编：《中国红十字会历史资料选编，1904—1949》，南京大学出版社，1993，第 33 页。

③ 盛宣怀：《愚斋存稿》第 15 卷，《奏疏》。

④ 《宣统政纪》第 30 卷，辽海书社，1934。

⑤ 盛宣怀：《愚斋存稿》第 100 卷，《总补遗》。

⑥ 参见周秋光：《晚清时期的中国红十字会述论》，《近代史研究》2000 年第 3 期。

么“动力”驱使盛宣怀于此时非“易名”不可呢？这其中当然有“隐情”。原来，中国红十字会自“自立”以来，一直挂着会长头衔的盛宣怀，因公务缠身，极少过问红会事务，事事由沈敦和、施则敬、任锡汾等办理，几乎用不着盛宣怀插手，盛宣怀也插不上手，与“傀儡”无异。1909年3月20日，他在给吕海寰的信中牢骚满腹：“红十字会事，弟自日东（本）归沪，任、施、沈三君迄未晤面，闻剩款在施处，故无人敢问津，既承谆嘱，容俟稍愈详询逢辛（即任锡汾），或能悉其梗概也。”① 中国红十字会的财务状况，作为会长的盛宣怀竟也不敢问津，令人费解。会长有名无实，倘能把“中国红十字会”改为“大清红十字会”，即由民办改归官办，他这位官派的会长，便可以操纵自如②。再者，盛宣怀把红十字会改归官办，也符合官方的意愿。1910年5月20日，由军谘处领衔，外务部、筹办海军事务处、陆军部会奏之《详核红十字会原奏敬陈管见折》就提出：“查东西各国红十字会，均以亲贵为总裁，英、俄、德三国更由国后主持其事，诚以兹事体大，若非有亲贵总其成，则无以示提倡而资策励。今我国红十字会，时当创始，自应由该会长认真经理，俟办有成效，应否采择各国成法，请简派亲贵充当总裁以昭隆重之处，届时再行请旨办理。”③ 对此提议，朝廷表示赞成。盛宣怀奉旨出任会长，变“中国”为“大清”，不能说没有“迎合”之嫌。

既然红十字会由民间组织改归官办，总会再设于江苏，显然不利于掌控，“移设京师”，顺理成章，但由于沈敦和等人的抵制以及接踵而来的辛亥革命大风暴，使“移设”计划搁浅。

二、辛亥风云中的“回归”

盛宣怀将红十字会冠名“大清”，弱化了红十字会本该具有的中立、独立品格，强化了官办色彩，此举在红会内部引起激烈反弹，不仅有违吕海寰、吴重熹本意，更激起江苏创始者们的愤慨。1911年10月23日，沈

---

① 盛宣怀：《寄吕尚书函》，见北京大学历史学系近代史教研室整理：《盛宣怀未刊信稿》，中华书局，1960。

② 池子华：《红十字与近代中国》，安徽人民出版社，2004，第79页。

③ 《军谘处奏详核红十字会原奏敬陈管见折》，《申报》1910年6月19日。

敦和在给吕海寰的电文中抱怨说："查沪红十字会系民捐民办，甲辰四月、十二月两次奉旨嘉许，实称善举。上年夏钦派盛宫保（盛宣怀——引者）为会长，并拟改名大清红十字会，当经敦和力陈利害。按大清红会应归陆军部筹办，如遇战事，仅止随本国军队后救伤，与和等所办瑞士缔盟万国承认之中立红十字会宗旨不同，且沪会系募中外捐款而成，殊难归并。"[①]沈敦和虽然在盛宣怀易名之时上书"力陈利害"，表示难于苟同，但"胳膊拧不过大腿"，无力扭转变局，乃采取消极的"不合作"态度加以抵制，表明"殊难归并"的立场，中国红十字运动史上所谓"京会""沪会"的矛盾由此产生，红会"统一"的局面也因此被打破。盛宣怀强化官办色彩的易名之举，在红会内部引发震荡，显然不利于红十字事业的发展，是一种倒退。

红十字运动在江苏几近消沉，但红会创始人沈敦和依然活跃，不过，他的角色发生了变化。

1910 年，江苏、安徽大水为灾，苏北、皖北尤重，灾民数百万[②]。救济灾民，原是红十字会分内之事，但沈敦和并没有利用红十字会这块招牌组织赈济活动，而是另行组织华洋义赈会（Central China Famine Relief Fund Committee）。12 月 12 日，华洋义赈会在江苏上海成立，沈敦和、福开森[③]被举为中、西会长[④]。

1906 年，沈敦和曾发起成立华洋义赈会救济苏北水灾，此次梅开二度，固然可以理解为"自然而然"之举，但联系上述情况，与红会内部的

① 《吕海寰往来电函录稿》，见沈云龙主编：《近代中国史料丛刊》第 3 编第 58 辑，（台北）文海出版社有限公司，1978，第 605—606 页。沈敦和向吕海寰倾诉，反证了他们立场的一致。

② 李文海等：《近代中国灾荒纪年》，湖南教育出版社，1990，第 775 页。

③ 福开森（John Calvin Ferguson，1866—1945），美国传教士，出生于加拿大，自幼随家移居美国。1886 年，他毕业于美国波士顿大学，获文学学士学位。毕业当年，他便携新婚妻子来华传教。福开森多才多能，热心公益和文教事业，1888 年任南京汇文书院（南京大学的前身）监督（校长），1896 年参与盛宣怀创办的上海南洋公学（上海交通大学的前身）并担任监院（相当于校长）。他还先后担任亚洲文会会长，上海《新闻报》经理，刘坤一、张之洞等清朝封疆大吏及民国北洋政府的顾问。毫无疑问，他是来华传教士中具有影响力的人物。1921 年华盛顿会议，他出任中国代表团团员。1945 年，福开森于美国逝世。见池子华：《福开森：中国红会史上首位"洋顾问"》，《中国红十字报》2019 年 3 月 22 日。

④ 朱浒：《地方性流动及其超越——晚清义赈与近代中国的新陈代谢》，中国人民大学出版社，2006，第 507 页。

不和谐不能谓毫无关系了。

华洋义赈会的水灾急赈持续到次年，成绩不菲[①]。对于灾后的大疫，华洋义赈会甚至"仿行红十字会办法，创设救疫医队"前往灾区救治[②]。红会史料称，"于时办理急赈者，为本会组织之华洋义赈会，集款至百七十万，全活无算，成绩昭然"[③]，显然把华洋义赈会的业绩记到自己的"功劳簿"上。个中原因不难理解，沈敦和毕竟还是红会中人。

另行组织华洋义赈会，实际上是沈敦和对盛宣怀"易名"之举的一种消极抵制。当然，沈敦和还不敢公然对抗"大清"，他还是挂了一个"大清红十字会中国公立医院分医院"的牌子[④]，搪塞一下，仅此而已。

红会内部出现了裂痕，还没来得及平复，改变中国命运的辛亥革命爆发了。

1911 年 10 月 10 日，辛亥革命首先在号称"九省通衢"的武汉爆发，接着，湖南、陕西、江西、山西、云南、贵州、江苏、浙江、安徽、广西、福建、四川等省纷起响应，形成声势浩大的革命浪潮。统治中国的清王朝处于风雨飘摇之中。

辛亥革命的导火索是"铁道干路国有"政策，这一政策与大清红十字会会长盛宣怀直接相关。1911 年 5 月 20 日，时任邮传部大臣的盛宣怀与英、法、德、美 4 国银行团签订《粤汉川汉铁路借款合同》，出卖路权，激起民愤，酿成汹涌澎湃的"铁路风潮"，辛亥革命因此触发。清政府恼

---

① 关于华洋义赈会救灾成绩，《沈敦和》一书记载说："中西人士，及海外华侨，皆高敦和之义，捐资助赈，凡得一百四十余万元，所全活一百三万余人。凶年之后，继以大疫，敦和为组织医队，携带中西药品，前往救治。江、淮之间，三五年中，两被奇荒，公私扫地，而居民尚有孑遗，敦和联合西人筹办义赈之力也。"见南茗外史：《沈敦和》，集成图书公司，1911，第 28 页。因该书成书较早，有些数据应该不是最终的数据。据华洋义赈会报告大会的报告："自去冬十一月起至七月十六日止，共合收中外捐款洋一百五十二万六千十二元二角九厘，支出赈银赈粮款一百四十四万八千四百八十五元三角六分，实存七万七千五百二十六元八角四分。"见《华洋义赈会报告大会志盛》，《申报》1911 年 9 月 21 日。报告大会后，沈敦和、福开森即退出华洋义赈会事务，由新董事会接办。见《华洋义赈会新董事布告》，《申报》1911 年 11 月 6 日。所以沈敦和任内筹款 152 万余元应是最后的统计数据，《中国红十字会二十年大事纲目》所说"集款至百七十万"，不知何据。

② 转引自朱浒：《地方性流动及其超越——晚清义赈与近代中国的新陈代谢》，中国人民大学出版社，2006，第 515 页。

③ 中国红十字会总办事处编：《中国红十字会二十年大事纲目》，1924，第 4 页。

④ 《大清红十字会中国公立医院分医院开幕广告》，《申报》1911 年 3 月 17 日。

羞成怒，10 月 26 日颁发上谕，以“盛宣怀不能仰承德意，办理诸多不善。盛宣怀受国厚恩，竟敢违法行私，贻误大局，实属辜恩溺职”，着革去大清红十字会会长等所有职务，“永不叙用”[①]。18 天后，也就是 11 月 13 日，清廷颁布谕旨，“命前外务部尚书吕海寰充中国红十字会会长”[②]。吕海寰成为政府任命的第二任会长。

值得注意的是，清政府放弃了“大清红十字会”的称谓，重新回归“中国红十字会”。大清红十字会存在了一年多，自此烟消云散。那么，清政府为什么放弃钦定的“大清红十字会”而选择了“回归”呢？主要原因有三：

其一，“大清红十字会”是盛宣怀奏请易名的，而盛宣怀是激发辛亥革命的罪魁祸首，即史书所说“误国首恶”[③]。把“大清红十字会”重新正名为“中国红十字会”，是对盛宣怀的彻底否定。其实真正的“首恶”是清政府，盛宣怀只不过是一只“替罪羊”。

其二，沈敦和的动向引起朝廷的不安。原来，辛亥革命爆发后不久，沈敦和接到由汉阳某国兵轮上发来的无线电报，“以两军死伤过多，请即亲率红十字会中西医队迅速前来战地，普救同胞”[④]。沈敦和顿感责任重大，但他深知，“武汉事起仓猝，响应甚速，不数日间，战祸已蔓延各省。彼时若仅恃本会救护人员，断断不敷调遣”。要救援，非借重“外力”不可，“欲求部署神速，机关完备，而经费又可节省者，惟有借重各国教会西医，及各该处原有之教会医院，以为本会临时救护机关，庶几朝发一电，夕已成立，可收事半功倍之效。然欲联合教会，又非借重西董不为功”[⑤]。而要借重“外力”“西董”，非抛弃官味十足的“大清红十字会”不可，于是乃有“中国红十字会万国董事会”之组建。10 月 24 日，沈敦和借用工部局议事厅，召开由中外来宾 700 余人参加的特别大会，正式宣布成立“中国红十字会万国董事会”，推举古柏、麦尼尔、包克斯、吴板

---

① 《宣统政纪》第 62 卷，辽海书社，1934。

② 《宣统政纪》第 64 卷，辽海书社，1934。

③ 蔡冠洛：《清代七百名人传·盛宣怀》，见沈云龙主编：《近代中国史料丛刊》第 1 编第 63 辑，（台北）文海出版社有限公司，1966，第 1524 页。

④ 《红十字会医队定期启行》，《申报》1911 年 10 月 24 日。

⑤ 《日本赤十字社社长来电》，见中国红十字会总会编：《中国红十字会历史资料选编，1904—1949》，南京大学出版社，1993，第 58 页。

桥、马医生、爱德华医生、福医生、亨司德医生、施则敬、任锡汾、丁榕、江趋丹、汪汉溪、王西星为董事，沈敦和与英国按察使苏玛利为总董[①]。沈敦和胆敢抛开“大清红十字会”，不啻为“犯上”。但即便如此，朝廷欲加罪而有所不能，因系“万国”董事会，具有了国际性，如果查办，势必会招致外交上的麻烦。而将“大清红十字会”正名为“中国红十字会”，等于对沈敦和组织“中国红十字会万国董事会”这一既成事实的承认，也容易理顺外交关系。

其三，也是最重要的一点，如果清廷继续沿用“大清红十字会”名称，势必造成“大清红十字会”与“中国红十字会（万国董事会）”对峙的局面。红十字会具有“唯一性”，即一国之中只能有一个统一的红十字会，独一无二，这是国际红十字运动的基本原则。如果说用“大清红十字会”难以对“中国红十字会万国董事会”进行掌控的话，那么正名为“中国红十字会”，就可以名正言顺地“兼并”或至少对“中国红十字会万国董事会”施加影响，同时官派会长，等于把中国红十字会置于官府的控制之下。中国红十字会万国董事会毕竟不同于 7 年前的上海万国红十字会，万国红会是 5 国合办，而现时的中国红会万国董事会为中国独自拥有，只不过董事会由中外慈善家组成而已，清政府完全可以对其施加影响。

尽管清政府的“正名”有其居心，但“回归”中国红十字会之举，有利于红会内部关系的调整，有利于救护力量的整合，还是值得肯定的。不过“兼并”并不顺利。

万国董事会成立不久，吕海寰继任中国红十字会会长。为达到“兼并”之目的，他先拨银 3000 两济急，继而特派冯煦[②]前往上海办理相关事宜，但却因此造成京会、沪会矛盾的激化，沈敦和致函吕海寰，表明不“合”姿态：“以梦帅（即冯梦华——引者）近时舆论，沪会断（难）与之合办，设勉强行之，恐将东南各省分会暨中外会员，定将瓦解，功败垂

---

① 《红十字会大会志盛》，《新闻报》1911 年 10 月 25 日。

② 冯煦（1842—1927），字梦华，号蒿庵，晚号蒿叟、蒿隐，江苏金坛人。光绪十二年（1886），冯煦中进士，授翰林院编修，历官安徽凤阳府知府、四川按察使、安徽巡抚。辛亥革命后，他寓居上海，曾创立义赈协会，承办江淮赈务，参与纂修《江南通志》。冯煦工诗、词、骈文，尤以词名，著有《蒿庵类稿》等。

成，敦和不能任责。”[①] 福开森也致函吕海寰，谓：“梦帅反复无常，忍令百万哀鸿日填沟壑，初次议定名称，冯私发啸电，已存喧宾夺主之心。及奉钧座谏电后，翌日遍登各报，私立名称，附刊钧电，舆论沸腾，几坏红会全局。东南人心，以冯霸持义赈巨款，恨冯入骨，欲得甘心……请钧处严行核办，大局幸甚。”[②] 总而言之，清廷欲“喧宾夺主”，染指中国红十字会万国董事会，只能是一厢情愿。看来“合”有待时日，京会、沪会只能各自展开救护行动了[③]。

第三节　战时救护行动在江苏

一、殊途同归

中国红十字会以江苏为根据地，对辛亥战事进行了广泛的救护[④]。限于体例，这里仅再现江苏战场上的救护场景。

在江苏战场上，红十字会有 4 个方面的生力军穿梭于硝烟弥漫的战地中。

第一个方面军，即在江苏大地上诞生的中国红十字会万国董事会。

除了组织救护队派往战地外，中国红十字会万国董事会还采取了两大措施筹措善款，以保障包括江苏战场在内的救护行动的顺利推进。第一大措施是以理事总长沈敦和的名义刊登劝捐广告，号召“海内外大慈善家热血一喷，解囊相助，集腋可以成裘，聚沙可以为塔，多固益善，少亦不拘，惟冀源源接济，同襄善举”[⑤]。劝捐广告揭诸《申报》《民立报》《新闻报》等报刊，激起社会各界的普遍关注，尤其是江苏人，捐款热情高

① 《吕海寰往来电函录稿·上海沈观察来电》，见沈云龙主编：《近代中国史料丛刊》第 3 编第 58 辑，（台北）文海出版社有限公司，1978，第 643 页。

② 同上书，第 647—648 页。

③ 关于京会的救护行动，参见池子华：《红十字与近代中国》，安徽人民出版社，2004，第 103 页。史书所说辛亥革命时期的中国红十字会，通常指总部设于江苏上海的中国红十字会万国董事会。本书也是如此。

④ 参见池子华：《中国红十字会辛亥战时救护行动》，《民国档案》2004 年第 1 期。

⑤ 《敬募红十字会捐款》，《申报》1911 年 10 月 29 日。

涨，善款“源源而来”[①]。第二大措施是“征集会员”。11 月 1 日，理事总长沈敦和在《申报》上刊登《红十字会征集会员广告》，决定“援照红十字会万国条例，得征集名誉会员、特别会员、正会员三项”。名誉会员另当别论，特别会员、正会员宜“先行征集”，以“赞助会务”。红会规定，“凡纳会费二百元以上作为特别会员，二十五元以上作为正会员”。愿入会者，向三马路《新闻报》馆三楼红会办事处“索取介绍单式”，逐项填写，另请“当地公正绅商一人介绍，会费一次交足”，即可取得会员资格[②]。至于外埠入会之人，“会员费兑汇不便，上海亦苦无熟人介绍”。有鉴于此，征集办法略加变通：“外埠入会诸君经商会、学堂主任介绍，盖有商会、学堂印章为凭，会费由邮政局保输信汇寄”，即可认定入会成为会员[③]。会员入会后，由红会“函电民军、官军、各地方民政长一体保护，并将各会员姓氏、籍贯陆续通告各府州县一律优待在案。凡吾会友当如何恪遵会章，束身自爱，严守中立，以博爱、恤兵为宗旨，必能受两军敬礼，幸勿自失信用，损害本会名誉”[④]。一旦发现会员“有违背博爱、恤兵之宗旨及干预战事、侦探军情，犯两敌国军律者，即失去会员之待遇”[⑤]。从 11 月 1 日起至次年 1 月下旬，数月时间，中国红十字会先后征集 3 届会员，入会人数逾千。会费收入成为救护经费的一大来源。

第二个方面军，是中国赤十字会。

中国赤十字会的发起人是被称为“穗城奇女”的张竹君[⑥]，1878 年生

---

① 中国红十字会总会编：《中国红十字会历史资料选编，1904—1949》，南京大学出版社，1993，第 257 页。

② 《红十字会征集会员广告》，《申报》1911 年 11 月 1 日。

③ 《外埠入会诸君鉴》，《申报》1911 年 11 月 26 日。

④ 《红十字会特告》，《申报》1911 年 11 月 26 日。

⑤ 《红十字会复协济会姚君函》，《申报》1912 年 1 月 27 日。

⑥ 关于张竹君生平事迹，参见池子华：《张竹君与中国赤十字会》，载《上海市历史博物馆馆刊》第 2 辑，上海社会科学院出版社，2004。

张竹君

于广东番禺，1887 年入美国教会在广州开设的博济医院附设南华医学堂学习[①]，1900 年毕业后在其父和好友徐佩萱（即后来成为黄兴夫人的徐宗汉[②]）的资助下，在广州荔枝湾畔和漱珠桥旁开办禔福、南福两医院（严格说来应为诊所），悬壶济世，“粤垣妇女从事西医接生者，为第一人，开风气之先，生涯茂盛”[③]。她是中国妇女解放运动的先驱者之一[④]，人称“女界的梁启超”[⑤]。1904 年，她来到上海，在伍廷芳、李平书及犹太大富商哈同夫人罗迦棱的

① 关于张竹君学籍，史料中有不同的记载：一说毕业于柔济医院附设的夏葛女医学堂，见冯自由：《女医士张竹君》，载《革命逸史》第 2 集，中华书局，1981，第 37 页；一说博济医学堂，陆丹林认为谓张竹君毕业于夏葛女医学堂，与史实“有点出入。因为夏葛女医学堂，是在前清光绪二十五年（一八九九年）才创立，即便开办时招收转学生，但普通的四年级生是很难转学，尤其是医科，这是一点。还有一点，梁培基医生，是博济毕业的。他曾告诉我，毕业后在母校助教，曾教过张竹君。前几年，我在上海，有几次和张医生谈天。她也说是在博济出身。从这点看，张竹君毕业是博济，不是夏葛。”见陆丹林：《革命史谭·评价〈革命逸史〉》，转引自荣孟源、章伯锋主编：《近代稗海》第 1 辑，四川人民出版社，1985，第 590—591 页。张竹君义父李平书及曾经的恋人马君武，均持此说。见李平书、穆藕初、王晓籁：《李平书七十自叙　藕初五十自述　王晓籁述录》，上海古籍出版社，1989，第 52 页；马君武：《女士张竹君传》，《新民丛报》1904 年汇编本，第 941 页。笔者对此表示认同。按，博济医院创设于 1835 年 11 月，由广东巨商伍秉鉴（又名伍敦元，1769—1843）捐资，美国传教士伯驾医师创办，是外国人在华开办的第一所西医院。1866 年，博济医院附设南华医学堂，也是我国第一所西医专科学校。博济医院院史资料亦显示“张竹君的确是南华医学堂毕业的”，是“中国第一位女西医”。见陈华新：《中国第一位女西医张竹君》，转引自吴传清：《辛亥女杰张竹君学籍考》，《华中师范大学学报》（哲学社会科学版）1994 年第 5 期。

② 有资料记载说：“在诸友好中，以住居河南（广州珠江南岸地名）跃龙里之李二少奶最为相善。二少奶名徐佩萱，即豪绅李庆春之孀媳也。性豪侠，好施与，其子李强、女李雄均称竹君为契爷（粤语指干爸爸），竹君每有兴创，恒鬻珍饰以助无吝色。竹君初募资建禔福医院于荔枝湾，继在河南柳波桥（一说漱珠桥）侧设南福医院，各耗资巨万，李二少奶之力为多焉。”见冯自由：《女医士张竹君》，载《革命逸史》第 2 集，中华书局，1981，第 38 页。

③ 涤非：《女志士张竹君传》，《辛亥月刊》1948 年第 6、7 期合刊，第 15 页。

④ 参见池子华：《中国的南丁格尔——张竹君的故事》，山东画报出版社，2018。

⑤ 陆丹林：《广东女志士张竹君医师》，《广东文史资料》第 34 辑，第 166 页。

臂助下，兴办女学，1909年出任上海医院监院（院长）[①]。她与沈敦和颇有恩怨，决意自树一帜[②]。辛亥革命爆发后，以救死扶伤为己任的张竹君，经多方奔走、联络，促成了中国赤十字会的成立。

10月19日，中国赤十字会成立大会在南市上海医院召开，到会者约500人。会上，张竹君报告中国赤十字会发起缘由、宗旨，宣布草章。中国赤十字会会董有伍廷芳、宋跃如、虞洽卿、李登辉、曹锡根、顾馨一、李平书、王一亭、莫子经、吴怀久、王培生、沈缦云，会长张竹君，汉口事务所长何乃全，上海事务所长王维廉，干事员田北湖、朱少屏、杨千里、王宝仑[③]。"赤"十字即"红"十字，色彩一样，内容也相同，《民立报》发表的振公所译《赤十字社之历史》[④]，就是红十字运动发生发展的简史。一篇题为《女子红十字会之可敬》的文章对张竹君组织赤十字会的义举称赞有加，云："中国女子久为男子所轻视者，以其柔懦无能也。今张竹君女士组织女子红十字会，往汉口施救受伤兵队，诚中国从来未有之创举，英雄肝胆，儿女心肠，虽须眉亦莫能及。女士此举，非特有光于女界，亦且有光于国，有益于同胞，吾不禁为女界前途贺。呜呼，巾帼生色，须眉有愧多矣！"[⑤] 但文中把红十字会与赤十字会"混为一谈"。上海五洲药房经理项松茂甚至把张竹君与红十字运动史上具有重要影响的关键人物南丁格尔相提并论，赞为"南丁格耳（尔）之再见"[⑥]。《中国赤十字会临时章程》也明确立会宗旨为"本人道主义，救护因战受伤之人，不论何方面人，视同一体。"[⑦] 所有这一切，无不说明"赤十字"即"红十字"，两者没有实质性的区别。张竹君如是称呼，无非标明她在沈敦和之外自树一帜，尽管如此，中国赤十字会却不是"另类"，而是中国红十字运动的"旁系"[⑧]，在江苏和中国红会史上应有一席之地。

---

① 李平书、穆藕初、王晓籁：《李平书七十自叙　藕初五十自述　王晓籁述录》，上海古籍出版社，1989，第55页。

② 池子华：《红十字与近代中国》，安徽人民出版社，2004，第110—112页。

③ 《赤十字会开会记》，《申报》1911年10月20日。

④ 振公译：《赤十字社之历史》，《民立报》1911年10月29日、30日。

⑤ 思雪：《女子红十字会之可敬》，《民立报》1911年10月19日。

⑥ 《上海五洲药房经理项松茂致上海医院院长张竹君女士书》，《申报》1911年10月21日。

⑦ 《中国赤十字会临时章程》，《民立报》1911年10月27日。

⑧ 参见池子华：《红十字与近代中国》，安徽人民出版社，2004，第104页。

第三个方面军，为留日医药学界红十字团。

在留日学生中，有不少人学习医学，他们大多加入了日本赤十字社。辛亥战事发生后，留日医学生以天职攸关，乃决意回国参加战事救护，据10月26日东京电称："留学日本各处之中国医学学生皆入赤十字队。"他们以东京为中心，联络医学生，组成颇具规模的"留日医药学界红十字团"[①]，11月18日由东京启程，19日在横滨登上"博爱丸"号轮，泛海驶沪。11月26日，以王曾宪为团长的留日医药学界红十字团到达上海，受到沈敦和等人的热烈欢迎和盛情款待[②]。留日医药学界红十字团抵达上海后，即整装待发。为保证救护行动规范、有序进行，特制定《中国红十字会留日医药学界红十字团章程》。《章程》规定："本团由留日医药界组织而成，定名为留日医药学界红十字团"；"本团以博爱为宗旨，凡军人及因公服务于军队之人员有负伤及罹病者，不问其为南军、北军，悉殷勤救护"；"万国红十字条约有可适用于本会（团）者悉行遵守"；"本团援万国红十字条约得用白地红十字徽章、旗帜"；"本团出发队至交战地后，务与各国及中国各红十字团为一致之行动"；"本团对于南、北两军皆毫无偏袒行为"；"本团出发队至交战地后即通知南、北两军，并援万国红十字条约第三章第九条，请求其对于本团人员与各国红十字人员加同等之保护"；"本团出发队在交战场内所收容之受伤人及罹病人，遵万国红十字条约第一章第四条，于南、北两军之死伤者及伤病者之人数及人名，俟本团查明后即行通告南、北两军"；"本团出发队在交战场地以救护受伤军士为责任，如南、北两军有以罹病军士嘱托本团治疗者，本团当随时斟酌办理"；"无论南、北两军有以卫生材料及捐款寄赠本团者，本团皆可领受"；"本

① 关于留日医药学界红十字团的人数，据1911年11月20日《申报》报道："千叶医学专门学校及东京女子医学校中国学生三十名组织红十字队，又东京中国学生百五十名并中国红十字会长嘱托之有贺长雄等皆乘博爱丸于二十八日前赴上海"。毫无疑问，30名医学生是"留日医药学界红十字团"的骨干，至于另外150名留学生是否全是医学生，是否都加入了红十字团，则不得而知。根据《红十字会研究大会纪事》记载，"日本回华医士六十人赴长沙，又六十人赴滁州、临淮关一带救护"（见《申报》1911年12月13日），加上"大阪、长崎二校诸君已赴镇江"（见《留日医药学界红十字团广告》，《申报》1911年12月4日），有几十人，红十字团总人数当在150人左右。或认为"留日医药学界红十字团"由140名成员组成，见周秋光：《晚清时期的中国红十字会述论》，《近代史研究》2000年第3期。待考。

② 《留日医药学界红十字团广告》，《申报》1911年12月4日。

团所有之卫生器械、药品、固定营造物及一切应用物品，得援万国红十字会条约第二章第三条，请求南、北两军悉行尊重保护”；“本团人员遵万国红十字会条约悉于左腕备用白地红十字臂章，在胸备中国红十字会总会徽章并持本会证明书”；“本团之卫生器械、药品、固定营造物及应用物，遵万国红十字会条约，悉附红十字旗章（本团人员所持腕章、旗章，均盖有红十字总会印章，其所持证书除总会盖印外，并盖有团长及该队长之印为凭）”；“本团出发队皆本团成员，但本团人员缺乏时，得酌量以本国或外国人补充”；“本团一切经费，除已承各慈善家直接寄赠本团外，均由（中国红十字会）总会担任”；“各出发队应用经费由各队会计每月作决算报告总会”；“本团所收捐款，由会计盖印掣付收条时，以盖有团长或队长公私两印为凭”①。这个《中国红十字会留日医药学界红十字团章程》包括了宗旨、红十字团与万国红十字会条约上之关系、“对南北两军之地位”、徽章之佩用、经费等内容。

由《章程》不难看出：（一）“留日医药学界红十字团”隶属于中国红十字会，冠以“中国红十字会”留日医药学界红十字团，命意即在此，所以“所有此次后援，一切均由沈（敦和）先生规画，商同本团合意办理”②；（二）尽管留日医药学界红十字团为“后援”，但是其为中国红十字会辛亥战时救护行动的有机组成部分；（三）留日医药学界红十字团的救护行动“不问其为南军、北军，悉殷勤救护”，表明它的中立性，这与中国红十字会“救人宗旨不分革军、官军”完全一致，体现出红十字会的“博爱”本色。

第四个方面军，是江苏各地分会为配合中国红十字会而组织的救护行动。

这其中金陵分会以及在辛亥风云中诞生的沪城分会、苏州分会、镇江分会、江阴分会、无锡分会、常熟分会等，发挥了重要作用。它们是江苏红十字运动的“主体”，掀开了江苏红十字运动的新页。

上述4个方面的生力军，殊途同归，相互激荡，汇合成江苏红十字运

① 《中国红十字会留日医药学界红十字团章程》，《民立报》1911年12月24日。“万国”即“国际”之意。

② 《留日医药学界红十字团广告》，《申报》1911年12月4日。

动波澜壮阔的画卷。

二、战争救护写真

武昌起义不久，江苏战场燃起熊熊战火。其中两江总督所在地南京成为清军与革命军争战最为激烈的地方，战争救护也以此为中心展开。

1911 年 11 月 8 日，新军统制徐绍桢发动起义，兵临南京城下，终因弹药缺乏，兵退镇江待援。苏军统领刘之洁、浙军司令朱瑞、沪军统领黎天才以及扬州都督徐宝山、镇江都督林述庆等各率部来会，组织苏浙沪联军，推徐绍桢为总司令，另由沪军都督领衔，联名电请江苏都督程德全出山督师。11 月 24 日，联军向南京进发，声势浩大。

宁战爆发，伤亡累累，救护迫在眉睫。中国红十字会、中国赤十字会以及留日医药学界红十字团积极行动，组织救护。救护情况分述如下。

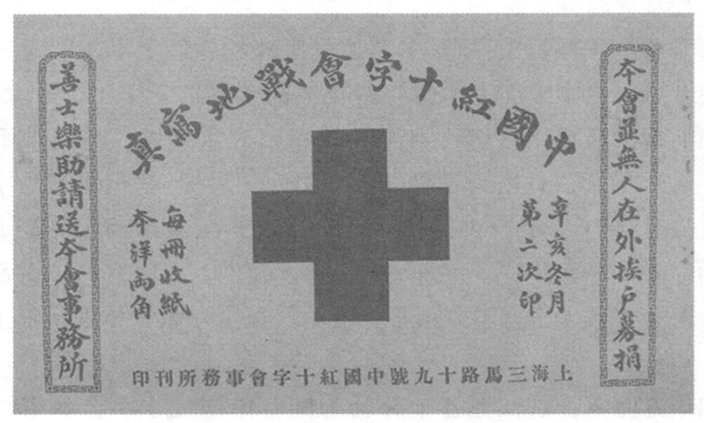

中国红十字会编《中国红十字会战地写真》封面

先看中国红十字会的救护情况。11 月 24 日，即联军挺进南京的同一天，中国红十字会及时派出由侯逸如等医士组成的救护医队赴宁，并于沪宁铁路沿线的镇江、常熟、苏州、吴淞等处，设立临时医院，红会总医院“亦已预备一切”①，随时准备接纳伤兵。南京开战后，中国红十字会采取

① 《辛亥年中国红十字会大事记》，见中国红十字会总会编：《中国红十字会历史资料选编，1904—1949》，南京大学出版社，1993，第 287 页。

了5大救护措施：一是与美国红十字会江安分会、旱西门金陵医院、螺丝湾贵格医院、鼓楼基督医院联手，救治伤兵病民；二是商请沪宁铁路医长齐福果医士、总办朴爱德，“特备红十字医车数辆，由宁镇一带往来驶救，一遇伤兵，即行抢救至伤车内，随到随医”①；三是以南京尧化门车站为战地医院，该战地医院可容纳伤兵50人；四是请齐福果医士会商白廉医生，“借镇江金鸡岭医院为本会临时机关，以便救护医车运送伤兵留养”②；五是雇工百人编为担架队，“倩西友十余人督队，专供抬送伤兵之用”③。

南京大搏战期间，中国红十字会首次使用的救护医车发挥了特殊的作用，据报道：“宁镇烽烟，生灵涂炭，沪宁铁路总办朴爱德君恻然悯之，特备红十字医车数辆，由宁镇一带往来驶救，一遇伤兵即行抢救至伤车内，随到随医，一路开驶，至镇江红十字分会医院留养，倘病榻不敷再运至上海车站（沪宁铁路医院），或徐家汇红十字总医院、天津路红十字分医院。该会理事总长沈仲礼君与朴君协商妥则，职掌医车之医士为英人齐福果君、培林君两医博士。该医车镌就红十字标识，往来驰救，并不搭客。”④ 大战期间，“由医车救治之伤兵共约五百余人”⑤。

再看中国赤十字会的战地救护。与中国红十字会一样，中国赤十字会救护的重点也在武汉战场，但对江苏战场亦给予了力所能及的救护，为此组织了中国赤十字会第二团开赴江苏各地“普救受伤之人”⑥。该团在11

---

① 《急募红十字会捐款启》，《申报》1911年11月25日。

② 《辛亥革命时中国红十字会暨各分会活动成绩》，见中国红十字会总会编：《中国红十字会历史资料选编，1904—1949》，南京大学出版社，1993，第290页。

③ 同上。

④ 《救苦救难之医车》，《民立报》1911年11月21日。

⑤ 中国红十字会总会编：《中国红十字会历史资料选编，1904—1949》，南京大学出版社，1993，第290页。

⑥ 《中国赤十字会第二团广告》，《民立报》1911年10月23日；另见《申报》1911年10月24日。

月初陆续出发苏州、扬州、崇明等处，建立事务所或支部[①]。这些地方战事不烈，伤兵无多，但“军士抱病者要求疗治，几于日不暇给”[②]。南京开战后，第二团又于11月19日派出由20位男队员、21位女队员组成的救护队开赴镇江，转进南京[③]。他们在南京西华门中西医院收治伤兵，成绩可观[④]。另据报道，“民军自初二起至十一晨，连日攻夺天保山，昨晨六（点）钟占领，惟伤者甚多，死者不少，经余医疗者有五十人。马群一带有赤十字社三十人驻扎，均甚踊跃”[⑤]。他们不辞辛劳，救护伤兵[⑥]，对伤民也给予热心救治，《民立报》所载江宁王顺昌的“感谢信”，就是一个实例，信中说：“鄙人有子家庭，年十八岁，在雨花台附近嬉戏，误触炸弹，右手碎如齑粉，左足损去其半，头部及身体被伤三处，血肉狼藉，气息奄奄，见之者均以为虽遇华佗再世，莫可救药矣。鄙人于无可设法之时，姑招赴中国赤十字会第二团临时医院，当蒙大医士吕守白、杨子羽、瞿缦云、赵□（字迹模糊）江、阮其煜、倪伦元、陈凤翔、张之佩、董国贤、崔贤增、虞心炎、董鼎松悉心疗治，刀药并施，已日就痊，可起死生而肉白骨，其吕、杨、瞿、阮、陈、赵、张、董、崔、虞、董诸大医士之谓乎？小儿受此再造之恩，无可以报，用特登报以扬神医而志不忘。”[⑦]

赤十字会医生中有人甚至献出了宝贵的生命。据《民立报》报道：“泰兴朱竹生女士毕业于女子医学校，本年（1911年）为上海医院女医。

---

① 在江苏上海，另有以胡二梅为会长、费朴安为副会长合并普济善会而成的赤十字会，原打算与中国赤十字会第二团合并，因第二团“田北湖君、郑普一君等无意合并，自愿仍办中国赤十字会第二团，公议本会更名赤十字社，以免混淆”（见《赤十字会大会纪》，《民立报》1911年11月16日）。赤十字社与中国红十字会、中国赤十字会性质一样，为慈善组织，但其主要工作不是战争救护，而是慈善救济，该社在苏州办有苦儿教育院，在南京办有贫女工艺厂，1912年5月又发起“赤十字社江淮难儿救济会”，救济难童（见《赤十字社江淮难儿救济会缘起并简章》，《民立报》1912年5月9日）。因赤十字会与赤十字社一字之差，所以容易混淆。

② 《赤十字会第二团报告》，《申报》1911年11月16日。

③ 《赤十字赴镇记》，《民立报》1911年11月21日。

④ 《赤十字第二团之成绩》，《申报》1911年12月27日；《赤十字会第二团救疗记》，《民立报》1911年12月4日。

⑤ 《南京观战记》，《民立报》1911年12月4日。

⑥ 《民立报》报道说：“赤十字会中有女医，有看护女士，皆曾受高等教育，由龙潭前赴马群时，皆步行，不辞艰苦。现在龙潭、镇江两处医院中，伤兵住满，共约三百余人，分布三处，而以镇江之泰西医院为尤多。每一看护人，约服侍三四病人，喂汤喂水，跪而就之，医士则忙迫更甚。”见《民立报》1911年12月2日。

⑦ 《江宁王君顺昌答谢中国赤十字会第二团驻宁医员来函》，《民立报》1912年1月21日。

九月中，上海光复，民军攻制造局，受伤来医，女士为治愈者甚众。十月攻南京，女士以中国赤十字会女医，率同男女会友，往来于镇江、金陵间，不辞劳瘁，医愈受伤军士尤多。”1912 年 1 月 27 日，朱竹生随张竹君会长乘夜车赴宁，至下关“喉痛发热”，在张竹君力劝下次日返沪，不治病逝[①]。2 月 11 日，中国赤十字会特在上海医院开追悼会，缅怀她在辛亥救护行动中的骄人业绩。总之，如时论所评：“上海医院自武汉事起，即行组织赤十字会，以院长张竹君为会长。九月三日（阴历）由会长率同第一队赴汉口，继复分队驻汉阳，计两月中两处救疗受伤战士一千三百余人，事务殷繁，常至不遑寝食。两军战酣时，每出入枪林弹雨之中，亲舁伤者至病院，耐劳冒险，中外人皆称道不置，西人至屡载报章以颂扬之。九月二十九日，该医院续发第二队赴镇江，旋即随先锋队入南京，所救疗亦千余人，其勤劳亦为中外人所赞叹。”[②] 张竹君和其会友“热心办事，可为中国四万万人模范”[③]。

再看留日医药学界红十字团的救护情况。留日医药学界红十字团到来之时，苏浙沪联军正由镇江进攻南京，来自大阪、长崎的留日医学生乃受命先赴镇江前线，迅即投入救死扶伤的行动中；其余留日医学生分编甲、乙两队，12 月 11 日，甲队 60 人以陈任梁为领队开赴湖南，乙队 60 人以孙家树为领队，留江苏进行战地救护[④]。乙队原定赴金陵救伤，并于下关设立临时机关，因战局北移，中国红十字会“特派留日医药团编队往救，于是江北、皖北一带，沿津浦路线遍设临时医院。医生半属教士，而以美国宝琅医生总其成，犹恐救护队员不敷遣派，议定会旗随战旗而进，前敌增设一队，殿后即撤去一队，以其人员移调至前，用是递推递进，费省功溥，并借津浦铁道组织救护医车，机关愈形灵敏”[⑤]。留日医药学界红十字

① 《追悼中国赤十字会朱竹生女医士开会广告》，《民立报》1912 年 1 月 28 日。

② 《赤十字会开大会》，《民立报》1911 年 12 月 25 日。

③ 《赤十字大会记》，《民立报》1911 年 12 月 26 日。

④ 《辛亥年中国红十字会大事记》，见中国红十字会总会编：《中国红十字会历史资料选编，1904—1949》，南京大学出版社，1993，第 288 页。

⑤ 《辛亥革命时中国红十字会暨各分会活动成绩》，原载《中国红十字会杂志》创刊号，见中国红十字会总会编：《中国红十字会历史资料选编，1904—1949》，南京大学出版社，1993，第 290 页。

团乙队还沿津浦铁路南段“择要组织病院，无事时专医病兵”①，扩大救护范围。救护工作圆满结束后，留日医药学界红十字团返回日本（返回的具体时间不详，当在1912年2月后），继续学业。临行时，中国红十字会特“开会欢送”②，表达红会同人对留日医学生慈善懿行的敬意③。

三、江苏各地分会的救死扶伤

在辛亥战时救护行动中，还有一支重要力量不可忽视，即江苏各地分会的人道救助。

辛亥革命爆发后，中国红十字会于沪宁铁路沿线联络当地人士，设立分会，以保障救护行动的顺利推进。江苏大地由此出现了创立分会的第一次高潮。《民立报》《申报》曾刊登《红十字会第一届分会职员一览表》（截止到1911年11月16日），这是经中国红十字会正式承认的第一批分会，其中有关江苏各地分会及职员情况摘录如下：

——南京联合会医院：金陵医院（旱西门）、贵格医院（螺丝湾）、基督医院（鼓楼）。医士：美国施尔德、美国包医士、汤润生、章雨农、高映轩、茅拔、杜耀峰、沈镜吾、许竹君、孙龙翔、陈召恩、张维新等。

——常熟分会：（医院在陶家巷）周惠莲女医士、周晋麒女医士，看护孙志英。

——无锡分会：普仁医院李克乐医士。

——苏州分会：天赐庄齐门外福音医院魏医生等二员，博习医院英国柏乐文医士等三员④，看护（人名续刊），通商场广仁医院意国白医士等二员。

——吴淞分会：经理员张玉墀，医院广义善堂旧址，医士曹文贵，医士陈森如。

---

① 《红会布置之周密》，《申报》1912年2月8日。

② 《辛亥年中国红十字会大事记》，见中国红十字会总会编：《中国红十字会历史资料选编，1904—1949》，南京大学出版社，1993，第288页。

③ 参见池子华：《辛亥革命中留日医学生的救护行动》，《徐州师范大学学报》（哲学社会科学版）2004年第2期。

④ 柏乐文（William Hector Park，1858—1927），美国监理会传教士，1882年来苏州，次年在天赐庄创建了博习医院。该医院是苏州最早的西医医院。

——沪宁铁路协赞会：南京车站红十字专车、上海铁路医院。

——上海城内分会：医师顾宾秋等二十员。

——扬州分会：红十字医院左卫街，经理员袁体仁。

——清江分会：经理员龚少渤[①]。

《红十字会第二届分会职员一览表》有没有公布、何时公布，我们没有查到。仅从第一届分会创建情况看，能在辛亥战事发生后的短短一个月零几天时间内组建上述分会并投入救护，效率不可谓不高。应该说，这与红十字长期在江苏传播、浸润是分不开的。

江苏各地分会救护情形，由于相关资料的缺乏，我们很难窥其全豹，只能简单“复原”，了解大概。

其一，南京分会的救护。南京分会成立于1904年，时称金陵分会，是江苏境内出现的第一个分会。虽然在日俄战灾救援结束后该分会是否继续存在，我们不得而知，但这一传统在辛亥革命中被继承下来。南京之战发生后，启泰绸缎商于恩绂（字少章）与宋培之、陈履源诸善士，在雨花台同善堂设立南京分会办事处，组织救护医疗队，进行战地救护，共救护伤员500余人[②]。血战之余，伏尸遍地，鸟啄犬食，令人不忍目睹。中国红十字会理事总长沈敦和急电南京都督府、民政部及联军司令请派员专事掩埋。这一重任，南京分会义不容辞。1911年12月8日，于恩绂、宋培之等受命组织起中国红十字会南京掩埋队，掩埋尸骸。据史料记载，南京掩埋队在“凤台关埋三十六具，一枝园等处约埋二百具。在五龙桥、将军署、后宰门等处约百余具，皇城数十具，紫金山顶七十余具。其在南门外者，由同善堂派人埋葬，计在雨花台等处葬二十余具。该队在宁共约葬七百具，均立本会（指中国红十字会——引者）石碑，永留纪念”[③]。中国红十字会南京掩埋队的业绩，当然也是南京分会的业绩[④]。在此过程中，于

① 《红十字会第一届分会职员一览表》，《民立报》1911年11月26日；《申报》1911年11月27日。

② 江苏省红十字会编著：《江苏红十字运动八十八年（1911—1999）》，东南大学出版社，2001，第4页。

③ 《辛亥革命时中国红十字会暨各分会活动成绩》，见中国红十字会总会编：《中国红十字会历史资料选编，1904—1949》，南京大学出版社，1993，第291页。

④ 江苏省红十字会编著：《江苏红十字运动八十八年（1911—1999）》，东南大学出版社，2001，第4页。

恩绂“躬亲百役，独任筹款，尤为可风”[①]。

其二，镇江分会的救护。1911 年 11 月 8 日，镇江新军第十八协第三十六标第一营营官林述庆在岘凉山起义，攻占镇江，宣布独立，林述庆为镇军都督。镇江于是成为苏浙沪联军进攻南京的基地（所以南京之战又被称为“宁镇”之役）。月底，联军大举围攻南京，与张勋等部展开激战，“伤痍遍野，救护无人”。镇江近在咫尺，中外慈善家“怒焉悯之”，遂集议创设红十字会，公举瑞记洋行大班址茂生及吴某董其事，组织救护队（除医士外，中西看护男女 21 名）和担架队（78 人），11 月 26 日赴宁，设临时医院于马群，“别设支部于孝陵卫，以随军队前进”。金陵光复时，镇江分会救治伤兵数百人[②]，“有血竭骨折者，俱抢救出诸枪林弹雨中”[③]。

其三，上海城内分会（又称沪城分会，上海市红十字会的前身）的救护。上海为中国红十字会万国董事会所在地，救护事宜当然以总会为主。11 月 4 日，革命军猛攻制造局，由后院破门而入，据次日《申报》报道：“敢死队施放炸弹，伤亡人数颇多。”沈敦和闻讯，急派汽车两辆，延请洋医亨司德，华医侯光迪、周光松、王吉民、陈家恩及看护李安登女士驰赴现场施救，受到国民军的欢迎和优待，“由李平书君引导，特开制造局大厅作为红十字会临时医院”[④]。侯光迪医生留驻该院相机救援，另以徐家汇路中国红十字会总医院为总养病所、天津路分院为分养病所，收治伤兵，并派调查员袁仲慰等四出调查，20 余名雇员及橡皮卧室马车 2 辆、橡皮病车（相当于救护车）数辆随行，遇有伤兵，立即送养病所救治。刚刚成立于光启路 179 号的上海城内分会予以协助[⑤]。

其四，苏州分会的救护。苏州为“三吴重镇，军队林立”。战时，博习医院、福音医院以及广仁医院均成为红十字会临时伤兵医院，救护伤

---

① 中国红十字会总会编：《中国红十字会历史资料选编，1904—1949》，南京大学出版社，1993，第 300 页。

② 有资料称，“镇江分会在 1911—1912 年间，为南京之战的病伤兵民 335 人进行治疗。”见江苏省红十字会编著：《江苏红十字运动八十八年（1911—1999）》，东南大学出版社，2001，第 4 页。

③ 《辛亥革命时中国红十字会暨各分会活动成绩》，见中国红十字会总会编：《中国红十字会历史资料选编，1904—1949》，南京大学出版社，1993，第 292 页。

④ 《红十字会医队救伤》，《申报》1911 年 11 月 5 日。

⑤ 上海城内分会的发起人夏应堂（1871—1936），祖籍江苏江都，生于上海，为沪上名医，上海时有“北丁南夏”（沪北丁甘仁，沪南夏应堂）之说。

员。“光复后意国医博士白纽昔君，自愿将前办之广仁医院，暂为红十字分医院，义务救治兵民。金陵之役，受伤军士之回苏就治者三十余人，皆应手而愈”①。

其五，常熟分会的救护。作为中国红十字会第一届分会，常熟分会在周惠莲女士的主持下，积极筹备，随时接纳伤兵。据史料记载说：“苏沪光复后，常熟女医士周惠莲君，驰函总会愿设临时医院，义务医治伤兵。金陵光复时，伤兵之返常熟者，均由周女士医治之。”②

其六，江阴分会的救护。史书记载：“江阴分会成立于光复之后，救护人员悉借才福音医院，军士之就医者达三千人，住院者二十有六，大割症多至数十起，而诸医士之心力交瘁矣。”③ 成绩相当可观。

江苏其他分会的救护情况，因资料欠缺，暂付阙如。

总之，在辛亥革命的腥风血雨中，江苏红十字会组织纷纷涌现，如雨后春笋，成为全国组建分会最多的省份。对此，红会史籍中有一个统计简报，不妨摘录如下，以资比较：

本会自武汉事起，次第添设分会或临时医院于各省要隘，若庐州，若芜湖，若淮安，若扬州，若清江浦，若吉林，若常熟，若全椒，若绍兴，若安东，若厦门，若杭州，若登州，若梧州，若颍州，若莱州，若安庆，若烟台，若福州，若无锡，若宁波，若苏州，若重庆，若宜昌，若六合，若滁州，若牛庄，若怀远，若徐州，若嘉兴，若吴淞，若南京，若临淮关，若正阳关，若凤阳，若蚌埠，若固镇，若新桥，若宿州，若长沙，若岳州，若常德，若京口，若镇江，若江阴，若广东，若南昌，若香港，若青州，若济宁，若黄县，若潍县，若奉天，若辽阳，若成都，若上海城内等处均是。其办事成绩，已据正式报告者，条列如上，亦有成立未久，成绩未据报告者，则暂付阙如，留待续刊云尔④。

---

① 《中国红十字会杂志》第1号，第49页。

② 《辛亥革命时中国红十字会暨各分会活动成绩》，见中国红十字会总会编：《中国红十字会历史资料选编，1904—1949》，南京大学出版社，1993，第292—293页。

③ 《中国红十字会杂志》第1号，第48页。

④ 《辛亥革命时中国红十字会暨各分会活动成绩》，见中国红十字会总会编：《中国红十字会历史资料选编，1904—1949》，南京大学出版社，1993，第294页。按，本书“若清江，若浦口”，经核对原文，实为“清江浦”之误。

从上引资料可见，辛亥革命中据“正式报告”添设的分会或临时医院的省份有江苏、安徽、吉林、浙江、福建、山东、湖南、湖北、广东、辽宁、四川11省，分会或临时医院共计56处，而江苏就占了13处，即淮安、扬州、清江浦、常熟、无锡、苏州、六合、徐州、吴淞、南京、镇江、江阴、上海城内，占总数的23%强。其中，除淮安、六合、徐州难以确认是分会还是临时医院外，其他10处，结合上文，都可以确定是分会。分会的增加，表明江苏红十字运动的高涨，这是前所未有的。有人说，中国红十字事业“发轫于俄日之战，而大彰于武汉之师”[①]。江苏红十字运动何尝不是如此！

辛亥革命中中国红十字会江苏各地分会救死扶伤，崭露头角，取得了一定成绩，积累了救护经验，为二次革命的战事救护准备了条件。

① 沈敦和：《〈中国红十字会杂志〉弁言》，载《中国红十字会杂志》创刊号（1913年5月）。

第三章　民国前期的江苏红十字运动

民国前期（1912—1930），江苏灾难重重，仅大规模的兵灾就有4起，加上水灾、火灾的冲击和瘟疫的肆虐，江苏人民生活在水深火热之中。江苏各地红十字会，以博爱为怀，扶危济困，救死扶伤，谱写了一曲曲人道赞歌。

第一节　1912：总会调整在江苏

民国伊始，各项事业革故鼎新，人道事业也只有进行调整，才能适应时代发展的需要，江苏红十字运动也不例外。1912年，江苏有10个红十字分会，分别是南京、镇江、扬州、清江（今属淮安）、苏州、常熟、无锡、江阴、吴淞及上海城内分会①。而当时全国仅有56个分会②，无疑江苏红十字组织建设在全国处于领先地位。但从其发展水平来看，江苏红会组织尚处于起步阶段，成立时间短，发展还很不充分。1912年，江苏各地分会没有进行大的调整，但有些分会还是做了努力，如是年2月，南京下关、镇江、清江、扬州等地分会医院添聘医生，以备“先行医病，设遇战祸，随地抢救”③。

不过，江苏各地分会的上级组织——中国红十字会在江苏境内的调

① 参见江苏省红十字会编著：《江苏红十字运动八十八年（1911—1999）》，东南大学出版社，2001，第16页。按，上海城内分会即沪城分会，为上海红十字会的前身。

② 孙柏秋主编，池子华、杨国堂等：《百年红十字》，安徽人民出版社，2003，第57页。

③ 《红会布置之周密》，《申报》1912年2月8日。

整，对江苏红十字运动的发展有着重要意义，这突出表现为首届会员大会和统一大会的召开。

1912 年 9 月 29 日，中国红十字会首届会员大会在江苏上海英租界议事厅隆重开幕，全国各地会员共 1352 人与会。大会主席沈敦和首先报告会议宗旨："今日开会，正欲伸谢诸君之仁德，筹商进行方法，并推举议员，组织议会，以立永久之基础。"① 与会代表围绕议题展开热烈讨论。江苏吴江人施则敬应邀参加大会，并对总会财政收支情况进行报告，"全体无异词"②。大会推举英国按察使苏玛利、日本总领事有吉明、日本赤十字社外务顾问有贺长雄、尚贤堂监院李佳白和福开森"五君为顾问"③。

推举常议员，选出新一届红会领导，为此次会员大会的中心议题。经讨论，大会推举施则敬、洪毓麟、朱佩珍、席裕福、唐元湛、汪龙标、陈作霖、狄葆贤、张蕴和、周晋镳、童熙、李厚祐、金世和、蒋辉、何怀德、哈麟、何亮标、谢纶辉、丁榕、施肇曾、郁怀智、叶韶奎、桂运熙、徐镜澜、袁嘉熙、叶德鑫、邵廷松、贝致祥、王勋、林志道、朱礼琦、余之芹、洪肇基、江绍墀，计 34 人为常议员。

10 月 6 日，常议会成立，常议员集会，参照东西各国定章，公举大总统、副总统为名誉总裁；选举吕海寰为正会长，沈敦和为副会长兼常议会议长，江绍墀为理事长；9 日公电政府，请以明令宣布正副会长，"昭示中外，策励将来"④；19 日"大总统令"："派吕海寰充中国红十字会正会长、沈敦和充中国红十字会副会长。"⑤

首届会员大会的召开，在中国红十字运动史上具有重要意义。它结束了万国董事会解散后出现的无正副会长、无理事的"虚脱"状态；通过了《中国红十字会章程》，使中国红十字事业的发展步入正轨；完成了董事会

① 《中国红十字会第一次会员大会记》，见中国红十字会总会编：《中国红十字会历史资料选编，1904—1949》，南京大学出版社，1993，第 258 页。

② 同上书，第 257 页。

③ 《红十字会移北京》，《民立报》1912 年 10 月 15 日。

④ 《红十字会之公电》，《申报》1912 年 10 月 18 日。

⑤ 《临时大总统令》，《政府公报》1912 年第 171 期。

制向常议会制会内运作体制的转变；特别是通过《京沪合并章程》[1]，化解了京会、沪会之间的隔膜，实现了“合并”，这有利于红会事业的协调发展。总会的更新便利了对分会的指导，理所当然有利于江苏各地分会的发展。

统一大会对江苏红十字运动的作用更为明显。辛亥战事救护紧急，各地分会大都临时组建，名称繁多，且分会间缺乏沟通，“合则益，分则损”[2]，只有统一，消除歧见，红十字事业才能正常发展。于是，1912 年 10 月 30 日，中国红十字会统一大会在江苏上海的黄埔滩汇中旅馆 5 楼大会堂拉开帷幕。黎元洪副总统、外交部、内务部、陆军部、海军部、奉天都督、江苏都督均派来代表，连同各省分会代表近 90 人与会[3]，加之其他

---

① 1912 年 9 月 19 日，沈敦和、福开森在上海达成《中国红十字会合并条议》12 款：一、议将中国红十字会总会设在都城，以合各国办法。二、公请袁大总统、黎副总统为名誉总裁。三、公请吕公海寰为正会长，福开森君为顾问官，冯恩崐君为秘书长，驻于都城总会办事。四、总会设在都城，专与政府及各部接洽会务并办外交各事。五、公请沈敦和君为副会长，常驻上海管理会务。六、上海会所改名为中国红十字总会办事处，设在上海。举江绍墀君为理事长，以一事权而专责成。七、公举会员及输捐者三十人为常议员（即议事部），举副会长为领袖，管理一切会务、医务、筹款等事，所有沪会从前所办之事，以及与西医所订合同、哈佛医学堂所订办法，又各省所设之分会，所置之地产、房屋，一切悉仍其旧，毫不改动。惟总会设在都城，上海总办事处应将寻常之事每月报告会长一次，其重要事件随时报告会长或商明而后施行。八、规则大纲南北既经合并，自可商改数条，以免抵触。九、京会所设各分会合并后，应由总会介绍与上海办事处交通，以归一律。十、上海大会订期九月二十九号，万难再改。十一、各省统一会，吕会长原拟择定适中地址开会一次，今查上海为各省交通利便之区，即于十月间在上海开会。正会长主席，如正会长不能莅席，由其电请副会长主席。十二、合并后，应将合并情形由吕、沈公函执照万国联合会，并将规则立案。见《直隶巡警道为□札发中国红十字会合并条议通饬知照文》，《大公报》1912 年 11 月 3 日。

黎元洪《复上海中国红十字会》函件载为《京沪合并章程》10 条：一、总会设于北京；二、聘请正副总统为（名誉）总裁；三、吕海寰为会长、福开森为顾问；四、总会除与政府各部会接洽外兼办外交；五、沈敦和为副会长，常驻上海管理会务；六、上海红十字会定名为中国红十字会总会总办事处，举江趋丹为理事长；七、总办事处管理全国各分会事务、医务、募捐、赈济、防疫、执掌会中财产等事；八、全国代表大会定于 9 月 29 日在上海举行；九、各省统一大会之后亦于上海召开；十、京沪合并情形由正副会长以公函向全国宣布。见沈云龙主编：《近代中国史料丛刊》第 3 编第 67 辑《黎副总统政书》，（台北）文海出版社有限公司，1978，第 176—177 页。

② 《副会长沈敦和君宣布开会宗旨》，见中国红十字会总会编：《中国红十字会历史资料选编，1904—1949》，南京大学出版社，1993，第 266 页。

③ 《补录中国红十字会统一大会汇刊》，见中国红十字会总会编：《中国红十字会历史资料选编，1904—1949》，南京大学出版社，1993，第 259—262 页。此数据系笔者根据与会代表名单统计所得。

来宾，有数百人①。江阴分会王完白，常熟分会孙志英，南京分会于少彰、宋培元、王济川、陈仁山②等江苏分会的代表出席了统一大会。

大会首先由黎元洪副总统的代表赵俨葳致祝词，接着由沈敦和副会长宣布大会宗旨，谓“诸公或为政府代表，或为分会代表，惠然肯来，光斯盛会，实为中国数千年未有之创举。务求同心协力，共赞厥成，庶几中国红十字会得与共和名义，同享世界上之荣誉焉！”③ 政府各部代表就红十字会与政府关系进行阐述。施则敬在会上以“红十字会筹款方法”为题发表演讲，着重指出政府对于红十字会筹款的重要作用：“筹款必须提倡，日后捐助二百万元，故日本红十字会之款项已达二千余万元，我国之红十字会惟有请名誉总裁、大总统、副总统及国务员、各省都督提倡，则将来款项可以过数千万而无难。”④

统一大会成果颇丰，江苏红会与其他各地分会都被“统一”到中国红十字会体系中，这为江苏红会正确处理与总会及其他分会的关系提供了前提。中国红十字会得到了再次调整，“设总会于北京，设总办事处于上海，常议会设于总办事处所在地，专任对外及对政府交涉事宜，副会长驻总办事处，会同理事长，督率各职员，办理筹募款项、联合分会、征集会员及其他一切会务”⑤。这一决定对江苏红会发展影响极大，尤其是总办事处机关和常议会设于江苏上海，使江苏红会具备了得天独厚的发展优势。大会还制定了《中国红十字会分会章程》共5章16条，主要内容包括：统一分会名称为“中国红十字会某处分会”，“分会所用旗帜袖章，均由中国红十字会总会给发”，“分会须遵照总会章程办理”，“在战时应遵守本国海陆军部定章及临时军司令官命令，协助医队，救护病者伤者”，“在平时应筹募款项，设立医院，造就医学人才，置办医务材料，并预备赈济水旱偏

---

① 《红十字会统一大会记事》，《申报》1912年10月31日。

② 《补录中国红十字会统一大会汇刊》，见中国红十字会总会编：《中国红十字会历史资料选编，1904—1949》，南京大学出版社，1993，第260—262页。

③ 《副会长沈敦和宣布开会宗旨》，见中国红十字会总会编：《中国红十字会历史资料选编，1904—1949》，南京大学出版社，1993，第266页。

④ 《中国红十字会创立及其活动有关文件》，中国第二历史档案馆馆藏档案，全宗号：2001（2），卷号：552。

⑤ 《中国红十字会月刊》第2期（1935年8月），第102页。

灾、防护疫疠及其他各项危害之用”等等[①]。这些规定，使江苏红会有章可循，有利于其走上正确的发展道路。

1912 年，中国红十字会的这两次调整（首届会员大会和统一大会的召开），对于江苏红会是一笔宝贵“财富”，大大促进了民国前期江苏红十字运动的发展。

第二节　救伤·恤难·瘗亡

1924 年 10 月，《申报》有一篇署名颖狂生的评论谈道：“讲起今日的红十字会就要说到战争，当战争的时候，却可算是红十字会出力的时候。”[②] 确实如此，红十字会自诞生之日起，一直担负起战争救护的神圣职责。民国前期，江苏战乱频仍，先后爆发了“二次革命”、江浙战争、奉浙战争、北伐战争，江苏各地红会，在总会的支持下，积极展开救援，取得了令人瞩目的成绩。

一、“二次革命”救护

袁世凯篡夺政权后，重走独裁专制之路，终于引发革命党人的武装反抗。1913 年 7 月 12 日，李烈钧在江西湖口宣布独立，标志着“二次革命”（又称“癸丑之役”“赣宁之役”）的爆发。15 日，黄兴在南京宣布独立，战争延及江苏。16 日，陈其美在上海就任讨袁军总司令，徐州、镇江等地也发生了战事。战争十分激烈，江苏许多地区惨遭兵燹蹂躏，上海、南京最为严重。

兵灾救护是红十字会职责所在。为救伤恤难，江苏各地红会积极预备，组织了救护队和临时医队。然而，当时江苏红会毕竟发展有限，尚不具备自主救护的能力，这就离不开总会的支持。7 月 18 日，总会召开第六次常议会，商议救护办法，并对江苏各地救护做出初步安排，江苏红会密

① 《中国红十字会分会章程》，原载《中国红十字会杂志》1913 年第 1 期。另见中国红十字会总会编：《中国红十字会历史资料选编，1904—1949》，南京大学出版社，1993，第 226—227 页。

② 《红十字会》，《申报》1924 年 10 月 13 日。

切配合，救护人员迅速“各就各位”：上海战场，以英籍医生柯师、王培元为救护队长，邓笠航负责召集；南京战场，由南京分会会长余少彰、宋培之、陈履源等担任救护；徐州，由南京宝琅医生组织救护队，并请段少沧、朱星齐等组织徐属5县红十字分会；镇江，由苏州教会医生柏乐文、惠庚生及镇江教会医生白廉组织救护队和临时医院[①]。中国红十字会上海总医院、分医院、时疫医院等多家医院负责伤病治疗。救护机构备有救护小轮、沪宁救护专车、救护马车、救护橡皮车、救护汽车等。经总会、分会的协同配合，战地救护有条不紊地进行。

在上海：7月22日夜，南、北军在沪南制造局开战[②]。23日，刘福彪、钮永建率军“包围制造局四围匝，环架大炮数十尊，同时猛攻，枪如骤雨，炮若走（雷）霆，大有灭此朝食之势”[③]。“战事骤起，流弹横飞”[④]，中国红十字会总办事处立即分派救护队员深入战地，由队长王培元指挥，“并随处施治初级救伤”[⑤]。22日夜，救护队救获伤员97人。24日晨3时，战事越发激烈，兵士、平民死者共二三百人，伤者三倍于此且大多重伤，情势紧急，总办事处赶派救护员前赴战地，将受伤兵、民数百人送入法租界、公共租界各医院急救。29日，柯师、王培元在制造局、十六铺一带救得伤民14人、伤兵2人[⑥]。8月11日夜，王培元乘淞沪专车赴江湾救回伤兵20人[⑦]。据统计，总会总办事处在沪共救护900余人，耗费约2600元；5处医院共医治受伤军民947人，其中不治者11人，耗费1.5万元[⑧]。

沪城分会也积极参与救护。该会在西区庄家桥、南首马宅、中区蓬莱路叶宅、南区陈顾同桥南首江宅、东南区永兴桥应宅、东城正丰永金号等

---

① 《战时之红十字会》，《申报》1913年7月21日。

② 习惯上将袁军称为“北军”，讨袁军称为“南军”。

③ 《政府公报》，1913年8月24日，见章伯锋、李宗一主编：《北洋军阀》第2卷，武汉出版社，1990，第353页。

④ 《特别访函》，《申报》1913年7月24日。

⑤ 《中国红十字会癸丑成绩撮要》，见中国红十字会总会编：《中国红十字会历史资料选编，1904—1949》，南京大学出版社，1993，第295页。

⑥ 《红十字会报告》，《申报》1913年7月30日。

⑦ 《特别访函一》，《申报》1913年8月13日。

⑧ 中国红十字会总会编：《中国红十字会历史资料选编，1904—1949》，南京大学出版社，1993，第303页。

早期中国红十字会救护车辆

多处设立救护队，在城外西门万生桥西区巡警局设立医疗所，掩埋队棺材则堆栈法租界京江公所[①]。7 月 22 日夜，战事发生后，沪城分会驰赴战地，至 23 日午后，救获伤兵 30 余人[②]。25 日前后，沪城分会由陆家浜绕苏杭车站会同总办事处救护。25、26 日，在各街道收获逃兵所弃洋枪、军服、子弹等件共五六车，送至警厅缴销。为救治伤兵，沪城分会在新北门沉香阁中西医院内成立医院，可容百人，只收号金铜元 2 枚，不取医药等费，院长为夏应堂，监院为殷受田，中医主任华星垣，西医主任周光松。为了筹集医院经费，从 9 月 7 日至 30 日，沪城分会多次在《申报》上刊登《中国红十字会沪城分会启事》。

在南京：南京在“二次革命”中历经曲折，前后三次独立，其中第三次独立战事尤为激烈。南京西门“每日下午开战二小时或四小时，居民纷往城外逃难，奔驰江边，无船可趁（乘），欲下乡则交通已阻，群聚江边，哭声震天”[③]。南京分会救护队“寻觅伤兵，登山涉水，不畏艰险”[④]，多

① 《中国红十字会临时通告二》，《申报》1913 年 7 月 25 日。
② 《城内访函》，《申报》1913 年 7 月 24 日。
③ 《报告南京人民之惨状》，《申报》1913 年 8 月 23 日。
④ 《红十字会纪事》，《申报》1913 年 8 月 20 日。

次救助伤兵、难民于危难之中。为治疗伤员，南京分会组设了鼓楼医院、基督医院、金陵医院等3家红十字医院。8月20日，南京分会各医院已救护伤兵200余名。22日，鼓楼医院、金陵医院大有“人满之患”，宝琅医生及中西医士10余人“眠食俱废，救护员手烂足裂，频受危险”[①]。25日，鼓楼红十字医院已有伤兵230人。月底，南京各红会医院计有伤兵260余人。至9月9日前后，伤兵增至850余人。难民之受伤者也不在少数，合计南京分会各医院共救治受伤兵民1900余人，耗资8000余元[②]。

南京被难严重而救护力量不足，于是南京分会特派人员冒险出城，向总办事处报告。为更好地接送伤兵、济渡难民，总会沈敦和副会长等权衡再三，决定租借英商太古洋行“大通”轮船赴宁救护。中国红十字会原会长盛宣怀慨捐租船经费4500元，“镇绅焦乐山君赞助亦力”，旅沪宁人仇徕之、魏梅村、金熙生等特开会商议“安置难民之法及将来之拯济”，“众情异常踊跃”[③]。在社会各界的支持下，“大通”救护医船顺利成行，王培元医生为队长，邓笠航为总干事员，“救护船上自船主及救护员均不许自由行动，须听王队长主裁，至难民伤兵上船后，一切招待分派事宜归总干事员邓笠航专办”[④]。南京分会宝琅医生、马林医生等则负责分送乘船券，“无论何等船位，概不收取乘船者分文”[⑤]。众擎易举，“大通”轮船救护最终取得圆满成功，24日和29日，两次赴宁救获难民3000余人、伤兵伤民160多人[⑥]。

在镇江：邻城南京受灾极重，镇江分会当然不会置身事外，该会白廉医生等特乘救护专车赴宁救护。约8月19日，宁、镇间有伤兵200余人，镇江分会白廉医生急率队前往救治。“大通”轮赴宁救护期间，镇江分会任兆霆还派员乘红十字救护小轮前往南京协助。“二次革命”期间，镇江分会还在会所、瓜洲、粮米仓等3处设立医院，至19日收治伤兵202名，其中红会瓜洲分医院37名、粮米仓分医院58人。救伤忙碌之时，白廉医

① 《报告南京人民之惨状》，《申报》1913年8月23日。

② 参见中国红十字会总会编：《中国红十字会历史资料选编，1904—1949》，南京大学出版社，1993，第304页。

③ 《援救南京难民》，《申报》1913年8月24日。

④ 《援救南京难民续志》，《申报》1913年8月25日。

⑤ 《南京被难人民注意》，《申报》1913年8月25日。

⑥ 参见池子华：《红十字与近代中国》，安徽人民出版社，2004，第143页。

生还邀请“外国兵舰之军医数人帮治”[①]。可贵的是，镇江分会并未顾此失彼，对本地伤员也做到了有效救护，前后共救治宁、镇伤员612人，耗费2000多元[②]。

在徐州：7月17日至24日，冷遹所率讨袁军与北洋军张勋、方玉普部展开激烈争夺。徐州分会商准民立医院、教会医院等两所医院救伤，“日有伤民及团兵等送院医治，均系被匪所伤”[③]。南京分会特派基督医院宝琅医生等前往徐州，“由津浦南段韩庄运来受伤兵官范尚武（译音）队兵三十余人”[④]，全部入院医治。同时，总办事处也组织救护队往来徐州、浦口一带，并加派掩埋队。徐州分会还向中国赤十字会会长张竹君求援，张竹君率领包括医士、看护、药剂师在内的30余人赶赴徐州，进行战地救护。

掩埋工作也十分繁重，这在上海、南京尤为明显。上海掩埋工作主要由总办事处负责，沪城分会协助；南京掩埋工作则由南京分会担任，总办事处提供物质支持。

上海开战后，总会掩埋队随即出发，沪城分会全体职员听候调遣。7月26日，柯师医生率救护队在龙华一带掩埋尸体20余具。另外，“军（队）防御界内所有腐尸遗骸已经督饬掩埋殆尽”[⑤]，而防御界外，遗尸外浮，镇守使郑汝成特函总会请援，因“鉴于冒用标识之弊，凡一切救护掩埋事宜，只准红十字会派员会同军队办理”[⑥]。8月5日午后，王培元督队前往搜寻，计收殓尸骸30余具。铁道两旁，腐尸尚多，6日，红会雇夫役60余名，分头寻觅，“悉用二寸厚板棺木加以药水石灰，每尸一具掘地五尺，四围多加石灰深埋，免酿疫疠”[⑦]。8日，王培元率队赴蕴藻浜渔业试验场一带收殓尸骸25具；9日，又赴沪杭车站杨家宅一带瘗埋遗骸8具，

---

① 《红十字会纪事》，《申报》1913年8月20日。

② 参见中国红十字会总会编：《中国红十字会历史资料选编，1904—1949》，南京大学出版社，1993，第304页。

③ 同上书，第63页。

④ 《红会紧要会议》，《申报》1913年7月20日。

⑤ 《红十字会纪事》，《申报》1913年8月7日。

⑥ 同上。

⑦ 同上。

在翁家宅收得腐尸3具①。11日下午，江趋丹、吴敬仲、王培元、王子香等，赴制造局一带查看义冢，“拟加土高八尺，立以石碑，四围砌以青砖，种以树木”②。12日，江湾发现有死尸100余具，王培元、王子香率队运棺百具，石灰百担，乘专车前往收殓。据统计，在上海，红会共掩埋尸骸371具③。

根据总办事处安排，南京掩埋事宜由南京分会于少彰、宋培之、陈履源专办④，总办事处提供掩埋材料，置备棺木2000具，辟疫药水300打，碳水1000磅，石灰等也一应俱全，“一切费用由上海红十字会核拨”⑤。南京分会尽心尽力，据《申报》报道，9月9日，“死尸八百余具已埋葬”⑥；12日，“掩埋队迄今仅掩埋九百余具”⑦。尚有数处未经着手，南军于3周内死数约在1500名至1800名之间⑧，掩埋工作继续进行。最终，南京分会共掩埋尸骸7350具，积为3327冢，立碑18座，“一切均合卫生，藉免疫疠发生”⑨。

南京红十字分会在“二次革命”期间掩埋尸骸总数统计见表3-1所示：

表3-1 “二次革命”期间南京红十字分会掩埋城厢内外军民尸骸冢具总数一览表

地　别	具数	冢数
萧营富贵山城隍庙蜈蚣山一带	416	178
毗卢寺竺桥马炮标珍珠桥西华门一带	129	54
钟鼓楼北极阁丁家桥三牌楼仪凤门内一带	98	84
宫后山五台山龙蟠里虎踞关清凉山石城门内一带	454	414

① 参见中国红十字会总会编：《中国红十字会历史资料选编，1904—1949》，南京大学出版社，1993，第296—297页。

② 《红十字会纪事》，《申报》1913年8月12日。

③ 《中国红十字会癸丑成绩撮要》，见中国红十字会总会编：《中国红十字会历史资料选编，1904—1949》，南京大学出版社，1993，第304页。

④ 《红十字会纪事》，《申报》1913年8月20日。

⑤ 《红十字会纪事》，《申报》1913年9月2日。此处“上海红十字会”指总会。

⑥ 《红十字会纪事》，《申报》1913年9月10日。

⑦ 《南京访函》，《申报》1913年9月12日。

⑧ 同上。

⑨ 《红十字会纪事》，《申报》1913年9月14日。

（续表）

地　别	具数	家数
西方寺复成桥东关头洪武门内明故宫一带	124	96
双乐园万竹园双塘边造币厂狗皮山三山门内一带	114	79
周处台东花园王府园暨城西黄土山一带	126	96
聚宝门外雨花台制造局刘园后花神庙安德门眼香庙沙洲圩赛公桥一带	361	165
通济门外城根双桥门火药局前东岳庙鬼神堂一带	216	103
朝阳门外城根吴帝墓明孝陵一带	654	252
卫冈口孝陵卫灵谷寺蚂蚁腰万寿寺紫金山大山顶一人泉一带	750	472
太平门外城根龙膊子天宝城大埂后湖边一带	1316	174
板仓蒋王庙岔路口紫金山鹅瘤峰白云寺一带	412	107
五棵松马群小青龙山马群谷口冈后水洞庵仙鹤门一带	117	73
幕府山上元门迈皋桥蟠龙山神策门一带	234	130
金川门外车站岔路口象山宝塔桥一带	1275	561
仪凤门外城根绣球山一带	487	246
三山门外莫愁湖大王庙鬼脸城石城桥一带	67	43
总　计	7350	3327

资料来源：《癸丑战时的赠匾与掩埋纪念碑等图片》，见中国红十字会总会编：《中国红十字会历史资料选编，1904—1949》，南京大学出版社，1993，第319页。

南京分会掩埋队员不惧艰险，足迹几乎遍及南京战场的每个角落，在昭示着战争残酷的同时也展现出红会职员高尚的人道主义精神与博爱品质。

“战争是滋生难民的温床。”① “二次革命”中，江苏数万难民罹祸，生存弥艰，江苏红会积极担当重任，对上海、南京、徐州等地难民进行救济。

① 池子华：《红十字与近代中国》，安徽人民出版社，2004，第147页。

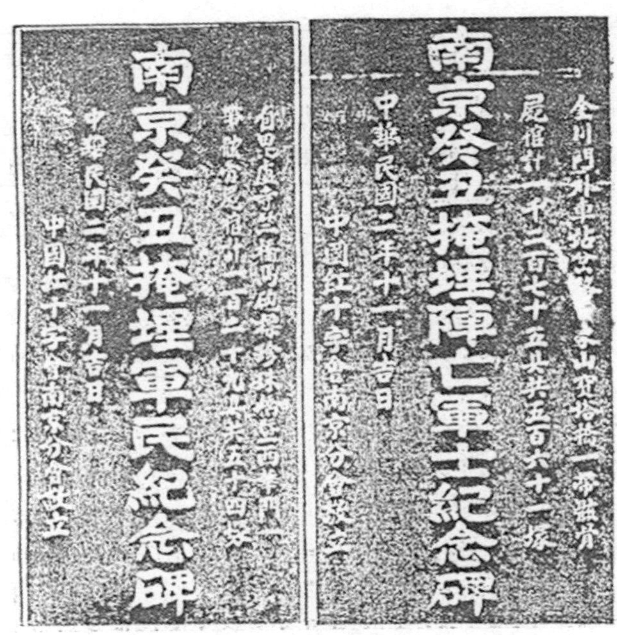

“二次革命”中南京分会所立纪念碑

在上海，避战居民嗷嗷待哺，7 月 28 日，沪城分会开始筹办急赈，散放面包、大饼，每日发放 5000 余份，“救获伤残兵民甚多”①。8 月 1 日，沪城分会夏应堂通告全体职员，将各界馈赠之饼干、香烟、药丸等照市价分购（售），所得款项购备面包，散给难民②。

在南京，战火中的平民，“小康竟为赤贫，中等骤为败户，居无屋，食无粟，惨苦万状”③。9 月 8 日前后，南京分会购米 1000 担，供各医院、学校及孤儿院之用。该会还购买布料，雇工裁制服装、被褥赈济难民，并函请总办事处派员来宁商议救济④。14 日中午，南京分会会长于少彰与江趋丹、王培元等在金陵大学集议赈济事宜。会后，红会职员分头行事，王培元、苏荔裳赴下关，于少彰与江趋丹往南京贫儿教养院。其中，红会共

① 《城内访函》，《申报》1913 年 8 月 2 日。

② 《城内县东红十字分会》，《申报》1913 年 8 月 2 日。

③ 《中国红十字会癸丑成绩撮要》，见中国红十字会总会编：《中国红十字会历史资料选编，1904—1949》，南京大学出版社，1993，第 299 页。

④ 《红十字会纪事》，《申报》1913 年 9 月 10 日。

赈助南京贫儿院洋800元、米300石及面包等物若干[1]。为感谢红会慈善义举，贫儿院特制“赤子衔恩”匾赠予红会。

镇江危急之时，“被困人民几达十余万”[2]，镇江分会白廉、任兆霆等在竹林寺设难民留养所，拯救难民，由焦乐山任主任。“二次革命”期间，由宁逃镇之难民多至万人，“无衣无食，情形至惨”，而“秋气渐凉，冻馁交至”[3]，镇江分会吴丽三等职员毅然协同总办事处进行救济。

江苏各地分会“二次革命”救护工作与总会的支持密切相关，没有总会，江苏各地分会救护行动就无法正常开展；没有总会，救护也不可能取得成功。除战地救护和掩埋工作外，难民救济亦然。对上海、南京、徐州等地难民的救济，总会投入很多精力。为赈济难民，总会多次登报刊发公告募集捐款、食物、棉衣，并积极分发各地，大大减轻了各战地难民的受灾程度，保全了许多难民。如在上海，8月9日，总办事处商请童子队周大伦、张涵元等20人每晚7时赴闸北、虹口、英租界等地散放面包和饼干等物，每日约有8000余难民受惠；在南京，9月11日晨，总会江趋丹理事长率医师王培元、苏荔裳、黄子静及干事邵子奋、王子香等乘专车赴宁筹办急赈，救济物资充足，有白米200石，饼干、面包15000磅，辟瘟药水40000打，时疫药水5000瓶，衣服被褥20包，医院药料12箱及他种药品、银洋等件[4]；在徐州，沈敦和、施则敬特派王叔相于21日赴徐调查，并组织放赈，前后投入赈款2万元之多。

8月上旬，总办事处还在上海南市龙王庙、南码头商船会馆、西门西方庵等地设立平粜局，向难民平价出售大米，为难民的基本生活提供保障。平粜局历经40余日，共采米约5213石，计价洋29530元，除收入平粜价外，共耗费5283元左右[5]。该会还在上海设立妇孺留养院3处，留养南京、上海等地难民3310余人，耗费4700元。红会留养院将关怀撒向战

① 《中国红十字总会理事长江绍墀上书沈会长》，见中国红十字会总会编：《中国红十字会历史资料选编，1904—1949》，南京大学出版社，1993，第311页。

② 《红十字会纪事》，《申报》1913年8月10日。

③ 《中国红十字总会理事长江绍墀上书沈会长》，见中国红十字会总会编：《中国红十字会历史资料选编，1904—1949》，南京大学出版社，1993，第315页。

④ 《红十字会纪事》，《申报》1913年9月10日。

⑤ 《中国红十字会癸丑成绩撮要》，见中国红十字会总会编：《中国红十字会历史资料选编，1904—1949》，南京大学出版社，1993，第304页。

争中饱受痛苦的难民这一弱势群体，尤其是关爱妇孺，得到社会各界的广泛赞誉。

值得注意的是，为体恤寒儒，总办事处江趋丹、施则敬、沈鼎臣、哈少甫、沈少庭、沈惺叔等人发起成立南京征文社，每月征文一次，仅限南京一地，出色者给予奖励，前后共组织三次征文和一次特别征文，花费2600余元。南京征文社结合广大寒士学子的实际，从征文入手，展开评比，对许多受难寒士是一种慰藉，不仅直接帮助了一些寒士学者，而且也促使他们对红十字事业进行了思考，在一定程度上起到了宣传作用，有利于扩大红十字会的影响力。因此，征文受到寒士的称颂，据《申报》报道称："红十字会南京征文第一次揭晓给奖后，寒士德之。"[1]

综上所述，"二次革命"中，江苏各地红会救护成绩明显。总会和各地分会职员皆热心会务，"冒暑奔驰于枪林弹雨之中，宁镇淞沪历五十日，不遑寝食，奋勇直前"[2]。为此，沈敦和副会长特于9月6日在法租界鸿运楼设宴酬谢红会诸君，120余人到会。陆军部也对红会杰出救护员进行表彰，"经该会常议会推赠各等会员荣誉，并由陆军部调取尤为出力之各员呈请大总统给奖，当奉给予各洋员六等嘉禾章，华员则给一、二、三等陆军奖章"[3]。沈仲礼副会长还挑选最为出力之"华员"14人，呈请大总统加奖勋章。

二、江浙战争救护

江浙战争又称"齐卢之战"，是指江苏军阀齐燮元和浙江军阀卢永祥之间发生的战争，前后包括两次，即1924年9月的第一次江浙战争和1925年1月的第二次江浙战争。两次战争中，江苏遭受严重损失，经历多年慈善实践磨砺的江苏红会，积极有效地进行了人道救援。

---

① 《红十字会第三次征文题》，《申报》1913年12月27日。

② 《红十字会大宴会》，《申报》1913年9月8日。

③ 《红会救护人员之获奖》，《申报》1914年10月28日。

齐燮元

卢永祥

（一）第一次江浙战争救护

1924年9月3日，直系江苏军阀齐燮元和皖系浙江军阀卢永祥为争夺上海利益，兵戈相向，此即第一次江浙战争。开战之初，卢军占有优势，但随着战线拉长，渐居下风。至9月中旬，江浙战争扩大为5省，皖、闽、赣先后向浙进攻，防守仙霞岭一带的卢军一部倒戈，孙传芳又占领衢州，直接威胁卢军后方。此时，卢永祥也怀疑自己内部不稳，18日率部赴沪，力图坚守上海。但10月初，战局每况愈下，无奈之下，卢永祥于13日乘轮船逃往日本，战事乃告结束。

第一次江浙战争，双方共动员17万多人马，战线绵延数百里，前后厮杀40余日，"官兵战死，无辜人民罹难，军费消耗，物资被劫，损失之重真使人痛心疾首"①。根据《江苏兵灾调查纪实》记载，上海、嘉定、宝山、

① 涂开舆：《齐卢之战松江、青浦战区暴行录》，见江苏省政协文史资料研究委员会编：《江苏文史资料选辑》第18辑，江苏古籍出版社，1986，第69页。

金山、昆山、太仓、宜兴等地备受摧残，损失奇重①（见表3-2统计）。

表3-2 江浙战争中江苏受灾情况统计表

县名	田亩（亩）	人口（人）	伤亡（人）	全县市乡	被祸市乡	市村损失（元）	农田损失（元）	总损失（元）
嘉定	645032	561400	约500	34	34	10500000	8660000	19160000
太仓	838745	269672	死200，伤500	26	23	21712400	2952410	24664810
宝山	561480	343304	40	14	13	5000000	3000000	8000000
青浦	725048	298509	100	16	10	5300000	1700000	7000000
昆山	1084000	278730	50	18	9	3060000	3040000	6100000
松江	930289	408752	50	24	21	3820000	182000	4002000
宜兴	1303589	544634	100	21	9	—	—	2000000
上海	686289	674088	死10余，伤50余	19	9	475000	325000	800000
金山	396000	157500	死50，伤50，失踪6	8	7	480000	120000	600000
总计	7170472	3536589	约1706	180	135	50347400	19979410	72326810

资料来源：涂开舆：《齐卢之战松江、青浦战区暴行录》，见江苏省政协文史资料研究委员会编：《江苏文史资料选辑》第18辑，江苏古籍出版社，1986，第68页。“伤亡（人）”列中未作说明者一律为受伤人数，其他或死或失踪情形均作说明。

从表3-2可以看出，江苏各地深遭蹂躏，人口和财产损失惨重。上海、昆山、宜兴全县市乡中半数遭灾，青浦、金山、宝山、太仓大都受灾，嘉定则全邑遭殃。各县市村损失、农田损失少则百万，多则千万，总损失7000多万元，人口死伤1700多人。其他地区，尤其是沪宁沿线，也受到冲击。幸运的是，江苏各地红会对各战区进行了积极救援。

为妥善救护，江苏各地红会首先进行了救护筹备。自江浙问题产生，“战区以内之各处红十字分会，纷纷筹备救护，其未经设立各区，亦在积极筹备”②。在筹备过程中，江苏各地红会体现了一种不平衡，有的红会成

① 参见娄东、傅焕光、黄允之：《江苏兵灾调查纪实》，江苏兵灾各县善后联合会，1924。

② 《红会救护之筹备》，《申报》1924年9月2日。

立早，救护经验多，在战前便开始准备，而有的则是在战事发生后，紧急应对，成立红会进行救护。具体情况，分述如下。

中国红十字会沪城分会组织甲、乙两支救护队，甲队石晓山任队长，乙队顾谓川任队长，每队队员20人，其中医生四五人，余皆伤科毕业生。9月1日，救护队赶赴上海南车站、松江预先布置。3日，沪城分会殷受田率会员2人，前往松江、枫泾一带视察，并与监理会步长老接洽救护。沪城分会预先商定公立医院为临时总医院，斜桥路、车站路、中华路、新开路等处作为东、南、西、北救护驻在所，“以期消息灵通”。救护医务，由张近枢博士负总责，“并派西医、华医帮同助理”。该分会还连日忙于查勘地点，设立收容所，“料理药品及一切器具，昼夜不息，异常忙碌”①。

因风声日紧，江浙势将决裂，吴淞绅商与公共防疫医院西医曹思旬对吴淞分会进行重组，将“徽章、制服、器械、医药等备就”②，设办事处于镇西荳市街救火会内，并筹商四明公所为被难妇孺收容所。战争一爆发，则由“总会派员至淞，会同救护队员出发”③，赶往前线施救。

苏州毗邻战区，张仲仁、宋铭勋等地方士绅发起成立吴县分会，会址设于公园图书馆，市民入会异常踊跃，计有会员1000余人，正会员300余人。会长为贝哉安，副会长潘子义、潘振霄，理事长钱梓楚，正副议事长为宋绩成、季小松④。该会成立后，组织了救护队和妇孺收容所，在阊胥门外和观前九胜巷等处设立了分办事处，并指定苏州医院、省立医院、博习医院、时疫医院为战时疗伤所⑤。

“江浙风云，日趋险恶”⑥，无锡士绅深恐战祸一开，前敌兵士受伤难免，理应协助救治，且地方妇孺，也需及时救济，特于8月27日10时，召集会员在瑞昶润茧栈开红十字分会成立大会，严格遵照分会章程，制定《中国红十字会无锡分会简章草案》。大会选举孙鹤卿为会长，华艺珊、高映川为副会长，蒋哲卿为理事长，并设办事处3处。当场加入会员100余

---

① 《沪城红会分会进行救护》，《申报》1924年9月4日。

② 《吴淞筹备红会之续讯》，《申报》1924年9月2日。

③ 《红会救护之筹备》，《申报》1924年9月2日。

④ 《十字会充斥苏州城》，《民国日报》1924年9月15日。

⑤ 《苏州方面之准备》，《民国日报》1924年8月30日。

⑥ 《中国红十字会无锡分会简章草案》，《锡报》1924年8月27日。

人，连同原会员30人，计130余人①。无锡分会成立之初，便与普仁、大同、协济等医院接洽，商请“将各该院所房屋材料，填表报会，以凭转报官厅保护”②，并置办药品、绷带、纱布，以作救护之用。该会还设立3个妇孺暂留所。为使救护工作顺利进行，红会还致函县公署、警察所、军事盘查所、水警二区等机关，以便查照。

对江浙时局关注最早的红会是常州分会。战争爆发一年前（1923年），常州红会即认识到，“江浙问题，风声日紧，吾常东南两方均为重要之地，无论是否成为事实，本会不能不未雨绸缪”③。是年12月29日下午3时，常州分会在局前街福音医院开会，专议救护办法，并两次致函总会请求指示。虽然总会最终未予具体回应，但基本认同常州分会尽早筹备救护的主张。战争前夕，常州分会积极与各校校长接洽，在常州女子职业学校、常州女子师范学校等处设立妇孺收容所。当时常州城内外兵士触目皆是，常骚扰收容所，常州分会便与驻军官长接洽，请求保护。

如皋分会始建于1922年。江浙风声紧急之时，该会特致电总会，表示希望追随总会救护，函云：“江浙风云日亟，战事恐所不免，敝分会已召集临时会议，拟组织加入总会，随赴战地救护，如何办理之处，候示遵行。”④

宜兴分会于1924年夏成立，会长为汤翰民。嘉定分会于1924年9月1日成立，项如松为会长（戴思恭代理）、朱吟江为副会长、顾吉生为理事长，分会设立了收容所和临时医院。是日，昆山也成立红十字会。3日，青浦分会在明伦堂成立，徐熙春任会长，有会员310人⑤。

战事发生后，许多善士清楚地认识到战争的残酷，也组织红十字分会，预备救护。9月上旬，宝山县成立红十字会，袁叔畲任会长，办事处设于一高小学内，“经费由地方公款内支拨”⑥；26日，常熟分会在石梅图书馆重建，张鸿任会长，张玉、宗舜年为副会长，张建铭为理事长，会员

---

① 《中国红十字会无锡分会成立志》，《锡报》1924年8月28日。

② 《红十字会进行消息》，《锡报》1924年8月30日。

③ 《江苏常州分会预筹救护之来往函》，见中国红十字会总办事处编：《慈善近录》，1924，第143页。

④ 《红会救护之筹备》，《申报》1924年9月2日。

⑤ 参见冯学文主编：《青浦县志》，上海人民出版社，1990，第716页。

⑥ 《本埠新闻二》，《申报》1924年9月11日。

有590余人，以“救济民众之困苦颠连，尽力为社会服务”为宗旨[①]；10月5日，南汇县成立红十字会，并组织救护队，设立难民收容所。其他还如陆小波等发起重建镇江分会，胡健春、陆小波为正副会长，推举议事员12人；南京东南大学体育学教授张信孚到上海接洽组织红十字分会；下关分会也积极着手筹备。

江浙战争期间，红十字会进一步走向基层，乡镇分会的兴起，是这一时期江苏红十字运动的一个重要特色。许多乡镇都成立了红十字会。例如，战事开始后，洞庭东山也进入了战线范围，9月11日，东山旅沪同乡会公推周介繁、施晓文前往总办事处接洽成立红会，获得准许。下午3时，热心同乡严秋庚、席侍丰、施谱薰、席雨荪等30余人开会商议组织办法，议决设办事处于英大马路逢吉里东山洨河事务所，并选举施晓文为会长、周介繁为副会长、严秋庚为会计。各同乡慷慨解囊，筹集资金3000余元，并议定购办应用物件，回乡继续安排。

“江浙风云，日益弥漫，震泽毗连吴兴，形势尤为危险”[②]，9月初，吴江震泽分会进行重组，推举沈建冲为理事长，并组织救护队，设立妇孺收容所，商定震泽医院为代用医院。

另外，嘉定娄塘、宝山大场、昆山安亭、松江胡家镇、奉贤胡家桥、浦东三林塘等许多乡镇都成立了红十字会。

此次战争，江苏各地红会自主救护能力有了明显的提高，但总会支持仍不可或缺，从基层红十字会的成立到置备救护物资，从救护队、救护医院到收容所，总会都积极统筹进行。1924年8月底，总办事处即派队四出布置，“益形忙迫，夜以继日，不得稍息”[③]。总办事处还组织多支救护队，分往各地，并预备上海海格路总医院、天津路时疫医院、西藏路时济医院等负责疗伤。为救伤之便，总办事处还在上海暨南大学设立医务总机关。为保证各地妇孺收容工作的顺利实施，总会特制定《中国红十字会救济妇孺收容所简章》，对收容所的设置、饮食、日常管理、认领等许多问题进行明确，并以“章程”的形式进行约束，为江苏各地红会的工作提供依据。并且，总会还多次登报为江浙兵灾救护募集资金。

---

① 瞿鸿烈主编：《常熟市志》，上海人民出版社，1990，第618页。

② 《筹备救护消息一束》，《申报》1924年9月3日。

③ 《红会救护之筹备》，《申报》1924年9月2日。

总之，江苏各地红会的积极应对，保证了战地救护的顺利进行。

在昆山战场，“昆邑城区为后方总兵站，安亭为前方总兵站，事前事后均为兵队屯驻之所，受战争蹂躏最久”①。有鉴于此，红会对昆山救护特别重视，昆山士绅王沂仲等组织成立了昆山红十字分会，总办事处和其他分会也派队支援。江浙战争期间，昆山分会成绩显著，在救济难民、诊治伤员、掩埋尸骸等方面都有不俗表现。

难民救济方面，9月26日，昆山分会第一、第二收容所已救得难民200余人，大多为城厢居民。时“县境安亭以东为战地要冲，极为危险”②，昆山红会赶往救获妇孺130余人。因难民众多，红会在西塘小学校、后浜杜氏宗祠设立了第三、第四收容所。不久，红会从白鹤江、蒋浦、安亭等地救出难民1000多人③。收容所再次人满，昆山分会又借东塘俞凤宾宅添设第五收容所，柴王府毕庆侯宅设第六收容所，并在蓬阆、菉葭浜、花家桥设立妇孺收容所。据统计，齐卢之战中，昆山分会共设立9个收容所，收容难民达3546人④，送往后方吴县、常熟收容1316人，“留养本地者十之七，输送后方者十之三”⑤。

救伤方面，昆山分会组织设立疗养院2处，共医愈伤兵、俘虏、乡民583人，死8人，将死亡率控制在1.4%，尤其是伤兵死亡率仅为0.7%，救治成效十分显著（详见表3-3所示）。

表3-3　江浙战争中昆山分会医治伤亡人数表

类　别	伤（人）	亡（人）	死亡率
伤　兵	425	3	0.7%
俘　虏	67	2	2.9%
乡　民	91	3	3.2%
总　数	583	8	1.4%

资料来源：《昆山红十字分会之成绩》，《申报》1924年11月9日。

---

① 宋琨辑：《江苏兵灾调查纪实——太仓、昆山》，见苏州市地方志编纂委员会办公室、苏州市档案局、苏州市政协文史编辑室编：《苏州史志资料选辑》1990年第2辑，第99页。

② 《慈善家救济兵民之昨讯》，《申报》1924年9月27日。

③ 《昆山红会办理之概况》，《申报》1924年10月4日。

④ 《昆山红十字分会之成绩》，《申报》1924年11月9日。

⑤ 《昆山红十字分会消息》，《申报》1924年11月1日。

对于掩埋工作，昆山分会也十分积极。该会掩埋队接收陆军野战医院、分会疗养院死亡兵士 378 人，“均葬于各院附近荒地，每掩埋时，队员亲往督察夫役掘坑深埋，预防疫疠”①。值得一提的是，昆山分会对邻地救护也很重视，在嘉定望仙桥、方泰、钱盆塘一带收容妇孺 120 余人，在黄渡、太仓，掩埋 130 余人。可见，江浙战争救护，昆山分会厥功甚伟，上海《申报》这样评价道：“昆山分会，协同医队办理救护事宜，成绩甚优。”②

昆山安亭乡也设有红十字会，主任李仲廉与热心士绅等，救济妇孺送至昆山、吴县、无锡、镇江者多达4000 余人。在昆山前线，吴县分会亦伸出援手，共救出伤兵 1000 余名，分送该分会各医院治疗。

无锡分会也派出 3 支救护队赴昆帮同救护。9 月中旬，无锡分会派蒋仲良率第一救护队前赴昆山安亭，前后两次救获难民 300 余人，皆运回无锡收容。20 日，无锡分会协同昆山分会再赴安亭，救出难民 700 余人。10 月初，无锡分会派队长沈景华率第二救护队转赴安亭救护，嘉定分会给予一定支持。2 日，该分会由昆救回伤兵 5 人，分送该会第一、第三临时医院治疗。5 日下午 4 时半，无锡红会方文卿率第三救护队，由安亭等地救回难民 240 余名。6 日 8 时，无锡分会派调查队长龚葆诚，乘新裕福轮赴安亭，协同第二救护队办理救护伤兵及救济难民等事③。

总会对昆山救护十分重视，8 月底即赴昆山布置，并成立驻昆山救护总队（也称“第一救护队”），驻所设于浸会堂原址，倪承方任队长，医生有方菊影、任培天等。该救护队成绩令人称道，在战地共救护难民、伤兵 1000 余人。为及时救治伤兵，总办事处还协同昆山分会成立了临时疗伤所，每日最多诊视百余人，“无日不满坑满谷”④。

美国红十字会⑤也为昆山救护做出了重要贡献。昆山石浦、歇马桥、茜墩、陶吴家桥，“虽非战地，然受兵灾损失颇巨”，美红会救济队不避危

① 《昆山红十字分会之成绩》，《申报》1924 年 11 月 9 日。

② 《红会昆山救护之成绩》，《申报》1924 年 10 月 6 日。

③ 《红会消息汇志》，《锡报》1924 年 10 月 6 日。

④ 《红会昆山救护之成绩》，《申报》1924 年 10 月 6 日。

⑤ “美国红十字会”系江苏教会同人为救护齐卢之役所设。鉴于江苏兵灾严重，江苏省长韩国钧特邀南京各教会及青年会中西领袖磋商救济事宜。9 月 10 日，教会同人正式成立美国红十字会，后遵章更名为“中国红十字会难民救济会”。

险，开赴前线，“救护被难妇孺，不遗余力”①。鉴于昆山收容所拥挤不堪，美红会还会同昆山分会、太仓分会，往常熟接洽，设立后方妇孺收容所，以缓解前线收容所的救护压力。

在受灾各县中，唯独嘉定全邑遭灾，34个市乡无不成肆战之地，正如战后兵灾调查所云，“两军相持之地，以嘉境为最广，战线最长，历时最久，剧战最多”②。嘉定分会成立后，积极输送难民出险，先后遣送难民万余人至沪避难，并设立临时防疫医院，治疗伤病兵民。该红会还“发动居民清除街道、河流中的脏物，掩埋遗尸”③，至9月29日，已收殓死尸128具。然而昆山苏军炮弹、炸弹仍不断袭来，红会救护无疑杯水车薪，代理会长戴思恭心急如焚，10月4日致函昆山分会，希望代陈当局，勿滥掷炮弹、炸弹，为嘉定保留“元气”，略谓：“所恐者大炮轰城、飞机施炸，从天而降，掷地有声，其实城中驻兵甚稀，焉能命中，牺牲者无非人民生命财产，闻当道现驻昆境，可否奉恳台端就近代为陈述，务饬前方军队，尊重道德主义，爱惜国家军实，嗣后勿再用猛烈炮弹、炸弹，为嘉邑稍留元气，则拜赐实多矣。”④

娄塘分会作为嘉定县的一个乡镇分会，在嘉定救护中起到了至关重要的作用。娄塘地处浏河、嘉定之间，而恰恰嘉定、浏河两地战事异常激烈，因此娄塘附近难民、伤兵遍地。于是，9月4日，娄塘地方士绅周同笙、陈佩葱等捐资成立娄塘红十字会，办理救护事宜，推选印霑伯为会长，王侍庭、陈仲衡为副会长，殷子盘为理事长。齐卢之战，娄塘分会共救护难民4600余名，其中，输送抵沪避难者3000余人，经旅沪同乡招待，分别安插于江宁公所、太王庙、纱业公所等处；尚有1000余人留在本镇，分派各庙宇留养。救伤方面，该分会设立临时医院，印七襄、张应芹医生负责医治。“附近乡民被流弹及土匪击伤者，每日到院医治多至一二十人”⑤，重伤者运往上海天津路时疫医院医治。娄塘分会中西医士先后救治伤兵病兵近4000号，其中，西医诊视3000余号，中医诊视862号，救治

---

① 《昆山红会办理之概况》，《申报》1924年10月4日。

② 娄东、傅焕光、黄允之：《江苏兵灾调查纪实·嘉定县》，江苏兵灾各县善后联合会，1924，第1页。

③ 杨于白主编：《嘉定县志》，上海人民出版社，1992，第923页。

④ 《嘉定红会至昆山红会函》，《申报》1924年10月5日。

⑤ 《救护消息之汇录》，《申报》1924年9月20日。

难民也有284号，“经治见效，颇得军民感激”[①]。娄塘分会还收殓尸体30余具[②]。

娄塘战事较少，但附近各乡难民潮涌，加之时局动荡，使得维持地方秩序成为一大难题，娄塘分会殷子盘等领导地方绅商维持治安，分会“留沪诸君筹款接济，在乡乡佐等五人竭力维持”，积极安插灾民，并劝令各店铺照常营业，使邻近前线的娄塘在战火纷飞的岁月中获得了几分弥足珍贵的安宁，正如《申报》所云：“虽四乡多遭抢劫，而娄塘一镇，火线四围，屡经危急，尚可保全。”[③]

总会也为嘉定救护贡献了重要力量。据报道，从9月7日至10月14日，总会医院共救治嘉定黄渡、嘉定（城厢）、南翔、马陆等地伤兵1200余人[④]。南翔“贫户死者，均无棺收殓，僵摊板上，厥状甚惨”[⑤]，总会庄箓理事长特备棺40具，派员运往收殓。总会还派医生徐乙藜、庶务员王锦城及茶房、工役等赴嘉定掩埋，历经数日，12月9日始返。此支救护队，共掩埋嘉定遗尸18具，其中黄渡7具、外冈2具、马陆9具，“皆用石灰覆盖深葬，有查考者均用标杆插记”[⑥]。

松江“南濒大海，北连苏宁，东通沪渎，西接浙江，又是沪杭铁路的重要车站”，因而两军争夺十分激烈，损失也很惨重，红会积极展开救援。松江一地有4支红会参与救护，分别是松江分会、泗泾分会、莘庄分会、新普育堂松江分院。

江浙交恶，松江士绅成立了松江红十字会，会址设于超果寺内，周学文为会长，朱久望、杨守勤为理事长。松地战灾中，贫苦难民数以千计，王希荣等在保婴阁小学成立红十字会收容所，收容受伤难民300余人，并

① 《娄塘红十字会分会之成绩》，《申报》1924年11月6日。

② 参见《娄塘红十字会分会之成绩》，《申报》1924年11月6日。此数据系笔者根据该报统计所得，娄塘红会派员收殓而家属自备棺木者未计在内。

③ 《娄塘红十字会分会之成绩》，《申报》1924年11月6日。

④ 参见《救护伤兵与难民》，《申报》1924年9月8、9日；《慈善家之救济兵民》，《申报》1924年9月10日；《慈善家之救济兵民》，《申报》1924年9月10日；《红十字会昨讯》，《申报》1924年10月14日；《红会昨日无锡兵到》，《申报》1924年10月16日。此数据系笔者根据1924年9月8日至10月16日《申报》中有关江浙战争中红会救护嘉定地区兵灾情况的报道统计而成，特此说明。

⑤ 《救济难民与伤兵消息》，《申报》1924年9月13日。

⑥ 《红会派员赴黄渡掩埋放赈之报告》，《申报》1924年12月10日。

雇船护送至上海红十字会医院诊治[①]。松江分会受总会委托，在新普育堂松江分所开办临时医院，陆伯鸿教士为主任，周学文任总干事，俞橘芳为医务主任，前后救治松江伤兵2000余人，收容避难妇孺900余人，掩埋死亡兵士100余名。

9月24日，松江泗泾镇李文来、汪启愚等发起成立泗泾红十字会，公举李文来、徐怀清为正副会长，汪启愚为理事长，程访湖、秦雨生为正副议长，推举议事员14人，并雇定民船14艘，专为青浦、松江一带及本镇人民避难之用。29日，昆山有难民59人到泗泾，泗泾红会除设法收容外，还将其中伤病者送入临时医院医治[②]。并且，该红会还组织救护队，前往战地救护。

10月8日，松江莘庄分会成立，设办事处于孙氏粟园，由理事长孙翰青，理事孙友于、阮书华等主持一切，同时还在颛桥和祖师堂分设办事处。13日，该会在松江附近马桥、沙江一带收容难民千余人。14日，该分会雇民船3只，输送当地难民抵沪避险[③]。

上海闵行分会也积极投入松江救护。该会成立于10月2日，乔念椿为会长，徐亚伯为副会长，马柳江为理事长，顾鹫云、吴履平为正副议长。该分会为实施救护，组织了救护掩埋队、疗养所、收容所。6日，乔念椿会长派员乘“闵馨”“闵南”小轮2艘及民船4只，分往松江、叶榭救济难民[④]。12日上午，闵行分会又雇民船2只前往松江救护。

青浦被灾之人民，惨不忍言，城厢附近妇女老幼不及逃出者约2500余名，均避入青浦红十字分会。该分会起初设立收容所3处（县立第一小学校、县立初级师范学校、明伦堂），收容妇孺2372人，后在佘山教堂收容难民300余人，又送往上海至圣善院382人，送吴县分会99人。青浦红会还附设伤兵疗养院，医愈伤兵和中流弹难民134人，死4人。该疗养院每日诊治内外科有八九十号，“以痢疾疟疾为多”[⑤]。并且，该会掩埋队在西

---

① 参见朱曜辉：《松江红十字会工作回忆》，见松江县政协文史工作委员会编：《松江文史》第9辑，1987，第53页。

② 《泗泾镇组织红十字分会之经过》，《申报》1924年10月5日。

③ 《红十字会消息》，《申报》1924年10月15日。

④ 《红十字会之救护》，《申报》1924年10月7日。

⑤ 《青浦》，《申报》1924年11月15日。

北乡掩埋14人。总会徐乙藜、王锦城等在旧青浦收殓遗尸40具[①]。10月8日，无锡分会蒋仲良率第一救护队会同输送队副队长蒋汉卿等，乘坐专轮前往青浦救济难民。

太仓浏河镇是江浙战争中受灾最重的市镇，红会对该地救护极为关注。其中总会对浏河救护投入了相当多的精力，救护行动贯穿战争始终，几乎每日都有伤兵运沪疗治，从9月4日至10月13日，总会共救治浏河伤兵近500人[②]。无锡分会也派员前往太仓浏河等地救护，10月5日下午4时半，该分会方文卿率第三救护队，由太仓等地救回难民200余名，分送无锡北门黄泥桥米业、北塘三里桥米业等处留养[③]。

在宝山，宝山大场分会9月1日成立后，设立了疗养院和妇孺暂留所，并向沪太汽车公司包定汽车2辆，每日开往战地营救，所需费用“由各善士筹募接济”[④]。该会张初吉医生率队员屡入战线，异常热心，自6日起，先后救出伤兵40余人，由疗养院临时安置后转送总会医院治疗。分会张行五、邢宾仪等救护员在浏河、罗店、大场、嘉定等地，先后救出难民四五千人。宝山分会成立后，将城中贫苦妇孺178人运沪收容。

在苏州，难民、溃兵蜂拥而至，吴县分会“恐事急时，妇孺无法躲避，特商借学校、教堂及公共场所，分组临时收容所，以便趋避”[⑤]，先后在临顿路小日晖桥保卫团办公处、狮林寺巷临北公社、桃花坞钱江会馆等地设立收容所80余处，粮食由官仓供给，经费由红会自筹。吴县红会仅于齐门外，一日就收容难民500余人[⑥]。为防溃兵游勇骚扰，该会在草桥省立第二中学设立临时妇孺收容所，专门收容城区妇女儿童。吴县分会还商借县立医院、更生医院、福音医院等多家医院为临时伤兵医院。9月11日前后，县立医院已有伤兵38人，福音医院87人，苏民医院89人，省立医

---

① 参见《红会派员赴黄渡掩埋放赈之报告》，《申报》1924年12月10日。

② 参见《红会之救护消息》，《申报》1924年9月5日；《红会救护浏河伤兵》，《申报》1924年9月6日；《救护伤兵与难民》，《申报》1924年9月8日、9日；《慈善加之救济兵民》，《申报》1924年9月10日；《红十字会昨讯》，《申报》1924年10月14日。此数据系笔者根据1924年9月5日至10月14日《申报》有关江浙战争中红会救护浏河伤兵数统计所得，特此说明。

③ 参见《红会消息汇志》，《锡报》1924年10月6日。

④ 《大场红十字分会之救护情形》，《申报》1924年9月30日。

⑤ 《红会分组八十七妇孺收容所》，《申报》1924年9月14日。

⑥ 虞立安：《民国时期的苏州红十字会》，见苏州市地方志编纂委员会办公室、苏州市档案局、苏州市政协文史编辑室编：《苏州史志资料选辑》1998年第2期，第60页。

院25人，博习医院2人，更生医院11人，其中87名“系由第四混成旅野战病院军医尹声涛君由太仓直接送往”①。据张卜熊医生调查，至9月中旬，吴县分会各医院已有伤兵800余人。

常州分会设立妇孺救济院52处，以留养丧失生活能力的妇女婴儿。该会在常州主要区乡设立了9个伤兵诊疗所，收治住院伤兵200余人，诊治伤兵千余人次，其中，在第五中学医治伤兵80余人，在武进医院医治50余人。该分会还借用贫儿院、常州会馆等处救治伤兵数百人。宜兴、昆山开战，常州分会又派救护掩埋队赴宜、昆前线服务。此次战争，常州分会共掩埋死亡兵士200多人②。

镇江分会为进行地方救护，增设“红十字会医士会”，新西门基督医院孟亨利（美籍）为主任，工部局叶拱式（英籍）及日本医学翰林北京协和医院刘稚陵为副主任，分会理事会还增设总务、医务、救护、交际、会计、文牍、庶务等7个科。镇江红会设立收容所4处、临时伤兵医院3处，先后拯救许多伤兵难民，仅9月15日、16日两天，就接运昆山伤兵200余人③。从9月15日至10月12日，该会接运伤员近400名，其中留镇治疗者33名④。齐卢之战，镇江分会医院（西门基督医院、宝盖山医院、车站徐静仁医院），共收治伤兵90余人。

在其他战场，宜兴、常熟、南京、吴淞等地分会也起了重要作用。9月间，齐、卢两军在宜兴湫东、凰川一带交战，宜兴分会会长汤翰民率领职员进行救护，并电请无锡分会、武进分会派队支援。吴江震泽分会，8月至10月，在五路堂成立难民收容所，收容难民，组织4个救护队分驻平望、梅堰、秋石村、半路亭救助难民，并雇轮前往昆山、太仓救护⑤。镇江高资分会，9月16日成立，焦尔昌为会长，郑有渠为副会长，吴玉堂、刘正心为正副议长。10月8日，该分会派刘正心率队赴前线救护。常熟分

---

① 《昆山红十字会救护情形》，《申报》1924年9月12日。

② 参见《常州》，《申报》1925年11月3日。

③ 江苏省红十字会编著：《江苏红十字运动八十八年（1911—1999）》，东南大学出版社，2001，第9页。

④ 张世闾等总纂：《镇江市志》上册，上海社会科学院出版社，1993，第357页。

⑤ 《震泽镇志》编纂委员会编：《震泽镇志》，中国矿业大学出版社，1999，第115页。

会设立难民收容所10余处，留养难民2000余人[①]。江阴分会留养资遣过往难民10余起，疗治前方伤兵20余人[②]。南京分会设立了5个临时医院，4个临时救济养病所。吴松分会医院先后治疗伤兵七八百人。

沪城分会的救护成绩在江苏各地分会中最为突出，救护队员不畏艰险，奋勇前往松江、嘉定、太仓等前线救护，救护医院也恪尽职守，悉力救伤。9月6日下午1时，沪城分会特派滕劲等职员会同德国医生史国藩、吴天民赴松江救护[③]。12日晨，沪城分会乘长途汽车驶赴浏河等地，广收被灾男女老幼，有亲友者准其自由投奔，其他分送大南门外施粥厂、城内肇嘉路药业公所等处安插。13日，在松江等地救出伤兵13名，送入上海新普育堂临时医院医治。该会石晓山、滕劲、史国藩、吴天民、谢洪英、耿心伯等12人，悉尽义务，十分辛苦。15日午后1时，沪城分会用汽车装载受伤兵士3名，由乔家浜送往上海公立医院医治。23日，沪城分会在南翔、黄渡一带救出伤兵21名，“皆形容憔悴，或伤手臂，或伤双足”[④]，送往上海医院和新普育堂医治。29日，该分会在肇嘉路太平街喻义堂药业公所，设立临时医院，至30日下午已救治黄渡、浏河等地伤兵六七十名。因伤兵较多，分会又借新舞台设伤兵第二留医所，将轻伤者转送疗伤。10月9日，太平街临时医院收到伤兵27人，10日前后，已有伤兵200余人。该会还设立第三疗养所。11日，沪城分会医院收治松江明星桥、新桥、莘庄及嘉定伤兵16人。15日，又接收伤兵3名、伙夫1名。沪城分会医院收留伤兵300余名，无不根据伤情，设法救治；救伤期间，医院负责人张近枢还请德国医学堂教授彼得希米德带学生协助医治。

第一江浙战争，总会除派救护队赴前线救护外，还在上海组织设立了13家红十字医院，以应救伤之需，很好地保证了救伤工作的有效进行。总会各战地救护员和江苏各地分会所救之伤兵，除伤势较轻者就近医治外，其余大多送至总会医院医治。据《申报》报道，从9月10日到10月12日，总会医院每日所救伤兵最多达920人，最少也有444人，尤其是进入

① 江苏省红十字会编著：《江苏红十字运动八十八年（1911—1999）》，东南大学出版社，2001，第10页。

② 参见许再思、钱保和编：《江阴战事记》，江阴商报馆，1925，第70页。

③ 《沪城红会分会救护队昨日赴松》，《申报》1924年9月7日。

④ 《救济兵灾之昨讯》，《申报》1924年9月24日。

10月，战事愈加激烈，各医院无不人满为患[①]。

特别指出的是，美国红十字会也为战争救护做出重要贡献。该会在战事之初便派出两支救护队，赴前线救出难民1100余人。而灾区广大，难民无数，美红会于是联合苏、锡、常、镇等地教会协助救护，并特命会员夏光新负责接洽。同时，美红会遵章更名为“中国红十字会难民救济会”，会员共60余人。该会主要致力于救护难民脱险，救护地域范围西至昆山，东至真如、南翔，北至太仓浏河，南至青浦重固，救往各地难民数分别为：昆山600人，太仓300人，常熟600人，沙头200人，苏州700人，吴江150人，无锡1400人，约计4000人[②]。

战争一结束，难民赈济事宜便提上红会工作日程。江阴分会特筹集大小棉夹衣裤1600余件，送往无锡分会及上海总办事处散发。10月下旬，无锡分会派施襄臣、蒋汉卿前赴太仓赈济灾民，“大口每名发给银元3元，小口每名发给银元1元”[③]。总会特派徐乙藜医生率队赶赴嘉定放赈，针对各慈善机关尚未赈济之贫苦者，发给“衣米、现洋、面粉、锅只等物”，病者为其诊治给药，“悉经各绅董派员协同地保指引调查”[④]，监督分发。宝山城中米铺存米告罄，宝山分会董载生、陈六奇等商借赵、金两经董，移借公款洋500元，赴沪采办籼米，并在办事处设立平米局，于每日上午8～11时平价出售大米，“由各米伙轮流服务，以维民食”[⑤]。12月初，天寒地冻，吴县分会特商准各女校代为缝制棉衣，以备难民御寒。

难民衣食紧张，生活窘困，美国红十字会特向各处呼吁，筹集衣被褥9300余件、白米95石（不包括省长赐拨部分）、山芋100石，悉数分发难民。据报道，12月3日下午，美红会鲁士清率队将所募集1000余套棉衣，分装10大箱，运往宜兴散放。美红会还代江苏赈务处前赴昆山灾区发放棉

---

① 参见《救济兵民消息》，《申报》1924年10月1日；《救济伤兵与收容难民》，《申报》1924年10月2日；《各慈善团之救济讯》，《申报》1924年10月3日；《红十字会消息》，《申报》1924年10月4日、9日、12日；《红十字会昨讯》，《申报》1924年10月8日、11日、13日。此数据系笔者根据前述各日《申报》中有关江浙战争中总会主要医院救护的情况报道统计得出，特此说明。

② 《中国红十字会难民救济会（原名美国红十字会）启事》，《申报》1924年12月12日。

③ 《红会消息汇志》，《锡报》1924年10月24日。

④ 《红会派员赴黄渡掩埋放赈之报告》，《申报》1924年12月10日。

⑤ 《宝山红会附设平米局》，《申报》1924年11月3日。

衣棉被，主任鲁士清亲率数人前往灾区调查，“务使真苦灾民，实沾其惠”①。

资遣工作也是红会救援的一个重要方面。战争结束后，太仓分会蔡子云、李林士乘轮赴无锡，迎接浏河等处难民，10月24日晨返回。昆山分会特将难民次第遣回安亭、白鹤江、蒋浦、重固、董渡、方泰、望仙桥等处。嘉定分会在沪募集经费，安排难民回乡，“对断炊缺衣者发给粮食、衣着，对房屋被毁无家可归者资助重建，对贫苦农民发放春耕资金”②。娄塘分会也积极遣送在沪难民回籍，10月25日，分会备民船8艘，遣送第一批难民800人，原船返沪后陆续遣送。沪城分会将临时医院留养之伤兵资遣回籍，购得船票，“分别路程远近，酌给川资”③，至11月4日，已遣送伤兵数十名。12月17日，沪城分会资遣伤兵31人，18日又遣送25人。新普育堂松江分所，5日结束，“其一般妇孺以及流落松地之男子，亦一律资遣回里”④。总会也对各红会医院治愈之伤兵予以资遣。

综上所述，第一次江浙战争中，总会统筹安排，江苏各地分会积极配合，最终圆满完成了救护任务，受到各界赞誉，正如《锡报》所云：“各地士绅组织红会，办理战地救济救护事宜，热心救险，殊甚嘉尚。”⑤ 红会办事人员劳苦功高，上海总会总办事处特定制一种饭碗纪念，上书“江浙战争救护纪念”八字。救护成绩也得到了江苏省政府的赞赏，韩国钧省长亲书匾额，分赠各地红会，以昭激劝。

（二）第二次江浙战争救护

军阀争战风云变幻，1924年北京政变后，重掌政权的段祺瑞，罢免了直系军阀齐燮元的苏皖赣巡阅使兼江苏督军职务，任命皖系军阀卢永祥为苏皖宣抚使。齐燮元大为不满，为占据主动，于1925年1月9日，与孙传芳联合攻击北京政府派来的淞沪护军使张允明部，卢永祥在奉系军阀支持下，进兵沪宁线，第二次江浙战争由此爆发，它是齐卢纷争的延续。此次

① 《昆山》，《申报》1924年11月21日。

② 杨于白主编：《嘉定县志》，上海人民出版社，1992，第923页。

③ 《沪城红会医院消息》，《申报》1924年11月4日。

④ 《红会第五疗养所定期结束》，《申报》1924年11月5日。

⑤ 《韩省长颁赠红会匾额》，《锡报》1924年12月17日。

战争，齐燮元起先占优，但在常州、无锡、苏州等地交战中，齐军一路溃败。战争一直持续到1月底，以齐军失败告终。

战争中，江苏各地受灾情况，以江阴、松江等地为最。江阴“虽曾经历过多次战乱，但城内居民都未直接受难。而这次却围在城中七昼夜之久，外有奉军炮击，内有苏军洗劫。大男小女，老老少少，蜷处于收容所内，心惊胆战，寝食不安，悲惨之状，笔难尽述”①。同时松江也再遭兵祸，灾民流离失所，奔避无门，厥状甚惨②。江苏红会再次前赴战地施救。

江阴饱受兵灾，救援刻不容缓，江阴分会慈善为怀，不遗余力展开救护，为地方救护树立了典范。江阴分会于1924年9月重组，会员有398人，租借吴增元的房屋为办事处，选举顾孟养为会长，何荣桂、吴廷良为副会长，金文翰为议长，吴增元为理事长。该会还分设文书、交际、救济、医药、会计、庶务办事各股，并按照总会的建议设资产委员一职，由章锡名、李元鼎、唐国华担任③。

战争前夕，江阴分会便组织救护队，整装待命。1月22日，“因风声紧急，红会吴理事长召集各职员筹议办法”④。23日，时事日趋紧迫，双方军队势将接火。江阴红会组织甲、乙、丙3支救护队，每队10人，分头行动，甲救护队由陈永卿医生主持，乙队以陆冠章为队长，丙队队长为陆彦文。25日晨，南城外已在火线之内，甲、丙救护队出城救护，乙队负责留守，东城火神庙警察第四派出所巡长沈云鹤自愿组织丁队帮同救护，召集于铭华、奚国华等10人为队员，“全队人员随同乙队救护，不遗余力”⑤。甲、乙、丙、丁4支救护队为救护伤兵、难民出险立下大功。

为医治伤兵，江阴分会组织设立了福音医院和临时医院，“除将重伤兵民设法送至福音医院外，其伤势较轻者，即于办事处前方组织临时医

---

① 蒋鳌庵：《辛亥革命后江阴历次兵事记略》，见江阴县政协文史资料研究委员会编：《江阴文史资料》第3辑，第41页。

② 参见《松江》，《申报》1925年1月5日。

③ 《职员表》，见许再思、钱保和编：《江阴战事记》，江阴商报馆，1925，第6页。

④ 《丙队救护队救护日记》，见许再思、钱保和编：《江阴战事记》，江阴商报馆，1925，第40页。

⑤ 《丁队救护队救护日记》，见许再思、钱保和编：《江阴战事记》，江阴商报馆，1925，第43页。

院，另行疗治”[①]。两处医院共疗治伤民3219人，其中福音医院204人（男189人、女15人），临时医院3015人（兵1865人、民1150人）。

江阴分会还设立了许多收容所。战前，“上海苏锡各处避乱人民纷纷来江，城内外旅馆已有人满之患，而后来尚源源不绝”[②]。江阴分会特请陆维清、邓卓夫、林肇祥、王鸣岐在港口义渡局设立寄宿所收容。江阴战事发生后，各方积极救援，设立难民收容所约26家，其中江阴红会妇孺收容所最多，据江阴分会《电总处报告战后情形》云：“敝分会组织妇孺收容所二十余处，收容五万余名口。”[③] 妇孺收容所开设的大致情形见表3－4所示：

表3－4　江阴红十字会初设妇孺收容所一览表

名　称	地　址	所　长	收容难民
第一收容所	南外澄南学校	邢哲安	600余人
第二收容所	西外第六校	周锡琨	436人
第三收容所	南街第十校	何佩宣	300余人
第四收容所	县立女校	钱志奇	300余人
第五收容所	南菁学校	董伯豪	3000余人
第六收容所	北外第七校	陆君秀	1000余人
第七收容所	南外协济医局	邢式金	—
第八收容所	礼延学校	张慎儿	近1000人
第九收容所	辅延学校	谢守先	1300余人
第十收容所	县立师范学校	徐一声	—
第十一收容所	澄翰学校	王念航	228人

资料来源：《各妇孺收容所情形汇志》，见许再思、钱保和编：《江阴战事记》，江阴商报馆，1925，第50—63页。该表系笔者梳理相关资料编制而成。第七、第十收容所被齐燮元部队占领后，红会另设临时收容所取代第七所，第十所后迁往第五收容所南菁学校。

---

① 《中国红十字会江阴分会经过情形之报告》，见许再思、钱保和编：《江阴战事记》，江阴商报馆，1925，第71页。

② 《函请林肇祥、王鸣岐两君照料北外义渡局收容所》，见许再思、钱保和编：《江阴战事记》，江阴商报馆，1925，第9页。

③ 许再思、钱保和编：《江阴战事记》，江阴商报馆，1925，第24—25页。

江阴分会另在会所、观音寺巷吴荔青住宅、高巷内华澄西厂等处设立8个临时收容所，其中，会所收容妇孺难民达4000余人①。在红会初设收容所不敷收容之时，这些临时收容所对于救济难民无疑具有重要意义。

为早日结束战端，减轻兵灾之苦，江阴分会还为停战积极奔走，并最终促成和议。江阴分会华尔德医师、吴增元理事长、章崇治副理事长、张止湘理事、沈云鹤队长均为停战议和付出许多努力。如美国传教士华尔德，利用为奉军伤兵治疗之契机，传递谈判信息，促成双方代表会谈。再如张芷湘，多次与双方官长接洽，为促成和议做出重要贡献。据史料记载，张芷湘介绍双方军代表叙谈，“并跪求双方，援救人民生命”，“此役除钟楼会议外，毕旅长与赵副官之晤面，两旅长之面谈，皆由张芷湘君介绍至李德理牧师住宅”②。救护丁队队长沈云鹤，亦曾两次冒险递送和议书。

江阴分会从1月22日开始筹备到2月4日救护完成，前后近两周时间，共投入救护人员57人，历尽千辛万苦，取得显著成绩，救治伤兵、伤民3000多人，留养难民上万人，掩埋尸体30余具③。由此可见，江阴战事救护，江阴分会功勋卓著。

其他分会也对江阴救护予以支持。江阴旅沪同乡会组织青旸红十字会，分派救护队前往施救。至1月27日，该会已派出两批救护队，第一批有蒋少奎、章仲元、郑树荪、杨成伟、洪君益、李宝熙、吴侣云、杨雪淡等8人，第二批有队员20余名。2月3日，夏港街有死尸10余具，青旸分会派员前往收殓。南京分会共有员役31人赴江阴救护，寓章剑门宅，随带掩埋器具、药品，设立临时医院，规模较为完备。3日，江阴分会钱少鹤引南京分会掩埋队出发西门、南门一带，掩埋死尸10余具。常州分会在申港、西桥一带，救治受伤兵、民百余人，掩埋20余人。丹阳分会共派员役13人前往江阴。常熟分会则运送面包、大米支援江阴红会④。

---

① 《函报本办事处及收容所被炮毁坏请转省赔偿》，见许再思、钱保和编：《江阴战事记》，江阴商报馆，1925，第25页。

② 许再思、钱保和编：《江阴战事记》，江阴商报馆，1925，第69页。

③ 《中国红十字会江阴分会经过情形之报告》，见许再思、钱保和编：《江阴战事记》，江阴商报馆，1925，第71页。

④ 参见许再思、钱保和编：《江阴战事记》，江阴商报馆，1925，第38—39页。

在松江一带，莘庄分会之表现可圈可点。1 月 2 日前后，莘庄分会会长金石声召开理事大会，集议救护事宜，并在新桥、七宝增设分办事处。浙军溃退时，莘庄红会救出乡镇居民数千人之多。该会还借孙翰青理事长住宅，设立临时医院，聘请西医严文华为主任，“应用药品、无不备置”，日间住院就医者，平均五六十人。11 日晨，“大队孙军，三路突至”，乡镇居民从梦中惊醒，“扶老携幼，肩挑背负，纷纷逃避”，金石声会长又借陈花孙、孙翰青等民宅予以收容。12 日 10 时，该会掩埋队队长任岐山率队员钱继章、朱青康等 6 人，书记 2 人，工人 8 名，备带竹签、软床、剪刀、铁钟等，至新龙华、漕河泾等地从事掩埋，“埋后插以竹签，标以号数，以资志别”①。

七宝镇自军队驻扎后，人心恐慌，李启贤召集 10 余人集体加入莘庄分会，1 月 4 日正式成立七宝分事务所，公举骆友仁为主任、李锡堂为理事；6 日，救出妇孺 400 多人。七宝事务所还与天主堂救护团协同出发救护，从蒋家荡、塘湾、李家木桥、朱家巷、裕家乡救出难民近 2000 人，悉送往土山湾收容所②。

沪城分会在救伤、收容、掩埋上也都有显著表现。1 月 2 日夜 9～10 时，上海南车站有从莘庄运来之第四师伤兵 2 批，计 132 名，沪城分会殷受田、郑鸿钧、鲁志、童君怀、赵泾甫等，雇用汽车，陆续将伤兵运至该会临时医院医治。3 日下午 5 时，沪城红会救护队员郑鸿钧等 8 人，又乘专车前往新龙华，救护伤兵 80 余名。仅 2 日、3 日两日，沪城红会临时医院和新舞台第二疗养所，留治伤兵即达 200 余人。该会还特与总办事处接洽，分送部分伤兵至天津路时疫医院。12 日晨 9 时和下午 1 时，沪城分会两次派队乘沪闵、南柘长途汽车，前往徐家汇一带，救护伤兵 85 人；14 日，派员在南车站守候，以便接运伤兵。据统计，沪城分会临时医院共计收治伤兵 300 余名，第二疗养所留治伤兵累计 500 余名。

战事发生后，松江难民甚多，争相迁避至沪，而火车每日在松沪间只开行两次，“难民拥挤异常，松站行李，堆积如山，人民无车可乘，徘徊

① 《莘庄红会之成绩》，《申报》1925 年 1 月 16 日。
② 《七宝红十字会救护灾民情形》，《申报》1925 年 1 月 10 日。

车站者颇多”[①]。沪城分会遂派员前往调查，设法疏通。关于掩埋，17 日 8 时，沪城分会掩埋队队长滕克勤率队员刘寿山、陶鸿春、蒋茂镰、汪幼声、潘家铭、张洪达、顾志新等和工役 10 余名，携带棺木 60 具，出发徐家汇、漕河泾、龙华等地，在新龙华会同莘庄分会掩埋队共掩埋兵尸 40 余具。

松江岌岌可危，妇孺纷纷避难。1 月 1 日，总办事处在松江马路桥设立第五疗养所，当日来所避难灾民近千人。2 日晨，前来的灾民更加拥挤，总办事处将难民分送张宅、瞿宅、广育院等处收容所留养。总会在松江前后设立收容所 10 处，收容难民 3000 多人。

在苏州，1 月 19 日，吴县分会钱梓楚理事长等开会，议决“延长粥厂，以一月为期，每厂由本会补助粥米十石”[②]，并组织收容所 20 多处。26 日，大批溃军聚集齐门、娄门一带，吴县分会谨慎接待，供应茶饭，直至军队出境。翌日，奉系军阀张宗昌由无锡抵苏，吴县分会极力维持，以使地方免受其害[③]。苏沪水陆交通中断，该分会特与总会接洽，商请派轮船疏散难民，并运送日用品，维持居民需要。该分会还在省立医院、苏民医院、更生医院等处成立临时医院，负责救伤，如在四摆渡更生医院内设立伤兵医院（床位 100 张），治疗伤兵[④]。一些慈善中人也在苏州成立红十字临时医院。九江分会在吴县分会协助下，在阊门外成立伤兵医院，并组织救护队。普益社诸重华牧师，在阊门成立红十字诊所，聘江兆兰、赵迪光等医师负责对过境伤兵进行治疗。

无锡、镇江、仪征等地红会也进行了救护。无锡 1 月间被齐燮元部溃兵包围 10 天，无锡分会在城内、城外分设治疗所和妇婴收容所，从事救护。战事发生后，镇江危机四伏，镇江分会设立了收容所和救护医院多处，在坞街办事处后进楼屋和江淮中学设立了妇孺收容所，并在布业公所、宏仁医院、冬赈局及公善堂等处设立临时医院，收治伤病员。黄渡溃兵较多，1 月 7 日，乡公所总董金文翰发起组织黄渡分会。18 日，仪征分

① 《沪城红会助救松地难民出险》，《申报》1925 年 1 月 1 日。

② 《苏州》，《民国日报》1925 年 1 月 19 日。

③ 虞立安：《民国时期的苏州红十字会》，见苏州市地方志编纂委员会办公室、苏州市档案局、苏州市政协文史编辑室编：《苏州史志资料选辑》1998 年第 2 期，第 60 页。

④ 《金阊区志》编纂委员会编：《金阊区志》，东南大学出版社，2005，第 660 页。

会电告总会，救护队已成立，请总会与军方接洽予以保护。常熟分会于城内银楼设立伤兵医院，救治伤兵。望仙桥曹汝霖特捐资成立嘉定分会横泾办事处[①]。

经江阴、松江、上海、苏州等地分会的努力，第二次江浙战争救护取得了成功。

（三）江浙战争救护成功的原因

两次江浙战争期间，江苏的许多地方都成立了红十字会，尤其是江苏上海地区，更是遍地开花。这些分会都积极投入战争救护，在总会的引导下，最终江浙战争救护取得了圆满成功，前后救治受伤兵士、难民4000余人，救护难民近10万人出险，掩埋尸体数百具[②]，红十字的关爱使许多伤员得到迅速救治，使广大难民脱离战争苦海，最终得到社会各界的广泛认可。正如《锡报》所云：“各地士绅组织红会，办理战地救济救护事宜，热心救险，殊甚嘉尚。”[③] 综计战争救护成功的原因，有3点值得注意。

其一，救护准备充分，配合有力。

江浙战争是江浙地方军阀矛盾日益激化的结果。当江浙战争不可避免时，总会总办事处积极展开行动：一方面成立多支救护队，组织相关人员，置备器具，设立联络队，分赴各战区进行救援；另一方面与各战地联系，组设地方红会，给他们提供救护经费和经验的支持。在总会的统筹安排下，各地分会纷纷建立，为救援工作注入了新生力量。他们的加盟在壮大红十字会救援力量的同时，也便利了红会与地方的联系，有利于救护工作的顺利开展。除了多地成立了红十字分会外，许多地方还成立了乡镇红会，几乎使红十字会的触角延伸到江苏战地的每个角落。事实证明，分会的普遍设立为战地救护成功奠定了组织基础。

人事配备和经费筹集是组织正常运转的两大关键因素。在人事与组织方面，总会经历了20年的发展，人事配备比较齐全，协调能力也大为增强。此外，许多“老牌”分会组织机构完善，在自身发挥强大能量的同

① 杨大璋纂：《续望仙桥乡志稿》，《中国地方志集成》“乡镇志专辑”第3辑。

② 这些数据只是笔者通过查阅相关资料得出的不完全统计，或有缺漏，实际救护绩效当更为突出。

③ 《韩省长颁赠红会匾额》，《锡报》1924年12月17日。

时，也为新设分会提供了“样本”。

在经费方面，红会款项主要来自捐款、会费和政府补助。就募捐而言，红十字会十分注重报刊媒体的舆论导向作用，类似《中国红十字会总办事处乞募江浙兵灾急赈启事》（9月7日）、《中国红十字会总办事处劝募兵灾捐款启事》（9月21日、10月5日）等在《申报》等刊物上屡见不鲜。通过此种方式，呼吁社会各界尤其是各地同乡会为广大灾民奉献爱心，因而募捐数目不断增加，为红十字会救护工作提供了重要的经费保证。

会员交纳的会费也是红会经费的一个重要来源。根据《中国红十字会章程》规定：凡独捐洋1000元以上，或募捐洋5000元以上，可以举为名誉会员；凡纳捐洋200元以上，或募捐洋1000元以上，可举为特别会员；凡纳年捐5元满6年者，或一次纳捐25元者，可照章认为正会员[①]。1922年第二次会员大会的修正章程增补了“普通会员，一次纳捐十元以上者”，以及“学生会员，纳捐一元者”[②]。总体上，会费与会员数量成正比，会员数量越多，所交会费也越多。此外，政府还对红十字会救济进行补助，如江苏省长韩国钧多次拨款赈济难民。

总会在人员和经费上的制度安排也便利了其对各地分会的指导。在实地救护过程中，总会派往各地的救护队和各地分会紧密联系，并对战地救援工作进行指导，在经费上也给予支持，如总会曾允许红会留取半数会费归当地分会支配。

地方红十字分会大都由地方士绅组成，战争中的地方士绅或许存在着为求自保而加入红会的自我考虑，但他们作为一方精英，不怕艰难，不顾危险，以同乡会等为依托，捐资输财，在红十字精神的感召下，竭力为救护事业奔走呼号。

总会与地方分会，分会与分会之间不分畛域，密切配合，尽最大可能实现了救护“绩效”的优化。在嘉定、昆山、江阴等战场，处处可见相互配合、协同救护的感人画面，这些亦为江浙战争救护的成功提供了有力的

---

① 参见中国红十字会总会编：《中国红十字会历史资料选编，1904—1949》，南京大学出版社，1993，第224页。

② 同上书，第230页。

保障。

其二，社会各界的鼎力支持。

战争是一种严重的社会危机。战争给人们带来的各种伤害激发了国人慈善之心，社会各界积极响应总会号召，施以援手，成为江浙战争救护的坚强后盾。

社会各界对红十字会的支持集中体现在经费上提供臂助。通过检索这一时期的《申报》可以发现，当时许多善士慷慨捐款，红十字会也对这些善士的慈善行为进行感谢，在授予相应级别会员称号的同时，并登报表达谢忱。类似报道在《申报》上频频出现，例如《中国红十字会敬谢哈少甫大善士寿筵助赈200元》（1924年9月7日）、《中国红十字会敬谢诸大善士捐助灾赈台衔列后》（9月26日）、《中国红十字会敬谢卫授经君》（9月26日）、《中国红十字会总医院敬谢诸大善士捐助江浙兵灾台衔列后》（10月5日）、《中国红十字会沪城分会救护伤兵临时医院敬谢各大善士台衔列后》（10月8日）、《中国红十字会总医院敬谢诸大善士捐助江浙兵灾台衔列后》（10月12日）、《中国红十字会沪城分会救护伤兵临时医院第二次敬谢各大善士台衔列后》（10月20日）、《中国红十字会敬谢陆少嵩率子孙等大善士筵资捐助灾赈洋二百元》（10月20日）、《中国红十字会沪城分会救护伤兵临时医院第三次敬谢各大善士台衔列后》（10月25日）、《中国红十字会敬谢恒丰面粉厂捐助洋一千元》（10月26日），等等。

其三，其他慈善组织的配合。

社会各界对红会的支持还表现在其他慈善组织与团体对江浙战争的救护上，他们的救护缓解了红会的压力，有利于红会救护目标的实现。江浙战争期间，先后投入救护的社会组织甚众，例如江苏基督教士组织的美国红十字会积极协助救护，其他类似红十字会的救护团体还有白十字会①、蓝十字会、黄十字会等；此外，基督教会、联益善会、旅沪同乡会、保卫团等许多组织也投入战地救护中。在浏河、昆山等许多战场，基督教士、旅沪同乡会、联益善会等都做了许多工作，为救护成功贡献了重要力量。

传统慈善组织、国外慈善力量等的加入，大大减轻了红会的工作压

---

① 根据《民国日报》《申报》等媒体报道，“中国白十字会”也称“中国济生会白十字救济队”。笔者认为，“白十字”是中国济生会参照红十字会，为救护之便而采用的旗号。

力，使红十字会可以更多地集中力量致力于营救伤兵难民、掩埋尸骸和善后救援等工作。

比如说，江浙战争中，白十字会派出多支队伍活跃在南翔、松江等许多战区，实行救济。在南翔，1924 年 9 月 11 日上午，白十字会特派队员夏小谷、葛雄夫等数人在四马路外滩，乘金和小轮，另挂拖船 3 艘出发，前往运载难民来沪，“俾免流落”①。17 日晚，白十字救济队派朱醒亚等赴南翔救济。20 日夜，南翔难民颇众，朱醒亚、姚书绅、张贻孙、陈子范等会员不顾危险，随带汽油船一只，民船数只，由上海苏州河出发，向南翔、马陆、石冈门一带救护难民，救获 156 人。所救难民除投奔亲友外，其余百数十人，均安插于各暂留所。10 月 11 日晨，队员朱醒亚、李云门等又雇船两只出发南翔。在松江，10 月 3 日，队员郑廷甫、潘子卿等乘帆船，向松江出发。13 日，队员姚书绅等 3 人至松江泗泾、七宝等处营救难民 300 余人，收容于第十所。在战浜桥、南桥等地，9 月 20 日前后，队员夏小谷，在战浜桥、西柿梢等处，救出难民 130 余人；10 月 11 日，队员郑廷甫等还雇船两只出发上海南桥救护。

白十字会还在永锡堂、怡和货栈、振华堂、大王庙、静安寺等 10 处设立收容所。各收容所每日忙不停息，妥善安置收容来所的伤兵难民。遍布上海的白十字会收容所，不仅收容各支救济队所救难民，还收纳附近各地前来投奔的难民。战争期间，收容所的救济工作几乎从未停息，使许多难民得到保全。

白十字会还积极协同红十字会进行救护，如 1924 年 9 月 8 日，白十字会协助嘉定分会救济难民，不但设法放船前往，还将嘉定分会送来的难民 200 余人，接纳在该会暂留所留养。15 日前后，娄塘分会载来难民 200 余人，专函恳求济生会收容，济生会白十字救济队特将他们运往大王庙第四暂留所安置。

白十字会的支持为红十字会江浙战争救援提供了有力支援，无怪乎时人对白十字会评价甚高，“此番所组织之白十字会，厥功甚伟，既从战地施救，又将妇孺收养，不使有流离失所之苦，其热诚宏愿，良堪钦佩”②。

① 《济生会》，《民国日报》1924 年 9 月 12 日。

② 《福建路商联会致济生会函》，《民国日报》1924 年 9 月 13 日。

三、奉浙战争救护

1925年8月29日，段祺瑞任命奉系将领杨宇霆为江苏督办，姜登选为安徽督办，而当时奉系军阀张宗昌已进驻上海，津浦全线遂为奉系军阀控制，这大大激化了奉浙矛盾。10月15日，孙传芳联合苏、鄂、皖、赣、闽5省直系军队，向奉军发起突然进攻，奉浙战争爆发，而江苏不幸成为两军对垒的战场。

孙传芳

因力量悬殊，奉系军阀很快放弃上海、南京，节节北退。23日，浙军占领蚌埠后，准备进击徐州。徐州分会立即筹备救护队，置办药品，并与总会联络。30日，徐州窑湾镇也遵章组织红会，选举臧增庆、阎承武为正副会长，会员有30人。不久，形势突变，奉军身陷冯玉祥与孙传芳夹击，被逼退守山东，徐州战事趋于和缓，红会救护压力随之减轻。但两军在淮阴一带的争夺，仍给红会救护带来很大挑战。

10月底11月初，淮阴战事激烈，淮泗分会、清江分会、淮安分会等在救护中发挥了积极作用。10月31日，奉浙两军激战于淮阴五里庄、丁家集、盐河及小营子一带。11月6日，又有别动队攻击清江浦南门，两军伤亡不下千人。淮泗分会伺机而动，在王营、西坝等地救出妇孺138名，诊治伤兵35名；在宋家集设立收容所4处，收容妇孺354名，救治伤兵55名；在盐河南岸第三农校一带，掩埋尸骸46具①。10月下旬，淮阴杨庄发生战事，该镇会员张锦棠邀集镇友，办理手续，并延购医药，以备救护；11月5日至7日，两军鏖战三昼夜，奉军始行溃退，此役该镇红会疗治伤兵众多，掩埋阵亡者约200多人②。

在淮阴，清江分会共掩埋尸骸1000多具。因事情紧急，当时掩埋土层

① 参见《淮泗分会报告救护情形》，《申报》1926年1月25日。

② 参见《淮阴张锦棠致红会函》，《申报》1925年11月22日。

较薄，为防疫疠，该会特派吴乐天率掩埋队，“四出查察，一律加磺新土，厚至四尺以上，以防将来发生臭气，传为瘟疫”①。淮安分会，“原设钦工镇，现因战事之故，分设驻城办事处”②，又在淮安省立第九中学校设临时办事处，组织临时医院3处、救护掩埋队4支，齐赴前线服务。淮安分会还设立收容所10余处，收容难民数千人。

高邮、扬州、盐城、宝应等地红会也积极投身淮阴救护。10月下旬，高邮分会组织救护队，并设立妇孺收容所8处。11月4日，救护队出发，5日抵清江浦。6日，两军鏖战于清江浦南门，该分会救出伤兵10余人、妇孺70余人，运回高邮，分别治疗给养。7日，该会在致总会函中称，“伤兵运邮甚多”③。清江浦两军接战，扬州分会乃于11月5日成立临时办事处，设立妇孺收容所。因救护急迫，“非合全力，不足以资办理救济慈善事业”④，9日上午，该会在左卫街杨运食商事务所，邀集各界讨论救护事宜，除会员60余人外，赵知事、统领方更生、教育局俞局长等各界要人，也都莅会，“为扬州有红会以来未有之盛会”⑤。次日，扬州红会即派出救护队出发淮阴前线。“清江剧战，灾情甚惨”⑥，盐城分会也组织救护队前往救援。宝应分会亦派队出发，还设立了疗治处和收容所，并筹备米面运往淮阴赈灾。

战争停息，总会派员施棉衣予淮阴难民，减轻了江苏红会的救护压力。11月20日，总会发放旧棉衣800件，由江轮运至镇江，转送清江浦，由王叔相负责发放。12月10日，又托招商局长江轮运往南京旧棉衣1000套，分发清江等处灾民御寒。总会还置备棉衣400件，运交淮安河下集红会散发灾民。

淮阴灾事惨烈，虽然许多红会已对灾民实行救助，但淮泗红十字会仍于12月16日致函总会请求臂助，“春旱夏潦，岁事不登，加以炮火洗劫，客匪虐割，死者掩埋毕事，生者冻饿何堪”⑦。可见，饱受灾难之苦的难民

---

① 《清江》，《申报》1925年12月24日。
② 《涟水红会来电》，《申报》1925年11月4日。
③ 《高邮分会来电》，《申报》1925年11月8日。
④ 《红十字会开会纪》，《申报》1925年11月11日。
⑤ 同上。
⑥ 《盐城红会来电》，《申报》1925年11月12日。
⑦ 《淮泗红十字会电》，《申报》1925年12月17日。

是多么需要社会各界的关爱！

受淮阴战事影响，泗阳众兴镇也成立红会实施救护。众兴镇常有军队经过，10月30日，该地正会员徐桐轩等发起成立众兴分会，选定苏康甫、廖子勤为正副会长。淮阴之战打响，苏康甫会长立即召开紧急会议，设立临时医院，公推廖子勤为院长，负责疗伤，另雇佣看护生20人、救护队30人，并派员赴清江采办药料，经费由苏康甫会长及各会员临时募集。至11月22日，众兴分会已治疗附近伤兵200余名①。

涟水、阜宁等地红会也积极预备，以防万一。11月初，涟水分会鉴于"淮海境内，已入战区"②，特成立多支救护队。阜宁分会因"江北战事发生，淮、涟、阜、灌首当冲要"③，特组织救护队，聘吴志奇医师等出发前线。宿迁分会"恐宿淮间发生战事"④，众会员公议筹设妇孺收容所，经费由会员分担筹募。仪征分会以义渡4艘，停泊江边，预备救护。

11月中下旬，泰县分会、建阳分会等因战事扩大，积极筹备救护。泰县分会遵章在县境内分设泰城、姜堰、海安3个临时办事处。建阳分会也忙于救护筹备。此外，海州新浦商业学校姜鸿铭、江浦县汤泉镇基督教会赵纪先、江都仙女镇梁耀华、南通白蒲镇沈来森等都致函总会，请求在当地成立红十字会。所幸战事很快平息。

苏南情形好于苏北，并未发生战事，但军队滋扰过甚，苏南各地红会不得不开展一些救援工作。松江士绅张如砺等见军队拉夫严重，便电请总会派员营救，10月17日，总办事处派陆伯鸿、周学文重组第五疗养院和第六救护队前往施救，直接救护许多被拉夫役出险，并设法对其中伤病者进行医治。松江为军队调防之地，"被拉夫役，随营输送，惟恐不免流落异乡"，21日，松江分会特函请总会告知各分会，"如有敝处被拉夫役，即希设法资遣保护回松"⑤，总会当即通知苏、锡、常、镇、宁等地分会就近保护，以重人道。

青浦、丹阳、镇江等地红会也开展了一些救护行动。10月17日，青

① 参见《众兴分会报告救护情形》，《申报》1925年11月23日。
② 《涟水红会来电》，《申报》1925年11月4日。
③ 《阜宁分会来电》，《申报》1925年11月7日。
④ 《宿迁分会来电》，《申报》1925年11月7日。
⑤ 《松江分会请遣被拉民夫》，《申报》1925年10月22日。

浦分会召集议事会，选举临时正副会长及资产委员等职员，为救护做准备。18日，战事逼近丹阳，镇江分会立即筹设临时医院及妇孺收容所。20日，松江泗泾分会函请总会保护其所设4处难民收容所、1处伤兵疗养院。25日，丹阳分会运送奉浙伤兵各2名抵沪，送海格路总医院医治。青旸分会在无锡、江阴设立临时办事处，并请总会知照各军长官，予以保护。

11月初，镇江往来江北各洲之救生船、码头船，均被军队拉去供应兵差之用，“以致沿江各洲交通断绝，音信不通，民食阻滞，妇孺哭声，无洲无之，情形殊为可怜”，镇江分会、高资分会特雇定大号船只2艘，逐日一往一来，以利交通。所需费用由红会负担，不取灾民分文，“各洲民均称颂该分会不置”①。

11月3日，常州分会改选伍琢初、赵颂平为正副会长，徐化吾为理事长。12月初，该分会召开职员会议，筹款赈济徐淮海灾民，除登报募捐外，还请各职员及会员劝募，以50元为最少数，捐启共100份。

奉浙战争救护，总会作用仍不可忽视，除前述赈济淮阴难民外，还另外开展了一些救护行动。10月17日下午，总会理事长庄箓特派救护队沈金涛、李耐霜、孙伯颐等率领夫役多名，携带旗帜药品多件，雇内河招商局的轮船，出发苏州一带预筹救护。同时，还积极与双方长官孙传芳、张宗昌接洽，请求一体保护，以利于红十字会救护工作的顺利进行。11月中旬，难民众多，虽有各分会就地救济，难免不敷支配，总会特组织难民救济部，“以辅助分会之不逮”②，由南京毕范宇负责，派定职员40人，前赴下关、扬州、涟水、泰县、淮泗、宝应、淮安、高邮等地施救。总会还设立南京难民救济会，由俞友仁负责接洽，并派员救济难民。

综之，奉浙之战中，江苏淮阴一带遭受很大冲击，清江分会、淮安分会等圆满完成救护之责。虽然其他地区并无战事，但也受到一定程度的影响，各地分会开展了预备救护、营救夫役、赈济难民、疏导交通等一系列行动。此次兵灾救护，苏南红十字事业继续向前发展。更重要的是，苏北红会开始兴盛，新成立了许多分会，打破原先只有清江、徐州、扬州等少数分会的局面。苏北红会的普遍设立，足以说明“红十字”意识在苏北有

---

① 《镇江》，《申报》1925年11月9日。

② 《红会组织难民救济部》，《申报》1925年11月14日。

了进一步发展，江苏红十字“触角”伸入更为广阔的区域。

四、北伐战争救护

北洋军阀穷兵黩武，弄得兵戈四起，天下大乱，以致民不聊生。人们渴望战争结束，社会各界包括中国红十字会也不断呼唤和平。顺应民意，1926 年，一场结束战争的战争——北伐战争拉开了序幕。

1926 年 7 月 9 日，国民革命军在广州举行北伐誓师大会，北伐战争正式开始[①]。北伐中，革命军士气高昂，同仇敌忾，势如破竹，一举攻克两湖、江西、福建，挺进长江下游江浙一带。江浙军阀孙传芳根本无法阻挡革命军前进势头，在浙江接连溃败后，被迫退守江苏，于是，革命军与孙传芳部在江苏的战斗便开始了。

北伐战争中，松江再次遭遇兵燹。1927 年 2 月 18 日，孙传芳联军从浙江退至松江，“军队云集，忽生剧变，胶扰纷纭”[②]。形势危急，亟待救援，当地松江分会、泗泾分会、莘庄分会等闻风而动。松江分会筹备最早，1926 年 12 月 26 日，即在市公所召开职员联席会议，讨论临时医院、收容所的设立和经费筹集等问题。松江战事发生后，该分会便积极开展救援，如 3 月 6 日，松江红会闵瑞之乘江新轮，由松江救出妇孺 170 余人[③]。

松江难民很多，泗泾分会逐日放船 4 只前往救护。难民运泗后，供给膳宿一宵，第二天雇船运往上海留养。3 月 4 日，泗泾分会登报发布公启，救护船停靠北门外阳华桥，“凡欲搭载本会救护船者概不取费”[④]。莘庄“当松沪之冲，军队往来，络绎不绝”[⑤]，居民惶恐不安，莘庄分会会长金石声召集会员开会，推定办事员 10 余人，组织 2 支救护队，设立难民收容所五六处，同时还设立临时治疗所，由张公间医生主持一切。因战区扩大，七宝红会 2 月 17 日继续开办，筹募捐款，并设立救护队、收容所和疗养院。

---

① 池子华、郝如一主编：《中国红十字历史编年（1904—2004）》，安徽人民出版社，2005，第 57 页。

② 《第五疗养所致王张函》，《申报》1927 年 3 月 5 日。

③ 参见《松江昨有大批难民运沪》，《申报》1927 年 3 月 7 日。

④ 《泗泾红十字分会敬告松江避难人民》，《申报》1927 年 3 月 4 日。

⑤ 《松江》，《申报》1927 年 3 月 7 日。

总会总办事处也十分重视江苏难民救护，3月15日晨，派员乘内河招商局恒吉公司船1艘，携带饼干、粮食、药品等物资前往松江，救济难民；次日返沪，救出难民227名，其中21人患病，送往红会南市医院医治。17日上午，又派救护队另加公司船1艘，继续往松江救护，救出难民352人，送往静安寺收容。

在上海城内和青浦等地，总办事处也派员进行救护。21日晨，总办事处派救护队乘内河招商局恒吉小轮，往青浦朱家角一带引救妇孺。闸北纷扰之后，伤员载道，23日，总办事处分派队员乘汽车前往闸北灾区，先后救出受伤灾民50余人，分送粤商医院、南市医院、北市医院、总医院诊治[①]。27日，总会职员王培元、沈金涛、边砥齐等率救护队员至新关码头，接运伤兵17人，分别伤势轻重，送总医院、北市医院就诊。

起初，总会救护仅限于松江、青浦、上海城内等少数地方，这引起了国民革命军的强烈不满。国民革命军专门召开会议对总会进行彻查。此后，救护工作有所起色——总会又派遣救护队、掩埋队赴镇江、南京等地救援。9月5日，红会救护掩埋队出发镇江，在宝盖山妇幼医院内设立临时医院，救治重病重伤者计300名[②]。第一救护队至南京后，前后5次出发栖霞山、龙潭一带救护，共救护伤兵189名。龙潭死尸甚多，掩埋工作一直持续到次年2月，总会掩埋队前后计埋尸万余具，筑坟989座，树碑1063块[③]。北伐期间，总会为救治伤员，先后在上海开办6家伤兵医院，从8月27日至9月5日，共收治伤兵339人，至9月14日，红会各医院计有伤兵521人[④]。

总的来说，北伐战争中，总会对江苏的直接救护不是很出色，除在松江、南京、镇江等地外，在苏南其他地区救护活动较少，在苏北几乎没有活动。而地方分会采取的一系列措施，为北伐救护做出了贡献。

沪城分会，为便利救护起见，在马桥、漕河泾设立分办事处，又在邻近上海南车站的普益习艺所设立临时医院，并与上海警察所接洽，请求查

---

① 《红十字会救护讯》，《申报》1927年3月24日。

② 《红总会昨日消息汇志》，《申报》1927年9月7日。

③ 《红会昨赴龙潭继续埋尸》，《申报》1928年2月23日。

④ 参见《收容伤兵之统计表》，《申报》1927年9月7日；《红会收容伤兵统计》，《申报》1927年9月15日。

照保护。3 月 17 日，沪城分会开出小轮 1 艘，拖挂大号民船 2 艘，赴青浦朱家角救护，18 日下午 6 时回沪，救得难民 240 人，由殷受田副会长、李鸿声理事长等送至沪南收容所。18 日晨，分会又派郗宇生督同队员 10 人，开珠安小轮，往青浦救护。21 日，沪城分会派救护车前往上海南市一带视察“有无流弹被伤之人，以便救回医治”①。23 日 6 时，夏应堂会长率队，约同南市辅元堂经董凌伯华等 50 余人，分乘汽车 4 辆，前往闸北从事掩埋，计收殓尸体 130 余具。26 日上午，理事长李鸿声率掩埋队及小工、棺夫乘坐汽车，前往上海北车站一带收殓尸身 10 余具。

青浦分会，3 月 11 日，由朱家角一带救出难民 51 人，由职员孙志俊、杨世华等 4 人，分搭民船 4 艘，运送至沪，由红卍字会负责收容。青浦分会还设立收容所 15 处，收容了大批难民，并分批遣送回籍②。

常州分会，13 日，召集议事员在青果巷赵宅开会筹商救护，15 日，向总会报告筹备情形并请求医药支援。常州红会设立了 10 个救济院，经费由各主任承担。该会还商准武进医院疗治伤兵，以赵颂平为主任，计救治伤兵数百人。

江阴青旸分会，14 日前后召开会议，决定在无锡、江阴、青旸等 3 处设立办事处，无锡由吴步洲、陆君饼任主任，江阴主任为朱祥甫，青旸主任为王可型、沈晋卿、沈布升。该分会还在无锡四段救火会、西区市民公社、惠山大陆生药局、官亭弄蔡氏书塾设立收容所③，救济难民。

3 月，战事波及吴江一带，吴县分会钱鼎在省立医院、县立医院与其他私立医院组织急救医院，购办药品，救治了许多伤兵。战事结束，该会又将治愈伤兵全部资遣回籍，开支 2000 余元④。

“江北沙头、太平庵、吴家桥一带地方，计共有八十余洲，四面环江，人民共有数十万众，生活日用及民食各项，皆取给于镇埠”，而运输船只多供军用，大江南北，交通几乎断绝，镇江分会救济部袁旭江特借用京口救生会船只 2 艘，专为救济各洲人民往来之用，并函请丹徒县署及水警队

① 《沪城红分会派车视察》，《申报》1927 年 3 月 22 日。

② 冯学文主编：《青浦县志》，上海人民出版社，1990，第 716 页。

③ 《青旸红分会》，《申报》1927 年 3 月 15 日。

④ 虞立安：《民国时期的苏州红十字会》，见苏州市地方志编纂委员会办公室、苏州市档案局、苏州市政协文史编辑室编：《苏州史志资料选辑》1998 年第 2 期，第 61 页。

长，“妥为保护”[①]。8月底，战线延至沪宁线龙潭一带，阵地积尸甚多，分会派队出发掩埋，先后埋尸2017具。为防止疫情发生，分会胡健春、陆小波续派谢研生、魏锦卿等重返龙潭，“又在各墓上加盖石灰三层，泥土两层，并置墓碑”[②]。此次战争，镇江分会还救治伤兵百余人。

因江边海关至瀛州旅馆一带，受灾情形较重，下关分会理事长李应南率队往来救护10多次，共救难民180余人。该会还在江边掩埋死尸50余具。北伐军到达时，常熟分会成立了军人治疗所[③]。嘉定分会横泾办事处在镇南乡立第一初级小学校设立收容所，收容难民[④]。

在苏北，如皋、扬州、盐城、姜堰等地红会的救护工作也取得了显著的成绩。如皋分会借市立第十五校，成立救护讲习所，招收队员20余人，开展救护工作[⑤]。扬州分会设立临时医院4所，特聘孙藜青、卢翼侯等专事医疗，“自军兴以来，受伤兵民之住院者先后达600人之多，每日门诊，至少亦在百号以上”[⑥]。盐城分会，因军阀孙传芳溃军过境，收治伤兵六七百人，用费万元[⑦]。六合分会在益智学校设立医院，请军医队主任王萃芳、姚之倬、彭寿彭等为医士，前后40余天，医愈病伤兵士、官长达190余人。姜堰分会医治伤兵500余名，并施予难民寒衣千余件。泰县城区分会救济兵民2000余人，开支2300元。泗阳众兴分会救济伤兵、灾民共4750人，花费1616元[⑧]。

北伐战争中，镇江高资、上海闵行、南通等地红会也开展了一些工作。3月4日下午3时，高资分会在节孝祠开会，设筹备处于小码头商团第三支部，推举严世慨为临时办事主任，徐振图、朱耀山为办事员，市议会议长于小川为名誉会长。闵行分会于13日上午11时召开议事会，推举各办事人员；15日，代理会长吴履平召集全体会员会议，宣布旧旗帜、袖

① 《镇江》，《申报》1927年3月9日。

② 江苏省红十字会编著：《江苏红十字运动八十八年（1911—1999）》，东南大学出版社，2001，第12页。

③ 同上书，第13页。

④ 杨大璋：《续望仙桥乡志稿》，《中国地方志集成》“乡镇志专辑”第3辑。

⑤ 如皋市地方志编纂委员会编纂：《如皋县志》，香港新亚洲出版社，1995，第489页。

⑥ 《扬州》，《申报》1927年5月30日。

⑦ 韩建勋主编：《盐城市志》，江苏科学技术出版社，1998，第1939页。

⑧ 赵如珩：《江苏省鉴》，新中国建设学会，1935，第175页。

章无效，赶办新旗帜、袖章，并请官署备案，为救护做准备。25 日，南通分会在中山公园召开成立大会，选举张孝若为正会长，陈葆初为副会长，杨薇生为理事长，于香谷、高楚秋为正副议长，共有议事员 19 人①，会员 30 余人②。4 月间，海门也成立红会进行救护。南京分会除照常筹备救护外，还对新旗帜、袖章另加图记，以作识别。

北伐战争时期，江苏各地红会的救护工作在奉浙战争后又获得新的发展，苏南红会继续履行救伤恤难职责，而苏北红会如扬州分会、盐城分会、六合分会、泰县城区分会、姜堰分会等许多分会也发展起来，它们高扬“红十字”旗帜，展开人道救援。

战争救护是民国前期江苏红十字运动的主要内容。通过对“二次革命”、江浙战争、奉浙战争、北伐战争等 4 次战争中江苏各地红会救护活动的梳理，可见江苏红十字运动的基本概况和发展规律。总体上，这一时期，江苏红十字运动呈全面发展的趋势，分会数目逐渐增多，分布区域日趋广泛，救护能力也在不断增强。为便于分析，列表如下：

表 3－5　民国前期 4 次战争中江苏红会参与救护一览表

战　事	苏南红十字分会（或办事处）	苏北红十字分会（或办事处）	分会总数
“二次革命”	上海、南京、镇江	徐州	4
江浙战争	嘉定、青浦、宝山、上海、昆山、吴县、太仓、无锡、常州、宜兴、常熟、南汇、镇江、丹阳、吴淞、东山、震泽、娄塘、泗泾、莘庄、七宝、闵行、大场、江阴、青旸、黄渡、横泾	如皋、仪征	29

① 通州市地方志编纂委员会编：《南通县志》，江苏人民出版社，1996，第 750 页。

② 《红十字会分会谈话会纪》，《南通日报》1927 年 3 月 25 日。

（续表）

战　事	苏南红十字分会（或办事处）	苏北红十字分会（或办事处）	分会总数
奉浙战争	松江、青浦、常州、镇江、丹阳、青旸、高资、泗泾	徐州、淮泗、清江、淮安、高邮、扬州、盐城、涟水、阜宁、仪征、宿迁、建阳、泰县、海州、窑湾、仙女镇、白蒲镇、众兴	26
北伐战争	青浦、松江、上海、吴县、常熟、镇江、常州、下关、泗泾、莘庄、七宝、闵行、高资、青旸	扬州、南通、海门、盐城、六合、姜堰、泰县城区、众兴	22

资料来源：《申报》《民国日报》《盐城市志》等。此表系笔者根据前述各次战争救护中涉及的分会或办事处而制作，难免疏漏。表中苏南、苏北之分采用以长江为界的简单“二分法”。特此说明。

从表3-5可以看出，“二次革命”中江苏只有4处红会参加救护，到江浙战争时有29处，奉浙战争有26处，北伐战争则有22处，总体上，江苏各地分会数目逐渐增多。由于江浙战争战事最为激烈，并包括两次战争，故分会或办事处数目最多也在情理之中。从分布看，江苏红会分布区域日趋广泛。起初，江苏红会主要分布在苏南，“二次革命”时苏北仅徐州一地，江浙战争时有如皋和仪征两处，而到了奉浙战争和北伐战争中，苏北分会明显增多，红十字会运动在江苏大地广泛开展起来。

更为重要的是，在历次战争中，江苏红会的救护能力也在不断增强，救护形式由总会主导型向分会自主型转变。“二次革命”时期，江苏红会基本上是在总会主导下展开救护，独立救护行动很少。江浙战争期间，江苏红会自主救护能力有了明显增强，并取得了显著成绩，其中江阴分会基本独立完成地方救护，但在昆山、嘉定等战场，总会仍起重要作用。奉浙战争时战事较少，淮阴等地分会圆满完成了救护任务，总会仅对该地难民进行了赈济。北伐战争救护，总会支持不力，江苏除松江、南京、镇江等少数地方外，其他地方红会都是自主救护。显而易见，江苏红会的自主救护能力在不断提高。

总之，战争救护需要更多的红会组织充分发挥自身作用，但关键时刻，总会的支持也不能缺失，只有总会、分会协同努力，才能推动江苏红十字运动的顺利发展。

第三节　时疫防治

民国前期，天灾人祸，刀兵水火，屡有发生。而刀兵水火又易生成瘟疫，“兵，厉气也，水旱非时之气，亦谓之贼，故往往酿为疫疠”①。加之气候、卫生等因，各类疫疾恣意丛生，横行无忌，一旦得不到有效防治，直接威胁人们的生命安全。因此，救治疫病也是江苏红会职责所在。疫疠在华洋杂处、人烟稠密的上海最为盛行，几乎无年不有，总会和沪城分会积极防治，收效甚大，堪称地方治疫之翘楚。

一、治疫之翘楚——江苏上海

1914 年初，上海发现喉症、天花，为进行预防，总会于 2 月 10 日在二马路总办事处、天津路北市医院、十六铺南市医院添聘名医，开种牛痘，每日下午 1 时至 4 时半施种，只需“每人挂号铜元五枚”②。10 月，秋令寒暖不均，天花复现，总会设立防疫保赤机关 4 处，5 日起开种牛痘，以总办事处为总机关，举赵芹波为主任，吴敬仲为总稽查，第一机关附设总机关内，以王培元为主任，沈石农副之；第二机关设天津路北市医院，由黄子静等医生负责；第三机关设南市医院，“由王、李二医生任之”③；第四机关设于沪城分会事务所，郁燕生为主任。

1915 年，时疫流行，总会研制的时疫药水，“销场甚广”④，又于城内及南市两处设立分销处，以便居民就近往购。9 月，总会在总办事处和南、北市医院开种牛痘，防治天花。1918 年 12 月初，北市医院洪文廷医生等，

① 《会员大会主席报告词》，见中国红十字会总会编：《中国红十字会历史资料选编，1904—1949》，南京大学出版社，1993，第 281 页。

② 《中国红十字会增设施种牛痘所》，《申报》1914 年 1 月 31 日。

③ 《红十字会纪事》，《申报》1914 年 10 月 4 日。

④ 《广销时疫药水》，《申报》1915 年 7 月 26 日。

"以牛痘一项为卫生家最为注意"[①]，特在星期日加班施种牛痘。1921年12月，气候燥烈，天花盛行，南、北市医院特对贫家幼孩施种牛痘，分文不取。1926年，鉴于"天气亢旱，入夏以来，疫将丛生"[②]，总办事处特将制药部素有经验之药方交送博济制药社加工监制，以备治疫之用。

上海疫病救治，总会天津路时疫医院厥功甚伟。时疫医院由沈敦和、朱葆三创办，1913年由总会自行筹办。总会自办后，订立章程，设立了一、二、三等病房，并聘请时疫专家英医柯师、挪威医亨司德、美医爱克司和华医吴筱谷、王培元、王吉民、陈家恩等医士施诊。1919年，总会特采用冷水注射法治冷麻、吊脚等疫症。1920年，因患者较多，时疫医院职员卧室、膳堂均成为治疗场所。1926年，时疫最为严重，该院又在闸北添设分院。1927年，该院又延请钟拱震、吕守白等治疫专家8人，此时，时疫医院人事配备已相当齐全，计药剂师、看护76人，职员14人，院役48人。这些改进措施是天津路时疫医院成功治疫的保证。

时疫医院一般在每年6、7月间开幕，疫情控制后闭院，成绩非常显著。1912年6月20日该院开幕后，至7月29日已医愈200多人[③]。1914年，在时疫医院就诊者达3000余人。1919年，从7月10日开幕到13日，治疗200余人，以吊脚等重症为主；14日至23日，日均治疗人数有100多人。1920年，时疫医院治愈男女病人3300余名，其中住院789名，割症、用盐水注射者221名。院理事鲍康宁、医生徐兆蓉等，"皆夙夜从公，不辞劳瘁"[④]。1925年，该院救治2856人。1926年，医治患者多达10634人。

时疫医院成绩卓然，获得了社会各界的大加赞赏。1918年，英租界工部局医官赞云："沪埠居户得急痧时疫诸症，有贵院施治全活甚众，几于有口皆碑，诚海上第一之善举。"[⑤] 1927年，《申报》发表评论，认为其"成绩之超著，为沪上首屈一指"[⑥]。

沪城分会也为上海疫病防治做出了贡献，主要体现为天花的防治和

① 《北市医院星期日亦种牛痘》，《申报》1918年12月3日。
② 《红十字会关心时疫》，《申报》1926年5月29日。
③ 参见《时疫医院之普救急痧》，《申报》1912年7月29日。
④ 《红十字会时疫医院定期闭幕》，《申报》1920年9月28日。
⑤ 《工部局医官赞颂时疫医院》，《申报》1918年7月6日。
⑥ 《红会时疫医院昨日开幕》，《申报》1927年6月18日。

1926 年的时疫诊疗。

1913 年 3 月下旬，沪城分会“以时届春令，恐有天花传染”[①]，特请痘科医生在县南大街事务所，为市民免费施种牛痘，单日由郁燕生负责，双日由季桂生负责。1915 年 3 月中旬，沪城分会在县桥北首会所内设立第四机关，施种牛痘。1916 年 10 月 27 日上午，该会又在会所施种牛痘。1918 年 2 月，“因天时亢燥，天花盛行”[②]，复开种牛痘。1920 年 10 月 25 日始，每逢单日上午在会所施种牛痘，不取分文。

1926 年夏初，上海时疫剧烈，7 月 14 日，沪城分会夏应堂会长特召集会董进行商议，公决组织急救临时时疫医院，聘西医张近枢为医务主任，蒋保康、蒋有孚、张近炽、朱善恒等西医，日夜分班，义务施诊。20 日，有数十人前往医治，沪城分会对其中 20 多名病势重者，实施割诊。至 31 日，该院已诊治病人 300 余名、轻症 249 人，重病住院者 53 人，病故 5 人。据统计，从 7 月 22 日到 8 月 3 日，该院共诊治 384 人，住院 113 人，“症均危险，均经医生灌注盐水得获痊愈”[③]。因“时疫剧烈，患者颇多，院内不敷容留”[④]，沪城分会又借用陶沙场果育堂设立第二医院，为染疫患者服务。该分会还在南市沪杭火车站设立检疫所，查检时疫，一面为旅客诊治，一面做好预防工作，以免患疫旅客传染他人。是年，沪城分会共救治疫患千余人，死者仅 10 余人。

二、其他地区的疫病防治

民国前期，江苏其他地方也发生了各种疫症，当地分会积极担负起防治重任，总会则给予支持。

1914 年入春后，扬州天花流行，扬州分会特开种牛痘。1926 年 3 月，扬州分会医院院长陈佩秋，以慈善为怀，提前种痘，以作预防。该会还在城西大东门内、城南李官人宅设立种痘所[⑤]。

1918 年，北省肺瘟流行，逐步向南蔓延，为做好预防，总会吴淞防疫

① 《红十字分会施种牛痘》，《申报》1913 年 3 月 27 日。
② 《红会施种牛痘》，《申报》1918 年 2 月 15 日。
③ 《红分会医院近况》，《申报》1926 年 8 月 4 日。
④ 《红会沪城分会撤销车站检疫所》，《申报》1926 年 9 月 18 日。
⑤ 参见《扬州》，《申报》1926 年 3 月 8 日。

医院担负重任，“检验外来船舶，有类似斯症者，住院疗治”①。1927年，陆伯鸿、周学文等，“恐大兵之后发生大疫”，特在马路桥若瑟医院内募资筹设时疫医院，聘请名医施诊，“凡罹疫来院求诊者，不论贫富男女，一律平等待遇”②，除酌收号金外，其余诊金药资，概不收取，8月1日正式开诊。

1919年9月，灌云县知事、县缉私团长、盐务稽核所，频频致电总会，请求救治时疫，总会特派医队驰往急救③。

1924年春，“涟水及涟水以北一带，发现时疫、天然痘、喉痧、鼠疫等症”④，涟水分会特组织临时医队，进行诊治。

1925年军阀战争后，为防疫疠，7月21日，金山分会与朱泾镇公所联办“朱泾时疫医院”，聘请李望平医师主持，8月18日停办⑤。

是年8月，常熟发生时疫，常熟分会特拨经费500元，于庙后宫开设时疫医院，聘请刘见山、邵预凡、胡心如等11位医师担任治疗。1926年8月，常熟再次发生时疫，常熟分会继续开设临时时疫医院。1927年7月23日，常熟县署议决在常熟分会办理时疫医院。1930年8月，该分会与医师协会联合开办时疫医院，募集经费282.5元，购买痧药水6000瓶，施予贫民患者⑥。

南京分会自成立以来，常年置备急救药品及解暑丹丸，免费赠送贫民患者。1926年夏，时疫盛行，南京分会赶忙施送防疫药品，进行预防。清江分会也因时疫流行，特派救急队队员四出施洒药水，防止传染。

1927年秋，如皋县境瘟疫流行，如皋分会特组成防疫施诊所，“进行免费治疗”⑦。

1929年，南汇县脑膜炎症严重，该县沈县长特派专员向总会告急，王

---

① 中国红十字会总会编：《中国红十字会历史资料选编，1904—1949》，南京大学出版社，1993，第467页。

② 《中国红十字会驻淞时疫医院开幕通告》，《申报》1927年7月31日。

③ 参见中国红十字会总会编：《中国红十字会历史资料选编，1904—1949》，南京大学出版社，1993，第474页。

④ 《江苏涟水分会救护时疫》，见中国红十字会总办事处编：《慈善近录》，1924，第168页。

⑤ 参见上海市金山县县志编纂委员会编：《金山县志》，上海人民出版社，1990，第948页。

⑥ 江苏省红十字会编著：《江苏红十字运动八十八年（1911—1999）》，东南大学出版社，2001，第16页。

⑦ 如皋市地方志编纂委员会编纂：《如皋县志》，香港新亚洲出版社，1995，第489页。

培元理事长派西医傅仲明及职员李耐霜、靳纬曾等多人，星夜前往救疗。南汇之行，总会前后医治456人，男女比例为4∶1，以5～25岁患者为多，死亡仅7人[①]，诊疗绩效显而易见。

综之，民国前期，江苏疫情严重程度，若从时间论，以1926年为最。这一年，除了上海，金山、盛泽、清江、苏州和常州等地也遭受重大疫情影响。

1926年的金山，“天气酷热，时疫流行”，金山分会特购备时疫药水，以作防疫之用。自8月8日起，分会还请李望平医师到会打针，只取号金百文，“居民鉴于患疫危险，纷纷来会”[②]，李医生应接不暇。

在盛泽，盛泽分会会同商会诸人函请旅沪同乡会汪鞠如、邵伯谦，“面谒红十字会总办事处理事长庄得之”，请求分设时疫医院，救治疫患，总会当即许可。不久，盛泽“时疫送诊所”在绸业公所正式成立，向总会聘请良医1人、护理1人。盛泽分会特拨500银元进行资助，诊所8月11日开幕，“免收接号医药费”[③]。

苏州红会治疫之举肇始于1920年。这年7月，苏州时疫猖獗，更生医院院长、美籍医生惠更生率领医学生10多人组织红十字队，配置药品、快艇，在阊门石路设立事务所，“收治霍乱、脑炎等病人”[④]。1925年5月，苏州一带时疫盛行，吴县分会设立临时时疫医院2处、分院6处，光福、东山、黄埭、木渎、角直等处均有设立，累计就诊者达7000余人，住院者500多人。1926年7月，吴县分会在旧长洲县属和四摆渡铁房子设立临时时疫医院，分别聘请方嘉谈、陈鲁珍为院长，上海同济大学宝隆医院也派医护人员前来襄助，开诊一周，共诊治2000余人。此后，为防治疫病，吴县红会“每年均援旧例，设立临时时疫医院”[⑤]。1929年，该会时疫医院改由苏州地方人士组织的公共卫生委员会办理，红十字会给以人力、物力支持。

---

① 参见《红会扑灭南汇脑膜炎》，《申报》1929年5月24日。

② 《金山》，《申报》1926年8月10日。

③ 盛泽镇地方志办公室编纂：《盛泽镇志》，江苏古籍出版社，1991，第396页。

④ 《金阊区志》编纂委员会编：《金阊区志》，东南大学出版社，2005，第660页。

⑤ 江苏省红十字会编著：《江苏红十字运动八十八年（1911—1999）》，东南大学出版社，2001，第15页。

常州时疫，自1925年始越发严重，常州分会挑起疫病防治重任。是年11月，常州分会在武进医院开设红十字时疫诊疗室，注射预防针，治疗染疫患者。该分会还专门成立种痘局，施种牛痘，防治天花。1926年8月，常州分会购买十滴水、痧药水、卧龙丹等防疫药品，施送贫民患者，并发出公告，告知市民，“暑天防疫药品已购送各警区，由岗警随身携带，遇有患疫者，即给药随服，重者至武进医院红十字时疫医疗病室治疗”①。之后几年，常州防疫已成常态。1927年7月10日，常州分会伍琢初会长、徐化吾理事长，邀集职员在县学旁史氏意园召开大会，议决13日开始在崇法寺注射防疫针，特请医师屠友梅为主任。1928年，常州分会与市政局联合为患疫贫民进行针药治疗。1929年夏秋间，常州时疫流行，总会特派救疫队总队长王培元率李耐霜、徐祖荫等，随带治疫药品、器械，前往施救，为期月余，共治门诊1032人，病重住院者116人，患真性虎列拉而行盐水注射者58人②。

总之，时疫发生时，各地分会尽其所能，积极防治，取得了一定成效。在此过程中，总会也给予可贵的支持。

第四节　拯饥援溺　赈灾济困

民国前期，地处江、淮下游的江苏水灾频发，给人们的生产、生活带来许多不便，甚至给他们的生命财产造成重大损失。红十字会以人道为重，对包括水灾在内的各种灾害进行救济。

一、水灾救济

1913年，江苏兴化发生大水，刘庄“四境尽成泽国”③，刘庄分会立即出发救援，在会长朱清甫主持下组织义赈，施粥、施钱给遭受水灾冲击

① 江苏省红十字会编著：《江苏红十字运动八十八年（1911—1999）》，东南大学出版社，2001，第15页。

② 参见《红会常州救疫队成绩报告》，《申报》1929年9月14日。

③ 江苏省红十字会编著：《江苏红十字运动八十八年（1911—1999）》，东南大学出版社，2001，第13页。

的灾民。

1915年2月27日，上海突降暴雨，黄浦江水猛涨，汹涌袭向岸边，闸北、沪南许多棚户被卷，总会赶派救护队前往灾区，四出治伤，“雇船打捞浦江溺尸埋葬”[①]，并及时对100余茅棚倾覆的灾户进行赈济，每户补助救济费4元。1919年7月7日，上海复降大雨，“城内外地形低洼之处，竟成泽国”[②]，许多房屋被淹倒塌，不少人被砸伤，皆送往红十字会医院医治。

1923年，溧阳遭遇水灾，当地成立了溧阳水灾筹赈处。12月17日，总会总办事处特捐助棉衣200件急赈。

1924年7月中旬，长江下游沿岸遭受水灾，“不特圩岸冲破，十占八九，甚且江水高过圩岸，泛滥全地”[③]。扬中、丹徒、江阴、武进等地受灾严重。常州分会在此次水灾中表现突出，该分会理事长王完白，乘小轮从小河出荫沙口，亲往长江下游视察，“时水尚未退，灾民群栖高岸，食宿无方，状甚可惨”，查勘得知，“地方公团已在纷纷筹备急赈，惟灾民露宿风餐，疾病丛生，各赈灾机关尚未暇顾及”。于是，常州红会组织救护队，开展疫病防治工作。药品、器械由分会会员协力筹募，总会补助药料1箱，医疗事宜由常州福音医院医士、职员担任，救护队队长为张炳华医士，队员有俞德霖、郑荣昌、杨天沛、陈明庠、胡斗燠、张佩玉等。“荫沙为出长江之要口，上下游沙洲各地往来最便”，王完白理事长便借荫沙义渡局房屋设立定期放诊所，“自中秋起，每逢三八两期，队员即在该局送诊给药”。常州红会前后治愈了许多灾民，扬州、泰州、泰兴、丹徒、丹阳、靖江、江阴等地都有灾民前往荫沙接受诊治。灾民得此恩惠，“皆颂声载道”[④]。

民国前期，江苏水灾，若论灾区之广、受灾之重，无疑要数1921年大水灾。据红会史籍云：“民国十年，苏省水灾奇重，共有五十二县之多，

---

① 江苏省红十字会编著：《江苏红十字运动八十八年（1911—1999）》，东南大学出版社，2001，第13页。

② 《续纪前日之大风雨》，《申报》1919年7月9日。

③ 中国红十字会总办事处编：《慈善近录》，1924，第19页。

④ 同上书，第20页。

灾区之广，为数十年所未有，各县报灾函电，几如雪片飞来，呼叫之声，不绝于耳。”[①] 受灾各县中，建阳、阜宁、盐城、常州等地灾情尤为严重，江苏各地红会纷纷与总会接洽，请求救援。

8月10日、9月21日、10月8日，建阳分会多次致函总会，呈报灾情，恳请援救，总会特发普通会员空白章照50份，“乘时劝募，可得五百元”[②]，又汇现洋500元，以作赈济之助。同时，总会还借助《申报》《时报》等为建阳分会救灾募集资金。

10月12日，阜宁分会致函总会，“夏间淫雨，收获大减，坝水又涨，灾歉乞赈”[③]，总会特发正会员空白章照30份，辅助阜宁分会办理赈务。为救济当地灾民，阜宁分会开办了施粥厂。

盐城里下河等地发生水灾，盐城分会在多处设立救生船与太平缆，开展义渡、施衣、施药等救灾活动。12月2日，总会拨捐现洋500元，汇交盐城分会，以作赈济灾民之用[④]。

常州遭遇水灾，总办事处庄箓理事长除拨放水灾需用药品外，还允许该分会留用新募会员费，并于12月下旬补助现洋500元、棉衣200件，协助常州分会办理水灾赈务[⑤]。

二、火灾救济

民国前期，江苏各地经常发生火灾，以上海为最，苏州、常州等地也时有所闻。江苏各地分会设法救济灾后难民。

上海屡屡发生火灾，总会总办事处理所当然地担负起火灾救济重任。1921年11月12日，闸北突发火灾，“被灾者多系贫民”[⑥]，庄箓理事长闻讯后，派员火速前往急赈，散发银圆、棉衣等，并登报劝募，积极从事善后补救工作。1924年1月18日，闸北邢家宅突发火灾，焚烧贫民草屋甚多，“当此隆冬，啼哭号寒，极为惨苦”，总办事处特派职员数人前往赈

① 中国红十字会总办事处编：《慈善近录》，1924，第5页。

② 中国红十字会总会编：《中国红十字会历史资料选编，1904—1949》，南京大学出版社，1993，第477页。

③ 同上书，第479页。

④ 中国红十字会总办事处编：《中国红十字会二十年大事纲目》，1924，第53页。

⑤ 《赈济常州沙洲水灾》，见中国红十字会总办事处编：《慈善近录》，1924，第14页。

⑥ 《上海闸北急赈火灾》，见中国红十字会总办事处编：《慈善近录》，1924，第6页。

济，“按户计口，给以领米凭证”[①]，然后灾民凭米票，向各店取米，计每人约得米5升，共发出米票500余张，灾民“莫不喜形于色”[②]。1926年4月4日，闸北广肇路、裕通路火灾又起，大火延烧数千户，无衣无食灾民达3700余人，极为凄惨，总办事处赶紧散放急赈。1928年10月初，闸北再闹火灾，总会特置备大小棉夹衣裳数百件，装载救护汽车，由职员鲍康宁负责运往灾地，以备灾民御寒。

闸北之外，上海其他地方如邑庙、虹口分水庙、胡家木桥等处也时有火灾肆虐。1918年3月15日夜，邑庙东辕门街发生水灾，南市医院对受伤者数十人进行诊治。1922年3月，虹口分水庙及胡家木桥附近先后两处失火。20日上午10时，虹口分水庙因“午炊不慎”，引发火灾，受灾户77家341人。胡家木桥于22日夜11时，因“夜间烧饭，遗火于薪”[③]，导致失火，灾民有103家477人；加上事发之时，“风势甚大”，以致被灾各户仓皇失措，无从扑灭，损失惨重。受灾居民大多为劳苦工人，“男以推车做工，女以缝衣缫丝度日”[④]，救济工作十分急迫。总会按名逐一放赈，计资助现银2000余元，平均每人近3元。

1915年10月15日，吴淞“猝遭火灾，延烧全镇，实为近今未有之奇灾，居民失所流离，尤为愁惨”[⑤]，总会沈敦和副会长一面派医队驰往灾地救伤，一面派员赶办急赈。1919年，吴淞火灾再次发生，吴淞分会按照灾民实际情形进行赈济，极贫者棉衣1套、米8升，次贫者6升，商人不愿受米者，每人借予10元或20元不等[⑥]。1924年10月17日下午，江浙战火刚刚停息，吴淞又发生火灾，“救火会竭力灌救，奈灾区太广，分别扑救，尤嫌不及，民众奔逃，哭声四起”[⑦]，吴淞分会火速赶往，收容难民数百人，唯难民饮食一时无从供给，特向总会请示办法。总会派员乘内河招

---

① 《上海闸北邢家宅地方火灾放赈》，见中国红十字会总办事处编：《慈善近录》，1924，第150页。

② 《红会救济邢家宅烬余灾户》，《申报》1924年1月19日。

③ 《中国红十字总会总办事处放赈上海虹口分水庙及胡家木桥两处火灾》，见中国红十字会总办事处编：《慈善近录》，1924，第21页。

④ 同上书，第22页。

⑤ 《红会救护》，《申报》1915年10月18日。

⑥ 参见江苏省红十字会编著：《江苏红十字运动八十八年（1911—1999）》，东南大学出版社，2001，第14页。

⑦ 《红十字会昨讯》，《申报》1924年10月19日。

商局河安小轮出发吴淞，将难民运沪留养。

1922年冬，常州分会龚承祖会长、王完白理事长鉴于该邑“迭遭火灾，救火员及灾场上人，时多受伤，因而致死者亦屡有所闻”，专门成立了救护火灾医疗队，“一逢失火，即出发救护伤人，一概不收费用”①。火灾医疗队的设立，无疑为罹灾伤员的救治提供了保证。

1923年12月21日，苏州阊门外横马路发生火灾，“被毁者有百余家之多，均属贫民，甚为凄惨”②，总办事处特派职员沈金涛赴苏救济，经与苏州商会贝哉安会长、马路市民公社刘正康社长商议，由红会捐助贫民棉衣400件，以作御寒之用。

三、其他社会救助

在江苏，红会除对刀兵水火与瘟疫进行救护外，也开展了一些其他社会救济活动，但各地发展很不平衡，其中上海发展最快，这主要得益于总会总办事处的工作。总办事处在上海几乎每年都有施衣施米之举，并对人为或自然发生的意外事故进行救援，如1915年的风灾救济和1922年马路救急队的设立等。此外，总会还为远东运动会等社会活动提供医疗服务。

沪城分会在上海开展了不少社会救助活动，如每逢冬季开展冬令救济，施予贫民衣米。1914年冬，北风凛冽，地冻天寒，许多贫民“既无隔宿之粮，又乏御寒之具”③，沪城分会特在12月18日《申报》发布《中国红十字会沪城分会劝募衣米捐启》，呼吁各界捐助衣米，赈济贫民。

1916年1月2日，沪城红会置办棉衣裤数百套，在会所救济贫民。1月中下旬，还施送贫民白米。

1917年1月，沪城分会夏应堂、殷受田因“岁暮天气奇寒，贫苦同胞无衣无食”④，特设法筹款购置棉衣、食米，以济贫黎，定于1月14日至2

① 《常州分会组织火灾医队救护救火员及灾场上人》，见中国红十字会总办事处编：《慈善近录》，1924，第78页。

② 《捐助苏州阊门外火灾贫民棉衣四百件》，见中国红十字会总办事处编：《慈善近录》，1924，第139页。

③ 《中国红十字会沪城分会劝募施衣米捐启》，《申报》1914年12月18日。

④ 《红十字分会散放衣米》，《申报》1917年1月8日。

月 11 日，每日上午 10 时到下午 4 时，在县前街红会事务所发放。

1920 年 12 月，沪城分会以“现届仲冬，天气严寒，一般贫民，身无棉衣”[①]，特于 11 日起，按日发给贫民棉衣裤若干套，以资御寒。

特别注意的是，1914 年 6 月，江苏出品展览会在上海召开，沪城分会还担任会场临时医院及卫生事宜，黄楚久慨助龙虎公司人丹 500 包，天生堂药号慨助卧龙丹 100 瓶。

江苏其他地区红十字分会的社会救济活动也有所开展。1914 年冬，扬州分会开设粥厂，徐宝山夫人孙女士慨捐巨款，因天寒霜冷，孙女士还特别捐助羊皮、背心 1300 余件，交扬州红会散放[②]。1915 年夏，该会还施送贫民良药，如张雪亭乐善好施，将其六十大寿筵资移助扬州红会。

阜宁东坎红十字分会自成立以来，颇具成效，理事长董永铭，职员杨长年、孙德谋等，“凡遇慈善事业，每肯热心资助”[③]，如设立平民夜校数处，成立医院、施材局等。该会还开展冬令救济，1924 年 12 月下旬，东坎分会特募捐千元，购置棉被若干套，施予贫民。

总之，民国前期，江苏各地红会各项救助工作成绩卓著，江苏红十字运动呈现出多样化、纵深化的发展趋势。从战争救护到平时善举，从救治疫病到水火等灾害救济，再到其他社会救济活动，无不体现了红十字运动的多样性。而且，江苏红会的整体救护救济水平也在不断提升，如前所述，战争救护能力逐步发展，而时疫防治也越来越受重视，治疫水平也逐渐提高，水灾、火灾救济也日趋成熟，其他社会服务活动也开始发展。在此过程中，江苏各地红会的数目也在逐年增加，从 1912 年的 10 处，发展到 1927 年的 46 处（详见表 3－6 所示）。

---

① 《红十字分会发给棉衣裤》，《申报》1920 年 12 月 11 日。

② 《女慈善家传》，《中国红十字会杂志》1914 年第 2 号。

③ 《阜宁》，《申报》1924 年 12 月 25 日。

表3-6 民国初期江苏各地红十字组织发展情况一览表

年份	江苏各地红十字会分会	数量
1912年	南京、镇江、扬州、清江、苏州、无锡、常熟、吴淞、上海、江阴	10
1914年	南京、镇江、扬州、清江、苏州、无锡、常熟、吴淞、上海、江阴、徐州、常州	12
1920年	南京、镇江、扬州、清江、苏州、无锡、常熟、吴淞、上海、江阴、徐州、常州、涟水、东台、兴化、淮泗、兴化刘庄、建阳、灌云、阜宁、阜宁城区、如皋、盐城、姜堰、南城	25
1924年	南京、镇江、扬州、清江、苏州、无锡、常熟、吴淞、上海、江阴、徐州、常州、涟水、东台、兴化、淮泗、兴化刘庄、建阳、灌云、阜宁、阜宁城区、如皋、盐城、姜堰、南城、仪征、溧阳、下关、吴江、睢宁、宿迁、沭阳、海赣、泰县、昆山、高资、江阴青旸、嘉定、青浦、黄渡、太仓、宜兴、武进	43
1927年	南京、镇江、扬州、清江、苏州、无锡、常熟、吴淞、上海、江阴、徐州、常州、涟水、东台、兴化、淮泗、兴化刘庄、建阳、灌云、阜宁、阜宁城区、如皋、盐城、姜堰、南城、仪征、溧阳、下关、吴江、睢宁、宿迁、沭阳、海赣、泰县、昆山、高资、江阴青旸、嘉定、青浦、黄渡、太仓、宜兴、武进、南通、海门、泗阳众兴	46

资料来源：江苏省红十字会编著：《江苏红十字运动八十八年（1911—1999）》，东南大学出版社，2001，第16页。原表中1924年和1927年红会总数计算有误，主要是因为对“镇江”统计重复，笔者将之删去。另，原表中1924年统计遗漏宝山、南汇、丹阳等地分会和大场、东山、震泽、娄塘、泗泾、莘庄、七宝、闵行、横泾等乡镇分会；1927年统计遗漏松江、泗泾、莘庄、七宝、闵行、六合等地分会，特此说明。

由表3-6可知，至1927年，江苏红十字运动基本发展到全省各个区域，连不少乡镇也成立了红十字分会，为江苏红十字运动的不断发展奠定了基础。其成绩可观，但问题也不少，主要有：

（1）从组织设置看，江苏各地红会大都应救护需要临时设立，过多依赖总会，缺乏持续的建设与完善，不利于组织功能优化。

（2）从慈善救助内容看，江苏红十字运动主要侧重于兵灾、水灾、火灾、疫灾等灾害救护，其他社会服务较少。另受自身发展所限，江苏各地红会协作从事灾害救助工作较少。

（3）从发展区域看，江苏红十字运动的地区发展不平衡。首先是南北不平衡，苏南发展早于苏北，发展程度也高于苏北；其次在苏南内部红会发展也不平衡，上海遥遥领先。

社会的发展呼唤红十字会提供更加优质的慈善服务，民国前期的江苏红十字运动虽然有许多不足，但这些问题在江苏红会后来的发展中会有所改观。

第四章　抗战时期的江苏红十字运动

1931—1945年的抗日战争时期，尤其是在沦陷之前，江苏作为抗日战场的一部分，也成为红十字运动的活跃地区之一。在这期间，江苏红十字运动围绕着战地救护这一中心任务开展各项工作，高奏“人道”“博爱”的乐章，为后世提供了有益的借鉴。

第一节　抗战救护的准备

抗日战争期间，江苏各红十字分会以战争救护为首要任务来开展工作，但战场救护的实施并不是一蹴而就的，它既需要先期人力、财力、物力的准备作为基础；同时为了适应不断变化的战况，以及满足战场救护的需求，还必须适时做出相应的调整。因此，江苏各红十字分会组织的建设与完善便成为这一时期江苏红十字运动中不可或缺的一个环节。

一、组织建设

抗战过程中，尤其是江苏多数县市沦陷以后，江苏各分会或被迫解散，或与总会失去联系，或借其他名义继续活动，因此这期间分会组织建设的具体、详细情况不得而知，无法进行全面展示，只能择要缕析，尽可能还原其本来面目。

总体而言，1913年至1936年，江苏各地红十字会如雨后春笋般涌现并不断壮大起来，分会数增加到90多个（含上海及其各县市分会）[1]，成为江苏红十字运动史上，组织发展较快的时期之一。全面抗战爆发后的1937年至1941年，因部分市县沦陷及分会合并，江苏红十字分会数量锐减为29个。而1942年至1945年，更因日本帝国主义侵略的加剧，多数县市失陷，江苏红十字分会大多停止活动[2]。具体情况如下。

（一）分会数量变化

从江苏分会数量上看，据中国红十字会总会统计，1935年前后，全国共有红十字分会443处，其中江苏红十字分会49处，占全国分会总数的1/10以上，在当时仅次于河南省，名列全国第二位。中国红十字会登记的江苏分会名称及通讯地址如表4－1所示。

表4－1　1935年江苏红会各分会统计简表

分会名称	通讯地址
吴江分会	吴江震泽镇丝业公会
睢宁分会	睢宁城内安怀堂
宿迁分会	宿迁
徐州分会	徐州南关外段氏别墅
扬州分会	扬州湾子街北首27号
沭阳分会	清江浦钱家圩转塘沟镇西门外
泰县分会	泰县姜堰市
盐城分会	盐城李家角东首纯化街
阜宁分会	阜宁东坎镇东大巷塘子巷（新址）；东坎镇东岳庙西首（旧址）[3]
东台分会	东台县中巷商会对面

---

① 另据统计，1936年江苏红十字分会共有75处（含上海各县市红十字分会），见中国红十字会总会编:《中国红十字会历史资料选编，1904—1949》，南京大学出版社，1993，第156页。

② 朱君辑、李纯华主编：《江苏省志・卫生志》，江苏人民出版社，1999，第934页。

③ 中国红十字会总会编：《中国红十字会历史资料选编，1904—1949》，南京大学出版社，1993，第162页。

（续表）

分会名称	通讯地址
建阳分会	盐城西乡建阳镇西方庵
江阴分会	江阴城内东门德邻里吴宅
淮泗分会	淮安南门更楼东张宅转
灌云分会	灌云新安镇四区二牌东大街
常州分会	常州东□街平民工艺厂
兴化分会	兴化东门外时思寺济急局内
刘庄分会	兴化刘庄怀仁堂
如皋分会	如皋西门外汤家巷王伯华先生转
仪征分会	仪征十二圩中镇码头
镇江分会	镇江镇屏山商团内
溧阳分会	溧阳县东门上水关陈鲁祠内
下关分会	南京下关仪凤门大街静海寺旁
昆山分会	昆山城内察院前东首
丹阳分会	丹阳公园
宜兴分会	宜兴新街新旅社
常熟分会	常熟南门内桑家弄
洞庭东山分会	洞庭东山
洞庭西山分会	洞庭西山
高资分会	镇江西门外小码头静安救火会内
宝应分会	宝应东岳庙西思补小学校
青旸分会	江阴青旸
高邮分会	高邮城内高公桥西孙氏乡贤祠内
淮安分会	淮安钦工镇太平庵
吴江城区分会	吴江城庙前街吴江市议会
涟水城区分会	涟水县商会内
众兴分会	泗阳众兴镇西大街闽中会馆内
河下镇分会	淮安河下镇闻思寺

（续表）

分会名称	通 讯 地 址
清江浦分会	清江浦城内有富街
泰县城区分会	泰县北门外草河头
益林分会	淮安转益林市
阜宁城区分会	阜宁城内观音阁
江浦分会	江浦县城内观音庵
海门分会	海门县关岳庙佛教会内
白蒲镇分会	南通白蒲镇秀才巷沈宅
浦口分会	浦口东门东柴市大街
石港分会	南通石港镇南街文昌宫张家祠
吕城分会	丹阳吕城镇河北西街
海安分会	泰县海安镇西市袛树寺内
南京分会	南京城内八府塘53号

资料来源：《分会地名录》，《中国红十字会月刊》第1、2期征求号，1935年7月1日出版，南京图书馆特藏部馆藏档案。

1937年全面抗战爆发，再次统计各地红十字分会时，全国和江苏的红十字分会数量均骤减，全国红十字分会减少至254处，而江苏分会的总数次于河南、山东、河北三省，与四川省并列第四，仅有22处①，分会名称与地址如表4－2所示。

表4－2　1937年江苏红会各分会统计简表

分会名称	地　址
吴县分会	苏州范庄前41号
赣榆县分会	赣榆城内西门大街徐治鑫
江都县分会	扬州湾子街北首27号
沭阳县分会	清江浦钱家圩转塘沟镇

① 中国红十字会总会编：《中国红十字会历史资料选编，1904—1949》，南京大学出版社，1993，第179—180页。

（续表）

分会名称	地　址
盐城县分会	盐城李家角东首纯化街
东台县分会	东台栟茶中市
江阴县分会	江阴南外塘头桥
灌云县分会	灌云新安镇周氏宗祠
涟水县分会	涟水百禄镇大佛寺
兴化县分会	兴化东门外时思寺济急局
仪征县分会	仪征十二圩中镇码头
溧阳县分会	溧阳东门上水关陈鲁祠内
昆山县分会	昆山城内察院前东首
丹阳县分会	丹阳太平桥姜宅
常熟县分会	常熟南门桑家弄
高邮县分会	高邮城内高公桥西孙氏乡贤祠内
淮安县分会	淮安蔡公祠内
淮阴县分会	淮阴城内旧镇署街63号
海门县分会	海门县关岳庙佛教会内
如皋县分会	如皋马塘市刘合盛翔记转
句容县分会	京沪路桥头镇疗养院
南京市分会	南京下关绥远路乐善堂内

资料来源：《中国红十字会代表在伦敦举行的第十六届万国红十字会上的报告》，中国第二历史档案馆馆藏档案，全宗号：476，卷号：3198。

因当时江苏正处于日军铁蹄蹂躏之下，多个城市相继沦陷，红十字救护工作陷入困境，并且许多红十字分会与总会失去了联络。尽管如此，仍有泰县分会、常熟分会等坚持在沦陷区内开展活动，但在中国红十字会总会公布的1941年5月9日全国分会统计表中的59处分会里，却没有江苏分会列入其中。

（二）分会建设情况

从江苏各分会具体建设情况来看，抗战初期江苏境内的红十字力量有所壮大，一方面注入了新鲜血液，成立了若干新的分会；另一方面，现有分会在战争救护实践的磨炼过程中，艰难而又扎实地成长起来。

其一，新建分会方面。

1931 年前后，宝应县就设立了中国红十字会宝应县分会①。

南通红十字会首建于 1932 年 4 月 11 日，定名为“中国红十字会南通分会”。同年 5 月 16 日②，南通分会鉴于国难当头，特于当日下午 2 时召集各分会会员在中公园嘉会堂原址召开选举大会。该选举大会公推俞心斋为临时主席，共有会员 40 余人到会参加票选，“结果徐继宸当选为会长，俞心斋为副会长，杨薇生为理事长，许伯明、薛郢生为理事，徐赓起、宗谓川为资产委员”③。

1934 年，南京红十字分会“经党政人员黄仲翔、楼同荪、刘景新、史维焕、陈紫枫等发起，并联合该地旧会员多人，恢复旧有分会，刻已各事就绪，不日即正式开会，办理一切会务”④。

1935 年，淮东十二区代表赵紫珊、李味甘、胡志一、吴锡恩、朱左元、张权一、赵孟嘉、张登鳌、宋雄斋、朱吉予等“鉴于该地缺少卫生医药设备，拟即设立分会以资救济”，特派代表赵紫珊赴上海请求中国红十字会总会总办事处核准成立分会，“依据手续顺序办理，可以诸事就绪，不日即可成立，定名为淮安泾口镇分会”⑤。不久，淮安泾口镇分会便正式成立。

1936 年 10 月 27 日，赣榆县红十字会成立，并于当天下午在徐氏自治会大礼堂召开成立大会。该会由徐治鑫担任会议主席，徐治绅负责记录，共 23 人出席，选举徐唐文、徐治鑫、张长善、徐振钵、王从勤、徐治绅、祁云峰等 7 人为理事会理事，另选候补理事 3 人、监事 5 人、候补监事 3 人，同时通过了多项议题，如“费用如何筹措案”，决议分会会员每人输纳洋 1 元，在规定时间内自行缴纳至分会，并呈报备案；“应

---

① 《扬州市红十字会发展概况》，见《扬州市志 · 卫生分志》（送审稿）。

② 关于这次南通分会选举大会的召开时间，另有记载为 1932 年 7 月 17 日，见江苏省红十字会编著：《江苏红十字运动八十八年（1911—1999）》，东南大学出版社，2001，第 20 页。

③ 《红十字会南通分会选举正副会长》，见《通通日报》1932 年 5 月 17 日，南通市图书馆馆藏。

④ 《各部长纷纷加入红会》，《申报》1934 年 3 月 29 日。

⑤ 《淮安泾口镇将成立分会》，中国第二历史档案馆馆藏档案，全宗号：476，卷号：1972。

召开办救护训练班案”“筹设医院案”等，均交由分会理事会拟具方案办理[①]。

至抗战后期，张丰胄、张宇和、华毓楠等又在江阴长泾建立了中国红十字会长泾分会及长泾红十字医院[②]。

其二，原有分会组织的完善。

1933年3月，常熟分会编印了《中国红十字会常熟分会民国廿一年纪念册》，其主要内容包括：红十字会宗旨、组织章程、会务历史知识、组织建设、会员情况、收支情况、卫生救护、社会福利工作等，张鸿作序，国民党要员以及十九路军将领为之题字[③]。该《纪念册》真实记录了当时常熟分会的工作、活动情况，从而为分会今后工作的顺利开展提供了可供借鉴的宝贵经验。

1934年，徐州分会成立理、监事会，推选杨鹤轩为理事长，常务理事有杨鹤轩、赵宜生、姜子轩、苏逸青、马毅卿，常务监事则由杨鹤轩兼任[④]。

1935年9月，吴县红十字分会进行重组，聘请各界知名人士担任征求会员委员会的委员，共征得会员200余人[⑤]。

1935年，建阳分会北祁村办事处主任崔杰，以及职员周锡坤、陈步蟾、刘凤吉、徐芸生、陆乾荣、袁俊章等人，在北祁村西北隅购地3亩，建成瓦房15间，作为分会北祁村办事处常年会址，共“计建筑费用四千余元，纯系（崔）杰等自行筹垫……并不开支公家分文”[⑥]。1936年8月17日，建阳红十字分会会长乔炳又就办事处会址及其房产权问题呈函总会和县府备案，“以维善举而利会务进行，至为德便”。

1937年，全面抗战爆发以后，无锡分会改由美籍人士李克乐任分会会

① 《中国红十字会赣榆分会会员大会记录》，中国第二历史档案馆馆藏档案，全宗号：476，卷号：1973。

② 《江阴及青旸、长泾红十字会的主要活动》，见《江苏省志·卫生志》红十字会志资料。

③ 江苏省红十字会编著：《江苏红十字运动八十八年（1911—1999）》，东南大学出版社，2001，第19页。

④ 同上书，第31页。

⑤ 同上书，第33页。

⑥ 《建阳分会来呈：关于房地产问题》，中国第二历史档案馆馆藏档案，全宗号：476，卷号：1973。

长，至无锡沦陷后方停止救护、救济活动①。

抗战期间，有关红会工作人员服役的规定更加切合实际。例如，抗战爆发后，“（如皋）分会征集救护队不分畛域救护医疗”，然因军训令的执行与红十字救护工作屡屡发生矛盾冲突，1940年，如皋红十字分会特呈文请缓兵役，并拟具三条实行办法：其一，职队员有因忿激既深决意退出者，有因经济所迫不能持久者，唯有赶速另为征求以备工作，并查察实行服务人员，每三个月具报各县政府一次，转令各区长切实保护，严禁乡镇保长借端加害；其二，社会军训现时各区各乡镇已分区指抽，分会职队员已被指抽而期满者，顾应仍归分会服务，其未被指抽者，即由分会开录各乡镇之半数名单送请训练，俟训练期满再将未送训练之半数送请训练，惟受训时仍令着军政、海军两部规定红会职队员之服装；其三，职队员于前三个月实行在会工作者期满后仍能继续工作，分会仍为继续具报，不为继续具报即系不能继续工作，则对于常备兵役不得藉会请缓，对于地方召集服务亦不得藉会规避。后经军政部、内政部修正，规定为“凡红十字会总会、分会会长及救护队队长、分队长属于主任官公事务者一律以缓役，其余职员、会员、各救护队队员概不予以缓役以符法令”②，从而统一了全国红十字会工作人员服兵役的具体办法，避免了不必要的纠纷，有利于红十字工作的开展。

总而言之，抗日战争时期的江苏红十字分会顶住战争的巨大压力，历经炮火的洗礼和历练，不断完善自身建设，进而为红十字救护、救济工作的开展奠定了必要的组织基础。

二、征求会员，筹集会费

如果说红十字会组织建设类似于人体“中枢神经”的话，那么红十字会会员和会费就相当于人体的“四肢”了，人体要想完成“中枢神经”发出的指令必须以“四肢”为媒介，而红十字会若想以组织建设的成效推动工作的开展，则必须依托会员的参与和会费的支持。

---

① 谈汗人主编：《无锡县志》，上海社会科学院出版社，1994，第642页。

② 《如皋分会请缓兵役》，中国第二历史档案馆馆藏档案，全宗号：476，卷号：1679。

（一）会员的征求

会员为红十字组织发展之所系，他们既是红十字组织各项工作的执行者，同时也是开展各项红十字活动不可或缺的参与者，尤其是在抗战的时代背景下，广泛征求会员急不可缓、势在必行。

1934 年，在中国红十字会总会的号召和组织下，为“在战时、平时对于救护、赈灾、治疗、卫生等事业，加以扩充，务使全国的同胞都得到安全的保障”①，自 3 月 1 日起至 9 月 30 日止，历时半年的征求会员运动首次在全国开展起来。据《中国红十字会第一次征求会员成绩报告》统计，共有 23 个总会成立的总队、82 个分会、23 个非红十字机关及若干个人参与了此次征求会员运动，其中江苏各分会的征求会员成绩如表 4－3 所示。

表 4－3　1934 年江苏各分会征求会员成绩表

分会名称	征求会员情况（1 元作 1 分）	奖励情况
盐城分会	2516 分	奖旗一面
南京分会	2391 分	奖旗一面
建阳分会	2166 分	奖旗一面
常州分会	488 分	
石港分会	170 分	
阜宁分会	99 分	
海安分会	80 分	
海门分会	40 分	
阜宁城区分会	25 分	
总　计	7975 分②	

资料来源：《征求会员特载》，见《中国红十字会月刊》第 1 期，1935 年征求号，南京图书馆特藏部馆藏档案，全宗号：175。

---

① 《红十字会征求会员昨开幕》，《申报》1943 年 3 月 2 日。

② 根据征求会员运动相关章则规定：“学生会员每人一元，普通会员十元，正会员二十五元，特别会员二百元，名誉会员一千元”，“凡分会及各队总分（一元为一分——引者）在一千分以上者赠奖旗，五千分以上者赠匾额，一万分以上者赠奖旗及匾额，五万分以上者呈请内政部褒扬”。见《内政部颁发红会征求会员章则》，《申报》1934 年 2 月 25 日。

由表4－3可知，在1934年的全国征求会员运动中，江苏各分会共征得7975分，占全国分会征得总分数40944分的1/5左右[①]，全国有12个分会因征求会员成绩突出，获得总会的嘉奖，各得奖旗1面，而江苏分会就占其中3席（盐城分会、南京分会、建阳分会）。江苏红十字分会在此次征求会员运动中的积极表现由此可见一斑。

1935年7月1日至1936年6月30日，中国红十字会总会以造就救护人才、预备救护材料、“普及方法，谋我国红十字会事业之发展”起见[②]，在全国开展第二次征求会员运动，共有18个总会总队、158个分会参加，分别总计征求到1825分和68326分[③]，其中江苏有18个分会参加（具体情况见表4－4）。

表4－4　1935年江苏各分会征求会员成绩表

分会名称	征求会员成绩（1元作1分）	奖励情况
盐城分会	15897分	匾额一方
建阳分会	8923.5分	银鼎一座
灌云分会	3318分	银塔一座
阜宁分会	1286.5分	银盾一座
石港分会	1285分	银盾一座
阜宁城区分会	1051.5分	银盾一座
泾口镇分会	990.5分	奖旗一面
益林分会	480分	奖状一张
江浦分会	339分	奖状一张
泰县分会	201分	奖状一张
兴化分会	162分	奖状一张
太湖分会	161.5分	奖状一张

---

① 中国红十字会总会编：《中国红十字会历史资料选编，1904—1949》，南京大学出版社，1993，第324—325页。

② 《红十字会昨招待新闻界》，《申报》1935年8月9日。

③ 《中国红十字会会员录：总会第二次征求会员成绩报告》，中国第二历史档案馆馆藏档案，全宗号：476，卷号：1987。

（续表）

分会名称	征求会员成绩（1元作1分）	奖励情况
众兴分会	96.5分	
海安分会	75分	
吕城分会	58分	
涟水分会	40分	
沭阳分会	20分	
淮安分会	20分	
总　计	34405分①	

资料来源：《中国红十字会第二次征求会员成绩报告》，《中国红十字会月刊》第16期，中国第二历史档案馆馆藏档案，全宗号：476，卷号：1973。

从表4－4中可以看出，江苏各分会在全国第二次征求会员运动中取得的成果尤为丰硕，12个分会获得总会的各项奖励。就总体情况而言，江苏各红十字分会共计征得34405分，占了全国所有红十字分会征求总数的半壁江山；就江苏各分会的征求成绩而言，盐城分会、建阳分会、灌云分会的征求数在所有参加征求运动的红十字分会中包揽前三甲，尤其是盐城分会更以15897分获得总会唯一颁出的匾额一方。

是年，中国红十字会总会第二次征求会员以后，江苏又有东台、镇江、吴县、江阴、句容、白蒲镇、清江浦、高邮、洞庭西山、丹阳、如皋、赣榆、淮安城区等分会继续开展征求会员工作，“至1936年的年底，江苏有38处分会发展了新会员”②。

---

① 根据全国会员代表大会有关降低会费的决议精神，第二次征求会员入会收费标准，除正会员一次缴入会费10元以外，其余各类会员均按第一次征求会员入会收费标准的一半核收，每分计国币1元。参见《中华民国红十字会总会第二次征求会员章程》，中国第二历史档案馆馆藏档案，全宗号：476，卷号：1971。

第二次征求会员的奖励标准也有所调整：总分在100分以上者赠给奖状一张；500分以上者赠给奖旗一面；1000分以上者赠给银盾一座；3000分以上者赠给纹银宝塔一座；5000分以上者赠给银鼎一座；10000分以上者赠给匾额；50000分以上者赠给内政部依照褒扬条例转呈奖给匾额；100000分以上者呈请内政部依照褒扬条例转呈奖给褒章。参见《中华民国红十字会第二次征求会员酬赠给奖办法》，中国第二历史档案馆馆藏档案，全宗号：476，卷号：1971。

② 江苏省红十字会编著：《江苏红十字运动八十八年（1911—1999）》，东南大学出版社，2001，第33页。

1937年1月1日起，中国红十字会总会开始第三次征求会员，原定2月28日终止[①]，后由于时局变化，征求工作到10月份方告结束。然因全面抗战爆发以后，江苏大多县市沦陷，红十字分会亦解散、停止工作或与总会失去联系，所以全省各红十字分会第三次征求会员的情况不得而知。但可以肯定的是，在这之后，江苏仍有红十字分会在进行会员征求工作，在中国红十字会1937年后的历年会员题名录中，江苏的红十字会几乎每月都有正会员、普通会员、青年会员等各类红十字会员列入其中。例如，1939年1月，如皋红十字会有正会员41人、普通会员112人；到9月的会员题名录中，正会员、普通会员都有大幅增加，分别为148人和269人。1940年，虽然江苏红十字运动整体陷入停滞状态，但根据如皋分会当年3月份的会员题名录，该会仍拥有正会员129人、普通会员192人、青年会员2人[②]。

通过参与前两次的征求会员运动，江苏省红会会员的队伍不断壮大，这对江苏红十字事业乃至中国红十字事业发展所起的推动作用不言而喻，夯实了江苏红十字抗战救护的人员基础。

（二）会费的筹措

至于会费，以笔者所能见到的资料，并无详细论述，这里仅能凭零星记录一窥当时江苏各分会基本金及会费缴纳的部分情况。

总会的会费来源离不开各个分会缴纳的基本金，在1933年总会开展的征求会费活动中，江苏有6个分会交纳了基本金：建阳分会1105.5元，阜宁分会25元，灌云分会395.5元，南京分会269元，海安分会35元，海门分会20元[③]，合计共缴1850元。1934年，江苏又有10个分会缴纳了基本金：常州分会244元，南京分会1441.5元，建阳分会240元，盐城分会444.5元，阜宁分会97元，海安分会40元，阜宁城区分会177.5元，镇江

① 《中华民国红十字会总会第三次征求会员章程》，见青岛市政府《市政公报》1936年第89期，第12页。

② 《如皋会员题名录》，中国第二历史档案馆馆藏档案，全宗号：476，卷号：3189。

③ 江苏省红十字会编著：《江苏红十字运动八十八年（1911—1999）》，东南大学出版社，2001，第30页。

分会218元，沭阳分会25元，溧阳分会43.5元①，共计2971元。至1935年，江苏更增至12个分会向总会缴纳基本金：阜宁分会643.21元，建阳分会4436.5元，阜宁城区分会525.75元，灌云分会1659元，兴化分会81元，盐城分会7948.5元，淮安分会10元，泰县分会100.5元，海安分会37.5元，沭阳分会10元，涟水分会20元，清江浦分会169.5元②，总缴纳金额15641.46元。

红十字会经费筹集的另一主要来源是依靠社会各界的捐款，而据中国红十字会总会征信录统计，1935年1、9、10、11、12月，1936年1、3、7、8月，1937年10、11月间或多或少均有江苏的红十字分会介绍捐款的统计③，而盐城、阜宁、淮安等分会更是其中的踊跃参与者，多次出现在该名单中。

上述有关江苏各红十字分会征求会员、缴纳会费的情况，虽然不尽完善，但透过这些零散的资料，我们不难发现江苏红十字分会对总会工作给予了强有力的支持，并且江苏红十字分会对中国红十字运动发展的推动作用、对抗战救护顺利开展所做的准备亦是显而易见的。

三、救护培训——以常熟红十字分会为例

20世纪30年代初期，中华大地风云日亟，大战一触即发，届时伤亡、疾病在所难免，因此“将来战地救护及平时灾患之救济、伤病，均应事前应有预备”④，而有经验、受过系统训练的救护工作人员便必不可缺，开设救护培训班以训练尽可能多的救护人才，也就显得尤为重要和迫在眉睫。在这一方面，常熟红十字分会在江苏各分会中做出了表率。

（一）救护训练班设立情况

常熟“北滨大海，东接淞沪，地势冲要”，常熟红十字分会理事长俞

---

① 江苏省红十字会编著：《江苏红十字运动八十八年（1911—1999）》，东南大学出版社，2001，第31页。

② 同上书，第32页。

③ 参见《中国红十字会总会各时期的会员捐款清册》，中国第二历史档案馆、南京图书馆特藏部馆藏档案。

④ 《常熟分会呈报征集会员及训练救护队》，中国第二历史档案馆馆藏档案，全宗号：476，卷号：1973。

承枚就提出："将来战地救护及平时地方灾患之救济、伤病之疗养，均应有事前之预备，以其应付万一，惟救护人员非受相当训练不足以应临时需要。"[①] 为此，分会特举办救护训练班，选征会员进行救护训练。

1936年冬，常熟红十字分会连续举办两期救护训练班。其中，第一期30人，训练科目有救护常识、初步治疗、防毒法、抬架术及人工呼吸法等，并于10月27日上午，"假县政府礼堂举行开学礼，午后即开课，其期间为两个月，并已假定石梅小学为讲堂，体育场为操场，闻该会会员，请求训练者颇多，第二班即将续办"[②]。1937年八一三事变时，分会又"借学前小学举办为期一个月的救护培训班，受训会员50人，由八十七师军医官暨分会医师朱炳文等任教"[③]，并与常熟县妇女会合办一期看护训练班，组织了救护队。

（二）救护训练班简章制定

在举办救护训练班的同时，常熟红十字分会依据《中华民国红十字会设立亿元储备救护材料及造就救护人才详细计划书》，以及各地分会创办训练班的办法，草拟了《中国红十字会常熟分会救护训练班简章》，决定所有训练经费均由分会自行筹募，各科教官亦由分会聘定本邑医学专家及县内驻军当局所属专门人员担任。该救护训练班简章具体内容如下[④]：

第一条　本会以训练救护人才，以期适合红十字会之需要，能担任救护医队工作为宗旨。

第二条　本班直隶常熟红十字会，教育经费由本会负担。

第三条　训练期限定两个月为一期，每期一班，其学额为三十人。

---

① 《常熟分会来呈：关于征集会员，训练救护队事宜》，中国第二历史档案馆馆藏档案，全宗号：476，卷号：1973。

② 《常熟红会训练救护队》，《申报》1936年10月28日。

③ 江苏省红十字会编著：《江苏红十字运动八十八年（1911—1999）》，东南大学出版社，2001，第22页。

④ 《常熟分会来呈：关于征集会员，训练救护队事宜》，中国第二历史档案馆馆藏档案，全宗号：476，卷号：1973。

第四条　本班职员如下：

（一）设教育主任一人，由本分会理事长兼任，总理全班教务事宜。

（二）设教员二人，掌理各项教务事宜。

（三）事务员二人，掌理文书、会计、庶务事宜。

第五条　本班教务员、事务员均名誉职，由本分会函聘之。

第六条　本班各科教员，由本分会聘请专家充任之。

第七条　本班学员不分县籍，凡属男性，年龄在二十岁以上、四十岁以下，身体健全，无不良嗜好，具有下列资格均得请求加入训练：

（甲）曾在初中以上学校毕业或有同等学力者。

（乙）曾办地方慈善公益事务，具有经验者。

（丙）本会会员。

（丁）有本会正会员五人以上之保送者。

第八条　本班教程暂定如下：

（一）军事训练。

（二）急救法，包括救护常识、普通治疗、中毒治疗。

（三）护士常识。

（四）防空常识。

（五）防毒常识。

第九条　每周授课十二小时，每日下午四时至五时为军事训练，五时至六时讲习其他各学科。

第十条　训练期满，由本分会发给证书，呈由总会及常熟县政府盖印备案。

第十一条　本班不收学费，讲义费、杂费等由各会员交纳，数目另行酌定。

第十二条　期满发给证书后，由本分会正式编队，如本会需要服务救护工作时，得随时召集，听候调遣。

第十三条　如违函召服务，故意规避不到者，由本会收回证书，取消救护队员名义及资格。但有正当理由，经本会理监事会议核准者，不在此限。

第十四条　训练期满后之编队及服务办法，应适用中国红十字会总会救护队规则办理。

第十五条　本简章呈中国红十字会总会核准施行，并由总会分行常熟县政府暨江苏省政府备案。

透过上述救护训练班的设立和简章的制定，我们不难看出，常熟红十字分会的救护训练是按计划、有组织、成系统的，而之后抗战救护的实践也证明，这次训练是颇有成效的，它培训出一批经验丰富、技术扎实的救护人才，显著提高了救护效率，挽救了众多伤兵、难胞的生命。

第二节　抗战救护的全面展开

1931—1945 年的抗日战争时期，中华民族国难当头，江苏亦面临前所未有的危机。危难之际，江苏各红十字组织的救护活动全面展开，为减轻伤兵、难民的痛苦，为抗日战争的最终胜利做出了重要贡献。

一、1932 年淞沪战场救护

1932 年一·二八事变爆发后，敌我双方在上海的激战甚为惨烈，伤兵、难民触目皆是。随着战事的发展，中国军队被迫退守嘉定、黄渡一线的第二道防线。在这血雨腥风之时，“秉博爱恤兵之宗旨，以救死扶伤为职志”[①] 的中国红十字会，其战地救护工作也随之转移至江苏境内。江苏各红十字分会在总会的领导和组织下，掀开了抗战救护伟大事业的第一页。

（一）江苏各分会配合总会开展救护工作

因“战事移至南翔一带，加以日军迭向红会射击”[②]，中国红十字会总会在沪的战地救护自 1932 年 3 月 3 日起暂告结束，然救护队队员并未放弃工作，仍决心奔赴我军后方实行救护。在吴县分会的配合与接应下，总会

① 中国红十字会总会编：《中华民国红十字会战时工作概况》，1946，第 1 页。
② 《红会救护队已出发》，《申报》1932 年 3 月 5 日。

第七、第四、第二十救护队“继续向前方进发”[①]，相继在苏州等处救护伤兵、收容难民，其中尤以第七救护队在苏州的救护工作成绩最为显著。

红会第七救护队是由国难战士救护会发起成立，并与上海医师公会、同德医学院、东南医学院、震旦医学院、中法药学院等共同合办的，早在2月间的上海救护时，就“因沪地伤病过多，曾与国难战士救护会接洽”，在苏州下津桥农业学校设立由汤蠡舟担任院长、国难战士救护会诸女士筹资、“约可收容二千余人，规模宏大，设备完善”的第七队后方伤兵医院[②]，凡遇有伤兵均可由第七救护队转运苏州后方医院治疗。后随我军战略的变更，第七救护队进驻苏州，“一部在苏（州）设院收容，转助后方之不足，一部赴昆（山）救护，使前后方得以互相联络接应”[③]。3月3日到达苏州后，救护队就以桃花坞钱业公会“为医院办公之所”，“所有受伤兵士一律由车运送”至此进行医治[④]。4日，在吴县地方治安会的邀请下，第七救护队又在留园内设伤兵医院，“收容伤兵兼救护难民”[⑤]；6日起，又在昆山实验小学筹设伤兵医院。

“为办理前方救护事宜便利起见”[⑥]，总会前方办事处应时成立，委任张箴言为主任、沈金涛为副主任、俞松筠为医务股长、罗希三为运输股长、周濂泽为交涉股长、俞卓如为总务股长，主要在前线开展工作。嗣后又因“交通上梗阻，无从救护”所有前线伤兵[⑦]，红会各救护队队员于3月8日混合编成一队，随带大宗药品开赴前线。该混合大队内部组织完备，以张箴言为正队长、沈金涛为副队长，“计分医务股、总务股、交涉股、运输股，以下再分交际组、材料组、文书组、通信组、庶务组、摄影组、调查组，及医生护士夫役等”[⑧]，9日起乘轮经苏州河驶往前线。混合救护队未预先规定目的地，而采用相机行事的工作办法。12日抵达苏州后，混

① 《红会救护队即赴前方》，《申报》1932年3月9日。

② 《红会队员刘祁福因公殒命》，《申报》1932年2月17日。

③ 《红会第七队救护消息》，《申报》1932年4月7日。

④ 《红会苏州救护情形》，《申报》1932年3月12日。

⑤ 江苏省红十字会编著：《江苏红十字运动八十八年（1911—1999）》，东南大学出版社，2001，第17页。

⑥ 《红会之前方办事处》，《申报》1932年3月7日。

⑦ 《红会组前方伤兵院》，《申报》1932年3月14日。

⑧ 《红会救护队即赴前方》，《申报》1932年3月9日。

1932 年春，汤蠡舟在苏州伤兵医院大门口

合大队便视察战区前后方，着手组织伤兵医院[①]，并在留园等处开始办公；还组织特组救护队，“总部驻于常熟，另分五组，分驻于梅里、支塘、六里庙、太仓、白茆、祈市等处”[②]，以设立门诊为主要工作。另有该队医师等约百人到镇江征求西医，筹备后方医院，但因“镇江社会对之冷淡”[③]及西医紧缺的缘故，救护队改变方针，转向常州、无锡一带进发。4 月 5 日，部分队员又被派赴宜兴，设立特组救护队、后方医院，疗治伤兵[④]。

---

① 行政院新闻局编：《中国红十字会》，1947，第 3 页。

② 《红会救护队结束返沪》，《申报》1932 年 5 月 11 日。

③ 《红会前方救护报告》，《申报》1932 年 3 月 15 日。

④ 中国红十字会总会编：《中国红十字会历史资料选编，1904—1949》，南京大学出版社，1993，第 503 页。

5月5日，《淞沪停战协定》签订，救护队“以战事结束”[①]，于5月10日前后陆续返沪。其中，张箴言率后方医院职员40余人于9日抵沪，沈金涛率特组救护队职员80余人于10日抵沪。江苏各分会配合总会在江苏的救护行动暂告结束。

（二）江苏各分会的战时救护

中国红十字总会救护队在江苏的救护活动开展得有声有色，“江苏省政府对于红会救护队，深为欢迎”[②]，仅在苏州就“组织伤兵医院多所，救护之伤兵，凡七百七十一人”[③]。同时，江苏各红十字分会亦不甘落后，踊跃参与战事救护与难民救助工作。

淞沪战争爆发后，吴县红十字分会即在阊门宁波会馆设后方办事处[④]，由钱鼎、王畿道、刘赓华、诸重华等负责救济事宜。3月18日，吴县分会仅从昆山一地就遣送难民149人，并将他们送到干将坊禳王庙战地同胞收容所妥善安置。分会会员还“多次携带慰问品去上海战区慰问，激励前方将士”[⑤]。

此外，盐城分会也花费3000余元，用以接待安置盐阜籍回乡难民数万人[⑥]。

在江苏诸多红十字分会中，常熟分会最为活跃。虽然常熟不在战区之内，但常熟分会没有袖手旁观，而是积极行动，配合总会，恪尽救护之责。为此采取了如下应对措施：

首先，完善组织架构，由会长张鸿，副会长宗舜年、张玉，议（事）长瞿启甲，副议长狄恩霖，理事长俞承枚、钱万青等14位议员，以及胡塍等3位理事组成管理层，以会长为核心，主持救护及日常事务。

---

① 《红会结束伤兵医院》，《申报》1932年5月9日。

② 《红会前方救护报告》，《申报》1932年3月15日。

③ 《已结束之伤兵医院》，《申报》1932年3月30日。

④ 詹一先主编：《吴县志》，上海古籍出版社，1994，第1013页。

⑤ 苏州市地方志编纂委员会办公室、苏州市档案局、苏州市政协文史编辑室编：《苏州史志资料选辑》1988年第2期，第61页。

⑥ 韩建勋主编：《盐城市志》，江苏科学技术出版社，1998，第1939页。另有“计开支费用2000余元”一说，见江苏省红十字会编著：《江苏红十字运动八十八年（1911—1999）》，东南大学出版社，2001，第20页。

常熟分会下设会计、文书、交际、总务、庶务等股以及驻沪交际处、分办事处，分工明确。如在李市设分办事处，是为了更有效地施行救援计划；而在上海厦门路尊德里设驻沪交际处，是为了加强与总会和上海社会各界的联系。

其次，组织救护队。以时寿芝为领队的第一救护队，有邓虎生、钱味青、陈德公、丁伟成、钱君安、俞炳益、丁秀英、吴庆育、归红渠、顾诵、张霖等11名队员组成；以蔡开热为领队的第二救护队，有归仲飞、张振英、黄家樑、陈开甲、俞寿甫、沈重光、陶公义、张沧帆、高桐森、花韵声、杨定熙等11名队员组成。另有以何可人为领队的掩埋队一队，负责掩埋尸骸。

再次，设立伤兵医院（治疗所）。救护队救下伤兵伤民，即送往治疗所医治。治疗所医务由邵预凡医生主持，医务人员有顾见山、黄承熹、朱炳文、胡人镜、戴逸震、孙家骥、庞定、庞颖、李俊才等，另有事务人员王涌森、赵子翼、路翼之、苏松岩、朱国霖、张世民等①。

得力的应对措施，保障了人道救援的有序进行。淞沪抗战爆发后，常熟分会组织的两个救护队，迅即开赴太仓、昆山等地救护伤兵、难民，同时“举办难民收容所及军士治疗所”②。3月9日至5月15日间，常熟分会在西门李王宫关帝殿设立的伤兵医院（后改称临时治疗所），在邵预凡的主持下，夜以继日，救治大量伤员病民。据《中国红十字会常熟分会治疗所门诊人数表》统计，仅4月1日至5月15日一个半月的时间内，门诊伤病兵员人数达1641人③。其中收治住院伤员269人，包括八十八师伤兵张荣标、赵柏林、冯介云、李志青、周东胜等，凡122名；四十七师伤兵吴东山、赵芝根、汪玉振、魏殿章、程虎豹等，凡91名；八十七师伤兵张仲威、郭绍姜、许元盛、杨奎元、任海山等，凡43名；军校教场队、警卫军伤兵8名，平民5名。治愈出院257名，重伤医治

---

① 中国红十字会常熟分会编：《中国红十字会常熟分会民国廿一年纪念册》，1933，插页。

② 《常熟分会整顿会务的报告》，中国第二历史档案馆馆藏档案，全宗号：476，卷号：2872。

③ 《中国红十字会常熟分会治疗所门诊人数表》，见中国红十字会常熟分会编：《中国红十字会常熟分会民国廿一年纪念册》，1933，第61页。

无效死亡仅12人①。

常熟分会的救护工作如此“给力”，不仅得到了总会的高度评价，而且赢得了军政要员的首肯。《中国红十字会常熟分会民国廿一年纪念册》1933年编印之时，国民党元老于右任题写了书名，有19位军政要员题字褒奖：

国民政府主席林森的题字为“同心急难”；

军事委员会委员长蒋介石的题字为“惠彼伤残”；

行政院院长汪精卫的题字为“慈故能勇，俭故能广”；

十九路军总指挥蒋光鼐的题字是“贤能多劳”；

第五军军长张治中的题词是“救国之道各尽所能，勇猛行动博爱精神”；

十九路军军长蔡廷锴的题字是“惠及军民”；

第五军参谋长祝绍周的题字为“仁慈”；

第五军参谋处长张觉吾的题字为“民族之光”；

第五军参谋科长陈公哲的题字为“博爱”；

第五军参谋科长卢少谷的题字为“一视同仁”；

第五军文书科长林森木的题字为“生死人而肉白骨”；

第四十七师师长上官纪青、副师长裴同野的题字为“慈航普济，博爱为仁”；

第八十八师师长俞济时的题字为“惠被军民”；

第八十七师参谋科长黄勉民的题字为“博爱济众”；

第八十八师参谋长宣铁吾的题词为“救国之道不一，要在人尽所能，各为国家民族而努力”；

第八十八师参谋处长马君彦的题字为“共抒国难”；

江苏省政府主席顾祝同的题字为“恤难宣勤”；

第十九路军一五二旅旅长翁照垣的题字为“为国医伤”。

众多的军政要员之所以为常熟分会《纪念册》题字，其蕴涵的意义，显然不仅仅是对常熟分会抗战救护业绩的褒奖，更重要的是，表明官方对红十字事业的重视和肯定。通过这种方式，可以激励更多的人参与红十字

---

① 《中国红十字会常熟分会治疗所住院医治伤病兵士姓名一览》，见中国红十字会常熟分会编：《中国红十字会常熟分会民国廿一年纪念册》，1933，第62—63页。

事业，并希望红十字会继续发扬“博爱恤兵”宗旨，在抗战救护中做出更加卓越的贡献。

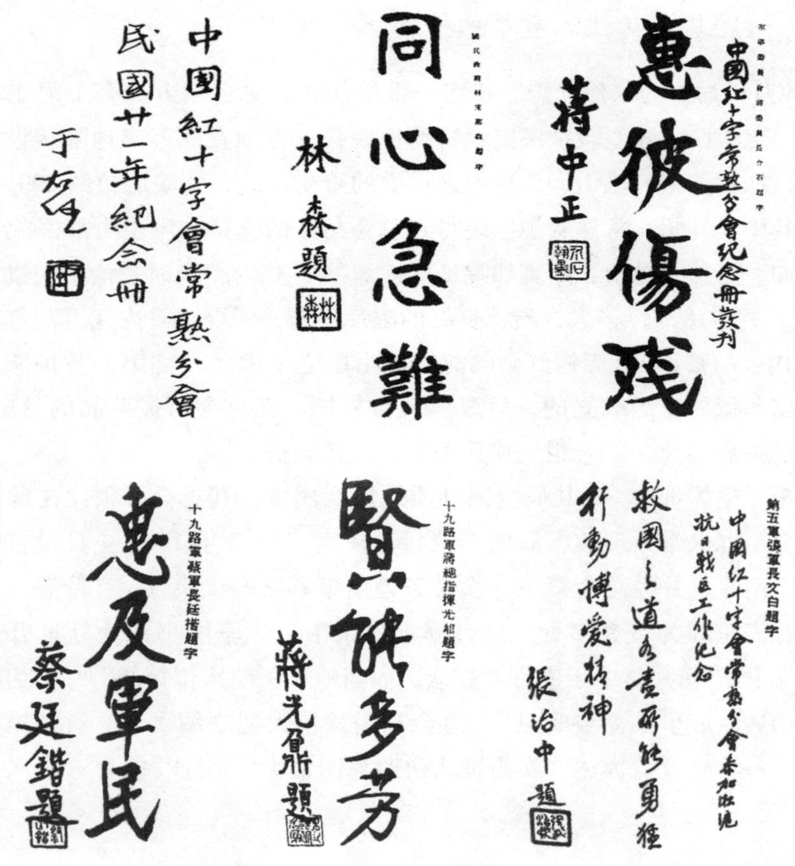

部分军政要员的题字

1932 年的淞沪抗战救护，是 1937 年全面抗战爆发后，江苏红十字会战地救护的成功预演。通过这次的实战磨炼，江苏各红十字分会积累了救护经验，强化了自身建设，也提升了业务水平。

二、1937 年淞沪战场救护

1937 年 8 月 13 日，日军向上海发动大规模进攻，八一三事变爆发，大都会上海再次陷入战火中。作为淞沪战场的重要后方，江苏各地红十字分会临危受命，与中国红十字会总会相配合，义无反顾地承担起战地救护的重任。

（一）总会对江苏救护的援助

8月以后，为收治淞沪、津浦一带的伤兵，总会一方面在上海组织救护队、急救队，建立救护医院、特约医院；一方面在江苏多地陆续设救护医院，如在苏州、昆山、无锡等地设立的重伤医院，每院床位约200～300张。其中，苏州、常熟救护医院得到总会药品的支持；昆山野战医院“初设真如，后移并昆山，嗣真如院址即被炸”[①]，院内“及时救治了大批伤病员”[②]，并收治战俘多人，给予良好的医疗待遇，深得“日内瓦万国红十字会”代表的赞许[③]；无锡红会临时医院由国立上海医学院第一救护队向总会领取药械后组织成立的，后改属总会管辖；在总会所拨药品的帮助下，武进县医界和商会“合组一伤兵医院，同任救护”[④]。

奉卫生署训令，“凡属全国性质之民众团体，其总会必须设在首都”，经总会第九次常务理监事联席会议讨论决定，1937年10月4日设首都办事处于南京，并经总会第十一次常务理监事联席会议决议，“特派本总会秘书长庞京周为该办事处主任，择定南京中央大学图书馆为处址开始工作”[⑤]。因“伤兵集中于南京者过众，而当地军医院床位短缺”[⑥]，“为扩大救治伤病及应事实需要起见”，总会利用该校大礼堂图书馆、科学馆、体育馆、各学院及宿舍建“实为抗战初期我国最大”[⑦]且“能容五千床位之

① 庞京周：《抗战中救护事业底一个断面》，见中国红十字会总会编：《中国红十字会历史资料选编，1904—1949》，南京大学出版社，1993，第352页。

② 王道伟主编：《昆山县志》，上海人民出版社，1990，第726页。

③ 朱文新：《中国红十字会的战时救护工作》，中国第二历史档案馆馆藏档案，全宗号：476，卷号：1984。

④ 庞京周：《抗战中救护事业底一个断面》，见中国红十字会总会编：《中国红十字会历史资料选编，1904—1949》，南京大学出版社，1993，第353页。

⑤ 《在京设立首都办事处之经过》，原载《中国红十字会月刊》第58期，见中国红十字会总会编：《中国红十字会历史资料选编，1904—1949》，南京大学出版社，1993，第412页。

⑥ 胡兰生：《贡献抗战贡献和平——出席国际红十字委员会的报告词》，中国第二历史档案馆馆藏档案，全宗号：476，卷号：1980。

⑦ 中国红十字会总会编：《中华民国红十字会战时工作概况》，1946，第3页。

大规模伤兵医院一所"[①]（首都医院），"并在和平门外市立孤儿院院址设立和平分院、下关车站设伤兵接应所"[②]。总会还设有首都遗族女校重伤医院及留京第一、第二手术队等，分别办理收容、医治伤兵等事宜，以此分担救护压力、提高救护工作效率。

首都医院于10月6日开始收容伤兵，耗资117820元[③]，由卫生署署长刘瑞恒任名誉院长、总会秘书长庞京周兼任院长，聘陈崇寿为副院长，在上海公开招聘外科助理医师、男女护士、护士长助理员等医务人员，并向市民征募棉被、枕头、白布、毛巾、热水瓶、搪瓷器具等急需物品。

首都医院事务方面之组织，分为统计股、会计股、庶务股、材料股及伤兵管理处、伤兵教育处等，共有医护人员300多人，工役约400人。至于院内医务方面之组织，分重伤、轻伤及传染病区，设有初诊室、手术室、传染病室、爱克斯光室、骨科病室、重伤病室及轻伤病室等。凡各路运抵南京之受伤将士，先由下关车站伤兵接应所包扎后，分轻重伤势，将重伤者送至首都医院；入院后"先经初诊室予以初步诊治"[④]，包括登记、调换衣服、注射破伤风抗毒素及各种初步诊疗；然后"分别伤势之种类及部位，如头部、胸腹部、四肢等，分送各病室继续治疗"[⑤]。骨科则大多数为复杂骨折，其创口在入院时大多已化脓。传染病方面，则有破伤风、痢疾、伤寒等症。各病室中，如若发现传染病患者，则转送传染病室；经治疗行将治愈者，则送轻伤病室；已经治愈者，则由院方通知伤兵管理处前来接之出院。至于手术室设备，该院"手术室同时可供七个患者之用"[⑥]，"每日大小手术20次左右"[⑦]。

---

① 《红十字会在京筹设伤兵医院》，《申报》1937年10月5日。

② 《中国红十字总会救护伤兵工作》，《新华日报》1937年12月9日。

③ 庞京周：《抗战前两年中之中国红十字会总会》，见张建俅：《抗战时期战地救护体系的建构及其运作——以中国红十字会救护总队为中心的探讨》，（台北）《"中央研究院"近代史研究所集刊》2001年第36期，第135页。

④ 《中国红十字会总会上海以外其他各地救护事业概略》，中国第二历史档案馆馆藏档案，全宗号：476，卷号：1977。

⑤ 《中国红十字会总会首都办事处所设首都医院概况》，中国第二历史档案馆馆藏档案，全宗号：476，卷号：1977。

⑥ 行政院新闻局编：《中国红十字会》，1947，第5页。

⑦ 江苏省红十字会编著：《江苏红十字运动八十八年（1911—1999）》，东南大学出版社，2001，第21页。

有关下关车站伤兵接应所之设立，是因为自全面抗战爆发以来，前线受伤将士多数转送后方医院进行治疗，每日到南京的伤兵为数甚多，故“总会以来京轻重伤兵到达下关车站之后，应有医护照料，爰有本所之组织”[1]。1937 年 10 月 12 日起，这一伤兵接应所与车站各机关、首都各界抗敌后援会受伤将士招待所及军政部第六伤兵管理事务所、首都新运会非常时期服务团、妇女慰劳会南京分会等团体共同合作，正式开始在下关车站办公。

下关车站伤兵接应所专事为到站伤兵换药、分别伤情轻重派车运送医治各项事宜，其具体工作情形分述如下：

（1）组织人员。下关车站伤兵接应所由王祖祥任主任，另设副主任，并从卫生事务所调用专任医师 1 名、护士 2 名、事务员 1 名、卫生稽查 2 名，此外又聘请护士 2 名、劳务 2 名。“如遇伤兵到站过多，换药人员不敷时，临时有抽调各卫生事务所、传染病医院、轻伤医院等护士协助工作，最多一次曾调用护士二十人”[2]。

（2）换药工作。因在运输途中不便治疗，所以到南京的伤兵多数无法按时换药，他们抵达下关车站后，重伤士兵立即送往医院诊治，而不能立即转送的轻伤士兵交由接应所进行换药。据查，仅从 10 月 13 日到该月月底的不到 20 天中，到站伤兵共计 12767 人，其中经伤兵接应所施行换药敷料者就有一半以上，计 6620 人[3]。

（3）运输伤兵。下关车站伤兵接应所备有红十字会总会拨给的大救护车 3 辆，专用以运送重伤将士，“凡重伤将士到站后，不分昼夜，即转送首都医院及和平门分院、中央医院、鼓楼医院等处收容治疗”，自该所开办之日起到 10 月 31 日，运送至医院的官兵就已达到 1127 人。

（4）收殓掩埋。因“受伤过重官兵，到站不及转送医院即行死亡者，日所常有”，为此，伤兵接应所特商由当地慈善机关备棺收敛，并补贴每位死亡士兵抬埋费 1.5 元，接应所开办当月即掩埋死亡士兵 18 名。

---

① 《中国红十字会总会南京下关车站伤兵接应所十月份工作报告》，中国第二历史档案馆馆藏档案，全宗号：476，卷号：1914。

② 同上。

③ 《中国红十字会代表在伦敦举行的第十六届万国红十字会上的报告》，中国第二历史档案馆馆藏档案，全宗号：476，卷号：3198。

自下关车站伤兵接应所开始办公以来，前方受伤将士到达下关车站并没有固定时间，以晚间及深夜到站人数最多，然所幸的是所内工作人员“能克（刻）苦耐劳，昼夜任职，即平时工作，往往达十二小时以上”①，其敬业精神着实令人敬佩。

综之，首都医院规模之大堪称“打破世界纪录”②，该院与设有300张病床的和平门分院及下关车站伤兵接应所，“前后收容治疗负伤官兵三千人”③。然因战局失利、情况危急，上述各重伤医院迫于形势，只得将伤兵转运内地，先后结束工作。曾为“伤兵医院之冠”的首都医院④，也只能在开办仅一个月后遗憾地退出历史舞台，11月16日，除一部分被遣散外，其他所有医师护士约200人，分三批向武汉撤退，等待重新分配任务；所收伤病3381人“乃沿江南铁路及长江水路移送皖赣各地军医院分散收容”⑤。

在此次抗战救护中，中国红十字会第一救护队在苏、昆一带的救护工作值得一提。

1937年8月25日后，因战线逐渐扩大，救护队员的工作范围亦延伸至黄渡、浏河、太仓等地，第一、第五救护队旋即先后被派驻苏、昆、太仓一带救护伤兵。10月间，第一、三救护队合并，由雷树德、陈荣章两队长率领向苏、昆进发，后因工作调动，该队由雷树德队长单独领导。直至1938年1月，该队“驻扎苏州、昆山间从事救护工作，须臾未尝疏解，三月来该队综计救护伤兵一千零十一名”⑥，成绩突出，而该队在昆山伤兵分发站的救护工作成绩也是令人称道的。

如前文所述，中国红十字会于“八一三”抗战爆发初始，即在昆山设立伤兵医院。后因受日机猛烈轰炸，致使该院部分被炸毁，为安全起见，院内伤兵于10月21日转移至苏州，第一救护队此时奉令由嘉定调往昆山

---

① 《中国红十字会总会南京下关车站伤兵接应所十月份工作报告》，中国第二历史档案馆馆藏档案，全宗号：476，卷号：1914。

② 《中国红十字会将恢复野战救护队》，《申报》1938年4月6日。

③ 《中国红十字会工作报告》，中国第二历史档案馆馆藏档案，全宗号：476，卷号：1979。

④ 中华红十字会总会编：《中华民国红十字会战时工作概况》，1946，第1页。

⑤ 行政院新闻局编：《中国红十字会》，1947，第5页。

⑥ 《中华民国红十字会总会工作概况报告》，上海市档案馆馆藏档案，档案号：Q0-12-611。

接办医院。该队雷树德队长率队员缜密观察后，认为昆山不宜设立伤兵医院，遂依照枫林桥外交大楼伤兵分发站办法，“于伤兵到站后立即换药给食，其重伤者设法用军政部卫生船舶运往后方医院，轻伤者则由军委会野战救护处分送苏州等地”，昆山伤兵分发站由此建立。“昆山为伤兵集转之地”①，来昆伤兵自是源源不绝，然因舟车缺乏，运输困难，致使伤病一拨未走、一拨又至，分发站内人满为患、不敷容纳。迫不得已，救护队在兴学路另觅住宅两座为临时收容所，不幸的是该处被日机炸毁，伤兵死亡多名，物质损失重大。鉴于形势的日益恶劣，只得在运输较为便利的青阳港畔架起12顶民立女中童军营帐，并加以伪装避开袭击，救护队全体队员在不利条件下仍继续工作，“迨后前方战士奉令西移而敌人踪迹亦逐渐迫近，该队人员仍镇静处理，将轻伤者分别用舟车运苏，能步行者则步行，至苏而重伤者搬运至帐内或河畔遮蔽处候船运送”②。直至形势急迫、无受伤兵士转运时，救护队才于11月13日晚奉命撤退，途遇日机轰炸，9名队员生死未卜。

据统计，53名救护队队员在从10月26日抵昆着手办公、到11月13日结束工作的不足20天内，昆山伤兵分发站“分发之伤兵计达三千二百余名，其工作之紧张情形与此可见一斑”③。

（二）江苏分会救护的几个断面——以吴县分会为例

经历了1932年淞沪抗战救护的“练兵”，江苏红十字分会在此次救护行动中更显主动活跃、沉稳周全，尤以吴县红十字分会声势最为浩大。

早在卢沟桥事变爆发之时，吴县红十字分会就在新老会员的倡议下，“与总会方面接洽后，已在着手筹备组织”救护队④，并特聘吴县县立医院院长杨和庆和张卜熊医师筹组救护总队，定名为“中国红十字会吴县分会救护总队”，杨和庆、张卜熊分任正、副总队长。后吴县医师公会发动苏地医务人员，又分区成立了5支救护分队，由蒋育英、范补程、徐维达、

① 胡兰生：《贡献抗战贡献和平——出席国际红十字委员会的报告词》，中国第二历史档案馆馆藏档案，全宗号：476，卷号：1980。

② 《昆山伤兵分发站报告》，中国第二历史档案馆馆藏档案，全宗号：476，卷号：1978。

③ 《中华民国红十字会总会工作概况报告》，《中国红十字会月刊》总第55期，第28页。

④ 《红分会组救护队》，《申报》1937年7月31日。

王畿道、林苏民等医生任分队长。救护队成立以后，众多青年学生和店员纷纷志愿加入，吴县中医公会更是组织青壮年中医进行战伤救护训练，并将他们编入救护总队[①]。可以说，吴县分会救护总队及其分队的成立，为吴县红十字分会接下来的抗战救护工作在组织机构、人员编排和业务水平上奠定了基础。吴县分会抗战救护的具体工作包括以下几方面。

1. 救护机构的建立

八一三事变爆发后，吴县红十字分会即组织救护总队，并在公共体育场举行救护总队大检阅和救护演习，“队员均身穿草绿色制服，臂带白底红十字袖章，接受检阅和参加救护演习”[②]，县立医院的救护车也随队参加演习，随后全体队员出发各地实施救护。此后，吴县红十字分会立足自身，又成立了若干救护机构。吴县分会救护机构的简要情况如表 4 - 5 所示。

表 4 - 5　1937 年吴县红十字分会救护机构简表

救护机构名称	地　址	负责人
吴县红十字会分会	城内悬桥巷	钱梓楚会长
急救队	普益社	林苏民队长
吴县分会城外办事处	普益社	诸重华主任
吴县分会车站办事处	平门口	唐克敏主任
伤兵转送所		
掩埋队		
担架队		
救护队		
药材管理处	乐群社	
后方办理处	宁波会馆	

资料来源：《中国红十字会总会上海市救护委员会驻苏办事处报告》，中国第二历史档案馆馆藏档案，全宗号：476，卷号：1975。

---

① 苏州市地方志编纂委员会办公室、苏州市档案局、苏州市政协文史编辑室编：《苏州史志资料选辑》1988 年第 2 期，第 62 页。

② 同上。

急救队驻在城外办事处，有队长1人、分队长8人、医官8人、护士12人、担架队员160名，“为全县收发转送伤兵之总站”，以“救护、临时包扎换药及收发输送全县伤兵之出入”为其职责，“专司受伤官兵到苏时分派各医院收容，如系重伤先行抢救”①。他们分赴全县各处救护伤员，“日夜工作，最为紧张”②。

为便于输送转运伤兵，吴县分会成立了城外办事处和车站办事处。城外办事处设在阊门马路普益社，与急救队在同一地点办公，聘主任1人、助理1人、职员4人，其中主任由诸重华担任。城外办事处主要担任城外救济等工作，担负受伤官兵到达时的食物供给、车辆调拨、初级护理及护送赴院等事务。

车站办事处设在火车站，主要承接由铁路转运来的伤兵救护、转送等任务。办事处内有主任1人、职员22人、救护队员18人、护士6人，“分司照料受伤官兵及分派车辆护送等事”③。同时，在车站附近建伤兵招待所，搭盖十多间草棚并铺板床，供给伤兵临时休息之用。

吴县分会还设有伤兵转送所一处，“专为收容自前方来苏之伤兵，以后方其他各处挤满或交通不便而不能离苏者，暂时予以换药及休息，俟运输有便，有地可送时，即转送后方各处”。分会又组织了两队掩埋队，“均选深于掩埋经验者任之”④，每队42人。

此外，“吴县红十字分会原有担架队一百二十人常川驻苏服务嗣奉”⑤，后添设4中队，每队150人，连长官在内人数共计800人左右。又有药材管理处一处，地址在宫巷乐群社，聘请专员5人，专事药材管理及分配各项治疗应用物品，且均由专家办理，以专责成。

这些机构在救护伤兵难民的过程中，起到了沟通战场前后方、协调各组织工作的重要作用。

---

① 《中华民国红十字会吴县分会、吴县救护委员会救护事业报告》，《中国红十字会月刊》1937年第28期。

② 《中国红十字会总会上海市救护委员会驻苏办事处报告》，中国第二历史档案馆馆藏档案，全宗号：476，卷号：1975。

③ 《中华民国红十字会吴县分会、吴县救护委员会救护事业报告》，《中国红十字会月刊》1937年第28期。

④ 同上。

⑤ 同上。

2. 收容、诊疗伤兵

1937 年全面抗战爆发后，吴县分会先后开办了 6 所伤兵医院。吴县红十字伤兵医院总院院长由余生佳医师担任，红会会员、美籍医生荣梅生等都志愿参与伤兵救治工作中。各伤兵医院情况如表 4－6 所示：

表 4－6 1937 年吴县红十字分会伤兵医院统计简表

院 名	院 长	收容量	院 址
吴县分会第一医院	顾月槎	500 名	公园路草桥苏初中
吴县分会第二医院	杨和庆	160 名	沧浪亭县立医院
吴县分会第三医院	沙罗门	<190 名	天赐庄博习医院
吴县分会第四医院	荣梅生	<150 名	齐门外津泾塘福音医院
吴县分会第五医院	张卜熊	150 名	阊门外四摆渡
吴县分会第六医院	方嘉谟	200 名	新桥巷苏女师

资料来源：《中国红十字会总会上海市救护委员会驻苏办事处报告》，中国第二历史档案馆馆藏档案，全宗号：476，卷号：1975。

吴县分会第一医院设有病房 34 间，有常驻医师 5 人、义务医师 13 人、看护 60 人及药剂师 18 人，收容的伤兵均属轻伤，住院三四日伤势好转后就将他们转送到后方。第二医院原为县立医院，设备比较完备，院内有医师 7 人、护士 20 人，“对于折骨破皮流血者均送该院”。第三、第四医院在性质上犹如“特约医院”，经费充足，然因伤兵过多，病床缺乏，“原有病房不敷收容”，只得另行搭床或安置伤兵于地板上，其中前者设施条件为各伤兵医院之冠，“尤专门于接骨”，有医师 12 人、护士 38 人；后者“设备完全”，虽“工作人员颇感缺乏”，仅有医生 5 人、护士 6 人，但都“甚为努力”。第五医院院址为原更生医院，有医师 7 人，“内三人为常驻”，护士 20 多人，另有 2 名德籍医生每周来院两次。第六医院组织较完备，分医务、事务两大部，有常驻医师 4 人、义务医师 8 人、护士 26 人，并筑有能容 60 人的防空室。

前线伤兵主要由火车、船只载送苏州，其中火车“非受特殊事变之阻隔，每晚均开驶一次”，伤员运至苏州后，急救队即派担架队员将重伤员接下登记后，分送各伤兵医院诊治，轻伤者“仍留车内，由吴县后援会派人照料，分发馒头、开水，再行运送他处”[①]，偶有汽车运来之伤兵则直接送往急救队办事处。等到病员伤势稍有好转后，就由担架队扛抬、临时雇人力车，或由伤兵转送所转运至他处，以留出空床位收容新的伤兵。

遇有日机频繁空袭苏州之时，每日伤亡兵民达二三十人，担架队便在警报解除之后，外出寻找受伤兵民送医院救治。虽然救护队员已竭尽全力，但因救护汽车的缺乏和情报网的不健全，致使救护无明确目标、效率下降。

关于伤兵在院治养的费用，吴县分会并没有统一规定，如“五角者即二角伙食三角药料”，第二医院则“规定七角者即二角伙食三角药料二角办公费”[②]，第六医院每位伤兵更是平均花费九角至一元不等，而原为营业性质的第三、第四医院，其手术、X光拍照需另行收费。

3. 救护困难与成果

吴县红十字分会在救护工作中并非一帆风顺，而是遇到诸多不利因素，具体困难简要缕述如下[③]：

首先，伤兵医院缺乏固定医师与熟练看护。吴县红十字分会各伤兵医院中的“所谓义务医师有竟挂名而始终未见其来者，有三四日来一次者，有只来院作巡视而已者……而看护等亦均只有其热忱，而无经验者居多”。

其次，缺乏输送伤兵及救护受伤病民的汽车。吴县急救队输送伤兵，因缺少汽车，重伤者只能使用担架，轻伤者则雇人力车，这一做法“不但时间不经济，即金钱亦不经济”；而当日机狂轰滥炸时，“救护全恃担架队员之步行，对受伤者殊不能加以紧急迅速治疗，此皆由于缺乏卡车之故”。

再次，管理伤兵困难。“内地伤兵管理羁束较难，一般轻伤者自由出入医院，满街行走，其管理之困难可以想见”。

复次，缺乏棉被军毯。吴县各红十字伤兵医院、伤兵转送所原本为伤

① 《中国红十字会总会上海市救护委员会驻苏办事处报告》，中国第二历史档案馆馆藏档案，全宗号：476，卷号：1975。

② 同上。

③ 同上。

兵预备一条棉被，天气转凉后，“不得不备二条，一条盖一条垫，因之大感缺乏”。

虽然遇有诸多困难，然自八一三事变爆发至10月底，吴县红十字分会及其各救护机构、组织在逆境中不遗余力地投入救护工作当中，在收容、转送伤兵难民的同时，还派员奔赴战区治疗受伤官兵、救出难民，成果斐然。

伤兵救护方面，吴县红十字分会组织各机构积极转送、收容伤兵，具体说来，急救队会同城外办事处分送各伤兵医院和伤兵临时转送所的伤兵有12318人，包括：经各医院收容数为6192人，其中治愈出院及归队者共470人，转送军警署所办各医院者4018人，死亡者290人，留院治疗者1414人；经伤兵临时转送所收容数为6126人，其中转送军警署所办各医院者6119人，留所者7人。此外，经急救队换药后派员护送军警署所办各医院者2775人，经救护队会同车站办事处转送军警署所办各医院者计37707人，未及转送而死亡者91人。急救队还派员分赴前方黄渡、南翔、太仓、昆山等处临时救护诊治受伤官兵约13300人，6所红十字伤兵医院收容伤兵共计1500名，城外办事处门诊治疗约3790人①。

1937年11月，苏州沦陷，一部分救护队随军西撤，红十字会吴县分会的工作旋不得不停顿。

除吴县分会外，江苏其他一些红十字分会也都积极开展各项救护工作。例如，常熟红十字分会延续了1932年淞沪抗战救护的精神，在“‘八一三’战争期间对战地难民、伤病兵员，进行过救护医治”②。面对日舰向高浦口、野猫口一带的疯狂炮击和强行登陆，常熟分会组织救护队冒着炮火奔赴战地，实施战场救护。同时，分会又设立伤兵医院、救护站和难民收容所：在西门逍遥游设伤兵医院，收治受伤兵士；在城内百忍堂设总救护处，后遭日机轰炸，迁西门外黄家祠堂坚持办公，并在东市河俞宅和庞宅设救护分站2处；又于大东门总官庙设难民收容所，配备轮船2艘专事接送前线伤员和救护难民，凡贫困无处投宿的难民，均由常熟分会接待安置于收容所内。为解决临时伤兵医院和难民救护等项经费问题，常熟分会于1937年8月15日发出“紧急征募”启事，得到社会各界的热烈响应，

---

① 《中国红十字会吴县分会工作报告》，《中国红十字月刊》1937年第29期。

② 瞿鸿烈主编：《常熟市志》，上海人民出版社，1990，第618页。

先后收到中国实业银行捐助的法币 50 元，及“社会人士捐助的衣被、食米、手巾、茶叶等实物”①。在抗战爆发后的 3 个月中，常熟分会“每日从前线转移到常熟的伤兵病员和难民数以千计，均由该会救护、安置并及时转移”②。常熟沦陷后，分会旋停止活动。

又如，淞沪抗战中，镇江分会也开展了募捐、慰问前线抗日将士等一系列活动，还组织伤兵医院和救护队，赴战地救护伤兵和难民数以千计，并组织力量掩埋惨遭日军枪杀的中国军民尸体③。

1937 年 11 月 13 日，上海沦陷，轰轰烈烈的淞沪战场战地救护工作遂告一段落。但江苏红会同人在战争中表现出的英勇顽强的大无畏精神、博爱慈善的奉献品质，在江苏红会的抗战救护历史上留下了闪光的印迹。

三、南京沦陷后的救护工作

日军攻陷上海之后，迅速沿沪宁铁路、宁杭铁路，并绕行高淳、芜湖一线，三路向国民政府首都南京推进。1937 年 12 月 13 日，南京保卫战失利，南京沦陷。日本侵略者进入南京以后，烧杀抢夺，奸淫掳掠，无所不为，被杀害的中国同胞达 30 多万人，上演了一幕惨绝人寰的大屠杀惨剧。

面对日军泯灭人性的卑劣行径，面对满城尸横遍野、血流成河的血腥景象，未及退出的南京红十字分会的 80 余位成员，受命于危难之时，在日军疯狂暴行的白色恐怖下，英勇顽强地展开了长达半年之久的救护工作。

南京在沦陷前原有两处分会：一处设于城内贫儿院，一处设于下关静海寺十一号（后迁至静海寺九号）。“后因一地不能有两个分会，故下关分会遂于 1937 年秋改称‘中国红十字会南京分会办事处’，城内分会于南京沦陷前迁往重庆”④。南京沦陷以后，设在下关的南京分会办事处，就以中国红十字会南京分会的名义，从事施粥、掩埋、施材、施医送药等项救护工作，其会

① 江苏省红十字会编著：《江苏红十字运动八十八年（1911—1999）》，东南大学出版社，2001，第 23 页。

② 《中国红十字会常熟分会》，见常熟市卫生志编纂委员会编：《常熟市卫生志》，1990，第 180 页。

③ 张世闾等总纂：《镇江市志》上册，上海社会科学院出版社，1993，第 357 页。

④ 孙宅巍编：《南京大屠杀史料集——遇难者的尸体掩埋》，江苏人民出版社，2005，第 158 页。

址在下关绥远路乐善堂内，另在城内难民区宁海路25号设立办事处。

从1937年12月南京陷落，到1938年5月的半年时间里，南京红十字分会“以少数经费（从来未向外捐募分文），历无数艰险，幸赖本分会成员共八十余人之精神（诚）团结，对于京市方面之难民救济工作，遂能稍尽绵薄”①。其主要工作分述如下：

（一）设立施粥厂、难民收容所

南京沦陷以后，这座古城遭受到前所未有的浩劫，难民流离失所，挣扎于生死线上，甚是可悯。于是，南京安全区内的交通部旧厦、司法部、最高法院、金陵大学、金陵大学附中、金陵女子文理学院、金陵神学院等20处地点均建立了难民收容所，收容难民5万~7万人。南京红十字分会也于宁海路25号和平仓巷6号两处设立了收容所，专事收容妇孺难民②。

在上述安全区难民收容所中，规模较大的金陵女子文理学院主要收容避难的妇孺难民，自12月8日接纳第一批难民以后，到12月16日，收容难民数超过4000人，此后在高峰期更是达到了1万人，校园内人满为患，“已拥挤到最大限度了”③。“民以食为天”，如何供应如此之多的难民吃饭成为棘手问题。中国红十字会南京分会目睹这些难民缺少食物的困境，遂于12月13日在金陵女子文理学院北面开设了一个“专供给居住该校内之妇孺难民吃食”④，“管理完善”的施粥厂⑤。是日清早，魏特琳女士等收容所、施粥厂的管理工作人员就“根据难民们到校园来的先后次序，依次向各幢宿舍楼发送早饭”⑥，一直忙到深夜方才结束。

---

① 《中国红十字南京分会工作报告》，中国第二历史档案馆馆藏档案，全宗号：476，卷号：1976。

② 孙宅巍编：《南京大屠杀史料集——遇难者的尸体掩埋》，江苏人民出版社、凤凰出版社，2005，第175页。

③ 章开沅编译：《南京大屠杀史料集——美国传教士的日记与书信》，江苏人民出版社、凤凰出版社，2005，第317页。

④ 江苏省红十字会编著：《江苏红十字运动八十八年（1911—1999）》，东南大学出版社，2001，第25页。

⑤ 章开沅编译：《南京大屠杀史料集——美国传教士的日记与书信》，江苏人民出版社、凤凰出版社，2005，第319页。

⑥ 张连红、杨夏鸣、王卫星等编译：《南京大屠杀史料集——魏特琳日记》，江苏人民出版社、凤凰出版社，2006，第146页。

南京红十字分会在金陵女子文理学院难民收容所设立的施粥厂“系全部供收容所难民之用”[①]，“雇用了22个厨师以及许多伙夫”[②]，均住在学院的辖区内，但只提供他们膳食，不给付报酬。施粥厂规定：“每日施粥二次，一次自上午八时起至十时止，一次自下午三时起至五时止”[③]，难民如果“能付得起钱，一碗饭交三个铜钱；如果她们确实没钱而且经过核实，就发给她们一个红色标牌，可以免费就餐”[④]。根据国际红十字会南京委员会的检查统计，1938年1月，收容所和施粥厂共“向350人凭别在衣服上的红色配给证免费分发饭”[⑤]，之后原先直接现金支付的购买方式又改为先买配给证，再行领取食物。施粥厂在最初几周内，将煮好的稀饭送到校园广场的两个不同的地方进行开饭，难民按照供餐标准排队领取，但由于急于吃粥果腹的难民人数众多，因此秩序较为混乱。1月7日，南京红十字分会“开始采取新的方法为校园里的难民供应稀饭”[⑥]，供餐地点改在校外，难民需从金陵女子文理学院的教工花园穿过马路，到施粥厂的伙房里拿粥，“次序好一点”[⑦]。

截至1938年7月，南京红十字分会开办的妇孺难民收容所因故已解散，而施粥厂“因须迁移下关之关系，又并因金陵女大之难民收容所已解散，每日领粥者只有百余人，已自六月十八日，将该处粥厂与南京国际救济委员会停止合办关系，并将该厂暂交由金陵女大自行办理，由该校以每碗五十文之售价，自行出卖。属会所迁移下关之粥厂，因防发生水灾，现正与有关之各方面，商洽一适当地点，以期甫经举办，免因水患，又告停顿”[⑧]。

---

① 曹必宏：《南京国际救济委员会史料一组》，《民国档案》1997年第4期。

② ［德］约翰·拉贝：《南京大屠杀史料集——拉贝日记》，刘海宁、郑寿康、杨建明等译，江苏人民出版社、凤凰出版社，2006，第301页。

③ 朱文新：《南京市分会敌后工作之大屠杀中恤难埋尸》，中国第二历史档案馆馆藏档案，全宗号：476，卷号：1980。

④ 章开沅编译：《南京大屠杀史料集——美国传教士的日记与书信》，江苏人民出版社、凤凰出版社，2005，第318页。

⑤ ［德］约翰·拉贝：《南京大屠杀史料集——拉贝日记》，刘海宁、郑寿康、杨建明等译，江苏人民出版社、凤凰出版社，2006，第301页。

⑥ 张连红、杨夏鸣、王卫星等编译：《南京大屠杀史料集——魏特琳日记》，江苏人民出版社、凤凰出版社，2006，第176页。

⑦ 程瑞芳：《程瑞芳日记》，《民国档案》2004年第4期。

⑧ 孙宅巍编：《南京大屠杀史料集——遇难者的尸体掩埋》，江苏人民出版社、凤凰出版社，2005，第175页。

（二）组织掩埋队

日军占领南京以后，兽性大发，肆意残杀中国同胞，残忍至极，“尤以在下关及和平门一带，尸首更多”[①]。为此，中国红十字会南京分会积极开展募集施材、掩埋尸体等工作。

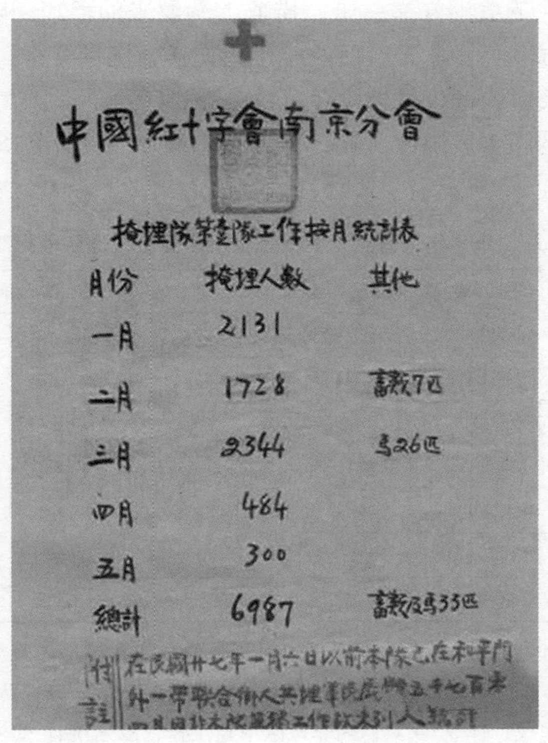

中國紅十字會南京分會

掩埋隊第壹隊工作按月統計表

月份	掩埋人數	其他
一月	2131	
二月	1728	畜類7匹
三月	2344	馬26匹
四月	484	
五月	300	
總計	6987	畜類及馬33匹

附註：在民國廿七年一月六日以前本隊已在和平門外一帶聯合衛人共埋軍民屍體五千七百具 [illegible]

中国红十字会南京分会掩埋队第一队月度工作统计表

南京红十字分会在南京沦陷之前，即在会员之中开展募集施材运动，“限定每一会员请求捐助一具，募集结果，共得九百六十具”[②]。在南京沦

① 朱文新：《南京市分会敌后工作之大屠杀中恤难埋尸》，中国第二历史档案馆馆藏档案，全宗号：476，卷号：1980。

② 孙宅巍编：《南京大屠杀史料集——遇难者的尸体掩埋》，江苏人民出版社、凤凰出版社，2005，第177页。

陷以后的6个月期间，这些棺木陆续施出910具[1]，仅存留下50具，但因“此项施材，系预先由募集而来，故本分会未曾费去分文”[2]。

1937年12月24日，中国红十字会南京分会工作人员又组织两个掩埋队，开始从事掩埋军民尸体的工作，并于1938年1月4日正式得到日军之许可。南京红十字分会的掩埋队主要在下关及沿江和平门外一带，从事掩埋工作，后又在下关沿江岸一带，捞取上游漂来的浮尸，随时予以掩埋。而“此项掩埋伕役系由本分会所收容难民充任，仅供食宿，不付工金，故本分会在此六阅月内，仅付出伙食、杂支费数百元而已”[3]。根据两个掩埋队每个月制定的报告表统计，第一、第二掩埋队1938年前5个月掩埋工作具体情况如表4－7所示：

表4－7　1938年1月至5月南京红十字分会掩埋队埋尸统计表

<table>
<tr><th rowspan="2">月份</th><th colspan="2">掩埋人数</th><th colspan="2">其　他</th></tr>
<tr><th>第一掩埋队</th><th>第二掩埋队</th><th>第一掩埋队</th><th>第二掩埋队</th></tr>
<tr><td>1月</td><td>2131（2151）[4]</td><td>2175</td><td rowspan="5">畜类7匹
马26（25）匹</td><td>畜类10匹</td></tr>
<tr><td>2月</td><td>1728</td><td>2924</td><td>畜类11匹</td></tr>
<tr><td>3月</td><td>2344</td><td>1636</td><td>畜类3匹</td></tr>
<tr><td>4月</td><td>484</td><td>[5]</td><td></td></tr>
<tr><td>5月</td><td>300</td><td></td><td></td></tr>
<tr><td>总　计</td><td>6987（7007）</td><td>6735</td><td>畜类及马33（32匹）</td><td>畜类24匹</td></tr>
</table>

资料来源：孙宅巍编：《南京大屠杀史料集——遇难者的尸体掩埋》，江苏人民出版社，2005，第162、169页。按，1938年1月6日以前，第一掩埋队已在和平门外一带联合乡人共埋军民尸体5704具，因非该队单独工作，故未统计入内；第二掩埋队亦在下关一带掩埋军民尸体3245具，因当时尚未得到日军的正式许可，故同样未列入统计。

① 朱君辑、李纯华主编：《江苏省志·卫生志》，江苏人民出版社，1999，第937页。

② 《中国红十字南京分会工作报告》，中国第二历史档案馆馆藏档案，全宗号：476，卷号：1976。

③ 孙宅巍编：《南京大屠杀史料集——遇难者的尸体掩埋》，江苏人民出版社、凤凰出版社，2005，第177页。

④ 括号内为核算按日、按月统计后的更正数字，下同。

⑤ 四五月间，因掩埋工作不多，故只有第一掩埋队工作，“而所掩埋以浮尸为多数”，第二掩埋队则从事清洁工作，所以无从统计，下同。

据统计，半年间，南京红十字分会共掩埋军民尸体22371具[①]，其中“只有数百具用棺材，大多就掘土掩埋了”[②]。

（三）建施医送药所

因下关一带遭受兵灾最重，患病难民无力就医，南京分会遂“在下关设红十字诊所，为无数就医难民义诊”[③]。这一施诊送药所，分内、外两科，“内科系用中医中药，外科则用西医西药，每日就诊者，内科以肠胃病居多数，外科则十九为皮肤病，此全系因难民环境不良，不能注重卫生所致。唯南京在事变之后，药物原料非常缺乏，当此夏令疫疠将盛行之际，有医无药，殊为可忧之事焉”[④]。

（四）与其他慈善机构合作

南京红十字分会在独立开展救护工作的同时，对其他慈善机构的人道救援亦给予积极配合。如国际红十字会南京委员会成立之时，中国红十字会南京分会会长李春南就出任副会长一职，从而使这两个红十字会的工作有机地结合在一起，收到资源共享、事半功倍的效果。此外，在救济难民方面，南京分会还与南京安全区国际委员会、中国红卍字会等合作，共同开展了一系列赈济难民的活动。

综上，在日本侵略者血腥屠杀、与红十字会总会失去联系的艰难时刻，在缺乏人力、物力、财力的险恶环境中，南京红十字分会竭尽所能地展开人道救援工作，为中国红十字会的抗战救护工作书写了光辉的一页。

四、抗战后期江苏红十字分会救护一瞥

1941年之后，江苏省大部分县市沦陷，全省红十字分会多数被迫停止

---

① 另一数据统计为掩埋尸体22683具，见朱君辑、李纯华主编：《江苏省志·卫生志》，江苏人民出版社，1999，第937页。

② 朱文新：《南京市分会敌后工作之大屠杀中恤难埋尸》，中国第二历史档案馆馆藏档案，全宗号：476，卷号：1980。

③ 王立忠、江亦曼、孙隆椿主编：《中国红十字会百年》上卷，新华出版社，2004，第60页。

④ 《中国红十字南京分会工作报告》，中国第二历史档案馆馆藏档案，全宗号：476，卷号：1976。

活动，且与总会失去了联系。不过，在险恶的环境中，江苏仍有少数红十字分会坚持在沦陷区开展活动，只是办公地点和方法有所改变，常熟分会和泰县分会即是如此。

常熟分会的理事长俞承枚在抗战胜利后，曾向总会报告称："二十七年起，进行潜伏工作，以'集成善团'名义，办理施诊给药及冬令救济等事，均由私人集资，并未间断。"①

泰县分会方面，战后泰县分会整理委员会励逸影向总会报告云："泰县分会自民国二十六年因事变发生，国军西撤，所有会员及负责人，均行遣散流亡，工作无形停顿。自民国二十九年，敌军包围苏北，所有抗战部队均集中泰县，对于伤兵及救济工作，困难层层，所有鲁苏皖边区游击总指挥部及鲁苏战区副总司令部及江苏省政府，每月所领少数津贴，不敷支配，不得已于同年十一月，奉李总指挥派逸影负责泰县红十字会救济伤兵工作，当时因环境所迫，迁移兴化县办公，临时改称苏北分会。"关于该分会的经费状况，查有记载："泰县分会自民国二十年成立起，除各会员之基金及应纳之会费敷衍开支，遇有紧急灾务，向本县各界劝募之，自民国二十九年至三十一年八月，每月领得鲁苏皖边区游击总指挥李明扬及鲁苏战区副总司令部韩德勤每月少数津贴外，均向地方捐募。"②

日军的侵略导致江苏各红十字分会与总会失去了联系，因此总会在1941年5月9日全国分会统计表中公布的59处分会中，并未有江苏分会列入其中。但实际上，江苏分会的活动没有绝迹，他们犹如星星之火，等待时机成熟之际，便可成燎原之势。

抗日战争爆发以后，江苏红十字会的救护工作不仅仅限于江苏境内，而在力所能及的情况下对其他需要救护的地方实施援助，例如，镇江分会1933年曾组织救护队参加东北战地救护③。

此外，由江苏医学院师生组成的中国红十字会救护总队四川省第一空袭流动治疗队的事迹也是值得一提的。1939年，"江苏医学院应红会之请，

---

① 《常熟分会整顿会务的报告》，中国第二历史档案馆馆藏档案，全宗号：476，卷号：2872。

② 转引自江苏省红十字会编著：《江苏红十字运动八十八年（1911—1999）》，东南大学出版社，2001，第29页。

③ 张世闾等总纂：《镇江市志》上册，上海社会科学院出版社，1993，第357页。

由教授学生组织义务治疗队一队”[①]，工作人员有国立江苏医学院附属医院医师沈开基、陈鸿、李容、陈过，护士欧阳秀兰、陈克如、帅金秀、倪斌，以及医学院医科六年级学生朱鼒、汤言英、汤工英、李德明、高景泰、丁尔乾、魏锡华、吴鹤声、李诗、陈进总，并由沈开基医师担任队长。该空袭流动治疗队归总会重庆办事处指挥，可随时出动“担任治疗队所在地周围一百公里以内各城市空袭的流动救护工作”[②]，所需药品及队员工作往返车辆均由中国红十字会救护总队提供。

第三节　抗战时期的社会救济工作

抗日战争时期，江苏各地天灾人祸，层出不穷，广大人民陷入刀兵水火的灾难之中。江苏红十字工作在以救伤葬亡为中心的同时，亦十分重视赈灾济困，从而给予饱受战争灾害、自然灾害、疾病瘟疫之苦的民众以生的希望。

一、自然灾害救济

1931—1945 年，苏北水灾频发，受灾县市多数成泽国，灾民流离失所，无以为生，深受煎熬。为此，中国红十字会总会和江苏红十字分会竭尽所能，开展各项赈灾工作。

1931 年入夏以来，江苏淫雨肆虐，致使江北溃堤，灾民无处容身，灾情重大为数十年来所罕有。总会接到的江苏各县市乞赈电函络绎不绝，如溧阳红十字分会称：“溧地水灾，与逊清道光二十九年相仿，际此师旅饥馑交加之候，衣食住俱无，来日方长，何以为生？属会暑期医院，照章于前月二十四日开幕，向期三个月为限。兹值水灾，民生更苦，医院须继续展期，尤为紧要。务祈总会竭力援救，为地方多做一份慈善，盼望地方减轻一份灾难，不胜迫切待命之至。”[③] 又有泰县乞赈电称：“泰县不幸，由本年七月三日起，淫雨终月不休，以致……民房倾倒无数，平地水深数

---

① 《江苏医学院组义务治疗队》，《申报》1939 年 11 月 24 日。

② 《征得江苏省医学院同意组织四川第一空袭流动医疗队》，中国第二历史档案馆馆藏档案，全宗号：476，卷号：1051。

③ 《红会所接之乞赈电》，《申报》1931 年 8 月 12 日。

尺，败壁颓垣，触目皆是。……敬乞钧会迅派专员，携款来泰，查放急赈。”再有淮安县电云：“太平堤于八月三日，又复崩溃，灾区更广，灾民复添三万余口，风餐露宿，望赈尤迫，需款更多。”[①]

在得知江苏发生大水灾之后，中国红十字会总会随即召开常议会，决定拨给江苏赈款7500元[②]。与此同时，江苏各分会亦做出积极反应，如“盐城分会在各处设立救生站、接婴所、太平缆、义渡船等，并为贫寒者施衣、施药”[③]。

扬州方面，中国红十字会总会及扬州分会于1931年8月至9月间，分别多次组织救济队赴灾区赈灾。江北溃堤后，扬州分会即于8月28日召开临时紧急会议，商讨救灾办法，“议决由各到会者募集烧饼、京江饼二千斤，痧药四百瓶，公推郭绍庭、阮雨人、陈佩秋三君率领夫役六人，雇民船驰赴灾区散放，并带捞尸器具以备打捞尸身”[④]。29日，该救济队乘船出发，至六闸地方，所见情形颇为凄惨，“水势湍急，不宜上驰，尸身虽有，不易打捞，陆地房屋，仅见其脊，树木之处，只露其梢，人民攀登于屋顶树梢之上者，不计其数”[⑤]。有鉴于此，救济队当即将携带的干粮、药品分发给灾民，并积极营救老弱男妇，共救得46人护运返扬，送交长生寺收容所收容。扬州分会深知“灾民惟一急需，厥为干粮”[⑥]，故开展募捐活动，广发传单广告，征求各种食品，共募得3000斤锅巴、炒米、大饼、江饼等。31日，阮雨人等携带这些食品前往邵伯一带散放，另救护灾民63人返扬。扬州分会以“灾区广大，灾民众多，药料食品缺乏”，电请总会“迅为接济，以拯灾黎。该会得报后，已电复，不日即派职员鲍康宁，率领医生护士等，出发灾区，极力拯救”[⑦]。9月14日下午，扬州分会又与《时报》馆筹赈处职员黄兰荪、陈太凡等合组救济队，“携带药品十大箱、面粉四千包、饼干三万五千磅”，以及水灾急赈会移助红会的各捐户“慨助之痧药水二千九百瓶又五百盒，至圣水三千六百瓶，十滴水一千三百瓶，痧粒一千包，人丹八千六百包，宝丹

① 《中国红十字会》，《申报》1931年8月15日。
② 《红会分配赈款》，《民国日报》1931年9月26日。
③ 朱君辑、李纯华主编：《江苏省志·卫生志》，江苏人民出版社，1999，第937页。
④ 《红会扬分会救济工作》，《民国日报》1931年9月12日。
⑤ 《扬州红分会救济工作》，《申报》1931年9月12日。
⑥ 《红会扬分会救济工作》，《民国日报》1931年9月12日。
⑦ 《扬州红分会救济工作》，《申报》1931年9月12日。

八百包，生丹一万包，济众水二千瓶，救命药精一千瓶，普济水一千瓶，夺命丹一千包，臭药水一百七十介伦，健肠丸二十打”①，乘大福丸号赴扬中散放急赈，“其散放手续，以灾民蚁聚，秩序紊乱，首请县府公安局，分列坐立，按名给以领照签字并印指纹为凭，并请党政商学及民众等团体，派员参加，不容有重复及遗漏之弊，以示公允”②。

1934 年起，长江黄河各省水灾，中国红十字会组织水灾捐募委员会，“发放湖南湖北山东江苏四省赈款各一万元，面粉各二千包，衣服各二千五百件，防疫药水五百匣，统交华洋义赈会代发”③。

1935 年冬，中国红十字会总会因扬州水灾，特募集旧棉衣 232 件运往当地灾区。而在 1935 年中国红十字会总会的“收支总报告书”中，又有“南京市救济火灾开支国币 500 元”一项④。

1936 年，黄水漫溢，苏北灾情异常惨重，民不聊生，盐阜地区是灾情最严重地区之一。为此，阜宁分会前往灌云县调查灾情、散发急赈，“由东坎中国银行汇去国币 6007 元，救助灾民 4468 户”⑤，共计施散药品 925 元。阜宁受灾区乡红会放赈情况如表 4－8 所示：

表 4－8　阜宁红十字分会放赈情况统计简表

放赈区乡		灾民户数	发放赈款数
第一区	西三乡	118 户	425 元
	西临乡	631 户	765 元
	河西乡	520 户	700 元
	正东乡	333 户	457 元
	东新乡	531 户	552 元
	善后乡	366 户	530 元
	泊阳乡	299 户	416 元

① 《红会扬分会救济工作》，《民国日报》1931 年 9 月 12 日。

② 《红会救济队抵镇》，《申报》1931 年 9 月 18 日。

③ 中国红十字会总会编：《中国红十字会历史资料选编，1904—1949》，南京大学出版社，1993，第 503 页。

④ 江苏省红十字会编著：《江苏红十字运动八十八年（1911—1999）》，东南大学出版社，2001，第 31 页。

⑤ 韩建勋主编：《盐城市志》，江苏科学技术出版社，1998，第 1939 页。

（续表）

放赈区乡		灾民户数	发放赈款数
第二区	新南乡	292 户	385 元
	新北乡	462 户	682 元
	百庆乡	77 户	107 元
第三区	东滩乡	451 户	491 元
	东磊乡	388 户	497 元
总计		4468 户	6007 元

资料来源：《中国红十字会阜宁分会放赈报告》，中国第二历史档案馆馆藏档案，全宗号：476，卷号：1987。

1937 年，常熟水灾，常熟分会为赈济灾民，“募捐得法币 282.50 元，衣裤被服等 1727 件”①。同时，周蔡静贞遵照周青云先生的遗嘱，捐助常熟分会书画 228 件。

二、疫病防治

抗日战争时期，江苏惨遭兵燹，人民无所依归，风餐露宿；加之各种自然灾害接踵而至，雪上加霜，致使各种疫病丛生，更陷身心交瘁的灾民、难民于惶恐不安之中。江苏各红十字分会工作人员目睹哀鸿遍野、待救甚殷的状况，遂积极投身疫病的防治，帮助同胞共渡难关。

在战地救护中，常熟分会表现突出，而其疫病防治工作，同样毫不逊色。

1932 年，常熟一带霍乱肆虐，常熟分会于 7 月 12 日至 8 月 28 日在城内西弄校友小学设立时疫医院，救治患病者。该时疫医院“聘请医务主任邵预凡，主任医师李富华，医师吴国庆、李浩泉、曾光叔、沈如冀、朱炳文、汤诚、屈振华，义务医师顾树启、杨定国、俞炳益等 30 人，负责医护工作。先后收治病人 204 名，治愈 175 人，其中霍乱 98 人。门诊病人 349 人。同时，派医护人员分赴东始庄、妙桥、福山、谢桥等各乡，进行霍乱

① 江苏省红十字会编著：《江苏红十字运动八十八年（1911—1999）》，东南大学出版社，2001，第 35 页。

疫苗预防注射6106人次，施送时疫药水28175瓶。1934年8月，时疫再起，常熟红十字分会再次于城内西弄开办时疫医院，聘请徐生章、徐叔诚等负责医疗工作”[①]。

1936年秋，常熟东乡五、六两区又流行恶性疟疾，且“农民识浅，往往偏重于迷信之敬拜鬼神，不是根本治疗”[②]，导致疫病蔓延迅速，“总计一月之内，死亡达千人以上，为数至可惊”[③]。为此，常熟分会特与西医工会合作组织扑疟队，由分会解决经费、药品问题，西医工会医师负责治疗。其中，第一扑疟队“推定医生周天来、俞季提、邵预凡、黄承熹、朱炳文五人担任诊视，红会亦派职员时寿芝、黄彤伟、陈肖梅三人随往协助”，于10月24日出发支塘、西家市、老吴市一带治疗患者。第二扑疟队随后出发实施扑疟工作。后又因为患疟而死者仍颇多，11月3日，常熟分会扑疟队较前两次多派医生随往，“作第三次出发”[④]，奔赴疫区开展诊治工作。至11月11日，常熟分会已“四次出发赴乡工作”，然因“形势仍甚猛烈，刻并蔓延至西北乡一带，死亡亦众，现红会决全力以救，又重增医生，分赴北乡之谢家桥、西乡之大河一带，实施扑疟”[⑤]。

1935年，因“江北淮阴、涟水、泗阳一带，黑热病盛行，死亡相继，每年不下十数万人”，上海某慈善家鉴于涟水一带无诊疗机关，死亡甚多，加以药品昂贵，贫穷者无力购药，染病必死，毫无生路，特向德商购得价值1000元的诊疗药品，由前任中国红十字会医务长王培元委派红会秘书长稽翥青与涟水县长沈靖华、教育局长郑宾等磋商后，聘高明医师在涟水施诊，以救贫病[⑥]。

此外，在日军侵占前，吴县分会“每逢疫病流行之年，在疫区均设临时时疫医院，办院时间长短、规模大小，视疫情而定。经费以地方筹集为主，政府略给补贴”[⑦]。清江分会，每于夏季设立临时医院，免费施打预防

---

① 江苏省红十字会编著：《江苏红十字运动八十八年（1911—1999）》，东南大学出版社，2001，第34页。

② 《常熟红会扑疟队出发》，《申报》1936年10月25日。

③ 《常熟流行疟病遍全邑》，《申报》1936年11月11日。

④ 《常熟东乡疟病死千人》，《申报》1936年11月3日。

⑤ 《常熟流行疟病遍全邑》，《申报》1936年11月11日。

⑥ 《江北黑热病盛行，沪慈善家购药施诊》，《申报》1935年3月15日。

⑦ 詹一先主编：《吴县志》，上海古籍出版社，1994，第1008页。

霍乱、伤寒、疟疾等针，以及治疗暑期各种时症，“贫寒民众，颇赖救治”[①]。

三、关怀弱势群体

日军攻占江苏期间，战争的炮火无情地摧毁了广大人民的家园，致使他们无处容身，无以为生，沦为难民，在死亡线上痛苦挣扎。江苏各红十字分会有感于此，十分关注这一弱势群体，一方面建立难民收容所，饥则食之，寒则衣之；另一方面，则致力于提高他们的生活质量。

1932 年淞沪抗战期间，常熟分会从 2 月 28 日起，先后筹办 6 处难民收容所，老弱贫苦、流离失所、衣食不周者均可入所，具体组建情况如表 4－9 所示：

表 4－9　常熟红十字分会难民收容所统计简表

所　名	地　址	主任名称
第一难民收容所	城区邑庙后宫	顾寿南
第二难民收容所	城区山塘泾岸曾府	徐维之
第三难民收容所	练塘镇金府	金南屏
第四难民收容所	东始庄镇房府	房墨章
第五难民收容所	莫城镇戴府	戴次沅
第六难民收容所	李市镇郑府	郑遹声

资料来源：江苏省红十字会编著：《江苏红十字运动八十八年（1911—1999）》，东南大学出版社，2001，第 18 页。

常熟分会组织的两个救护队，先后 6 次雇船赴嘉定前线救运灾民安置于上述各收容所，共“收容安置嘉定、太仓、昆山三县来常难民 534 人”[②]，其中宝山、青浦难民 141 人，太仓鹿河、茜泾、浏河难民 255 人，嘉定、娄塘、昆山、蓬阆难民 138 人，战火平息后一并雇船护送这些难民回原籍[③]。分会另赈济过境难民 273 名，且拨川资法币 69.47 元，与轮船

① 范成林编：《淮阴区乡土史地》，方志出版社，2008，第 333 页。

② 《中国红十字会常熟分会》，见常熟市卫生志编纂委员会编：《常熟市卫生志》，1990，第 180 页。

③ 朱君辑、李纯华主编：《江苏省志·卫生志》，江苏人民出版社，1999，第 937 页。

局协商每人发免费船票一张。后因救护经费紧张，即发起募捐，募得款项均用于临时治疗所、难民收容所、时疫医院等的开支。

1937年，自八一三抗战爆发以后，吴县红十字分会即遣派专轮先后7次赴战区救回难民6000多人，后又有难民116854人由各方遣送或自行逃难至苏，按从8月14日起至10月31日止共79日计算，平均每天就有超过1500名的难民到苏州避难。战争初始之际，难民来苏更是势如潮涌，“每日恒至四五千人左右”，救济工作的压力可想而知。于是，吴县分会便组织了7个难民收容所，收容难民达数千人，另负责运输、供应、联络、交际等工作，同时为赈济灾民，募捐法币28250元[①]。为便于这些难民收容所相互联络，分会还设有难民收容所联合办事处，共有职员16人。后又经车站办事处商准，车站陆续发车分别运送难民回籍。但由于“难民到站人数既多，而到车时刻复无一定，若任其拥挤喧哗，不特妨害秩序且失礼”[②]，且难民到站候车往往需一二十小时之久，吴县分会遂派人至站分送面包、大饼作干粮，并在车站附近建砌水灶以供饮水；又择定四摆渡空地建搭可容2000人以上之大凉棚2座，作为难民候车处，俾资休息，并设办事员8人及壮丁随时会同照料。为避免人数过多而造成的混乱无序，乘车回籍的难民还须事先由候车处造册编号。据统计，“截至十月三十一日计，遣送回籍者达十一万一千一百九十九人，其无家可归者尚有五千六百五十五人不得不留苏收容供以给养，所需粮食先由本会救济组委托粮食行业公会赴锡采购籼米三百石，继由本会两次函请吴县县政府拨济仓谷六千石”[③]，遇有疾病者均由吴县中医公会医员义务治疗，至被炸伤或患疫者则送第二伤兵医院或急救队诊治。又因“冬令气候渐冷，各难民无衣无褐，情状尤为可悯”，吴县分会救济组组长曹崧乔不忍坐视，独力捐助法币5000元，指定为购置难民棉衣棉被费用，并派员调查难民确数后购置发给。

南京失陷以后，当地难民无以为食，南京红十字分会建施粥厂就济难胞，已见前文。后南京分会于宁海路25号和平仓巷6号两处，设立收容

---

① 朱君辑、李纯华主编：《江苏省志·卫生志》，江苏人民出版社，1999，第937页。

② 《中华民国红十字会吴县分会、吴县救护委员会救护事业报告》，《中国红十字会月刊》1937年第28期。

③ 《中国红十字会吴县分会工作报告》，《中国红十字月刊》总第29期。

所，专事收容妇孺难民[①]。且南京“自事变发生后，小学教育骤行停顿，致令一般儿童就学无方，坐令荒废宝贵光阴，殊为可惜，而尤以下关为甚”[②]。为此，南京分会举办下关义务小学一所，内有教室一间，最多能容纳学生50名。后因要求入学的学生超过百名，“刻正寻觅新校舍，以备扩充学额至一百五十名，俾一般失学儿童，能重聆弦歌，不致如目前之终日奔驰街衢中也”[③]。又因南京失陷以后，原在下关、浦口间的义渡船只“早不知漂流何所，致一般难民渡江往返非常困难”[④]。有鉴于此，南京红十字分会遂办理义渡，“在下关与浦口间设摇船摆渡，难民无钱则免费渡江”[⑤]。另值得一提的是，国际红十字会南京委员会也积极投入弱势群体的救助中，当时因南京难民多患脚气病，便“特别由上海运黄豆一百吨，前往南京治疗此项病症”[⑥]。

有关抗战时期江苏红十字会救济弱势群体的活动，还有如下一些零星记载，“1936年，常州分会在城西门外酒酱公所设红十字第一诊疗所，在马迹山设肺病疗养院”[⑦]；“盐城、建阳分会设义塾、义渡、水龙局，并办有接婴、恤嫠、施衣、施药、施棺、施茶、施粥等义举；阜宁分会办有临时医院、防疫所等。民国27年，盐城分会、东台分会因日军侵犯县城，会员逃散，活动中止”[⑧]；昆山广仁医院“民国14年春创办。由地方案（出）资，红十字会主办，院址半茧园（今县人民医院内），院长陈天枢。民国24年已成为较具规模的西医医院，有医务人员10余人，并聘上海名西医6人为各科特约医师。除诊疗外，还开展戒烟、时疫防治业务。民国

① 孙宅巍编：《南京大屠杀史料集——遇难者的尸体掩埋》，江苏人民出版社，2005，第175页。

② 江苏省红十字会编著：《江苏红十字运动八十八年（1911—1999）》，东南大学出版社，2001，第26页。

③ 《中国红十字南京分会工作报告》，中国第二历史档案馆馆藏档案，全宗号：476，卷号：1976。

④ 江苏省红十字会编著：《江苏红十字运动八十八年（1911—1999）》，东南大学出版社，2001，第26页。

⑤ 王立忠、江亦曼、孙隆椿主编：《中国红十字会百年》上卷，新华出版社，2004，第60页。

⑥ 《南京国际红会救济难民》，中国第二历史档案馆馆藏档案，全宗号：476，卷号：1976。

⑦ 江苏省红十字会编著：《江苏红十字运动八十八年（1911—1999）》，东南大学出版社，2001，第35页。

⑧ 韩建勋主编：《盐城市志》，江苏科学技术出版社，1998，第1939页。

26 年 11 月毁于日军炮火”[①]。

总而言之，抗战的爆发，对于江苏红十字运动的发展而言，既是机遇又是挑战。一方面，炮火硝烟的毁灭性凸显出战争救护的重要性，从而为红十字会救护事业的发展提供了能够一展身手的空间和舞台；另一方面，由于战争的强大破坏力，客观环境趋于恶劣，红十字会自身也必然会受到重创，影响其工作的顺利展开。江苏各红十字分会克服困难、负重进取，其战争救护、社会救济工作得到了广大受益者与社会人士的认可和赞许，在中国红会发展史上书写了荡气回肠的一笔。

① 王道伟主编：《昆山县志》，上海人民出版社，1990，第 725 页。

第五章　复员时期的江苏红十字运动

从抗日战争胜利到新中国成立前的复员时期，南京再次成为国民政府的首都，也成为中国红十字会总会所在地。江苏红十字运动也相应成为全国红十字运动的中心。在红会“服务社会、博爱人群”的旗帜下，江苏红十字会起到了模范带头作用。

第一节　江苏各地分会的复员

1945 年 8 月 15 日，日本宣布无条件投降，中国人民终于迎来了 14 年抗战的胜利。中国红十字会也结束了战地救护事业，但仍继续着“服务”与“博爱”的精神，奠基础、辟新径，开创复员时期红会工作的新局面。

一、会务整顿概况

1946 年初，国民政府从重庆迁回南京，南京再次成为全国的政治、经济、文化中心。按照行政院颁布的《复员期间管理中华民国红十字会办法》的规定，中国红十字会应设总会于首都。因此，南京自然成为中国红十字会总会的所在地。总会经多方考察商议，最后在南京购得中山路 275 号作为新会址。总会新厦巍峨耸立，素有“白屋”之称，屋脊两端高扬红十字标志，赏心悦目。经精心准备，红十字会人员于 4 月初分两批返回南京，首批人员乘飞机返京，其余人员携文卷档案搭船顺江而下，途中历尽艰险，全体人员齐心协力，风雨同舟，于 5 月中旬抵达南京。

伴随着总会的还都重建，各项具体工作也在紧张有序地进行着，其中最重要的当属会务整顿，这是红会开展各项工作的基础。

复员期间，总会与分会的关系有一个重大的转变。此前，红会各项业务多集中于总会办理，实践证明，此种体制存在多种弊端，突出表现在分会缺乏自主发展的机会和动力，会务难有起色，使红会事业难以普及扩展，工作基础不牢固，而“各国红十字会之通例，皆以分会反哺总会，使分会为总会根深蒂固之基础”①。新时期伊始，中国红十字会准备借鉴其他国家的经验，进行一番改革。在复员时期红十字会第一届理事会议上，副秘书长曾大钧在报告中明确提出：“本会工作，决以全力健全分会，各种业务，一反从前，不再集中总会办理，总会只不过居于领导地位，督促分会事业之开展。”② 总会职能发生转变，成为指导和计划机构，工作着重业务设计；各地分会则负起实际执行的责任。因此，分会的恢复和发展已成当务之急。

抗战期间，由于大片国土沦陷，很多地方的分会因无法正常开展工作而解散，分会数量大大减少，“战前共有五百一十二个分会，抗战期间，多数分会无法支持，在渝登记仅九十一个分会”③。为开展新时期的新工作，应立即恢复与发展分会，壮大红会力量。早在 1945 年 11 月 21 日，总会就曾通过报纸登载启事，要求收复区分会迅速登记，与总会取得联系。

另外，从性质上讲，战前的分会有相当浓厚的善堂色彩。复员后，为了广泛开展工作，也应对其进行整顿，“使一律成为现代化之社会服务团体，须具有（一）高度募集基金与征求会员之能力；（二）相当社会服务之才学及经验之干部；（三）现代社会服务之事业”④。因此，总会要求各地分会，不仅要有“量”的扩充，还应有“质”的改变。

为规范工作，总会制定了《复员期间中华民国红十字会总会调整及管理分会办法》，对战时后方分会、收复区分会的改组以及新设分会的程序等进行了规范。

江苏各地根据总会的要求，按不同情况恢复和新设分会，取得了较好

---

① 曾大钧：《红十字会之新机运》，《红十字月刊》总第 1 期（1946 年 1 月），第 2 页。

② 《曾副秘书长大钧报告》，见中国红十字总会编：《复员期间中华民国红十字会第一届理事会议事录》，1946，不著页码。

③ 《复员期间中华民国红十字会总会第一次会务座谈会记录》，《红十字月刊》总第 6 期（1946 年 6 月），第 12 页。

④ 《复员期间中华民国红十字会总会初步工作实施计划纲要》，《红十字月刊》总第 1 期（1946 年 1 月），第 8 页。

的效果。大致情况如下所述。

江苏省内最早与总会取得联系的是吴县分会。1937 年 11 月，苏州沦陷，吴县分会工作人员全部撤退，会务停顿。1945 年 12 月，分会与总会取得联系开始办公，会址在范庄前 41 号。分会恢复后最先开展的是战争善后工作，即筹建抗战英雄墓。原因在于：抗战初期，苏州成为淞沪战场重要的后方基地，该县红十字会曾全力组织救护队担任救护工作。前线运苏的殉难将士遗体多由掩埋大队埋葬在善人桥和陈家山等地，“因陋就简，原属一时权宜之计”①。抗战胜利，国土重光，需告慰死者忠魂。1946 年 5 月，分会建立了抗日英雄坟墓委员会，推李印泉为主任委员，范君博等 10 人为委员，决定以善人桥原有墓地为苏州抗战英雄墓址，筹建抗战英雄墓。另外，组织方面，分会于 6 月 20 日召开全体理事会议，按新时期的组织要求进行了增选、改选。

南京市曾于 1931 年改组红十字会组织，会长为戴季陶。抗战爆发后，国民政府西迁，该会在困难条件下坚持工作，南京大屠杀期间，曾组织进行恤难埋尸等工作。由于条件恶劣，之后分会工作陷于停顿。抗战胜利后，在前任会长的邀请下，由前总干事傅况麟于 1946 年 2 月开始组织筹备处进行复会工作，总会聘定傅况麟为复会筹备处主任，沈慧莲、彭湖、傅况麟、乐干、陈剑如、穆华轩、程觉民、杨璿熙、陈毅夫、吴伯芳、龚伯炎等 11 人为理事。经过精心组织，南京市分会第一次理事会于 1946 年 5 月 4 日召开，选出常务理事 5 名，并推举沈慧莲为会长，傅况麟、彭湖为副会长，陈毅夫兼总干事，之后积极开展工作。

常州在抗战前曾设有红十字分会，抗战期间常州被日寇占领，常州分会与总会失去联系。复员之初，分会准备恢复，1946 年 1 月，中国红十字会上海办事处处长冯子明就已报告常州分会会务将于短期内恢复。2 月，由上海办事处呈请总会，提出常州分会应改为武进分会，“以符县名”②，总会照准。7 月，武进分会正式恢复建会。

宝应分会的发起人为时任教育部参事的相菊潭，以及分别在宝应、南京

① 《筹建抗战英雄坟墓委员会电文》，中国第二历史档案馆馆藏档案，全宗号：476，卷号：2880。

② 《电文》，中国第二历史档案馆馆藏档案，全宗号：476，卷号：2925。

任职的华其芹、陈立名、王逢元、范震东、季小南和徐辰生等7人。1946年11月，发起人在南京集会，推举范震东为筹备处主任，并向总会备文提出建立宝应分会的申请。总会于14日发给许可证。筹备处成立后，致力于征求会员工作。至1947年4月，已征得基本会员204人[①]，达到建立分会的标准，分会遂宣告成立，范震东被选为会长。分会会址设在宝应中正街173号。

镇江是当时江苏省的省会，抗战前曾经有过红会组织。复员期间为尽快成立分会，1946年8月，“经函聘江苏教育厅长陈石珍的夫人赵铁玫女士负责筹备，以赵女士对于社会服务，素有研究，颇具热忱”[②]。之后开始准备工作。1948年3月4日，总会批文准予成立镇江分会筹备处，筹备工作加紧进行。4月15日，在镇江金山中学举行分会成立大会。镇江分会虽然有点“难产”，但由于有省会的优势，征募运动比较突出。至5月5日，征得各类会员总计2082人[③]，尤以团体会员数量远高于其他分会。5月8日，分会召开第一次理事会议，选出贾韫山、陈海波、赵铁玫等为常务理事及正副会长，并“以镇江为苏省省政府所在地，为广罗地方人士便利工作推进起见，拟于原呈报之理事十五人外再增加理事二人，原规定之常务理事五人外拟增改为八人”[④]。因此，镇江分会的领导人队伍较其他分会庞大。5月19日，总会发文准予成立镇江分会，并颁发聘书及立案证书。

自1946年9月始，总会在全国范围内共批准成立了48个筹备处，其中江苏有14个，具体情况如表5－1所示。

表5－1　江苏各地分会筹备处情况一览表

分会名称	许可证颁发日期	许可证号	筹备处主任
宝应分会	1946年11月14日	京复总字第0003号	范震东
江都分会	1946年11月2日	京复总字第0004号	王玉光
东台分会	1946年12月13日	京复总字第0006号	王连秀
徐州分会	1946年12月27日	京复总字第0008号	刘信忱

① 《宝应分会呈报会员会费》，中国第二历史档案馆馆藏档案，全宗号：476，卷号：2951。
② 《关于江苏省筹备红会情况》，中国第二历史档案馆馆藏档案，全宗号：476，卷号：1980。
③ 《镇江分会会员会费》，中国第二历史档案馆馆藏档案，全宗号：476，卷号：2932。
④ 《镇江分会筹备处呈报会长副会长名誉会长副会长名单》，中国第二历史档案馆馆藏档案，全宗号：476，卷号：2932。

（续表）

分会名称	许可证颁发日期	许可证号	筹备处主任
长泾分会	1947年2月19日	京复总字第0009号	张引升
南汇分会	1947年4月3日	京复总字第0014号	
丹阳分会	1947年7月16日	京复总字第0022号	孙毓华
崇明分会	1947年11月20日	京复总字第0030号	汤惠荪
丰县分会	1948年1月7日	京复总字第0033号	孙裕洁
无锡分会	1948年1月13日	京复总字第0035号	钱惠余
镇江分会	1948年3月6日	京复总字第0037号	陈海波
宿迁分会	1948年4月2日	京复总字第0038号	曹静山
淮阴分会	1948年6月2日	京复总字第0041号	计　铁
涟水分会	1948年6月10日	京复总字第0042号	

资料来源：《分会筹备处登记簿》，中国第二历史档案馆馆藏档案，全宗号：476，卷号：2260。

到1948年12月，全国有分会194个、支会10个，其中江苏省分会为24个，即南京、吴县、武进、青浦、砀山、泰县、江都、宝应、东台、铜山、徐州、嘉定、长泾、南汇、丹阳、松江、崇明、无锡、丰县、宿迁、镇江、淮阴、涟水和海门。

对于分会组织方法，总会制定的《复员期间中华民国红十字会分会组织规程》中有明确规定，其中：

第六条：分会设立理事九人至十三人组织理事会，并由理事中互选常务理事五人为分会最高之权力机构，必要时理事名额得呈请总会增减之。

第七条：分会设会长一人、副会长二人，由常务理事中互选之，综理一切会务，并于召开理事会及常务理事会时由会长主席，会长因故不能出席时由副会长代理之。

第八条：分会设总干事一人，承会长之命与常务理事之决议掌理日常事务，呈请总会聘任之①。

各地分会按此规定进行组织，而分会组织的调整与加强，为开展红十

① 《复员期间中华民国红十字会分会组织规程》，见中国红十字会总会编：《复员期间中华民国红十字会法规辑要》，1946，不著页码。

字事业打下了基础。江苏部分分会组织情况如表5－2所示：

表5－2　江苏部分分会组织情况表

分会名称	常务理事会成员			总干事
	会　长	副会长	常务理事	
南京分会	沈慧莲	傅况麟　彭　湖	乐　干　穆华轩	陈毅夫
吴县分会	钱　鼎	范广宪　宋铭勋	蒋仲川　许宪民	
武进分会	程俊观	查秉初　李行甫	薛迪功　胡　桐	吴逸樵
青浦分会	徐熙春	袁采华　许玄谷	徐正大　凌萝夔　刘泾国	陆陀罗
砀山分会	汪　湘	陈登庸　阚炯光	张瑞华　张书祥	许晦鸣
江都分会	杨佳如	朱干臣　余文波	许汉珊　包翔仲 潘颂平　丁瑞勋	王玉光
宝应分会	范震东	徐辰生　朱星恒	华其芹　范震廷	陈桐生
东台分会	杨　绅	姚昌铭　武鸿钧	武荻村　王义渠	武鸿钧
徐州分会	刘信忱	王蓝田　苏秀峰	刘子余　黄乐山	黄乐山
嘉定分会	金鼎康	韩养恩　浦　泳	李纯一　徐家璆	韩养恩
长泾分会	王萃五	汪雁宾　张引升	张葆庠　陈希融	张葆庠
南汇分会	姚义璋	顾秉之　葛叔庄	沈彬儒　黄寄洲	胡篁铭
丹阳分会	孙毓华	朱沛莲　蒋子樵	姜静涛　林曼君	
松江分会	周学文	瞿秉乾　江学珠	杨秉文　瞿继康	杨秉文
崇明分会	苏兆毅		汤颂九　戚承焕 丁景清　刘汉明	刘孟芬
丰县分会	孙裕洁	李道彰　葛民谊	蒋季坦　刘世安	彭继亨
无锡分会	李惕平	王德润　钱惠余	荣独山　程景溪	钱惠余
镇江分会	贾韫山	陈海波　赵铁玫	袁孝谷　向春亭　胡　震 俞成椿　杨铁梅	董奎光
淮阴分会	张华英	王叔相　曹寄生	章知天　吴宗铁	
海门分会	薛少廷	张言强　陈楚均	罗瑞松　赵竹洲	陈楚均

资料来源：《中华民国红十字会各地分会负责人登记簿》，中国第二历史档案馆馆藏档案，全宗号：476，卷号：1955；《松江分会理事名册》，中国第二历史档案馆馆藏档案，全宗号：476，卷号：2118；《中华民国红十字会宝应县分会会长履历表》，中国第二历史档案馆馆藏档案，全宗号：476，卷号：2141。

二、红十字周与征募运动

在积极调整组织的同时，各地分会征求会员、募集基金活动也同时展开。红十字会征求会员、募集基金的活动合称征募运动。征募运动分定期和不定期两种，不定期的时时都在开展，定期的多为在特定的时间开展，如红十字周就是红会扩大征募的特定时间。

中国红十字会自 1941 年开始举办全国性的红十字周。抗战期间于 1941 年至 1944 年连续举办过 4 届，1945 年因抗战胜利办理善后事宜停办一届。复员之初，总会决定继续举办红十字周并把每年举办红十字周法定化。在 1946 年 8 月 13 日召开的复员时期中国红十字会总会第一次常务理事会议上，总会常务理事关颂声提出《请明定十月一日至十日为中国红十字宣传周案》，即“明定每年十月一日至十日为中国红十字宣传周，全国各地分会同时举行宣传，并扩大征募运动。本年适值复员伊始，即由总会成立第五届中国红十字宣传周筹备委员会，负责策划宣传方针，及征募技术等一切事宜”①。提案获得通过，红十字周于是成为复员期间中国红十字会的法定宣传周、征募周。这样，1946 年 10 月 1 日至 10 日就成为中国红会历史上的第五届红十字周。

红十字周的举办目的在三个方面：扩大宣传、征求会员、募集捐款。

首先，红十字会希望通过红十字周扩大宣传，“以期加强社会人士对于红十字会之认识，并增进对于红十字会之同情，俾红十字会之服务普及社会”②。红十字会在中国落地生根 40 多年的时间，为救护伤兵难民、赈济被难灾民都做出了巨大贡献，但相比于其他国家的红会，力量仍然弱小，还有相当数量的民众并不了解红十字会是怎样的组织。为了壮大红十字会的力量，红会亟须扩大宣传，吸引更多的人支持红会事业，以实现新时期确定的新目标。

其次，举办红十字周的目的之二是扩大征求。红会在宣传的同时，也

① 关颂声：《请明定十月一日至十日为中国红十字宣传周案》，见中国红十字会总会编：《复员期间中华民国红十字会总会第一次常务理事会议事录》，1946，不著页码。

② 蒋梦麟：《第七届中国红十字周献辞》，《红十字月刊》总第 34 期（1948 年 10 月），第 1 页。

把红十字周作为集中征求会员的时间。红十字会的事业依赖于民众的广泛参与，“美国红十字会之所以发达，因为美国平均每四人中就有一个人是红十字会会员，而我们中国红十字会呢，差不多平均每一千五百人中才有一个红十字会会员，这是中国红十字会的事业不如人家的最大原因”，且“事业的基础是否坚固和事业之范围是否广阔，全视会员人数之多寡以为定”[①]。复员时期到来后，红十字会的服务范围扩展了，因此更加需要民众的广泛参与。所以红会希望通过宣传，吸引更多的社会力量加入红十字会的事业中。

再次，举办红十字周的目的之三是募集捐款。会员增多了，自然会费收入就提高了，“但会费的收入，仅能是为红十字会服务经费的一部分，我们还要烦请有钱而愿意捐钱的人多多捐输。我们红十字会的服务事业，不但需要经常费去维持发展，同时尚需为意外灾难储备基金。为此之故红十字会常常利用征求会员的机会举行募款运动”[②]。只有充足的资金作为保障，红十字会济危救困的工作才能够顺利开展，这就需要有钱有力的人进行捐输，使红会事业扩大开展。

会员、基金是开展红十字事业的保障，因此征募运动一直是红十字会的重点工作，这在复员时期尤为迫切。因为历经战争的浩劫，红十字会的会员人数下降，再加上复员后红会工作范围扩大，更需要民众的广泛参与。因此，红会决定大力开展征募运动，以壮大红会实力。总会制定的《复员时期中华民国红十字会分会组织规程》中明确规定：“复员期间分会办理之事务，以征求会员、募集基金为中心工作。”[③]

这一时期，红十字会的会员分为 5 种，即团体会员、名誉会员、特别会员、普通会员和青年会员。其中前 3 种是永久会员，发给总会统一制定的证书及证章，会费一次性交纳；后 2 种为非永久会员，以 1 年为限，每年交纳会费。会费的标准在不同时期有不同的数额。初期，团体会员缴纳国币 10 万元以上，名誉会员 5 万元以上，特别会员 1 万元以上，普通会员 1000 元，青年会员 500 元。此后，由于通货膨胀严重、物价上涨，会费有

① 朱子会：《红十字周与征募运动》，《红十字月刊》总第 20 期（1947 年 8 月），第 4 页。

② 陈履平：《征募和宣传》，《红十字月刊》总第 15 期（1947 年 3 月），第 25 页。

③ 《复员期间中华民国红十字会分会组织规程》，见中国红十字会总会编：《复员期间中华民国红十字会法规辑要》，1946，不著页码。

所增加，总会分别于1947年3月1日和1948年2月15日上调了两次会费。1947年的标准为：团体会员缴纳国币40万元以上，名誉会员20万元以上，特别会员4万元以上，普通会员5000元，青年会员2000元。大致为初期的4倍。1948年的标准为：团体会员缴纳国币50万元以上，名誉会员30万元以上，特别会员10万元以上，普通会员2万元，青年会员1万元。从非永久会员看，所缴会费已达初期的20倍，此种状况与国民政府的财政危机与经济破产有关。由于经济状况欠佳，制约了红会征募运动的成效。在会费的分配上，按总会的规定，会费半数缴总会，半数留在分会作备用金。

第五届红十字周，南京分会开展的活动最具特色。南京分会的征募运动于1946年9月12日正式开始，征求期定为一个月，征募总队长由当时的南京市市长马超俊担任。分会特别聘请了各机关领导参与，以扩大影响。所定的征募目标为：征求会员5万人，募集基金1亿元。分会于10月1日至10日的红十字周期间举办了丰富多彩的活动，具体为：

第一天新闻日：在南京市各大报纸刊登专题文章，宣传红十字会的活动，并由总会蒋梦麟会长出面协助招待新闻记者，进行宣传。

第二天广播日：由总会蒋梦麟会长和分会沈慧莲会长分别在中央和益世两大电台发表讲话，宣传红十字会的事业。

第三天教师联谊日：为广泛征求学生会员，特向各学校校长、教师进行宣传，以期得到他们的支持。

第四天康乐活动日：主要活动为组织红十字青年会员到玄武湖服务站露营。

第五天征募日：宣布各队的征募成绩。

第六天音乐日：晚上8点在公余联欢社中正堂举行郎毓英独唱音乐会。

第七天妇婴运动日：在中华路儿童营养站举办母亲会和儿童会，邀请曾在该站领奶的母亲和儿童进行联谊活动。

第八天体格检查日：为儿童进行体格检查，进行健康竞赛。

第九天慰劳日：分会派人携带食品和衣物分赴陵园和孤儿院慰问军人和孤儿。

第十天国庆日：分会派救护车跟随游行行列，以应急需。

南京分会的“十日”活动，盛况空前。经过红十字周的扩大宣传，使更多的人了解了红十字会的事业，扩大了红十字会的影响，征募运动开展的更加活跃。扩大征求也的确取得了显著的效果，从1946年9月至12月每月的南京分会征求会员数目来看，10月份征求总数为47804人，明显超过其他各月份①；截至12月底，已征得会员69959人，合计会费82282400元，捐款1941741880元，均超出预定目标②。

第五届红十字周期间，武进分会响应总会的号召，扩大征求。分会组成40个征募队，聘请总会正副会长担任名誉队长，武进地方各界名流担任征募队长，预定目标是征求会员3万人、募集基金1亿元；步骤是先在城区征募，以后扩展到乡村。由于分会加强了宣传，各征募队长又非常尽心尽力，所以该分会征募成绩，“除各市分会而外，居各县分会之冠”③。分会总干事吴逸樵表示：征求会员的“数目虽然不大，但我们可把握住这三万会员，使每一个会员都明瞭（了）红十字会的工作意义，随时可为红十字会的事业出钱出力，而不带一点勉强性”④，表现出对红十字事业的一片热忱。

江苏其他分会也积极响应总会号召，在红十字周期间广泛开展征募运动。1947年2月12日，总会召开第二次理事会会议，对1946年度工作中成绩优良的分会进行了表彰。总会考核分会的工作成绩，分甲乙两等，“凡业务能依照既定计划进行，并征募成绩优良者列为甲等”，合乎此项规定的分会有8个，其中江苏有南京和武进两分会，南京列首位；“凡业务能依照既定计划进行而征募成绩较次者列为乙等”，合于这项规定的共11个分会，江苏有江都分会和砀山分会⑤。

以后几年中，在总会的领导下，部分分会继续举办红十字周，以扩大征求。1947年5月，为解决经济困难状况，经总会第三次理事会会议决定，发起募集基金50亿元运动。南京分会的任务为3亿元。8月20日，南京分会在洪武路介寿堂举行筹募大会，由沈怡市长担任主任委员及总队长，进行广泛的发动，呼吁各界踊跃捐输。10月1日至10日的第六届红

① 见池子华：《红十字与近代中国》，安徽人民出版社，2004，第452页。
② 《中华民国红十字会南京分会三十五年度工作简报》，1946，第2页。
③ 《中国红十字新闻》，《红十字月刊》总第11期（1946年11月），第32页。
④ 朱子会：《新血输的成长》，《红十字月刊》总第11期（1946年11月），第29页。
⑤ 《中国红十字会新闻》，《红十字月刊》总第14期（1947年2月），第42页。

十字周期间，南京分会继续举办“十日”活动——发展业务、慰劳过境军人、防痨运动、健康检查、康乐活动、营养补助、母婴保健、广播宣传、会员联谊和国庆日活动，以广为宣传红十字事业。至11月底，南京分会共收捐款302409500元[①]，超额完成任务。这在当时社会动荡、民生疲敝的状况下，实属不易。是时，中国社会经济残破，一般民众生活困难，自顾不暇，对慈善事业也往往力不从心，捐募工作自然难以踊跃。从总会“50亿元”活动的成效看，绝大多数分会没有完成任务，总会共收到捐款18.3亿元[②]，尚不及目标的一半。南京分会能取得这样的好成绩，已属罕见。

1948年，中国红十字会总会在第七届红十字周期间规定的目标为筹募金圆券10万元。鉴于当时经济状况不佳，总会开展了“一人一元运动”。总会认为，“一人一元运动的意义，是为顾虑目前一般人的收入减少，出钱的能力降低”，而捐输“一元”，普通民众总可以承受得起。总会还制定了统一的募捐办法，但由于政局的不稳定，已无法贯彻执行。

复员期间，中国红十字会共举办了三届红十字周，每届都进行了宣传并制定了明确的征募目标，但由于局势的动荡，响应的分会有限，影响了成效。不过，以南京分会为代表的江苏省几个分会的征募成绩还是比较突出的。

总体来看，复员时期由于国内战争的爆发，以及社会动荡、经济萧条，使红会事业受到很大的影响。在征求会员工作中，学生会员数的增加成为这一时期的特色，这与红会倡导红十字青少年运动有关。但从资金上来看，捐募工作由于经济状况等原因没有取得很好的成效，制约了红会的发展，红会不得不利用现有条件勉力维持。这一时期红会主要的资金、物资来源包括：

第一，会员会费：主要用于会务的开支。

第二，社会人士的捐募：主要用于灾民和贫民的救济。如在1946年，宋庆龄曾捐赠大量罐头交给南京分会代发，南京分会把这些慰问品分发给

① 《筹募事业基金初期揭晓，荣誉队南京区同时公布》，《红十字月刊》总第23期（1947年11月），第19页。

② 《总会召开第三次常务理事会，讨论经费筹措及红十字会法》，《红十字月刊》总第26期（1948年2月），第21页。

抗战军人家属，以及救济院、孤儿院、残废教养院等处相关人员[①]。1948年，美国红十字会曾转来罗尔先生遗产美金2775元，以救助救济院孤儿等。

第三，政府的补助：自抗战后期起，政府补助成为红十字会收入的重要来源之一。复员期间国民政府仍然对红十字会予以经费上的支持，如1947年的募集基金50亿运动中，政府补助了5亿元。“政府补助虽仍未断，但不足赖以发展本会之事业”[②]。总体来看，政府补助的时间和金额都不固定。复员时期，前两年政府尚有一定支持力度，1948年后由于经济困难便难以为继。

第四，美国红十字会的资助：自太平洋战争爆发后，美国红十字会对中国红十字会多给予药品和资金上的帮助，复员时期仍然继续。1946年8月，汤蠡舟秘书长在总会第一次常务理事会议的报告中提到：“目前总会及各区办事处之行政费用，以及若干示范分会之业务费用，胥赖美国红十字会之资助。”[③] 据统计，1946年美国红会捐助中国红会经费3亿余元，但1947年后美国红十字会的捐助大半停止[④]。

虽然经济困难是事实，但是红会利用现有条件仍然广泛开展工作，扩大了红十字会的服务范围，使复员时期成为中国红十字会成立以来的一个重要时期。“服务社会、博爱人群”成为这一时期的中心工作。

三、新时期与新工作

中国红十字会自成立以来，主要工作集中于战事救护和灾变救济，与国外红会相比较，工作范围相对狭窄，这与中国红十字会的力量不够强大不无关系。抗战胜利后，中国红十字会准备利用有利时机实现工作上的重大转型，即壮大力量，拓展服务空间，开展广泛的社会服务工作。

服务重点的变化，适应了不同时期的社会状况，同时也与此时红会

---

① 参见《中华民国红十字会南京市分会三十五年度工作简报》，1946，第9页。

② 《曾副秘书长大钧报告》，见中国红十字会总会编：《复员期间中华民国红十字会总会第一届理事会议事录》，1946，不著页码。

③ 《汤副秘书长蠡舟报告》，见中国红十字会总会编：《复员期间中华民国红十字会总会第一次常务理事会议事录》，1946，不著页码。

④ 胡兰生：《中华民国红十字会历史与工作概述》，《红十字月刊》总第18期（1947年6月），第11页。

“改隶”有关。在抗战期间，按照《中华民国红十字会战时组织条例》的规定，中国红十字会以卫生署为业务主管官署，并依业务性质，受军事委员会监督。抗战结束后，行政院于1945年11月通过《复员期间管理中华民国红十字会办法》，提出红十字会“以行政院为主管官署，并依业务性质受社会部、卫生署、善后救济总署之指挥监督”①。红会的“改隶”标志着业务重点的变化：抗战时期以战场救护为中心，自然主要从事的是医疗工作；战争结束，复员时期到来后，红会的工作对象转向广大普通民众，工作重点自然转向社会服务。当然，这一时期国内并没有实现真正的和平，抗战胜利后不久，战事再起，但中国红十字会仍以主要力量从事社会服务工作，对战场救护工作只有少数分会自行组织，总会并没有统一的计划。

社会服务工作的开展，是这一时期红十字会工作的特色。复员初期，总会制定《复员期间中华民国红十字会总会初步工作实施计划纲要》，明确规定了工作目标：“复员期间红十字会初步工作之实施，须能适应社会福利之需要，免人群生活之匮乏，从事积极性，保育性，集体性之服务工作，以期奠立永久事业之基础。”②

社会服务的范围是相当广泛的。这一时期红会以“服务社会、博爱人群”为宗旨，“所定之服务对象，广及于儿童、青年、妇女、荣军与平民；所定之服务范围，广及于灾难、伤害、贫困、疾病与愚弱；所定之服务目的，广及于保健、乐育、安全、助人与益世。由此观之，红十字会之工作，即为社会安全之工作，亦即人类社会赖以维系发达之不二途径，其任务既如此重大，其业务自更加广泛”③。

对于新时期的新工作，武进分会的总干事吴逸樵表达了自己的看法，他认为：“红十字的事业范围，好比一块没有边线没有篱范的园地，任你栽下多少工作，它是不会有足够的一天，因为社会是在不停地进化，而人类生活上的需要也是随着无止足的，红十字会是在有一分力量即办一分事

---

① 《复员期间管理中华民国红十字会办法》，见中国红十字会总会编：《复员期间中华民国红十字会法规辑要》，1946，不著页码。

② 《复员期间中华民国红十字会总会初步工作实施计划纲要》，《红十字月刊》总第1期（1946年1月），第8页。

③ 金宝善：《慷慨解囊捐助红会》，《红十字月刊》总第20期（1947年8月），第2页。

业的原则下，应着人类的需要不断前进。”[①] 这可以说是对红十字会社会服务工作的深刻理解。

为更好地实现服务目标，蒋梦麟会长订立了8条“服务信条”[②]，对全体红会工作者提出要求：一具丰富情感，二报牺牲志愿，三本博爱襟怀，四献科学身手，五作精密准备，六求迅速效率，七策社会安全，八增人群幸福。这8条“服务信条”成为鞭策红会工作者的指导性原则。

蒋梦麟

在力量壮大后，红十字会的工作范围扩展是理所当然的。“红十字会的宗旨既为博爱人群，服务社会，其工作范围是由狭而广，工作性质由消极而积极，由医疗疾病进而辅助政府推行保健，救济灾难，抚恤抗战军人家属，及青年会员的训练教育等项工作”[③]。在此精神指导下，江苏各地的红十字分会按照总会的指示，积极开展了社会服务活动。这一时期江苏各地分会的工作主要包括：平民诊疗、防疫保健、儿童福利、青年妇女训练、图书阅览、慰劳荣军，等等。

医疗方面，和抗战时期不同的是，医疗服务主要侧重于平民诊疗和防疫保健工作。这一时期，红十字会的医药工作开展主要通过红十字医院和新型诊疗所，以及后来设立的乡村服务站和乡村巡回医务队等进行。为指导这一时期的医疗工作，总会曾制定《复员期间中华民国红十字会诊疗所暂行通则》，规定“诊疗所本服务社会博爱人群之宗旨推行医疗保健及社会服务工作”；并规定“诊疗所门诊除酌收挂号费外以免费为原则，其他

① 朱子会：《新血输的成长》，《红十字月刊》总第11期（1946年11月），第28页。
② 《红十字会服务信条》，《红十字月刊》总第9期（1946年9月），第2—3页。
③ 帆影：《南京分会的社会服务》，《红十字月刊》总第33期（1948年9月），第12页。

如有必需收费者须呈报总会核定之，但均以低于当地公共卫生机关者为原则”[①]，充分体现了为贫民谋福利的宗旨。

根据总会的工作安排，江苏各红十字分会共建立了2个红十字医院、17个诊疗所[②]。2个医院分别属于青浦分会和海门分会，诊疗所的分布为南京分会5个，武进分会2个，江都、嘉定、长泾、宝应、南汇、丹阳、无锡、砀山、镇江和崇明分会各1个。各地在遵照总会指示的原则下，根据自身情况规定了减免费的政策，如砀山分会就规定挂号费和医药费一概免收；其他分会多数仅收挂号费，但也有一定的特殊优惠措施。由于红会的医疗工作有较深厚的基础，再加上这一时期经济残破，贫民诊病不易，因此红十字医院与诊疗所是复员期间“各地分会进行社会服务的重要设施之一，是民众迫切需要且受益人数众多的仁爱设施，成为这一时期红十字会工作的一大特色”[③]。

为加强乡村工作，总会还倡导在乡村建立以医疗为中心的服务站，武进分会和砀山分会开展了此项工作。武进分会分别在前黄、湟里、寨桥、厚馀、西夏墅、马迹山、湖塘桥、雪堰桥和坂上9个乡镇设立了乡村服务站，砀山分会在崇教乡建立了1个乡村服务站。1948年7月起，总会又利用美国援华经费设立了12个乡村巡回医务队，其中江苏有6队，分别是长泾分会的第五巡回医务队、青浦分会的第六巡回医务队、砀山分会的第七巡回医务队、江都分会的第八巡回医务队、武进分会的第九巡回医务队和南京分会的第十二巡回医务队。这些医务队在乡村巡回开展治病保健工作，成为红十字会医务工作的流动服务站。

此外，总会还利用美国红十字会的援助开展了沙眼防治工作。1947年，总会选定南京、西安、上海和北平4处设立沙眼防治所。南京市沙眼防治所当年6月开诊，为医治沙眼患者、控制疾病传播做出了贡献。

除平民医疗工作外，儿童福利工作也引人瞩目。1946年1月，总会设立社会服务处，其中就包括儿童福利工作的开展。1946、1947年两年间，各地分会与行政院善后救济总署（简称“行总”）合作共设立了儿童营养

---

① 《复员期间中华民国红十字会诊疗所暂行通则》，见中国红十字会总会编：《复员期间中华民国红十字会法规辑要》，1946，不著页码。

② 《中华民国红十字会事业设施》，《红十字月刊》总第35、36期（1948年12月），封底。

③ 中国红十字总会编：《中国红十字会的九十年》，中国友谊出版公司，1994，第108页。

站12个，其中江苏设立了8个，包括南京2个、武进5个、江都1个，为贫苦儿童供应营养品。“站内所需的牛奶、奶粉、代汤粉、鱼肝油、面包等营养品的来源，概由行总所在地的各分署负责供给，经费则由所在地的分署及承办分会各负其半”①。

各分会还加强儿童联谊。1947年“四四儿童节”期间，全国有15个分会举办了儿童同乐会，其中江苏有7个，即南京、武进、砀山、吴县、青浦、泰县和宝应，活动期间并赠送儿童礼物及糖果。不少分会开展了对儿童的健康检查、防疫注射，以加强儿童保健工作。有的分会还开展儿童教育工作，如设立图书阅览室及失学儿童训练班等。

青年妇女工作的开展是这一时期的又一大特色。南京、武进分会曾开展妇女训练工作，举办妇女卫生训练、急救训练、缝纫班及生活训练班、护理训练班等。

青少年组训工作也正式开始于复员时期，红十字青少年组织的建立是这一时期的新景观，亦成为红十字会开展社会服务工作的新生力量。

总之，这一时期红十字会的工作已“突破救护的藩篱”，开展更加广泛的社会服务工作了。但是，1946年6月，解放战争爆发。红会复员时期的各项工作，也因战争的再起受到影响，经济的破败与政局的动荡制约了红会社会服务工作的进展。然而，即使在此情形下，红十字会仍按原定计划拓展了社会服务事业。“服务社会、博爱人群”是这一时期红会工作的宗旨，而江苏一直走在全国的最前列，其中南京市分会更成为全国的楷模。

第二节　南京分会的社会服务工作

复员时期到来后，总会负指导监管之责，而具体业务的开展由分会承担。作为首都所在地的分会，南京分会积极担当起“试验”的重任，开展了多种社会服务工作，为全国各地分会树立了榜样，成为“标准”分会，

① 胡道珂：《儿童福利工作在中国——民国三十五年度的调查》，《红十字月刊》总第15期（1946年3月），第12页。

因为“在总会就近辅导之下，南京分会之走上标准，是理所当然”①。

当然，仅有地理优势不能完全解释南京分会所取得的成绩，这些成绩的取得还有赖于南京分会组织者的辛勤劳动。抗战期间，南京遭到日军的残暴蹂躏，损失极为惨重。抗战胜利后，南京城内依然遗留着日本侵略的累累创伤，经济萧条，民生凋敝，许多重要设施亟待恢复。在这种状况下开展工作，所遇到的困难可想而知。而南京分会不断克服各种困难，积极响应总会号召，开展了广泛的社会服务工作，起了全国分会领头羊的作用，其中贡献最大的当属分会会长沈慧莲女士。

一、南京分会带头人——沈慧莲印象

沈慧莲（1891—1974），广东番禺人，是时任南京市市长马超俊的夫人。她早年参加反清革命工作，黄花岗起义时司运械弹，与当时带领工人运送军火的马超俊相识，后来在黄兴先生的撮合下二人缔结连理。婚后沈慧莲选择了学医，曾在广东女师和上海亚东协和大学医学院学习，毕业后先后在南华医院和广东市立医院妇科工作。之后又因其丈夫的原因，多次变更工作地点，曾在其丈夫故乡广东台山众生医院任院长，在上海时也一直在医务界工作。抗战期间，沈慧莲与唐国桢等人率妇女界代表参加出钱劳军运动，还参与过由妇女界发起的中国战时儿童保育会，为慰问抗战将士及救助被难儿童做出了贡献。虽然沈慧莲早年没有直接参加红十字会工作，但其经历却与红十字会的工作有颇多相通之处。

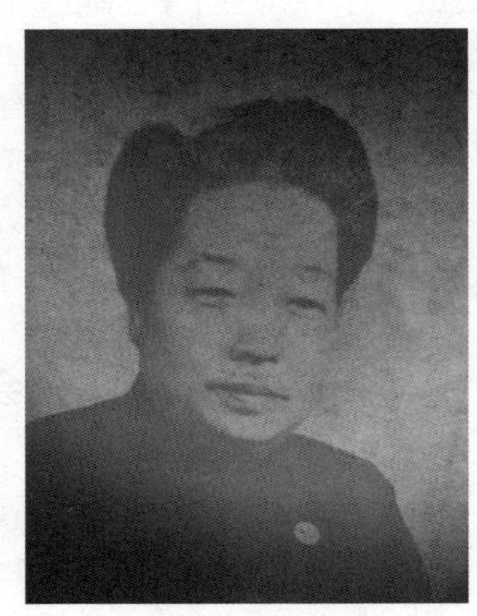
沈慧莲

抗战胜利后，沈慧莲积极参

① 朱子会：《十个不同的活动——南京市分会的淡写》，《红十字月刊》总第12期（1946年12月），第28页。

加红十字会工作，成为南京市分会理事会成员之一。在1946年5月4日召开的南京市分会第一次理事会会议上，她当选为南京分会常务理事兼会长，成为南京分会的带头人，也是当时全国唯一的女会长。

复员之初，刚刚恢复重建的南京分会面临诸多困难，“举凡战前会址，财产，均荡然无存”[①]。经历了战争浩劫，南京市内房屋极为紧张，最初分会将湖南路永宁里1号作为临时会所。后经多方寻找，才在太平路42号租得平房一幢。这栋房子曾是堆积敌伪物资的仓库，没有窗子，破旧不堪。南京分会耗资3000余万元进行整修。为了节约开支，南京分会决定将诊疗所也设于此，房屋一部分用于分会办公，一部分用于开办分会诊疗所。对于房屋的具体分配，沈慧莲决定办公场所尽量缩减，她说，“空泛的行政机构远不如实际的服务工作”[②]。为了有效地利用空间，她决定只留一间屋子作为办公室，其余的全部都用作诊疗所。诊疗所开业后，就诊人数一直居高不下，仅开诊的第一个月平均每天就达到200人左右[③]。整天人声嘈杂，沈慧莲主持的南京分会就是在这种简陋的条件下开展工作的。

由于事繁任重，南京分会经常是一人兼数职，工作相当辛苦。每当有人来应聘，沈慧莲常常坦白地告诫：“来红十字会工作的人，必须抱有牺牲自己利益的精神，所有的职务都是繁重的，每一个人都要兼管数种工作，你且来试试，要是不愿意，或者精神不够的话，我也不能勉强，谁有兴趣，谁有能力，即使没有人介绍，直接告诉我，我也会任用的。”由此可见复会之初工作的艰苦及沈慧莲的处事作风。

在开展工作方面，沈慧莲热心投入，按她自己的话说，就是“多年的服务养成了我的一种信心，一种习惯，我决不能以个人或一家的幸福而满足”[④]。从她担任会长期间的工作态度来看，她的确是一个对待工作热情而有责任心的人。在其担任会长的初期，百废待兴，仅复兴分会的工作就面临许多困难，而且红十字会工作正亟待转型，由战争期间的救护为主转为

---

① 《中华民国红十字会南京市分会三十五年度工作简报》，1946，第1页。

② 赵昌敏：《新工作与新作风——一位红十字小姐的自述》，《红十字月刊》总第15期（1947年3月），第29页。

③ 《中国红十字会新闻》，《红十字月刊》总第8期（1946年8月），第33页。

④ 乐水：《红十字会南京市分会会长沈慧莲女士访问记》，《红十字月刊》总第8期（1946年8月），第28页。

更广泛的社会服务。作为总会所在地的分会，南京分会要时刻走在全国分会的前列，任务之繁重自不待言。就是在这种爱心的支持下，沈慧莲克服了种种困难，使分会的工作渐入正轨，并取得了优异的成绩。她以女性特有的细腻，对儿童娱乐、妇幼保健等项工作倾注了很多心血，她曾说："除了消极的医疗救济外，我最侧重积极的建设，在计划中我拟在玄武湖设十条游览船，几个供游人憩息的大帐篷，儿童娱乐场，母亲会，保健会，卫生讲堂等等。我将尽自己最大的努力，只要能够给别人增加一点幸福，就是我最大的快乐了。"① 沈慧莲的这些计划，在此后南京分会的工作中都基本得以实现，玄武湖的游艇，她首先认捐一艘，起到了模范带头作用；分会诊疗所所需款项药品，除多数由总会拨助之外，她也亲自带头捐助。

在工作中，事无巨细，沈慧莲都热情组织，她说："红十字会的工作就是琐碎事务，但在这琐碎的事务中，表现了高度的人类爱。"②《红十字月刊》也曾多次报道她的工作，这里不妨摘引几段，再现其工作中的一些侧影：

1946 年 5 月，南京分会刚刚恢复，《红十字月刊》报道说："南京市分会进展迅速，会长沈慧莲氏曾赴沪捐募'七七'慰劳荣军物品，其新会址已觅定，即将展开医药、营养等各种社会服务。"③

7 月，"南京市分会会长沈慧莲，于七七抗战纪念日，在励志社招待抗战先烈遗族及荣誉军人，席上，每人分赠香烟一包，维他命（维生素）丸一盒，牛肉或咖啡一罐，纸扇一把，以致慰劳之意，当时发出一百一十份，对未到会者，另行分送，儿童另赠糖果一包，此项慰劳品，系由该会向上海各界劝募而来"④。

"九月十日，为农历中秋节，南京市分会会长沈慧莲女士，于下午六时，率同分会工作人员六人，携带罐头食品（牛肉及鱼等）至南京救济院，慰问该院收容之难童，计有男童二百多名，女童一百多名，多系孤

---

① 乐水：《红十字会南京市分会会长沈慧莲女士访问记》，《红十字月刊》总第 8 期（1946 年 8 月），第 28 页。

② 帆影：《南京分会的社会服务》，《红十字月刊》总第 33 期（1948 年 9 月），第 12 页。

③ 《中国红十字会新闻》，《红十字月刊》总第 5 期（1946 年 5 月），第 20 页。

④ 《中国红十字会新闻》，《红十字月刊》总第 7 期（1946 年 7 月），第 30 页。

儿。并经驱车去汤山陆军医院，慰问驻院伤病军人，计达六百余人，均予发给食品罐头”[①]。

1947 年“二月二十一日新生活运动十三周年纪念，由会长沈慧莲亲自出席慰劳荣军，赠送白衣短裤一百套，肉类罐头三十个，牛油二十罐”[②]。

这些对于沈慧莲的报道经常出现在总会所办刊物上，其所做之事的确琐碎，但就是这些琐碎之事，却为需要关爱的人送去了温暖，传递了红十字会的“人道、博爱”精神。对于小事都亲身为之，对于分会举办的“较大”事业，沈慧莲更是责无旁贷，她还兼任南京分会第五儿童营养站主任、玄武湖服务站主任等。

有人认为：“沈慧莲女士对于社会公益，素富热忱。”[③] 从她的工作情况来看，的确不是恭维之词。自 1946 年分会恢复建会，到 1949 年初的将近 3 年的时间里，南京分会的很多工作，如慰问抗战军人和烈士家属，慰问难童及伤病军人，举办游园会、母亲会及为教师服务等，无论事情大小，沈慧莲大都积极组织并亲自参加，表现了对红会事业的满腔热情。

在沈慧莲的领导下，南京分会多次举办儿童会、母亲会、妇女训练班（包括卫生训练班、急救训练班、缝纫班、生活训练班等）等，积极开展社会服务工作，另外也开展了医疗防疫、冬令救济与灾变救济等多项工作。尤其是南京市作为红十字青少年运动的“试验”基地，为中国红十字青少年运动的开展起到了开路先锋的作用。南京分会所取得的成绩，与沈慧莲的努力是分不开的。

1949 年 2 月，沈慧莲离开大陆来到台湾，为其南京分会会长的职务画上句号。此后，南京分会会长一职由杨登瀛担任。

二、儿童福利工作概览

中国红十字会自创立以来，对于儿童的人道关怀一直都在进行，但此项工作一直没有设立专门的工作机构来管理，直到 1946 年 1 月总会设立了

---

① 《中国红十字会新闻》，《红十字月刊》总第 9 期（1946 年 9 月），第 37 页。
② 《中国红十字会新闻》，《红十字月刊》总第 14 期（1947 年 2 月），第 43 页。
③ 钱致平：《红十字会在南京》，《红十字月刊》总第 8 期（1946 年 8 月），第 29 页。

社会服务处，专司青年、妇女工作。儿童福利工作也是其工作范围之一。有了专职领导机构，工作的开展自然得以加强，儿童福利工作因此取得显著成绩，其中南京分会的儿童福利工作堪称典范。南京分会的儿童福利工作主要集中在以下几个方面。

（一）开办儿童营养站

儿童营养工作为积极的保健，是极有意义的工作。但由于旧中国的贫弱落后，儿童营养实难顾及。贫苦人家的孩子能够求得温饱已经不易，根本无法“奢谈”营养。而红十字会因忙于战事救护，此项工作未遑兼顾。

1946 年，行政院善后救济总署得到国外捐来的一批牛奶，遂提出与红十字会合作开办儿童营养站，为缺乏营养的儿童提供牛奶和奶粉等营养品，这对苦难的家庭来说可谓“福音”。接到通知后，南京分会积极行动，与行总苏宁分署合办了两个儿童营养站。

首先开办的是第五营养站，位于中华路 354 号基督教堂内。营养站顾问 5 人，分别由总会副秘书长汤蠡舟、第三处处长陈蕙君、南京分会会长沈慧莲、中华路基督教堂惠牧师、卫生署保健处处长施正信担任。分会会长沈慧莲兼营养站主任，有干事 7 人。该站于 7 月 11 日起开始登记，22 日至 25 日体格检查，7 月 25 日正式开办。

但就是这种仁爱设施，在开办之初也经历了重重困难。营养站筹办之际，由于社会上民众对红十字会“服务社会”的事业缺乏了解，很多人不敢相信有这等“好事”，甚至有人怀疑营养站供应物资的真实性，认为不是牛奶，而是“米汤冲开水，或者是其他的代用品”①。这种怀疑的态度，给红十字会开展工作带来相当大的麻烦。当时，工作人员首先以中华路为中心对附近需要进行营养补助者进行登记。据组织者回忆，被调查者对他们的态度大相径庭，“有些经过我们解释来意后，便欣然登记，有些经过反复耐心的说服以后用半信半疑的眼光，带着冒险尝试的态度让我们给登记，有些却顽强地不愿为自己亟需营养的孩子花费自己每天半小时的时

---

① 云：《儿童营养站巡礼》，《红十字月刊》总第 9 期（1946 年 9 月），第 35 页。

间，还有一些以仇视的眼光恶狠狠的声调不问来由硬赏我们以闭门羹”①。可见人道、博爱的服务工作在开办之初也并非一帆风顺，可谓筚路蓝缕、艰苦备尝。红十字工作者们凭一腔热忱挨家奔走，耐心说服，才使得登记工作最终完成，儿童营养站也按计划顺利开办。

儿童营养站主要的服务对象虽然是儿童，但为了下一代的健康，对孕妇及乳母也有兼顾，充分体现了“积极”保健的性质。具体来讲，南京分会第五营养站“供给的对象，就是自出生以后的婴儿（至）十二岁的小孩，以及已怀妊八九个月的妇女及产妇，他们经医生检查，证明缺乏营养，需要滋补，便可以得到吃奶的权利”。为方便群众，营养站主要分饮奶和发奶两项业务，规定：“初生婴儿至二岁儿童，以及怀妊八九个月妇女及产妇，可以将奶带到家里吃”，而“两岁以上至十二岁的男女小孩，就规定必须至营养站来吃”。为保证营养站分发的牛奶能真正起到滋补贫弱者身体的作用，红会组织者还进行了详细的筹划，以免流弊产生。因为当时经济状况不佳，很多民众生活极端困难，需防止他们把取自营养站的牛奶卖掉换钱。特别是对于少数经医生证明因贫血等原因，可以分得两罐奶的人，营养站规定，“凡得到两罐奶的，一罐奶必须要开出倒在取人的盛器内，另一罐可求将罐带回，但分奶人则用刀尖在罐上凿一个小洞，使牛奶不能保持长久的新鲜，免得发生流弊”②。从这些措施来看，南京分会在筹组营养站时的确计划得非常周密，既充分考虑到方便群众，同时又以完善的管理来确保“营养”目的的实现。

营养站每天在发奶之前要进行教育活动，讲解内容主要为卫生常识、保健知识及红十字知识等。每周一、四还设有体格检查，从营养站建立至1946年年底，共检查妇婴464人。另外，分会还专门派人协助担任儿童卫生教育工作，指导儿童养成良好的卫生习惯等。营养站还利用中秋等节日举办儿童会，宣传红十字会的事业，使营养站成为宣传的一个重要阵地，许多人通过这一途径增强了对红十字会工作的认识与了解。

1946年7月至12月，南京分会第五儿童营养站供应人数与所发牛奶数量统计如表5－3所示。

---

① 胡道珂：《孩子们笑了》，《红十字月刊》总第8期（1946年8月），第30页。
② 云：《儿童营养站巡礼》，《红十字月刊》总第9期（1946年9月），第35页。

表5－3　南京分会第五儿童营养站供应人数与所发牛奶数量统计表（1946年7—12月）

类别＼时间	7月	8月	9月	10月	11月	12月	总计
发放淡奶（听）	538	3531	5193	8280	11538	12843	36818
领奶人数（人）	1534	7414	7908	10693	11538	12843	51928

资料来源：《中华民国红十字会南京市分会三十五年度工作简报》，1946，第9页。

从表5－3可见，营养站的领奶人数与发奶量逐月增加，营养站的举办日趋成熟。另外，营养站还发放鱼肝油65加仑，领用者536人，并于12月19日向南京市第五中学的14名夜盲症学生发放鱼肝油28磅。

第五营养站开办后，逐渐得到社会认可，反响良好。为扩大受惠面，1947年3月，南京市红十字会又与行总苏宁分署合作开办了第二十七儿童营养站，地址设在玄武门国民小学内。从3月1日正式供应，到3月31日一个月的时间，“共有饮淡奶儿童3894人，消耗淡奶2361听，饮奶粉儿童8441人，消耗奶粉425磅”①。

儿童营养站的开办可以说是这一时期红十字会的一项重要工作，也是前所未有的特色工作。《红十字月刊》上曾有“儿童营养站工作，为积极的保健，各地分会举办以来，大有供不应求之势”的评论②，足见其受欢迎的程度。但是人道博爱事业，必须以充足的物资供应作为保障方能持久。到了1947年下半年，行总所供淡奶与奶粉的数量不断减少，南京分会第五儿童营养站遂于7月15日短暂停顿，8月份重新办理登记，“凡营养确为不良或有病征者始可领得”③。第二十七营养站则于9月15日结束。自开办以来，南京分会共计供应人数为818310人次，发出淡奶19538斤，奶粉28195磅④。

（二）儿童医疗工作

红十字会关爱儿童健康成长，在注重积极的保健工作的同时，仍然没

① 《中国红十字会新闻》，《红十字月刊》总第15期（1947年3月），第37页。
② 《中国红十字会新闻》，《红十字月刊》总第14期（1947年2月），第42页。
③ 《中国红十字会新闻》，《红十字月刊》总第20期（1947年8月），第41页。
④ 《中国红十字会新闻》，《红十字月刊》总第21期（1947年9月），第37页。

有忽视医疗工作。南京分会经常举办儿童健康检查、防疫注射等，各诊疗所多数设有儿科，医治贫弱患儿。除此之外，南京分会还特派专门医师设立了儿童门诊部，推行儿童保健和为贫苦儿童服务，门诊时间为每周一、三、五下午的2～4点。

（三）设立贫苦儿童奖学金

由于经济状况差等原因，这一时期儿童失学现象非常严重。为了帮助贫苦儿童继续接受教育，1948年1月，南京分会利用总会提供的1500万元捐款设立了贫苦儿童奖学金，专门救济那些学习成绩优秀的贫困学生。经分会议定，救济范围以南京市区内的小学为限，受奖学金资助的学生应具备的条件，首先必须是红十字会的青年会员、家庭贫寒且品学优良。符合条件的学生由所在学校为其填写申请书，并附上学习成绩及家庭调查表交到分会，由分会审核批准后按照学生实际需要的学杂费标准给予奖学金。由于资金有限，分会规定："奖学金之名额，视该校青年会员人数之多寡为定，其有青年会员占全校学生人数三分之一者，得设一奖学金额，三分之二者设二额，最多者设三额。"① 另外，也要求受资助的学生把爱心传递下去，必要时接受红十字会的训练并参加红十字会的服务。这样，有8所学校的9名小学生获得奖学金。虽然受资助人数极为有限，但表现了红十字会对儿童教育问题的关注。

南京市的儿童福利工作人员"为增进学识加强工作效能起见"②，还特意和金陵大学等8个社团合作发起组织了儿童福利工作人员座谈会，定于每周六下午2点开会，讨论儿童福利工作的理论和技术问题，以不断提高服务质量。

总之，儿童福利工作在中国刚刚起步，复员时期的中国红十字会涉足了这一领域。南京分会的工作虽为初步尝试，规模有限，但这是相当有意义的工作。在实践中，南京分会不断拓展思路，期望将儿童福利工作培育成其社会服务的一个重要项目，这一点是值得肯定的。

---

① 帆影：《南京分会的社会服务》，《红十字月刊》总第33期（1948年9月），第13页。

② 王一正：《本会儿童福利工作之回顾》，《红十字月刊》总第23期（1947年11月），第5页。

三、玄武湖服务站的建立

南京分会的玄武湖服务站是中国红十字会总会还都以来设立的第一个服务站，成为南京分会开展各种训练与服务活动的重要基地。

总会在新时期到来后，曾经制订了服务中心实验区的设置计划，后来限于人力物力，无法广泛开展，最终决定在南京先行试办。

1946 年 4 月，总会领导从重庆回到南京后，便开始筹划在首都建立一个服务站。经多次实地考察，决定把服务站设在风景秀美的玄武湖畔，并在服务站组织大纲中明确规定："本会为实现复员期间工作计划，展开社会服务工作，发扬红十字会精神，特在玄武湖地区创办服务站，为湖区民众及游客服务。"① 可见，设立玄武湖服务站的计划是由总会提出来的，早期的工作也是由总会来做的。5 月，南京分会正式改组成立后，按照新时期总会与分会的工作分工，总会把服务站的具体工作交给南京分会承办，但总会仍在经费、设备与技术等方面予以协助，以期为各地分会树立社会服务工作的典范。

5 月 4 日，南京分会举行了复员时期第一次理事会议，筹备服务站事项正式启动。在参照总会设置计划的基础上，分会又制定了《中华民国红十字会南京市分会玄武湖服务站组织规程》，规定服务站的工作为：

第一，发动玄武湖区环境卫生工作。

第二，办理诊疗及各项卫生指导工作。

第三，举办急救训练及水上安全训练。

第四，举办儿童会、母亲会、座谈会及各种团体活动。

第五，举办其他与本会宗旨符合之社会活动②。

这一规程同时规定了服务站的组织管理办法，服务站由此进入正式建设阶段。

首先是选定具体站址。在分会沈慧莲会长及南京市园林管理处马绍裘

---

① 《中华民国红十字会玄武湖服务站设置计划》，《红十字月刊》总第 3、4 期（1947 年 4 月），第 10 页。

② 吴耀麟：《玄武湖服务站与红十字青年服务团》，《红十字月刊》总第 11 期（1946 年 11 月），第 24 页。

处长的共同努力下，最终选定了环洲的一片湖边园地。这里环境优美，立足岛上，足揽全湖之胜，远眺钟山灵秀，湖光山色，风景如画，如入仙境。这本是一块果蔬菜圃之地，面积大约 6 亩，经与主人协商，红十字会以 64 万元的代价租用该地。

7 月 10 日，经南京分会第二次理事会议商定，由会长沈慧莲兼服务站主任，协助分会工作的总会视导吴耀麟为副主任。服务站于 7 月 15 日正式动工，边搭建房屋边制备物品，以价廉实用为宗旨。分会还积极发起向社会各界认捐游艇的倡议。沈慧莲会长首先认捐 1 艘，之后，中国红十字会总会、中国银行及叶公超、关颂声、穆华轩、刘错、于斌等各界人士分别认捐 1 艘，至 1946 年底，共捐得游艇 8 艘，分别命名为吉林、安东、长春、松花江、辽宁、兴安、合江和黑龙江号。以东北地名命名，则予人以深刻印象，使不忘东北之意。8 月 15 日，玄武湖服务站正式开幕，由沈慧莲会长主持，举行了盛大的开幕仪式。

走进服务站，中间为草顶平房，是诊疗、办公及工作人员休息之所。两旁有两根旗杆，一侧是国旗，另一侧是红十字旗帜。边上安设竹篱，直达湖畔。该站场地宽大，可供露营、游戏之用。后又增添篮球场、秋千、轩轾板（即跷跷板）等，供成人及儿童锻炼身体之用。

玄武湖服务站成立后，基本按组织规程的规定开展服务。概括起来，主要包括康乐活动、技能训练及卫生服务等工作。

其一，从康乐活动做起，服务站时常接待青少年团体来站露营，免费借给炊具、游艇等。举办露营的“目的在集合各界青年参加野外生活，藉以锻炼身体，联络感情，认识红十字会工作，为人群服务”①。从该站设立到 1946 年年底，来站露营者达 500 人②，以南京市的少年儿童居多，也时常有外地青年来站，如 1947 年 8 月 24 日曾招待上海童子军第 177 团到该站露营。尤其值得一提的是，玄武湖服务站成为南京市红十字青年服务团成立后重要的活动基地，被称为“年青人的乐园”。

其二，技能训练。分会多次利用该站进行教育训练活动，如 1947 年暑

---

① 徐知冕：《年青人的乐园——玄武湖的健康营》，《红十字月刊》总第 8 期（1946 年 8 月），第 31 页。

② 《中华民国红十字会南京市分会三十五年度工作简报》，1946，第 3 页。

假在该站举办的儿童暑假补习班，于8月1日举行开学典礼，共43名学生参加，至31日结束，成绩优良者发给奖品一份①。

其三，玄武湖服务站设有诊疗所，有医生护士全日施医赠药，为来站娱乐的游客和周围的船户、农夫提供医疗服务。“虽则玄站的医药设备是很简单的，但后湖三百户人家无新式医药设备与机构，晚上闭城门以后甚至日间的游客与居民出了意外，那是大的问题，我们有了这个小小机构，也就给予湖民及游客许多方便之处”②。无怪乎在玄武湖服务站开幕当天，湖民代表送来一只银鼎和一面锦旗，上书“湖民福音”4个字，足见该站的设立受到附近居民的热烈欢迎。

另外，为使民众加强对红会事业的支持，南京分会经常在玄武湖服务站举行各种交谊与集会等活动，如1947年4月20日举办的游园大会，气氛至为热烈，成为宣传红十字事业的重要舞台。这一时期南京分会的红十字周活动，也多在该站举行。

玄武湖服务站是适应新时期社会服务工作而设立的，尤其是适应了分会试办红十字青少年组训工作的需要。红十字青少年工作在抗战胜利后得到总会的大力提倡，南京分会责无旁贷地负起“试验”的重任。组织青少年工作需要有集会训练的场所，玄武湖服务站建成后就成了红十字青年服务团的重要活动基地，正如吴耀麟视导所称：南京市玄武湖服务站与红十字青年服务团是总会提倡红十字青少年运动中首先产生的一双“姊妹花”。

四、平民诊疗工作

红十字事业最早发端于战场救护，因此医疗工作一直是红十字会的重点工作。不过，红十字会在之后的发展中工作范围不仅仅限于战场救护，还致力于平民诊疗。中国红十字会创立后，曾于1909年在上海创设医院为民众施医赠药，颇受欢迎。此后，红十字医院逐渐增多，只是由于力量有限，还不能普及。抗战胜利后，红会计划开展广泛的社会服务，对医疗工作更为重视。因为在当时的中国社会，医疗工作仍然是民众最需要的，也

---

① 《中国红十字会新闻》，《红十字月刊》总第20期（1947年8月），第41页。

② 《南京市分会的医药服务——本会医药服务概况报告第一篇》，《红十字月刊》总第16期（1947年4月），第32页。

是当时的中国社会最感缺乏的。红十字会准备大力开展医疗活动，扩大平民诊疗范围。

这一时期，中国红十字会的医疗机构主要是红十字医院和诊疗所，而以新型诊疗所居多。多数诊疗所规模不大，因此比红十字医院的设置更为普遍。部分诊疗所为抗战期间救护总队各救护区队裁并而成，具有优良的医疗传统。

为规范这项工作，总会制定了《复员期间中华民国红十字会医院诊疗所调整管理办法》，规定“各院所以分会设立为原则”，以适应总会和分会角色的转变。具体施诊方面，“除酌收挂号费外，医药以免费为原则，其他如有必须收费者须呈报总会核定之，但均以低于当地公共卫生机关者为原则”①。因此，红十字医院与诊疗所成为当时民众最欢迎的医疗机构。这其中，南京分会的医疗服务工作同样走在了各地分会的前列。

抗战期间，南京被日军占领8年之久，不但民众遭受诸多苦难，各项设施亦多被破坏，医疗设施损毁尤为严重。抗战胜利后，医疗工作虽在一定程度上得以恢复，但仍然难以满足民众需求，“因战争遗留下的贫穷、疾病，到处皆是，而仅有的几个医院诊所，无处不患人满，以致求治无门，呻吟于病院门外者更不计其数”②。英国议会访问团团员阿穆理爵士在参观后也曾感叹：“南京有一百万的居民，而仅有三个医院，照我们的标准看，规模都很小。”③ 由此可以看出当时医疗状况之差。民众缺医少药，忍受着病痛的折磨。中国红十字会南京分会力图弥补医疗力量的不足，为民众解决实际困难，因此在广泛开展社会服务工作的同时，“对这项工作并没有偏废”④。

为使贫困者能够得到快速有效的治疗，南京分会制定了具体的“嘉惠贫病者”的办法，在遵照总会指示的前提下，对减免医药费做了具体规

---

① 《复员期间中华民国红十字会诊疗所暂行通则》，见中国红十字会总会编：《中国红十字会历史资料选编，1904—1949》，南京大学出版社，1993，第250页。

② 《南京市分会的医药服务——本会医药服务概况报告第一篇》，《红十字月刊》总第16期（1947年4月），第30页。

③ 阿穆理爵士：《南京分会》，郝连栋译，中国第二历史档案馆馆藏档案，全宗号：476，卷号：1982。

④ 朱子会：《十个不同的活动——南京市分会的淡写》，《红十字月刊》总第12期（1946年12月），第30页。

定：（一）病人至诊疗所挂号处，无力缴纳挂号费，得请求该处介绍至本部或迳至本部请求免减医药费；（二）由本部社会服务员与申请人作个别谈话，如申请人确属无力就医者，即由社会服务员填写登记卡及免费登记簿，并填发免费通知单；（三）病人持免费通知单至挂号处即可免减挂号费就医[①]。无疑，这些规定得到了贫苦民众的热烈欢迎。

复员期间，南京分会共设立了5个诊疗所，其中于1946年开办的4个诊疗所的具体状况，分述如下。

太平路诊疗所：设于分会会址，有内科、外科、眼科、产科、X光及义务医师诊室，工作人员由原救护总队第311和351区队改编而来。两区队在3月由杭州开赴南京，先在下关为平民、难民施诊，7月改组为南京市分会诊疗所。诊疗所共有医护人员14名，包括5名医生、4名护士、5名助产士。该所于8月15日起全日应诊，每日门诊200人以上，医护人员人数也随着应诊的日渐繁忙而有所增加。这是南京分会所属的科室最全、规模最大的一个诊疗所，也是分会开展诊疗工作的核心。

新街口义诊所：南京分会社会服务处与总会社会部合办，设内、外两科，工作人员由原救护总队第421区队改编而来。该区队于3月由汉口来到南京，先驻于下关。后改组为南京市分会新街口义诊所，有医护人员7名。该所从7月1日起分上、下午应诊，药品由分会提供，工作人员薪俸由社会服务处担任。“因为它交通便利，和附近的区域差不多都是私人挂牌的医师，（所以）平民和公务员的疾病，多到这里来看”[②]，该诊所每天门诊百余人。

玄武湖服务站诊疗部：设于玄武湖服务站内，是服务站开办后的一项重要工作。于8月15日起应诊，仅有医护人员2人，每日应诊者数十人。来该站应诊者以外科居多，其次是内科、妇儿科和其他科。服务对象是来站娱乐的游客和周围的船户、农夫。

陵园诊疗所：设于中山陵陵园内，为南京分会与陵园管理处合办。该诊所分内、外两科，于9月下旬开诊，“诊疗对象，以陵园员工为主，居

① 《南京分会社会服务工作计划报告实施办法》，中国第二历史档案馆馆藏档案，全宗号：476，卷号：2992。

② 《南京市分会的医药服务——本会医药服务概况报告第一篇》，《红十字月刊》总第16期（1947年4月），第32页。

民次之，员工持就诊证者免费优待，居民则收极低之挂号费，其他诊查药品等概不取分文。开诊以来，乡区称便，故有不远数十里而来就诊者”①。

这4个诊疗所开办后，积极为南京民众服务。至1946年年底，南京分会的4个诊疗所的医疗工作统计如表5-4所示。

表5-4　南京分会诊疗所工作成绩表（1946年7—12月）

（单位：人数）

月份	内科		外科		妇产儿科		其他各科		手术	X光透视	X照光片	检验
	初诊	复诊	初诊	复诊	初诊	复诊	初诊	复诊				
7	699	427	767	1189	13		432	419				
8	1451	1397	1458	2992	437	169	1042	993				
9	1799	1168	1555	3678	484	291	1259	1330				
10	1848	1195	1227	3212	587	401	1993	1724				
11	1610	1161	1049	2453	578	542	1792	1367				
12	1162	1013	1492	1933	497	520	1433	1530				
总计	8569	6361	7548	15457	2596	1923	7951	7363	484	1275	13	1552
另接产151次、家庭访视627次164人、救护车服务14次46人、预防注射19961人。												

资料来源：《中华民国红十字会南京市分会三十五年度工作简报》，1946，第7页。

由表5-4可知，除治病救人外，分会诊疗所还承担起预防接种和家庭访视等工作。这些工作都充分体现了医疗工作的积极性质。按照规定，凡学校、团体机关函请分会做健康检查，由诊疗所与分会社会服务处确定时间后进行；凡机关团体来函请求做预防接种，或分会鉴于时令应做某种接种时进行预防接种；家庭访视则包括妇婴卫生指导、环境卫生指导、营养指导、防疫保健指导以及应病人要求所做的个别指导，等等。这一时期，与分会诊疗所联系进行健康检查的单位也非常多。1946年红十字周期间，太平路分会诊疗所特停诊一天为会员做健康检查，“有二百零七个会员自动参加，每人获得一张检查记录卡片，身体检查确系需要营养补助者，发

① 《南京市分会的医药服务——本会医药服务概况报告第一篇》，《红十字月刊》总第16期（1947年4月），第33页。

给鱼肝油一瓶”①。

另外，南京分会诊疗所还提供救护车服务，如有紧急伤害、重病及产妇需要救护车服务，则由诊疗所医务人员携带药箱迅速赶往急救，如果有集会活动也可受邀担任急救服务。

1947 年，南京分会又根据实际需要，新建了 1 个诊疗所，即四所村诊疗所。四所村一带，难民较多，由于人口密集，卫生条件非常差。南京分会乃于 1947 年 10 月在此地设立诊疗所，派出医生和护士共 5 人负责诊疗方面的工作。从 1947 年 10 月到 1948 年 2 月，在 4 个月的时间内，各科诊疗人数达 5266 人，实施卫生教育 594 人，营养补助 6860 人②。分会又于 1948 年 2 月设产房一处，供给难民产妇生产之用。

总体来看，红会这些诊疗所的规模虽小，但在当时缺医少药的条件下，却成为帮助民众解除病痛的重要力量，受到普遍欢迎，每天来就诊者络绎不绝。

1947 年，南京分会 5 处诊疗所诊疗人数统计为：内科 31099 人，外科 66617 人，妇产科 8835 人，儿科 8984 人，X 光检查 6584 人，X 光拍片 722 人，检验 4298 人，接生婴儿 699 人，种痘 4476 人，病人中 85% 是平民和公教人员，还有一些如流浪街头之难民均免费施诊，完全免费者有 853 人③。

此外，诊疗所还做了一些积极的工作，如定期召集那些由分会诊疗所接生过的产妇举办母亲会，以加强联络，指导母婴健康。根据 1947 年的统计，从 3 月到 10 月共举办了 3 次母亲会，差不多 3 个月一次，活动中为母亲们播放儿童教育影片，讲解育儿知识，发放儿童衣物等，“藉以联络感情，宣扬红十字精神”④。参加者在接受了红会的服务后，加深了对红会事业的认识。一名产科工作人员曾说：“凡是在困苦中能给人服务，不但是一件乐事，也最能获得了真诚宝贵的友谊，曾经我们接生的产妇们便和我们紧紧的握手了，她们不断的寄来感谢与宣扬红十字会

① 《南京市分会的医药服务——本会医药服务概况报告第一篇》，《红十字月刊》总第 16 期（1947 年 4 月），第 28 页。

② 参见沈慧莲：《四所村难民救济工作的检讨》，《红十字月刊》总第 26 期（1948 年 2 月），第 5 页。

③ 帆影：《南京分会的社会服务》，《红十字月刊》总第 33 期（1948 年 9 月），第 12 页。

④ 赵昌敏：《母亲会回忆》，《红十字月刊》总第 21 期（1947 年 9 月），第 31 页。

的函件，送来小宝宝的相片，做了红十字会的会员，她们更希望着我们能做她们家中之常客，也介绍了一些孕妇来做我们的新朋友。”[①] 很多人表示愿意为红十字会义务工作，这种爱心接力成了红十字会事业延续的生命线。

除开展综合医疗服务外，南京分会还开展了特殊疾病沙眼的防治工作，为此成立了沙眼防治所。

沙眼是一种慢性传染病，一人得病，常危及全家。在当时，沙眼患者非常多，据对南京市三牌楼小学的学生检查的结果显示，患沙眼的学生占到受检查人数的58%以上[②]，数字相当惊人。因延误治疗导致失明的也大有人在。控制沙眼肆虐，造福普通百姓，是一项功德无量的事业。红十字会早就关注这一影响民众生活的特殊疾病。1947 年初，经与美国红十字会协商，美红会答应提供经费及所需器械设备用于沙眼的防治，于是中国红十字会总会选择了南京等几个分会开办沙眼防治所。

南京市沙眼防治所于 6 月 12 日正式开办。防治工作分两组进行，一为学校卫生组，一为门诊治疗组。学校卫生组主要是进行健康检查，鉴定沙眼及实施简易治疗，侧重于轻度沙眼的矫治，遇有重症沙眼的学生，“均介绍至沙眼防治所治疗或开刀”。同时有公共卫生护士负责预防知识的宣传，并邀请家长参加。从 1947 年 6 月至 1948 年 5 月，南京分会沙眼防治所学校卫生组共举办卫生座谈 7 次、卫生训练 27 次、卫生讲座 154 次、家长座谈会 8 次[③]。

门诊治疗组负责重症沙眼的治疗。门诊部开诊后，“每天平均都在三百人以上”[④]。为达到预防的目的，看病之前要对患者进行候诊教育，讲解沙眼的形成、危害、传播途径、治疗与预防措施等。因为沙眼的传染性强，该所还常派出公共卫生护士进行家庭访视，指导预防工作，收到较好的效果。对于患者的治疗，该所实行挂号费、医药费全免政策。从该所开

① 《南京市分会的医药服务——本会医药服务概况报告第一篇》，《红十字月刊》总第 16 期（1947 年 4 月），第 30 页。

② 《中国红十字会新闻》，《红十字月刊》总第 13 期（1947 年 1 月），第 41 页。

③ 马玉汝：《一年来的南京沙眼防治所》，《红十字月刊》总第 30 期（1948 年 6 月），第 3 页。

④ 马玉汝：《南京沙眼防治所——本会医药服务概况报告第五篇》，《红十字月刊》总第 19 期（1947 年 7 月），第 24 页。

诊至1948年6月的一年时间内，共计初诊9898人、复诊56012人、实施沙眼手术602次①。此项工作的开展，在一定程度上阻止了沙眼的快速蔓延，为民众减轻了痛苦。

由上可见，南京分会的医疗工作适应了复员时期社会的需要，部分弥补了当时医疗设施缺乏的不足，成绩比较突出。

第三节　红十字青少年运动在江苏

复员时期，红十字青少年组织首次在中国大地上生根发芽，它的诞生地就在江苏。

一、红十字青少年运动的起源

红十字青少年组织之所以在这一时期出现，是由当时具体的国际、国内环境所决定的。红十字青少年组织（Junior Red Gross），源自西方。红十字会组织的出现源于战争，红十字青少年组织的出现同样源于战争的推动。

青少年参加红十字会工作自19世纪末20世纪初就已出现，较有影响的是南非战争时期（1899—1902），加拿大昂达利的圣曼丽城出现的枫叶社（The Maple Leagues），其成员是在校的青年学生，他们在教师的领导下为红十字会工作，“枫叶社可说是近代红十字青年会员组织的前锋”②。此后，学校学生协助红十字会工作的事例屡见不鲜，至第一次世界大战爆发后，形成了正式的红十字青少年组织。

红十字青少年组织最早在美国出现。1917年，美国参加第一次世界大战后，美国红十字会担负起战地救护的职责，但苦于人手缺乏。为适应战时工作，威尔逊总统发出呼吁，号召公私学校学生参加美国红十字会工

---

① 马玉汝：《一年来的南京沙眼防治所》，《红十字月刊》总第30期（1948年6月），第3页。

② 袁可尚：《红十字青年会员组织之目的和活动》，《红十字月刊》总第13期（1947年1月），第4页。

作，“结果有一千二百万学校儿童应召，在贤明的指导之下，制作约一千六百万件物品以供给武装部队和海外儿童，此外他们为救济工作征募了三百万元美金”①。青少年正式参加红十字会的工作由此开始。此后，红十字青少年组织轰轰烈烈地发展起来。一战结束后，美国的红十字青少年组织用征募的百万美金对欧洲儿童进行了大规模的战后救济工作，并派遣许多青少年会员赴欧洲各国分发救济物资。此举赢得了欧洲人的好感，一些国家纷起仿效，开始发展青少年会员。

中国红十字会从1919年开始涉足红十字青少年这一领域，当时主要是回应红十字会国际联合会的倡导。红十字青少年运动在中国开始提倡，被称为学生会员，但中国红十字会因忙于其他的救济救护任务，没有进行有效的宣传，也没有制定妥善的组织管理办法，只是徒有学生会员名目而已，入会的青少年人数很少，也尚未形成正式的组织。

1933年，《中华民国红十字会管理条例》及《中华民国红十字会管理条例施行细则》出台，规定在理事会下设青年、妇女两部。1934年，中国红会史上的第四次全国会员大会在上海举行，会上提出“减低会员会费，多收青年会员”等建议②。1935年开始实行的中国红十字总会理事会及监事会组织规程中，正式提出设青年部、妇女部；青年部“以推广学校卫生，发展儿童博爱精神，训练公众服务并增进国际间友谊为目的”，并对组织的方法做了详细的规定。这可以说是提倡红十字青少年运动的有力举措。但此后不久，全面抗战爆发，红十字会把全部精力用于开展战地医护工作，无暇顾及青少年组训问题，因此仍仅有青少年会员名目，除会费有所变更外，工作未有进展，会员人数亦甚少。

因此，发展红十字青少年会员这一倡议在中国并不陌生，但由于种种客观原因，中国红十字会一直没有真正把这一工作落到实处。这一工作的正式开展，始于抗战结束后的红会复员时期。

红十字青少年运动之所以出现在复员时期，有其相对有利的国际、国内环境。

---

① 中国红十字会总会编：《中国红十字会历史资料选编，1904—1949》，南京大学出版社，1993，第366页。

② 参见池子华：《红十字与近代中国》，安徽人民出版社，2004，第285页。

首先，国际红会的推动。战争给人类造成的损失和痛苦是巨大而惨痛的，当世界反法西斯战争取得胜利之后，根绝战争、争取永久和平成为全世界人民共同的呼声。在这方面，红十字会更做出了不懈的努力。1945 年 10 月 15 日至 11 月 2 日，红十字会国际联合会在日内瓦召开各国红十字会代表咨询会议，讨论红十字会由战时转向和平时期的工作。有 39 个国家的红十字会代表 59 人参加会议，共举行 24 次讨论会，其中关于红十字青少年会员组织的讨论就有 3 次。“与会各代表几乎一致认为推行红十字青年会员运动，确系灌输红十字会的博爱人道思想和根绝战争保障和平最彻底最有效的方法”①。因为青少年是未来世界的主人翁，号召他们参加红十字运动具有重要的现实意义与教育价值。从现实来说，它可以动员年轻一代参加社会服务，为社会做贡献，为人类造福。从教育方面说，它的积极意义更加深远。少年儿童正处于品质性格的形成时期，具有极强的可塑性，从小就对其进行人道、博爱、服务社会的思想教育和服务技术的训练，有利于未来世界的和平与安定，有利于他们养成良好的思想品质与服务精神，提高他们服务社会的能力。所以，红十字青少年运动得到各国极高的重视。国际联合会十九届理事会决议也指出：已有红十字青年部的各国红十字会，应立即增加其人员、经费，精心组织，使红十字青年运动能吸收全部学校儿童；没有红十字青年部的各国红十字会应立即开始组织。中国红十字青少年组织就是在这种国际环境下破土成长的。

其次，国内的有利形势。提倡红十字青少年运动，可以说是国际社会的共同呼声，而此时的中国社会也已具备了红十字青少年运动生根发芽的沃土。抗日战争的胜利为红十字青少年运动的发展提供了有利的契机。一是红会社会服务活动的需要。这一时期红会工作重心转移，由着重于医疗救护转向为和平建设服务，社会服务范围逐渐扩大，减免灾难、预防疾病、增进健康成为这一时期工作的重点。这就与青少年的日常生活发生了密切的联系，而且红会工作历来是“预防胜救济”，不惜从点点滴滴做起，许多服务项目也是少年儿童的能力所及的。为此，应给予新生一代充分学习训练的机会，锻炼其身心，以养成良好习惯，培养其实践能力，发扬博

① 胡兰生：《红十字青年会员组织的新动向》，《红十字月刊》总第 13 期（1947 年 1 月），第 1 页。

爱牺牲精神，同时又增加了红会服务社会的力量。二是红会增强自身实力的需要。战争时期红会忙于伤病救护，抗战胜利后，中国红会在稍事喘息的片刻，也发现了国外红会的强大与自己的羸弱。根据红十字会国际联合会的报告，“截至一九四五年十一月止，共有四十九个国家有此种组织，会员三千万人”[①]。面对如此庞大的数字，中国显然大大落伍了。为赶超其他国家，必须壮大自己的力量，红十字青少年组织的发展便成为其中重要的一项举措。

综上所述，红十字青少年运动的开展是国际、国内合力共同推动的。1946 年，中国红十字会总会制定了《复员期间中华民国红十字会总会组织规程》，在重新调整的 4 处 2 室机构设置中，特设第三处，下设青年、妇女两课，加以推进红十字青少年工作。在当年的征募运动中，红会注意了对青少年会员的征求。因青少年会员多以在校学生为主，红会遂与教育行政当局联络，并聘请各学校校长为征募队长，收到了良好效果，“据本会月刊第二十二期已发表统计，三十五年度全国各地已征得会员一九七三七一人中，青年会员为一二一一三九人，占三分之二，此乃复员以后红十字会之新气象，亦即红十字会之新生命线所在”[②]。

红会注重了青少年会员的征求，同时也开始了青少年会员的组训，红十字青年服务团与红十字少年会是复员时期红会所办的两大青少年组织。因此，“本会征求青年会员虽已有年，而训练红十字青年则自复员时期开始”[③]。由于此项工作系首次开展，为了就近指导上的便利，总会把“试验”的园地选在了江苏。

二、“试验”之一：红十字青年服务团

第一个“试验”园地在南京。南京分会首先创建了红十字青年服务团，这是中国红十字青少年运动的第一个组织。

---

① 中国红十字会总会编：《中国红十字会历史资料选编，1904—1949》，南京大学出版社，1993，第 366 页。

② 吴耀麟：《如何发动中小学教师倡导红十字青年工作》，《红十字月刊》总第 13 期（1947 年 1 月），第 11 页。

③ 胡兰生：《中华民国红十字会历史与工作概述》，《红十字月刊》总第 18 期（1947 年 6 月），第 9 页。

自复员时期到来后，中国红十字会总会就一直关注青少年工作的开展，多次进行酝酿、研讨、交流，准备在南京创建红十字青少年组织。这一重任自然落到南京分会的肩上。不过，总会为此项工作提供了便利条件，其中包括总会视导吴耀麟亲临分会指导，并由总会提供物资上的帮助。

南京分会为此也做了大量努力，其中玄武湖服务站的开办就是分会为开展红十字青少年运动所建立的活动基地。虽然服务站也兼具诊疗等其他工作，但其主要功能是为红十字青少年组织提供活动场所。玄武湖服务站于1946年8月15日正式建成投入使用，红十字青少年组织也在加紧筹备之中。

第五届红十字周期间，南京市分会正式向各学校发出组建红十字青少年组织的倡议。10月3日，是南京市红十字宣传周的第三天。按照日程，这一天是教师联谊日，分会在玄武湖服务站举行了全市中小学校校长招待会。席间，协助分会工作的总会视导吴耀麟（此时已兼任南京分会总干事）正式提出组织红十字青年服务团，并希望各学校鼓励青少年会员应征。他指出，组织红十字青年服务团的目的是为“训练青年会员养成服务社会能力，培育博爱人群精神”①，故委托各学校校长回校进行宣传。

建立红十字青年服务团的倡议很快得到各学校的回应，很多学校的学生踊跃报名。经过精心筹备，红十字青年服务团于10月31日正式成立。该团由42名青少年会员组成，其中男生23人、女生19人，为初中二三年级及高中一年级学生，年龄在15～18岁。他们在各自学校都是学习优异的学生，经学校推荐及家长同意，自愿参加红十字会学习与服务。南京市红十字青年服务团的创立，是红十字事业中的新气象，“是南京市分会今后展开社会服务的新生命，也是中国红十字青年运动的初页”②。

服务团创立后，初设4队，以松、竹、兰、菊命名。每队设队长1名、副队长1名，以方便组织。各队成员具体名单如表5－5所示。

---

① 吴耀麟：《玄武湖服务站与红十字青年服务团——中国红十字会青年运动的前奏》《红十字月刊》总第11期（1946年11月），第25页。

② 同上书，第26页。

表5-5　南京分会红十字青年服务团初创时人员名单表

队名	队　长	副队长	团　员
松队	叶公炘	樊克勤	庐学仁、孔庆良、杨鸿钧、樊克俭、张志发、徐　晋、胡　鹏、石慧良、应家范
竹队	姜汉杰	关长全	刘一民、汤重新、张国云、吴鄂生、于焕钢、朱长金、王　槐、杜有福、刘金邦、朱明森
兰队	吕嘉德	诚荣慈	林恩琪、王慕娥、陶仁杏、江泛舟、沈苡莉、王煦仁、张美贞、刘鹤德
菊队	张蔚文	曾梅修	郭秀英、倪江英、钱和珠、蒋雪德、宋振陆、原绍琼、周文华

资料来源：吴耀麟：《玄武湖服务站与红十字青年服务团——中国红十字会青年运动的前奏》，《红十字月刊》总第11期（1946年11月），第27页。

红十字青年服务团的团员主要来自青年会中学、市立二中、金陵中学、中正中学、市立一中、安徽中学、市立女一中、明德女中、汇文女中和中华女中等10所学校，涉及的学校范围比较广，团员比较分散。这样做的目的是“以便以后在各该校内再展开同样的活动，而使这原有的团员发生领导作用”①。

关于服务团具体活动的开展，分会组织者主要参酌了国外红会的先进经验。西方国家红十字青少年的主要工作是健康活动（Health Activities）、服务设计（Service Projects）和国际交谊（International Friendship）。从南京分会红十字青年服务团成立后的活动来看，工作也主要在这几个方面。从该团创立至1947年10月的一年中，服务团集会不下30余次，主要活动可归纳如下：

其一，康乐活动，相当于国外红会的Health Activities。这是红十字青年服务团活动的主要内容之一。因为“医疗服务是行之于疾病既生之后的补救工作，而康乐活动是行之于疾病未生之前的预防工作，颇富有积极的

① 吴耀麟：《写在开展红十字少年工作之前》，《红十字月刊》总第24期（1947年12月），第6页。

意义”[①]。而青少年是国家的未来和希望，红十字会“增进健康”首先应该从年轻一代做起。只有具备健全的体格、饱满的精神，才能履行红十字会人道、博爱理想所寄托之任务。因此，该团成立后，多次进行旅行、野餐、划船、赏梅等野外活动，还举办室内娱乐、同乐会等，以增进青少年的身心健康与体格素质。同时，红十字青年服务团以服务社会为目的，为养成必要的技能，服务团加强了团员卫生、救护知识的传授与训练。为此，红会专门聘请专家为团员讲解公共卫生知识，领导团员进行救护实习，以培养团员实际动手能力。康乐活动还包括举办公共卫生讲座、团会、青年节联欢会、划船运动、救护实习等。此类活动在服务团的活动中占首要位置，为社会服务活动的开展做了必要的准备。

其二，社会服务，类似于国外红会的Service Projects。社会服务是红十字会的宗旨所在，红十字青年服务团也以此为目标，在服务中培养团员人道、博爱的红十字精神，因为“红十字青年会员组织的使命为一种实践性的教育，就是用服务来达到教育的目的”[②]，以净化年轻一代的心灵。在该团第一年的集体活动中，多次参加服务活动，如参加母婴保健会慈善游园会服务、划船比赛服务、为过境军人服务等。青年会中学、市立一中的同学还利用所学技能，在校内担负起急救的任务，为教师、学生处置意外伤害，受到了校方的赞誉。从另一个角度来讲，这些活动的开展也迎合了红十字青少年组织设立的初衷之一，即加强社会服务的力量。

其三，国际友谊工作，即国外红会的International Friendship。“国际通讯始创自欧洲儿童向美国儿童表示感谢的通信，其后形成为红十字青年的一种主要活动”[③]，并成为各国儿童交往的一座桥梁纽带，使各国儿童建立经常的联系，彼此交换经验、交流感情、促进了解，“收到合作同情的效果”。服务团成立后，组织团员制作国际交谊纪念册，参加国际交谊纪念册展览，与美国童军进行联谊游湖、野餐活动等。服务团制作的纪念册同其他青少年制作的纪念册一同参加展览，最后选定226册寄赠美国红十字会。

---

① 孙以琴：《谈中国红十字会正待开垦的学校园地》，《红十字月刊》总第11期（1946年11月），第16页。

② 胡兰生：《红十字青年会员组织的新动向》，《红十字月刊》总第13期（1947年1月），第2页。

③ 袁可尚：《红十字青年会员组织之目的和活动》，《红十字月刊》总第13期（1947年1月），第4页。

此外，青少年的修养讲话、团务总结与红十字会务知识讲座也是青年服务团活动中不可或缺的内容。

综上，南京分会的红十字青年服务团在摸索中前进，取得了一定的成绩，但不足之处也有所显现。其中，由于团员分散所导致的联系不便成为一个突出的问题。为改进组织形式，同时鉴于团员转校等实际情况，分会遂于 1948 年 3 月 6 日召集团员于玄武湖服务站进行整编。整编后，新队以博爱人群、服务社会为名，设“博、爱、人、群、服”5 队，每队设队长 1 人、副队长 1 人。为便于联络，采用分队联络的方法，由各队正、副队长直接负责。改变后的组织情况如表 5 -6 所示。

表 5 -6　1948 年整编后的南京分会红十字青年服务团人员名单表

队名	队　长	副队长	团　员
博队	叶公炘	樊克俭	冯茂椿、金季龙、陈寿鹤、武焕铭、陈永诚、唐　健、王瑞农
爱队	王煦仁	周黛宝	盛玲玲、沈苡莉、张美贞、宋青华、诚荣慈、沈天行、朱小曼、汪菡轩、邵文哲、张婉尧、宋钟英、宋培英、杨菊舱
人队	樊克勤	郭善义	陈尚骥、林奋生、徐光东、樊克恭、章华翔
群队	王　槐	朱长金	关长全、萧康卫、杜有才、沈成钧、朱明霖、沈成斌
服队	张志发	石慧英	王炳生、王之忠、王延镛、陈募杨、杨菱舱、于焕钢、邓昌桐、朱信毅、汪昌言、陆昌国

资料来源：帆影：《南京分会的社会服务》，《红十字月刊》总第 33 期（1948 年 9 月），第 13 页。

从表 5 -6 可以看出，在原有团员仍然发挥主导作用的同时，又注入了一部分新鲜血液，红十字青年服务团的总人数由 42 人增加到 51 人。

实践证明，红十字青年服务团的成立，取得了一定的成绩，在学习与服务中，团员们增长了知识，培养了服务社会的技能。尤其是现实的教育带给团员们较强的思想震撼，激发了青年一代的同情心与使命感。如在访问邓府山难民营归来后，由于被难民的悲惨状况所触动，一位团员曾由衷地向社会发出呼吁：“希望中国的富翁们，启发慈善心，给予难民最低度的援助。”① 他还提出救济的方法，如“开办才艺所”“教养并重”等。在

① 朱明霖：《访问邓府山难民营》，《红十字月刊》总第 30 期（1948 年 6 月），第 29 页。

汤山陆空军医院，团员们慰问了住院官兵，“分发慰劳品350份，代写家信200封”[①]，给予这些受伤军人一些爱的抚慰。

红十字青年服务团成立之后，尽管存在一些不足或值得改进之处，但是仍取得了一定的成绩。而继起的红十字少年会，是红十字青少年组训中的又一靓丽景观。

三、“试验”之二：红十字少年会

南京分会红十字青年服务团的成立迈出了中国红十字青少年运动的第一步，成为我国红十字青少年运动的拓荒者。服务团试办一年，取得了一定成绩，为这一新兴事业积累了一些宝贵经验。为进一步开展红十字青少年运动，发扬光大红十字会的社会服务事业，也为了学习西方先进国家，红十字会又迈出了新的一步——试办红十字少年会。

红十字青年与红十字少年组织，其组织单位、对象是不同的。按照吴耀麟的解释，小学生称为红十字儿童，初中生称为红十字少年，高中生称为红十字青年，而“要普及红十字少年的训练，组织单位就要着重所有的中小学校”[②]，这就意味着红十字少年吸纳的对象是中小学生。

自1947年冬季以来，红十字会就决定积极发动红十字少年组训工作，作为1948年的主要工作之一，“既以发扬此新的教育工作，巩固本会事业根基，抑且迎合世界潮流，勿再还落人后”[③]。

1948年1月起，总会开始组织红十字少年委员会，以拟订红十字少年规程方案，指导分会开展红十字少年工作。委员会由11人组成，由总会高级职员担任。以胡兰生秘书长为主任委员，视导吴耀麟为委员兼总干事，“专责推动，共策进行”。委员会成立后，立即着手制定规章。经仔细研讨，统筹规划，先后制定《中华民国红十字会总会红十字少年委员会组织暂行简则》《中华民国红十字会各地分会推行红十字少年工作办法》等。这些规章对组织红十字少年会的目的、任务、组织程序等做了详细的规定。总会“希望全国教育当局，各级学校校长、教师和家长们赞助这项工

① 帆影：《南京分会的社会服务》，《红十字月刊》总第33期（1948年9月），第12页。

② 吴耀麟：《写在开展红十字少年工作之前》，《红十字月刊》总第24期（1947年12月），第7页。

③ 吴耀麟：《红十字少年活动六个月》，《红十字月刊》总第30期（1948年6月），第12页。

作，各地红十字会分会发动组织红十字少年会使其普遍展开，我们要发挥红十字少年的功效，造就身心健康的一等国民，发扬人生以服务为目的的精神，同时也广播世界大同天下一家的和平善意，达到博爱人群的理想”[①]。红十字会同人还积极在《红十字月刊》上发表文章，介绍国外先进经验，以推动红十字少年会的顺利组织与发展。

既为“试办”，说明红十字青少年组织仍处于“试验”阶段。对此项工作，中国红十字会仍在摸索经验，但毕竟已迈出“第二步”，自然步伐明显加大。

在试办期间，江苏仍然成为这一运动的“试验”基地。当时，总会选择了4个分会首先开展这项工作，即南京、武进、江都和上海分会，决定由4处先行试办，“俟办理成绩优良，再通令其他分会一致办理”[②]。

2月4日，总会分别向4个分会下发通知，指出：“由各该分会在理事会之下，组织红十字少年委员会，并选举当地中小学校若干所筹组红十字少年会。”[③] 并规定，组织红十字少年委员会的目的为辅助少年公民教育，增进其身心健康，培养其服务能力，发扬其博爱精神。要求各地分会在理事会之下设立红十字青少年委员会，由理事会中1人或数人并聘请当地社教机关团体领袖富有少年工作兴趣者7～11人进行组织，制定当地红十字少年工作计划，指导推进当地红十字少年工作。至于具体实施方法，规定：“凡各学校团体有红十字少年会员二十人以上并由合格之指导人员及活动场所，经申请当地分会认可后得依法组织红十字少年会。”[④] 各学校由校长担任指导员，校方推荐朝气蓬勃且热心从事青少年工作的1～3名教师为导师。

接总会通知后，南京分会首先积极响应，分会领导人对此项工作非常重视，积极倡导。再加上南京市教育发达，学校众多，一经呼吁，响应者甚多。3月20日，分会召开各校指导员及导师座谈会，已取得联系的10

---

① 中国红十字会总会编：《中国红十字会历史资料选编，1904—1949》，南京大学出版社，1993，第375页。

② 《本会新闻》，《红十字月刊》总第25期（1948年1月），第22页。

③ 中国红十字会总会编：《中国红十字会历史资料选编，1904—1949》，南京大学出版社，1993，第101页。

④ 同上书，第252页。

余所中小学校分派代表参加。总会视导吴耀麟、南京分会业务组职员参加了座谈会。大家会聚一堂，共同商讨红十字青少年工作大计，提出了很多有价值的意见，决定按总会颁布的各项办法于最短时间内成立红十字少年会。4 月 29 日，在总会又召开了第二次导师会，有 10 余所中小学校派代表参加，总会分发卫生用具及药品，并散发了一些书刊与资料，其中多为有关红十字青少年工作与活动的说明。会议决定，正式筹办红十字少年会。

少年会的活动组织以学校为单位，因此项组织尚属试验摸索阶段，南京分会对参加的人数进行了限制，规定会员数目在 20 ~40 人。从 3 月下旬至 6 月，南京市共有 14 所学校建立了红十字少年会，少年会的组织情况如表 5 -7 所示。

表 5 -7　南京分会红十字少年会组织情况表

学校名称	男会员人数	女会员人数	总人数	成立时间
国立中央大学丁家桥附小	21	18	39	1948 年 3 月
中央路国民学校	20	20	40	1948 年 3 月
香铺营国民学校	15	15	30	1948 年 4 月
三牌楼国民学校	30	20	50	1948 年 4 月
第四区中心国民学校	20	10	30	1948 年 4 月
市立第一中学	40		40	1948 年 4 月
私立华夏小学	20	20	40	1948 年 4 月
私立青年会中学	32	8	40	1948 年 3 月
市立第三中学	40		40	1948 年 3 月
第一区中心国民学校	22	34	56	1948 年 4 月
老虎桥国民学校	25	25	50	1948 年 4 月
私立中华女子中学		48	48	1948 年 5 月
汉口路国民学校	16	16	32	1948 年 6 月
市立第五中学	30		30	1948 年 6 月

资料来源：江苏省红十字会编著：《江苏红十字运动八十八年（1911—1999）》，东南大学出版社，2001，第 62 页。

从表5－7可以看出，因学生报名极为踊跃，最终仍有4所学校即三牌楼国民学校、第一区中心国民学校、老虎桥国民学校和私立中华女子中学突破了人数的限制。各学校总计会员565人，其中男生331人、女生234人，其规模已绝非红十字青年服务团可比。

组织方面，各校依章程规定，在会员中选拔品学、能力兼优的5～9名少年担任干事，分别负责事务、文书、会计、康乐服务、卫生等各项工作，再在其中选拔1人为干事会主席。选拔干部过程中，学校注意到了遴选有组织经验的学生起领导带头作用，如青年会中学选拔的干事会主席叶公炘，同时也是红十字青年服务团的成员，曾担任过松队的队长，现仍担任服务团博队队长。这一类学生干部成为红十字青少年运动中的骨干。

对于红十字少年的培养，要求他们努力学习，在不影响教学计划施行的基础上，使他们明了红十字人道、博爱事业的宗旨及历史，增加卫生健康及急救知识，学习社会服务知识，培养国际情谊及合作精神。对少年会成员的训练，尽量利用课余时间进行，重在培养他们的实际工作技能，在服务活动中陶冶其精神。

对少年会的训练首先是从急救训练开始的，由总会供给教材与活动材料，指导员给予支持，导师负实际教授责任。分会首先对导师给予培训。5月7日，急救训练班正式开学，每周二、周五下午在分会阅览室上课，由总会马玉汝处长主讲，“参加者共二十人，其中小学红十字少年会导师十五人，红十字会职员三人，女青年会民校教员一人”①。训练班共上课14次，每次上课风雨无阻，表现出组织者及各校导师对此项工作的热忱。导师一般都能回校转教学生，取得了较好的效果。

红十字少年会自创始之日起，就得到分会领导的极大重视，在各校导师的积极配合下，少年会工作取得了一定的成果。但由于为时短暂，一些预定的工作尚未开展。归纳少年会的活动，大体分为三种：

其一，健康卫生宣传与服务。会员们根据所学知识，积极宣传夏令卫生知识，预防传染病发生，协助学校搞好环境卫生，监督学校厨房清洁卫生，参加卫生室服务，包括协助制作棉球、协助防疫注射、协助种痘、协助全校体格检查以及帮助贫苦平民处置损伤等。会员们还严格保持个人卫

---

① 吴耀麟：《红十字少年活动六个月》，《红十字月刊》总第30期（1948年6月），第13页。

生，以促进家庭卫生及校内外的公共卫生。

其二，手工劳作实践活动。分会发借劳作器材，由会员制作蝇拍、毛巾、围嘴、童衣等，锻炼会员动手能力，培养他们参加社会服务的技能。会员们将制成品交还分会，作慰劳或救济之用。

其三，红十字少年知识的宣传。各少年会利用出版壁报、讲演等方式，发布红十字少年会消息，宣传红十字少年应参加的活动与应掌握的知识，讲解国家与国家间的学校通讯办法。借此宣传，扩大影响。

从以上活动来看，少年会的活动依然是按照国外红会青少年组训的三项主要工作展开的，只不过和红十字青年服务团的活动相比，适应了少年会成员年龄偏小的特点而已。国际友谊工作当然也是少年会的一个重要项目，红会曾建议“每一个红十字少年会每学期合力制作学校通讯纪念册两本以上，交由红十字会转寄国外红十字会，与友邦红十字少年采用同样方式交换”①。但由于少年会活动时间短，此项工作没有来得及展开。因此，国际通讯尚停留在“宣传”阶段，没有真正实践。

少年会的活动，虽多为琐碎小事，但组织者的用意是明确的，即在实际活动中，使新生一代养成良好的习惯，学习服务的技能，陶冶他们的精神，培养其服务社会的信念。

除南京外，江苏省的“江都分会于1948年有红十字青少年训练活动的简要报告，武进分会此时也有开展红十字青少年活动的报导，并举办青年会员征文比赛、游园会等”②。但显然，这两个分会无论从组织、活动和影响等方面都无法与南京分会相比。

1948年下半年，国内局势发生了重大变化，红十字少年会的工作不能正常进行，陷于停顿。

总之，红十字青少年运动正式开始于复员时期的江苏，尤其是南京分会充当了开路先锋，在全国起了示范带头作用，取得了比较好的成绩。但由于时局原因，中国的红十字青少年运动仅仅停留在“试验”阶段，尚未大规模开展就被迫停止。但这一运动毕竟填补了我国红会工作的一项空

---

① 《红十字少年导师参考资料》，《红十字月刊》总第27期（1948年3月），第9页。

② 江苏省红十字会编著：《江苏红十字运动八十八年（1911—1999）》，东南大学出版社，2001，第63页。

白，为新中国成立后此项工作的开展提供了经验。因此可以说，红十字青少年组织的出现，仍为这一时期红会工作的一大“亮点”。

第四节　地方分会的典范——武进与江都

复员时期，武进分会和江都分会的工作成绩在当时的江苏乃至全国，都称得上是比较优秀的。尤其是武进分会的营养与诊疗工作最为突出，曾在1个月的时间内，与行总苏宁分属合作开办了5个儿童营养站。医疗工作方面，武进分会还在医疗条件落后的乡村开办了9个乡村服务站，把红十字的人道关爱播撒到穷乡僻壤的贫苦民众中间。在当时经济凋敝的状况下，取得如此成绩是非常不易的。

一、武进分会工作概述

武进分会的发起者多为商界人士。会长程俊观曾任江海银行总经理，副会长查秉初为武进商会主任，李行甫是国营招商局内河轮船管理处专员，总干事吴逸樵曾是宝兴油厂股份有限公司会计主任，且吴逸樵已多年参加红十字会工作，在抗战期间曾任救护总队部事务科长。这些组织者和商界有着密切的联系，他们热心倡导、宣扬红十字精神，推动各界积极捐输，也由此推动了分会业务的开展。

武进分会在1946年7月正式恢复后，立即着手开展活动。会务的开展首先遇到的难题是资金问题。正常情况下，红十字会的资金来源主要是会员会费和社会募捐。但在当时的武进，一般群众不太了解红会，分会领导者认为在这种情况下急于筹募效果不会太好。为使民众真正了解红会、认识红会，应该先办具体工作，以实际行动来达到扩大宣传的目的。因此，分会在恢复的前期所需款项全部由理事们先行垫付，至11月份已用去三四千万元[①]。他们既奉献时间精力，又自掏腰包，没有对红会事业的一腔热忱，实难做到。

---

① 朱子会：《新血输的成长——武进分会吴总干事晤谈记》，《红十字月刊》总第11期(1946年11月)，第28页。

红十字会的业务范围是相当广泛的，尤其是在复员时期。“不过武进分会还在草创时期，经济力量，尚未充实，因此对事业的举办，只能分别缓急，为社会尽其绵薄。”① 分会最先开办的是医疗工作。

1946年7月，原救护总队第221、222区队开拔至武进，拟进行改组。于是，分会首先利用这一有利条件开办了一个诊疗所，为民众服务。诊疗所初设时共6名工作人员，即主任医师、护士、助产士、检验员、司药和干事。为告知当地民众，分会在武进《中山日报》发布开诊通告，内容为：“中华民国红十字会武进县分会诊疗所开诊通告：一，地点：暂借新西门外唐孝子图书馆内。二，时间：自八月十八日起每日上午八时至十一时，下午二时至五时。三，科别：内科、外科、产妇科、儿科、检验（产科需先行挂号检查）。四，药费一律免收。五，号金：上午初诊二百元、复诊一百元，下午初诊五百元、复诊三百元。六，凡本会会员可凭会员证优先挂号提前诊视。七，除产科外概不出诊。八，星期日停诊。”② 从以上的通告中我们可以了解当时诊疗所的大概情况。此后，分会又规定：“遇有贫病者，即挂号费亦予豁免，至于团体机关申请医治者，予以全免或半免之优待。”③ 这些规定对贫苦民众来说具有非常大的吸引力，来此就诊者络绎不绝。

9月，武进分会与该县总工会商妥，代办该会劳工诊疗所诊疗事宜。“这所诊疗所至九月中旬为止已诊治病人九百九十四人，发出奎宁九千四百粒，消炎片一千七百粒，此外并制备碘酒、纱布、DDT杀虫剂分送各社团机关”④。

诊疗所产科尤其繁忙，主要因为接生所收费用不到普通医疗机构的十分之一，“对于产妇之缺乏营养者，且给予牛奶或鱼肝油等，以资补助，

---

① 《武进分会的医务工作——本会医药服务概况报告第二篇》，中国第二历史档案馆馆藏档案，全宗号：476，卷号：1981。

② 《中华民国红十字会武进县分会诊疗所开诊通告》，中国第二历史档案馆馆藏档案，全宗号：476，卷号：2925。

③ 《武进分会的医务工作——本会医药服务概况报告第二篇》，中国第二历史档案馆馆藏档案，全宗号：476，卷号：1981。

④ 朱子会：《新血输的成长——武进分会吴总干事晤谈记》，《红十字月刊》总第11期（1946年11月），第29页。

故产科之挂号者甚多，颇有应接不暇之势”[①]。于是，诊疗所又添聘医师1人、助产士1人。

由于诊疗所挂号费收入有限，仅够纸张印刷及添购急需药品之用，因此，诊疗所大部分药品由总会供给，也有有关方面的捐赠，如行总苏宁分署和上海新亚东药厂等。

1946年11月，武进分会第二诊疗所开诊，工作人员5人，其中医师徐芳曾服务于中国红十字会救护总队，外加2名护士、1名干事和1位工勤人员。

除治病救人外，武进分会诊疗所尤其注重防疫保健工作。防疫保健为“积极的治病”，也就是“防患于未然”。这是复员时期红十字会医疗工作的特色。武进分会诊疗所开诊以来，此项工作一直没有间断：1946年，曾应地方的邀请，前往前黄、南夏墅等地注射伤寒霍乱疫苗针1125人，霍乱防疫针1012人；1947年春，又应各学校之请接种牛痘疫苗，在城区的安邦、县师、县中、西郊、东右镇、西右镇等小学，以及乡区的夏溪、厚余、湟里、嘉泽和周桥等地小学共计接种牛痘11206人；又为干训班注射疫苗51人。会员的健康问题，也是诊疗所一直非常重视的问题，凡来诊疗所检查身体者，都为其详细检查。诊疗所曾为各校青年会员检查体格计1473人，成人会员315人；四四儿童节举行儿童健康比赛，检查城区和乡区儿童共1269人[②]。

为了使生活贫困的红十字会会员在生病时能够得到及时的救治，武进分会还特设了会员医疗贷金，“只要这个会员真的生病本身无力量住院医治者，都可向本会请贷，俟其病愈健康复原再筹措归还，如果力量不够，可分数次还给”[③]。

武进分会诊疗所虽然规模有限，但积极为患者解除病痛，实施防疫保健，并推出一系列的优惠措施，受到普通民众赞誉。

在开展医疗工作的同时，武进分会也积极开展儿童营养工作。自1946

---

① 《武进分会的医务工作——本会医药服务概况报告第二篇》，中国第二历史档案馆馆藏档案，全宗号：476，卷号：1981。

② 同上。

③ 朱子会：《新血输的成长——武进分会吴总干事晤谈记》，《红十字月刊》总第11期（1946年11月），第29页。

年10月起，武进分会便开始筹划与行总苏宁分署合作开办儿童营养站。负责具体事务开展的分会总干事吴逸樵对于开办儿童营养站非常重视，他说："本会认为要建立一个强盛的国家，必须要培植下一代健全的国民，因为今日的儿童，是明日的主人，所以要健全今日儿童的体格，来培植明日强盛国家的基础，这是一个远大而积极的建国工作之一。"① 就是因为有这样的理念，武进分会极为重视此项工作，并成为在当时举办儿童营养站的分会中开办规模最大的一个，在短短1个月内就成立了5个营养站，包括城内3处、城外1处、乡村1处，其速度之快、规模之大令人瞩目。

第一儿童营养站设在分会内，11月11日开办，是专为领奶者设立的。每5天发一次，每次可领5天的奶，"以一岁至五岁的贫弱婴儿与幼孩为对象"，平均每次领奶的人数在百人左右。这是专为方便那些不能亲自来站饮奶的幼孩所设。为防止流弊发生，要求领奶者下次来领奶时必须带上喝完的空瓶作为验证，而且每月还要进行一次体格检查，来检测补充营养的效果。

第二儿童营养站设在西郊城门口附近，11月26日开办。该站专为来站饮奶的儿童所设，平均每天饮奶的人数达到四五百名。这里房屋宽敞，饮奶室、消毒室和煮奶室一应俱全，设施完备，是5个营养站中规模最大、条件最好的一个，且环境幽静、空气清新，适宜儿童活动。每天在发奶之前，都要对饮奶儿童进行数分钟的教育活动。

第三儿童营养站设在城东恺乐堂，11月4日开办，在5个营养站中设立最早。该站专门供应儿童饮奶，平均每天饮奶人数在400名以上。

第四儿童营养站设在县城中心的大礼堂，11月8日开办。该站附近分布多所小学，服务对象就是那些贫苦的小学生，使他们也拥有享受营养品的机会。该站由县中的老师协助办理，平均每天来领奶的人数300人左右。为了不影响学生学习，一般在未上课之前和下课之后分批供给。

第五儿童营养站设于距城40里的前黄镇，是应当地村民的邀请开办的，是分会重视乡村工作的一个写照，既"提倡医药下乡，也提倡营养下

① 吴逸樵：《武进分会的营养服务》，中国第二历史档案馆馆藏档案，全宗号：476，卷号：1982。

乡”①。这是江苏省分会中唯一设在乡村的儿童营养站。该站自11月27日开办，饮奶儿童达到400余人。儿童福利专家韩美如、陈久敬、周慈航以及总会第三处陈蕙君处长都来此视察过。

第二、第五两个儿童营养站由于条件设施较好，于是扩大服务范围，除供应牛奶外，还推行一般康乐活动及卫生工作。营养站还时常为小学生进行身体检查，仅开办之初的11月份，就检查小学生1742人②。

据统计，武进分会5个儿童营养站在12月份共有饮奶儿童1892人，消耗淡奶390听、奶粉3710磅；患肺结核者53人，消耗奶粉216磅；又分发各校汤粉2931磅③。武进分会的儿童营养站被称为“是该分会最具规模和最有成绩的一部门工作”④。

1947年2月，武进分会在第二儿童营养站的基础上设立了一个儿童福利站，收容贫苦失学儿童500人。福利站主要的工作是：为儿童提供医疗服务、职业训练（包括男孩做鞋及木工，女孩编织及缝纫）、教育活动，并为儿童提供娱乐设施以及供应牛奶等营养品等。分会在1947年四四儿童节举行了纪念活动，由诊疗所的医生对500多名儿童进行健康检查，举行健康比赛，以唤起民众对儿童健康工作的重视。

武进分会的工作成绩得到了总会的认可。自进入复员时期后，中国红十字会总会对会务进行了整顿。对于分会而言，整顿包括“外形的刷新和内质的健全”，实际上指分会组织方式的改变及具体工作的开展。据总会统计，从1946年年初至11月将近一年的时间里，“在已复员和成立的一百零九个分会中，外形刷新的分会已占有三分之一，而内部工作够称充实的，为数寥寥。武进分会的成长，是足堪惊人的”⑤。总会对武进分会评价之高不难想见。

---

① 吴逸樵：《武进分会的营养服务》，中国第二历史档案馆馆藏档案，全宗号：476，卷号：1982。

② 《中国红十字会新闻》，《红十字月刊》总第12期（1946年12月），第34页。

③ 《中国红十字新闻》，《红十字月刊》总第13期（1947年1月），第40页。

④ 陈蕙君：《视察归来谈——江都武进两分会之一瞥》，《红十字月刊》总第15期（1947年3月），第26页。

⑤ 朱子会：《新血输的成长——武进分会吴总干事晤谈记》，《红十字月刊》总第11期（1946年11月），第28页。

二、医疗下乡：武进分会的乡村服务站

在城市医疗工作顺利开展以后，武进分会又把人道关怀延伸到乡村，倡导医疗下乡，即开办乡村服务站。

中国的乡村普遍落后，经济状况、医疗条件比起城市来相差甚远。尤其是刚刚历经8年日寇的侵略，作为沦陷区，江苏广大的农村地区被破坏得非常严重，经济凋敝，民众生活困苦。抗战胜利后，百废待举。虽然城市的医疗条件亦不尽如人意，但毕竟比农村好很多。所以“红十字会的医药服务在城市建立了基础之后，急切地需要推展乡村市镇的工作”①。

开展乡镇医疗工作，源于总会的倡导。1947年初，总会决定在分会之下设立乡村服务站，把红十字的关爱延伸到农村。乡村服务站“为复员期间本会最新措施”②。总会为此特订立了服务站暂行规则，规定服务站的工作主要为8项：一、办理医疗防疫保健工作；二、推行安全助产及举办旧式产婆训练工作；三、设儿童青年阅览室；四、设会员医药及法律咨询处并代写书信等；五、办理成年及儿童失学教育；六、组织青年会员联谊会；七、征求会员；八、发动乡镇会员推行灾害救济及乡村公共卫生③。

规则定好后，遂下发各地分会，要求各分会根据自身实际情况酌情举办。在当时的情况下，由于受到人力、物力的制约，能积极响应并迅速举办该项事业的分会并不多，江苏省的武进分会和砀山分会开展了此项工作。尤其是武进分会，不仅在举办时间上走在了其他分会的前面，而且开办的乡村服务站数量也是最多的，自1947年2月至11月，共设立了9个乡村服务站。

武进分会的第一个乡村服务站设在前黄镇。该镇位于武进城南，是一个人口比较密集的小镇。1946年11月，武进分会在筹划与行总苏宁分署合办儿童营养站时，应前黄镇民众的邀请，将第五儿童营养站设在该镇。

---

① 《红十字旗帜在乡村——武进分会前黄、厚余服务站鸟瞰》，《红十字月刊》总第29期（1948年5月），第27页。

② 《中华民国红十字会总会卅五卅六年度工作简报》，中国第二历史档案馆馆藏档案，全宗号：476，卷号：2001。

③ 《中国红十字会新闻》，《红十字月刊》总第15期（1947年3月），第36—37页。

营养站开办后成绩良好，受到广大乡民的欢迎，但由于物资有限，营养站于1947年2月结束。此时，正值总会倡导在分会之下设立乡村服务站，于是营养站改建为服务站。2月16日，前黄服务站正式设立，这是武进分会乡村服务站的创始。

前黄服务站设在镇上中街的杨家祠堂，站内设有门诊室、手术室、待产室，有病床8张、产床2张、检查台及检查床各1张，另外还有疗养室、调查室、图书室与理发室等。服务站内配有医师1人、护士1人、助产士2人。从服务站的配置方面来看，医疗工作是服务站的中心工作。服务站开办后主要从事免费诊疗、接产等，另外也兼顾补助营养、儿童失学教育、图书阅览与公共卫生等服务活动。

自前黄服务站开办以来，“因乡村之需要，深得地方一般民众之欢迎与好评，故工作颇称顺利，继续请求本会设站服务者有五、六乡镇之多”①。这仅是服务站开办后两三个月内取得的成效。前黄服务站成为乡民了解红十字会、感受红十字精神的重要窗口。

继前黄之后，武进分会又分别在湟里、寨桥、厚余、西夏墅、马迹山、湖塘桥、雪堰桥和坂上设立了乡村服务站，各服务站的成立时间及组织情况如表5-8所示。

表5-8　武进分会乡村服务站组织情况表

服务站名称	成立时间	主任	副主任	医师	护士、医务员	干事
前黄服务站	1947年2月	杨迪群				
湟里服务站	1947年6月1日	陈绍文				
寨桥服务站	1947年6月7日	杨迪群				
厚余服务站	1947年8月	陈绍文	章文煜	姚　冈	周文瑾、陆蕾菲、吴浣霞	解耿行
西夏墅服务站		于开明	恽心言	陆希羽	朱锦瑜	陈雨人
马迹山服务站		于开明	秦邦桂	于　思	剑彝吾	冯锡渊
湖塘桥服务站	1947年9月1日	杨迪群	姚听涛	黄伯涵	周起鹏	朱孟瑜

① 《武分总（36）字第（105）号：为呈报本会开展乡镇工作祈鉴核予以援助由》，中国第二历史档案馆馆藏档案，全宗号：476，卷号：2925。

（续表）

服务站名称	成立时间	主任	副主任	医师	护士、医务员	干事
雪堰桥服务站	1947年9月1日	于开明	吴　光	蒋纯华		吴伯云
坂上服务站	1947年11月5日	陈绍文	庄玄本	于　思	韦嗣良	曹金泰

资料来源：《武进分会西夏墅、厚余、湖塘桥、马迹山、雪堰桥、坂上服务站指导委员及职员名册》，中国第二历史档案馆馆藏档案，全宗号：476，卷号：2035；《中国红十字会新闻》，《红十字月刊》总第15期（1947年3月）；江苏省红十字会编著：《江苏红十字运动八十八年（1911—1999）》，东南大学出版社，2001。

服务站成立后，所需药品一般由分会诊疗所供给，经费则多由地方筹募。服务站的工作成绩比较突出，适应了乡民的需要。为展示这些乡村服务站工作的一般情况，下面以前黄服务站为例予以说明。

医疗工作：从1947年2月成立至1948年11月，不到两年时间，前黄服务站共接诊病人19125人次，防疫种痘50305人次。在这19125人次的接诊病人当中，免费者就达到8554人次，占到总数的45%①。医疗工作一直是服务站的中心工作，此项工作最受民众欢迎。

保健工作：1947年“四四儿童节”期间，该站举行了儿童健康比赛，为289名儿童检查身体，对营养不良的儿童发放牛奶、鱼肝油等，进行营养补助。三八妇女节期间，举行妇女招待会，共有208名家庭妇女参加，由医师和公共卫生护士给她们讲解家庭卫生常识与妇婴卫生知识。该站还广泛开展环境卫生工作，多次与当地相关部门联络，清除垃圾，取缔露天粪坑，疏浚居民饮水河道，等等。

赈济工作：1947年冬，该站为贫苦居民分发寒衣600件、米3石。

教育训练工作：该站曾为40名贫苦儿童资助学费，举办过失学儿童夜校，就学儿童达72名。曾举办了两期妇女缝纫班，每期20人，时间为两个月。服务站还设有图书阅览室，供会员及社会人士阅读。

康乐活动：该站举办过会员联谊会，有会员700多人参加。放映过两次教育电影，并开辟了一块两亩大的荒地用作儿童游戏场。

另外，服务站还曾发动1500名会员修筑通往新园中学的公路，以方便

① 《中国红十字会前黄服务站服务概况》，中国第二历史档案馆馆藏档案，全宗号：476，卷号：2925。

学生上学。

乡村服务站的工作虽然一般规模较小，活动也比较琐碎。但它的建立，确使乡民了解了红十字会，因此非常受民众欢迎。

为进一步推行医药救济及保健防疫工作，1948 年，武进分会决定应总会之邀成立乡村巡回医务队。6 月，分会派诊疗所主任于开明到总会商讨筹组事宜。7 月 15 日，武进县分会第九乡村巡回医务队正式开始工作，在武宜（武进至宜兴）、武溧（武进至溧阳）公路沿线，办理巡回医疗业务。

综上所述，复员时期的武进分会创造了当时中国红十字会两个分会工作之“最”，即创办了最多的儿童营养站和建立了最多的乡村服务站。在民生凋敝的时代背景下，此种成绩的取得的确极为难得。因此，武进分会的工作也得到了总会的赞许：“武进分会白手起家，奠定了良好基础，展开了乡村服务站等很实际的工作，有位于医师‘穿布衣、着草鞋、背药包’奔走于穷乡僻壤到贫民区里看病诊疗”[①]，就是对当时武进分会的工作开展情况及热心分会工作者的真实写照。而且“综观武进分会各部门的工作，……就是觉得该分会不仅本身拓具了现代化的规模，并已将红十字会的性质与任务及工作精神，深深印入当地官商及一般人民的脑海，所以深得当地人士协助，乐于捐输，乐于与红十字会合作，这在本会整个事业的步骤上说，确是一只最前进的号角”[②]。

尽管会务开展成绩良好，武进分会受到总会的嘉奖，但经费拮据成为进一步拓展会务的一大障碍。1947 年，武进分会致电总会，呈报会员名册并请求拨款，电文称：“以商业凋零筹募不易，除将会费收入全部用作推进事业经费外，不足之数再向各界捐募以资挹住，但仍不敷甚巨”，因此，除要求“将应解会费之半数拨助外”，还希望总会“拨款另行补助”[③]。由此可见，经费的缺乏使红会事业发展步履维艰，经费问题已成为制约整个复员时期红会各项工作开展的最大瓶颈。

① 杨宝煌：《这是一座桥梁》，《红十字月刊》总第 15 期（1947 年 3 月），第 23 页。

② 陈蕙君：《视察归来谈——江都武进两分会之一瞥》，《红十字月刊》总第 15 期（1947 年 3 月），第 26 页。

③ 《武进分会呈报总会会员名册及要求拨款由》，中国第二历史档案馆馆藏档案，全宗号：476，卷号：2925。

三、红十字旗帜在江都

武进分会成绩突出，江都分会的工作业绩在全国各地方分会中也是可圈可点。1946 年 10 月，江都分会成立筹备处，筹备处主任为多年服务于红会事业的王玉光。12 月 1 日，江都分会成立大会在江都县阳社召开，出席会员 238 人，来宾 45 人。会上，由筹备处主任王玉光报告了分会筹备经过、分会诊疗所筹备经过、房舍及器材药品的来源与用途、工作人员的招募情况等。会议选举杨佳如为会长，朱干臣、蒋仁宇为副会长，王玉光为总干事。分会在遵照 1946 年 8 月总会修订的红十字会分会《组织规程》的基础上，为广罗社会各界人士参加红会工作，由会员丁瑞勋提议理事增为 21 人，其中常务理事 7 人，并呈请总会批准。

恢复重建后的江都分会，其领导层为县内各界领袖，他们在红会事业或慈善事业方面都做出了一定贡献。如会长杨佳如，同时也是世界红卍字会江都分会会长。众所周知，世界红卍字会以救济灾患、促进和平为宗旨，抗战期间曾与红十字会并肩奋斗，在救助难民、掩埋遗尸等方面发挥了重要作用。筹备处主任及后来的分会总干事王玉光，则是一位老红会工作者。从以后的工作情况来看，他们的确为红十字人道、博爱事业的发展倾注了满腔热情，尤其是王玉先。

王玉光，又名王珏，早年毕业于上海东南大学医学院，曾任职于上海东南医院、苏州博习医院、西安胜利医院及红十字会总会第一医院等。抗战爆发后，他积极参加伤兵、难民救护工作，历任救护总队医务队长、红十字会重庆医院内科主治医师等。由于多年在红十字会工作，他对红会事业非常热心。抗战胜利后，王玉光在扬州积极筹备江都分会的复会工作，为分会的建立和发展尽心尽力。当时，因物价飞涨，经济困窘，红会工作的开展困难重重。在江都分会开办 10 个月的时间内，收支不敷达到 8107950 元，“悉由本会王总干事玉光私人垫借”，“诊疗所一年来所用药品并未向总会请领，亦系由王总干事自行筹购”①。特别值得一提的是，分会复会之初没有会所，王玉光便把自己的房屋让出作为办公之地，即扬州

① 江都县分会：《江南秋老话扬州——江都分会会务报告》，中国第二历史档案馆馆藏档案，全宗号：476，卷号：1981。

南柳巷45号（直到1948年分会才迁至扬州苏唱街12号办公）。江都分会能顺利开办，王玉光做出了重大贡献。他不仅是热情的组织者，为分会的发展四处奔走，而且也是实际的工作者，同时兼任分会诊疗所主任及医师，在诊疗所开诊后，他还须坐诊治病救人。一人兼数职，工作之繁忙可以想象。

江都分会在较短的时间里取得比较优异的成绩，当与这些分会领导者的努力有直接的关系。1947年2月，总会第三处处长陈蕙君在视察了江都分会的工作后称赞道："江都分会自筹备到现在不满一百五十日，一切均系初创，而能有今日之成绩，粗具事业之规模，厥为王总干事玉光热忱极高能力亦强以及地方人士努力协助之故。"①

江都分会自筹备之日起，征求会员工作就提上日程。至1947年10月，共征得团体会员1个、名誉会员33人、特别会员254人、普通会员551人、青年会员210人，实收会费5617000元②。因江都分会在成立后于较短的时间内取得了比较优良的成绩，1947年6月获总会颁发的乙等奖状。

江都分会成立之初，计划开展6个方面的工作：医疗服务、营养补助、康乐活动、灾害救济、服务训练和红十字少年训练。但由于开办业务需要以充足的经费为基础，且限于人力物力，不能同时开展，遂决定逐步实现，于是分会首先把业务重点放在医疗工作方面。医疗工作是该分会开办时间最早、成绩最好的一项工作。

在江都分会成立之日，分会诊疗所即同时开幕。诊疗所主任兼医师为分会总干事王玉光，另有两名助理员。由于当地医疗设施缺乏，一般医疗机构收费高昂，民众求医难的现象比较突出，因此医疗工作很受民众欢迎。诊疗所自开业到1947年10月，不到一年的时间里，共计诊疗10537人次③。12月，江都分会向总会借到X光机一架④，以加强肺病的防治工作。除医疗工作外，诊疗所还应江都县政府的邀请成为指定的戒烟诊所。

---

① 陈蕙君：《视察归来谈——江都武进两分会之一瞥》，《红十字月刊》总第15期（1947年3月），第26页。

② 江都县分会：《江南秋老话扬州——江都分会会务报告》，中国第二历史档案馆馆藏档案，全宗号：476，卷号：1981。

③ 同上。

④ 《江都分会借据》，中国第二历史档案馆档案，全宗号：476，卷号：2950。

医疗工作开展之后，在多方的努力下，分会的儿童营养站很快顺利开办。

1947 年初，服务于行总苏宁分署的汉尼夫人曾到江都分会视察，认为“该会所在地点适中，环境亦佳，颇适宜办理一儿童营养站”①。美红会驻华代表马迪成亦表示设法补助。江都分会立即接受了行总苏宁分署的委托，筹办儿童营养站。2 月，由总会拨给的开办费 70 万元到位，美援华会又拨给经常费 120 万元，于是儿童营养站从 3 月 3 日起正式供应牛奶。到 3 月 31 日，不到一个月的时间里，共有饮奶儿童 294 人、婴儿 134 人、孕妇 9 人、乳母 7 人、产妇 4 人、病弱者 3 人，合计 451 人，供应淡奶 3360 听②。

除医疗和营养工作外，江都分会还对灾民及贫困居民进行救济，并同时开展宣传活动，扩大红十字事业的影响。如 1947 年冬，江都分会收到总会拨发的毛线，立即发动当地女会员编织绒线背心，确定以学行优良、家境贫寒的初中学生为救助对象，每校限发 10 件。在发放的过程中，“还做了两件附带的工作，一是巡回演讲，二是征求会员，同时还散发一些宣传品，如总会出版的二十一、二十二期《红十字月刊》，和分会编印的一周年纪念特刊。讲演的大意是（一）毛衣的来源，（二）红十字会的性质与任务，（三）如何加入红十字会和分会目前所办工作情形”③。在救济贫苦学生的同时，宣传了自己的工作，收到了良好的效果，使不少师生加入红十字会的行列。

1947 年底，在复会一周年之际，江都分会举行了纪念活动，邀请总会及各地分会人士游览扬州并参观文物展览，另由分会报告会务发展情况，还以《不单是慈善和诊疗》为题发表告各界人士书，介绍红十字会的性质、历史、现时红十字会的任务及江都分会会务发展的情况。此次纪念活动的目的，“一方面介绍扬州和本会的一切给通都大邑的来宾知道，好给我们以指导、赞助、督策、掖进，一方面使扬州的人们对‘红十字会是什么？做什么？’有更深进确切的认识”④。可见分会在宣传与推进工作发展

① 《扬州红十字分会筹设儿童营养站》，《申报》1947 年 2 月 13 日。
② 《中国红十字会新闻》，《红十字月刊》总第 16 期（1947 年 4 月），第 41 页。
③ 《红十字旗到学校》，中国第二历史档案馆馆藏档案，全宗号：476，卷号：1981。
④ 《复员周年纪念花絮》，中国第二历史档案馆馆藏档案，全宗号：476，卷号：1981。

方面的确做了很多努力，以期各界民众在明了红会事业的基础上支持分会的工作。

1948 年，江都分会利用总会下拨的美国援华经费创建了第八巡回医务队。该队 7 月 15 日开始工作，并在角里乡、仙女庙乡设立第一、第二乡村医疗巡回站，长期住乡医疗。这是分会医疗工作在乡村的延伸，受到民众欢迎。

江都分会虽然取得了一定的成绩，但其发展同样受到经费问题的严重制约。江都分会曾有增进会员福利（如设立会员交谊室、健身房等）、组织青年服务队进行救护防疫保健等活动，并有筹设缝纫训练班，设立图书阅览室及业余补习班，举办儿童福利站及推行赈济、消防、救护、营养补助等多项具体工作计划，但经费不足，众多美好蓝图仅有部分得以实现。从 1948 年 2 月 13 日江都分会给总会的一份电报中，我们能够看到当时的经费拮据状况。电文称："近二月余共征得名誉会员二十一人，特别会员二百六十四人，普通会员二百七十三人，青年会员一千五百七十二人……应缴会费一千一百七十六万九千元。除其中半数应按备用金规定留存备用外，下余五百八十八万四千五百元自应随电呈解。惟属会经费奇绌，平时会用皆由私人挪垫，现时亏累甚巨，拟恳钧会准将该项余数五百八十八万四千五百元赐拨属会，以资弥补。"① 经费之捉襟见肘于此可见，这也严重影响了红十字事业的发展。

第五节　江苏红会的救济与救护

复员时期，经历了战争破坏的中国，社会经济凋敝，兵火余生的贫民众多，对于救济的需求自然十分迫切。作为人道组织，红十字会在当时的社会救济和救护等方面，做了大量工作，取得了一定的成效。

① 《江都分会要求救济及会员会费》，中国第二历史档案馆馆藏档案，全宗号：476，卷号：2950。

一、冬令救济与灾变救济

冬季天寒地冻，对于那些缺吃少穿的贫民来说，是最难熬的季节。红十字会关心民众疾苦，时常在寒冬到来之际，对贫苦民众实施人道救济，这就是冬令救济。

关于复员时期红十字会冬令救济工作的开展，总会提出了基本原则：“（一）救济根据受赈者的需要，不根据损失，同时要将能够获得其他帮助的因素除去，让真正困难而需要的能够获得救济。（二）救济无政治、宗教、阶级等区别，即使个人行为的好坏，亦在所不问，只要他是确实需要，便应受到救济。（三）救济用给予方式，不用假（借）贷的方式，救济给予以后，使需要的人实足接受应用，不用牵制，不附有任何条件，或变相的交换方式。（四）受难者虽已迁移，但仍应予以救济，对一些流徙中的受难者，尤不能忽视。（五）红十字会的救济工作，处于辅助地位，因为有的地方急需救济，而政府尚未及举行，或需要救济的幅度太广，政府力量容或未能普遍注意，红十字会便做些辅助的工作。”①

从以上的规定中我们可以看出红十字会冬赈工作的对象、救济的方式以及红会救济工作的地位。施救的对象就是那些生活困难、的确需要帮助的贫苦民众，不附加任何条件，采用给予的方式进行。另外，也明确了红十字会救济工作与政府救济工作的关系。早在1942年，国民政府制定的《冬令救济实施办法》即指出，各地设立冬令救济委员会主管此项工作。红十字会的工作是政府工作的一种补充。因此，这一时期红十字会多配合各地的冬令救济委员会开展力所能及的救济工作。

在具体施救的措施方面，一般而言，“冬令救济要有个挡风雪的住所，足以保暖的衣着，可以果腹的食物等等”②，也就是关注民众的衣、食、住，即百姓生活最基本的方面。红十字会的冬令救济正是围绕着这几个方面展开的，而江苏省内各分会的救济工作亦取得了一定的成绩。

南京市分会多次协助地方政府、社会团体办理冬令救济发放寒衣等事宜。其中主要包括：

---

① 杨宝煌：《红十字会冬令救济》，《红十字月刊》总第25期（1948年1月），第8页。
② 同上。

1946 年 12 月，赈济南京市第一区贫民棉衣 277 件、第六区贫民棉衣 260 件、孤儿院难童棉衣 50 件[①]。此项赈济物资由总会拨发。

1946 年底，行总苏宁分署拨发棉布 36 匹、棉花 800 斤、面粉袋 240 个[②]，委托分会代发给最贫困的居民。分会派人进行详细调查后，按要求进行发放。

1947 年 2 月，南京分会发给贫苦儿童棉衣 100 件，发给清道夫子弟棉衣 100 件，发给中山陵附近贫民儿童棉衣 54 件，并代行总散发赈济贫苦民众的衣物布料 71 套、棉花 143.5 斤、面粉袋 422 个[③]。

1947 年 11 月，行总向总会拨发了毛线、袜子等一批物资，总会立即将其发放到各地分会，赈济当地贫民。江苏分会得到的物资如表 5－9 所示。

表 5－9　1947 年总会拨发江苏各分会物资清单表

分会名称	毛线（磅）	羊毛衣（件）	男袜（双）	女袜（双）
徐州分会	67	10	150	50
砀山分会	50	8	150	40
江都分会	67	10	150	50
宝应分会	40	8	100	25
东台分会	40	6	100	25
泰县分会	40	6	100	25

资料来源：《谁说人间无温暖，毛衣周济难里人》，《红十字月刊》总第 23 期（1947 年 11 月），第 20 页。

此次救济以“儿童重于成人，流亡重于安居”为原则，总会还指示必须把物资变成制成品，使受赠者直接受惠。各地分会在接到物资后，立即发动女青年义务编织毛衣，并按照当地实际情况分发救济物品。例如，江都分会将救济品发放给学校里的贫困学生；砀山分会收到物资后，将毛线拨发该地妇女会织成毛衣 34 件，连同其他物资按需要分发难民 279 人[④]。

1948 年 2 月 4 日、5 日，徐州分会在市商会和保罗医院分别发放背心

① 《中国红十字会新闻》，《红十字月刊》总第 12 期（1946 年 12 月），第 34 页。

② 《中华民国红十字会南京市分会三十五年度工作简报》，1946，第 5 页。

③ 《中国红十字会新闻》，《红十字月刊》总第 14 期（1947 年 2 月），第 43 页。

④ 《难民救济》，中国第二历史档案馆馆藏档案，全宗号：476，卷号：1982。

55件、毛衣10件、帽子20顶，袜子230双、豆饼1350片、红粮2650斤、现金1200万元，计受惠难民1614人①。

2月间，总会收到美国红十字会转来的罗尔先生遗产美金2775元②，作为救济中国孤儿之用。总会决定利用该款为部分分会所在地的救济院孤儿各做棉衣一套，江苏省的徐州、砀山、江都分会分到相应款项。其中江都分会将此款项制成棉衣98件，分发给县救济院育幼所。

冬令救济中，武进分会推行的“一衣运动”与“一升运动”别出心裁，取得了良好的效果。1947年冬，武进分会与该县冬令救济委员会合作开展了“一衣运动”，倡导各界民众捐助衣物，救济当地赤贫与难胞。号召发出后，社会各界积极响应，其中涌现出许多感人的事例。

“个案”之一：私立常州中学高一学生蒋顺震同学的善举。听到武进分会发动“一衣运动”的消息，他当即脱下自己身上的呢大衣交到分会，为救助贫民奉献一份力量。这种解衣衣人的慷慨行为令人感佩。

“个案”之二：当地的一名五金商人高九如先生的懿行。高先生亲自把自己八成新的呢大衣捐到分会。当有人问他为何不捐旧衣而要捐助价值高的大衣的时候，高先生坦言：“我在报上看到红十字会举办一衣运动，便决意捐一件衣服，不过家里男女老少的旧衣，也只够个人御寒，只有自己身上的大衣，尚觉多余，所以把他捐出了。”③ 可见，高先生本人的生活并不富裕，但是怀着一颗爱心，还是积极参与了帮助他人的行动。也正是有了众多像高先生这样有社会责任感、能慷慨助人的热心人士，红十字会的事业才能不断兴旺发达。

从1947年12月28日至1948年1月7日，在10余天的时间里，武进分会共收到各方捐来的“寒衣二千八百五十余件，鞋帽二百八十余件，现款二百零九万一千元，待义卖书画十三件”④。为了使贫苦民众尽快得到温暖，分会于1月8日举行了第一期发放寒衣活动。是日天刚拂晓，就有大批贫民难胞来到分会门前，等待着领一件御寒的衣服。他们大多骨瘦如

---

① 《本会新闻》，《红十字月刊》总第26期（1948年2月），第25—26页。

② 《幼吾幼以及人之幼，罗尔捐款分配确定》，《红十字月刊》总第23期（1947年11月），第21页。

③ 《配合冬令救济，推行一衣运动》，《红十字月刊》总25期（1948年1月），第20页。

④ 同上。

柴，衣服破旧单薄，在寒风中瑟瑟发抖，其中还有不少未成年的孩子。领到寒衣的人们，脸上挂着久违的笑容。发放现场至为热烈，又让人心酸，更让人体会到红十字事业的重要与崇高。

继“一衣运动”之后，武进分会再次发起“一升运动”，号召每家每户捐出一升白米，救济贫苦民众。

之所以发起该项运动，主要是红会同人在工作中更加体会到救济工作开展的必要性。在“一衣运动”发放寒衣的过程中，他们目睹了贫苦难胞的悲惨状况，感受到他们对救助的迫切需求。这些当地贫民和苏北一带逃难来的难胞，缺衣少食，没有经济来源，甚至根本没有落脚之地，饿死、冻死的惨剧时有发生。因此，武进分会号召大家慷慨解囊，救民于水火。为扩大宣传，分会会长程俊观与总干事吴逸樵分别于1月25日和26日在电台进行广播。吴逸樵在广播中呼吁：“一户给一升，万户则万升，积少成多，多多益善，活人也愈多，真是功德无量。冬救会，红十会，竭诚地为着成千成万的贫困同胞向社会祈求同情，希望各大善士的热烈支持与慷慨捐输。”①

为发挥表率作用，武进分会的全体员工首先捐出大米100升。程俊观会长表示，分会所收到的捐助，将由冬令救济委员会有计划地分给过境难胞，并资助城内恺乐堂的施粥处为贫困民众施粥。

1948年1月，总会副会长刘鸿生为配合冬令救济，特向中国纺织建设公司募得捐款1亿元。此后，行总又拨给棉花1500斤。总会于是委托武进分会在常州采购布料运到南京，由基督教女青年会缝纫班赶制棉衣1000件，分发给南京等分会以赈济贫民。南京市发放了两次，一次为下关四所村，一次为邓府山庇寒所。1月22日，南京市分会同金陵大学学生自治会的同学赴四所村一带发放寒衣，发放的衣物除总会拨给外，再加上平时募来的单衣、鞋袜等共千余件。当天正值下雨，气候寒冷，居住在棚户区的居民收到红会送来的衣物后，“尤表感激之情”②。

在这些救济工作中，物资来源主要有4个方面：行总拨发、美国红会捐

---

① 《朔风凛凛饥寒急，一衣之后再一升》《红十字月刊》总第25期（1948年1月），第20页。

② 《雨中发寒衣，温暖给难民》，《红十字月刊》总第25期（1948年1月），第22页。

赠、总会拨助及分会自筹。据总会报道，在1946年至1947年的两年里，江苏省的南京、江都、宝应、东台、泰县、砀山、徐州等分会都参与了冬令救济工作。红十字会的冬令救济工作，从施行的实效看，可谓“雪中送炭”。

灾难救济也是红十字会平时主要工作之一。抗战胜利后，国民政府设立了行政院善后救济总署主管救灾工作，红十字会则协助救灾工作的开展。

复员时期江苏各分会没有举行大规模的救灾活动，所从事的主要是对小型灾变的救济，大致情况如下：

1946年6月，青浦县内发生严重虫灾，农民劳动果实受到威胁。青浦分会得知情况后，立即致电总会报告灾情，由总会将情况向农林部汇报并请求农林部援助灭虫。该部派专员1人前往调查，经检定为乐衣蛾为害，遂将防治方法告知地方政府以进行防治。

1946年，东台县分会恢复活动，当年赈济灾民毛线40磅、羊毛衣6件、男女袜125双①。

1946年12月，南京市进香河发生火灾。为帮助灾民渡过难关，南京分会向火灾灾民发放棉衣100件②。

1947年1月，江都县城砖街发生火灾，延烧10余家，损失巨大。为救济灾民，分会发动紧急捐赈，向银行界各会员募得救济款57万元，分会捐助3万元，由会长杨佳如亲自散发给15家灾户，每户各得4万元③。

1947年8月，砀山分会选派救护队员赴该县受水灾区域救治灾民，并注射霍乱疫苗3569人④。

1948年4月，南京市西郊二道埂发生火灾，灾民钱物颇有损失，南京分会于29日赴受灾区救济灾民101户，每户分发食盒一大盒⑤。

灾害救济是在遇到灾情时临时举办的。哪里有需要，哪里就有红十字旗帜。红十字会就是在民众最需要帮助的时候，为他们送去人道关爱。

---

① 韩建勋主编：《盐城县志》，江苏科学技术出版社，1998，第1939页。
② 《中国红十字会新闻》，《红十字月刊》总第12期（1946年12月），第34页。
③ 《中国红十字会新闻》，《红十字月刊》总第14期（1947年2月），第43页。
④ 《中国红十字会新闻》，《红十字月刊》总第21期（1947年9月），第38页。
⑤ 《本会新闻》，《红十字月刊》总第29期（1948年5月），第29页。

二、解放战争时期战场内外的救济与救护

复员时期，红十字会把主要的精力用于开展积极性的社会服务工作，期待在和平时期大力扩展自己的服务范围，使红会的工作不仅有量的提升，而且有质的飞跃。但是真正的和平却为时很短，不久，战争阴霾又重新密布。面对新的战争考验，中国红十字会总会及江苏各分会又将如何面对呢？

众所周知，抗战时期中国红十字会救护总队在救护伤兵难民方面起到了关键性作用，得到社会各界的普遍赞誉。抗战胜利后，应行政院善后救济总署的邀请，红十字会于1945年11月开始协助该署办理复员期间民众医疗救济。红十字会将救护总队裁并为40个医疗区队，这些医疗区队在主要交通干线沿途设置医疗点，或直接护送难民返乡，在途中实行医药服务等。至1946年6月底，此项工作基本完成，乃“将此八年配合抗战神圣工作之救护总队部，于胜利后第一个‘七七’纪念之前夕，宣告结束。直与抗战相共终始。虽目前到处灾黎，兵祸未绝，但本会工作，已因复员而变更组织，尚未忘其责任”①。红会已决意推行新的社会服务工作。虽然此时战事再起，但中国红十字会总会并未打算继续开展战场救护工作，被裁撤的医疗区队也多与地方分会合作，开办新型诊疗所，实施平民诊疗。

因此可以说，在整个解放战争时期，中国红十字会总会一直致力于复员工作，把主要精力用在调整壮大组织和拓展社会服务范围等方面，对于日渐激烈的战争始终没有制定具体的救护方案。所以在解放战争期间，红十字会在战场救护方面没有取得令人满意的成绩。

但红十字事业毕竟发端于战场救护，对于那些热心红十字人道、博爱工作的红十字会工作者来说，救伤瘗亡是他们的责任。烽火连天，红会工作者实难坐视不管。因此，濒临战场的许多分会自发组织救护队，救护受伤兵民，埋葬战殁遗尸。江苏省各分会中，在战场救护方面工作成绩较为突出的当属砀山分会。

砀山位于苏、鲁、豫、皖4省交界处，东距徐州80公里，西距商丘

---

① 《中国红十字会新闻》，《红十字月刊》总第6期（1946年6月），第21页。

70公里，自古为战略要道。进入复员时期后，该地战事频仍，伤亡惨重。砀山分会本着人道、博爱精神，自发地对伤兵难民进行救护。

1946年8月9日，砀山时局紧张，战争一触即发。砀山分会会长汪湘立即组织卫生院全体职员、各诊所卫生人员及地方的一些热心人士共45人，组成志愿救护队，下分医务组、总务组和掩埋组。汪湘担任救护队队长及医务组主任，负责医疗救护；陈登庸为总务组主任，负责后勤保障；冯松岭为掩埋组主任，主管掩埋尸骨。10日，战争正式爆发，救护队队员不顾个人安危，冒着枪林弹雨从事救护工作。此次战役共“救护负伤官兵一五〇人，负伤平民一二〇人，救济难民五百人，掩埋死尸一五〇具，马尸二具”①。之后，砀山多次发生激战，分会就人力物力所及，开展了救济救护工作。12月，分会发动救护12次，救护伤兵45人②。

1947年9月，砀山分会在东门外设立临时负伤军民收容所一处，内置病床20张，收容负伤军民。11月，当砀山城再次发生激战之时，分会组织4个救护队分别在4门救护，同时设立了5个收容所，收容负伤军民。总计此次战场救护，共“掩埋死尸441具，治疗负伤民众360人，收容负伤官兵61人”③。此后，当地战事时断时续。在历次救护过程中，砀山分会本着红十字运动“中立”之原则，对伤兵实施一视同仁的救治④。

除战场救护外，分会还组织了对难民的救助。砀山临近战区，战事密集，众多难民为躲避战灾，逃离家园，缺衣少食，艰难度日。分会努力对他们施以人道救助，但战火纷飞，经济残破，捐募工作难以进行。分会在利用有限物资进行医疗救护的同时，积极与其他团体合作，对难民实施救助。以下是砀山分会救助难民工作的点滴。

1947年3月，砀山分会协助该县善后救济协会发放急赈，共发放面粉6500袋，受赈难民20000余人⑤。

1947年5月，分会副会长阚炯光向徐州的难民急赈大队，领来赈款

---

① 《中国红十字会砀山分会呈上海区办事处电文》，中国第二历史档案馆馆藏档案，全宗号：476，卷号：2239。

② 《中国红十字会新闻》，《红十字月刊》总第12期（1946年12月），第34页。

③ 《本会新闻》，《红十字月刊》总第24期（1947年12月），第25页。

④ 《砀山分会申请添补药械的电文》，中国第二历史档案馆馆藏档案，全宗号：476，卷号：2907。

⑤ 《中国红十字会新闻》，《红十字月刊》总第15期（1947年3月），第37页。

1036 万元、大米 115 包、豆粉 15 袋、统粉 12 袋，于 16 日发放给当地难民，计救济难民 2332 人①。

因砀山附近伤兵难民众多，为使伤病患者得到及时的医治，砀山分会按照总会的安排，利用美国援华经费筹组巡回医务队。6 月，汪湘会长前往南京与总会洽商。经精心筹备，砀山分会第七乡村巡回医务队于 8 月 14 日正式建立并开始工作，全队人员共 23 人，工作范围最初为县城、小李庄、小市场、田楼、东站乡、贫儿习艺所、唐寨镇（县东）、杨集镇（县西）等处，以后又增加邵陈楼、任大楼和黄庄等巡回站。

实际上，砀山分会的救护工作因为是自发的，总会并未具体部署，因此在救护过程中所需药品也多是自行筹募。一开始由卫生院、诊疗所供给一部分，再加上分会负责人及砀山善后救济协会的部分捐助。但战事频发，旷日持久，造成灾黎遍地，“仅能救助于一时，实难维护于普及”。物资的缺乏使分会的救护工作力不从心。因此，砀山分会在此后遇到较大规模的救护工作时，则电请总会予以援助。

因成绩突出，1946 年 9 月，砀山分会的救护工作得到总会的嘉奖，蒋梦麟会长特致电上海区办事处称：“砀山分会新组成立，即能开展工作，不畏艰险救护军民，殊堪嘉勉。”② 指示将砀山分会的事迹广为宣传，树为典范。

除砀山分会外，海门分会也积极从事救助工作。海门分会自 1927 年成立后，“有医院之组织，办救济难民医疗伤兵及其他各种慈善事业”，日寇入侵后“器具医院药品等尽付东流”。进入复员时期后，医院的恢复面临极大困难，“计需二十亿元，地方民穷财尽捐募不易”③。1948 年 6 月 16 日，海门分会会长薛少廷来电称，因受战事影响，伤兵数量“为数颇重”，而一般难民“沿途露宿，受尽寒热”④，要求总会拨助经费器材，以为救助。但此时的总会也面临着严重的经济困难，无法全力支持。在这种情况

① 《中国红十字会新闻》，《红十字月刊》总第 18 期（1947 年 6 月），第 36 页。

② 《总会快邮代电：对砀山分会战地救护嘉勉由》，中国第二历史档案馆馆藏档案，全宗号：476，卷号：2239。

③ 《海门分会请补助重建医院》，中国第二历史档案馆馆藏档案，全宗号：476，卷号：2237。

④ 《海门分会电文》，中国第二历史档案馆馆藏档案，全宗号：476，卷号：2237。

下，医院的恢复费用全部由会长薛少廷私人垫付①。分会医院于该年9月1日复诊，实施医疗救助。该院设有病床20张，有6名医师、1名护士、1名助产士、1名药剂师。当月，总会拨助医疗药械9种②。

在救助难民方面，宝应分会也取得了一定的成绩。1948年4月，宝应分会致电总会称，“沐阜等县难民麇集，本县城区数达三千，风餐露宿，环境不良，致疾病丛生，其中以亚斯疮及黑热病为最多，而脑脊髓膜炎亦复猖狂。本会除出全力救护外，对于药品设备力有未逮”③，请求总会拨发药品器械以解燃眉之急。

总之，在总会没有明确的战场救护计划的情况下，江苏各地分会的救护是零星的、自发的、小规模的。即使救护工作出色的砀山分会，在战火硝烟中，仍有开展社会福利工作的报告（如举办失学儿童同乐会等），可见社会服务工作一直是复员时期红会的中心工作。但是，由于没有总会明确的“指导”，救护工作的开展自然不能尽如人意，从这里也可以看出当时红会所具有的浓厚的官办色彩。

1949年初，战场局势越来越明朗化，国民党的反动统治处于风雨飘摇中。时任国民党要职的部分中国红十字会总会领导人离开大陆飞往台湾，红会一时“群龙无首”，工作难以正常开展。胡兰生秘书长在回顾这一时期的工作时，称其1948年秋天去欧洲开会，“回国后直至解放前夕（红十字会的工作）完全在‘自生自灭’中”④。

在经历了时代的风云变幻后，作为“国际性的中立组织”，红十字会顽强生存，等待“新生”。

---

① 《海门县分会组织情况》，中国第二历史档案馆馆藏档案，全宗号：476，卷号：2237。

② 《本会新闻》，《红十字月刊》总第34期（1948年10月），第24页。

③ 《宝应分会电文》，中国第二历史档案馆馆藏档案，全宗号：476，卷号：2141。

④ 孙柏秋主编，池子华、杨国堂等：《百年红十字》，安徽人民出版社，2003，第277页。

附 录 一

慈善人生——庞京周医师的生平与事业

庞曾涵　高忆陵　池子华

当我们提笔写这篇文章的时候，想到庞京周先生的一位亲属曾谦逊地说："他或许不是一个能够写传的人。"这恐怕是指庞先生性情奔放，不拘常规，兴之所至，成败兼具。他平生最好聚友高谈，纵志倜傥，既锋芒毕露，又古道热肠，就连他的形象也颇不随俗：瘦高的身材，西装革履，嘴上常衔一支古巴雪茄，即便在洋人堆里仍是"鹤立鸡群"。然而其言其行，似乎不乏可圈可点之处。他的一生，确有值得我们回顾和纪念的价值。

翻开中国红十字会的历史，细心的人们会发现，抗战初期，这个瘦高的身影曾奔波于大江上下，驱车于南北东西，在"战时三合一"的实现、组织救护团体、组建伤兵医院、实施战地救护、运送医药物资、通过广播讲演向民众宣传红十字精神等方面呕心沥血，殚精竭虑，发挥着杰出的组织联络才干。仅以绥远抗战期间为例，1936 年 12 月 2 日、8 日、12 日、17 日的《申报》连续报道庞京周医师北上南下的行踪与言论，一时成为社会的关注点。

他寿六十九而终，一生时间不算漫长，但从他 29 岁主掌同德医学院院长事务、赴德国获博士学位、国内几度开业诊所，到担任上海医师公会副主席、中国红十字会秘书长，以及负责重庆空袭救护、深入滇缅铁路瘴疫之地主管防治……一生仿佛完成了某些人几辈子的事业。这正应了他自诩

年轻时的庞京周医师

的“浓缩人生论”：“人命有长短，我惟期能日作倍人之事，则虽寿五十，等活百岁也。”这“日作倍人之事”的精神确实贯穿了他的一生。当我们进一步研究他一生事业的脉络时又不难发现，在这种“拼命三郎”般的精神后面，有一种深刻的人文价值取向作为支柱，那就是关心人民的疾苦、人道与博爱的精神。以庞先生20世纪30年代初即被视为“海上名流”，以他在医学专业上的造诣，以他身边由同窗、挚友、门生组成的一层又一层的上流社会圈子，以他所能够获得的机遇……他并非不能发财、不能飞黄腾达，而他恰恰选择了许多一般人可为而不屑为、不愿为的事情去做。新中国成立后，他依然坚持在医学教育研究、普及卫生保健知识等方面努力发挥作用，这种行动选择上的明明白白的分野，便透露出他人性上的光芒。

在当今呼唤社会公正与和谐、重建红十字精神的大势中，回顾这位苏州籍红十字前辈的生平与事业，正是为了以这种人性的光芒照亮人们的心灵，尤其是在功利主义抬头的社会风气中，这种光芒尤其难能可贵。这也许就是我们撰写此文的意义所在吧。

“顺其情而发其智，励其志而不羁末节”

了解庞京周医师，不能不从他早年的家庭背景说起。一方面，家庭环境孕育出他独特的个性；另一方面，从这里可以找到他选择学医并专攻痢疾等热带病的缘由所在。

庞京周医师祖辈世居吴江同里。祖父庞庆麟为前清进士，人称小雅公，做过刑部主事①。其父庞元启，字葭荪，年仅弱冠即取得孝廉②。庞元启娶常州望族冯氏为妻。

① 李铭皖、谭钧培修，冯桂芬纂：《同治苏州府志》，光绪八年（1882）江苏书局刊。
② 元和陆懋修辑，其子润庠补编：《苏州长元吴三邑科第谱》，光绪丙午（1906）刊。

冯氏是一位与众不同的妇人，非常豁达且深识大势，受到了全家的敬重。她能够在20世纪初就看到新学渐起，不随俗流，不再让儿子们独尊儒术，而是放手让他们接受新思想、新知识。在她温厚、开放的家庭教育氛围中，三个儿子均学有所成：长子国钧，字衡裳，曾中举人，在书法方面颇有造诣；二子国锜，字敦敏，曾以最先研制和接种防治天花的牛痘疫苗而成为有名的微生物学家；而三子国镐，字京周，则是本文主角。

庞京周出生于1897年，自幼聪慧过人，两岁能识字，三岁会造句，被乡里视作天才儿童。由于在兄弟中排行最幼，得到母亲特别的宠爱。他母亲的教育方法颇有与众不同之处，取张弛相济之道，可以概括为："顺其情而发其智，励其志而不羁末节，惟使自规所行，自择所善。"庞京周在这种施教方式下成长，独立自主意识很强，性情豪爽，才华横溢，行动果决。但优裕的家庭条件和母亲的开放教育也造成他某些矛盾的性格，如：内含谦柔但外露锋芒，有卓识而欠心术，肯于"舍己"却未必知如何"为人"；在学术领域内，虽然能够自维谦恭，但往往书生意气，遇事争鸣，惟理为绳，侃侃而谈，不让"权威"，不顾妒忌。在他一生遭际中，了解他的挚友因此而格外欣赏他，而不甚熟识的人则不理解他，容易造成误会或被开罪。

庞京周5岁时，他的父亲患上恶性痢疾。这种在今天很普通的疾病在当时却无药可治，一个极有才气、前程远大的人在30岁出头便撒手人寰。父亲的英年早逝给幼年的庞京周带来极大的震动，他后来曾多次对身边的人说："我父亲本来是不应该死的。"这件事在他心里埋下了立志学医的种子，成为决定他人生轨迹的重要因素。为此，10年后他从苏州最好的中学——草桥中学退学，独自进入了德国人办的"同济医工专门学校"；1921年，他从已由中国人自办的同济大学毕业，开始独立行医的生涯；1925年夏，他与工商业家黄楚九赶办急救时疫医院；1935年，他赴德留学的博士论文为《痢疾在中国之影响及其扑灭问题》，怀有追念他父亲的深意；抗战中期，他义无反顾地奔向恶性疟疾流行的滇缅铁路工地，主管传染病防治工作；直到晚年，他仍勉力研究医史，发表了《中国疟疾概史》《结核病史话》等文章。可以说，他将个人幼年遭受的痛苦升华为一种用医术拯救苍生的社会责任感，并以一生勉力践行。

庞京周11岁时，以多报1岁，进入当时苏州府第一中学堂——草桥中学。这段学习生活给庞京周的人生经历打上了深深的烙印，很大程度上决定了他的人际交往圈子。正像英国某名校进门石碑上所刻："你是一个什么样的人，只要看你与谁一起读书就可以知道。"在草桥中学里，他文理兼胜，虽然后来以医为业，但一直善文，与吴湖帆、顾颉刚、叶圣陶、王伯祥、江小鹣、范烟桥等从事文学艺术的同窗始终过从不辍。在文人圈中煮茗夜谈，品画读碑，衔觞赋唱，几乎成为他的生活习惯。既与文人交往，他也就常以短文或诗词见诸报刊，除医务方面的内容外，大都是讽世幽默之作。同窗评价他是医生中的文人、文人中的专才。与这些同窗挚友的情谊贯穿他的一生直到最后的岁月。

"医学应当为平民服务"

从同济毕业之初，24 岁的庞京周就在上海滩开设了自己的西医诊室。开业四五年，他的名声渐起，以敢用重药、治愈率高而著称于世。随着业务越来越繁忙，他的诊所在 11 年间，四迁其址。到 1928 年前后，他的月收入可达千金，诊所并备有当时最先进的 X 光机和紫外线理疗仪等设备。

在上海滩，他声名日隆，1930 年就有人用彩色铜版照片精装刊行了一册 18 开本的《上海名人传》，将他列入。对于这种渲染炒作的做法，他非常厌恶与不屑。有人前来索要书款时，他笑着说："尔当知我乃瓦楞里南瓜也。"（按：此为吴谚，形容某人不谙例行的做事规矩）。他自号"蛐斋"，意即自己不过是一个普通人，自嘲为一只能发出很大声音的小虫。

他的女儿庞曾涵回忆道："我父亲有一种朴素的民主思想，觉得中国太贫穷，一直对穷人十分同情。他经常为没钱的穷人治病，包括开业后，没钱的人来看病他都给治。他常说医学应当为平民服务，这个思想一直在指导他。"

20 世纪 50 年代，庞先生诊病时常用一个白布手绣红字的诊脉垫枕，这是一位烈属哈秀梅女士所赠。因庞先生得知她丈夫在战场牺牲，家庭经济拮据后，不但免收诊费，并跟相关药店打招呼，药费从低，还悉心治愈了她的顽疾。为了表示感谢，她亲手绣了这个小垫枕送给庞医师。他把它看作病家的心意，非常珍视，经常放在案头应用，以激励自己更好地为需要他的人服务。

他办诊所，并不仅仅满足于为谋生而诊治病人，因此在开业之初，曾在诊所实行过以下两件独出心裁的事：

一是设置“保健医疗”，即个人或全家每年交若干医疗费用，门诊就不再收费。性质类似于现代的农村合作医疗，目的在于减轻病家负担，以免病人因吝惜诊费而贻误治疗，对长期病号尤为有利。为了实现“保健医疗”，他在诊所中特地聘请了内、外科医师各一位，使诊所能全日应诊。

第二件事是作为西医而为病人加开文字“脉案”，内容除了症状、初步诊断外，还包括病因简析、预期药效及可能发生的变化等，使病人知道如何自养并注意变化。这种“脉案”不同于仅供医生查核的病历，而是更多为病人考虑，满足病人的需要。

虽然由于种种原因，以上措施实行的时间不长，但从中可以看出他凡事皆有图创新之意，为平民服务的意识很强，绝无高深莫测的医生架子。

“我们中国人应当有自己的医院和医学院”

开办诊所虽然是庞京周先生的主业，但并非他人生的主线。他一生的精力，在医学教育上投入得最多，可以说，他身上具有教师的天赋。他的学生们都对他留有很深的印象，认为“他对传授知识和对学生所具有的那份热情，是一般人所没有的”。不仅如此，他内心还有一个很深的情结，那就是：“我们中国人应当有自己的医院和医学院。”为此，他在二三十年代为办学校、办医院付出许多心血，特别是在同德医校面临存亡危机时他勇于担纲而扭转了局面。

1924 年，开业之余，他到同德医科专门学校任教。不久，该校发生了派系争斗，直至涉讼。虽然胜讼的一方做了校长，但由于师生中宗派意识很深，且校址房产纠纷不清，办校经费无着，校长一时束手无策。同德医科专门学校面临着危机，几乎办不下去了。在这种情势之下，学校创办人黄胜白、沈云扉商请年轻的庞京周出任教务长，给他行事的权力。

于是，还不足而立之年的庞京周就接管了这个“烂摊子”。他不顾年资尚浅，尽力发挥他特有的社会活动能力，以快刀斩乱麻之势，先商借了位于爱文义路（今北京西路）口泰兴路平湖巨富刘氏的洋楼为校舍复课，再分别辞退滥竽充数的德籍教员，聘请知名校董数名，聘请留德归来的国人任教，取得多方支持，使得教学阵容在短时间内大大改观，学生个个诚服，派别纷争自然消退，局面很快稳定下来。当时，留在同德长期任教的著名医师有妇产科专家金问淇、内科专家沈谦及王景阳、皮肤科专家尤彭熙、生理学专家周宗琪等。雄厚的师资力量保证了同德医科专门学校的存在与顺利发展。

1924年末，同德医科专门学校正式改称医学院。在此之前，庞京周已经向新校董、工商业家黄楚九租了同孚路（今石门路）的一块地皮，他自行垫款，花了一年时间为同德医学院建起新校舍和附属医院。学院的各位教授和衷共济，白手起家，使得教学及实习设备渐成规模。从那时起，他主持同德医学院的工作共计11年，直到1935年顾毓琦博士继任同德医学院院长为止。此后，他留任校董一直到新中国成立后人民政府接管同德医学院。

20世纪30年代在上海时的庞京周

他主掌同德校务时的学生遍于全国，兼及海外，其中不乏专家名才。如今的上海第二医科大学是由新中国成立前的同德、震旦、圣约翰三院合并而成的，在二医大成立大会上，很多人对他记忆犹深。他的学生很多已是德高望重的专家，许多人回忆说：“在同德，庞先生给我们讲解剖课。我们特别喜欢上他的课，他口才好，非常热情”；“他给我们留下了永远忘不了的深刻印象。”学生们还回忆起庞先生当时带着大家实习，到伤兵医院里为民众服务等情形。追念校史，人们不能忘记他在同德医学院命运悬丝之际的奋力开拓、整顿之功。

投身公益慈善事业与社会活动

庞京周对事业一贯的宗旨是：医者，当以提高整个社会的健康水平为崇高天职。凡上海有关医务方面的公益慈善事业，他无不热心参与。

1926年夏天，苏南一带霍乱横行，他忆及当时情况说：“那时候老百姓苦的呀，生了病，无钱医治，求救无门，就死在路上。”这是他作为医生所不忍心看到的，于是他就与黄楚九先生共同发起赶办急救时疫医院。黄先生自行捐资并落实院址，还出面募集资金与筹组董事会等；庞先生则负责招请医护人员，筹置设备，制定规章及亲自主持诊务。院址先设在白克路（今凤阳路）派克路口，只经一周筹备即收治患者，救活了不少人。创办急救时疫医院在当时影响较大，显示了庞京周的应急组织才能。

这年的霍乱高峰过后，他们又专门在西藏北路购地，一年后一所四层楼的永久院址建成。这所医院在不同季节收治各种流行性传染病患者，对贫苦患者实行减费或免费，其不仅仅在当年防止了霍乱的蔓延，还在长期性的民众卫生防疫工作中发挥了作用。庞先生义务兼任该时疫医院院长凡 10 年。新中国成立后，这所位于西藏北路的医院曾改名为红光医院。

由于他以年资有限而能在短期内整顿同德医校以及主办时疫医院，因此庞京周在医界中获得了“干才”的称誉。

1932 年，一·二八淞沪战事打响，《申报》馆总经理史量才先生登高一呼，倡议组织上海各界抗敌后援会，支持十九路军抗日。此会可称集上海经济实力人物、舆论界及各方代表人士于一体，史量才任“后援会”会长。他过去因庞京周经常在《申报》投稿议论医事而与之相投合，素知庞先生勇于承担艰险，爱国不甘人后。于是，庞先生与颜福庆二人成为“后援会”医界负责人士，承担起战地救护的重任。

十九路军浴血奋战，然而南京政府非但支持不力，反而加以钳制。因此淞沪战役的伤病员，几乎全赖“后援会”所组织的救护队转运到租界内，以及真如、南翔一带的临时医院进行救治，所动员的医界力量及各种物力、财力皆属空前。战地救护成了“后援会”的主要工作，庞先生在其中统筹调度，尽心竭力。在战事紧迫之时，庞先生曾亲自驾车到真如军部，将捐赠的望远镜面呈蔡廷锴、谭启秀两位将军，以示敬意。归途时汽车被流弹击中，险遭不测，其他辛劳，更不待言。

无奈十九路军抗日之举，终以签署屈辱协定而告终。事定后，“后援会”改为常设组织，称上海市地方协会，庞先生后来的社会活动主要通过这一协会进行。

淞沪战役结束后，庞京周先生痛定思痛，对国事颇有惘然之感。这在他的题影诗中可见一斑：

韶华逝水感流年，旧梦依稀淡若烟。
家国略同风絮乱，诗文端为热肠偏。
一生傲骨交应浅，十载浮名学未专。
大地蜉蝣争一瞬，强将数理证前缘。

淞沪战役后庞京周的题诗照

除了投身社会重大突发事件的救援外，庞京周还一直积极参加医事社团活动及倡导公益医药事业，主要在上海医师公会、中华全国医师联合会、中华医学会、医药教育委员会担任职务并义务工作。据他晚年回忆，上海医师公会早期活动中最有意义的事情有两件：

一是与牛惠生、蔡禹门等人共同创议，取消开业医生向配方药房收取回扣的陋习，并率先自行。

二是竭力宣传消除派系观念。为此，曾由公会劝导开业医生取消牌照上“德医”“日医”等字样，认为将此类用词冠在自己名上相互标榜，无异于强调派系分别，不利于团结，且有损及国格、人格之嫌。经过此番“正名”，响应者众多，起到了相对冲淡派系观念的作用。

中华医学会是医界的学术性团体。1923 年，该会曾在上海东亚医学院召开全国年会，当时庞京周是东亚医学院的青年教师，在会中他成为活跃分子，与各地代表相识并交好，这是他参加该会实际活动的开始。中华医学会最初是由在华的外籍医师集合早期留学英美的医学生仿照国外学会章程所组建，其刊发的各科《学报》强调国际交流，长期沿用英文。当时余云岫力主学术应当兼收并蓄，并重在自创提高，为保国体尊严，特在上海组织出版学会的中文杂志，余云岫自任主编。庞京周佩服他傲骨可风，自荐当其助手，任编辑，一直到抗战才中断。

庞京周医师总是把社会问题当作自己的事来对待，十分关注和热心于公共卫生问题。在这方面他既行之于事，也述之于笔。他写的《上海十年来医药鸟瞰》，先在《申报》连载，又自己出钱于1932年出版了单行本。书中既分析了上海医药卫生工作的状况和问题，又对政府工作提出了批评。

由于《上海十年来医药鸟瞰》一书中对当局在医药卫生工作方面的政策措施提出了不少建议和批评，因而引起南京政府卫生署署长刘瑞恒的注意。刘瑞恒每到上海，便对他进行拜访，听取他的见解。1933年，刘瑞恒向教育部推荐庞京周为医药教育委员会委员，当时医教委有十数位医学教育家，都是曾赴国外留学归来的，从未出国的仅庞京周一人。

在实地视察及医教委的讨论中，庞先生极力强调中国贫穷落后，人民缺医少药，搬用美国式的八年二部制医学教育体制难以适应培养医学人才的迫切需要。这成了发展医学教育两种观点的争论焦点：反对者，讥笑他是不明外情，眼光狭窄；同意者，又惋惜他才高于学，以致言因人轻。

在这双重舆论之下，他萌发了出国的念头，想把十几年来在医学教育方面积累的经验与国外进行对比，欲求他山之石，再展抱负。当时他获得教育部的赴欧美考察任务，于1935年秋成行。

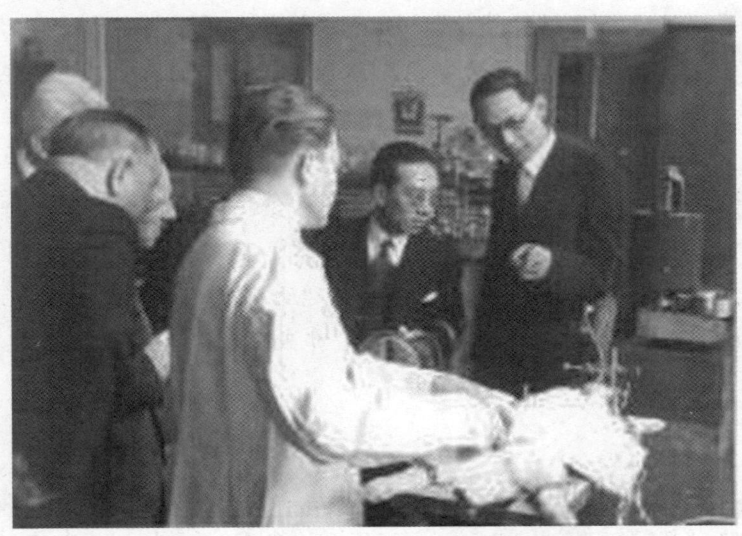

1936年6月，庞京周（右一）等参观德国某制药企业的动物实验室

绥远战事奔波调度牵动人心

一年多的欧美之行，席不暇暖，而归来时国内的形势已离全面抗战不远。上海市地方协会成为庞京周再次投身于抗战救护工作的契机。经过一段时间的酝酿，他的人生轨迹投向了当时最为紧迫的红十字战地救护工作。

1936年秋末，庞京周自欧美归国不久，傅作义将军在百灵庙抗日奏捷，人心为之大振。上海市商会、上海市地方协会与中国红十字会总会三团体联合发起成立“绥远剿匪慰劳救护委员会”，庞京周为常务委员。11月23日到26日，他以红十字会总会副总干事身份乘慰问团专机飞到绥远（今呼和浩特）劳军。庞京周与颜福庆代表总会暨各团体向傅作义的部队献赠医疗药械。慰问团一行南飞时，又先后在太原、西安、洛阳停留，分别会晤了阎锡山、张学良、蒋介石三人，以表上海各界同仇敌忾，并“督当地分会加速进行救护事宜”①。

前方虽有绥远红十字分会从事战地救护，但力量单薄，缺医少药的状况亟待改观。有鉴于此，12月1日，红十字会总会特派庞京周赴南京，《申报》1936年12月2日以“庞氏出发”为题，报道他“与中央防疗处，及卫生署，接洽药品材料等物”，而后“转赴北平，与各大中学及协和、平大医学院接洽，组织训练救护队，组成后，即率领队员，赴大同绥远，从事救护”②。

庞京周到北平后，12月8日的《申报》报道说：“中国红十字会总会代表庞京周日前来平，筹设中国红十字会总会救护委员会华北分会，现正向（北）平医学界名流接洽，日内即成立。”③ 因筹备分会需要时间，而战事进展急迫，遂于12月上旬成立了一个“中国红十字会总会救护委员会华北临时分会”，接受总会之托，办理“华北临时救护防疫工作之补助事

---

① 《中华民国红十字会总会三年来总报告》，中国第二历史档案馆馆藏档案，全宗号：476，卷号：3189。此部分引文多转引自池子华：《红十字与近代中国》，安徽人民出版社，2004。

② 《庞氏出发》，《申报》1936年12月2日。

③ 《各方纷纷援绥劳军》，《申报》1936年12月8日。

宜”[1]。临时分会成立后，迅速组队驰赴前方，开办临时医院、救护伤员。到12月中旬，“前线一带，已布遍红十字会之旗帜”[2]。而即将出任红会秘书长的庞京周也再度飞往绥远前线，指挥调度，悉心尽力。

12月10日，《申报》以“庞京周电告前方急需材料”为题特别提到，“昨接庞京周医师由绥来电云，现在该地朔风怒号，冰雪载道，寒（衣）被褥，应从速添置，至运输方面之车辆担架，亦宜赶运，尤以药品如棉花、纱布、绷带……注射器等”，“预料大战爆发，迫在眉睫……希望各界迅予捐输，或助款项购置，俾可克日运往前方，以应急需”[3]。

从11月下旬开始，他两赴绥远，视察并参与指挥调度战地救护工作；两赴北平，接洽方方面面的事宜，红十字救护委员会华北临时分会成立后，立竿见影地加强了前方的救护与防疫工作；他途经各地“实地考察，并规划救护设备，曾与各级军官作深切之探讨”[4]，真正起到一种穿针引线、承上启下、统筹规划、协调各种力量以迎接即将爆发的大战的作用。他全身心投入救护事业的拼命精神和组织才能又一次得到充分发挥。

12月17日，《申报》以《庞京周从前线归来谈话——救护绥战意见甚详》为题报道说：“中国红十字会救护委员会庞京周氏，自绥战发生后，迭次往返赶办救护事宜，业经成立中国红十字会总会救护委员会华北临时分会，积极实施工作。现因筹集医药材料，于前晨返抵上海。”庞京周称自己的谈话“俱为最关紧要者，可作各界参考之用”。在他的谈话中，大到伤兵医院的布局，小到“手套以绒线结成者不甚耐久，最好以皮革制成为佳”；提前做准备的有“防毒面具现由清华大学工学院院长顾毓琇与傅主席接洽，已定制一万具”；细致入微到“丝棉背心应改制丝棉衣裤，如能以厚皮制成，尺寸须大，尤为耐寒受用”；严格约束如“救护人员，非经训练，不能在前线服务，须一律军医化”[5]等，桩桩件件，不一而足。若非完全深入一线，事无巨细，竭尽全力，就无法做出如此实实在在的有

① 《中国红十字会总会救护委员会华北临时分会章程及手术组预算案》，《大公报》1937年2月9日。

② 《红会前方电告需要救护药品》，《申报》1936年12月14日。

③ 《庞京周电告前方急需材料》，《申报》1936年12月10日。

④ 《庞京周从前线归来谈话——救护绥战意见甚详》，《申报》1936年12月17日。

⑤ 同上。

效指导。

绥远抗战中的慰劳救护行动，不仅激发起前方将士高昂的斗志，而且“在唤醒将来全民奋起”抗战①，意义重大。这次行动也是中国红十字会全面抗战前的一次救护预演，庞京周在其中辛劳倍加，成效卓著，为他随后在战争全面爆发时组织战地救护工作打下了基础。

活跃在抗战前期红十字战地救护的第一线

1937 年初，庞京周接任了红会秘书长工作。这一安排是卫生署长刘瑞恒酝酿准备近半年的结果。在绥远战事中，庞京周第一次赴绥远回到上海后，刘瑞恒又专约他于 1936 年年底一起再度赴绥远。刘在战时人事布局方面早已属意于庞京周，可谓成竹在胸。两人北行逗留北平之时，正好是西安事变之日，南归时事件已和平解决。刘瑞恒曾向庞京周示意，应当做应变的长远打算，庞深表同意，两人都预见中日之间难免一战。刘曾经与庞筹划，一旦战事爆发，应当把卫生勤务放在红十字会、军医署、卫生署三方的联合机构之下，以便利用国际红十字会公约，整合救护力量。这一部署，可概括为“战时三合一”。

庞京周出任红会秘书长后不久，3 月间，刘瑞恒请准任命他为卫生署的简任技正，并且为他配了两名高级助手，以研究应变对策及集训人员为主要任务。刘瑞恒兼军医及卫生两署之长，并擢升金宝善为卫生署副署长，这就是刘瑞恒为“战时三合一”架构在人事方面所预先进行的铺垫工作。而庞京周受命于危难之秋，凭过去的经验及与上海各方的关系，颇为自信，立即全身心投入工作之中。

1937 年 7 月 7 日，卢沟桥事变爆发，救护工作与当时的军事准备一样，处于应变不及的状态。卢沟桥事变后 10 天，蒋介石在庐山发表了“无论何人皆有守土抗战之责任”的声明②，而之前已召庞京周上庐山询问救护准备情况。7 月 17 日，《申报》报道说：“沪总会秘书长庞京周，适于九日因公赴庐，因中途消息日趋紧张，当即于沿途各埠，随时电华北救护

① 傅作义将军语。孙兰峰、董其武：《绥远抗战始末》，见全国政协文史资料委员会编：《文史资料精华丛书》第 2 卷《从国内战争到共同抗日》，安徽人民出版社，2000，第 432 页。

② 何基沣等：《七七事变纪实》，见全国政协文史资料委员会编：《文史资料精华丛书》第 3 卷，安徽人民出版社，2000。

委员会，指示一切”；“因南京电促，复匆匆于十五日下山，遄程东下，昨晨过宁，竟日与卫生、军医两署会商救护事业各要案。”庞京周在 1937 年《红十字月刊》上所发的《抗战中救护事业底一个断面》一文中提到：“这次华北战事发生，京周奔走京沪庐山间，曾对救护事业，做过几次演讲，发表过三四篇文字，并且播过一二次音，有所报告，有所论列。”时势的紧迫，改变了很多持观望态度的人，使他在集才、集资、集物等方面的工作逐渐主动，进展较快。

紧接着，“八一三”炮声响起，在人民大众群起报国的形势之下，红十字会以上海为中心，沿京沪线展开了轰轰烈烈的战地救护工作。当时庞京周既要作为红会领导处理会务，又要指挥救护队，视察收容治疗情况，必须经常往返于京沪之间。在紧张劳累中，他胃溃疡出血，无从治疗，只能勉强服药止痛，每天靠吃些苹果及饼干随时充饥维持。在他撰写的《抗战与救护工作》一书中①，关于“救护工作的调度”有如下描述：“前线某处有伤兵，某时有伤兵，某院有空床，某院已额满，某路可通行，某处可输送，某院有伤兵可出院，某院可转院，某处可设队所，某处可设医院，情势变迁以后，某队可移设某处，某院可如何改组，某处应增设队院，某时应分送某处，凡此种种，主持其事的人，都应该随时调查设计，接洽联络，调节布置。务能随机应变，多方划策，力求从容不迫，出纳自如。”这正是他当时工作情况的写照，压力之大与头绪之多绝非和平时的常态可比！

8 月下旬，刘瑞恒称，得到宋美龄的授意，要利用上海的人力、物力、财力，在南京“设立打破世界纪录能容五千床位之大规模重伤医院”②，以期为持久抗战救护准备条件。作为总会秘书长，该伤兵医院由庞京周主持筹办，国民政府给予财力上的支持③。

庞京周承担组建伤兵医院的任务后，充分展现他筹划开拓局面、在没有成规可循的情况下达成目标的才干，其投入之精神与工作狂热之劲头超乎常人。他每每于夜间驱车在京沪道上，而白天则分在两地处理各种事

① 庞京周：《抗战与救护工作》，商务印书馆，1938。

② 《中国红十字会将恢复野战救护队》，《申报》1938 年 4 月 6 日。

③ 参见《红十字会在京筹设伤兵医院》，《申报》1937 年 10 月 5 日。

务，终于在不到10天时间里，动员了上海医学院崔之义、邵幼善等教授及开业外科医师十数人和一批护理人员，随带多架X光机及大量器械应召赶赴南京，再在南京作必要补充后，在前中央大学内组织起有5000床位（一说3000床位）的首都伤兵医院，并收治伤兵。庞京周任院长，陈崇寿为副院长。首都医院不愧是“伤兵医院之冠”①，规模之大与组成之速为世所罕见，不能不说是抗战初期救护工作中的一件大事，成为当时对国际宣传的资料。《良友画报》② 就曾刊印了在中大礼堂顶上漆有大红十字标志的伤兵医院大幅鸟瞰照片。它的创建，为沪宁沿线抗战提供了有力的救护保障。可惜由于战事急转，偌大的医院开办仅有一个月，其发挥效用的时间非常短暂。这件事，从上面的决策来看难免有好大喜功的成分，造成失误，并促使人们认识到“组织机动性之医疗队”③，更切合战争变化的态势。但作为具体执行者的庞京周在此事中有着令人难忘的出色表现，可以说是创造了战地救护事业中的一项奇迹。

南京形势危急，庞京周曾由上海驱车前往南京，力图转移伤兵，中途竟已被阻，只好折向宁波，弃车就船回到上海，再急往香港后转飞武汉。当时由南京溯江西撤的伤员和救护人员已先到武汉。不久，刘瑞恒偕同协和北下的林可胜教授等一行也抵达武汉。于是刘瑞恒、林可胜及庞京周三人共同重整队伍，成立了新的救护总队，林可胜任总队长，下编分队，派赴各地。在此期间，红十字会理、监事先后转移香港，共同商讨组织红十字会总会办事处于香港，以便接收侨胞及国际援助，转供内需。庞京周便于1937年末离开武汉飞到香港，仍任秘书长主持日常会务。红十字会的办事处与救护总队由此内外分家，庞京周则脱离了实际救护，在香港处理红十字会办事处事务至1939年。

1939年夏天，红十字会收到爪哇华侨指名捐助八路军的一大批药械及食品。庞京周受托从香港将这批物资亲运至内地，并与林可胜一起代表红十字会，组成车队送达延安。毛主席曾接见了他们并做了抗战形势与持久必胜的谈话。

---

① 中国红十字会总会编：《中华民国红十字会战时工作概要》，1946，第1页。
② 由伍连德在上海创办的良友图书公司于1926年首创的中国第一本大型综合性新闻画报。
③ 中国红十字会总会编：《中华民国红十字会战时工作概要》，1946，第6页。

关于这次会见，庞京周的女儿回忆说："我父亲给我讲过他到延安的情况。说毛主席是在窑洞里接见他们的，谈话的主要意思是对他们送医药到延安表示感谢，并谈了当时抗战的形势。我父亲清楚地记得毛主席称蒋介石为'蒋先生'，口气很客气，称他为'庞先生'。毛主席指着周围的简陋环境说：'蒋先生对我们也太不公了。你看，条件很差，物质医药都很缺乏，希望你们能呼吁一下，多给我们一些帮助。'还拿出烟来说：'这是人家送的好烟，请庞先生抽。'"

他们一行在延安还曾与傅连暲及初到延安的白求恩大夫等人会晤，了解了八路军救护工作开展的情况。

由于红十字会香港办事处所募集来的外来物资及捐款等，原本没有定数，办事处极难根据情况协调供求之间的矛盾。庞京周深感疲于周旋，无实功可言，遂萌发退志。

重庆空袭救护舍家失子

从1938年10月开始，日本对当时的陪都重庆展开狂轰滥炸，许世英主持的赈济委员会拟组织空袭救护。他了解庞京周的处境，于是邀请他到重庆组织空袭救护委员会。庞京周便放弃了香港的相对安定环境，辞去红十字会的职务，轻装赴渝。

自1939年冬到来年春，他主持空袭救护委员会利用重庆雾季空隙，招致人员，组建院队，使重庆的空袭救护组织粗具规模。

在他任主任委员期间，重庆遭到了最为严重的轰炸，一天中往往是几次拉响警报。空袭救护委员会除了组织老百姓进入防空洞外，还要在轰炸结束后，到被炸的地点清点伤亡情况，抢救伤者，掩埋尸骸。有时，前一场轰炸的善后工作还未完毕，下一场轰炸即至。他不顾当时经常胃出血的情况，总是冒着危险亲临第一线进行指挥，以带病之身投入工作。在此期间，他顾不上家里人的安危，连大女儿结婚都没时间参加，请别人代为主婚。后来外孙女发高烧，病情严重，他在工作间隙中匆匆赶去，给了些药物指导，又奔赴救护现场；他和大女儿同在重庆居住，这仅是唯一的一次看望，事后他提起来，总是感到十分歉疚。更让他感到内疚和难过的是当时他的夫人怀孕已经4个月了，由于怕影响空袭救护工作，他毅然决定打胎。当时重庆找不到专业医院，只能在一个作为临时救护手术室的简陋的茅草屋中，通过腹部开刀手术打了胎，使他的夫人冒了很大的生命危险。他并非是一个漠视家人的人，相反，他极重感情，但在投身一件关系到许多人性命的事业中时，他是果断、决绝的。

在庞京周义无反顾地承担重庆空袭救护工作一年半后，他又接到新的召唤，以他的专长——热带病防治——投身于滇缅铁路卫生事业。

深入西陲，芟夷瘴疠

在国难深重的1938年冬至1942年春，筹商已久的滇缅铁路终于正式兴建。素以有见识和干练著称的交通部政务次长曾养甫兼任督办。由于铁路所经边远地区是恶性疟疾流行区，传染病已肆虐了几百年，曾养甫为了保证工程进度，几乎把当时国内的热带病学专家“一网打尽”。他从庞京周的同学朱家骅处得知他擅长热带病的医治并且善于开拓局面，就请他和曾获得美国康涅狄格州医学博士、来自湘雅医学院的热带病专家应元岳分别担任了卫生处正、副处长。

庞京周一到任便雷厉风行地开展工作，1940年9月至次年初，他陆续从上海一带及后方各地招收医护人员达300余人，设大小70余个医疗单位，深入滇西瘴疠之地，为沿线30万民工及工程人员开展医疗及预防工作。他们是一批忘我的充满人道主义精神的白衣战士，以治病救人为天职，完全不顾自己可能被传染，可能发生生命危险。他们的工作不仅提高了当地医务人员的治疗水平，提高了他们从医的信心，还研究出一套诊治、用药的措施，对这一地区传染病的防治产生了深远的影响。庞京周不仅承担行政工作，还亲自治病防疫，组织培训年轻医生。在滇缅铁路工作期间，他深得工作人员的拥戴。他对工作人员生活上很关心，但对他们的工作不满意时，态度又极其严厉。工作人员对他都很感念，其中有的人在新中国成立后在北京做了部级干部，到上海还总是来看他，他们认为“庞处长是真爱护我们的”。

经过了难以想象的艰苦卓绝的奋战，这条铁路只用了两年时间就可以铺轨。不料国际形势风云变幻，1941年12月，珍珠港事件发生，战局急转直下。滇缅铁路于1943年春夏间被迫停工，人们眼中含着泪光把用血汗建成的路基、桥梁炸毁，而参与工程建设的所有人员也转瞬间变成家无隔夜粮、需要被安置的人员。

此时滇缅铁路工程处改隶军委工程委员会，卫生处名义上虽然也同时改变隶属关系，称为卫生组，实际上仅仅保留少数人员在昆明草海边上设一所医院，借以办理结束事宜，庞京周承担了善后工作，藕断丝连般拖了将近一年。

在这一年中，他负责对人员进行安置遣散。工程兴建时是“重中之重”，经费充足，办事顺畅；工程下马后被视为累赘，经费捉襟见肘，办事曲折繁难。他知道手下这些工作人员为滇缅铁路卫生事业吃尽了苦头，如果一脚踢开，岂不太残忍？于是他尽自己最大的努力对每个人负责到底，不仅安排生活出路，还想方设法为他们介绍工作，直至妥善安顿。

1944 年秋冬之间，贵阳告急，庞京周才自驾车辗转由昆明经贵州赴重庆，途中走了近 3 个月。1945 年初到达重庆暂时息肩养晦，此时离抗战胜利只有半年多了。

“他对年轻人充满爱才惜才之心!”

抗战胜利前夕，庞京周于 1945 年 7 月离开重庆回到上海。

在抗战中，他亲历了最危难困顿的局面，没想到胜利之后，政治仍然难见清明。他目睹不少发胜利财的人的种种不轨之行，心中愤然，闲中就所见所闻，写了一篇《上海一月记》寄予亲友，以泄胸中郁闷。这篇文章为重庆《新华日报》所得，隐名发表。洪兰友曾对他说：“兄何少见多怪，自名耿直，实近天真，如何能做官?”一语点破他的个性特点。以后眼见官场上贪污腐化日盛一日，庞京周自知赶上时势动荡，不如以技能谋生，独善其身而已。

除了二度开业，他还投身于办临时大学、办培训班的事业中。两次办学都是针对社会上一部分弱势个体的问题，他对这部分人的命运怀着深切的同情。

抗战结束后，上海沦陷期间德国人在同济校址办的医学院和汪伪政权办的医学院都被视为“伪”字号，这两所学校的学生半途而废，拿不到毕业文凭，面临失业。整编“伪”校学生是一个临时性质的任务，没有舍己精神一般人不愿意接手；但若没有经验与号召力，没能力延聘教授，又无法承此重任。庞京周觉得这些学生没有着落，极不公道。1945—1946年，他接受委派出任临时大学医科主任，任务是接收上述两校的学生，组织复课，经考核后转入各规定院校。他凭借原有的社会关系，聘请了许多知名教授，其中不少是他的同学，看在他的面子上去讲课的。正如他的女儿所说："他对年轻人充满爱才惜才之心！学生中有一些人读书很用功，他就非常欣赏。他跟学生关系非常好。"到了第二年的暑假，学生们各得其所，临时大学即告结束。后来，这批学生经常成群结队到家里来看望他，很多人执弟子礼十分恭敬，几十年不变。他们中不乏后来颇有造诣的医生，谈到在临时大学一年多的学习经历，对庞先生铭感至深，他们说庞先生在他们最无望的时候，满怀热情地为他们的前程着想，付出了许多心血。

1946年，临时大学结束不久，庞京周又为上海无照开业的医师办了一个训练班。当时他发现一个问题，说："上海现在有很多庸医，在闹市区弄个诊所就开业，到处贴广告。他们虽然有点医学知识，但不是很全，很误人的。毕竟是不科学、不卫生、没有经过专业训练，都是半途出家的呀！"那些医生没有执照，生存没有保障，经常被取缔。所以这个训练班既对病人有好处，也对这批人有好处。他利用上层关系，跑卫生局、社会局，盖图章，不停地奔走，在格致中学借了课堂，用晚上时间业余上课，请的教师都是上海的医界名人。他还亲自置办教学用品，自己制订教学计划，一切按正规学校进行。学生学习医学基本知识，进行基本训练。这个班的学生不少已到中年，重新读书，非常用功。通过卫生局的甄别考试后，他们获得正式行医的资格，从此可以光明正大地行医。训练班于1947年结业，获照行医的人，都对庞京周十分称颂。正如他女儿所说："我觉得他是很有眼光的，常常会以独到的眼光，发现一些社会问题，而且行动力强，去解决问题。"

"国家建设我有分，挺起胸脯活几年"

1948年，庞京周因患视网膜剥离，停止了诊所业务，但他仍带病在广播电台开设医学讲座。他的讲座面对广大群众，结合日常生活习惯，深入浅出，普及医药卫生知识，并为听众现场解答问题。由于他知识渊博，思路敏捷，加上语言生动风趣，回答听众问题时如同与朋友聊天，故而他的医学讲座深受广大听众欢迎，成为当时上海滩一档“响当当”的广播节目，几乎是家喻户晓，妇孺皆知。至今有些80岁以上的老先生、老太太提起此事，还自称当年是庞医生的忠实听众。此事他一直坚持到1950年电台改制才终止。

1955—1956年，陈毅在上海召开知识分子大会。庞京周女儿回忆道：“我父亲开完会回来兴奋极了。他说：‘共产党尊重知识和知识分子，我一定要响应号召，为国家出力。’当时他开业每月能收入800至1000元，如果到国家医院最多只能挣300元，到基层门诊部只能挣200元。他急切地要为国家效力，等不及杭州某大医院院长的职务，就着急地到上海卢湾区门诊部上了班。开始是一周3个半天，但他非要全天工作。对方觉得他这个医生太大，用不起。可他由于解放后多年不参加社会活动，急于投身到社会中来。他那时候一口一个为国家效力，说不管单位大小，只要能为人民服务就行。”

于是，庞京周放弃了开业行医的工作，全天到门诊部上班。门诊部后来安排他到保健科，负责到基层普及卫生知识，他工作非常尽心。他对医药卫生科普教育怀有很大的热情，亲自编写了许多通俗适用的教材，十分认真地给卫生员讲课。一名医学博士，讲的却是最基础的知识，可是他一丝不苟，十分重视，还与普通的卫生员结成忘年交，友谊一直持续到他临终。

出于一颗博爱之心，新中国成立后，他在本职工作之外，对单位内外的各种培训，一直是有求必应；在投身公益事业方面，更是当仁不让，贯彻始终。

1961年，他终因积劳过度，无力上班工作，转而致力于医史研究。早在20世纪50年代中期，他就到北京参加了中华医学会年会，并担任上海医史学会秘书长，辅佐汤元吉理事长组织会务活动，著有《中国疟疾史》《结核病史话》等文。到他逝世时，尚遗有若干传染病方面及中西医结合方面的笔记及草稿，可惜未能成文问世。

他在给女儿的题照诗中写道：“微露伛偻削两肩，鼻纹眼睫增衰颜。国家建设我有分，挺起胸脯活几年。”这“我有分”和“挺起胸脯”几个字，特别能显示出他的性格特点。

1961 年，庞京周寄给儿女们的照片及自题诗

“却有一人同识得，形如鹳雀气如龙”

庞京周交际广泛，朋友遍布海内外。首先，他作为开业医生崭露头角，加上参与各种社团活动，容易为人所识，也便于结识他人；其次，他开拓经办的事较多，上下共事及各方合作者十分广泛；再次，因前后 20 年门墙桃李，师生之间的友谊久持不衰。但更主要的原因还在于他的知识面与兴趣特别广泛，谈笑风生，无所不及。因此，乐于与他相交的人很多。

庞京周逝世前一年的 1965 年夏天，曾专为访晤老友而来北京儿女家小住，那时他身体已经非常衰颓，咳喘不息，步履艰难。他自我判断是罹患了肺癌，但因诊断不出，一直按肺源性心脏病治疗。他自知不久人世，发信约诸位好友屈驾来寓所相叙，应约而来的友人有张孝骞、沈谦、周纶、龙伯坚、叶圣陶、顾颉刚、朱学范、王伯祥、荀慧生等。章士钊先生两次前来，长时间与庞京周倾谈。有一天，庞京周又特约章士钊先生及其他三五老友在寓所便餐，他亲自下厨烹饪以饷众人，深知庞京周的章士钊先生即席赠他绝句云：

音踪先后马牛风，六十年来万事空。
却有一人同识得，形如鹳雀气如龙。
…… ……
士元德操各丰裁，说到斯人士欲哀。
今日却留余影在，谈兵谈隐更谈才。

从这首诗中可见庞京周的广交多趣与晚年坎坷，他的身体修长而消瘦，“形如鹳雀气如龙”这句，被在座各位赞为传神妙笔而相互传诵。

他晚年一直不断叮嘱小女，过世后，他的遗体一定要捐献给医学解剖事业。因为他长期教解剖课，深知教学遗体的难得。这真是医者之魂！生前死后，一切一切，都属于医学事业。

庞京周按照自己的生活哲学，日做倍人之事，过完了他所追求的“浓缩的人生”。这人生，浓缩的是慈善与博爱，是生生不息的红十字人道精神！

附 录 二

江苏红十字运动大事年表（1904—1949）

1904 年

2 月 8 日，日军向旅顺俄国舰队发动突然袭击，日俄战争爆发，东北同胞蒙受战火摧残，颠沛流离。清政府虽宣布中立，但接运难胞的船只，仍不准入港。上海记名海关道沈敦和、前四川川东道任锡汾、直隶候补道施则敬等，激于义愤，乃于 3 月 3 日在上海英租界六马路济善堂发起成立东三省红十字普济善会，“援泰西红十字会例”，专“以救济该省被难人民为事”。

3 月 10 日，因东三省普济善会具有浓重的传统善堂色彩，无法取得日俄交战双方的认可，在沈敦和、李提摩太联络奔走下，中、英、美、法、德 5 国董事会集于上海英租界公共工部局议事，宣告上海万国（即国际之意）红十字会支会成立。上海万国红十字会支会设董事 45 人，内西董 35 人，以李提摩太为首，华董 10 人，以沈敦和为首，并从 45 名董事中推出 9 名组成办事董事（其中西董 7 人，华董 2 人为沈敦和、施则敬，后增加任锡汾）。它的成立标志着中国红十字会的诞生。

3 月 17 日，上海万国红十字会中西办事各董初次会议于英按察使署召开，英按察使威金生、工部局总董安特生、律师麦尼而、医生巴伦、李提摩太、沈敦和、施则敬到会。会议决定：将“上海万国红十字会支会”正式定名为“上海万国红十字会”；推举李提摩太、沈敦和为司理文牍的中、西方书记；议定司理财务、代理银行、刊发捐册、接收捐款、申谢捐助、拨款救济、设牛庄分会和京津代理等事项。

4月，上海万国红十字会邀请邓笠航驰赴金陵，禀商江南善后局总办何诗孙设立金陵分会，何慨允办理，并邀姜蘅浦为帮办，“假金陵省城门帘桥和静书屋、姜公馆为收捐处”。

7月12日，上海万国红十字会制定《暂行简明章程》8条，对万国红会的宗旨、性质、任务、经费、分会等做了原则规定。内称“此会系中、英、法、德、美五中立国联合倡办，由中国政府知照两战国政府，转告战国军队将帅士卒，皆知此会，其名曰‘上海万国红十字会’”，“专以医治战地因战被伤之战国及局外兵民，救护战地之无关战事因战被难人民”，声明“此会由上海公举中西总董主办，总董就近秉承中国钦差吕（海寰）、盛（宣怀）、吴（重熹）三大臣，随时随事，电牍咨商中国外务部、商部、南北洋大臣、各省大府，钦遵中国皇太后、皇上旨意，与中国出使日俄大臣、日俄驻京大臣商酌维持，有劝捐办事之全权”。《章程》特别声明：“救护出险，无论华人西人何国人，均一体相待”，以体现红十字的博爱精神。

1905年

3月中旬，日俄战争在东北基本结束，俄国战败。9月5日，日俄在美国朴次茅斯签订《朴次茅斯条约》，俄国同意将旅大租界地以及该租界地内的一切权益、公产等转让给日本，将长春（宽城子）至旅顺间的铁路连同其支路、利权、煤矿等无偿地转让给日本。《朴次茅斯条约》的签订，标志着日俄战争的正式结束。战争期间，上海万国红十字会设在东北及其他地区的各分会，前后留养妇孺1万余人、难民3万余人，治疗伤者数千人，资遣回籍者多至13万余人。救助日俄战灾的整个过程，历时三载，救护出险、收治伤病、留养资遣、赈济安置总人数达46.7万人，因伤重不治而亡者仅331人。“此次救护工作，得到教会和医院以及中国官方最高的合作，所以成绩特佳”。

1906年

9月，日俄战争全部赈济工作圆满结束，设在江苏上海的5国合办之上海万国红十字会虽然名义还在，但基本上停止运作。

1907 年

7 月 21 日，由吕海寰、盛宣怀联衔《沥陈创办红十字会情形并请立案奖叙折》上达清廷，一方面为上海万国红十字会“在事尤为出力员绅”“奏请奖叙”；另一方面提出建医院、办学堂等“善后持久事宜”的种种构想和举措，“以结万国红十字会之全局，即以巩中国红十字会之初基”。这份奏折，标志着历时三年有余的上海万国红十字会的终结，中国红十字会“流变”而出，在江苏走上独立发展的道路。适应这一变化的需要，中国红十字会推举晚清重臣盛宣怀为首任会长。

1908 年

4 月，东三省总督徐世昌遵旨查明上海万国红十字会“在事出力中西员绅职名，奏给奖叙”。28 日，《申报》登出《东督等奏保红十字会名单》，其中“创始及办事人”：中国总董记名海关道沈敦和、前四川川东道任锡汾、直隶候补道施则敬、江西补用道任凤苞、江苏提学使毛庆蕃、江海关道梁如浩、前直隶通永道沈能虎、浙江候补道徐润、江苏候补道周晋镳，以及候选道唐德熙、陈作霖，候选主事黄錞，共华员 12 名；西总董领袖威金生，西总董裴式楷、安特生、勃鲁那、麦尼而、宝隆、葛累、李提摩太、潘慎文，书记李治，分会西董领袖魏伯诗德，西董屠达纳、霍医士、虞医生、密勒、法勒、额必廉、大理医生、魏华司德、克澜斯惕、麦克诺顿、费有顿、英格烈司、伯勒、葛澜格、克禄福、杨克罗、魏雅格、远来、傅密生，共洋员 30 名，荣获“中国红十字会一等金质勋章”，其余“异常出力人员”“寻常出力人员”百余名也分别受到表彰。

夏、秋间，上海时疫流行，红十字会在上海天津路 316 号，创设临时时疫医院，聘请悬壶沪上的苏州名医徐相任担任顾问，率先采用中西医结合疗法，对患者进行诊治，取得了良好疗效，“嗣后岁以为常，全活无算，成绩最著”。

1909 年

本年，沈敦和等用救助东北日俄战灾余款，在江苏上海徐家汇购地 10 余亩，动工兴建中国红十字会总会总医院（今华山医院）。次年春，医院落成，“其间冷热水管、解剖房（病理室）、割症房（手术室）、蒸洗器械房（消毒室）、爱克司电光房、配药房（制剂室）、储药房、发药房、化学房（化验室）、汽锅房（锅炉房）、浴室、病房、议事厅（会议室）、殡殓所（太平间），无一不备”，设备之“精美，为沪之冠”。医院延聘著名西医柯师为内科医生，解剖专家峨利生为外科医生，血液学专家亨司德为血液检验医生，克立天生女士为看护妇（护士），王培元为驻院医生，主持医院事务。

1910 年

2 月 27 日，清廷降旨“著派盛宣怀充红十字会会长”。盛宣怀因此成为政府任命的首任会长。

3 月 13 日，中国红十字会会长盛宣怀咨行礼部，以中国红十字会系遵旨开办，应行奏请添铸“大清红十字会”关防，以昭郑重。

6 月 5 日，“大清红十字会”关防正式启用，中国红十字会蜕变为大清红十字会。

夏初，红会在江苏上海总医院旁建医学堂，招收有英文基础的学生 20 人，专攻医学，5 年毕业。学堂特聘著名西医柯师、峨利生、亨司德及王培元为教员，“用最新学术教授专门医科”。同时选拔熟悉英文者 20 人，分派于各医院，学习护理。

夏，皖北、苏北水灾，“继以大疫，死亡枕藉”。中国红十字会派医生和同济德文医学堂学生组织甲、乙、丙、丁 4 个医疗队，携带救疫药物器具，由江趋丹率领，驰往皖北之临淮、寿州、凤阳、正阳、凤台、怀远、宿州、蚌埠，及苏省之清江、海州、桃源等处，竭力拯救，合计治愈 67580 人。由红会参与发起的华洋义赈会募捐 170 万元，灾后散赈，成绩昭然。

12 月 26 日，中国红十字会在江苏上海天津路 80 号开设分医院，“利便租界居民治病”。该医院与沈敦和经理的中国公立医院分医院合办，名为“大清红十字会中国公立医院分院”。后因继设南市医院于沪南十六铺，“大清红十字会中国公立医院分院”易名为北市医院。医院“诊病给药，只收号金（挂号费）。病较重者留院疗治，酌量收费，贫者则免，只收膳费，极贫者膳费亦免”。

1911 年

3 月 18 日，大清红十字会中国公立医院分院当日开幕，“各类中西学医士常川到院诊治，并附设公立医院租界检疫办事处，以便通讯。”

10 月 10 日，武昌起义爆发，辛亥革命开始。中国红十字会组织医疗队开赴江苏等战场实施救护。

10 月 10 日前后，中国红十字会沪城分会（上海城内分会）成立，它是上海红十字会的前身。

10 月 19 日，张竹君女士在上海发起成立“中国赤十字会”，组织医疗队开赴前线，其中“第二队赴镇江，旋即随先锋队入南京，所救疗亦千余人，其勤劳亦为中外人所赞叹”。中国赤十字会参与辛亥战事救护，弥补了中国红十字会救护力量的不足，扩大了救护范围，赢得了社会各界的交口称赞。

10 月 26 日，因“铁路风潮”，清政府降旨革除盛宣怀大清红十字会会长职务。

11 月 1 日，中国红十字会首次在江苏征集会员。会员分为名誉会员、特别会员、正会员三种，至次年 1 月下旬，两个多月的时间，先后征集三届会员，入会人数逾千人。

11 月 4 日，上海革命军猛攻制造局，“敢死队施放炸弹，伤亡人数颇多”。中国红十字会竭力救护，新成立的上海城内分会（即沪城分会）予以协助。

11 月 13 日，清廷颁发谕旨，“命前外务部尚书吕海寰充中国红十字会会长，仍兼办慈善救济会事宜”。大清红十字会“正名”为中国红十字会。吕海寰成为政府任命的第二任会长。

11 月 24 日，中国红十字会派出由侯逸如等医士组成的救护医队赴南京，救护辛亥革命南京之战，同时于沪宁铁路沿线的镇江、常熟、苏州、吴淞等处，设立临时医院，以备应用。

11 月 26 日，以王曾宪为团长的留日医药学界红十字团（150 名）乘“博爱丸”号轮到达上海，受到沈敦和等人的热烈欢迎和盛情款待。是时，苏浙沪联军由镇江进攻南京，来自大阪、长崎的留日医学生赴镇江前线救护。

11月26日，日本法学博士有贺长雄应沈敦和之邀抵达江苏上海，帮助中国红十字会修订《章程》。

11月26日，镇江分会组织救护队、担架队赴宁，设临时医院于马群，“别设支部于孝陵卫，以随军队前进”。南京光复时，镇江分会救治伤兵数百人。

11月28日，沈敦和邀约有贺长雄等参观设在江苏上海的中国公立医院、中国防疫医院、中国红十字会医学堂及济良所等。

12月8日，中国红十字会南京掩埋队在于少彰、宋培之的带领下由沪起程赴宁，“该队在宁共约葬七百具，均立本会石碑，永留纪念”。

辛亥革命期间，中国红十字会在苏、皖、闽、浙、湘、鄂、川、鲁、粤、桂等省和香港建分会50余处，竭诚救护。如在苏州，“苏为三吴重镇，军队林立，光复后意国医博士白纽昔君，自愿将前办之广仁医院，暂为红十字分医院，义务救治兵民。金陵之役，受伤军士回苏就治者三十余人，皆应手而愈”；在常熟，“苏沪光复后，常熟女医士周惠莲君，驰函总会愿设临时医院，义务医治伤兵。金陵光复时，伤兵之返常熟者，均由周女士医治之”。凡赴救之处，无不成效卓著。

1912年

1月1日，孙中山在南京就任临时大总统，宣告中华民国诞生，中国历史开始了新纪元，统治中国两千多年的封建帝制时代一去不复返。

7月16日，中国红十字会万国董事会董事、名誉董事数十人在上海英国按察使署举行“报告大会”，大会主席苏玛利宣布：“中国战事已息，董事会全体辞退。”中国红十字会万国董事会自此解散。

9月15日，中国红十字会高等医学堂在上海开办，与哈佛大学合办，哈佛每年补助银9万元作为经费，院长由哈佛胡登医士担任，“驻院管理校务医务”，沈敦和担任副院长。1916年停办。

9月29日，中国红十字会首届会员大会在江苏上海英租界议事厅隆重举行。各地分会代表及有关方面人士1352人出席。大会通过了《中国红十字会章程》（共6章20条），这是中国红会史上第一个正式会章，使中国红十字事业的发展步入正轨。大会完成了会内运作体制由董事会制向常议会制的转变，特别是通过《京沪合并章程》，化解了京会、沪会之间的隔膜，实现了“合并”，有利于红十字事业的协调发展。

10 月 18 日，“大总统令”：派“吕海寰充中国红十字会正会长、沈敦和充中国红十字会副会长。”

10 月 30 日，中国红十字会统一大会在上海汇中旅馆五楼大会堂拉开帷幕。江阴分会王完白，常熟分会孙志英，南京分会于少彰、宋培元、王济川、陈仁山等参加大会。大会制定并通过《中国红十字会分会章程》5 章 16 条，统一分会名称为“中国红十字会某处分会”，“分会所用旗帜袖章，均由中国红十字会总会给发”，“分会须遵照总会章程办理”，“在战时应遵守本国海陆军部定章及临时军司令官命令，协助医队救护病者伤者”，“在平时应筹募款项，设立医院，造就医学人才，置办医务材料，并预备赈济水旱偏灾、防护疫疠及其他各项危害之用”；设立分会不再具有随意性，要履行《中国红十字会组织分会申愿书》规定的程序向总会提出申请（申愿），经总会审批后始能开办。中国红十字会向规范化管理迈出了至关重要的一步。统一大会的成功召开，使中国红会告别了“散漫”，实现了“统一”，确立了“唯一”的地位，在红会史上具有里程碑意义，“实奠中国红十字会万年不拔之基”。

1913 年

3 月，《人道指南》杂志在江苏上海出版发行，月出一册，“分送本、外埠会员、各巨绅宅第、大公司、大商号”。沈敦和在“发刊词”中呼吁“国人共起而力图之”，合力推进中国慈善事业的发展。《人道指南》是中国红十字会最早的机关刊物（目前仅发现两期）。

3 月下旬，沪城分会请痘科医生在县南大街事务所，为市民免费施种牛痘，单日由郁燕生主任负责，双日由季桂生主任负责。

5 月 1 日，中国红十字会机关刊物《中国红十字会杂志》在江苏上海创刊，“所以为是编者，诚欲发挥人道主义以感动人心”。

7 月 17 日至 24 日，冷遹所率讨袁军与北洋军张勋、方玉普部在徐州激烈争夺，南京分会宝琅医生率队救护。

7 月 22 日，南京分会“奉总会电准正式成立”。南京分会的前身为 1904 年成立的金陵分会。

7 月 22 日夜，南、北军在沪南制造局开战，沪城分会协同总会总办事处连日救护伤员数百人。

8月1日，镇江城内炮台上级军官反正，镇江分会白廉医生等在竹林寺设难民留养所，以焦乐山为主任。

8月24日，总会总办事处派救护队乘“大通”号轮赴宁救护。“大通”轮两次赴宁，共救获难民3000余人、伤兵100多人。

9月11日晨，总办事处江趋丹理事长及王培元等资遣南京难民300人回宁。是日，江理事长率王培元、苏荔裳等赴宁筹办急赈。

9月21日，总办事处特派江苏省议员王宝槐（字叔相）赴徐州放赈，共投入2万元。

10月14日至24日，施则敬出资发起中国红十字会南京征文社，举行征文活动，征文题目为“南京被劫记”“赈抚善后策”“中国红十字会创办十年其成绩以何时最著、近来会事发达一日千里，试说明其理由”。共有1401人参加征文，评出最优等10名、优等20名、一等170名、中等600名，并在11月10日《申报》上公布获奖名单。

11月25日，中国红十字会南京征文社在《申报》发布第二次征文题目，为“止杀篇”“天道福善，祸淫古语，作善降祥，试历举数事以证其说”“拟白话募捐启”。12月10日截稿，征文2041篇。

12月27日，中国红十字会南京征文社发布第三次征文题目：（一）人道说；（二）红十字会与宗教之关系；（三）劝人为善文（白话体）。1914年1月5日截稿，征文1887篇。

本年，江苏兴化发生大水，刘庄“四境尽成泽国”，刘庄分会在会长朱清甫主持下，组织义赈，施粥、施钱。

1914年

2月10日，总会添聘名医，开种牛痘，对上海发现的喉症、天花等症进行预防。

3月，扬州天花严重，扬州分会特开种牛痘，以防传染。

6月，沪城分会担任江苏出品展览会的会场临时医院及卫生事宜，黄楚久慨助龙虎公司人丹500包，天生堂药号慨助卧龙丹100瓶。

7月11日，中国红十字会时疫医院在江苏上海开幕。

9月至11月，中国红十字会由上海派出救护队（由43人组成，队长为上海南市医院医生陈杰初，副队长为吴丽山、邓笠航，另以金幼香为掩埋队队长、吴凯为担架队教练、金汉声等3人为医员）前往胶东，设立临时医院，进行日、德青岛之战的战地救护。

10月，秋令寒暖不均，天花流行，红会在上海总办事处、北市医院、南市医院、沪城分会会所设立防疫保赤机关4处，5日起开种牛痘。

11月2日至3日，江苏省立学校第一次联合运动会在金陵省立第一工业学校举行，江苏公立医学专门学校本科二年级生张懋熙等8人组成的临时红十字会，提供服务，两天中共救护伤病30余人。

冬，扬州分会设粥厂，徐宝山夫人孙阆仙女士慨捐巨款，因天寒霜冷，还特别捐助羊皮背心1300余件，交扬州红会散放。

本年，中国红十字会创始者之一、吴江人施则敬在其家乡震泽发起成立震泽红十字会，“原以赈济四乡贫乏为职志，当时会员约四十余人”。施则敬“因劝办红十字会有功，由陆军部奖给金色奖章”。

1915年

2月27日，上海突降暴雨，闸北、沪南许多棚户被灾，总会总办事处派员进行赈济。

3月16日，沪城分会在县桥北会所，设立第四防疫机关，开始施种牛痘。

5月15日至22日，远东运动会在上海举行，是为“上海自古以来未有之奇观”。中国红十字会特组“远东运动会救护医队”，在会场设诊疗所，“举凡担架、病车以及临时应用医药器，无不完备，以防不虞”，保证了运动会的顺利进行。

6月25日，《申报》报道，“苏绅丁梅庵君，对于地方公益善举向多赞助，而于红十字会尤输捐巨款，讵于去冬遽归道山。经该会沈仲礼副会长呈请政府，特予褒扬，兹已奉总统批准亲题见义勇为匾额，发交内务部颁发红十字会转给矣。”

7月下旬，上海时疫流行，红会研制的时疫药水“销场甚广”，总办事处又在城内、南市设分销处，以便居民就近往购。

7月27日晚，上海骤起狂风，“风灾之大为数十年所未有”。中国红十字会总会总办事处迅速组织救护医队，奔赴现场，散放急赈，“伤者为之医疗，并送本会医院留治，死者为之棺殓掩埋以妥魂魄，并清查被毁草房以筹善后方法”。29 日发放米票，“以便就近领米充饥”。同时发给灾民赈票，大口每名钱 400 文，小口减半，被毁草棚每座赈洋 4 元。8 月 3 日、11 日，相继在南市龙王庙、闸北开办平粜所，购粮平粜。

夏，扬州分会施送贫民良药，张雪亭乐善好施，移助六十华诞筵资。

10 月 15 日，宝山县吴淞镇大火为灾，全镇房屋几成灰烬，沈敦和副会长闻讯遣派医队驰往救护，并赶办急赈事宜，“受惠各人咸颂功德无量云”。

1916 年

1 月 2 日，沪城分会置办棉衣裤数百套赈济贫民，并于 1 月中下旬施予贫民白米。

4 月，中国红十字会因江阴宣战，苏、常一带谣言亦盛，特分请江阴福音医院华尔德医士，常州福音医院王完白医士，苏州齐门外福音医院魏更生医士、葑门天赐庄博习医院芮真儒医士筹备救护，即以各该医院为红十字会临时机关，应需经费悉由红会担任。如苏、常一带不幸有事，均可就近将受伤军民送院疗治。

7 月 1 日，中国红十字会时疫医院开幕，院长沈敦和及朱葆三、沈鼎臣、理事长赵芹波“招待极为周到”，中外来宾 300 余人出席。

10 月 27 日，沪城分会在会所施种牛痘。

12 月 10 日，中国红十字会与汉冶萍公司、招商总局、通商银行、三新公司借用天津路红十字会时疫医院为盛宣怀举行追悼会（追思会）。盛宣怀为中国红十字会首任会长，4 月 27 日去世。追悼会上，“先由沈仲礼演说，历叙盛之创办轮电、路矿及捐助各处水旱兵灾、资助学校等事绩，谓盛系大实业家而兼大慈善家。且举其所与有关系者，谓前清日俄之战，东三省客民数百万众，红十字会尚未与万国红十字会缔盟，公贻书赞成，而中国红十字会遂以成立云。”

1917 年

1 月，沪城分会因“岁暮天气奇寒，贫苦同胞无衣无食”，设法筹款购置棉衣、食米以济贫黎，定于 1 月 14 日至 2 月 11 日，每日 10 时至 16 时，在县前街会所发放。

2月22日，沪城分会开始施种牛痘，不取分文。“当此天花盛行，该分会及时施惠，其有益贫民，岂浅鲜哉！”

9月8日至12日，中国红十字会在上海大世界“特开京直水灾救护灯会”（15日、16日续开两日），展出欧战中红十字会救护器械、飞艇、潜艇、武装汽车（装甲车）、救护汽车等新奇照片，还有南丁格尔肖像、盆景、名画、灾民图等等，“灯彩亦均极光怪陆离”，以这种市民喜闻乐见的形式，“藉以披露灾情及世界红会种种救护真相（相片），以兴起沪人好善观念”。门票收入，全部移作赈款赈济京直水灾。为方便市民捐款，总办事处还在上海各大宝号“设立木箱，张贴灾民惨状以为募捐之助”，是为中国红十字会设立募捐箱之始，意义重大。

11月11日，上海公共体育场举办童子军联合运动会，红会特设募捐箱，“请观者解囊，随缘乐助，以救灾民”。

11月18日至22日，为救济京直水灾灾民，中国红十字会于苏州拙政园“特开京直水灾筹赈游览大会”，游览券每张洋5角，游览内容包括军乐队、说唱、焰火、灯彩、书法绘画、名菊展以及“天津各国租界水灾发时真象（照片）并本会救灾、留养妇孺活动影戏”。市民及游客“既极游观之乐，实拯饥溺之灾”。

1918年

1月23日，沈敦和副会长以沪上天花流行，在《申报》上发布启事，“敬劝种痘”，并“知照中国公立医院（在闸北宝山路天通庵左近）及红十字会南市医院（在十六铺新舞台原址隔壁）、北市医院（在北京路寿圣庵隔壁）、沪城分会（在城内旧上海县署南首）、第五机关（在南市沪军营旧址）一律施种，不取分文”。

2月，因“天时亢燥，天花盛行”，沪城分会开种牛痘。

3月15日夜，上海邑庙东辕门街发生水灾，南市医院对受伤者数十人进行诊治。

4月14日，中华武术运动大会在上海西门体育场举行，总会派汽车、救护队开展现场救护，使赛事进行井然有序。

7月，英租界工部局医官称赞天津路时疫医院，“施治全活甚众，有口皆碑，诚海上第一之善举”。

11 月 20 日至 22 日，为庆祝协约国胜利，上海举行游行提灯大会，“深恐是数日内与会及参观者有受病被伤种种危险，除设临时汽车救伤队六起外，并请童子军百人为红十字初级救伤，游行热闹之处，加意巡逻”，统计 3 日内受伤经医队救护者 50 余人。

1919 年

7 月 7 日，上海“城内外地形低洼之处，尽成泽国”，许多房屋被淹倒塌，不少人被砸伤，总会对伤者进行医治，对灾民进行赈济。

7 月 10 日至 13 日，天津路时疫医院治疗疫患 200 余人，以吊脚等重症为主。14 日至 23 日，日均治疗人数百余人。

9 月，灌云县知事、县缉私团长、盐务稽核所，频频致函总会，请求救治时疫，总会特派医队驰往急救。

本年，吴淞发生火灾，吴淞分会负责赈济灾民，极贫者棉衣 1 套、米 8 升，次贫者 6 升，商人不愿受米者，每人借给 10 元、20 元不等。

1920 年

3 月，因患者较多，天津路时疫医院职员卧室、膳堂均被用于治疗处所。

7 月，苏州时疫猖獗，更生医院院长、美籍医生惠更生率领医学生 10 多人组织红十字队，配置药品、快艇，在阊门石路设立事务所，“收治霍乱、脑炎等病人”。

9 月下旬，天津路时疫医院共救治患者 3300 余名，理事鲍康宁、医生徐兆蓉等，“皆夙夜从公，不辞劳瘁”。

10 月 25 日始，沪城分会每逢单日上午在会所施种牛痘，不取分文。

12 月 11 日，沪城分会以“现届仲冬，天气严寒，一般贫民，身无棉衣”，特发给棉衣裤若干套，以资御寒。

1921 年

2 月，江苏常州分会正式成立。

5 月 30 日，中国红十字会组织救护医队，为在上海举行的远东运动会提供医护服务。

6月1日，上海中国红十字会时疫医院开幕，“院中布置甚为整齐，病室间床铺等皆颇清洁”。

6月1日，江苏兴化分会成立，会所在兴化东门外济急局。

6月2日，江苏督军齐燮元、省长王瑚发布训令，对建阳分会召开成立大会给予保护。

6月5日，由总会陈请，总统徐世昌为南京分会颁“乐善好施”匾一块，以表彰该分会救死扶伤、扶危济困的业绩。

8月10日、9月21日、10月8日，建阳分会迭次致函总会，呈报水灾情形，总会特发普通会员空白章照50份，又汇现洋500元。

10月12日，阜宁分会致函总会，“夏间淫雨，收获大减，坝水又涨，灾歉乞赈”，总会特发正会员空白章照30份。

11月12日，上海闸北邢家木桥一带大火为灾，3万余众荡析离居。17日，红会散放银圆、棉衣救赈，21日在《申报》刊登《中国红十字会劝募闸北火灾急赈启》，呼吁上海市民伸出援助之手。

12月2日，总会总办事处拨出现洋500元，汇交盐城分会救济水灾。

12月下旬，总会总办事处补助常州分会现洋500元、棉衣200件，办理水灾赈务。

12月，气候燥烈，天花盛行，南、北市医院特对贫家幼孩施种牛痘，不取分文。

1922年

3月20日，上海虹口分水庙住户因“午炊不慎”引发火灾，造成77户341口被灾；22日，胡家木桥火灾，103家477口被灾。火灾发生后，中国红十字会总会总办事处于3月27日《申报》刊发《中国红十字会为被火灾民募捐启》，为“劫后之遗”的难民筹募赈款，按名放赈，共施现银2000余元，“灾民各沾实惠，颇为感激”。

6月25日下午，中国红十字会第二次全国会员大会在上海总商会议事厅开幕。江苏省19处分会代表与会。

7月9日，中国红十字会时疫医院在上海开幕，“专治急痧、霍乱、时泻、吊脚、瘪瘰等症”，并“备有汽车运送病人，非常安稳迅捷，如需用时随时通知预备，并不收费用”。

10月17日，中国红十字会总办事处发出通告，以上海为通商巨埠，车马如梭，难免发生交通事故，特组织马路“救急队”，以便及时救治。

冬，常州分会龚承祖会长、王完白理事长，专门成立救护火灾医疗队，“一逢失火，即出发救护伤人，一概不收费用”。

本年，如皋分会成立。

本年，上海天津路时疫医院就诊人数计4979人。

1923年

3月25日，上海举行取消“二十一条”马路大游行。红会于集合地点和游行所经之处设立救护医队，出动救护汽车，参与救护。当日“天气颇暖，时有昏闷之人，队员施救甚忙”。

4月14日，中华全国武术运动大会在上海西门公共体育场举行。中国红十字会派出“汽车救护队、自行车救护队到场参列”，保证运动会顺利进行。

5月9日，上海举行国耻纪念游行大会，红十字会医士张丹卿等到会救护，救治晕厥数人。

7月，天津路时疫医院共诊治患疫者838人；8月，共诊治975人。

9月29日，常州分会因江浙问题日益紧张，在局前街福音医院开会专议救护办法。

12月17日，总会总办事处捐赠救济溧阳水灾棉衣200件。

12月21日，红会总办事处得悉苏州阊门外横马路火灾，被灾者有百余家之多，“均属贫民，甚为凄惨”。庄箓理事长特派职员沈金涛赴苏调查，拨棉衣400件救助。

1924年

1月18日，闸北邢家宅发生火灾，焚烧贫民草屋甚多，总办事处特派职员数人前往赈济。

1月25日，江苏金陵道尹朱文劭发布布告，以下关商埠分会已核准成立，“合行布告诸色人等一体知悉，该分会系慈善机关，毋得有骚扰不法情事，倘敢故违，准即由分会长报明官厅，依法究办，其各凛遵，此布。”

3月7日，涟水发现时疫喉痧、鼠疫等，涟水分会特组织临时医疗队，进行诊治。

3月10日午夜，闸北川公路祥经织绸厂“失慎”，发生重大火灾，救火不及，百余女工葬身火海，数十人焦头烂额，300余人幸免于难，“如此浩劫，实所罕闻”。事发后，总办事处于3月12日特派职员鲍康宁、夏凤池，“带同夫役，前往详细调查”，将寄寓宜乐里幸存者年龄、籍贯一一登录在册。13日，携带棉衣170套，现洋数百元前往施赈，并按照水陆路程，分别给以船票、车票，资遣回籍。

4月12日、19日，上海平民教育社在租界、闸北举行平民教育游行，中国红十字会组织临时救护队提供医疗服务，救治病患两次共13人。

7月中旬，长江下游沿岸遭受水灾，扬中、丹徒、江阴、武进等地受灾严重。常州分会组织救护队，前往灾区防治疫病，并对灾民实施救赈。

夏，宜兴分会成立，会长为汤翰民。

8月27日，无锡分会在瑞昶润茧栈开成立大会。

9月1日，宝山大场分会成立，并设立了疗养院和妇孺暂留所。

9月2日，娄塘分会成立，举印霑伯为会长，王侍庭、陈仲衡为副会长，殷子盘为理事长。

9月3日，江浙战争爆发，总会总办事处及战区各分会出入于枪林弹雨之中，救治伤兵，救助难民。救护工作于11月初方告结束。两个月中，总办事处先后在沪设立医院12处，向昆山、常州、浏河等处派出6支救护队，参与战地救护的医生、男女看护等400余人，规模空前。

9月3日，青浦分会成立，徐熙春任会长，有会员310人。

9月3日，昆山分会成立，设立妇孺收容所，“专收容被难贫寒之妇孺”。

9月8日，宝山代表陈石和到中国红十字会总办事处要求设立分会，随即“按照章程缴费立案，领取旗章，正式成立分会”，袁叔畲任会长。同日，溧阳代表蒋国贤来沪，领取旗章，正式成立分会。

9月初，吴江震泽分会实行重组，推举沈建冲为理事长，并组织救护队，设立妇孺收容所，商定震泽医院为代用医院。

9月10日，教会同人正式成立美国红十字会（中国红十字会难民救济会），救护难民脱险，救护范围西至昆山，东至真如、南翔，北至太仓之浏河，南至青浦之重固，计救出4000人左右。

9月11日，丹徒高资镇红十字分会筹备处代表焦尔昌、李方成等到总会总办事处，要求备案成立分会，“当由该总办事处准予正式成立分会”。

9月11日，洞庭东山旅沪各同乡公推周介繁、施晓文前往总会总办事处，接洽组织洞庭东山红十字分会手续，“经总会承认”后，即集合热心同乡士绅严秋庚、席侍丰等30余人，集议组织办法。当经推定施晓文为正会长，周介繁为副会长，严秋庚为会计，并“议定购办应用物件，回山（东山）积极进行”。

9月14日，《申报》报道，吴县分会“恐事急时，妇孺无法躲避，特商借学校教室及公共场所，分组临时收容所”，共计87处，“以便趋避”。

9月24日，松江泗泾镇派员到总会总办事处，商定成立分会，公举李文来、徐淮清为正、副会长，汪启愚为理事长，程访湖、秦雨生为正、副议长，“组织救护队，往就近各战线，救护伤兵及难民”。

9月26日，常熟分会在石梅图书馆重建，张鸿任会长，张玉、宗舜年为副会长，张建铭为理事长，会员有590余人，以“救济民众之困苦颠连，尽力为社会服务”为宗旨。

9月27日，苏州周庄分会筹备处代表高云光到总会总办事处磋商组织分会，“一俟手续完备，即可正式成立”。

9月，南翔分会成立，朱庚石为会长。

9月，江阴分会重组。

10月1日，徐亚伯前往总会总办事处，商定成立闵行分会。2日举行成立大会，“举定乔念椿为正会长，徐亚伯为副会长，马柳江为理事长，潘村山为理事，顾鹫云、吴履平为正副议事长。并经议定组织救护、掩埋各队及疗养、收容等所，分别进行”。

10月5日，为组织分会，“南汇红十字分会会长徐光禄，到总办事处接洽一切”，并于11日召开成立大会。

10月5日，南汇县鲁家汇镇分会成立，徐光禄为会长，王保康为副会长，李宝然为理事长。

10月8日，莘庄分会“借孙氏粟阁为会所，开成立大会”，公推金石声、荣善钧为正副会长，孙翰青为理事长。

10月9日，松江县胡家镇分会成立。

10 月 10 日，奉贤县胡家桥分会正式成立，正会长徐伯勋，副会长唐护行，理事长何志梅。

10 月 13 日，浦东三林塘分会“报告成立，以备救护云”。

10 月 17 日下午，吴淞火灾发生，吴淞分会火速赶往，收容难民数百人。总会总办事处派员乘内河招商局河安小轮出发吴淞，将难民运沪留养。

11 月 19 日，江苏省长韩国钧通过省长公署向青浦县知事发出指令，以为青浦分会“对于此次江浙战后伤亡兵士被难灾民掩埋施救颇能称职，以一般舆论尚称美满，所请于青邑内地往来各轮客票带收筹备基金，以垂久远，事属可行”，准予备案。

11 月 30 日，《吴江》（周刊）报道，“自江浙战争后，各地纷纷组织红十字会，以救护伤兵，（吴江）芦墟适当两军之冲，中医许半龙先生，有见于此，秉其贤母陈太君之懿训，组织红十字会，热心公益，不辞劳悴，中医而为此者，实不多观”。

12 月 13 日，江苏省长韩国钧向吴江盛泽分会赠匾额一方，题“见义勇为”四字，以表彰该分会在江浙战争中救死扶伤之功。

12 月下旬，阜宁东坎分会募捐千元，购置棉被若干套，施予贫民。

1925 年

1 月 1 日，中国红十字会第五疗养所在松江成立，“三日内陆续送所灾民达三千余众，其未收容者，尚不知凡几”。

1 月 4 日，七宝红十字会事务所成立，公举骆友仁为主任、李锡堂为理事。

1 月 7 日，黄渡分会成立，金文翰为会长。

1 月 9 日，第二次江浙战争爆发。中国红十字会总会总办事处会同沪城等分会投入救援。苏州附近战火燃起，总办事处于 13 日派沈金涛率救护队乘“大利”轮前往施救，至 27 日共 8 次往返苏州与上海间，救出难民数千人。

1 月 30 日，中国红十字会吴江分会城区办事处宣告成立，它“系集合吴江城区会员全体组织”，启用分会颁给之印信并报告中国红十字会总办事处及吴江县公署备案。办事处成立一年中，治疗病兵 500 余人，“并曾拯救过路难民，施送时疫药水等”。

1月，金山分会成立，陈贻芬被推为会长。

1月，嘉定分会横泾办事处设立，由时任交通银行、中国通商银行、中国实业银行等多家银行总经理的望仙桥人曹汝霖捐资设立。

1月，江阴旅沪同乡会“因鉴于江阴发生战事，特组织青旸红十字分会，分派救护队前往援救难民出险”。

4月，上海闸北孔家桥、太阳庙发生火灾，总会总办事处拨放赈款600余元。

5月，苏州时疫盛行，吴县分会设立临时时疫医院2处、分院6处，就诊者达7000余人，住院者500多人。

6月11日，中国红十字会总办事处理事长庄箓以国民大会，恐天热人多，发生急症，特派职员沈金涛、朱子京暨医生看护队等20余人，分乘救护车两辆，前往救护，“于数小时内共诊得因热发昏等症有四百六十余人之多。在游行时，该救护车复在前后梭巡，亦医治病人不少，直至六时始行返会。同时沪城分会亦派救护队到场救护云”。

6月30日，庄箓理事长因工商学联合会为五卅被难烈士开追悼会，深恐天热人众，发生疫症，特派救护队员靳纬曾、张芝水、龚定中、王一心等10余人，随救护汽车施救，“是日前后共治约有数百人之谱，回会已近黄昏矣”。

7月4日至8月21日，天津路时疫医院共施诊1675号，盐水注射者567人，住院702人。

7月21日，金山分会与朱泾镇公所联办“朱泾时疫医院”，聘请李望平医师主持。

8月，常熟发生时疫，常熟分会特拨经费500元，在庙后宫开设时疫医院，聘请刘见山、邵预凡、胡心如等11位医师负责治疗。

10月15日，奉浙战争爆发。苏南因军队过境，遭受滋扰，苏北淮阴则战事激烈，江苏各地红会开展救援。

10月17日，青浦分会召集议事会，商议救护事宜。

10月30日，徐桐轩等发起成立众兴分会，选定苏康甫、廖子勤为正、副会长。

10月底11月初，奉浙两军在淮阴展开争夺。淮泗分会先后救出妇孺近500人，收殓尸体90余具。清江分会共掩埋尸体1000多具。淮安分会组织临时医院3处、救护掩埋队4支，齐赴前线服务，设立收容所10余处，收容难民达数千人。

10月，徐州窑湾镇分会成立，臧增庆、阎承武为正、副会长。

10月，灌云大伊山分会成立。

11月1日，经中国红十字会总会总办事处核准，吴江城区分会（前身即吴江分会城区办事处）正式成立，费树蔚（仲深）为会长，钱强斋为副会长，唐昌言（闰身、闰生）为理事长，吴铭刚等为理事，张圣瑜、费石嵌为正、副议事长，李汝航等为议事员。

11月，涟水、阜宁、宿迁、泗县、泰县、建阳、海州等地分会因战事扩大，积极筹备救护。

12月3日，上海闸北安康里火灾，230余户受灾，"被焚之户，多属贫民，家室荡然，情殊可悯"。4日，中国红十字会总办事处庄箓理事长派职员鲍康宁等前往实地勘灾，"以备放赈"。5日，红会职员沈金涛等"运棉衣裤数百套及现款，会同四区二分所警察施救急赈"。

1926年

1月16日，总会总办事处寄棉衣400件给涟水城区分会散发贫民。

1月，淮安益林分会成立。

3月，扬州分会陈佩秋，在城西大东门内、城南李官人宅设立种痘所。

4月4日，上海闸北广肇路、裕通路失火，"极为惨伤"，总会总办事处散放急赈，以济燃眉，并发布劝捐通启，呼吁社会各界捐助。

夏，时疫盛行，南京分会施送防疫药品，进行预防。

7月14日，沪城分会在会所组织急救临时时疫医院，聘西医张近枢为医务主任。

7月19日，鉴于"今年时疫发生极速"，中国红十字会在闸北"假海昌公所，增设时疫医院。"

7月22日，中国红十字会沪城分会特设临时时疫医院正式开幕。

7月，吴县分会在旧长洲县属和四摆渡铁房子两处设立临时时疫医院，分别聘请方嘉谈、陈鲁珍为院长。上海同济大学宝隆医院也派医护人员前来襄助，开诊1周，共诊治2000余人。

8 月 8 日，金山分会购备防疫药水，聘请李望平医生“逐日到会打针，只取号金百文。居民鉴于患疫危险，纷纷来会，李医生忙于应付云。”

8 月 10 日，中国红十字会沪城分会洵沙场果育堂第二时疫医院开诊，“所有男女看护，均由会员自行认定”，各医生与各会员日夜分班医治，“办事极为慎重”。

8 月 11 日，盛泽分会“时疫送诊所”，在绸业公所正式成立。

8 月，常熟再次发生时疫，常熟分会开设临时时疫医院。

8 月，常州分会购买十滴水、痧药水、卧龙丹等防疫药品，施予贫民患者。

11 月 1 日，“砀山人士，以迭经军事匪患，救济颇感困难，组织红十字会”，举王立廷为正会长，刘稳元为副会长，黄建立为理事长，唐锦亭为议事长。

1927 年

2 月 18 日，松江军队云集，第五疗养所松江分院设收容所 10 余处，留养难民 3000 多人。

3 月 15 日，为救济松江难民，总会总办事处特租内河招商轮船局“恒吉”轮加挂船只，驶往松江，救出难民 227 人。17 日，“恒吉”轮再赴松江，救出难民 352 人。

3 月 16 日，青浦分会、松江分会、金山分会联合组成“松青金难民收容所”，收容松、青、金等县难民。

3 月 17 日，闵行分会召开全体会员大会，重新成立闵行分会。

3 月 23 日，上海闸北突遭兵燹，总办事处派员乘汽车往返救护，并派出掩埋队，会同沪城分会掩埋遗尸。

3 月 30 日，松江第五疗养所主任陆规亮及红十字会常议员王一亭发起“松沪丁卯善后救济会”，进行难民的安置救济工作，经过数月的努力，松江难民陆续归家并得到了有效安置，松江救护结束。

3 月，北伐军与直鲁联军在吴江一带发生战事。吴县分会议事长钱鼎与省立医院、县立医院及各私立医院商组急救医院，购置药品，救治伤兵，至 10 月底开支 2000 余元。

7 月 13 日，常州分会在崇法寺注射防疫针，由医师屠友梅主任。

7月23日，常熟县署会议决议，由常熟分会办理时疫医院，并于北伐军到达时举办军人治疗所。

8月1日，吴淞时疫医院陆伯鸿、周学文等，“恐大兵之后发生大疫”，在马路桥若瑟医院内设立时疫医院，聘请名医施诊。

9月初，总会总办事处共派出5支救护队前往南京、常州、镇江等地救护。

1928年

10月29日，鉴于国民政府定都南京，北京总会改为北平分会，上海总办事处执行总会事务。

本年，常州分会与市政局联合为染疫贫民进行针药治疗。

1929年

5月26日至6月1日，孙中山奉安大典，总会派出理事长兼医务长王培元率领医士、护士等多人随侍。

夏秋间，常州时疫盛行，王培元等前往施救，为期月余，共治门诊1032人，病重住院者116人。

本年，吴县分会时疫医院改由苏州地方人士组织的公共卫生委员会办理，吴县红会给以人力、物力支持。

1930年

4月20日，中国红十字会第三届全国会员大会在上海举行，江苏省东台、高资、淮安等128处分会代表与会。

8月，常熟分会与医师协会联合开办时疫医院，募集经费282.5元，购买痧药水6000瓶，施予贫民患者。

1931年

8、9月间，中国红十字会及扬州分会多次组织救济队赴扬州水灾灾区赈灾。

9月24日，中国红十字会为分配赈款事，特开常议会，决定给予江苏7500元，“其散放手续，由各该地红十字分会，会同地方各公私机关团体，共同散放，并将灾民领赈手续及清册，汇送总会备案”。

本年，总会与《时报》馆合组救济队前往镇江、扬中、兴化一带，救济灾民，共发放药品20余箱、面粉4000包、饼干9万余磅。

1932 年

2月28日起，常熟分会先后筹办6处难民收容所，老弱贫苦、流离失所、衣食不周者均可入所。

2月，淞沪抗战爆发后，吴县分会在阊门宁波会馆设后方办事处，由钱鼎、王畿道、刘庚华等负责救护事宜。

3月9日，常熟分会在西门李王宫关帝殿设立伤兵医院（后改称临时治疗所），聘请社会医护人员邵预凡、顾见山、黄承熹、朱炳文、胡人镜、戴逸震、孙家骥、庞定、庞颖、李俊才等人担任医护工作。

4月11日，南通红十字会成立，定名为“中国红十字会南通分会”。

5月16日，南通分会在中公园嘉会堂原址召开选举大会，徐继宸当选为会长，俞心斋为副会长，杨薇生为理事长，许伯明、薛郢生为理事，徐赓起、宗谓川为资产委员。

7月12日，常熟分会在城内西弄校友小学设立时疫医院，以救治霍乱患病者，聘请医务主任邵预凡，主任医师李富华，医师吴国庆、李浩泉、曾光叔、沈如冀、朱炳文、汤诚、屈振华，义务医师顾树启、杨定国、俞炳益等30人，负责医护工作。

1933 年

4月，为纪念一·二八淞沪抗战，弘扬红十字会“尽力于社会”的服务精神，常熟分会编印《中国红十字会常熟分会民国廿一年纪念册》，于右任题写书名，国民政府要员及十九路军将领题字褒奖。国民政府主席林森的题字为“同心急难”；军事委员会委员长蒋介石的题字为“惠彼伤残”；行政院院长汪精卫的题字为“慈故能勇，俭故能广”；十九路军总指挥蒋光鼐的题字是“贤能多劳”；第五军军长张治中的题词是“救国之道各尽所能，勇猛行动博爱精神”；十九路军军长蔡廷锴的题字是“惠及军民”；第五军参谋长祝绍周的题字为“仁慈”；第五军参谋处长张觉吾的题字为“民族之光”；第五军参谋科长陈公哲的题字为“博爱”；第五军参谋科长卢少谷的题字为“一视同仁”；第五军文书科长林森木的题字为“生死人而肉白骨”；第四十七师师长上官纪青、副师长裴同野的题字为“慈航普济，博爱为仁”；第八十八师师长俞济时的题字为“惠被军民”；第八十七师参谋科长黄勉民的题字为“博爱济众”；第八十八师参谋长宣铁吾的题词为“救国之道不一，要在人尽所能，各为国家民族而努力”；第八十八师参谋处长马君彦的题字为“共抒国难”；江苏省政府主席顾祝同的题字为“恤难宣勤”；第十九路军一五二旅旅长翁照垣的题字为“为国医伤”。如此众多的军政要员为地方红会纪念册题字勉励，在中国红十字运动史上是不多见的。

1934 年

本年，经党政人员黄仲翔、楼同荪、刘景新、史维焕、陈紫枫等发起，并联合该地旧会员多人，南京红十字分会复会。

本年，徐州分会成立理、监事会，推选杨鹤轩为理事长，常务理事有杨鹤轩、赵宜生、姜子轩、苏逸青、马毅卿，常务监事则由杨鹤轩兼任。

1935 年

8 月 1 日，第二次征求会员运动开始，全国 445 处分会“同时举行”。此次征求会员运动，打出了“为国人谋福利，为国际增光荣”的响亮口号。第二次征求会员运动历时近一年（1936 年 6 月 30 日截止），共征得会员 12500 名，征得会费 72737 元。其中盐城分会成绩最优，征得 15897 分（每分计国币 1 元），荣获匾额一方。此外，建阳分会征得 8923 分，获银鼎一座；灌云分会征得 3318 分，获银塔一座。

9 月，吴县红十字分会进行重组，聘请各界知名人士担任征求会员委员会的委员，共征得会员 200 余人。

本年，淮东十二区代表赵紫珊、李味甘、胡志一、吴锡恩、朱左元、张权一、赵孟嘉、张登鳌、宋雄斋、朱吉予等组织成立了淮安泾口镇分会。

本年，建阳分会北祁村办事处主任崔杰，以及职员周锡坤、陈步蟾、刘凤吉、徐芸生、陆乾荣、袁俊章等人，在北祁村西北隅购地 3 亩，建成瓦房 15 间，作为分会北祁村办事处常年会址。

1936 年

10 月 27 日，赣榆县红十字分会于当天下午在徐氏自治会大礼堂召开成立大会。

10 月 27 日，中国红十字会常熟分会理事长俞九思，“鉴于近来会中救护工作人员，极感需要，以便将来应付”，特选征会员 30 人，进行救护训练，当日在县政府礼堂举行了开学典礼。

1937 年

4 月 1 日，吴县分会在县政府会议室进行改组，各机关团体均派代表参加，选举钱梓楚为会长，潘子义、范君博为副会长；程翰卿、宋绩成、钱梓楚、丁春之、潘振霄、潘子义、范君博、吴曾善、单束笙、程叔履、杨和庆、邓翔海、张寿鹏、庞天笙、诸仲华、蒋青嵌等为理事；潘振霄、宋绩成、丁春之为常务理事；孔陟岵、沈挹芝、潘明卿为监事；吴曾善、单束笙等为常务监事。

7 月，吴县红十字分会筹备组织中国红十字会吴县分会救护总队，杨和庆、张卜熊分别担任正、副总队长。

8 月 14 日至 10 月 31 日，吴县分会急救队会同城外办事处，分送各伤兵医院及伤兵临时转送所者共计 12318 人。

10 月 4 日，中国红十字会总会首都办事处在南京设立，并经总会第十一次常务理监事联席会议决议，由总会秘书长庞京周任该办事处主任。

10 月 6 日，在南京中央大学大礼堂、图书馆、科学馆、体育馆、各学院及宿舍建立的中国红十字会总会首都伤兵医院开始收容伤兵，耗资 117820 元，由卫生署长刘瑞恒任名誉院长、总会秘书长庞京周兼任院长，陈崇寿为副院长，在上海公开招聘外科助理医师、男女护士、护士长、助理员等医务人员，并向市民征募棉被、枕头、白布、毛巾、热水瓶、搪瓷器具等急需物品。

10 月 12 日，下关车站伤兵接应所与车站各机关、南京各界抗敌后援会受伤将士招待所及军政部第六伤兵管理事务所、南京新运会非常时期服务团、妇女慰劳会南京分会共同合作，正式在下关车站开始办公。

11 月 13 日，昆山伤兵分发站完成分发任务奉命撤退，途中“一部分人员路遇敌机轰炸，以致失散九名，迄今存亡莫卜”。昆山伤兵分发站自10月26日开办，至11月13日结束，在短短不足20天时间里，分发伤兵计达3200余名。

11月16日，红会首都医院“奉令赶办结束”，全体医师护士，除遣散一部分外，剩下200余人分三批撤退武汉，“听候调用”。

11月17日，红会首都办事处撤离南京，21日抵达汉口，随即将首都办事处撤销，改称为总会驻汉办事处。

11月30日，苏州红十字会救护队20余人在队长蒋雄率领下徒步到达南京，参与首都保卫战的救护工作。

12月13日，南京沦陷后，日本侵略军进行了灭绝人性的血腥大屠杀。南京分会工作人员组织掩埋队，掩埋尸体；在宁海路25号和平仓巷6号两处设立收容所，收容妇孺难民；还在金陵女子学院开设施粥厂，“供收容所难民之用”。至1938年6月18日，分会将施粥厂移交金陵女大自行办理时，“领粥人数共计八十六万四千零二十口，米煤用费约二万元，员工开支及一切设备共计二千一百元”。

全面抗战爆发以后，无锡分会改由美籍人士李克乐任分会会长，至无锡沦陷后方停止救护、救济活动。

1945年

11月20日，行政院制定《复员期间管理中华民国红十字会办法》，于1946年1月1日起实施。

11月21日，总会在重庆发出通告，要求抗战期间失去联络的各收复区分会迅速与总会取得联系。

12月3日，吴县分会会长钱鼎电呈总会，称该分会已于12月1日开始办公，这是江苏境内第一个呈请恢复组织的分会。

1946年

1月，总会分别制定的《复员期间中华民国红十字会总会调整及管理分会办法》《复员期间中华民国红十字会分会组织规程》等多项法规，成为各地分会调整组织、开展活动的依据。

4月至5月间，总会工作人员全部返回首都南京。

5 月 4 日，南京分会第一次理事会议在朱雀路 119 号该分会会所举行，分会正式改组成立，总会派副秘书长曾大钧、汤蠡舟，视导吴耀麟出席指导，会议选出沈慧莲为常务理事兼会长，穆华轩、乐干为常务理事，陈毅夫兼总干事，并决定设立诊疗所、玄武湖服务站及其他工作计划。

5 月 6 日，吴县分会召开筹建“抗战英雄坟墓”临时会议。因“八一三抗战军兴，苏州接近淞沪，为后方重要据点。本分会担任救护工作频繁，而前线运苏之殉难将士均饬由掩埋大队先后在县属善人桥及陈家山等处觅地丛葬，因陋就简，原属一时权宜之计。现在胜利完成，河山重光，自非重行建筑坟墓不足以资旌表而慰忠魂。”为此组建抗日英雄坟墓委员会，推举李印泉为主任委员，许星垣、范君博等人为委员，决定就善人桥原有墓地为苏州抗战英雄墓址，建筑抗战英雄坟墓。

6 月 2 日，总会于还都后在南京召开第一次会务座谈会，总会及南京分会全体工作人员共 70 人参加，以交流工作、改进会务。

6 月 20 日，吴县分会召开全体理事会议，按照新时期组织调整的要求，增选副会长 1 人、常务理事 1 人。

7 月 1 日，由南京分会社会服务处与总会社会部合办的义诊所在新街口开诊，每日平均就诊人数约 300 人。

7 月 7 日，抗战纪念日当天，南京分会沈慧莲会长在励志社招待抗战先烈遗族及荣誉军人，以示慰问。

7 月 19 日，武进县分会诊疗所正式开诊。

7 月 25 日，由中国红十字会南京分会与行总苏宁分署合办的第五儿童营养站在中华路 354 号基督教堂内正式开幕。营养站设顾问 5 人，由总会副秘书长汤蠡舟、第三处处长陈蕙君、南京分会会长沈慧莲、中华路基督教堂惠牧师及卫生署保健处处长施正信担任。沈慧莲兼营养站主任，有专任干事 1 人主持站务，义务干事数人协助之。营养站从 7 月 25 日开幕到 12 月底，供奶 36818 听，饮奶人数 51928 人次。

8 月 9 日，鉴于砀山局势紧张，砀山县红十字分会集合县卫生院及各诊所人员 45 人，组织志愿救护队，开赴战地救死扶伤，至 12 日晚，救护负伤官兵 150 人、负伤贫民 120 余人，救护难民 500 余人，掩埋尸体 150 余具。

8 月 15 日，南京玄武湖服务站开幕，沈慧莲会长兼服务站主任。服务站主要从事康乐活动、技能训练及医疗卫生服务等工作，尤其为此后开展红十字青少年组训提供了活动场地。

8 月 15 日，南京分会诊疗所正式开诊。这是南京分会科室最全、规模最大的一个诊疗所，也是分会开展诊疗工作的核心。

9 月 10 日，农历中秋节，南京分会沈慧莲会长率同工作人员，分别慰问南京救济院难童以及汤山陆军医院伤病军人。

9 月 12 日，南京分会征求会员运动正式揭幕，市长马超俊出任征求队总队长，主任委员萧赞育、副市长马元放、市参议会议长陈裕光、首都警察厅长韩文焕、市银行公会理事长程觉民、市商会理事长王绎斋为副总队长，各机关、各公会、银行、学校负责人担任队长。总会蒋梦麟会长出席指导。征募运动得到了工商界、银行界、教育界、卫生界、妇女界等社会各界的热烈拥护，“入会者极为踊跃”。到年底，共征求会员 69959 人，征得会费为 82282400 元，成绩骄人。

10 月 1 日至 10 日，为中国红十字会第五届红十字周，南京、武进等分会举行了形式多样的宣传征募活动。

10 月 3 日，总会与南京分会在玄武湖举行中学校长招待会，倡议组建红十字青年服务团。

10 月 31 日，南京市红十字青年服务团成立，它是红十字事业中的新气象，“是南京市分会今后展开社会服务的新生命，也是中国红十字青年运动的初页”。南京分会的玄武湖服务站与红十字青年服务团是“总会提倡红十字青年运动声中首先产生的一双姊妹花，同时也是红十字青年运动发芽、生长、实验的序幕”。

10 月底至 11 月底，武进分会与行总苏宁分署合办儿童营养站 5 所，“每日有两千多营养不良的儿童无条件的享受着牛乳的特别营养”。

12 月 1 日，中国红十字会江都分会借用南京大戏院举行成立大会，选举朱干臣等 21 人为理事。

12 月 15 日，徐州分会筹备处成立，刘信忱当选为筹备处主任。

12 月 22 日起，南京分会与金陵大学等单位合作，于每周六开会讨论儿童福利工作的理论与实践诸问题，直到 1948 年年底未曾间断。

1947 年

1 月 4 日，东台分会筹备处正式启用总会颁发的筹备处图记。

1月19日，徐州分会筹备处正式启用总会颁发的筹备处图记。

2月，武进分会先后设立了前黄、湟里、寨桥、厚余、西夏墅、马迹山、湖塘桥、雪堰桥和坂上9个乡村服务站，以医疗工作为重点，开展社会服务活动。

3月1日，南京分会与行总苏宁分署合办的第二十七营养站开始供应牛奶，地址设在玄武门国民小学内。

3月3日，江都分会儿童营养站开始供应牛奶。

3月10日，长泾分会筹备处主任张引升致电总会，呈报会员名册并交纳会费。该分会征得团体会员1名，会费10万元；特别会员16名，会费16万元；青年会员383名，会费19.15万元；普通会员610名，会费61万元。总计会费106.15万元，将半数53.075万元上交总会。

3月11日，东台分会筹备处上报征求会员结果，共征得普通会员222名。

3月11日至4月17日，南京分会为国民教育实验区小学生进行健康检查、种痘，汉口路国民小学等7所学校共有6238人受检，5205人种痘。

4月20日，南京市分会为筹募基金，在玄武湖五洲公园举行春季游园大会，“中外仕女如云，颇极一时之盛”，计到游客万余人，收入票款3000余万元。

5月15日，南京分会妇女卫生训练班举行开学典礼。

5月16日，砀山分会在该县崇教乡设服务站一所。

5月17日，淮阴分会筹备会议在淮阴医院举行，会上推定计铁为筹备处主任。

5月25日，东台分会成立大会在县干训所大礼堂举行，选出杨绅、王连秀等11名理事及5名候补理事。

6月11日，南京分会沙眼防治所门诊部成立，次日开诊。

6月19日，东台分会召开第一次理事会议，选举姚昌铭、武鸿钧、武荻村、王义渠及杨绅为常务理事。当日，常务理事会议公推杨绅为会长，姚昌铭、武鸿钧为副会长，并由武鸿钧兼任总干事。

7月1日，长泾分会诊疗所成立，先设内、外两科，并定于15日开始防疫注射。

8月1日，南京分会设立会员交谊室一间，内有书报及游乐玩具多种，供会员阅读联谊。

8月1日，南京分会在玄武湖服务站举办儿童暑期补习班，补习者43人，月底结束。

8月10日，丹阳分会召开成立大会，并按总会要求选出理事、常务理事及正、副会长，孙毓华当选为会长。

8月20日，南京举行筹募大会，沈怡市长担任筹募委员会主任委员兼筹募总队总队长，马元放副市长及参议会陈裕光议长担任副总队长，党政、金融及各界领袖共150余人为劝募队长。

8月20日，南京分会在洪武路介寿堂举行茶会，招待筹募基金委员会成员及新闻记者。由总会胡兰生秘书长与南京分会沈慧莲会长亲自招待。

8月，南京分会与金陵大学社会服务部在下关四所村贫民区组设诊疗所，为难民提供医疗服务，并开展环境卫生工作。

9月15日，南京分会与行总苏宁分署合办的第二十七营养站因牛奶供应中断而宣告结束。

9月，砀山分会设临时负伤军民收容所一处，内有病床20张，以救治伤兵。

10月1日至10日，总会举行第六届红十字周。其中南京分会十日活动安排颇具特色：1日发展业务，2日慰劳过境军人，3日防痨运动，4日健康检查，5日康乐活动，6日营养补助，7日母婴保健，8日广播宣传，9日会员联谊，10日国庆日。

10月18日，宝应分会第一次理事会议召开，改选名誉副会长，并依总会电令筹募基金，确定23人为劝募委员。

10月，总会从南京分会红十字青年会员制作的纪念册中精选226册，送交美国红十字会驻沪办事处代寄美国，由美国红十字会转赠各州学校，作为红十字青少年联谊的礼物。

11月8日，砀山发生激战，砀山分会立即出动救护队，分往四门裹伤，并设收容所5处，收容负伤军民。此次战役，该分会总计“掩埋死尸四百四十一具，马尸三匹，治疗负伤民众三百六十人，收容负伤官兵六十一人”。

11月16日、18日及29日，南京分会派员赴挹江门新兵招待所慰劳过境新兵，并代写家书3558封。

12 月 28 日，武进分会发起“一衣运动”，号召民众捐助衣物以救助赤贫，至 1948 年 1 月 7 日止，共收到各方捐来寒衣 2850 余件、鞋帽 280 余件、现款 2091000 元、待义卖书画 13 件。该分会把所捐寒衣，迅速发给贫苦民众。

1948 年

1 月 1 日，丹阳分会诊疗所正式成立并开始医疗服务。

1 月 22 日，南京分会会同金陵大学学生自治会赴四所村棚户区向贫民发放寒衣千余件，“该日适值天雨，气候突然转变，各棚户于风雨中得此寒衣，对本会及金大同学，尤表感谢之情”。

2 月 4 日，总会向南京、武进、江都和上海 4 处分会发出通知，要求各分会成立红十字少年委员会，并在当地选择若干中小学校试办红十字少年会。各地根据通知，分别开展了此项工作。

2 月 7 日，宿迁分会筹备会议召开，推举曹静山为筹备处主任。

3 月 11 日，无锡分会于熙春街 63 号召开恢复建会大会，选出理事 12 人、常务理事 5 人。

3 月 20 日，南京分会召开各校指导员及导师座谈会，商讨组织红十字少年会办法。至 6 月，南京市共有 14 所学校建立了红十字少年会，会员 565 人，其中男 331 人、女 234 人。

3 月 25 日，砀山分会成立 3 支巡回医务队，开展医疗服务。

4 月 29 日，南京分会“赴西郊二道埂子火灾区救济灾民一〇一户，每户分发食盒一大盒”。

5 月 8 日，镇江分会第一次理事会议召开，选出常务理事及正、副会长，贾韫山当选为会长。

5 月 25 日，南京分会在挹江门招待所慰劳海陆空军部队，并分发慰问品。

5 月 30 日，南京市红十字青年服务团“博”“人”“群”“服”4 队团员 30 人，在分会沈慧莲会长带领下，前往中华门外难民营，“作个别调查和访问，带了一点饼干安慰这些无家可归的难民”。

6 月 1 日，无锡分会诊疗所成立。

6 月 4 日，南京分会举办妇女急救训练班，32 人受训。

6月，涟水分会恢复建会。

7月1日，无锡分会诊疗所开诊。

7月，总会利用美国援华经费设立了12个乡村巡回医务队，江苏省内有6队，分属于江都、武进、南京、长泾、青浦和砀山分会，各巡回医务队在7月至8月间逐渐开展工作。

7月15日，江都分会第八乡村巡回医务队开始工作。

7月15日，武进分会第九乡村巡回医务队开始工作。

7月20日，南京分会第十二乡村巡回医务队开始工作。

7月25日，长泾分会第五乡村巡回医务队开始工作。

8月14日，砀山分会第七乡村巡回医务队开始工作。

9月1日，海门分会召开会员大会，重新选举理事、常务理事、正副会长等职，薛少廷当选为会长。同日，海门分会医院复诊。

10月8日至10日，总会在南京社会服务处举办第七届红十字周展览，展览分为八年抗战军中救护照片、胜利以后难民医疗照片、各分会医院及诊疗所工作照片等20个品类，“可谓琳琅满目，蔚为巨观”，各界参观者络绎不绝。

10月20日，镇江分会在伯先公园举行第七届中国红十字周及诊疗所开幕典礼，同时借总会各种展览物品举办展览3天。

1949年

2月14日，南京分会改选，杨登瀛为会长。

3月9日，无锡分会改选，王玉寿为会长。

4月23日，南京解放后，中国红十字会总会少数上层人士赴台，大部分工作人员留上海。留在南京的职工组织成立职工会，旋迁上海，与上海办事处合并。

主要参考文献

一、文献资料

上海万国红十字会编:《上海万国红十字会图说》,光绪三十三年(1907)刊印,中国社会科学院近代史所图书馆馆藏。

中国红十字会总办事处编:《中国红十字会二十年大事纲目》,1924。

中国红十字会总办事处编:《中国红十字会二十周年纪念册》,1924。

中国红十字会总办事处编:《慈善近录》,1924。

娄东、傅焕光、黄允之:《江苏兵灾调查纪实·嘉定县》,江苏兵灾各县善后联合会,1924。

中国红十字会总会编:《中华民国红十字会战时工作概况》,1942。

中国红十字会总会编:《中华民国红十字会战时工作概要》,1946。

中国红十字会总会编:《中华民国红十字会征募手册》,1946。

中国红十字会总会编:《复员期间中华民国红十字会法规辑要》,1946。

中国红十字会总会编:《复员期间中华民国红十字会第一届理事会议事录》,1946。

中国红十字会上海市分会编:《中华民国红十字会上海市分会三十五年度工作特辑》,1946。

中国红十字会总会编:《复员期间中华民国红十字会第二次常务理事会议事录》,1947。

北京大学历史系近代史教研室编：《盛宣怀未刊信稿》，中华书局，1960。

盛宣怀：《愚斋存稿》，（台北）文海出版社，1963。

上海社会科学院历史研究所编：《辛亥革命在上海史料选辑》，上海人民出版社，1981。

中国史学会编：《辛亥革命》，上海人民出版社，1981。

上海图书馆编：《汪康年师友书札》，上海古籍出版社，1986。

涂开舆：《齐卢之战松江、青浦战区暴行录》，载江苏省政协文史资料研究委员会编：《江苏文史资料选辑》第18辑，江苏古籍出版社，1986。

全国政协文史资料研究委员会编：《七七事变——原国民党将领抗日战争亲历记》，中国文史出版社，1986。

上海社会科学院历史研究所编：《“八·一三”抗战史料选编》，上海人民出版社，1986。

上海市档案馆编：《上海市各界抗敌后援会》，档案出版社，1990。

上海市政协文史资料委员会编：《上海人物史料》，1992。

中国红十字会总会编：《中国红十字会历史资料选编，1904—1949》，南京大学出版社，1993。

戚其章主编：《中国近代史资料丛刊续编·中日战争》，中华书局，1993。

李文海等编：《近代中国灾荒纪年续编》，湖南教育出版社，1993。

张明岛、邵浩奇主编：《上海卫生志》，上海社会科学院出版社，1994。

章伯锋、庄建平主编：《抗日战争》，四川大学出版社，1997。

闵杰：《近代中国社会文化变迁录》第2卷，浙江人民出版社，1998。

池子华、郝如一主编：《中国红十字历史编年（1904—1949）》，安徽人民出版社，2005。

上海市地方志办公室编：《上海乡镇旧志丛书》，上海社会科学院出版社，2005。

《大清万国红十字会档案》，全国图书馆文献缩微复制中心，2009。

贵阳市档案馆编：《战地红十字——中国红十字会救护总队抗战实

录》，贵州人民出版社，2009。

严晓凤、池子华、郝如一主编：《苏州红十字会志资料长编》（上、下册），安徽人民出版社，2010。

祁龙威、周新国主编：《辛亥革命江苏地区史料合集》，江苏人民出版社，2011。

池子华、严晓凤、郝如一主编：《〈申报〉上的红十字》，安徽人民出版社，2011。

池子华、傅亮、张丽萍、汪丽萍主编：《〈大公报〉上的红十字》，合肥工业大学出版社，2012。

国家清史编纂委员会编：《盛宣怀档案选编》，上海世纪出版股份有限公司、上海古籍出版社，2014。

上海市嘉定区红十字会编：《嘉定红十字历史编年实录（1918—2013）》，合肥工业大学出版社，2014。

池子华、丁泽丽、傅亮主编：《〈新闻报〉上的红十字》，合肥工业大学出版社，2014。

池子华、崔龙健主编：《中国红十字运动史料选编（第一辑）》，合肥工业大学出版社，2014。

马强、池子华主编：《红十字在上海资料长编（1904—1949）》，东方出版中心，2015。

池子华、丁泽丽主编：《中国红十字运动史料选编（第二辑）》，合肥工业大学出版社，2015。

池子华、欧贺然主编：《中国红十字运动史料选编（第三辑）》，合肥工业大学出版社，2016。

池子华、阎智海主编：《中国红十字运动史料选编（第四辑）》，合肥工业大学出版社，2016。

池子华、丁泽丽主编：《中国红十字运动史料选编（第五辑）》，合肥工业大学出版社，2016。

池子华、李欣栩主编：《中国红十字运动史料选编（第六辑）》，合肥工业大学出版社，2016。

池子华、崔龙健主编：《中国红十字运动史料选编（第七辑）》，合肥工业大学出版社，2017。

池子华、李欣栩主编：《中国红十字运动史料选编（第八辑）》，合肥工业大学出版社，2017。

池子华、刘思瀚主编：《中国红十字运动史料选编（第九辑）》，合肥工业大学出版社，2018。

中国第二历史档案馆馆藏档案，全宗号：476。

上海市档案馆馆藏档案，档案号：Q0-12-611。

《申报》 《大公报》 《广智报》 《时务报》
《集成报》 《湘报》 《岭学报》 《大同报》
《中外日报》 《盛京时报》 《新闻报》 《妇女时报》
《民立报》 《时报》 《民国日报》 《锡报》
《时事新报》 《神州日报》 《战时日报》 《救亡日报》
《文汇报》 《中国日报》 《生活日报》 《人道指南》
《中国红十字会杂志》 《救护通讯》 《会务通讯》
《中国红十字会月刊》 《政府公报》 《红十字月刊》
《临时政府公报》 《外交公报》 《救灾会刊》
《中华医学杂志》 《东方杂志》 《华美晨刊》
《新中国红十字》 《近代史资料》 《中国红十字》
《中国红十字报》

二、学术专著

南茗外史：《沈敦和》，集成图书公司，1911。

庞京周：《抗战与救护工作》，商务印书馆，1938。

行政院新闻局编：《中国红十字会》，1947。

陶菊隐：《孤岛见闻——抗战时期的上海》，上海人民出版社，1979。

来新夏主编：《北洋军阀史稿》，湖北人民出版社，1983。

尤德新编著：《闪光的红十字》，湖北科学技术出版社，1992。

中国红十字会总会编：《中国红十字会的九十年》，中国友谊出版公司，1994。

金立人主编：《上海抗日救亡史》，上海社会科学院出版社，1995。

曲折主编：《中国红十字事业》，广东经济出版社，1999。

余子道、张云：《八一三淞沪会战》，上海人民出版社，2000。

江苏省红十字会编著：《江苏红十字运动八十八年（1911—1999）》，东南大学出版社，2001。

梁其姿：《施善与教化——明清的慈善组织》，河北教育出版社，2001。

邓云特：《中国救荒史》，商务印书馆，2003。

孙柏秋主编，池子华、杨国堂等：《百年红十字》，安徽人民出版社，2003。

蔡勤禹：《国家、社会与弱势群体——民国时期的社会救济（1927—1949）》，天津人民出版社，2003。

［日］小浜正子：《近代上海的公共性与国家》，葛涛译，上海古籍出版社，2003。

王立忠、江亦蔓、孙隆椿主编：《中国红十字会百年》，新华出版社，2004。

池子华：《红十字与近代中国》，安徽人民出版社，2004。

［英］李提摩太：《亲历晚清四十五年——李提摩太在华回忆录》，李宪堂、侯林莉译，天津人民出版社，2005。

［日］夫马进：《中国善会善堂史研究》，伍跃、杨文信、张学锋译，商务印书馆，2005。

陈桦、刘宗志：《救灾与济贫：中国封建时代的社会救助活动（1750—1911）》，中国人民大学出版社，2005。

蔡勤禹：《民间组织与灾荒救治——民国华洋义赈会研究》，商务印书馆，2005。

朱浒：《地方性流动及其超越：晚清义赈与近代中国的新陈代谢》，中国人民大学出版社，2006。

周秋光、曾桂林：《中国慈善简史》，人民出版社，2006。

池子华、郝如一等：《近代江苏红十字运动》，安徽人民出版社，2007。

钱益民、颜志渊：《颜福庆传》，复旦大学出版社，2007。

张建俅：《中国红十字会初期发展之研究》，中华书局，2007。

郝如一、池子华主编：《〈红十字运动研究〉2007 年卷》，安徽人民出版社，2007。

郝如一、池子华主编：《苏州红十字会志》，安徽人民出版社，2008。

周秋光：《红十字会在中国，1904—1927》，人民出版社，2008。

池子华：《中国红十字运动史散论》，安徽人民出版社，2009。

池子华、郝如一主编：《红十字运动与慈善文化》，广西师范大学出版社，2010。

中国红十字会总会编：《探本溯源——来自博爱论坛的声音》，北京大学出版社，2010。

周秋光：《近代中国慈善论稿》，人民出版社，2010。

刘超英主编：《昆山红十字运动发展史》，安徽人民出版社，2010。

严晓凤、池子华、郝如一主编：《苏州红十字会百年纪事》，安徽人民出版社，2011。

池子华、郝如一主编：《中国红十字会百年往事》，合肥工业大学出版社，2011。

池子华、张丽萍、汪丽萍主编：《中国红十字运动的区域研究》，合肥工业大学出版社，2012。

戴斌武：《抗战时期中国红十字会救护总队研究》，天津古籍出版社，2012。

戴斌武：《中国红十字会救护总队与抗战救护研究》，合肥工业大学出版社，2012。

池子华：《红十字运动：历史与发展研究》，合肥工业大学出版社，2013。

池子华等：《红十字：近代战争灾难中的人道主义》，合肥工业大学出版社，2013。

池子华：《中国近代社会史论》，合肥工业大学出版社，2013。

池子华等：《红十字：文化传播、危机管理与能力建设》，合肥工业大学出版社，2014。

池子华：《晚清中国政治与社会》，苏州大学出版社，2014。

马强、池子华主编：《红十字在上海，1904—1949》，东方出版中心，2014。

池子华：《红十字运动：历史回顾与现实关怀》，合肥工业大学出版社，2015。

高鹏程：《近代红十字会与红卍字会比较研究》，合肥工业大学出版社，2015。

代华：《民族主义与人道主义——1923 年日本关东大地震的中国响应》，合肥工业大学出版社，2015。

池子华：《红十字运动：历史审视与现实思考》，合肥工业大学出版社，2016。

顾丽华、池子华主编：《〈弥足珍贵的红十字文化遗产——中国红十字会常熟分会民国廿一年纪念册〉整理与研究》，合肥工业大学出版社，2016。

梁旻：《人道的力量：中国红十字会救援江浙战争研究》，合肥工业大学出版社，2016。

池子华、王国忠主编：《红十字青少年理论与实践》，合肥工业大学出版社，2016。

吴康丽、池子华主编：《陆树藩：中国红十字运动的先驱》，合肥工业大学出版社，2017。

池子华：《红十字运动：历史传承与当代发展》，合肥工业大学出版社，2018。

池子华主编：《红十字运动研究评论集》，合肥工业大学出版社，2018。

池子华总主编：《中国红十字运动通史（1904—2014）》（共 6 卷），合肥工业大学出版社，2018。

池子华：《晚清时期中国红十字运动研究》，科学出版社，2019。

池子华：《中国红十字运动史散论（修订本）》，合肥工业大学出版社，2019。

三、研究论文

何克明：《中国的红十字启蒙运动》，《中国红十字》1991 年第 11 期。

何克明：《中国红十字会创始人沈敦和先生事略》，《博爱》1993 年第 1 期。

李学智：《1923 年中国人对日本震灾的赈救行动》，《近代史研究》1998 年第 3 期。

周秋光：《晚清时期的中国红十字会述论》，《近代史研究》2000 年第 3 期。

周秋光：《民国北京政府时期中国红十字会的慈善救护与赈济活动》，《近代史研究》2000 年第 6 期。

池子华：《吕海寰是中国红十字会的首任会长吗?》，《河北大学学报》（哲学社会科学版）2002 年第 2 期。

池子华：《中国红十字会的 1912 年》，《钟山风雨》2002 年第 4 期。

池子华：《“二次革命”中的中国红十字会人道救援》，《钟山风雨》2003 年第 2 期。

池子华：《抗战初期中国红十字会的战事救护》，《江海学刊》2003 年第 4 期。

池子华：《中国红十字会救援 1923 年日本震灾行动述略》，《慈善》2003 年第 4 期。

池子华：《1937 年中国红十字会淞沪抗战救护简论》，《徐州师范大学学报》（哲学社会科学版）2003 年第 4 期。

池子华：《红十字的起源及其在中国的传播》，《合肥学院学报》（社会科学版）2004 年第 1 期。

池子华：《中国红十字会辛亥战时救护行动》，《民国档案》2004 年第 1 期。

池子华：《辛亥革命中留日医学生的救护行动》，《徐州师范大学学报》（哲学社会科学版）2004 年第 2 期。

池子华：《张竹君与中国赤十字会》，《上海市历史博物馆馆刊》2004 年第 2 辑。

张建俅：《中国红十字会经费问题浅析（1912—1937）》，《近代史研究》2004 年第 3 期。

周秋光：《民国北京政府时期中国红十字会的会内宣传与经费筹措》，《湖南师范大学社会科学学报》2004 年第 4 期。

池子华：《中国红十字会救护总队抗战救护的几个断面》，《苏州大学学报》（哲学社会科学版）2004 年第 4 期。

朱浒、杨念群：《现代国家理念与地方性实践交互影响下的医疗行为——中国红十字会起源的双重历史渊源》，《浙江社会科学》2004 年第 5 期。

池子华、吕志茹：《“复员时期”的中国红十字会》，《河北大学学报》（哲学社会科学版）2004 年第 6 期。

池子华：《“军阀时期”中国红十字会的兵灾救护》，《上海师范大学学报》（哲学社会科学版）2004 年第 6 期。

羡萌：《民国时期中国红十字会研究（1912—1924）》，硕士学位论文，天津师范大学，2004。

张建俅：《近代中国政府与社团关系的探讨——以中国红十字会为例（1912—1949）》，（台北）《“中央研究院”近代史研究所集刊》2005 年第 47 期。

池子华：《上海万国红十字会救济日俄战灾述论》，《清史研究》2005 年第 2 期。

池子华：《从中国救济善会到上海万国红十字会》，《史林》2005 年第 2 期。

池子华：《中国红十字会救济 1917 年京直水灾述略——以〈申报〉为中心的考察》，《淮阴师范学院学报》（哲学社会科学版）2005 年第 2 期。

池子华：《中国红十字会救助 1928 至 1930 年西北华北旱荒述略》，《社会科学战线》2005 年第 2 期。

朱浒：《中国红十字会的地方性起源》，《石家庄学院学报》2005 年第 4 期。

朱浒：《江南人在华北——从晚清义赈的兴起看地方史路径的空间局限》，《近代史研究》2005 年第 5 期。

池子华：《孙中山与中国红十字运动》，《光明日报》2006 年 1 月 6 日。

周秋光、靳环宇：《早期红十字会在中国的演变》，《光明日报》2006 年 2 月 21 日。

吕志茹、池子华：《“复员时期”中国红十字青少年运动简论》，《河北大学学报》（哲学社会科学版）2006 年第 3 期。

池子华：《略论孙中山对中国红十字运动的贡献》，《民国档案》2006

年第4期。

池子华：《民国北京政府时期中国红十字会的赈灾行动述略》，载《中国社会历史评论》第6卷，天津古籍出版社，2006。

池子华：《北洋政府时期长三角地区社会救助的民间参与——以中国红十字会为中心》，载《安大史学》第2辑，安徽大学出版社，2006。

吕志茹、马红英、池子华：《“复员时期”中国红十字少年运动简论》，《江苏教育学院学报》（社会科学版）2007年第1期。

池子华：《中国红十字会“护国战争”救护述论》，《合肥学院学报》（社会科学版）2007年第2期。

池子华：《“复员时期”中国红十字会慈善活动论纲》，《文化学刊》2007年第5期。

池子华：《中国红十字会成立于一九一二年说质疑》，《光明日报》2007年9月21日。

池子华：《辛亥革命中红十字会的江苏战场救护》，《史学月刊》2008年第9期。

吴佩华、池子华：《从战地救护到社会服务——简论抗战后期中国红十字会的“复员”构想》，《民国档案》2009年第1期。

池子华：《红十字会创建：中国慈善界“第一伟举”》，《中国社会科学报》2010年7月20日。

戴斌武、池子华：《抗战初期中国红十字会战地救护工作述论》，《历史教学（下半月刊）》2010年第9期。

池子华：《全面抗战时期中国红十字会的“内务”与“外交”》，载《民国研究》2010年冬季号，社会科学文献出版社，2010。

池子华、代华：《1923年日本关东大地震及其援救——以〈申报〉报道的内容为主要依据》，《安徽师范大学学报》（人文社会科学版）2011年第4期。

池子华：《辛亥革命期间中国红十字会新建分会数量考》，《苏州科技学院学报》（社会科学版）2011年第3期。

代华、池子华：《日本关东大地震与中国红十字会的人道救援》，《福建论坛》2012年第1期。

池子华、郭进萍：《中国红十字会救治1918年浙江时疫述论——以

〈申报〉为考察中心》，《南京农业大学学报》（社会科学版）2012 年第 2 期。

池子华：《民国肇建与中国红十字会的转型》，载《民国研究》2012 年秋季号，社会科学文献出版社，2012。

池子华：《〈博爱〉杂志的前世今生——纪念〈博爱〉杂志创刊百周年》，《博爱》2013 年第 5 期。

池子华：《红十字何以在中国落地生根》，《光明日报》2013 年 9 月 5 日。

唐燕：《家族与慈善：近代吴江施氏家族的慈善公益事业》，硕士学位论文，湖南师范大学，2013。

池子华：《中国红十字会诞生记》，《中国红十字报》2014 年 4 月 1 日。

池子华、崔龙健：《抗战时期红十字会战事救护研究述评》，《民国档案》2014 年第 2 期。

池子华：《孙中山：红十字文化中国化的先驱》，《中国红十字报》2014 年 8 月 15 日。

池子华：《她与“红十字”割不断的“缘”——宋庆龄对孙中山博爱精神的继承与弘扬》，《中国红十字报》2014 年 9 月 5 日。

池子华、丁泽丽：《中国红十字会华北救护委员会与抗战救护》，《河北学刊》2014 年第 6 期。

池子华、李欣栩：《改革开放以来孙中山博爱思想研究述评》，《史学月刊》2014 年第 12 期。

崔龙健、池子华：《抗战时期中国红十字运动研究述评》，《民国档案》2015 年第 2 期。

池子华、徐璐：《“孤岛”时期上海国际红十字会的人道救济事业》，载苏智良主编《饶家驹与战时平民保护》，广西师范大学出版社，2015。

池子华、崔龙健：《“华文的第一部关于红十字会的书籍”——孙中山译著〈红十字会救伤第一法〉述论》，《江苏社会科学》2015 年第 4 期。

池子华：《抗战中一支不能忽视的人道力量——中国红十字会战时救护行动概述》，《光明日报》2015 年 9 月 5 日。

丁泽丽、池子华：《“一·二八”事变与中国红十字会的沪战救护》，载《民国研究》2015年春季号，社会科学文献出版社，2015。

池子华、阎智海：《全面抗战时期国际红十字组织对华人道援助述论》，《史学月刊》2016年第1期。

池子华：《还原历史真相：1911年红十字会“舆论风波”——张竹君与沈敦和上海“龙虎斗”探源》，载《江南社会历史评论》第8期，商务印书馆，2016。

池子华、樊翠花：《中国红十字会何以首先诞生于上海》，《历史教学（下半月刊）》2016年第5期。

池子华：《1923年日本关东大地震人道救援——中国红十字会援外行动的一个范例》，《中国红十字报》2016年8月30日。

丁泽丽、池子华：《20世纪30年代中国红十字会救灾机制的转变——以水旱灾害救济为中心》，《安徽师范大学学报》（人文社会科学版）2016年第5期。

池子华、傅亮：《中国红十字运动区域研究：理论与方法》，《河北学刊》2016年第6期。

池子华：《中国红十字运动的地方实践——以〈中国红十字会常熟分会民国廿一年纪念册〉为中心》，《苏州大学学报》（哲学社会科学版）2016年第6期。

池子华：《从〈红十字会条例〉到〈红十字会法〉——中国红十字事业的法制化进程》，《中国红十字报》2017年2月28日。

池子华：《在深化改革中砥砺前行——中国红十字事业改革史》，《中国红十字报》2018年4月24日。

池子华：《庚子救援：成功背后的无奈与辛酸——陆树藩及其中国救济善会人道行动述论》，《河北学刊》2018年第3期。

沈璐、池子华：《蒋梦麟：从北大校长到红会会长》，《中国红十字报》2018年6月1日。

池子华：《李提摩太：国际红十字运动的东方“布道者”》，《中国红十字报》2018年6月22日。

池子华：《峨利生：把生命留在中国的“神医”》，《中国红十字报》2018年7月6日。

池子华：《施则敬：满门子弟入“红门”的创会“四公”》，《中国红十字报》2018年7月27日。

池子华、曹金国：《上海红会组织救护第一次江浙战争述论》，载《江南社会历史评论》第12期，商务印书馆，2018。

池子华：《张竹君与中国赤十字会》，《中国红十字报》2019年2月12日。

池子华：《从合办到自立：中国红十字会的上海转型》，《上海师范大学学报》（哲学社会科学版）2019年第2期。

池子华：《张鸿：一代文豪的博爱情怀》，《中国红十字报》2019年4月23日。

池子华：《人道教育：中国红十字事业的百年大计》，《中国红十字报》2019年8月27日。

2018—2019名城名校融合发展战略项目

江苏红十字运动
百年史 1904—2004

池子华◎总主编

第二卷

调适与曲折发展

（1950—1965）

徐国普◎著

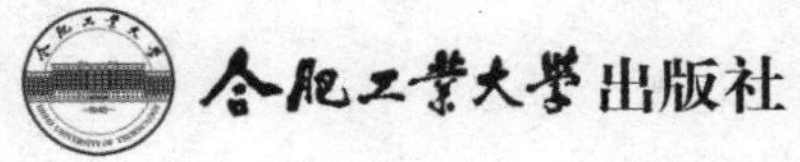
合肥工業大學出版社

图书在版编目(CIP)数据

江苏红十字运动百年史:1904—2004. 调适与曲折发展:1950—1965/徐国普著. —合肥:合肥工业大学出版社,2021. 6
ISBN 978-7-5650-5251-4

Ⅰ. ①江… Ⅱ. ①徐… Ⅲ. ①红十字会—历史—江苏—1950-1965 Ⅳ. ①D632. 1

中国版本图书馆 CIP 数据核字(2021)第 083717 号

江苏红十字运动百年史(1904—2004) 第二卷
调适与曲折发展(1950—1965)
徐国普 著

责任编辑	章 建 张 燕
出版发行	合肥工业大学出版社
地　　址	(230009)合肥市屯溪路 193 号
网　　址	www. hfutpress. com. cn
电　　话	总　编　室:0551-62903038 市场营销中心:0551-62903198
开　　本	710 毫米×1010 毫米 1/16
总 印 张	59
总 字 数	937 千字
版　　次	2021 年 6 月第 1 版
印　　次	2021 年 6 月第 1 次印刷
印　　刷	安徽联众印刷有限公司
书　　号	ISBN 978-7-5650-5251-4
总 定 价	268. 00 元(共 3 卷)

如果有影响阅读的印装质量问题,请与出版社市场营销中心联系调换。

目　录

第一章　新政权下的苏南分会调整

中华人民共和国的成立揭开了中国历史新的一页，江苏红十字运动也由此进入了崭新的历史阶段。这种新政权下的新变化，是从分布在苏南地区的中国红十字会各分会进行组织调整开始的。苏南各分会历时两年完成协商改组，调整了领导机构，制订了新的工作计划。工作人员开始进行政治学习和业务学习，转变思想观念，增强了对新政权、新制度、新价值观以及新中国红十字会的认同。这些为新发轫的江苏红十字运动提供了组织保障和精神动力。

第一节　改选领导机构

一、背景和条件

作为中国红十字运动的发祥地，江苏的红十字运动有着悠久的历史传统。实际上，近代以来红十字运动深受社会环境、时局变化等多种因素的影响，历经社会变迁，且与社会运行呈正相关关系。

（一）改组前的形势

1946 年 6 月，国民党统治集团依仗美国的支持发动了内战。经过 3 年的战争，中国的政治格局发生了根本性变化。1949 年 4 月底至 6 月初，南京市以及江苏全境相继解放。而总会设在南京的中国红十字会的会长蒋梦麟等与国民党政府有着重要关系的上层人士则陆续前往台湾，只有红十字会秘书长胡兰生以及少数理事、常务理事留在大陆，原由19位理事、常务理事组成的中国红十字会理事会作为领导机构随之解散①。5月底，留守南京的工作人员全部迁往已经解放的上海，并开展相应的卫生救护工作。

此时，中国红十字会的组织状况发生了很大的变化。至1948年底，中国红十字会共有194个分会，分布在江苏的有24个②。新中国成立初期，全国能够较为正常开展工作的分会只有89个，其中江苏有8个③，分别是南京分会、常州分会、青浦分会④、长泾分会、无锡分会、镇江分会、武进分会（1951年新建）和江苏省分会（待建）⑤。

值得一提的是，新中国成立后，南京市初为中央人民政府⑥直辖市，12月改为华东军政委员会直辖市，江苏以长江为界划分为苏北、苏南两个行政公署区（简称行署区）。这样，由于历史原因和工作需要，一段时间内江苏存在上述3个省级行政区划。1952年11月，中央人民政府委员会批准江苏恢复建省，撤销苏北、苏南两行署区。1953年元旦，江苏省人民政府成立，南京市改为省辖市，为省人民政府驻地。此时，全省有南京、徐州、南通、常州、苏州和无锡6个省辖市，徐州、淮阴、盐城、扬州、南通、苏州、镇江和松江8个专区，新海连、清江、东台、扬州、泰州、常熟和镇江7个县级市，砀山、江浦、崇明、上海、嵊泗等71个县以及1个淮海盐区⑦。

新中国成立初期，江苏地区7个中国红十字会分会就分布在上述行政区域内，事实上均集中在苏南地区，这与苏南地区社会秩序未受大规模战

---

① 参见《中华民国红十字会总会主要人员名单》，《红十字月刊》1946年第1期，第13页。

② 池子华、郝如一等：《近代江苏红十字运动（1904—1949）》，安徽人民出版社，2007，第198页。

③ 《1952年华东区各省市红十字分会人员经费及事业补助费预算表》，中国红十字会总会档案馆馆藏档案，第3卷；《中国红十字会华东各地分会1953年会务人员编制表》，江苏省档案馆馆藏档案，第6卷，第9页。

④ 因行政区划变更，青浦县分会于1958年改称上海市青浦县红十字会，受上海市红十字会和青浦县人民委员会领导。参见冯学文主编：《青浦县志》，上海人民出版社，1990，第716—717页。

⑤ 参见《迎接1952年》，《新中国红十字》1952年1月号，第6页；《中国红十字会华东各地分会1953年会务人员编制表》，江苏省档案馆馆藏档案，第6卷，第9页。

⑥ 书中的中央人民政府，在新中国成立之初多指代其核心机构政务院。

⑦ 江苏省地方志编纂委员会编：《江苏省志·地理志》，江苏古籍出版社，1999，第63—65页。

争的破坏，以及红十字运动的已有传统、经济社会的发展水平等不无关系。此外，苏南地区的红十字会分会一直与总会保持有密切的联系，也是不容忽视的重要因素。从另一角度亦可以看出，新中国成立之初，苏北地区尚未有“存活”或“复原”的红十字会组织，江苏红十字运动呈现出长江南北的巨大差异。

不难发现，人们通常所说的江苏红十字会其实是个集体名词，是指分布在江苏行政区域内（包括1953年江苏恢复建省之前的苏北、苏南两行署区及南京直辖市）的红十字组织。如再细分，新中国成立后至1956年中国红十字会再改组和江苏省红十字会成立前，江苏红十字会是指分布在苏南的中国红十字会各分会，此时的江苏红十字会也可称作苏南分会，或苏南红十字会。在1956年之后，江苏红十字会则包括分布在江苏全域的中国红十字会的地方组织（省、市、县红十字会）和基层组织（县级以下红十字会）。

1950年3月，面对时势变化以及诸如领导层变动、分会组织无序、思想混乱等现实问题，中国红十字会总会在其驻地上海新闸路856号召开红十字工作检讨会，“共商红十字会的前途命运”。全国17处分会派出40余名代表出席会议①，江苏红十字会共派出了10名代表参会，他们是：南京分会吴耀麟（总干事）、杨登瀛（会长）；常州分会吴逸樵（总干事）、杨迪群（乡村服务站负责人）；青浦分会徐熙春（会长）；长泾分会华毓楠（诊疗所主任）、刘正骅（分会文书、诊所医师）；无锡分会张玉寿；镇江分会白耀华（分会诊所主任）、陆树人（职员）②。检讨会最后决定推举代表团赴京，提请中央人民政府接管。

4月底，中央人民政府考虑到红十字会的历史及特点，决定对其进行改组③。周恩来总理为此做出重要指示：中国红十字会总会迁址北京改组，由中央人民政府卫生部（下文简称中央卫生部，或卫生部）和中国人民救

---

① 《中国红十字会在上海召开工作检讨会议》，中国第二历史档案馆馆藏档案，全宗号：476，卷号：1968。

② 《总会工作检讨会代表名册及会议记录、总结等》，中国第二历史档案馆馆藏档案，全宗号：476，卷号：1999。

③ 中共中央文献研究室编：《周恩来书信选集》，中央文献出版社，1988，第431页。

济总会[①]领导负责，具体筹备工作由救济总会负责[②]。

8 月 2 日，中国红十字会协商改组会议在北京召开，这实际上是新中国成立后的中国红十字会第一次全国会员代表大会。会议选举产生了中国红十字会总会的“最高领导机关”——中国红十字会第一届理事会，并通过由周恩来总理亲笔修改的《中国红十字会会章》。

此后，理事会召开会议，推选卫生部部长李德全担任会长，彭泽民、刘鸿生、熊瑾玎、胡兰生担任副会长，决定胡兰生兼任秘书长。

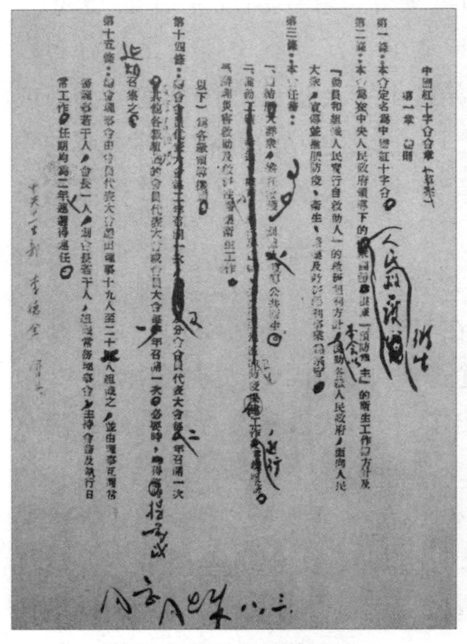
中国红十字会会章
第一章 总则
第一条：本会定名为中国红十字会。

周恩来总理亲笔修改的
《中国红十字会会章》

李德全会长

作为新中国红十字会的首个章程，《中国红十字会会章》规定了中国红十字会的性质、宗旨和任务，还包括会员、组织、经费等方面的内容。它和新产生的领导机构一起，为新中国红十字会及红十字事业的发展提供了重要的制度支撑和组织保障。

---

① 1950 年 4 月 24 日至 29 日，中国人民救济代表会议在北京召开，中国人民救济总会正式成立，宋庆龄任主席。

② 孙柏秋主编，池子华、杨国堂等：《百年红十字》，安徽人民出版社，2003，第 277 页。

9月6日，政务院批准了《中国红十字会会章》和领导人员名单①。以此为标志，中国红十字会实现了伟大的历史性转变，成为“中央人民政府领导下的人民卫生救护团体”，其宗旨是“协助各级人民政府，面向人民大众，宣传并推广防疫、卫生、医药及救济福利事业”②。

中国红十字会这一根本性定位具有长期性和稳定性的特点，一直延续到1994年中国红十字会“六大”的召开③，历时近半个世纪。

（二）总会指导改组

中国红十字会总会实现协商改组，可以视作中国红十字会完成了改组工作。但实际上，红十字会系统内的协商改组并没有结束，总会完成改组才刚刚拉开各地分会改组的序幕，同时为分会改组奠定了重要基础，提供了重要参考。从整体上看，中国红十字会的改组是自上而下，按照首先总会完成改组，再由部分分会进行示范改组，最后全部分会完成改组的步骤，逐级逐次进行的。

中国红十字会总会具体指导了各地分会的改组工作：一方面，将分会改组列入总会工作计划，并制定相关规章制度，划拨经费，补助分会；另一方面，培训分会干部，推进分会改组工作。

为规范有效地开展新时期红十字工作，改组后不久，红十字会总会就制定发布了《1950年9月至12月工作计划大纲》。根据大纲规定，整理分会组织和训练干部是此时总会的中心工作，总会要求选择若干大行政区或省会所在地人口众多且具有事业基础的分会先行整理改组，以起带头和示范作用④。为此，8月28日总会颁布《中国红十字会各地分会整理暂行办法》（下文简称《暂行办法》）和《中国红十字会分会暂行组织通则》（下文简称《组织通则》），作为各地分会组织调整的工作指南。12月底，总

① 《关于聘任红十字会会长和理事的报告及批示》（1950年9月12日）。

② 《中国红十字会会章》，《人民日报》1950年10月24日。

③ 徐国普、池子华：《新中国成立后中国红十字会发展的历史轨迹——以〈中国红十字会章程〉为路径的考察》，《江西社会科学》2009年第9期。

④ 《中国红十字会总会1950年9月至12月工作计划大纲》，《新中国红十字》创刊号，1950年9月，第11页。

会还拨出1.5亿元人民币（旧币制[①]，下同），重点补助33个分会充实业务，加强了分会改组的基础。

各地分会的改组工作还得到了中央内务部、卫生部的支持。10月16日，两部门联合发出通知，要求各省、市政府指导、协助和配合中国红十字会整顿各地分会[②]，即整理旧分会、成立新分会等工作。

为“交流经验、加强联系、掌握政策、解决问题”，同时为加强分会干部的政治学习和业务学习，培养新型的组织干部，确保各地分会改组工作的顺利开展，11月1日，中国红十字会总会在北京举办分会干部学习会。汉口、南宁、济宁、西安、长泾、镇江、常州、昆明、福州、凤台、内江、洛阳、南京、赣州、梧州、上海、天津、南昌、济南、青浦、广州、万县、青岛、夏邑、无锡、重庆、开封、北京、太原、广德等被确定“先行整理改组”的30个分会，派出会务和业务两方面负责人（大多为分会会长、理事、总干事以及医院院长、诊疗所主任等）共51人参加了学习会。其中，江苏红十字会派出长泾分会郭琦元（理事）、张宇和（总干事）、华毓楠（诊所主任），镇江分会丁荫楣（诊所副主任医师），常州分会吴逸樵（总干事）、杨迪群（前黄服务站主任），南京分会吴耀麟（总干事）、曹寄深（诊所主任），青浦分会王昌来（代院长），无锡分会蒋白鸥（总干事）、白光（由市卫生局选派）等[③]11位干部参加学习会。

学习期间，来自江苏红十字会的11位干部表现突出。例如，在学习会的开学典礼上，吴耀麟关于“学习会向毛主席致敬电”的提议在热烈的掌声中获得一致通过。于是，11月6日，全体参加分会干部学习会的同志向毛泽东主席致敬电[④]，表达了分会干部深深爱戴毛泽东主席和热忱为人民服务之情。同日，全体分会干部还与总会全体职工一起发表了抗美援朝宣言，声援这项伟大的爱国主义、国际主义运动。

分会干部学习会除了集中学习思想方法和政策外，代表们还自由地组成7个学习小组进行分组讨论。学习期间，他们同时开展多种文娱和参观

① 自1955年3月1日起，中国人民银行改革币制，发行新的人民币。新币1元等于旧币1万元。

② 《中央人民政府内务部中央人民政府卫生部联合通令》（1950年10月16日），见中国红十字会总会编：《中国红十字会历史资料选编，1950—2004》，民族出版社，2005，第10—11页。

③ 《分会干部学习会参加干部名单》，《新中国红十字》第3期，1950年11月，第4页。

④ 《分会干部学习会正式开学》，《新中国红十字》第3期，1950年11月，第1—2页。

活动，增进相互了解和友谊，如11月17日晚举办了文娱晚会，吴耀麟、宋如海（汉口分会会长）等带领大家做团体游戏，并练习唱歌；在参观河北通县农村卫生试验区后，杨迪群深有感触地说："我们的条件不比通县卫生试验区差，他们能创造出那样成绩，我们也应该做到。"

学习期间，红十字会总会宣传组收集了许多照片，举办了图片展览，其中就有南京分会的工作照片。11月15日，代表们创办了一个黑板报，由推举出来的板报委员会成员轮流负责。板报共出刊16期，内容丰富，涉及学习的相关材料、学习体会、参观游览的感想等。张宇和在一次学习时事时有感而发，作小诗一首刊登在黑板报上："保家卫国援朝鲜，民主阵营比铁坚。美帝逞凶迎头打，不除狼虎不安眠。"① 表现出红十字会干部满腔的爱国热忱。

一个多月的学习是按照"思想方法""政策""会务"和"业务"4个单元进行的。通过学习，代表们的收获很大。张宇和认为，欲发展会务必先做好业务，并构思出具体的工作计划，"我们回去后先组织协商会议将理事会改组，而后即发动江阴县各镇保送一些初中文化程度的青年，施以短期的训练，使其成为初级卫生人员，派至各乡镇结合当地力量组织接生站和卫生站。工作一段时间以后，当地人民接受了红十字会的帮助，就知道了红十字会的好处，那时就吸收他们为红十字会员，并将他们组织起来，予以初级卫生训练，而后又由他们推动工作，吸收会员建立组织"。

通过学习，许多分会干部克服了以前傲慢的心理，表示要虚心学习，为即将举办的初级中西医卫生员训练做出贡献。郭琦元曾留学日本，是东南医院的创办人，他说："我现在才感觉到自己以前那些教育经验，都不适用，以后要好好学习。"通过学习，与会代表对新中国红十字会的性质和立场有了比较明确的认识，特别是纠正了过去"亲美"和"惧美"的错误倾向。在讨论会上，大家畅所欲言，吴逸樵表示："过去凭借美援物资发展中国红十字会业务是不对的。"曹寄深说："经过学习讨论后，知道中国的灾难是美帝勾结反动派造出来的，人为的灾祸。"② 这些发言道出了大

① 《两周来分干学习会片断》，《新中国红十字》第3期，1950年11月，第3—4页。

② 《中国红十字会分会干部学习会总结报告》，《新中国红十字》第4期，1950年12月，第3—9页。

家的心声。

12月6日，学习结业后，包括江苏在内的各地分会干部即返回所属分会，发动了改组工作，并指导和帮助邻近的分会进行改组，或等待时机成熟后筹建新的分会。可见，参加学习会的分会干部已成为各地分会改组工作的实际领导者和骨干力量。

总之，中国红十字会总会的指导，以及在规章制度、资金补助和干部培训等方面的支持，为各地分会的改组提供了条件。江苏红十字会的改组就是在上述背景和条件下进行的。

二、分会相继改组

各地分会的改组实际上是中国红十字会改组工作的延伸、充实和完善。此次分会改组并非理事会任期届满的正常改选，而是包括了机构整理、思想改造等内容，况且大多数分会又缺乏民主选举基础，因此，与总会协商改组一样，全由协商会议代行会员代表大会的职权，以完成分会的改组工作。

（一）改组的进程

中国红十字会总会规定，调整组织、整顿业务是1951年的主要工作①。根据这一要求以及中央内务部、卫生部联合通知的精神，1951年2月，无锡分会和青浦分会同时在苏南地区率先进行并完成了改组。之后，其他5个分会历时两年，相继完成了组织调整工作。

1950年12月，无锡分会自参加分会干部学习会的代表返回后，便着手改组工作，无锡市民政局和卫生局予以大力支持与配合。1951年1月25日，正当无锡分会加紧开展协商改组事宜之时，接到了总会于此前1月22日发出的《为组织救济朝鲜难民医疗队给各地分会的通知》，要求把组织医疗队的工作列为2月至3月间的中心任务②。实际上，无锡分会在积极

---

① 《中国红十字会总会关于1951年工作计划的指示》，《新中国红十字》第4期，1950年12月，第1页。

② 蒋白鸥：《无锡分会组队经过报告》，《新中国红十字》第7期，1951年3月，第22—23页。

组织医疗队救助朝鲜的同时，并没有停止分会的协商改组工作。

2月11日，无锡分会改组协商会议如期召开。出席会议的有市民政局、卫生局、市总工会劳保部的领导和妇联、学联、青年团、劳动局、文联、教育工会、工商联、慈善团体联合会、农会①、医协、中华医学会、救济界、仁济医院、医学校、中医协会、护士协会、助产士联谊会的代表，以及原分会会长、理事、总干事等共33人，与会人员具有广泛的代表性。会议讨论通过了分会组织规程，正式产生由25位理事组成的新一届理事会。理事会推选李德（市卫生局局长）为会长，张玉寿（无锡普仁医院院长，原分会会长）、冯晓钟（市工商联筹委会主委）和盛水湘（市人民医院副院长）为副会长，蒋白鸥为总干事②。4月，新的无锡市分会成立③。

需要指出的是，各地分会在改组之前，均沿袭旧制，以会址所在地命名；改组以后，各地分会则依据《组织通则》之规定，以当地市、县的名称定名。“本县内如有市镇、工业区，其人口、文化、经济、商业均超过县城者，会址可设在市镇，名称仍以县名定之，工作范围亦照县行政区域”④。

在无锡分会改组协商会议召开的同一天，即2月11日，青浦分会在青浦县人民政府和有关机关团体的协商之下，完成了改组事宜，通过了分会组织规程和1951年的工作计划。徐熙春连任会长，牟凤沼（县政府民政科科长）、刘经国（县医务工作者协会主委）和徐正大（原分会常务理事）任副会长，徐正大兼任总干事⑤。

长泾分会在原定时间之前完成了改组工作。1月10日，长泾分会理事

---

① 1950年7月15日，政务院公布《农民协会组织通则》，规定农民协会的性质是农民自愿结合的社会团体，乡（或相当于乡的行政村）农民协会是农民协会的基层组织，区、县、专区及省可以组织农民协会，大行政区视情况需要，成立大行政区农民协会。随着土地改革的迅速完成和农业合作化的兴起，农民协会逐步退出了历史舞台。参见中共中央文献研究室编：《建国以来重要文献选编》第1册，中央文献出版社，1992，第346—350页。

② 《无锡分会——2月11日改组》，《新中国红十字》第6期，1951年2月，第26—27页。

③ 庄申主编：《无锡市志》第3册，江苏人民出版社，1995，第2287—2288页。

④ 中国红十字会总会编：《中国红十字会历史资料选编，1950—2004》，民族出版社，2005，第9页。

⑤ 《青浦分会徐熙春连任会长》，《新中国红十字》第7期，1951年3月，第29页。

郭琦元、总干事张宇和、会务组长王祖尧和业务组长华毓楠一同前往江阴县城，先后访问县民政科科长杨民奇和县卫生院院长赵元，商谈改组事宜。因当时全县正在进行土地改革，他们商定分会改组工作需在土改完成之后展开。根据这一精神，分会做好改组前的准备工作，如整理旧有的组织档案、资料，建立新的档案、会计和学习制度，订立 1951 年工作计划等，争取 3 月上旬完成改组[①]。实际上，2 月 20 日，在江阴县人民政府、长泾镇人民政府以及县卫生院、总工会、工商联、中苏友协等代表和地方民主人士共 22 人的协商之下，长泾分会完成了改组任务。赵元任会长，杨民奇和郭琦元任副会长，张宇和任总干事[②]。根据相关规定，会址由长泾镇迁至县城，改称江阴县分会。

镇江市人民政府重视镇江分会的改组工作，在接到中国红十字会总会邀请协助改组镇江分会的文件之后，市卫生局即派人员前往分会调查，了解情况。3 月 1 日，镇江分会举行协商改组会议，当地的工、青、妇、农、学等社会团体均派代表参加会议，与会代表推选市卫生局代表陈邦贤任协商改组会议主席。根据分会整理办法，会议讨论了改组的步骤，并选举刁端圣（市农民协会主席）、王立本（江苏医学院副院长）等为理事。理事会推选杨公崖（市社会福利主任委员）为会长，陆小波（原分会副会长）、倪锦忠（市总工会副主席）、陈邦贤（市卫生局科长）为副会长。刁端圣、邓剑（市学联主席）等 5 人为常务理事[③]。6 月，新的镇江市分会正式成立[④]。

旧分会改组的完成与新分会的成立还是有一定的区别，至少在时间上有先后之分。分会完成改组一般是以各地分会协商改组会议产生理事，并由理事会产生会长、副会长、常务理事作为标志。按照《暂行办法》的规定，这些人员的名单须一并报请总会批准或备案。

至 1951 年 4 月，全国共有 17 处分会正式完成改组，建立了新的领导机构，其中江苏就有无锡、青浦、江阴和镇江 4 个分会。这表明江苏红十

① 《长泾分会 1951 年 1 月份工作简报》，《新中国红十字》第 6 期，1951 年 2 月，第 30 页。

② 《本会长泾分会改为江阴县分会》，《新中国红十字》第 7 期，1951 年 3 月，第 31 页。另据《江阴市志》记载，1950 年 9 月改组为江阴县红十字会。参见程以正主编：《江阴市志》，上海人民出版社，1992，第 837 页。时间与笔者所引的资料相左，有待考证。

③ 《镇江分会改组初步进行》，《新中国红十字》第 8 期，1951 年 4 月，第 39 页。

④ 张世闾等总纂：《镇江市志》上册，上海社会科学院出版社，1993，第 357—358 页。

字会的改组工作进展顺利，而且走在了全国前列。不过，各地分会在组织调整的实际操作过程中，在改组方式、领导分工、名誉职务设置等方面出现了一些新情况。中国红十字会总会及时注意到了这一问题，并总结经验教训。4 月 10 日，总会就“关于改组分会一些应注意的问题”通报各地分会[①]，以指导和改进下一阶段分会的改组工作。

常州分会的改组工作正是在上述通知精神指导下进行的。5 月 27 日，常州分会召开第一次理事会议（此前，常州分会邀请常州市政府、社会团体代表 27 人召开过 3 次协商改组会议）。会议推选吴伯芳（市卫生科科长）等 11 人组织常务理事会，并推选吴伯芳为会长，徐元谟（市医师协会副主任）、李行甫（原分会副会长）、吴逸樵（原分会理事）为副会长；聘请常州市市长诸葛慎为名誉会长，民主人士刘国钧为名誉副会长，改组工作顺利完成。这次理事会还通过分会的组织规则草案，并拟订了 1951 年工作计划[②]。实际上，分会增设名誉会长、副会长，且邀请现职行政首长或德高望重的社会名流兼任，目的在于加强分会与社会各界的联系，利用名誉职务拥有的社会资源来推进红十字会的工作，扩大社会影响。这也是 4 月总会通知精神中的一项重要内容。

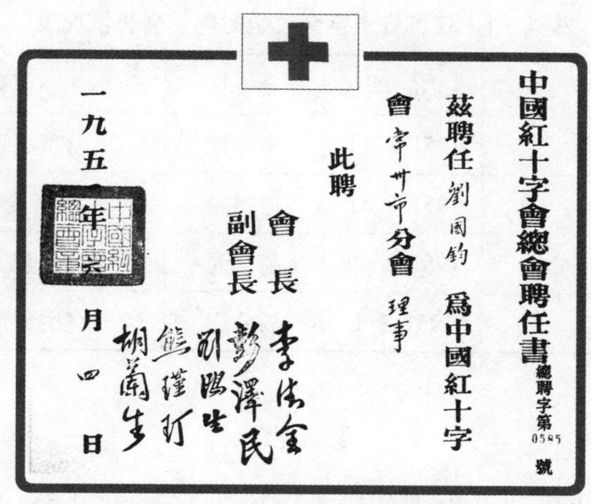
中國紅十字會總會聘任書 總聘字第0585號

茲聘任劉國鈞為中國紅十字會常州市分會理事

此聘

會長 李德全

副會長 彭澤民 劉鴻生 熊瑾玎 胡蘭生

一九五[illegible]年[illegible]月四日

常州市分会理事聘任书

① 中国红十字会总会编：《中国红十字会历史资料选编，1950—2004》，民族出版社，2005，第 23—25 页。

② 《常州分会改组》，《新中国红十字》第 10 期，1951 年 6 月，第 34 页。

与上述分会相比，南京分会的改组进程稍显复杂和缓慢，这或与新中国成立前后南京市短时间内的行政隶属关系（或行政地位）的急剧变化有关。南京分会的改组是通过协商会议的形式进行的，而协商会议则是由市政府领导邀集各社会团体、民主人士及分会原理事、职工代表等共同组成，并由之代行会员代表大会的职权。

1951年7月，南京市民政局派中共党员干部李超凡进入南京分会，遵照《中国红十字会会章》筹划分会改组工作。而从1952年9月，南京市被中央确定为即将成立的江苏省省辖市、省会①之后，南京分会改组工作的步伐才明显加快。12月14日，中央卫生部致函南京市卫生局，“敦促协助南京市红十字会进行改组”。1953年2月6日，市卫生局召开南京分会改组协商会议，会上选举25名理事组成南京市分会第一届理事会②。理事会推选市卫生局局长陈祖荫为会长，刘西淮和李钊为副会长，李超凡任总干事③。历时一年半之久的改组工作最终完成。

至此，在中国红十字会总会和地方政府、相关社会团体的支持与配合下，江苏红十字会的改组工作圆满地画上了句号。改组时间、会长情况如表1－1所示。

表1－1　江苏红十字会改组时间、会长情况表

分　会	时　间	会　长	现有职务
无锡市分会	1951.2.11	李　德	市卫生局局长
青浦县分会	1951.2.11	徐煦春	原分会会长
长泾（江阴县）分会	1951.2.20	赵　元	县卫生院院长
镇江市分会	1951.3.1	杨公崖	市社会福利主任委员

---

① 1952年9月9日，中共中央华东局发出了经中共中央批准的决定：“确定将南京市、苏南、苏北合并为江苏省。”11月15日，中央人民政府委员会通过《关于调整省、区建制的决议》，其中规定：“成立江苏省人民政府，……江苏省人民政府设于南京。”见刘定汉主编：《当代江苏简史》，当代中国出版社，1999，第93页。

② 《南京市红十字会组织简史》，参见南京市红十字会网站。

③ 江苏省红十字会编著：《江苏红十字运动八十八年（1911—1999）》，东南大学出版社，2001，第73页。

（续表）

分　会	时　间	会　长	现有职务
常州市分会	1951. 5. 27	吴伯芳	市卫生科科长
南京市分会	1953. 2. 6	陈祖荫	市卫生局局长

资料来源：根据《新中国红十字》（1951 年至 1953 年）相关报道整理。

（二）改组的特点及意义

作为中国红十字会改组工作的重要组成部分，江苏红十字会的改组工作具有如下主要特点。

其一，改组步骤大体相同。和全国其他分会一样，江苏红十字会的改组是按照与总会改组相似的程序进行的。首先，填送由总会制定发布的各种调查表，并与当地卫生、民政机关会商，拟订改组方案及协商会议组织方式等报告总会，批准后即按照计划召开协商会议。其次，协商会议依照《组织通则》，制定分会组织规程并选举理事。再次，协商会议后，其主席团或主席负责将改组经过，连同分会组织规程、理事名单及理事会所选举的会长、副会长、常务理事等名单，一并报请总会批准，当地政府备案。最后，分会领导机构改组完成后，在新任会长领导下进行内部人员及附属机构的整理，同时将事先拟订的工作计划报请总会批准或备案，并报当地政府备案。

其二，改组进度处于全国前列。总体而言，除南京分会外，其他分会均在 1951 年春季完成了改组工作，可谓改组顺利，完成得早。这与分会原有良好的组织基础，并积极参与红十字会总会举办的相关工作会议、培训活动，以及和总会保持经常性联系等是分不开的。

其三，理事的职业结构相近。和中国红十字会第一届理事会以及全国其他分会新一届理事会一样，江苏红十字会第一届理事会成员多来自参加协商会议的政府卫生、民政部门和相关社会团体，会长一般由现职国家干部，如政府卫生部门或卫生院负责人兼任。理事会则具备了政府和社会双重资源，而且成员的职业结构与红十字会的性质“人民卫生救护团体”构成了对应关系。“这种‘对应关系’所体现的正是一种有利于工作开展的结构性制度安排，在顶层设计上保证了红十字会与相关政府部门、社会团体在职能和目标上的纵向对接，成为其助手，从而提高了红十字会的运行能力和管理水平”[①]。

通过协商改组，江苏红十字会的面貌焕然一新，成为中国红十字会“新的转变，新的开始”的重要组成部分。江苏红十字会改组具有如下重要意义。

其一，分会组织重获合法性。社会团体的合法性是其生存、发展的基础和保障，它一般包括社会合法性、行政合法性、法律合法性以及政治合法性等[②]。分会改组后，分会理事及理事会所选举的会长、副会长等名单，一并报请总会批准，当地政府备案，因而获得行政合法性。分会会长一般由卫生部门负责人兼任，1951 年 9 月红十字会总会发出通知，要求各地分会向当地政府办理登记（为社会团体）手续[③]。而此前，红十字会总会依据 1950 年 9 月政务院第 52 次政务会议通过的《社会团体登记暂行办法》，以及 1951 年 3 月 23 日内务部公布的《社会团体登记办法施行细则》，已办理了登记（为社会团体）手续[④]；8 月，内务部予以批复。这些表明红十字会拥有了法律合法性。分会此后强化政治学习和业务学习，转变工作人员的思想观念，确立了新的工作任务，所以又具备了政治合法性。就此意义而言，协商改组使得红十字会获得了“新生”。

其二，加强了分会与总会间的联系。《中国红十字会会章》规定：“本会组织原则为民主集中制，下级组织每月须向上级组织报告会务，上级组织的指示，下级组织须认真执行。”[⑤] 改组之后，分会据此理顺了与总会工作的对接关系，从而实现了会内的“上下贯通”。在新中国成立之初，社会处于重要的转型时期，这无疑提高了红十字会工作的运行效率。

其三，为新时期红十字工作奠定了组织基础。根据中国红十字会总会

---

① 池子华总主编，徐国普：《中国红十字运动通史（1904—2014）》第 2 卷，合肥工业大学出版社，2018，第 11 页。

② 参见高丙中：《社会团体的合法性问题》，《中国社会科学》2000 年第 2 期。

③ 中国红十字会总会编：《中国红十字会历史资料选编，1950—2004》，民族出版社，2005，第 33 页。

④ 新华月报社编：《中华人民共和国大事记（1949—2004）》上，人民出版社，2004，第 38 页。

⑤ 中国红十字会总会编：《中国红十字会历史资料选编，1950—2004》，民族出版社，2005，第 5 页。

要求，分会领导机构改选后，由新任会长领导进行内部人员及附属机构的整理，且事先拟订的工作计划报请总会批准或备案，并报当地政府备案，这就为开展新时期的江苏红十字工作奠定了重要基础。作为中国红十字会不可或缺的组成部分，江苏红十字会完成改组，实际上对于健全全国红十字组织、推进新中国红十字运动具有同等的重要意义。

第二节　思想观念的转变

一、学习的制度安排

在新中国成立前后，革命转折的年代，中国红十字会内部不可避免地存在思想混乱的现象。比如，在工作人员中，多数人有着浓厚的依赖政府的思想，“认不清社会团体的本质”；少数人认为，红十字会“是慈善机构，由少数有钱人主持办理一些像放赈和冬赈之类的消极工作”；也有人认为，红十字会是一种“历史性的单纯的医务团体”，“平时工作应该是办些医院和诊所，战时组织一些救护队”；还有人认为，红十字会是“中立性”“国际性”“超政治性”的团体，对于人类社会应不分敌我、不分阶级，一律“博爱”，“其工作方针不应受到人民政府的拘束”。此外，一些工作人员中还存在着浓厚的“崇美”思想、宗派观念和极端自由主义①。在红十字会员中，更是有着五花八门不同的观念和认识。

因此，改造思想、纯洁组织是摆在新中国红十字会面前的一项重要而紧迫的任务。中国红十字会总会自协商改组后，即开始加强了红十字会系统内部的学习。前文所述的1950年11月中国红十字会总会举办的分会干部学习会，就是一次会内政治学习和业务学习的典范，并“开创了红十字会系统学习由政治学习和业务学习两大板块内容构成的模式。换言之，此后红十字会的学习既包括思想政治方面的内容，也包括会务、业务方面的

---

① 李德全：《新中国红十字会的工作方向与发展步骤》，《人民日报》1951年2月1日；李德全：《中国红十字会总会改组两年来的工作》，《人民日报》1952年9月8日。

内容，突出了政治学习、会务学习与业务学习相结合的特点”[①]。

此后，为使红十字会干部的学习组织化、制度化和规范化，中国红十字会对会内学习的组织、内容、方式等进行了顶层设计和制度安排。1951年，中国红十字会根据年度工作计划大纲的要求，制订出《中国红十字会干部学习计划》，详细规定了学习方针、组织建设、学习方式以及学习内容、进度、时间和辅导方式等，这样就保证了干部学习的常规化，并为这种学习常规化提供了必要的制度保障。

中国红十字会组织干部学习主要有如下目标：一是通过学习马列主义的基本理论和毛泽东思想，帮助他们改造旧思想，建立起为人民服务的新观点；二是帮助他们学习中国红十字会的政策文件以及规程、计划，使他们进一步了解红十字会的方针和任务；三是通过集体学习，使他们充实会务、业务上的知识和经验，增进工作兴趣和团结。

为达成上述目标，在组织建设方面，中国红十字会总会专门成立了学习委员会，以落实学习计划，领导工作人员开展学习，并指导直属单位及各地分会组织推动干部学习[②]。学习委员会的职责有：一是制订学习计划，规定学习内容和进度，布置学习程序，并选择必读或参考文件；二是确定学习组织，编配班次，区分小组，并指导班主任和小组长汇报；三是组织启发报告及专题讲演，具体指导自学、漫谈、讨论、研究等学习活动；四是解答疑难问题，检查学习成果，领导学习总结，并不断地改进学习计划。

学习委员会内部人员设置和分工明确，设主任委员 1 人、副主任委员 2 人、委员 10 ~ 12 人。为加强日常工作，学习委员会另设常务委员 5 人，负责布置政治学习和业务学习，以及指导分会的学习；秘书 3 人，处理有关学习的日常事务。

根据规定，在具体落实学习任务的过程中，一方面，各单位按照干部人数、工作部门、政治和文化水平以及其他有关条件，将全体人员划分为若干小组，推选组长和副组长各 1 人，在学习委员会的布置下，负责领导小组学习；另一方面，依据实际需要和学习基础、不同水平，将人数多的

---

① 池子华总主编，徐国普：《中国红十字运动通史（1904—2014）》第 2 卷，合肥工业大学出版社，2018，第 22 页。

② 参见《中国红十字会总会学习委员会组织规程》，《新中国红十字》第 8 期，1951 年 4 月，第 6 页。

单位再分编为不同的班次，在学习内容上，可适度进行深浅繁简的布置和照顾。此外，红十字会总会要求建有工会组织的单位，学习委员会的组织和工作要与工会取得联系；工会所布置的文娱活动、生活检讨等，要配合学习的进度，以收相辅之效。

为了完成学习任务，增强学习效果，红十字会总会要求干部学习主要采取如下方式进行。

其一，自学与互助相结合。学习以自觉自愿的自学为基础，对于文件研读、问题探讨，要发挥主动性和积极性，以理论武器联系思想实际和工作经验，检查错误，坚持真理，解决矛盾。在进行单元学习时，先由学习委员会选定适合干部的必读文件及参考读物，规定预习时间，作初步领会；然后约请适当人员做启发性报告；再由小组组织自由漫谈，酝酿问题，交由学习委员会综合后，制定讨论提纲，进行分组讨论。单元学习结束后，进行学习总结。

其二，批评和自我批评相结合。联系单元学习进度和思想进步情况，定期采取理论测验、民主评卷、学习心得或思想小结等方式，展开自我思想的检查与批评，做到逐步提高。根据实际需要，每两周进行一次生活检讨或工作检查，以学习或工作的具体表现为中心，运用批评与自我批评的武器，发扬优点，克服缺点。

其三，配合时事学习。在适当时机，约请当地有关人员，做时事分析，或做专题报告。及时地组织集体学习和深入研究中央重要政策、法令和指示，随时学习国内外重要的时事，并灵活地结合单元学习，理论联系实际，深化对时事的认知。

其四，出版通讯板报。为总结学习方法、交流学习经验、解决疑难问题，各单位学习委员会与总会学习委员会保持通讯联系，经常反映学习情况。这些情况经总会学习委员会整理后，提供给领导参考，并择要在《新中国红十字》[①] 月刊上刊登，以便于交流和辅导学习工作。各单位学习委员会要经常出墙报和黑板报，公布学习信息，发表学习心得，检讨问题，

---

① 新中国成立后，1950 年 9 月 30 日创刊发行的《新中国红十字》（月刊）是中国红十字会总会的机关刊物。《新中国红十字》共出 47 期，于 1954 年底停刊。1956 年 4 月，总会机关刊物以《中国红十字》的名称复刊。参见池子华：《建国后中国红十字会的机关刊物》，《红十字运动研究》电子期刊第 3 期，红十字运动研究中心网站。

开展表扬和批评，以推进工作。

干部的学习内容包括理论与政策学习、会务与业务学习两大板块。其中，理论与政策学习，主要内容是革命的人生观、社会发展简史、新民主主义论、人民政协《共同纲领》、新中国的救济福利事业、过渡时期总路线、五四宪法等。会务与业务学习，主要内容有新的中国红十字会章程、中国红十字会组织办法、红十字会员制度和苏联及人民民主国家红十字会相关文件等。在时间安排上，原则上每天上午办公之前集体学习 1 个小时或 1 个半小时，不占用办公时间。各单位可以根据实际情况，制定学习重点，确定学习文件和时间进度，具体学习计划需报红十字会总会备案。关于总会和分会所属医疗机构医护人员的学习，各学习委员会可以自行商定，在不妨碍工作的前提下分组进行。

干部学习是先导，以此带动普通工作人员学习是关键。在新中国成立之初中国红十字会实现伟大转变的背景下，组织和加强红十字会工作人员对于会务知识的学习，尤为重要。1952 年，中国红十字会总会要求所有红十字工作者，“都应成为优秀的红十字工作的宣传者和组织者”①。

按照中国红十字会总会的统一要求，江苏红十字会根据实际情况，成立了相应的学习组织，制订出学习计划，确定了学习内容。

比如，刚完成改组工作的青浦县分会的工作人员，因是青浦卫生工作者协会（医协）的会员，所以都参加县医协组织的学习。具体安排是：每周一和周五下午 7 时，学习时事；周三和周六，学习业务；周日晚上，增加一次药物学习。不过，自 1951 年 5 月起，该县分会不再参加县医协的学习，改在会内进行②。为了领导和组织学习，县分会研究改进了原来的学习计划，成立了学习委员会，并规定政治学习与业务学习间隔一天进行。政治学习的资料是红十字会总会印发的活页文选和《新中国红十字》杂志，业务学习的资料是将县医协原有的学习材料重新整理而成。

1952 年，无锡市分会为响应红十字会总会的号召，使得每位工作者

① 《应开始在所有的红十字工作人员中进行会务知识的教育》，《新中国红十字》1952 年 8 月号，第 3 页。

② 《青浦分会已单独进行学习》，《新中国红十字》第 10 期，1951 年 6 月，第 32 页。

都成为红十字会优秀的宣传者和组织者，更好地开展业务工作，特地成立了红十字会会务知识学习委员会，并制订出详细的学习计划。学习委员会由3～5位委员组成，设正、副主任委员各1人，以便具体掌握和指导学习活动。学习的内容主要有新中国红十字会的工作方向和发展步骤；新中国红十字会的指导思想；苏联红十字会简史、基层组织以及各人民民主国家红十字会概况；报纸、杂志所刊载的有关红十字会的介绍等。学习时间为1个月，每周2次，每次1个半小时，以不妨碍工作和政治学习为原则。学习前听启发报告；学习时采用集体学习和个人阅读相结合的方式，阅读材料后进行漫谈、提问题等；学习结束后举行会务知识测验，以巩固所学知识①。

二、学习活动的开始

为巩固新生的人民政权，建构和塑造执政党形象，中国共产党特别注重马克思主义的理论创新和主流意识形态的宣传教育，注重在思想文化领域，尤其是在党员干部、旧中国知识分子中间进行学习改造。

在中国红十字会总会的指导下，按照省里的统一部署，江苏红十字会与其他社会团体、政府部门等一起普遍地开展了学习活动。江苏红十字会所开展的学习活动成为全省开展学习活动的一个组成部分，也是全国思想文化领域加强学习改造的一个组成部分。

（一）学习的内容和方式

其一，学习重要法规、过渡时期总路线、五四宪法等内容。

1951年，刚完成改组工作不久的无锡市分会就规定，4月至6月主要学习《惩治反革命条例》②《端正学习态度》《国际和平医院开幕词》《我

① 福贞：《无锡市分会会务学习计划》，《新中国红十字》1953年2月号，第34页。

② 镇压反革命运动于1950年至1953年在全国展开，同抗美援朝、土地改革并称新中国成立初期“三大运动”。1951年5月22日，中国红十字会总会发出通知，要求各地分会认真学习并提高警惕，以做好新中国红十字会工作。参见《认真学习并提高警惕以肃清反革命分子》，《新中国红十字》第9期，1951年5月，第1页。

们的祖国》等内容，每周政治学习6个小时，业务学习4个小时[①]。

完成由生产资料私人所有制到社会主义所有制的过渡，有利于社会生产力的发展，从而达到增加工农业产品产量、提高人民生活水平、增强国防力量、巩固人民政权的目的。1953年9月，中央正式公布了党在过渡时期的总路线，自10月起，江苏全省掀起了一个持续一年之久的声势浩大的宣传、贯彻总路线的高潮[②]。

10月，镇江市委开办3所政治业余学校，组织市级机关初级学习组的干部进行系统的政治学习，该市红十字分会及其诊疗所17名工作人员参加了政治业余学校学习。学习内容包括过渡时期总路线等，学习的形式以授课、自学为主，并结合授课的中心问题组织漫谈和讨论，学员准备学习笔记和发言提纲参与[③]。

11月，无锡市分会在系统内全面组织学习过渡时期总路线，使大家初步了解了社会主义改造的伟大意义。

自10月起，常州市分会在市政府时事政策学习班统一领导下，组织全体职工学习过渡时期总路线。至12月，共听取政府领导报告五六次。大部分学员都记了笔记，并注意整理笔记。有的还注重搜集有关过渡时期总路线的参考资料，将报纸、杂志上的文章进行摘要和剪裁，编号陈列在学习室里，供学习使用。通过学习，大家对国家的前途充满希望[④]。

1954年6月，中华人民共和国宪法草案公布后，立即得到全省人民的热烈欢迎和衷心拥护，江苏省内各地各部门都成立了宪法草案讨论委员会，并训练报告员1万多人，广泛深入地开展学习、宣传和讨论[⑤]。

江苏红十字会工作人员也热烈拥护宪法草案，认真学习宪法草案。镇江市分会展开深入学习宪法草案的活动，许多同志都认识到我国的宪法草案是属于社会主义类型的，宪法草案把革命斗争的胜利果实固定了下来，是保证建设社会主义社会的强大武器。该市分会领导因重视宪法草案的学

---

① 《无锡市分会1951年夏季工作报告》，《新中国红十字》第2卷第1期，1951年9月，第31—33页。

② 刘定汉主编：《当代江苏简史》，当代中国出版社，1999，第96—97页。

③ 陆永蔚：《学习国家过渡时期总路线的收获》，《新中国红十字》1954年3月号，第25页。

④ 陆希羽：《学习国家过渡时期总路线》，《新中国红十字》1954年1月号，第20—21页。

⑤ 刘定汉主编：《当代江苏简史》，当代中国出版社，1999，第131页。

习，后来在市政府汇报会上受到了表扬①。

其二，注重学习苏联经验。

从新中国成立至“一五”计划结束后的一个时期，我国在恢复发展国民经济和建设以重工业为主导的社会主义工业化的进程中，学习借鉴了苏联“老大哥”的经验，得到了苏联政府的援助。但经过实践，我们党很快察觉到苏联模式的局限，认识到苏联在建设社会主义过程中的一些缺点和错误。因此我们党提出要以苏联经验教训为鉴戒，独立探索适合中国国情的社会主义建设道路。

1952 年，为纪念苏联十月革命胜利 35 周年，中国红十字会在会务学习过程中进一步加强了苏联经验的学习，李德全会长要求将苏联红十字会活动的先进经验作为会务学习的重要内容②。她强调指出，与其他各项伟大建设事业得到苏联人民帮助一样，中国红十字事业也得到了苏联红十字会的帮助；苏联红十字会先进的医学技术、医疗制度、医疗作风以及工作的精神、方法和经验等，都值得中国红十字会学习；应该以百倍坚定的信心学习苏联的先进经验来建设新中国红十字事业；学习时要注意与当地实际情况结合起来，切忌生搬硬套。

11 月 7 日至 12 月 6 日，中苏友好协会总会③在全国开展“中苏友好月”活动。为配合该活动的开展，中国红十字会总会于此前 10 月 24 日发出通知，要求各地分会及其所属业务单位、基层组织的工作人员，在和政治学习相结合的情况下，“中苏友好月”期间的会务学习应以《苏联红十字会简史》和《苏维埃红十字会为社会主义的人道主义而斗争》两本小册子为主要材料，进一步认识苏联红十字会情况，学习苏联红十字会的工作经验。各地分会应根据自身具体情况参加当地“中苏友好月”的活动，主动与当地中苏友好协会组织取得联系，配合开展宣传活动；已征收和发展会员的分会，应设法召集全体或部分地区的红十字会员举行庆祝会，号召会员参加当地“中苏友好月”的各项活动和各种集会④。

---

① 《热烈拥护宪法草案，认真学习宪法草案》，《新中国红十字》1954 年 7、8 月号，第 8 页。

② 李德全：《应将苏联红十字活动先进经验作为会务学习的重要内容》，《新中国红十字》1952 年 11 月号，第 5—6 页。

③ 1949 年 10 月 5 日，中苏友好协会总会在北京成立，刘少奇当选会长，宋庆龄等 7 人为副会长，并通过了《中苏友好协会章程》。

④ 《总会通知各分会展开“中苏友好月”活动》，《新中国红十字》1952 年 11 月号，第 11 页。

南京分会响应红十字会总会的通知，开展了如下活动，以实际行动迎接“中苏友好月”。一是成立中苏友好协会支会，分会工作人员全部报名参加，改变了过去分会只有个别人去南京市五区文教馆参加中苏友协活动的状况。二是召开大会，热烈庆祝十月革命胜利35周年。三是出墙报专刊，让大家表达内心的欢欣、感激之情和向苏联“老大哥”学习的心愿。四是组织集体观看苏联影片和图片展览，“希望更清楚地了解今日苏联是我们幸福明天的缩影”，分会订购了300多张电影票，平均每人可观看6次；分会有一半人订阅、订购了《中苏友好报》和斯大林《苏联社会主义经济问题》，有8人正式参加南京市中苏友协的俄语广播学校，每天利用业余时间学习俄文。五是在太平路诊所和中山路诊所的候诊室里，展出苏联共产主义建设的图片，并在“共产主义与共产党”的专题学习中，更加详细地研究和讨论苏联所取得的建设成就①。

值得一提的是，南京分会为了鼓励大家学习俄文，从而为学习苏联的先进经验做准备，是本信等人还组织了10余人参加的俄文识字小组，聘请分会总干事吴耀麟担任“小先生”。他们克服学习俄文时的畏难情绪，利用业余时间刻苦学习，从10月6日晚上开始，大家利用两个晚上（每晚1个小时）学会33个字母，连发音最难的P字母，经过反复练习也学会了，第三天就开始学习生字拼音。在俄文识字小组的带领下，该分会掀起了学习俄文的热潮②。

其三，参加总会组织的培训、会议等，传达相关学习内容和指示精神。

1951年，中国红十字会总会在天津委托政治学校举办分会干部训练班。自10月上旬开始，来自全国53个不同单位的143位参训人员陆续来到天津③，参加学习。南京分会干事杨河义和张信大就是其中的两位，他们是由南京分会与市民政局协商决定派送前来学习的，南京分会还曾开会

---

① 耀麟：《南京分会迎接中苏友好月》，《新中国红十字》1952年11月号，第18页。

② 路涵秋：《南京分会热烈学习俄文》，《新中国红十字》1952年11月号，第28页。

③《分会干部训练班在天津展开学习》，《新中国红十字》第2卷第4期，1951年12月，第44页。

欢送他们来学习，“倍加勉励”[1]。

12月10日，红十字会总会根据1950年8月第一届全国卫生工作会议精神，就卫生教育问题在北京召集全国各地有教育机构的分会代表进行座谈，江阴、常州、青浦等12个红十字会分会派出代表参加会议[2]。通过座谈，代表们认识到：总会与分会、分会与分会之间应加强联系，增强团结和互助；应加强与当地政府的密切联系，这样更利于分会业务的开展；应面向广大农村，为广大农民服务，建立农村卫生基层组织，发展中级卫生教育是形势发展的迫切需要等。

总之，参加训练、会议的代表不仅提高了自身的认识水平，而且他们还将所学的内容和会议的精神带回分会，与大家一起分享，大家的认识也相应地得到了提高。

（二）学习的成效

江苏红十字会组织开展上述学习活动，对各项工作起到了一定的推动作用。

1951年，无锡市分会的工作人员通过4月至6月的政治学习，原本自由散漫的作风以及互相猜忌、攻击的状况有了根本好转，同事之间更加团结，而且组织纪律观念加强了，工作起来更加积极，并踊跃参加广播电台的控诉大会、三八妇女节游行等爱国主义运动[3]。

南京分会许多工作人员在学习以前，对红十字会的性质和工作方针、宗旨等的认识都很模糊，有的认为红十字会是医务机构，有的认为是“超政治”的国际性组织；有些人因分会筹备很久还未完成改组[4]而陷入失望之中，认为做红十字会工作没有前途。自1952年开始会务学习之后，大家明白了新中国红十字会的性质及任务，纠正了原来的错误想法。有的人在听取苏联红十字会和人民民主国家红十字会业务介绍之后，知道了新中国红十字会工作正处于起步阶段，前途是远大、光明的，他们的工作积极性

---

① 吴耀麟、路涵秋：《南京分会近讯》，《新中国红十字》第2卷第4期，1951年12月，第46页。

② 总会卫生组：《记卫生教育座谈会》，《新中国红十字》1952年1月号，第22页。

③ 陆永蔚：《无锡分会加强学习，提高政治水平，订立计划，保证完成》，《新中国红十字》第8期，1951年4月，第41页。

④ 如前文所述，南京分会于1951年7月开始酝酿改组，直到1953年2月完成改组工作。

和热情因此高涨了起来[①]。

江苏红十字会所属各医疗机构组织学习后的情况，亦是如此。

青浦县分会医院自加强学习以后，大家政治水平不断提高，工作情绪高涨，业务进展顺利，深受群众好评，这一点可以从1951年八九月间青浦县城各行政街黑板报曾连续登载表扬青浦分会医院的报道中得到证实[②]。现节录两则如下：

人民医师为人民　黑夜抢救投水妇

8月31日

28日夜9时左右，有一个姓唐的孕妇，因家庭纠纷，在西虹桥堍投河，为公堂街20号居民王先生发觉，即大呼救人。红十字会的医师们全部出勤，指挥撑船的撑船，打捞的打捞，忙乱了一阵，终于打捞起来，抬进红十字会，施行急救手术。但因落水时间过久，不幸死去，红十字会即派员了解，通知其家属。这次虽然没有把人救活，红十字会全体工作同志不顾一切的精神，是为全心全意为人民服务的崇高思想所支配的，值得大家学习。

红十字会为受伤居民义务诊治　全城居民劳动员一致感谢盛意

9月2日

8月31日居民劳动员在北门至东门工作时，第12行政街姜阿义不幸因城泥塌下，半身陷于泥中，面部触石，受伤沉重，当时流血，人事不省。后送红十字会施行手术，并注射针药，才得转危为安。现在红十字会义务诊治，如此服务精神，全体居民劳动员衷心感谢。

以上两则报道展现了红十字会工作的人道光辉，表达了人民群众对于红十字医务工作者的感佩之情。

常州市分会妇幼保健站成立于1951年，自开展过渡时期总路线学习以来，工作人员认识到有责任提高群众的卫生文化水平，便主动加强宣传工

① 耀麟：《南京分会展开会务学习》，《新中国红十字》1952年10月号，第11页。

② 《青浦分会医院工作积极，当地黑板报特予表扬》，《新中国红十字》第2卷第2期，1951年10月，第22页。

作。一方面，他们经常配合地区中心工作，参加居民委员会的大小会议，并在会上做妇幼卫生宣传；另一方面，保健站的领导和接生员也参加卫生宣传工作，如参加分会演出的宣传剧《解开了忧愁的结》，消除了接生员担心别人说“宣传是为了兜生意”的顾虑。另外，他们还经常在妇女群众大会上介绍接生员热心为产妇服务的事例，提高了接生员的威信①。

1954 年，因经济建设需要，我国发行了一批国家经济建设公债。1953 年 12 月，中央人民政府首先公布了《1954 年国家经济建设公债条例》，决定发行公债总额为 6 亿元人民币。到 1954 年 7 月，国家经济建设公债认购工作结束，全国认购总额超过 92000 亿元②。这期间，镇江市分会工作人员通过政治学习，提高了思想认识，认为发行建设公债是加速国家经济建设，逐步提高人民物质文化生活水平的重要举措，便带头购买国债，掀起了普遍认购国债的热潮③。

综上所述，新中国成立后，江苏红十字会组织开展了以马列主义、毛泽东思想等为主要内容的政治学习，以及会务学习活动。坚持一段时间以后，学习成效明显，广大红十字会工作人员破除了原有的陈腐观念和旧思想，逐步树立了爱国主义、国际主义和人道主义的新思想、新观念④，增强了对新政权、新制度、新价值观以及对新中国红十字会的认同，提高了政治业务素质和思想道德水平。全国红十字会系统的思想观念因此实现了重大转变，为顺利开展红十字业务，更好地服务于人民群众、服务于社会经济建设注入了精神动力。

---

① 陆希羽、杨迪群：《再不说“做不下去了”》，《新中国红十字》1954 年 9、10 月号，第 23 页。

② 新华月报社编：《中华人民共和国大事记（1949—2004）》上，人民出版社，2004，第 89、99 页。

③ 《总路线鼓舞着我们前进》，《新中国红十字》1954 年 4 月号，第 9 页。

④ 《中国红十字会干部学习计划》，《新中国红十字》第 8 期，1951 年 4 月，第 7 页。

第二章　转折年代的社会救助

新中国成立初期是我国社会发展的重要转折期，而组织调整前后是江苏红十字事业发展的重要转折期。在这双重转折的年代，处于改组阶段的江苏红十字会克服重重困难，协助当地人民政府，开展水灾救助和社会服务等活动。尤其是响应中国人民抗美援朝总会、中国红十字会总会等群众团体的号召，组织参与国际医防服务队，投入伟大的抗美援朝运动中，深入开展捐献、慰问和优抚等活动。在各项援助活动中，奉献出一份独特的人道力量。

第一节　水灾救助和社会服务

一、灾后劝募和医防

江苏位于我国大陆东部沿海，地处亚热带与暖温带的过渡性气候带，具有明显的季风特征，兼受西风带、副热带和热带辐合带天气系统影响，气候复杂，灾害性天气频繁。长江、淮河横穿江苏南北，江淮一带河流密布，雨量集中时极易形成洪涝。新中国成立之初，江苏遭遇严重的大水灾就有两次：一次是1949年和1950年的水灾，另一次是1954年的水灾。在这两次水患灾害期间，江苏红十字会开展了灾民寒衣劝募、灾区卫生医防等社会救助活动，践行了“动员和组织人民实行自救助人”的救济福利方针①，发挥出

① 中国红十字会总会编：《中国红十字会历史资料选编，1950—2004》，民族出版社，2005，第3页。

社会组织不可替代的独特作用。

（一）1950年的劝募和医疗

新中国成立前，因常年战乱，江苏境内一些河流的原有河堤遭到破坏，加上水利多年失修，致使1949年多处河流出现历史最高水位。而1950年汛期的雨量特别大，为几十年来所未有，因此又造成1950年江苏雨雪寒冻灾情十分严重。

1949年，长江中下游干支流普遍大水，干流许多控制河段出现了历史最高水位，江河圩垸堤防大多溃决，受淹农田达180万公顷，受灾人口810余万，死亡达5.7万人。江苏省“南通、泰州两专区江堤决口百余处”[①]。至1950年2月底，淮阴专区145万人、盐城专区46万人、苏南全区75万人断炊，引起党中央的高度关注。3月20日，毛泽东主席专门为中共苏北区委要求中央加拨粮食和食盐以救济苏北灾民的报告做了批语，要求中央人民政府政务院副总理董必武负责处理此事[②]。到了青黄不接之时，灾害极为严重，苏南、苏北的灾民和饥民多达890万人。江苏各级党组织和人民政府发动广大灾民进行生产自救，政府尽最大力量发放救济粮进行急救，并动员社会各界开展互济活动[③]。

4月，江阴县很多农户因水灾断炊，中国红十字会长泾分会总干事张宇和与长泾区生产救灾委员会副主任一同赴上海进行劝募，共募得20万元人民币，呈送长泾区救灾委员会，分发给灾民。

夏季到来后，武进县发生大水灾，灾民达30万人。常州分会杨迪群等组织巡回医疗队深入灾区防病治病，配合乡村干部进行生产救灾工作。武进前黄服务站农村巡回医疗队为灾民免费治疗，还先后购买麦麸60担交给乡政府发给灾民[④]。

到了冬季，皖北、苏北、河北、河南等地灾民迫切需要御寒衣物。为

---

① 孙恩诚：《与空前严重的灾荒艰苦奋战中的华东人民》，《人民日报》1950年2月6日。

② 中共中央文献研究室编：《建国以来毛泽东文稿》第1册，中央文献出版社，1987，第280页。

③ 刘定汉主编：《当代江苏简史》，当代出版社，1999，第46—47页。

④ 江苏省红十字会编著：《江苏红十字运动八十八年（1911—1999）》，东南大学出版社，2001，第76—77页。

发扬全国人民互助互济的精神，协助解决上述地区冬季的寒衣问题，9月18日，中国红十字会总会与中国人民救济总会、中华全国总工会、中华全国民主妇女联合会、中华全国民主青年联合会、中华全国学生联合会、新民主主义青年团中央委员会等群众团体集议在北京成立皖北、苏北、河北、河南灾民“寒衣劝募总会”，董必武任主任委员，张治中、许广平、杨立三为副主任委员，熊瑾玎为秘书长，开展全国性灾民寒衣劝募活动。灾区附近以募集实物为主，兼收代金，边远地区则以募集代金为主，争取在11月底前全国劝募寒衣600万套。

随后，首都各机关团体开展了寒衣劝募活动。东北、华东等各大行政区也纷纷组成灾民寒衣劝募分会，以推进劝募寒衣工作。作为中央直辖市，南京也成立了灾民寒衣劝募分会，拟订劝募方案，动员社会各界进行捐助。为群策群力地完成募集任务，10月6日，中国红十字会总会电告各地红十字会分会，“皖北、苏北、河北、河南水灾灾民需要寒衣异常急迫，……请即同声响应协助当地劝募机构发动劝募工作，俾数百万受灾同胞免于寒冻”[①]。此后，各地分会或协助当地劝募机构，如政府部门、生产救济会等开展工作，或单独及在会内开展劝募寒衣活动。

截至1951年1月，劝募运动告一段落，全国共募得寒衣70476套又1件，代金1154267274元。其中，常州分会协助常州市生产救灾委员会募得25500套寒衣，超额完成2000套的任务；南京分会单独进行劝募，在本单位向就诊者募得寒衣21件，代金94.27万元[②]。值得一提的是，在灾民寒衣劝募活动中，常州分会正处于改组酝酿之中，南京分会尚未酝酿改组，显然还没有能力全力以赴开展劝募活动，因此两分会能取得以上成绩，实属不易。

（二）1954年的灾区医防

1954年入夏后，江苏全省许多地区连降暴雨，江河水位相继高涨，长江和淮河的洪水为百年来所未有。“受灾地区共6个专区、78个县市，最重的12个县市，次重的28个县市；成灾面积648万亩，成灾人口367万

① 《寒衣劝募动态》，《新中国红十字》第2期，1950年10月，第8页。

② 《各地分会劝募灾民寒衣的综合报道》，《新中国红十字》第5期，1951年1月，第24页。

人；减产粮食近18亿斤，棉花20万担；倒塌房屋2.8万间”①。灾情就是命令，在江苏省委和省人民委员会的号召与部署下，沿江河一带灾区的广大人民群众，包括农民、工人、学生、市民、解放军指战员以及机关干部和技术人员都投入紧张的防汛抢险之中。

大灾之后必有大疫。为战胜洪水，保证防汛抢险民工和群众的健康，防止各种传染病的发生和蔓延，7月，中国红十字会总会派人参加中央卫生部组织的水患地区卫生工作组，赴中南、华东水患地区了解灾情，指导防汛中的防疫工作。7月28日，红十字会总会联合卫生部发出通知，号召水患地区红十字会分会动员全体工作人员和所属单位的医务人员、红十字急救员，在当地的防汛抢险工作中进行医疗救护和防疫工作；非水患地区红十字会分会亦应参加当地政府卫生部门所组织的医疗服务队，服从统一调动为水患地区的群众服务。同时，红十字会总会将中国人民救济总会的捐款拨给水患地区红十字会分会，供灾民医疗、卫生和防疫之用。

早在6月10日，镇江市政府就开展了防汛防台工作，并由卫生部门领导组成金山、北固、迎江、城郊4个医疗救护队，为筑坝群众做医疗服务②。镇江市分会响应当地政府和红十字会总会的号召，担任金山区防台风防汛筑坝工程的医疗工作。他们组织了机动医疗队，在堤上设立急救站，并组织区内3个联合诊所的中西医医师分段轮流上堤，担任医疗和急救工作，还在地点固定的急救站辖区两端设立流动急救站，使受伤人员能够得到及时有效的治疗。在防汛医防工作的过程中，镇江市分会医疗队还开展了疾病预防工作，他们在金山区为群众注射伤寒疫苗，并配合进行了卫生宣传。

在防汛的紧张工作中，武进县分会医生唐克明等在郊区防汛护堤工作

---

① 参见《内务部1954年生产救灾工作材料汇编》，转引自内务部农村福利司编：《建国以来灾情和救灾工作史料》，法律出版社，1958，第103页。另有资料显示：1954年水灾为“新中国第一巨灾”，“地处江、淮两水出口的江苏省，长江流域受灾县市21个，淹没农田478万亩，淮河流域淹没农田1063万亩。全省被灾人口661万人，死亡人数1196人，死亡牲畜2512头，塌屋倒房48.89万间。当8月17日长江出现历史上最高潮位6.74米时，虽经全力加固加高堤港，但终因潮水汹涌，水位陡高，江阴堤外大小圩口有88个溃决，6206亩田禾被淹”。见夏明方、康沛竹主编：《20世纪中国灾变图史》下，福建教育出版社、广西师范大学出版社，2001，第5—6页。其灾情数据与本文所引史料有出入。

② 蔡叔和、闵金禾等：《防汛工作中的医防服务》，《新中国红十字》1954年7、8月号，第20页。

中为受伤农民治疗，同时还进行卫生宣传。红十字工作者和急救员的行动深深感动了防汛民工和群众，极大地鼓舞了当地人民战胜洪水的信心①。

武进分会给浚河民工治疗疮伤

10月，中国红十字会总会写信慰问参加防汛医防工作的红十字工作者，肯定了他们在防汛医防工作中的表现，认为他们在当地政府、卫生部门的统一领导下，积极参加了防汛排涝工作，在工作中不避艰险、不辞劳苦、不分昼夜地为防汛民工巡回医疗，抬土抢险；同时，结合当时当地的实际情况，宣传卫生常识，进行饮水消毒、医疗预防等工作。这些对于保护沿江城乡广大人民的生命安全和国家财产，对于保障国家社会主义建设的顺利进行具有重要意义。

红十字会总会还就如何进一步做好生产救灾的卫生工作，在慰问信中提出了一些意见：第一，做好生产救灾中的医疗预防工作；第二，加强卫生宣传；第三，开展环境卫生工作；第四，必须加强团结，服从各级党政

① 《各地分会积极参加防汛中的医防工作》，《新中国红十字》1954年9、10月号，第21—22页。

的统一领导[①]。

据统计，在1954年抗洪斗争中，江苏各市县动员医务人员4946人，组成704个巡回医疗队为民工和灾民防疫治病。据50个市县不完全统计，共巡回诊治95万多人次，完成疫苗接种24万多人[②]。这些成绩里面包含了红十字会的一份贡献。

二、红十字服务站

红十字服务站是红十字会在基层设立的工作基地。作为红十字会工作的“加长臂”，服务站扎根于基层人民群众之中，直接与普通百姓打交道，开展医疗、卫生以及其他社会服务工作，体现了红十字运动的宗旨。服务站工作是红十字会人道救助工作的缩影，平凡而又伟大。

中国红十字会创建服务站始于抗战胜利后的复员时期。新中国成立后，由于历史渊源，在中国红十字运动的发祥地江苏仍然可以见到红十字服务站的身影。而检索1950年至1954年的《新中国红十字》，没有发现对江苏之外的其他地方服务站进行过介绍和报道。换言之，除江苏之外，其他地方是否有红十字服务站的活动，情况不详。下面就目前资料所记载新中国成立初期的南京分会和常州分会的3处红十字服务站的工作情况，做一简要考察和分析。

（一）南京牌楼巷服务站

1949年10月，南京分会在城西汉中路牌楼巷虎贲仓峨嵋村贫民区创办了一个服务站。牌楼巷虽与南京市最热闹的新街口仅相距1公里多，但这里的多数居民是以挑高箩、踏三轮车、卖柴、种菜、推车、做小工、当小贩或普通手艺为业，他们靠着辛苦的劳动维持生计。市立卫生所距离这里较远，这里的居民生病后常常没钱请开业的医师看病，他们饮用的是污水沟旁的井水，住的是矮小的茅棚，经常衣难蔽体，营养不足[③]。在这样

---

① 《总会写信慰问参加防汛医防工作的红十字工作者》，《新中国红十字》1954年9、10月号，第20页。

② 刘定汉主编：《当代江苏简史》，当代出版社，1999，第124页。

③ 吴耀麟：《介绍南京分会的牌楼巷服务站》，《新中国红十字》第2期，1950年10月，第13页。

的条件下，他们对于卫生防疫和子女教育等就难以顾及。因此，南京分会牌楼巷服务站正是为了满足他们的实际需要而创办的。

服务站的工作首先是以诊疗、卫生工作为主，包括附设1个分诊所，由1名医护员长期驻站。其次是文化服务和职业训练，包括举办儿童补习学校、管理图书阅览室、组织缝纫训练等。服务站有专任干事1人，除主持教学和管理日常事务外，还主动与当地的居民联系，代为书写信件等，以及解决一般性难题。站内小小的园地除了种菜，还成为附近儿童的乐园，数以百计的小朋友喜欢在这块草地上玩耍做游戏。

这是一个普通的服务站，每天前来就诊的病人不过数十名。然而，病人居住地的分布范围却很广，有来自汉中门外的，有翻一个土山头而来的，服务站自然也就有了一定的社会影响。所以，这又是一个不平凡的服务站。服务站里的儿童补习学校就更能够证实这一点。

补习学校主要承担综合卫生防疫和福利救济两个任务。一座简易的活动房屋，加上一间新搭建的大草房，就是补习学校的全部校舍，课桌椅子是七拼八凑的。附近失学的、无力入市立学校的、年龄参差、文化程度不同的儿童就成了补习学校的学生，每学期大约80名。位于服务站附近的金陵神学院①的教授和同学们都热心赞助补习学校。他们每星期都有四五个下午，每次七八个同学来服务站承担各年级的教学工作。他们特别成立了赞助委员会，推定负责教务和联络人员，送来精神和物质上的帮助。他们对于联合担任的各年级语文、常识、算术等课程的教法也进行切合实际的探讨，以提高教学质量。

此外，服务站还得到了华东助产学校②师生的帮助。她们每星期到站两次，主要进行卫生指导和缺点矫治，间或做家庭访视，并负责妇幼卫生、季节的防疫接种工作，还做过卡介苗的接种。她们每周开一次儿童会，以讲习卫生常识，组织唱歌、游戏等。

---

① 1907年，美国南北长老联合会在南京创办金陵神学院。1951年，同一背景的金陵女子神学院并入。1952年11月，在我国高等教育校系调整中，由中国基督教“三自”（自治、自养、自传）爱国运动委员会创建、金陵神学院与华东地区其他10所神学院联合组成的金陵协和神学院在南京成立。1981年2月，金陵协和神学院在全国复课（与南京大学宗教研究所施行两块牌子、一套班子，直至20世纪90年代中期），招收了“文革”后的第一批神学专业学生。

② 华东助产学校系江苏职工医科大学的前身，1933年成立。新中国成立后，1950年更名为华东助产学校。后校名几经变动，1995年，学校更名为江苏职工医科大学。

正是因为这两个志愿服务群体的鼎力相助，那些天真活泼的儿童不再陷入“文盲”的泥淖，那些生息于恶劣环境中的人们知道了如何去保护自己的健康，那些开口骂人、扔石子捣蛋、肮脏懒惰的旧社会留下的小二流子也就有了难得的学习机会。

儿童补习班是相当活跃的，那么多的贫苦大众的子女在这里读书识字，形成了浓厚的学习氛围。志愿服务的教师们也加强了自身学习，提高了服务大众的信念，孩子们获得了无数新鲜的知识而备受鼓舞，进步很快。事实上，由于补习学校灵活地运用了“小先生”制和切实进行防疫工作，使这些孩子获益匪浅，他们从不同的教师身上学到了不少实用的知识，他们所学到的、听到的将深刻影响他们今后的人生。1950 年国庆节，孩子们在参加国庆游行时举起了国旗和红十字旗。他们为与其他幸福的小朋友一样有游行的机会而感到骄傲，他们的歌声洋溢在整个棚户地区，他们的父母欣慰地看到自己孩子的转变。

牌楼巷服务站仅有 3 名工作人员，医护员、干事、工友各 1 人，工作十分繁忙。牌楼巷服务站的工作，与其说是红十字会的工作，毋宁说是社会上热心人在红十字旗帜下的集体行为。一方面，两个志愿服务群体的人数是可观的，金陵神学院男女教师共 40 人，来自华东助产学校的是整个班的高年级学生，前者是每周每人担任一两节课，后者是每两周由五六位同学轮流主持；另一方面，两校的教授和红十字会工作人员也参与其中①。

但遗憾的是，因经费紧张，牌楼巷服务站的工作未能长期有效地坚持下去。不过，这种卫生工作与救济性福利事业相结合的方式，依靠大批义务工作者支持的方法，以及活动内容本身远突破了红十字会业务的范畴，都具有一定的史鉴意义。

（二）常州前黄、厚余服务站

早在 1947 年，武进分会（常州分会）就在前黄镇、厚余镇等地创办了多处乡村服务站，开展以医疗工作为重点的社会服务活动。

一分耕耘，一分收获。1950 年，常州分会前黄服务站的工作成绩突

① 吴耀麟：《介绍南京分会的牌楼巷服务站》，《新中国红十字》第 2 期，1950 年 10 月，第 13 页。

出，尤其是水灾救援工作获得武进县人民政府防疫工作一等功奖，服务站的每位工作者都获得1枚防疫工作积极奖章，服务站主任杨迪群获得一等功臣的奖评①。

血吸虫病是江苏流行范围最广、危害程度最严重的地方病。血吸虫病的病原体分为埃及血吸虫、曼氏血吸虫和日本血吸虫3种，在中国的属于日本血吸虫。患血吸虫病对人的生命和健康影响很大，其症状在急性期有发热、咳嗽、肝大和肝区疼痛等表现，在慢性期有腹泻、肝脾大等表现；脑型血吸虫病的症状还包括癫痫、肢体瘫痪等。自1950年起，江苏在血吸虫病流行区各地、市、县相继成立了血吸虫病防治所、站，并组织城市医务人员深入灾区开展防治工作。

1953年，武进县分会前黄服务站组织开展了调查和防治血吸虫病的工作。服务站抽出部分工作人员组成血吸虫病调查小组，并与区政府取得了联系。9月20日，调查小组带着显微镜和宣传品来到工作地——服务站附近的胜东乡桥头自然村——进行调查，并开展宣传工作。他们先通过图片讲解，说明病因病原，再让群众通过显微镜观察和辨认血吸虫病虫卵，以获得初步的了解。

调查小组强调血吸虫病早发现、早治疗的好处，并向村民提出如下防治意见和要求：一是严禁粪便随地乱倒；二是厕所要在离河边50米以外选址，以免粪便渗漏到河中，而且厕所要加上盖子；三是随时捕灭钉螺，断绝中宿主，不下河洗澡，或用油布包脚，尽量减少脚趟水的机会；四是发现患血吸虫病的，应尽快到防治站治疗②。

1951年秋收秋种时节，常州市分会卜弋区厚余镇红十字服务站创办了一个农忙托儿所，目的是解决农村妇女带孩子的问题，让她们安心地搞好生产。凡居住在镇周围1里以内的贫苦家庭3~6岁的孩子，均可送往托儿所托管。托管时间为上午7时至下午6时。托儿所除提供午餐外，还供给糖果、饼干等食品。如遇到孩子生病，托儿所还进行免费治疗。农忙期间，托儿所每天大约托管40名孩子。服务站的工作得到了农民的认可和赞

---

① 《常州分会前黄服务站受到武进县人民政府一等功奖》，《新中国红十字》第5期，1951年1月，第21页。

② 《武进分会前黄服务站组织血吸虫调查组》，《新中国红十字》1953年11月号，第28—29页。

扬，他们纷纷表示："我们应该积极生产，争取丰收，缴好爱国公粮。"①

上述3个在新中国成立之初全国并不多见的红十字服务站，是江苏红十字会保持原有传统，在城市居民区和乡村社会开展社会服务的工作基地。以解决人民群众日常所需为目标的红十字服务站，在城乡间呈现出别样的人道风景。

第二节　抗美援朝中的国际援助

一、走出国门的志愿者

新中国成立不到一周年，1950年6月25日，朝鲜战争爆发。随后，美国悍然派出其海军第七舰队开入台湾海峡，阻挠中国人民解放军解放台湾。不久，朝鲜战火蔓延到鸭绿江畔。7月10日，中国人民反对美国侵略台湾朝鲜运动委员会成立，一场轰轰烈烈的全民抗美援朝运动开展了起来。

为保家卫国，10月8日，中国人民志愿军开始组建，后开赴朝鲜前线。10月26日，中国人民反对美国侵略台湾朝鲜运动委员会和1949年10月2日成立的以斯大林、毛泽东、居里为名誉主席，郭沫若为主席的中国保卫世界和平大会委员会，合并改组为中国人民保卫世界和平反对美国侵略委员会②（郭沫若任主席，彭真、陈叔通任副主席，下文简称中国"和大"。从1951年3月中旬起，该会称为中国人民抗美援朝总会），作为全国人民抗美援朝运动的统一领导机关。11月12日，南京市、苏南区、苏北区分别成立了中国"和大"分会，无锡、扬州、苏州等城市成立了支会，领导江苏各地的抗美援朝运动。

---

① 《常州分会厚余镇服务站举办了一个农忙托儿所》，《新中国红十字》第2卷第3期，1951年11月，第55页。

② 新华月报社编：《中华人民共和国大事记（1949—2004）》上，人民出版社，2004，第2、22、28页。

（一）动员与组队

为加强抗美援朝和保卫世界和平的力量，1951 年 1 月 14 日，中国“和大”、中国人民救济总会、中国红十字会总会联合发出在全国开展大规模募集慰劳中朝人民战士和救济朝鲜难民物品的号召。1 月 22 日，中国红十字会总会发出《为组织救济朝鲜难民医疗队给各地分会的通知》[①]，要求各地分会一方面参加由中国“和大”、中国人民救济总会和中国红十字会总会发起的募集慰劳品和救济品运动，以慰劳中朝人民战士及救济朝鲜难民；另一方面将“组织医疗队救济朝鲜难民的工作，列为本年度二三月间的中心任务”，“拟在 3 月 15 日以前，组织一个医疗大队”。红十字会总会同时号召全体红十字会会员和工作人员在自觉自愿的基础上踊跃参加，做好朝鲜难民医药救济工作。“各分会对报名参加人员的家属，如家庭中确有困难者应予物质上的帮助并经总会批准。争取第一批医疗队在 2 月 15 日出发”。

为使各地志愿报名的医务工作者有一个统一的领导和组织，2 月 3 日，中国“和大”与中国红十字会总会特制定组织全国各地医疗队的办法[②]，对于医疗队的任务（包括中国人民志愿军、朝鲜人民军战伤医治及朝鲜难民医疗防疫工作）、人员组成以及参加医疗队人员的要求、医疗队的服务时间、物资供应等都做了明确的规定，以确保此项活动的顺利开展；2 月 9 日，还正式发布《关于组织医疗队的通知》。

随着朝鲜战场捷报频传，全国人民抗美援朝的热情日益高涨。中国红十字会总会“关于组织医疗队”的号召一经发出，很快得到了包括江苏在内的全国各地医务工作者的热烈响应。从城市到乡村、由内地到边疆，全国各地红十字会会员、医务工作者更加坚定了“到朝鲜去工作的决心”[③]，踊跃报名参加医疗队。

江苏红十字会接到红十字会总会通知后，立即进行传达和学习，并与当地政府及有关机构、团体进行协商。苏南地区志愿报名的热潮随之

---

① 中国红十字会总会编：《中国红十字会历史资料选编，1950—2004》，民族出版社，2005，第 13 页。

② 同上书，第 20 页。

③ 《无锡市救济朝鲜难民医疗队出发》，《苏南日报》1951 年 2 月 24 日。

掀起。

在常州，分会的外科医师萧益民带头报名，前黄服务站主任杨迪群和医联会的9位志愿者赶往常州报名①。武进医院的任志勤、刘毓秀等人也报名加入医疗队。

在无锡，分会一面着手改组工作，一面加紧动员和组织医疗队。在无锡分会对医务界进行宣传动员的现场，医务工作者李伟英第一个报名。之后，她还志愿到各个医院进行宣传动员。李念慈、曹志伟、胡立人等也说服家庭，毅然加入医疗队。特别是胡立人的父亲胡正平是个盲人，日常生活比较困难，经说明援助朝鲜的道理后，本来不肯让胡立人参加医疗队的他反而鼓励儿子去朝鲜前线了。

在长泾，分会在接到总会1月22日发出的通知后，全体工作人员即着手学习讨论，投入抗美援朝运动的热潮之中，总干事张宇和还前往顾山、黄土塘、河塘桥、北涸等市镇宣传动员②。1月27日，张宇和召集由诊疗所工作人员和当地医师参加的联席会议进行动员，童文元、张宇和（撇下需要照顾的11个孩子）、华毓楠等5人当场报了名。随后的一周内，各地的医护人员27人签名参加医疗队。怀仁中学教师冯希唐和严蓉荪因受同学参加军事干校的影响也签了名③。

组队最快的是常州分会。2月10日晚11时，杨迪群等13位医疗队队员乘火车离开常州北上，率先到北京中国红十字会总会报到。当天下午，常州分会举行盛大的欢送会，常州市卫生科科长吴伯芳，市委宣传部部长王颖，分会副会长查秉初、李行甫及总干事吴逸樵、诊疗所主任于开明等向13位队员表示敬意，并勉励他们学习白求恩大夫的国际主义精神，克服一切困难，争取做个模范的医务工作者。出发前，公立常州医院、武进医院、常州分会等单位的代表40余人特地赶到车站为援朝医疗队送行④。

---

① 《各地分会响应报名的初步报导》，《新中国红十字》第6期，1951年2月，第2页。

② 《长泾分会1951年1月份工作简报》，《新中国红十字》第6期，1951年2月，第30页。

③ 张宇和：《投入抗美援朝运动中的江阴县分会（旧长泾分会）组织国际医防队经过》，《新中国红十字》第7期，1951年3月，第20—21页。

④ 吴逸樵：《常州分会欢送援朝医防队同志北上》，《新中国红十字》第6期，1951年2月，第4页。

2月22日晚，无锡分会组织的医疗队开始出发北上。出发前，全市医务界和各社会团体的代表近千人举行盛会，欢送14位队员到光荣的岗位上去。欢送会上，副市长刘中、市委宣传部部长陈野萍及市团青委张养生、卫生局局长李德、工商联主任委员冯晓钟等先后致欢送词，队员曹志伟的父亲曹培灵代表队员家属发言。中国“和大”无锡分会、医务工会、助产士学校等20多个单位向队员献上了锦旗和红花。胡立人代表队员致答谢词，表示今后一定要加强政治学习，提高技术，发扬白求恩大夫的革命人道主义和国际主义精神，完成光荣的任务。欢送大会结束后，20多把火炬照耀着14位精神抖擞的队员前行，五星红灯队、腰鼓队和军乐队紧随其后，一直欢送到车站①。

江苏志愿赴朝手术队队员

长泾分会医疗队出发时受到了长泾、江阴和无锡三处中国“和大”分会、工商联、医务工会等49个社会团体的热烈欢送。2月23日下午，建队典礼在长泾中心学校大礼堂举行，有关机关团体代表和群众2000余人冒雨前来参加。第二天，江阴县举行欢送大会，县长王鹏致辞，勉励队员“以沸腾的热血去克服冰雪的严寒，以国际主义的友爱去解除朝鲜人民的灾害”。队长张宇和代表全体队员保证：在祖国的召唤下，队员要克服寒冷、饥饿以及语言不通等困难，出色地完成光荣的使命。经过无锡时，各

① 《无锡市救济朝鲜难民医疗队出发》，《苏南日报》1951年2月24日。

界还举行了盛大的火炬游行，欢送队员北上[①]。

据统计，截至3月5日，全国共833人向中国红十字会总会报名，其中江苏报名的分会和人数如下：南京分会19人，常州分会13人，无锡分会23人，长泾分会16人，计71人。后经总会审核批准且已在北京报到的全国有283人，其中江苏的分会和人数为：常州分会3人，前黄服务站10人，无锡分会14人，南京分会11人，长泾分会15人，计53人[②]。

为加强医疗队的思想和技术准备，全国各地分会组织的医疗队在北京集中改编期间，自2月26日起举行了短期的补充教育，内容包括政治学习和业务学习两个方面，其中业务学习以防疫和救护为中心，以战伤的急救为重点。常州分会的队员早在2月13日就到达了北京，很快便开始了学习[③]。常州分会事务员萧东明、助产士韩文娟、前黄服务站主任杨迪群、武进医师柴元庆，以及医院护士任志勤、刘毓秀等人撰写的学习心得和常州分会医师萧益民撰写的《我爱父亲，更热爱祖国》，还发表在《新中国红十字》第6期上[④]。

学习结束后，中国红十字会总会又从近300名志愿者中挑选出224位队员整编为两个国际医防服务队大队。医防队一开始定名为“抗美援朝医防服务队”，但由于这个医防队不仅为中朝人民战士服务，同时还要（主要地）为朝鲜难民服务，也就是说，它是国际人道主义的体现，所以最后决定采用“国际医防服务队”的名称。

国际医防服务队第一大队担任一般的医疗和防疫工作，下辖10个队，大队长周立新，副大队长黄超汉、王庆春，队员主要来自汉口、广州、西安、南宁等分会；第二大队担任手术工作，下辖4个队，大队长冯雁忱，

① 张宇和：《投入抗美援朝运动中的江阴县分会（旧长泾分会）组织国际医防队经过》，《新中国红十字》第7期，1951年3月，第20—21页。

② 李德全：《中国红十字会国际医防服务队的组织经过及其任务》，《新中国红十字》第7期，1951年3月，第1页。

③ 《常州和洛阳等分会同志来京报到开始学习》，《新中国红十字》第6期，1951年2月，第8页。

④ 《发扬白求恩大夫精神，为朝鲜人民服务！——常州分会同志笔谈》《我爱父亲，更热爱祖国》，《新中国红十字》第6期，1951年2月，第9—10页。

副大队长王训颎、王滋才，队员主要来自山东大学医学院，唐山、开滦医院[①]。来自江苏红十字会的队员被编入国际医防服务队第一大队，有不少人还担任了主要行政职务，如杨迪群任第一大队大队部行政组副组长，张宇和任第六队队长，胡立人任第七队副队长，萧益民任第十队副队长[②]。

（二）欢送队伍入朝

1951年3月10日，中国“和大”、中国红十字会等在北京饭店举行欢送会，欢送中国红十字会国际医防服务队奔赴朝鲜。民革中央主席李济深、朝鲜驻华大使李周渊、民盟中央政治局秘书长章伯钧、全国妇联主席蔡畅、中华医学会理事长傅连暲、中华护士学会理事长沈元晖、北京市医药卫生界抗美援朝联合委员会主任委员方石珊等民主党派、社会团体和中央人民政府有关机关代表千余人参加欢送会。

中国“和大”副主席陈叔通主持大会并致词。他指出，国际医防服务队的组成是中国人民深厚的国际主义精神的具体表现，是中国医务工作者人道主义的伟大实践。国际医防服务队离开祖国到朝鲜去，全心全意地为英勇反抗美国侵略者的中朝人民部队和朝鲜难民服务，这不仅鼓舞了全国人民抗美援朝的爱国热情，而且极大地加强了前方将士和兄弟国家苦难人民的斗争勇气和力量[③]。

欢送会上，李德全会长宣布中国红十字会国际医防服务队正式成立，同时宣读了全体队员名单，并把16面红十字队旗授给两位大队长和14位队长。她指出，鲜红的国际医防服务队旗帜代表着新中国红十字会爱国主义、国际主义和人道主义的伟大精神，代表着中国人民保卫世界和平的信心和反对帝国主义侵略的正义力量，凝结着祖国人民对于兄弟国家朝鲜人

---

① 中国红十字会总会编：《中国红十字会历史资料选编，1950—2004》，民族出版社，2005，第26—30页；孙柏秋主编，池子华、杨国堂等：《百年红十字》，安徽人民出版社，2003，第304页。

② 《中国红十字会国际医防服务队名单》，《新中国红十字》第7期，1951年3月，第12页。后来任职情况有所变化，杨迪群任第一大队大队部行政组副组长，兼任第一队副队长，萧益民任第二队副队长，张宇和任第七队队长。胡立人不再担任行政职务。参见《本会国际医防服务队及第一医防服务大队全体工作同志名单》，《新中国红十字》第2卷第1期，1951年9月，第71页。

③ 陈叔通：《医务工作者与全国人民并肩前进》，《新中国红十字》第7期，1951年3月，第5页。

民伟大的友谊和真诚的热爱，象征着科学技术与政治觉悟相结合的真理的光辉。她希望全体队员全心全意地为朝鲜前方英勇的战士和后方苦难的朝鲜人民服务，为了医治战争创伤、预防疠疫灾害，为了疗治伤员、救护难民，贡献出最大的力量，发挥出最高的技术水平，来争取全世界人民的持久和平和民主解放[①]。

国际医防服务队第一大队大队长周立新和第二大队大队长冯雁忱在致答词时表示，他们所从事的事业，“是真理的事业，正义的事业，是推动历史的事业，是服务于人民的事业”。为了祖国和人民的期待，为了保卫和巩固世界和平，国际医防服务队坚定地学习白求恩大夫的国际主义精神，发扬救死扶伤的人道主义精神，走到与帝国主义斗争的最前线去。有了党的思想领导和亿万人民的支持，国际医防服务队增加了无限的勇气，不怕任何困难，走到光荣的岗位，为伟大的事业和新中国红十字会的崇高理想而奋斗[②]。

国际医防服务队的成立，不仅表明中国“和大”、中国红十字会联合向全国医务工作者发出的号召获得了普遍的响应，而且表明抗美援朝爱国运动新的高潮已经扩展到遥远的边疆，已经深入广大的农村，鼓舞了追求真理、拥护正义、服务人民的医务工作者发挥出伟大的团结力量；同时也表明改组不久走向新生的中国红十字会，其工作已经迈进一个新的阶段，能够依靠群众和组织群众，担负起中心任务，为实现祖国的建设目标和人民崇高的理想而奋斗。

欢送会上，朝鲜大使馆、中央卫生部、军委卫生部、北大医学院、协和医学院、国立第一助产学校、中央卫生部防疫总部、中国红十字会总会以及红十字会北京市分会等部门、团体向国际医防服务队献花、献旗并献词。事实上，欢送会不仅是为国际医防服务队送行举办的一次庄严的仪式，也是临别之前进行的鼓舞士气的宣誓和励志再教育。

大爱无疆。3月17日，国际医防服务队出发赴朝，中国人民抗美援朝总会在车站举行送行仪式，陈叔通、李德全、彭泽民、陈其瑗、伍云甫、

---

① 《李德全会长向国际医防服务队献旗致词》，《新中国红十字》第7期，1951年3月，第6页。

② 《国际医防服务队第一大队大队长周立新答词》《第二大队冯雁忱大队长答词》，《新中国红十字》第7期，1951年3月，第10页。

曹孟君、龚普生、林士笑等以及社会团体代表、朝鲜驻华大使馆参赞等400余人到车站送行。携带大批药品和医疗器械的国际医防服务队，满载着中国人民的深情厚谊出发，奔赴朝鲜①。

送行仪式上陈叔通致词

此时一首题为《欢送国际医防服务队》② 的短诗，表达出祖国人民对国际医防服务队队员的殷切希望。全诗如下：

歌声在嘹亮，
热情在奔放，
走向前去吧！
高举着光荣的红十字旗帜，
去发挥国际友爱的光芒！

3月19日，国际医防服务队抵达朝鲜。3月26日，朝鲜人民在新义州举行盛会，欢迎服务队的到来③。

---

① 孙柏秋主编，池子华、杨国堂等：《百年红十字》，安徽人民出版社，2003，第304、308页。

② 《新中国红十字》第7期，1951年3月，封底。

③ 《新义州各界举行集会　欢迎我红十字会医防队》，《人民日报》1951年4月2日。

与此同时，另一支由江苏红十字会医务工作人员参与的志愿医疗团也组织完毕，开赴朝鲜前线。

为适应朝鲜战事的发展，抓紧时机开展战伤医疗、难民救护、战区恢复等工作，以巩固取得的胜利成果，加速完成制止侵略和保卫和平的光荣任务，1950 年 12 月 14 日，南京市医药卫生界抗美援朝委员会举行全体会议，决定组织抗美援朝志愿医疗团。经宣传动员，首批报名参加的就达 1600 余人，约占南京医药卫生工作者人数的一半①。后经各单位逐级审查，批准了 263 人。12 月 30 日，南京市抗美援朝志愿医疗团（下文简称南京志愿医疗团）正式成立。全体团员经过体格检查、预防接种和一个月的政治及业务训练后，编成 6 个手术队、5 个医疗队（内含 1 个精神病队）、1 个防疫队和 1 个血库队，每队 10～30 人不等②。

1951 年 1 月 30 日下午，南京志愿医疗团在团长许殿乙（华东军区医院外科主任）和副团长朱潮（南京市卫生局副局长）的率领下由南京出发，开赴朝鲜③。出发前，中国“和大”南京分会、市医药卫生界抗美援朝委员会等举行了 2000 人参加的盛大欢送会。

1 月 31 日晚，南京志愿医疗团经过天津。中国红十字会总会特派宣传组秘书杨宝煌等 5 人，北京分会派医师李鸿翔赶往天津，会同天津市各界代表前往车站迎接，向志愿医疗团致敬慰问④，并发出慰问函⑤，赞扬和鼓励他们的英勇行动，称“同志们以实践的行动，发扬出高度的爱国主义和国际主义的精神，贡献出你们卓越的技术、科学知识，高举起革命人道主义的旗帜，为保卫世界和平，为援助兄弟友邦而努力；为打击美帝疯狂的侵略凶焰，为保证我们伟大祖国革命建设的胜利而奋斗。这种崇高的志愿，是和我们红十字会的基本宗旨完全一致的，是值得我们学习”，“我们

① 《南京市组成志愿医疗团》，《科学通报》1951 年第 2 期；《新型的医务工作者在成长着》，《新中国红十字》1952 年 1 月号，第 14—15 页。

② 《南京市 1951 年抗美援朝志愿医疗团组织情况及工作报告》，南京市档案馆馆藏档案，档案号：5065-1-3。转引自朱继光：《抗美援朝运动中的江苏南京志愿医疗团》，《当代中国史研究》2011 年第 3 期。

③ 南京市医药卫生界先后组织 5 批志愿医疗团奔赴朝鲜，开展国际医疗活动。

④ 《南京志愿医疗团离宁赴朝》，《新中国红十字》第 5 期，1951 年 1 月，第 8 页。

⑤ 《中国红十字会总会及中国红十字会北京分会给南京志愿医疗团的信》《南京志愿医疗团过津时各界致该团的慰问函》，《新中国红十字》第 5 期，1951 年 1 月，第 9、8 页。

看到贵团的组织，有精密而完整的分工，并注意到环境卫生工作的配备，这种为革命、为人民负责的精神和远视，是科学与政治任务相结合的光辉的典型，是本会今后大规模展开抗美援朝的医疗运动，最值得多学习的范例”。

3月2日，南京志愿医疗团到达朝鲜前线后，复函中国红十字会总会，对总会在他们路过天津时特派人员前来慰问并赠送礼物表示感谢，愿意贡献出一切力量从事救死扶伤事业，保证克服各种困难完成任务，借以答谢祖国人民对他们的希望和关怀①。

（三）前线的救援活动

1951年4月，以防疫为中心任务的第一大队（江苏红十字会的队员入编此大队）下分11个队，到达朝鲜战地后，立即与朝鲜军医局、保健部门配合展开工作。其中6个队赴前线，配合军医局担任战伤外科和一般传染病科的治疗工作；大队部卫生组与留在后方的5个队共同配合保健部门，担任地方防疫和一般性治疗工作，重点是防治斑疹伤寒和回归热，后因实际需要，偏重于治疗工作②。

4月17日，队员何漱文自平壤发出题为《我们在平壤外科医院》的通讯稿，从中我们可以了解到第一大队在前线工作时的情形。文中写道：每个病室都住了3~5名伤病员，他们静静地卧躺着，脸上流露出永恒的刚毅与民族的自尊感。手术室里大夫、护士一天到晚忙着做手术，没有一刻停止过——消毒、麻醉、开刀。敌机有时在上空盘旋，进行侦察、扫射和轰炸，队员们却一如既往地镇静工作③。

艰苦的工作环境激发出队员们顽强的斗志。来自无锡市分会的李伟英对自己在黄海道做了一个月的流动医防工作深有感触，她说：“工人日夜在开矿、修路……农民不顾敌机疯狂地扫射，白发公公领着女儿和媳妇在忙着春耕……回到后方休息的负伤战士，陆续不断地重上前线，再去杀敌……这些动人的情景鼓舞了我们的工作情绪……我们顾不得肮脏和被传

---

① 《南京医疗团到达前线工作　来函保证以完成任务答谢我会》，《新中国红十字》第6期，1951年2月，第3页。

② 《国际医防服务队第一、第二大队工作简报》，《新中国红十字》第12期，1951年8月，第30页。

③ 何漱文：《我们在平壤外科医院》，《新中国红十字》第8期，1951年4月，第19页。

染的危险，献出我们的热忱，争取时间，耐心负责地为他们治疗，争取早日恢复健康。”①

第一大队全体队员按照毛泽东主席“救死扶伤，实行革命的人道主义”的指示，学习白求恩大夫的国际主义精神，实践曾向祖国人民做出的庄严承诺。他们在极端艰苦的环境中每天坚持工作长达12小时，护士时常自己抬担架②。特别是开展防疫工作的队员，外出时经常翻山越岭步行百余里，到达工作地点后，顾不上休息即投入工作。他们和蔼可亲，细心诊断，耐心检查。每当他们离开工作过的地方时，群众都依依不舍地含泪送别。

4月20日至5月17日，第一大队大队长周立新和朝鲜中央防疫所副所长李汉雨在大队卫生组秋萍、何潄文等陪同下，前往平安北道检查5个队的工作③。检查时他们了解到“预防为主，配合重点治疗”的原则得到了很好的贯彻，队员们在最前哨工作，热情饱满，能够刻苦耐劳，有时步行百余里后，脚都起了泡，仍然愉快地工作。

前线的护理工作同样是极其艰苦的，护士们每天给伤病员洗澡、潄口、洗脸、接屎、接尿、换被裤、喂水、喂饭，在寒冷的夜间还为他们烧火取暖。女队员们在紧张的工作之后，在零下30℃的天气里，到河边为伤员们拆洗衣服和敷料，深夜里她们还坐在灯下为伤员们缝补鞋袜。她们待战士如同亲人一样温暖。

第一大队第七小队看护长、“中国人民优秀的女儿”李伟英，就像慈母般地日夜看护着伤病员。8月13日和14日，约400架敌机对平壤城郊的居民区狂轰滥炸，李伟英冒着生命危险将重伤员背到安全地点进行救护。后来几次夜间轰炸时，她都以同样的方式抢救了许多伤病员。朝鲜人民军伤病员代表李裁远致函中国红十字会会长④，向李伟英致敬，对她的英勇模范事迹特予表扬。信中写道：

① 李伟英：《朝鲜人民正呼唤着我们——在黄海道工作的感想》，《新中国红十字》第10期，1951年6月，第12页。

② 《国际医防服务队第一大队在朝鲜各地忘我工作》，《新中国红十字》第10期，1951年6月，第11页。

③ 《国际医防队在平安北道》，《新中国红十字》第10期，1951年6月，第12页。

④ 《致本会李会长函　表扬第一大队队员李伟英》，《新中国红十字》第2卷第4期，1951年12月，第17页。

她从在朝鲜人民军第37号病院第一病栋工作的第一天起，虽遇到语言、风俗、习惯等困难，但绝不向困难低头，像慈母般的〔地〕日夜看护着伤病员。她的热心帮助，赢得了全村和全体伤病员的无限尊敬。

她充分发挥了白求恩大夫的服务精神，8月13日和14日，约400架敌机乱炸平壤城郊的和平居民区时，她勇敢地将重患者背到安全地区进行救护。被感动的其他工作人员和轻伤患者也全部出动抢救重患者，得以安然避难。在后来几次夜间被轰炸时，她以同样的行动，抢救了许多伤病员。

她毫不吝啬地把自己上级分配来的饼干、人参、面包、香烟等都分给了伤病员和村民。又几次拿出自己生活费买毛巾、洗面用具等分送给伤病员。

像自己的事情一样热心地做着环境卫生工作。每晨起得比谁都早，协助打扫村内道路和家院。崔俊哲的爱人快生产了。李伟英不仅自动〔主动〕帮助她安全生产，并且很关心母亲和婴儿的健康，在百忙中抽空做一套衣服赠给婴孩穿。因此受到了全村人的尊重和爱戴。

她主动地通过翻译员向伤病员和全村人民经常地报告当前政治形势和中国人民抗美援朝的高潮情况。她又创作了“一个残废的战士”、“保重”等文艺作品，给伤病员精神上很多的安慰。

以上文字道出了一位普通的红十字志愿者不平凡的英勇事迹，流露出朝鲜伤病员对于中国医护人员的赞美之情，表达了中朝人民的深情厚谊。

朝鲜战地还涌现出不少发生在江苏红十字会队员身上的感人故事。例如，第十队的化验员孙宗贻亲自背着显微镜上门为病人服务，甚至到老百姓家里去找病人，一周内做了近90次的检验，打破了第一大队化验工作的记录；40多岁的张宇和队长不怕脏，经常给伤病员洗头，有些需要维他命C（维生素C）的病人因药品缺乏而无法服药，他便亲自上山找到了一种含有维他命C的植物，病人服用后效果良好，他还把这种植物介绍给当地的医务工作者和其他群众①。

常州分会的韩文娟是朝鲜前线一位模范女护士，她工作一向积极热

---

① 刘书元：《一切为了伤病员——记在朝鲜工作着的国际医防服务队第一大队》，《新中国红十字》第11期，1951年7月，第14—16页。

情，因人员不敷分配，她一个人接过负责看护重伤员的繁重任务，毫无怨言地从早到晚不停地照料伤病员生活。一次，韩文娟右手食指受伤，就坚持用左手工作，用中指代替食指给伤员注射。还有一次，韩文娟负责护理一位名叫崔春圭的朝鲜女游击战士。崔春圭患上急性肝脏周围炎，病情严重，昏迷不醒，经韩文娟连续两整夜的精心抢救和护理，终于脱离生命危险，并很快得到了康复。韩文娟把伤病员看作是自己的兄弟姐妹，经常将自己分得的慰劳品，如香烟、饼干等分送给他们。当被评为工作模范时，她谦虚地说："这都是我应做的事，算不了什么！"①

第一大队在治疗和看护伤病员的同时，1951 年 6 月 25 日，正式接办了朝鲜军医局第 37 病院。中国医护人员一方面帮助医院建立新的规章制度，使得医院工作趋于科学化和规范化，并在化验室和药房配备了朝鲜医护人员，培养他们的技术，提高工作效率；另一方面成立朝鲜护士训练班，第一期于 7 月 16 日正式开课，77 位朝鲜女护士参加为期 6 周的培训。为照顾学员日常的护理工作，训练班每日分甲、乙两组上课。训练方式不尚理论，偏重实际，采取教、学、做相统一的方法，所学内容有解剖、消毒、内科护理、外科护理、急救绷带、细菌、药物、卫生等。教员都是由富有治疗护理经验的医护人员来担任，其中有来自江苏红十字会的张宇和（担任教师）与李伟英、任志勤（担任助教）。结业时按照工作能力、服务精神、品行、体力的标准评定成绩，并举行考试，颁发结业证书②。

南京志愿医疗团在前线的工作同样突出。一年内，志愿医疗团配合志愿军部队和野战医院进行内、外、五官等科的治疗工作，施行大小手术 705 次，采集治疗用血近 70 万毫升，使很多伤病员恢复了健康。此外，他们还开展了教学工作，协助部队医务工作者提高技术水平，协助部队医院建立规章制度，促进医院的正规化；研究推广组织疗法，改进部队医院营养工作，建立血库，进行环境卫生工作等。在捐献武器活动中，志愿医疗团 220 余人共捐出 1 亿余元和一些财物，已经结束工作的第一、二批医疗

① 中国红十字会总会宣传组：《朝鲜前线的模范女护士》，《新中国红十字》第 2 卷第 2 期，1951 年 10 月，第 43—44 页。

② 《本会国际医防第一大队接办朝鲜某医院》，《新中国红十字》第 2 卷第 1 期，1951 年 9 月，第 24 页；《国际医防服务队第一大队在朝举办短期护士训练班工作总结》，《新中国红十字》第 2 卷第 3 期，1951 年 11 月，第 32 页。

团中绝大多数人员立过功，其中立大功14人、立两次小功131人、立一次小功206人。1951年12月27日，南京志愿医疗团在成立一周年之际致函中国红十字会总会，汇报了一年来的工作业绩①，受到了总会领导的肯定。

（四）载誉凯旋

在朝鲜前线工作期间，国际医防服务队涌现出许多先进模范。1951年八九月间，国际医防服务队开展了评功选模活动，薛炳坤、张书绅、邢玉亭、柴元庆、祖厚吾、昊云田、张大焰、任志勤、唐少甫、郜静霞、韩文娟、定淑敏、陈玲直、杨荣恩、刘大汉、苏经美、徐培君等17位成绩最优者被选出。常州市分会的柴元庆、任志勤和韩文娟名列其中。中国红十字会总会就此以第一大队评功选模活动通报各单位，并指出：“他们在工作中表现了高度的积极性与主动性，想各种办法，克服困难。……这是我们中国红十字会的光荣，这也是我们医务工作的光荣和榜样，我们将为巩固和发展抗美援朝的伟大胜利而继续努力。”②

国际医防服务队在朝鲜前后方艰苦的工作，获得了朝鲜人民普遍的尊敬与爱戴。当队员们回国时，收到了许多朝鲜人民的感谢信或其他的纪念品。在这些感谢信中，洋溢着中朝人民火一般的团结热情和朝鲜人民坚强的斗争意志，比如，“我们是由于中国国际医防服务队第一大队同志们热诚救护之下，得以快要恢复健康的朝鲜人民军伤病员。我们正以依依不舍的心情欢送着他们。他们在这里发挥了白求恩大夫的高度国际主义精神，在这里我们以十二万分感激的心情，将向大队……致敬。……全体工作同志们留下的模范事迹，将在我们祖国的革命史上，记下光辉灿烂的一页。……伤病员是永远永远地刻骨不忘你们给我们的恩情的。”③

第一大队在朝鲜工作半年多，圆满地完成了各项医防工作。在完成任务整队归国前，许多队员坚决要求继续留朝工作，但因人数限制，除30多人获准留下继续工作外，多数队员在抗美援朝周年纪念日前夕回到了

---

① 《新型的医务工作者在成长着》，《新中国红十字》1952年1月号，第15页。

② 《国际医防第一大队涌现大批工作模范》，《新中国红十字》第2卷第2期，1951年10月，第20页。

③ 《致本会李会长函　表扬第一大队队员李伟英》，《新中国红十字》第2卷第4期，1951年12月，第17—18页。

北京。

1951 年 10 月 24 日，国际医防服务队第一大队 139 人在大队长黄超汉率领下胜利归国。来自中国人民抗美援朝总会、中国人民救济总会、中央卫生部、内务部、军委总政治部、军委卫生部、北大医学院、中国红十字会总会以及首都医药卫生界人士 200 余人，在北京车站举行欢迎会，欢迎医防服务队员载誉归来。中国人民抗美援朝总会代表彭泽民、中国红十字会会长李德全、朝鲜驻华大使馆参赞崔英、中国人民救济总会秘书长伍云甫等分别致欢迎词。

载誉凯旋的国际医防队队员

10 月 29 日，北京市医药卫生界抗美援朝委员会在协和礼堂再次召开欢迎大会。欢迎会上，大队长黄超汉、副大队长胥继昌报告了在朝鲜的工作业绩：第一阶段 75 天，队员分散在朝鲜的前后方共做一般治疗 24762 人，传染病治疗 9058 人，预防注射 28823 人，其他如消毒、灭虱、改良厕所等都有良好的成绩。在前方，曾在最前线开展急救工作；在后方，除做预防治疗工作外，并进行政治宣教工作。此外，工作上发挥主动创造性，在中朝团结友谊和交流方面做了许多有益工作。第二阶段，主要是在病院负责治疗和配合治疗，两病院共治疗 5474 人，获院方传令嘉奖。在急救方面，医防队员“英勇地从烟雾里抢救烧伤百姓，立刻实行急救治疗，……

踊跃为伤病员输血，深深感动了伤病员”[1]。

当江阴、无锡分会队员回到无锡时，来自无锡市分会及医药界等各界代表2000余人在车站列队欢迎。欢迎会上，张宇和队长致答词：“以前从新义州至平壤需4天，回来时仅需10小时，从前只能夜里行车，现在白天都能通行无阻，这种现象说明我们的胜利在一天天扩大，这些事实更鼓励国内人民捐献飞机大炮的热情，以期更快地打垮美帝侵略者。”欢迎的群众表示保证大力生产，支援前线。

江阴分会队员归来时，恰值江阴县第五届人民代表会议召开。500余名人代会代表连同政府领导、红十字会同人、医务界以及学生、市民组成浩大的欢迎队伍到车站迎接。当天晚上，人代会特邀张宇和（队长）和孙瑞璐（队员）做报告，控诉美军暴行，介绍医防队在朝工作等情况。随后，他们又应邀连续在冬师训练班、医务界、中小学、社会团体等处做报告近20次，听众约2.4万人。

巡回报告使群众抗美援朝情绪更加高涨，加强了中朝团结与必胜的信心，对捐献和缴纳公粮工作起了很大的推动作用。长泾工商界听过报告后，当天就超额完成7700万元的武器捐献任务；经游行和号召之后，当地各机关、团体、学校的捐献任务也都全部提前完成；当听说朝鲜人民踊跃缴粮的情形后，一镇三乡的农民立即提出“我们要向朝鲜人民看齐，这次秋征保证争取模范！”的口号；一镇六乡烧混堂（澡堂）的许阿毛说：“我们靠了毛主席的福分得土地，我们早就预备好晒过两场太阳的‘上飏头’[2]稻在家里，只要开征，保证在村里第一个交粮。”

当南京分会队员回来时，来自分会与社会各界的代表深夜赶到浦口码头，召开盛大欢迎会，迎接他们凯旋。常州、镇江等地的红十字会分会、抗美援朝分会、医药界、各界代表也都是以欢迎会、座谈会、游行等方式，热烈迎接队员们胜利归来。各分会队员应邀在机关、学校、社会团体等处报告朝鲜前方的英勇战绩、后方生产建设及中朝人民密切团结等情况，深受欢迎[3]。

---

① 《国际医防服务队第一大队胜利归来》，《新中国红十字》第2卷第4期，1951年12月，第8页。

② “上飏头”是当地的方言，“好稻”的意思。

③ 《各地人民热烈欢迎归国的国际医防队队员》，《新中国红十字》1952年1月号，第18页。

在通信条件落后、媒体不发达、消息闭塞的年代里，聆听一场由当事人所做的有关举世瞩目的国际战事新动态的报告，简直是一种莫大的荣幸和享受，因机会难得而带来的激动与兴奋是超乎想象的。随着国际医防服务队载誉凯旋，并巡回做事迹报告，各地群众抗美援朝的情绪更加地高涨起来，极大地增强了中朝人民的团结和反侵略必胜的信念。这对于群众继续参加捐献“救护机”运动和缴纳公粮起到了积极的推动作用。

另外值得一提的是，1952 年 12 月 19 日，朝鲜驻华大使权五稷代表朝鲜民主主义人民共和国最高人民会议常任委员会，将“朝鲜最高人民会议功劳章”授予为朝鲜军民服务的 30 位中国红十字会国际医防服务队第一大队和第七大队的模范工作者。其中有来自江苏红十字会的（第一大队）任志勤、韩文娟，以及（第七大队）高玲珍、孙宗贻、刘毓秀、柴元庆等[①]。中国红十字会副会长彭泽民、外交部亚洲司副司长何英等，与在北京的模范工作者柴元庆等 6 人出席了授奖仪式。权五稷大使在致词中指出：“朝鲜人民一定要更加巩固朝中人民的友谊，为战胜美国侵略者而奋斗到底。”柴元庆代表 30 名受奖者致答词，向朝鲜人民致谢，并表示将继续站在红十字事业的岗位上，为人民服务。

30 名队员获得具有伟大国际意义的特殊荣誉，是他们经常地以负责的态度为和平事业努力工作的结果，是对他们日常平凡的模范工作的肯定。热爱伤病员是他们的共同特点，几乎每一个人都是不分昼夜地守护在伤病员的身边。他们热爱朝鲜人民，热爱工作，爱惜人民的财产。在和朝鲜人民相处的日子里，他们发扬了国际主义精神，时常到病院附近居民家中去帮助解决朝鲜人民的困难，想尽一切办法给朝鲜人民解除疾病痛苦。

比如，19 岁的护理员高玲珍，在严寒的冬夜巡视病房，给伤病员盖毯子，察看火炕，有时将自己的棉大衣脱下来给伤病员盖，自己情愿受冻。他们把伤病员的健康、安全放在第一位，忠实地履行着所有医防队员立下的“一切为了伤病员”和“伤病员需要什么，就献出什么”的誓言。化验

① 《本会国际医防服务队第一、第七两大队模范工作者荣获朝鲜最高人民会议功劳章》，《新中国红十字》1953 年 1 月号，第 30 页；江苏省红十字会编著：《江苏红十字运动八十八年（1911—1999）》，东南大学出版社，2001，第 79 页。

员孙宗贻背着显微镜挨家挨户到朝鲜居民家中去做化验工作……①

一桩桩、一件件事例，平凡而又伟大。国际友爱的精神使得每个医防队员都与朝鲜人民结下了深厚的友谊。功劳章的特殊荣誉属于国际医防服务队队员，也是每一位中国红十字会工作者、全国卫生医药工作者的光荣。

12 月 21 日，30 位功劳章的荣获者上书致敬毛泽东主席，表示“保证在不同的岗位上，加倍努力，珍爱与发扬朝鲜人民所赠予我们的荣誉，保卫祖国人民的健康，增强祖国和平建设的力量，支援朝鲜人民争取解放与独立自由的斗争，以答谢朝鲜人民和您像对待自己的子女一样对我们的教导和培养”②。

二、援助活动的深入开展

为深入开展抗美援朝爱国运动，1951 年 2 月 2 日，中共中央颁布《关于进一步开展抗美援朝爱国运动的指示》，号召以“慰问中国人民志愿军和朝鲜人民军”“发起订立爱国公约”等为中心，进一步开展爱国运动③。此后，根据这一指示精神，中国人民抗美援朝总会、中国人民救济总会和中国红十字会总会连续发出多个通知，落实推进抗美援朝运动的深入开展。

3 月 14 日，中国人民抗美援朝总会要求在 4 月下旬全国城乡人民尽可能普遍召集小型会议，签订爱国公约，以动员全国同胞加紧从事抗美援朝的实际工作。3 月 16 日，就在第一批国际医防服务队奔赴朝鲜的前夕，中国红十字会总会颁布了《指导各分会各直属单位普及深入抗美援朝运动计划》的通知，要求在建立抗美援朝分会组织、订立爱国公约、组织第二批国际医防服务队等方面，将抗美援朝运动不断地引向深入④。3 月 24 日，中国人民抗美援朝总会和中国红十字会总会发出《关于组织第二批医防队

---

① 东方明：《荣获朝鲜最高人民会议功劳章的国际医防服务队员》，《新中国红十字》1953 年 1 月号，第 31 页。

② 《荣获功劳章的国际医防队员上书毛主席致敬》，《新中国红十字》1953 年 1 月号，第 32 页。

③ 中共中央文献研究室编：《建国以来重要文献选编》第 2 册，中央文献出版社，1992，第 24—27 页。

④ 中国红十字会总会编：《中国红十字会历史资料选编，1950—2004》，民族出版社，2005，第 21—22 页。

给各地分会的联合通知》。为支援志愿军作战，争取抗美援朝战争的早日胜利，6 月 1 日，中国人民抗美援朝总会发出关于推行爱国公约、捐献飞机大炮和优待烈属、军属的号召。

此后不久，全国掀起了订立爱国公约、捐献飞机大炮和优待烈属、军属三大行动的热潮。江苏红十字会贯彻有关指示和通知精神，以实际行动参与其中。例如，1951 年夏季，无锡市分会订立分会爱国公约，并先后组织三批国际医疗队[①]；10 月，江阴县分会选派出由陶仁康等 58 人组成的第二批国际医疗队[②]。此外，江苏红十字会还组织开展了慰问队员家属和优抚烈军属工作。这些都是红十字会实施国际援助不可分割的组成部分。由此可见，红十字国际援助活动在不断地走向深入。

（一）订立爱国公约

所谓公约，就是“公共条约”，是群众的自我约定和自律守则。抗美援朝期间，工商界首先发起签订和履行爱国公约的行动，后来在中央的推动下，这一行动得到广泛普及，各团体、部门、行业都在制定合乎本行业和本部门、本团体特点的爱国公约[③]。全国的订立爱国公约运动，对抗美援朝爱国运动走向深入，并取得最终胜利起到了积极的推动作用。

1951 年春，中国红十字会根据中央和中国人民抗美援朝总会的要求，订立了职工爱国公约。其内容如下：

第一，拥护毛主席，拥护中国共产党，拥护人民政协共同纲领，拥护世界和平理事会宣言及决议。

第二，支援中国人民志愿军，支援朝鲜人民及人民军，支援解放台湾、西藏，支援全世界进行革命斗争的各国人民。

第三，反对美国侵略台湾、朝鲜，反对美帝重新武装日本和西德，反对美帝单独对日媾和，反对美帝破坏红十字会公约、滥施轰炸、使用毒气、屠杀俘虏和平民。

---

① 庄申主编：《无锡市志》第 3 册，江苏人民出版社，1995，第 2287—2288 页。

② 程以正主编：《江阴市志》，上海人民出版社，1992，第 837 页；《江阴分会改组以来的工作》，《新中国红十字》1952 年 1 月号，第 49 页。

③ 参见王新生：《抗美援朝时期的爱国公约运动》，《长沙水电师院社会科学学报》1993 年第 2 期。

第四，保证依照计划进度，完成我们的工作，保证搞好国际医防及治淮医防队的组织、供应及联系工作。

第五，保证加强保密，作好“三防”（防匪、防特、防火）工作。

第六，保证认真学习，勇于提出批评及接受批评。

第七，保证恪守制度。

第八，保证厉行节约，爱护人民财产。

第九，保证加强团结，发扬互助精神①。

这年夏季，完成改组工作不久的无锡市分会依据上述9条《中国红十字会职工爱国公约》，订立出分会自己的爱国公约，也是9条内容，具体如下：

（一）响应政府号召，尽力开展卫生预防宣教工作。

（二）切实遵守民主集中制。

（三）积极参加抗美援朝各项爱国运动。

（四）保证把所学习到的东西在工作岗位上变成实际行动。

（五）爱护公物，不浪费物料，保证以节省为原则。

（六）切实厉行工作制度，积极推展工作。

（七）虚心接受批评，改进工作缺点。

（八）端正工作态度，进一步联系群众。

（九）保守国家机密，严厉镇压反革命活动②。

由此可见，爱国公约将职工的本职工作与爱国行动紧紧地联系在一起，突出了爱国意识，成为广大职工共同遵守的行为准则。红十字会系统签订和履行爱国公约，工作人员的爱国热情和政治觉悟得到了进一步提高，红十字会工作大大地向前推进了。

抗美援朝战争胜利后，推行爱国公约的做法仍被保留了下来。订立爱国公约实际上是新中国成立初期一种常见的思想政治工作方法，爱国公约的订立是此时特有的历史图景。

---

① 《中国红十字会职工爱国公约》，《新中国红十字》第8期，1951年4月，第2页。

② 《无锡市分会1951年夏季工作报告》，《新中国红十字》第2卷第1期，1951年9月，第31—33页。

（二）捐献“救护机”

历史上，捐献飞机并非是抗美援朝时期的创举。早在抗日战争时期，国内民众就开始给中国军队捐献飞机，尤其是海外华侨，从抗战开始至1939年底，仅菲律宾华侨就向祖国捐献了50多架飞机。在抗美援朝运动中，豫剧表演艺术家常香玉捐献飞机，在当时可谓家喻户晓①。

1951年6月8日，中国人民救济总会、中国红十字会总会向全国救济福利界发出开展捐献抗美援朝救护机运动的号召，希望“全国救济福利界展开捐献救护机的运动，使前方伤病员得到及时的救护和医治，提早恢复健康，为保卫世界和平继续努力”。6月12日，中国红十字会总会进一步通知各地分会，要求开展捐献“救护机”运动②，捐献飞机大炮，支援中国人民志愿军。

捐献“救护机”分为生产捐献和节约捐献两种。捐献“救护机”的具体办法是：其一，生产者得以增产所得，不生产者得将节约所得当作捐款，必须出于自愿，防止强迫命令。其二，凡有救济分会或红十字会分会之城市的救济福利团体、机关和个人的捐款，可选送当地人民银行代收，由该地救济分会与红十字会分会另立“救护机”捐款户头。没有救济分会和红十字会分会的地方，由捐献单位或个人将捐款送交当地人民银行代收，并将捐款收据寄交北京中国人民救济总会或中国红十字会总会。其三，有关捐献“救护机”问题，请函询中国人民救济总会或中国红十字会总会③。

南京分会在接到红十字会总会关于开展捐献“救护机”运动的通知后，立即召开大会进行传达和动员。在一次动员大会上，分会副总干事姚浩然做传达报告，并带头捐献2枚金戒指，还打算“按月捐50个单位”；会长杨登瀛当场将分会送给他六十寿辰的纪念品——1枚金十字架（约重1两余）捐出；副总干事吴耀麟捐献2枚金戒指。随后，全体职工掀起捐

---

① 参见黄新原：《真情如歌：五十年代的中国往事》，中国青年出版社，2007，第48页。

② 《本会为号召展开捐献“救护机”运动的通知》，《新中国红十字》第10期，1951年6月，第3页。

③ 中国红十字会总会编：《中国红十字会历史资料选编，1950—2004》，民族出版社，2005，第33页。

献热潮，司机梁正维，调剂员范仲锵，护士刘爱英、崔惠兰捐献出他们各自订婚、结婚的纪念品金戒指，医护员李同余献出他爱人的1副金耳环，调剂员梁伯昭把他儿子的许多银饰和6枚银元捐献了出来，干事路涵秋也将他小孩的银手镯和他自己的银括舌都捐献出来。

南京分会还决定全体41位职工6个月内至少捐献2000万元，具体办法是：分会太平路和中山路诊所每逢星期日上午加班照常工作，除去药费成本，其余的收入全部捐献；分会4个学习小组互相挑战，每人根据节约原则，结合自身具体情况决定将薪津收入的一部分按月捐献。工人王子周月收入仅“40多个单位”，他以无比的爱国热情，每月一定要捐出5万元，眼耳鼻喉科医师胡家球自愿将他私人的眼科药品在星期天加班时交给调剂室售出后捐献，治疗所主任毕天民按月将“津贴60个单位”献出，其他人员均纷纷认定了月捐薪津数目。此外，中山路诊所特将1架磅秤置于候诊室为大众磅体重，每磅1次收费100元，并于门前及候诊室张贴爱国捐献的广告和启事，请社会各界予以大力协助，以期完成支前任务[①]。

一次，南京分会职工听取南京市抗美援朝志愿医疗团副团长朱潮和防疫队副队长刘吟龙所做的工作报告。当获悉朝鲜前方急需药品盘尼西林（青霉素）时，大家认为消除前方将士痛苦人人有责，便立刻购买200瓶盘尼西林转送朝鲜前线，表示竭尽全力支援前线，以早日打垮美国侵略者[②]。10月25日，第三批南京市抗美援朝志愿医疗团出发时，南京分会赠送了1万粒多种维他命（维生素）[③]，转送朝鲜前方伤病员补充营养。据统计，截至8月15日，南京分会收到捐款10584600元[④]。10月3日至15日，南京分会收到“救护机”捐款2230200元[⑤]；10月16日至11月10

---

① 蔡仲宣：《南京分会员工无比的捐献热潮》，《新中国红十字》第11期，1951年7月，第5页；江苏省红十字会编著：《江苏红十字运动八十八年（1911—1999）》，东南大学出版社，2001，第79页。

② 蔡仲宣：《南京分会捐献配（盘）尼西林二百瓶》，《新中国红十字》第2卷第1期，1951年9月，第62页。

③ 吴耀麟、路涵秋：《南京分会近讯》，《新中国红十字》第2卷第4期，1951年12月，第46页。

④ 蔡仲宣：《南京分会捐献配（盘）尼西林二百瓶》，《新中国红十字》第2卷第1期，1951年9月，第62页。

⑤ 《“救护机”捐款数字一批》，《新中国红十字》第2卷第2期，1951年10月，第81页。

日，收到“救护机”捐款3365800元[①]。涓涓细流汇成一股爱的暖流。

江阴县分会积极动员并制订捐献计划，订立爱国公约，利用多种方式进行捐献。例如，增产捐献，分会全体职工每天劳动1小时，开垦医院里约5亩的园地，种植蔬菜豆类等，将收获的一半捐献；节约捐献，每人按月订捐32万元，江阴全县医务工作者以6个月捐献1亿元为目标[②]。红十字会总会通知一发出，江阴县分会会务组立即组建“长红篮球队”，一个月内先后前往无锡、常熟等地参加抗美援朝篮球义赛，将门票收入全部捐献出来，用于购置“救护机”，其中在无锡、顾山、陈市、塘市、徐市等地7场比赛中均获胜利[③]。

无锡市分会全体职工和分会劳工保健所全体医护人员推动全市医救福利界，发扬高度的爱国主义、国际主义精神，共同完成捐献“救护机”任务[④]。同时对重庆、洛阳、西安等市分会提出的捐献挑战进行回应：星期日不休息，义务劳动增加生产，将药品和材料成本费扣除外，其余所得全部捐献出来，用于购置“救护机”，直到抗美援朝战争胜利为止。

常州市分会职工除一次捐献半个月工薪外，自7月15日起，星期日不休息，捐献出一半增加的门诊收入[⑤]。10月16日至11月10日，常州市分会收到捐款1036700元[⑥]。

从江苏全省看，在1951年半年时间里，各界人民共捐献的款项可购买战斗机244架，超过预订计划的50%。与此同时，为慰问中朝前线战士和救济朝鲜难民，在整个抗美援朝期间，江苏人民共捐献慰问金380多万元(新币)，慰问品100多万件，以实际行动支援了抗美援朝战争[⑦]。

---

① 《“救护机”捐款数字一批》，《新中国红十字》第2卷第3期，1951年11月，第42页。

② 《江阴分会改组以来的工作》，《新中国红十字》1952年1月号，第49页。

③ 《江阴分会长红篮球队义赛捐献》，《新中国红十字》第2卷第1期，1951年9月，第62页。

④ 《无锡市分会星期日门诊增产捐献》，《新中国红十字》第2卷第1期，1951年9月，第62页。

⑤ 吴逸樵：《我们要遵照总会的一切指示而前进》，《新中国红十字》第2卷第1期，1951年9月，第40页。

⑥ 《“救护机”捐款数字一批》，《新中国红十字》第2卷第3期，1951年11月，第42页。

⑦ 刘定汉主编：《当代江苏简史》，当代中国出版社，1999，第61页。

（三）慰问队员和家属

为鼓舞在朝鲜战地艰苦工作的国际医防服务队队员，为向鼓励队员努力工作的家属们致以慰问，中国红十字会每逢重大节日和纪念日，均送上亲切的慰问、真诚的祝福和殷切的希望。

1951 年端午节前夕，中国红十字会总会通知各地分会慰问国际医防队的队员家属，赠送每位队员家属 2 万元的礼物和一封慰问信①。端午节的前一天，即 6 月 8 日，无锡市分会与市抗美援朝分会、医师协会、医务工会、妇联等社会团体选派的代表 20 余人组织医防队队员家属慰问队，带着红十字会总会以及其他团体的慰问信和一笔礼款、一份端午节礼物（粽子、咸蛋、枇杷、干笋等 4 件），共计慰问礼品 64 件，装满一车，在人民医院铜鼓队的陪伴下，列队到队员家属处慰问，下午 2 时开始，至 5 时半结束。

所到之处，队员家属声声道谢，有的表示一定写信给前线亲人，鼓励他们认真工作来报答政府和各界的关怀。医防队队员谢影 60 多岁的父亲，在接受慰问品后高兴地说："我女儿谢影最近有信给我，说她要求在朝鲜多工作几个月再回来，我告诉她完全同意!"队员李念慈的父亲燃放鞭炮欢迎慰问队，她的姐姐说："妹妹光荣到朝鲜去，连姐姐也光荣，真是一人光荣，全家光荣。"②

镇江、青浦、南京、江阴、常州等地分会也按时开展了慰问工作。

6 月 22 日，《苏南日报》特别刊登出医防队队员李伟英发自朝鲜的 4 封来信、胡立人的父亲感谢社会各界的信，以及无锡市分会致队员家属的慰问函。分会慰问函称：最近接到前线队员李伟英的来信后，知道了队员们克服一切困难为伤病员和朝鲜人民群众服务；分会队员胡立人、刘德胜等人的英勇事迹（曾得到过组织的表扬）和队员们的勇敢精神，更加激励

---

① 《各地分会热烈开展端午节慰问工作》，《新中国红十字》第 11 期，1951 年 7 月，第 20—21 页。

② 《无锡市红十字会等单位慰问赴朝医疗队家属》，《苏南日报》1951 年 6 月 13 日。

着我们在后方努力生产，支援朝鲜前线[①]。

8 月 1 日建军节晚上 7 时，无锡市分会举行联欢会，邀请 30 余位国际医防队的队员家属参加。在简短的仪式上，分会总干事蒋白鸥报告了医防队员们在朝鲜工作的情况，并宣读分会给予队员家属的慰问函。随后，家属代表发言。李念慈的父亲李宗纲、李伟英的姐姐陆蔚文、潘蓉华的父亲潘孚云以及公安局派出所刘所长、熙春街妇女代表龚晖先后发言。之后，由无锡文联音乐组演唱 3 支歌曲，歌颂朝鲜接连打胜仗、捐献飞机大炮和保卫世界和平。10 时左右，联欢会圆满结束[②]。

（四）优抚烈军属

作为抗美援朝运动的重要内容，做好优抚烈属、军属和残疾军人工作是继组织国际医防服务队之后，中国红十字会参与的又一项重要工作。

1951 年 6 月 1 日，中国人民抗美援朝总会发出做好包括优抚烈属、军属和残疾军人工作在内的“三大行动”的号召。6 月 7 日，中国红十字会总会发出通知，要求各地分会联系当地政府，拟订计划，做好烈属、军属和残疾军人的优抚工作，并将开展情况和成果上报总会备案[③]。南京分会响应上级指示，在自身业务范围内制定优待办法[④]（具体内容如下），自 8 月 1 日起执行。

（一）免费挂号及提前诊病：烈军属持有证明文件者，得享受提前看病及免费挂号优待（烈军属仍与一般群众一起挂号，不另设挂号处，挂号后在病历单上加盖“烈军属”、“特别号”两个木戳，以资识别，分至各科室时，医师及工作人员得提前诊病或检查）。

（二）配方药费：一律按九五折优待（各科根据病历单上的“烈军属”字样，在处方笺上加盖“烈军属”、“九五折”木章，俾使病人了解

① 《无锡市分会 1951 年夏季工作报告》，《新中国红十字》第 2 卷第 1 期，1951 年 9 月，第 31—33 页；陆永蔚、王岳松：《无锡分会函慰援朝医防队员》，《新中国红十字》第 11 期，1951 年 7 月，第 16 页。

② 《无锡分会与医防员家属举行联欢会》，《新中国红十字》第 12 期，1951 年 8 月，第 29 页。

③ 中国红十字会总会编：《中国红十字会历史资料选编，1950—2004》，民族出版社，2005，第 32 页。

④ 蔡仲宣：《南京分会订出了烈军属医药优待办法》，《新中国红十字》第 2 卷第 1 期，1951 年 9 月，第 64 页。

已受到优待，收费处则根据有关部门批注的实收数收费）。

（三）外科敷料费及各科手术费：临时由外科或眼科医师决定酌予减少收费，但不得超过九折，并与病人说明已予优待。

（四）注射费、化验费、透视费：一律按原订价目八折优待（透视在不影响其他登记者，得酌予提前）。

（五）接生：不分日夜，挂号费均予免收，接生手术费八折优待。

（六）其他：烈军属来本会各诊疗所诊病，因经济特殊困难不能负担应付费用时，须取具其本人居住地区之公安局派出所证明向诊所社会服务部门登记，酌情减免。

（七）本办法自一九五一年八月一日起实行。

江阴县分会配合当地政府和社会团体，通过经常访问，动员社会各界对特别贫苦和缺少劳动力的烈军属，给予物质上的救济以及生产上的帮助。他们还经常与国际医防队队员家属保持联系，时加慰问，稳定家属思想，并按期转送总会慰问信、赠礼等。在优待烈军属诊疗费方面，分会配合行政和革命家属委员会发给光荣保健证，凡门诊、出诊、住院（伙食自理）及手术等费用一概免收，特殊困难的烈军属持证明，可免收普通药费。1951 年 7 月 30 日，江阴县分会特地派人赴常州向中国人民志愿军伤病员致敬，并赠献锦旗①。

8 月 3 日，中国红十字会总会再次通知各地分会大力做好优抚工作，决定 8 月为优抚运动月，其间分会医院、诊所、巡回队等必须抽出时间为烈军属及残疾军人、住院的人民志愿军伤病员等予以减免费用和特别照顾的优待，并尽可能地解决他们门诊和治疗上的困难，同时在秋季防疫工作中要首先为烈军属着想②。

根据红十字会总会的通知精神，常州市分会为烈军属实施长期的减费或免费医药服务。8 月，志愿军伤病员来常州休养期间，常州市分会全体职工尤其是学员们争先恐后地争取为他们服务，练习好抬担架，到火车站抬送志愿军伤病员到医院，并在沿途设救护站为他们服务。学员们还主动

① 《江阴分会改组以来的工作》，《新中国红十字》1952 年 1 月号，第 49 页。
② 《大力做好优抚工作》，《新中国红十字》第 12 期，1951 年 8 月，第 7 页。

报名为志愿军伤病员输血①。

烈军属享受种种优抚待遇之后，心怀感激。《新中国红十字》上曾刊出《一位志愿军军属患者的感谢信》，反映出众多烈军属的心声。1951 年 7 月，青浦县城厢镇一位志愿军军属不小心烫伤了右脚，因贫血病情严重，在青浦县分会医院得到黄志城医师精心治疗后很快痊愈，其间受到特别的减免费用优待。不仅如此，这位军属的痢疾也是在分会医院治好的，他觉得这与医院发扬人道主义精神、技术好和经验丰富分不开，便特地写了这封感谢信表达敬意②。

与此同时，江苏各级政府和广大人民群众深入开展志愿军烈军属和残疾军人的优抚工作。比如，农村组织代耕，城市组织就业，大量发放救济粮、救济金和抚恤金，使烈军属和残疾军人感到政治上光荣、生活上有保障。可以看出，优抚工作排除了朝鲜前线中国人民志愿军战士和国际医防服务队队员们的后顾之忧，为他们克服困难出色地完成任务和工作注入了强大的精神动力。优抚烈军属同捐献“救护机”、慰问队员和家属一样，成为抗美援朝运动的重要组成部分，也是朝鲜前线开展军事斗争和战地救护的坚强后盾。

综上所述，20 世纪 50 年代初，江苏红十字会根据中国红十字会总会的要求，在当地政府、相关团体的领导和支持下，参加抗美援朝运动，并首次开展国际援助活动，因而具有重要意义且取得了宝贵经验。

第一，江苏红十字会高举爱国主义、国际主义和人道主义旗帜，广泛开展政治动员，在中国红十字会组织开展的国际医防服务活动中发挥了应有的作用，也助推了苏南地区“抗美援朝，保家卫国”运动高潮的形成；同时增强了红十字会的社会影响和美誉度，为此后红十字会工作的开展夯实了群众基础。

第二，江苏红十字会坚持走群众路线，整合有限的社会资源，发动广大群众参与国际援助，在国际医防服务队的报名、欢送、迎接以及优抚、捐献等各个环节中无不如此，这在很大程度上帮助广大人民群众树立了抗美援朝必胜的信心。

---

① 常州分会：《我们要遵照总会的一切指示而前进》，《新中国红十字》第 2 卷第 1 期，1951 年 9 月，第 40 页。

② 闻春泉：《一位志愿军军属患者的感谢信》，《新中国红十字》1952 年 12 月号，第 34 页。

第三，江苏红十字会在此期间完成了改组工作[①]，理顺了自身管理体制，红十字会相关工作的通畅运行因而有了组织体制的保障，大大提高了包括国际援助在内的各项工作的效率。实际上，红十字会参加的抗美援朝运动，和国民经济的恢复发展以及社会改造事业形成了良性互动，共同推动了新中国成立初期的社会进步。

① 除南京分会外，其他分会均在1951年6月前完成改组。

第三章　医防卫生事业的起步

新中国成立初期，为尽快医治战争创伤，促进经济社会的恢复与发展，满足防治地方病的需要，一批江苏红十字会的医院、诊疗所、保健站（所）得到了新建、补助和规范管理，这在一定程度上助推了全省尤其是苏南城乡医疗服务体系的初步建立。有了这个基础，江苏红十字会组织开展了防治传染病等医防保健工作，启动了大规模的救护训练，进行了多样化的卫生宣教活动，并参与爱国卫生运动，为保障全省尤其是苏南地区的生产建设和人民健康做出了重要贡献。

第一节　整理医疗机构

一、整理前的状况

新中国成立初期，国民经济得到了恢复性发展。在此过程中，医治战争创伤、保护人民健康和防治流行疾病成为一项紧迫而重要的任务。然而，此时我国各种疾病灾害十分突出，卫生设施稀少，医护人员严重不足，医疗卫生事业在需求与供给方面存在着巨大的反差，而且医疗资源分布还极不均衡。例如，1949 年，仅东北地区全年发生传染病的人数即达 228157 人，其中死亡 32550 人，死亡率高达 14.3%[①]。而当年全国卫生技术人员共有 505040 人，且绝大多数在城市；全国医院 2600 所，病床 8 万

① 中国红十字会总会编：《中国红十字会的工作方向与发展步骤》，1951，第 3 页。

张，但是占全国4.8亿总人口85%以上的农村，仅有病床20133张[①]。

早在清季“红十字启蒙”之时，甲午战争期间，辽宁营口就设立了红十字医院，开展医疗救护活动[②]。后因战时救护、医疗保健等需要，红十字冠名的医疗机构广泛分布于全国各地。据南京解放以后的统计，中国红十字会所接管的医院仍有45处、诊所81所，这些医院同一时间内可收纳1500名病人，诊所一天可医治4000名病人[③]；另外还有红十字会工作人员约2000人，医护人员576人。不难看出，新中国成立后，如果能继续发挥红十字会及其医疗机构的作用，可为缓解我国医疗卫生工作的紧张局面助一臂之力。

但由于多种原因，新中国成立之初，江苏红十字会和其他各地分会一样，其医疗机构存在着诸多困难与不足。如在硬件方面，投入的资金不够、原有的器械严重缺乏等；在软件方面，主要是医务人员紧缺、技术水平落后、思想观念陈腐、机构的制度建设和民主管理还很不健全等，而且这些问题还显得十分突出，由此造成红十字会分会的总体条件较为落后。

（一）设备条件不足

从硬件方面看，新中国成立之初，常州分会除了拥有少量房屋和空地之外，别无其他资产，如医疗设备等，条件极为简陋（具体情况如表3-1所示）。

表3-1　常州分会现有资产登记表

名　类	数　量	购置日期	坐落地点或存放处	所有权状	备　考
平房瓦屋	6间	1946.10.1	武溧路坐北朝东南		地基向西学社借房屋，系唐瑞生、姚浩文等捐建
荒冢坟地	2.6亩	1948.8.19	地号587	武字：29598	张喜康、张汉良捐赠

资料来源：中国第二历史档案馆馆藏档案，全宗号：476，卷号：1976。

① 《当代中国》丛书编辑委员会编：《当代中国的卫生事业》上，中国社会科学出版社，1986，第2—3页。

② 参见池子华：《晚清时期中国红十字运动研究》，科学出版社，2019，第30页。

③ 李德全：《中国红十字会今后工作的任务》，《新中国红十字》创刊号，1950年9月，第6页。

从表 3 - 1 可以看出，6 间房屋和 2.6 亩地即是此时常州分会的全部财产。管中窥豹，由此不难想见，江苏红十字会的医疗机构中医疗设备缺乏、经费不足的困难程度。

事实上，在前文所述的 1949 年和 1950 年水灾救助的过程中，江苏红十字会药品等物资的严重缺乏就显得非常突出。1950 年，常州分会半年时间内的 3 份报告就充分说明了这一点。

武进县解放后即划分为两个行政区，城内为常州市，城外为武进县，城市人口 20 余万，县域人口 98 万余。原有武进分会事业，在常州市的有 1 个诊疗所和 1 个义务小学，而在武进县的 3 个服务站则变为全县范围内 3 个重要的医疗机构。

1950 年 3 月 5 日，常州分会总干事吴逸樵和武进县前黄服务站主任杨迪群在上海参加红十字工作检讨会时，向红十字会总会提交了第一份报告《常州分会要求补充药械》①。报告称，武进县属沿江湖一带，1949 年夏天堤岸决口，秋收大减，灾情严重。1950 年 2 月 5 日召开的武进县第二届人民代表会议上报告已有灾民 20 万人，3 月份以后可能要发展到 30 万以上。县人民政府一再号召生产自救，社会互济。3 月 2 日，杨迪群响应县长的号召，尽力筹组一个灾区巡回医疗服务队，配合救灾工作，解决灾民健康问题。经过数日奔走，人力、财力稍具眉目，而消耗的卫生材料则准备全部依赖红十字会总会供给，以便于常州分会工作和配合乡村生产救灾工作。此外，新中国成立后由于天灾所致，农村经济一落千丈，农民没有饭吃，因此乡村服务站病人渐多，道义上的责任日渐加重，而经费反无办法，乡村服务人员进退维谷，硬着头皮，饿着肚子在苦干，故希望“趁在沪之便得一明确指示”。

一个半月后的 4 月 21 日，常州分会就要求组织巡回医疗服务队和补充药械向红十字会总会提出第二份报告，申请补助，全文如下②，其困难及急盼救助之情跃然纸上。

---

① 《常州分会要求补充药械》，中国第二历史档案馆馆藏档案，全宗号：476，卷号：2925。

② 《常州分会报告灾情要求组织巡回医疗队及补充药械》，中国第二历史档案馆馆藏档案，全宗号：476，卷号：2925。

上海中国红十字会总会秘书长胡钧鉴：

查武进沿江滨湖一带灾荒严重，一般农村人民吃观音土、吃糠、吃麦麸、吃野草并非传闻，确已事实。本分会武进前黄服务站主动为配合武进县生产救灾工作，发扬红十字会服务宗旨，在千困万难中各方奔走，呼吁组织武进受灾农村巡回防疫医疗队，深入受灾农村工作，促进人民健康，增加劳动生产力量，并完全免费减轻劳动人民医药负担，业由本会及前黄服务站先后分呈钧会监核，并函武进县人民政府及运村区政府查照各在案。

兹承上海市民营广播电台公会、上海市评话弹词公会于4月30日假亚美麟记电台播送特别节目，劝募巡回医防队经费，除该队所需药械由主办之前黄服务站呈请外，敬希从速核发，俾便5月1日到达灾区，开始工作。救灾如救火，幸勿延误。再，前黄服务站目睹灵台乡灾状之惨，已购得麦麸10担于4月23日交前黄乡政府转达该乡乡政府领取分发。由该站陆续设法备购麦麸50担分发，一并呈请备核。为祷。

中国红十字会常州分会

5个月后的9月20日。常州分会前黄服务站第三次向总会提出报告，请领药品。报告指出，新中国成立以后由于天灾等原因，农村经济一落千丈，农村服务机构大有不能继续维持之势。农民十九无力购买肥料，初夏淫雨成灾，秋末竟月未雨。方寸之地竟有先后水灾旱灾之别，加以支前万急，农村生活已不堪言状。村民生病求死而不死者有之，亦有生病怕死无力求医而待毙者。过去生男育女为毕生之大喜，而现在孕妇竟有要求打胎者。“急盼钧会从速征求有志于红十字会服务事业者，予以短期训练授以红十字会教育，为广大人民健康服务。本站经费竭无办法，入秋以来……农村疟疾流行，影响人民健康。农业生产之大，本站即开展灭疟运动，以灭疟两千人为目标。此工作简单易举，收效宏大。次即展开妇婴保健工作。再次一俟乡村学校开学，即普遍学校儿童检查体格，并填送家庭建议书。以上三项是下半年工作的中心……并请核发应用药品”①。

以上常州分会医疗机构所面临的诸如经费不足、药品器械严重缺乏等

① 《武进分会前黄站请领药品之情》，中国第二历史档案馆馆藏档案，全宗号：476，卷号：2925。

困难，是此时江苏红十字会中普遍存在的。

除此之外，江苏红十字会医疗机构的数量特别有限。1950 年 11 月，在北京举办的分会干部学习会有一份与会的全国 30 个分会医院、诊所、病床及门诊人数统计表，其中江苏 6 个分会的统计如表 3－2 所示，从中可以了解到新中国成立之初江苏红十字会医疗机构的数量、分布及常规工作的一些情况。

表 3－2　医院、诊所、病床及门诊人数统计表（江苏部分）

分会名称	医院数量	床数	医院每月门诊平均数	诊所数量	诊所每月门诊平均数	医防队、救护队工作人员数
青浦分会	1	15	800			7
南京分会				2	10000	
无锡分会				1	1736	
长泾分会				1	800	
镇江分会				1	4000	
常州分会				1	2400	5

资料来源：《30 个分会医院、诊所、病床及门诊人数统计表》，《新中国红十字》第 4 期，1950 年 12 月，第 11 页。

由表 3－2 可知，江苏红十字会仅有 1 所医院（属青浦县分会，15 张床位）和 6 个诊所，青浦、常州分会的医防队、救护队工作人员总共不过 12 人。这与新中国成立初期医治战争创伤和国民经济恢复发展过程中江苏广大人民群众实际的医疗救护需求相比，还是有相当大的距离。换言之，如果继续依赖原有的医疗机构，则远远不能够满足社会服务的需要。

（二）思想观念问题

除上述硬件方面外，此时全国医院、卫生院在软件方面普遍存在一些不容忽视的问题，江苏红十字会的医疗机构也不例外。

新中国成立初期，由于受到旧制度和旧观念的影响，全国先后接管的公立医院和县卫生院在思想作风方面，除少数医院及医务人员外，普遍存在如下严重问题：

其一，对病人不关心，不负责任，工作粗枝大叶，医疗上不断发生事故，如出现诊断错误、治疗无原则、护理不周到、对急救病人拖延治疗等现象。

其二，医院内部工作人员不配合，同事关系不协调，甚至闹宗派，缺乏互助或相互包庇，坐视病人不管等，降低了工作效率。

其三，技术上墨守成规，自满自大，阻碍了技术的改进、提高与运用，如消毒不严密、化脓率高，或因诊断延迟和误诊而延长了病人住院时间等。

其四，对旧的规章制度没有彻底地批判和修订，新的制度尚未系统建立，导致职责不明，工作相互推诿，敷衍了事。

其五，医院编制不统一，造成人力浪费；在物资器材药品方面，由于管理不善，出现浪费现象。

这些问题导致现有医院不能够满足人民群众的需求，没有全部发挥出应有的医疗效果和社会效益。

综上可知，江苏红十字会医疗机构的整理为形势所需，主要有两个方面的因素：一是自身硬、软件方面条件的落后或存在严重问题；二是需要尽快医治战争创伤，防治各类疾病灾害，服务于国民经济的恢复与发展。

二、整理的进程

（一）全国整理的开始

中央卫生部针对上述全国医院在软件方面普遍存在的问题，于1950年4月在医政工作的指示中提出了整理医院的任务，并于8月在全国卫生工作会议上讨论了整理医院问题。11月27日，卫生部颁布了《关于整顿全国医院的指示》，要求各级卫生机关本着“治病救人，惩前毖后”的精神，检查整理全国医院，重点是教育医院干部，树立人道主义的医疗思想作风；同时整理医疗制度，提高医疗技术水平，减少和消灭失职失事的错误以及不团结的现象。

根据卫生部的指示精神，全国采取如下5个方面的具体举措进行医院整理：一是加强政治领导，提高工作人员政治觉悟；二是依照一切为了病人的原则，切实批判旧制度不合理的部分，并制定新制度，克服医疗制度混乱的现象；三是建立民主管理制度，改进工作作风，加强领导和团结；四是加强业务学习的领导，提高业务技术水平；五是增添必要的设备，克服工作条件上的困难。

由此可见，此次整理医院的重点在于思想观念和工作作风的改进，以及规章制度的更新，即医院软件方面的治理整顿。作为全国医院的组成部分，中国红十字会系统的医疗机构自然也在此次整理之列。

事实上，中国红十字会整理红十字医疗机构走在了全国整理医院工作开展之前。早在1950年8月中国红十字会协商改组之时，红十字会总会就已经注意到各地分会医疗机构的整理工作，提出了整理分会医疗机构的总体要求，即在全面调查和登记已有医疗机构以了解真实情况的基础上，对整理医疗机构的工作进行分类指导①。

具体而言，对于一般的医疗机构要使其维持现状，在红十字会总会和地方人民政府的配合下予以适当的补助（包括经费、物资等），并提高医疗机构创业的积极性，防止养成依赖心理。在已改组的分会中，以“有设备基础”“有经济能力”“有适当人员”和“能起核心作用”为条件重点地选择医院诊所，大致是10个医院、20个诊所，按照整理办法，即强化人事、登记财物、扩充设备、提高技术、端正服务态度等，予以经济及物资的补助，使其正常发展，提高业务水平。

为进一步加强和规范管理全国医院诊所，1951年3月15日，卫生部颁布了《医院诊所管理暂行条例》和《医院诊所管理暂行条例施行细则》，对于设立医院诊所的条件予以明确的规定：“医院至少须有病床10张、医师2人、护士（产科医院得为助产士）及护理员3人、药剂人员1人；不合上述规定者，一律称为诊所。诊所得设有10张以下的观察病床。”② 5月1日，卫生部同时公布《医师暂行条例》《医师暂行条例施行细则》和《中医师暂行条例》，详细而明确地规定了医师或中医师的入职资格、职责、义务及奖惩等，为检查整顿相关从业人员提供了重要标准和依据。

① 参见《中国红十字会总会1950年9月至12月工作计划大纲》，《新中国红十字》创刊号，1950年9月，第11页。

② 《医院诊所管理暂行条例》，《新中国红十字》第7期，1951年3月，第40页。

中国红十字会总会根据上述相关条例，要求对89个分会的业务机构加以整顿和充实，“对那些确有一些发展基础和条件，一时困难致使不能维持或仅能维持现状而不能扩充的医院和诊所，除给以药品器材的补助以外，并应给一部分经费补助以维持其不垮，并要求有一定程度的扩充”。其中，31所医院合计病床1009张，红十字会总会按照病床单位给予30%的费用补助；49家诊所平均每月门诊数62804人，总会按每人每月补助2000元。同时，“应根据卫生工作的三大原则，纠正过去偏重治疗的观点，及时地机动地组织人民进行防疫工作，渐次将工作重心从医院诊所转移到劳动群众中间，组织他们开展卫生运动，学习卫生常识”①。

（二）江苏的整理情况

根据中央卫生部和中国红十字会总会的有关要求，正值改组的江苏红十字会开展了医疗机构的综合治理工作，创造性地增建了一批医院、诊所、保健站（所）、急救站②等医疗机构，并对其进行规范管理，促进了江苏尤其是苏南城乡医疗服务体系的初步建立。

长泾分会理事郭琦元、总干事张宇和及诊所主任华毓楠自1950年12月参加分会干部学习会返回后，就计划将诊所扩充为医院，并开办短期训练班，但旧有的房屋不够用。经长泾分会与当地政府商洽，区镇领导同意尽快返还分会的9间门面房屋。1951年1月31日，长泾镇工商界座谈会召开，讨论了房屋修建的经费问题③。与会工商界人士热心表示，将自愿捐助1000万元（实际捐献1500万元）；泥水木作工减低一半工资，还捐献了个70工；起卸业工人和镇农会义务搬运材料，复明电灯厂赠送并免费安装41盏日光灯（电灯）。5月15日，计划修理的18间平房全部竣工，诊所正式扩充成医院④。这样，江苏红十字会医院由原来仅有的1所（即

① 《中国红十字会总会1951年工作计划大纲》，《新中国红十字》第6期，1951年2月，第13页。1950年8月，第一届全国卫生会议确定“面向工农兵、预防为主和团结中西医”为新中国卫生工作的三大原则。

② 新中国成立初期，江苏红十字会根据中国红十字会总会的指示精神组织了大规模的急救训练，并建立了众多急救站。急救训练及急救站的工作情况详见后文。

③ 《长泾分会1951年1月份工作简报》，《新中国红十字》第6期，1951年2月，第30页。

④ 《江阴分会改组以来的工作》，《新中国红十字》1952年1月号，第49页。

青浦县分会医院）增加到2所。

自6月1日起，江阴县长泾医院除原有的内科、五官科、妇产科以外，增设了外科和化验室（外科医师严泉源、化验员朱桂兴等新聘的医师、护士早在1月底就已提前来分会报到工作了）。同时，应附近乡镇广大群众的要求，在河塘桥陈墅乡设立巡回站，在北涸镇设立分诊所，由分会农村巡回医防队和农村卫生宣传队轮流选出卫生员，联合中医，结成坚强防保阵地，大规模地开展夏令防疫活动，进一步巩固业务基础，推进会务工作①。而在此之前的1950年1月，长泾分会诊疗所就已在东湖塘设立了分诊所，以自给自足为原则，只拨发部分药品，1月诊病人数就达348人次。东湖塘分诊所属试办性质，目的在于积累经验，为将来扩大业务做准备②。

1950年冬季，镇江市人民政府在组建冬防委员会的时候，镇江市分会治疗所在分会卫生科救护总处的领导下组成了一个红十字会救护组，90%的医务人员参加了救护工作。

1951年3月8日，无锡市民政局把接管的普善堂全部资产拨给无锡市分会，作为救济贫病市民的医药经费③，这在经济上为分会的发展提供了便利。

通过一段时间的扩充、补助，江苏红十字会医疗机构的整理工作取得了成效。从1952年华东区各省市红十字分会人员经费及事业补助费预算中（如表3-3所示）可以看到：1952年江苏7个分会中，江阴县分会和青浦县分会建有红十字会医院，除青浦县分会外均建有医疗诊所，常州市分会、无锡市分会和江阴县分会建有妇幼保健站，江阴县分会和青浦县分会建有巡回医防队，武进县分会建有农村服务站。尤其是在医疗机构数量增加的同时，医务工作者人数也随之增多，如此规模与前文表3-2所示1950年时的状况相比，大有进步。而且1952年江苏红十字会还获得了若干事业补助费及人员经费。

---

① 华毓楠、王祖尧：《江阴分会长泾医院修建房屋计十八间》，《新中国红十字》第11期，1951年7月，第33页。

② 《长泾分会1951年1月份工作简报》，《新中国红十字》第6期，1951年2月，第30页。

③ 参见陆永蔚：《无锡分会加强学习，提高政治水平，订立计划，保证完成》，《新中国红十字》第8期，1951年4月，第41页。

表3-3　1952年华东区各省市红十字分会人员经费及事业补助费预算表（江苏部分）

<table>
<tr><th>省市别</th><th>分会名称</th><th>人事部核定人数</th><th>分会所属事业单位</th><th>个人待遇</th><th>公用部分</th><th>事业补助费（万元）</th><th>备　考</th></tr>
<tr><td>南京市</td><td>南京市分会</td><td>14</td><td>诊所
（按25人计算）</td><td></td><td></td><td>18000</td><td>每人每月按70万元</td></tr>
<tr><td rowspan="17">江苏省</td><td>镇江市分会</td><td>6</td><td>诊所
（按14人计算）</td><td></td><td></td><td>10080</td><td>同上</td></tr>
<tr><td rowspan="5">常州市分会</td><td rowspan="5">6</td><td>诊所
（按14人计算）</td><td></td><td></td><td>10080</td><td>同上</td></tr>
<tr><td>诊所
（按25人计算）</td><td></td><td></td><td>18000</td><td>同上</td></tr>
<tr><td>妇幼保健站
（1处）</td><td></td><td></td><td>4200</td><td>每月350万元</td></tr>
<tr><td>接生员训练班</td><td></td><td></td><td>420</td><td>全年补助</td></tr>
<tr><td>医助训练班</td><td></td><td></td><td>4800</td><td>同上</td></tr>
<tr><td rowspan="3">无锡市分会</td><td rowspan="3">10</td><td>诊所
（按12人计算）</td><td></td><td></td><td>8640</td><td>每人每月按60万元</td></tr>
<tr><td>妇幼保健站
（1处）</td><td></td><td></td><td>4200</td><td>每月350万元</td></tr>
<tr><td>接生员训练班</td><td></td><td></td><td>252</td><td>全年补助</td></tr>
<tr><td rowspan="6">江阴县分会</td><td rowspan="6">6</td><td>医院
（按21人计算）</td><td></td><td></td><td>15120</td><td>每人每月按60万元</td></tr>
<tr><td>诊所
（按7人计算）</td><td></td><td></td><td>5040</td><td>同上</td></tr>
<tr><td>妇幼保健站
（2处）</td><td></td><td></td><td>8400</td><td>每处每月350万元</td></tr>
<tr><td>接生员训练班</td><td></td><td></td><td>336</td><td>全年补助</td></tr>
<tr><td>医助训练班</td><td></td><td></td><td>4800</td><td>同上</td></tr>
<tr><td>巡回医防队
（6人计算）</td><td></td><td></td><td>4320</td><td>每人每月按60万元</td></tr>
</table>

（续表）

省市别	分会名称	人事部核定人数	分会所属事业单位	个人待遇	公用部分	事业补助费（万元）	备　考
江苏省	青浦县分会	4	医院（按15人计算）			10800	每人每月按60万元
			医助训练班			3600	全年补助
			巡回医防队（6人计算）			4320	每人每月按60万元
	武进县分会	4	农村服务站（按18人计算）			12960	同上

资料来源：《1952年华东区各省市红十字分会人员经费及事业补助费预算表》，中国红十字会总会档案馆馆藏档案，全宗号：永久3号。

在苏南红十字医疗机构进行整理的同时，1952年六七月，治理淮河第二阶段工程结束后，因苏北灾区防治雅司病、钩虫病等地方病的需要，中国红十字会组织的第一医防服务大队离开了治淮工地，分批移驻苏北淮阴专区的淮阴、沭阳、涟水、泗阳等县和清江市，配合生产救灾，推进防疫和妇幼卫生工作。10月，第一医防服务大队结束了苏北巡回医防工作，除泗阳、泗洪（此时属安徽省宿县专区）两诊所仍留在原地作地方病防治，并进行农村卫生工作外，其余回北京集中整休整编。12月1日，在原红十字会医疗队泗阳诊所的基础上，中国红十字会泗阳诊疗所在县政府所在地众兴镇解放路正式成立，工作人员15人，其中卫技人员11人。诊疗所的主要任务是开展卫生宣教工作，防治雅司病、梅毒、黑热病、回归热等传染病，以及医疗急救和各种预防接种等①。

1952年，泗阳诊疗所的成立及此后开展的相关活动意义重大，它标志着新中国成立之初苏北地区红十字医疗机构及其活动的开始，弥补了苏北

① 《第一医防服务大队在苏北展开了“雅司病”的防治工作》，《新中国红十字》1952年7月号，第7页；《第一医防服务大队在苏北泗阳训练接生员工作总结》，《新中国红十字》1952年12月号，第21页。1958年7月，泗阳诊疗所撤销，其人员与设备大部分充实到洋河镇卫生院，少数物资充实到裴圩卫生院。见泗阳县地方志编纂委员会编：《泗阳县志》，江苏人民出版社，1995，第672页。

地区无红十字会及活动的不足。同时，在江苏甚至是在全国开创了一地区虽无红十字会组织但可以建有红十字医疗机构，或以红十字医疗机构替代红十字会组织，或红十字医疗机构与红十字会组织合二为一的特例。可见，泗阳诊疗所在苏北地区可谓独树一帜。这是历史悠久的红十字运动在新旧政权更替的背景下出现的断层与恢复发展时特有的区域现象。这种现象一直持续到1955年。这年2月，为加强洪泽湖管理，安徽省泗洪、盱眙两县划入江苏，已建成的泗洪红十字诊疗所也随行政区划而变更。

实际上，在1956年苏北开始创建市、县及基层红十字会之前，仅有泗阳、泗洪两个县两处红十字诊疗所开展相关活动，而且时间都不是很长。

新建、补助医疗机构固然重要，而规范管理医疗机构具有同等的重要意义。无锡市分会劳工保健所的机构调整即是典型事例。无锡市分会劳工保健所一开始是个复杂、不健全的机构，设有门诊，产房、病床等，业务繁多，工作秩序混乱，保健所既不像医院，又不像诊所。1954年，经过市卫生局多次研究，确定先从加强领导着手，配备了专职所长，并逐步调整机构，将产房、病床等全部撤销，扩大门诊业务，使工作逐步走向制度化。所里工作人员在市卫生局党委统一布置下，加强了政治学习，经常受到教育，服务态度有了很大的转变①。

另外，需要指出的是，自1955年起，中国红十字会所属医院、诊疗所、护士学校、助产学校、接生站、保健站等先后移交给地方卫生部门管理。从此，中国红十字会不再领导和管理医疗保健等业务机构，这标志着中国红十字会在管理职能上实现了重大的历史性变革。不过，各地红十字医疗机构管理权限的移交在时间上先后不等；到全部完成移交，所持续时间也比较长，而且有些医院至今还一直保留着红十字会的冠名。其中，作为中苏两国在医疗领域合作的典范，1952年，由中国红十字会总会和苏联方面合作筹建的北京苏联红十字医院，于1957年移交我国，1970年改名为北京友谊医院。

三、整理的成效

江苏红十字会的医疗机构经过上述综合治理（包括前文提到的政治学

① 张汉卿：《做好红十字会工作的保证》，《新中国红十字》1954年7、8月号，第26—27页。

习和会务学习），收效显著。医疗机构所开展的群众性服务工作，秩序井然，成绩突出，受到不同层面的表扬和嘉奖。无锡市和江阴县分会两处妇幼保健站的工作就较为典型。

1952 年 7 月，无锡市分会选派 5 名工作人员在距市郊 8 里多的山北乡新建一座妇幼保健站。在 1 年多的时间里，他们在卫生工作、妇幼保健工作、卫生知识宣传等方面做出大量工作，赢得了良好的社会声誉①。

首先，组织开展卫生工作。1953 年春季，妇幼保健站根据上级指示和与乡政府共同制订的计划，以 90 余户的光明村为重点在山北乡普遍开展爱国卫生突击运动。此前，光明村的干部和群众担心搞爱国卫生运动会耽误生产，保健站就先帮助他们提前完成生产任务。在运动普遍开展之时，保健站工作人员结合当地的风俗习惯进行宣传动员，提高群众对卫生工作的认识，然后提出“垃圾集中、粪坑加盖、保存肥料不受损失”等口号，使卫生运动逐步走向深入，结果山坡下的浮厝都送往山上掩埋了，露天的粪坑做了修理并加上了盖。为了积肥增产，农民们还在卫生运动中利用乱

村民和保健站工作人员参观光明村第一个垃圾箱

① 顾淦澄：《一个农村妇幼保健站的工作》，《新中国红十字》1954 年 4 月号，第 18—19 页。

砖、石块等砌了14只土垃圾箱和一些灰棚，开垦了光明村附近的一块滋生很多蚊蝇的荒地，准备在这块荒地上种上经济植物，增加收入，并把一些肥土运到桑树地里进行施肥。

保健站还经常利用各种机会开展卫生工作。如1953年3月通过在全乡农民代表大会上的宣传，掀起全乡农民挖蛹的热潮；8月，结合治螟除草的中心任务，保健站在光明村发动除草卫生运动。

其次，做好最主要的妇幼保健工作。保健站只有5名工作人员，力量有限，就与附近各乡经过训练的26位接生员联系，经常辅导她们以担负起附近6个乡的妇幼保健工作。经过保健站不断地关心与教育，接生员们更加意识到自己任务的重要性，她们在每个村都认真做好产前检查、产后访视和接生，并展开妇幼卫生知识的宣传教育。1953年，她们在6个乡共接生295次，产妇和婴儿绝大多数健康平安。

为保护儿童健康，保健站除了按期进行预防接种外，1953年三四月间，还给401名小学生做了健康检查，向他们讲解卫生知识，培养卫生习惯。六一国际儿童节，又为223名儿童检查了沙眼、蛔虫等病症，并做了免费治疗。8月，保健站以妇女干部和民校①教师为主要对象，训练了一批保育员和卫生辅导员，还对他们在农忙和其他中心工作（如普选）期间办托儿所及做好妇幼卫生等做好准备。

妇幼保健站和群众建立的亲密关系对于当地农业生产也起到了一定的推动作用。如在新建乡养基村进行治螟工作的时候，为全村妇女开展了免费接生辅导教育，使她们深受鼓舞，一天内就点出30多盏灯引诱螟蛾，受到当地政府的表扬。

再次，进行卫生知识宣传。保健站运用多种方法发动接生员、保育员、卫生辅导员、防疫员、种痘员等群众力量进行卫生知识宣传。农村生产忙，会议也多，他们就围绕各项工作随时随地“遇会”宣传。他们在普选期间担任乡选举委员会宣传队队长、幻灯片放映员和选民小组组长的时候，就“遇会”穿插着宣传了有关妇幼卫生、冬季种痘等常识。平时，他

① 民校即民办学校。新中国成立之初对民办学校的政策是：国家“实行教育事业中的公私兼顾政策，对私立学校一般地采取了积极维持、加强领导的方针，使之逐步适应国家建设的需要，并实行在城市奖励私人兴学，在农村鼓励群众办学的政策”。参见邵宗杰：《规范民办中小学管理工作若干问题讨论》，《教育研究与实验》1998年第3期。

们经常在民校、冬校、小学及村里各种集会上，经单位领导或会议主持人同意，根据不同对象运用不同方式，并结合季节的需要进行不同内容的卫生演讲，一年多的时间共组织演讲470余次，受到群众好评。特别是夏天乘凉、冬天晒太阳等场合，更是他们宣传的好机会、好场所。

保健站在进行宣传时还注重从群众的切身利益出发。在农忙巡回医疗时，就根据已发现或可能发生的伤病来宣传这些伤病对身体及生产的影响。夏季，红眼病、肠胃病等病症较多，秋收时，大家不习惯齐泥割稻（为灭螟和增产，政府号召农民齐泥割稻）而经常割破自己手指、足趾等，保健站就针对这些情况向大家讲解预防的方法。

通过一年多的工作，山北乡妇幼保健站有效地提高了本乡及附近各乡人民群众的卫生知识水平，改变了他们许多不良的生活习惯。广大农民开始对清洁卫生工作重视起来，疾病的发生率降低了很多，光明村还成为郊区卫生典型村。保健站的工作受到了区领导的重视和好评。

无独有偶，江阴县分会青阳妇幼保健站的工作也十分突出。1953 年 1 月 12 日，保健站还成功地挽救了一名生命垂危的产妇。这天，保健站接收了花山区大谭家村一位名叫高大妹的产妇。高大妹因骨盆狭小分娩困难，晚上 8 时又突然发生剧烈呕吐，腹部疼痛。经检查发现胎儿向上缩，有子宫破裂内出血的先兆，产妇随时有生命危险。保健站的工作人员立即会同分会医院的医生给高大妹输入生理盐水、葡萄糖，注射强心针，并一边与江阴县人民医院联系，一边赶紧雇船将高大妹送往县城。虽是深夜，但保健站全体人员都要求护送，最后决定孙守璧、吴慎和张志菊随船护理，邓士明、赵士亭、王建明和顾川林帮助拉船撑船。因刚下过雨，沿途泥泞，他们就穿上草鞋拉船。到了县人民医院，产妇的子宫已破裂，胎儿已进入腹腔，经过剖腹手术才把产妇挽救了回来。护送人员还自愿献血，保证了产妇的生命安全①。

作为江苏红十字会医疗机构的典型代表，山北乡妇幼保健站和青阳妇幼保健站上述的工作情况，在一定程度上反映了江苏红十字会医疗机构整理后的总体成效。

① 《江阴县分会青阳妇幼保健站热情抢救垂危产妇》，《新中国红十字》1953 年 4 月号，第 22 页。

第二节　医防保健工作的开端

一、防治传染病

在旧社会，江苏医疗卫生事业落后，广大城乡严重缺医少药，许多烈性传染病时有发生，不少寄生虫病十分猖獗。从1950年起，江苏各级政府贯彻“面向工农兵、预防为主和团结中西医”的卫生工作三大原则，积极防治严重的流行病、地方病。为保护人民群众的身体健康，江苏红十字会配合当地政府组织疫苗接种，大力开展防治天花、霍乱、白喉等传染病，发挥了卫生部门的助手作用。

（一）1951年春季种痘

天花是一种急性传染病，人和某些哺乳动物都能感染，预防的方法是种痘。种痘也叫种牛痘、种花，即直接把痘苗接种在人体上，使人体对天花产生自动免疫功能。

自1950年春季起，我国就开始组织大规模的种痘运动，并计划在三五年的时间内基本上消灭天花。中央人民政府高度重视此项工作，10月7日，周恩来总理亲自为秋季种痘工作起草了《政务院关于发动秋季种痘运动的指示》①。10月12日，中央卫生部发布了《种痘暂行办法》，规定婴儿在出生6个月内即应种痘，届满6岁、12岁、18岁时再各复种一次，同时要求全国人民普遍种痘②。中国红十字会积极配合人民政府开展种痘运动，总会还力所能及地为各地分会提供了痘苗和相关费用。如10月28日，为开展冬季种痘，总会第一批就向40个分会医院、诊所寄发痘苗5000打，并附上消毒费用。11月18日，对路远交通不便、邮寄迟缓的昆明等10个

---

① 中共中央文献研究室、中央档案馆编：《建国以来周恩来文稿》第3册，中央文献出版社，2008，第394—396页。

② 刘国新等主编：《中华人民共和国史长编》第1卷，天津人民出版社，2010，第140页。

分会，总会将配发的痘苗折价，连同消毒费一并汇出，以支持当地开展种痘[①]。

1951年春季，江苏红十字会多数分会正在酝酿或着手改组工作，但按照中国红十字会总会发出的《大力协助地方政府开展春季种痘工作》的通知要求，积极配合当地政府开展了规模较大的种痘活动。

第一，在政府部门和有关团体的指导下，建立临时性组织认真开展种痘工作。

3月7日，无锡市分会治疗所在接到市卫生局的通知后，就组织防疫队，其中队长1人、小组长2人、工作人员4人，编成2个小组，由小组长负责，队长与小组长带头开展工作。

常州市分会应市防疫委员会的邀请，承担了怀德路派出所辖区的种痘任务，分会治疗所主任于开明担任怀德区防疫队队长。为做好工作，于开明邀集该区中西医师18人及派出所负责人、居民卫生组长等在分会召开会议，商讨有关事宜，体现出中西医团结合作的精神。会议决定种痘实行分区负责制，18位医师分为9个小组，每2人为1组，担任约10个居民小组的种痘任务，分会16位学员分成5个组，这样更能负责地完成种痘工作。

常州市分会开展医防服务

每天早晨，于开明布置任务后，就会同派出所负责人及居民卫生组长一起工作。每天下午四五点钟，种痘小组陆续返回后，随即汇报和统计种痘人数，交流群众种痘后的反应，且针对工作中的困难和缺点，从实际出发随时进行商讨，并加

① 《配合政府加强冬季种痘运动》，《新中国红十字》第3期，1950年11月，第8页。

以克服和纠正。种痘小组认真做好检查工作，种痘后的六七天，他们即按照种痘的先后次序挨户检查，必要时随时进行补种。据统计，在对2300多人的检查中，发现反应的比例是：原发反应8.16%，无反应2.94%，化脓反应40.7%，加速反应33.3%，即时反应14.9%。

3月17日，以江阴县分会长泾医院为基干的江阴县防疫委员会长泾区分会宣告成立，成员包括乡镇行政、学校、中西医、工、青、妇、农、工商等各界代表54人，下设总务、宣教、技术3个小组。该分会在长泾、顾山、北涸3个镇成立支会，在南涸、祝南、在竹、河塘、赤岸、栋籁、大九、方盖、沈舍9个乡分设防疫站。痘苗材料除县防疫委员会拨发100打和中国红十字会总会拨发40打外，长泾、北涸、顾山等村镇工商界还捐献了187打，长泾区分会自购了27打。

该分会有时择机设站进行工作，如赴机关、学校、群众集会地点、交通要道设站，或在医院、诊所设站进行接种；有时组队机动分赴各地，配合市行政部门按户接种，配合农会下乡接种，并在发现天花的地区进行突击接种。3月19日，该分会得知河塘乡附近和无锡县黄土塘一带发现天花后，立即临时组织两个突击队，分别由华毓楠、顾孟寅带领前往河塘乡和黄土塘，对发现天花的地区做紧急处理，及时防止疫病蔓延。

第二，开展宣传说服工作，打消群众的思想顾虑，保证了种痘工作顺利进行。

无锡市分会在种痘工作一开始，就发现有些居民由于害怕注射疼痛而不愿意种痘。为此，防疫队员进行了口头宣传和说服工作，使群众消除了思想顾虑，3天内就完成了595人的种痘任务。

为保证种痘工作顺利进行，常州市分会在接到红十字会总会的通知后，立即动员全体16位工作人员连日学习天花与种痘的基础知识，提高了思想认识，掌握了如何耐心说服群众的本领。在广泛深入地推进种痘的过程中，常州市分会防疫队员事先联系派出所召开居民座谈会，分会派人员前去宣传种痘的意义。群众认识提高后都纷纷表示，愿意协助做好种痘工作。

江阴县防疫委员会长泾区分会自3月17日成立后，该分会宣教组成员和支会的宣传员就开始活动。他们配合当地教员、学生、农妇代表利用标语、板报、漫谈、讲座等形式，或进行个别访问，或结合群众性集会，针对群众思想状况，广泛宣传预防天花和种痘的意义；他们甚至提出“患了天花，不死即麻”“防花如防匪”的口号，逐步消除了群众的思想顾虑。该分会长红农村卫生宣传队更进一步地在农村巡回演出歌剧《孙阿福种痘》，打破群众迷信思想，提高了农民对种痘的认识，为接种做好准备。

如前文所述，3 月 19 日，该分会两个临时突击队在河塘乡附近和无锡县黄土塘一带开展防治天花工作。领队的华毓楠、顾孟寅在当地政府召开的群众大会上，强调天花的危险性，说服群众接受种痘。当天，两队就接种了近 4000 人。

第三，在工厂、学校、车站等地广泛开展种痘活动，成绩突出。

镇江市分会为配合政府春季种痘防疫工作，特抽调一部分医务人员对该市群众及在学校、团体等处开展种痘工作。

无锡市分会在辅仁中学、尚艺小学、长元小学及省立无锡师范共种痘 1644 人，在新毅布厂完成了 130 人的种痘任务。此外，郊区黄巷乡全乡完成种痘 708 人。防疫队在种痘的第四天开始实施详细的检查，以防发生不良反应。另从 3 月 20 日起，防疫队担任火车站旅客的种痘工作，从早晨 5 时至上午 9 时为旅客种痘。至 3 月底，11 天共种痘 2604 人。春季，无锡市分会共种痘 5727 人①，完成了预定任务。

常州市分会除 18 位中西医师分担怀德路派出所辖区一部分任务外，还承担了其余 70 多个居民小组的种痘工作，并完成了市卫生科委派的为火车站旅客种痘的任务。此外，分会还为工厂、商店、中小学以及文艺工作者协会等单位、团体进行种痘。他们时而远至郊区，时而深入棚户，自 3 月 9 日至 4 月 14 日，共种痘约 10060 人。

江阴分会协助江阴县防疫委员会负责担任长泾区春季种痘工作。在工作中，县分会紧密团结中西医，发动群众的力量，捐献痘苗，掀起种痘热潮。自 3 月 17 日至 4 月 6 日，20 天种痘工作就全部结束，共接种 33877 人，完成全区总人口 48% 的预防任务。4 月 20 日，在县春季种痘评模会议上，江阴县分会光荣地被评为江阴县单位模范②。江阴县防疫委员会特致函③县分会，以示表扬。

---

① 《无锡分会完成春季种痘》，《新中国红十字》第 8 期，1951 年 4 月，第 45 页。

② 王祖尧：《江阴分会胜利进行春季种痘》，《新中国红十字》第 9 期，1951 年 5 月，第 40 页。

③ 《江阴县防疫委员会的表扬函》，《新中国红十字》第 9 期，1951 年 5 月，第 41 页。

中国红十字会江阴县分会：

贵会在负责担任此次长泾区的春季种痘工作中，全体员工都能做到刻苦耐劳，团结中西医，深入农村，及时扑灭疫病蔓延。并发动当地工商界，自动〔主动〕捐献疫苗187打，解决疫苗不足的困难。进一步组织农村卫生宣传队，结合抗美援朝运动，演出胜利花棍、孙阿福种痘等歌剧，打破农村中的迷信落后思想，提高一般农民对防疫的认识，掀起普遍种痘热潮，获得全区播种33877人（占全区人数的48%）的优良成绩。在县春季种痘评模会议时，光荣评得江阴县单位模范，特此予以表扬，以资鼓励，即希继续努力，贯彻夏季防疫任务。此致。

江阴县防疫委员会启

五月一日劳动节

第四，种痘工作既有收获，取得了经验，也存在一些不足。

如前文所述，常州市分会在种痘之前，组织全体工作人员学习了天花与种痘的基础知识，并很快掌握了新法——多压法的种痘技术。后来的种痘实践证明，采用多压法比旧法划线的效果要好得多。多压法的经验是用苗省，只需一小滴，但手压的时候要有弹力，范围要小，否则发得太大，反应也大①。江阴县防疫委员会长泾区分会则采用了拨浆针压法的接种方法，既省苗又简便，接种迅速不疼痛，受到广大群众的欢迎。

江阴县分会春季种痘主要有如下收获。一是虽然未能做到百分之百种痘，但已经普遍地提高了群众的卫生常识，使群众认识到疫病的危害性与防疫的重要性，把“预防为主”的卫生总方针深入广大农村中。二是中西医更进一步地加强团结，互相研讨技术，交流经验，为“中医科学化”和“西医中国化”打下基础。三是医工人员都能面向工农兵，了解农民生活习惯，和农民兄弟打成一片，使得防疫工作与农业生产活动结合起来。

正因为江阴县分会认真负责地开展种痘工作，所以涌现出不少感人的事例。例如，长泾北西街的张老太已83岁高龄，当她知道红十字会防疫队要来种痘时，就对附近居民说：“我活到现在，从来没有看到像这些姑娘真心地来为我们服务的，现在种痘不花钱又不痛，种了痘不害病，这是大

① 吴逸樵：《常州分会这样进行种痘》，《新中国红十字》第8期，1951年4月，第46页。

好事，人民政府处处爱人民，我们还能不种吗?”她带头种痘，全街居民很受感动，一小时就都种完了痘。

又如，志宋小学教导主任吴仲寅年幼时曾患天花，落下后遗症（一脸麻子），这次他种了痘，发得很好，他对患过天花种过鼻苗的人说：“你们不要相信自己出过天花就能免疫了，不相信，看我的手臂，发得多大!”他的话疏通了不少中老年人的思想。很多群众反映这次种痘“苗好、不要钱、不忌嘴、少麻烦，不吃新鲜也发，工作人员很热心”，这是“人民政府替人民做的好事”。

不过，该分会春季种痘工作中也存在一些缺点，如接种面大而工作人员太少，农村各个角落难以全部照顾到；部分群众觉得宣传工作做得还不够，形式近于呆板；部分技术人员因初次工作，在接种初期忽视消毒，致使发生不少化脓现象；华东制药公司痘苗供不应求，影响种痘速度，甚至工作有时被迫中断等。这些缺点和不足在后来的工作中逐步得到了改进。例如，1951 年夏季，在长泾区防疫工作中第一次就有 1.2 万余人注射了疫苗①。

（二） 争取消灭天花

1953 年 1 月，中央卫生部颁布《关于 1953 年预防天花的指示》，指出“三年来的种痘工作，全国大部地区已基本上完成了普种，天花病人已显著地减少了，很多城市天花已经绝迹”。不过，“少数边远偏僻的省县进行种痘工作较差，发生的天花病人亦较多”。卫生部要求一般地区在 1953 年年底前补种牛痘完毕，少数边远偏僻地区在 1954 年年底前补种牛痘完毕，1955 年全国基本消灭天花②。

水上种痘既是镇江市分会种痘工作的一大特色，也是江苏尽早消灭天花的一大难点。

早在 1951 年春季，镇江市分会除了进行陆上种痘外，还配合水上派出所为江面船户种痘，并格外重视消毒工作③。据统计，该市水上居民约五

---

① 王祖尧：《推进环境卫生工作》，《新中国红十字》第 12 期，1951 年 8 月，第 49 页。

② 《总会抄发中央卫生部关于 1953 年预防天花的指示》，《新中国红十字》1953 年 2 月号，第 5—6 页。

③ 吉仰明：《镇江分会二三事》，《新中国红十字》第 9 期，1951 年 5 月，第 41 页。

六千人，他们的生活流动性大，比较散漫，加上天气冷，害怕种痘时受凉，尤其是对儿童种痘有顾虑，担心接种要脱衣服。实际上只要卷起袖子就可以种痘。因此，分会诊所采用“抢种”的办法，趁着中午或天气暖和的时候划船渡到江中，挨组挨船地为他们接种，并且把种痘工作重点放在划船组。因为他们生活较苦，平时对卫生不够重视。

为了尽早消灭天花，1953 年春季，镇江市分会还创新了水上种痘工作方法，即先与派出所和卫生委员会取得联系，主要依靠骨干分子发动群众，根据调查了解的情况再进行种痘。具体做法是：选出较大的船只设立临时种痘站，由骨干分子四面八方地发动群众来种痘，有的积极分子一次一次地扶着抱着小孩来种痘，有的划着船送人来接种，大家的力量一经发动起来，工作很快就完成了。小孩子全部种上痘苗，一位从来没种过痘的 60 多岁大娘，这次也种上了①。可见，开展水上种痘，保证了镇江市种痘的全覆盖。

1954 年，青浦县分会在举办爱国卫生展览会期间，宣教组给渔民儿童种了牛痘，消灭了该县种痘的空白点②。

据统计，“1954 年，天花即在全省绝迹，比全国、全世界消灭天花分别早 12 年、25 年”③。江苏红十字会为全省较早地消灭天花做出了应有的贡献。

（三）防治霍乱、白喉

1951 年夏季，正处在霍乱流行的周期，加上苏南城乡物产展览会④开幕，人口流动频繁，全国各地来无锡参观的就达数十万人，极易引发流行病，所以预防工作较以往更加重要。无锡市卫生局为此做出指示，要求大家提高警惕，加强霍乱预防工作。

无锡市分会配合市政府完成预防任务，组织防疫队的两个小组，分会

---

① 张书绅、戴玉三等：《介绍几种不同的种痘方式》，《新中国红十字》1953 年 5、6 月号，第 10 页。

② 青浦县分会：《青浦县的爱国卫生展览会》，《新中国红十字》1954 年 7、8 月号，第 27 页。

③ 刘定汉主编：《当代江苏简史》，当代中国出版社，1999，第 82 页。

④ 新中国成立之初，有组织地开展城乡物资交流会，对于促使物资货畅其流，进一步加强城乡之间的经济联系十分必要。1951 年 5 月至 1952 年夏秋间，江苏各市、专区、县以及一些集镇，纷纷举办物资交流大会或物产展览会。同时，各地还普遍举办初级市场物资交流会。见刘定汉主编：《当代江苏简史》，当代中国出版社，1999，第 89 页。

4名医务人员（其中医师、药剂师、助产士、护士各1人）加入小组，另外邀请仁济医院护士学校的4名同学前来协助工作。这次防疫注射工作采取包管制进行。6月17日，市分会开始工作，卫生局先交给的任务主要是学校方面：积余中小学校1370人，蔡氏小学校361人，志强小学343人及门诊部72人；后来交给的任务是工厂方面：信和布厂100人，新毅布厂143人，同余布厂57人，大业布厂48人，光华布厂40人，庆利布厂100人。分会先后4天就完成注射任务2557人，浓缩注射261人。之后进行了第二次注射2366人，第三次注射2085人，6月24日注射任务全部结束，总计7269人。与此同时，协助分会进行注射工作的、派驻公营丝厂服务的助产士注射了261人，西乡平民疗养院负责完成申三铸工厂、开源小学、镇山小学、大山小学、华东神学院等526人的注射任务。

无锡市分会在这次防疫工作中主要取得了如下经验：一是坚持打满3针后发放注射证，避免流弊；二是耐心说服与强制相结合进行注射；三是分小组进行注射，由小组长和工会干部先带头，然后推展开来；四是没有浪费公家经费等。但同时存在不足之处。比如，宣传动员工作尚未充分开展；针头太少、易坏，针头上有钩，容易引起疼痛、出血等①。

白喉是一种传染病，常引起心肌炎和瘫痪。1953年，我国发生过一次白喉大流行，每10万人口发病数达7.79人。早在1952年秋季，镇江市分会诊所就注射四联疫苗4000人，还为居民和学校儿童注射白喉类毒素。因为天气较凉，儿童家长有些顾虑，经读报组等宣传后，分会注射工作才得以顺利进行②。自1953年9月下旬开始，镇江市分会再次组织开展白喉预防注射工作。在当地卫生机构的统一分配下，分会担任了18所学校、水上居民组和郊区京岘乡的注射任务，共注射2500余人③。

二、职工劳保医疗

新中国成立后，经济恢复及大规模建设随即展开。国民经济恢复和

① 无锡分会：《我们是这样进行防疫注射的》，《新中国红十字》第11期，1951年7月，第22页。

② 《镇江市分会诊所业务近况》，《新中国红十字》1952年12月号，第20页。

③ 闵金禾：《镇江分会开展白喉预防注射工作》，《新中国红十字》1953年11月号，第28页。

建设都需要劳动者拥有健康的身体，同时人们生活水平的提高也对卫生医疗服务提出了更高的要求。1951年2月26日《中华人民共和国劳动保险条例》（以下简称《劳保条例》）[①] 和4月16日《关于实行中华人民共和国劳动保险条例的厂矿企业原有劳动保险事业处理办法的规定》陆续出台，自5月1日起，全国170多万职工享受劳保待遇[②]。7月20日，中央卫生部和劳动部发出通知，明确要求做好夏秋间职工卫生保健工作[③]。

江苏首先在100人以上的企业和铁路、搬运、邮电系统中贯彻实施《劳保条例》，对不属于以上范围的企业以及季节性企业，由企业（或资方）与工会基层组织根据《劳保条例》规定的原则和企业的实际情况，协商签订合同，解决有关劳动保险福利问题。到1952年年底，全省实施《劳保条例》的企业有267家，职工12.7万余人；签订劳动合同的企业73家，职工2.7万人[④]。其中，苏南不少工厂、企业依据《劳保条例》和其他相关规定及实际需要，邀请红十字医务工作者担任职工劳保医疗工作。

与此相适应，江苏红十字会根据“面向工农兵”的卫生工作原则，密切配合生产建设任务，开展工厂、机关等单位的医疗保健工作，为职工健康服务。劳保医疗因而成为工人的一项福利，是城镇居民生活明显改善的重要标志。下面以常州市分会为例，考察江苏红十字会开展职工劳保医疗的情况。

（一）常州3家工厂的劳保医疗

自1951年8月起，常州市分会先后与鼎泰面粉厂、厚生机器铁工厂、

---

① 参见《中华人民共和国劳动保险条例》，《人民日报》1951年2月27日。《劳保条例》于1951年2月23日政务院第73次政务会议通过，2月26日公布，自1951年3月1日起施行。

② 新华月报社编：《中华人民共和国大事记（1949—2004）》上，人民出版社，2004，第40页。

③ 《中央卫生部和劳动部发出指示，做好夏秋间职工卫生保健工作》，《新中国红十字》第2卷第1期，1951年9月，第68—69页。

④ 杨颖奇主编：《江苏通史·中华人民共和国卷（1949—1978）》，凤凰出版社，2011，第175页。

薄利仁油饼厂等单位订立保健合约，担任工人劳保医疗服务任务[①]。值得一提的是，常州市红十字组织与公、私营工厂和企业签订工人保健合同，指派专人驻厂负责卫生保健工作，1952 年 12 月，这一做法在中国红十字会全国工作会议上得到肯定[②]。

鼎泰面粉厂是常州市规模较大的一家机器磨粉厂，有 126 名职工，一昼夜能消耗 15 万斤小麦，每小时可产出 100 包面粉。1951 年 8 月，面粉厂与常州市分会订立医疗互惠合约。除医师每星期一、三、五前往担任 3 个小时医疗任务之外，分会还经常派 1 名护理员驻厂服务，担任一般外科急救工作。一年里共诊病 5500 人次，其中内科占 38%、外科占 6%，大多数是肠胃炎、四肢疼痛、沙眼等疾病；有 3 人患轻型结核，做隔离处理；有 1 人患肾炎，经治疗很快康复；另有 1 名结核性腹炎患者，休假 3 个月后转院治疗。

在面粉厂工作的红十字医务人员经常到厂房、车间、总务处等处，实地了解职工的健康状况，建议工人工作时一律戴上口罩。医务人员为配合爱国卫生运动，提出“普遍养成爱清洁爱卫生的优良习惯”的口号，要求每个部门、每个角落都要打扫得干净整齐，每周六进行一次大扫除，长期保持环境卫生清洁。此外，医务人员还开展卫生宣教活动，利用黑板报、集会、标语和漫画等多种方式进行宣传，或由读报员、工校教师讲解卫生常识，让工人懂得搞好生产的同时，需要保持身体健康。

厚生机器铁工厂是常州市私营重工业工厂之一，新中国成立时已有 30 多年的历史，所出品的丰田式织布机对当时我国织布生产能力的提高有很大的贡献。全厂 200 余名职工，《劳保条例》公布后，该厂劳资双方均非常重视工人健康问题，1951 年 10 月，该厂与常州市分会签订了劳保合约。

为保证工人的健康生活和节省工人的诊疗时间，常州市分会决定在机器厂内设立医疗室和疗养室，供职工治疗和休养。分会派 1 名护理员经常驻厂服务，负责急救、注射、普通外科敷药等工作，医师每天下午 2 点半到厂里开展医疗及其他劳保工作。为预防疾病发生，红十字医务人员在全

① 《常州市分会的工厂保健工作介绍》，《新中国红十字》1952 年 8 月号，第 21—22 页。

② 《更加努力，发挥红十字会更大的作用——中央卫生部傅连暲副部长在中国红十字会全国工作会议上的讲话》，《新中国红十字》1953 年 1 月号，第 17—18 页。

厂进行了一次职工防疫注射，并计划每隔6个月进行一次全面体格检查。患肺病等病症的职工持有医生检查证明需要休养的，可住疗养室休养，其他如胃病及消化不良等患者，医务人员备好营养膳食予以照顾。

机器厂职工患的最多的病是外伤，如烫伤、轧伤等，其次是鼻炎、胃病、头晕、沙眼等。1952年6月，红十字医务人员对职工进行了一次体格检查，经化验发现感染寄生虫的很多，约占40%，主要原因是大部分职工来自乡村，传染的机会较多。同时，还发现少数人患有肺病等慢性传染病，医务人员随即展开了防治工作。

常州市私营薄利仁油饼厂拥有职工193人，其中80%是来自苏北泰县。该厂每天消耗黄豆144128斤，出品豆饼131156斤，豆油17295斤。豆饼可供1009亩田施肥，豆油可供18448人一天食用。1952年1月，该厂与常州市分会订立医疗互惠合约，约定以6个月为一期，药品由油饼厂自备，分会派1名医师每逢星期一、三、五前往应诊2个小时，并经常派1名驻厂护理员，处理普通外科及急救等工作，厂内设有6张病床，供轻病人休养。至1952年6月，红十字医务人员在全体职工体格检查时发现患疝、痔、四肢酸痛等病例，共诊治病人3670人次，其中内科2851人次、外科819人次。

自工厂医疗室开诊后，工人们纷纷感谢政府的照顾，一位有着30多年工龄的老职工说："现在的政府，对我们有两件事最好：一是劳保看病；再就是生病后可享受工资待遇。以后我们生病，就不要愁长愁短了。"还有一位老职工患下肢溃疡已11年（1942年夏天开始得病），过去因无钱治病，治疗时断时续，一直未好。享受劳保医疗后，腿脚医好了，所以他非常感激地说："想不到共产党来了，给我治好这脚，现在我真感到无限的愉快，我一定要在工作岗位上努力生产。"

除诊治病人外，红十字医务人员还组织开展防疫、环境卫生等工作。他们在全厂职工吃饭的时间，先利用扩音器做动员报告，接着进行防疫注射，结果工人都争先恐后地来接受注射，并且说"保护身体健康就是增加生产"。在环境卫生方面，医务人员一方面将饮用水送医院化验，另一方面购置臭药水等经常洒扫宿舍、厕所等地方。为了增加病人营养，他们还保证经医生签证的都可以享受到特备的食品。在过去，油饼厂车间的温度最高时可达到45℃，经常有人晕倒。针对这一状况，医务人员除改善通风设备外，还备置了简单的红汞水、碘酒、樟脑、白兰地、人丹等药品，以便随时应急。

（二）改进劳保医疗

常州市分会在油饼厂的保健工作中虽取得了成绩，但也存在一些缺点，主要是：其一，没有充分地进行卫生宣教，致使普通工人缺乏对于卫生常识的了解。为改进此项工作，市分会与厂里劳保干事商量，准备每个星期在工人学校上课时，添加卫生课的内容，逐步地向工人讲授卫生知识。其二，慢性病在短时间内是难以治好的，工人一心想搞好生产，一旦得了病就非常心急，分会医务人员没有很好地说服、帮助他们耐心休养，像注射组织液等一样，缺乏耐心劝说。其三，在进行环境卫生工作时，没有联系群众逐步展开。其四，没有对生病的工人进行个别访视。

常州市分会所开展的职工劳保医疗工作受到了红十字会总会卫生组的重视。在了解到常州市分会在上述3个工厂1年的保健工作之后，总会卫生组认为，常州市分会在治疗方面做了一些工作，但预防工作还做得不够。卫生组特地对常州市分会此后的劳保医疗工作提出以下几点建议：

1. 每年至少做一次体格检查，并研究检查结果，做病因改善和缺点矫治工作。

2. 要在门诊时发现病源，追查病源，并进行预防。

3. 安全设备、环境卫生，要在提高工人同志的认识后发动他们自动的［主动地］去做；并注意（对）不对的（进行）检查和改进。

4. 经常进行卫生常识的宣传，并推行和组织急救训练。

5. 检查记录中发现薄利仁油饼厂有较多的疝、痔、四肢酸痛等病例，是否因站立太久，工作强度太大；厚生机器铁工厂的烫伤、轧伤较多，是否没有安全设备；一般的沙眼都多，是否还没有注意预防。这些都要通过典型事例，不停的［地］作宣传教育，予以改进。

常州市分会正视劳保医疗工作的缺点和不足，虚心接受总会卫生组的建议，不断地改进工作。从常州市分会接下来的在面粉、油、铁、纺织等5家不同性质的工厂里担任1年多的劳保医疗工作来看，他们在改进工人的健康状况和提高工人卫生常识方面做出了一定的成绩，同时取得了如下经验[①]。

第一，了解病人的心理状态，进行耐心和气的说服工作。当医师第一天去厂方医疗室的时候，候诊工人一般都对医生寄予很大的希望，特别是慢性病人更是欣喜万分，他们总是希望病情马上好转。这时候，医生就要从思想上、心理上和环境上详细地了解分析，掌握病人心理，不能单纯地着眼于药物治疗。在了解病人的心理状况之后，还必须结合治疗进行耐心的说服和解释工作，不厌其烦地给病人讲清道理，这样才能安定病人的情绪，使他们配合医务人员治疗，收到预期效果。

第二，运用具体病例开展卫生宣传教育。工人文化水平一般都较低，由于缺乏基本的卫生常识，他们往往对疾病和医疗存有一些错误的看法。当时工人的错误认识有：生病是命中注定的，算自己倒霉；治疗时看好贵重的药品，使用药片、药水、药粉等就不满意，并且喜欢注射，许多人甚至要求注射葡萄糖；怀疑医生的用药，如患寄生虫病和痢疾类的，先吃泻药，就有点恐惧等。医务人员就结合病例及时地进行宣传教育。在健康检查时，医务人员发现许多工人患上沙眼，就动员并要求每人自备一条手巾，教育大家注意个人卫生。在进行预防注射时，他们就结合“预防为主”的方针进行宣传教育，把为什么要预防的道理通过扩音器详细地进行宣传解释。他们还利用黑板报书写出当时主要传染病（如霍乱、伤寒、鼠疫、天花等）的症状和得病后果，用漫画绘出细菌和病人的形态。上述的宣传教育丰富了工人的卫生常识。事实证明，结合具体事例的教育方法是比较容易收到实际效果的。如工人知道了粪缸要常撒石灰；饮水时每人应用自己的杯子；饭前便后一定要洗手等。他们不再迷信巫医和神汉，互相提醒不饮冷水和吃生冷的食物，经常戴口罩，不随地吐痰，一般都养成注意个人卫生的习惯。发病率也随之大为减少，1952 年甚至没有一家工厂发生过传染病。

第三，重视对病人的关心和访视。红十字医务工作者一进入工厂就端正了自己的思想作风和工作作风，严格要求自己，对病人表现出同情和关心，绝不粗枝大叶，敷衍了事。他们建议厂方建立营养食堂，以便重点照顾结核病人；平常诊断时间虽然规定每天两小时，但是他们总是在任务完

① 陆希羽：《担任工厂劳保医疗工作的体会》，《新中国红十字》1953 年 7 月号，第 10—11 页。

成之后才下班；医生不管风雨和大雪都准时上班，但下班的时间有时要延长一两个小时；护理员总是把材料、用具等整理得很整洁。正是由于这样勤勤恳恳地为工人兄弟服务，医务工作者才赢得厂方和工人的信任。有的厂方干部提出，“红十字会的医务工作者服务精神好，我们以后还要请他们特约医疗”。这其实是对常州市分会劳保医疗工作的一种肯定。

常州市分会改进职工劳保医疗工作的表现之一就是注意贯彻“预防为主”的方针，事实上这一方针在工厂劳保医疗工作中是必需的，也是非常重要的。市分会在常州市一家铁工厂就很好地贯彻了“预防为主”的方针[①]。

1953 年冬季和 1954 年春季，该铁工厂患感冒的人数日益增多，不少工人对疾病预防不够重视，认为生病后用些药品就行了。经过一番调查研究和对疾病进行分类统计分析后，分会医务人员找到了感冒病发的真正原因，主要是车间温度高，工人外出时没有多加衣服；夜晚回家或在宿舍受了寒气；夜间起来小便时，穿着单衣受了凉。找到病发原因之后，医务人员以铁工厂卫生室的名义联系工会召开座谈会，邀请厂里劳保干事和车间小组卫生干事参加，说明感冒传染的原因和预防方法。之后，他们再在小组范围内深入漫谈和讨论，还将实际的事例汇编成通俗易懂的宣传册分发到小组，帮助工人更好地学习和讨论。为预防感冒，工厂在车间设立了更衣室，要求工人夜间起来多穿些衣服，出门时要戴口罩。后来，常州市卫生科在劳保医师工作会议上介绍了该铁工厂预防感冒的经验，号召其他工厂参照试行，从而推动了全市工厂保健工作的开展。

（三）医师和医务工作者的作用

常州市工厂的特约医师和医务工作者在劳保医疗工作中发挥着重要的作用。1953 年，常州市分会指定分会医师陆希羽担任地方国营万圣铁工厂的特约医师，在 1 年多的时间里，他每天到铁厂协同医务室进行卫生医疗工作。开始的时候，医生只做治疗工作，但治疗效率往往不能满足工人的需要，而且有些病，例如腰酸、腰痛、头晕、胃疼、咳嗽等的统计数字还在继续上升，工人缺勤率也逐渐增加，这些情况引起陆希羽等分会医务工

---

① 陆希羽：《常州市分会在工厂中进行预防感冒工作》，《新中国红十字》1954 年 3 月号，第 28 页。

作者的注意。经初步研究，他们意识到这不只是医药治疗的问题，而且还与劳动环境、生产过程、安全操作乃至工人生活都有一定的关系。

为摸清常见疾病发生的根源，求得适当解决的方法，分会医务工作者组织了一次普遍调查。普遍调查是采取以下几种方法进行的：一是印发工人健康问题简要提纲，分给各小组，采用漫谈的方式由工人谈出自己过去和现在的健康及患病情况，由小组汇总报工厂保健员；再由保健员结合定期的工人健康检查材料分别列表，这样就可以从表上看出每一位工人的健康状况。二是每日在门诊记录中把病人的姓名、工种、工龄、属何车间等信息分别列表，每周小结一次，每月总结一次。从这些统计中，可看出什么车间、什么工种发生什么疾病最多。三是与人事科联系，检查每日请假情况，然后分类统计。经过以上几种调查方法做出总统计，就掌握了发病的基本情况。

之后，分会医务工作者还进一步采用多种方法彻底追查病发原因，以便从根本上防治多发病。追查病发原因的主要方法有：其一，通过到现场去实地了解劳动环境、生产过程、安全操作等，发现试车工场因为炉子漏气，时常有煤气散出，所以容易致使头晕、咳嗽等病发生；金工工场因铁屑飞溅，容易引起眼外伤；锻工工场因熔铜铁发生的气体，容易引起鼻炎等症；铸工工场由于矽灰在空气中散布，容易引起咳嗽等病；杂工有时由于抬物过重，以致发生碰伤、扭伤，形成腰酸和腰痛等病症。其二，通过门诊耐心查问，决不放弃任何调查病因的机会。如某工人患消化性溃疡，经常到医务室打针服药，从谈话中发现他不注意休息，吃饱饭后马上工作，弯腰工作久了，便感到胃部胀闷，从而造成这种病症；在日常的候诊时间，保健员、护士从与病人的谈话中，往往可得知致病的原因。其三，深入了解工人日常生活，进行个别家庭访问，或向同一车间同一小组的工人询问病者平日生活和工作情况，从中找到病因。其四，检查生活环境，如食物、厨房、宿舍、水井、厕所、沟渠等是否清洁，有无致病的昆虫等。其五，追究责任。如遇有工伤事故发生，保健员通过个别谈话、向小组了解当时实际情况和与车间主任共同调查等，就可找出发生工伤的原因①。由此可见，经过调查和医务室的研究分析，他们找出了致病的原因

① 陆希羽：《我怎样担任工厂特约劳保医师》，《新中国红十字》1954 年 11、12 月号，第 26 页。

并提出了改进和预防计划。

医务工作者根据当时发生最多的伤病进行有针对性的卫生宣传，并采取如下预防措施。

首先，医务工作者依靠群众的力量开展卫生宣传工作，吸收一批对卫生常识感兴趣，且有一定文化程度、工作积极的工人加入其中。医务室发给这些工人宣传材料，他们可以针对实际情况，随时向车间工人宣传卫生常识。由于注意提高工人卫生常识，依靠工人开展卫生工作，许多工人发扬主人翁精神想出各种办法来改进厂里的卫生状况。如刘锡荣患慢性鼻副窦炎，当他知道得病的原因后，就讲给其他车间工人听，提醒大家应多加防范。经过车间小组共同研究，他们在炉子上做了一个烟罩直通屋顶，并注意经常打开窗户通风，这样车间烟雾减少了，车间患病的工人也就随之减少。还有些夜间工作的工人时常感觉到眼痛，后来知道眼痛是由于灯光的刺激，他们就想出办法把灯光集中在机器上，眼痛现象因而逐步消除了。在金工车间进行车床加工时，金属细屑容易飞溅入工人的眼内，发生眼外伤。对此，车间工人就想到用绿铁纱做成方块形小罩盖在车刀上部，细屑便都溅在铁纱罩上，一点也不妨碍生产，还保护了眼睛。后来，经过保健员和技术员的共同研究，又把纱罩改成半圆形，中间用活络铰链连接，这样盖住车刀，只要揭开一面就可以观察工作物，而且纱罩可随工作物移动，金属屑永远不会飞出。接着，他们在两部车床中间又装上铁纱挡板，效果更好。

其次，医务工作者改进预防措施。如夏季，工人头晕乏力者较多，经了解，这与中午休息时间短有关，他们就建议行政领导将工作时间往后移，延长休息时间为 1 个半小时。试行 1 个月后，这种症状大大减少。有的铸工拿矽箱过重，引起腰痛，保健员了解情况后，就建议车间主任改为两人合抬矽箱，腰痛患者也随之减少。在巩固环境卫生的经常性工作方面，他们主要依靠由职工组成的若干爱国卫生中心小组，每两周举行一次组长会议，明确分工，再由各组具体负责车间、科室、宿舍、食堂的卫生工作。他们还发动职工共同订立切实可行的宿舍卫生公约，并由卫生中心小组做不定期的抽查。

此外，市分会医务工作者在万圣铁工厂劳保医疗工作中注意发挥急救员的作用，利用工余时间向急救员讲授普通卫生医药常识，帮助他们复习

万圣铁工厂在车床上加装了十字铁纱罩

并掌握急救等技术，让他们在车间里能迅速处理工伤事故，协助推进车间卫生工作和调查工人病伤原因，并收集工人对医务室的意见，为工厂保健工作助一臂之力。

常州市分会在万圣铁工厂 1 年多的劳保医疗工作取得了成功，这里有着一份特约医师和医务工作者的功劳。自从扭转单纯药物治疗的做法，进行常见疾病的调查和推行一些预防措施，并大力开展卫生常识宣传之后，工厂的患病人数连续几个月显著减少，工人缺勤率逐渐降低。实践证明，担任工厂特约劳保医师同样必须贯彻“积极领导，稳步前进，面向生产，依靠工人，贯彻预防为主”的工业卫生工作方针。工业卫生工作是一项全新的工作，要做好这项工作必须深入车间，到现场去了解工人的劳动环境和生产过程，通过调查研究发现问题；并且只有坚持与工人合作，才能战胜工厂设备较差、医疗经验缺乏等困难，逐步搞好工厂卫生工作，改善工人健康状况。

需要补充的是，常州市分会在工厂、企业开展医疗保健服务的同时，还担任了常州市邮电局职工的劳保医疗工作。市邮电局是一等邮局，职工 233 人。1951 年 8 月初，该邮电局与常州市分会订立劳保医疗互惠合约。

除一般病症到分会治疗外，由分会派 1 名医师每星期二、六下午 1 ~ 3 时到邮电局诊治疾病，开好处方后到分会配药。这是与前述工厂劳保医疗不同的地方。在一次体格检查中，因邮电局和红十字分会业务繁忙，学习紧张，只好在每天下午下班后抽出时间，依次检查 20 名职工。此次检查共检查男性 152 人、女性 31 人。通过这次检查，了解到了职工的身体健康状况，对患病职工进行了治疗，并加强卫生宣传教育，动员他们经常进行体育锻炼。1952 年春，在领导的支持下，邮电局新建了体育场。通过锻炼，职工的健康水平和工作效率都得到逐步提高。同年，邮电局 2 名职工被发现患轻型肺结核后，即送到南京疗养所休养，身体很快康复并恢复工作，另有 1 名职工被送到了莫干山休养①。

新中国成立前，因为职工医疗的费用均由自己负担，因此无钱治病的现象较为普遍，广大职工的健康得不到保障。新中国成立后，各级政府重视保护人民群众的身体健康，在防治严重疾病、发展医疗卫生事业的同时，开始建立城乡医疗保险制度。1952 年 6 月 27 日，政务院颁布了《关于全国各级人民政府、党派、团体及所属事业单位的国家工作人员实行公费医疗预防的指示》，决定自 7 月起将公费医疗预防的范围分期推广，“使全国各级人民政府、党派、工青妇等团体、各种工作队以及文化、教育、卫生、经济建设等事业单位的国家工作人员和革命残废军人，得享受公费医疗预防的待遇”②。对企业单位职工实行劳动保险医疗制度，规定在职职工由企业负担医疗费用，企业职工子女实行半费医疗保险③。

7 月 25 日，南京市开始实行公费医疗预防办法后，南京分会参与了这项工作。分会太平路诊所、中山路诊所分别担任第二区 16 个机关、学校和第五区 8 个机关、学校的治疗工作。经过动员，分会工作人员在听取了报告和参加了学习后，都有了充分的思想准备和热忱来接受公费医疗预防任务④。

---

① 《常州市分会的工厂保健工作介绍》，《新中国红十字》1952 年 8 月号，第 21—22 页。

② 中共中央文献研究室编：《建国以来重要文献选编》第 3 册，中央文献出版社，1992，第 241 页。

③ 江苏省地方志编纂委员会编：《江苏省志 · 综合经济志》下，江苏古籍出版社，1999，第 532 页。

④ 耀麟：《南京分会展开爱国卫生运动，接受公费医疗任务》，《新中国红十字》1952 年 8 月号，第 27 页。

三、农村巡回医防

新中国成立后，占全国人口绝大多数的农民是预防医疗工作的薄弱环节，红十字会组织农村医防服务队，开展农村巡回医防服务不失为提高广大农村特别是灾区预防医疗水平的一项有效举措。事实上，组建医防队奔赴特定地区开展巡回医疗卫生服务，是中国红十字会常见的工作模式。

1950 年，中国红十字会总会改组以后，即将组织农村巡回医防服务队到缺医少药、疾病流行、卫生状况差的农村地区开展巡回医疗服务，列为自身一项重要的任务，强调要“继续并开展农村巡回医防服务，担任灾区工作”，并促进“原有的巡回队，继续其巡回工作”，“吸收并训练医护人员就可能条件再组织数队，加强扩大灾区医防工作”①。而 1950 年 6 月，红十字会总会组织农村巡回医防服务队赴苏南工作 3 个月的成功实践，表明“号召医生下乡，面对农村大众，这是一个正确的任务，是人民所急切需要的”。因此，1951 年，红十字会总会根据卫生工作原则，要求各地分会组织医防服务队，重点进行防疫和一般卫生工作，特别是农村和厂矿的卫生工作②。

（一）总会在武进巡回医防

1950 年 6 月，为配合救灾工作，解决灾民健康问题，中国红十字会组织了一支医防服务队前往苏南武进县灾区，开展为期 3 个月的巡回医防服务。这是新中国成立后红十字会组建的第一支医防服务队。

如前文所述，1949 年武进县灾情严重，秋收大减。1950 年 2 月，武进县第二届人民代表会议上的报告称，灾民已达 20 万，3 月以后可能要发展到 30 万以上，灾民急需医务知识、技术和医药支援。4 月 21 日，在武进县政府的建议下，常州分会向中国红十字会总会提出申请，要求组织巡回医疗队并补充药械③。

---

① 《中国红十字会总会一九五零年九月至十二月工作计划大纲》，《新中国红十字》创刊号，1950 年 9 月，第 11 页。

② 《总会关于 1951 年工作计划的指示》，《新中国红十字》第 4 期，1950 年 12 月，第 1 页。

③ 参见《常州分会要求补充药械》《常州分会报告灾情要求组织巡回医疗队及补充药械》《武进分会前黄站请领药品之情》，中国第二历史档案馆馆藏档案，全宗号：476，卷号：2925。

6月1日，中国红十字会总会正式组建11人的巡回医防服务队，其中队长兼医师1人、医师3人（2人为助理医师）、护士2人、检验员1人、药剂师1人、事务员1人、工友2人。6月20日，经过短期学习后，医防服务队在队长何嘉明医师率领下赶赴武进县北塘区。根据预防为主、配合治疗的方针，医防服务队除了进行医疗工作之外，还开展了防疫工作和卫生宣传教育。

其一，防疫注射与环境卫生工作。在北塘区政府召开的防疫会议上，医防队和地方干部、学校、团体中的4位私人开业医生取得联系，并组成7个防疫注射小组，每组中西医生各1人。村镇干部配合小组做宣传发动工作，利用农作休息时间进行注射。全区共注射42400次，有21500人完成了霍乱伤寒预防皮内注射。此后，医防队动员了学校教工以及暑假回乡教师，通过街头演讲、出墙报、在黑板报上开辟卫生常识专栏、组织化装游行等方式，开展防蝇灭蝇、农村粪便处理、厕所改良等环境卫生工作。如在立夏的前一天，医防队组织全镇清洁大扫除，对粪缸加盖，清理垃圾厕所，填塞污水沟池，禁止在饮用水的河里洗涤便桶等。医防队开展防疫和环境卫生工作的一条重要经验，就是配合地方干部，并以街村卫生小组为核心开展工作。

其二，门诊治疗。在艰苦的条件下，医防队的8位技术人员每天进行紧张工作，短短的3个月内共治疗21813人次。由于门诊人数不断增多，从每天70人增加到350人，最多时超过500人，挂号员往往被人团团围住，挂号速度缓慢。在区乡政府的帮助下，青年团员自愿参加义务工作，维持挂号和诊疗秩序。与此同时，他们还清除掉诊病室前的蔬菜和野草，搭起凉棚，排上长板凳。这样，一方面候诊的病人可以休息；另一方面，医师可以利用候诊时间进行卫生保健教育，让人们了解卫生常识和健康的重要性。

医防队员工作时态度和蔼，不仅克服语言不通的障碍，耐心地说服病人，虚心地接受批评并加以改正，而且克服物质条件缺乏的困难，减少了浪费。例如，队员们用白布单将房子隔成内外科室，夜间急诊时在煤油灯下实施手术，处方上尽量应用主药、减少佐药，严禁浪费一粒药片，病历纸、挂号簿和处方笺正反面都使用等。

其三，防治血吸虫病。医防队驻地北塘区郑陆桥，位于江阴、无锡、武进交界处，距离长江仅20里，河流密布，沟渠纵横，有血吸虫病分布。医防队在678次粪便检查中，143次发现血吸虫病感染者，而三分之二的感染者有3~6年的病史，其中14~25岁的青年最多。医防队将患者编成队，按期注射治疗。加强粪便管理、消灭钉螺，做好个人防护，安全用水和治疗病人、病畜等，都是血吸虫病主要的预防措施。因此，医防队深入村庄，配合干部，联系卫生小组进行宣传教育，重点是介绍由苏南专署卫生处编写的《怎样防止血吸虫病》小册子。

其四，新法助产接生。新中国成立后，助产士的工作主要集中在城市，广大农村的产妇仍由接生婆按旧法接生，产妇、婴儿的患病率及死亡率较高。而且由于农村接受科学助产事例很少，加上旧思想和封建迷信盛行，医防队一开始在灾区推广新法接生困难重重。因此，医防队一方面加强宣传教育，另一方面通过新法接生的鲜活事例来增强说服力。如有一次，医防队外出巡诊刚回来，一位渔民急匆匆地跑来要求急诊。医防队员立刻背上急救箱，奔向10多里外的产妇朱俞氏家中。朱俞氏是异位难产，接生婆折腾了20多个小时后，见仍不能分娩，就溜走了。医防队员迅速穿好无菌衣，戴上无菌手套，鼓励产妇积极配合，分娩终于顺利完成，母子平安。“由于这个产例，我们把握机会深入妇女群众，宣传妇婴保健，工作有了进展”[①]。在巡回医防期间，医防队员挽救了不少产妇和新生儿的生命。

医防队在灾区的工作赢得了社会的广泛认可。7月14日的《苏南日报》、8月3日的《大公报》、10月11日的《解放日报》都发表文章，对红十字会总会巡回医防服务队在苏南的表现进行了报道和褒奖。如8月3日的《大公报》刊登了武进县郑陆桥镇读者祁和鸣的来信，称医防服务队分为内、外两科，且有显微镜等化验设备，护士义务助产接生；从诊察、针药、包扎、化验到接生、手术等全部免费，是前所未有的；医防队员每天在黑板上写着业务报告，工作之余还学习《社会发展史》。这种诚恳服务、努力学习的精神，使人感动不已[②]。

---

① 《总会农村巡回医防服务队在苏南农村三个月的工作总结》，《新中国红十字》第3期，1950年11月，第15页。

② 《表扬信》，《大公报》1950年8月3日。

这里需要指出的是，此次1950年中国红十字会在武进县组织的灾区巡回医防，连同1952年中国红十字会第一医防服务大队在苏北开展的卫生、医疗等工作，从某种角度来说，是江苏红十字运动整体中特殊的构成部分，不可或缺。也就是说，江苏红十字运动的主体当然是本省的红十字组织，但在考察和研究江苏红十字运动时，红十字会总会在江苏的活动不可视而不见。具体而言，至1956年江苏省红十字会成立前，江苏红十字运动由三大行为主体及其所开展的活动构成，它们分别是苏南红十字会及红十字医疗机构、苏北泗阳和泗洪诊疗所，以及在江苏活动的中国红十字会医防队。其中最主要的是苏南红十字会及红十字医疗机构。

（二）苏南分会的巡回医防

江苏红十字会按照红十字会总会要求，并借鉴红十字会总会的工作经验，组织服务队下乡做巡回医防。除前文提到的1950年和1954年水涝灾区巡回医防外，江苏红十字会还开展了如下医防或巡回医防服务工作。

青浦县农村存在严重的日本血吸虫病，青壮年中感染血吸虫病的比例很高，1950年应征青年粪检阳性率达97%，流行情况最重的任屯村，居民粪检阳性率达97.4%，几乎家家户户有晚期病人①。1951年，改组后的青浦县分会即全力发展门诊业务，在经济上做到自给自足，并进一步加强了农村医防队的力量。但由于县分会经费总体紧张，农村医防队未能做到该病的防治兼施，只是做了一些住血吸虫病的调查和预防宣传工作，以提高广大农民的警惕性及认识水平。除此之外，医防队继续协助当地卫生机构，广泛发动群众力量，经常地进行消灭钉螺和清除水源等基本的环境卫生工作②。

针对广大农民群众因长期生活贫困，身体健康难以保障，急需医学常识、技术、医疗支援的实际情况，1951年7月，江阴分会长泾医院抽出部分医护人员，配合当地社会团体，组织农村巡回医防队③，自7月25日起在长泾区河塘乡一带机动巡回服务。医防队在河塘村设立了定期巡回站，

---

① 参见刘定汉主编：《当代江苏简史》，当代中国出版社，1999，第231页。

② 《青浦分会的农村医防队》，《新中国红十字》第11期，1951年7月，第34页。

③ 王祖尧：《江阴分会进行农村巡回医防工作》，《新中国红十字》第12期，1951年8月，第49页。

还帮助河塘乡政府制订环境卫生工作计划。

在这次巡回医疗中，医防队全体队员冒着高温酷暑，不辞劳苦地为病人服务。为主动找病人看病，队员明确分工，深入农村访问，动员有病的农民自觉自愿接受诊疗。医防队围绕“预防为主”的方针开展防疫和卫生宣教工作，向农民灌输卫生保健常识，并对农民中存在的错误观点予以耐心批评教育，启发农民的卫生自觉，使农民了解疾病预防、环境卫生的重要性，认识到巡回医防队的工作与他们切身利益之间的关系。医防队还密切联系群众，顺利进行防疫注射和诊疗工作。根据巡回医疗记录，第一天就诊疗32名病人、防疫注射400余人。

在农忙季节里，农村更需要巡回医疗服务。1953年夏收夏种之时，无锡分会第一保健站的5名工作人员在不妨碍站内日常工作的前提下，从6月5日开始，每天出动2人背着医药箱到农村，开展流动医疗工作。他们除对一般的疾病做诊断外，还根据新发现的疾病，随时进行预防宣传，村民非常感激①。

“卫生工作为生产服务”，在工地，就是主要为民工服务。1952年10月，江阴分会调派赵士亭、吴慎等6人组成一支特殊的医防小组，到澄锡运河拓浚指挥部河堤工地，为民工开展医防服务②。医防小组初到河堤，一方面给一批批前来的民工治疗肠胃病；另一方面找到病发原因是吃冷大饼和油条。区医防小组立即向指挥部领导反映，民工的饮食很快得到了改善，患肠胃病的人数大为减少。他们6人分成3组，克服困难为民工治病。例如，器械用具不够，大家就一起动脑筋，用毛竹筒代替油膏缸；将竹片削成刮药刀，消毒后使用；用三叉树枝做成搁脚架等。该医防小组还与分会经常保持联系，在分会的指导和协助下，有计划有步骤地实施疾病预防措施，发动民工进行宿舍清洁大扫除。由于医防小组和群众打成一片，红十字会在河堤工地上的6000多名民工心中树立了良好的形象，其中不少民工希望红十字会的医生能够到他们的家乡工作。

该河堤工程结束后，澄锡运河拓浚指挥部举行评模大会，赵士亭光荣

---

① 顾淦澄：《无锡分会第一保健站作农忙巡回医疗工作》，《新中国红十字》1953年8月号，第30页。

② 王祖尧：《澄锡运河上医防工作的模范》，《新中国红十字》1953年5、6月号，第23页。

地被评为唯一的特等劳动模范，吴慎为一等劳动模范，分别得到了江阴县人民政府的奖旗和运河指挥部的奖状。经团支部批准，吴慎和顾彩英还光荣地加入了中国共产主义青年团。

分会的农村巡回医防队不仅治愈了农民疾病，减少了流行病的发生，而且帮助农民学习了卫生知识，改掉了不良习惯。更重要的是，医防队在开展业务的同时，还宣传了党和国家的政策以及红十字会性质、工作方针等知识，提高了群众的思想觉悟及对于红十字事业的认识。同时，群众对医防队的欢迎也进一步教育了队员，使他们意识到医防工作是非常光荣的，应该更加辛勤地劳动，全心全意地为人民服务。群众通过对比，切身感受到今非昔比，从而增强了对共产党和人民政府的热爱，增强了对走社会主义道路的认同。由此不难看出，医防队不仅具有业务功能，而且发挥了一定的政治作用。

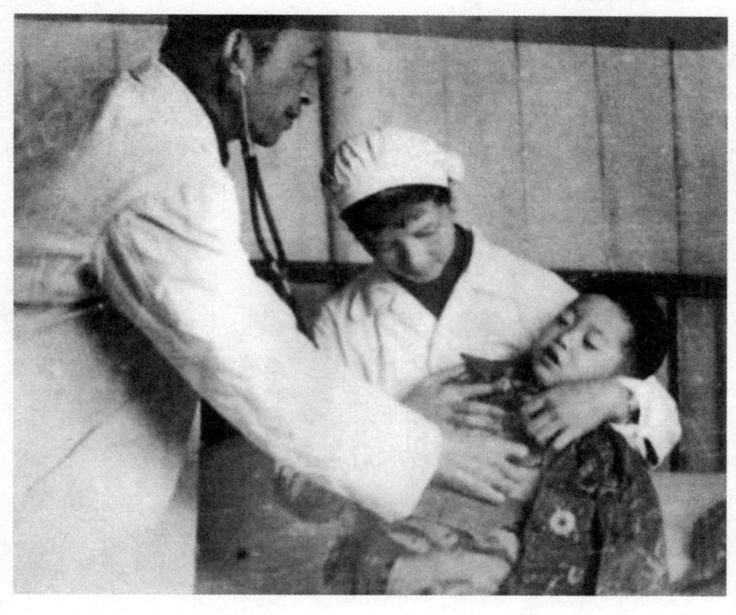

南京市红十字医院的乡村医疗

综上所述，新中国成立初期，中国红十字会总会和各地分会的农村巡回医防队，规模有大有小，工作时间有长有短，机动灵活，随时可以“上山下乡”，送医送药。医防队之所以能够成功地开展医防工作，主要原因在于：一是红十字会总会和当地政府的领导与重视，特别体现在对工作的指示安排、经费和药品器材的支持等方面，这是医防队开展工作的根本保证。二是医防队广泛地进行社会动员，教育农民，并密切联系群众，这是医防队开展工作的重要基础。三是医防队往往与当地医协、卫协、妇联等社会团体合作，尤其是团结当地医务工作者，并将医防服务与爱国卫生运动、农业生产、互助合作运动等结合起来进行，这是医防队成功开展工作的关键所在①。

第三节　启动卫生救护训练

一、初级卫生培训

1950 年制定的《中国红十字会会章》明确规定，“团结群众，担任救护训练”是中国红十字会的任务之一②。事实上，开展群众性卫生知识普及训练和现场初级卫生救护知识培训，是红十字会开展救护工作的基本前提。红十字会开展救护训练，首先是从培训初级卫生人员开始的。

（一）初级卫生人员的训练

1950 年 8 月，镇江分会诊疗所为培养基层卫生干部，开办了护理员训练班，吸收初中毕业或同等学力，并略具医学常识的男女学生数人参加学习。学员每天在诊所工作时，辅助护理事务，在工作之前和工作之后由诊所医护人员等义务授课，进行课程和政治学习③。

这年底，红十字会总会要求“充实现有教育机构，增加班次，扩大学生名额”；业务基础较好的分会“应举办短期训练班及带徒弟办法，培养

① 池子华总主编，徐国普：《中国红十字运动通史（1904—2014）》第 2 卷，合肥工业大学出版社，2018，第 136 页。

② 中国红十字会总会编：《中国红十字会历史资料选编，1950—2004》，民族出版社，2005，第 3 页。

③ 吉仰明：《镇江分会治疗所办护理员训练班》，《新中国红十字》第 11 期，1951 年 7 月，第 34 页。

中初级卫生人员”[①]。

1951 年，常州市分会根据实际需要举办了初级医务人员训练班。原计划招收 30 名学员，因房屋条件限制，实际招收 18 名学员，其中化验 5 名、助产 5 名、医护 5 名、调剂 3 名，训练为期 1 年至 1 年半，学员主要是学习新道德、业务技术以及健全体魄，养成艰苦朴素作风，树立为人民服务的观点。训练班的学员被分成两组，每组自动订立学习公约，在组内成立互助小组，文化程度高的协助文化水平低的同学记笔记、识生字。通过以自习为主的学习，学员们逐步懂得预防工作的重要性，认识到纯技术观点是不正确的，技术必须联系政治才能发扬光大，工作必须面向工农兵。

为适合初级卫生人员的学习，训练班的课程安排力求简单浅显，教材全部购自新华书店销售的“医学丛书”中的《解剖学》《急救学》《护病学》《助产学》《内科学》《外科学》等。业务学习，除预定课程由各部门负责人按时授课外，还采取灵活的教学方式，注重理论与实践相结合，即联系当时当地的实际情况进行教学。例如，医务训练结合了常州市春季种痘工作，一方面，教授学员如何运用多压法种痘，节省痘苗，提高技术；另一方面，让学员承担春季种痘的部分任务，种痘 1.5 万余人。还有，学习训练时正值常州市麻疹与脑膜炎流行时期，训练班就将该项传染病与天花一并作为专题提前教学，并在附近居民中进行宣传教育。第一小组组长陈永贤是学员中的典型人物，她学习进步很快，业务成绩好，常州车站春季种痘检疫工作就由她负责，一连数月从未发生过医护事故[②]。

1951 年至 1952 年，江阴县分会除了举办旧产婆训练班和急救员训练班（详见后文）外，还举办了妇幼保健员训练班、村卫生员训练班、医助训练班、中医进修班等，训练相关人员。其中，妇幼保健员训练班的课程包括政治、会务、生理解剖、产科、护病、药物、急救、细菌、公共卫生、统计、内外科、妇科常见疾患等，课堂教学和医院实习各 6 个月，共训练了 1 个班 38 人；村卫生员训练班是由卫生院委托代为训练的，内容有传染病预防知识、反细菌战材料、种痘和注射操作法等，为期 3 天，4 个

① 《中国红十字会总会关于 1951 年工作计划的指示》，《新中国红十字》第 4 期，1950 年 12 月，第 1 页。

② 于开明：《常州分会的初级医务人员训练班》，《新中国红十字》第 11 期，1951 年 7 月，第 30 页。

班共370人参加学习；医助训练班则以“医士学习丛书”为主要学习教材，10人受训，计划2年结业；中医进修班是协助卫生院举办的，共60人，训练6个月，学习内容除政治外，还有药理、解剖组织、化学、生理、物理诊断、细菌、外科、病理、急救、公共卫生、妇产、小儿科学等①。

江阴县分会在开展上述训练工作中取得了如下4个方面的经验：第一，大课重点讲授，按日进行分组讨论并向大组回报，当天做出小结，随时掌握学习情况；第二，实行“小先生”制，由各组推选出文化水平较高的同学为“小先生”，负责与各教师经常联系，协助教师摘录提纲，教师因故缺席时，“小先生”就担任教学工作；第三，上课时若有接产、开刀等见习机会，每小组就轮流派出学员见习，回来后即向其他学员传达讲解，见习学员所缺的课程由小组其他学员进行补课；第四，必须注重政治教育，只有学员提高了思想认识，端正了学习态度，各项任务才能顺利完成。

1953年10月，南京市分会按照市卫生局指示，举办市区卫生委员训练班。受训的74位学员主要是由区人民政府保送的，结业后他们即成为市区不脱产的基层卫生干部。训练班聘请大学教授、医院专科大夫为教员，10月12日开始，12月4日结束，每天下午2点至5点半上课，共140小时。在为期50余天的训练中，学员们除学习政治课外，还要学习传染病、预防注射、消毒、公共卫生、急救、卡介苗、生命统计等业务知识。训练结束时，经测验70人合格，合格率达97%②。

（二）旧产婆训练

新中国成立前，我国缺少妇幼医院和病床，医务人员人数更少，技术水平普遍较低，而广大群众的文化程度也较低，对卫生常识普遍缺乏了解。因此，时常发生孕妇将要生产时仍在做重体力活，分娩时基本上是自己接生或靠旧产婆接生的现象。

实际上，旧的接生方法存在很大的卫生隐患和细菌感染的风险，因为旧的接生方法是叫产妇蹲在脚盆上或土堆上生产。遇有难产，则掀拦门骨或用扁担压腹部。若久生不下，便用秤钩子把孩子钩死拖出来。而且孩子

---

① 乔：《江阴县分会的训练工作》，《新中国红十字》1953年1月号，第40—41页。

② 官敏卿：《南京市分会进行卫生委员训练》，《新中国红十字》1954年1月号，第28页。

生下来，多用锈剪子、镰刀、破瓦片或高粱秸皮割断脐带，所以患破伤风的情况很多。群众不明白破伤风感染的原因，认为是命运注定的，或是鬼神为害，或是吹了风所致，所以为了不让新生儿抽风，就用针乱刺婴儿的口，致使很多婴儿口腔糜烂化脓。还有一般群众深受封建迷信思想影响，干部也不重视妇幼卫生，一些妇女生产时不让陌生人去看，担心延长生产时间，结果事故经常发生，甚至出现不应发生的死亡悲剧。

总之，由于未经专门训练，不懂消毒、灭菌和产科知识，还有封建迷信的旧习惯，旧产婆在接产过程中往往造成产妇伤口感染和产道损伤，引起各种并发症，尤其是产妇的产褥热和新生儿破伤风普遍发生。其实，在旧中国，人口死亡率最高的，除流行病外就是妇幼的死亡，其中婴儿死亡率更高。江苏婴儿的死亡率就高达20%左右[①]。

1950年8月，卫生部部长李德全在全国妇幼卫生座谈会上指出，以前每年全国婴儿死亡数约有33.5万人，孕产妇死亡数约有25万人，导致“婴儿死亡原因以新生儿破伤风为主，孕产妇死亡原因以产褥热占绝大多数”。全体卫生工作者必须把预防产褥热与新生儿破伤风的工作摆在重要的日程上[②]。因此，训练接生员，推广新法接生，做好妇幼卫生保健工作的意义重大。这年底，红十字会总会要求扩大妇婴保健工作，各分会可利用现有基础，与当地妇联结合，设立妇婴保健站，办理接生事宜和训练旧产婆，并实施妇婴卫生的教育[③]。

江苏红十字会训练旧产婆、接生员是基于上述原因和背景展开的。

1951年11月，江阴县分会举办了旧产婆训练班。这是受县卫生院委托代为训练的，内容包括对旧法接生的批判与纠正、消毒和卧产的讲解、难产送医院等方面，目的在于推行新法接生。

训练班开办前一个月，县分会在长泾区3个镇12个乡进行旧产婆调查登记工作，发现“旧产婆登记后，只好专作接生工作，分得的土地要充

---

① 杨颖奇主编：《江苏通史·中华人民共和国卷（1949—1978）》，凤凰出版社，2011，第101页。

② 参见陈敏章：《追随真理　奉献人民——纪念新中国首任卫生部部长李德全》，《人民日报》1996年9月2日。

③ 《中国红十字会总会关于1951年工作计划的指示》，《新中国红十字》第4期，1950年12月，第1页。

公”“训练后接产收入半数要缴医院”“训练时要多缴费用”等无稽谣言流行，增加了旧产婆受训的顾虑。针对这一情况，分会工作人员会同乡村干部进行数次说服和受训动员。至11月中旬，36名旧产婆正式报到参加接生员训练班学习。学员的膳食、水电、纸张等全由分会供应，卫生院发给每位学员一个铅制接生匣，匣内备有纱布、绷带、剪刀及印好的《接生注意事项守则“十要、十不要”》。分会对60岁以上牙齿脱落的产婆特别照顾，她们不但没花钱交学费，反而得到赠品，因此十分感动。

旧产婆训练为期14天，11月18日举行结业典礼。训练班班主任华毓楠报告训练经过，其他教师相继讲话；最后，长泾区区长在讲话时特别强调要破除迷信，建议一旦遇到产妇难产，就要送到红会医院来。典礼结束之后，腰鼓队演出游艺节目欢送学员①。作为新法接生员，学员们纷纷保证遵守《接生注意事项守则“十要、十不要”》。

“十要”是：一要劝妊妇做产前检查；二要准备好接生时消毒及一切要用的东西；三要剪短指甲，用肥皂、刷子、温开水洗净双手；四要使产妇仰面平睡床上并洗净外阴和肛门，产时要注意保护会阴；五要为生下不喘气的小孩施行苏生；六要用煮过或烧过的剪刀剪脐带；七要用消毒剂包或烧酒浸过的棉花、粗线同纱布包扎脐带；八要给小孩双眼滴眼药；九要在脐带脱落后就替小孩种痘；十要经常做产后访问并报告产后母子情况。

“十不要”是：一不要使产妇站着、蹲着或坐着生孩子；二不要用手检查阴道；三不要放任何东西在阴道内；四不要用手乱拉扯胎儿；五不要用力拉脐带及衣包；六不要用碎碗片、牙齿或没煮过的剪刀来剪脐带；七不要叫产妇坐灰袋；八不要遇到难产乱动手而不送医院；九不要喂小孩“开口汤”、挑“马牙”、割“螳螂子”；十不要用不清洁的盆洗小孩子。

如前文所提，1952年六七月，中国红十字会第一医防服务大队中的一支医疗队，依托诊所在泗阳县重点开展环境卫生、地方病治疗、接生员训练及妇幼卫生宣教等工作。八九月间，共训练新法接生员及改造旧产婆达670余人，并按区、乡组织妇幼保健站，推行新法接生②。12月，泗阳诊疗所成立后，即大力宣传并推行新法接生。

---

① 《遂宁、江阴两分会均举办接生员训练班》，《新中国红十字》1952年1月号，第46页。
② 觉伟：《我们利用展览会宣传了妇婴卫生》，《新中国红十字》1953年3月号，第27页。

接生员在训练结业后，或独立组建接生站，或负责接生站工作。这样做，一方面接生员拥有了自己的工作平台；另一方面，使新法接生得以推广，妇幼保健事业因此取得初步成效。新法接生的推广，保障了妇婴的健康，促进了人口数量的增加和人口质量的提高。

至1953年，江苏全省新法接生率已逐步提高到20%，产褥热和新生儿破伤风发病率开始下降[①]。这里自有红十字会的一份贡献。

二、急救训练

急救，是对一个急病或受意外伤害的人在未送往医院或医师未到来之前进行的临时紧急适当的处理，以防止或减少意外伤害进一步酿成的疾病、残疾或死亡。急救是对急病或意外伤害的第一步救助。轻者，经包扎等即可恢复工作；重者，经紧急处理可为而后送往医院治疗做准备。可见，急救实质就是救急[②]。

（一）训练的背景

新中国成立初期，在巩固国防和经济建设的事业中，由于机械使用的范围不断扩大，因此造成机械伤人事故屡有发生。此外，在日常生活中，无论是在城市还是在乡村，在工厂还是在学校，在交通线上还是在矿山，意外伤害总是不可避免的。因此，中国红十字会推行急救训练，让更多的人懂得急救常识和技术，对于保障人民群众的健康与安全很有必要，而且意义重大。

事实上，急救就是及时地进行现场处理。因此，急救训练范围包括外伤处理（如枪弹伤、火伤、烫伤、骨折等）、急症处理（如中暑、中毒、休克等）、急变处理（如溺死、缢死、服毒等）。急救训练在城市，以工人（包括店员）、职员、学生及街道卫生防疫员等具有一定文化、技术水平的有组织的群众为主；在农村，以民兵、农会会员和青壮年妇女为主；在军队，则以全体战斗员、通讯员、警卫员和连以下干部为主。急救必须求快求准，训练内容除了了解急救意义外，还包括急救原则和急救技法。急救

① 刘定汉主编：《当代江苏简史》，当代中国出版社，1999，第82页。

② 《为什么要推行急救训练》，《新中国红十字》第2卷第4期，1951年12月，第4页。

原则主要是熟练掌握急救技术、头脑镇静、胆大心细地处理、适当器材的应用和患者尽快转医等。急救技法有绷扎法、消毒法、止血法、骨折固定法、脱臼整复法、烫伤处理、电伤处理、冻伤处理、中暑处理、中毒处理、溺水处理、自缢处理、休克处理、一般处理（包括异物入眼、入鼻、入耳，晕车、晕船，醉酒等）、人工呼吸法、患者搬运法等。在急救训练过程中，有些分会还增加了环境卫生、个人卫生、传染病预防及管理、车间卫生、行业卫生、学校卫生等其他大众化的卫生知识，以满足不同层次学员的需求。

急救训练，一般分为急救常识训练和急救员训练两种。急救常识训练，如对居民和学生的训练，只要求学员了解并宣传急救常识，不必参加急救工作。常识训练其实是急救训练的普及，也就是说，经过常识训练后能够做到自救。而急救员训练，则要求学员经训练和教育后能熟练掌握技术，能参加急救站的具体工作，不仅会自救，还要会救人。

苏联急救训练的工作经验以及美国侵略朝鲜而引发的国家安全意识，促使中国红十字会更加重视群众性的急救训练。1951 年，中国红十字会总会在制订工作计划时，特别要求各地分会扩大急救训练工作，“与工会、学联结合，组织工人及学生教导救护急救常识，以便在工人与学生中间普遍地养成救护知识”①。北京市分会较早地开展急救训练工作，并建立起全市急救训练委员会。北京市分会的培训工作为此后全国大规模普及性训练的开展，提供了重要参考和地方经验。

1951 年 11 月 14 日，红十字会总会与全国总工会、妇联、青联、学联、中华医学会等社会团体，联合向上海、南京、广州等城市发出关于推行急救训练的通知②，要求各地克服困难，采取“突破一点”的工作方法，逐渐推广急救训练。训练的目的是要达到每一车间、每一教室、每一单位、每个自然村均有急救站，而且每个生产学习的互助组、每个家庭都有急救员，在全国逐步形成一支强大的急救力量，并组成巩固的急救网。11 月 30 日，军委总后勤部、卫生部通知各地卫生机构，要求协助红十字会开

① 《中国红十字会总会关于 1951 年工作计划的指示》，《新中国红十字》第 4 期，1950 年 12 月，第 1 页。

② 《普遍推行急救训练的联合通知》，《新中国红十字》第 2 卷第 4 期，1951 年 12 月，第 5 页。

展急救训练[①]。随后，长春、北京、灌县、永城、绍兴等 24 个城市开展急救训练，全国性大规模的急救训练由此拉开序幕。

1952 年 12 月 15 日，中国红十字会在北京召开全国工作会议，来自 71 个红十字会分会的 94 名代表，以及中央政法委员会及中央内务部、邮电部、水利部等政府部门和中国人民抗美援朝总会、全国总工会、全国妇联、中国人民救济总会等社会团体的代表参加了会议。会议在总结两年来红十字会工作经验的同时，着重讨论了推行急救训练等工作。

1953 年 1 月，红十字会总会根据各地经验，制定并颁发急救训练组织方案，明确规定训练对象以工人、农民、学生、卫生防疫人员、民兵为主。实际上自 1953 年起，全国大规模经济建设全面铺开。为保证建设者的身体健康，减少工伤，使得生产正常进行，中国红十字会的工作重点相应地转向在农村、企业、厂矿、工地等处推行急救训练。

1954 年 1 月，中国红十字会召开理事会，通过了 1954 年度工作计划。根据“预防为主”“面向工农兵”的卫生工作方针和过渡时期总路线的精神，总会要求在原有基础上进一步加强分会在厂矿中的卫生工作，同时在市内中小型工厂特别是条件较差的小型工厂，将受过急救训练的工人组织起来，建立红十字组织[②]。

总体而言，急救训练由各地红十字会分会、中华医学会分会联合妇联、学联、青联、工会、医联、卫协等团体组成急救训练委员会，由红十字会分会、中华医学会分会以及医联、卫协或当地医师负责训练，其他团体协助配合，有计划有重点地进行。在具体实践中，担任讲师的往往是来自当地卫生机构的医务人员，也有的是来自分会事业单位或分支机构的医务人员，或是经训练的急救员中的优秀分子。急救训练首先在学校、工厂的训练班、补习班、识字班以及其他有组织的团体内开展，之后由城市推广到乡村。

根据中国红十字会总会的要求，急救训练班一般是按照区域或单位编成，每班不超过 60 人，城市不少于 30 人，农村不少于 15 人。急救训练的教材，多是由中国红十字会总会编写的《急救》和《急救教材挂图》。急

① 《协助我会开展急救训练工作》，《新中国红十字》第 2 卷第 4 期，1951 年 12 月，第 22 页。

② 陆永蔚：《按照总路线的精神，制定面向厂矿的工作计划》，《新中国红十字》1954 年 3 月号，第 25 页。

救训练主要是利用业余时间，或在不妨碍业务并得到行政主管同意的时间进行，时长一般在12小时和48小时之间①。在训练之前，训练讲师要了解训练对象，根据学员的不同成分和文化水平制订出内容包括急救要求、课程进度、配合材料在内的教学计划，以便灵活运用。训练是按照教、学、做合一的方式进行，尤其注重练习。在具体辅导过程中，有些分会调派本单位医务人员为辅导员，深入小组，分组包干，利用小组长集体补课，辅导教学②。

（二）训练的开展

1952年6月至12月，常州市分会举办了3期急救训练班，共训练急救员949人③。急救训练之前，市分会依靠常州市文教局、总工会以及区政府、派出所等组织和机构的行政力量进行号召与动员。市分会根据实际情况，结合真人真事，开展自上而下、自会员到群众的急救宣传，大力宣传急救的目的、性质，特别是急救与工作之间的重要关系；在掌握情况后，选择优秀人员参加训练，以提高训练质量，达到理想的效果。在确定训练对象以后，市分会依据对象不同的思想顾虑，利用大会小会、个别谈话进行动员教育，安定他们的情绪，为学习打下基础。市分会还与市爱国卫生运动委员会取得联系，争取卫生工作者协会（医协）的协助，以解决师资问题，双方并制订出具体的训练计划与办法，进行分工负责。

第一期参训341人，分为6个班进行。为方便学员，分6个地区进行训练，共动员医师24人和“小先生”42人参加教学和辅导。第一期训练采取以下步骤：第一步训练分会的职工，以培养“小先生”为目的；第二步训练1个班的中小学教员，以吸取经验为目的；第三步扩大训练2个派出所管辖地区的4个班，并在这4个班中选择优秀的“小先生”来担任第二期训练工作。第二期训练7个班324人，28位医师和61位“小先生”参加教学和辅导。第三期训练4个班284人，有医师24人和“小先生”84人参与。

---

① 《积极推行急救训练》，《新中国红十字》1952年10月号，第12页。

② 《急救的训练、组织和如何发挥作用等问题的商榷》，《新中国红十字》1953年11月号，第12页。

③ 吴逸樵：《常州市分会推行急救训练情况》，《新中国红十字》1953年2月号，第22页。

每期训练时间一般是30个小时左右。每班约60人，分为若干小组，每组6～10人，配合“小先生”1～2人帮助实习。在训练过程中，实施“小先生”助教制，帮助分组学习，及时解决学习难题，提高了训练效果。训练注重运用科学的方法，讲求实效。如讲授时，理论结合实际操作，生动活泼，以激发学员学习激情。训练坚持教、学、做相结合，保证实际应用效果。具体做法是：根据不同对象，选择不同教材，大课一般讲解，“小先生”个别深入辅导。对工厂工人、城市居民与学校教员、学生分别进行训练，因为工人、居民一般文化水平较低，教材要通俗易懂，进度要慢；教员、学生都是知识分子，进度可以快一些。若合并训练，往往进度不一，结果是顾此失彼。对工人及居民讲授时，要力求通俗易懂，多操作，多用土语，多联系实际，特别是医学名词更要解释明白①。

1952年，江阴县分会共举办了7个急救员训练班，训练班以《急救》为教材，训练时间为30小时，其中2个训练班80人年内完成学业，另有5个班于1953年继续训练②。

从1953年4月起，南京市分会开始以二区居民为对象，与区爱国卫生运动委员会共同开展急救训练的重点试办工作。至6月底，共举办了两期5个班的训练，262名学员受训，180人结业。9月4日，南京市分会召开第一次全体急救员大会，向180位急救员颁发证章③。

1953年5月，青浦县分会在朱家角镇对33名消防队员进行急救训练，讲授意外伤害的处理知识，使消防队员能够在抢救火灾的现场随时为受伤者服务。训练班于5月20日开课，6月15日结业，共训练12个小时。结业前一天，消防队员进行了演习。结业后他们编成联络、救护、担架3个小组，选出小组长负责工作开展④。

11月，镇江市分会在市国营采石公司，以采石工人为对象训练53名急救员，急救站设在黄山农场附近的采石工人工房中，下设3个小组：磨

① 《北京、福州、常州三个分会的急救训练工作》，《新中国红十字》1953年4月号，第18—19页。

② 乔：《江阴县分会的训练工作》，《新中国红十字》1953年1月号，第40—41页。

③ 官敏卿：《南京在训练中的几点问题》，《新中国红十字》1953年11月号，第17—18页。

④ 青浦县分会：《青浦县分会在消防队员中训练急救员》，《新中国红十字》1953年9月号，第15页。

齐山、燕山岭两个工地小组，另一个小组设在运输队伍中①。第二年，镇江市分会继续协助当地卫生部门开展急救训练工作，主要是“面向厂矿”“为生产服务”。该市有些工地原来都雇有临时急救员，每月要开支一笔工资，自从分会在工地训练了急救员，这笔开支就节省了下来。分会还逐步地将急救工作与卫生预防工作结合起来，如急救员在注射破伤风类毒素时，积极地向工人进行宣传教育，不少工人非常乐意接受注射②。

冬季，无锡市分会重点在市建筑工程公司第一、第二工地开展急救训练，训练工作得到了工地党、政、工、团组织的重视和支持，先由工程行政处和现场工会在工人中进行动员，使工人了解学习急救技术的意义，引发学习热情，最终有百余人报名参加训练。训练班成立后，从行政、工会、医务室，以及教师和学员中选出7人组成班委会，领导训练班。学员按照工种编成学习小组，教师则由来自工地医务室和工地附近医院的医师担任③。

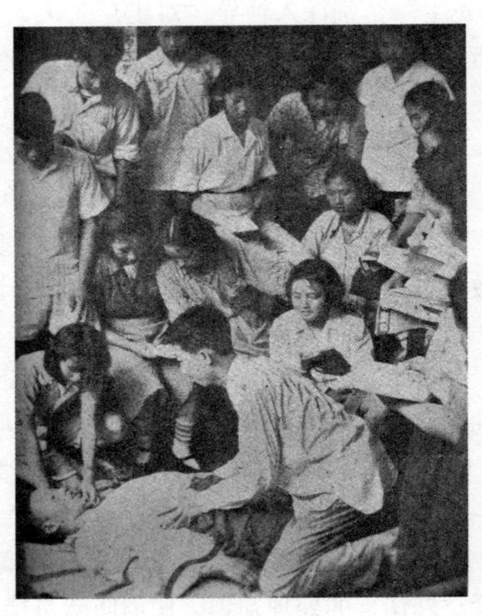
无锡市分会急救训练班学员在实习

这一年，无锡市分会在市卫生局的直接指导下，抽调了部分工作人员到市爱国卫生运动委员会协助工作，市爱卫会直接向各区卫生科、卫生所布置训练和建站的工作，从而提高了工作效率。到12月，分会在183个小型工厂中训练了急救员（大厂都有车间保健员）。1954年，市卫生局又决

① 闵金禾：《镇江市分会在采石工人中训练了急救员》，《新中国红十字》1954年4月号，第17页。

② 杨迪群、陆希羽：《面向厂矿积极开展急救训练　为生产服务》，《新中国红十字》1954年7、8月号，第14—15页。

③ 王岳松：《我们在工地训练了急救员》，《新中国红十字》1954年3月号，第14—15页。

定把工地卫生工作全部交给分会负责，这样大小工地上都有了红十字会训练的急救员①。

（三）组建急救站

除训练普通群众外，急救训练的另一个主要目标就是培训一大批急救员，以便建立急救站之后能够为社会服务。一般而言，学员训练后考试成绩由各训练小组民主评定，不及格的参加下一次训练。考试及格的急救员，结业后及时地被分会组织起来，成立急救站。

急救站作为分会的业务机构之一，一般配备一只急救箱和一面红十字旗。为便于急救工作的开展，急救站按照工作地的实际情况在站内设立急救分站和急救小组。急救站经民主讨论，制定了会议汇报、学习、值班、交接班等各项制度，一般由1~2名急救员轮流值日，负责联系和开展急救工作。急救员工作时需佩戴红十字臂章。不少分会将地点适中、工作模范的急救站设为中心急救站，负责统一调配担架、联络急救任务及召集会议等，逐步成为当地急救站的总枢纽。有些分会还根据工地特点，创造性地按流动型、固定型和半流动半固定型，或永久型和临时型等类型建站。在组站过程中，有些分会建立了急救信息报告网等联动机制，从而提高了急救效率。总之，急救站的组建，一方面使分会有条件继续扩大急救训练；另一方面为发展会务提供了基础。

急救站的活动经费和此前急救训练所需费用，由分会预算后上报红十字会总会按年度下拨。其中急救站活动经费下拨标准为：市级以上分会的急救站经费每月10万至12万元，市级以下的每月8万至10万元。这些经费主要用于急救药材的补充，而非药材的开支不能超出总额的10%。急救站制作担架和覆盖的油布所需费用由红十字会总会专项经费支出②。

1953年初，常州市分会拟定《常州市红十字分会急救站组织章程草案》，邀请有关单位召开组建急救站座谈会，修订并通过该组织章程草案。根据该组织章程草案和1952年三期训练的人数及其分布情况，市分会成立了20个急救站。其中成立在分会内部的中心急救站起示范作用，指导其他

① 张汉卿：《做好红十字会工作的保证》，《新中国红十字》1954年7、8月号，第26—27页。

② 《关于推行急救训练和急救站的几个问题的意见》，《新中国红十字》1952年10月号，第14页。

19个急救站（包括工厂8个、企业1个、学校2个、居民间8个）的急救工作[①]。

1953年，急救训练广泛开展后，各地培训了大量人员，并建立了急救站。至6月，南京市分会分两期对262人进行训练，建立了7个急救站；至7月，青浦县分会在朱家角镇的清洁队、消防队和搬运工会中训练了急救员，并先后设立了急救站[②]。前文所述的无锡市分会两个工地急救训练班于10月下旬开始培训，12月下旬结束，共有88人结业，之后组建了急救站，设立了总站、分站和小组。总站由行政主任、工会劳保委员、工会安全卫生检查组组长及医务室主任担任正、副站长，领导站内一切工作；分站按工种设立，由学习好、热心为群众服务的急救员担任领导；小组按照工种小队的实际情况划编[③]。

1954年，南京市分会在一家砖瓦厂训练了40余人，建立了一个急救站，站内按照需要在砖部、瓦部和烧装部分设了3个小组。急救员除做急救和外伤预防工作之外，还参加清洁卫生扫除。

从表3-4中可以了解1954年江苏红十字会组建急救站的数量，以及急救训练人数、训练班数、经费使用等情况。

表3-4 华东地区1954年各分会急救训练一览表（江苏部分）

会名	计划人数	训练班数	训练人数	建站数	使用经费（元）
青浦	500		179	5	2216000
无锡	6000		3023	10	11702490
常州	6500	22	1667	45	20168000
镇江	300		280	3	2920000
南京	5000	6	210	5	2340000

资料来源：中国红十字会总会档案馆馆藏档案。

（四）“不可忽视的一支力量”

急救工作和急救员的表现从某种程度上反映出急救训练的质量。总体

① 多里亚：《常州市的急救站》，《新中国红十字》1953年2月号，第23页。

② 青浦县分会：《青浦稳步前进进行急救训练》，《新中国红十字》1953年11月号，第17页。

③ 王岳松：《我们在工地训练了急救员》，《新中国红十字》1954年3月号，第14—15页。

来看，无论是在城市居民区、厂矿企业还是在农村，无论是在急救站内还是在急救站外，参加急救工作的急救员们工作热情都很高，他们能够积极主动地把训练时所学习到的急救技术与红十字急救员的服务精神运用到实践中去[①]，从而保护和增进了人民群众的健康。

有些分会的急救训练和急救工作纳入了地方政府卫生工作计划，统一安排，配合其他群众性卫生防疫训练，并与卫生部门的中心工作以及爱国卫生运动等群众性卫生防疫工作相配合。不少分会的急救员参加了当地爱国卫生运动的宣传，尤其是在厂矿、工地，急救员都参加了本单位工人的安全保健工作。

1952 年，常州市分会急救员在市卫生科开展郊区白喉注射时，主动暂缓急救站里的日常工作，到郊外参加疫苗注射，并帮助开展卫生宣传。12 月 28 日，常州西仓桥和怀德桥两站的急救员许菊珍、袁玉芳、赵振祥、钱橘青等，在市西区政府召开的评选优抚模范大会上为突然犯病的合众翻砂厂工会主席陈泉生实施急救。为表达感激之情，事后陈泉生向《常州民报》寄出感谢信，表示要学习急救员的服务精神，搞好工会工作，以迎接 1953 年经济建设的任务[②]。

这样的事例还有很多。比如，常州市分会在工厂里训练的一批急救员也有突出的表现。国营万圣铁工厂条件十分简陋，车间里只有 3 只急救箱，厂卫生室每周六对急救站检查一次，补充药品，整洁用具。1953 年，该厂 6 名急救员克服困难共急救了一般性外伤 572 人次，还协助卫生室种痘、宣传卫生常识、带动工人打扫环境卫生等。在益丰昌染织厂，一次，女工刘芬因车间温度太高出现休克，急救员陆杏秀发现后，马上扶她走出车间，一面给她服用急救药物，一面用冷毛巾洗脸。不到 10 分钟，刘芬就恢复正常，到车间继续工作了。在恒丰盛染织厂，急救员发现厂里经常发生梭伤事故后，便在大会上向工人分析原因，进行安全生产教育。此后，该厂梭伤事故大为减少。此外，急救员还经常对炊事员进行宣传，并指导如何保持饮食卫生，使工人肠胃病的发病率由此前的 20% 降低到 5%[③]。

---

① 《北京、福州、常州三个分会的急救训练工作》，《新中国红十字》1953 年 4 月号，第 18 页。

② 高明之：《新中国红十字会的急救员们》，《新中国红十字》1953 年 2 月号，第 26 页。

③ 杨迪群、陆希羽：《常州市工厂急救员起了助手作用》，《新中国红十字》1954 年 5、6 月号，第 9 页。

在许多突击性的工程中，外伤救护是十分必要的，但工程往往是临时性的，不便在参加劳动的群众中训练急救员。为适应这种情况，常州市分会曾组织街道急救员，在不影响他们生产的前提下，担任临时工程的急救服务。例如，1954 年，常州市平冈乡农民为争取水稻丰收，要在 6 天内修浚一条 3 里多长沟渠。应农民的邀请，市分会派急救员前往担任急救工作。在工作中，急救员积极主动，把急救工作当作一项光荣的任务。他们态度和蔼，能够及时抢救受伤民工，常常工作到很晚才回去，受到民工的欢迎。工程结束后，这些民工写信给常州市分会，感谢分会派去的急救员①。

镇江市国营采石公司的急救站建成后，急救员经常提醒工人注意工作安全与防范。当采石工人在山上打石眼时，急救员建议他们系上安全绳，先检查山顶、山腰，把活石块、活石片清除干净，以免滚落伤人；在安置炸药时，急救员把最先燃放的药线用小石片盖住，延长燃烧时间，这样点燃导火索的人在走向第二处继续引燃时，就更加安全。急救员还开展卫生宣传工作，发动工人经常打扫卫生、勤洗衣服，工人身上原有的虱子都绝迹了，生病的人也大为减少。1953 年 12 月底，该公司运输队接受突击任务，出发到丹阳运粮，其间发生 40 多人次意外伤患，急救员及时地为他们排忧解难。为迎接 1954 年春节，急救员还带领工人在市南郊招隐寺宿舍内外开展大扫除，大家弹灰尘、清垃圾、铲积雪、填凹地，做好环境卫生工作②。

1953 年秋收时节，镇江市分会、卫生科与郊区政府研究决定，派出医务人员在郊区的象山乡设立农忙急救站，配合乡里原先训练的急救员进行急救工作，并做免费医疗服务，21 天里共救治 1503 人次。他们还帮助隔壁托儿所生有暑疖、暑疮的儿童治好了病③。

实际上，农忙急救一方面对农业生产过程中的受伤农民进行救治，减

① 杨迪群、陆希羽：《居民急救员的救护活动》，《新中国红十字》1954 年 7、8 月号，第 14—15 页。

② 闵金禾：《镇江市分会在采石工人中训练了急救员》，《新中国红十字》1954 年 4 月号，第 17 页。

③ 闵金禾、金造华：《农忙急救站确是救了我们的急》，《新中国红十字》1953 年 10 月号，第 15 页。

少治疗时间，相应地增加了劳动时间，提高了农业产量；另一方面宣传了卫生知识，及时地报告重大疫情，对于提高农民卫生文化水平，改进农村卫生状况发挥了重要作用。农村急救员还经常配合妇幼卫生、环境卫生以及预防接种等其他卫生防疫工作的开展，可以说，他们既是急救员，同时也是接生员、家庭护理员。

由上述可知，急救站、卫生站等在城乡基层的设立，以及急救员开展的急救工作，减少了医务室、卫生所的门诊数，有利于保护群众健康，增加生产，提高城乡整体的卫生水平。正如时任常州市委宣传部部长的王颖在了解到相关情况后所指出的那样，“红十字急救员是常州市卫生急救工作不可忽视的一支力量”①。

不过，有些分会在推行急救训练的过程中，在处理与地方政府和总会的关系，以及在训练对象、训练师资、急救站的组织等方面，存在如下一些问题和不足。

第一，宣传不到位，训练对象认识模糊。常州市分会没有根据实际需要有选择地进行训练，也没有根据单位规模大小及客观实际，对学员进行有针对性的教学。有的学员身兼数职，训练时常缺课，有的不了解训练意义，对训练兴趣不大，甚至出现“上级派我来学，我就来学，无所谓”的现象。南京市分会在试办训练的过程中，缺乏充分动员和宣传，学员是由区爱国卫生运动委员会通过行政部门，按居民委员会户口段指派的，并非自愿参加。学员对训练意义的理解较为模糊，从而影响了训练效果。

第二，师资配备和组建急救站存在一些问题。镇江市分会训练急救员后，未能及时组建急救站，或在组站过程中几经周折。常州市分会急救站的活动方式脱离了实际，以致许多工作行不通；推选行政领导任站长，要求过高，反而使急救站的工作流于形式。

1953 年 3 月，为解决工作中的问题，提高急救训练水平，常州市分会召开急救站站组长会议，提出了如下整改措施。一是在组织工作上，必须迅速调整原有急救站，从实际需要出发，在工厂、学校、居民委员会、俱乐部等处设站设组。站长、组长一般由厂医、校医、积极分子、开业医生

① 杨迪群、陆希羽：《常州市工厂急救员起了助手作用》，《新中国红十字》1954 年 5、6 月号，第 9 页。

等担任为宜。二是在建立急救站及开展急救工作中，居民区的急救站应设在居民委员会受过训练的医生那里，工厂的要设在医务室，学校的要设在校医室，并与附近的医生、卫生机构取得密切联系。除急救外，还要配合当地卫生行政部门搞好卫生工作，如在爱国卫生运动中起带头作用，参加防疫注射等。三是在训练教材与复习上，除根据不同对象不同需要，选择急救教学的重点外，还应添加一些大众化的卫生内容，如环境卫生、个人卫生、传染病预防管理及车间卫生、行业卫生、学校卫生等。急救员接受训练以后应在实践中继续提高，因此要号召急救员“无师自学”“互教互学”“边做边学”“多作多学”，及时总结经验，自由结合组织演习，以及虚心地向厂医、校医、居民区中开业的医生学习，在可能的条件下，组织轮流到医疗室实习，或听取由中心急救站举办的急救卫生周讲座等①。

尽管在急救训练工作中，有些分会出现了上述不足，但能够及时地发现问题，并加以解决，使急救工作步入正轨。因此，急救工作发挥了保障工农群众的身体健康、保证生产建设任务的顺利完成、配合国家大规模经济建设的重要作用。

（五）青少年急救员

中国红十字会重视在“学生中间普遍地养成救护知识”，红十字青少年工作“是从1952年在学校中开展的”②。北京市和天津市分会在全国较早地开展红十字青少年工作。事实上，新中国成立初期，中国红十字会开展大规模的急救训练中就包括在校青少年急救员的培养和训练。在所有急救员中，青少年急救员较为特殊，格外引人关注。这是因为，一方面青少年急救员的年龄、身份和所在单位具有特殊性；另一方面青少年急救员的培养及其急救工作是这一时期红十字青少年运动的主要内容。

作为急救员中的特殊群体，青少年急救员在学校卫生工作中发挥着不可替代的作用，培养和训练青少年急救员因而具有重要意义。下面以无锡市中等学校为中心加以考察。

---

① 杨迪群：《常州市分会检查了急救工作的缺点提出了改进的办法》，《新中国红十字》1953年5、6月号，第15—16页。

② 参见山东省红十字会编：《红十字会务知识》，1986，第51页。

无锡市区共有10所公、私立中等学校，学生达1.9万之多。自1953年起，无锡市分会逐年在学校（除市立产校和护校外）进行红十字急救员训练工作。至1956年1月，共有1152名学生接受过训练，受训的学校全部建立了红十字卫生站①。

整个急救员训练工作是在征得无锡市教育局同意和在市卫生防疫站的协同下进行的。首先，无锡市分会制定出具体的训练方案，对训练目的、要求、名额分配、学员对象、产生办法、训练时间等做出明确规定。训练方案经市教育局同意后，在市公、私立中等学校校长会议上进行传达布置。之后，由各校召集学校保健委员会议，具体研究贯彻。一般由学校领导、班主任做动员报告，向同学们阐述参加红十字卫生训练的重要意义，还利用黑板报、扩音器等进行宣传；指定专人负责训练，保健老师和总务主任负责训练的准备工作。在同学们自觉自愿报名的基础上，班主任根据身体较好、功课优良、兼职不多、对群众卫生工作较热情等条件初步决定名单，提交学校保健委员会研究决定人选，并在规定的时间内将确认名单报告市分会。

同学报名参加训练的实际人数一般要比原分配的名额多出一倍，有的甚至超出两倍以上。由于学校医务人员力量不足，分会依据全市学校分布的情况和产生的名额，划分出东、南、西、北、中5个教区，通过市卫生局邀请各教区附近医院的医师进行包干授课，各教区授课医师选出1名责任医师。开课前，分会召集责任医师统一集中备课，提出教学方法和要求，这样各医师的授课方法、要求、进度等都能够较为一致。课程时间一般为20小时，每星期4~6小时。课程内容以急救为主，再加上卫生常识、传染病预防、学校保健工作等，女校还增加妇女卫生的内容。据统计，在整个学习过程中，缺课现象仅10余次，没有中途退学的。学习结束后分会进行了一次测验，以掌握同学们的学习情况。

在训练过程中，根据各校同学的人数编好小组，以校为单位选出1名大组长，在大组长中挑选班长。市分会经常召集班长和大组长开会，了解同学们的思想动态，对存在的问题及时予以解决，或随时与校负责训练的

---

① 无锡市分会：《无锡市学校红十字急救员工作总结》，《红十字工作简报》第11期（1956年2月号），第2—4页。

教师取得联系，予以处理。每个学校都很重视训练工作，各教区提供教室的学校都能够为训练班供应开水和教育用品，参加学习的同学深受鼓舞，纷纷表示要努力学好卫生急救技术。有的学校还主动争取受训资格，如1955年市教育局在布置训练工作时，未被列入计划的无锡师范学校、无锡纺织工业学校等就主动要求派遣学生参加学习，这一年全市共补训了350名同学。

训练急救员的目的在于建立基层卫生组织，开展工作。1953年，无锡市分会在受训后条件较好的市一中、二中、一女中、二女中着手建立基层卫生组织。由于学校领导重视，并有固定的校医作辅导，一年多的工作实践表明，基层卫生组织在学校卫生工作中发挥了很大作用。为推动这一工作，1955年4月，分会拟定《无锡市中等学校红十字卫生站组织暂行办法》，提交市卫生局、教育局研究同意后，由市教育局、卫生局及分会联合通知各校公布，明确各校通过训练后，即在保健委员会领导下建立红十字卫生站，作为学校唯一的基层卫生组织。同时，分会介绍了先进学校的工作经验，引起各校领导重视，并进一步明确建立组织的方法。

学校建立红十字卫生站的方法如下：卫生站设站长1人，副站长2～3人，一般是保健委员会正、副主任，或总务主任、保健老师、校医及训练成绩较好的同学分别担任，负责领导红十字卫生站工作。卫生站下设急救组、宣传组、检查组，也有增设统计组的。各组民主选举组长1人，负责领导。各组的具体任务是：急救组在校医室、运动场，经常轮流值班，在远足、游行、集会、义务劳动等工作中担任救护工作；宣传组负责在校内定期出黑板报，广播通俗卫生知识及宣传班级卫生工作等；检查组负责全校室内外、公共场所清洁检查工作；统计组负责全校各项卫生统计工作。

红十字卫生站的工作计划都统一纳入学校保健委员会的学期卫生规划，卫生站在学校保健委员会领导下开展具体工作。有的学校保健委员会对红十字卫生站布置具体的工作任务，并明确要求卫生站定期汇报工作。保健委员会对卫生站的工作也进行定期检查，以保证卫生站发挥助手作用。如建华中学校方反映，“学校红十字卫生站是群众性卫生组织，是推动学校卫生工作的核心，十分需要通过红十字卫生站及时地向学校保健委员会反映学校卫生情况和存在问题，并提供合理化建议，更好地做好学校卫生保健工作”。

就无锡市16所学校红十字卫生站的工作情况来看，大致分为3种类型：第一种7所学校，学校领导重视，卫生站组织健全，各项工作制度执行好，急救员积极性高，经常主动地开展工作。第二种5所学校，学校领导重视，但督促不够；卫生站的组织尚健全，但各项制度执行不够；大部分急救员积极性高，经常开展各项活动。第三种4所学校，学校领导不够重视，卫生站组织不够健全，没有工作制度，部分急救员积极性不高，但尚能定期开展工作。

实践证明，学校红十字卫生站对保护学生身心健康，保持校园内整洁的读书环境，培养学生自觉的卫生习惯，促成人才的全面发展起到了一定作用。具体而言：

其一，培养同学们良好的卫生习惯，保证学校环境清洁卫生。红十字急救员是学校的卫生骨干和卫生工作的核心力量，他们发动其他同学开展清洁卫生工作，组织督促检查，提供有关卫生方面的合理化建议，并进行经常性的卫生宣传。如市二女中在每次的爱国卫生日或清洁大扫除时，将任务布置给红十字卫生站干部及小组长后，她们不但分配好组内活动，还主动提出工作意见、方法，并组织红十字急救员深入班级进行宣传，使得活动顺利开展。市一女中的红十字卫生站制定了每天进行清洁检查制度，她们将教室、宿舍、厨房、食堂、过道等场所划区分工、包干检查，将检查记录每半个月公布一次，进行表扬或批评，以引起同学们的重视，保持良好的卫生习惯和校园清洁卫生；同时通过检查，广泛吸收同学们对卫生工作的意见，由站长综合后向校保健委员会反映，或提出合理化的建议，提请学校行政部门给予解决，并负责将个别解答意见反馈给同学。有的学校根据保健委员会公布的个人卫生标准，深入班级进行个人卫生检查，监督同学们做好个人卫生工作，并将检查结果结合周会由学校行政公布，督促同学们培养自觉的卫生习惯。如市三初中行政部门公布了炊事员卫生规约之后，由红十字急救员经常督促检查，炊事员的清洁卫生状况有了很大的改进，该校的胃肠道疾病的发病率显著降低。

在卫生宣教方面，每个学校都订立了定期出版卫生黑板报、进行通俗卫生广播、公布班级卫生状况等制度，以季节流行疾病及学校卫生工作中存在的问题，结合各项卫生运动、卫生典型事例进行宣传、表扬和批评，同时鼓励同学们写稿件、画漫画等，以提高同学们的卫生知识水平。每学期学校组织卫生展览会时，红十字急救员承担会场布置、展览作品整理、讲解说明及维持会场秩序等工作。

其二，进行自救互助，发挥保健部门的助手作用。红十字卫生站是学校保健工作的得力组织，负责同学们意外伤害的紧急救治和护理工作，协助校医推动各项卫生防疫工作。每个学校都成立了卫生室，订立了轮流值班制度，每天由4名红十字急救员轮流值班，为同学们进行简易急救处理，从而减少了医务室忙乱的现象，校医也可以抽出一部分时间来进行医防工作。市三中医务室护士曾请假1个多月，其间，红十字急救员按时值班，为同学们服务。每个学校每学期在进行各种预防注射时都由红十字急救员负责皮肤消毒。急救员还进行消灭臭虫活动，分发赤痢噬菌体①，督促同学们按时送齐备检大便，以保证检查肠道寄生虫病的工作顺利进行等。在矫治沙眼过程中，他们协助医务室洗眼药瓶、装眼药水，并分发到每位同学手里。每个学校每学期进行健康检查时，红十字急救员都忙着为同学们测量身高、体重、胸围、视力等。如无锡市师范学校举行运动大会，全校20个班级的学生全部由红十字急救员测量身高和体重，之后他们将材料提交给保健委员会体育部，由其研究决定同学们参加哪些比赛组别和项目，这对避免、减少体育伤害事故起到了很大作用。

其三，培养热爱劳动和互助友爱的精神。红十字急救员积极发扬互助友爱的精神，在参加学校的集会和各项活动时，或在每次劳动中都能做到保护同学们的安全。比如，举行运动会时，他们设置临时救护站；在团队活动、露营、爬山比赛等活动中，红十字急救员也挡上急救包随队出发，一旦有意外事故发生，他们就及时地进行救助和照顾，使受伤同学得到很大的安慰；在义务劳动中，红十字急救员巡视工作场地，耐心地对同学们进行安全教育，发现危险行为便及时劝阻，保证同学们的安全。在绿化锡山的义务劳动中，因为有了急救员，大大鼓舞了同学们的劳动热情，有人说："加油干吧！挂了彩，有我们红十字急救员呢！"暑假期间，市三初中对患有血吸虫病的同学进行集体治疗，红十字急救员担任护理工作，端饭送水，使同学们安心就医。由于热情耐心地为同学服务，红十字急救员深

① 噬菌体是病毒的一类，能侵入细菌体内，并在其中大量繁殖使细菌裂解，某一种噬菌体只能对相应的细菌起作用。

得大家的好评，与同学们的关系也更加密切了。

不过，无锡市学校青少年急救员的训练和卫生站的工作也存在一些问题，主要是：其一，红十字急救员流动性大，高、初中每年都有大批同学毕业或转校，由于对这方面重视不够，每学年仅进行一次训练，以至于发展的急救员人数跟不上毕业的人数。如市二女中原有110多位红十字急救员，后仅有43人，红十字卫生站的巩固及其作用的发挥受到了影响。其二，有的红十字卫生站缺少专人领导，未能订立相关制度，对模范事例、积极分子未能及时进行表扬和鼓励。同时，红十字卫生站缺少经常性的业务辅导，急救员们的技术水平无法再提高，工作热情也不够饱满。

针对工作中的不足，每个学校都采取措施加以改进。如市二初中保健委员会在红十字急救员中物色擅于写稿、绘画的同学担任编辑工作，成立了保健专刊出版委员会，出版《保健专刊》，原则上每周出版两次，内容涉及体育、卫生、保健等方面，有文字、漫画，图文并茂；同时注意搜集同学中具有良好卫生习惯的典型事例，以及保健工作中的积极分子进行登报表扬。除此措施外，该校还挑选各班优秀学生参加红十字急救员学习，担任学校卫生工作；医务室充分发挥红十字急救员应起的作用，重视急救员的实习与培养工作等①。

三、家庭护理等训练

家庭护理是卫生常识，也是一种大众化的技术。它能预防疾病传染，保护身体健康，并帮助病人减少痛苦，避免并发症，使其早日痊愈。新中国成立前，广大群众往往病在家里，由于缺乏科学的护理，常常使得轻病加重、重病致死；尤其是不知道传染病的隔离和消毒措施，更是造成互为媒介、散播蔓延，许多人不幸死于传染。事实上，家人相处最亲切，性情了解最深刻，所以照顾病人也最能体贴入微，帮助最大。因此，推行合理的家庭护理教育对人民健康具有重要意义。

家庭护理训练曾在苏联得到广泛推行，并取得了丰富的经验。新中国成立后，苏联模式的家庭护理很快传入我国。不过，当时家庭护理作为新

① 无锡市第二初中：《我们这样使用红十字急救员》，《红十字工作简报》第11期（1956年2月号），第14—15页。

事物尚处在试办之中。1953 年，红十字会总会制定了关于开展家庭护理训练的方案，要求有条件的分会可试办家庭护理训练，训练对象以家庭妇女为主，全年计划训练 2 万人，急救训练委员会特别是妇联、卫协护士学会是领导训练的主要力量，分会组织的家庭护理小组负责联系属地医院、诊所和妇联，以推进训练工作。训练的教材是总会编写的《家庭护理》。训练的内容主要是家庭护理技术与操作、一般常见传染病的预防与护理知识，以及个人卫生、环境卫生、妇幼卫生（包括孕妇、产妇、婴儿的护理及营养）等基本知识①。

1953 年，镇江市分会配合市妇联训练家庭护理员，学员绝大多数为妇女委员和妇女代表，文化水平较高。训练时着重讲授家庭护理的重要性及家庭护理的基本知识、一般技术等方面内容。通过学习，学员对家庭护理有了较明确的认识，能够进行一般性护理工作。

家庭护理训练结束后，分会及时地将护理员组织起来，成立家庭护理站。在专业医护人员人力有限的情况下，家庭护理培训及家庭护理站的工作起到了保护群众身体健康、保障生产的作用。不过，随着在各行各业大规模地开展红十字卫生员训练工作，红十字会举办的家庭护理培训就纳入街道红十字卫生员培训课程之中，不再单独举办家庭护理知识培训班。

为满足工人安全生产的需要，江苏红十字会在工厂进行保健员训练，开展保健服务。1952 年 10 月，常州市分会在市爱国卫生运动委员会的领导下，根据不影响生产的原则，与市卫生科、总工会联合举办常州市工厂保健员训练班，280 名受训的学员主要是来自纺织、五金、食品、电业与搬运等行业的工人。教材使用的是由上海市人民政府卫生局编写的《车间卫生员课本》。训练内容包括急救、卫生常识、细菌与传染病、妇幼卫生、卫生宣传等，其中急救学时比重最大，训练时间共 72 小时②。

从 1953 年“一五”计划启动开始，无锡市分会重点面向工厂、矿山、工地开展训练工作，市内“大厂都已有车间保健员”，并将初级卫生训练工作和市爱国卫生运动委员会的卫生训练结合起来进行③。

---

① 《一九五三年家庭护理的训练与组织方案》，《新中国红十字》1953 年 1 月号，第 29 页。

② 陈雨人：《常州市分会举办工厂企业保健员训练班》，《新中国红十字》1952 年 11 月号，第 25 页。

③ 张汉卿：《做好红十字会工作的保证》，《新中国红十字》1954 年 7、8 月号，第 26 页。

随着公共食堂、托儿所、幼儿园等集体福利事业单位在苏南城乡的广泛建立，广大群众对于卫生条件的要求普遍提高。为此，江苏红十字会配合有关部门对炊事员、保育员、理发员等行业的从业人员进行卫生知识的训练，使他们在各自的岗位上，能结合自己的工作，加强卫生防护措施，保证群众的身体健康。

为有效地控制夏季肠胃病的复发和流行，1953 年 3 月 20 日至 4 月 10 日，泗阳县诊所在众兴镇举办县直机关炊事员卫生训练班，共有 68 人报名参加，分成 6 个小组进行学习，每晚 7 点起在诊所学习 1.5 小时。学习内容以个人卫生及炊事房卫生（包括食品、炊具的卫生）为主，并包括环境卫生。教学方法是以边教、边学、边做的方式进行讲解，然后由学员联系自己的实际情况深入讨论。学习结束后，将学员组织成泗阳县直属机关单位炊事房卫生委员会，由卫生科科长及诊疗所所长分别担任正、副主任委员。委员会按单位分成 6 个小组，根据制度和公约，每周检查 1 次，逐步做到了炊事房卫生的经常化和制度化①。在炊事员个人卫生方面，要求做到常剪指甲，饭前便后洗手，工作时戴围裙、口罩；在厨房卫生方面，要求添置防蝇纱罩、水缸盖，开饭前用开水烫碗筷，把切菜的刀板与其他的分用，实行分食制，饮水进行消毒等。个人卫生、厨房卫生的改进，还推动了机关内部环境卫生的改善②。

基于上述同样的目的，1954 年 4 月，常州市分会协助市政府卫生科、总工会举办市属工厂、机关炊事员训练班，130 名学员参加了训练。学习时间为 2 周，每晚 6 点半开始学习，学习内容包括个人卫生、典型介绍及炊事人员工作守则等，采取合班上课与分组讨论相结合的教学方式③，学习效果明显。

1953 年 5 月 13 日至 22 日，泗阳县诊所还在众兴镇组织行业卫生训练。训练对象包括饮食行业 57 户（饭馆、茶馆、肉铺、酱园等），卫生行业 46 户（理发、浴室等）。训练分为 2 个班进行，饮食行业的学习时间是

① 泗阳县诊所：《泗阳县诊所办了炊事员及行业卫生训练班》，《新中国红十字》1953 年 7 月号，第 12—13 页。

② 泗阳诊所通讯小组：《泗阳诊所训练的炊事员做到了厨房卫生经常化》，《新中国红十字》1954 年 1 月号，第 28 页。

③ 陆希羽：《常州市分会协助当地训练炊事人员》，《新中国红十字》1954 年 5、6 月号，第 11 页。

晚上7时至8时半，卫生行业为早晨5时半至7时。训练班成立了学习委员会，进行了学员分组，制定了学习制度，并采用大组报告、小组讨论等形式进行学习。学习的内容为行业卫生和个人卫生、公共卫生等，并根据不同行业提出不同的卫生重点和具体的卫生要求。最后，各行业根据自身情况制定出切实可行的制度①。行业卫生面貌随之大为改观，卫生状况有了好转。

综上所述，新中国成立之初，江苏红十字会不仅开启了培养初级卫生干部和服务于妇幼保健的旧产婆、接生员训练，而且进行了面广量大的急救训练，还针对家庭护理、工厂保健、行业卫生等具有特定地点和专门对象的从业人员开展了卫生训练。

各类训练存在着以下一些共同特点。其一，红十字会总会统一组织，对各种训练进行技术指导，并作经费安排，当地政府和相关社会团体配合红十字会分会具体实施。其二，红十字会总会或分会对训练情况开展检查，发现问题后及时纠正，并改进工作。其三，训练结束后，立即成立接生站、急救站、护理站等组织，作为红十字会分会的业务机构，更好地发挥出训练作用。其四，各类学员学成后，在完成自身业务工作的同时，根据红十字会分会的统一安排，还协助配合开展其他业务。

由上述内容不难发现，在开展训练的实践过程中，红十字会总会与相关社会团体、红十字会分会与当地政府、红十字会分会与当地社会团体之间，形成了协助、领导与合作的互动关系。分会内部学员之间，也形成了“我为主体，他人配合”的互相合作关系。同时需要指出的是，各类训练中除专业技术学习外，还安排了会务学习、政治学习等内容，注重对学员进行思想政治教育。因此，通过学习，学员们了解了国家的大政方针，特别是卫生方面的政策，逐步摒弃了单纯技术的观点，树立了为人民服务等观念，并认清个人主义、封建迷信等落后的旧思想的危害，从而成长为新中国卫生事业的建设者。

红十字会组织大批次的卫生救护训练，真正受益的还是广大人民群众。受益后的群众由衷地感谢党和人民政府，赞美新社会。如前文所述，

---

① 泗阳县诊所：《泗阳县诊所办了炊事员及行业卫生训练班》，《新中国红十字》1953年7月号，第12—13页。

1954 年，常州市分会急救员及时抢救了平冈乡水渠修浚工程中受伤的农民，使他们深爱感动。这些民工在工程结束后给市分会写了感谢信，就是典型的事例。可见，卫生救护训练除了促进和保障劳动者身体健康之外，还对塑造广大城乡新面貌、新风尚也起到了一定的作用。

第四节　初步开展卫生活动

一、宣传教育活动

如果说加强政治和会务学习，主要是提高红十字会工作人员思想政治素质的话，那么，开展卫生宣传教育活动，则主要是帮助人民群众学习卫生常识和增进对红十字的了解。而组织和实施卫生宣传教育活动的正是红十字会工作人员。

1950 年制定的《中国红十字会会章》规定，“团结群众”，担任“宣传公共卫生”工作是红十字会的任务之一①。新中国成立之初，江苏红十字会在加强红十字工作者政治、会务学习的同时，利用广播电台、图片展览、黑板报等载体以及文娱活动等形式，在多种场合进行公共卫生与会务工作的宣传教育，帮助广大群众掌握科学的卫生常识，改变原有的不符合卫生要求的生活习惯，有力地推动了“卫生工作与群众运动相结合”，促进了红十字事业的新发展②。

（一）通过文娱活动进行宣传

1950 年下半年，为深入农村开展卫生宣传教育，江阴县分会特地自编自演了喜剧《孙阿福种痘》，演员均为分会诊所学员，他们全部用方言演出，普通百姓很容易接受剧目中传播的防疫知识，同时增强了对于抗美援

---

① 中国红十字会总会编：《中国红十字会历史资料选编，1950—2004》，民族出版社，2005，第 3 页。

② 《贯彻“卫生工作与群众运动相结合”对红十字事业发展的重要意义》，《新中国红十字》1953 年 2 月号，第 3 页。

朝的认识。此外，他们还编演了《莲湘舞曲》《胜利花棍》等①。用编演剧目这种群众喜闻乐见的形式进行卫生宣传教育，是江阴县分会的一大创举，收到了预想不到的效果——剧目的内容自演出后，即在乡村每个角落广泛流传。

1952年11月，江阴县分会青阳医院及保健站利用青阳区城乡物资交流大会的机会，除布置卫生展览会开展宣传外，还于11月17日至19日，连续3天演出与消灭血吸虫和新法接生内容有关的两个歌剧，观众达2.5万余人。据不完全统计，1952年，江阴县分会在长泾、青阳两区演出有关公共卫生的节目达10次之多，观众约6万人，受到了群众的广泛欢迎。通过宣传教育，农民兄弟认识到卫生、健康、生产三者是分不开的，进而有力地推动了环境卫生工作的开展，里巷居民也乐于接受卫生措施。例如，积极参加预防接种和注射，并经常保持室内外清洁；自觉自愿地在粪坑上加盖，河里不倒马桶，集体送检大便以及时备查血吸虫；妇女对于新法接生的认识和信心较以前有很大的提高，在妇幼保健站接受接生和做产前检查的妇女人数逐月增加②。

与江阴县分会一样，常州市分会也利用文娱活动的形式进行卫生宣传教育。早在1950年9月，常州分会就成立了歌咏队，1951年9月8日，在庆祝中国红十字会总会改组一周年的日子里③，歌咏队经常举办活动，用歌声表达对于祖国和中国共产党的热爱，更加激发起大家学习的热情。自1951年3月起，常州分会的腰鼓队、舞蹈与歌剧组相继成立，并先后参加了40余场演出，如参加常州市公安局和刻字工会表扬刻字业工人协助政府12次破获反革命案的颁奖大游行，参加新华夜校欢送14位同学加入海军走上国防建设光荣岗位的游行等。不过，最主要的还是配合抗美援朝这一中心工作，发挥了有力的政治宣教作用。

这年春夏季，常州市分会以文娱活动方式配合常州医师协会下乡，深入农村棚户宣传种痘、防疫的重要性和“预防为主”的工作总方针。他们

---

① 《江阴分会展开农村卫生宣教工作》，《新中国红十字》第8期，1951年4月，第42页。

② 张翰胄：《江阴县分会青阳医院及保健站展开卫生宣传》，《新中国红十字》1953年1月号，第38页。

③ 在中国红十字会总会改组一周年的纪念日，常州、无锡、镇江等市分会曾向总会发出电文祝贺。见《各地分会纷驰电文祝贺总会改组周年》，《新中国红十字》第2卷第1期，1951年9月，第23页。

还协助宣传各行业和居民要集体缴税，使大家认识到缴纳国税的重要性①。该分会结合国家形势和任务，通过文娱活动加强与群众的联系，与群众心连心、手携手，打成一片，提高了大家对于卫生知识及时事政策的认识。

（二）举办图片展览进行宣传

举办卫生图片展览是开展卫生宣传教育活动的另一种常见方式。1952年八九月间，泗阳县诊所和县文化馆、卫生院、妇联、医务工作者协会等与地方政府取得联系，利用苏北公署保健队来泗阳协助工作时所带来的有关妇婴卫生方面的模型及挂图，共同举办了展览会。展览的内容涉及妇女卫生、儿童保健、反对封建遗毒、新旧接生法对比等4大类，妇女卫生类有解剖模型20多种、挂图30余幅，儿童保健类有几种儿童常患的传染病模型挂图。展览会配有专人讲解并回答观众的提问。据不完全统计，参观人数达1.1万人次以上，其中妇女占1/3②。

有的分会还通过会务图片展览来配合卫生展览，以进行卫生宣传。1953年，青浦县分会联合县爱国卫生运动委员会，在城区5个城乡物资交流会上采用会务宣传配合卫生宣传的方式进行展览宣传③，达到了预期目的。

1954年，青浦县分会参与举办了爱国卫生图片展览会。这年春季，县红十字保健所、县卫生院、防治站等单位在县卫生科的领导下，组成卫生宣教组，举办以血吸虫病防治为中心，配合以预防季节性传染病、妇幼卫生等内容的爱国卫生展览会。在筹备期间，宣教组派人重点深入农村搜集真实事例，并绘成图片，制成模型。3月4日至18日，展览会先后在全县7个区的13个乡镇展出。每次展览前，宣教组都听取当地党政领导的意见，了解群众的生产生活情况、文化水平和思想动态，以便进行有针对性的展览宣传；他们还采用座谈会、放幻灯片、广播、黑板报、茶馆街头宣传等方式动员观众。

在教育落后和文化生活贫乏的年代里，尤其是在广大乡村，爱国卫生

---

① 张授方：《常州市分会一年来的文娱活动》，《新中国红十字》第2卷第1期，1951年9月，第63页。

② 觉伟：《我们利用展览会宣传了妇婴卫生》，《新中国红十字》1953年3月号，第27页。

③ 孙英杰：《展览简讯》，《新中国红十字》1953年7月号，第17页。

展览会成为当时人们向往的一道文化大餐。展览会每在一地展出，小小的村庄集镇就顿时活跃起来。妇女们都打扮得干干净净，结伴而来看展览；矿山工人、学校学生也都利用工余、课余时间整队前来参观；有的人自己不但看了两三遍，还动员别人来观看，并且主动向他们讲解；闻讯从三四里地之外赶来观看展览会的人也很多。展览会通过真实事例的对比，使得广大群众更加深刻地认识到党和政府对人民健康的关怀，同时增加了群众的卫生常识，批判了封建残余思想和迷信观念，大家进而转变了一贯漠视血吸虫病预防工作的态度。

春季农村巡回展览工作结束后，青浦县的卫生宣教组还加入饮水卫生展览材料，鼓励群众疏河、筑坝、挖土井，并加入“怎样预防夏秋季肠胃传染病”等图片，于4月30日和5月1日、9日、10日，先后在金泽镇和蟠龙镇的两个农村初级市场上展出。同时，结合市场管理，对饮食摊贩行业和卖烟草、捉牙虫、流动伤科等人员进行教育。5月15日至24日，卫生宣教组在佘干区3个轧石厂和附近学校举办展览，并借用学校操场向渔民进行展览宣传，薛凤轧石厂工人参观后还组织了讨论[①]。

值得一提的是，中国红十字会总会编印的《新中国红十字》月刊是红十字会系统进行学习和宣传教育的重要资料。《新中国红十字》的诸多通讯员就工作在各地分会的第一线，江苏红十字会中的通讯员有黄诚志（青浦分会），蔡仲宣（南京分会），吉仰明（镇江分会），吴逸樵、于开明（常州分会），陆永蔚、王岳松（无锡市分会），王祖尧、华毓楠（江阴县分会）等[②]。这些基层兼职通讯员连同其他经常投稿的作者，成为《新中国红十字》及中国红十字会总会与广大会员、人民群众之间联系的纽带，为红十字会的宣传教育事业贡献了自己的力量。

二、宣教活动中的无锡个案

新中国成立之初，无锡市分会及其劳工保健所（下文称保健所），紧

① 《青浦县的爱国卫生展览会》，《新中国红十字》1954年7、8月号，第27页。

② 《〈新中国红十字〉月刊通讯员名单（之一）》，《新中国红十字》第7期，1951年3月，第45页；《〈新中国红十字〉月刊通讯员名单（之二）》，《新中国红十字》第9期，1951年5月，第26页。

紧围绕群众卫生和工厂卫生进行宣传教育，具有典型意义。

（一）利用电台广播、报纸、黑板报等媒体进行宣传

1951 年，无锡市分会与苏南暨无锡市人民广播电台[①]接洽，主要是配合社会活动进行定期广播，每周一、三、五共广播 3 次，每次半小时，由分会和市医务工作者合作进行。如春季，为响应总会李德全会长对美国发动细菌战提出的抗议声明，市分会即请当地医师播送“什么叫细菌战”“昆虫的种类”“细菌与战争”“跳蚤与鼠疫”等内容。7 月，正值无锡市开展爱国卫生运动，分会协同市医师协会进行了日常清洁卫生的宣传。秋季，分会还在妇女节目中宣传“月经期的摄生法”“怎样带孩子”“怎样预防乳房脓肿”等内容，每月 2～4 次[②]。在 1952 年“中苏友好月”活动中，分会的胡立人还播送了《从北京苏联红十字医院看苏联对中国医药上的无私援助》。

在工厂卫生方面，分会运用扩音器讲解妇婴卫生及有关卫生常识，如白喉病的预防等，每个工厂每周定期宣传一次，泰纶丝厂、企新丝厂和新毅布厂分别在每周三上午 9 时、周一下午 3 时、周日早晨和夜校时间进行宣传。

保健所也与苏南暨无锡市人民广播电台接洽，每月定期广播两次，并与无锡市晓报社联系，在《妇女周刊》上介绍妇幼卫生常识。在爱国卫生运动中，保健所还与市熙春街居民委员会取得联系，保健所工作人员帮助他们出黑板报，利用黑板报副刊介绍日常卫生常识；居民委员会聘请保健所医师担任文教委员兼黑板报委员会编辑，群众反映很好。

（二）放映幻灯片进行宣传

幻灯片是通过通俗化的语言和引用生动的例子来教育群众的，因此更能激发他们特别是儿童的兴趣。无锡市分会通过放映幻灯片进行宣传，是

---

① 自 1949 年 4 月 30 日起，南京、苏南、苏北等 5 座人民广播电台相继建立和播音。为适应全省统一的需要，1952 年 11 月 1 日，原苏南、苏北、南京、徐州人民广播电台合并建立江苏人民广播电台，并开始向全省播音。参见刘定汉主编：《当代江苏简史》，当代中国出版社，1999，第 81、93 页。

② 《无锡市分会进行卫生宣教和工厂卫生工作》，《新中国红十字》1952 年 1 月号，第 46 页。

一种行之有效的方法。

为了在群众中扩大宣传，保健所通过市晓报社的联络，向附近郊区各读报组放映幻灯片。市堰桥读报小组曾给保健所写信致谢："你们不辞劳苦地开展幻灯片宣传，提高了我们的卫生水平。"尤其是熙春街居民委员会每次活动时，都把保健所的幻灯片放映作为一个精彩节目①。1952 年六一儿童节，保健所在市东门棚户地区放映幻灯片时，还对儿童进行了健康检查。不过，后因人力、业务所限，保健所与晓报社联合组织的放映活动没有坚持下去。

考虑到有的布厂没有扩音器等宣传工具，保健所就在每周二晚上举行卫生座谈会，并经常把放映幻灯片作为余兴节目插进去，这样，幻灯片在布厂放映的次数就比较多。庆利布厂有些工人不愿意吃漂白粉消毒过的水，一次在放映"饮水卫生"片之前，保健员就特地指出用漂白粉消毒过的水的好处，然后利用幻灯片上的内容结合厂内实际情况进行教育，效果很好。

（三）利用门诊时间，进行候诊教育

候诊教育是一种针对现实问题的教育，即在诊治与配药时，医护人员联系病人的日常生活及时地向他们讲解相关疾病的护理常识②。分会下厂医师几乎每天都做候诊教育，只是每次对象不多。有时候，候诊病人对与他有关的内容听得入神，无关的就漫不经心。为激发候诊病人的兴趣和集中其注意力，医师在医药室内悬挂了卫生挂图，让他们先提出问题来，再围绕问题进行宣教，这种方法在庆利布厂取得了成效。如候诊病人在看到挂图上一个面黄肌瘦的人（日本血吸虫病患者）的大肚皮时，就感到恐惧，后又看到"大肚皮"下面的一只螺蛳和几只小虫（幼虫），他们就会想到螺蛳和虫都是害人的东西，经医师说明传染的途径后，就可以达到预防教育的目的。有时工人担忧地问："得了这种病怎么办?"医师就回答："这个病还有药可治，不过治疗比较困难，时间长，最好还是平时注意防

---

① 《无锡市分会及其劳工保健所的卫生宣传教育》，《新中国红十字》1953 年 2 月号，第 15—17 页。

② 《无锡市分会进行卫生宣教和工厂卫生工作》，《新中国红十字》1952 年 1 月号，第 46 页。

止被传染。”这样工人们就懂得了预防为主的重要性。庆利布厂青年工人柳锡旅患钩虫病，过去他验大便怕麻烦，吃药怕苦，经过形象化的（挂图）教育后，他主动要求服药，经常检查大便了。此外，下厂医师还携带大众医药卫生连环画册，用传阅的方式进行候诊教育，提高了群众的卫生常识水平。

由此可见，分会下厂医师对于卫生宣传教育的作用不可忽视。分会下厂医师和宣传人员平时注意检查工厂环境卫生，如工厂内的空气质量、光线明暗、厕所清洁等，发现问题便提出整改意见。新毅布厂和泰纶丝厂经常主动地做到清洁整齐，两厂还根据保健所的规定，成立了厂内安全卫生委员会，领导和监督工厂卫生工作。下厂医师在进行宣传教育时，经常通过具体的现实事例说明问题，以提高大家的注意力。比如，企新丝厂工人陆阿毛患了痢疾，医师知道他平时好吃零食后就进行说服教育，批评他吃零食不是好的卫生习惯。下厂医师平时还特别注意工人的生活情况。一次，医师在路上遇到泰纶丝厂盆工刘阿三买露天猪头肉吃，当场就对他说这是不卫生的，正好他还患着痢疾，医师就抓住这个现实例子进行了教育，使得厂内的盆工们此后再也不在外面乱买东西吃了，因为他们知道了“病从口入”的道理；还有一次，下厂医师知道企新丝厂工人杨富保好喝酒，就把喝酒人的胃与健康人的胃的两个模型向他做了比较，他被感动了，没过几天就向工会保证以后再也不喝酒了。

（四）结合爱国卫生运动进行宣传

1952 年，保健所在注射鼠疫预防针时，重点结合爱国主义教育，特别强调公共卫生与个人卫生的重要性，使工人们认识到讲究个人卫生就是爱国的一种具体表现。有些工人害怕打针时发生的反应，保健员就让积极分子先注射，再由他们进行宣传，这样使得有思想顾虑的工人也乐于接受注射了，从来不肯打预防针的一些老年职工，也都注射了预防鼠疫、霍乱、伤寒的疫苗。在讲到肺鼠疫时，工作人员提出工厂内应该多备些痰盂，强调吐痰入盂的重要性。在 1953 年春季爱国卫生运动中，保健所工作人员动员工人开展挖蛹和大扫除活动，并协助健全卫生组织。工人的卫生知识因此增长了许多。

市分会根据不同季节各厂发病的不同情况，编印卫生宣传资料分发给各特约工厂，并用扩音器广播、小组漫谈或配合读报组阅读等方式进行宣传教育。夏天工人生痱子和疥疮的很多，他们印发了“怎样防止生疥疮和痱子”的宣传材料；秋季印发了“预防伤风”的材料；冬季印发了“如何预防煤气中毒”等材料。他们还采用口头或展览的方式，利用工人休息或吃饭的时间进行预防季节性传染病的宣传。一次，信和布厂发现17个人患痢疾，保健员一边向区卫生科报告并组织治疗，一边利用晚饭时间进行口头宣传，说明痢疾的来源及其预防措施，并在厂里举办预防赤痢的图片模型展览①。此外，为了改善饮食卫生条件，市分会还在特约工厂召开炊事人员座谈会，着重讨论饮水消毒、厨房卫生与消灭胃肠传染病的关系，以及如何改进厨房卫生设备等问题。通过讨论，炊事员们更加重视厨房卫生工作，并养成了做饭前洗手的习惯。

（五）组织妇幼卫生宣传教育

刚成立不久的市郊区妇幼保健站，在爱国卫生运动中发挥了积极作用，引起了农民的关注。首先，保健站以身作则做好站内的清洁大扫除，同时协助乡政府与当地小学开展清洁竞赛。在竞赛中，保健站工作人员全体出动，把过去堆积下来的几十担泥土和瓦砾清扫干净，使得农民过去那种认为城里来的人不会做卫生工作的看法彻底改变了。接着，他们深入每个村落宣传清洁卫生的重要性，村民也行动起来开展大扫除活动。保健员还利用暑假组织儿童灭蝇队，在晚上乘凉时召开儿童晚会，进行爱国卫生教育。从一开始的7名儿童，动员发展到了40余名，3天就拍死苍蝇9500多只，他们颁奖鼓励孩子们的灭蝇积极性，并在固定的时间上卫生课和开展文娱活动②。

由于上述工作收到了良好的效果，以及由此带来的人们印象的好转，更加有力地推动了保健站业务工作的开展。保健站邀请乡村妇女干部协助召开妇女大会，讲述新旧接生法的不同和产前检查的重要性，让广大妇女懂得只有身体健康，才能做到家庭幸福和生产丰收。他们采用包干制的方

---

① 章虎臣：《无锡市分会在工厂里进行卫生宣传工作》，《新中国红十字》1954年5、6月号，第12页。

② 《无锡市分会及其劳工保健所的卫生宣传教育》，《新中国红十字》1953年2月号，第15—17页。

法，对孕妇、产妇进行教育：首先统计每个村的孕妇数，然后进行产前访视，增加孕妇的孕期卫生常识；只要是在保健站接受护理的产妇，他们都去访视，告诉产妇如何注意产褥期卫生、产后如何注意营养、如何带好孩子、如何科学哺乳等。

1951年8月，保健所在企新、泰纶两丝厂举行小型卫生展览会，邀请工人积极分子、青年团员做讲解员，原有的纠察队维持秩序，每厂展览为期一周，事后征求对展览的意见。泰纶丝厂许多女职工患有蛔虫病，保健所开展的卫生展览会不仅提高了她们的卫生知识水平，还把她们10多年来认为蛔虫是消食虫的错误看法消除了。

在卫生宣传教育的过程中，无锡市分会工作人员得出一条重要经验，即切合工人和农民的实际需要，处理好分会与群众间的关系，就能更好地开展各项红十字工作。比如，郊区妇幼保健站的工作人员帮助农民掘稻根，组织农忙流动医疗队，替群众解决疾病痛苦。有群众反映，“红十字会保健站成立后，我们方便得多了”。此外，在进行每一项工作时，分会首先与街道积极分子、居民干部取得联系，对他们进行宣传动员，得到他们的支持后，工作会收到事半功倍的效果；在工厂利用电台广播时，他们就注意结合当时的各项活动来做节目；在农村进行宣传时，就尽量注意乡村风俗与语言忌讳，做到和蔼、热忱、耐心，接近群众。

三、参与爱国卫生运动

（一）爱国卫生运动的源起

爱国卫生运动是新中国成立后逐步形成的一种中国特色的旨在动员和组织全社会力量，讲究卫生，改善环境，防治病害，以增进人体健康的社会大卫生工作模式。爱国卫生运动发轫于1952年的反美细菌战，在卫生运动之前冠以“爱国”二字，突出其与国家前途和国家安全联系在一起，卫生运动俨然成为一项重大的政治任务①。

1952年1月下旬，抗美援朝战争期间，美国不顾国际禁令向我国东北

① 参见《进一步开展爱国卫生运动》，《人民日报》1952年7月5日。

及青岛等地34个县市投掷苍蝇、蚊虫、蜘蛛、老鼠、青蛙等带有病毒和细菌的昆虫及媒介物，发动了残暴的细菌战争①。为反对细菌战，3月14日，政务院第128次会议决定成立中央防疫委员会，周恩来总理兼任主任委员，领导开展全国性的爱国卫生运动②。自1953年起，各级领导爱国卫生运动的机构统称为爱国卫生运动委员会（简称爱卫会），中央级的称中央爱国卫生运动委员会，中央以下各级则冠以各行政区域或单位的名称，其职责为领导反细菌战工作和开展群众性卫生运动。各级爱国卫生运动委员会一般是由各级人民政府的负责首长任主任委员，所属各有关部门负责人和当地工、青、妇团体负责人担任委员组成。中央及大区的爱国卫生运动委员会办公室内设计划检查、研究和行政三部分，工作人员除一部分由卫生机关现职人员兼任外，可设若干名专职人员。以下各级办公室不设研究组，工作人员均由卫生机关现职人员兼任。此后，各地各级爱国卫生运动委员会相继成立，成为经常性卫生运动的领导机构。

不难发现，爱卫会与卫生部门在职能、性质和工作范围上有所不同，一般的医疗预防、卫生防疫等工作仍由各级卫生部门负责，而爱卫会是群众性组织，其所开展的爱国卫生运动与一般卫生医防工作在内容和开展模式上也不尽相同。

1952年3月19日，中央防疫委员会向各大行政区及各省、自治区、直辖市人民政府发布了反细菌战的指示，要求各地根据不同情况，发动群众订立防疫公约，并做到：（1）遇有敌机投撒昆虫异物，应立即报告所在地防疫机关，并应立即进行灭杀；（2）实行强制性的预防注射；（3）灭蝇、灭蚊、灭蚤、灭虱、灭鼠以及捕灭其他媒介物，并用火来灭；（4）保护水源，加强自来水管理；（5）保持室内外及厕所清洁；（6）小贩及食品店出售的食品必须加玻璃罩；（7）宣传不食生冷食品；（8）遇有传染病人要严加隔离；（9）死于传染病的尸体就在当地深埋，不准他运，必要者应做病理解剖；（10）传染病患者的排泄物及死者遗物应严格消毒或销毁；（11）严防坏人在地面上放昆虫、放毒药；（12）普及卫生防疫知识。由

① 《当代中国》丛书编辑委员会编：《当代中国的卫生事业》上，中国社会科学出版社，1986，第55页。

② 《中央人民政府政务院关于1953年继续开展爱国卫生运动的指示》，《新中国红十字》1953年1月号，第7页。

此，以粉碎美国细菌战，消灭苍蝇、老鼠等媒虫兽，改善城乡环境为主要内容的爱国卫生运动在全国轰轰烈烈地开展起来①。

6月，爱国卫生运动进入高潮。人民群众在运动中提出了“八净”（即孩子、身体、室内、院子、街道、厨房、厕所、牲畜圈都要干净）、“五灭”（即灭蝇、蚊、虱、蚤、臭虫）、“一捕”（捕鼠）的要求和“打死一个苍蝇就是消灭一个美国鬼子”等口号②，男女老幼，上下一心，全民参与，取得了辉煌成绩。

据统计，至1952年底，全国共清运垃圾7465万余吨；疏浚的臭水沟渠全长28.3万多公里；填平污水坑总计4056万多立方米；改善和新修的厕所492万多个。此外，全国共灭蝇1386亿多只，灭蛆49亿多只，灭蚊295亿多只，打捞孑孓1131万多斤，灭蚤7.9亿多只，灭虱26.4亿多只，捕鼠约12780万只，大大减弱了它们传播疾病的力量③。开展爱国卫生运动，不仅改善了城乡卫生面貌，而且也使得人民群众受到了深刻的清洁卫生教育。

（二）红会参与爱国卫生运动的年度演进

1952年是全国大规模开展爱国卫生运动的第一年。从6月开始，南京分会全体工作人员参加爱国卫生运动，分会太平路诊所和中山路诊所分别成立了卫生工作小组，每周举行清洁大扫除，每天扑灭蚊蝇；工作人员分别参加第二、五区的防疫注射工作。7月，分会还订立了爱国卫生公约，保证按月完成工作计划。

暑假期间，青浦县分会将红十字会医院附近小学的10多名7岁至14岁的小学生发动起来，组成红十字儿童扑蝇队。年龄大的做队长，领导扑蝇队开会，自主制订出计划和公约。红十字会医院买来蝇拍、竹夹、纸盒等工具，分发给扑蝇队，每人一份，并授予一面队旗。小队员们沿街挨户赶拍苍蝇，共出动5次，灭蝇3.6万多只。后来，他们砌了一个焚蝇炉，把打死的苍蝇计数后烧掉④。

① 刘国新等主编：《中华人民共和国史长编》第1卷，天津人民出版社，2010，第142页。
② 李德全：《三年来中国人民的卫生事业》，《人民日报》1952年9月27日。
③ 陈致明：《起了移风易俗作用的爱国卫生运动》，《人民日报》1952年12月5日。
④ 且：《青浦分会的儿童扑蝇队》，《新中国红十字》1953年2月号，第11—12页。

同年，江阴县分会与所属长泾区、青阳区业务单位，协助当地爱国卫生运动委员会进行防疫接种、训练和清洁扫除等工作，取得的成绩主要有：疫苗接种和体格检查共20.5万余人次；两次训练共培训了370名村卫生员；动员1.1万余人参加灭蝇、捕鼠、水缸加盖、迁移粪坑、清扫猪圈、疏通阴沟等环境卫生和清扫工作。

该县分会及时地对上述工作进行了总结，其中的经验和教训有：第一，必须主动地与当地行政领导取得联系，引起他们重视，并邀请首长带头参加，运动才会热烈地开展起来；第二，宣传工作要用通俗语言，结合各种会议（特别是生产会议）来进行，谈话要多举实例，说明讲卫生对生产的好处，群众才易于接受；第三，运动能否持久，经常检查工作是关键；第四，训练后的村卫生员在第一次为群众进行疫苗注射时，必须先给医生注射，让群众看看，这样易于消除群众认为村卫生员不行的看法；第五，缺点是爱国卫生运动只限于市镇，没有深入农村，宣传也做得不够全面①。

这一年，由于各地政府卫生机构的统一领导，群众的大力支持，以及工作人员认真负责的工作，江苏红十字会对苏南地区爱国卫生运动的开展起了很大的推动作用。绝大多数分会都配合地方政府成立的防疫委员会或爱国卫生运动委员会，分区或分段担负了指定的任务。例如，春夏两季的种痘、各类疫苗注射等，利用黑板报、大字报、幻灯片、播音、画片展览以及集会等方式进行爱国卫生运动的宣传教育。这些工作使广大群众改变了生活面貌，环境卫生和个人卫生都有了较大的改进。

南京市爱国卫生运动成就突出，在1952年12月召开的第二届全国卫生会议上，南京市与北京市同时被评为“全国乙等（甲等空缺）卫生模范城市”②。由于发动群众参加爱国卫生运动，横贯全市30里的秦淮河得到疏通。特别是五老村，以前是棚户区，垃圾遍地，污水横流，肮脏不堪，被称为“苦恼村”，经改造后成了道路平整、清洁卫生、花草掩映的新居

---

① 传：《江阴县分会的经验教训》，《新中国红十字》1953年2月号，第12页。

② 刘定汉主编：《当代江苏简史》，当代中国出版社，1999，第83页；《第二届全国卫生会议闭幕》，《新中国红十字》1953年1月号，第12—13页。值得一提的是，20世纪50年代中后期，南京的五老村与杭州的小营巷、上海的南翔镇、常熟的浒浦镇、山西稷山的太阳村等成为全国典型的卫生先进单位。

民区“欢乐村”。该村还被评为全国卫生甲等模范单位。

第二届全国卫生会议总结了全年爱国卫生运动工作，并决定1953年继续开展爱国卫生运动，要求“使之达到普遍深入和经常化”[1]。毛泽东主席为此次会议的题词——“动员起来，讲究卫生，减少疾病，提高健康水平，粉碎敌人的细菌战争”——成为继续开展爱国卫生运动的最高指示。会议确定了周恩来总理到会发表的题为《关于卫生工作与群众运动相结合》的重要讲话中的“卫生工作与群众运动相结合”，为我国卫生工作的“第四大原则”。

1953年，继续开展爱国卫生运动的原因主要来自以下3个方面：一是美国继续进行侵略朝鲜的战争，还继续在朝鲜和我国进行细菌战；二是我国卫生状况虽然已有好转，但是距离应有的要求还很远；三是我国卫生基础还很薄弱，而卫生部门本身的力量还十分有限，经过群众性爱国卫生运动来健全卫生工作的基础，将是一个长时间的任务。

1952年12月31日，政务院发布《关于1953年继续开展爱国卫生运动的指示》[2]，明确了1953年爱国卫生运动的一般任务仍以反对美国细菌战、清除蚊蝇滋生繁殖地带、捕灭病媒动物和普及卫生知识为主。1953年1月30日，中央爱卫会发布《关于进行春季爱国卫生突击运动的指示》，指出春季爱国卫生突击运动的主要任务是发动群众对病媒昆虫的滋生繁殖场所进行及早清除[3]。

在实际工作中，爱国卫生运动一般分为突击性活动和经常性活动两种形式。二者互相配合，没有突击性活动，不易普遍地发动群众；没有经常性活动，就不能巩固已取得的成果，并继续将运动推向深入。突击性活动是经常性活动的开始，经常性活动是突击性活动的继续。1953年春季，在中央爱卫会的统一布置下，全国进行了一次短期的以挖蛹、大扫除和清除垃圾等为主要内容的爱国卫生突击运动，目的在于及早消灭病媒昆虫，为

---

① 贺诚：《为继续开展爱国卫生运动而斗争——在第二届全国卫生会议上的报告（摘要）》，《新中国红十字》1953年1月号，第9页。

② 《中央人民政府政务院关于1953年继续开展爱国卫生运动的指示》，《新中国红十字》1953年1月号，第7页。

③ 《中央爱国卫生运动委员会关于进行春季爱国卫生突击运动的指示》，《新中国红十字》1953年2月号，第4页。

全年的爱国卫生运动打下基础。

显然，推进爱国卫生运动有其重要性和政治意义。因此，《人民日报》在较短的时间内就爱国卫生运动的开展接连两次发表社论。1953 年 1 月 8 日，《人民日报》在社论《卫生工作必须与群众运动相结合》中指出，经过 1952 年爱国卫生运动，在推行卫生工作方面取得了很多经验，而最根本的经验就是“卫生工作与群众运动相结合”。2 月 26 日，《人民日报》发表《为彻底粉碎美国的细菌战而斗争》的社论，在论证美国在朝中进行大规模的细菌战罪行之后，社论号召全国人民继续大力开展爱国卫生运动，粉碎敌人的细菌战争。

在 1952 年底全国红十字工作会议召开时，总会初步明确了红十字会今后的工作方向是发扬人道主义，训练与组织会员，发动群众，做好群众性的卫生普及和救护工作①。1953 年初，中国红十字会总会根据政务院和中央爱卫会前述的指示精神，对春季卫生工作做出如下具体要求：其一，各地分会所有工作人员要用一定的时间，认真学习有关开展爱国卫生运动的文件；其二，若没有参加当地爱国卫生运动委员会的分会，应尽速洽商争取参加；其三，注意春季卫生运动必须与生产相结合；其四，春季卫生工作主要是彻底清除病媒动物的滋生地带及解决经常运动中不易解决的问题；其五，工作中应特别注意结合当地地方病和流行病的预防②。

这年春季，无锡市分会第一妇幼保健站在光明村开展了爱国卫生突击行动。妇幼保健站结合当地农民“十七十八，越担越发”的风俗，利用黑板报、标语、小组会、个别交流、卫生课、控诉会等宣传方式将群众发动起来，大大提高了群众对爱国卫生运动政治意义的认识。光明村群众积极行动起来后，共做了 14 个垃圾箱，运走垃圾 20 余吨③。

不久，中国红十字会总会要求各地分会在春季爱国卫生突击运动的基础上继续前进，即“从实际出发，结合群众的切身利益；领导重视，积极

---

① 《贯彻“卫生工作与群众运动相结合”对红十字事业发展的重要意义》，《新中国红十字》1953 年 2 月号，第 3 页。

② 《总会关于 1953 年春季开展爱国卫生运动的指示》，《新中国红十字》1953 年 2 月号，第 4—5 页。

③ 《各分会、各医防队积极参加春季爱国卫生突击运动》，《新中国红十字》1953 年 4 月号，第 6—8 页。

分子带头；树立典型（由点到面），宣传工作与群众运动相结合；卫生工作与生产任务（或当前主要任务）相结合是搞好春季爱国卫生工作的关键，也是各分会、各医防队搞好今后爱国卫生工作，并使之经常化与制度化的基本环节”①。

1953 年 12 月，第三届全国卫生会议召开。会议指出，卫生部门必须从过渡时期总路线和国家建设的总任务出发，“今后卫生工作，应首先加强工业卫生工作和城市卫生工作，并继续开展爱国卫生运动，防治对人民危害最大的疾病，有步骤地结合互助合作运动开展农村卫生工作，为增进人民健康，加强国家的经济建设和国防建设而奋斗”。这表明爱国卫生运动已经由战时性任务和临时性任务转变为常规性工作，进而成为我国人民卫生事业的重要组成部分，其重点开始由“消除病媒，粉碎敌人细菌战”向“除害灭病，保障经济建设”转变。

一如既往，中国红十字会总会对 1954 年爱国卫生运动也做出了要求。第一，防止急性传染病的流行。防止传染病的首要条件，除种牛痘、施行预防注射、及时报告疫情和隔离传染病人的防治工作外，必须普遍地宣传和发动群众，自觉自愿地大力改善环境卫生。第二，减少工伤事故和工矿中的多发病。第三，改善农村环境，减少危害农民健康最大的慢性寄生虫病②。

根据总会精神，常州市分会在市政府的领导下，负责辅导该市西区卫生预防工作，主要目的是使爱国卫生运动经常化③。1954 年 3 月 2 日，西区人民政府召开爱国卫生工作动员会议，10 名居民委员会干部参加，会议介绍了红十字会的任务。会后，市分会立即要求每两个居民委员会派出 2 名干部协助分会工作，一方面进行卫生宣传；另一方面要求每家每户打扫卫生，保持清洁，并组织群众迁移不符合卫生条件的粪缸，给粪缸加盖，清除街道上无人管理的垃圾，填平马路上的坑洼等。

在卫生运动开始前，市分会就明确此次任务主要是消灭病媒虫，防止传染病的发生，还印制了一些“为什么要挖蛹”的宣传资料，分发到各急

① 《在春季爱国卫生突击运动的基础上继续前进》，《新中国红十字》1953 年 4 月号，第 4 页。

② 金宝善：《继续开展爱国卫生运动，提高劳动人民的健康》，《新中国红十字》1954 年 1 月号，第 9 页。

③ 陆希羽：《常州市分会协助当地的爱国卫生工作》，《新中国红十字》1954 年 4 月号，第 29 页。

救站、居民委员会和居民卫生干事手中，供宣传时参考。在接受当地政府布置的挖蛹任务后，分会即发动医务工作者、急救员、居民中的卫生模范、积极分子组成挖蛹队，普遍地进行挖蛹灭蝇，彻底改良环境卫生，清除病媒寄生处所，并做好饮水卫生、预防接种等工作。有的地区还修订了爱国卫生公约。

这一年，为了更好地开展群众卫生工作，青浦县分会特地在群众夜校开设了卫生课。该县朱家角镇群众夜校共有220余名学员，多数是街道干部、积极分子和人民代表。县分会商得当地政府同意后，在夜校讲授卫生课。在镇卫生工作者协会的帮助下，分会聘请10位中西医工作者任卫生课教员，成立教研小组，讨论并拟订出教学计划。具体做法是每班2人包干负责，轮流教学；集体备课，要求做到内容充实、进度统一，不同的班级授以不同的课程；根据季节性传染病和地方病的防治工作，将课本内容划分为主要的与次要的，排定讲课先后次序；讲课前相互交流经验，以逐步改进教学等①。通过这样的方式学习，开展群众卫生工作就有了一定的基础。此外，如前文所述，青浦县分会还成功地举办了爱国卫生展览会，大力配合全县卫生运动的开展。

总体而言，在1954年爱国卫生运动中，由于各地动员和组织工作准备充分，急救员、红十字会员等都发挥了骨干和助手的作用。经过几年的努力，江苏城乡卫生面貌大为改观，人民健康水平有了新的提高。

综观20世纪50年代开展的爱国卫生运动，从消除病媒到除害灭病，其工作重心因形势变化和现实的需要而发生转移，大致是：1952年，“消除病媒，粉碎敌人细菌战”的爱国卫生运动发轫；1954年，运动开始转向“除害灭病，保障经济建设”；自1956年起，“除四害、讲卫生”又是“除害灭病，保障经济建设”的重中之重，甚至成为爱国卫生运动的代名词②。

（三）总会在苏北的活动

如前文所提，1952年六七月，中国红十字会第一医防服务大队分批移

---

① 何承志、袁吉全：《青浦县分会在群众夜校中讲卫生课》，《新中国红十字》1954年11、12月号，第29页。

② 徐国普：《新中国成立初期中国红十字会研究（1949—1956）》，人民出版社，2013，第125页。

驻苏北淮阴专区开展相关工作，并结合爱国卫生运动，掀起了卫生工作热潮。例如6月20日，医防队开始在苏北设立门诊部，开展防治地方病——“雅司病”的工作，并进行孕妇产前检查、以学校为中心进行儿童健康检查等。另有一队在泗阳县重点开展环境卫生、地方病治疗、接生员训练及妇幼卫生宣教等工作，尤其是在众兴镇，医防队将新华、新民街上以集肥谋生的291人组织起来，将85个露天粪坑改造成5个合作厕所①。

第一医防服务大队在沭阳县和清江市协助当地政府开展爱国卫生运动的情况如下②。

在沭阳县，第一医防服务大队第四队有条不紊地做好爱国卫生运动的发动、组织、检查等工作。他们首先与县、区政府及卫生部门取得联系，根据具体情况交换工作意见，通过县、区的爱国卫生运动委员会会议，重点研究工作内容。然后，通过镇防疫委员及街组以上干部会议做思想工作，提高认识，再和他们一起分街或几条街合并召开党团员与积极分子会议，让党团员与积极分子在而后的工作中发挥骨干带头作用。最后，分街召开群众大会，依据“生产与卫生两不误”的原则，大力展开宣传教育，组织群众进行讨论，启发群众重视卫生，并布置各项具体工作。

第四队的队员们和各学校师生在街头，以腰鼓、舞蹈、快板、幻灯片等方式及通过黑板报开展宣传。队员们亲自动手，帮助群众抬砖建造垃圾箱，开窗户通风，对烈、军、工属等缺乏劳动力的群体都给予照顾，且动员他人来帮忙。此外，该队队员还配合各级干部深入建陵、东兴、东关三镇的街、组、户，进行动员说服和指导有关环境卫生工作。据不完全统计，沭阳县共清除垃圾7632担，添置垃圾箱90个，填大小污水坑132个，改善厕所2座，修浚沟渠10条，开窗（新开的和放大的）945个，设置纱罩93个。一般卫生工作告一段落后，队员们与县、区领导并机关干部组成检查组，分赴各镇深入检查指导，以巩固成果。

---

① 《第一医防服务大队在苏北展开了“雅司病”的防治工作》，《新中国红十字》1952年7月号，第7页；《第一医防服务大队在苏北泗阳训练接生员工作总结》，《新中国红十字》1952年12月号，第21页。

② 参见康光燕：《沭阳县的爱国卫生运动》，《新中国红十字》1952年12月号，第27页；康光燕、高健飞、何漱文：《获得了卫生红旗的万柳镇》，《新中国红十字》1952年12月号，第27—28页。

在清江市，万柳镇先前是该市最脏的地方，而西长街鸿发组又是万柳镇最脏的地方。自从1952年第一医防服务大队来到这里后，环境卫生大为改观。服务大队经过细致的工作，调整了西长街街长，认真说服大家一起打扫清理。结果，西长街带动万柳镇其他3条街，填平了157个粪坑，合并建成54个厕所，改良（挖深并加盖）了18个厕所，清除垃圾30550斤。在全市4个镇爱国卫生工作评比中，万柳镇得了第一。自此，爱国卫生运动在万柳镇深深地扎下了根。

上述第一医防服务大队在苏北地区开展的医疗服务和卫生工作，一定程度上弥补了当时苏北地区仅有一家红十字泗阳诊疗所开展活动的不足。

第四章　地方组织大发展和业务拓新

1956年，我国社会主义改造完成，大规模的社会主义建设全面展开。从这一年起，江苏省红十字会成立，一大批市、县红十字会得以新建或再改组。特别是苏北地区开始新建红十字会，实现了在新政权下从无到有的历史性突破。江苏红十字会的组织结构、管理体制和活动范围因此发生了重大变化。在此背景下，省红十字会组队开展了泗洪灾区巡回医防，苏南部分红十字会还援助了日本侨民回国。全省红十字运动呈现出良好的发展态势。

第一节　地方组织的新建和再改组

一、筹建省红十字会

1956年，全国人民是在“为全面地提早完成和超额完成五年计划而奋斗”的精神鼓舞下走进新的一年的[①]。在这一年，我国实现了社会主义基本制度的确立。对于江苏红十字会来说，1956年亦是不平凡的一年。因为这一年，江苏省红十字会筹建并正式成立。如前文所述，早在1953年，有关方面就计划筹建江苏省分会[②]，但因种种原因一直被拖延。到了20世

① 参见《为全面地提早完成和超额完成五年计划而奋斗》，《人民日报》1956年1月1日。

② 参见《中国红十字会华东各地分会1953年会务人员编制表》，江苏省档案馆馆藏档案，第6卷，第9页。

纪50年代中期，筹建并成立省红十字会的条件已成熟，主要有如下原因。

第一，社会发展及其结构的演变。党领导的各级人民政权已经建立，并得到进一步巩固，社会成员逐步被组织到各类社会组织之中，全社会呈现高度组织化趋势。此时，“个人—农业生产合作社（城市单位）—国家”新型的社会结构确立起来，并带有“身份制”“单位制”和“行政制”的特征①。尤其是我国政治组织已经广泛形成了中央、中级、地方和基层4个级别的等级制②，组织结构的科层化日益凸显。在这样的社会背景下，有深厚政府背景的红十字会必须调整原有组织及其结构，以协调与政府间的关系，促进红十字事业健康有序的发展。可见，社会发展推动了红十字会调整组织结构，按照行政区划，建立省级红十字会势在必行。

第二，卫生事业的发展需要红十字会进一步健全组织。随着生活水平的不断提高，人民对于卫生服务的需求也日益增长。1956年1月，卫生部召开全国卫生工作会议，制定出卫生事业12年远景规划，并确定一项宏伟计划：从1956年起7年内，在条件可能的地区基本上消除“四害”和消灭几种对人民健康危害最大的疾病。而卫生事业的发展需要发挥在医疗卫生方面确有比较优势的红十字会的作用。为此，红十字会必须适时发展和完善原有组织（江苏此时仅有苏南7个分会），以提高工作实效，充分发挥卫生部门助手的作用。

第三，苏联红十字会工作经验和我国红十字会试点工作的影响。为配合“除四害”消灭疾病，大力开展爱国卫生运动，切实执行“卫生工作与群众运动相结合”的原则，3月17日，卫生部、中国红十字会总会给全国各省（区）、市人民委员会发出《关于1956年发展红十字会组织的联合通知》，指出“苏联先进经验和中国红十字会部分地方组织几年来工作实践

① 袁方等：《社会学家的眼光：中国社会结构转型》，中国社会出版社，1998，第209—216页。

② ［美］詹姆斯·R. 汤森、布兰特利·沃马克：《中国政治》，顾速、董方译，江苏人民出版社，2004，第62—64页。

及北京市红十字基层组织最近试点[①]，证明红十字会组织和训练工作是国家卫生部开展群众卫生工作的有力助手，红十字会的会员和基层组织成为爱国卫生运动的基本力量和基层组织”。可见，大力发展红十字会组织的条件已经具备，时机已经成熟。

第四，政府部门和红十字会总会的大力推动。3 月，卫生部、中国红十字会总会在制定颁发的《中国红十字会工作方案》和《1956 年国内工作计划要点（草案）》中，明确要求地方红十字会工作在各省（区）、市人民委员会的领导下，纳入地方卫生事业规划中，并统一布置进行，卫生、民政等部门根据计划要求，负责贯彻执行；成立省和重点市、县红十字会，调整原有市、县红十字会及发展会员；坚持又好又省的原则，给予经费的保证；人事、卫生部门根据成立省、市、县红十字会的需要，适当调配干部。1956 年计划在全国 19 个省成立省红十字会，江苏省就名列其中[②]。

4 月 16 日，中国红十字会全国工作会议在北京召开。会议的中心议题是贯彻卫生部和红十字会总会的指示，决定 1956 年红十字会的工作重点是建立组织，调整原有组织，并确定全国各地的省、市、县红十字会分会取消分会称号，均称省、市、县红十字会，由省红十字会统一管理。同时决定在各省的地、州、市、县（区）均建立红十字会，企事业单位、乡村、各类学校建立基层红十字会。

这样，新中国成立后，中国红十字会又一次迎来了重要的组织变革与调整，与第一次的协商改组仅时隔 6 年。如果说新中国成立之初，中国红十字会的协商改组侧重于员工思想改造和负责人改选的话，那么，此次红十字会调整更着重于组织机构和管理体制的变革，其影响更为重大和深远。

各地响应红十字会总会的号召，积极推进红十字会组织的筹建和调

---

① 相对于中国红十字会总会而言，省、自治区、直辖市及其以下的市、县红十字会一般称为地方组织。县级以下企事业单位、乡村、各类学校等建立的红十字会，一般称为基层组织，包括基层委员会、红十字卫生站、会员小组等。发展会员自然是基层组织的主要任务。有些地方的基层组织往往与卫生站（或保健站）合二为一，卫生站就成为会员、卫生员的活动中心。

② 参见《关于 1956 年发展红十字会组织的联合通知》（1956 年 3 月 17 日），江苏省档案馆馆藏档案，第 162 卷。

整。《健康报》[1] 特以《大力发展红十字会工作》为题发表社论，着重说明红十字会的性质、任务及其重要性，揭露某些阻碍红十字会工作开展的思想障碍，并且提出了开展红十字会工作的方法。该社论实际上起着指导红十字会工作的作用。

在上述背景下，江苏筹建省红十字会的工作被提上议事日程，而且进展迅速。1956 年 4 月，江苏省红十字会筹备委员会宣布成立，筹委会设办公室，办公室下设业务组和组训组。5 月，江苏省卫生厅、省红十字会筹委会制定并颁发《关于联合召开江苏省红十字工作会议的方案》，该方案认为根据 1956 年中国红十字会的工作计划，“在本年内成立江苏省红十字会，同时建立若干市、县红十字会，因此有召开一次全省红十字工作会议的必要”[2]。该方案对会议内容、出席会议人员及其应具备的条件、会议日程等做出具体说明。同月，省红十字会筹委会拟就《江苏省红十字会组织规程（草案）》，准备提交年内召开的全省红十字工作会议审议通过[3]。8 月 6 日，筹委会将省红十字会筹备情况，函告中国红十字会总会。8 月 13 日，总会复函，肯定江苏省红十字会筹委会的各项工作，并通知按国务院有关文件精神解决省、市、县红十字会的编制问题[4]。

事实上，在 4 月中国红十字会总会召开全国工作会议后，各地红十字事业亟待新的发展，各省、自治区、直辖市纷纷致函中国红十字会总会，要求解决人员编制问题，以便各地早日开展工作。6 月 21 日，红十字会总会向国务院全国编制工作委员会呈送《关于请先按 1953 年批准 806 人的编制数字分配下达各省、区、市红十字会编制的函》[5]，并附上《各地红十字会 1956 年人员编制修订方案》。8 月 10 日，国务院向各省、自治区、直辖市人民委员会转发了上述方案，该方案的分配数字是根据 1953 年已被核准

---

① 《健康报》于 1931 年在江西瑞金创刊，1956 年 1 月，周恩来总理亲题报头。《健康报》是卫生部主管的最具影响的全国性卫生行业报，是我党我军创办的第一份卫生专业报。

② 《江苏省卫生厅、江苏省红十字会筹备委员会关于召开江苏省红十字工作会议的方案》，江苏省档案馆馆藏档案，第 228 卷。

③ 江苏省红十字会编著：《江苏红十字运动八十八年（1911—1999）》，东南大学出版社，2001，第 82 页。

④ 《中国红十字总会关于江苏省红十字会人员编制的复函》（1956 年 8 月 13 日），江苏省档案馆馆藏档案，第 315 卷。

⑤ 《中国红十字总会关于请先按 1953 年批准 806 人的编制数字分配下达各省、区、市红十字会编制的函》（1956 年 6 月 21 日），江苏省档案馆馆藏档案，第 315 卷。

的红十字会各地方组织人员编制的数字重新进行分配的，分配原则除根据工作任务需要外，还根据省红十字会 4～7 人、大城市 14～17 人、中等城市 4～10 人、小城市和县 2～3 人进行分配。该方案分配给江苏省的人员编制为 61 人（1953 年原核定人员编制为 70 人）①。

从新中国成立之初协商改组开始，中国红十字会总会和各地分会工作人员均被列入国家编制。到 1956 年，国家批准红十字会系统的编制总人数为 1200 人，除红十字会总会机关 110 人外，其余按照各省、市红十字会当年组织建设和发展会员的情况进行分配，其中江苏 87 人（与上文所引数据 61 人不一致——笔者注）②。

8 月 21 日，江苏省卫生厅与省红十字会筹委会办公室发出《关于召开江苏省红十字工作会议的联合通知》。通知除发给无锡、常州、南京、镇江、苏州、松江、常熟、清江、南通、扬州、新海连、徐州、青浦、江阴、灌云、泗阳、泗洪等 17 个省属的市、县卫生局（科）外，同时抄送无锡、常州、南京、镇江等 4 个市和青浦、江阴、武进等 3 个县的原有红十字会组织。通知指出，红十字会是卫生行政部门开展群众卫生运动的有力助手，为大力发展红十字会工作，希望各地把发展红十字会工作当作自己的一项主要任务，把发展红十字会的工作计划纳入卫生工作规划中去，以便充分发挥和运用红十字会的组织作用，搞好群众卫生工作，并要求各地选拔适当的干部参加省红十字会成立大会③。

二、省红十字会成立及体制重构

11 月 7 日，以成立江苏省红十字会为主要议题的江苏省红十字工作会议在南京召开④，这在江苏红十字运动史上还是第一次。出席工作会议的有 10 个市、3 个专署、6 个县的卫生局（科）局长（科长）、秘书及红十

① 《国务院转发中国红十字会关于“各地红十字会 1956 年人员编制修订方案”》（1956 年 8 月 10 日），江苏省档案馆馆藏档案，第 315 卷。

② 中国红十字会总会编：《中国红十字会的九十年》，中国友谊出版公司，1994，第 131—132 页。

③ 江苏省卫生厅、江苏省红十字会筹备委员会办公室：《关于召开江苏省红十字工作会议的联合通知》（1956 年 8 月 21 日），江苏省档案馆馆藏档案，第 162 卷。

④ 江苏省红十字会编著：《江苏红十字运动八十八年（1911—1999）》，东南大学出版社，2001，第 83 页。

字会的会长、总干事和红十字基层组织代表共56人，还有省红十字会筹委会委员23人、省有关部门代表20人。

会议进一步明确了红十字会的性质是人民自愿组织的群众性卫生救护团体，任务是根据社会主义人道主义原则，在当地卫生部门的统一领导下，贯彻“预防为主”和“自救助人”的方针，协助政府动员和组织广大群众开展群众性业余卫生救护工作，以提高人民健康水平，加强国防和灾害发生时的自救助人工作，开展卫生宣传教育以及各项卫生防疫和保健工作。会议审议通过了《江苏省红十字会今冬明春和1957年度的工作计划要点》和《江苏省红十字会组织规程》，并报送江苏省人民委员会批准和中国红十字会总会备案。

根据《中国红十字会地方各级组织试行通则》的规定，大会代行江苏省红十字会会员代表大会的职权，通过会议协商、选举，成立江苏省红十字会第一届执行委员会和常务委员会、监察委员会。陈祖荫（省卫生厅副厅长）、王铁民（省工会联合会副主席）等27人当选为执行委员会委员，计雨亭（省民政厅厅长）等11人当选为执行委员会常务委员会委员，执行委员会常务委员会主席由省卫生厅厅长盛立兼任，王慰曾（南京市精神病院院长）、计雨亭、陈祖荫、瞿立衡（省爱国卫生运动委员会主任）当选为副主席。监察委员会由5人组成，王一峰（中共江苏省委防治血吸虫病七人领导小组办公室副主任）、陆小波（省政协副主席）分别当选为主任委员和副主任委员①。

11月11日，江苏省红十字会正式成立。省红十字会办公室根据常务委员会的决议及主席、副主席的指示领导日常工作。办公室有主任1人、副主任1人，下设组训组、宣传组和行政组，计组长2人、干事4人、会计1人，专职人员共9人。后根据机关整编的精神，省红十字会结合红十字会业务的具体情况，拟订了省红十字会工作人员的编制及分工的草案，报请省卫生厅审批。该草案规定：“一、本会设专职办公室正、副主任各一人。二、本会办公室不设组，原有各组撤销（原任组长职务的同志，职务名称上今后由卫生厅人事处统一考虑）。三、本会办公室下设干事三人，

① 《江苏省红十字会第一届执行委员会委员名单》，江苏省档案馆馆藏档案，第228卷。

文书兼会计、事务一人，以内外勤和业务性质分工，在正、副主任领导下进行工作。”①

江苏省红十字会根据1956年4月中国红十字会全国工作会议精神取消了各地分会名称，改称市、县红十字会。业务领导关系由此前中国红十字会总会直接领导红十字会分会，改变为总会在业务工作上指导，省、市、县红十字会逐级领导，省红十字会统一管理市、县及基层红十字会，每年由省红十字会向总会报告全省红十字会工作开展情况；同时，包括省红十字会在内，均接受当地同级党政及卫生部门的领导和业务指导。从中可以看出，按照行政区划建立各级地方组织，省域红十字会便有了实体意义。由此前分布在一省范围内、毫无隶属关系、分散独立的中国红十字会分会群，转变为在省红十字会的统一领导下，由多层次“塔式”的、领导与被领导的省、市、县红十字会构成的红十字会共同体。红十字会系统内上对下的领导，大多是工作和业务方面的指导与监督，而党政部门对于同级红十字会的领导，多集中在领导层人选、编制预算、经费支持等方面。

由上述可知，自20世纪50年代中期起，中国红十字会组织结构和管理体制实现了现代转型，呈现出类科层化（分多层级管理）和类行政化（按行政区域建制）的特征。中国红十字会确立的双重分层管理体制，其实质性内容自1961年起融入《中国红十字会章程》，并写进了1993年《中华人民共和国红十字会法》，成为中国红十字事业发展的重要保障和动力之源，历史影响非同一般②。

总之，江苏省红十字会的成立以及双重分层管理体制的确立，极大地推动了全省红十字会业务的开展，江苏红十字运动呈现出良好的发展态势。

三、市、县红十字会再改组和新建

1956年4月，中国红十字会全国工作会议决定在各省的地、州、市、县（区）均建立红十字会。1957年4月3日，中国红十字会在一年一度的

① 《江苏省红十字会向卫生厅呈报编制和人员分工》，江苏省档案馆馆藏档案，第345卷。

② 参见徐国普：《二十世纪五十年代江苏红十字会的两次组织整顿》，《中共党史研究》2012年第2期。

全国工作会议上，确定了今后红十字会的工作任务为“在调整、健全和巩固原有组织的基础上，重点建立地方红十字会组织，做好卫生宣传和群众性卫生工作”①。会后，《光明日报》发表题为《发挥红十字会的作用》的社论，强调了红十字会在群众卫生活动中的作用②，有力地推动了红十字会事业的发展。

江苏省红十字会成立以后，在省红十字会以及各级政府直接领导和推动下，江苏各地市、县红十字会的新建与再改组工作全面启动，红十字会地方组织迎来了一次大的发展和变革。

早在1956年8月14日，江苏省红十字会筹备委员会接到红十字会总会函告，要求“根据省人民委员会确定的编制人数，留下省红十字会所必需的编制外，立即分配给各市和必需配备专职人员的县（包括原有红十字会市县及准备今年成立红十字会的市县）”③。10月8日，江苏省编制委员会印发《关于各地红十字会编制问题的通知》，明确了省及各地红十字会共61人的编制计划④（详见表4－1）。人员编制的解决，极大地推动了红十字会组织机构的发展。

表4－1　1956年省及市、县红十字会编制情况

单　位	人数（人）	单　位	人数（人）
省红十字会	9	常州市红十字会	4
南京市红十字会	12	徐州市红十字会	4
无锡市红十字会	5	南通市红十字会	5
苏州市红十字会	4	镇江市红十字会	3
扬州市红十字会	2	新海连市红十字会	2
清江市红十字会	2	青浦县红十字会	2

① 池子华、郝如一主编：《中国红十字历史编年（1904—2004）》，安徽人民出版社，2005，第160页。

② 《发挥红十字会的作用》，《光明日报》1957年4月11日。

③ 《中国红十字会总会转发国务院指示及“各地红十字会1956年人员编制修订方案”》（1956年8月14日），江苏省档案馆馆藏档案，第315卷。

④ 江苏省红十字会编著：《江苏红十字运动八十八年（1911—1999）》，东南大学出版社，2001，第82—83页。

（续表）

单　位	人数（人）	单　位	人数（人）
武进县红十字会	2	江阴县红十字会	3
松江县红十字会	1	灌云县红十字会	1

资料来源：江苏省红十字会编著：《江苏红十字运动八十八年（1911—1999）》，东南大学出版社，2001，第83页。泗洪、泗阳两县不设编制，由县红十字会诊疗所所长兼任总干事。

1957年10月18日，省红十字会为1958年新建的8个市、县红十字会组织增加编制4人，并调整1956年的编制，向省人民委员会报告，请示核准①。拟发展红十字会的市、县及编制名额12人，具体分配是：泰州市2人，江宁县2人，常熟市2人，无锡县2人，丹阳县1人，淮阴县1人，昆山县1人，嘉定县1人。同时，省红十字会对部分市、县红十字会1956年的编制名额进行了调整（增减），编制数减少后，南京市为8人，无锡市4人，常州市3人，南通市3人，江阴县2人，青浦县1人，泗阳、泗洪县各增加1人，其他红十字会编制数未有变化。这样就将1956年61个编制数减少为53个，再增补新建8个市、县红十字会编制12人。实际上，1958年全省的人员编制数为65个，比原来的增加4人。

1957年12月，江苏省红十字会计划重点建立市、县红十字会机构②。1958年2月10日，江苏省人民委员会向泰州、常熟市及江宁、无锡、昆山、丹阳、嘉定、淮阴、建湖、金山等县人民委员会发出通知③，指出“为一面做好准备，一面发展会员，及早开展工作，县、市级红十字机构必须配备专职干部，其人选以具有一定文化水平并善于做群众卫生工作者为宜，具体名额由你县（市）根据实际情况自行决定，一般一至三人。希你会关心和领导红十字会工作，及早筹建组织，使红十字会员发挥卫生部门的助手作用”。可见，各级政府对于新建红十字会组织还是相当重视的。

从现有资料看，江苏市、县红十字会新建与再改组的情况如下。

---

① 《江苏省卫生厅、江苏省红十字会为1958年新建8个市县红十字会组织增加编制4人，并调整原有编制请予核示的报告》（1957年10月18日），江苏省档案馆馆藏档案，第290卷。

② 《江苏省红十字会1958年工作计划要点》，江苏省档案馆馆藏档案，第289卷。

③ 《江苏省人民委员会希研究配备红十字会专职干部以便开展工作的通知》（1958年2月10日），江苏省档案馆馆藏档案，第345卷。

1956 年 12 月，清江市红十字会筹备委员会经清江市人民委员会批准成立，地点设在清江市卫生科内。1957 年，清江市红十字会建立基层组织 30 个，发展会员 1206 人，会员中有医务工作者和各行各业的卫生积极分子。清江市红十字会为会员颁发了会员证，会员也主动交纳会费。1958 年，清江市红十字会更名为淮阴市红十字会，会员发展至 2911 人，并培训了一批红十字卫生员①。

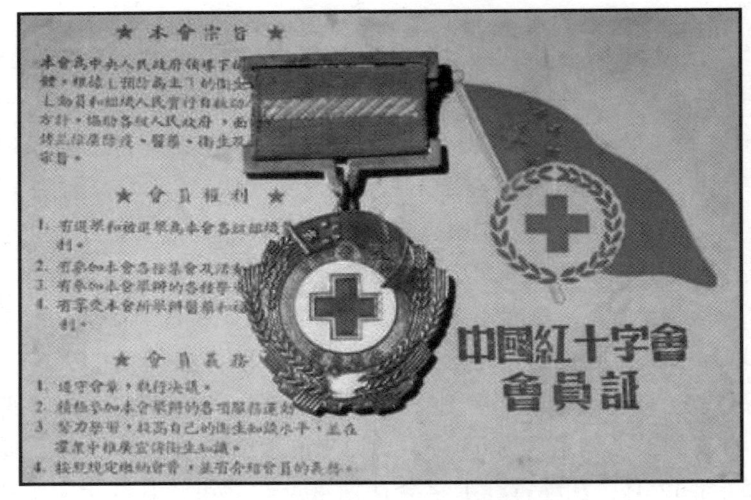

20 世纪 50 年代的中国红十字会会员证

1956 年 12 月，根据上级指示，徐州市红十字会筹备委员会成立，徐州市卫生局局长孔云任筹委会主任。1959 年 4 月，徐州市红十字会正式成立，徐州市副市长李贯一担任会长②。

1956 年，苏州市红十字会开始筹建，翌年 3 月成立筹备委员会。1963 年 9 月，苏州市第一届红十字会员代表大会召开，选举产生执行委员会③。

1956 年，泗阳县红十字会重新建立，会员发展到 400 余人④。

1957 年 4 月 30 日，灌云县红十字会成立，副县长顾哲秀兼任执行委

① 荀德麟主编：《淮阴市志》，上海社会科学院出版社，1995，第 2039 页。
② 徐州市红十字会编：《徐州市红十字会简史（1913—1990）》，1993，第 12—13 页。
③ 陈晖主编：《苏州市志》第 3 册，江苏人民出版社，1995，第 429—430 页。
④ 泗阳县地方志编纂委员会编：《泗阳县志》，江苏人民出版社，1995，第 669—670 页。

员会常务委员会主席。县红十字会有常务委员8人、委员16人、会员1139人，其中医务工作者157人、职工196人、农民198人、居民295人、少年293人[①]。

同年7月，松江县红十字会恢复建制，发展会员800余人[②]。

至1957年10月，江苏原有7个市、县（南京、镇江、常州、无锡4个市及武进、江阴、青浦3个县）红十字会的理事会先后完成改组，并成立委员会；经过认真筹备，新建了徐州、苏州、南通、扬州、清江、新海连等6个市和灌云、泗阳、泗洪、松江等4个县红十字会[③]。

1958年，泰州、常熟2个市和江宁、无锡、昆山、丹阳、嘉定、淮阴6个县新建了红十字会。其中，5月，无锡县红十字会成立，王中一任第一届执行委员会常务委员会主席；7月4日，常熟市红十字会建立[④]。

1959年4月5日，仪征县红十字会成立，副县长赵钢兼任红十字会会长。岔镇、真州、青山矿区建立了3个基层红十字会和4个红十字急救站，发展会员1200人。

这里需要说明的是，1958年4月，上海、嘉定、宝山3县；11月，松江、青浦、金山、川沙、南汇、奉贤、崇明7县，江苏省辖共10县划归上海市[⑤]。各县已建有的红十字组织也随行政区划而变更。

由上述可知，自江苏省红十字会成立后，各地市、县红十字会再改组与新建工作进展顺利。省红十字会按照中国红十字会总会的要求[⑥]，及时上报了地方组织成立的时间、委员会名单、会址等情况。到1961年10月，中国红十字会全国代表会议召开之时，江苏全省市、县红十字会组织建设的情况见表4-2所示。

---

① 袁洪宝总纂：《灌云县志》，方志出版社，1999，第578页。

② 何惠明等主编：《松江县志》，上海人民出版社，1991，第894页。

③ 《江苏省1957年三个季度红十字工作情况的报告》，江苏省档案馆馆藏档案，第290卷。

④ 《江苏省红十字会1958年工作计划要点》，江苏省档案馆馆藏档案，第289卷；谈汗人主编：《无锡县志》，上海社会科学院出版社，1994，第642页；瞿鸿烈主编：《常熟市志》，上海人民出版社，1990，第619页。

⑤ 刘定汉主编：《当代江苏简史》，当代中国出版社，1999，第200页。

⑥ 《中国红十字会总会关于请报你省地方组织成立情况的函》（1957年10月18日），江苏省档案馆馆藏档案，第290卷。

表4－2　江苏各市、县红十字会组织情况表

名称	建会时间	专职干部	会员	卫生员	红十字青少年	基层组织	卫生站	备注
南京市	1953.2.6	5	128785	77341		974	1539	
无锡市		4	26275	13542	17333		493	改组
苏州市	1957.3	2	6104	1600	2069		401	
常州市	1956.12.28	2	40474	12711	30425	139	146	改组
镇江市	1957.3	1（兼）	6836	1712	1448	79		改建
徐州市	1956.12.28	3	9089	4434	1501	127		1960年数
南通市	1957.10	2	5591	1617	3400		72	1959年数
淮阴市	1956.12		2216	740	800	32	12	
扬州市	1957.3	1	5214	1843		91		
连云港市	1957.5.17		3537	411	397	5	59	
江宁县	1958.6.23		1415	1072	67	21	53	
无锡县	1958.4.25	1（兼）	14382	8445	11747		1923	
江阴县	1957.3.6	1	25612	6790	428	7634	423	1958年数
泗阳县	1957.3		4725	1345		118	26	
武进县	1957.5.30		5000				12	改建
泰州县	1958.9.6	1（兼）	57374	7748		51	349	1959年数
泗洪县	1957.3		93849	3358		291	706	
灌云县	1957.1.22		28277	4147		309	737	
常熟县	1958.8	2	10165	1203			67	
丹阳县	1958.5.10		8392			14		
昆山县	1958		872			18		
扬中县	1958		1401	632		96	37	
仪征县	1959.4	1	1550	100			22	

资料来源：《各市县红十字会组织情况表》（1961年10月10日），江苏省档案馆馆藏档案，第442卷。表4－2中的建会时间参考《江苏省暨市、县红十字会组织情况表》（1959年2月28日），江苏省档案馆馆藏档案，第392卷。其中，泗阳县红十字会的建会时间与《泗阳县志》所记载的有出入，待考证。

从表4－2中可以看出，至1961年10月，或新建或改组，全省共有23个市、县红十字会，其中分布在苏北地区的达10个，地方组织开始蓬勃发展。这与10年之前的1951年，江苏仅有7个分会，而且全部分布在苏南的情况相比，简直是天壤之别。

1958年5月，中共八大二次会议通过了“鼓足干劲、力争上游、多快好省地建设社会主义”的社会主义建设总路线，这条“反映了广大人民群众迫切要求改变我国经济文化落后状况的普遍愿望”，但“忽视了客观的经济规律”的总路线[①]，成为指导我国当时各项工作的一面红旗。在此背景下，中国红十字会的组织发展，是数量有余而质量不足，特别是基层组织的发展出现了一些矛盾和问题（详见后文）。针对这一状况，1959年4月，周恩来总理做出重要批示：红十字会工作“根据需要与可能适当发展”[②]。表4－2中的数据反映出江苏红十字会认真贯彻了这一指示精神，即从1956年11月（江苏省红十字会成立）至1959年4月的两年多时间内，江苏的市、县红十字会由原来的7个（分会）迅速发展到23个，而之后自1959年5月至1961年10月，江苏的市、县红十字会组织并无改组或新建，为“零发展”。由此可见，20世纪50年代中后期，江苏红十字会地方组织的大发展，其实是从1956年下半年开始的，到1959年上半年就已经结束了。

第二节　灾区巡回医防的升级

一、组队赴泗洪灾区

新中国成立以来，江苏水涝灾害频发。江苏红十字会根据灾区需要，积极协助受灾地政府组织医防服务队，开展巡回医防，为灾害救助做出了贡献。1956年，江苏省红十字会在泗洪灾区组织开展巡回医防工作。但与

---

① 中共中央文献研究室编：《三中全会以来重要文献选编》下，人民出版社，1982，第805页。

② 池子华、郝如一主编：《中国红十字历史编年（1904—2004）》，安徽人民出版社，2005，第167页。

以往不同的是，此次巡回医防正值江苏省红十字会筹备成立阶段，且是在江苏省卫生厅直接指导下独立组队并开展了较长一段时间的工作，活动结束后还进行了总结和反思，可谓是巡回医防的“升级版”。

1956 年 6 月初，淮河流域发生水涝灾害，雨季较以往年份提早了一个月，降雨量和江河径流量也比往年同期大，淮阴和徐州成为江苏省的两个重灾区。淮阴专区的泗洪县位于洪泽湖西岸、淮河下游，新中国成立之初连年遭受不同程度的自然灾害，人民生活困难。这一年，泗洪县再次遭受暴雨、冰雹、内涝等袭击，洪泽湖、里下河的水位都超过了 1954 年[①]，大部分地区农作物颗粒无收，全县 56 万多人口，受灾的即达 30 余万。

徐淮地区灾情发生后，江苏省委和省人民委员会立即发出号召，要求大力支援灾区人民，开展生产自救。然而，新中国成立初期，广大农村缺医少药的情况仍较为普遍，在自然灾害严重的年份和地区，更是如此。水灾之时，灾区民众缺衣短食，生活深受影响，加上旧社会遗留下来的不良卫生习惯，疾病极易发生，极大地威胁着灾民的身体健康。因此，医疗救助成为保障灾区民众生活，推动自救工作的重要举措。

江苏省卫生厅积极响应省委和省人民委员会的号召，迅速组织 40 人的巡回医疗预防队，深入重灾区开展防治工作。卫生厅还先后拨发救灾医药费 31.5 万元，南京军区卫生部免费调拨 117 箱药品，支援灾区。灾区各级医疗单位也动员医务人员 205 人，组成 35 个巡回医疗组专为灾民服务[②]。与此同时，为预防灾后疫病蔓延，10 月初，省卫生厅与省红十字会筹备委员会、南京军区后勤部卫生部取得联系，建议省红十字会和南京军区后勤部卫生部各组织一个灾区巡回医疗防疫队，于 10 月 15 日分别前往淮阴、徐州专区，协助开展灾区卫生工作。

10 月 10 日，省卫生厅就两个灾区巡回医防队的工作安排事宜，向淮阴、徐州专署卫生科下发通知，要求它们根据两个灾区巡回医防队的计划，做好准备工作，并注意以下几点：第一，要明确组织该队的目的是专门到医务力量薄弱的重灾地区，巡回协助当地组织的巡回工作组开展工

---

① 谢觉哉：《在全国人民代表大会常务委员会上的报告》（1956 年 8 月 27 日），引自内务部农村福利司编：《建国以来灾情和救灾工作史料》，法律出版社，1958，第 165—166 页。

② 江苏省地方志编纂委员会编：《江苏省志·卫生志》（上），江苏古籍出版社，1999，第 105 页。

作。所以要安排好该队巡回的几个县，估计每县驻留的时间，并根据实际需要将工作队分配到一两个县后，再分为几个工作组，深入区、乡协助当地巡回工作组开展工作。第二，该队的工作范围主要是做好防疫工作，并在业务、技术上协助各地巡回医疗，使得当地巡回工作组在他们的协助指导下，有计划有步骤地逐步开展工作。为了照顾灾区全面的工作，该队人员驻留一个地方时间不能过长，同时关于当地巡回医防组的经费、事务、行政方面的困难问题，仍应请示当地卫生主管部门解决。第三，该队在各地工作期间，如需向上级请示解决问题，一般问题可由卫生科就近解决，重大问题报告卫生厅。工作队每半个月将工作情况简要书面汇报卫生厅，工作结束前应进行全面总结，送卫生科阅签意见后上报卫生厅。第四，两个工作队人员的技术业务水平均较高，他们的热情也很高，到达后，应在精神上予以鼓励，进一步发挥他们的工作积极性①。

红十字会救济泗洪灾民

① 江苏省卫生厅：《我厅组织灾区医疗防疫队前来你专区协助开展工作的通知》（1956 年 10 月 10 日），江苏省档案馆馆藏档案，第 315 卷。

灾情亦引起江苏省红十字会筹备委员会的关注。10月4日，省红十字会筹备委员会本着人道主义原则，按照省卫生厅的建议和要求，向所属南京、无锡、常州、镇江、江阴、青浦、武进等7个市、县红十字会发出组织灾区巡回医疗防疫队的通知。由于得到了省卫生厅，特别是各地卫生部门的重视与支持，7个市、县红十字会迅速组织人力物力参加灾区医防服务。

在这次组队过程中，各地红十字会认识到自然灾害的救助工作是红十字会的基本任务，也是保障人民生活及自救工作顺利进行的必要措施，因此，各地红十字会在繁忙的业务工作中克服困难，抽调人力物力支援灾区，以尽人道之责。江阴县红十字会抽调7位医务人员，还配备了一批器械；常州市红十字会特地邀请1名中医师参队。红十字会工作人员的觉悟也很高，纷纷签名要求参加灾区工作。如江阴县红十字会医师顾海容，在其祖母去世还未来得及送葬的情形下，就去南京报到参加医防队。

10月12日，参队的工作人员均如期到达省城南京报到。医防队实有工作人员23名，其中高级医师4人（包括中医师1人）、医生6人、护士6人、助产士2人、检验员2人、药剂师1人、总务1人、工勤1人。张宇和（江阴县红十字会总干事、医师）担任队长，李念慈（无锡市红十字会总干事）和张良波（省红十字会干事）担任副队长。

医防队组成后，队员们即接受为期3天的学习和培训。省卫生厅领导亲自向队员做指示，确定医防队的任务。医防队计划工作3个月，主要是协助当地卫生机构开展门诊和巡回治疗工作，以抢救重症病人为主；大力开展卫生防疫宣教，防止和控制冬春季节传染病的流行；工作方法必须做到送医送药上门。在短暂的学习期间，队员们还认真订立了公约和相关制度，一致保证完成任务。省卫生厅为医防队调拨30余箱计220余种药品，并拨款6000元作添购药品及迁队之用。各地红十字会还为医防队配备了两架显微镜，以及外科手术器械、产科器械和卫生宣教工具、材料等。

10月19日晨，灾区巡回医疗防疫队携带着药品和器械，在省红十字会组训组组长张玉田和队长张宇和的率领下，由南京出发开赴泗洪重灾区。

在医防队组队过程中，各地卫生部门亦十分重视，如常州市卫生局批准了中医师工资（原无预算），江阴县卫生科垫发了参队人员的工资和旅费，实属难得。因为此时各地红十字会组织与卫生部门合署办公后，确实存在着对红十字工作不够重视的现象。实际上，开展红十字工作必须紧紧依靠各级党政，特别是卫生部门的领导和重视。在各地红十字会尚未正式发展会员、基层组织尚未建立和健全、新生的群众性力量尚未得到巩固之前，如果将原有的红十字会医疗机构全部交给当地卫生部门，与红十字会脱离领导关系，则一旦发生不可抗拒的自然灾害时，若要及时动员和组织力量，就可能显得十分困难。有鉴于此，10 月 29 日，省红十字会筹委会办公室就此次组队过程中遇到的一些实际问题向省卫生厅、中国红十字会总会报告①，请求尽快解决。

该报告认为：一是原有的红十字会医疗业务机构交给当地卫生行政部门后，已经由当地卫生行政部门根据该地的医务力量和需要，在技术（人事）与业务方面做了统一的调动与安排（实际上红十字会的业务机构交与卫生行政部门后，使用多于培养和领导，调出多于调进），因此，一旦临时动员调出力量为灾区服务时，就会发生很多困难。二是即使大力发展会员和建立健全基层组织后（医院的医务人员都为我会会员时），也仍有困难。因为红十字会不同于工会，每个工会会员都有工会活动的法定时间。因此，当需要号召与动员组织（医师）会员开展较长时间服务时，必然与行政或业务等工作相冲突。如果依靠就地的（经过红十字卫生卫国训练的）会员来担负为发生不可抗拒的自然灾害或军事行动服务，也不切实际，因为此时全省发展红十字会员和进行卫生卫国训练工作还未全面开展，群众性的基层组织尚未全面成立和巩固。因此，为能担当起在近期发生的自然灾害或军事行动的服务，建议红十字会的医疗业务单位可缓交，或由红十字会的负责干部兼任红十字会业务单位的副职，负责工作。这实际是为解决红十字医疗机构移交给卫生部门管理时，与实际需要发生冲突而建议采取的一种折中办法。

---

① 《报告灾区巡回防疫队组织及出发工作情况》（1956 年 10 月 29 日），江苏省档案馆馆藏档案，第 315 卷。

二、巡回服务灾民

10月20日中午，灾区巡回医疗防疫队到达泗洪县人民委员会所在地青阳镇①。21日，医防队即与泗洪县卫生科研究灾区医防工作。22日，泗洪县委、县人民委员会领导及县文教部、卫生科等负责人设宴欢迎医防队。席后，医防队进一步研究工作，并认真听取各位领导关于工作的指示。

因工作需要，根据力量的配备，医防队分为3个工作组。在县卫生科统一领导下，医防队与当地医工、社会医疗单位既分工又合作。医防队凭借技术力量主要承担医疗工作，做到送药上门，为灾民健康服务。社会医工主要进行卫生宣教和防疫工作，在实际工作中他们的技术水平也相应地得到了提高。

从技术条件、药品器械装备看，医防队的实力比较强，完全能够胜任为灾区人民的医防服务。但医防队考虑到泗洪卫生机构条件较差，就抽调外科医师赵士亭留在县城，协助泗洪人民医院开展外科工作，并通过3个月的工作以带徒弟的方式培养1~2名外科手术医师，能独立操作宫外孕、剖宫产、阑尾及肠部等手术，同时帮助医院建立健全医疗制度。10月23日，医防队其余22人由青阳镇出发，徒步到达25里外重灾区的中心——朱湖。朱湖属金镇区，联系界集区、青阳区受灾的地方较为便利，而且有10多间空屋，便于工作和生活，医防队就停驻在这里，担负起金镇、青阳、界集、归仁等4个区34个乡20多万灾民的医疗防疫工作。

---

① 《江苏省红十字会灾区巡回医疗防疫队工作汇报》（1956年11月），江苏省档案馆馆藏档案，第315卷。另有一种说法：江苏省红十字会灾区巡回医疗防疫队于1956年10月15日出发，19日到达泗洪县，见《江苏省红十字会灾区巡回医疗防疫队工作总结》（1957年1月25日），江苏省档案馆馆藏档案，第189卷。本文采用1956年11月《工作汇报》中的记录，即巡回医防队10月19日晨出发，20日中午到达目的地泗洪。理由如次：第一，医防队在南京市与泗洪县之间行程1天多，符合常理。第二，按照省卫生厅的要求，1956年10月组队的医防队到达目的地工作，约半个月后，11月写就了《工作汇报》，时隔较短，当事人的记录和汇报可信度应较高。第三，《工作汇报》不仅记录了医防队于10月19日早晨出发和20日中午到达目的地的具体时间，而且还详细叙述了医防队到达目的地后的第二天（21日）、第三天（22日），甚至第四天（23日）的活动，这样的记录应该是符合实际的。

金镇区党政领导十分重视灾区医防工作，在医防队未到达之前，就通过区、乡会议将医防队来灾区工作的消息传达给灾民。在医防队到达朱湖的当日下午，即有病人前来就诊，医防队员们一面整理房舍，成立门诊部，一面应诊病人，医防队的工作就这样开始了。

一次，距离朱湖约20里东北方向的伏尧乡有个小孩患急性肺炎，3个大人扛抬着送到朱湖治病，来回步行50里，且急性肺炎不是一两天就能治好的，因而耽误了生产自救的时间。还有，也是距离朱湖约20里，东南方向的新行乡每天都有50多人到朱湖治病。针对上述情况，医防队根据病人的地区分布和受灾程度的轻重，决定成立巡回医防小组，深入重灾乡村工作，做到送药上门，治疗与预防相结合。巡回医防小组由1名中级医师、1名环境卫生宣传工作人员和1名妇幼卫生助产人员组成，医防小组配有幻灯片、图片等宣传工具及显微镜、骨盆尺等检查工具。10月29日，第一巡回医防小组冒着细雨出发到伏尧乡何宅子工作；31日，第二巡回医防小组出发到新行乡藏桥工作。巡回医防小组工作人员除了做好各项卫生工作外，还要抽空挑水、买菜、做饭，从白天忙到黑夜，从无怨言。有时还要深入灾户进行访问、面谈，密切联系灾区群众，共同努力完成上级交给的任务。

在3个月的巡回服务中，医防队卓有成效地开展医疗、卫生防疫、妇幼卫生等工作①，为广大灾民提供了优质服务，赢得了社会赞誉。

其一，医疗工作。根据分工，灾区的医疗工作由医防队承担，体现出“医防队重在医疗”的特点。医防队的门诊部设有内科、外科、中医针灸科、化验室、药房和挂号处，3个月共诊治灾民25586人次，其中内科10421人次、小儿科6565人次、外科手术治疗48人次、一般外科4809人次、中医针灸科3791人次、化验室检验3066人次，开出处方18151张。据统计，医防队共发现法定传染病96例，有斑疹伤寒、伤寒、白喉、脑膜炎、狂犬病、百日喉、麻疹、痢疾等。丝虫病、黑热病、肺结核、麻风、梅毒等亦有发现。在内科，呼吸道疾病和钩虫病患者最多；小儿科，肺炎较为普遍；外科手术，常见的有阑尾炎、卵巢囊肿、

---

① 《江苏省红十字会灾区巡回医疗防疫队工作总结》（1957年1月25日），江苏省档案馆馆藏档案，第189卷。

肠梗阻等；一般外科，四肢和乳房脓肿、蜂窝组织炎、瘤疖较为多见。中医针灸科对治疗慢性神经病机能障碍疾患发挥了很大作用，队员们对此深有体会。

医防队在进行医疗工作的同时，非常重视并加强了与当地卫生机构的联系与合作。医防队员均来自苏南各地红十字会，是临时抽调前来支援灾区工作的，医疗技术虽高，但人数少，力量也较单薄，且服务时间仅为3个月，要长期地搞好灾区医疗卫生防疫工作，就必须大力发挥当地医工和原有设备的作用。因此，在业务上开展交流，提高当地医工的技术水平及其在群众中的威信，就很有必要。

泗洪人民医院拥有腹部手术设备，且有一位医生从淮阴专区中心医院学习回来不久，医防队便要求留在该院的队员赵士亭配合外科工作，相互交流经验。他们每天都进行手术治疗肠梗阻等病人，免除了将病人长途远送他地之劳。据统计，自10月20日至30日，他们对患有肠梗阻、疝气等5名病人实施了手术，术后病人反映良好。重要的是医防队送去的病人，人民医院都能主动关照。

此外，医防队与金镇区卫生所取得了联系，处理有关业务问题①。泗洪县有社会医工约300人，联合诊所30个。因连年自然灾害，农民无力偿付医药费用，政府就一再由银行贷款给联合诊所，以补助医药费用。但是朱湖附近联合诊所的社会医工并不认为医疗队进行免费医疗会给他们带来经济上的损失，而是减轻了他们应付大工作量的困难，因为医防队只是为经区乡政府证明付不起药费的灾民进行免费医疗服务的，没有证明的病人，医防队就介绍给联合诊所治疗。实际上，医防队开展免费治疗对联合诊所的业务未产生较大的影响。

关于享受公费医疗干部的就诊问题，经泗洪县领导批示后也得到了解决。医防队虽是灾民享受免费服务的医疗机构，但是也应该为生病的干部进行诊疗，其使用的救灾药物，事后可向泗洪人民医院领回。

其二，卫生防疫工作。如前所述，分工后灾区的卫生防疫工作由当地社会医工负责进行，医防队力所能及地开展了部分种痘、白喉类毒素预防

① 《江苏省红十字会灾区巡回医疗防疫队工作汇报》（1956年11月），江苏省档案馆馆藏档案，第315卷。

注射及检验工作等，斑疹伤寒的流行基本上得到了控制。

医防队的种痘对象主要是新生儿。根据县卫生科要求，医防队在朱湖、伏尧、藏桥等地通过乡村干部的联系，先登记好需要种痘的新生儿，再挨门逐户宣传冬季种痘的好处。因为群众习惯于春季种痘，在天寒地冻的季节接受种痘，思想顾虑很大，队员们就充分进行宣传动员，不顾大雪纷飞、寒风刺骨，步行数里之外继续工作，灾民深受感动，最后种痘任务得以按时完成，共接种 332 名新生儿。医防队在种痘的同时，还指导了社会医工进行白喉类毒素的预防注射。

卫生防疫工作离不开宣传。医防队在治河工地、小学、农业协会中运用放映幻灯片、卫生讲座、“逢会插一脚”及候诊宣传等方式，进行了以防治肠道寄生虫病、妇幼卫生、饮食卫生、预防急性传染病等为主要内容的宣传工作，共放映幻灯片 7 次、工地宣传 4 次、卫生讲座 8 次、候诊教育 200 余次，受到卫生宣教人数共计 2.9 万余人，广大灾民进一步懂得了卫生知识和预防疾病的方法。尤其是学校的卫生讲座，收效更大。伏尧乡何宅小学在举办预防肠道寄生虫病的卫生讲座之后，该校老师根据讲座内容给学生出了作文题目。通过写作，各班级学生意识到饭前便后洗手，不饮生水，不吃生的、不洁的食物，才能预防肠道寄生虫病。四年级学生林必先不但自己做到讲究卫生，还回家动员父母弟妹注意卫生。卫生宣教确实对预防疾病起到了一定作用。

儿童是祖国的未来，保障儿童健康茁壮成长意义重大。医防队在工作之余，还主动对朱湖、戚庄、何宅、陈大门等地 5 个小学的 674 名学生进行集体大便检查，发现感染蛔虫 561 人、钩虫 65 人、鞭虫 4 人，并分别给予驱虫治疗。集体服用驱虫剂后，不少学生曾驱出数十条，甚至千余条蛔虫。

其三，妇幼卫生工作。由于群众缺乏妇幼卫生知识，旧法接生和自己包扎的现象还相当普遍，婴儿死亡率也高得惊人，因此进行接生员辅导工作和产前检查十分重要。医防队通过朱湖、伏尧、藏桥三地的乡联主任，召开接生员座谈会，了解接生业务情况，并由接生员引导分别到孕妇家，动员孕妇接受产前检查，宣传新法接生好处及孕期卫生、经期卫生、育儿常识等。在实践中，队员们具体指导接生员实习，目的是通过接产锻炼来使她们熟练接生业务。接生员不管风雪冰冻，都能愉快地工作；夜里接产后，白天继续工作；在产后访视中耐心安慰产妇，并宣传产后卫生知识。据统计，3 个月医防队共进行了新法接生 17 人、产前检查 23 人次、产后访视 18 人次。

对于巡回医防队的工作，省卫生厅、省红十字会以及泗洪县党政领导和各兄弟分会不断地给予鼓励和慰劳，江阴县政协还特地来函慰问，医防队每天门诊多达 300 余人，从早到晚求诊灾民不绝于途，这些都极大地激发了队员们的工作积极性和救灾热情。医防队发扬人道主义精神，在生活上，队员们吃苦耐劳，与群众打成一片，深切关怀灾民的疾苦。在工作上，他们不管白天黑夜，不顾刮风下雨，做到病人随到随诊，认真负责地为灾民进行医防服务，有的还带病坚持工作；言语不通，就主动努力学习方言；设备不够用，就想办法加以改进，克服困难；每天夜里几乎都有重病人来急诊，都能得到及时抢救脱险，有时半夜一连来了好几个急诊病人，队员们也毫无怨言，深为灾民感激。如有位名叫臧大明的，家里小孩患白喉病，为了抢救，医防队员不辞辛苦地往返步行 50 余里路，取来白喉抗毒血清；又如，在急救伤寒患者王友才时，医护人员彻夜未眠，第二天一大早就将他一路护送到 25 里外的泗洪人民医院。医防队对抢救急重病人尽了最大的努力。

医疗工作对于支援灾区生产和自救工作发挥了积极作用。一方面频频闪现在重灾区的“红十字”为灾民带来了希望，增添了抗灾自救的信心和力量；另一方面治好病的劳动力又能重新参加生产，多一份健康，就更多一份自信，这方面的事例有很多。

盛圩乡灾民滕汉者是一家三口中唯一的劳动力，因患钩虫病，体力衰竭，不能劳动，依靠政府救济维持生活已有一年多。经医防队治疗后，他慢慢地恢复了劳动力，能够参加生产。

陈集乡先进五社赵停珠 64 岁，患胸膜炎，早已做好殓衣待毙，医防队治好他的病后，他亲自送来鸡蛋等礼物表示谢意。

界集区何叶剑 25 岁，年轻力壮，但患斑疹伤寒病，持续高热，头痛如劈，经连续使用氯霉素后痊愈。

金镇乡孟广全的儿子患白喉病，病情急剧，呼吸困难，紫绀显著，经医防队及时抢救，两次治疗后症状减缓，数日即恢复正常。孟广全特地赶到医防队道谢，他说：“我一定告诉儿子，是政府派来的红十字会医防队救他的，叫他永远记着你们。”①

朱湖乡吹鼓手张宝成的小孩出生80天，患毛细支气管炎，病情严重，来到医防队就诊，数日后治愈。张宝成激动地流泪道：“我无法说出对你们的感谢，你们临走时，我要用喇叭吹打着欢送。”

新行乡袁玉珍25岁，分娩7天后（系在泗洪人民医院生产，平产），突发恶寒高热，腹部疼痛，产后第29天脐窝流脓，每天达一两千毫升，全身消瘦衰弱，有生命危险，她和丈夫终日啼哭，连饭都不愿吃。来到医防队治疗时已流脓8天，经医防队研究，决定由副队长李念慈每天给她使用盘尼西林、奴伏卡因，经过3次治疗后，患处局部封闭，病情逐步好转。1956年12月7日，《泗洪大众报》以《死里得生》为题对此次医防队工作进行了报道。

由于全体队员不辞艰辛，诚心诚意地为灾民解除疾病痛苦，灾民深受感动，很多灾民在疾病治愈后，纷纷写来感谢信。朱湖乡朱广忠在感谢信中说：“自从你们来到灾区，对我们态度和蔼，工作认真，解除了无数灾民的疾病痛苦。真叫我们感谢不尽。”朱湖乡政府和群众敲锣打鼓，送给医防队一面锦旗，上面写着：“你们为灾民服务的热情，将永远记在人们心里，也是我们学习的榜样。”

三、医防之后的反思

自深入泗洪重灾区开展巡回医防工作之后，由于得到了上级正确的领导，以及当地党政领导的重视和支持，医防队顺利地完成了救灾任务。1956年12月25日，医防队就办理结束事宜请示省红十字会，1957年1月5日省红十字会复函②，全文如下：

本会灾区巡回医疗防疫队：

1956年12月25日来函收到，同意你们的意见，1月15日结束医疗工

① 《江苏省红十字会灾区巡回医疗防疫队工作汇报》（1956年11月），江苏省档案馆馆藏档案，第315卷；《江苏省红十字会灾区巡回医疗防疫队工作总结》（1957年1月25日），江苏省档案馆馆藏档案，第189卷。

② 《江苏省红十字会函知办理结束事宜》（1957年1月5日），江苏省档案馆馆藏档案，第289卷。

作；集中青阳进行工作总结，并希同时做好同志们的鉴定，于本月20日抵省。关于药品、器械处理问题，提出如下意见：

1. 所有剩余药品，全部清点列单装箱寄放当地卫生科暂时保管；

2. 所有器械全部带回归还原借分会；

3. 所购用具、器皿，亦悉数清点寄存卫生科；

除已函请泗洪人民委员会协助你们做好总结和鉴定外，即希在当地党和政府的领导下进行办理结束事宜为荷。

江苏省红十字会

1957年1月5日

1月15日，为期3个月的巡回医防服务结束，医防队按要求撤回，朱湖的群众自发地敲锣打鼓、吹着喇叭、燃放鞭炮，成群结队地踏雪欢送医防队。欢送队伍依依不舍，传递着灾区人民对医防队员深深的感激之情。

灾区巡回医防的任务结束了，但是医防队的工作并没有停止，队员们对3个月的工作进行了总结。医防队虽然完成了预定任务，但医防工作仍存有失误和缺陷，主要是以下几个方面。

其一，未能妥当安置部分抢救后的急重病人。因医防队人力物力有限，无住院设备，当地党政领导曾明确指示，医防队抢救后的急重病人可转送泗洪人民医院治疗，但该院仅有50张病床，结果听任病人自己解决住宿，有的病人甚至停留在医防队候诊室，家属不管不问，严重地影响了疾病预防工作。

其二，未能经常督促和建议泗洪卫生部门有计划地全面开展防疫工作和爱国卫生运动。医防队自深入灾区后，医疗工作始终忙碌紧张，当地卫生部门曾明确指示卫生防疫工作由当地社会医工负责进行。因此，医防队因地制宜，在力所能及的情况下，仅在部分地区进行了种痘、检验、白喉类毒素注射、卫生宣教等工作，未能经常督促和建议卫生部门有计划地全面开展卫生防疫工作。

其三，未能充分团结当地社会医工，开展业务交流。泗洪县共有医工2400余人，其中1/8是社会医工，担负着保障广大灾民身体健康的重任。泗洪地处偏僻，大部分社会医工业务水平较低，缺乏经常性的技术学习和交流机会，尚不能满足当地人民群众对卫生服务的需要。医防队拟在当地党政领导下有计划地举办业务讲座，后来部分队员支援兵役体检，导致医疗力量不足，加上社会医工分散各地，经济生活较不稳定，使得业务讲座未能按计划开展。仅是利用召开会议等机会，和当地卫生所工作人员进行过几次学术交流。

其四，因交流不够，未能严格把关服务对象。医防队的服务对象是广大灾民，医防队凭各乡免费医疗证明给予灾民治疗。由于医防队与各地乡政府缺乏足够的联系，乡政府对部分证明对象未能很好地把关，使得本不应该享受免费治疗的也享受了，特别是一些不能治愈的慢性病人如老年盲人、聋哑人等，未被作任何限制就介绍到医防队，这样就额外地增加了医防队的工作量和医疗困难，致使医防队没有彻底做到“点滴药物用于灾民”。

其五，因事先未做调查，增加了物资运输成本。医防队出发时，携带了配备好的全部药品、器材等，保证基本上适用当地疾病的治疗和其他工作的开展。但是，这些药品当地医药公司都能够买到。因组队前未做深入调查，进而把大批药品运到交通困难的泗洪，浪费了大量的人力和物力。

医防队敢于正视自身缺点和不足，并进行了认真的总结。此外，医防队还对泗洪县的卫生医防工作提出了如下建议，这可以算作是 3 个月医防工作的另一种收获。

第一，大灾之后必有瘟疫，需积极应对。泗洪县虽连年遭受不可抗拒的自然灾害，但在党和政府的领导下，做到了不冻死 1 个人、不饿死 1 个人。连年受灾严重影响着人民生活，过去遗留下来的一些不良卫生习惯，也是促成某些地方病和寄生虫病广泛流行，以致劳动力严重丧失的一个重要原因。医防队对 1323 名患者进行大便检验时，查出感染钩虫 653 人，占 40%；感染蛔虫 979 人，占 74%；其中混合感染者 439 人，占 30. 3%。更有甚者，出生仅 8 个月、24 个月的婴幼儿就感染了钩虫。实际上，导致钩虫在泗洪地区流行的因素主要是随地便溺，不注意利用小便，粪便处理不当等。今后必须结合生产积肥，大力开展爱国卫生运动，进行卫生宣传，合理利用小便，推行粪便混合储放，增加肥份并杀灭虫卵，以彻底达到防止感染的目的。

第二，充分发挥区一级卫生所的组织作用和领导作用，以进一步发挥当地社会医工的潜力。泗洪县的社会医工和联合诊所，是直接保障灾民身体健康的一支重要力量。由于社会医工业务水平低，生活不稳定，他们的潜力未能发挥，也就不能够满足灾民的需要，因而出现了“有病没处看，瞧病不见效”的现象。因此，县卫生部门应进一步加强区一级卫生所的组织作用和领导作用，逐步提高社会医工的技术水平，以提高医疗质量和发挥现有人员的积极作用。

第三，建立健全腹部外科，解决急性腹部外科病症手术治疗难的问题。医防队外科医师配合泗洪人民医院，对及时抢救腹部急性外科病人发挥了一定作用，也避免了转往他县治疗的麻烦，但医防队服务时间仅 3 个月，县卫生部门未抽调适当人员在完整的外科手术上进行学习交流，医防队返回省城后，泗洪人民医院单独进行外科手术就有困难。因此，应抽调适当干部，进行外科业务的培训，逐步建立完整腹部外科手术体系。

第四，健全新法接生网，推行新法接生和开展育儿卫生常识教育。据医防队在朱湖、伏尧、藏桥等地了解的情况，由于受灾后，农业社经济困难，无法供给接生所需的材料和支付接生员的工分，上述 3 地 14 名接受训练的接生员有 11 名从事其他劳动，其余 3 名接生员脱离了农业社，单独进行接生业务工作。特别是由于缺乏妇幼卫生常识，妇女分娩时大都跪在地上，并以砂土代替尿布包扎婴儿的会阴部，婴儿死亡率因此很高。如小塘乡老宅子村 45 岁的邱元林，曾生育 7 胎，仅存活 1 个小孩。因此，必须逐步健全基层新法接生网，适当解决接生员业务上和经济上的困难，大力推行新法接生，进行妇幼卫生知识宣传，真正达到“生一个、活一个、壮一个”的要求。

最后需要补充的是，为加强泗洪县重灾区的医防工作，1957 年春节过后不久，2 月 14 日，江苏省红十字会又抽调 15 位医务人员组成医防队，再次前往泗洪县，协助界集、雪枫两个区的卫生所和县人民医院开展医疗防疫工作，为灾区救治重症病人，预防春季传染病的发生。此外，这年夏季，徐州专区暴雨成灾，省红十字会派出医务人员参加省卫生厅组织的医疗队，赴沛县进行医疗服务，受到当地政府和灾民的欢迎①。

---

① 江苏省红十字会编著：《江苏红十字运动八十八年（1911—1999）》，东南大学出版社，2001，第 95 页。

第三节　援助日侨回国

由于历史的原因，新中国成立后，约有3.4万余名日本侨民仍留居在中国，其中东北地区2.3万人，华北地区4700多人，华东地区1200多人，中南地区3800多人，西北地区1000多人，西南地区80多人。在上述侨民中，有5000多名妇女与中国人结婚，还有一大批失去父母的日本孤儿被善良的中国人所收养。

一、总会的援助日侨工作

早在1949年至1952年，中国红十字会已协助日侨520多人分批回国。但是由于中日两国还没有建立外交关系，以及日本吉田政府执行敌视新中国的政策，大多数日本侨民返回祖国的愿望还是难以实现。中国政府为解决战后遗留问题，出于人道方面的考虑，制定了如下政策：凡是愿意回国的日侨，中国政府都协助他们返回日本；凡是愿意留下来的日侨，中国政府是准许的，只要他们遵守人民政府的法令。

中国红十字会是国际红十字组织的重要成员，正是以这样的特殊身份，中国红十字会在协助日侨回国的事务中搭建友谊之桥，发挥了其他社会团体不可替代的作用。1952年7月，中国红十字会和外交部、公安部、政务院总理办公室等部门组成中央日侨事务委员会，并拟订出协助日侨归国计划[①]。11月12日，政务院颁布《关于处理日侨中若干问题的规定》，提出了遣送日侨的办法、经费、财产处理和离职日侨待遇等问题，要求各大行政区及有关省市组织日侨事务委员会，并在1953年第一季度内遣送500名日侨回国。12月1日，中央人民政府答复了新华社记者提出的有关在中国的日本侨民问题。

1953年1月31日，受日本政府委托，日本红十字会、日本和平联络委员会、日中友好协会三团体组成的代表团抵达北京。3月27日，中国红

---

① 孙柏秋主编，池子华、杨国堂等：《百年红十字》，安徽人民出版社，2003，第321页。

十字会代表团与日本代表团就有关日侨回国的具体问题进行4轮磋商后，发表了《关于商洽协助日侨回国问题的公报》①。

1953年3月20日至22日，第一批4936名日侨分别乘船离开天津、秦皇岛和上海回国。其中，3月20日上午，集中在秦皇岛的第一批日侨2008人，乘上日本轮船“兴安丸”回国；3月21日上午，集中在上海的第一批日侨1959人，乘上日本轮船“高砂丸”回国；3月22日下午，集中在天津的第一批日侨969人，乘上日本轮船“白龙丸”“白山丸”回国。至这年10月，共有7批26026名日侨回国②，中国红十字会协助“日侨分批回国已宣告截止”，“如仍有个别日侨愿意返回日本时，中国红十字会愿意继续给以协助”。1954年元旦，归国日侨以在华归国日侨者全国联络会的名义，致电中国红十字会，感谢对他们的协助，祝愿“日中人民友好发展万岁！”③

第二批日侨离沪回国

① 中国红十字会总会编：《中国红十字会历史资料选编，1950—2004》，民族出版社，2005，第38—40页。

② 《第一批愿意回国的日本侨民离我国返日本》，《人民日报》1953年3月24日；《中国红十字会协助日侨分批回国工作结束》，《人民日报》1953年10月31日。另有资料显示：第一批归国日侨的时间是3月3日至16日，见中国红十字会总会编：《中国红十字会的九十年》，中国友谊出版公司，1994，第168页；中国红十字年鉴编辑部主编：《中国红十字会通志（1904—2015）》，中华工商联合出版社，2016，第85页。7批日侨回国的人数为86026，见新华月报社编：《中华人民共和国大事记（1949—2004）》上，人民出版社，2004，第86页。应有误。

③ 中国红十字会总会编：《中国红十字会历史资料选编，1950—2004》，民族出版社，2005，第47—48页。

二、江苏的援助日侨行动

作为红十字会的地方组织，江苏省红十字会及相关市、县红十字会为协助日侨回国尽了绵薄之力。1953 年 3 月至 1956 年，南京市分会与公安、民政等部门合作，先后分 5 批共遣送日本侨民 121 人回国①。

1955 年 1 月 11 日，中国红十字会发出将继续协助愿意回国的日本侨民回国的通知，并请愿意回国的日侨迅速向当地外侨管理机关申请。1956 年 6 月，中国红十字会同日本红十字会等三团体代表签署《关于协助在华同中国人结婚的日本妇女回国探亲的协议》。根据该协议，这年 7 月至 1958 年 5 月，共协助 4 批日本妇女 705 人和他们的孩子 962 人回日本探亲②。

1957 年 4 月 15 日，公安部、外交部、中国华侨事务委员会和中国红十字会总会联合发出《关于在今年五月份协助遣送一批日本人回国处理办法的通知》，对战犯的遣送、普通日侨回国及在中国和中国人结婚的日本妇女回国探亲等事宜，做出具体部署，规定“这次被遣送的战犯、日侨和回日本探亲的日本人一律需在 5 月 10 日至 15 日期间到达天津集结，候船出境”。这次遣送工作“仍以红十字会出面，以公安部门为主，红十字会、外事处等有关部门参加”③。

随后，江苏省民政厅、省红十字会于 4 月 24 日向南京市人民委员会办公厅、无锡市人民委员会侨务工作委员会、常州市民政局、苏州市人民委员会办公室，以及南京、无锡、常州、苏州等 4 市红十字会转发了上述通知，希研究执行④。按照要求，5 月 1 日，江苏省红十字会将经审查批准去日本探亲的日本妇女登记表，上报总会⑤。

---

① 江苏省红十字会编著：《江苏红十字运动八十八年（1911—1999）》，东南大学出版社，2001，第 102 页。

② 中国红十字会总会编：《红十字手册》，辽宁科学技术出版社，1988，第 26 页。

③ 公安部、外交部、中国华侨事务委员会、中国红十字会总会：《关于在今年五月份协助遣送一批日本人回国处理办法的通知》（1957 年 4 月 15 日），江苏省档案馆馆藏档案，第 289 卷。

④ 江苏省民政厅、江苏省红十字会：《关于转发在今年五月份协助遣送一批日本人回国处理办法联合的函》（1957 年 4 月 24 日），江苏省档案馆馆藏档案，第 289 卷。

⑤ 江苏省红十字会：《送上经审查批准去日本探亲的日本妇女登记表》（1957 年 5 月 1 日），江苏省档案馆馆藏档案，第 289 卷。

中国红十字会总会：

接到今年5月份协助遣送一批日本人回国处理的通知，经与公安、民政部门联系协助办理。兹将业经公安部门审查同意回日本探视的日本妇女登记表17份，一并寄上，（有的填写2份）计南京市5人，苏州市3人，无锡市2人，（无锡市李纯吟、芮数子、王朝子、王桂竺、陈荣子、吴幸子等6人的表格已直接寄至总会）共计申请去日本探视的日本妇女16人。

常州市到4月底尚无申请者，如在一、二日内有申请表寄来，即另报。所报核准去日本探视日本妇女10人，公安厅的意见：如受名额与船只的限制，无锡市的李纯吟、芮数子、陈荣子、吴幸子可以缓行；其中夏智慧、黄清子（中国名）2人系留在我国的日侨。

行期确定后，希能早日通知，以免临时匆忙。

江苏省红十字会

1957年5月1日

江苏省红十字会的上报函中，附有10名申请回国探视的日本妇女登记表（见表4-3）。

表4-3　申请去日本探视的日本妇女10人登记表

	日本名	中国名	所带孩子	工作地址
无锡	川中繁子	王繁子	1	无锡市振新纱厂
	平野郁	翁　郁		丽新路新华坊18号
苏州	岸田礼子	翁　礼		工人医院
	棚桥千惠子	孙千惠	1	金狮苑31号
	荒井フ廿枝	陈芳枝		同上
南京	薄叶充枝	陈习枝	1	七中图书室
	林清子	黄清子	3	尖角营40号
	永田房子	徐惠卿		正烘街34-4号
	木下美智子	夏智慧	1	张府园29号
	山本千鹤子	陈　慧		长江路长江东路东街4号

资料来源：江苏省红十字会：《送上经审查批准去日本探亲的日本妇女登记表》（1957年5月1日），江苏省档案馆馆藏档案，第289卷。

1957 年 4 月至 5 月，江苏省红十字会协助办理了上述 10 名在苏的与中国人结婚的日本妇女，以及她们的 7 个孩子回国探亲事宜。

随着一批批日侨顺利回国，江苏省内申请回国的日本妇女愈发增多起来。常州市的日本妇女饭田（中国名许美玉），是常州市民丰厂职工许新发的家属，曾申请去日本探亲，未获批准。1958 年 3 月 28 日，常州市红十字会致函省红十字会反映，许新发夫妇多次到该红十字会坚决要求归国，并说明日本青森市的亲属来信称“可以归国”，“兹申请全家永久归国”，“是否可以，请即示为荷”①。

4 月 23 日，常州市红十字会就日侨曾静英申请回国一事又致函省红十字会。29 日，根据“总会（58）京总联字第 252 号复函”精神，省红十字会复函②常州市红十字会，就“关于日侨回国手续”提出了如下办理原则：

其一，凡向你会要求协助回国的日侨，可通知他们首先向当地公安局提出申请，在获得公安局批准发给出境证后，红十字会可以给予协助，你会和当地公安部门必须明确各自职权范围，日侨出境的批准权在外侨管理部门——公安机关，只有在公安局批准后，红十字会才能协助他们回国。

其二，日侨申请回国，获得批准后，应当安心等候回国通知。因为目前全国各地申请回国的日侨很多，必须按照申请的先后次序做统一的安排。

其三，有关协助日侨回国的各种具体规定和办法都由各地公安部门掌握，在实际执行时，请和他们密切联系配合。

其四，凡向你会申请协助去日本探亲的日本妇女，可告他们，由于探亲问题总会还没有和日本方面谈判好，暂时停止办理，等谈判好，得到总会通知后，再行转告。

实际上，中日两国关系此时已经出现了不和谐的音符。5 月 9 日，国务院副总理兼外交部部长陈毅在发表谈话时指出，日本首相岸信介为讨好

---

① 《常州市红十字会请示日本妇女是否可以归国》（1958 年 3 月 28 日），江苏省档案馆馆藏档案，第 345 卷。

② 《江苏省红十字会关于日侨回国问题的复函》（1958 年 4 月 29 日），江苏省档案馆馆藏档案，第 345 卷。

美国和蒋介石集团，公然粗暴破坏中日贸易协定，并且亲自带头连篇累牍地发表言论，对中国进行恶意和侮辱性的攻击。此外，岸信介政府纵容暴徒在长崎侮辱中国国旗。“对于这种挑衅行为，中国人民不能不感到极大愤慨”①，中日关系处于紧张状态。

陈毅副总理发表谈话的第二天，即5月10日，鉴于中日两国关系骤变，为稳妥起见，中国红十字会总会发出《关于协助日本妇女去日探亲工作的通知》，并于5月23日发出《关于停止协助日本妇女去日探亲工作的通知》②，要求各省、自治区、直辖市红十字会按照以下5条执行：

（一）请向所有自动申请探亲的日本妇女进行解释，说明由于日本岸信介政府破坏第四次中日贸易协定，纵容暴徒侮辱中国国旗，以及在许多其他问题上坚决与中国人民为敌，她们暂时不宜去日本探亲，如果去到日本，回中国的船只没有保证，因此不能去，将来如果情况有变化，可以去时再通知。

（二）凡已办好批准、填写登记表和缴纳船费三种手续的，可将船费退还本人，登记表仍寄总会备查。

（三）凡已办好批准、填写登记表两种手续，还没有缴纳船费的，停止收船费，登记表仍寄总会备查。

（四）凡已经公安部门批准，还未介绍到红十字会填写登记表的，不再填写登记表，请向公安部门了解此类探亲者的人数报总会备查。

（五）凡未经公安部门批准和今后提出申请探亲的，一律不再批准。决定暂时停止协助日本妇女归国探亲工作。

江苏省红十字会遵照上述总会的通知精神，停止协助日本妇女回国探亲工作。对日侨进行的人道主义援助就这样遗憾地被迫中断了。

值得一提的是，1953年3月《关于商洽协助日侨回国问题的公报》发布后，南京市分会协助政府处理抗日战争遗留问题，先后两次协同公安部门遣送日本战俘取道上海回日本。1957年5月，南京市红十字会遵照公安部和红十字会总会的通知，将酒井隆和谷寿夫两名日本战犯的骨灰寄到总

---

① 田桓主编：《战后中日关系文献集》，中国社会科学出版社，1996，第370—371页。

② 《中国红十字会总会关于停止协助日本妇女去日探亲工作的通知》（1958年5月23日），江苏省档案馆馆藏档案，第345卷。

会转交日本。7月，“日访中军人团”来华访问时，远藤三郎函致南京市红十字会，表示深深的谢意①。自1953年11月到1964年10月，中国红十字会先后14批收集并送还在华死亡的3374具日本人遗骨和14个骨灰盒。

中国红十字会协助中国政府开展与日本方面友好的人道活动，有利于扩大两国民间的交流与合作，有利于恢复中日邦交正常化。正如1957年周恩来总理对中国红十字会协助日侨回国、遣送日本战犯等工作所给予的评价——这几年，中日两国人民的关系一天天好起来，是从中国红十字会努力送回在中国的许多日本侨民和一部分死去人的骨灰、释放战犯回国并组织家属探亲开始的②。

① 江苏省红十字会编著：《江苏红十字运动八十八年（1911—1999）》，东南大学出版社，2001，第103页。

② 转引自中国红十字会总会编：《中国红十字会的九十年》，中国友谊出版公司，1994，第168页。

第五章　基层组织和部分活动扩张

20世纪50年代中后期，江苏红十字会基层组织迅猛发展，会员和卫生站的数量急剧增加，各级红十字会广泛参与以“除四害、讲卫生”为主题的爱国卫生运动，深入开展救护训练和防疫工作，青少年运动掀起了热潮。这一时期，红十字运动在彰显辉煌的同时，也存在着脱离客观现实条件的盲目扩张趋势，但很快中央对红十字工作便进行了纠正。

第一节　基层组织的快速发展

一、从跨越到跃进

（一）1957年跨越式发展

在企事业单位、乡村、各类学校建立基层红十字会，是1956年4月中国红十字会全国工作会议决定开展的一项重要工作。事实上，建立基层红十字会与前文论述的市、县红十字会的新建和再改组，以及发展会员、训练卫生员、成立卫生站等相辅相成，紧紧联系在一起，是全国红十字组织发展中的一个重要环节。

1957年2月，江苏省红十字会鉴于发展会员、建立基层组织、训练卫生员、成立卫生站等工作刚刚开始，尚缺乏可资借鉴的经验，就指定无锡市红十字会以街道为试点，江阴县红十字会以农业合作社为试点，并组织各地红十字会干部分别参加两地试点工作，在实践中摸索、掌握一些经验和方法[①]。试点工作于4月结束，此后以点带面，有力地推动了各地红十字会的基层组织建设。

就农村而言，农业合作化以后，随着农民生活水平的提高，他们迫切要求讲卫生，保健康。因为农民主要从事体力劳动，懂得卫生常识才能有健康的身体，才能保证农业生产。此外，99%的妇女参加生产，但孩子无法安置，这就需要办托儿所、幼儿园。这样一来，老师、阿姨、母亲都要求懂得怎样讲卫生，使自己不生病，孩子也健康。当时农村的医疗保健力量不足，看病还得排队，费时误事，甚至有些农民因缺乏卫生常识，得了病还请“大神”来治病，这就迫切需要向广大农民大力开展卫生常识的普及工作，用科学的卫生常识来替代求神问佛。因此，在农村成立红十字会基层组织，开办卫生训练班是很受农民欢迎的[②]。

4月，中国红十字会全国工作会议在总结过去工作经验的基础上，根据卫生工作的需要，确定了“有重点、有计划、稳步前进的工作方针”，即重点开展有计划、有步骤地发展会员，训练红十字卫生员，建立基层组织，协助基层医疗预防机构进行卫生宣传教育、防疫、急救及家庭护理等项活动。

6月初，江苏省卫生厅和省红十字会联合召开全省红十字工作座谈会，与会的各市、县卫生局、卫生科和红十字会负责人认真领会了4月全国红十字工作会议的精神，充分认识到红十字会总会提出的“有重点、有计划、稳步前进”及“精简节约、勤俭办会”工作方针的正确性。座谈会强调以整风精神来改进红十字会的领导作风和工作方法。

全省红十字工作座谈会之后，各地红十字会大都在调整、健全和巩固已有组织的基础上，贯彻边发展、边组织、边训练、边巩固的“四边”方针，根据需要和可能，适当地发展会员，建立基层组织。至9月，17个市、县红十字会在工矿、企业、街道、学校、手工业合作社、农业合作社、饮食行业、船民中发展会员3.1万人，建立基层组织222处，训练卫生员7402名，建立卫生站200多个，在夏秋季爱国卫生运动和群众性的卫

---

① 《江苏省1957年三个季度红十字工作情况的报告》，江苏省档案馆馆藏档案，第290卷。

② 程文元：《农村也需要稳步开展红十字工作》，《中国红十字》1957年5月号，第5页。

生救护、防疫、防汛、防台工作中发挥了一定的作用。

正值各地红十字会发展和建立基层组织之际，为切实加强区、乡（镇）红十字会的领导作用，更好地发动基层力量，协助卫生部门开展群众性的卫生防疫工作，避免因无专人负责所带来的不良影响，7月10日，江苏省卫生厅、省红十字会向南京、镇江、常州、无锡、苏州、南通、扬州、徐州、清江、新海连、武进、江阴、青浦、松江、灌云、泗洪、泗阳等市、县的卫生局、卫生科及红十字会（筹委会）发出联合通知，希望各级卫生部门对红十字会基层组织建设予以大力支持。通知要求，区级红十字会应由区防疫站站长、区卫生所所长或副职1人（最好通过提名选举产生）担任主席（或副主席）；乡（镇）红十字会可由卫生所或联合诊所所长（通过提名选举产生）担任主席（或副主席），并兼办该级红十字会工作，如能指定专人负责工作则更好，并希望即转知防疫站和卫生所，以此照办①。

无锡市红十字会对发展红十字会员和建立基层组织进行了认真规划。9月28日，无锡市人民委员会向各区人民委员会、郊区区公所，各局、处、工厂、学校、产业工会、专业公司、工会联合会、妇联、团市委、爱卫会、市卫生防疫站等批转了由无锡市红十字会根据《江苏省红十字会1957年工作计划要点》和《中国红十字会基层组织通则》的精神，结合无锡市发展会员试点工作初步经验而制定的《发展会员，建立红十字会基层组织方案》，希望各单位认真研究并贯彻执行。该方案包括组织原则、领导关系、职责任务、组织卫生救护训练、经常性的活动内容和方法，以及制度、奖励、附则等方面的内容。方案要求从1957年起，在全市范围内，先从街道做起，并在有条件的工厂、学校、机关、农业社及行业中逐步发展会员，建立基层组织②。

实际上自1957年之后，江苏基层红十字会在组织（数量）、会员及卫生员（人数）等方面呈现出跨越式发展的态势。这种跨越式发展可以从表5-1《1957年江苏各地红十字会发展会员组织训练任务表》中看出一二。

---

① 江苏省卫生厅、江苏省红十字会：《关于确定区、乡红十字会兼职干部的联合通知》(1957年7月10日)，江苏省档案馆馆藏档案，第290卷。

② 《江苏省无锡市人民委员会批转红十字会关于“发展会员，建立红十字会基层组织方案”的通知》(1957年9月28日)，中国红十字会总会档案馆馆藏档案。

将此表与后文的表5－2《江苏各地红十字会基层组织和会员人数统计表》、表5－3《江苏各地红十字卫生站、红十字卫生员统计表》进行对比后不难发现，1957年江苏各地红十字会虽没有完成上级下达的发展会员和组织训练的任务，但实际发展和完成的人数也是相当可观的。

表5－1　1957年江苏各地红十字会发展会员组织训练任务表

红十字会名称	发展会员人数	训练人数	组站数	备注
南京	30000	6000	100	设防城市
常州	12000～15000	2400～3000	52	同上
苏州	15000	3000	52	同上
新海连	3000～5000	600～1000	27	同上
南通	8000	1600	30	同上
徐州	12000	2400	50	同上
无锡	15000	3000	52	同上
镇江	7000～10000	1400～2000	40	同上
江阴	5000	1000	28	
武进	5000	1000	28	
清江	3000～5000	600～1000	27	
青浦	3000～5000	600～1000	27	
泗洪	3000	600～1000	15	
泗阳	3000	600～1000	15	
松江	3000	600～1000	15	
灌云	3000	600～1000	15	
扬州	5000	1000	27	
共计	135000～147000	27000～31000	600	
说明：1. 以上发展会员数字仅供各地参考。 2. 设防城市发展会员与训练人数及防空训练宣传经费俟明年。				

资料来源：《1957年各地红十字会发展会员组织训练任务》，江苏省档案馆馆藏档案，第290卷。

为总结和交流市、县红十字会的工作情况，1957年11月，江苏省红十字会再次召开全省红十字会工作座谈会。11 个市、县红十字会派出代表参会，分别介绍和交流了各自工作的成绩和经验，还分享了有关红十字会员、卫生员及基层组织的突出事例：

武进县红十字会在手工业联社训练了 106 名卫生员。该县大建社因卫生员掌握了一定程度的卫生知识和急救技术，并能以身作则，带动群众，搞好社里的卫生预防、降温、安全生产等工作，使工伤事故得到了及时处理，缺勤率明显地降低了。

江阴县马镇乡红星三社红十字卫生员俞小青组织 40 名会员，疏通两条分别长为 33. 3 米和 99. 9 米的臭水沟，既积肥又卫生。

南通市红十字会在台风侵袭期间，组织 106 名会员、卫生员日夜戒备。在盛夏酷暑的日子里，当狼山游客增多时，市红十字会在沿途设急救站、茶水供应站，宣传防治中暑常识，为游客服务，避免了以往夏季游客中暑事故多发的现象。

无锡市崇安区新生路小娄巷居民委员会建立红十字基层组织后，制定卫生值日制度，消灭卫生死角。

南京市三汊河船民委员会的红十字卫生员及时地急救工伤事故，教育船户做到粪便不下水。该市秦淮区饮食行业中的红十字会员、卫生员接受训练之后，显著地改善了饮食卫生、个人卫生和环境卫生，实行“二刀二板”生熟分开的制度，碗、筷等饮食用具、毛巾都实行严格消毒。

泗阳县洋河酒厂成立了红十字基层组织后，卫生员开展急救和处理外伤，降低了工人缺勤率①。

座谈会还部署了 1957 年底至 1958 年的冬春工作，重点是组织会员投入以“除四害”为中心的爱国卫生运动和地方病的防治活动。

（二）1958 年“大跃进”

1957 年底，江苏省红十字会制订了 1958 年工作计划要点，内容涉及健全、巩固基层组织及发展会员等 5 个方面，其中全省 1958 年计划发展 8

---

① 参见江苏省红十字会编著：《江苏红十字运动八十八年（1911—1999）》，东南大学出版社，2001，第 96—97 页。

万会员①，人数分配如下：南京市13000人；无锡市、苏州市、徐州市各9000人；常州市7000人；南通市、镇江市各4500人；扬州市3000人；江阴县、泗洪县各2000人；清江市、泰州市、松江县、泗阳县各1500人；新海连市、常熟市、无锡县、淮阴县、昆山县、武进县、丹阳县、江宁县、灌云县、嘉定县、青浦县各1000人。

由上述计划可见，1958年，江苏红十字会为重点配合以“除四害”为中心的爱国卫生运动，仍继续快速发展会员，扩大基层组织建设。

毋庸讳言，1958年江苏红十字会基层组织的发展是“大跃进”。例如，5月9日，无锡市红十字会制订了《无锡市红十字会关于突击建立红十字会基层组织的行动计划》，准备突击建立红十字会基层组织，将《江苏省红十字会1958年工作计划要点》中安排无锡市一年发展9000名会员的目标，改为“从现在起苦干一个月，大力发展红十字会员三万人（市区两万五千人，郊区五千人）”②。该行动计划还规定了如下“突击”的做法：

其一，建立区红十字会和居委、工厂、学校、机关、农业社的基层红十字会。一是按照《无锡市区红十字会组织通则（草案）》和《无锡市区红十字会建立程序及办法》，在各区人民委员会的领导下，邀请区党政负责人及工、青、妇、文教、卫生、民政、公安等部门代表11～17人，组成区红十字会委员会，产生主席1人（由区长或副区长担任）、副主席2～3人（由卫生科科长、防疫站站长担任），下设办公室与区卫生科合署办公，由卫生科指定专人办理区的会务工作。在居委、工厂、学校、机关、农业社建立基层红十字会，按照《无锡市地区、单位基层组织通则（草案）》及《基层红十字会成立程序和办法》，由各级组织的党、政、工、团和卫生保健部门的代表5～7人组成基层委员会，分设主席1人（由党、政负责人担任）、副主席1～2人（由工会或保健部门的代表担任），组织、宣传、保健、财务委员各1人，负责领导基层各项工作。二是大力发展会员。凡是中华人民共和国的公民，赞成中国红十字会宗旨和章程的，均可参加中国红十字会，9～18岁的学生可以成为红十字少年，即青少年会员。无锡市红十字基层组织发展会员的方法是：按照居委、集体单位召开群众大

---

① 《江苏省红十字会1958年工作计划要点》，江苏省档案馆馆藏档案，第289卷。

② 《无锡市红十字会关于突击建立红十字会基层组织的行动计划》（1958年5月9日），江苏省档案馆馆藏档案，第345卷。

会，宣传红十字会的性质和任务、会员的权利和义务，由群众自愿地向基层委员会提出入会申请，各级党政领导和卫生医务人员带头入会。在“除四害”运动中涌现出大量积极分子，首先动员他们入会，会员在3人以上，即可成立会员小组，小组的划分可与行政小组或生产小组相适应。各基层委员会的组成人员由上一级红十字会审批，群众入会由基层委员会审批，并签发会员证。

其二，各级红十字会应履行以下职责和任务：组织会员和群众，进行“除四害、讲卫生”和消灭疾病的业余卫生教育；组织会员和群众参加业余卫生活动，促进爱国卫生运动常态化；对意外伤害和急性病进行急救、护理（包括参加防台、防汛、防空等救护工作）；贯彻经常性的群众卫生检查和卫生监督；不断巩固和发展会员组织，收取会费，办理会员转移手续；表扬和奖励成绩优良的红十字卫生站，成绩显著的会员小组、会员报请上级红十字会后，予以表扬或奖励。

其三，具体的行动步骤是：第一步，无锡市人民委员会召开市红十字会理事会扩大会议，选举主席、副主席、常务委员，制订发展红十字会组织的行动计划，通过无锡市红十字会组织章程，成立无锡市红十字会委员会。第二步，由市爱国卫生运动委员会、市红十字会组织主题为“大家都来参加红十字会”的广播动员大会，市领导做广播动员。由市委宣传部召开全市各有关部门参加的宣传工作会议，统一布置发展红十字会员的宣传活动。全市各文化馆、站及俱乐部、电影院、剧场等公共娱乐场所，集中进行图片展览，悬挂大幅标语、横幅等，做阵地宣传。第三步，贯彻“块块领导包干，条条交代支持”的组织办法，各区“除四害”指挥部负责所辖地区、单位的红十字会员发展和组织工作，各生产部门分别向所属基层交代发展会员的工作任务，并接受所在区的领导。第四步，建立各居委、工厂、学校、机关、农业社等单位的红十字会基层委员会，制定发展规划，负责宣传教育，召开群众大会进行思想动员，发展和审批会员，划分小组，发会员证，研究本单位经常性的卫生活动等工作。第五步，全市训练骨干宣传员1000人（由各区负责训练，市负责训练各区师资100人），其中每个街为50人，千人以下集体单位训练3～5人，千人以上集体单位训练5～10人，培训内容有红十字会的性质、任务，发展会员的方法等。第六步，5月份全面行动，全市发展会员3万人，各区的任务指标是发展会员5000人，每个居委所辖地区50～100人。发展会员，成立基层组织后，健全基层红十字会的各项制度，制订本单位业余卫生活动计划，着手安排会员的卫生知识学习和分批进行24小时的卫生救护训练，训练后建立红十字卫生站。

无锡市红十字会的“突击”行动方案得到了江苏省红十字会的批准和认可。6月2日，江苏省红十字会向各市、县红十字会（筹委会）发出通知①（全文如下），并特地附上《无锡市红十字会关于突击建立红十字会基层组织的行动计划》和《常州市红十字会除七害、讲卫生、红十字卫生员训练工作计划》，以做参考。

各市、县红十字会（筹委会）：

在全民整风、社会主义建设和以除四害为中心的爱国卫生运动的高潮中，各地红十字会均以跃进姿态，开展工作，鼓足干劲、力争上游，虽工作的进度不同，但也体现了蓬勃发展的声势，如南京市红十字会提出了赶上北京、赛过杭州的有力口号，准备发展会员5至7万人，在1个月中间，仅仅鼓楼一个区就发展了会员1.5万人，训练了卫生员2千人，建立了100多个基层红十字会。无锡市红十字会制订了突击建立红十字基层组织的行动计划，提出苦干一月，大力发展会员3万人，积极训练卫生员的要求。徐州市红十字会要在5月份训练卫生员4至5千人。常州市红十字会今年要训练卫生员1.8万人，江阴县红十字会计划在全县39个乡镇都建立红十字会，农业社建立基层组织，大力发展会员，积极训练卫生员，并动员全县医务工作者一齐动手，做好挂钩和辅导工作，现已见诸行动。泗洪县红十字会也提出了要发展会员3万人，并向泗阳、灌云两县红十字会挑战。至于今年新建红十字会的市县，如无锡、丹阳在县委、县人委的积极领导和支持下正式成立县级红十字会，并制订了工作计划。泰州市、江宁县等都已调配专职干部，正在积极筹建机构中。

综看目前全省红十字工作的情况，大致有两种类型，一是以大量发展会员为跃进目标，由点到面地发展会员，进行训练，建立基层组织，适当地进行巩固；一是以提高会员质量为跃进目标，大力训练卫生员，加强会

① 江苏省红十字会：《关于贯彻社会主义建设的总路线做好工作跃进计划的通知》（1958年6月2日），江苏省档案馆馆藏档案，第345卷。

员教育，整顿和巩固基层组织，适当地发展会员。前者重在数量，后者重在质量；但在工作跃进中，必须强调：质量、数量，兼筹并顾，相互推动，互相提高。红十字会员能在除四害、讲卫生运动中发挥应有的作用，便是质量并重的象征之一。各地红十字会仍应本着中共中央、国务院2月12日发出的关于除四害、讲卫生的指示中对红十字会员的要求和中国红十字总会2月21日关于动员全体会员积极参加除四害、讲卫生的通知的要求，继续加强对会员的教育工作。

在训练方面，目前仍以苍蝇、蚊子、老鼠、麻雀和钉螺及其病媒昆虫的形态、生活习性、对人的危害等基本知识和行之有效的消灭方法及消毒方法为主要内容。训练时间不宜过长，一般以6至10小时为标准，可连续训练，突击完成。正在开办的卫生救护训练班，亦应以上述训练内容穿插在有关课程中，进行不同方式的训练；训练以后要经常向群众宣传除五害的意义和指导、检查并带领群众进行除五害活动，使红十字会员在群众性卫生工作中发挥更大的作用。

红十字工作的跃进，必须紧紧依靠党、政的领导，依靠群众，认真贯彻和执行鼓足干劲、力争上游、多快好省地建设社会主义的总路线，这是促使工作做得又多又快又好又省的前提。未曾订出工作跃进计划的单位，希按这个路线，及早拟订，报送本会。

兹将无锡市突击建立红十字会基层组织的行动计划和常州市红十字会除七害、讲卫生、红十字卫生员训练工作计划抄送你会，以作参考。

江苏省红十字会

1958年6月2日

上述通知发出后，江苏各地红十字会工作即全面进入发展的快车道，这主要体现在基层组织发展和建设的跃进上。

1958年，江苏红十字会训练卫生员和成立卫生站的速度和数量都非同一般。如徐州市云龙区红十字会自5月下旬起，开展红十字卫生员突击训练。训练方法打破了老规矩，采用4天（每天6小时）24小时的方法，节省了时间与开支，课程连贯易懂。到7月下旬，全区64个居民委员会，除9个继续训练外，其他都建立了红十字卫生站。常州市红十字会依靠党的领导和兄弟医疗机构协作挂钩，紧密结合生产并抓住“四边”原则，打破过去“小脚走路”的保守状况，仅6月份就训练红十字卫生员6745人，同时发展会员6512人。南京市建邺区侯家桥街道办事处红十字会6月份训练了80名红十字卫生员，然后按照居民委员会成立8个卫生站①。

基层红十字会一般是建立在农业生产合作社、行业协会、学校、居民委员会等单位里。而1958年，苏州市还在旅游景点建立了基层红十字组织，在寺庙建立了卫生站。如灵岩山是木渎镇附近一座名胜古迹，每逢节假日，游客很多。苏州市红十字会为了及时救护游客的意外伤病，在灵岩山寺建立基层红十字会，7位和尚参加卫生救护训练后，成立了红十字卫生站②。实际上，在“大跃进”期间，像苏州市这样普遍地建立红十字基层组织的比比皆是，如有的将基层红十字会建立在工地、船上，等等。

1957—1959年，江苏各市、县发展红十字基层组织、会员数和红十字卫生站、卫生员数见表5－2、表5－3所示。

表5－2 江苏各地红十字会基层组织和会员人数统计表

地点	1957年		1958年		1959年
	会员（人）	基层组织	会员（人）	基层组织	会员（人）
南京市	13041	102	104401	872	11343
江宁县	统计在南京市内				
无锡市	6525	46	23592	250	6213
无锡县	/	/	35307	137	42687
苏州市	5424	29	10258	138	18210
常州市	4452	56	68624	131	10899
镇江市	4202	38	4953	46	6568
扬州市	1188	9	2749	36	5214
南通市	3277	36	5628	58	6262
淮阴市	510	3	3502	28	5443
新海连市	1611	29	缺	缺	3537

① 李树勋等：《卫生教育跃进，再跃进》，《中国红十字》1958年9月号，第13页。

② 李黎盛：《灵岩山上》，《中国红十字》1958年4月号，第13页。

（续表）

地点	1957 年		1958 年		1959 年
	会员（人）	基层组织	会员（人）	基层组织	会员（人）
徐州市	6501	54	10746	7	7320
江阴县	1154	8	24690	7634	22632
常熟县	/	/	9339	85	10165
丹阳县	/	/	8392	16	缺
武进县	/	/	/	/	/
扬中县	/	/	/	/	1026
仪征县	/	/	/	/	/
泰州县	/	/	18447	51	38927
灌云县	677	18	11105	290	16495
泗阳县	2270	53	4725	93	/
泗洪县	749	11	90000	280	3100
昆山县	/	/	/	/	/
合　计	51581	492	436458	10152	216041

资料来源：《江苏省红十字会1957—1959年组织训练工作统计表》，江苏省档案馆馆藏档案，第442卷。

表5－3　江苏各地红十字卫生站、红十字卫生员统计表

地点	1957 年		1958 年		1959 年		3 年累计数	
	卫生站	卫生员（人）	卫生站	卫生员（人）	卫生站	卫生员（人）	卫生站	卫生员（人）
南京市	285	4679	1090	61319	164	11343	1539	77341
江宁县	统计在南京市内							
无锡市	18	3681	173	4784	92	2596	283	11061
无锡县	/	/	4340	10465	5642	16185	9982	26650
苏州市	16	2316	90	1123	324	7425	430	10864
常州市	31	1179	110	9257	146	10912	287	21348
镇江市	44	576	50	904	77	1517	171	2997

（续表）

地点	1957 年		1958 年		1959 年		3 年累计数	
	卫生站	卫生员（人）	卫生站	卫生员（人）	卫生站	卫生员（人）	卫生站	卫生员（人）
扬州市	8	186	36	758	91	1843	135	2787
南通市	15	372	55	1339	72	1551	142	3262
淮阴市	/	/	15	469	25	489	40	958
新海连市	24	128	/	/	59	411	83	539
徐州市	66	1776	239	7429	289	5285	594	14490
江阴县	8	232	423	7022	26	4828	457	12082
常熟县	/	/	33	927	67	1203	100	2130
丹阳县	/	/	2	2582	/	/	2	2582
武进县	/	/	/	/	/	/	/	/
扬中县	/	/	/	/	32	83	32	83
仪征县	/	/	/	/	/	/	/	/
泰州县	/	/	67	1735	282	6013	349	7748
灌云县	11	90	357	1820	367	2237	735	4147
泗阳县	15	305	26	1345	/	/	41	1650
泗洪县	10	46	130	3000	566	312	706	3358
昆山县	/	/	/	/	/	/	/	/
合　计	551	15566	7236	116278	8321	74233	16108	206077

资料来源：《江苏省红十字会 1957—1959 年组织训练工作统计表》，江苏省档案馆馆藏档案，第 442 卷。

由上述两表可知，至 1959 年，江苏全省在 3 年内实际建立了 10644 个基层组织、16108 个红十字卫生站，发展会员 704080 人，训练卫生员 206077 人。仅从组织、训练工作的统计数据看，1957—1959 年，在省红十字会的统一领导和部署下，江苏红十字会的发展所取得的成就是辉煌的。

不仅是在江苏，此时全国各地红十字会也都在基层普遍建立和发展组织，在厂矿、街道、学校、生产队设立红十字基层委员会，委员会下设红十字卫生站和会员小组。卫生站着重进行卫生工作，其他各项活动由会员小组负责进行，而且基层的红十字活动正逐步地集中到红十字卫生站进行。

作为卫生部门医疗保健网的最基层组织，红十字卫生站具有如下几点优势：一是能更好地组织红十字会员、卫生员，开展各项群众卫生活动，红十字会员和卫生员成为群众卫生活动的骨干力量；二是及时得到了基层医疗部门的业务领导和科学技术指导，使红十字卫生站更加巩固，红十字会员、卫生员的卫生知识与技术能够得到不断的提高；三是基层医疗机构便于做好预防工作，做到及时而准确地掌握疫情，控制和消灭传染；四是地段医师深入基层时“有了抓头”，有了助手，有利于提高工作效率。

由此不难看出，红十字会员、卫生站、基层组织是开展红十字运动的组织基础和依靠力量。“大跃进”期间，大规模地训练卫生员，发展会员，以及建设红十字卫生站和基层组织，对于推进群众性卫生工作，保障人民身体健康，无疑是多有裨益。

不过，红十字会的基层组织和卫生站在实际工作的过程中，往往存在一些诸如工作交叉重复和活动多、浪费时间等矛盾和问题。为解决这些矛盾和问题，1959 年 4 月，中国红十字会总会在批复函件中再次提出，红十字会基层组织应紧紧地与卫生部门的基层组织结合，红十字会不再单独设立基层委员会①，实际上就是撤销基层委员会，以红十字卫生站作为基层会员的活动中心。

在前文的表 5－2《江苏各地红十字会基层组织和会员人数统计表》中并没有显示出 1959 年江苏红十字会“基层组织”的统计数，这表明：1959 年以后，江苏红十字会基层组织按照要求，开始与卫生部门或爱卫会基层组织结合，而这种结合给“基层组织”的数据统计带来了极大的不便；同时也要注意到，“没有显示”的另外一个重要因素是 1959 年 4 月，中央指示红十字会“根据需要与可能适当发展”，即中央开始对红十字工作进行纠“左”之后，红十字会各地方组织、基层组织的发展（包括会员发展和卫生员训练等），以及在会员活动等方面的“冒进”，都得到了及时而全面的纠正。

---

① 参见中国红十字会总会编：《中国红十字会历史资料选编，1950—2004》，民族出版社，2005，第 66 页。

二、基层工作案例

1957年和1958年，江苏红十字会基层组织建设进入发展的快车道，涌现出一批基层工作的典型，其中南通市唐闸油脂厂、江阴县马镇乡红星三社和徐州市福水街人民公社是红十字会在工厂、农村和街道工作的代表。这3个案例为我们展现了这一时期基层组织工作不同的历史图景。

（一）唐闸油脂厂的案例

南通市唐闸油脂厂是一家联合机修、轧花、油脂3个企业的工厂，拥有榨油车间、炼油工场、轧花车间，以及车床、钳床、打铁、电焊等生产部门，共有1500名职工，设有6个医务人员组成的联合保健站。1952年，唐闸油脂厂曾训练过一批不脱产的车间保健员，但后来由于工作调动和管理制度缺乏，保健员的作用未能充分发挥出来。特别是因为没有固定的卫生基层组织，卫生防疫和宣传教育工作长期未能普遍深入地开展，以致工人卫生素养不能提高，车间内外不能经常保持清洁。医务人员忙于治疗，既影响了医疗质量和工人健康，也妨碍了生产任务的完成。

南通市红十字会了解到唐闸油脂厂的情况之后，即采取措施，加大了在该厂开展红十字工作的力度。

其一，争取厂领导的重视，建立车间红十字卫生站。1957年3月至11月，市红十字会密切结合生产，掌握每个生产部门工作时间的特点，利用业余时间，采取“先训练后发展”以及从试点入手、步步深入的办法，共发展231名红十字会员；举办2个卫生救护训练班，一半的会员接受了训练，之后挑选出57名骨干分子，分别在4个重点车间建立了车间红十字卫生站。为建立卫生站和充实卫生站的设备，工厂行政拨出相应经费，配备了一般常用器械和急救药品。

其二，坚持把工厂卫生员训练工作列入工业卫生工作计划之中。根据卫生工作“面向工厂”、为生产服务的精神，市红十字会提出油脂厂车间红十字卫生员训练计划应列入市卫生局工业卫生工作计划之中，随后得到了统一安排，取得了工厂党、政、工、团领导的重视和大力支持，以及卫生局工业卫生科的协助，工作进展比较顺利。

其三，确定卫生救护训练对象，安排训练时间。先由工会领导根据训练的要求物色对象，如具有一定文化水平的工人骨干、车间管理员等，再由厂方行政领导了解停电、基建、检修等生产的空隙机会，利用3天，计24小时突击进行卫生救护训练。榨油车间主任钱汉章、党支部书记徐乔生等带头报名参加学习，大大鼓舞了学员们的学习热情。

其四，解决计件工学习期间的工资问题。按照常规，计件工在停工期间是不发工资的，若被行政动员去参加学习，就按照学习工资支付。经保健站的争取，厂方大力支持救护训练，同意全部发给学习工资，参加训练的11名工人（合计22个工，平均每人每天工资1.47元），领取到了学习工资32.34元，从而能安心学习，并增强了学习信心。

其五，通过卫生救护训练发展会员。在训练过程中，给学员灌输会务知识，如红十字会的性质、任务等，激发他们入会的积极性。受过训练的卫生员回到车间之后，进行会务宣传，在保证质量的前提下有计划地发展会员。据统计，唐闸油脂厂231名会员中，党团员就有65名，在学历上，高中文化程度3名、初中23名、小学204名、文盲只有1个，青壮年占会员总数的59.7%。按车间成立了会员小组，民主产生小组长，形成了开展车间卫生活动的基层保健网。

红十字卫生站、会员小组自建立之后的半年里，有力地推动了该厂各项业余卫生活动的开展。在例行检查大便寄生虫卵时，红十字会员、扛运队大队长缪文彬带头行动，并耐心说服群众，使整个大队及时完成了检查任务，一改过去懒散的形象。1957年春季，在预防流感的宣传工作中，卫生员曹吉昌、刘根旺等人在饭厅里进行口头（有时利用扩音机）宣传，提倡戴口罩、注意冷暖等个人预防知识；他们还在业余时间里配合保健站分发感舒片，动员对流感患者进行隔离，每天两次用漂白粉溶液对隔离室进行消毒，这些卫生员的自觉行动对预防流感起到了一定的作用；在预防痢疾服用赤痢噬菌体时，会员以3人为1组，组成若干小组，分别到各个车间、科室，采取边宣传、边服用、群众教育群众的方法，动员全体工人服药；会员成为卫生宣传骨干，市红十字会下发的宣传材料都及时地被口头宣传或刊登在黑板报上。根据不完全统计，4个车间的红十字卫生站，在6个月内共做急救和一般疾病外伤处理达557人次。

车间红十字卫生站为规范工作流程和巩固已有成果，还制定出几项措施：第一，保健站与车间红十字卫生站订立分工制度，凡是轻微外伤，一律由卫生站做现场处理，伤病较重的，由卫生员护送保健站处理，减少医务人员的忙乱；第二，卫生员在生产时间做外伤急救工作时，其生产任务由其他工人代为完成，不至于影响生产；第三，各个卫生站均订立业余值班制度，业余值班分早、中、晚三班，每班1人值班，值班时间是上下班前的2小时①。

唐闸油脂厂基层红十字会工作取得了一些经验：一是主动向领导请示和汇报工作，争取他们的重视，充分做好调查研究，提出切实可行的计划是做好工作的关键；同时，依靠工厂保健站医务人员的支持和指导，也是十分重要的。二是在组织卫生救护训练时，注重教学质量和效果，采取多样化教学手段，讲解生动形象，通俗易懂；训练时，实习、示教等环节也非常重要。三是利用各种机会，密切结合生产，有计划地开展一些会务活动，但活动不宜太多，以免妨碍生产。

（二）红星三社的案例

1957年4月，江阴县红十字会在马镇乡红星三社开展了试点工作②，红星三社红十字会工作的情况大致如下。

其一，主动争取乡、社领导重视，统一布置，密切结合生产开展活动。社领导非常重视红十字会的工作，统一纳入社的生产计划，每个阶段在布置、检查和汇报生产的同时，也布置、检查、汇报红十字会的工作。在6个月内，红星三社红十字会先后开展6次以除草积肥为中心的爱国卫生运动，积得草肥500余担，并根据不同季节，组织会员和卫生员进行不同内容的活动。

其二，基层红十字会的组织系统与社的生产组织系统结合起来，充分发挥组织作用。基层红十字会的主席由社主任担任，委员由各个大队长担任，会员小组长由各个小队长担任，有机地结合季节性的生产任务

---

① 南通市红十字会：《南通市唐闸油脂厂开展红十字工作的情况》，《总会工作通讯》1958年1月号（第7期），第14—15页。

② 江阴县红十字会：《江阴县马镇乡红星三社红十字工作》，《总会工作通讯》1958年1月号（第7期），第16—17页。

来开展红十字会工作。1957 年 5 月之前，红星三社红十字会的工作是由基层红十字会直接召开卫生员会议布置的。因为白天生产繁忙，同时涉及工分问题，卫生员会议只能在晚上召开，最远的卫生员要从 7 里地之外赶来开会，因此卫生员很难召集起来，有两次会议出席的卫生员人数不到总数的三分之一。卫生员参加会议后，虽向大、小队长做汇报，但大、小队长总是认为这是卫生员自己的事，实际上他们对红十字会工作支持很少，红十字会工作难以全面开展。后来改进了工作方法，红十字会的工作安排在生产会议上先布置给大、小队长（红十字委员和小组长），之后，大、小队长再分片召开卫生员、会员会议，这样就加强了大、小队长对红十字会工作的领导，充分发挥出会员小组和卫生员小组的作用，红十字会工作得以经常开展。

其三，卫生救护训练结束后，立即和当地联合诊所联系，邀请他们对卫生员进行业务知识上的辅导和其他具体的帮助。在几个月里，红十字卫生员在诊所医生的帮助下，急救技术大有提高，都能熟练地把握、运用救护原则和技术。一次，第九大队大房庄 57 岁的郑朱氏因饮食不慎而上吐下泻，面色苍白，汗流如雨。卫生员俞小青得知消息后，马上在大树底下放置一块门板，让她躺下服入十滴水，郑朱氏慢慢地好转了。另有一次，第一大队王云先 13 岁的女儿，溺水后呈深度窒息，群众都认为无法挽救了。经卫生员耐心护理，并请联合诊所医生治疗，后来恢复了健康。王云先感动地说："幸而有了红十字卫生员，小孩子才得以生还，待她长大后，一定也叫她去学做卫生员，为大家服务。"

其四，结合劳动生产，组织会员、卫生员带领群众开展各种卫生活动。例如，1958 年 5 月，唐家村卫生员带领会员和群众挖蛹，在已集中加盖的粪缸周围掘出缸边泥 25 担作肥料；在夏收夏种之前，发动群众清除村周围的杂草，这样既卫生又积肥；端午节发动家庭妇女打扫室内卫生，清洗蚊帐；农忙时就动员妇女在烧饭时灌好开水送到田间，做到人人喝开水，有的卫生员晚饭后还背着急救包到附近村庄进行巡回医护。第九大队在卫生员和会员的帮助下，疏通了两条小河，填平了一条污水沟，并把污泥充作肥料。目睹这些卫生活动，群众深受感动，不少人主动要求加入红十字会。有些社员说："以前搞卫生像一阵风，自从建立了红十字会，搞卫生已成为家常便饭。"8 月，县爱国卫生运动委员会到红星三社检查工作，肯定了该社的卫生工作，指出“马镇乡红星三社的爱国卫生运动是有基础的，特别是通过发展红十字会员，在农业社里起了骨干作用，处处结合生产，为生产服务，既能搞好爱国卫生，又能处理急救和小外伤，挽救了生命，保障了劳动力”。

综上所述，红星三社红十字工作取得以下几点经验：第一，会员、卫生员的活动必须结合生产积肥，个人、妇女卫生等进行，使社员真正体会到参加了红十字会对自己和农业生产都有好处。这样，会员、卫生员的活动和红十字会组织就能够得到巩固。第二，做好开展会务、卫生宣传工作。鉴于社员文化水平的差异和不同的生产时间，宣传工作最好是结合各种大小会议，收集实例，用浅显易懂的语句，像讲故事一样进行讲解，效果会更好。第三，必须经常注意发现和培养骨干分子，扩大宣传力量和巩固组织的核心，使他们在各项工作中发挥出带头作用。第四，随时注意交流经验，对好人好事及时地加以表扬，对会员、卫生员的困难，尽快帮助解决，使他们的工作信心不受影响。第五，经常地向党政领导做汇报和进行必要的宣传，使他们及时了解红十字会工作的开展情况，以便获得他们的支持。红星三社领导了解到红十字卫生站的情况后，立即拨出200多元作为购置急救药品的活动经费，就是一个很好的例证。

农村农忙时办的托儿所

（三）福水街人民公社的案例

1958年，徐州市的街道都成立了人民公社，并且掀起了全民办工业的高潮，各种为民办工业服务的福利事业，如食堂、托儿所、幼儿园、小学等也蓬勃发展起来。这种新的发展形势给红十字会工作带来了一定的负面影响。一方面，大部分青壮年会员、卫生员都投身到工业生产中，剩下的都是一些孩子和年老体弱的会员，基层红十字会活动因此出现了停滞不前的现象；另一方面，居民都投入生产，街道红十字卫生站的工作在转向服务生产的情形下，卫生站的药品消耗比过去多得多，原规定每站每月1~1.5元的日常经费就不够使用了。

徐州市福水街人民公社共有579户、2376人。1958年，公社兴办了水泥厂和加工厂，炼焦厂处于筹建之中，食堂和托儿所已经建好。公社绝大部分劳动力都参加生产，红十字卫生站只剩下站长1人，工作陷于停顿。有鉴于此，市红十字会与负责福水街人民公社医疗保健工作的市立第一医院地段医生协商，决定进行红十字保健站建设试点——由红十字会员，即群众出钱自办红十字保健室[①]。

当把建保健室的意见交由群众讨论时，大家都非常赞成。有的会员主动借出自家的桌子、椅子、小货架子，还有的把家里过去存放的医疗器械，如脓盘等都贡献了出来。公社领导马上找到一间房子，居民小组长负责登记收钱，医院大夫支援了一些瓶子，帮助购买药品。扫盲老师连夜帮助粉刷房屋，布置室内环境，刻印诊疗证。由于发挥了群众的力量，前后只用4天的时间就把红十字保健室建立了起来。

医院地段大夫帮助补训了13名红十字卫生员，她们都是三四十岁以上的家庭妇女；地段大夫还以户为单位，每户每月收缴1角钱用来购买药品；医院地段医生兼任保健室的大夫，红十字卫生员就当护理员。9月19日，红十字保健室正式应诊。之后的20天里，就诊（包括巡视工厂急救）206人次，收住31名家庭病床病人，发现7例传染病。保健室除及时报告疫情外，还帮助痢疾和麻疹患者在家里隔离治疗。保健室的行动深受群众的好评。

实践证明，福水街人民公社红十字会员群众出钱自办保健室，具有以

① 牛霭华：《福水街人民公社的红十字保健室》，《中国红十字》1958年11月号，第17页。

下几个优点：

其一，做到哪里有人哪里就有医疗，方便群众，保证生产。过去，红十字卫生站只能做一般的急救工作，群众生了病，要到医院或诊所去看病，医院门诊忙，手续多，看一次病往往需要2~3小时，花钱多且影响了生产和工作。保健室建成后，小病不要跑远路，大病不要出家门，看一次病最多10分钟。在生产时，一般的外伤都能得到卫生员的及时处理。家里若有病人，家属不需陪着去看病，大夫可亲自上门诊疗。无人护理的，卫生员就帮助护理。这样，生产人员就能专心地进行生产了。

其二，体现群众办会和勤俭办会的精神。自己出钱办保健室，会员群众就会更加重视和爱护，自觉地参加卫生救护活动，真正做到群众办会。群众出很少的钱，国家便不需要发给药品。假如市内120个街道红十字卫生站都能这样做，每年就能给国家节约2160元，真正做到勤俭办会。

其三，卫生员业务技术得到不断的提高，基层组织进一步得到巩固。卫生员值班时能够随时得到大夫的技术指导，一般的疾病鉴别和简易治疗都跟着大夫学习，从而感到值班很有意义，劲头很足，还按时背着药箱到工厂、食堂、托儿所等处去巡视。卫生员业务知识有了提高，主动地做卫生宣传工作，并带动群众“除四害”，防疾病，基层活动的内容丰富了，基层组织因而得到了进一步的巩固。

其四，疾病得到了控制，疫情被掌握。过去群众有点头痛、发热或不舒服，因为要花钱，又耽误生产，一般都不愿意去看病，或者自己随便买点药吃，这样就很容易因用药不当或未及时治疗，小病发展成大病。保健室建成后，大家看病既经济又方便，因此能够较早地发现疾病，进行治疗，从而控制了疾病的发展。例如，1958年对发现的7例痢疾、猩红热、麻疹等传染病都及时地采取了措施。

其五，家庭病床工作进一步得到发展。开展家庭病床工作，一开始是医院大夫挨门挨户找病人，后来是红十字卫生员每天向地段医生报告病人。保健室建成后，病人都来到保健室，合乎住家庭病床的就可以收住，工作做得更好。

以上3例反映出“大跃进”期间，工厂、农村、街道基层红十字会工作的情况，是基层红十字会整体工作的一个缩影，它们形成了各自的工作特点，并取得了一定的、可借鉴的经验。

第二节　卫生等活动的开展

一、“除四害、讲卫生”

（一）组织发动

20世纪50年代，爱国卫生运动的工作重心因形势变化和现实的需要，由1952年开始的“消除病媒，粉碎敌人细菌战”，转向1954年的“除害灭病，保障经济建设”。自1956年起，“除四害、讲卫生”成为爱国卫生运动的重点，甚至一度成为爱国卫生运动的代名词。中国红十字会自始至终广泛地参与了爱国卫生运动。

“除四害、讲卫生”是促进工农业生产的一项重要措施。1956年1月，中共中央提出的《1956年到1967年全国农业发展纲要（草案）》颁布，其中第二十六条规定，“从1956年开始，分别在7年或者12年内，在一切可能的地方，基本上消灭危害人民最严重的疾病”。第二十七条“除四害”规定：“从1956年开始，分别在5年、7年或者12年内，在一切可能的地方，基本上消灭老鼠、麻雀、苍蝇、蚊子。”① 上述两条对“除四害、讲卫生”、防治和消灭疾病提出了原则性要求。《纲要》还指出：“积极开展群众的经常性的爱国卫生运动，养成人人讲卫生、家家爱清洁的良好习惯。讲究清洁卫生的根本精神，是为了消灭疾病，人人振奋，移风易俗，改造国家。”由此掀起了“除四害、讲卫生”运动的一个高潮。

1957年9月，党的八届三中全会将爱国卫生运动的任务和目的进一步明确为：除四害、讲卫生，消灭疾病，振奋精神，移风易俗，改造国家。自从爱国卫生运动明确了除四害、消灭疾病的内容之后，就更能够充分地

---

① 《1956年到1967年全国农业发展纲要（草案）》，《人民日报》1956年1月26日。1960年4月，《纲要》的第二十七条“除四害”被修改为：“从1956年起，在12年内，在一切可能的地方，基本上消灭老鼠、臭虫、苍蝇和蚊子。”参见中共中央文献研究室编：《建国以来重要文献选编》第10册，中央文献出版社，1994，第657页。

动员全国人民和全体卫生人员有目的地向自然、向疾病进行斗争了。

为了进一步推动“除四害、讲卫生”运动的开展，1958 年 2 月 12 日，中共中央和国务院发出《关于除四害讲卫生的指示》，要求各地在开展“除四害、讲卫生”的爱国卫生运动中必须做好三方面的结合，即“同城乡生产相结合”，“必须使群众力量和技术力量相结合，使突击工作和经常工作相结合”。《指示》最后指出：“十年看三年，三年看头年，只要各级党政组织认真负责，雷厉风行，坚持到底，我们就一定能够在今年内为这一工作打下巩固的基础，在几年内消灭四害，基本上消灭危害人民最严重的疾病，使全国的卫生状况大为改观。”[①] 至此，一个规模宏大的“除四害、讲卫生”运动在全国展开了。

在“使群众力量和技术力量相结合”方面，中央要求红十字会员积极投入“除四害、讲卫生”的群众运动中去，并且努力加强自己的工作，力求站到群众运动的前面来促进运动的发展。根据这一精神，中国红十字会将参与爱国卫生运动列为一项中心工作。为此，2 月 21 日，中国红十字会总会发出《关于动员全体会员积极参加除四害、讲卫生的通知》[②]，同时《中国红十字》发表题为《动员起来，积极参加爱国卫生运动》的社论。红十字会总会向各级红十字组织提出了如下要求：

第一，必须集中力量，加紧对会员的卫生知识教育和卫生救护训练工作，并规定一定的时间，给会员群众讲授“除四害、讲卫生”和消灭危害人民最严重疾病的有关知识。各地区应根据当地特点，教育会员懂得危害人民最严重疾病的流行情况和简而易行的预防方法，以身作则，搞好个人卫生和家庭卫生。各地红十字会要利用出版小报、图片展览、黑板报等宣传工具，以及座谈会、街头宣传、“逢会插一脚”等方式加强“除四害、讲卫生”的宣传。

第二，在“除四害、讲卫生”运动中，要充分发挥会员的宣传作用和桥梁作用，使之成为卫生部门和有关科学研究机构实现技术指导的助手。要依靠卫生部门和有关科学研究机构的技术指导，以及总结会员群众中的

---

① 中共中央文献研究室编：《建国以来重要文献选编》第 11 册，中央文献出版社，1995，第 171—172 页。

② 中国红十字会总会编：《中国红十字会历史资料选编，1950—2004》，民族出版社，2005，第 53—54 页。

先进经验，并依靠他们所了解的卫生知识和先进办法进行宣传。同时带动周围群众搞好卫生工作，从而推进“除四害、讲卫生”运动不断深入。

第三，结合“除四害、讲卫生”运动的开展，调整和健全基层组织，进一步发挥基层组织在运动中的作用。密切注意和发扬会员的积极性和创造性，特别是一些切实可行的、花钱少收效大的工作方法，应及时地加以总结推广。同时组织会员进行参观评比、交流经验，并教育会员虚心向群众学习经验知识。基层组织还要注意吸收运动中不断涌现出来的积极分子为会员，并进行培养和提高，使组织日益健全和发展，在群众性卫生工作中更好地发挥作用。

自 1958 年 5 月起，中央爱卫会、全国政协，以及卫生、文化、教育等 9 个部委和全国总工会、中国红十字会等 4 个团体及中国科学院、中国医学科学院等科研单位参加，各省（区、市）调派的 300 多位干部共同开展了全国夏秋季爱国卫生运动大检查。检查的内容包括：四害被消灭的情况，疾病被消灭的情况，环境卫生和个人卫生改善情况和宣传工作进行情况；在土工具、土办法、野生植物方面各地有哪些创造，推广情况如何；卫生运动取得了什么经验，存在哪些问题；对今后进一步开展卫生运动的意见等。中国红十字会常务理事伍云甫、副秘书长林士笑等 9 人参加了此次检查工作，并了解了各地红十字会的工作情况[①]。此次大检查，一方面进一步推进了各地除害灭病卫生运动的开展，另一方面为年底召开的全国爱国卫生运动评比会议做准备。

8 月 29 日，中央政治局会议通过了《关于继续展开除“四害”运动的决定》，指出：“除‘四害’、讲卫生、消灭疾病，是增强人民体质、保护劳动力、提高劳动效率的一项带根本性的重要措施。为了保障工农业生产大跃进，除‘四害’、讲卫生也应该大跃进。”会议并决定要经常性地坚持开展这项运动[②]。此时，全国已经掀起的“大跃进”运动与以“除四害”为中心的爱国卫生运动相互促进，使得“除四害”运动持续走向深入。

需要指出的是，为精简工作，突出重点，提高效率，自 10 月起，中国

---

① 《中国红十字会参加全国夏秋季爱国卫生运动大检查》，《中国红十字》1958 年 8 月号，第 12 页。

② 刘国新等主编：《中华人民共和国史长编》第 2 卷，天津人民出版社，2010，第 260 页。

红十字会总会组织训练部与中央爱卫会办公室合署办公①。10月11日，中央宣传部批复将《中国红十字》（月刊）和《讲卫生》（月刊）合刊，改名为《爱国卫生》（半月刊，1959年正式刊行），编辑方针明确规定以宣传爱国卫生运动为主。《爱国卫生》开辟《红十字园地》专栏，每期刊发3篇左右的通讯报道和工作评论。此时，中国红十字会总会宣传工作部与卫生部宣传处，总会国际联络部、宣传工作部的月刊编辑室及行政人事工作与卫生部卫生教育所合署办公。实际上，总会相关机构与卫生部实行合署办公，是在顶层设计上进一步突出并推动了红十字会参与"除四害、讲卫生"运动这一中心工作。

（二）宣传教育活动

根据中国红十字会总会的要求，各地各级红十字会参加的"除四害、讲卫生"运动，首先是从对会员进行必要的卫生知识教育开始的。对会员进行卫生知识教育一向是基层组织最重要的工作之一，在"除四害、讲卫生"运动中加强教育，教给会员"除四害"的技术，并发挥会员的带头作用，十分重要。

1957年8月，徐州市云龙区三民基层红十字会自成立后，经常通过会员学习小组、卫生讲座、黑板报、小型展览会等形式，对会员进行卫生常识教育。"除四害、讲卫生"运动开展以后，他们举办了"除四害"图片展览，由卫生员讲解，组织会员参观学习，使会员懂得"除四害"的重要意义，了解四害的生活习性和消灭四害的方法②。这些教育对于会员进行"除四害、讲卫生"的宣传，以及带领群众开展活动大有裨益。

为了充分发动群众投入"除四害、讲卫生"运动，各地红十字会员进行了生动有力的宣传。1957年，新建立红十字组织的徐州市云龙区，各个卫生站都有黑板报宣传卫生常识，看的人却很少。梁庄卫生站站长程维志跟全体卫生员一起想出了办法，把黑板报画上漫画，用简单的文字注解，

① 中国红十字会总会编：《中国红十字会历史资料选编，1950—2004》，民族出版社，2005，第90页；池子华、郝如一主编：《中国红十字历史编年（1904—2004）》，安徽人民出版社，2005，第138页；中国红十字会总会编：《中国红十字会的九十年》，中国友谊出版公司，1994，第155—157页。

② 张福良、王禹光：《教给会员除四害的技术》，《中国红十字》1958年3月号，第5页。

然后敲锣打鼓，抬着到各居民小组去，每到一处便把居民召集起来，讲解内容。每出一期黑板报都这样做一遍，至1958年3月，共宣传了5期，内容有“清扫积肥除四害”“怎样预防猩红热”等。这样，每期黑板报都有400余人受益，鼓舞了大家“除四害”的信心，群众反映这是卫生知识送上门[①]。1958年初，三民基层红十字会及时举办主题为“怎样捕鼠和消灭越冬蚊蝇”的讲座，由站长张福良讲授，居民委员会干部、会员、卫生员、居民和放假在家的学生等80多人参加。讲座重点是用实物表演来介绍捕鼠方法，特别介绍简约的“吊砖法”，大家听后深受启发。1月1日至2月25日，三民居民委员会共捕鼠2255只[②]。

红十字会员在建设工地宣传卫生防疫知识

据统计，1956年12月至1959年4月，徐州市红十字会在筹备期间，与市防疫站、爱卫会配合，共编印、制作卫生宣传画、手册、文字材料等31万份；建立卫生画廊1个，卫生黑板35块，街头铁皮宣传画49面；利用太山庙会、云龙山庙会及春节假日，组织大型卫生展览会4次，观众达

① 王禹光、李黎盛等：《站在运动前面，促进运动发展》，《中国红十字》1958年3月号，第10页。

② 张福良、王禹光：《教给会员除四害的技术》，《中国红十字》1958年3月号，第5页。

20万人次；组织会员街头化装宣传8200多次，小型卫生讲座3000多次[①]，为爱国卫生运动宣传做出了贡献。

苏州市许多基层的红十字会员分别在市内公共汽车上，进行为期一周的“除四害、讲卫生”劝说活动，售票员反映“宣传以后车上卫生好多了”[②]。该市郊区胥口乡第四农业社基层红十字会的卫生宣传，办法多样，发挥了积极作用。如“逢会插一脚”，卫生员经常利用生产会议快结束的时候，向大家介绍安全生产事项和一些卫生常识；放映“土电影”，卫生员买来煤油幻灯机，在夜晚休息时，轮流到村里放映，内容涉及乡村卫生、避孕、血吸虫病防治等；卫生员利用上工前或田间休息的时间向农民宣传“除四害”的道理和相关知识，利用图片和标语宣传卫生常识，甚至结合扫盲教育，讲解卫生道理[③]。

常州市红十字会组织了会员卫生宣传队，为配合农村兴修水利和卫生活动，宣传队把10多个“除四害、讲卫生”的演唱节目送到农村去。宣传队在农村活动共5天，说唱20多场，化装演出5场，还应工地要求举行了一次广播大会，近万名农民看到或听到他们的节目[④]，反响热烈。

此外，常州市女子一中、第一中学和第三初中红十字少年联合组成一支“多、快、好、省”的宣传队，在闹市和郊区农村演出节目，深受群众欢迎。这里的“多”就是节目多，有歌曲、秧歌、腰鼓、舞蹈、相声等；内容多，除宣传“除七害”和卫生知识外，还有歌颂社会主义建设的总路线、新人新事、发明创作的；观众多，每晚演出的场次也多。“快”就是排练得快，10多个节目一天就能排练好；动作快，每场节目一结束就出发到新的地点，一接上灯火就演出；换幕景也很紧凑。“好”首先是纪律好，红十字少年不管行军还是演出，都能够自觉遵守纪律，服从指挥，不掉队、不闹意见、不自由散漫，并且热情很高；功课也安排得很好，每晚宣传两个半小时，功课宣传两不误；宣传的内容也都好，着重反映当地事例，说唱、舞蹈采用群众语言和地方曲艺。“省”就是所有服装、道具、

---

① 徐州市红十字会编：《徐州市红十字会简史（1913—1990）》，1993，第44页。

② 王禹光、李黎盛等：《站在运动前面，促进运动发展》，《中国红十字》1958年3月号，第10页。

③ 高浩然：《卫生宣传办法多》，《中国红十字》1958年6月号，第8—9页。

④ 李树勋：《支援农村除四害》，《中国红十字》1958年4月号，第7页。

乐器都是从各个学校借来的，并由红十字少年自己保管、搬运，从而节省了人力、物力和时间①。

无锡市崇安区红十字会组织爱国卫生宣传队，运用相声、快板、锡剧、越剧等多种方式进行宣传②。有关宣传活动的照片还刊登在《中国红十字》1958年1月号上，其本身也得到了一次有力的宣传。

（三）直接参与行动

1958年4月，为加强“除四害”技术训练，推进“除四害、讲卫生”运动的开展，中国红十字会总会、中央爱国卫生运动委员会、卫生部联合发出《关于加强对群众进行除四害技术训练的通知》，规定在建有红十字会的地区，将开展“除四害”技术训练与卫生救护训练结合起来③。

江苏许多地方的基层红十字会和会员在“除四害、讲卫生”运动中一马当先，钻研“除四害”的方法，努力工作，并且带动群众，促进了运动的深入发展。

泗阳县众兴镇813名红十字会员全部分工出发，带动广大群众投入运动；西湖街基层红十字会41名会员带动青少年组织了捉雀、捕鼠、挖蛹、打扫、宣传、黑板报、检查等7个组推动工作，会员庄恒春、袁士华、刘须珍、朱慧明都是起早带晚地努力工作。正是有了会员们的一起努力，西湖街被评为模范街④。

常州市爱卫会号召居民委员会组织“除四害”突击手，使运动更加深入地开展。南河沿基层红十字会主席薛镜如带头报名，全体会员80多人都报名参加，后分成3个组分别进行活动：青年会员参加消灭鼠雀蛹蛆行动，家庭妇女会员参加药物烟熏喷洒灭虫活动，老年会员参加宣传工作⑤。

南京市白下区东井巷地区有61口水井，过去因防疫部门来不及消毒而没有全部利用起来，自红十字卫生站成立后，卫生员包干下来进行消毒。

---

① 参见《一支“多、快、好、省”的宣传队》，《中国红十字》1958年7月号，第15页。

② 《在爱国卫生运动中》，《中国红十字》1958年1月号，封二。

③ 池子华、郝如一主编：《中国红十字历史编年（1904—2004）》，安徽人民出版社，2005，第165页。

④ 王禹光、李黎盛等：《站在运动前面，促进运动发展》，《中国红十字》1958年3月号，第10页。

⑤ 李树勋：《全部当上突击手》，《中国红十字》1958年4月号，第8页。

他们把消毒当作自己的职责，经常接连几天把家务活丢下，先进行井水消毒，从而保证了440多户人家16256人吃上干净水，为国家节省了不少资金，受到了防疫部门的表彰①。

在“除四害、讲卫生”运动中，江苏涌现出不少自主研制灭虫除害新方法或创新“除四害”新经验的能手和“土专家”。如1952年至1957年，灭蝇1000斤以上的南京市燕子矶区工商联职工、灭蝇能手查成礼，南京市三汊河小学优秀红十字少年、发明“火焰灭蚊器”的王兴才和无锡市茂新面粉厂储运工人、捕鼠能手杨子才，就是其中的代表②。

三汊河小学周围树多水多，蚊子特别多。“除四害”运动开展后，在基层红十字会及全体红十字少年的倡议下，创造了“火把、烟熏、蚊兜三连环快速灭蚊战术”，将树上、草内及空中的蚊子消灭不少，但有些蚊子藏在墙缝、树洞里，不易消灭。红十字少年王兴才联想到解放军有一种武器叫“火焰喷射器”，能够消灭藏在碉堡里的敌人，就准备创制一种能够消灭墙缝、树洞里的蚊子的工具。他向老师请教“火焰喷射器”的构造原理，苦心钻研，明白了当可燃液体，如汽油等喷出时，点上火就变成了火焰。于是，他就用煤油装在“滴滴涕”喷筒里，用铅丝将一个棉花球扎在喷筒喷口前面，棉花球蘸上煤油点燃，再推喷筒，喷出的煤油雾经过火，就燃烧成火焰。对准树洞推动喷筒，一股红色火焰直钻洞内，灭蚊很灵，大家给这种新武器取名“火焰灭蚊器”。

茂新面粉厂的杨子才经过两年多的刻苦钻研，积累了丰富的灭鼠经验，对无锡市各种老鼠的生活规律、习性和在不同场合使用鼠夹的方法都有独到的研究。从1956年3月到1958年5月，他共捕鼠21466只，他所训练的2963名红十字会员和捕鼠积极分子近半年内消灭了10万多只老鼠。1958年4月，江苏省卫生厅在无锡市举行了杨子才捕鼠经验交流会，各兄弟市县的捕鼠积极分子非常欢迎他的捕鼠经验。杨子才还被选为无锡市“除四害”代表，出席了9月8日在北京召开的全国医药卫生技术革命经验交流大会。

---

① 孔庆莲：《保证16000人的吃到消毒井水》，《中国红十字》1958年8月号，第14页。

② 《红十字少年王兴才创制火焰灭蚊器》，《中国红十字》1958年8月号，第12页；《捕鼠土专家杨子才》，《中国红十字》1958年9月号，第16页。

江苏基层红十字会还参与开展了行业卫生工作。例如，1958 年，南京市秦淮区红十字会主动帮助流动饮食摊贩建立食具消毒制度①，一时成为佳话。具体情况如下：

很长一段时间内，南京市区挑着担子卖糖粥藕、汤元宵、蒸饭、蒸糕等的摊贩很多，他们整天穿大街、走小巷，没有固定的营业场所，大家就称他们为流动饮食摊贩。流动饮食摊贩的卫生状况很差，一块抹布满天飞，洗碗、擦担子、抹灰尘都是一块抹布。由于分散，难以管理，而且他们有自己的想法：生意小，本轻利薄，没有大馆子的条件搞卫生；有的认为自己做了几十年生意，没有发现别人吃过自己的东西生病的；有的认为只要东西能卖掉，生意好就行，管卫生添麻烦；有的想搞卫生，但怕花钱多，付不起价钱。因此，几年来一直存在上述问题。

秦淮区饮食卫生行业红十字会工作扎实，举办活动的形式生动活泼、多种多样，例如图片展览、化装宣传“除四害”和外伤救护等，受到群众的欢迎。在此基础上，他们又主动协助防疫站着手开展流动饮食摊贩的讲卫生活动。区红十字会在摊贩联合会的支持下，先吸收几个摊贩大组长为红十字会员，经过 4 小时的会务知识教育，他们初步懂得了“讲人道、讲卫生”的意义。再通过他们的宣传，又吸收 80 多名新会员。新会员经过学习教育，又逐步地宣传并介绍更多的同行同业入会，这样很快地就发展到 240 多名会员，并成立了城西、门东两个基层红十字会。接着又按会员住地，分别成立会员小组。

流动饮食摊贩有个特点，每天上午 9 ~ 11 时，总喜欢在茶馆里沏上一壶茶，休息一会，然后出担。基层红十字会就利用这一时间，把大家组织起来在茶馆里上课，讲卫生常识。大家喝着茶，听听课，学得很起劲，会员的卫生常识水平慢慢地提高了，觉悟也提高了。会员贾金生、张彦聪、许家福利用家里的旧锅、蒸笼、小水桶和小火炉，每天多烧五六分钟的炭，开始试行食具消毒。其他没有蒸箱的就干脆放在锅里煮，食具带菌数大大减少了。会员刘宗顺提议给担子“大洗澡”，106 个担子用碱水清洗，把很多年的灰尘洗个精光，有的用红枣漆油漆得像全新的一样。经过努

① 胥文安、易木：《挑着担子去报喜——南京市秦淮区流动饮食摊贩建立了食具消毒制度》，《中国红十字》1958 年 7 月号，第 10 页。

力，秦淮区80%的流动饮食摊贩实行了食具煮沸消毒。6月16日，秦淮区“旧貌换新颜”的流动饮食摊贩挑着担子去报喜，得到了秦淮区和南京市红十字会负责人的嘉奖。

需要指出的是，1957年和1958年间，卫生界和红十字会系统曾提出“争取早日实现四无国”的口号和目标，全国各地很快掀起创建当地“四无社”“四无乡”“四无街”“四无镇”的热潮，此类报道一时不绝于报端。这实际上是当年高指标、浮夸风等在卫生工作领域的体现。一方面，它反映出广大人民群众除害灭病、建设美好生活的热情和干劲，在客观上大大地改善了环境卫生，有利于人民健康；但另一方面，某些活动严重违背了科学常识，不符合自然规律，值得深刻反思①。不过，这些“左”的争创活动的做法，很快得到了纠正。

二、救护训练和地方病防治

救护训练是江苏红十字会常抓不懈的一项工作。为指导和支持救护培训工作的开展，1957年10月初，江苏省红十字会编印了2万册卫生救护训练教材或资料，分发给各地红十字会供学习使用。此外，还先后编印和购买了有关会务、卫生宣传资料（包括书刊、活页、模型、招贴画、照片等）55种，共139367份②。

至1957年底，徐州市郊奎山乡建新农业生产合作社共训练了45名红十字卫生员，成立了红十字卫生站，合作社党支部书记担任站长。徐州市红十字会提供了1个急救箱，合作社自备了14个，做到了15个生产队均有急救箱。半年时间里，卫生站在“除四害、讲卫生”、防治疾病、卫生宣传等工作方面发挥了作用③。

随着红十字事业的不断发展和人民群众对于卫生知识需求的提高，1958年，南京市开办了七八所红十字学校。9月26日中午，一所红十字大

① 池子华总主编，徐国普：《中国红十字运动通史（1904—2014）》第2卷，合肥工业大学出版社，2018，第213页。

② 江苏省红十字会编著：《江苏红十字运动八十八年（1911—1999）》，东南大学出版社，2001，第96页。

③ 见《中国红十字》1958年8月号，封二。

学在玄武区同仁街菜场成立[①]，学校委员会由来自行业、街道、卫生等部门的13人组成，正、副校长3人，下设教务、秘书两个组。9月29日，学校正式开课，第一期120余名学员都是菜场的工作人员。学习分为两个阶段进行：第一阶段是24课时的卫生救护训练，作为基础课；第二阶段，分设公共卫生学、家庭护理学、营养烹调学、传染病学、急救学（包括防空救护学在内）和“除七害、讲卫生”等6个系进行学习[②]。学校的计划是：先使全菜场180名工作人员在最短的时间内学完24课时的卫生救护课，都获得红十字卫生员证章，在此基础上分系学习；同时以该菜场为基点，向“条条块块”普及，即由所在居委会扩大到所在办事处，由自家菜场发展到全区6家菜场，再推广到整个服务行业，进而在一定时期内使区内所有达到民兵年龄（16～50岁）的男女公民都达到红十字卫生员水平，以便普及科学卫生教育，为根绝七害、永除疾患，打下牢固的基础。

同年，常州市运输公司红十字会独创了一种跟船训练卫生员的方法。由于运输任务繁重，市运输公司红十字会因抽不出会员学习和卫生员训练的时间，经基层组织研究，并取得了公司党政部门同意后，采用跟船出航训练的办法。根据船员文化程度不高和航行时间限制的特点，他们提出多用图表、多做示范、少讲理论的教学方法，制定出训练14小时的课程内容，有会务常识、传染病基本常识、创伤及烫冻伤处理、昏倒与中暑的急救、人工呼吸、伤患搬运、防空救护等。由于跟船训练的条件限制，全部课程不可能由多名教师分担讲课，只能由1名教师包教，每班船队配备讲师和辅导员各1名，7天内训练了3批，共训练了40多名红十字卫生员。在整个训练过程中，由于结合生产以及讲师跟学员打成一片，学员的学习情绪特别高，成绩也很好[③]。

为配合发展红十字会员、建立基层组织和卫生站，开展“除四害、讲卫生”运动，1957年至1959年，江苏红十字会开展的救护训练主要集中在训练卫生员方面，3年间共训练卫生员达20多万。这是一个可观的数字。从初级卫生人员训练，到急救、家庭护理、行业卫生等训练，再到训练卫生员、组建卫生站，可以看出20世纪50年代红十字会开展的卫生救

---

① 《办红十字学校的简讯》，《中国红十字》1958年10月号，第19页。
② 张信大：《普及卫生救护知识，兴办红十字学校》，《中国红十字》1958年11月号，第19页。
③ 李树勋：《跟船出航训练卫生员》，《中国红十字》1958年11月号，第20页。

护训练的历史演进。

在这一时期，江苏红十字会还继续协助政府，组织开展地方病防治活动，主要是调查和防治血吸虫病。

1957 年 4 月 20 日，国务院颁布《关于消灭血吸虫病的指示》，指出“血吸虫病已经成为我国现有流行病中危害最大的一种病害”，要求“必须充分地发动血吸虫病流行地区的广大群众，坚决地为消灭这一病害而斗争”[①]。江苏是血吸虫病流行的 12 个省（市）之一。从 1955 年开始，全省上下在毛泽东主席“一定要消灭血吸虫病”的号召下，建立了防治组织，在流行地区的县建立了血吸虫病防治站，组织专业队伍，广泛发动群众，紧密结合农田水利和环境改造，集中力量消灭钉螺和治疗病人，开展了轰轰烈烈的群众性防治运动。1976 年，全省基本消灭了血吸虫病[②]。

红十字卫生员参与防治和普查血吸虫病。早在 1956 年，南京市三汊河水上红十字卫生站就开始协助开展防治血吸虫病工作。他们动员船家设置马桶，并随同粪船收粪；遇到台风粪划子不敢出动，卫生员就亲自摇船收粪，或者借粪桶将粪便送到农业社，既保证粪便不下河，又帮农业社积肥。1958 年上半年，卫生站送给农业社干粪 26200 多斤，做到既送粪积肥又防病。因此，他们收到泰州、扬州、镇江等地许多农业社的表扬信[③]。

1958 年，南京东井巷红十字卫生站站长余乐山带领 8 名会员，协助卫生所在居民中进行血吸虫病的普查工作。他们每天晚饭后开始工作，直至深夜 12 点，有时甚至到凌晨一两点才结束。因为是在晚上上门检查血吸虫病，他们不得不半夜叫门，有时惊醒了人们的好梦。听到牢骚后，他们总是耐心地宣传说服。有时碰了硬钉子，个别人干脆不开门，他们就在次日白天，再次登门宣传解释，约定时间再来，保证人人都能够被检查到。他们的技术愈做愈熟练，许多小孩在接受检查时，未被惊醒，当地居民都很感激他们。在普查血吸虫病的工作中，60 多岁的余乐山最热心、最认真，每天白天他都向区卫生所汇报情况、接受任务，并和居民委员会联系，挨

① 中共中央文献研究室编：《建国以来重要文献选编》第 10 册，中央文献出版社，1994，第 210 页。

② 参见中共江苏省委宣传部编：《建国三十五年来的江苏（1949—1984）》，江苏人民出版社，1984，第 415 页。

③ 宋邦全等：《既送粪积肥又防病》，《中国红十字》1958 年 9 月号，第 19 页。

家挨户事先通知。晚上工作完毕后，他总是最后一个回家。杨芹如、倪邦宁、耿宝珍都是4个孩子的妈妈，她们安排好家务事后参加工作，在建设社会主义的事业中贡献自己的力量。一个半月，东井巷卫生站就检查了3176人，玻璃片做得合乎规格，登记表写得清清楚楚，得到区卫生所领导的表扬①。

为彻底消灭钉螺，1958年，昆山县订出了冬春季灭螺规划。规划指出，必须加强党的领导，书记挂帅，围绕生产大搞群众运动，充分利用人民公社的优越性和有利条件，统一组织查螺、灭螺专职队伍，实行边调查、边发现、边消灭。具体做法是：结合平整土地和水利河网化，消灭河沟钉螺；结合积肥、养鱼和垦殖，消灭芦苇丛、草滩的钉螺；结合深耕和平整土地，消灭田地钉螺。要求10月底以前查清螺情，纳入冬季水利规划。第二年4月，即水位上涨前达到彻底消灭②。

三、家庭病床

"家庭病床"是由基层医疗机构建立的，基层红十字会组织并发动会员参与其中，因而成为群众性卫生福利事业。它是我国医疗卫生界和红十字界的一项重要创举，也是此时外国来宾参观大中城市红十字会活动的一项重要内容。

20世纪50年代末，基层红十字会已经成为地段医疗机构的重要助手。天津市在全国较早地建立起家庭病床。1958年，为减轻各大医院治疗病人的压力，天津市红十字会响应市卫生局的号召，动员全市4600多个基层红十字组织和16万红十字会员、14万红十字卫生员配合建立家庭病床。为向全国推广天津市的做法和经验，6月24日，卫生部在天津市召开家庭病床经验交流现场会议。与会代表参观了各街卫生院、联合诊所开设的家庭病床和实行分级分工医疗服务制的情况，以及红十字卫生站的工作。参观后，代表们认为，地段医生在红十字组织的大力协助下，开展医疗预防工作的做法，符合"卫生工作与群众运动相结合"的原则。卫生部也予以高度评价，指出"红十字会是卫生部门的得力助手，应予以充分的重视和支

---

① 孔庆莲、聂耶：《协助卫生部门普查血吸虫病》，《中国红十字》1958年12月号，第16页。

② 苏简：《昆山县规划彻底消灭钉螺》，《中国红十字》1958年11月号，第5页。

持，使之更好地发挥作用”①。

在江苏，徐州市基层红十字会家庭病床工作成效显著②。1958 年 7 月，徐州市的医务人员掀起了“学天津，赶天津，超天津，大搞家庭病床”的高潮，在 10 天内就开设家庭病床 2 万多张。在配合家庭病床工作中，徐州市基层红十字组织发挥了应有的作用，促使红十字工作快速推进。

首先，市红十字会把开展家庭病床工作的重大意义、出入院的标准与手续、医护人员的工作职责及收费制度等编印成宣传材料，发到基层组织，大力开展宣传活动。接着，两次召开全市街道基层干部会议，研究讨论在开展家庭病床工作中基层组织应如何行动，并提出“鼓足干劲，苦战五天，当好助手，力争上游，放出卫星，向省委检查团献礼”的战斗口号，准备进行声势浩大的突击宣传活动。各基层干部回去后即利用居民中的大小会议、检查卫生、串门聊天、做活、做饭、树荫下乘凉、河边洗衣服、黑板报、有线广播、夜校及读报等时机进行宣传，大部分基层组织挨门挨户进行宣传，做到了家喻户晓。

据不完全统计，5 天内共发动红十字会员、卫生员 6000 多人，突击宣传 114789 次，25 万多人直接受到宣传教育。市和平街塘子巷 17 号 60 多岁的葛大娘，儿女不在身边，家中只有她一个人，天天担心生病没人照顾。当听了会员的宣传后，她感动地掉下眼泪说：“现在生病不用愁了，医生上门服务，还有人护理。”宣传活动扩大了红十字会在群众中的影响，同时发展了 1000 多名新会员，进一步巩固了基层组织。

红十字会员、卫生员分布广，有人生病都能被及时地发现并介绍到医疗单位。兴徐红十字卫生站的卫生员两天就给地段医师介绍了 4 个人住上家庭病床，说明基层红十字组织对病情、疫情的掌握比过去准确而又及时。

红十字会员、卫生员都接受过一定的卫生救护训练，懂得一般的家庭护理知识。自家庭病床工作开展以来，卫生员家庭护理工作增多了。云龙区彭城联合诊所和妇幼保健院的大夫特地利用业余时间给卫生员讲授家庭护理知识，使他们进一步提高了技术，能更好地给住上家庭病床的病人进

---

① 赵辉主编：《天津红十字会九十年》，天津人民出版社，2001，第 80—81 页。

② 牛霭华、刘怡欣：《为了家庭病床》，《中国红十字》1958 年 9 月号，第 10 页。

行护理和指导。全市大部分红十字基层组织掌握了辖区家庭病床情况，广泛开展了家庭护理活动。铁货、忠勇、少华等地基层组织还成立了护理组，在地段医生的指导下开展家庭护理工作，进而节约了医护人员的人力和工作时间，丰富了红十字基层组织活动的内容，巩固了红十字基层组织。

由上可知，徐州市红十字基层组织开展的家庭病床工作宣传活动，扩大了红十字会的影响，发展了一批新会员。生活在群众中的红十字会员、卫生员，一方面能够及时报告所发现的病情，介绍病人住上家庭病床；另一方面，有些会员、卫生员开展家庭护理，提高了家庭病床工作的效率。徐州市家庭病床工作的运转形成了良性互动，成效显著。

1958 年 8 月 21 日，省卫生厅在徐州市召开了全省家庭病床现场会议，江苏省红十字会和南京市、无锡市等地红十字会的代表参加了会议。徐州市红十字会以《如何配合开展家庭病床》为题，在会上做了专题介绍。在进行会议总结时，卫生厅领导强调指出，“根据徐州市的经验”，开展家庭病床工作，“红十字会的作用是不可忽视的”，“各地卫生部门应加强对红十字会工作的重视、领导和支持，以发挥红十字会员、卫生员的助手作用”。现场会议结束后，代表们还进行了参观学习。

9 月 9 日，江苏省卫生厅、省红十字会联合向各市、县卫生局科、红十字会（筹委会）下发通知，指出开展家庭病床工作是卫生工作体现社会主义建设总路线的一项创举，也是卫生工作为生产服务、走群众路线的一种好的形式。送药上门，既便利病人，又切合国情民俗，其政治和经济意义非常重大。通知要求红十字会基层组织应紧密配合家庭病床工作的开展，具体如下：

第一，红十字会是人民自愿组织的卫生救护团体，本身就要依靠群众、发动群众和组织群众开展群众卫生工作，所以红十字会员和卫生员最了解群众的健康状态和疫病情况，在开展家庭病床工作方面，他们便成为医务人员的有力助手。因此，各地卫生医疗部门应充分使用这一力量。红十字会组织要主动地与医疗保健机构挂起钩来，紧密配合，分区包干，相互协助，做好医疗预防工作。

第二，红十字卫生员或受过训练的红十字会员主要是担任家庭护理和宣传工作，并协助办理转诊、会诊、住院工作。卫生部门和医务人员应帮助红十字会培养会员和卫生员，进行业余家庭护理训练或结合卫生救护训练进行补充训练，或结合查病床，教导他们护理技术、给药方法以及外科方面的简易治疗，使会员、卫生员成为多面手，更好地协助卫生部门做更多的工作；同时，红十字会基层组织的活动内容也随之更加生动活泼、丰富多彩，不但鼓舞会员、群众工作的积极性，而且推动群众卫生事业的发展。

第三，各地红十字会结合开展家庭病床、划区医疗防疫保健等工作以及“除五害、讲卫生”运动，普遍建立基层组织（包括基层红十字会、卫生站、会员小组），居委会要有红十字卫生站，居民小组要有红十字卫生员，并对原有基层组织进行调整和巩固[①]。

红十字会参与家庭病床工作，不仅是卫生工作的一项创举，而且在我国卫生福利事业中呈现出一道独特的亮丽风景。

第三节　青少年运动的热潮

一、卫生和防病活动

1957年6月，周恩来总理指出，“我们今后的教育方针，应该是培养有社会主义觉悟的、有文化的、身体健康的劳动者”[②]。不少学校将红十字会工作作为贯彻党的教育方针的一个重要方面。而学校红十字青少年工作是红十字会工作的一项重要内容，是传播红十字精神的一方重镇。但在不同的语境中，曾出现红十字青少年、红十字少年等名称，其内涵并无实质区别。中国红十字会总会于1958年8月30日下发通知，要求“自即日起，将红十字少年名称一律改为红十字青少年”[③]。

江苏省红十字会自1956年成立后，根据中国红十字会总会有关指示精神，大力发展红十字青少年组织并开展活动。南京、无锡、苏州、徐州、

---

① 江苏省卫生厅、江苏省红十字会：《关于开展家庭病床工作和红十字会基层组织紧密配合的联合通知》（1958年9月9日），江苏省档案馆馆藏档案，第345卷。

② 中共中央文献研究室编：《建国以来重要文献选编》第10册，中央文献出版社，1994，第320页。

③ 参见《中国红十字》1958年9月号，第20页。

常州、南通、连云港、淮阴、扬州、泰州、镇江等11市也开展了多种形式的红十字青少年活动，重点是在学校卫生、普及卫生知识以及协助校医开展疾病预防等方面。

（一）徐州市的活动情况

徐州市红十字会尚在筹备阶段时，就十分重视并开展了红十字青少年工作。该市青年路中心学校将红十字青少年工作视作贯彻落实新教育方针和改善学校卫生状况的重要举措，并将红十字会工作纳入整个学校的工作计划中。至1958年3月，该校发展红十字少年和会员97人，其中学生65人、教职员工32人，红十字卫生员40人，成立了基层组织①。在1958年的半个学期内，该校以红十字卫生员为核心力量，组织开展了以下几个方面的活动。

其一，按照规章制度，检查环境卫生。校红十字卫生队成立以后，执行事先制定的卫生检查评比制度，每天早晨上课前和下午放学时，各检查一次环境卫生，如教室内的桌椅及卫生负责区的卫生等，并将检查结果记录下来，每周六评比一次，将成绩好的班级公布在光荣榜上。卫生检查评比对同学们的触动很大，更加激发了同学们保持卫生清洁的积极性。每天一大早，校园里就出现同学们抬水扫地的身影，老师称赞“我校卫生有了很大的起色”。

其二，卫生员轮流值班医药室。卫生员工作积极性很高，轮到值班时，早晨7点就来到学校。她们首先整理医药室，扫地，整理药品，将盆里的脏水倒掉，换上净水，然后去各班检查卫生扫除情况。校医药室每天下3点至4点半开放，每天都有两位卫生员值班，值班卫生员可以为同学们诊疗一些简单的伤病。除开放时间值班外，值班卫生员还在课间休息的10分钟内背着药箱在操场上巡视，若临时发现创伤，就立即进行急救。同学们都很尊敬她们，称她们“小大夫”，一有外伤或病痛就去找她们。如果遇到不能处理的，卫生员就请来校保健老师。

其三，设立校园无人急救箱。为减轻保健老师和卫生员的负担，使小

① 徐州市青年路中心学校基层红十字会：《半学期来我校红十字少年的活动》，《总会工作通讯》1958年3月号（第8期），第24—25页。

的伤害得到及时的处理，红十字少年在操场上设立了一个小的急救箱，备有红药水、紫药水、棉花和镊子。保健老师向全体同学进行了急救箱使用方法和爱护药品的教育，年龄小的同学也能够掌握简单的外伤急救方法。课间活动发生小的擦伤时，如果没有卫生员在场，同学们便到无人急救箱前自主地（或请别人）涂上药水消毒，不至于影响正常的课间活动。

其四，开展宣传教育工作。红十字少年经常向同学们进行卫生和会务知识的宣传教育，除平时利用各种机会外，主要的宣传平台是黑板报和幻灯片。红十字少年定期出卫生黑板报，由 5 名红十字少年负责，每周二、五出刊两次，刊载卫生简讯、卫生常识、防病知识、红十字少年活动等内容，既有对工作的批评和表扬，又有对疑难问题的解答。他们还成立了红十字幻灯片队，由 12 名红十字少年组成，每周利用一个晚上给同学们放映幻灯片，除卫生教育片外，还有一些配合教学的故事片，如《罗文应的故事》《将相和》《平儿的健康生活》等。

该校红十字幻灯片队还经常应邀赴和平桥、青二小、慈云寺、回民等兄弟学校放映，受到欢迎。慈云寺小学与青年路中心学校建立了友好学校关系，邀请幻灯片队经常去放映。可见，红十字幻灯片队不仅进行卫生宣传，扩大红十字少年的影响，而且促进了校际交流。另外值得一提的是，学校以前开家长会，三分之一的学生家长经常不能够到会，但自从在家长会上放映幻灯片招待大家后，家长几乎都来了，甚至原来的会场都坐不下，家长会取得了预期的效果。更为重要的是，家长懂得卫生常识后更有利于对子女（学生）的教育。

其五，推进健康视察工作，及时掌握学生健康状况。此前由于条件限制，市防疫站无法经常对学生进行体格检查，也就不能够及时地掌握学生的健康状况，致使有些疾病未能及时地被发现和治疗。为解决这个问题，市防疫站决定发挥青年路中心学校红十字少年的力量，进行健康视察工作试点。学校把红十字少年和红十字少年卫生员组成 4 个健康视察队，以卫生员为骨干，经过短期训练后，使他们掌握一定的技术。体格检查时，他们分工检查耳朵、眼睛、皮肤，量身高、称体重及检查内衣等，工作认真负责。全校每位同学每月可以轮到一次体格检查，通过体格检查可以督促同学们注意个人卫生。经健康视察队发现，全校患沙眼的同学较多，高年级学生占总数 90% 以上，其他患中耳炎、口角炎等病的也不少。根据上述

发现的病情，学校设法进行了防治。

其六，组织有意义的游戏活动。为丰富红十字少年的课余生活，加强人道主义教育和提高他们的自救互助能力，学校与市红十字会联系，于第十一周的星期日在云龙山举办了一次军事游戏活动。

在游戏中，红十字少年组成甲、乙两个军事小分队，为争夺山头展开激烈战斗。双方“战士”都很英勇，一些“战士”负伤了，就用粉笔做上负伤标记。这时山脚下出现一支佩戴红十字袖章的“急救员”队伍，“急救员”背着急救包，抬着担架，举着红十字旗帜，奋勇地奔向“战场”，迅速地为挂彩的“战士”包扎、急救，负伤很重的或头部受伤的就由她们抬上担架，护送到离“火线”约200米外的急救站（用被单扎成的帐篷）去做进一步处理。整个游戏活动分为前后两个部分，其间“战士”和“急救员”轮换一次角色进行，共持续两个多小时。同学们收获很大，在回校的路上，还津津有味地谈论着谁勇敢、谁敏捷、谁包扎得快、谁包扎得好。

上述红十字少年活动仅是青年路中心学校在半个学期的时间里进行的，实践证明，学校开展红十字会工作十分必要，有助于贯彻实施新的教育方针，毕竟青少年是卫生宣传和教育工作的重点对象。1958年6月1日儿童节，著名作家老舍还专门发表了一首儿歌①，教育儿童“除四害、讲卫生”，歌词写道：

好儿童讲卫生，打了蚊子打苍蝇。
讲卫生，不生病，里里外外都干净。
擦桌子，擦板凳，又讲卫生又是好劳动。
除四害，最高兴，闲着就查老鼠洞。

（二）活动的广泛开展

1958年4月，北京市红十字会公布《北京市红十字少年与全国各地红十字少年友谊竞赛书》，进一步推动了各地红十字少年踊跃参加“除四害、讲卫生”运动。在北京市红十字会发起的“友谊竞赛”的鼓舞下，各地红

① 老舍：《祝贺儿童节》，《北京晚报》1958年6月1日。

十字少年参与卫生和防病的活动跃上了新的台阶。

直到1958年上半年，徐州市云龙区只是在中学里发展红十字青少年。为迎接居民红十字工作的快速发展，这年暑假，云龙区在全区33个小学抽选优秀小学生训练成红十字青少年，以便此后开展卫生保健工作，并且创造出一种“小鸡带小鸡”式的训练新办法①。当时，由于学校师资缺乏，卫生站又没有训练力量，而地段联合诊所白天黑夜忙着“整风”，最后市红十字会邀请市立四中、五中的1332名红十字青少年承担训练任务。一方面，这些十七八岁的小老师对红十字会的性质、任务有一定的认识，也掌握了一般救护技术和卫生知识；另一方面，市红十字会对他们进行集中学习培养，帮助拟订教学计划，并研究了有关教学的各种问题，所以他们完全能够胜任训练工作。8月9日，全区4个学区465名小学生开始学习，先后共开设14个班。训练结束后，415名小学生参加考试，231人得5分（即满分），超过总数的一半，只有1名不及格。这表明云龙区小学无红十字青少年的历史已经结束。训练虽只有短短的三四天时间，但小老师就和小朋友们建立了深厚的友谊。如小朋友耿洪霞主动将自己的照片分别送给训练班主任周广英和刘傅芳，以作纪念。

新的学期一开始，经过训练的红十字青少年在各小学帮助保健老师开展学校卫生工作，发展壮大红十字青少年队伍。可见，“小鸡带小鸡”式训练方法确有实效。教学相长，小老师在训练过程中也得到了提高。后来，徐州市红十字会对这些热心教学的红十字青少年给予了物质奖励。

同年，《中国红十字》以《跃进中的红十字少年》为题，对南京市三汉河小学、第八中学和常州市的红十字少年参加卫生活动的情况进行了报道，从中可以了解到这一时期红十字少年活动的某些面貌。

4月26日，三汉河小学90多名红十字少年在保健老师的带领下，掏空了学校厕所里的粪便，把厕所板壁、梁柱刷洗得干干净净。他们的模范行动影响了全校师生，大家纷纷表示，“我们向红十字会员学习，我们也要和他们比干劲”。大家一齐动手，当天就给教室里的全部桌椅“洗了个澡”。

南京市第八中学校园里有个臭水塘，起初红十字少年和同学们用肩挑、小板车运土准备将之填满，一个多星期过去了才填平一点儿。后来，

① 王禹光：《“小鸡带小鸡”》，《中国红十字》1958年9月号，第21—22页。

他们向骡车合作社借骡车运土，可是骡车只有晚上空闲。他们的干劲特别大，连续苦干4个周六的夜晚，用骡车运来1000多方土，终于将臭水塘全部填平。

实际上，南京市第八中学的红十字青少年运动内容十分丰富。早在1956年，市八中就重视卫生队员的培养。卫生队员分为预备和正式两个级别。凡是热爱医务工作、功课在中等以上、能热心为群众服务的初二、初三、高一等3个年级的学生，就有资格申请预备队员。预备队员经过3个月或半年的学习后，可以申请转为正式队员的考试。考试是由校医或辅导老师与老队员组成的考试小组主持的。考生根据考试题目，一边表演操作一边解答。考试合格的，发给证章，成为正式队员。市八中对卫生队员的培养要求很高。根据“理论联系实际”和“处处贯彻教育”的原则，首先对队员进行短期集中培训，由南京市红十字会利用课外活动时间在校举办6天的短期学习班，教授止血、急救箱内容、外伤处理及伤患搬运、绷扎法、人工呼吸、沙眼防治、烫伤与中暑处理等基本知识，并组织实习。之后学校分配队员工作，按医护、保健、宣传、环境卫生及统计5组进行实习，在工作中逐步提高队员的水平①。

1958年春节，南京市第八中学红十字青少年打破常规，在3天假期里，王二连、刘怀谏、柏清、倪爱德等同学组成宣传队宣传卫生，他们走过大街小巷、工厂、农村，一共演出20多场，受到群众欢迎②。同年，市八中基层红十字会在校内和附近街道设立了“少年卫生监督岗”，站岗的都是初一、初二年级的优秀少先队员和红十字少年，他们向同学和居民进行卫生宣传③。

这年五一劳动节早晨，常州市第三初中红十字少年冒着小雨把街上的痰盂和果壳箱全部刷洗干净，接着他们展开了卫生宣传，劝说随地吐痰和乱抛果壳的人注意清洁卫生，并且对横穿马路和不走人行道的人进行了安全教育④。

---

① 邱宗沅：《卫生队员的培养》，《中国红十字》1956年10月号，第20页。

② 秋晨：《打破常规过春节》，《中国红十字》1958年3月号，第16页。

③ 陈增茂：《少年卫生监督岗》，《中国红十字》1958年6月号，第18页。

④ 李树勋等：《跃进中的红十字少年》，《中国红十字》1958年5月号，第16页；《更正》，《中国红十字》1958年6月号，第20页。

5月6日立夏，南通中学20多名同学佩戴红十字袖章，在去百货大楼的街道上散发卫生宣传材料。在百货大楼前，他们利用工业局安装的大喇叭，开展夏季卫生常识宣传。听众有市民、学生、工人、农民、解放军等，既有老人也有小孩。他们分成3个小组，每组自带一只磅秤，给前来的群众称体重，发放体重卡片①。多依靠群众，就可以把群众性活动开展得圆满，是他们第一次开展活动的体会。10月，南通市各个中学的红十字青少年还协助文化部门在街道上画壁画，宣传“除七害、讲卫生”及卫生卫国训练等②。

七八月间，南京市口腔病防治院预防科在短短的两个月时间内，完成了南京市5个区小学生共5万余人次的涂氟防龋工作。这项工作的完成，与南京市牙科联合诊所、南京二十三中初中40多名红十字卫生员的协助是分不开的。特别是红十字青少年放弃假期休息，在酷热的天气里自始至终地坚持工作，他们中午一般不休息，每天工作10个小时以上。他们虚心好学，一般一周内就能熟练掌握技术，并有明确的集体观念，服从分配，不计较得失，表现出高度的组织性和纪律性③。可见，发动红十字青少年充当卫生工作者的助手，共同做好学校卫生预防工作是切实可行的。

同年，南京市程善坊小学的红十字少年响应学校号召——学校辅导学生开办“小银行”，储蓄零花钱，培养学生勤俭节约的美德和不吃零食的卫生习惯——带头不吃零食并组织宣传队、劝说队和卫生监督岗，做好宣传、监督和劝导工作④。

六一儿童节，苏州市红十字少年和少先队员开展“六不”宣传活动⑤。“六不”就是不随地大小便、不随地吐痰、不随地乱抛果壳纸屑、不乱泼污水、不乱倒垃圾和不在河里倒马桶及污物。他们在公共汽车上、大街小巷里和城门旁进行口头宣传，还在人多热闹的地方设立“六不签名站”，不少过路行人签了名。

---

① 秦裕乡：《第一次活动》，《中国红十字》1958年7月号，第17页。

② 俊等：《红十字青少年活跃在街头》，《中国红十字》1958年12月号，第14页。

③ 南京市口腔病防治院预防科：《在涂氟防龋工作中》，《中国红十字》1958年10月号，第17页。

④ 杨河义：《培养不吃零食的卫生习惯》，《中国红十字》1958年6月号，第16页。

⑤ 陆奇：《“六不”宣传活动》，《中国红十字》1958年6月号，第18页。

由上述可知，由于各级红十字会加强了对学校红十字工作的领导，开展了丰富多彩的活动，极大地丰富了红十字少年的校园生活和业余生活。同时，学校红十字会也相应地得到了发展。至1961年，江苏全省发展红十字青少年会员69615人，其中无锡市17333人、苏州市2069人、常州市30425人、镇江市1448人、徐州市1501人、南通市3400人、淮阴市800人、连云港市397人、江宁县67人，无锡县11747人、江阴县428人①。大多数青少年会员掌握了学生中常见病的预防常识和一般小伤小病的处理，小会员们成为学校卫生保健工作中不可或缺的一支重要力量。

二、支农和勤工俭学

红十字青少年除参加专门开展的中心工作——卫生和防病——之外，还在支农和勤工俭学中一边劳动，一边开展急救和卫生宣传活动，尽显红十字青少年的风采。

1958年4月，南京师范附中师生360余人在燕子矶区尧化乡开辟“南师附中农场”。消息传出后，红十字卫生员欢腾起来，大家动手清理急救包，补充药品，准备迎接新的任务——边支农，边急救。在一个阵阵细雨的下午，大家到达农场，整理好帐篷后，校医戴医生召集红十字卫生员开会，商定许多保护参加开垦同学身体健康的措施。戴医生工作忙，一星期只能来农场3次，保健任务就主要落在红十字卫生员身上。

对同学们来说，农场是个新环境，加上连绵不断的阴雨，有些帐篷漏水，淋湿了同学们的衣服和被子，大家住得拥挤，休息不太好，所以一开始同学们患感冒和消化不良的比较多。卫生员在戴医生的指导下，按时给患病同学发药、送饭、送水，精心护理，减轻他们的痛苦。此外，卫生员认真研究患病的原因，除气候的影响外，蔬菜缺乏是引起消化不良的一个因素，还有饮用的池塘水很浑浊。他们一方面建议校方改善条件，另一方面买来明矾以净化饮用水。

劳动中当同学们发生意外工伤时，卫生员就马上放下工具进行救护。有一次，高二戊班宋晓风的手指被别人的锄头砍伤了，鲜血直流，伤口深

---

① 江苏省红十字会编著：《江苏红十字运动八十八年（1911—1999）》，东南大学出版社，2001，第100页。

得几乎看到骨头。卫生员马上给他止血、消毒，进行包扎处理。3 个多星期后，宋晓风的伤口痊愈，同学们都称红十字卫生员为“小医生”。卫生员段亚秦工作负责，即使是暴风雨的夜晚，她也没有停止过急救工作。她背着小药箱，打着雨伞，走在泥泞的道路上去查看每一个帐篷，一旦发现病人就仔细给他量体温，进行急救。同学们夸赞她是一个“又红又专的红十字卫生员”①。

在支农期间，红十字卫生员还利用 1 个星期天的休息时间，支援了燕子矶区卫生所消灭钉螺的工作，一直忙到晚上 7 点钟才收工。6 月 5 日，为期 2 个月的支农活动结束了，同学们返校学习。在总结大会上，校领导表扬了 7 位同学，其中 3 位是红十字卫生员。

一般每年的 5 月末 6 月初，都是农忙时节，农民既要收割小麦、插秧，又要播种玉米、黄豆等。5 月 31 日，南京市第八中学 70 多名学生响应市委号召，赶到长江中的八卦洲，协助农民夏收夏种。红十字青少年不但可以使出浑身力气参加劳动，而且能在农村开展卫生宣传、“除四害”和急救工作，可谓一举多得。

来到八卦洲后，同学们分散住在社员家里。红十字少年吕玉柱和 5 个同班同学住在一位姓蔡的农民家里，当天晚上，蔡家 12 岁小孩蔡小喜整夜哭闹肚子痛，“已经三天没吃东西了”。第二天，吕玉柱冒雨请来了校医，还去 4 里路外的小镇买回宝塔糖，蔡小喜吃过后拉出 150 多条蛔虫。此后，肚子再也不痛了。在乡下短短的 4 天里，校医给 50 多位社员看了病，红十字少年做了许多急救工作。他们还使用带来的幻灯机放幻灯片，在中心广播站做卫生宣传节目，社员们都很喜欢。当同学们返回学校时，农民们拉着他们的手送出很远，还再三叮嘱：“到秋收时，千万再到这里来!”② 当时来到八卦洲参加抢收抢种的，除了市八中的红十字青少年外，还有一支队伍，他们是南京市电信学校的同学和红十字青少年③。

同年，南通市学生在支援农村夏收夏种时，红十字青少年也带着急救包来到田里，一面劳动，一面进行卫生宣传教育和救护。他们利用早中晚

---

① 李树勋等:《跃进中的红十字少年》,《中国红十字》1958 年 5 月号，第 16 页。

② 竺佥:《农忙时节》,《中国红十字》1958 年 7 月号，第 16 页。

③ 《在下乡义务劳动中》,《中国红十字》1958 年 7 月号，第 14 页。

及工余休息时间，个别地或两三个人在一起，用谈心的方式向农民宣传“除四害、讲卫生”。这样的宣传不但没有妨碍农民的生产，还促进了农民的劳动积极性①。

暑假，常州市一中200多名红十字青少年参加了勤工俭学活动。学校基层红十字会号召红十字青少年不仅要做卫生工作的积极分子，还要在勤工俭学活动中做个好榜样。他们有的到常州市百货公司当售货员，有的卖冰棍、卖报，还有的参加糊纸袋、敲矿石、搬运等工作②。他们决心要以自己的劳动所得缴学费。

在市百货公司，红十字青少年热情招待顾客，结合业务进行卫生宣传。如有买牙膏、牙刷和毛巾的，就告诉顾客刷牙的正确方法、毛巾不可多人合用、要预防传染沙眼等知识，简短的说明令顾客满意。在市公园里，一组4位女红十字青少年一天可销售300多支冰棍。她们一旦发现乱丢垃圾的，就帮助捡起来，并且劝说不能随意乱丢废纸、瓜皮和果壳，要保持环境清洁。为了让炼铁工人吃上冰棍，她们在炎热的中午抬着箱子，跑到郊区的炼铁工地去送冰棍，受到工人的欢迎。在一家点心店里，3位红十字青少年在后面灶上做杂务工，在她们的说服下，点心店将抹桌椅、抹锅灶和抹碗筷的3种抹布分开使用，并形成制度。

9月，无锡市第一中学红十字青少年在钢铁工地上设立卫生站，开展救护工作。9月15日，他们在工地找到一块空地，一起动手用木板、苇席盖起一个工棚，树起一面红十字旗。他们还将桌子、凳子、急救药箱、换药架、洗眼壶、夹板、担架等搬来工棚，搞好卫生站的建设工作。卫生站建成后，他们每天处理大小伤患100多人次。不但如此，卫生员还把茶水送到炉前，将洗脸巾送到“钢铁战士”③手里。有的卫生员带来了饭盒和棉被，整夜守候在土高炉旁，等待“钢铁战士”的召唤④。

由上述不难发现，红十字青少年走到哪里，卫生工作就带到了哪里，那里的卫生就有了很大的起色。

---

① 张圣光：《在夏收夏种的日子里》，《中国红十字》1958年7月号，第19页。

② 李树勋：《勤工俭学》，《中国红十字》1958年9月号，第21页。

③ “钢铁战士”是当时对炼钢铁的工人（包括老师和同学）的一种称呼。

④ 李念慈等：《在钢元帅帐前保驾》，《中国红十字》1958年10月号，第18页。

三、夏令营和国际交流

经过一个学期的紧张学习，同学们需要充分的休息和丰富的假期活动来调节生活，增进身心健康，参加夏令营就是同学们喜爱的一项很有意义的活动。

早在1953年暑假，北京市分会就在全国较早地参加或举办了红十字少年夏令营。1957年5月暑假来临之际，中国红十字会总会发出通知，要求“已发展红十字少年或已训练红十字卫生员的市、县红十字会可以利用暑假时间，在不妨碍学生暑假作业和不影响他们休息的原则下，适当地开展少年们所喜爱的文娱、体育等活动是十分必要的”，同时“各地红十字会应本着节约的精神”来指导他们开展一些集体活动，如郊游、采集标本、游泳、钓鱼、参加夏令营、参观旅行、球类比赛、设立红十字少年乐园等，旨在“使红十字少年暑假生活过得生动活泼而有意义，培养他们卫生习惯和为人民服务的社会主义道德品质”①。

中国红十字会总会还对夏令营提出了3个要求：一是为了节约，活动最好能与团、队结合进行，如组织红十字少年或红十字少年卫生员参加当地共青团举办的夏令营等；二是在暑假中引导红十字少年开展一些卫生宣传、卫生活动等社会服务，如夏令肠胃病的预防，“除四害”特别是消灭蚊蝇，以及不随地吐痰等；三是适当举办卫生员训练班和制作国际红十字少年礼品等②。

根据总会的通知精神，1957年夏季，南京、无锡两个市红十字会都举办了红十字夏令营，270名红十字少年参加了活动。同年暑假，徐州市红十字会联合少年之家首次举办夏令营活动，38名小学红十字青少年参加了夏令营卫生卫国训练③。

事实上，在江苏，1961年省红十字会第二届会员代表大会之后，青少年的夏令营活动依然丰富多彩。

---

① 中国红十字会总会：《关于开展红十字少年或红十字少年卫生员1957年暑假活动的通知》（1957年5月25日），中国红十字会总会档案馆馆藏档案。

② 江苏省红十字会编著：《江苏红十字运动八十八年（1911—1999）》，东南大学出版社，2001，第101页。

③ 徐州市红十字会编：《徐州市红十字会简史（1913—1990）》，1993，第38页。

例如，1963 年 8 月，南通市举办 60 多人参加的为期 10 天的红十字青少年夏令营活动。同年夏季，无锡市红十字会和市教育局联合举办了青少年夏令营[①]。1965 年，南通、扬州等地利用暑假组织优秀红十字青少年参加了夏令营活动，组织他们学习救护技术和卫生知识，提高了红十字青少年的思想觉悟，培养了集体观念，使这些红十字青少年成为学校开展红十字会工作的骨干力量[②]。同年暑期，徐州市红十字会与市卫生局、教育局联合举办红十字青少年夏令营，25 所中小学共 580 名红十字青少年参加夏令营，活动的内容有联欢会、急救技术表演、游览、白求恩故事会、卫生知识讲座、游泳及社会服务等[③]。

自 20 世纪 50 年代中后期起，我国红十字青少年的国际活动逐渐活跃了起来。红十字青少年参加国际交流活动，是江苏红十字会国际交往的重要组成部分。1957 年夏季，南京、无锡两个市有关学校红十字少年和苏联、南斯拉夫、波兰等 10 多个国家的红十字少年交换信件，并互赠礼品，如纪念册、手工艺品、电动仪器模型、植物标本等[④]。

1958 年，南京市第八中学高二（2）班 10 名红十字少年发动全班同学一齐动手做纪念册，作为礼品送给罗马尼亚红十字少年[⑤]。同学们纷纷拿出自己收藏的邮票、书签、贺年卡、画片等，还有一些反映八中校园和红十字少年活动的照片，以及一些同学做的各种各样的工艺品、画的山水画和购买的彩色风景画等，经整理之后，分门别类地贴在纪念册里，封面再画上花边，写上说明，用丝线给字和图案刺绣，精美的纪念册就做成了。这一年，南京八中共送给外国红十字少年 6 本纪念册，高二（2）班做的纪念册就是其中的一本。

同年，中国红十字会总会组织开展了红十字青少年征画活动，全国 90 余件作品应征。经过认真评选，5 件作品获奖。其中，南通市第二中学刘显宗的作品《检查清洁》获得中学红十字青少年优秀作品二等奖，总会颁

① 江苏省红十字会编著：《江苏红十字运动八十八年（1911—1999）》，东南大学出版社，2001，第 101 页。

② 《江苏省红十字会 1965 年工作情况汇报》，江苏省档案馆馆藏档案，第 1258 卷。

③ 徐州市红十字会编：《徐州市红十字会简史（1913—1990）》，1993，第 38 页。

④ 江苏省红十字会编著：《江苏红十字运动八十八年（1911—1999）》，东南大学出版社，2001，第 101 页。

⑤ 东木：《我们怎样制作礼品》，《中国红十字》1958 年 7 月号，第 17 页。

发了奖品，这体现了江苏红十字青少年的出众才华。《检查清洁》连同其他红十字青少年的优秀作品作为国际礼品赠送给国外红十字青少年[①]。

据统计，1956 年至 1963 年，南京、苏州、无锡等市红十字青少年与苏联、南斯拉夫、日本、泰国、古巴等十几个国家的红十字青少年开展了交流活动[②]。这些活动增强了各国红十字会和人民间的友谊，培养了青年学生的国际主义精神。

---

① 《红十字青少年征画评定》，《中国红十字》1958 年 9 月号，第 22 页。

② 江苏省红十字会编著：《江苏红十字运动八十八年（1911—1999）》，东南大学出版社，2001，第 101 页。

第六章　红十字事业的调整与发展

20 世纪 60 年代初，在中国红十字会全国代表会议（以下简称中国红十字会“二大”）精神的指导下，江苏省红十字会召开第二届会员代表大会（以下简称省红十字会“二大”或“二大”），开始调整各级组织，规范人员编制和经费开支。同时，以红十字卫生站为依托，开展卫生和防疾治病工作，拓新国防救护、输血和计划生育等业务，还组织开展了国际交流、评选和奖励先进等活动。全省红十字事业在调整中开始新一轮的发展。

第一节　“二大”之后的组织调整

一、省红十字会“二大”的召开

随着我国社会经济的发展，人民生活水平的提高，中国红十字会国内工作的内容逐步丰富，地方组织和基层组织逐渐增多。到 1960 年底，红十字会地方组织已由 1950 年改组时的 80 个，增加到 376 个，其中有省（自治区、直辖市）红十字会组织 20 个，市、县红十字会组织 356 个。据不完全统计，红十字会员由改组时的 30 多万名，增加到 500 多万名，训练了红十字卫生员 180 多万名，建立了红十字卫生站 5 万多个。与此同时，中国红十字会在整理医疗机构，开展卫生宣传，举办防病、保健、急救、卫生知识训练，拓展红十字青少年工作以及国际救援等方面都做出了积极的贡献，发挥了政府部门特别是卫生部门的助手作用，并取得了不少经验。

不过，20 世纪 50 年代后期，中国红十字会在管理体制变革和快速推进大规模群众性卫生工作的过程中出现了一些不容忽视的问题。较为突出的是红十字会在机构与卫生部门合署办公后，人员编制紧缺、经费紧张；红十字卫生站与基层组织的矛盾日益严重；红十字卫生员可否脱产工作不明确等。

为进一步总结红十字工作经验，破解上述工作难题，在全国贯彻落实国民经济“调整、巩固、充实、提高”八字方针的大背景下，1961 年 10 月 23 日，中国红十字会在北京召开了全国代表会议。这实际上是自 1950 年 8 月协商改组会议后，时隔 11 年召开的中国红十字会第二次全国会员代表大会。中国红十字会“二大”对 11 年来的工作进行了认真总结，并就今后红十字会的国际工作、国内工作，会员、基层组织、地方组织及其工作等提出了思路①。

中国红十字会“二大”讨论并修改通过了新的《中国红十字会章程》，与 1950 年的《中国红十字会会章》相比，新章程规定中国红十字会的宗旨是“实行救死扶伤的革命人道主义”。在新中国成立后相当长的一段时间，我国在“人道主义”之前冠以“革命”二字，突出其革命性，主要是强调人道主义的社会主义属性，以区别于资产阶级的人道主义，具有鲜明的时代特点。鉴于当时紧张的国际局势，尤其是台海危机，新章程增加了红十字会“进行国防救护训练”的任务。章程新增加的任务还有“与各国红十字会及红十字国际组织进行联系和友好往来”，“根据医疗救护工作需要，进行输血意义宣传和自愿助血的组织工作”等，这些为红十字会顺应时代和社会需要开展新业务，提供了法律依据和制度保障。

中国红十字会“二大”承前启后，其精神指导了此后一段时期的中国红十字工作。

20 世纪 50 年代末 60 年代初，江苏省红十字会执行中央“根据需要与可能适当发展”的指示，市、县红十字会和基层红十字会的组织建设，以及红十字会活动的开展均受到了一定程度的影响和限制，红十字运动暂时处于低潮。这可以从本卷文后所附的《江苏红十字运动大事年表（1950—1965）》中得到最为直观的反映——1959 年至 1961 年，江苏红十字会的活

① 中国红十字会总会编：《中国红十字会历史资料选编，1950—2004》，民族出版社，2005，第 59—68 页。

动几乎无“大事”可言。

如前文所述，中国红十字会在工作中出现的问题，江苏红十字会自然在不同程度上也同样存在，特别是中国红十字会“二大”召开之前，江苏省红十字会曾一度放松了对各地红十字会的领导。当时，全省23个市、县红十字会的工作状况大致有以下几种类型：第一种，保留编制和干部，在部署卫生活动时统一安排了红十字会工作，因此红十字会工作一直在开展，发挥了红十字会组织应有的作用；第二种，虽然保留了编制和干部，但在部署卫生活动时很少考虑发挥红十字会的作用，致使红十字会工作处于停顿或半停顿状态；第三种，只有红十字会名义，编制已撤销，干部已调走，工作已经停止①。

针对上述情况，在中国红十字会“二大”精神的指导下，江苏省红十字会准备召开第二次全省会员代表大会，研究部署全省红十字工作，以解决现实问题。

根据《江苏省红十字会组织规程》第6条规定，“会员代表大会每4年召开一次，由执行委员会召集，必要时得提前或延期召开”②。1961年11月上旬，江苏省红十字会第一届执行委员会召开第四次会议，会议认为召开全省会员代表大会的时机已经成熟，决定于11月下旬在南京召开省第二届会员代表大会。会员代表大会的主要内容之一就是改选领导机构，为保证大会此项议程的圆满完成，中共江苏省卫生厅党组经初步与有关单位协商，提出了第二届执行委员会委员及会长、副会长、常务委员会委员候选人名单，于11月24日向省委宣传部呈送了请示报告③（全文如下），提请审批候选人名单，以便在即将召开的会员代表大会上安排选举。该报告同时抄送省人民委员会、省委统战部。

省委宣传部：

江苏省红十字会已报请省人民委员会同意在11月28日召开代表会议，会议主要内容之一是改选领导机构。经我们初步与有关单位协商，提出第

---

① 《江苏省红十字会工作情况和今后工作意见》（1964年4月），江苏省档案馆馆藏档案，第692卷。

② 《江苏省红十字会组织规程》，江苏省档案馆馆藏档案，第228卷。

③ 中共江苏省卫生厅党组：《关于江苏省红十字会领导机构成员名单的请示报告》，江苏省档案馆馆藏档案，第552卷。

二届执行委员会委员候选人40人，其中24人原为第一届执行委员，其余16人是因原执行委员因病故、工作调动以及划为右派而补充和另行增加的；提出会长1人、副会长4人，均为原有的；常务委员会委员13人，大部分也是原有的。现将候选人名单一并报上，请予审批，以便在红十字会上安排选举。

中共江苏省卫生厅党组

1961年11月24日

11月28日，江苏省红十字会第二届会员代表大会在南京召开。这次大会实际上是全省红十字会员代表真正意义上的“第一次”集会。出席这次会议的正式代表有来自各市、县红十字会代表，各市、县卫生局、科的代表，以及省有关厅局、医院等代表共58人；列席代表4人，分别来自江阴县红十字会、泗洪县卫生学校、扬州市卫生局和仪征县卫生科[①]。会议主席团由计雨亭、吴渔邨、瞿立衡、王慰曾、陆小波、宋超、李坡、董健、范存德、徐元漠、谷依群等11人组成。经代表大会通过，江苏省红十字会第二届执行委员会由42人组成，常务委员8人。省卫生厅厅长盛立兼任执行委员会主席，计雨亭、叶桔泉、瞿立衡、王慰曾任副主席，后增补吴渔邨为副主席[②]。这为江苏省红十字会适应新的工作要求提供了组织保障。

省红十字会“二大”除了进行领导机构改选之外，还针对全省红十字工作的实际情况，研究决定对各地红十字组织进行调整。江苏红十字会组织的再次调整随即启动，表明江苏红十字事业开始走出短暂的低潮，进入了新一轮的发展期。

二、调整省级以下组织

（一）总会的部署

为进一步落实中国红十字会“二大”精神，“保证重点，提高质量，

① 《江苏省红十字会代表会议出席代表名单》，江苏省档案馆馆藏档案，第552卷。

② 江苏省红十字会编著：《江苏红十字运动八十八年（1911—1999）》，东南大学出版社，2001，第84—85页。

加强工作”，1962年5月10日，卫生部和中国红十字会总会发出《关于积极开展国内工作的联合通知》，认为“红十字的基层组织应同红十字卫生站结合在一起”，活动范围应放在政府卫生部门基层组织之下或卫生力量薄弱的地方，使得“红十字会的卫生工作成为卫生部门的辅助力量”。各红十字卫生站所在地已经设有卫生部门保健站之类的机构，红十字卫生站应同保健站结合在一起，一套组织两个名称。属于红十字会工作性质的用红十字会的名义进行，按照红十字卫生站的组织原则办事。《联合通知》对适当调整各级地方红十字会的组织机构提出了如下具体要求。

一是重新调整领导人员。省级和重点城市红十字会的领导成员中需有适应国际活动的人选。

二是配备红十字会专兼职干部。根据精简原则，省级、重点城市及大城市的红十字会配备专职干部，原有编制“只宜精简，不宜增加”。一般市、县和大城市的区，已有红十字会编制的，“也应注意精简，不增加新的编制”。其他城市的区（或办事处）、农村人民公社（或生产大队）、工厂、矿山、学校的红十字会和红十字卫生站都不设编制。凡不设编制的红十字会组织，由当地、单位卫生部门指派人员兼职负责做红十字会工作。重点城市红十字会原有人员已调走的，根据精简后的新编制予以调回，编制撤销的应适当恢复。

三是红十字会的国内工作坚持两个“必须”。工作必须在卫生部门的领导下进行，各地卫生部门必须把红十字会的国内工作纳入卫生工作总的计划之内。因此，红十字会与卫生部门在组织上和工作上必须密切结合，做到统一领导，统一计划，统一部署，统一督促、检查，这是开展红十字会工作的重要条件。市、县以上地方红十字会与卫生部门合署的，可继续合署办公，不便合署的也可单独设立；“市、县以下的红十字会组织必须一律与卫生部门结合在一起”。

《联合通知》最后强调，合署办公“是为了加强红十字会的领导，简化组织便于进行工作，而不是把红十字会的工作合掉”。要求各级地方红十字会与当地有关部门联系研究，并请示当地党政领导，适当解决红十字会机构、编制人员、经费等问题。

6月29日，卫生部和中国红十字会总会又发出《关于加强开展群众性的爱国卫生运动和国防卫生救护训练、健全和建立红十字卫生站、队的紧急通知》，要求东南沿海各省的市、县和东南沿海各省以外的大城市、工业城市和交通要冲的红十字会立即行动，加强群众性的爱国卫生运动和国防卫生救护训练工作，健全和建立红十字卫生站和红十字卫生队。在开展群众性的爱国卫生运动和国防卫生救护训练的同时，各级红十字会的组织机构应"从速恢复、整顿、健全"。如没有红十字会组织，可以根据需要与可能，报请当地领导决定，建立红十字会的组织[①]。随该紧急通知下发的还有《中国红十字会红十字卫生队组织通则（草案）》，要求各地把经过训练的卫生员组织成队，以适应平时和战时的需要。

（二）市、县及基层组织的调整

省红十字会"二大"之后，江苏红十字会工作逐步走向正轨。各地红十字会根据中国红十字会"二大"精神和上述卫生部、红十字会总会的《联合通知》要求进行组织调整，并着重开展会员的调查登记工作，一些原有的红十字组织得到了恢复和调整，一些新的组织和会员得到了重点发展。全省红十字事业的恢复和发展因而有了组织基础和人力保障。

1962年4月，无锡市红十字会召开第二届代表会议，选举新的执行委员会。红十字会办公室配备3名专职干部，健全了各项制度。同年，无锡市南长区在51个居民委员会的红十字卫生站中进行了会员的调查登记和划分小组、干部的调整充实、卫生员的训练等工作。无锡市新发展会员5055人、红十字卫生员1836人，建立红十字卫生站132个。红十字队伍的不断壮大，为开展工作奠定了良好的基础[②]。

这一年，常州市通过调查摸底，将原有的红十字会员23761人、卫生员1174人重新组织起来开展红十字活动；扬州市在饮食服务行业中新建了36个红十字卫生站；徐州市红十字会工作由于领导的大力支持，街道红十字卫生站已全部进行了调整，并在贾汪乡和市区10个办事处新建了红十字会；仪征县副县长孙笑源兼任仪征县红十字会会长，张秀夫、张伟声、叶鸣远为副会长，全县建立基层红十字会11个、红十字卫生站74个、卫生

---

① 中国红十字会总会编：《中国红十字会历史资料选编，1950—2004》，民族出版社，2005，第74—78页。

② 《1962年无锡市红十字会工作总结报告（摘录）》，《红十字工作参考资料》1963年第3期，第9—10页。

队1个，发展会员2278人。

1958年，泰县与泰州市合并为泰州县。因形势发展需要，1962年，泰州县又分为泰州市和泰县。这年10月，泰县卫生防疫站就成立泰县红十字会事宜，特地请示省红十字会[①]。随后，省红十字会对泰县红十字会成立及编制等问题提出建议，并向省人民委员会呈送了建立泰县红十字会的请示报告[②]，得到了批复。

到1962年底，徐州、江阴、扬州、无锡、南通、南京等11个市、县先后召开了红十字会代表会议，改选和充实了领导机构，总结和布置了红十字会工作，南京、南通、江阴等市、县还选举副市长、副县长担任红十字会会长。无锡、扬州、南通、泰州在全市或部分区对红十字组织和会员、卫生员进行调查、登记，并重新编组。

到1963年12月，江苏全省13个市、县红十字会召开了代表会议，改选并充实了领导机构，约占总数的57%。具体进度是：基层组织全部调整的有5个市、县；调整了半数以上的有11个市、县；不足半数的有4个市、县；全部没有调整的有3个市、县[③]。例如，1963年，无锡市红十字会与卫生局联合集训基层卫生人员，对红十字卫生站的组织进行调整，对街道红十字卫生站、卫生员的责任和任务做了规定。全市174个红十字卫生站全部完成了组织和人员调整，从而加强了基层卫生组织的作用[④]。

1964年，为庆祝中华人民共和国成立15周年，卫生部和中国红十字会总会在《1964年地方红十字会工作计划提要》中再次明确提出，要"健全和建立各级红十字会组织"，1964年会员工作的中心任务是会员教育。会员教育工作的步骤，首先是抓好会员骨干（包括红十字卫生站的干部和积极分子）的教育，然后推广到全体会员。"每个红十字卫生站要教

① 《泰县卫生防疫站关于请求批准成立泰县红十字会的报告》，江苏省档案馆馆藏档案，第634卷。

② 《江苏省红十字会关于建立泰县红十字会的请示报告》，江苏省档案馆馆藏档案，第634卷。

③ 《江苏省红十字会工作情况和今后工作意见》（1964年4月），江苏省档案馆馆藏档案，第692卷。

④ 参见《无锡市红十字会和南京市红十字会的活动》，《红十字工作简报》（1963年3月—11月），中国红十字会总会档案馆馆藏档案，全宗号：永久3号。

育培养出10个左右的骨干会员”[①]。

江苏省红十字会相应地做出具体的工作要求，“凡没有召开代表会议的市县应争取于1964年上半年召开代表会议”，“市县以下各级红十字会组织要进行分类排队，订出计划，结合有关工作逐步进行整顿恢复，对原有的会员进行调查登记，将他们重新组织起来开展活动”。红十字卫生站应该“达到组织、住房、人员和干部、制度四落实”。在会员发展工作方面，“原来有基层组织的单位和地区，现有会员尚未达到1963年全国部分城市红十字工作座谈会所提出的比例标准的，可以适当发展。原来没有基层组织的地区，一般不发展新的会员和新的组织。必须加强组织工作，制发会员证，建立会员名册和有关的统计制度，认真执行入会和退会的手续”[②]。

至1964年底，江苏全省共有24个市、县（11个市和13个县）红十字会。根据省红十字会的工作要求，南京、无锡、徐州、扬州、南通、泰州、连云港、淮阴等市和江阴县共9个市、县完成了组织调整。苏州、常州、镇江等市及灌云、泗阳、仪征等县共6个市、县半数以上的组织进行了调整。完成组织调整不到半数的有武进、扬中、常熟、昆山、无锡、丹阳、泗洪等7个县，江宁、泰县、邗江和六合4个县则没有进行组织调整[③]。可见，由于种种原因，红十字组织调整工作呈现出地区间的不平衡，这在一定程度上影响了全省红十字事业的恢复和发展。

早在1960年4月，卫生部和红十字会总会在联合通知中就提出，红十字会“根据需要和可能适当发展”，国内工作“重点应该放在城市”。中国红十字会“二大”明确了这一工作思路和要求，并选定北京、上海、天津、南京、苏州、无锡、武汉等作为开展红十字会工作的重点城市。根据1965年3月江苏省红十字会印发的《江苏省红十字会概况》（供对外宾介绍时参考）可知，江苏全省已有25个市、县（11个市和14个县）红十字

① 卫生部、中国红十字会总会：《关于1964年地方红十字会工作计划的通知》（1963年12月27日），江苏省档案馆馆藏档案，第1032卷。

② 《江苏省红十字会工作情况和今后工作意见》（1964年4月），江苏省档案馆馆藏档案，第692卷。

③ 江苏省红十字会编著：《江苏红十字运动八十八年（1911—1999）》，东南大学出版社，2001，第100页。

会；全国重点市、县红十字会共有30处[①]，其中江苏省的南京、苏州、无锡3个城市入选“全国重点”，占了全国总数的十分之一。

此时，建有红十字会组织的市、县，一般在区、人民公社、街道办事处、较大的工厂、学校建立了红十字会组织。在城市的居民委员会、工厂的车间、学校的年级、人民公社的生产大队（或生产队）成立了红十字卫生站。红十字卫生站是会员活动的中心（有会员3人以上即可成立红十字卫生站，会员多的红十字卫生站，设有若干会员小组）。江苏全省红十字卫生站共有4700多个，会员21万多人，其中青少年会员6万多人，团体会员1.8万多人[②]。

总之，1965年，江苏各地红十字会一般对原有基层组织进行了调整。为使红十字会在群众卫生工作中更好地发挥作用，为工农业生产服务，有的市、县在农村、工矿、街道等单位新建了一些红十字卫生站，发展了一些新会员，使红十字基层组织在组织形式、人员配备等方面，更符合开展群众卫生工作和战时救护的需要。

（三）组织调整的经验

江苏红十字会在组织调整过程中形成了自己的做法和经验。其中，1963年组织调整的主要经验如下：

其一，在组织调整的工作中，各地一般采取从上而下逐级调整的步骤。首先将市、县一级组织恢复和健全起来，并注意利用各方面的力量，特别是取得各级卫生部门和医疗部门的配合与支持。为了吸收组织调整的工作经验，许多地区都先搞试点，取得经验后逐批进行调整。“做到边整顿、边训练、边巩固，整顿一个，巩固一个”。

其二，基层组织的调整工作一般由党政领导统一部署，并密切结合生产、学习、爱国卫生运动和评奖等工作进行。不少地区由市、县人民委员会将红十字会的组织调整计划批转下达，这样就有力地推动了调整工作的

---

① 中国红十字会总会编：《中国红十字会历史资料选编，1950—2004》，民族出版社，2005，第82页。

② 《江苏省红十字会概况》（供对外宾介绍时参考），江苏省档案馆馆藏档案，第1258卷。另有资料显示：至1965年底，全省“建立基层组织10644个、红十字卫生站16606个。”见江苏省红十字会编著：《江苏红十字运动八十八年（1911—1999）》，东南大学出版社，2001，第88页。

进行。如徐州市红十字会与市爱卫会联合拟定的《关于整顿群众性卫生组织和进一步开展国防卫生救护训练工作的意见》经市人民委员会批转后，引起了各级领导的重视。由于该市结合行政区域的划分做出统一安排，红十字会组织的调整工作进展顺利。

其三，各地在调整工作中，还有计划、有步骤地对原有的会员进行调查登记。有的市、县接受以往缺少完整的登记资料而给工作带来困难的教训，在调整工作中着手整理有关基层组织和会员的登记表（册），根据会员的居住地、工作情况重新划分会员小组，组织他们开展活动。南京市红十字会还拟定了关于在工厂中开展红十字会工作的意见等规则和办法，有利于工厂红十字会工作的开展。此外，南京、无锡等市红十字会注意发展团体会员。8 月中旬，南京市红十字会与市卫生局向各重点医院、卫生所、保健站等单位发出《关于在医药卫生单位中发展中国红十字会团体会员的联合通知》，指出医药卫生单位入会的重要性、入会手续等问题，还编印了《发展医药卫生单位为中国红十字会团体会员》的讲话稿①。无锡市红十字会早在 1962 年就发展了市第一人民医院、第二人民医院和江苏省工人太湖疗养院为团体会员②。

南京市红十字会在全面调整之前，首先在五老村红十字卫生站进行了试点，取得经验后全面推开；徐州市注重适应市区行政区域划分的变动进行组织调整，在全市重建和恢复了居委会红十字卫生站 118 个，街道办事处红十字会 16 个，并在农村和贾汪煤矿等单位调整恢复了红十字卫生站 78 个；泰州市不仅对全市红十字组织进行了调整，还组织会员进行了“二号病”③ 预防注射、预防疟疾、灭鼠等短期训练，参加学习的会员共有 2000 余人，这些经过训练的会员已成为开展群众卫生和防疫保健工作的骨干力量。此外，苏州、无锡、南通、连云港、扬州、江阴等市、县分别对原有红十字会进行了组织调整，培训了一部分会员，并根据需要发展了一些新会员和基层组织。

---

① 《无锡市红十字会和南京市红十字会的活动》，《红十字工作简报》（1963 年 3 月—11 月），中国红十字会总会档案馆馆藏档案，全宗号：永久 3 号。

② 《1962 年无锡市红十字会工作总结报告（摘录）》，《红十字工作参考资料》1963 年第 3 期，第 9—10 页。

③ 在《中华人民共和国传染病防治法》中，霍乱与鼠疫同被列为甲类传染病，俗称“二号病”。

根据1963年12月对全省19个市、县的统计，经过调整和新发展的红十字卫生站达8961个，重新登记和新发展的会员共有255160人，这些基层组织和经过训练的会员，已在卫生活动和防病保健工作中成为卫生部门的有力助手①。

其四，在调整组织的过程中，不少地区注意研究和改进领导方法。南通市采取“条条贯彻，块块负责”的办法，各系统的红十字会工作均由卫生部门指派的有关人员兼职专管。学校系统的红十字会由防疫站分管学校卫生工作的干部分管，幼托系统的红十字会由妇幼保健所分管，街道的红十字会由地段防疫员或地段医生分管。这样既做到红十字会工作与卫生工作密切结合，又有利于市红十字会把各系统的红十字会工作全面负责起来。

徐州市为解决区级以下各级红十字组织无专职干部的困难，就组织各区防疫站、地段医生、联合诊所负责人以及厂矿、学校的医务人员、保健老师，分别兼任区级以下各级红十字会的负责人。这些负责人既有责任，又能名正言顺地指导开展红十字会工作，从而加强了对红十字工作的组织领导。

（四）会员思想教育和冠名医院发展

江苏红十字会在调整组织的过程中，特别注重加强会员的思想教育，做到“政治挂帅，思想领先”。

做好红十字会工作，必须首先做好会员的思想教育工作。1963年，加强会员思想教育引起了各地红十字会的重视。有的组织会员参观“阶级教育”展览会，使会员进一步懂得社会主义的人道主义和资产阶级所谓的“人道主义”有着本质的区别。有的组织会员开展学习雷锋活动。例如，1963年5月，南京市召开有700多名会员活动分子参加的大会，南京市副市长、市红十字会会长陈邃衡在会上讲解了会务知识，并号召会员以雷锋的精神开展活动；徐州市在学校红十字会组织中开展学习雷锋毫不利己精

---

① 《江苏省红十字会工作情况和今后工作意见》（1964年4月），江苏省档案馆馆藏档案，第692卷。另有资料显示：1963年“全省红十字卫生站3456个，重新登记的老会员和新发展的会员203384人”。见江苏省红十字会编著：《江苏红十字运动八十八年（1911—1999）》，东南大学出版社，2001，第100页。

神的活动后，市第三中学学生在一次支农劳动时，红十字青少年党碧兰不但参加劳动，还利用中午休息时间，将同学们的脏衣服洗干净。有的市、县红十字会还利用假期组织红十字青少年夏令营，进行思想教育和其他会务活动。特别是红十字会总会发布《关于颁发 1963 年奖章奖状的通知》以后，会员的思想教育工作更加广泛、深入地进行，大大提高了会员的思想觉悟和工作积极性①。

1964 年 12 月，卫生部和中国红十字会总会联合下发通知，要求 1965 年地方各级红十字会更深入、更普遍地做好会员思想教育工作，学习毛泽东著作、学习先进单位和先进会员的先进事迹，将这些作为会员活动必不可少的内容②。

这一年，为了不断提高广大会员的觉悟，更好地发挥红十字会和广大会员在卫生工作中的作用，各地红十字会在工作和学习中注意政治学习，组织会员学习毛泽东著作，提高会员的政治觉悟，树立为群众服务的决心。例如，镇江市酒海街居委会红十字卫生站，针对以往任务重生产忙，难于开展卫生工作的情况，组织会员带着问题学习《为人民服务》《愚公移山》等，提高了会员的思想觉悟，并在会员的带头下，经常发动群众开展卫生活动，改变了环境面貌。江阴县红十字会员按照毛泽东主席关于救死扶伤的人道主义的教导，活学活用，在危急的情况下，用自己的鲜血抢救病人③。

关于冠名红十字医疗机构的发展情况，江苏红十字会经过组织调整之后，虽然部分医院的管理权已经移交给政府卫生部门，但冠名红十字医院在数量、规模等方面也有了大的发展。截至 1964 年，南京、无锡、常州、武进、江阴共登记有 7 处红十字医院和急救站（见表 6－1）。

---

① 《江苏省红十字会工作情况和今后工作意见》（1964 年 4 月），江苏省档案馆馆藏档案，第 692 卷。

② 《卫生部、中国红十字会总会〈对 1965 年地方红十字会工作的意见〉的通知》（1964 年 12 月 21 日），江苏省档案馆馆藏档案，第 1032 卷。

③ 《江苏省红十字会 1965 年工作情况汇报》，江苏省档案馆馆藏档案，第 1258 卷。

表6－1　江苏省红十字医疗机构情况登记表（1964年）

地区	名称	体制	附设科室	床位（张）	医务人员	收支情况	备注
南京市	南京市红十字医院	全民	内、外、小儿、妇产、中医、针灸、X光、化验、整骨、保健等科室	60	高级医师18人，中级医药人员43人，行政32人	至1963年底，累计积累节约42500元	由卫生部门管理
常州市	常州市红十字医院	全民	内、外、妇、产、儿、五官共6个科室	50	医务人员51人，行政勤什人员27名	床位使用率70%，收支不平衡	由卫生部门管理
武进县	前黄红十字医院	集体	内、外、儿、妇、中医、针灸、X光共7个科室	20	医务人员19名	今年上半年收入20518元，支出19792元	由集体机构管理
	后圩红十字医院	集体	内、外、妇产、小儿4个科	10	医务人员9名	今年上半年收入7841元，支出8588元	由集体机构管理
无锡市	红十字会急救站	全民		救护车4辆	工作人员17名	每年由卫生局拨1万元作为事业补贴	由集体机构管理
江阴县	青阳红十字医院	集体	内、外、小儿科				由集体机构管理
	长泾红十字医院	集体	内、外、小儿、妇产科				由集体机构管理

资料来源：《1964年江苏各市县红十字会医院组织状况统计》，江苏省档案馆馆藏档案，第692卷。

由表6－1可知，至1964年，江苏红十字会拥有6个冠名医院和1个急救站，转由卫生部门管理的仅是南京和常州的两家全民所有制的红十字医院，其他的均由集体机构管理，红十字会是集体管理的机构之一。因此，红十字会参与管理的部分红十字医疗机构，此时仍然是江苏红十字运动的主体。7所医疗机构全部分布在苏南地区，其床位数、科室设置、医务人员等方面较以前均有大的发展，例如，除江阴县红十字医疗机构外，其他市、县医疗机构的医务人员共计发展到157名；而南京市红十字医院附设科室齐全，医疗人员业务水平较高，在全省同类医院中处于领先地位。此外，表6－1中所列的“收支情况”，也从一个侧面反映出当时各市、县红十字会医院的业务开展状况。

三、“四清”运动中的彭城试点

1964年底，卫生部和中国红十字会总会对基层红十字会组织调整工作做出新的要求：“凡集中力量进行社会主义教育运动的地方，红十字会的基层组织应在社会主义教育运动工作队的统一领导下，加以整顿、巩固”；“基层组织的领导权一定要掌握在可靠的人手里。同时，在整顿、巩固的基础上要依靠基层组织和广大会员的力量，积极开展基层活动，使基层活动更加活跃，更加踏实”。同时强调，“基层是红十字会工作的权限，基层工作千万不能放松，放松了不但不能巩固过去的成绩，还有垮掉的可能”①。

江苏红十字会贯彻了上述精神，徐州市、南通市及泗阳县等地红十字会结合“四清”运动②，清理整顿了基层组织。下面考察和分析的是徐州市云龙区彭城办事处试点的情况。

1965年5月至8月，徐州市红十字会根据省红十字会的部署，在“四清”工作队的统一领导下，于云龙区彭城办事处所属的8个居委会红十字卫生站进行了基层组织调整的试点工作，主要是结合“四清”运动进行组织建设，制订了工作计划和学习制度，调整后的红十字卫生站达到了“四落实”的要求。

彭城办事处红十字会所属8个居民委员会的红十字卫生站，原有会员507人，正副站长22人，委员50人。这些卫生站自建站后，特别是经过1963年调整以后，做了不少工作，取得了一定成绩，但是还存在着“会务教育和活动不够，因而组织不健全和组织不纯的情况较为突出”。据统计，8个卫生站“自1963年以来，一直未参加卫生站工作的干部就有25人，

---

① 《卫生部、中国红十字会总会〈对1965年地方红十字会工作的意见〉的通知》（1964年12月21日），江苏省档案馆馆藏档案，第1032卷。

② 1962年，党的八届十中全会以后，中央决定在城乡发动一次普遍的社会主义教育运动。农村的运动，以清理账目、清理仓库、清理财务、清理工分为主要内容，简称“四清”。城市的运动，以反对贪污盗窃、反对投机倒把、反对铺张浪费、反对分散主义、反对官僚主义为主要内容，简称“五反”。1964年底至1965年初制定的《农村社会主义教育运动中目前提出的一些问题》（简称《二十三条》），决定城乡社会主义教育运动的内容一律为清政治、清经济、清组织、清思想，通称“四清”。“四清”运动直到1966年下半年随着“文化大革命”的开展而结束，历时近4年。参见薄一波：《若干重大决策与事件的回顾》下卷，人民出版社，1997，第1140页。

占干部总数的34.7%，并有23名干部（31.9%）已经就业或者迁出”[①]。

针对上述情况，在社会主义教育运动组织建设阶段，彭城办事处红十字会在社教工作队的领导下进行反复研究，对有一般问题、长期不发挥作用、工作不称职和兼职过多的干部进行调整。通过会员民主选举，政治思想进步、热爱红十字会工作的62名会员当选为卫生站的领导干部。在卫生站调整的基础上，办事处又召开会员代表大会，选举办事处红十字会委员会，并将运动中涌现出来的122名积极分子发展为新会员。

经过组织调整，4个卫生站开始收缴会费。各卫生站均制订了工作计划，以及会议、学习等规章制度。而经过社会主义教育运动和组织调整，全体干部和会员提高了社会主义觉悟和作为一名会员的光荣感，因而涌现出了大量的好人好事。

关于会费的收缴，1964年，卫生部和中国红十字会总会要求，“会员的会费必须通过普遍宣传，通过试点逐步收起来，以补经费的不足”[②]。江苏省的会费缴纳依据，是“个人会员根据不同职业，每年缴纳会费人民币1角至4角。团体会员不缴纳会费”[③]。而收缴会费之前，做好宣传和思想教育工作是非常必要的。1965年，无锡市红十字会在几个工厂、学校、地区进行了会费收缴的试点工作，准备为今后的会费收缴工作打好基础。通过3个月的试点，他们认识到必须做好思想工作，才能顺利地做好会费收缴工作。例如，无锡市工人文化宫红十字卫生站接到市红十字会收缴会费的通知后，首先向党支部做了汇报，争取领导的支持，然后召开站委员会会议进行研究，并学习、讨论了会员的权利义务和会费使用管理办法等有关文件；接着在俱乐部、会议室、食堂等处用大字报、黑板报等进行宣传，还召开会员小组长会议和会员大会，进行个别访问等活动；经宣传教育后，该红十字卫生站的32名会员对缴纳会费有了正确的认识，都缴了会费[④]。

---

① 徐州市红十字会：《在彭城办事处结合社会主义教育运动整顿红十字会组织的试点工作总结》（1965年10月26日），《红十字工作参考资料》1965年第11期。

② 卫生部、中国红十字会总会：《关于1964年地方红十字会工作计划的通知》，1963年12月27日，江苏省档案馆馆藏档案，第1032卷。

③ 参见《江苏省红十字会概况》（供对外宾介绍时参考），江苏省档案馆馆藏档案，第1258卷。

④ 参见无锡市红十字会办公室：《必须做好思想工作》，《红十字工作参考资料》1965年第11期。

总结此次彭城办事处结合社会主义教育运动开展红十字会组织调整的试点工作，主要是按照以下方法进行的。

第一，加强领导，制订计划，建立组织调整领导小组。为做好彭城办事处所属8个居民委员会红十字卫生站的组织调整工作，由来自办事处社会主义教育运动工作队、云龙区红十字会及办事处的党政领导5人，共同组成红十字会组织调整工作领导小组，制订工作计划。各街道社会主义教育运动工作组与居委会，也将此项工作列入社会主义教育运动组织建设阶段的工作计划。在工作的过程中，领导小组曾4次专门开会研究材料，使摸底的材料达到事事落实、人人落实，为提出正确的处理意见打下基础。

第二，深入街道走群众路线，采取“三结合”办法摸底排队。当社会主义教育运动进入第四阶段时，领导小组委派两名工作人员深入各居委会，采取社教工作组、街道主任、民警“三结合”的办法，对全体干部和会员进行摸底排队。这样就为健全卫生站的组织领导和扩大队伍提供了条件。

第三，从实际出发提出处理意见，保证卫生站干部的政治质量。在社会主义教育运动工作队的具体领导下，根据摸底情况对有问题的干部和会员进行反复研究和分析，分别提出处理意见。在研究新的卫生站干部候选人时，特别注意干部的政治素质，本着宁少毋滥、因人制宜的精神，安排了一些积极分子，62名新的卫生站干部中，33名是积极分子，达53.2%。

第四，做好准备，召开会员大会进行选举。根据摸底和研究的情况，就如何开好会员大会进行积极准备。首先在一居委会试行，取得这方面的经验，随后在选举时充分发扬民主，对候选人酝酿成熟，然后进行表决。8个卫生站改选以后，办事处召开会员代表大会，选举办事处红十字会委员会。

从总体上说，彭城的试点工作也存在一些缺点和不足。如组织调整工作因抓得不紧，时断时续，工作进展时间较长，从5月下达计划开始，至8月底才全部结束；具体工作还不够深入细致，对干部及会员的思想反应，未能很好地了解，因此组织虽调整了，但对及时改进卫生站工作中的缺点和问题，帮助不大。

四、规范人员编制和经费开支

中国红十字会工作人员具有行政编制或事业编制或社团编制，红十字会经费来源之一是政府补助或财政拨款。在这样的情形下，红十字会总会和地方组织的发展必然会遇到人员编制、经费开支等问题。如前文所述，人员编制的解决会极大地推动红十字会的组织发展，提高其工作效率。而红十字会各级组织规范人员编制、经费开支的相关政策的出台，为推进各项工作亦提供了重要保障。

（一）规范人员编制

截至1962年上半年，江苏各地红十字会陆续调整了干部，重点地区红十字会配备了专职干部，一般市、县也由卫生部门指定专人兼任红十字会工作。也有的市、县因原有的专职干部自1959年初逐渐地被精减之后，红十字会工作一直陷于停顿状态①。

为解决红十字会地方组织的人员编制问题，1963年5月28日，卫生部和中国红十字会总会发布《关于地方红十字会编制的联合通知》，指出“各省、各全国重点市、县以及部分其他市、县红十字会的人员编制，已由国务院编制委员会批准下达”，“其编制原属卫生行政或卫生事业系统的，一律改为党派团体系统”。国务院编制委员会没有下达编制的市、县红十字会，其编制“原属卫生行政或卫生事业系统的”，“不再改变也不得撤销”，以利于红十字会工作的开展。通知要求，“各地红十字会组织机构中的人员应按照规定的编制予以充实加强，（不适合者要适当调整质量）使之能担负其工作任务”②。

这一年，国务院编制委员会核定江苏省及南京、无锡、苏州、徐州、江阴等5市、县红十字会编制24人，实际18人，其中徐州、江阴两市、县按照编制配足。此外，常州、南通、扬州、连云港等4个市红十字会，原属省事业编制的专职干部5人，也根据卫生部和总会的通知精神予以保留③。

1963年12月，卫生部和红十字会总会在《关于1964年地方红十字会

① 《江苏省红十字会1962年度上半年工作小结和今后工作打算》，1962年9月2日。

② 中国红十字会总会编：《中国红十字会历史资料选编，1950—2004》，民族出版社，2005，第89页。

③ 《江苏省红十字会工作情况和今后工作意见》（1964年4月），江苏省档案馆馆藏档案，第692卷。

工作计划的通知》中提出如下要求：首先，按照总会和中央有关部门下达的文件，确定各级地方红十字会的编制；其次，有编制的地方红十字会必须配齐干部，干部一定要专下来，没有编制的地方红十字会，必须确定兼职干部，切实把红十字会工作兼管起来①。

此后不久，1964 年 2 月 8 日，财政部、卫生部、国家编制委员会、中国红十字会总会联合发出《关于中国红十字会人员编制和经费问题的几项规定》，其中“各级红十字会专职工作人员的编制，均应包括在各地行政编制以内，属于党派和人民团体编制”。有些地方红十字会的编制，属于卫生行政和卫生事业的，“应由各省、自治区、直辖市编制委员会核实现有人数，确定编制以后，正式转为党派和人民团体编制，并争取于 1964 年 4 月底以前办理完毕”②。

这年底，卫生部和红十字会总会又联合发文，强调“地方红十字会的编制，要争取尽快确定；已确定编制的，要争取尽快配齐干部”③。

截至 1965 年 3 月，江苏的基本情况是：省、市红十字会都设有专职干部，部分县红十字会也设有专职干部，未设专职干部的县红十字会都有卫生行政部门的干部兼职管理。市、县以下的红十字会都不设专职干部，大多数是卫生行政部门的干部或医疗防疫部门的医务人员兼职管理工作，他们都是不取任何报酬的志愿工作者，红十字卫生站的干部都是会员中的积极分子，也是义务性的④。

（二）规范经费开支

关于红十字会经费开支问题，财政部、卫生部、中国红十字会总会曾在 1952 年 12 月联合下发的通知中做过规定。1957 年 6 月，江苏省红十字会、省财政厅向省人民委员会办公厅，各专署，市、县人民委员会，各

---

① 卫生部、中国红十字会总会：《关于 1964 年地方红十字会工作计划的通知》（1963 年 12 月 27 日），江苏省档案馆馆藏档案，第 1032 卷。

② 财政部、卫生部、国家编制委员会、中国红十字会总会：《关于中国红十字会人员编制和经费问题的几项规定》（1964 年 2 月 8 日），江苏省档案馆馆藏档案，第 692 卷。

③ 《卫生部、中国红十字会总会〈对 1965 年地方红十字会工作的意见〉的通知》（1964 年 12 月 21 日），江苏省档案馆馆藏档案，第 1032 卷。

④ 《江苏省红十字会概况》（供对外宾介绍时参考），江苏省档案馆馆藏档案，第 1258 卷。

市、县红十字会发出通知，就红十字会业务费开支范围做出如下说明[①]：红十字会卫生、卫国训练和卫生宣教、医疗方面的费用，由卫生支出中开支，有关会务活动方面的经费，列在行政经费中开支。其中，会务活动经费包括宣传教育费、会议费和组织活动费。宣传教育费包括举办小型展览会，购买或印刷宣传材料、宣传画和制作宣传牌等费用，以及业务上必需的书刊资料订购费；会议费包括会员代表会议费（其开支标准按行政经费开支标准中社会团体代表会议的规定办理），以及小型会议必要的公杂费和不脱离生产人员的伙食费及旅费补助；组织活动费包括会员入会登记表、会员证和证章等费用，以及对外国红十字会组织来访所必需开支的交际招待及礼品馈赠等费用（各市、县未经省红十字会布置不得开支此项费用）。

事实上，对于地方红十字会来说，明确和规范业务费开支是十分必要的。红十字会内部出现过工作人员贪赃枉法的现象，应警钟长鸣。例如，张玉田自 1956 年 5 月调至江苏省红十字会组训组工作后，多次采取恶劣手段多报车旅费，伪造单据，虚报长途电话费等，共贪污公款 36.22 元，并挪用公款 105 元，供自己挥霍。因贪污和挪用公款，1957 年 9 月，江苏省红十字会对张玉田给予处分，并报告省卫生厅。12 月 31 日，省卫生厅复函，“（张玉田）其错误实属严重，且屡犯贪污之错误，为严肃行政纪律、教育其本人，决定给予行政上记大过的处分”[②]。

后来，由于红十字会的情况发生了变化，特别是地方红十字会的经费预算和开支项目缺少明确规定的问题日益突出，有的地方甚至出现了一些混乱的现象[③]。因此，明确和规范业务费开支显得十分必要。为适应新的形势，保障红十字会业务活动的正常开展，1964 年 2 月，财政部等在《关于中国红十字会人员编制和经费问题的几项规定》中，对 1952 年 12 月联合通知中的相关规定进行了调整，并对红十字会经费开支范围做了如下规定：

---

① 江苏省红十字会、省财政厅：《关于红十字会业务费开支范围的规定》（1957 年 6 月 3 日），江苏省档案馆馆藏档案，第 289 卷。

② 《江苏省卫生厅关于给张玉田同志以行政上记大过处分的决定》（1957 年 12 月 31 日），江苏省档案馆馆藏档案，第 298 卷。

③ 《江苏省红十字会工作情况和今后工作意见》（1964 年 4 月），江苏省档案馆馆藏档案，第 692 卷。

第一，各级红十字会的行政经费开支，包括：在编专职人员个人经费、公务费和有关宣传红十字会的性质、任务和作用等会务宣传，以及发展会员、召开会员会议、开展评比竞赛奖励、举办红十字青少年夏令营等会务活动的业务开支，均列入“行政开支”款下“党派和人民团体补助费”项内开支。

第二，卫生业务活动等，包括：红十字会举办和领导的群众卫生宣传、会员卫生知识教育、卫生救护训练以及红十字卫生站、医院、诊所的补助费等，由“卫生支出”款内，每年给予一定数额补助，补助费可包干使用。地方分地区补助费指标由卫生部和红十字会总会商定后另行下达，此项补助指标均已包括在地方卫生支出预算指标之内，不另追加。

第三，企业单位建立的红十字会和红十字卫生站，其经费仍由本单位企业管理费中开支；事业单位，在事业单位经费中开支；农村人民公社，在本公社经费中开支。中、小学校和农村人民公社中新建立红十字会卫生站时，可由地方红十字会卫生业务活动费中，酌予补助建站费用。

第四，红十字会的收入应分别性质使用。会员会费收入，应用于红十字会卫生站的活动开支；市、区红十字会从会员会费中提成部分，应用于市、区红十字会的会务活动开支；红十字会主办的卫生事业收入，应用于卫生事业本身和本地区红十字会的卫生业务活动开支。

第五，红十字会的各项收支均应按照有关规定，年初向有关部门编报预算，年终决算时，按实支报销，不得在预算外另有收支。各地财政、卫生部门和红十字会应共同研究，制定具体管理办法，以利执行[①]。

不久，江苏省财政厅、卫生厅、省红十字会根据上述财政部等有关经费问题的规定和要求，结合江苏省的具体情况，对江苏红十字会的经费开支范围做了如下规定[②]，自1964年8月1日起实行。

一、行政经费。在“行政支出”款下“党派和人民团体补助费”项内开支。包括：

---

① 财政部、卫生部、国家编制委员会、中国红十字会总会：《关于中国红十字会人员编制和经费问题的几项规定》（1964年2月8日），江苏省档案馆馆藏档案，第692卷。

② 江苏省财政厅、省卫生厅、江苏省红十字会：《关于红十字会经费开支范围的规定》，江苏省档案馆馆藏档案，第692卷。

1. 在编制人员个人经费（卫生事业编制的专职干部，其个人经费由卫生事业费内开支）；

2. 公务费；

3. 有关宣传红十字会的性质、任务和作用等会务宣传费；

4. 发展会员、召开会员会议、开展会员评比竞赛奖励、举办红十字青少年夏令营等会务活动经费；

5. 对外国红十字组织来访所必需的招待及礼品馈赠等费用（各市、县未经省红十字会布置，不得开支此项费用）。

二、卫生业务活动经费。由“卫生支出”中开支，列入五十一款第十二项红十字会经费项内。包括：

1. 卫生救护训练费

（1）教材、课本、纸张、墨水等费；

（2）租用会场、照明、茶水和讲课人交通等费。

2. 卫生宣传费

（1）举办小型展览会，购买或印刷卫生宣传资料、宣传画，制作卫生宣传橱窗和宣传牌以及因宣传工作需要而购买的胶卷、印相纸、洗印相片药品等费；

（2）业务上必需的书刊、资料的订购费。

3. 建站和药品补助费

（1）城镇街道、农村生产队、小学校新建或恢复红十字卫生站的经费，原则上应发动群众自筹解决，确有困难的可酌情给予补助，补助标准每个站不得超过十二元；

（2）经济来源有困难的街道、农村灾区生产队、小学校等红十字卫生站，每月可开支药品补助费五角到一元，该项费用由区或公社红十字会统一掌握使用；

（3）企业单位建立的红十字会和红十字卫生站，其经费由本单位企业管理经费中开支；事业单位，在事业单位经费中开支。

三、卫生业务活动经费指标，每年由省卫生厅、省红十字会下达各地；行政经费由各市、县根据实际需要，本着节约原则，在当地财政局编造预算，按领报系统送核。

从江苏红十字会经费开支范围的规定中可以看到：第一，红十字会经费按照不同性质和类别实行分类管理，分行政经费和卫生业务活动经费开支。其行政经费源自“行政支出”款下“党派和人民团体补助费”项；卫生业务活动经费由“卫生支出”中开支，列入五十一款第十二项红十字会经费项内。第二，红十字地方组织拥有经费开支权限，而基层组织原则上不能掌握经费，只能享有“建站和药品补助费”的补助，且有一定的限制。第三，企事业单位的红十字组织经费在本单位经费中开支。

从上述经费开支的若干规定中，可以看出地方红十字会组织的真实生存状态及其与政府间的关系。实际上，在高度集中的计划体制下，红十字会筹集资金和善款的能力极其有限。红十字会的费用主要依赖于政府的财政拨款和物资补助，这些都用在了红十字会组织运转及其卫生工作的维持上①。而红十字基层组织是否建有，其活动能否如期正常地开展，则完全依赖于“单位”的经费情况和领导的重视程度。

第二节　业务的接续发展和再拓新

一、国防救护训练

新中国成立后，由于美国的干涉，两岸关系长期处于对峙状态。1958年8月，第二次台海危机爆发，海峡两岸局势一时间高度紧张。在此形势下，开展群众性国防救护训练（防空、防化学武器、防原子弹训练，亦称防空、防毒、防原子训练）活动，是进行人民战争和战备工作中的一个重要部分。经过训练，广大群众掌握了自救互救的救护技术，就能够在战伤救护工作中发挥作用。作为群众卫生救护团体，中国红十字会配合卫生部门在城市进行必要的国防救护训练，使受训的群众在战时能参加军民伤病人员的医疗救护活动，是一项重要的群众卫生工作。其实，1961年《中国红十字会章程》中已经明确规定，“进行国防救护训练”是中国红十字会的任务之一。

---

① 池子华总主编，徐国普：《中国红十字运动通史（1904—2014）》第2卷，合肥工业大学出版社，2018，第284—285页。

江苏、福建、浙江等省地处东南沿海，其省会城市在全国范围内较早地开展了国防救护训练活动。1958年9月29日，南京市红十字会和市防空委员会、科普协会一起举办了防空救护教员备课会①。307位教员是各区的医务人员，讲师由军区司令部防化处聘请，在会上讲授了防原子、防化学、防细菌等科学知识。会场陈列各种模型、图画，还放映人民防空的科教影片。教员们经过备课，收益很大，纷纷制订计划，以红十字会员、卫生员为主要对象，训练人民防空救护员。

1962年6月19日，毛泽东主席在武汉发表民兵工作要做到“组织落实、政治落实、军事落实”的重要指示②。此后，全国开始加强战备工作。6月29日，卫生部、中国红十字会总会联合发布《关于加强开展群众性的爱国卫生运动和国防卫生救护训练、健全和建立红十字卫生站、队的紧急通知》，指出“东南沿海各省的市、县和东南沿海各省以外的大城市、工业城市和交通要冲的红十字会立即行动”，加强“国防卫生救护训练工作”③。紧急通知的发布，拉开了中国红十字会在全国大规模地组织开展国防救护训练工作的大幕。

为积极做好训练和备战工作，6月30日，江苏省卫生厅、省红十字会发出《关于红十字会组织当前开展备战活动的通知》。7月25日，省卫生厅、省红十字会的《关于进一步开展群众性爱国卫生运动和国防卫生救护训练工作的意见》得到了省人民委员会的批转。各地红十字会在接到上述通知和文件之后，都进行了准备，会同当地公安、人民武装、卫生等部门对红十字会员、卫生员和青年群众进行外伤简易急救、防毒及防原子等救护训练工作④。例如，1963年9月至10月，无锡市各基层红十字会就进行了一次卫生急救知识的教育和防空救护训练⑤。

1963年底，红十字会总会强调，“国防救护的训练和组织工作，在大

---

① 张信大、聂耶：《防空救护教员备课会》，《中国红十字》1958年10月号，第19页。

② 中共中央文献研究室、中国人民解放军军事科学院编：《毛泽东军事文集》第六卷，军事科学出版社、中央文献出版社，1993，第393页。

③ 中国红十字会总会编：《中国红十字会历史资料选编，1950—2004》，民族出版社，2005，第77—78页。

④ 《江苏省红十字会1962年度上半年工作小结和今后工作打算》（1962年9月2日）。

⑤ 《无锡市红十字会和南京市红十字会的活动》，《红十字工作简报》（1963年3月—11月），中国红十字会总会档案馆馆藏档案，全宗号：永久3号。

厂矿可以结合民兵工作继续进行”[①]，这就为国防救护训练的开展指明了具体的方式。1964 年 12 月，卫生部、红十字会总会又下发通知，认为“加强战备观点，大力开展国防救护的训练和组织工作，是红十字会为国防服务的具体内容之一”，“在我国，全民皆兵的工作正在蓬勃开展”，“各地红十字会要同有关部门联系配合，首先在厂矿的民兵组织中，大力开展国防救护的训练和组织工作。这项工作要在政治、组织和训练方面做到落实。训练工作要重视质量，必须技术过硬”。“国防救护的训练和组织工作应当与红十字卫生站的组织和活动相结合”，“各地要把这项工作放到重要位置上来”[②]，再次强调了国防救护训练工作的重要性。

到 1965 年，根据地处沿海的客观条件及国际斗争形势的需要，江苏红十字会已经将国防救护训练工作列为工作的重点，并以此为核心构筑了群众性的卫生救护网。

6 月 12 日，江苏省军区司令部、省卫生厅和省红十字会联合发出了《关于开展国防救护训练的通知》。此后，南京、无锡、镇江、常州、苏州、扬州、徐州等市红十字会都指定专人与当地卫生、人武部门密切配合，共同负责开展训练工作，并为加强领导，确定了由领导干部亲自挂帅。

以徐州市为例。早在 1965 年 4 月，市红十字会就开始先后 3 批集中脱产培训国防救护师资 211 人，训练的内容包括战地抢救 4 大技术（即包扎、止血、骨折固定、伤员搬运）；原子、化学、细菌武器的防护和急救；卫生勤务；人工呼吸和心脏体外按摩；颅脑损伤的抢救；创伤休克的预防和治疗等。至 1965 年底，104 个单位开展了国防救护训练，共培训 2541 名红十字卫生队队员和民兵救护队员。此前的 1964 年 11 月中旬，市红十字会还与市人民武装部、防空委员会、卫生局、体委等单位联合举办了徐州市国防卫生救护表演比赛，43 个单位代表队共 565 名红十字会员参加了表演和 4 项技术比赛[③]。

---

① 卫生部、中国红十字会总会：《关于 1964 年地方红十字会工作计划的通知》（1963 年 12 月 27 日），江苏省档案馆馆藏档案，第 1032 卷。

② 《卫生部、中国红十字会总会〈对 1965 年地方红十字会工作的意见〉的通知》（1964 年 12 月 21 日），江苏省档案馆馆藏档案，第 1032 卷。

③ 徐州市红十字会编：《徐州市红十字会简史（1913—1990）》，1993，第 22 页。

在开展国防救护训练工作中，各地培训工作中的时间安排、教材、师资等问题都得到了及时解决，从而保证了训练工作的顺利进行。各地还对训练对象进行选择，首先挑选政治好、热爱卫生工作的红十字会员、基干民兵参加训练。训练时间一般为40小时左右，学习内容主要是战伤救护中4项主要技术、“三防”常识及常见小伤小病的防治等。训练后按照街道、工矿、企业、学校、民兵连队，建立红十字卫生队（组）。

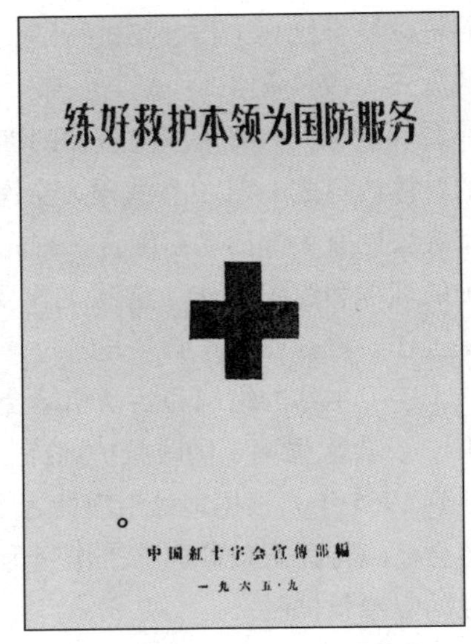

中国红十字会编印的国防训练教材

根据1965年底对江苏8个市的不完全统计，经过国防救护训练的共有39064人，组建了2560个红十字卫生队（组），全省初步形成了群众性的卫生救护网。“这些经过训练的人员和组织，平时根据本地区、本单位的不同需要，积极开展小伤小病的防治工作，在实际工作中不断提高救护技术，为今后开展战伤救护打下了基础”①。

另外，我国南方地区江河湖泊密布，水网密集，水上作业和水上活动频繁，因此开展水上救护训练十分必要。由于国防安全和备战的需要，中国红十字会开展水上救护训练很快地与国防救护训练结合了起来。1963年夏季，无锡市红十字会根据全市20个游泳池的卫生救护工作的需要，分别举办了水上卫生救护知识讲座和有500多名小学保健老师参加的卫生知识讲习班②。1965年前后，为适应江苏水网地区及群众游泳的需要，南京、苏州等地还增加水上救护训练项目，培训了一批水上救护员，为群众游泳服务。南京市港务局红十字会水上救护队在工作中创造了利用冬瓜、水

① 《江苏省红十字会1965年工作情况汇报》，江苏省档案馆馆藏档案，第1258卷。

② 《无锡市红十字会和南京市红十字会的活动》，《红十字工作简报》（1963年3月—11月），中国红十字会总会档案馆馆藏档案，全宗号：永久3号。

缸、木器等 20 多种就便器材救护水上伤员的方法，简便易行，效果很好[①]。徐州市红十字会与市体委、人武部、教育局、卫生局，市工会、团市委、市妇联等单位，联合开展了军事野营和游泳活动，培训了游泳救护和辅导人员 808 人[②]。

二、输血和计划生育工作

根据医疗救护工作的需要，进行输血意义的宣传和自愿输血的组织工作是红十字会的一项极其重要的工作[③]。地方红十字会开展输血宣传和组织工作要比总会早，正如 1961 年 10 月，李德全会长在中国红十字会“二大”上所指出的，“目前只有少数地方红十字会在做，可以继续做；多数地方红十字会还没有做，如限于条件，不能做，则暂时不做”[④]。

江苏红十字会输血的宣传组织工作起步较晚。1962 年上半年，“有的市县正在结合备战工作积极开展输血的宣传和组织工作”；南京市组织了 4000 余名红十字会员参加输血团；苏州市对原有的 1240 名输血员进行了调整，并制定出了输血后的营养补助办法，对保护输血员的身体健康及促进输血工作的进一步开展，起到了一定的作用[⑤]。

为提高输血员对于救死扶伤人道主义的思想认识，增强他们的光荣感，1962 年，无锡市红十字会组织了输血员的训练和学习，上半年即有 1100 名输血员接受了输血意义的教育。训练方法是在星期日分批集中授课，内容为红十字会的性质、任务，以及输血的意义、输血员的条件等，受训人数约占输血员总数的一半。市红十字会还编印学习资料，发给全市输血员学习。通过训练和学习，解决了部分输血员的思想问题，为此后进

---

① 江苏省红十字会编著：《江苏红十字运动八十八年（1911—1999）》，东南大学出版社，2001，第 100 页。

② 徐州市红十字会编：《徐州市红十字会简史（1913—1990）》，1993，第 22 页。

③ 中国红十字会总会编：《中国红十字会历史资料选编，1950—2004》，民族出版社，2005，第 68 页。

④ 《中国红十字会的工作情况和对今后工作的意见》（1961 年 10 月 27 日），见中国红十字会总会编：《中国红十字会历史资料选编，1950—2004》，民族出版社，2005，第 65 页。

⑤ 《江苏省红十字会 1962 年度上半年工作小结和今后工作打算》（1962 年 9 月 2 日）。

一步开展输血工作打下了基础[①]。

到1963年底，南京、无锡、苏州、徐州、连云港等市红十字会开展了输血的组织和宣传工作，特别是南京、无锡、苏州等市输血工作开展得较为扎实，它们组织会员参加输血团，并对输血团进行实时调整，动员不符合输血条件的输血员停止输血[②]。南京市红十字会还经常协助输血站向输血员进行救死扶伤、发扬人道主义精神的宣传教育，动员输血员定期进行体格检查，在遇到危重病人时，组织会员献血抢救[③]。

卫生部、中国红十字会总会对输血工作十分重视，如1963年12月，要求“管理输血工作的地方红十字会，必须继续把输血的宣传、组织工作做好”[④]；1964年12月又联合下发通知，要求“管理输血工作的地方红十字会要会同卫生部门，在党政统一领导下，做好打击营私舞弊、取缔‘血把头’的工作”，“各地红十字会应当在会员中开展输血意义和输血知识的宣传，以便扩大血源”[⑤]。

地方红十字会正是在上述精神指导下进行输血宣传和组织工作的。不过，1965年江苏省红十字会重点开展了国防救护训练、组织调整等工作，从而“对输血的宣传工作还没有抓起来，这些问题都有待进一步加强”[⑥]。

在我国，计划生育意义重大。1962年至1965年，我国在部分市、县进行了计划生育试点工作。当时实行计划生育至少有以下几点好处：有利于有计划地建设社会主义；有利于控制城市人口的增长，减轻农业的负担，缓和城市的生活供应以及住宅、校舍和其他市政设施的紧张状况；有利于增加国家的积累和提高人民的消费水平；有利于职工的生产、工作、生活和学习；有利于保护母亲和儿童的健康；有利于第二代的教育和抚养。

搞好计划生育、促进经济发展是红十字卫生站的重要任务之一，如同

---

① 《1962年无锡市红十字会工作总结报告（摘录）》，《红十字工作参考资料》1963年第3期，第9—10页。

② 《江苏省红十字会工作情况和今后工作意见》（1964年4月），江苏省档案馆馆藏档案，第692卷。

③ 《江苏省红十字会概况》（供对外宾介绍时参考），江苏省档案馆馆藏档案，第1258卷。

④ 卫生部、中国红十字会总会：《关于1964年地方红十字会工作计划的通知》（1963年12月27日），江苏省档案馆馆藏档案，第1032卷。

⑤ 《卫生部、中国红十字会总会〈对1965年地方红十字会工作的意见〉的通知》（1964年12月21日），江苏省档案馆馆藏档案，第1032卷。

⑥ 《江苏省红十字会1965年工作情况汇报》，江苏省档案馆馆藏档案，第1258卷。

输血工作一样，也是红十字会的一项新业务。

开展计划生育的宣传工作十分重要。1963 年 2 月下旬，无锡市红十字会组织工厂、街道、行业的红十字会员 1300 多人观看了宣传计划生育的科教片，有的基层组织还进行了座谈。市红十字会还要求基层红十字会在 9 月和 10 月进行一次避孕节育知识宣传教育①。1964 年 4 月，江苏省红十字会要求大力宣传计划生育。首先是在成年会员中座谈宣传计划生育的重要意义，破除封建迷信思想，对适龄的男女会员分别传授避孕方法，号召会员自觉地做好计划生育的宣传工作和技术指导工作。红十字卫生站应该成为计划生育的宣传阵地，并代售避孕工具。在宣传中应该“照顾风俗习惯，注意场合，区别对象，防止庸俗化”②。

卫生部、中国红十字会总会十分重视计划生育工作。1963 年 12 月，卫生部、红十字会总会要求地方红十字会，“积极配合有关部门进行计划生育的宣传、调查、避孕方法、指导和代卖避孕工具等工作，把这项工作列为红十字卫生站的重要任务之一”③。1964 年 12 月，卫生部、红十字会总会又提出在计划生育等活动中，“红十字会要继续发挥她应起的作用”④，当好卫生医疗部门的助手。

至 1964 年 4 月，江苏红十字会在开展计划生育工作的形式、传授经验等方面已经取得了一定经验。各地的实践证明，以红十字卫生站为核心开展计划生育工作，群众易于接受。南京市五老村、马台街等红十字卫生站不仅经常采用各种方法开展避孕知识的宣传，而且还对需要计划生育的对象排队，进行宣传教育，做到心中有数；马台街红十字卫生站主任张秀英经常利用晚上时间，将避孕工具送上门。南通市以红十字卫生站为基础，在全市建立了 36 个计划生育服务处，负责该地区计划生育的技术指导，并代售避孕药品和工具。有的地区还将红十字会员训练成本单位本地区的计划生

① 《无锡市红十字会和南京市红十字会的活动》，《红十字工作简报》（1963 年 3 月—11 月），中国红十字会总会档案馆馆藏档案，全宗号：永久 3 号。

② 《江苏省红十字会工作情况和今后工作意见》（1964 年 4 月），江苏省档案馆馆藏档案，第 692 卷。

③ 卫生部、中国红十字会总会：《关于 1964 年地方红十字会工作计划的通知》（1963 年 12 月 27 日），江苏省档案馆馆藏档案，第 1032 卷。

④ 《卫生部、中国红十字会总会〈对 1965 年地方红十字会工作的意见〉的通知》（1964 年 12 月 21 日），江苏省档案馆馆藏档案，第 1032 卷。

育宣传员，不少会员还带头采取避孕措施，并动员周围群众实行计划生育①。

三、卫生活动和防疾治病

红十字会的业务活动主要是通过红十字卫生站组织会员进行的。红十字卫生站既是红十字会的基层组织，又是群众开展卫生运动的基层组织，是基层群众卫生工作的核心力量。“二大”以后，江苏红十字会依托红十字卫生站，在卫生和防疾治病方面推进了以下“三开展”活动。

（一）开展卫生宣传教育

开展卫生宣传教育是红十字会的一项基础性工作。1962 年上半年，各地红十字会在调整组织的同时，组织红十字会员、卫生员利用多种形式进行卫生宣传。江阴县红十字会坚持每周进行一至两次卫生讲座；苏州、常熟等地红十字会经常利用电影院、剧场开展卫生宣传；泰州市红十字会协同市防疫站编印卫生宣传手册、标语，举办小型卫生展览会；有的市、县还举办了乘凉晚会，放映卫生知识电影和幻灯片。这些活动对普及群众卫生知识和预防疾病起到了积极的作用②。

这一年，徐州市发生流脑流行，为配合防疫部门做好防治工作，市红十字会发动红十字卫生员挨门挨户进行宣传，要求群众做到每天用盐水漱口，进行室内通风换气和湿性清扫，以及出门戴口罩三件事。这样的宣传覆盖面广，内容简单明了，群众易于做到，收效很大③。

同年夏秋季，无锡市南长区在红十字卫生站组织了 26 个宣传队，出动 951 人次进行街头宣传，推动了卫生活动的开展。该市庆丰纺织厂红十字会组织车间红十字卫生站的卫生员结合生产，根据季节特点利用多种形式向职工宣传防暑、防寒、保暖和预防传染病的知识④。1963 年 2 月中旬，无锡市红十字会联合市防疫站、爱卫会召开了来自全市工厂、学校、地段

---

① 《江苏省红十字会工作情况和今后工作意见》（1964 年 4 月），江苏省档案馆馆藏档案，第 692 卷。

② 《江苏省红十字会 1962 年度上半年工作小结和今后工作打算》（1962 年 9 月 2 日）。

③ 徐州市红十字会编：《徐州市红十字会简史（1913—1990）》，1993，第 44 页。

④ 《1962 年无锡市红十字会工作总结报告（摘录）》，《红十字工作参考资料》1963 年第 3 期，第 9—10 页。

医院等1300名代表参加的大会，讲解当时主要疾病的预防和处理方法、会务知识以及如何健全红十字会机构、充分发挥其作用等问题。会后分别组织了讨论，并印发了1000余册红十字会工作学习资料。2月下旬，市红十字会又组织全市卫生系统托幼机构保育人员听取讲座。夏季，为了解决训练中的师资问题，适应全市卫生宣传任务的需要，市红十字会聘请了400多名普及卫生救护知识的宣传员①。

1964年4月，省红十字会在《江苏省红十字会工作情况和今后工作意见》中，对卫生宣传教育工作进行了总结，认为“开展群众性的卫生知识宣传，普及群众性卫生知识是几年来我省红十字会组织的重要活动内容”。各地红十字会均结合每个时期的中心卫生工作，采用多种形式，并编印了大量的宣传资料开展宣传教育活动。例如，徐州市红十字会组织经过训练的会员以串门、聊天、检查卫生等方式向群众宣传卫生知识，并利用市广播电台每月举办一至两次卫生讲座。常州市红十字会举办灭鼠展览会，在会上介绍了老鼠的危害性和灭鼠经验，观众达3万多人次。这年，淮阴市红十字会复称清江市红十字会，举办各种形式的卫生知识讲座84次，系统接受训练达2338人②。此外，其他地区也经常利用黑板报、宣传画廊或在电影院、剧场等公共场所，开展除害灭病、讲卫生等宣传活动。

卫生宣传教育工作主要是由红十字会员、卫生员来完成的，因此加强会员和卫生员自身的卫生知识学习和业务训练就显得非常重要。

为迎接中华人民共和国成立15周年，卫生部、红十字会总会要求从1964年开始，“首先在会员中逐步普及卫生知识教育。1964年内，接受卫生救护训练的会员（包括过去训练的），要求至少达到某个厂矿、学校、街道会员人数的40%”③。据此，江苏省红十字会要求，1964年内，凡是组织基本健全的地区，应争取分期分批地普遍组织会员进行卫生知识学习；有条件的地区，会员还要接受卫生救护和其他卫生专业常识的训练。“在城镇居民红十字会员中，应争取20%的会员接受训练；在工矿、企业、

---

① 《无锡市红十字会和南京市红十字会的活动》，《红十字工作简报》（1963年3月—11月），中国红十字会总会档案馆馆藏档案，全宗号：永久3号。

② 荀德麟主编：《淮阴市志》，上海社会科学院出版社，1995，第2039页。

③ 卫生部、中国红十字会总会：《关于1964年地方红十字会工作计划的通知》（1963年12月27日），江苏省档案馆馆藏档案，第1032卷。

学校等单位应争取达到40%的会员接受训练”①。

1965年，卫生部、红十字会总会要求地方红十字会继续抓好卫生知识教育，“一般卫生知识教育，要做到会员能说能做。卫生救护训练，要求骨干会员不仅能说能做，还必须做得好，过得硬。这就要经常练，把基本功练好”②。

江苏红十字会在当地卫生部门的帮助下，组织会员学习会务和卫生知识，举办专业卫生知识训练班，培养开展会务和卫生工作的骨干力量。至1965年3月，全省“8.7万多人受过一般卫生知识教育，3.2万多人受过卫生救护训练”③。

总体而言，1965年，江苏各地红十字会和广大会员在卫生宣传方面起到了积极作用。南京、丹阳、泗阳等市、县利用大字报、黑板报、画廊或组织会员到街头宣传等形式宣传卫生知识，对普及卫生知识、预防疾病、开展计划生育等工作发挥了应有的作用④。其间，涌现出一批卫生宣传模范人物，前文提到的南京市的张秀英就是其中一位。她开展会务和卫生知识宣传活动，经常组织妈妈会、儿童会宣传卫生知识；她自己出钱置备小奖品，奖励讲卫生的儿童，帮助所在地区的100多名学龄前儿童养成了不随地大小便、不随地丢果皮纸屑的好习惯⑤。张秀英还被中国红十字会总会授予了奖章。

（二）开展群众性卫生活动

开展群众性卫生活动是红十字会的一项常规工作。江苏红十字会以会员为骨干，组织和带领群众搞好卫生工作。会员不但以身作则投入爱国卫生运动，而且将卫生除害技术和经验传授给群众。实际上，以红十字卫生站为核心，组织会员和群众开展爱国卫生运动是十分重要的工作方法，因为红十字会员既是一支突击力量，又是一支技术指导队伍和骨干力量。

---

① 《江苏省红十字会工作情况和今后工作意见》（1964年4月），江苏省档案馆馆藏档案，第692卷。

② 《卫生部、中国红十字会总会〈对1965年地方红十字会工作的意见〉的通知》（1964年12月21日），江苏省档案馆馆藏档案，第1032卷。

③ 《江苏省红十字会概况》（供对外宾介绍时参考），江苏省档案馆馆藏档案，第1258卷。

④ 《江苏省红十字会1965年工作情况汇报》，江苏省档案馆馆藏档案，第1258卷。

⑤ 《江苏省红十字会概况》（供对外宾介绍时参考），江苏省档案馆馆藏档案，第1258卷。

1962年上半年，各地红十字会动员和组织会员、群众投入爱国卫生运动。徐州市中兴居委会红十字卫生员带头帮助无劳动力的人家打扫卫生，在红十字会员和卫生员的带头下，使全居委会44户居民的卫生工作得以经常开展；扬州市在春季灭鼠战中组织红十字会员挨户投放毒饵，并向群众传授灭鼠经验①。这一年，无锡市崇安区上马墩生产大队的6个小队红十字卫生站，合理地解决了红十字卫生站的误工补贴等问题，提高了卫生员的积极性。他们在灭螺、疟疾抗复发药的分发和环境卫生等方面做出不少工作，保护了社员健康②。

1963年3月下旬，无锡市红十字会发出号召，要求会员投入春季卫生突击运动，并提出了具体要求③。同年，镇江市南门桥红十字会员徐道恒学习无锡市灭鼠先进技术以后，经常带着工具向群众传授捕鼠经验，“目前已有100多人经过他的传授掌握了先进灭鼠技术”；南京市五老村以红十字卫生站为核心，开展卫生运动，通过红十字卫生站委员、会员组织和带动群众，经常开展卫生运动，“多年一直保持着卫生红旗单位的光荣称号”④。

实践证明，凡是在群众卫生工作中，能够注意发挥红十字会作用的地区，其成绩就比较显著。因此，1963年底，卫生部和红十字会总会要求会员积极参加、带头搞好卫生突击活动；经常保持个人卫生、家庭卫生和环境卫生；进行“除四害、讲卫生”的宣传⑤。

1965年，卫生部、红十字会总会要求地方红十字会在卫生活动中继续发挥作用，当好卫生部门的助手；根据有关部门对卫生活动的要求，做好安排和准备；特别要注意协助卫生部门抓好农村的饮水卫生、粪便管理和城镇饮食服务行业的卫生工作⑥。

---

①《江苏省红十字会1962年度上半年工作小结和今后工作打算》(1962年9月2日)。

②《1962年无锡市红十字会工作总结报告（摘录）》，《红十字工作参考资料》1963年第3期，第9—10页。

③《无锡市红十字会和南京市红十字会的活动》，《红十字工作简报》（1963年3月—11月)，中国红十字会总会档案馆馆藏档案，全宗号：永久3号。

④《江苏省红十字会工作情况和今后工作意见》（1964年4月)，江苏省档案馆馆藏档案，第692卷。

⑤ 卫生部、中国红十字会总会：《关于1964年地方红十字会工作计划的通知》（1963年12月27日)，江苏省档案馆馆藏档案，第1032卷。

⑥《卫生部、中国红十字会总会〈对1965年地方红十字会工作的意见〉的通知》（1964年12月21日)，江苏省档案馆馆藏档案，第1032卷。

这一年，苏州市沧桥浜居委会红十字卫生站组织会员参加爱国卫生运动，加强保护水源、防治血吸虫病的宣传，并组织会员轮流值班，劝阻群众下河洗刷马桶，因而改变了400多户居民多年来下河洗刷马桶的习惯。

著名社会学家费孝通先生在20世纪40年代后期写作的《差序格局》一文中，颇为风趣地以“苏州人家后门通常一条河”为例，说明中国人最大的毛病——“私”。文中写道：“苏州人家后门通常一条河，听来是最美丽也没有了，文人笔墨里是中国的威尼斯，可是我想天下没有比苏州城里的水道更脏的了。什么东西都可以向这种出路本来不太畅通的小河沟里一倒，有不少人家根本就不必有厕所。明知人家在这河里洗衣洗菜，却毫不觉得有什么需要自制的地方。”[①] 由此看来，20世纪60年代中期，沧桥浜居委会红十字卫生站的工作，至少让部分苏州市民改变了下河洗刷马桶的陋习，其功劳实不可没。

（三）开展防疾治病工作

各地红十字卫生站经过组织调整之后，逐步恢复了活动，不少地区给红十字急救箱补充了药品，组织红十字会员、卫生员值班，使之能够更好地为群众服务。

扬州市城南公社渡江路红十字卫生站经常深入群众进行小伤小病的治疗，1962年上半年就治疗236人次。同样在1962年上半年，无锡市两次为全市153个红十字卫生站补充了常备药品[②]；该市庆丰纺织厂各车间、科室红十字卫生站共设有67个急救箱，全年处理外伤包扎5953人次；江阴县澄江镇4个红十字卫生站常年坚持活动[③]。此外，南京、常州、泰州、江阴等地多年来也坚持对卫生站的保健箱补充一些常用药品，并将保健箱放在固定地点；有的还组织会员处理好家务，轮流值班。这些工作都受到了群众的欢迎。

红十字会员人数多，分布面广，江苏红十字会以会员为骨干力量，组织开展防疾治病工作。1963年4月，扬中县组织会员进行预防注射技术短

---

① 费孝通：《乡土中国　生育制度》，北京大学出版社，1998，第24页。

② 《江苏省红十字会1962年度上半年工作小结和今后工作打算》（1962年9月2日）。

③ 《1962年无锡市红十字会工作总结报告（摘录）》，《红十字工作参考资料》1963年第3期，第9—10页。

期训练后，分成61个预防注射小组，深入农村开展“二号病”的预防注射，只用14天的时间，就完成全县162846人的预防注射任务，占全县应注射人数的93.6%。夏季，南通市红十字会在车站、码头等交通要道设立了6个防暑急救站，一个季度共急救患者300多人。

为工农业生产服务是江苏红十字会防疾治病工作的重要目标。在徐州市，1963年，韩桥煤矿红十字会在矿区培训了500多名红十字卫生员，每个作业班组都有1个保健箱和1~2名不脱产的红十字卫生员跟班劳动，在全矿区形成了一个群众性的卫生急救保健网。截至11月底，共处理小伤小病50831人次，其中约有1万人次免于上井治疗，据市矿务局推算，节省的时间可替国家增产煤炭4000余吨。两年后，韩桥煤矿红十字会在矿党委的统一领导下，发挥红十字会员和卫生员的作用，在井口建立了卫生站，井下有卫生员跟班劳动，随时替工人治疗小伤小病。全年经红十字卫生员处理的小伤小病就达42037人次，不仅及时解除了伤病者的痛苦，使他们能够继续生产，还大大减少了误工的时间，促进了生产①。

在灌云县，1963年春季，县红十字会组织全县生产队红十字卫生员用吠喃西林喉头喷雾预防脑膜炎；陟沟公社不少红十字卫生员亲自挖草药煎汤，送药上门预防疾病②。这些活动对预防疾病，保护劳动力，促进工农业生产起到了积极的作用。

1963年底，卫生部、红十字会总会在为迎接国庆15周年而发出的通知中明确指出，地方红十字会应“协助卫生防疫部门和医疗部门，做好季节性传染病、职业病的预防宣传、接种、消毒、隔离工作。在红十字会组织较健全的地区，争取以红十字卫生站为基础，建立起疫情报告网”③，这就为地方红十字会的防疫工作指明了努力的方向。

红十字卫生站作为医疗防疫部门和群众之间的桥梁，是卫生部门的得力助手。它们的活动对减少疾病、改进卫生条件、保护劳动人民的健康、促进生产发挥了积极作用。1964年，江苏省红十字会要求各地红十字卫生

① 《江苏省红十字会1965年工作情况汇报》，江苏省档案馆馆藏档案，第1258卷。

② 《江苏省红十字会工作情况和今后工作意见》（1964年4月），江苏省档案馆馆藏档案，第692卷。

③ 卫生部、中国红十字会总会：《关于1964年地方红十字会工作计划的通知》（1963年12月27日），江苏省档案馆馆藏档案，第1032卷。

站“都能担任疫情报告任务”，“凡业务上具有条件的红十字卫生员都能参加预防注射和预防服药工作”，工矿、农村、街道、学校、交通要道、公共场所的简易治疗和急救工作“也要继续加强”①。有的地区按照要求，以红十字卫生站为基地组成群众性疫情报告网。例如，连云港市红十字会在新浦区组织会员建立疫情报告网，会员深入病家进行消毒隔离②。徐州市以红十字卫生站为核心，在全市建立了群众性的疫情报告网，并且协助卫生防疫部门，开展疫情报告、病家隔离消毒、家庭护理等工作；上半年，顺河街红十字会员郭大娘就报告了传染病30多例，对传染病的预防和治疗起到了积极作用。到1965年，南京市以居委会红十字卫生站为中心，建立了报病网，配合医疗部门开展防疾治病工作，红十字卫生站和会员真正成为卫生部门开展群众卫生工作的基层组织和得力助手③。

在防疾治病工作中，涌现出一些模范人物。南京市燕子矶人民公社红十字会员许永华，平时努力学习卫生救护知识，不但在家里经常帮助社员处理小外伤，下田劳动时也带着急救箱，随时为社员服务。“八年来共替社员处理小伤小病5000多人次，指导400多儿童服药，驱除蛔虫”，她还经常到有病的社员家中进行护理，受到群众的赞扬。南通全市的井水消毒工作大部分是由红十字会员担任义务消毒员来完成的，其中“七十四岁的红十字会员丁建荣担任义务井水消毒员已经十多年了”，他不但坚持天天消毒，还经常打扫井边卫生，他负责的12口水井消毒质量，“经测定都合乎要求”④。1964年，许永华和丁建荣被中国红十字会总会授予奖章。

1965年，南通、镇江等地红十字会员担负起生产队的饮水消毒等工作，夏秋季每天坚持两次饮水消毒。镇江市1000多口水井的消毒工作全部由红十字会员负责，年终评比时评出优秀消毒员101人⑤。

---

① 《江苏省红十字会工作情况和今后工作意见》（1964年4月），江苏省档案馆馆藏档案，第692卷。

② 江苏省红十字会编著：《江苏红十字运动八十八年（1911—1999）》，东南大学出版社，2001，第99页。

③ 《江苏省红十字会1965年工作情况汇报》，江苏省档案馆馆藏档案，第1258卷。

④ 《江苏省红十字会概况》（供对外宾介绍时参考），江苏省档案馆馆藏档案，第1258卷。

⑤ 《江苏省红十字会1965年工作情况汇报》，江苏省档案馆馆藏档案，第1258卷。

四、国际交流

中国红十字会历来重视国际友好往来，特别是自20世纪50年代中后期起，地方红十字会接待外宾来访的次数日益增多，增强了外国代表团对我国红十字事业的了解，增进了国际友谊。

1957年，江苏省红十字会和南京市红十字会接待了罗马尼亚红十字会妇女代表团的访问。无锡市红十字会接待了来访的苏联红十字会代表团，陪同参观了市缫丝一厂、惠山泥人厂、协新毛纺厂和庆丰纺织厂的红十字卫生站工作①。中国红十字会“二大”以后，江苏红十字会的国际交往主要是和青少年运动结合起来开展的。这些活动对促进各国间的相互了解和发展友谊，培养青年学生国际主义精神多有裨益。

1962年上半年，南京市红十字会接待了日本红十字会工会代表团的来访。南京、苏州等地红十字青少年和苏联、匈牙利等国家红十字青少年交换了信件和礼品，促进了两国小朋友的交流和友谊②。在日本红十字会工会代表团来江苏访问后，朝鲜红十字会代表团也参观访问了无锡市，受到市红十字会的接待③。

1963年2月，南京、无锡、苏州等市的红十字青少年和苏联、匈牙利以及亚洲、非洲、拉丁美洲的6个国家的红十字青少年交换了信件和礼品。1964年4月，南京、苏州、无锡等市红十字会根据总会的指示，组织红十字青少年制作了反映我国社会主义建设成就、具有民族风格、精致美观的纪念品和礼品，与亚、非、拉、欧等10个国家红十字青少年进行了交流活动④。1965年，苏州、南通、常州等地红十字青少年制作了集邮卡，回赠给澳大利亚、委内瑞拉等国红十字青少年；南京市红十字会接待了达荷美（贝宁旧称）以隆尼克·阿胡安夫人为首的代表团的参观访问⑤。

---

① 江苏省红十字会编著：《江苏红十字运动八十八年（1911—1999）》，东南大学出版社，2001，第102页。

② 《江苏省红十字会1962年度上半年工作小结和今后工作打算》（1962年9月2日）。

③ 《江苏省红十字会工作情况和今后工作意见》（1964年4月），江苏省档案馆馆藏档案，第692卷。

④ 江苏省红十字会编著：《江苏红十字运动八十八年（1911—1999）》，东南大学出版社，2001，第101页。

⑤ 《江苏省红十字会1965年工作情况汇报》，江苏省档案馆馆藏档案，第1258卷。

为加强国际交流，1964 年，江苏省红十字会在南京、无锡两市确定 30 余处工作突出的，分布在工厂、农村、学校、行业的红十字会、红十字卫生站，以及作为团体会员的医院，供外宾参观。这些红十字单位名单如下①：

南京市

地区：五老村街道红十字会、五老村红十字卫生站、汉府新村红十字卫生站。

工厂：南京无线电厂红十字会、艺新纺织厂红十字卫生站。

农村：十月人民公社红十字会。

学校：南京师范学院附中和附小红十字卫生站、南京晓庄师范学校红十字会、南京长安路小学红十字卫生站、南京五老村小学红十字卫生站、南京市下关区学校红十字会。

行业：秦淮区饮食业红十字会、六华春中西餐馆红十字卫生站、同仁街菜场红十字卫生站、曙光理发店红十字卫生站。

纪念馆：太平天国历史纪念馆红十字卫生站。

文娱场所：中华剧场红十字卫生站、中山陵园红十字卫生站、雨花台茶社红十字卫生站。

医院：鼓楼医院、儿童医院、妇幼保健院、精神病院、省中医院、工人医院（以上均系团体会员）。

无锡市

地区：五里新村红十字卫生站。

工厂：油嘴油泵厂红十字会、惠山泥人厂红十字会。

学校：市立第一中学红十字会。

园林：锡惠公园红十字卫生站。

1965 年 3 月，省红十字会还印发了《江苏省红十字会概况》，供对外宾介绍时参考。从《江苏省红十字会概况》中可以了解到，几年来“南京、无锡、苏州、徐州、常州、南通、泰州等地红十字青少年还和 40 多个国家的红十字青少年进行互换礼品、纪念册和通讯往来等友谊活动”②。

---

① 《南京、无锡市可供外宾参观的红十字单位》，江苏省档案馆馆藏档案，第 692 卷。

② 《江苏省红十字会概况》（供对外宾介绍时参考），江苏省档案馆馆藏档案，第 1258 卷。

从上述可以看出，这一时期，江苏红十字会参加国际交流活动的红十字组织之多、交往国家的数量之多、地域分布之广是前所未有的，由此谱写出国际友谊的新篇章。

第三节　评选和奖励先进

评比先进、奖励模范是我国单位组织特有的激励机制，也是加强思想政治工作和动员社会力量的一种手段。要提高红十字会的工作效率，推动红十字事业的发展，关键在于激发全体工作人员，特别是广大会员对于人道主义事业以及自身行为的社会价值的认同，进而调动他们工作的积极性。而评比先进，进行必要的精神鼓励和一定的物质奖励，形成激励机制，是一种行之有效的方法。

一、评奖办法的制定

中国红十字会总会和江苏省红十字会一向重视评选先进活动，早在1957年5月，总会就颁发了相关的评奖暂行办法，并开展了相关的评奖活动。1962年，无锡市红十字会组织市、区红十字会工作检查组，“抽查了42个单位，按情况进行了评比排队”①。1963年5月10日，南京市红十字会召开四届二次执行委员会会议，会议对3月全国部分城市红十字工作座谈会的精神进行了传达和讨论，并通过了《南京市红十字会先进集体和个人评奖办法》②，全文如下：

为了鼓励广大会员的积极性，树立红十字会工作的光荣感、责任感，以及总结经验，发扬先进，使本会工作不断提高，根据中国红十字会总会1957年5月颁发的评奖暂行办法，制订本评奖办法。

---

① 《1962年无锡市红十字会工作总结报告（摘录）》，《红十字工作参考资料》1963年第3期，第9—10页。

② 《南京市红十字会先进集体和个人评奖办法》（1963年5月10日），《红十字工作参考资料》1963年第6期，第13—14页。

一、评奖对象

1. 先进红十字集体

凡本市各级红十字会、红十字卫生站（队）、会员小组等组织，工作成绩显著，具备下列条件之一的，均可评为先进红十字集体。

（1）完成领导上给予的各项任务，工作有显著成绩的。

（2）经常组织会员学习会务知识和卫生救护知识，开展卫生宣传，并能教育会员热心为人民健康服务，在活动中能够充分发扬互助友爱、救死扶伤的革命人道主义精神，并受到群众赞扬的。

（3）能够发动会员积极参加爱国卫生运动，并在除害、防病、灭病、讲卫生等活动中，获有显著成绩的。

（4）在意外伤病害的救护工作中认真负责，出色地完成任务的。

（5）能够团结会员与群众，教育以助人为乐，埋头苦干，努力学习，使工作不断提高的。

2. 先进红十字会员

凡本会会员（各级红十字会会长、委员、秘书、卫生站主任、会员小组长、工作人员等）工作有成绩，为群众所赞扬，并具有下列条件之一者，可评为先进红十字会员。

（1）正确贯彻红十字会方针、政策和上级红十字会的指示，使本单位红十字会工作有显著成绩的。

（2）热心红十字事业，积极参加红十字会举办的会务知识、卫生救护训练、卫生讲座等学习，积极开展卫生宣传，或担任师资工作有成绩者。

（3）能够以身作则，带领会员和群众积极参加爱国卫生运动，或本人在除害、防病、灭病工作中获有显著成绩者。

（4）积极认真地参加意外伤害和疾病的救护工作（包括急救、护理、护送、值勤）。

（5）一贯埋头苦干，热心帮助别人，为群众所爱戴的会员。

二、评比方法

市红十字会每年评比一次，由基层组织或本人整理材料，自下而上，逐级审查讨论，提出意见，最后由市红十字会常务委员会评定。

在评选时，应坚持评选条件，凡符合条件的不受名额限制。凡符合评比条件的，一律授予先进红十字集体、先进红十字会员的光荣称号，并按成绩大小授予一、二、三等奖，发给纪念品。

评选的过程，是提高会员爱国主义、社会主义、国际主义觉悟的过程。通过评选应进一步地建立与健全各级组织，积极开展红十字活动，扩大红十字会在群众中的影响，进一步做好红十字会工作。

各区、各办事处等红十字会组织也可参照本奖励办法，于不同时期内，在该红十字会内开展适当的评比奖励。

二、评比活动的开展

南京市红十字会根据以上评比办法组织了评比活动，并在活动结束后于5月22日召开全市红十字会活动分子大会，700多人参加了大会，大会表扬了69名优秀红十字会员和70个红十字卫生站，其中包括3个小组①。

这一年，江苏省红十字会根据中国红十字会总会颁发奖章、奖状办法的通知精神，在工作基础较好的16个市、县红十字会中开展了评选先进单位和先进工作者活动。为做好这次评奖工作，省红十字会成立了评奖工作委员会，由会长、副会长及有关委员共10人组成，下设评奖工作组。各地成立了评奖工作委员会和评奖工作组，南京、徐州、泰州等地由副市长、卫生局局长等领导亲自主持评奖工作。各地在会员中广泛宣传评奖的意义，组织会员学习评奖条件，开展民主评比。在评奖工作中贯彻民主评议与领导审批相结合的原则，并组织相互参观学习、交流经验。

各地评奖的激励作用非常明显。南通市通过红十字会评奖活动，在全市饮食服务行业中组织开展卫生竞赛，卫生水平有了新的提高②。此外，不少地区通过评奖活动，组织互相竞赛，号召会员学习好人好事，在工作中掀起了“比、学、赶、帮”的热潮。全省广大会员和基层组织中涌现出大批的先进红十字单位和先进红十字工作者，促进了红十字会的组织调整和群众卫生工作的顺利开展。

---

① 《无锡市红十字会和南京市红十字会的活动》，《红十字工作简报》（1963年3月—11月），中国红十字会总会档案馆馆藏档案，全宗号：永久3号。

② 《江苏省红十字会工作情况和今后工作意见》（1964年4月），江苏省档案馆馆藏档案，第692卷。

12月20日至26日，江苏省红十字会召开工作会议，对各地上报的评选材料进行审核评议，逐一“过堂”，并组织专人进行调查复核，最后召开评奖工作委员会会议审定通过。经自下而上的层层评选，选出省级先进红十字单位71个、先进红十字工作者163人，其中参加中国红十字会总会评奖的候选单位31个、候选先进红十字工作者58人。

为了切实做好评奖材料的调查核实工作，12月29日，江苏省卫生厅、省红十字会联合发出《关于进一步做好先进红十字工作者和单位的调查核实工作的通知》。不久后的1964年1月7日，一封人民来信向省红十字会反映某红十字卫生站名誉站长，对卫生站的事从来不管，且个人品行恶劣，不符合评奖条件。此事引起江苏省卫生厅、省红十字会的高度重视。1月10日，省卫生厅、省红十字会向参加评比活动的16个市、县的卫生局、科及红十字会发出《关于进一步做好先进红十字工作者和单位的调查核实工作的补充通知》，强调“凡报送为全国、全省的先进个人或单位”，“要逐一进行调查核实”①，由此可见此次评比活动的严肃性。

2月11日，总会批复了江苏省红十字会报送的参加总会评奖的31个先进单位和58名先进个人名单②（详见表6-2、表6-3）。

表6-2 江苏省红十字会获总会表彰的先进单位统计表

编号	地　区	先进单位名称	建立时间	会员数	负责人姓名
001	南京市	五老村红十字卫生站	1953年	680	赵翠红
002	南京市	汉府新村红十字卫生站	1958年	59	方惠玉
003	南京市	大新旅馆红十字卫生站	1958年	13	周炳南
004	南京市	轮渡桥红十字卫生站	1958年	47	周明凯
005	南京市	长平路小学红十字卫生站	1957年	136	冯维城
006	南京市	六华春中西餐馆红十字卫生站	1956年	27	魏国祥

① 江苏省卫生厅、江苏省红十字会：《关于进一步做好先进红十字工作者和单位的调查核实工作的补充通知》（1964年1月10日），江苏省档案馆馆藏档案，第692卷。

② 江苏省红十字会编著：《江苏红十字运动八十八年（1911—1999）》，东南大学出版社，2001，第91页。

（续表）

编号	地　区	先进单位名称	建立时间	会员数	负责人姓名
007	南京市	秦淮旅社红十字卫生站	1957 年	16	梁国文
008	南京市	东关头红十字卫生站	1958 年	107	杨秀珍
009	南京市	夫子庙小学红十字卫生站	1958 年	130	朱崇如
010	南京市	健康池浴室红十字卫生站	1957 年	21	戴仁财
011	南京市	同仁街菜场红十字卫生站	1958 年	49	李昌林
012	南京市	第五女子中学红十字会	1956 年	641	冯傅峻
013	无锡市	大同合作饭店红十字卫生站	1958 年	14	吴文焕
014	无锡市	梨花新村红十字卫生站	1958 年	55	李云娣
015	无锡市	第一中学红十字会	1957 年	334	李谷邨
016	无锡市	庆丰纺织厂红十字卫生站	1959 年	1230	
017	苏州市	金阊实验小学红十字卫生站	1958 年	150	黄承兰
018	苏州市	沧桥浜红十字卫生站	1958 年	27	何著秋
019	苏州市	干将坊红十字卫生站	1958 年	43	石宝英
020	苏州市	苏州高中红十字卫生站	1958 年	508	张友聚
021	南通市	师范学校红十字卫生站	1958 年	95	王旭初
022	徐州市	铁货街红十字卫生站	1957 年	41	赵爱莲
023	徐州市	第一中学红十字卫生站	1957 年	245	孔祥树
024	徐州市	韩桥煤矿红十字会	1960 年	500	杨已世
025	连云港市	市化街红十字卫生站	1957 年	24	钟　玲
026	镇江市	其林村红十字卫生站	1957 年	59	王莉华
027	镇江市	师范附属小学红十字卫生站	1958 年	61	
028	常州市	第三初级中学红十字卫生站	1957 年	636	王一程
029	扬州市	师范附属小学红十字卫生站	1958 年	234	吴耀良
030	泰州市	五巷红十字卫生站	1958 年	447	
031	仪征县	仪征县中学红十字会	1963 年	129	戴锦章

资料来源：江苏省红十字会编著：《江苏红十字运动八十八年（1911—1999）》，东南大学出版社，2001，第 92—93 页。

表6-3 江苏省红十字会获总会表彰的先进个人统计表

材料编号	所在城市	姓　名	性　别	年　龄	社会职业	党　派	入会时间
001	南京市	许永华	女	39	社　员	中共党员	1956年
002	南京市	周　瑛	女	63	文　教		1956年
003	南京市	汪宝琴	女	55	居　民		1958年
004	南京市	李昌明	女	52	服务员	中共党员	1957年
005	南京市	杨秀珍	女	45	居民干部	中共党员	1953年
006	南京市	赵翠红	女	42	居民干部		1953年
007	南京市	周炳南	男	63	服务员	中共党员	1957年
008	南京市	何秀英	女	43	服务员		1959年
009	南京市	张秀英	女	50	居民干部	中共党员	1958年
010	南京市	孙长源	男	53	服务员		1957年
011	南京市	耿学琴	女	60	居　民		1957年
012	南京市	夏世兰	女	58	居　民		1958年
013	南京市	卢翠萍	女	39	服务员		1953年
014	无锡市	李云娣	女	58	居民干部	中共党员	1958年
015	无锡市	马林妹	女	53	居民干部		1958年
016	无锡市	邹荣坤	男	40	营业员	中共党员	1962年
017	无锡市	范仁大	男	27	工　人		1957年
018	无锡市	许阿毛	女	33	工　人		1960年
019	苏州市	俞伯平	男	65	医　生	农工民主党	1956年
020	苏州市	徐根媛	女	28	工　人	中共党员	1962年
021	苏州市	惠舜琴	女	53	居民干部		1960年
022	苏州市	顾宝成	男	66	居民干部		1963年
023	苏州市	徐惠珍	女	39	居　民		1963年
024	南通市	丁建荣	男	73	居　民		1957年
025	南通市	季建祥	男		渔　民	中共党员	1959年
026	南通市	孙桂华	女	31	服务员	中共党员	1962年
027	南通市	夏　照	男		清洁工人	中共党员	1957年

（续表）

材料编号	所在城市	姓 名	性 别	年 龄	社会职业	党 派	入会时间
028	南通市	王孝卿	男	68	居 民		1957 年
029	徐州市	贺方娟	女	12	学 生	少先队员	1961 年
030	徐州市	袁廷美	女	21	社 员	共青团员	1962 年
031	徐州市	程增文	女	28	居 民	共青团员	1957 年
032	徐州市	杜金芝	女	51	居 民		1957 年
033	徐州市	年世兰	女	48	居民干部	中共党员	1957 年
034	徐州市	梁玉珍	女	67	居 民		1957 年
035	徐州市	历为富	男	52	矿 工	中共党员	1963 年
036	徐州市	吴景贤	男	51	矿 工		1960 年
037	连云港市	刘荣生	女	38	服务员	中共党员	1963 年
038	镇江市	吕义荷	女	58	居 民		1957 年
039	镇江市	杨惠琴	女	50	居民干部		1957 年
040	镇江市	赵同生	男	39	居民干部	中共党员	1957 年
041	常州市	徐惠英	女	63	居民干部		1958 年
042	常州市	严爱华	女	39	居民干部		1963 年
043	扬州市	黄云仙	女	64	居 民		1958 年
044	扬州市	潘文英	女	37	居 民		1959 年
045	泰州市	陈宏本	女	55	助产员		1958 年
046	泰州市	沈 纹	女	20	学 生	共青团员	1959 年
047	泰州市	彭爱华	女	38	居民干部		1958 年
048	泰州市	刘炤琳	女	42	居 民		1959 年
049	泰州市	张玉清	女	61	居 民		1958 年
050	泰州市	孙桂元	男	38	炊事员	中共党员	1958 年
051	淮阴市	胡兰英	女	54	居民干部		1957 年
052	淮阴市	杨守才	男	31	居民干部	中共党员	1957 年
053	泗阳县	花天寿	男	44	居民干部	中共党员	1953 年
054	灌云县	王可勤	男	40	居民干部	中共党员	1957 年

（续表）

材料编号	所在城市	姓　名	性　别	年　龄	社会职业	党　派	入会时间
055	仪征县	刘恩荣	男	46	职　员	中共党员	1959 年
056	无锡县	杨琼英	女	40	社　员		1958 年
057	江阴县	许五妹	女	26	社　员	共青团员	1960 年
058	江阴县	沈　粱	男	56	教　师		1962 年

资料来源：江苏省红十字会编著：《江苏红十字运动八十八年（1911—1999）》，东南大学出版社，2001，第93—94页。

从表6－2和表6－3中可以看出，此次获奖的31个单位几乎全部是基层组织（红十字卫生站），且大都是在1957年和1958年建立的，会员少则10余人，多的达1200多人；从分布的系统来看，工矿企业占2个、街道11个、学校12个、行业6个，其中学校系统最多，约占总数的39%，表明新中国成立初期，江苏红十字青少年运动业绩斐然；从分布的地区来看，获奖的单位几乎全部集中在城市（此时，红十字会的工作重点已经放在了城市——笔者注），南京（12个，约占39%）、无锡（4个，约占13%）、苏州（4个，约占13%）、徐州（3个，约占10%）等11个市、县获奖①，其中南京市最多，仪征县是唯一拥有获奖单位的县。在获奖的58名红十字工作者中，从社会职业来看，社员4人、工人6人、居民14人、居民干部17人、学生2人、服务员7人、其他8人。其中，居民干部最多，约占30%，居民次之；从分布的城市来看，参加评奖的16个市、县均有个人获奖，其中南京（13人，约占22%）、徐州（8人）、泰州（6人）获奖人数位居前三，连云港市及泗阳、灌云、仪征、无锡等县均有1人获奖。在获奖人员中，中共党员20人，共青团员4人，少先队员1人，约占总人数的43%，表现出获奖人员良好的政治素质。

1963年12月27日，卫生部、红十字会总会要求地方红十字会“开展五好会员、五好干部、五好单位的评比竞赛运动”，表扬先进，鼓励积极性。会员和干部的“五好”是思想好、工作好、学习好、团结好、卫生

① 此次评奖共有16个市、县红十字会参加，而获奖单位只分布在其中的11个市、县，可见此次评奖坚持了宁缺毋滥的原则。

好；单位的“五好”是组织健全好、会员教育好、开展活动好、团结互助好、勤俭办站好。红十字会总会要求通过评比竞赛运动来推动工作，以优秀成绩迎接新中国成立 15 周年，迎接中国红十字会成立 60 周年和改组 14 周年；同时要求，把“培养和树立标兵”作为一项主要任务，具体是：“每个省、自治区选择一两个市、县红十字会作为标兵对象进行培养，争取在一两年内，把市、县红十字会的标兵树立起来。市、县以下的各级红十字会组织同样要有标兵对象进行培养，并且必须在 1964 年内每个市、县树立起几个标兵红十字卫生站。”①

江苏省红十字会贯彻卫生部、红十字会总会的通知精神，要求“对 1963 年评为省级、全国的先进模范，要切实做好授奖工作和先进事迹的宣传工作，以扩大影响，号召广大会员向好人好事学习”，“每个市、县应有计划地在不同岗位上各培养一至两个标兵人物和单位，树立旗帜，推动红十字会工作更好地开展。1964 年还应有计划地组织开展评选五好会员和五好单位的活动，以便更进一步搞好红十字会工作，迎接中国红十字会成立六十周年”②。

1964 年 12 月，卫生部、红十字会总会对树立标兵、开展“五好”评比竞赛活动做出了具体要求，指出“树立全面都好的市、县标兵，一时做不到，可以从树立在某一个方面好或几个方面好的市、县标兵开始。例如，会员教育工作好的市、县，即树立她为会员教育方面的标兵；国防救护工作好的市、县，即树立她为国防救护方面的标兵；工厂工作、学校工作或服务行业工作好的市、县，即树立她为工厂、学校或服务行业的标兵”；“基层组织和会员的标兵，也可以是全面都好的，或者是在一个方面、几个方面好的”。开展“五好”基层组织和“五好”会员的评比竞赛运动，是为了表扬先进，调动积极性，继续按照“五好”评比竞赛办法进行。评比标兵及“五好”组织和会员，必须注意质量，经过政治审查，事迹确实，是会员和劳动人民群众所公认的、拥护的。“红十字会的干部，要下基层蹲点”，是“较长时间地蹲在基层，亲自参加基层活动”。“蹲点

① 卫生部、中国红十字会总会：《关于 1964 年地方红十字会工作计划的通知》（1963 年 12 月 27 日），江苏省档案馆馆藏档案，第 1032 卷。

② 《江苏省红十字会工作情况和今后工作意见》（1964 年 4 月），江苏省档案馆馆藏档案，第 692 卷。

的地点，可以结合树立标兵去选择”[①]。1965 年，江苏一些地区的红十字会组织进行了“五好”会员和“五好”单位的评比试点工作，通过树立标兵，促进工作更好地开展[②]。

评比先进，激励了工作，这主要表现在以下几个方面：

首先，通过评比活动，各地涌现出大量的先进个人和集体。例如，徐州市铁货居委会 45 名红十字卫生员组成突击队，一个月将 1200 间房屋扎上顶棚，并带动群众植树 4 万多棵[③]；徐州市韩桥煤矿红十字会，在全矿区形成群众性的保健救护网；南通市 70 多岁的红十字会员丁建荣，十年如一日，坚持为 12 口水井进行义务消毒；南京市同仁街菜场 43 岁的服务员、红十字会员何秀英，自 1959 年开始，经常利用业余时间为附近 10 多个居民区的产妇、病人和老弱居民服务，送菜上门、护理病人、洗衣、烧饭达 4200 多次，如居民吴兰因患关节炎在家休养，何秀英就经常去帮助她洗衣服、烧饭、打扫卫生，吴兰想吃的菜，她设法买好并送上门，这样一直坚持了 3 年之久[④]，体现出红十字会员救死扶伤的人道主义精神；镇江市红十字会员赵同生，多次冒着生命危险在江面上共挽救了 11 个人的生命，并于十分危急的关头在铁轨上救出一名聋哑妇女[⑤]；江阴县南闸公社社员许五妹，自己花钱买药为社员治病、包扎伤口，她一人包干全队 40 多人的抗疟服药工作；徐州市醒师街双目失明的女青年、红十字卫生站副站长程增文，在疟疾抗复发治疗中，坚持宣传和逐个送药上门，并在“卫生铁货化”活动中带领会员帮助 90 多户老弱病残居民打扫卫生[⑥]。以上述模范集体和人物为代表的先进单位和先进个人，在群众中树立了学习的榜样。

其次，评比活动同时大大促进了调整组织、健全制度、登记会员等工作的开展。南京市在评奖工作中，不少老会员主动到卫生站要求登记，仅

---

① 《卫生部、中国红十字会总会〈对 1965 年地方红十字会工作的意见〉的通知》（1964 年 12 月 21 日），江苏省档案馆馆藏档案，第 1032 卷。

② 《江苏省红十字会概况》（供对外宾介绍时参考），江苏省档案馆馆藏档案，第 1258 卷。

③ 徐州市红十字会编：《徐州市红十字会简史（1913—1990）》，1993，第 35 页。

④ 《江苏省红十字会概况》（供对外宾介绍时参考），江苏省档案馆馆藏档案，第 1258 卷。

⑤ 江苏省红十字会编著：《江苏红十字运动八十八年（1911—1999）》，东南大学出版社，2001，第 91 页。

⑥ 同上书，第 99 页；徐州市红十字会编：《徐州市红十字会简史（1913—1990）》，1993，第 35 页。

燕子矶 1 个区 3 天内就登记了 300 多名老会员。据统计，通过评奖活动，全省会员总数由 17 万人增加到 20 万人，红十字卫生站由 3700 多个增加到 8900 多个[①]。

再次，评比活动还有力地推动了群众性爱国卫生运动的开展。红十字组织带动大家开展卫生竞赛，在改进饮食卫生状况、提高服务质量等方面取得了显著成效。例如，南京市以红十字会员为骨干带头灭鼠，大大促进了灭鼠运动的开展；连云港市结合评比开展了以管粪、管水、灭蝇为中心的群众性卫生运动，等等。

总而言之，从实际效果看，江苏红十字会评选、奖励先进的目的达到了，评比活动取得了圆满成功，收到了预期的效果和良好的社会效益。

---

① 江苏省红十字会编著：《江苏红十字运动八十八年（1911—1999）》，东南大学出版社，2001，第 91—92 页。

附　　录

江苏红十字运动大事年表（1950—1965）

1950 年

3 月，中国红十字会总会在其驻地上海新闸路 856 号召开红十字工作检讨会。江苏红十字会派出 10 名代表参会，他们是：南京分会的吴耀麟（总干事）、杨登瀛（会长）；常州分会的吴逸樵（总干事）、杨迪群（乡村服务站负责人）；青浦分会的徐熙春（会长）；长泾分会的华毓楠（诊疗所主任）、刘正骅（分会文书、诊所医师）；无锡分会的张玉寿；镇江分会的白耀华（分会诊所主任）、陆树人（职员）。

3 月 5 日，常州分会总干事吴逸樵和武进县前黄服务站主任杨迪群在上海参加红十字工作检讨会时，向中国红十字会总会提交了《常州市分会要求补充药械》的报告。

4 月 21 日，常州分会就要求组织巡回医疗队及补充药械等事宜，再向中国红十字会总会提出申请。

4 月，江阴县很多农户因水灾断炊，长泾分会总干事张宇和与长泾区生产救灾委员会副主任一同赴上海进行劝募，共募得人民币 20 万元，呈送长泾区救灾委员会，分发给灾民。

8 月，镇江分会诊疗所为培养基层卫生干部，开办了护理员训练班，吸收初中毕业或同等学力并略具医学常识的男女学生数人参加学习。

9 月 20 日，武进分会前黄服务站向中国红十字会总会提出请领药品。

9 月，常州分会成立歌咏队。

11 月 1 日至 12 月 6 日，中国红十字会总会在北京举办分会干部学习会，江苏红十字会 11 名干部参加，他们是：长泾分会的郭琦元（理事）、张宇和（总干事）、华毓楠（诊所主任）；镇江分会的丁荫楣（诊所副主任医师）；常州分会的吴逸樵（总干事）、杨迪群（前黄服务站主任）；南京分会的吴耀麟（总干事）、曹寄深（诊所主任）；青浦分会的王昌来（代院长）；无锡分会的蒋白鸥（总干事）、白光（市卫生局选派）。

12 月 30 日，南京市抗美援朝志愿医疗团成立。

冬季，镇江市人民政府在组建冬防委员会的时候，镇江市分会治疗所在分会卫生科救护总处的领导下组成了一个红十字会救护组，90% 的医务人员参加了救护工作。

本年，常州分会前黄服务站工作突出，获得武进县人民政府防疫工作一等功奖，服务站的每位工作者都获得一枚防疫工作积极奖章，服务站主任杨迪群获得一等功臣的奖评。

1951 年

1 月 30 日，南京市抗美援朝志愿医疗团，包括 6 个手术队、5 个医疗队、1 个防疫队和 1 个血库队，计 263 人在团长许殿乙和副团长朱潮的率领下由南京出发，开赴朝鲜。

2 月 10 日，常州分会杨迪群等 13 位参加国际医疗队的队员乘火车离开常州北上，13 日到达北京。

2 月 11 日，无锡分会协商改组会议召开。出席会议的有市民政局、卫生局、市总工会劳保部的领导和妇联、学联、青年团、劳动局、文联、教育工会、工商联、慈善团体联合会、农会、医协、中华医学会、救济界、仁济医院、医学校、中医协会、护士协会、助产士联谊会的代表，以及原红十字会会长、理事、总干事等共 33 人。会议讨论通过了分会组织规程，正式产生出 25 位理事。推选李德（市卫生局局长）为会长，张玉寿（无锡普仁医院院长，原分会会长）、冯晓钟（市工商联筹委会主委）和盛水湘（市人民医院副院长）为副会长，蒋白鸥为总干事。

同日，青浦分会在县人民政府和各有关机关团体的协商之下，完成改组事宜，通过了分会组织规程和1951年的工作计划。徐熙春连任会长，副会长为牟凤沼（县民政科科长）、刘经国（县医务工作者协会主委）和徐正大（原分会常务理事），总干事由徐正大兼任。

2月20日，长泾分会在江阴县和长泾镇人民政府以及县卫生院、总工会、工商联、中苏友协等代表和地方民主人士22人的协商之下，提前完成了改组任务，会址由长泾镇迁至县城，改称江阴县分会。赵元（县卫生院院长）任会长，杨民奇（县民政科科长）和郭琦元（原长泾分会理事）任副会长，张宇和任总干事。

2月22日，无锡分会参加国际医疗队的队员出发北上。

2月24日，江阴县举行大会，欢送参加国际医疗队的队员。

3月1日，镇江分会举行协商改组会议，当地的工、青、妇、农、学等机关团体的代表出席会议，推选市卫生局代表陈邦贤任协商会议主席。根据分会整理办法，会议讨论了改组的步骤，并选举刁端圣（市农民协会主席）、王立本（江苏医学院副院长）等为理事。理事会推选杨公崖（市社会福利主任委员）为会长，陆小波（原分会副会长）、倪锦忠（市总工会副主席）、陈邦贤（市卫生局科长）为副会长，刁端圣、邓剑（市学联主席）等5人为常务理事。

3月7日，无锡分会治疗所工作人员在接到市卫生局的通知后，组织了防疫队，包括队长1人、小组长2人、工作人员4人，编成两个小组，由小组长负责支配，队长与小组长带头工作。第二天，无锡市民政局把接管的普善堂全部资产拨给无锡分会，作为救济贫病市民的医药经费。

3月17日，江阴县防疫委员会长泾区分会成立。该分会以江阴县分会长泾医院为基干，成员包括乡镇行政、学校、中西医，以及工、青、妇、农、工商等各界代表54人，下设总务、宣教、技术3个小组。

自3月起，常州分会的腰鼓队、舞蹈与歌剧组相继成立。

4月20日，江阴县分会在县春季种痘评模会议上被评为江阴县单位模范。

4月，无锡市分会成立。

5月27日，常州分会召开第一次理事会议。理事会议推选吴伯芳（市卫生科科长）等11人组成常务理事会，并推选吴伯芳为会长，徐元谟（市医师协会副主任）、李行甫（原分会副会长）、吴逸樵（原分会理事）

为副会长；聘请常州市市长诸葛慎为名誉会长，民主人士刘国钧为名誉副会长，改组工作顺利完成。在这次理事会中，还通过分会的组织规则草案，并拟订了1951年的工作计划。

自5月起，青浦县分会全体人员不再参加医协学习，改在分会内学习，政治学习与业务学习隔天进行。

6月8日，在端午节的前一天，无锡市分会与无锡市抗美援朝分会、医师协会、医务工会、民主妇联等团体代表20余人，组织国际医防队员家属慰问队慰问家属。

6月，镇江市分会成立。

7月30日，江阴县分会派人赴常州向中国人民志愿军伤病员致敬，并赠献锦旗。

7月，南京市民政局派中共党员干部李超凡进入南京分会，遵照《中国红十字会会章》筹划分会改组工作。江阴分会长泾医院抽出部分医护人员，配合当地社会团体，组织农村巡回医防队。

8月1日，无锡市分会举行联欢会，邀请30余位国际医防队员家属参加。

8月初，常州市邮电局与常州市分会订立劳保医疗互惠合约。

8月，无锡市分会的劳工保健所在企新、泰纶两丝厂举行小型卫生展览。常州市鼎泰面粉厂与常州市分会订立医疗互惠合约。除医师在每周一、三、五前往担任医疗3小时外，还经常派1名护理员驻厂服务，担任一般的外科急救工作。

8月至9月间，在国际医防服务队第一大队评功选模活动中，包括常州市分会柴元庆、任志勤、韩文娟在内的17位成绩最优者被选出。

10月3日至15日，南京分会收到“救护机”捐款2230200元。

自10月上旬开始，全国53个不同单位的143位参训人员陆续来到天津，参加中国红十字会总会委托天津政治学校举办的分会干部训练班，南京分会干事杨河义和张信大就是其中的两位，他们是事先由南京分会与市民政局协商决定派送学习的。

10月25日，第三批南京抗美援朝志愿医疗团出发时，南京分会赠送1万粒多种维他命（维生素），为朝鲜前方伤病员补充营养。

10月，常州市厚生机器铁工厂与常州市分会签订劳保合约，由分会担任工人劳保医疗服务任务。

10月，江阴县分会选派由陶仁康等58人组成的第二批国际医防队。

11月，江阴县分会举办接生员训练班，推行新法接生。

12月10日，中国红十字会总会就卫生教育问题在北京召集全国各地有教育机构的分会代表进行座谈，江阴、常州、青浦等12个分会派出代表参加会议。

12月17日，《人民日报》报道朝鲜人民军某病院第十病栋伤病员代表李栽远致函中国红十字会会长，向国际医防服务队第一大队第七小队看护长李伟英（无锡分会）致敬，对她的英勇模范事迹特予表扬。

12月27日，南京抗美援朝志愿医疗团致函中国红十字会总会，汇报该团成立一年来的工作业绩。

本年，常州市分会妇幼保健站成立。镇江市分会诊疗所特订立免费及半免费救济贫病办法，由机关团体介绍的可享受免费治疗。无锡市分会与苏南暨无锡市人民广播电台接洽，和无锡市医务工作者共同进行定期广播，开展宣传教育，主要是配合当时的社会运动，每周一、三、五共广播3次，每次30分钟。

1952年

1月，常州市薄利仁油饼厂与常州市分会订立医疗互惠合约。以6个月为一期，药品由油饼厂自备，分会派1名医师每周一、三、五前往应诊2个小时，并经常派1名驻厂护理员，处理普通外科及急救等工作，厂内设有病床6张以供轻病人休养。

6月至12月，常州市分会举办3期急救训练班，共训练949名急救员。

自7月25日起，南京市开始实行公费医疗预防实施办法，南京分会参与公费医疗工作。

7月，南京分会订立爱国卫生公约，保证按月完成工作计划。

7月，无锡市分会选派5名工作人员，在距市郊8里多的山北乡建立妇幼保健站。

暑假期间，青浦县分会将红十字会医院附近小学的10余名7~14岁小学生发动起来，组成红十字儿童扑蝇队。

夏季，镇江市分会诊所与中国人民保险公司、中国土产公司、华东联运公司、采石场、义救所、恒顺酱醋厂等先后订立特约，进行定向服务。

8月至9月间，红十字会医疗队泗阳诊所、文化馆、卫生院、妇联、医务工作者协会等与地方政府联系，利用苏北公署保健队来泗阳协助工作时所带来的有关妇婴卫生方面的模型及挂图，共同举办了展览会，内容涉及妇女卫生、儿童保健、反对封建遗毒、新旧接生法对比等4大类。

自9月下旬起，南京分会开始会务学习。

10月，江阴县分会调派赵士亭、吴慎等6人组成一支特殊的医防小组，到澄锡运河拓浚指挥部河堤为民工服务。常州市分会在常州市爱国卫生运动委员会的领导下，根据不影响生产的原则与市卫生科、总工会联合举办常州市工厂保健员训练班，主要来自纺织、五金、食品、电业与搬运等行业的280名工人参加了训练班。

11月，江阴县分会青阳医院和保健站利用青阳区城乡物资交流大会的机会，布置卫生展览会开展宣传。

12月1日，泗阳诊疗所成立。

12月14日，中央卫生部致函南京市卫生局，“敦促协助南京市红十字会进行改组”。

12月，国际医防服务队第一、第七两个大队30位模范工作者荣获具有伟大国际意义的特殊荣誉——朝鲜最高人民会议功劳章，江苏红十字会的任志勤、韩文娟（第一大队），以及高玲珍、孙宗贻、刘毓秀、柴元庆等（第七大队）名列其中。

本年，江阴县分会举办了妇幼保健员训练班、村卫生员训练班、医助训练班、旧产婆训练班、急救员训练班、中医进修班等6种训练班。

1953年

2月6日，南京市卫生局主持召开南京分会协商改组代表会议，选举25名理事组成南京市分会第一届理事会。理事会推选陈祖荫（市卫生局局长）为会长，刘西淮和李钊为副会长，李超凡任总干事。

3月20日至4月10日，泗阳诊疗所在众兴镇举办县直机关炊事员卫生训练班。

3月，常州市分会召开急救站站组长会议，在肯定急救工作成绩的同时，也检查了急救员训练和急救站工作的缺点，提出整改措施。

从4月起，南京市分会开始以二区居民为对象，与区爱国卫生运动委员会共同开展急救训练的重点试办工作。至6月底举办了两期5个班，训练学员262人，180人结业，建立了7个急救站。

5月13日至22日，泗阳诊疗所在众兴镇组织行业卫生训练。

春季，无锡市分会第一妇幼保健站在光明村进行爱国卫生突击行动。

截至7月，青浦县分会在朱家角镇清洁队、消防队和搬运工会中训练急救员，并先后设立急救站。

9月4日，南京市分会召开第一次全体急救员大会，向180位急救员颁发证章，并总结工作中的不足。

10月，镇江市委开办3所政治业余学校，组织市级机关初级学习组的干部进行系统的政治学习，镇江市分会和诊所的17位工作人员参加学习。南京市分会按照南京市卫生局的指示，举办市区卫生委员训练班。

自10月起，常州市分会在市政府时事政策学习班的统一领导下，开展过渡时期总路线和增产节约的学习，全体职工均参加学习。

秋收季节，镇江市分会、卫生科与郊区政府派出的医务人员，在郊区的象山乡设立农忙急救站。

11月，无锡市分会开展过渡时期总路线的学习活动。镇江市分会在镇江市国营采石公司，以采石工人为对象训练53名急救员。

冬季，无锡市分会重点在市建筑工程公司第一、第二工地开办急救训练班，于10月下旬开始学业，12月下旬结束，88人结业。

1954年

3月2日，常州市西区人民政府召开爱国卫生工作动员会议，介绍红十字会的任务，10名居民委员会干部参加了会议。

4月，常州市分会协助市政府卫生科、总工会举办市属工厂、机关炊事员训练班，130名学员参加了训练。

春季，青浦县红十字的保健所、卫生院、防治站等在县卫生科的领导下，组成卫生宣教组，举办以血吸虫病防治为中心，配合预防季节性传染病、妇幼卫生等内容的爱国卫生展览会。

本年，国家发行一批经济建设公债，镇江市分会工作人员掀起普遍认购国债的热潮。

1955 年

4 月，无锡市分会拟定《无锡市中等学校红十字卫生站组织暂行办法》，提交市卫生局、教育局研究同意后，由市教育局、卫生局及分会联合通知各校公布。

1956 年

4 月，江苏省红十字会筹备委员会宣布成立，筹委会设办公室，下设业务组和组训组。

5 月，江苏省卫生厅、江苏省红十字会筹备委员会制定颁发《关于联合召开江苏省红十字工作会议的方案》，方案对会议内容、出席会议人员及其应具备的条件、会议日程等做出具体说明。

6 月 21 日，中国红十字会总会向国务院全国编制工作委员会呈送《关于请先按 1953 年批准 806 人的编制数字分配下达各省、区、市红十字会编制的函》，并附上《各地红十字会 1956 年人员编制修订方案》。8 月 10 日，国务院向各省、自治区、直辖市人民委员会转发了该方案，该方案分配给江苏省的人员编制为 61 人（1953 年原核定人员编制为 70 人）。

8 月 21 日，江苏省卫生厅、省红十字会筹备委员会办公室向无锡、常州、南京、镇江、苏州、松江、常熟、清江、南通、扬州、新海连、徐州、青浦、江阴、灌云、泗阳、泗洪等 17 个省属的市、县卫生局（科），无锡、常州、南京、镇江 4 个市和青浦、江阴、武进 3 个县的原有红十字会组织发出《关于召开江苏省红十字工作会议的联合通知》。

10 月 4 日，江苏省红十字会筹备委员会向南京、无锡、常州、镇江、江阴、青浦、武进等 7 个市、县红十字会发出组织泗洪县水灾灾区巡回医疗防疫队的通知。由于得到省卫生厅，特别是各地卫生部门的重视与支持，7 个市、县红十字会积极且迅速地组织人力、物力参加灾区医防服务。12 日，参加防疫队的工作人员均如期到达省城南京报到。

10 月 8 日，江苏省编制委员会颁发《关于各地红十字会编制问题的通知》，明确省及各地红十字会共 61 人的编制计划。

10 月 19 日，灾区巡回医疗防疫队携带着药品和器械，在省红十字会组训组组长张玉田和队长张宇和的率领下由南京出发，开赴重灾区泗洪县。20日中午，医防队到达泗洪县城青阳镇。23日，医防队22名队员由青阳镇出发，徒步到达25里外重灾区的中心——朱湖。

11月7日，以成立江苏省红十字会为主要议题的江苏省红十字工作会议在南京召开。10个市、3个专署、6个县的卫生局（科）局长（科长）、秘书及红十字会的会长、总干事和红十字基层组织代表56人，省红十字会筹备委员会委员23人，省有关部门代表20人出席大会。大会审议通过《江苏省红十字会今冬明春和1957年度的工作计划要点》和《江苏省红十字会组织规程》，并报送江苏省人民委员会批准和中国红十字会总会备案。大会代行会员代表大会的职权，通过会议协商、选举，成立江苏省红十字会第一届执行委员会和常务委员会、监察委员会。陈祖荫（省卫生厅副厅长）、王铁民（省工会联合会副主席）等27人当选为执行委员会委员，计雨亭（省民政厅厅长）等11人当选为执行委员会常务委员会委员，执行委员会常务委员会主席由省卫生厅厅长盛立兼任，王慰曾（南京市精神病院院长）、计雨亭、陈祖荫、瞿立衡（省爱国卫生运动委员会主任）当选副主席。监察委员会由5人组成，王一峰（中共江苏省委防治血吸虫病七人领导小组办公室副主任）、陆小波（省政协副主席）分别当选监察委员会主任委员和副主任委员。

11月11日，江苏省红十字会正式成立。

12月，清江市红十字会筹备委员会经清江市人民委员会批准成立，地点设在清江市卫生科内。

本年，苏州市红十字会开始筹建。泗阳县红十字会重新建立。

1957年

1月15日，江苏省红十字会在泗洪县为期3个月的灾区巡回医防服务结束。

2月14日，江苏省红十字会又抽调15位医务人员组成医防队，再次前往泗洪县，为灾区救治重症病人，预防春季传染病的发生。

2月，鉴于发展会员、建立基层组织、训练卫生员、成立卫生站等工作刚刚开始，尚缺乏可借鉴的经验，江苏省红十字会指定无锡市红十字会以街道为试点，江阴县红十字会以农业合作社为试点，并组织各地红十字会干部分别参加两地试点工作。

3月，苏州市红十字会筹备委员会成立。

4月15日，公安部、外交部、中国华侨事务委员会和中国红十字会总会联合发出《关于在今年五月份协助遣送一批日本人回国处理办法的通知》。4月24日，江苏省民政厅、省红十字会向南京市人民委员会办公厅、无锡市人民委员会侨务工作委员会、常州市民政局、苏州市人民委员会办公室，南京、无锡、常州、苏州等4市红十字会转发了上述通知，希研究执行。

4月30日，灌云县红十字会成立，副县长顾哲秀兼任执行委员会常务委员会主席。

4月至5月，江苏省红十字会协助办理10名在江苏省内与中国人结婚的日本妇女及她们的7个孩子回国探亲事宜。

5月，南京市红十字会遵照公安部和中国红十字会总会的通知，将日本战犯酒井隆和谷寿夫两人的骨灰寄到总会转交日本。7月，“日访中军人团”来华访问时，远藤三郎函致南京市红十字会，表示深深的谢意。

6月初，江苏省卫生厅和省红十字会联合召开全省红十字工作座谈会。座谈会强调以整风精神来改进红十字会的领导作风和工作方法。

6月，江苏省红十字会和省财政厅向省人民委员会办公厅，各专署，市、县人民委员会，各市、县红十字会发出通知，就红十字会业务费开支范围做出说明，规定红十字会卫生卫国训练和卫生宣教医疗方面的费用由卫生支出中开支，有关会务活动方面的经费列在行政经费中开支。

7月10日，江苏省卫生厅和江苏省红十字会联合向南京、镇江、常州、无锡、苏州、南通、扬州、徐州、清江、新海连、武进、江阴、青浦、松江、灌云、泗洪、泗阳等市、县卫生局、科，红十字会（筹委会）发出《江苏省卫生厅、江苏省红十字会关于确定区、乡红十字会兼职干部的联合通知》。

7月，松江县红十字会恢复建制。

夏季，南京市、无锡市红十字会都举办了红十字夏令营，270名红十字少年参加活动。南京市和无锡市有关学校红十字少年和苏联、南斯拉夫、波兰等10多个国家的红十字少年交换信件，并互赠礼品，如纪念册、手工艺品、电动仪器模型、植物标本等。徐州专区暴雨成灾，省红十字会派出医务人员参加省卫生厅组织的医疗队，赴沛县进行医疗服务。

9月28日，无锡市人民委员会向各区人民委员会、郊区区公所，各局、处，各工厂、各学校，各产业工会、各专业公司，工会联合会、妇联、团市委，爱卫会、市卫生防疫站等批转了由无锡市红十字会制定的《发展会员，建立红十字会基层组织方案》。

9月，江苏省红十字会对张玉田因贪污和挪用公款给予处分，并报告省卫生厅。12月31日，省卫生厅复函，决定“给予行政上记大过的处分”。

10月初，江苏省红十字会编印的2万册卫生救护训练课本分发各地红十字会试用，以指导、支持各地的救护训练工作。

10月18日，江苏省红十字会为1958年新建的8个市、县红十字会组织增加编制4人，并调整1956年的编制向省人民委员会报告，请示核准。实际上，1958年的人员编制是在原来基础上增加了4人。

11月，江苏省红十字会再次召开全省红十字会工作座谈会。在座谈会上，11个市、县红十字会代表分别介绍了各自红十字会的工作成绩和经验。

1958年

1月，江苏省辖上海、嘉定、宝山3县划归上海市，已建有的红十字会组织也随行政区划的变更而变更。

2月10日，省人民委员会向泰州、常熟两市，以及江宁、无锡、昆山、丹阳、嘉定、淮阴、建湖、金山等县人民委员会发出《江苏省人民委员会希研究配备红十字会专职干部以便开展工作的通知》。

4月，南京师范附中师生（含红十字青少年）360余人在燕子矶区尧化乡开辟“南师附中农场”。

5月9日，无锡市红十字会制订《无锡市红十字会关于突击建立红十字会基层组织的行动计划》，准备突击建立红十字基层组织。

6月2日，江苏省红十字会向各市、县红十字会（筹委会）发出《关于贯彻社会主义建设的总路线做好工作跃进计划的通知》，并附上《无锡市红十字会关于突击建立红十字会基层组织的行动计划》和《常州市红十字会除七害、讲卫生、红十字卫生员训练工作计划》，以做参考。

7月，徐州市的医务人员（含红十字医务人员）在党的领导下掀起“学天津，赶天津，超天津，大搞家庭病床”的高潮，以冲天的干劲在近

10天内就建成家庭病床2万多张。

暑假，徐州市云龙区在全区33个小学抽选优秀小学生训练成红十字青少年，结束了该区小学无红十字青少年的历史。

8月21日至25日，江苏省卫生厅在徐州市召开全省家庭病床现场会议，江苏省及南京市、无锡市等红十字会的代表参加了会议。

9月9日，江苏省卫生厅、江苏省红十字会联合向各市、县卫生局科、红十字会（筹委会）下发《江苏省卫生厅江苏省红十字会关于开展家庭病床工作和红十字会基层组织紧密配合的联合通知》。

9月26日，一所红十字大学在南京市玄武区同仁街菜场成立。

9月29日，南京市红十字会、市防空委员会、科普协会一起举办了防空救护教员备课会。

9月，南京市开办七八所红十字学校。无锡市第一中学红十字青少年在大炼钢铁工地上设立卫生站，开展救护工作。

12月，松江、青浦、金山、川沙、南汇、奉贤、崇明7县划归上海市，已建有的红十字会组织也随行政区划变更。

本年，清江市红十字会更名为淮阴市红十字会。南京市第八中学高二(2)班10名红十字少年发动全班同学一齐动手做纪念册，作为礼品送给罗马尼亚红十字少年。

1959年

4月5日，仪征县红十字会成立，副县长赵钢兼任红十字会主席。

1961年

至1961年10月，全省共有23个市、县红十字会或新建，或改组。

11月28日，江苏省红十字会第二届会员代表大会在南京召开。出席这次会议的有来自江苏各市、县红十字会，市、县卫生局、科，以及省有关厅局、医院的正式代表共58人；列席代表4人，分别来自江阴县红十字会、泗洪县卫生学校、扬州市卫生局和仪征县卫生科。经代表大会通过，江苏省红十字会第二届执行委员会由42人组成，执行委员会常务委员8人。省卫生厅厅长盛立兼任执行委员会主席，计雨亭、叶桔泉、瞿立衡、王慰曾任副主席，后增补吴渔邨为副主席。

1962 年

6 月 30 日，为了积极做好训练和备战工作，江苏省卫生厅、省红十字会发出《关于红十字会组织当前开展备战活动的通知》。

1962 年上半年，南京市组织 4000 余名红十字会员参加输血团。苏州市对原有的 1240 名输血员进行了调整，并订出输血后的营养补助办法，对保护输血员的身体健康及促进输血工作的开展都起到了一定的作用。无锡市红十字会组织 1100 名输血员接受输血意义的教育，并两次为全市 153 个红十字卫生站补充了常备药品。南京市红十字会接待日本红十字会工会代表团来访。南京、苏州等地红十字青少年和苏联、匈牙利等国家红十字青少年交换了信件和礼品，促进了两国小朋友的交流。

7 月 25 日，江苏省人民委员会批转省卫生厅、省红十字会的《关于进一步开展群众性爱国卫生运动和国防卫生救护训练工作的意见》。

1963 年

2 月中旬，无锡市红十字会联合市防疫站、爱卫会召开了由来自全市工厂、学校、地段医院等 1300 名代表参加的大会，讲解当时主要疾病的预防和处理方法。下旬，无锡市红十字会组织全市卫生系统托幼机构保育人员听取讲座，并组织工厂、街道、行业的红十字会员 1300 多人观看宣传计划生育的科教片。

2 月，南京、无锡、苏州等市的红十字青少年和苏联、匈牙利以及亚洲、非洲、拉丁美洲的 6 个国家红十字青少年交换信件和礼品。

3 月下旬，无锡市红十字会发出号召，要求会员投入春季卫生突击运动，并提出了具体要求。

4 月，扬中县组织会员进行预防注射技术短期训练后，分成 61 个预防注射小组，深入农村开展“二号病”的预防注射，14 天的时间就完成全县 162846 人的预防注射任务。南京、苏州、无锡等市红十字会根据总会指示，组织红十字青少年制作反映我国社会主义建设成就、具有民族风格、精致美观的纪念品和礼品，与亚、非、拉、欧等 10 个国家红十字青少年进行交流活动。

春季，灌云县红十字会组织全县生产队红十字卫生员用呋喃西林喉头喷雾预防脑膜炎。

5 月 10 日，南京市红十字会召开执行委员会四届二次会议，对 3 月全国部分城市红十字工作座谈会的精神进行传达和讨论，并通过《南京市红十字会先进集体和个人评奖办法》。

5 月 22 日，南京市红十字会召开全市红十字会活动分子大会，700 多人参加大会，南京市副市长、市红十字会会长陈邃衡在会上讲解了会务知识，并号召会员要以雷锋的精神开展活动。大会表扬 69 名优秀红十字会员和 70 个红十字卫生站（其中包括 3 个小组）。

8 月中旬，南京市红十字会与市卫生局向各重点医院、卫生所、保健站等单位发出《关于在医药卫生单位中发展中国红十字会团体会员的联合通知》。

夏季，南通市红十字会在车站、码头等交通要道设立 6 个防暑急救站，在一个季度内共急救 300 多名病人。

9 月，苏州市第一届红十字会员代表大会召开，选举产生执行委员会。

12 月 20 日至 26 日，江苏省红十字会召开工作会议，对各地上报的评选材料进行审核评议，最后召开评奖工作委员会会议审定通过，选出省级先进红十字单位 71 个、先进红十字工作者 163 人，其中参加中国红十字会总会评奖的候选单位 31 个、候选先进红十字工作者 58 人。1964 年 2 月 11 日，省红十字会报送总会的材料获得批复：授予奖状单位 31 个，授予奖章的会员 58 人。

12 月 29 日，江苏省卫生厅、江苏省红十字会联合发出《关于进一步做好先进红十字工作者和单位的调查核实工作的通知》。

至 12 月，全省 13 个市、县红十字会召开了代表会议，改选并充实了领导机构，约占总数的 57%。

本年，国务院编制委员会核定江苏省及南京、无锡、苏州、徐州、江阴等市、县红十字会编制 24 人，实际 18 人，其中徐州、江阴两市、县按照编制配足。

1964 年

8 月 1 日，江苏省财政厅、省卫生厅和省红十字会联合颁布实行《关于红十字会经费开支范围的规定》。

本年，淮阴市红十字会复称清江市红十字会。为加强国际交流，江苏省红十字会在南京市和无锡市确定30余处工作突出的红十字会、红十字卫生站及作为团体会员的医院，供外国来宾参观。

本年底，全省24个市、县（11个市和13个县）红十字会中，南京、无锡、徐州、扬州、南通、泰州、连云港、淮阴等市和江阴县共9个市、县完成了组织调整。苏州、常州、镇江等市及灌云、泗阳、仪征等县共6个市、县半数以上的组织进行了调整。完成组织调整不到半数的有武进、扬中、常熟、昆山、无锡、丹阳、泗洪等7个县，江宁、泰县、邗江和六合4个县的红十字会则没有进行组织调整。

截至本年，南京市、无锡市、常州市、武进县和江阴县建有7处红十字医院和急救站。

1965年

3月，江苏省红十字会印发《江苏省红十字会概况》，供对外宾介绍时参考。此时，全省共有25个市、县（11个市和14个县）红十字会，其中南京、苏州、无锡等3个市红十字会被列为全国重点市、县红十字会（全国重点市、县红十字会共有30处）。

5月至8月，徐州市云龙区彭城办事处所属8个居委会红十字卫生站，结合“四清”运动进行基层组织调整的试点工作。

6月12日，江苏省军区司令部、省卫生厅和省红十字会联合发出《关于开展国防救护训练的通知》。

本年，苏州、南通、常州等地红十字青少年制作集邮卡回赠给澳大利亚、委内瑞拉等国红十字青少年。南京市红十字会接待了以隆尼克·阿胡安夫人为首的达荷美（贝宁旧称）代表团参观访问。

主要参考文献

一、文献资料

中国红十字会总会编：《中国红十字会的工作方向与发展步骤》，1951。

中国红十字会编：《1957年红十字工作会议汇刊》，1957。

内务部农村福利司编：《建国以来灾情和救灾工作史料》，法律出版社，1958。

中共中央文献研究室编：《三中全会以来重要文献选编》下，人民出版社，1981。

中共江苏省委宣传部编：《建国三十五年来的江苏（1949—1984）》，江苏人民出版社，1984。

山东省红十字会编：《红十字会务知识》，1986。

中共中央文献研究室编：《建国以来毛泽东文稿》第1册，中央文献出版社，1987。

中共中央文献研究室编：《周恩来书信选集》，中央文献出版社，1988。

中国红十字会总会编：《红十字手册》，辽宁科学技术出版社，1988。

《当代中国的江苏》编委会编：《当代中国的江苏》，中国社会科学出版社，1989。

冯学文主编：《青浦县志》，上海人民出版社，1990。

瞿鸿烈主编：《常熟市志》，上海人民出版社，1990。

王道伟主编：《昆山县志》，上海人民出版社，1990。

何惠明等主编：《松江县志》，上海人民出版社，1991。

谭其骧主编：《简明中国历史地图集》，中国地图出版社，1991。

程以正主编：《江阴市志》，上海人民出版社，1992。

中共中央文献研究室编：《建国以来重要文献选编》第1—20册，中央文献出版社，1992—1998。

张世闾等总纂：《镇江市志》上册，上海社会科学院出版社，1993。

谈汗人主编：《无锡县志》，上海社会科学院出版社，1994。

陈晖主编：《苏州市志》，江苏人民出版社，1995。

泗阳县地方志编纂委员会编：《泗阳县志》，江苏人民出版社，1995。

荀德麟主编：《淮阴市志》，上海社会科学院出版社，1995。

庄申主编：《无锡市志》第3册，江苏人民出版社，1995。

田桓主编：《战后中日关系文献集》，中国社会科学出版社，1996。

江苏省地方志编纂委员会编：《江苏省志·地理志》，江苏古籍出版社，1999。

江苏省地方志编纂委员会编：《江苏省志·卫生志》，江苏人民出版社，1999。

江苏省地方志编纂委员会编：《江苏省志·综合经济志》下，江苏古籍出版社，1999。

袁洪宝总纂：《灌云县志》，方志出版社，1999。

新华月报社编：《中华人民共和国大事记（1949—2004）》，人民出版社，2004。

王立忠、江亦曼、孙隆椿主编：《中国红十字会百年》，新华出版社，2004。

池子华、郝如一主编：《中国红十字历史编年（1904—2004）》，安徽人民出版社，2005。

中国红十字会总会编：《中国红十字会历史资料选编，1950—2004》，民族出版社，2005。

中共中央文献研究室、中央档案馆编：《建国以来周恩来文稿》第3册，中央文献出版社，2008。

中国红十字年鉴编辑部主编：《中国红十字会通志（1904—2015）》，中华工商联合出版社，2016。

中国第二历史档案馆、中国红十字会总会档案馆、江苏省档案馆等馆藏档案。

《人民日报》　《光明日报》　《大公报》　《苏南日报》
《健康报》　《北京晚报》　《红十字月刊》　《新中国红十字》
《中国红十字》　《科学通报》　《红十字工作参考资料》
《红十字工作简报》　《总会工作通讯》

二、学术著作

《当代中国》丛书编辑委员会编:《当代中国的卫生事业》上，中国社会科学出版社，1986。

孟昭华、彭传荣:《中国灾荒史（现代部分）1949—1989》，水利电力出版社，1989。

徐州市红十字会编:《徐州市红十字会简史（1913—1990)》，1993。

中国红十字会总会编:《中国红十字会的九十年》，中国友谊出版公司，1994。

孙敬敏编纂:《北京市红十字会的六十五年（1928—1993)》，文津出版社，1995。

费孝通:《乡土中国　生育制度》，北京大学出版社，1998。

袁方等:《社会学家的眼光：中国社会结构转型》，中国社会出版社，1998。

袁亚愚等:《社会学家的分析：中国社会问题》，中国社会出版社，1998。

刘定汉主编:《当代江苏简史》，当代中国出版社，1999。

曲折主编:《中国红十字事业》，广东经济出版社，1999。

王泰平主编:《新中国外交50年》，北京出版社，1999。

袁惠章、田永波主编:《红十字理论与实践》，上海医科大学出版社，2000。

江苏省红十字会编著:《江苏红十字运动八十八年（1911—1999)》，东南大学出版社，2001。

夏明方、康沛竹主编:《20世纪中国灾变图史》，福建教育出版社、广西师范大学出版社，2001。

中国社会团体研究会编著:《中国社会团体发展史》，当代中国出版社，2001。

赵辉主编：《天津红十字会九十年》，天津人民出版社，2001。

孙柏秋主编，池子华、杨国堂等：《百年红十字》，安徽人民出版社，2003。

池子华：《红十字与近代中国》，安徽人民出版社，2004。

［美］詹姆斯·R. 汤森、布兰特利·沃马克：《中国政治》，顾速、董方译，江苏人民出版社，2004。

彭珮云：《奋进中的红十字事业》，社会科学文献出版社，2004。

杨波等：《新中国往事》，中央文献出版社，2006。

池子华、郝如一等：《近代江苏红十字运动研究（1904—1949）》，安徽人民出版社，2007。

郝如一、池子华主编：《〈红十字运动研究〉2007 年卷》，安徽人民出版社，2007。

黄新原：《真情如歌：五十年代的中国往事》，中国青年出版社，2007。

郝如一、池子华主编：《〈红十字运动研究〉2008 年卷》，安徽人民出版社，2008。

郭德宏等主编：《中华人民共和国专题史稿》（卷 1、2），四川出版集团、四川人民出版社，2009。

刘国新等主编：《中华人民共和国史长编》（第 1、2 卷），天津人民出版社，2010。

杨颖奇主编：《江苏通史·中华人民共和国卷（1949—1978）》，凤凰出版社，2011。

中共中央党史研究室：《中国共产党历史》第 2 卷，中共党史出版社，2011。

当代中国研究所：《中华人民共和国史稿》（第 1、2 卷），人民出版社、当代中国出版社，2012。

吴佩华：《中国红十字外交，1949—2009》，合肥工业大学出版社，2012。

徐国普：《新中国成立初期中国红十字会研究（1949—1956）》，人民出版社，2013。

池子华总主编，徐国普：《中国红十字运动通史（1904—2014）》第 2 卷，合肥工业大学出版社，2018。

池子华总主编，杨红星：《中国红十字运动通史（1904—2014）》第 3 卷，合肥工业大学出版社，2018。

池子华总主编，郭进萍：《中国红十字运动通史（1904—2014）》第 5 卷，合肥工业大学出版社，2018。

池子华：《晚清时期中国红十字运动研究》，科学出版社，2019。

三、研究论文

王新生：《抗美援朝时期的爱国公约运动》，《长沙水电师院社会科学学报》1993 年第 2 期。

邵宗杰：《规范民办中小学管理工作若干问题讨论》，《教育研究与实验》1998 年第 3 期。

高丙中：《社会团体的合法性问题》，《中国社会科学》2000 年第2 期。

徐国普、池子华：《新中国成立后中国红十字会发展的历史轨迹——以〈中国红十字会章程〉为路径的考察》，《江西社会科学》2009 年第9 期。

朱继光：《抗美援朝运动中的江苏南京志愿医疗团》，《当代中国史研究》2011 年第 3 期。

徐国普：《二十世纪五十年代江苏红十字会的两次组织整顿》，《中共党史研究》2012 年第 2 期。

徐国普：《新中国成立初期社团治理的范例——一九五〇年中国红十字会的协商改组》，《中共党史研究》2013 年第 2 期。

朱进：《辽宁人民在抗美援朝运动中》，《党史纵横》2016 年第 2 期。

2018—2019名城名校融合发展战略项目

江苏红十字运动
百年史1904—2004

池子华◎总主编

第三卷

复兴与蓬勃推进

（1976—2004）

杨红星◎著

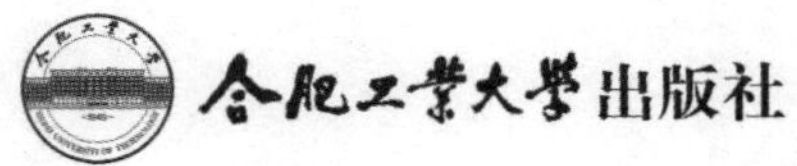

合肥工業大學出版社

图书在版编目(CIP)数据

江苏红十字运动百年史:1904—2004. 复兴与蓬勃推进:1976—2004/杨红星著. —合肥:合肥工业大学出版社,2021. 6
ISBN 978 - 7 - 5650 - 5251 - 4

Ⅰ. ①江… Ⅱ. ①杨… Ⅲ. ①红十字会—历史—江苏—1976 - 2004 Ⅳ. ①D632. 1

中国版本图书馆 CIP 数据核字(2021)第 083712 号

江苏红十字运动百年史(1904—2004) 第三卷
复兴与蓬勃推进(1976—2004)

杨红星 著

责任编辑	章 建 张 燕
出版发行	合肥工业大学出版社
地　　址	(230009)合肥市屯溪路 193 号
网　　址	www. hfutpress. com. cn
电　　话	总 编 室:0551 - 62903038
	市场营销中心:0551 - 62903198
开　　本	710 毫米×1010 毫米 1/16
总 印 张	59
总 字 数	937 千字
版　　次	2021 年 6 月第 1 版
印　　次	2021 年 6 月第 1 次印刷
印　　刷	安徽联众印刷有限公司
书　　号	ISBN 978 - 7 - 5650 - 5251 - 4
总 定 价	268. 00 元(共 3 卷)

如果有影响阅读的印装质量问题,请与出版社市场营销中心联系调换。

目　　录

第一章　江苏红十字运动的复苏与初步发展（1976—1985）

江苏与红十字运动渊源久远，近代以来曾书写辉煌篇章。伴随着改革开放的脚步，江苏红十字会从“文革”的阴霾中逐步复苏并开始走上持续发展之路。复会时期的江苏红十字运动，组织建设先行，宣传工作开路，在“五讲四美三热爱”活动中更显其人道特色，特别是在全省红十字会共同参与的援非募捐活动中成绩显著，描绘了新时期国际救援工作的新画卷。

第一节　改革背景下的再生

1976年10月，历时十年的“文化大革命”结束，“中国进入了一个新的历史时期”[①]。1978年12月，党的十一届三中全会的召开，“开启了我国改革开放历史新时期”[②]，“成为开辟有中国特色的社会主义道路的伟大起点”[③]，是新中国成立以来“我党历史上具有深远意义的伟大转折”[④]。

---

① 刘苍劲：《中国发展和改革开放史（1949—1995）》，西南师范大学出版社，1996，第73页。

② 中共中央文献研究室编：《十七大以来重要文献选编》上，中央文献出版社，2009，第788页。

③ 郭大钧主编：《中国当代史》，北京师范大学出版社，2007，第213页。

④ 新华月报社编：《中华人民共和国大事记（1949—2004）》，人民出版社，2004，第585页。

党的十一届三中全会以后，江苏全面落实党和国家的重大决策，以经济建设为中心，大力推进改革开放的步伐。同时，在改革开放春风雨露的滋润下，江苏红十字运动逐步复苏并走上了初步发展之路。

一、组织建设先行

根据复会初期红十字会组织的整体状况，江苏红十字会把长期目标与时下最紧要的任务确定为恢复和建立组织。组织发展是开展一切红十字活动的基础，一定程度上可以说，这一时期的其他工作都是围绕这一中心而展开的。

（一）省红十字会的恢复及理事会议的召开

粉碎“四人帮”后，恢复红十字会的国内工作已成为当务之急。1978年4月，国务院批转了卫生部、外交部呈送的《关于恢复红十字会国内工作的报告》，决定陆续恢复国内各地红十字会工作，并决定在全面恢复之前，“第一步先恢复北京、上海、天津、南京、杭州、广州、长沙、武汉、西安、沈阳等十个大城市的红十字会工作”。由此，南京成为“文革”后江苏第一个恢复红十字组织的城市。

按照国务院文件的精神，1981年9月，中共江苏省委批准恢复江苏省红十字会，并经协商产生了由28名理事组成的江苏省红十字会第三届理事会（详见表1－1），盛立任会长，朱朱、于福厚、瞿立衡任副会长①。

表1－1　江苏省红十字会第三届理事会成员名单表

姓　名	性　别	职　务	会内职务
盛　立	男	江苏省卫生厅厅长	会　长
朱　朱	男	江苏省卫生厅副厅长	副会长
瞿立衡	男	中华医学会江苏分会顾问	
于福厚	男	南京市卫生局局长兼市红十字会会长	

① 江苏省红十字会编著：《江苏红十字运动八十八年（1911—1999）》，东南大学出版社，2001，第105页。

（续表）

姓　名	性　别	职　务	会内职务
任承恩	男	南京军区后勤部卫生部副部长	理　事
顾　浩	男	共青团江苏省委副书记	
胡史敏	女	江苏省妇联副主任	
彭　原	男	江苏省总工会顾问	
雪　烦	男	江苏省佛教协会副会长兼秘书长	
刘希珍	男	江苏省伊斯兰教协会副主席、省政协常委	
汪　皓	男	江苏省天主教爱国委员会副主任兼秘书长	
诸培恩	男	江苏省基督教协会副会长	
汤德源	男	南京市侨联副主席	
王如光	男	江苏省民政厅副厅长	
邱　路	男	江苏省公安厅副厅长	
汪盛俊	男	江苏省人防办副主任	
姜斯培	男	江苏省军区后勤部顾问	
叶桔泉	男	南京药学院副院长	
邹云翔	男	南京中医学院副院长	
王一峰	男	南京中医学院院长	
关哲昭	男	南京医学院一附院副院长	
徐田芝	女	南京儿童医院院长	
陈嘉政	女	南京妇幼保健院院长	
张洪基	男	南京红十字中心血站副站长	
朱君辑	男	江苏省卫生厅科研办公室主任	
李纯华	男	江苏省爱卫会办公室副主任	
江淑人	男	江苏省防疫站站长	
袁　雪	女	中华护理学会江苏分会理事长	

资料来源：《江苏省红十字会第三届理事会理事名单》，江苏省红十字会档案，档案号：1982-002-0000-0040、1985-001-0000-0001。

江苏省红十字会第三届理事会成员的平均年龄为60.64岁，年龄偏大，这种状况反映出经过10年的组织瘫痪和业务停顿，红十字会存在严重的人才青黄不接现象。“文革”后，省红会“原有理事变动较大，在41位理事中有18位变动了工作，有12位理事与世长辞”，这也呼唤着组织建设的加快进行。成员中女性4人，占14.29%。理事会成员主要来自于医药卫生部门，这表明在复会初期红十字会业务范围存在着局限性，主要涉及卫生和防疫。由于部门涵盖范围比较狭窄，不利于各种活动的开展，但无论如何，在复会初期能建立起这样一个相对比较健全的理事会，对复会时期工作的开展还是具有重要意义的。

1981年12月，江苏省红十字会恢复工作①。1982年初，省红十字会在省政府及卫生厅党组的关怀下，安排了办公用房，分配了业务经费，批准购置了必要的办公用具及宣教器材，调配了专职干部4人，为开展工作创造了必要条件②。

1982年1月，省红十字会召开三届理事会第一次会议，28名理事与会。此次会议，新老理事欢聚一堂，畅谈祖国大好形势及红十字会组织在“四化”建设和精神文明活动中的作用。省卫生厅厅长、省红十字会会长盛立做了工作报告。他回顾了新中国成立以来江苏省红十字会的成长历程和“文革”后恢复重建的经过，汇报了1982年的工作打算。报告指出，新中国成立以来，江苏省各级红十字会组织在开展爱国卫生运动、群众性防病治病、献血宣传、救护训练、对外友好交往等工作方面，发挥了良好作用，受到政府和民众的赞誉③。关于1982年工作计划，报告提出了复会初期开展红十字会工作的主要构想：首先加强南京市红十字会工作，并在此基础上逐步恢复全省原有的红十字会组织，上半年首先恢复、整顿苏州、无锡、镇江、扬州、常州、南通、连云港、徐州8个城市的组织，发展会员，积极开展宣传工作、救护训练、献血、小伤小病的诊治和社会服务，围绕“五讲四美”开展爱国卫生运动，并积极做好红十字会的国际交往工作④。“这是在经受十年动乱，省红十字会工作被迫停顿十多年后的首次会议”⑤，对恢复初期的工作具有重要指导意义，为红十字会组织在全省范围的迅速恢复和发展奠定了坚实的基础并指明了正确的方向。

---

① 盛立：《发刊词》，《江苏红十字》1982年第1期。
② 《江苏省红十字会1982年工作总结》，苏州市红十字会档案，1983年“长期”8，第2页。
③ 《江苏省红十字会召开理事会议》，《江苏红十字》1982年第1期。
④ 《江苏省红十字会1982年工作要点》，《江苏红十字》1982年第1期。
⑤ 《江苏省红十字会召开理事会议》，《江苏红十字》1982年第1期。

1984年4月，省红十字会第三届理事会第二次扩大会议在南京召开，省红十字会理事和12个市、4个县的专职干部以及有关部门的负责同志共60余人出席会议。会议由于福厚副会长主持，盛立会长做了工作报告。会议对省红十字会1984年工作计划和纪念中国红十字会成立80周年的活动方案等进行了讨论，还通过了省红十字会关于《评选红十字先进集体、先进会员的暂行条例》以及《颁发荣誉会员奖章、证书暂行办法》①。由于与卫生部门特殊的历史渊源，以及考虑到红十字会在复会初期的现实，省卫生厅刘洪祺副厅长就卫生部门与红十字会的关系做了专题讲话②。

在会议最初两天召开的红十字会专职干部工作会议上，各市、县红十字会新老专职干部重温了红十字会章程，进一步明确了红十字会的性质、宗旨和任务，认识到中国红十字会是政府领导下的人民卫生救护团体，具有国际性、群众性和社会性的特点，其宗旨是“救死扶伤，实行革命人道主义”。应该说，这种认识的获得是复会以来红十字工作实践的阶段性成果，对于下一步发展具有重要意义。此外，各地红十字会工作者还以此为契机，交流了复会以来的工作经验③。

（二）举办专职干部短训班

随着省红十字会和主要城市红十字会组织的陆续恢复，为了促进组织建设的进一步发展和提高市、县红十字会专职干部的工作水平，1982年10月下旬，省红十字会在南京举办了一期红十字会专职干部短训班。参加学习的有省及12个市④、部分县和南京、徐州的部分区属红十字会的专职干部共23人。短训班采用听课、现场参观及示范表演等形式进行教学，学习会务知识和急救、“三防”⑤ 等内容，并开展红十字工作的经验介绍⑥。

---

① 《省红十字会召开第三届理事会第二次扩大会议》，《江苏红十字》1984年第4期。

② 《卫生厅刘洪祺副厅长在省红十字会第三届理事会第二次扩大会议上的讲话（摘要）》，《江苏红十字》1984年第4期。

③ 《省红十字会召开第三届理事会第二次扩大会议》，《江苏红十字》1984年第4期。

④ 亦有11个市之说，参见《江苏省卫生厅厅长、省红十字会会长盛立同志在省红十字会专职干部短训班结束时的讲话》，苏州市红十字会档案，1981年“长期”1，第6页。

⑤ 所谓“三防”，是指对核武器、生物武器、化学武器的防护。它是消灭敌人、保存自己的有效形式。

⑥ 《江苏省红十字会1982年工作总结》，苏州市红十字会档案，1983年“长期”8，第3页。

这次短训班“时间短，内容丰富，收效较好”，通过培训，与会人员在学习基本会务知识和参观交流的基础上进一步认识到红十字会工作在“四化”建设中的地位和作用，大家一致认为，红十字会工作和社会主义精神文明建设、国防建设、国际友好交往等工作有着密切的关系，从而增强了做好红十字会工作的光荣感、责任感和工作信心。通过学习，与会人员还进一步认清了全省红十字会工作的主要形势，确定了继续加强组织建设工作、采取多种形式展开宣传工作和积极开展以“五讲四美”为中心的爱国卫生运动的基本工作路线。同时，就红十字会工作的几个焦点问题进行了积极讨论并在一定程度上达成共识，其中包括人员编制问题、经费问题以及红十字会与卫生行政部门的关系问题等①。应该说，这些问题在很长一段时间里正是困扰红十字会发展的症结所在，直至今日，这些问题仍与红十字运动发展密切相关，解决问题的过程也是红十字运动不断发展、壮大的过程。

这次短训班是复会初期一次重要的组织活动，对组织建设的发展和红十字会工作的全面开展具有重要意义。同时，这次短训班是在党的十二大胜利召开的背景下举办的，对于贯彻十二大精神、培养和提高红十字会干部的工作能力，对于开创全省红十字会工作的新局面具有重大作用②。

（三）各地红十字组织的恢复和发展

健全的组织机构是开展红十字会工作的组织基础和重要条件。省红十字会复会后把恢复与整顿组织机构、调配与充实工作干部作为各地红十字会工作的重点，强调领导机构未健全的市、县红十字会，要争取尽快健全理事会；已健全领导机构并开始对外办公的市、县红十字会，要在抓好几个有代表性的基层组织的恢复或新建的基础上，总结经验，逐步推开③。

1982 年，省红十字会三届一次理事会议把恢复和整顿对外开放市、县红十字组织作为全年的工作重点，从而使该年成为全省红十字会恢复后的开局之年，同时又是关键的组织建设年。这一年，苏州、无锡、常州、徐

---

① 《盛立同志在省红十字会专职干部短训班结束时的讲话》，苏州市红十字会档案，1981 年“长期”1，第 6—10 页。

② 《省红十字会举办专职干部短训班》，《江苏红十字》1982 年第 5 期。

③ 《盛立同志在省红十字会专职干部短训班结束时的讲话》，苏州市红十字会档案，1981 年“长期”1，第 7 页。

州、南通、连云港、扬州、镇江、泰州、清江、江阴等市、县先后恢复或筹建红十字会组织；武进县确定了红十字会的领导人选，积极进行恢复筹建工作；多数市、县红十字会调配了专职工作人员，逐步恢复了基层组织、发展了会员、开展了各项红十字工作。

在1982年的组织建设中，南京、苏州和徐州3地红十字会凭借各自的独特优势取得了显著的成绩，成为全省楷模。南京市红十字会在原有5人的基础上，增加专职编制19人，使南京市的鼓楼、建邺、下关、浦口、大厂等区的红十字会均配备了专职工作人员，为更好地开展工作打下了良好的基础。苏州与红十字的渊源可谓久远，且苏州具有丰厚的慈善文化底蕴，在迅速复建市级红十字会组织的基础上，苏州市在医药卫生、园林、学校等单位积极恢复基层组织，到9月份，全市12个园林部门及部分医药卫生单位、学校均已建立组织。徐州为苏北重要城市，组织基础也相对较好，1982年，在市内4区及部分街道、学校整顿恢复了红十字会组织①。到1982年底，仅据南京、苏州、徐州3地的统计，基层组织达1300个，红十字成年会员32739名，红十字青少年15505名，团体会员25515名，总计73759名。1982—1985年全省各地红会组织恢复、发展情况见表1－2所示。

表1－2　《江苏红十字》所载1982—1985年各地红十字会组织恢复、发展情况简表

《江苏红十字》的出版时间	江苏各地红十字会组织恢复简况
1982年7月	苏州市红十字会组织机构已恢复，会长、副会长、副秘书长人选确定；7月15日启用印章，在市卫生局办公
	无锡市红十字会组织恢复工作基本就绪，编制5人，市拨开办费3000元，红十字会会牌已做好，办公地址槐树巷
	常州市红十字会经市政府7月27日批准恢复，专职干部2人，配置了办公设备，在市卫生局内办公
	徐州市红十字会组织机构已建立，刘希伦副市长兼任会长，卫生局局长孔云兼任副会长，专职干部3人，在市医学会内办公
	扬州市红十字会经市政府6月25日批准恢复，现正积极筹备中

① 《江苏省红十字会1982年工作总结》，苏州市红十字会档案，1983年“长期”8，第2—3页。

（续表）

《江苏红十字》的出版时间	江苏各地红十字会组织恢复简况
1982 年 9 月	徐州市红十字会 1982 年 8 月 20 日启用新印章，开始对外办公，会址在市卫生局内①
1982 年 10 月	扬州市红十字会已于 9 月 21 日启用新印章，即日起正式对外办公，地址在国庆路市卫生局内②
1982 年 11 月	镇江市红十字会 9 月 23 日经市政府批准恢复组织并建立领导机构，拟配备专职干部 2 名，办公地点暂设市卫生局内③
	常州市红十字会 9 月 1 日启用新印章并开始办公④
1982 年 12 月	江阴县红十字会（筹备组）已成立
	连云港市红十字会已组织了领导班子
	泰州市红十字会 12 月 9 日经市政府批准恢复组织，会长、副会长人选确定，已开始办公
1983 年 7 月	6 月 24 日，南京市红十字会召开五届三次理事会议⑤
1983 年 10 月	无锡市政府在机构改革中颁发文件，决定重建市红十字会理事会，副市长庄申任会长⑥
1983 年 11 月	经市政府批准，决定正式建立淮阴市红十字会，办公地点暂设市第一人民医院培训楼上。10 月 22 日市红十字会发函，宣布即日起启用印章⑦
	江阴县红十字会 9 月 23 日经县政府批准恢复，11 月 8 日启用新印章
	武进县红十字会 11 月 10 日启用新印章
	11 月 3 日，无锡市红十字会召开三届一次理事（扩大）会议⑧

① 《徐州红十字会恢复建制》，《江苏红十字》1982 年第 3 期。
② 《简讯》，《江苏红十字》1982 年第 4 期。
③ 《镇江红十字会恢复》，《江苏红十字》1982 年第 5 期。
④ 《常州红十字会开始办公》，《江苏红十字》1982 年第 5 期。
⑤ 《南京红十字会召开五届三次理事会》，《江苏红十字》1983 年第 13 期。
⑥ 《无锡市重建红十字理事会，副市长庄申任会长》，《江苏红十字》1983 年第 16 期。
⑦ 《淮阴市建立红十字会》，《江苏红十字》1983 年第 17 期。
⑧ 《无锡市红十字会召开三届一次理事（扩大）会议》，《江苏红十字》1983 年第 17 期。

（续表）

<table>
<tr><th>《江苏红十字》的出版时间</th><th>江苏各地红十字会组织恢复简况</th></tr>
<tr><td>1984 年 5 月</td><td>5 月 16 日，常州市红十字会理事会经市政府批准正式选举成立①</td></tr>
<tr><td>1984 年 6 月</td><td>5 月 29 日，扬州市红十字会召开三届一次理事会议②</td></tr>
<tr><td rowspan="4">1984 年 10 月</td><td>9 月 8 日，江阴县红十字会召开三届理事会议，国务院参事张丰胄任名誉会长</td></tr>
<tr><td>常州市红十字会 10 月 16 日召开第二次理事会议</td></tr>
<tr><td>武进县红十字会 9 月 20 日召开理事会议</td></tr>
<tr><td>泰州市红十字会 10 月 18 日召开第二次常务理事会议</td></tr>
<tr><td rowspan="2">1985 年 2 月</td><td>1 月 19 日，镇江市红十字会三届理事会议召开，副市长李赐勋任会长③</td></tr>
<tr><td>1 月 17 日，无锡市红十字会召开理事扩大会议④</td></tr>
<tr><td rowspan="2">1985 年 3 月</td><td>1 月 28 日，淮阴市红十字会召开第一次理事会议⑤</td></tr>
<tr><td>3 月 4 日，泰州市红十字会召开一届二次理事会议和第三次常务理事会议⑥</td></tr>
<tr><td rowspan="2">1985 年 4 月</td><td>淮安县红十字会经县政府批准正式成立，4 月 7 日启用公章并开始办公⑦</td></tr>
<tr><td>1 月 16 日，连云港市政府决定恢复连云港市红十字会⑧</td></tr>
</table>

① 《常州红十字会理事会成立》，《江苏红十字》1984 年第 23 期。

② 《为庆祝中国红十字会成立八十周年徐州、泰州、扬州、盐城、常熟、无锡等地红十字会举行纪念活动》，《江苏红十字》1984 年第 24 期。

③ 《镇江市红十字会三届理事会隆重召开》，《江苏红十字》1985 年第 2 期。

④ 《无锡市红十字会召开理事扩大会议》，《江苏红十字》1985 年第 2 期。

⑤ 《淮阴市红十字会首次召开理事会》，《江苏红十字》1985 年第 3 期。

⑥ 《泰州市召开一届二次理事会和第三次常务理事会》，《江苏红十字》1985 年第 3 期。

⑦ 《淮安县成立红十字会》，《江苏红十字》1985 年第 4 期。

⑧ 《连云港恢复红十字会理事会》，《江苏红十字》1985 年第 4 期。

（续表）

《江苏红十字》的出版时间	江苏各地红十字会组织恢复简况
1985年6月	4月17日，常州市红十字会召开六届三次理事会议
	5月14日，盐城市红十字会召开首届理事扩大会议
	5月21日，连云港市红十字会召开三届一次理事会议
	5月20日，盐城市红十字会举行成立大会①

资料来源：《江苏各地简讯》，《江苏红十字》1982年第2期；《红十字会组织简报》，《江苏红十字》1982年第6期；《江阴、武进县红十字会启用新印章》，《江苏红十字》1983年第17期；《江阴、常州、常熟、武进等市县红十字会召开理事会》，《江苏红十字》1984年第28期；《常州、盐城、连云港召开理事会》，《江苏红十字》1985年第6期。（注明出处者除外）

虽然表1-2所显示的信息并不能涵盖江苏红十字组织恢复和发展情况的全貌，但仍然能反映出其发展脉络。随着各地组织的恢复、新建和理事会的成立以及理事会议的召开，江苏红十字会的组织恢复工作取得了初步成效。

经过全省红十字工作者的不懈努力，到1984年3月，南京、苏州、无锡等12个市及对外开放的4个县，恢复了红十字会组织和工作。各地红十字会配备了专职干部54人、兼职干部25人，全省已发展红十字会员148405人，其中红十字青少年46827人，经过培训的红十字会员27052人，建立了红十字卫生站等基层组织1466个、红十字医院6个②。

到1985年省红十字会“四大”召开时，全省已有13个市、5个对外开放的县恢复和建立了组织③，基层组织也随之大量涌现，“全省有大专院校红十字会16个，红十字医院12个，中小学校、工矿企业、街道等基层红十字会组织3934个，红十字卫生站750个。发展会员204000余人，其中红十字青少年会员54859名。县和城区以上的红十字会，多数已建立了

① 《盐城市红十字会隆重召开成立大会》，《江苏红十字》1985年第6期。

② 江苏省红十字会编：《红十字工作简报》，1984年5月17日。

③ 13个市包括：南京、无锡、常州、徐州、苏州、南通、连云港、淮阴、盐城、扬州、镇江等11个省辖市和常熟、泰州两个县级市；5个县分别为无锡、淮安、江阴、武进、泗洪。参见《地方红十字组织一览》（截至1985年底），《中国红十字》1986年第8期，第26页。

办公机构，并配备了专职和兼职干部”[①]，由此可见，江苏红十字会组织建设成绩可观，这也能从表1-3中江苏与其他省（区、市）红会组织建设成绩的对比中可见一斑。

表1-3　全国部分省（区、市）地方红十字会组织简表（截至1985年底）

省（区、市）	地方红十字会组织数量	省（区、市）	地方红十字会组织数量
江　苏	18个市、县	北　京	8个区
天　津	14个区、县	河　北	3个市
山　西	2个市	辽　宁	7个市
吉　林	1个市	黑龙江	3个市
上　海	20个区、县	浙　江	4个市
福　建	20各市、县	江　西	12个市（县）
山　东	50个市（地）、县	河　南	1个市
湖　北	1个市	湖　南	1个市
广　东	14个市（地）、县	广　西	13个市、县
四　川	11个市、县	贵　州	1个市
云　南	4个市	陕　西	6个市、县
甘　肃	1个市	青　海	1个市
新　疆[②]	1个市		

资料来源：《地方红十字会组织一览》（截至1985年底），《中国红十字》1986年第8期，第26页。

截至1985年底，中国红十字会已建立省级红十字会26个，市（地、州）县（区）级红十字会217个[③]。应该说，由于各省（自治区、直辖市）的行政区划和统辖范围，以及所属红十字会组织的历史和现实都存在较大差别，不能简单地以各地建立组织的数量来判别该地区组织建设的水平和成绩，但从表1-3所透露出的直观信息中至少不难得出结论：这一时期江苏红十字会组织发展的确处于全国前列。

---

① 《盛立同志在省红十字会第四次代表大会上的工作报告（摘要）》，《江苏红十字》1985年第7期。

② 1985年，新疆维吾尔自治区尚未建立红十字会。

③ 《地方红十字会组织一览》（截至1985年底），《中国红十字》1986年第8期，第26页。

二、宣传工作开路

红十字会作为一个以传播人道主义为宗旨的重要载体，宣传历来是其最主要的业务内容之一。早在民国北京政府时期，“中国红十字会的宣传活动大大推动了红十字会的‘拓分会’、‘征会员’和‘恤兵救灾’等各项工作的进行。民国初年中国红十字会的两次发展高潮，都与其宣传密不可分”[①]。作为中国红十字会的重要组成部分，江苏各地分会也曾亲历如火如荼的红十字宣传运动。

进入20世纪80年代复会时期，江苏红十字运动的宣传工作有其特殊性。如果说在红十字运动的快速发展时期主要侧重于业务宣传，那么复会时期的重点则放在红十字的自我宣传方面。经历了10年动乱，红十字已经与人们的社会生活有了较远的疏离，因此“宣传工作在各地恢复组织阶段显得特别重要”。“由于国内工作停顿多年，社会上的中老年人对红十字会的印象淡漠了，年轻人对她则一无所知”[②]。在这种状况下，如何建立起社会大众对红十字的普遍认知成为至为关键的一步，最重要的是首先让大家知道“红十字是什么”“红十字做什么”。这看似简单，但在20世纪80年代初，宣传的重要性不言而喻，其最主要的任务，就是把红十字最基本的知识和理念融入日益复苏的社会文化氛围当中。这是一项基础性工作，难度很大，但意义不同寻常。

（一）《江苏红十字》创刊

《江苏红十字》“是江苏省红十字会主办的内部刊物，面向全省红十字基层组织及广大红十字会员、红十字青少年”[③]。1982年6月，《江苏红十字》创刊。它的创刊是江苏红十字运动史上的一件大事，“必将为推动全省红十字工作作出应有的贡献”。《江苏红十字》在改革的春风里和江苏红十字运动重新焕发生机的特殊历史时期孕育萌发，承担了重要的历史使

---

① 周秋光：《民国北京政府时期中国红十字会的会内宣传与经费筹措》，《湖南师范大学社会科学学报》2004年第4期，第123页。

② 中国红十字会总会编：《红十字手册》，辽宁科学技术出版社，1988，第31页。

③ 《征稿启事》，《江苏红十字》1982年第1期。

命。正像其《发刊词》所言："《江苏红十字》的主要任务是：宣传中国红十字会的任务，刊载有关红十字会的基本知识，及时报道我省各地红十字会的工作经验和动态，介绍国际红十字会的重大活动及与我国的交往情况，宣传医药卫生、计划生育、献血、三防、四大技术等方面的科普知识，表彰好人好事。"①

《江苏红十字》自1982年6月创刊，到年底已出版6期，发给市、县基层组织及有关单位进行交流，因其能注意趣味性、科学性并不断提高质量，故逐渐受到各有关单位的重视和关怀。例如，南京市老干部局对《江苏红十字》第6期很感兴趣，曾致电索要200份，分发给老干部阅读②。到1985年6月，在3年的时间里"共编印36期，每期10000份"③，这份小报成为解读复会时期江苏红十字运动的重要"史料集"。

（二）宣传工作年

1982年不仅是江苏红十字运动的组织发展年，而且也是江苏红十字运动的宣传年。在这一年，为了给全省红十字运动的发展创造良好的环境，各地都举行了形式多样的宣传活动。

其一，举办卫生知识讲座。南京、苏州、无锡等市红十字会配合有关部门举办了多种内容的医药卫生科普讲座。南京市红十字会充分发挥团体会员的作用，组织省中医院、市精神病医院、鼓楼医院、口腔医院等团体会员单位的医师和专家，举办了《老年病预防》《视力保护》等讲座共7场，听众达2100多人次。无锡市红十字会和科协等部门密切配合组织了15场《健康与长寿》科普讲座，听众达3000多人次，由于讲座内容丰富，通俗易懂，颇受老同志欢迎，有人还冒雨前往听讲。

其二，赠送宣传资料。省红十字会恢复对外办公后，每月订购《中国红十字》100本，后又增加到250本，赠送有关单位和领导、社会知名人士、红十字基层组织，以扩大红十字会在社会上的影响，争取支持与配合。常州市红十字会邀请书法家挥毫书写了有关会务知识的标语5条，共

---

① 《发刊词》，《江苏红十字》1982年第1期。

② 《江苏省红十字会1982年工作总结》，苏州市红十字会档案，1983年"长期"8，第4页。

③ 《盛立同志在省红十字会第四次代表大会上的工作报告（摘要）》，《江苏红十字》1985年第7期。

印了1500套，赠送有关单位及基层组织张贴宣传。

其三，组织宣传队。南京、苏州、无锡等市红十字会还采用组织宣传队的形式，围绕各个时期的中心卫生工作，积极开展宣传。其中南京市红十字会多次组织宣传队到车站、广场、街道等公共场所，采用文娱节目、挂图等丰富多彩的形式开展宣传，仅下关区10多所中小学的红十字会就出动宣传队26个，宣传78场，听众达3400多人次。

其四，上门宣传会务知识。省红十字会及苏州、徐州、无锡、常州、镇江等市红十字会组织在恢复对外办公的前后，利用与省、市政府、政协以及民政、教育、编办、工会、妇联、共青团、人防、公安等部门联系工作的机会，宣传红十字会性质、任务及其在“四化”建设中的作用，以扩大红十字会的影响，争取上级领导及有关部门的支持与配合①。

（三）两次宣传工作会议的带动

1985年10月，总会在连云港召开了全国宣传工作会议，主要目的是总结我国红十字会成立及改组，特别是1978年重新恢复国内工作以来，在宣传工作方面所取得的经验、教训，研究和部署此后的宣传工作②。蔡壬癸副会长在会议报告中强调了宣传工作的重要性，指出：“我们将要开展的每一份工作，宣传工作不仅要走在前头，而且要贯穿于工作过程的始终。宣传工作做好了，必将有力地推动我们工作，打开新的局面。”③ 在如何扩大宣传效果的问题上，他谈道，在红十字会进行一些涉及面较广的重大社会性活动时，必须力争社会舆论的支持，只有这样，才能使工作广泛、深入地开展。这次会议“是我国红十字会有史以来的第一次”，是继总会“四大”之后，又一次具有重要意义的会议④。在这次会议中，江苏省红十字会和江阴县、苏州市、淮阴市等地红十字会，与兄弟省、市红十字会进行了深入的交流和切磋，对于提升江苏红十字会的宣传工作具有重

---

① 《江苏省红十字会1982年工作总结》，苏州市红十字会档案，1983年“长期”8，第4—6页。

② 《中国红十字会全国宣传工作会议在连云港召开》，《江苏红十字》1985年第11期。

③ 《中国红十字会在连云港市召开全国宣传工作会议》，《中国红十字》1985年第12期，第2页。

④ 《中国红十字会全国宣传工作会议在连云港召开》，《江苏红十字》1985年第11期。

要意义。

借着全国宣传工作会议的东风，1985 年 11 月，江苏省红十字会召开了全省宣传工作会议。会上，省红十字会有关领导传达了全国宣传工作会议精神，报告了江苏省红十字会系统宣传工作的概况和今后的任务。会议期间，与会代表交流了各地宣传工作的经验，通过交流与讨论，加深了对宣传工作的认识：宣传工作是开展各项工作的开路先锋，是红十字事业开拓前进的必要保证，宣传工作开展得好坏得失，直接关系到红十字事业的成功与否。会议结束时，常务副会长盛天任在总结前段工作的基础上，要求提高对宣传工作重要性的认识，提出开展宣传工作要有一定的物质基础并要讲求方式方法，同时要加强对外宣传工作①。盛天任在会议小结中还特别强调：宣传工作要给各项工作开路，要贯穿各项工作全过程，宣传中要实现“报上有名、电台有音、电视有影”，要实现这“三有”，必须以“一有”为基础，即一定要有“活动”；开展活动才能有实际的工作和成绩，有具体和丰富的内容，宣传工作才能形象化，易为广大群众所理解和接受②。这一思想对江苏红十字会的宣传工作具有重要的指导意义。

（四）中国红十字会成立 80 周年纪念

中国红十字会诞生于日俄战争中的 1904 年，到 1984 年，中国红十字会走过了 80 年的风雨历程。江苏红十字会以纪念中国红十字会建会 80 周年为契机，开展了卓有成效的宣传活动。

早在 1983 年 6 月，江苏省红十字会就制订了周密的纪念计划，号召全省各级红十字会“要争取各界人士的支持，扩大红十字会的社会影响”③。1984 年 5 月下旬，江苏各地红十字会举行了声势浩大且形式多样的纪念活动，其中省红十字会联合南京市红十字会举办的纪念活动尤其引人注目。除了丰富多彩的展览会和茶话会之外，6 月 12 日，省、市 3000 多名红十字会员欢聚南京人民大会堂，隆重纪念中国红十字会成立 80 周年。纪念大

---

① 《省红十字会召开宣传工作会议》，《江苏红十字》1985 年第 11 期。

② 江苏省红十字会编著：《江苏红十字运动八十八年（1911—1999）》，东南大学出版社，2001，第 109 页。

③ 《关于开展纪念中国红十字会成立八十周年活动的计划》，苏州市红十字会档案，1984 年“长期”32，第 3 页。

会上，盛立会长指出，省红十字会成立以来在各方面做了大量工作，“对提高人民群众的健康水平和实现社会主义新时期的总任务，发挥了政府部门的补充和助手作用”；“现在江苏省已有红十字会员15万多人，各级红十字会基层组织1500多个，经过训练的会员有3万多人。省红十字会还举办了2期心肺脑复苏师资学习班，全省及外省市的近400名医师参加了学习，为红十字会工作开辟了新的内容”；“近年来我省各地的红十字会在工作内容上也有所创新，结合文明礼貌活动，做了大量社会工作……在这些活动中，红十字会的影响不但得到了扩大，而且也培养了红十字会会员自身的为人民做好事的荣誉感和共产主义思想、道德品质”①。

庆祝中国红十字会成立80周年纪念邮票

此外，在省红十字会的支持或参与下，各地红十字会也结合本地实际，因地制宜地开展纪念活动。

南京市红十字会从年初起连续开展宣传纪念活动。各区红会在指导所属基层组织蓬勃开展纪念活动的情况下，都组织了1~2次具有特色的全区性纪念活动。全市性纪念活动有4次：第一次，在南京饭店举行了300人的纪念茶话会，广泛宣传了红会会务和业务知识，各区红会还以文娱形式向大会汇报了工作，取得了较好的效果；第二次，在胜利饭店举行了书画纪念活动，金陵书画名流林散之、武中奇、肖娴、陈大羽、张文俊、杨建

① 《江苏省暨南京市红十字会举行各种活动纪念中国红十字会成立八十周年》，《江苏红十字》1984年第6期。

侯、徐天敏等都为红会成立80周年奉献了作品；第三次，在北极岩地下宫举行了庆祝建会80周年展览会，内容较为丰富，主题鲜明；第四次，在南京人民大会堂召开了3000人参加的纪念大会，表彰了1983年度的56个先进单位和346名先进会员。这些活动都扩大了红十字会在社会上的影响[①]。

苏州市红十字会举办了首届红十字青少年书法美术展览，并于5月29日在市群众艺术馆剧场隆重集会，举办大型纪念活动[②]。

扬州市和泰州市红十字会在5月29日都召开了新一届理事会议，以全新的面貌纪念中国红十字会80华诞。

筹建中的盐城市红十字会与市卫生局有关领导共同行动，通过纪念活动得到了社会的理解和支持，加速了红十字会的筹建过程。

无锡市红十字会“双喜临门”，市红十字会成立的60诞辰恰逢总会成立的80华诞，更增加了活动的喜庆气氛[③]。

各地红十字会基层组织也结合自身特点，以实际行动开展纪念活动。例如，苏州金阊区红十字医院在大力宣传红十字知识的同时，开设家庭病床120多张，该院的红十字会会员上门为病人服务，受到患者的交口称赞[④]。5月28日，扬州机械厂红十字会以一场现场急救表演作为庆祝活动的重要内容，受到厂领导和近百名会员的热烈欢迎[⑤]。诸如此类，不一而足。

这次在全省范围内蓬勃开展的纪念活动，一方面向全社会宣传了红十字的历史和现状，以及红十字的性质、宗旨和任务，为红十字走向普通大众，为大众理解和接纳红十字人道主义做了大量无形的但却是极其重要的工作；另一方面，这次纪念活动也是对广大会员以及志愿工作者的一次重要的教育和思想启迪。

---

① 《南京市红十字会1984年工作总结》，江苏省红十字会内部资料，1985年2月14日。

② 《本市举行中国红十字会成立八十周年纪念大会》，苏州市红十字会档案，1984年“长期”32，第39页。

③ 《徐州、泰州、扬州、盐城、常熟、无锡等地红十字会举行纪念活动》，《江苏红十字》1984年第6期。

④ 《苏州金阊区红十字医院以实际行动开展纪念活动》，《江苏红十字》1984年第6期。

⑤ 《扬州机械厂红十字会的庆祝活动》，《江苏红十字》1984年第6期。

三、在“五讲四美三热爱”活动中：以南京红十字会为中心

进入改革开放的历史新时期之后，虽然我国的“物质条件还比较差，但也应看到，我国消灭了剥削制度，实现了生产资料公有制”；全国人民30余年来努力奋斗，“不仅为创造高度物质文明奠定了一定的物质基础，而且为建设社会主义精神文明开拓了道路”①。应该说，大力加强社会主义精神文明的建设，是“建设社会主义现代化强国的重要目标，也是在新的历史条件下发扬革命传统和中华民族优良传统，促进经济调整和社会安定的重要保证”②。

“五讲四美三热爱”活动是20世纪80年代在全国人民特别是在广大青少年中广泛开展的创建社会主义精神文明的一种教育和活动形式。“五讲”，即讲文明、讲礼貌、讲卫生、讲秩序、讲道德；“四美”，即心灵美、语言美、行为美、环境美；“三热爱”，即热爱祖国、热爱社会主义、热爱中国共产党。1981年2月，全国总工会、共青团中央、全国妇联等9个单位联合倡议，在全国范围开展以“五讲”和“四美”为主要内容的文明礼貌活动。随后，中宣部、教育部、文化部、卫生部、公安部发出联合通知，积极支持各群众团体开展文明礼貌活动。这是我国社会主义精神文明建设的一桩盛事，对恢复和发扬我国良好的社会风气，促进青少年一代的健康成长，有着深远的意义③。党的“十二大”以后，“五讲”“四美”活动又与各地开展的热爱祖国、热爱社会主义、热爱共产党的“三热爱”活动相结合，成为一个统一的活动，并根据学雷锋活动的传统做法，规定每年3月为“全民文明礼貌月”。1983年3月，中央“五讲四美三热爱”活动委员会正式成立，指导该项活动的开展。作为委员会成员之一的中国红十字会总会，于1981年3月和1982年2月两次发出通知，要求各级红十字会积极投入这项活动中④。

---

① 本报评论员：《大兴文明礼貌之风》，《人民日报》1981年2月28日。

② 《全国总工会、共青团中央、全国妇联等联合发出倡议 在全国开展文明礼貌活动》，《人民日报》1981年2月28日。

③ 《中国红十字会总会发出关于开展“五讲”“四美”活动的通知》，《中国红十字》1981年第4期，第1页。

④ 中国红十字会总会编：《中国红十字会的九十年》，中国友谊出版公司，1994，第203页。

20 世纪 80 年代，全国城乡各地广泛开展了“五讲四美三热爱”活动

“五讲四美三热爱”活动包含的内容非常广泛，而且对于不同行业有着更加具体的内涵。作为 20 世纪 80 年代初精神文明建设的重要内容，“五讲四美三热爱”活动与以“救死扶伤、实行革命的人道主义”为宗旨的中国红十字运动有着颇多的相同之处。这一时期，红十字运动所从事的群众性防病治病、卫生知识宣传、卫生救护训练、公民义务献血宣传、扶助老弱病残等活动，在思想本质和精神诉求方面与“五讲四美三热爱”活动有着诸多的一致性，因此注定了红十字会在这一活动中要大显身手。

江苏红十字会注重“五讲四美三热爱”活动的开展，尤其是 1982—1984 年，活动开展得丰富多样，为红十字事业发展和精神文明建设都做出了重要贡献。以下以南京市红十字会为中心，对活动的开展做重点介绍。

（一）1982 年的活动

1982 年 2 月，江苏省红十字会下发了《关于积极开展“五讲四美”和“全民文明礼貌月”活动的通知》，要求各地红十字会在积极开展以“五讲四美”为中心的“全民文明礼貌月”活动中，加强组织领导，加强宣传发动工作，要大力表彰好人好事，并注意吸收积极分子参加红十字会。《通知》特别指出，南京作为全国开展“全民文明礼貌月”的重点城市之一，“对上述活动尤应加强宣传和组织发动工作”，“认真总结经验，使这一活动更加深入、广泛、持久地发展”①。

南京市红十字会积极响应党中央号召，将红十字会的宗旨教育和精神文明建设紧密结合起来，积极投身“五讲四美三热爱”活动。首先，为树立尊老敬长的文明新风，2 月，南京市红十字会联合市教育局向各中小学校暨各级红十字会发出《关于在青少年中广泛开展尊老活动的通知》。进入 3 月，深入持久地开展了文明礼貌月活动。在这一活动中，结合南京实际，分别召开了各区和高等院校、医疗团体会员单位红会干部会议，对文明月活动做了具体布置。文明月中，南京市红十字会首先为推动文明卫生活动开展，向各级红会转发了中国防痨协会等三组织“不随地吐痰”的倡议②。之后，文明月各项活动全面展开。

南京市各大、中、小学校的红十字青少年，在以“五讲四美”为中心的第一个文明礼貌月活动中扮演了重要角色。南京市十八中红十字会重视保护学生视力，发挥群防群治作用，使视力保护工作越做越好。校红十字会在有关部门配合下，除用各种形式搞好用眼卫生保健知识教育、改善课堂采光条件、按学生高矮调整课桌椅、要求学生按标准做好眼保健操等经常性工作外，还由各班级 12 名青少年组成防近视医疗队，请附近医院推拿科医生来校，教授眼部推拿技术。这支医疗队在寒假前和寒假中对 60 名视力减退的学生做了眼推拿矫治，使受治疗学生的视力都得到不同程度的改善③。市六十中等单位进一步落实了“五保户”服务对象。东方红幼儿园教师会员决心改进幼儿教学，培养幼儿从小讲文明、有礼貌、爱祖国。3 月，南京林产工业学院青少年会员在副院长、院红十字会会长仲天恽的带

① 《关于积极开展“五讲四美”和“全民文明礼貌月”活动的通知》，江苏省红十字会内部资料，1982 年 2 月。

② 《南京市红十字会一九八二年工作总结》，江苏省红十字会内部资料，1983 年 1 月 21 日。

③ 《保护学生视力》，《中国红十字》1982 年第 5 期，第 5 页。

领下，苦战一个下午，植树500棵，并命名为“红十字林”①。

在文明月活动结束前，为巩固“全民文明礼貌月”活动取得的成果，并使这一活动深入持久地开展下去，南京林产工业学院、十二中、解放路小学等15所学校红十字会，联合向南京各大、中、小学校红十字会发出《在全市红十字青少年中深入开展文明礼貌活动的倡议》②，内容如下：

1. 加强卫生文明建设。要求红十字青少年在美化、绿化、净化本单位环境中起模范带头作用，积极开展红十字监督岗活动。同时就近选择并保洁一条“红十字街”。

2. 搞好文明礼貌活动。红十字青少年坚决做到并劝阻同学，不留长发鬓角胡子，不穿奇装异服，不吸烟，不收听黄色音乐，不围观外宾，不说粗鲁话，不吵嘴打架，爱护公物，维护团结，遵守公共秩序，勇于向不良倾向做斗争。

3. 积极开展公益活动，开展尊敬老师、长辈、老年人的活动。成立服务小组，定期定对象为孤老、残疾人打扫卫生，料理生活和进行家庭护理，并扎扎实实地做出成果。

4. 提高卫生救护知识水平。从大中小学不同特点出发，开展以四大技术为中心的急救训练，使红十字青少年掌握急救技术，随时为意外伤害同学治伤。并在保护视力等各项卫生保健工作中发挥积极作用。

这个倡议既是对1982年南京市广大红十字青少年文明礼貌活动的一个经验总结，同时也是对下一步工作提出的设想。最重要的是，这一倡议试图把活动中取得的成果在全市范围内巩固下来并坚持下去。这种发展思路有利于使这一活动制度化并为青少年工作的长期发展积累经验。总之，在1982年的第一个文明礼貌月活动中，南京市红十字青少年表现突出，起到了表率和带头作用。

文明礼貌月之后，各级红会继续在“深入”“持久”上下功夫，充实修改文明公约、守则，扩大既有成果，为深入搞好“五讲四美”活动，加

① 《为建设精神文明做贡献——“全民文明礼貌月”活动续志》，《中国红十字》1982年第5期，第2—3页。

② 《南京十五所学校红十字会提出巩固“全民文明礼貌月”成果的倡议》，《中国红十字》1982年第5期，第5页。

强精神文明建设打下了良好的基础。其中值得一提的是，南京市十二中红十字会发挥红十字青少年在卫生保健中的作用，在建设学校卫生网的工作中，制订周详计划，并注意抓好10件事①：

1. 根据时令季节变化和疾病流行情况，用广播、板报及时做卫生宣传，遇有发烧病人及时报告，帮助同学服好预防药。

2. 建立卫生监督岗，巡回执勤，检查包干区卫生，按日公布检查结果，督促有关班级清扫。成立卫生突击队，清理卫生死角，保证校容整洁。

3. 做好学生视保工作，实行“九管”：管灯（天阴、上课开灯，下课关灯）、管眼保健操（纠正动作、穴位差错）、管每周一次换座、管读写姿势、管不拖堂、管课间休息（远望）、管读写时带小眶（框）眼镜、管每月一次视力检查、管课外活动（保证每周2次）。

4. 参加红十字卫生站值日，做敷料，为同学治小伤。协助做好驱蛔、治沙（眼）工作。

5. 集体外出携带药箱，开运动会时组织担架队，设救护站、开水站。

6. 参加上午两节课间的点心供应服务。

7. 陪送生病同学看病，陪护重病住院同学，病愈帮助补课。

8. 定时定户为退休教工打扫卫生，料理生活。

9. 建立经期卡，掌握运动（劳动）量。

10. 帮助同学掌握寒暖更衣，红十字气象站每天转播天气预报。

青少年正处于身体发育的重要时期，市十二中红十字会的10项卫生保健措施，可以说全面地考虑了影响身体健康发育的各个方面，如此常抓不懈，对青少年身心健康大有裨益。由此不难看出，广大红十字青少年确实把“五讲四美三热爱”的精神实质贯彻到了日常学习和活动中，这也折射出“五讲四美三热爱”活动取得重大社会效应的内在动因。

1982年10月上旬，江苏省红十字会发出通知，要求各市、县红十字会积极行动起来，在当地党、政的统一领导和部署下，组织广大会员立即

① 《抓好十件事》，《中国红十字》1982年第7期，第2—3页。

投入以治理“脏、乱、差”为中心的“五讲四美”活动中[①]。这一通知推动了全省范围红十字会系统“五讲四美”活动的深入展开。南京各级红十字会响应号召，积极行动。

10月15日，南京市红十字医院、市红十字救护站、市红十字中心输血站及市第一医院等21家医药卫生单位红十字会，特向全市各医药卫生单位红十字会发出4点倡议[②]：

1. 认真学习十二大文件，提高对社会主义精神文明重要性的认识，争当精神文明的带头人。

2. 积极投入治理“脏、乱、差”活动，做好卫生宣传工作。

3. 讲究医德，改善服务态度，提高医疗质量。

4. 表彰先进，树立新风。

由此，南京市红十字会以医疗卫生单位为主体的“五讲四美”活动进入新阶段。活动中，口腔医院的医护人员到广场开展医疗咨询及治疗活动，一次即解答群众咨询232人次，为49人治疗了口腔疾病；雨花区红十字会组织1200名会员和群众，在4次卫生突击活动中共清运垃圾2950吨，疏浚水沟924米，栽花植树48168株，使该区卫生面貌焕然一新。此外，全市各街道红十字会积极组织会员为老、残、病、“五保”对象服务，进行健康调查摸底、上门探视和进行家庭护理等工作；市救护站也加强了救护工作，仅1月至10月就出车7000多次，救护伤病员从未发生事故[③]。

（二）1983年的活动

为贯彻国务院关于开展1983年“全民文明礼貌月”活动的部署，1983年3月，南京市红十字会召开各区红十字会干部会议，确定当年活动计划，并指出，“各级红十字会在当地党政机关统一领导下，发动全体会员，积极投入这一活动，要在1982年治理‘脏、乱、差’的基础上，围绕‘三优一学’和‘五讲四美三热爱’的中心，结合红十字会工作特点，

① 《省红十字会发出通知，继续开展“五讲四美”活动》，《江苏红十字》1982年第5期。

② 《南京二十一个医疗卫生单位红十字会为开展“五讲四美”活动发出倡议》，《江苏红十字》1982年第5期。

③ 《江苏省红十字会1982年工作总结》，苏州市红十字会档案，1983年“长期”8，第7页。

使第二个文明礼貌月活动能深入、持久、扎实有效地全面展开”。为此，要求各级组织首先要搞好宣传工作；其次，各行各业红十字会组织要根据各自的工作特点开展活动；再次，还着重提出在开展第二个文明礼貌月中要有创新性、鲜明性等5点要求[①]。由此，南京市红十字会第二个“全民文明礼貌月”正式开始。

为迎接六一儿童节，5月30日，江苏省红十字会盛立会长和南京市红十字会于福厚会长等一行，专程看望了南京市红十字会儿童福利院的残疾儿童，并向残疾儿童们赠送了各种球类、小轮车、红会画册、小羽毛球拍等礼品，同时转赠了日本红十字会赠给我国红十字会的残疾人轮椅，以示红会组织对残疾儿童的节日慰问。盛立会长说：“儿童福利工作是十分重要的，我们看到这里残疾儿童和孤儿受到良好的抚育和愉快地生活，这是全院职工同志的辛勤劳动的结果，也反映了我国社会主义制度的优越性，反映了党和政府对社会儿童福利工作的重视与关怀。社会儿童福利工作，不仅是民政部门的事，也是我们红会的一项主要工作。今后，我们要继续做好这项工作。”省、市红会领导还接见了福利院先进红十字会员并同他们合影留念。在欢乐的节日气氛中，部分残疾儿童进行了精彩表演。江苏省和南京市电视台为此拍了电视录像，当晚均在电视新闻节目中进行了播放。次日，《新华日报》和《南京日报》也都在《今日快讯》栏中对此次活动进行了报道[②]。

南京市红十字会根据卫生部、教育部关于“建立中小学生体质健康卡片”的指示，并为发扬红十字会的助人为乐精神，开创红会工作的新局面，于9月上旬组织了一支由医学老专家、市红十字会郭培凯副会长兼任队长，以退休医务人员为主体的红十字健康体检队，为本市部分中小学校的新生做巡回体检，同时帮助这些学校建立了学生体质健康卡片。他们不顾流动体检的辛苦，克服医疗设备差的困难，积极认真地完成了体检任务。截至年底，已为下关、鼓楼、白下等区的31所中学、28所小学共万余名新生进行了体检，对体检中发现的一般性疾病，通知校医负责处理或

---

① 《南京、苏州、常州等市红十字会及时部署全民文明礼貌月活动》，《江苏红十字》1983年第9期。

② 《“六一”前省、市红十字会负责同志慰问南京儿童福利院残疾儿童》，《江苏红十字》1983年第12期。

指导校医进行治疗，需到医院诊治的由校方转告新生家长[①]。

（三）1984 年的活动

1984 年 2 月，在第三个文明礼貌月即将开始之际，省红十字会响应总会的号召，向全省各级红十字会发出通知，要求各级红十字会“充分发动广大红十字会员、红十字青少年，继续积极地参加‘五讲四美三热爱’活动，争取更好地为社会主义两个文明建设服务”。对于 1984 年的活动，省红十字会要求“有关活动的基本内容，仍是继续开展治理‘脏、乱、差’活动，并普遍地、大力地开展建设城乡各种文明单位活动，进一步搞好优质服务，建立优良秩序，创造优美环境”；要求“对外开放市县红十字会要选择一定数量的医药卫生、园林古迹、学校、商店等‘窗口’单位，培植成为红十字会系统的文明单位”；同时，“活动中要进一步组织红十字会员开展学雷锋、树新风、做好事、送温暖等项活动。有条件地区还应开展为老残服务、义务体检、家庭护理、卫生保健和其他服务活动”；此外，“活动中要加强思想和会务卫生知识的宣传教育工作，表扬先进，督促后进，争取做出显著成绩”[②]。

在第三个文明礼貌月的第一天，南京市十一中红十字青少年在医师带领下，来到街头设立“为您服务台”，开展量身高、体重和测血压等服务，方便了群众，受到好评[③]。3 月 7 日，南京市百余所中小学的 6000 多位红十字青少年手举红十字旗帜走上街头，开展各种形式的文明礼貌活动。下关区长平路小学、十二中等 26 所中小学校各自组织小分队到长江大桥、中山码头、南京西站、热河路广场等地进行文艺宣传，打扫卫生。秦淮区 400 多名青少年会员到夫子庙地区开展服务活动。新华中学的 60 多名会员把老久章绸布店的玻璃橱窗擦拭明亮，又为南京土特产商店冲洗地面，还清扫了贡院西街[④]。鼓楼区新华小学的青少年在这一天演出了 6 场宣传“五讲四美三热爱”的文艺节目，观众达 3000 多人次，其中小会员们表演

---

① 《南京红十字体检队为万余新生作健康体检》，《江苏红十字》1983 年第 18 期。

② 《江苏省红十字会关于继续积极参加“五讲四美三热爱”活动的通知》，苏州市红十字会档案，1984 年“长期”30，第 1—2 页。

③ 《南京十一中红十字青少年走上街头为民服务》，《江苏红十字》1984 年第 21 期。

④ 《南京市六千多红十字青少年上街宣传与为民服务》，《江苏红十字》1984 年第 21 期。

的《我是独身宝宝》节目尤其受到观众欢迎，有一位年轻母亲怀抱独生女兴致勃勃地随着宣传队连看3场，一些外宾和华侨看后也赞不绝口①。

江苏省红十字会在1982—1984年的“五讲四美三热爱”活动中，一年一个台阶，活动内容不断创新，参与人数不断增加，同时社会影响也与日俱增。应该说，江苏红十字会特别是南京红十字会在活动中取得的成绩令全社会瞩目。1984年，为贯彻中央“五讲四美三热爱”活动委员会工作会议精神，江苏省“五讲四美三热爱”活动委员会于7月中旬在南京召开工作会议，决定增补省红十字会等单位参加省“五讲四美三热爱”活动委员会②。应该说，这是对省红十字会3年来在“五讲四美三热爱”活动中的不俗表现的充分肯定。由此，省红十字会在推动“五讲四美三热爱”活动，促进精神文明建设方面承担了更多的职责和使命。

改革的春风唤醒了沉寂10余年的江苏红十字运动。在万物复苏的改革年代，江苏红十字会的组织建设一马当先，宣传工作大张旗鼓。在举国参与的“五讲四美三热爱”活动中，江苏红十字会更是旗帜鲜明地张扬了红十字人道主义的风采，而这一切都为江苏红十字运动的进一步发展奠定了基础。

第二节　援非募捐活动

红十字会是国际性的人道组织，参与国际救援亦为红十字会人道救助活动的重要内容，即便在“文革”期间，中国红十字会的援外活动依然在“维持中艰难跋涉”。进入20世纪80年代以后，随着对外开放的逐步深入，红十字会的国际救援活动进入新的历史阶段。

一、“非洲近代史上最大的人类灾难”

20世纪80年代是非洲国家“失去发展机会的10年”③。据联合国环境

① 《鼓楼区新华小学红十字少年上街进行文艺宣传》，《江苏红十字》1984年第21期。

② 《省“五四三”活动委员会召开会议，部署学习三明市经验，搞好城市文明建设》，《江苏红十字》1984年第8期。

③ 孙颖、黄光耀主编：《世界当代史》，中国时代经济出版社，2003，第386页。

规划署的公报，1983 年是现代史上世界性干旱和沙漠化最严重的一年，"非洲、北美、澳大利亚、南美、欧洲、亚洲各大陆都受到了旱灾的影响，其中仅非洲大陆就有 34 个国家和 1.5 亿人深受其害"[①]，有 1600 万人颠沛流离，饥饿致死。到 1984 年，"连续三年的旱灾和世界性的经济衰退，已使南部非洲的安哥拉、博茨瓦纳、莱索托、莫桑比克、赞比亚和津巴布韦等国的经济受到严重打击"[②]。全非洲有 36 个国家严重缺粮，且"灾情仍在继续扩大，一些国家土地荒芜，河流干涸，瘟疫流行，哀鸿遍野。亿万非洲老人、妇女、儿童正在饥饿和死亡的困境中痛苦挣扎，他们发出求救的呼唤，期盼着全世界善良的人们来拯救他们的生命"[③]。这次"非洲旱灾持续时间之长，受灾面积之广，受灾居民之众，均属历史罕见"[④]，联合国称之为"非洲近代史上最大的人类灾难"[⑤]。

由于持续干旱，从沙漠中吹来的灼热的"哈马丹风"[⑥] 长驱直入，横扫西非的沿海国家，致使灌木丛林火四起。象牙海岸[⑦]、加纳、贝宁和多哥的许多种植园也未能幸免。1983 年初，世界第一大可可生产国象牙海岸有 25 万公顷的可可树毁于灌木野火，这年的可可产量估计为 37 万吨，比 1982 年减产 8.6 万吨[⑧]。据报道，加纳 40% 的农作物也已毁于几次丛林大火中，市场上粮食严重短缺，在首都阿克拉的黑市上，一个普通工人要以月工资 4 倍的价格才能买到一袋玉米[⑨]。

非洲难民的生活是悲惨的。他们成群结队涌向一些政府设立的救济站，但是那里并没有足够的食物和药品。大旱使非洲原有的 500 万难民队伍迅速扩大，仅苏丹的难民总数已达 120 万人，平均每天还有 3000 名来自

---

① 《世界性旱灾严重二十二国食品短缺　联合国将建机构帮助解决非洲旱灾问题》，《人民日报》1984 年 2 月 6 日。

② 《南部非洲各国经济受到严重打击》，《参考消息》1984 年 8 月 17 日。

③ 阳月：《为非洲灾民募捐》，《中国红十字》1985 年第 7 期，第 6 页。

④ 《中国红十字会总会发出关于为非洲灾民开展社会募捐的通知》，《江苏红十字》1985 年第 5 期。

⑤ 《为救济非洲灾民募捐的信》，苏州市红十字会档案，1985 年"永久"7，第 7 页。

⑥ 哈马丹风是发源于撒哈拉沙漠副热带高压的一种地方风系。冬季，风力冷而干燥；而到旱季末（4—5 月），它又变成强烈的干热风，此时也就成了西非最热的季节。

⑦ 1985 年 12 月，联合国开始使用该国的音译名"科特迪瓦"。

⑧ 黄舍骄：《蔓延非洲的一场大干旱》，《世界知识》1984 年第 6 期，第 14 页。

⑨ 《十九个非洲国家旱魃肆虐　联合国呼吁各国紧急援助》，《人民日报》1983 年 5 月 18 日。

邻国的难民补充进难民队伍。联合国饥荒紧急救济中心的一个报告说，饥荒紧急状态甚至会持续到1986年。这是一场前所未有的危机，即使在下一个雨季里旱象会有所减轻，但危机也没有趋向缓和的迹象①。

非洲众多国家所遭受的深重灾难引起国际社会的深切关注。1984年3月，联合国在日内瓦召开紧急会议，呼吁为非洲灾民再筹募15亿美元的捐款，用以采购300万吨救济粮；9月，第39届联大通过《关于非洲紧急情况宣言》，要求国际社会增加对非洲的粮食和其他紧急用品援助。这一年，我国政府向非洲提供了12万吨救灾粮，并派遣了一支救灾医疗队。中国红十字会向非洲受灾国捐赠了价值约68万元的食品、药品和救灾现款②。经过一年的国际社会的紧急援助，部分非洲国家的灾情虽有所缓和，但就整个非洲而言，旱灾仍在发展，需要紧急援助的尚有20个非洲国家的3000多万灾民。

二、江苏红十字会的救援活动概览

1985年3月，国务院批转了外交部、对外经济贸易部、财政部《关于1985年我对非洲提供救济援助的请示》的报告，报告建议“红十字会等民间团体可在一定范围内，在群众自愿的基础上，适当开展救灾募捐活动。这样，可以对国内人民群众进行一次国际主义教育，并可扩大我对外影响”。根据国务院的批示，总会随即发出《关于为非洲灾民开展社会募捐的通知》，决定在4月至5月开展募捐活动，主题是“为了非洲的旱灾灾民”，并要求“已正式恢复组织的省、自治区、直辖市级红十字会，在4至5月内与有关单位合作，在有一定群众基础的大、中城市开展活动”③。

根据总会的通知，江苏省红十字会“与省文化、教育、卫生、体育等有关部门协商并经省人民政府批准，决定于5月份在全省开展一次社会募

① 李红：《非洲的大旱和饥荒》，《人民日报》1985年3月20日。

② 中国红十字会总会编：《中国红十字会的九十年》，中国友谊出版公司，1994，第212页。

③ 《中国红十字会总会发出关于为非洲灾民开展社会募捐的通知》，《江苏红十字》1985年第5期。

捐，援助非洲难民”[①]。1985年4月，省红十字会在南京召开全省11个省辖市红十字会副会长和秘书长紧急会议，具体讨论并部署募捐活动。省红十字会朱朱副会长主持会议并做会议小结，他谈道，“各市红十字会要主动承担这次国际性的救灾募捐工作”[②]。5月，江苏省人民政府办公厅转发了省红十字会《关于为非洲灾民开展社会募捐活动的报告》，要求各地、各部门加强领导，开展宣传，坚持群众自愿的原则，不分配指标，不搞摊派，把这次募捐救灾活动搞好[③]。省红十字会的报告对募捐活动进行了如下安排[④]：

1. 募捐活动仅限在十一个省辖市市区内进行。

2. 省及各市报社、电台、电视台要积极予以配合，开展募捐宣传活动，对广大红十字会员及群众进行一次生动的爱国主义、国际主义和社会主义人道主义的宣传教育。

3. 社会团体、工厂、机关与个人均可自愿捐助，不搞摊派，不提指标，只收现金，不收实物。

4. 城市红十字医院和红十字团体会员医院在五月份可适当组织开展一次或几次义诊。

5. 建议各地文化局、体委能在五月份有重点地组织一场或几场义演义赛。

6. 建议各地可组织中小学、大学红十字青少年上街（车站、码头、公园）宣传和开展一次或几次募捐活动。

7. 募捐所得款项，属专用对外救济款，不得挪作他用。

8. 募捐活动由省及各市红十字会负责，不另建组织。

江苏省的援非募捐活动由此拉开帷幕。各地红十字会响应省红十字会号召，广泛宣传，积极行动，谱写出一曲曲人道主义的赞歌。

---

① 江苏省红十字会编著：《江苏红十字运动八十八年（1911—1999）》，东南大学出版社，2001，第109页。

② 《省红十字会召开紧急会议部署为援助非洲难民发起募捐活动》，《江苏红十字》1985年第5期。

③ 江苏省红十字会编著：《江苏红十字运动八十八年（1911—1999）》，东南大学出版社，2001，第109页。

④ 江苏省红十字会：《请审批为救援非洲灾民开展社会募捐的报告》，苏州市红十字会档案，1985年“永久”7，第3—4页。

南京市红十字会在五一劳动节这一天开始募捐活动，市、区红十字团体会员单位和部分高校红十字会在闹市区和公园设置了15个募捐站，当天即有2100多人现场募捐，共募得人民币77252元。参加活动的各单位都对活动给予了足够重视。南京鼓楼医院、南京医学院、南京药学院、南京林学院、南京中医学院、通信工程学院、莫愁湖公园、第二十七中学等单位领导，都亲自或指定专人负责活动的组织工作，通信工程学院更是由领导带头捐款，使院内的个人捐款达到242.49元[①]。

淮阴市的援非募捐活动开始于5月15日，在至30日的16天里，全市597个单位和104789人参加募捐，捐款总额为153135.78元。按市区人口19.3万计算，平均每人捐款0.79元[②]，“为全国二百多个大、中城市人均捐款额之首”[③]。这样的成绩对于20世纪80年代中期地处苏北平原的淮阴市来说是难能可贵的。在整个募捐过程中，淮阴市红十字会“自始至终坚持了‘重在教育，贵在教育’的原则，不搞摊派，不搞攀比，自愿量力，多少不限，在自觉自愿的基础上捐款”。特别是领导的重视与支持是成绩取得的关键所在。早在4月27日，胡伟琏副市长和市红十字会方应登副秘书长在参加省红十字会紧急会议回来后第二天，就会同市红十字会和卫生局有关领导专程向市政府顾问、市红十字会会长陈耀做专题报告，陈会长当即表态，“这次募捐活动意义重大，必须抓紧时间办，有关材料速送市政府办公室”。之后，市红十字会先后向文化局、教育局、广播事业局传达了援非救灾募捐的有关内容，取得了他们的支持和配合[④]。

在苏州市红十字会的活动中，红十字青少年扮演了重要角色。复会以来，红十字青少年一直活跃在苏州的红十字舞台上，曾多次受到总会和省红十字会的表彰。募捐活动中，他们热情高、行动快，率先走向社会开展募捐宣传活动。5月12日是募捐活动第一天，马医科、丁家巷、善耕、营坊场、南浩街、彩香、朱庄、钟楼、葑门、带城中心小学、金阊区实小等小学的300多名青少年，在学校负责人带领下，于车站、码头、园林和闹市区设立了12个救援非洲灾民募捐站，热情向社会各界宣传灾情，过往行

---

① 《南京市红十字会援助非洲灾民募捐活动头一天》，《江苏红十字》1985年第5期。

② 《淮阴市援非募捐活动胜利结束》，《江苏红十字》1985年第6期。

③ 《宣传成效大，募捐结硕果》，《江苏红十字》1985年第11期。

④ 《淮阴市援非募捐活动胜利结束》，《江苏红十字》1985年第6期。

人和各界人士以及部分归国华侨、日本“西铁城”旅行团、日本和平观光团等，都纷纷解囊相助，一天就募集近千元，在社会上引起强烈反响。红十字青少年不仅为募捐活动拉开了帷幕，而且在整个活动中始终扮演着重要角色。三多小学41名小朋友排练了《救救非洲小伙伴》等节目，上街募捐演出。许多青少年或省下乘车钱，或拿出自己的储蓄奉献爱心，一点一滴见真情。市级机关幼儿园、丁家巷幼儿园的小朋友节省零用钱，捐助非洲小朋友，培养了孩子们的人道情怀。苏州技工学校八二（一）班全体师生自发募捐，在全市中学中第一个向非洲灾民伸出援助之手，他们说：救援非洲灾民也是他们的义务。通过参加募捐活动，广大青少年受到了一次生动的思想教育①。

镇江市红十字会在市政府的大力支持下，于5月18日召开了有100多位县以上单位领导参加的动员大会。会后，全市立即行动起来，市报、市电台、市电视台等媒体广泛参与，热烈宣传。虽然镇江市的活动开展相对较晚，但由于大范围的成功宣传，至6月7日，已募得捐款15.5万多元②。

基层组织是红十字会最基本的组织细胞，是红十字会生机和活力的体现。在募捐活动中，涌现出一批表现出色的基层组织。常州市红十字医院早在4月30日就开展了义诊与募捐相结合的活动，据统计，共义诊320人次、收入808.36元，又募捐现金51.97元，总计860.33元③。扬州市机械厂红十字会是该市的红十字先进集体，在为非洲灾民募捐活动中，“做到了早捐、多捐，全厂有百分之八十五的职工参加了募捐，个人与集体共捐款1169.79元”④。南京市下关区红十字会从5月起在全区范围内发起募捐活动，截至7月，“全区工厂、商业、机关、学校、街道居民共有一万六千多人慷慨解囊，为遭受旱灾折磨的一亿五千万非洲人民捐款34710.07元”，通过这次活动，“也说明了只要依靠与发动群众，红十字会的工作是可以得到支持与搞出成绩的”⑤。

---

① 《关于救援非洲灾民募捐活动的情况汇报》，苏州市红十字会档案，1985年“永久”7，第15—16页。

② 《镇江市援非募捐活动热火朝天》，《江苏红十字》1985年第6期。

③ 《常州市红十字医院开展援助非洲灾民义诊募捐活动》，《江苏红十字》1985年第5期。

④ 《扬州机械厂红十字会热心公益》，《江苏红十字》1985年第7期。

⑤ 《南京下关区援非捐款三万余元》，《江苏红十字》1985年第7期。

综上，5 月以来，“各市人民继承中华民族扶危济困、乐善好施的传统美德，发扬国际主义和社会主义人道主义精神，纷纷解囊捐献，向非洲兄弟、姊妹伸出了援助之手”。到 6 月 20 日，据不完全统计，“南京市已募集到二十五万多元，南通市为十多万元，无锡市二十二万元”，全省人民的人道热情由此可见一斑。

三、江苏红十字会募捐活动简析

江苏红十字会开展的援非募捐活动从 1985 年 5 月上旬开始，到 7 月 25 日圆满结束①。“由于各地党、政领导的重视和社会各界的积极支持与参与，取得了显著成效，全省共收到捐款 2078668. 11 元”（具体见表 1 -4）。

表 1 -4　江苏红十字会援非募捐统计表

单　位	数　额（元）
省红十字会	12381. 65
淮阴市红十字会	138000. 00
南京市红十字会	385262. 05
常州市红十字会	256311. 26
南通市红十字会	140000. 00
扬州市红十字会	81851. 63
连云港市红十字会	74249. 00
镇江市红十字会	178000. 00
苏州市红十字会	237885. 88
无锡市红十字会（含江阴）	309726. 64
徐州市红十字会	180000. 00
盐城市红十字会	85000. 00
合　计	2078668. 11

资料来源：江苏省红十字会编著：《江苏红十字运动八十八年（1911—1999）》，东南大学出版社，2001，第 111 页。

① 部分地市红十字会的活动在时间上有所延长，如南京市红十字会止于 8 月底，共收到捐款 44. 7 万余元，这也说明这次活动的确在社会上产生了广泛的影响，才会有后续捐款源源不断地到来。见《南京市红十字会召开援外募捐汇报感谢会》，《江苏红十字》1986 年第 1 期。

由表1-4中不难看出，南京、无锡、常州、苏州、徐州、镇江等市红十字会募捐款额较多，反映出在当时情况下这些地区红十字会工作在全省处于领先地位。江苏全省红十字会系统募捐款额总数为2078668.11元，仅次于山东的3728724.58元①，居于全国第二位，说明了复会不久的江苏红十字会在募捐活动中表现不凡，这正是改革开放以来江苏红十字运动复会成果的鲜明体现。

综观江苏红十字会组织的此次募捐活动，具有以下几个特点，同时这些特点也是活动取得成功的重要原因。

（一）宣传工作的实效性

开展广泛而深入的宣传教育，搞好思想发动，使广大群众了解非洲灾情，提高对活动意义的认识，才能使募捐工作有坚实的思想基础。募捐活动之初，江苏省红十字会与南京市红十字会联合发布了《为救济非洲灾民募捐的信》，在介绍了非洲灾情的基础上发出热情号召："同志们、朋友们！扶危济困是中华民族的优良传统，救灾捐助是助人为乐的高尚行为。让我们立即行动起来，为拯救非洲灾民自愿捐款……"②

在宣传方面，各地红十字会都因地制宜地运用了多种宣传手段及丰富多彩的宣传形式，不失时机地向民众宣传此次活动，在当地形成了一个良好的社会氛围。南京市设置的15个募捐站在开展募捐活动的同时，注重其宣传功效的发挥，"成千上万的人接受了募捐站的宣传教育"。为使全市的宣传工作整齐划一和具有规范性以强化宣传效果，南京市红十字会对每个募捐站都做了统一的要求，包括：（1）都挂有横幅，上有红十字标志，有为非洲灾民募捐的字样；（2）有一幅50厘米×70厘米的宣传画，并附有文字说明；（3）有一台录放机可播放相关宣传材料；（4）设有市红十字会发的加锁的募捐箱。

重视宣传教育工作是淮阴市做好募捐工作的成功经验，这一经验在总会于10月下旬召开的全国宣传工作会议上受到表彰。在募捐活动开始前夕，"市政府专门召开各有关部门人员会议，部署宣传发动工作，提出要

① 中国红十字会总会编：《中国红十字会的九十年》，中国友谊出版公司，1994，第214页。
② 《为救济非洲灾民募捐的信》，苏州市红十字会档案，1985年"永久"7，第7页。

将这次募捐活动作为一次生动、实际的国际主义和人道主义教育。市委书记、市长率先捐助，影响巨大。市红十字会筹备了宣传车，从五月十五日到三十日，行程达三千公里，跑遍了市区大街小巷、工厂企业。市报、电台、有线广播站积极配合宣传，及时报道好人好事，十五天内共计播发稿件九十篇。市广播电视局负责人放弃星期天休息，带领电视摄像组上街到各捐款点抢拍镜头。由于宣传教育工作的深入普及，使这次活动在全市做到了家喻户晓，市区有十万四千多人捐款，占市区居民总数的54%”[①]。这种宣传的热情和干劲让人由衷钦佩。

苏州市红十字会的宣传活动也开展得有声有色。活动中他们“坚持将宣传发动、大造舆论贯彻始终，印发了宣传提纲三万份，印发了活动简况十期，组织了宣传站、黑板报联展等各种宣传活动。新闻单位为募捐活动大造舆论，报社、电台先后播发了消息、报道、资料二十多次。电视台还派人深入募捐活动现场拍电视。文化部门在各影剧院插映了宣传幻灯。许多工厂、学校、医院、商店都运用了宣传牌、宣传栏、广播等形式，开展募捐宣传，使这一活动基本上做到了家喻户晓、人人皆知，激起了广大干部群众急非洲灾民之急、自觉捐助的高尚热情”。由于苏州市红十字会坚持了深入的宣传教育，“一批批单位络绎不绝交付捐款，一张张不留姓名的汇款单邮寄而来，一个个感人的场面充分表达了苏州人民对非洲灾民的深情厚谊”[②]。由此可见，一定程度上可以说，宣传工作决定着活动的成效。

宣传工作的有效开展还离不开各有关部门的密切配合，这里尤其要指出的是，南京市卫生局印刷厂为赶印省、市红十字会的《援助非洲灾民募捐宣传提纲》，在接到任务后立即拣字排版，8个小时就拣齐全部铅字，并经两次校对，很快印好4000份宣传提纲。接着，省红十字会又要再加印2万份，工人们连续工作16个小时，全部赶印完成。而且，该厂把这次突击任务作为一次尽国际主义的义务，不收加快费，只收成本费[③]。工人们紧张工作的情形，从另一个侧面说明了省红十字会在活动宣传方面的重视程度和投入力度。

---

① 《宣传成效大，募捐结硕果》，《江苏红十字》1985第11期。

② 《关于救援非洲灾民募捐活动的情况汇报》，苏州市红十字会档案，1985年“永久”7，第14—15页。

③ 《印刷工人昼夜赶印宣传品》，《江苏红十字》1985年第5期。

（二）募捐形式的多样性

这次募捐活动得到了各级政府部门和群众团体的积极支持与紧密配合，使这次活动的形式也呈现出多样性的特点，有力地推动了全省募捐活动的开展。例如，文化部门组织了各种形式的义演、义卖；体育部门举办了形式多样的义赛；卫生部门号召全省医疗单位和研究机构开展义诊活动，如无锡、常州、苏州、连云港、南京等地医院的医务工作者便走上街头进行义诊①。

5月18日至19日，苏州市医务界15个单位的350多名医务人员上街举行义诊募捐活动②，年逾古稀的老中医黄一峰先生病休在家已有月余，听到义诊消息后冒雨赶到现场参加活动③。

南京市体育馆与上海乐团于5月5日为救济非洲灾民举行义演，乐团特邀演出的新加坡归侨舞蹈家梁景林与著名滑稽演员俞荣康、谭义存等不要分文报酬；体育馆也免收场租，并派人冒雨外出推销入场券；南京日报社则免收广告费。众擎易举，这场义演共募捐款1500余元。另外，淮阴市著名演员宋长荣、杨秀英、陈玉华也组织了3个剧团，进行了5场义演④。

无锡市湖滨中学的"湖滨刻印社"开展义刻、义写活动，至5月中旬，该校共捐款180多元。苏州针织总厂、半导体总厂的红十字会员在饮马桥设立了裁剪、拷边、理发、缝补、修自行车、测血压、量身高体重等7个服务点，既方便了群众，又支援了非洲人民⑤。

（三）参加主体的广泛性

参加募捐活动的"除机关团体、工矿企事业单位的广大干部、工人、知识分子外，还有各阶层的人民群众。有退休老人、解放军战士、个体从

---

① 江苏省红十字会编著：《江苏红十字运动八十八年（1911—1999）》，东南大学出版社，2001，第110页。

② 《关于救援非洲灾民募捐活动的情况汇报》，苏州市红十字会档案，1985年"永久"7，第16页。

③ 《我省十一个省辖市援非募捐工作顺利进行》，《江苏红十字》1985年第6期。

④ 江苏省红十字会编著：《江苏红十字运动八十八年（1911—1999）》，东南大学出版社，2001，第110页。

⑤ 《我省十一个省辖市援非募捐工作顺利进行》，《江苏红十字》1985年第6期。

业者、农民、寺院僧侣、大中小学校的学生、幼儿园的小朋友等”[1]，充分体现出红十字活动的群众性和社会性。下面引述一些募捐者的事例略作说明。

5月18日，南京药学院副院长戴昭将离休后教授气功所得的238元捐给院红十字会，作为援助非洲灾民之用[2]。

5月29日，全国著名书法家费新我到苏州市红十字会捐款100元，并要求转达他对非洲灾民的同情和关心。在其带动和影响下，许多书画名人纷纷解囊相助[3]。

5月27日，徐州矿务局退休职工、志愿军三等一级残废军人万同道向淮阴市红十字会捐款100元。这位老人自1976年唐山大地震始多次向灾区捐款。在这次援非募捐之前，他已向徐州矿务局捐款100元。这位老人的家境并不富裕，一家8口，4个孩子中3个正在上学，他的退休工资连各种补贴在内每月才78元多[4]。在这位老人身上，我们尤其能感受到募捐活动中所涌动的人道力量。

苏州的募捐活动中，一些个体工商户踊跃捐款，受到了广大群众的称赞。在平江区个体工商户的捐款名单上记载着：自行车修理个体户陈蕴贤捐款50元，钟表修理个体户缪钧捐款40元，鞋匠申根荣捐款10元……这些人所从事的行业收入并不丰裕，但依然在活动中慷慨解囊。他们还说：急人之难是中国人的传统美德，我们虽然不是万元户，但靠党的富民政策开始富裕起来的时候更要关心受苦难的人[5]。话语朴素而真挚，蕴藏着伟大的力量。

苏州金阊区实验小学一年级学生陈钟山小朋友在父母陪同下，把几年来攒的30元压岁钱用红纸包好交给募捐站[6]。此种事例不胜枚举。

募捐活动中，全省各地都涌现出一批捐款不留名者。如6月4日，无

---

① 中国红十字会总会编：《中国红十字会的九十年》，中国友谊出版公司，1994，第213页。

② 《离休老干部戴昭捐款二百多元》，《江苏红十字》1985年第6期。

③ 江苏省红十字会编著：《江苏红十字运动八十八年（1911—1999）》，东南大学出版社，2001，第110页。

④ 《常于美德亮高风》，《江苏红十字》1985年第6期。

⑤ 《致富不忘救灾的个体户》，《江苏红十字》1985年第6期。

⑥ 江苏省红十字会编著：《江苏红十字运动八十八年（1911—1999）》，东南大学出版社，2001，第111页。

锡市红十字会收到一笔匿名捐款，几经辗转，得知捐款者是南京大学数学系毕业生、油泵技校教师丁宏昌。问起此事时，他谦虚地说，支援非洲灾民是每个人应尽的国际主义义务，不必留名[①]。

援非募捐活动是中国红十字会自1950年改组以来首次开展的大规模的全国性社会募捐活动[②]。在此项活动中，由于江苏省各级红十字会的宣传工作得力，思想工作深入，强调“不定指标，不搞摊派，不争名次，不作攀比，坚持自愿，量力而行”的原则，保证了募捐活动健康地进行、圆满地结束。

无论过去、现在还是将来，自然灾害都会对人类产生灾难性的影响。为了使人类避免因自然灾害而受到生命威胁，各国政府和人道主义救援组织应该也必须“团结起来，共御灾害”，这是红十字运动史留给我们的宝贵经验[③]。援非募捐活动是江苏省红十字会复会时期在全省广泛开展的大型人道活动，一方面，这次活动是对复会以来江苏红十字会各项成果的检验；另一方面，活动也进一步促进了江苏红十字会各方面工作的深入开展。例如，此次活动带动了江苏红十字会筹资工作的开展，某种程度上提高了红会的筹资能力。募集专项基会，是红十字会活动经费来源之一。江苏省在未接到总会关于开展援非募捐通知之前，省红会及一些市红会都已经有了开展募捐活动的打算，有的已经开始动员；在接到总会通知之后，省及部分市在部署募捐活动时，将援非募捐和开展救济慰问伤、残及孤寡老人的募捐活动一并进行。基于此，江苏省红会经研究决定，将此次援非募捐款项中的200万元上缴总会作援非捐款，其余7万余元捐款，除已开支的动员募捐活动必要经费6501.9元外，剩余的72166.2元（约合捐款总数的3.5%）留作江苏开展救济慰问残疾孤寡活动，以及其他符合红十字宗旨的社会福利事业的专项经费[④]。

援非募捐活动证明，江苏各级红十字会组织在复会以来的几年中已经逐渐壮大，能够成功地组织和承办大规模的红十字活动；同时，募捐

---

① 《一个不具名的募捐者》，《江苏红十字》1985年第7期。

② 中国红十字会总会编：《中国红十字会历史资料选编，1950—2004》，民族出版社，2005，第159页。

③ 孙柏秋主编，池子华、杨国堂等：《百年红十字》，安徽人民出版社，2003，第365页。

④ 《关于开展援非募捐活动情况的报告》，江苏省红十字会内部资料，1985年7月29日。

活动中显著的宣传效果也证明宣传工作已达到很高的水平；再有，募捐活动中所涌现出来的众多精神文明成果，也是对参与“五讲四美三热爱”活动的充分肯定。这次活动所取得的巨大成功扩大了江苏红十字会在全社会的影响，使广大人民群众近距离地感受和接触到红十字会。可以说，援非募捐活动在某种意义上可以看作是在全社会进行的一次红十字的大宣传，使红十字人道主义思想又一次在全社会焕发光芒。同时，此次活动所取得的成就，也预示着江苏红十字会将迎来一个全面发展的重要历史时期。

第二章　江苏红十字运动的深入展开（1985—2001）

随着省红十字会“四大”的召开，江苏红十字运动阔步前进。组织机构和组织建设在与社会变迁的互动中逐步健全和完善，为红十字事业的全面深入发展奠定了坚实基础。在台湾事务服务工作中，江苏红十字会积极应对，以人道情怀为两岸的联系沟通而殚精竭虑，彰显了政府“人道助手”的红十字内涵。青少年工作是红十字事业的“希望工程”，江苏红十字会矢志不渝地着眼于推动青少年运动规范化进程，谱写了富有生机与活力的华美篇章。

第一节　江苏省红十字会组织机构的变迁

随着改革开放的不断深入，江苏红十字运动在日新月异的社会背景下，秉承历史底蕴和复会时期的发展基础，通过省红十字会从“四大”到“六大”期间的不懈奋斗，各级红会的组织机构逐步健全和完善起来。

一、“四大”：纵深发展的起点

江苏的改革相对全国来说起步较早，“从80年代前期开始，随着农村改革的成功和城乡商品经济的发展，江苏逐步迈开城市改革的步子”。经国务院批准，1982年3月，常州市首先被列为全国经济体制综合改革试点城市之一；继之，1984年7月，南京作为省会也开始了综合改革试点。在常州、南京进行城市综合改革试点的同时，苏州、无锡、镇江、盐城等市在金融体制改革、中等城市机构改革，以及在生产资料市场、企业经营责任制、住房制度、劳动工资保险制度等单项改革方面也进行了试点①。1985年，江苏省全面贯彻落实《中共中央关于经济体制改革的决定》，进入了以城市为重点的改革新阶段②。

对于江苏红十字会而言，1985年是巩固复会成果和开始向纵深发展的一年，是承接复会时期和全面发展时期的过渡阶段。国家和社会发展的改革大局，以及复会以来的发展状况，决定了江苏红十字会在1985年和之后一段时间里的首要任务，即是在继续加强组织建设的基础上，坚持发展传统业务，同时着力“在改革中解放思想，放开手脚，以勇于创新的精神，因地制宜地开办各种具有红十字特色的专项事业”。与此同时，形式多样的宣传工作要与红十字会各项活动相依相随，为各项活动开路搭桥③。

正是在这一时代背景下，中国红十字会总会召开了第四次全国会员代表大会。总会“四大”的召开，“实现了工作重点由国际向国内转移，国内工作由恢复走向发展。在我国进一步改革开放，加快社会主义现代化建设的大好形势下，中国红十字会的各项人道事业走向新的发展阶段”④。总会“四大”的召开为江苏红十字运动指明了方向。

1985年7月3日至4日，江苏省红十字会第四次代表大会在南京隆重召开⑤。省红十字会三届理事、四届理事候选人，全省各地方红十字会专职干部和先进单位、先进个人代表以及相关人士170余人参加大会，其中各市、县红会代表名额分配如表2－1所示：

① 刘定汉主编：《当代江苏简史》，当代中国出版社，1999，第317—318页。

② 中共江苏省委党史工作委员会、江苏省经济体制改革委员会编：《江苏改革开放纪事（1979—1988）》，中共党史出版社，1990，第171页。

③ 《在改革中发展红十字事业——新春献词》，《江苏红十字》1985年第1期。

④ 中国红十字会总会编：《中国红十字会的九十年》，中国友谊出版公司，1994，第223页。

⑤ 时间上亦有7月2日至4日之说，见江苏省红十字会编著：《江苏红十字运动八十八年（1911—1999）》，东南大学出版社，2001，第115页。根据《江苏省红十字会第四次代表大会日程表》，7月2日，省红十字会召开第三届理事扩大会议，商讨“四大”相关事宜；7月3日，“四大”正式召开；4日下午，“四大”胜利闭幕。见苏州市红十字会档案，1985年“长期”44，第7页。

表2-1　江苏省红十字会"四大"各地红十字会代表名额分配表

地　区	理事候选人	专职干部	先进集体	先进个人	小计
南京市红十字会	1	2	7	8	18
无锡市红十字会	1	1	3	5	10
苏州市红十字会	1	1	3	7	12
常州市红十字会	1	1	2	3	7
徐州市红十字会	1	1	4	3	9
南通市红十字会	1	1	1	3	6
连云港市红十字会	1	1	1	2	5
盐城市红十字会	1	1	1	5	5
淮阴市红十字会	1	1			2
镇江市红十字会	1	1	2	4	8
扬州市红十字会	1	1	3	5	10
泰州市红十字会		1	1	3	5
常熟市红十字会		1			1
江阴县红十字会		1	1	4	6
无锡县红十字会		1			1
吴县红十字会		1			1
武进县红十字会		1	1	2	4
小　计	11	18	30	51	110

资料来源：《江苏省红十字会第四次代表大会各地代表名额分配表》，苏州市红十字会档案，1985年"长期"44，第8页。

根据表2-1可以看出，11个省辖市的理事候选人各1名，这是健全理事会和开展工作的需要。但在其他名额的分配上还是有差别的，这也反映出复会时期各地红十字会发展的程度。南京市红十字会复会最早，机构相对健全，各项业务活动在全省处于领先位置，因此各项名额均多于其他地市，总人数达到18名。苏州市红十字会复会后克服重重困难，结合当地实际走出了一条富有特色的复会之路，其成绩业内人士有目共睹，因此名额为12人。无锡市、扬州市和徐州市在复会时期的组织发展和各项活动都处于全省前列，他们的参会人员也相对较多。

省红十字会“四大”的主要议程是：传达总会“四大”精神，审议三届理事会工作报告，改选理事会，表彰先进，交流工作经验①。盛立会长代表三届理事会向大会做了工作报告，报告首先回顾了复会以来省红十字会在组织建设、干部培训、宣传工作、业务活动等方面的工作情况。在总结成绩的同时，对发展中存在的问题也客观地指出：“由于我们在认识上还不能及时跟上飞速发展的形势，没能及时发现问题和总结教训，一些制度和组织尚未健全，因而使我们对一些存在的实际问题未能及时妥善的解决。从全省的角度讲，组织建设和红十字活动的发展还处于不平衡状态。在组织建设上有满足于只求数量、而忽视层层抓落实的现象，出现了一些单位只挂有红十字会的牌子，而未能发挥作用的状况。在会员的业务教育和训练上，也有类似的问题。即重视了发展会员的人数，而忽略了对质量的要求，培训工作没有紧紧跟上。”② 正是由于认识到了这一问题，“四大”后不久，省红十字会在全省范围内开始了会员整顿工作。

江苏省红十字会第四次代表大会召开

① 《关于召开江苏省红十字会第四次代表大会的补充通知》，苏州市红十字会档案，1985 年“长期”44，第 5 页。

② 《江苏省红十字会第四次代表大会工作报告》，苏州市红十字会档案，1985 年“长期”44，第 28 页。

工作报告对以后的工作提出了初步设想，在很大程度上，这个设想就是四届理事会今后5年的工作指导方针。报告指出，全省各级红十字会要根据总会“四大”通过的工作指导思想，以及新章程中所规定的性质、宗旨、任务，积极开展各项活动，具体包括：积极进行组织建设，发展会员，逐步提高会员素质；积极开展卫生救护训练和输血工作；继续做好红十字青少年工作；举办符合红十字会宗旨的医疗卫生和社会福利事业；加强宣传工作；争取为台湾回归祖国做贡献[①]。

杨詠沂副省长在会上对省红十字会复会以来的工作给予高度评价，并指出，“在四化建设和经济体制改革中，搞好红十字会工作的改革，以适应形势发展的需要，这是我们本届理事会要研究解决的主要问题”[②]。

“四大”的开拓性意义还在于，根据总会新制定的《中国红十字会章程》的规定，首次实行代表无记名投票选举理事会。经代表选举，产生了由52名成员组成的第四届理事会（详见表2-2），杨詠沂副省长当选为会长，盛天任当选为常务副会长。大会聘请陈邃衡、盛立担任名誉会长。

表2-2　江苏省红十字会第四届理事会成员名单表

姓　名	性　别	职　务	会内职务
杨詠沂	男	江苏省副省长	会　长
盛天任	男	江苏省卫生厅顾问	常务副会长
沃丁柱	男	南京市副市长	副会长
陈　萍	女	江苏省卫生厅副厅长	
冯嘉友	男	江苏省民政厅副厅长	
张秉铎	男	江苏省宗教事务局副局长	
侯金镐	男	南京医学院顾问	
许植之	女	农工民主党中央委员	

① 江苏省红十字会编著：《江苏红十字运动八十八年（1911—1999）》，东南大学出版社，2001，第116页。

② 《杨詠沂副省长在大会上的讲话》，《江苏红十字》1985年第7期。

（续表）

姓　名	性　别	职　务	会内职务
陈学义	男	江苏省红十字会	副秘书长
徐　强	男	江苏省红十字会	
于化信	男	江苏省电视台对外部主任	理　事
马伯生	男	江苏省总工会副秘书长	
王　祥	男	南通市红十字会副会长	
王天理	男	江苏省外办涉外处处长	
王和盛	男	徐州市红十字会副会长	
王建帮	男	新华日报副总编	
刘松奎	男	苏州市红十字会副会长	
刘希珍	男	江苏省伊斯兰教协会副主席	
韩景昌	男	南京军区后勤部卫生部副部长	
许国忠	男	无锡市红十字会副会长	
朱恒贵	男	镇江市红十字会副会长	
沙　尧	男	江苏省教育厅顾问	
汪　皓	男	江苏省天主教爱国会副主任	
李光宇	男	江苏省文联秘书长	
李明朝	男	江苏省公安厅副厅长	
李福民	男	连云港市红十字会副会长	
汪盛俊	男	江苏省人防办副主任	
汤德源	男	南京归国华侨联合会副主席	
肖辅庭	男	扬州市红十字会秘书长	
杨成义	男	常州市红十字会副会长	
周仲瑛	男	南京中医学院院长	
范作好	男	江苏省爱卫会办公室副主任	
林祥国	男	共青团江苏省委副书记	
周海珍	女	江苏省计划生育委员会副主任	
杨静义	男	江苏省体委副主任	
蒋孝文	男	江苏省对台工作办公室副主任	
张奕恭	男	江苏省防疫站站长	

（续表）

姓　名	性　别	职　务	会内职务
徐　衡	男	江苏省军区后勤部副部长	理　事
张洪基	男	南京红十字中心血站技术顾问	
雪　烦	男	江苏省佛教协会副会长兼秘书长	
袁　雪	女	中华护理学会江苏分会理事长	
杭长涌	男	江苏省国家安全厅副厅长	
唐冠文	男	江苏省工人医院副院长	
徐金旸	男	盐城市红十字会副会长	
诸培恩	男	江苏省基督教协会副会长	
颜太发	男	淮阴市红十字会副会长	
崔　瑾	男	江苏省财政厅顾问	
韩同文	男	江苏省广播电台副台长	
裴德恩	女	南京市妇幼保健院副院长	
彭燕如	女	江苏省妇联副主任	
陈希明	男	江苏省机关事务管理局副局长	
朱庆生	男	南京鼓楼医院院长	

资料来源：《江苏省红十字会第四届理事会理事建议名单》，苏州市红十字会档案，1985 年“长期”44，第 10—12 页。

第四届理事会有 52 名成员，比上一届增加了 24 名；理事会成员的平均年龄为 53. 48 岁，比第三届理事会（60. 64 岁）年轻近 7 岁，而且有了专职干部，这都足以证明红十字会组织建设和事业的发展。由副省长兼任会长，表明省政府对红十字会工作的重视，这主要是由于红十字会通过成功开展的各项活动彰显了不可替代的独特作用，得到了全社会的广泛认可。在理事会中，还增加了各市红十字会负责人以及宣传、财政、医疗、外事等部门的负责人或知名人士，扩大了代表面，密切了省红十字会与市、县红十字会及有关部门的关系①。

“四大”后，省红十字会根据总会和省红十字会“四大”精神，制定

① 《江苏省红十字会 1985 年工作情况》，江苏省红十字会档案，档案号：1985-002-0000-0002。

出“七五”时期的工作设想和近期工作安排，即今后的5年，省红会开展工作的指导思想为“认真贯彻党和国家有关卫生社会福利工作方针，坚持实事求是、一切从实际出发，广泛动员和组织群众，努力发展群众性卫生救护和社会福利事业，积极贯彻对外开放政策，加强对外联系，增进与外国红十字组织与人民的友谊和合作，为四化建设服务，为祖国统一大业服务，为世界和平和人类进步做出贡献”①。应该说，这一指导思想是对“四大”精神的概括和延伸，由此打开了江苏红十字运动的纵深发展之门。

二、“五大”：承前启后

1990年2月，中国红十字会总会“五大”在北京召开。总会“五大”确定了今后一个时期中国红十字会工作的基本指导思想是：坚持改革开放，继续探索建设具有中国特色的红十字会，使中国红十字会成为在两个文明建设中，在人民外交和统一祖国大业中，独立自主开展工作的社会团体。“五大”决定把继续以组织建设为重点和逐步建立全国城乡的群众性自救互救网络、自助互助网络作为一个时期的中心工作和主要奋斗目标②。总会“五大”召开后，“中国红十字会的各项人道主义事业走向蓬勃发展的新阶段”③。

在总会精神的指引下，1990年7月12日至13日，江苏省红十字会“五大”在南京召开，来自全省各市、县（区）红十字会及省卫生、民政、教育、台事等有关部门和工、青、妇、宗教等群众团体，以及企事业单位的代表216人与会。总会以及上海、山东等地红十字会也纷纷发来热情洋溢的贺电、贺信④。

省红十字会常务副会长盛天任做了《群策群力，奋发进取，努力开创我省红十字工作新局面》的工作报告。在总结回顾“四大”以来工作的同时，提出了今后的工作任务：继续把组织建设作为一项重要基础工作来

① 《关于贯彻全国、省第四次代表大会精神的“七五”设想和近期工作安排》，江苏省红十字会档案，档案号：1985-002-0000-0004。

② 中国红十字会总会编：《中国红十字会的九十年》，中国友谊出版公司，1994，第233—234页。

③ 曲折主编：《中国红十字事业》，广东经济出版社，1999，第68页。

④ 《江苏省红十字会召开第五次代表大会》，《江苏红十字》1990年第8期。

抓；努力开展群众性的卫生救护工作；进一步抓好红十字青少年工作；积极搞好社会福利工作；进一步做好涉台事务工作；继续改进和加强宣传工作；积极开展国际交往活动①。大会还明确提出今后一个时期的工作目标与要求：要在党的方针政策指引下，认清形势，明确方向，振奋精神，坚持改革，艰苦奋斗，勤俭办事，全心全意为人民服务。要在继续做好城市红十字会工作的同时，把组织建设工作拓展到农村②。

省红十字会"五大"审议通过了四届理事会的工作报告和《省红十字会1990—1994年五年工作规划》《江苏省实施〈中国红十字会章程〉细则》，选举产生了63名成员组成的五届理事会（详见表2-3），吴锡军副省长当选为新一届会长。

表2-3　江苏省红十字会第五届理事会成员名单表

姓　名	性　别	职　务	会内职务
吴锡军	女	江苏省副省长	会　长
盛天任	男	江苏省人大常委会教科文委员会副主任	常务副会长
沃丁柱	男	南京市副市长	副会长
陈　萍	女	江苏省卫生厅副厅长	
张秉铎	男	江苏省民族宗教事务局局长	
蒋孝文	男	江苏省台办主任	
陈尚明	男	江苏省民政厅副厅长	
许植之	女	农工民主党江苏省委副主任委员	
夏琫瑛	女	民革江苏省副主委、全国政协委员	
唐冠文	男	江苏省红十字医院副院长	
姚士春	男	江苏省红十字会	秘书长
陈学义	男	中华医学会江苏分会副秘书长	副秘书长
徐　强	男	江苏省红十字会	

① 盛天任：《群策群力，奋发进取，努力开创我省红十字工作新局面》，《江苏红十字》1990年第8期。

② 江苏省红十字会编著：《江苏红十字运动八十八年（1911—1999）》，东南大学出版社，2001，第126页。

（续表）

姓　名	性　别	职　务	会内职务
丁　琼	男	江苏省爱卫会办公室副主任	
丁厚基	男	江苏省商业厅副厅长	
于显基	男	江苏省残联副理事长	
马伯生	男	江苏省总工会副主席	
王　聪	男	南京化学工业集团公司副经理	
王一镗	男	南京医学院教授	
王壬南	男	江苏省计划经济委员会副主任	
王良玺	男	扬子石化公司副经理	
王和盛	男	徐州市红十字会常务副会长	
吉连成	男	江苏省红十字中心血站副站长	
孙顺庆	男	江苏省对外经贸委员会副主任	
冷友俊	男	江苏省军区后勤部副部长	
初元章	男	南京军区后勤卫生部副部长	
朱士良	男	江苏省民政厅副厅长	
汪　皓	男	江苏省天主教爱国会副主任	
汪雪麟	男	苏州市卫生局局长、党组书记	理　事
肖辅庭	男	扬州市卫生局局长、党委书记	
李明朝	男	江苏省公安厅副厅长	
李琴芳	女	江苏电视台副台长	
吴鶒筠	女	江苏省妇联副主任	
杨义坚	男	江苏省工商行政管理局副局长	
杨成义	男	常州市卫生局党委书记	
周　游	男	共青团江苏省委副书记	
周海珍	女	江苏省计划生育委员会主任	
周德藩	男	江苏省教委委员兼普教局局长	
邵丽珍	女	江苏省侨联办公室副主任	
陆福履	男	镇江市卫生局局长、党委书记	
陈　尧	男	中共江苏省委老干部局副局长	
陈希明	男	江苏省文化厅副厅长	
张仲山	男	江苏省省级机关事务管理局副局长	
张海涛	男	江苏省体委副主任	

（续表）

姓　名	性　别	职　务	会内职务
张鹤贤	男	江苏省人民对外友好协会秘书长	理　事
杭长涌	男	江苏省国家安全厅副厅长	
赵能秀	女	无锡市卫生局副局长	
柯　观	男	南通市卫生局副局长	
唐维新	男	淮阴市卫生局局长	
唐蜀华	男	江苏省红十字中医院院长	
徐训丰	男	爱德基金会副秘书长	
徐华强	男	江苏省交通厅副厅长	
徐金旸	男	盐城市卫生局局长、党委书记	
袁　雪	女	中华护理学会江苏分会理事长	
诸培恩	男	江苏省基督教协会副会长	
雪　烦	男	江苏省佛教协会副会长	
黄生甫	男	新华日报副总编	
曹锡浩	男	江苏省财政厅行财处副处长	
崔维甫	男	连云港市卫生局局长	
韩同文	男	江苏人民广播电台副台长	
锁国良	男	扬州市人大常委会副主任	
雷同声	男	南京市红十字会副会长	
蔡锦秀	男	江苏省外办友好城市处副处长	

资料来源：江苏省红十字会编著：《江苏红十字运动八十八年（1911—1999）》，东南大学出版社，2001，第276—277页；《江苏省红十字会第五届理事会理事候选人情况简介》，江苏省红十字会档案，档案号：1990-001-0000-0007。

第五届理事会成员63人，比上届52人多11人；平均年龄为54.40岁，与上届的53.48岁相比略显年长。理事分布的领域也较“四大”更为广泛，组织机构更为健全。由吴锡军副省长担任会长，加强了红十字会的组织领导，同时为全省各级红十字会领导人员的组成结构保持一致提供了条件[①]。

在大会闭幕会上，吴锡军会长做了重要讲话，她在充分肯定工作成绩

① 《江苏省红十字会1990年工作总结》，江苏省红十字会档案，档案号：1991-002-0000-0276。

的同时，提出“进一步动员社会各方面力量，关心、支持和参与红十字会工作”；“加强组织建设和自身建设，确保今后五年各项工作任务的落实”；“加强领导，为进一步做好红十字工作创造必要的条件”。吴锡军会长特别强调，各级红十字工作者要继续发扬无私奉献精神，深入基层，调查研究，总结经验，不断改进工作作风和工作方法，紧紧依靠各级政府，团结广大会员、群众，为发展全省红十字事业，为振兴江苏经济，加快对外开放步伐，促进社会主义精神文明建设做出更大的贡献①。

“五大”闭幕后举行的五届一次理事会会议上，推举李执中、陈邃衡、盛立为名誉会长；推举朱朱、于福厚、冯嘉友、侯金镐为名誉理事。

省红十字会“五大”贯彻落实总会“五大”精神，继续加强组织建设并在更广阔的范围内开拓红十字事业。“五大”在江苏红十字运动历史上具有承前启后的重要地位。

三、“六大”：新的里程碑

江苏省红十字会“六大”是在中国红十字运动取得一系列突破性进展的广阔背景下召开的。

首先，进入20世纪90年代后，中国红十字会制定了《九十年代工作纲要》，把红会工作的战略目标确定为：增强红十字会的综合实力；提高自我完善和自我发展能力；独立自主地开展工作，形成自身网络的组织体系；改善最易受损害群体的境况；逐步拓宽人道领域中的社会救助范围；进一步发挥中国红十字会在国际红十字运动中的作用②。可以说，《九十年代工作纲要》“为建设有中国特色的红十字事业描绘了宏伟蓝图。中国红十字运动由此进入高速发展的新时代”，而“加强红十字会的组织建设是实现这一宏伟蓝图的组织保障，因此国内工作继续以组织建设为重点。中国红十字会作为历史悠久的社会团体，不仅在组织建设中坚持积极稳步发展的原则，以组织发展带动各项工作的开展，而且以开展工作促进组织发展”③。

---

① 《吴锡军同志在江苏省红十字会第五次代表大会上的讲话》，《江苏红十字》1990年第8期。

② 曲折主编：《中国红十字事业》，广东经济出版社，1999，第68页。

③ 孙柏秋主编，池子华、杨国堂等：《百年红十字》，安徽人民出版社，2003，第383、384页。

其次，1993 年 5 月，红十字会与红新月会第四届亚太区域大会在北京召开。大会于闭幕前签署了《北京宣言》，对提高亚太区域国家、地区红十字会的合作与整体作用，加强这一地区的抗灾能力，减轻人类所遭受的苦难，将起到积极作用[①]。同时，《北京宣言》的签署也“向世人展示了改革开放后中国红十字会新的风貌和实力，进一步扩大了中国红十字会在国际上的影响”[②]。

再次，1993 年 10 月，《中华人民共和国红十字会法》（以下简称《红十字会法》）正式颁布实施，“它以国家法律的形式规定了中国红十字会的宗旨、性质和职责，从法律上确定了红十字会组织在国家社会生活中的地位和作用，应有的权利和义务。这部国家法律的制定是对中国红十字会 90 年历史的总结、评价与肯定，同时也为中国红十字事业的进一步发展提供了强有力的法律保障!”[③]

最后，1994 年 4 月，总会“六大”暨中国红十字会成立 90 周年纪念大会在北京召开。总会“六大”是《红十字会法》颁布后召开的一次有特殊意义的会议，是中国红十字会发展史上的一次划时代的重要会议。特别是国家元首首次出任红十字会名誉会长，“表现了党和政府对红十字事业的高度关心和支持，这将对中国红十字事业的发展产生深远的影响”[④]。

正是在中国红十字运动波澜壮阔的发展大潮中，1994 年 6 月，江苏省红十字会“六大”在南京召开，来自全省各行各业的 218 名代表共商发展江苏红十字事业大计。省内各有关部门领导也出席了大会，充分体现了省委、省政府对红十字事业的高度重视和大力支持，同时也表明红十字事业在江苏省社会经济生活中的作用[⑤]。

省红十字会常务副会长陈萍受五届理事会委托做了《全面贯彻红十字会法，加速发展江苏的红十字事业》的工作报告。报告从宣传贯彻《红十字会法》、救灾工作、组织建设、卫生救护、参与血液事业、社会服务等

① 中国红十字会总会编：《中国红十字会的九十年》，中国友谊出版公司，1994，第 292—293 页。

② 孙柏秋主编，池子华、杨国堂等：《百年红十字》，安徽人民出版社，2003，第 664 页。

③ 曲折主编：《中国红十字事业》，广东经济出版社，1999，第 74 页。

④ 孙柏秋主编，池子华、杨国堂等：《百年红十字》，安徽人民出版社，2003，第 414—415 页。

⑤ 《江苏省红十字会召开第六次代表大会》，《江苏红十字》1994 年第 7 期。

11 个方面对 4 年来的工作进行了全面回顾，并提出了今后 5 年的主要任务：坚定不移地贯彻《红十字会法》；认真贯彻中国红十字会《九十年代工作纲要》和《北京宣言》；加强组织机构和干部队伍建设；加强调查研究并努力做好各项业务工作①。

省红十字会“六大”审议并通过了五届理事会的工作报告和《江苏省红十字会 1995—1999 年五年工作规划提要》《江苏省实施〈中国红十字会章程〉细则》。大会“全面总结了江苏红十字会的工作，明确了发展方向，代表们畅谈了成绩，讨论了任务，增强了信心，并联系我省实际，提出许多有益建议”。吴锡军会长在大会闭幕式上做了总结发言。对于今后工作，她强调，一要把学习、宣传、贯彻《红十字会法》作为六届理事会的工作重点；二要靠社会各方面力量来关心和支持红十字会事业。最后，她号召“全省广大红十字工作者和红十字会会员动员起来、团结起来，发挥自己的优势，通过卓有成效的工作，使江苏的红十字会工作再上一个新台阶”②。

1994 年 6 月，江苏省红十字会第六次代表大会召开

经过民主选举，大会产生了新一届理事会（见表2-4），吴锡军为会长。

① 江苏省红十字会编著：《江苏红十字运动八十八年（1911—1999）》，东南大学出版社，2001，第 179—180 页。

② 《在江苏省红十字会第六次代表大会闭幕式上的讲话》，《江苏红十字》1994 年第 7 期。

表 2－4　江苏省红十字会第六届理事会成员名单

姓　名	性　别	职　务	会内职务
吴锡军	女	江苏省人大常委会副主任	会　长
陈　萍	女	江苏省卫生厅副厅长	常务副会长
王　湛	男	江苏省政府副秘书长	副会长
张秉铎	男	江苏省民族宗教事务局局长	
刘洪祺	男	江苏省政协人口资源环境委员会主任	
周德藩	男	江苏省教育委员会副主任	
周加才	男	江苏省宗教局局长	
张连发	男	南京市政府副市长	
蒋孝文	男	江苏省台办主任	
吴观陵	男	江苏省人民医院院长	
许植之	女	农工民主党江苏省委副主任委员	
张立明	男	江苏省红十字会	秘书长
徐　强	男	江苏省红十字会	副秘书长
马国贤	男	江苏省伊斯兰教协会副会长	理　事
王　聪	男	南京化学工业集团公司副总经理	
王一镗	男	南京医科大学教授	
王功亮	男	扬州市政府副市长	
王全国	男	南京海关副关长	
王炯明	男	淮阴市卫生局局长	
尹　明	女	江苏省文化厅副厅长	
尹祥山	男	江苏省医药管理局副局长	
龙盱西	男	南京市卫生局副局长	
卢小志	女	南京钢铁厂副厂长	
刘元仁	男	天主教南京教区主教	
刘文平	男	共青团江苏省委副书记	
吉连成	男	江苏省红十字中心血站站长	
李祖荣	男	仪征化纤职工医院院长	
李晓亚	女	江苏省医学会副秘书长	
李琴芳	女	江苏省电视台副台长	

（续表）

姓　名	性　别	职　务	会内职务
汪　洋	男	江苏省政协社会法制委员会主任	理　事
汪祝斌	男	南京铁路分局局长助理	
汪雪麟	男	苏州市卫生局局长	
严　卓	男	江苏省国家安全厅副厅长	
陈　尧	男	江苏省委老干部局副局长	
陈　勇	男	南京军区后勤部卫生部副部长	
陈文垲	男	南京中医学院内科研究所所长	
陈尚明	男	江苏省司法厅副厅长	
陈家震	男	江苏省人大常委会教科文委员会主任	
束恒长	男	中国人民银行江苏省分行副行长	
邵丽珍	女	江苏省归国华侨联合会秘书长	
张　艳	女	江苏省总工会副主席	
张　强	男	扬子石化公司副总经理	
张仲山	男	江苏省省级机关事务管理局副局长	
张关林	男	中山集团总经理	
张俊清	男	江苏省军区后勤部副部长	
张蕴明	男	江苏省人保公司副总经理	
张鹤贤	男	江苏省对外友协	
林得恩	男	江苏省基督教协会副会长	
林同振	男	镇江市卫生局副局长	
杨立舫	男	江苏省计划生育委员会副主任	
杨炤明	男	江苏省商业厅副厅长	
罗一民	男	江苏省工商管理局办公室主任	
周业俊	男	常州市卫生局局长	
洪天慧	女	江苏省妇联副主席	
姜志德	男	江苏省残联康复部副主任	
赵庆侠	男	江苏省公安厅副厅长	
赵能秀	女	无锡市卫生局副局长	
胡子林	男	江苏省烟草专卖局局长	

（续表）

姓　名	性　别	职　务	会内职务
柯　观	男	南通市卫生局副局长	理　事
徐华强	男	江苏省交通厅厅长	
徐金旸	男	盐城市卫生局局长	
徐荣生	男	江苏省体委副主任	
徐云波	男	江苏省编办副主任	
唐蜀华	男	江苏省中医院院长	
真　慈	男	江苏省佛教协会副会长	
谈礼英	女	爱德基金会秘书长助理	
谈瑗声	女	江苏省护理学会理事长	
秦志法	男	江苏省政府新闻办主任	
夏继昌	男	江苏省广播电台专题部副主任	
顾长虹	男	江苏省税务局副局长	
钱江浦	女	武警江苏省总队后勤部卫生处处长	
章志伟	男	江苏省经贸委副主任	
黄生甫	男	新华日报副总编	
曹锡浩	男	江苏省财政厅事业财务处处长	
崔维甫	男	连云港市卫生局局长	
韩同文	男	江苏省广播电视厅副厅长	
蔡锦绣	男	江苏省外办	
管保萱	男	江苏省计划经济委员会副主任	
潘宗白	男	中共江苏省委宣传部副部长	

资料来源：《六届理事会理事候选人简介》，参见《江苏省红十字会第六次代表大会材料汇编》。

第六届理事会成员平均年龄 53.21 岁，在人数上增加到 79 人，分布于政府机构及军队、社团、企业、宗教组织、新闻媒体、学术机构等众多部门，代表了社会各个层面，充分体现了红十字会组织的社会性、群众性。

从省红十字会“四大”到“六大”理事会机构的发展来看，为适应改革开放的社会大环境和中国红十字运动蓬勃发展的整体态势，江苏省红十字会把省内各地市红十字会的专职干部逐步纳入理事机构之中，形成了遍布全省的联系网络。同时，省红十字会与政府各职能部门以及相关企业、团体也密切了交往，社会网络逐步完善。由此可见，省红十字会理事机构是全省红十字会的领导核心，其工作目标和决策对于全省红十字会工作具有重要的导向作用；而随着省红十字会组织机构的逐步完善，也带动了全省红十字组织的健康发展。

第二节　江苏红十字会的组织发展脉络

江苏省红十字会自身组织机构渐趋完善的同时，全省各级红十字会的组织建设也在逐步推开。在整顿调整的基础上，江苏红十字会的组织与会员数量、会费收缴工作、会务管理等项工作都取得了长足的发展。

一、四届理事会任职时期：以团体会员整顿为中心

红十字会工作虽然千头万绪，但在省红会“四大”召开后的几年里，组织建设一直是红会工作的重中之重。因为总会“在‘四大’提出了工作由国际向国内转移后不久，明确提出了国内工作以组织发展为重点”[①]。之后，总会于1985年12月和1987年1月召开的两次全国工作会议上，也都强调组织建设的重要性。在1986年10月总会召开的四届二次理事会会议上，更是强调要“继续把各级红十字会的组织建设列为工作重点”[②]。有鉴于此，在省红会四届理事会任职期间，省红十字会对团体会员的整顿工作首先拉开了全省红会系统组织建设的序幕，而且对整个四届理事会任职时期的组织发展具有重要意义。下面以团体会员整顿为中心，对省红十字会“四大”以来的组织发展轨迹做一简单梳理。

（一）整顿缘起

省红十字会“七五”期间的工作设想提出，“近两年重点抓好提高现

① 中国红十字会总会编：《中国红十字会的九十年》，中国友谊出版公司，1994，第224页。
② 中国红十字会总会编：《红十字手册》，辽宁科学技术出版社，1988，第35页。

有会员素质的工作，对团体会员单位进行整顿，要注意实效，防止形式主义"[①]。由此，整顿团体会员工作成为"四大"后加强组织建设的首要任务。

这一时期的整顿工作，一方面遵循总会和省红十字会的有关文件精神，从现实出发，有针对性地发现问题并找到对策。自1981年恢复工作以来，全省各级红十字会组织发展迅速，特别是团体会员单位异军突起，但同时问题也随之涌现，表现为"各地在恢复工作时，尤其是恢复较早的市、县红十字会，由于缺少经验，在发展团体会员单位时，未能对所有成员认真进行系统的会务知识教育，多数团体单位的会员入会时未履行入会手续，团体会员单位的组织不够健全，会务活动不够经常"[②]。

可以说，省红十字会整顿团体会员单位，一方面是对复会时期组织发展的一次清理、规范、继承和巩固，同时又是组织建设的进一步发展，为红十字运动的全面腾飞准备条件。因此，要力图在整顿中实现发展和提升，同时在整顿团体会员单位的同时，把工作渗透到加强基层组织和会员管理以及缴纳会费等相关组织建设领域，从而为全面发展奠定基础。所以整顿会员单位工作可以说拉开了全面发展时期组织建设的大幕。

为了整顿工作能顺利进行，1985年9月，省红十字会发出《关于整顿红十字团体会员的通知》，"决定从现在起，到八六年底，对我省各市、县原有的红十字团体会员进行全面的整顿"。要求对会员进行会务知识教育，对医务人员进行规范化、标准化的急救技术训练，对非医务人员进行必要的卫生救护知识教育和基本技能训练；要求各团体单位，要有专人负责红十字会工作，会员入会时每人都要履行入会手续；要建立、健全红十字会的各种登记、记录资料；要逐步做到会员缴纳会费、会费收支应有明细账目。《通知》最后指出，"整顿团体会员工作，要讲究实效，不要搞形式主义，先行试点，总结经验后逐步推开"。通过整顿，"团体会员单位都要达

---

① 《关于"七五"设想及近期工作安排的报告》，江苏省红十字会内部资料，1985年9月2日。

② 《江苏省红十字会关于整顿团体会员单位情况的汇报》，江苏省红十字会档案，档案号：1985-002-0000-0011。

到组织健全，活动经常，并能接受和完成市、县红十字会安排的各项工作任务”①。

在部署工作、提出要求的基础上，为及时指导各地整顿工作的顺利进行，1986年6月，省红十字会转发了徐州市红十字会制定的《团体会员单位整顿验收标准》，供各地参考。同时，为了便于各地红十字会组织学习会务知识，开展救护技术训练，省红十字会印发了5万册《会务知识问答一百例》《卫生、防病、救护知识一百例》，还分发了近千册《中国红十字会章程》，并及时报道了有关整顿工作的动态、经验介绍10余篇，供各地在整顿中学习参考②。

（二）整顿进程

这次整顿工作覆盖面广，在全省建会的18个市、县中，除吴县、淮安两县因尚未发展团体会员单位未进行整顿外，其他16个市、县均开展了工作。各地红十字会在开展整顿工作时，多数是先行试点，取得经验后再全面展开。例如，泰州市红十字会首先选定市人民医院、人民印刷厂两个不同类型的单位，在不影响其工作的前提下试点整顿，做到有计划、有步骤地进行。具体做法可以概括为“三个阶段、三个提高、两个补课、一个落实”：“三个阶段”分为宣传摸底、调查登记、健全组织组成红十字三级网络；“三个提高”包括提高基层红十字会干部的领导能力，提高广大会员对红十字会性质、宗旨、任务的认识，提高分管红十字会干部的管理水平；“两个补课”中，一是对会员重新登记，补新进人员入会手续，二是补充完善缴纳会费的有关制度；“一个落实”是落实每个单位有负责人分管红十字会工作③。下面从几个步骤具体论述这次整顿工作。

1. 制订整顿计划

各市、县红十字会根据省红十字会1985年9月的通知精神，结合本地具体情况，制订了整顿工作的详细计划。无锡市在计划中对时间进度做了

---

① 《关于整顿红十字团体会员的通知》，苏州市红十字会档案，1985年“长期”42，第9页；《江苏省红十字会关于整顿团体会员单位情况的汇报》，江苏省红十字会档案，档案号：1985-002-0000-0011。

② 《江苏省红十字会关于整顿团体会员单位情况的汇报》，江苏省红十字会档案，档案号：1985-002-0000-0011。

③ 《泰州市红十字会团体会员单位整顿已见效》，《江苏红十字》1986年第11期。

具体安排，徐州、无锡、苏州、常州、南京及常熟等市、县，还制定了整顿验收标准，其中常州、徐州在标准中采用评分的办法进行考核、验收①。苏州市红十字会出台了《关于整顿红十字团体单位的意见》，市红十字医院、市二院、牙病防治医院等单位也分别制订了整顿计划②。

2. 组织发动与宣传学习

在组织发动阶段，首先是开好各团体会员单位领导及红十字会干部的动员会和职工大会，层层发动，传达总会及省、市、县有关整顿的文件精神和要求，统一思想和提高对整顿的认识；然后开展深入细致的宣传与学习，学习的内容主要是《中国红十字会章程》、中央领导的讲话以及有关整顿的各项文件。各地还根据当地具体情况，自行编印或翻印了大量学习材料。在学习阶段，徐州市 80% 的会员参加了会务知识学习，常州市 2991 名团体会员中 2836 人参加了学习。

各地的宣传和学习方法灵活多样，有的召开会议，由专人宣讲，然后组织小组学习讨论；有的利用板报等宣传工具开展活动。徐州红十字医院、常州市二院、无锡市五院、常熟市任阳医院等都组织了会务知识竞赛，使每个会员均能了解红十字会的宗旨、性质和任务，以及会员的权利、义务和其他会务知识③。苏州市每个团体会员单位都设有红十字画廊或红十字专栏，并且版面新颖、内容丰富且更换及时，做到了“有人负责、有阵地、有新内容”④。

3. 加强组织管理、确立制度

首先，抓好会员登记工作。新老会员都要履行入会手续，由会员填写入会申请表，经单位红十字会批准后登记造册，并上报市、县红十字会。

其次，在做好登记工作的基础上健全组织。整顿的首要工作即为健全组织。大部分团体单位通过组织发动及深入细致的学习，提高了认识，统一了思想，用民主选举的办法产生单位红十字会的领导机构。会长、副会

① 《江苏省红十字会关于整顿团体会员单位情况的汇报》，江苏省红十字会档案，档案号：1985-002-0000-0011。

② 《1986 年上半年工作总结》，苏州市红十字会档案，1986 年“长期”51，第 8 页。

③ 《江苏省红十字会关于整顿团体会员单位情况的汇报》，江苏省红十字会档案，档案号：1985-002-0000-0011。

④ 《苏州市红十字团体会员单位整顿互查》，苏州市红十字会档案，1986 年“长期”55，第 19—20 页。

长一般由行政领导或工会主席兼任，秘书由行政办公室或医务处领导兼任，分工负责日常工作。无锡市的组织健全工作到1986年3月已经基本完成[①]。在健全组织的基础上，有的团体单位还成立了红十字会办事机构，如常州二院通过整顿并结合医院日常工作，设立红十字抢救小组、红十字救护队、红十字防火委员会以及红十字宣传通讯小组；南京市下关区红十字医院成立了水上救护队等组织，为开展水上救护活动做好了组织准备。

再次，建立各种规章、制度。开展红十字活动，必须有章可循、有制度做保障。在整顿过程中，不少单位都相继建立会议制度和定期学习会务知识制度，同时加强了对各种档案资料的保存和管理。

4. 结合整顿，开展活动

整顿的目的是更好地开展红十字活动。常州红十字医院在整顿中开展优质服务，受到患者及家属的欢迎，有些单位及患者家属给医院送来锦旗和感谢信，这更加坚定了医院加强整顿、深入贯彻红十字人道主义的决心和信念[②]。卫生救护技能训练是整顿中普遍开展的活动，无锡市在整顿过程中有90%的医务人员经过心肺复苏训练，50%非医务人员接受“四项技术”训练，训练成效显著。南京市1位经过培训的红十字会员在1986年的马拉松比赛中，应用心肺复苏技术成功地挽救了1名心跳、呼吸停止的运动员，反响极大。

除此之外，在整顿中，全省红会系统开展社会服务活动蔚然成风，救死扶伤、敬老助残是主要内容，不少单位制定了方便“五保老人”就医的措施及便民服务公约。苏州市普济医院在对全体会员进行教育的同时，还安排大家走向社会，为精神病患者开展康复咨询服务，受到群众欢迎[③]。常州市红十字医院提出“无论你遇到什么样的困难，我们都愿意帮助你”的口号，将家庭病床由原来的20张扩大到70张，服务半径扩大到城区各个角落及市郊地区。

---

① 《无锡市红十字会召开团体会员单位和学校红十字会工作会议》，《江苏红十字》1986年第4期。

② 《江苏省红十字会关于整顿团体会员单位情况的汇报》，江苏省红十字会档案，档案号：1985-002-0000-0011。

③ 《苏州市红十字会1986年工作回顾和1987年工作意见》，苏州市红十字会档案，1986年“长期”10，第3—4页。

5. 逐步实行会员缴纳会费

根据红十字会新章程的要求，各地结合整顿开始逐步实行会员缴纳会费的试点工作，南京、常州、苏州、徐州、连云港、扬州、泰州、常熟等地对此都进行了试点，取得了较好的成绩。它们的基本做法是本着自愿的原则，不限金额，建立会费收支账册，所收会费原则上留作基层活动的开支（有的市规定上缴20%给上一级组织）。通过收缴会费，既部分地解决了红十字会活动经费不足的困难，又调动了基层红十字会工作的积极性①。无锡、苏州两市的红十字会组织更深入一步，把每年的“5·8”世界红十字日作为缴纳会费日固定下来②。实践证明，会员本着自愿和不限金额的原则定期缴纳会费，是增强会员组织观念和责任感的好措施，也是会员热爱红十字事业的具体体现。只要认真负责、措施得当，由点到面逐步实行缴纳会费是完全可以做到的。

6. 检查验收阶段

在这一阶段，多数市、县红十字会都根据各自制定的检查验收标准或整顿要求，逐一对团体会员单位的整顿工作进行逐项对照检查验收，不足之处进行补课，合格后颁发证书。

针对一年来全省绝大多数市、县已先后进行了整顿并取得了一定成果，但发展不平衡的状况，“为了解各地进展情况，总结、交流各地在整顿工作中的经验”，省红十字会于1986年9月组织了检查验收工作，省红会有关领导参加了这次活动③。在检查验收工作中，省红十字会组织了3个检查组，分片（苏锡通、徐淮盐连、宁扬镇常）对15个市、县的45个团体会员单位进行了检查。其中有医药卫生系统的医院、血站、救护站、防疫站、疗养院、卫校，亦有其他系统的福利院、工厂等单位。在医院中既有综合医院，亦有专科医院；有省级医院，亦有市、县、乡镇医院，从而使检查既全面，又具有一定的代表性，且更具科学性和客观性④。在检

① 《江苏省红十字会关于整顿团体会员单位情况的汇报》，江苏省红十字会档案，档案号：1985-002-0000-0011。

② 《在江苏省红十字会四届二次理事会上的工作报告》，江苏省红十字会档案，档案号：1986-001-0000-0008。

③ 《全省团体会员单位整顿工作互查结束》，《江苏红十字》1986第9期。

④ 《江苏省红十字会关于整顿团体会员单位情况的汇报》，江苏省红十字会档案，档案号：1985-002-0000-0011。

查中，通常采取听报告、看资料、提问题及座谈讨论的办法进行。检查结束后，3 个检查组的成员集中在江阴县进行了认真的讨论和交流。

这次检查工作在省红十字会的整体整顿工作中发挥了重要作用。通过检查，及时“肯定了成绩，找出了差距，交流了经验，明确了任务”，对整顿工作的继续开展和圆满完成具有重要意义。同时，检查对于工作进展较慢的单位也是一种有力的促进。

（三）整顿结果

持续一年有余的团体会员单位整顿工作在省红十字会的组织和领导下，在全省各地红十字会的积极支持和配合下，基本上达到了预期的效果（见表 2－5）。到 1986 年 10 月，全省绝大多数市、县红十字会的整顿工作已告结束。

表 2－5　江苏省红十字会整顿团体会员单位概况表

市、县	团体会员单位			开始时间（年、月）	收取会费单位数	金额（元）
	总数	会员数	已整顿			
南京市	260	40834	260		218	
无锡市	23	4544	20	85.10	5	
江阴市	28	1547	2			
无锡县	9	1300	2			
徐州市	16	2121	16	86.2	14	
常州市	9	2991	9	85.10	8	990.86
武进县	11	400	11		2	87.30
苏州市	14	3000	14	86.4		
常熟市	45	2970	45	86.7	13	
吴县①						
南通市	5	934	5	86.1		
连云港市	17	2682	17	86.6		
淮阴市	4	1000	4	85.9		

① 无团体会员单位。

（续表）

市、县	团体会员单位			开始时间（年、月）	收取会费单位数	金额（元）
	总数	会员数	已整顿			
淮安市①						
盐城市	12	3278	12			
扬州市	8	1570	2		2	142.00
泰州市	15	18439	15	85.9	6	
镇江市	12	1200	4		2	195.00

注：本统计根据各地“整顿”小结整理，统计时间截至1986年10月15日；“团体会员单位已整顿”栏，包括正在进行整顿单位数。

资料来源：《江苏省红十字会关于整顿团体会员单位情况的汇报》，江苏省红十字会档案，档案号：1985-002-0000-0011。

应该说，通过整顿，全省各类红十字会团体会员单位的组织与成员经历了一次红十字人道主义的洗礼和锤炼。但也应看到，整顿工作还存在着发展不平衡的情况。工作开展较早的苏州、常州、连云港、徐州、淮阴、盐城、无锡、武进、泰州、南京等市、县，到1986年11月时对团体会员的整顿工作已结束或接近尾声；而开展工作较迟的市、县，仍处于试点阶段，因此尚需努力。此外，收缴会费工作并未使每个会员都把缴纳会费看成是应尽的义务，因此仍需加强宣传教育。

经过整顿，全省绝大多数团体会员单位的整体面貌焕然一新，成为名副其实的红十字会团体会员，从而成为红十字事业发展的中坚力量。整顿工作在江苏红十字运动向纵深发展初期的组织建设中具有重要作用。首先，整顿工作向广大会员普及了会务知识，宣扬了红十字理念，促进了团体会员单位组织机构的健全和工作制度的完善。如常熟红十字会在进行会员登记时，还将每个会员的血型在申请表上注明，为今后开展无偿献血工作打下了良好的基础。

其次，通过整顿，团体会员单位真正确认了自己的身份和地位，改变了之前团体会员单位不知是团体会员的状况。通过红十字知识的宣传和多

① 无团体会员单位。

样活动的开展，广大团体会员单位增强了责任感和使命感，涌现出南京下关区红十字医院不惧风险免费收治濒危截瘫病人、常州红十字医院家床科医生日夜守候患者等鲜活事例，体现出这次整顿工作的显著成效。

再有，通过整顿，检验和锻炼了全省红十字会团体会员单位的组织机构，并在此基础上促进了全省红会系统组织建设的大发展。在整顿开始之前，全省有红十字会团体会员单位 371 个，会员人数 93232 人。经过整顿，团体会员单位发展到 488 个，会员人数 88810 人。“红十字团体会员人数接近全省会员总数的一半，是开展红十字工作的一支重要力量，通过对团体会员单位的整顿，会员素质有了很大的提高，对搞好全省红十字工作提供了可靠的组织保证”①。这里有一个问题要说明，为什么整顿后比整顿前的团体组织增加了，而会员人数却减少了呢？原因主要在于复会时期，组织发展“跃进”，从而造成了管理方面的松散和粗枝大叶，表现在会员人数的统计上也存在偏差。因此，整顿工作开始后，由于组织建设的规范化和管理的制度化，同时严格入会手续并对会员进行核查和登记造册，根据人员的变动及时更新数据，这样得到的数据是相对客观和真实的。

在 1986 年普遍整顿团体会员单位的基础上，1987 年全省红会系统加快了组织发展的速度。一年中，省红十字会根据“成熟一个，发展一个；发展一个，巩固一个”的原则，恢复或建立了县（市、区）红十字会组织 10 个，基层组织 181 个，发展会员 37663 名。全省 11 个省辖市全部恢复红十字会组织；县（市、区）一级红十字会组织已达 38 个，占全省县（市、区）总数的 36.19%；基层组织累计 1475 个，会员 225394 名，为开展各项红十字工作提供了组织保证②。

1988 年是省红十字会复会以来组织发展最快的一年。全省除原有的 11 个省辖市均已建会外，年内又恢复或新建县（市、区）级红十字会 35 个。南京、无锡、连云港、盐城、淮阴等市所属县（市）及市辖区均已全部建会，常州、苏州等市所辖县（市）也已全部建会，镇江市所属 6 个县（区）已有 5 个建会。当年全省发展基层组织 568 个，会员 114439 人；基

① 《在江苏省红十字会四届二次理事会上的工作报告》，江苏省红十字会档案，档案号：1986-001-0000-0008。

② 《振奋精神，开拓前进——江苏省红十字会 1987 年度组织建设情况汇报》，江苏省红十字会档案，档案号：1987-001-0000-0014。

层组织累计达2181个，会员累计349491人，为开展各项红十字活动提供了可靠的组织保证[①]。

四届理事会任职时期，“是我国红十字事业发展崛起并取得突破性进展的五年，标志着我国红十字事业进入了新的发展阶段”[②]。在此期间，省红十字会以整顿团体会员单位为突破口，在对原有红十字组织进行整顿、充实和加强的基础上，“积极发展新的组织，健全领导班子和组织制度，对会员进行会务知识教育，使红十字运动经常化，并通过运动促进组织的发展，因而加快了组织的建设，壮大了会员的队伍。至1989年12月底，四年多来全省共恢复和新建县（市、区）红十字会59个，连同‘四大’前的28个，累计87个，占全省106个县（市、区）的82%；新建基层组织2356个，累计4137个。新发展会员29.8万人，累计已达48.2万人，其中团体会员10.3万人，成人会员18.7万人，青少年会员19.4万人，全省组织建设有了较快发展”。

二、五届理事会任职时期：组织发展的全面推进

“五大”之后的4年，全省各级红十字会组织在改革大潮中，遵循人道主义宗旨，以“改善最易受损害群体境况”为目标，按照“五大”的指导思想和工作方针，开拓进取，努力耕耘，使得各项工作都取得了显著成绩。而作为基础工作的组织建设更是向前迈进了一大步，巩固了“四大”的业绩，为“六大”的召开奠定了基础。

在这4年中，省红十字会始终把建立健全各级红十字组织，发展基层组织和会员，加强红十字会机构自身建设作为一项重点工作。在省红十字会的指导下，徐州、苏州、连云港、盐城、镇江等市红十字会分别召开了代表大会，选举产生了新一届理事会；其他一些市也根据事业发展的需要，及时增、递补了理事。常州、南通、盐城、连云港等市红十字会先后配备了专职副会长，进一步加强了组织机构建设。

---

① 《江苏省红十字会1989年工作会议报告》，江苏省红十字会档案，档案号：1988-002-0000-0132。

② 中国红十字会总会编：《中国红十字会历史资料选编，1950—2004》，民族出版社，2005，第205页。

省红十字会“五大”后的4年，组织建设每年都有亮色。1990年，为加强红十字会基层组织建设，省红十字会推广了建立“地区红十字会”与“系统红十字会”的经验。

1991年，根据国务院“43号令”（《社会团体登记管理条例》），以及总会《关于地方红十字会参加社团登记有关问题的通知》，省红十字会向省民政厅办理了社团登记手续，获得了独立的法人地位，并向各市、县（市）红十字会转发了总会的通知，要求各市、县（市）红十字会都在当地民政部门办理社团登记手续，依法进行活动①。

1992年，省红十字会组织建设的重点，是对1991年抗洪救灾期间新发展的基层组织进行红十字会宗旨、性质、任务方面的宣传教育，指导他们开展各项红十字活动，改变少数基层组织认为红十字会就是救灾组织的观点。

1993年，根据卫生部及总会相关通知精神，经过市、县红十字会申报，省红十字会重新认定了115个冠名红十字的医疗卫生单位，进一步明确了红十字医疗卫生单位的权利和义务。

具体说来，这一时期组织建设的发展情况体现在以下几个方面。

（一）组织规模不断壮大

“五大”召开后的4年时间内，江苏红十字会的组织建设发展迅速，基层组织和会员的增长数均位于全国前列。

“五大”召开当年，截止到1990年9月底，新建或恢复县（市）红十字会5个，区红十字会4个，县（市）红十字会累计达59个，占全省总数的92%；区红十字会32个，占全省市辖区总数的76%。一年里新建基层组织909个，全省累计达4935个；新发展会员22.88万名，其中成人会员5.84万名、团体会员5.25万名、红十字青少年11.79万名，全省累计会员达80.62万人②。

截至1991年11月底，全省11个市64个县（市）已全部建立或恢复

① 《为努力开创我省红十字工作新局面而团结奋斗》，见江苏省红十字会编：《江苏省红十字会五届二次理事会议文件汇编》，1992，第6—7页。

② 《江苏省红十字会1990年工作总结》，江苏省红十字会档案，档案号：1991-002-0000-0276。

了红十字会组织，42个市辖区已有33个建立了红十字会，基层组织已发展到6734个，会员达102.35万名[①]。

1992年，全省基层组织增至8960个，比上年增加2226个，红十字会会员1154058名，增加了130573名。在会员中，团体会员264194名、成人会员352523名、青少年会员537341名，分别占全体会员总数的22%、31%和47%[②]。

1993年，组织建设在巩固中稳步发展，截至该年底，基层组织达11270个，会员总数达1485537人，其中团体会员333057人、成年会员421079人、青少年会员731401人。

可以说，组织建设的巩固和发展为红十字会开展各项工作打下了坚实的群众基础[③]。

（二）“三列”[④] 问题逐步改善

1990年，全省部分市、县（市、区）红十字会经过积极争取，编制得到了初步解决。南通市所辖8个县（市、区）红十字会全部配备1~2名专职干部；常州、无锡、扬州所辖县（市），南京、盐城所辖区及苏州、盐城所辖大部分县（市）红十字会，也分别配备1~5名专职干部。其中，扬州市编委、卫生局在《关于建立健全各地红十字会组织的通知》中为所辖县（市）红十字会配编1~2名专职干部，统一解决了全市所辖县（市）红十字会的编制问题。全省红十字会的专职干部达到130名，有编制的县（市、区）红十字会占全省县（市、区）红十字会总数的51%。

1992年，又有10个市、县（市）红十字会解决了人员编制问题，落实了专职干部，改善了办公条件[⑤]。

---

① 《为努力开创我省红十字工作新局面而团结奋斗》，见江苏省红十字会编：《江苏省红十字会五届二次理事会议文件汇编》，1992，第6—7页。

② 《解放思想，转变观念，进一步开创红十字会工作新局面》，见江苏省红十字会编：《江苏省红十字会五届三次理事扩大会议文件汇编》，1993，第11—12页。

③ 《江苏省红十字会1993年工作总结和1994年工作重点》，苏州市红十字会档案，1994年“短期”1，第2—3页。

④ “三列”即列编、列位、列支。

⑤ 《解放思想，转变观念，进一步开创红十字会工作新局面》，见江苏省红十字会编：《江苏省红十字会五届三次理事扩大会议文件汇编》，1993，第11—12页。

1993 年，继溧阳市之后，大丰县、金坛市也明确了红十字会人员编制和机构级别，又有一批市、县（市）红十字会配备了专职副会长和工作人员，为进一步做好红十字会工作创造了条件①。

（三）目标管理进入日程

目标管理是让组织的主管人员和员工亲自参加目标的制定，并在工作中实行“自我控制”以努力完成工作目标的一种管理制度或方法②。

早在 1989 年，苏州市红十字会便在全省最早开始实施目标管理百分考核责任制度③。南京、淮阴、无锡等市红十字会于 1991 年也试行目标管理，层层分解，年终考评，对做出显著成绩的基层红十字会及专（兼）职干部给予适当奖励，增强了红十字会工作人员的责任心和进取心，提高了红十字会工作质量④。1992 年，南京市红十字会在 1991 年工作的基础上，进一步完善了目标管理办法和检查评分标准并下达到各区、县红十字会实施⑤。南通、苏州、扬州、连云港等市制定了红十字青少年组织的考评标准，有力地推动了基层红十字会工作的开展。省红十字会还对 140 个冠名红十字（会）医疗卫生单位重新认定，进一步明确了冠名单位的权利与义务⑥，显示出江苏省红十字会对医疗团体会员单位的重视，也表现出江苏省红十字会在对红十字会组织的规范化管理方面一直未放松。

（四）会费收缴工作取得了一定进展

省红十字会机关和部分市、县还将每年的“5·8”世界红十字日定为缴纳会费日。1990 年，全省 1746 个基层组织的会员中，有 36% 的会员缴

---

① 《江苏省红十字会 1993 年工作总结和 1994 年工作重点》，苏州市红十字会档案，1994 年“短期”1，第 2—3 页。

② 杨文士、张雁主编：《管理学原理》，中国人民大学出版社，1994，第 104 页。

③ 金永鑫：《实行目标管理，强化指导协调》，《中国红十字报》1989 年 4 月 5 日。

④ 《为努力开创我省红十字工作新局面而团结奋斗》，见江苏省红十字会编：《江苏省红十字会五届二次理事会议文件汇编》，1992，第 6—7 页。

⑤ 《解放思想，转变观念，进一步开创红十字会工作新局面》，见江苏省红十字会编：《江苏省红十字会五届三次理事扩大会议文件汇编》，1993，第 11—12 页。

⑥ 《全面贯彻红十字会法，加速发展江苏的红十字事业》，《江苏红十字》1994 年第 7 期。

纳了会费，南通市和常熟、如东等县（市）基本达到全部基层组织及会员缴纳会费[①]。1993 年，全省会费收缴率有所提高。《中国红十字会会费缴纳、使用、管理条例》下发后，各地认真组织学习贯彻，使会费收缴率和绝对数都有较大幅度的增长。当年，江苏全省共收会费 60 多万元，比上一年增长 44%；会费收缴率达 67%，比上一年增长 7 个百分点，不仅强化了会员的组织意识，也增加了基层红十字会的活动经费[②]。

（五）农村基层组织建设也取得重要进展

五届理事会任职期间，在继续做好城市红十字会工作的同时，农村建会工作也在逐步拓展。

1991 年，全省 11 个省辖市红十字会基本上都选择了 1 ~ 2 个县开展农村建会试点工作。继东海县之后，东台、大丰、阜宁、建湖、洪泽、淮安、高邮、丰县、铜山等县（市）的全部乡、镇都建立了红十字会。为指导农村红十字会工作的开展，省红十字会及时在有关会议上反复强调，不要搞大呼隆，不能光为接收救灾物资而成立红十字会组织，要加强有关红十字会性质、宗旨、任务的教育，开展经常性的活动，促进组织建设健康发展。为指导农村红十字会开展工作，省红十字会于 1992 年 4 月在连云港召开了“江苏省农村红十字工作座谈会”，探讨了红十字会工作途径，交流了适合农村特点的红十字会组织形式和开展红十字会活动的经验[③]。

三、六届理事会任职时期：组织发展的规范化与制度化

由于在四届、五届理事会任职期间，省红十字会一直把组织建设作为重点工作，所以到“六大”召开时，全省红十字会系统在组织发展方面已初具规模，从而为各项工作的开展奠定了坚实的基础。六届理事会任职期间，《红十字会法》的宣传、学习和贯彻实施，使红十字组织建设有了法律的保障，全省红十字组织的发展也达到了前所未有的水平。

---

① 《江苏省红十字会 1990 年工作总结》，江苏省红十字会档案，档案号：1991-002-0000-0276。

② 《江苏省红十字会 1993 年工作总结和 1994 年工作重点》，苏州市红十字会档案，1994 年“短期”1，第 2—3 页。

③ 《解放思想，转变观念，进一步开创红十字会工作新局面》，见江苏省红十字会编：《江苏省红十字会五届三次理事扩大会议文件汇编》，1993，第 11—12 页。

（一）组织建设在巩固原有阵地的基础上向新的领域拓展

苏州市红十字会在市区80多所小学全部建会后，组织发展向高校延伸。1995年，苏州医学院和苏州大学财经学院相继建会。苏州、盐城还着手在新区或经济技术开发区开展红十字会工作。随着1994年大陆首家台资企业红十字会在昆山统一企业成立，台资企业的红十字会工作又成为江苏特别是昆山市红十字会工作的重要内容。同时，外资企业的建会试点工作也开始起步，到1998年，昆山市和苏州新区共有3家外资企业建会，其中飞利浦消费电子有限公司成为团体会员单位。此外，1996年，镇江在私营企业中也开始发展红十字会组织。

江苏首家台资企业红十字会在昆山成立

（二）组织规模进一步扩大

省红十字会“六大”召开后的几年间，在《红十字会法》的指引下，省红会系统无论是基层组织数，还是会员人数，基本上呈逐年增加的趋势。

1995年，全省42个区已建立或恢复红十字会组织的有41个；基层组织总数达到10555个，会员2242086名①。

---

① 《抓住机遇，依法兴会，开创红十字事业新局面》，见江苏省红十字会编：《江苏省红十字会六届二次理事（扩大）会议文件汇编》，1996，第11—12页。

至1996年底，全省共有基层组织10724个，会员2515429名。昆山、张家港和无锡市马山区的所有大、中、小学全部建立了红十字组织[①]。

到1997年底，全省共有基层组织11339个，会员人数达243万[②]。

至1998年底，全省基层组织达到12191个，会员2575071人[③]。

到“七大”召开前，全省共有会员257万人，其中青少年会员190多万人，基层组织1.2万个，分布于城市街道、农村、学校、厂矿，成为开展红十字会工作的基本力量[④]。

（三）组织管理向规范化和制度化迈进

六届理事会任职期间，江苏红十字会的诸项管理制度更加成熟，走向规范。无论是会费收缴、目标考核、档案管理，还是组织和会员管理，都上升到新的水平。

1995年，南京、徐州、南通、扬州、淮阴、盐城等地将会费收缴率作为对县（市、区）及基层组织考核的一项内容，各地会费收缴率不断提高，如南京市近两年中会费收缴率均保持在95%以上，灌云县连续4年会费收缴率超过98%，由此增强了会员的红十字意识，对开展活动起到了支持作用[⑤]。

1996年，南京、徐州、淮阴、盐城、南通、苏州、镇江等市红十字会在目标管理方面有新的进展。徐州、南京两市对基层组织和会员重新注册、登记，增强了基层组织作用。南通、盐城、连云港等市一些基层组织的会费收缴率超过90%，南京市大厂区会费收缴率达100%[⑥]。

---

① 《大力推进人道救助事业，主动参与社会保障和精神文明建设》，苏州市红十字会档案，1997年“长期”19，第9—10页。

② 陈萍：《学习贯彻党的十五大精神，全面推进我省红十字事业》，见江苏省红十字会编：《江苏省红十字会六届四次理事（扩大）会议文件汇编》，1998，第16页。

③ 《江苏省红十字会1998年工作总结》，江苏省红十字会档案，档案号：1999-001-0000-0026。

④ 陈萍：《奋发有为，与时俱进，开创江苏红十字事业新局面》，苏州市红十字会档案，2002年“长期”27，第45页。

⑤ 《抓住机遇，依法兴会，开创红十字事业新局面》，见江苏省红十字会编：《江苏省红十字会六届二次理事（扩大）会议文件汇编》，1996，第11—12页。

⑥ 《大力推进人道救助事业，主动参与社会保障和精神文明建设》，苏州市红十字会档案，1997年“长期”19，第9—10页。

1997 年，新设立的泰州、宿迁两省辖市成立了红十字会。各地红十字会按照总会要求开展了组织重新登记工作，加强了对会费的收缴和使用管理。苏州市直和所辖各市、区冠名红十字医疗卫生单位、团体会员单位会费收缴率达 90% 以上，其中市直、昆山、常熟、张家港达 100%。张家港市还规范入会手续，明确新建会的单位必须首先做到“七个一”（有一面红十字旗，进行一次红十字会知识培训，开好一次理事会，订好一份工作计划，征订一份红十字报刊，组织一次有意义的活动，建好一本工作台账）；全体会员必须配有“三个一”（一本会员手册、一张会员证、一枚红十字会徽章）。昆山市红十字会规定，每个乡镇红十字会必须有“三个一”（一块铜牌、一间办公场所、一枚大型会徽）①。

1998 年，省红十字会根据多数市红十字会目标管理的经验，经反复征求意见，对各市红十字会工作试行目标管理，制定了市红十字会自身建设和各项工作的目标。实践证明：实行目标管理考核制度，推动了红十字会自身建设和工作落实。省红十字会还对冠名红十字的医疗单位制定了 10 条基本标准，并在自查和抽查的基础上重新认定，促进了总会和卫生部规定的落实，以及红十字医疗单位的规范管理。南京市红十字会规范会员发展，坚持培训骨干，使所有新会员都必须接受培训和考核，县（区）红十字会会费收缴率达 100%；苏州市直和平江、常熟、昆山、张家港等区、市的团体会费和冠名单位支持红十字事业的经费收缴率达 100%；南通市通过培训，统一了各县、区红十字会档案管理规范②。

1999 年，省红十字会为了各项工作的顺利进行，继续对省辖市红十字会工作进行目标管理考核，规范管理、培训干部、提高素质。省红十字会充分发挥省直红十字医疗单位的带头作用，使它们认真履行《红十字会法》的职责，按时交纳会费，积极参加红十字会活动，为贫困人群提供无偿服务。徐州、苏州、扬州、南京、南通、盐城等市红十字会根据工作任务、内容，设计并统一制发了工作台账，印制了“红十字会工作记录本”“宣传工作记录本”等 7 个簿册，使基础管理更加规范化、制度化。

---

① 郝如一、池子华主编：《苏州红十字会志》，安徽人民出版社，2008，第 93 页。

② 《江苏省红十字会 1998 年工作总结》，江苏省红十字会档案，档案号：1999-001-0000-0026。

特别要指出的是，这一期间，根据《红十字会法》和《中国红十字会章程》的有关规定，省和各地红十字会围绕体现社团性质和转变运行机制的目标，对内部机构建设进行了改革探索，规范了运作程序，开始了理顺管理体制工作的步伐①。

此外，全省大多数市、县红十字会依法健全了理事会，坚持按章办事，红十字会的重大事项都需经理事会、常务理事会研究决定。各市、县红十字会还开展了组织整顿，强化了会员意识，增强了红十字会的活力。省和各地红十字会对专（兼）职干部也进行了业务和理论等方面的培训，提高了干部的整体素质②。

第三节　台湾事务服务工作

台湾事务服务工作是中国红十字会在特定历史条件下的一项重要任务③。在台湾事务服务工作中，红十字会以其特有的地位、特有的方式发挥着特殊的历史作用。作为政府人道领域的助手，江苏红十字会配合相关部门，为两岸的沟通与交流，为祖国的和平统一大业做出了重要贡献。

一、江苏：14 万去台人员的故乡

1949 年，“由于众所周知的原因，海峡两岸遥遥对峙，炮声时闻”④。大批赴台人员开始了与大陆亲人漫长的骨肉分离，所谓“盈盈一水间，脉脉不得语”。近40 年的眺望与等待，一些人已经含恨埋骨他乡，给亲人留下了无尽的哀思和终生的遗憾；大多数人也已鬓发白霜、皱纹满面。在当年的一封“红十字通信”中⑤，一位老兵的思乡思亲之情溢于言表：“父母

① 《江苏省红十字会2001 年工作情况和2002 年工作要点》，苏州市红十字会档案，2001 年“短期”2，第29—30 页。

② 陈萍：《奋发有为，与时俱进，开创江苏红十字事业新局面》，苏州市红十字会档案，2002 年“长期”27，第45 页。

③ 《江苏省红十字会 1989 年工作会议报告》，江苏省红十字会档案，档案号：1988-002-0000-0132。

④ 孙柏秋主编，池子华、杨国堂等：《百年红十字》，安徽人民出版社，2003，第420 页。

⑤ 转引自曲折主编：《中国红十字事业》，广东经济出版社，1999，第187 页。

大人，暌违慈颜转眼已过去漫长的四十余载，时间无情，但天伦之情、同胞之爱岂是岁月所能冲淡的！魂牵梦萦，儿时刻都在思念故乡，惦记爹娘，每当午夜梦回，是锥心注血般的痛苦与悲伤，无奈国是蜩螗，带给国人多少生死离别，真是‘树欲静而风不止，子欲养而亲不在’，奈何！只有祈祷上苍保佑合家安康，盼能在有生之年与家人团聚，望爹娘恕儿不孝之罪。”这其实代表着众多去台人员的心声。

20 世纪 80 年代以后，“江苏籍台胞、台属通信、通汇、在境外会亲及个别来江苏探亲者日益增多，充分反映了海峡两岸同胞渴望亲人团聚、期盼早日结束长期骨肉分离悲剧的强烈愿望”[①]。“这是我们开展对台事务的有利条件；人多事杂，面广量大，也表明江苏对台事务的艰巨性、复杂性”[②]。终于，“在两岸红十字组织的不懈努力下，在两岸民众舆论的压力下，台湾方面终于宣布自 1987 年 11 月 2 日起，允许除现役军人和公职人员以外的台湾民众，经第三地转赴大陆探亲”[③]。消息传来，两岸同胞欢喜若狂，有诗[④]云：

海峡忽传开禁令，两岸悲欢泪濡裳。
媪翁频问何日月，父子同归共醉狂。
好为朋友亲扫榻，更怜手足独还乡。
四十春秋真成梦，一觉迎春喜艳阳。

1987 年 11 月上旬，经台湾红十字组织正式办理赴大陆探亲手续的首批公开返乡同胞抵达广州，由此正式拉开了红十字会台湾事务服务工作的序幕[⑤]。

明确省情、台情是开展台湾事务服务工作的依据。江苏是对台事务的重要省份。首先，“江苏地处祖国的东大门，有长约 1000 公里的海岸线，

① 江苏省红十字会编著：《江苏红十字运动八十八年（1911—1999）》，东南大学出版社，2001，第 167 页。

② 《在祖国统一大业中充分发挥红十字会的作用》，苏州市红十字会档案，1989 年“长期”126，第 25 页。

③ 孙柏秋主编，池子华、杨国堂等：《百年红十字》，安徽人民出版社，2003，第 426 页。

④ 冯志国：《读海峡两岸“红十字通信”有感》，《中国红十字》1989 年第 4 期，第 28 页。

⑤ 新华月报社编：《中华人民共和国大事记（1949—2004）》（下），人民出版社，2004，第 831 页。

是对台工作的前沿阵地”。其次，改革开放后，江苏商品经济发展较快，尤其是从1983年开始，全省所有大中城市相继对外开放，特别是苏锡常地区，作为长三角的一部分，外向型经济格局正在形成，对外交往甚为密切。再次，江苏历来是人文荟萃之地，“以江苏南京为中心的苏浙沪地区曾是国民党统治时期的政治、经济、军事活动的重要区域”，因此去台人员相对较多。据统计，到20世纪80年代末，江苏“有近14万人在台，全省有台属40多万人（仅指直系亲属）”①，数量居全国第二位，由此可见江苏省台湾事务服务工作的重要性和艰巨性。

同时，江苏去台人员的特点有“三多”，即军政高层人士多、知名人士多、被拉去当兵的多②。特别是在苏北的扬州、盐城、淮阴等地去台人员中，国民党军政人员占很大比例。例如，据统计，盐城市“去台人数为10040人，其中将级军官112名，校级军官230名，知名人士174名。现在（指1987年末——引者注）盐城的台胞亲属有7756户，人口有30629人”③。

二、省红十字会对台湾事务服务的积极应对

由前述可知，江苏省是台湾事务服务工作任务比较繁重的省份之一。所以，省红十字会对此项工作极其重视并很早就制定出适当的方针。总的来说，省红十字会在台湾事务服务工作方面的策略可以归纳为：“根据海峡形势的发展与变化，适时提出工作的重点，并主动向省台事主管部门汇报，取得主管部门的支持；同时，按照红十字会的宗旨和自身的有利条件，不断充实红十字会台事工作的内涵，拓宽服务领域，积极主动地开展服务工作。概括地说，我们本着参与接待多做工作的精神，在台事主管部门归口统一领导下，充分发挥红十字会在台事服务方面的主动积极性。”④

---

① 《发挥红十字会作用，搞好台事服务》，江苏省红十字会档案，档案号：1990-002-0000-0100。另外，对于赴台人数，亦有12.7万人之说，见《关于认真做好台胞来大陆探亲接待工作的宣传提纲》，苏州市红十字会档案，1987年“长期”88，第21页。

② 《关于认真做好台胞来大陆探亲接待工作的宣传提纲》，苏州市红十字会档案，1987年“长期”88，第21页。

③ 《遵循人道主义宗旨，为祖国统一大业做出贡献》，苏州市红十字会档案，1988年“长期”107，第32页。

④ 《发挥红十字会作用，搞好台事服务》，江苏省红十字会档案，档案号：1990-002-0000-0100。

（一）掌握动态，做好准备，争取主动

与其他省份相比，江苏省红十字会较早地参与了台湾事务服务的相关工作。省红十字会自1981年恢复后，本着人道主义精神，积极协助有关部门开展了台湾事务服务工作。例如，连云港市红十字会将地处港口的第四人民医院命名为连云港市红十字医院，为台湾海员或渔民在卫生救护、防病治病方面提供方便，此举颇受台湾海员和渔民的欢迎。南通市红十字会在水产渔业捕捞公司发展红十字基层组织，并将水产医院命名为红十字医院，当船队出海捕捞时，在其中的一艘渔船上设有红十字医疗站，挂上红十字旗帜，这不仅方便了海上渔民的就医，而且在排除一些海事纠纷方面也发挥了一定作用。同时，江苏各地红十字会在开展查人转信，以及配合有关部门反映台胞台属情况等方面也做了一些工作①。

1985年，省红十字会"四大"后，依据连云港和南通等地台湾事务服务工作的实践，省红十字会安排人员着手进行有关红十字组织在促进祖国统一大业中发挥作用的探讨，并就此总结经验、提出方案②。

1987年5月，省红十字会发出《关于加强祖国统一大业工作的通知》，传达了总会的有关精神，并结合江苏情况，提出全省红十字会要贯彻中央方针，"主动地协助有关部门做好祖国统一大业工作，为台湾早日回归祖国做出贡献"。通知要求做好以下各项具体工作③：

1. 总结汇报以前台事工作中的成绩、经验和存在的问题。

2. 各级红十字会要掌握好当地台属及有关人士的情况，分别做好工作；要在有台湾渔船停泊和避风的沿海港口，创造条件，首先建立组织，并配合各地有关部门，做好渔民的宣传接待工作。各地红十字会要与有关部门协商，制定出台事工作方案。

---

① 《江苏省红十字会为台胞台属查人转信工作情况》，江苏省红十字会档案，档案号：1987-002-0000-0154。

② 《发挥红十字会作用，搞好台事服务》，江苏省红十字会档案，档案号：1990-002-0000-0100。

③ 《江苏省红十字会关于加强祖国统一大业工作的通知》，苏州市红十字会档案，1987年"长期"88，第2—3页。

（二）抓住时机，制造气氛，扩大红十字会影响

1987年10月，在台湾当局正式开放探亲前，江苏省红十字会邀集部分在宁台属及省政协、省台联、省台办的领导和在宁各大新闻单位的记者共30多人，参加了“迎中秋佳节，盼骨肉团圆”恳谈会①。会上，有关人士畅谈祖国和平统一大业，省红十字会常务副会长盛天任正式宣布，“我们红十字会愿为前来探亲、旅游的台湾同胞提供方便，并开展代为查人转信服务”。同时郑重声明，“如果台湾方面开放台湾民众赴大陆探亲后，由台湾红十字组织作为中介并需要与我省红十字会建立联系，我们亦将予以协助”②。这次恳谈会“通过各新闻媒介的广泛报道，在海峡两岸产生了较大的影响”③，恳谈会“向台湾传递了我会将乐于与台湾红十字组织在探亲事务上进行合作的消息，舆论上先行一步，在全省的对台胞接待工作尚未全面铺开时，即引起我省省委、省政府对我会台事工作的重视”④。

1987年，省红十字会召开“迎中秋佳节，盼骨肉团圆”恳谈会

---

① 江苏省红十字会编著：《江苏红十字运动八十八年（1911—1999）》，东南大学出版社，2001，第168页。

② 《遵循人道主义宗旨，为祖国统一大业做出贡献》，苏州市红十字会档案，1988年“长期”107，第35页。

③ 江苏省红十字会编著：《江苏红十字运动八十八年（1911—1999）》，东南大学出版社，2001，第168页。

④ 《发挥红十字会作用，搞好台事服务》，江苏省红十字会档案，档案号：1990-002-0000-0100。

（三）明确任务，周密部署

1987年11月，台湾当局正式开放台湾同胞赴大陆探亲后，为迎接随之而来的繁重的台湾事务服务工作，省红十字会及时转发了总会《关于做好台胞来大陆探亲工作的几点意见》，并有针对性地提出了几项具体贯彻措施，要求“各市、县红十字会要先组织专职干部认真学习党的对台有关方针政策和台胞回大陆探亲的有关规定，提高认识，掌握政策，然后在当地党政统一领导下，运用多种形式向各级基层组织和会员进行宣传教育，使之能适应新的形势，明确红十字会应起的作用”。此外，为了更好地开展台湾事务服务工作，省红十字会还就加强组织建设、查人转信以及其他衍生事务等问题做出具体部署，为全省红会系统的台湾事务服务工作指明了方向①。

（四）争取领导支持和红十字会工作列位

省红十字会开展的一系列具有前瞻性的工作收到了显著成效。1987年10月，省红十字会参加了省委召开的台湾事务工作会议，会议就今后的相关工作提出了设想：“红十字会要协同有关部门，做好台胞、台属的寻找亲人、代转信函工作；要在主要的车站、码头、机场发展红十字会基层组织，设立红十字救护、咨询站，配备专人和必要的车辆、器械、药品，开展伤病救护和医疗咨询服务。”②

台湾事务服务工作正式开始后，全省各地都陆续建立起由各级台办领导的台胞接待站，在全国率先形成了接待网络，各项接待工作也有明确分工。省红十字会更加主动地向省委、省政府和省台办反映、介绍红十字会所具备的工作优势，以及省红十字会在台胞接待工作方面所能发挥的积极作用③。省红十字会草拟的《关于红十字会在台胞接待工作中承担任务的

---

① 《江苏省红十字会关于贯彻总会传真电报的几项具体意见》，苏州市红十字会档案，1987年“长期”88，第7页。

② 《遵循人道主义宗旨，为祖国统一大业做出贡献》，苏州市红十字会档案，1988年“长期”107，第36页。

③ 《发挥红十字会作用，搞好台事服务》，江苏省红十字会档案，档案号：1990-002-0000-0100。

建议》，得到领导部门的肯定[①]。特别是在探亲初期，省红十字会以务实高效的工作成果赢得了有关部门对红十字会处理台湾事务的了解和信任。之后，省委、省政府对省红十字会的台胞接待工作在职责上做了明确分工，并特别指出，处理台胞伤病救护治疗和死亡善后工作须由红十字会出面。省红十字会在每季度还按时参加由省委、省政府组织召开的省有关单位对台工作协调会[②]。

为了更好地发挥红十字会组织的作用，1987 年底，在省委组织部的提议下，经省红十字会常务理事会议讨论决定，增补了省红十字会理事、省台办主任蒋孝文为省红十字会常务理事、副会长[③]。1988 年 5 月，省编委还正式批复设立“江苏省红十字会台湾事务服务部”，列事业编制 3 名[④]。

此外，1987 年 12 月和 1988 年 9 月，省有关部门还特邀省红十字会派员在全省第一、第二两期台胞接待站负责人培训班上做《台胞、台属查人转信途径与方法》和《台胞病危抢救及死亡善后处理有关事项》的专题讲座[⑤]。

总之，面对台湾事务服务工作，省红十字会自始至终采取积极主动的策略。一方面，响应上级红十字会号召，周密部署相关工作；另一方面，以实际行动赢得台湾事务主管部门的重视与支持，为各项工作的深入开展创造了有利条件。

三、为台湾事务服务工作而健全组织

健全组织是开展台湾事务服务工作的重要基础，省红十字会对此项工作常抓不懈。1987 年 5 月，省红十字会在《关于加强祖国统一大业工作的

---

① 江苏省红十字会编著：《江苏红十字运动八十八年（1911—1999）》，东南大学出版社，2001，第 169 页。

② 《发挥红十字会作用，搞好台事服务》，江苏省红十字会档案，档案号：1990-002-0000-0100。

③ 江苏省红十字会编著：《江苏红十字运动八十八年（1911—1999）》，东南大学出版社，2001，第 169 页。

④ 《关于同意设立“江苏省红十字会台湾事务服务部”及人员编制的批复》，苏州市红十字会档案，1988 年“长期”107，第 16 页。

⑤ 江苏省红十字会编著：《江苏红十字运动八十八年（1911—1999）》，东南大学出版社，2001，第 169 页。

通知》中，就强调台湾事务服务工作“首先要建立组织”①。11月，在服务工作正式开始后，省红十字会对有针对性地发展组织提出了周详计划。

首先，在台湾事务服务工作相对集中、任务较重的地区发展组织，“除以前强调要在‘沿海、开放、经济发达和红十字会有影响’的市、县建立、恢复红十字会组织外，还要把在解放前去台人员较多的县也尽快建立或恢复红十字会组织”。

其次，把目标对准南京、南通、张家港、镇江等对外开放港口，以及启东、射阳等外来渔船停泊、避风港口，省红十字会要求当地红十字会要在这些港口积极发展基层组织，同时还要在沿海的渔业乡、村及渔业捕捞公司发展基层组织。

再次，省红十字会要求在主要的机场、码头、车站发展组织，有条件的地方还要相应开展伤病救护和医疗咨询服务。

考虑到返乡台胞一般年迈体弱且情绪波动较大的特点，再加上舟车劳顿和环境、气候不适应等因素，为了广大台胞的身体健康和能够提供方便、快捷、周到的医疗服务，省红十字会特别强调加强各地红十字医院的建设。“凡有红十字会组织的市、县，要商请卫生部门，确定一、二所条件较好的医院作为红十字医院。对已建有红十字医院的市、县，如果该院条件较差，可与当地卫生部门协商，增设或加强、改善原有的红十字医院。各市红十字会对目前尚未建立红十字会组织的县，也需商请当地卫生部门，指定一、二所条件较好的医院挂红十字医院牌子”，同时要求对台胞的就医给予优先安排②。

在省红十字会的周密部署下，全省各地以服务台胞为主要目标的各项组织建设取得了显著的成就。从1987年10月份起，“先后有淮阴、沭阳、滨海、阜宁、大丰、丹阳、溧水、江宁、高淳、六合、吴江、太仓等县成立红十字会，为开展台胞服务提供了可靠的组织保证”③。此外，“一些市、县的红十字会编制及办公条件等问题也相应得到了一些改善。如常熟市红

① 《江苏省红十字会关于加强祖国统一大业工作的通知》，苏州市红十字会档案，1987年“长期”88，第3页。

② 《江苏省红十字会关于贯彻总会传真电报的几项具体意见》，苏州市红十字会档案，1987年“长期”88，第4—5页。

③ 《江苏省红十字会为台胞台属查人转信工作情况》，江苏省红十字会档案，档案号：1987-002-0000-0154。

十字会重新调整了办公地址，增加了一间房子作为接待室。宜兴县红十字会在筹备时，编委批给事业编制两名。南京市红十字会由于办公用房较紧，和市台办协商，在市台胞接待站安排一名专职干部在那里从事查人转信工作。以上一切成绩，都是由于我们主动争取领导重视和脚踏实地地办实事而取得的，同时也加强和壮大了我们自身建设”①。

另外，在红十字医院建设方面，各地红十字医院都做了大量接待台胞诊治疾病的准备工作，“尚无红十字医院的南通、盐城市，最近也选择了条件较好的医院，报经政府批准，挂红十字医院牌子，连云港市红十字会已与目前还未建立红十字会的灌云、赣榆县政府协商，准备在该县人民医院增挂红十字医院牌子，并印制红十字医院门诊、住院单据、处方笺、药袋等，凡台胞需门诊或住院，均予优先安排”②。至 1987 年底，“全省 11 个省辖市及部分县（市）恢复或建立红十字医院 27 所，均已开展台胞接待服务工作”③。除此之外，江苏各地红十字会在各交通枢纽的组织工作也取得了进展。

在建立组织的基础上，各地还开展了各种接待、服务和联谊活动，使台湾事务服务工作的内容丰富多彩并融入了股股暖流。

淮阴市红十字会在救护站准备了小汽车和救护车各 1 辆，车上悬挂红十字醒目标志，每日开至汽车广场待命。常熟市红十字会在市第三招待所内设接待站，专为接待台胞台属来访服务。盐城市红十字会除在第一医院设有红十字门诊，作为市区接待台胞门诊、住院的医疗单位外，还在盐城汽车站及各县汽车站设立红十字咨询站，指定专人负责，备有红十字急救箱，为台胞伤病救护和医疗咨询服务④。

不少市、县红十字会还配合对台工作部门召开恳谈会、联谊会，为台胞、台属提供咨询服务。1988 年，南通市红十字会配合台事部门举办了台

---

① 《遵循人道主义宗旨，为祖国统一大业做出贡献》，苏州市红十字会档案，1988 年“长期”107，第 38 页。

② 《为加速实现祖国统一大业做好台胞回乡探亲接待工作》，苏州市红十字会档案，1987 年“长期”88，第 51—52 页。

③ 江苏省红十字会编著：《江苏红十字运动八十八年（1911—1999）》，东南大学出版社，2001，第 168 页。

④ 《为加速实现祖国统一大业做好台胞回乡探亲接待工作》，苏州市红十字会档案，1987 年“长期”88，第 51 页。

胞、台属“春节同乐会”“中秋佳节同乐会”等，有1000多人参加了活动。1989年12月，南京市红十字会召开“查人转信工作联谊会”，参加会议的有台胞、台属和有关单位负责人，9位经红十字会牵线搭桥与亲人取得联系的台胞、台属，怀着激动的心情在会上倾诉了40年离别的思念之苦，畅叙了久别重逢家人团聚的天伦之乐。他们的发言反映了海峡两岸亲人对和平统一祖国、振兴中华千秋大业的共同心声。其他地区红十字会也采用了多种形式开展活动，加强与台胞、台属的联系，增进了相互了解与友情①。

随着台湾事务服务工作范围的不断拓展，在做好基本的查人转信工作的同时，全省红十字会也不断拓展新的工作领域。1988年9月，省委发布文件，明确提出台胞在大陆死亡的处理问题“须由红十字会出面”，这就对全省各地红十字会的组织建设又提出了新的要求。在这种情况下，1988年11月，省红十字会发出《关于为适应对台工作的需要加速红十字会组织建设的通知》，要求全省各地继续强化组织建设工作，继续发展基层组织，建立和完善红十字医院并与有关部门协商，争取落实人员与经费②。这就保证了在此后一些突发事件的处理过程中，有坚强的红十字会组织作为后盾。

四、查人转信

查人转信是“红十字国际委员会根据国际人道主义精神中关于家庭成员有通信的权利以及家庭成员有了解其成员状况的权利而开展的一项人道主义服务”③，“它体现了红十字会的国际人道主义精神，展现了红十字运动的特殊功能”④。查人转信服务是各国红十字会都开展的一项基本业务，中国红十字会长期以来一直在从事这方面工作。

① 江苏省红十字会编著：《江苏红十字运动八十八年（1911—1999）》，东南大学出版社，2001，第169页。

② 《关于为适应对台工作的需要加速红十字会组织建设的通知》，苏州市红十字会档案，1988年“长期”107，第28页。

③ 孙柏秋主编，池子华、杨国堂等：《百年红十字》，安徽人民出版社，2003，第423—424页。

④ 曲折主编：《中国红十字事业》，广东经济出版社，1999，第189页。

查人转信工作也是江苏红十字会台湾事务服务工作的主要内容，是直接为台胞返乡探亲服务的，这一工作贯穿于台湾事务服务工作的始终。1987年，省红十字会根据总会的有关精神，就查人转信工作在全省进行了统一的部署，要求各地有专人负责，查询工作要从速处理，并将工作情况每季度向省红十字会报告一次。省红十字会特别指出，由于查询工作错综复杂，难度较大，各地应结合具体情况，在充分发挥各级红十字会组织作用的基础上，“调动各方面、各层次的积极性，才能适应和做好海峡两岸失散亲人的查人转信工作”[①]。由此，“各地红十字会本着人道主义宗旨，积极开展红十字查人转信业务，为海峡两岸同胞团聚当好鸿雁，为返乡探亲台胞排忧解难”。

省红十字会的查人转信工作安排办公室副主任专职负责，并临时聘请了1名志愿者具体承办，同时印制了大批“寻人表格”和“台胞来我省寻人表格”，为工作开展做好准备；另外，还在《江苏红十字》上开辟“查人专栏”。查人转信工作开始后，一些寄往台胞接待站、统战部、台联等单位的查人信件也都转到红十字会[②]。在工作中，省红十字会积极谋划，减少中间环节，节约时间、人力、财力，并通过与总会协商，使得11个省辖市与总会都建立了直接联系，“这种分流的做法也减轻了查人转信的工作量，提高了工作效率”。省红十字会的工作在很短的时间里取得了明显成效，截至1988年1月，省红十字会“陆续收到我省及上海、云南、新疆等地台属直接来信255封，登记表格212份，同时接待来访群众100多人”[③]。

1988年，省红十字会相继转发了总会《关于进一步做好查人转信等工作的通知》《关于查人转信工作有关情况的通报》《关于进一步做好查人转信等工作的补充通知》等，号召各地红十字会在总会相关文件精神的指引下，结合江苏实际继续有条不紊地开展此项工作。

---

① 《江苏省红十字会关于贯彻总会传真电报的几项具体意见》，苏州市红十字会档案，1987年“长期”88，第8—9页。

② 江苏省红十字会编著：《江苏红十字运动八十八年（1911—1999）》，东南大学出版社，2001，第170页。

③ 《遵循人道主义宗旨，为祖国统一大业做出贡献》，苏州市红十字会档案，1988年“长期”107，第38—39页。

查人转信是海峡两岸亲人团聚的纽带，是架通赤子回归之心的桥梁。工作中，各地红十字会本着人道主义精神，无论是对查询者的登门咨询，还是对查询信件的处理，红十字会工作人员都不辞辛劳地奔波忙碌，以红十字的人道主义给寻亲者以精神慰藉，尽量为两岸亲人能够早日团聚做出最大的努力，由此受到了当事人的一致好评和赞誉。可以说，在查人转信工作中，各地红十字会工作人员以实际行动宣传了“人道、博爱、奉献”的红十字精神，在广大群众的心中塑造了红十字的光辉形象。上海一张姓同志在来信中说，你们为我们做了件大好事，我跪地拜托；苏州一中学老师的胞兄曾在国民党情报机关工作，之前他一直不敢声张，恐受株连，后在红十字会的帮助下实现兄弟聚首，他激动得不能自已[①]。

在全省各地查人寻亲的现场和众多查人寻亲的信件中，都叙说了感人至深的亲情。盐城一位红十字会工作人员有感而发，赋诗[②]一首以记录感人的场景：

长相思

游子吟，慈母吟，
母子梦萦泪盈盈。
谁知离别情？
花明明，柳阴阴，
隔海连心觅信音。
红十字会喜送迎。

从全省范围来看，据不完全统计，从1987年11月初查人转信工作正式开始，到1988年1月底，由总会转来江苏的“台湾查询大陆亲人100份‘寻人表格’，已有21人查到”，由江苏省发出的“寻找在台亲人‘寻人表格’已逾千份”[③]。1988年、1989年是全省查人转信工作量最大的两年，成果也最为丰硕。到1988年11月底，全省“受理大陆台属查询台湾亲人

---

① 《江苏省红十字会为台胞台属查人转信工作情况》，江苏省红十字会档案，档案号：1987-002-0000-0154。

② 孙中林：《长相思》，《江苏红十字》1990年第5期。

③ 《江苏省红十字会四届三次理事会工作报告》，苏州市红十字会档案，1988年“长期”106，第14页。

的‘寻人表格’3000多件，接待台胞、台属及有关群众来访近2000人次；此外，接到台湾红十字组织转来的‘红十字通信’612封，‘寻人表格’1200份”。江苏各级红十字会干部对此项工作都非常重视，付出了巨大努力，查到率高的如南京、苏州、扬州等市已达50%以上，一般的约30%左右。“宿迁市红十字会在仅有专职编制1人的情况下，依靠基层组织，在1988年收到‘寻人表格’86件，已有74件有了着落，查到率达86%”①。

1988年初，盐城市红十字会为了寻找3封地址不详信件的台属，动员了公安、民政等部门人员行程千里，涉及2个县（区）、9个街道、37个居民小组，终将3封查人信上的12名台属全部找到。当然，还有部分查人的个案虽经红十字会人员耗费心力查找，仍然无功而返，这种情况在全省各地也不少见②。截至1989年底，全省“共受理海峡两岸查人信件、表格5004宗，其中2424宗已有结果。接待群众来访17000人次，为3000名台胞台属找到了失散多年的亲人”③。

从1990年开始，随着海峡两岸的交流放宽，查人转信工作在数量上明显减少，“共收到总会转来台湾方面寻人表格432份，大陆寄往台湾方面寻人表格465份”。为实现查人工作的标准化和规范化，更好地总结前一阶段的工作，省红十字会对近3年来台胞、台属的寻人工作进行了问卷调查，各地对此项工作也积极配合④。

1992年，全省共收到台湾红十字组织转来寻人案120宗，转寄江苏省居民寻找台湾亲人信件400多封。全省各地红十字会接待上访台胞、台属570人次，提供咨询服务200起⑤。

1993年，省红十字会办理台胞、台属查人转信176宗，查到结果40

① 《江苏省红十字会1989年工作会议报告》，江苏省红十字会档案，档案号：1988-002-0000-0132。

② 《在祖国统一大业中充分发挥红十字会的作用》，苏州市红十字会档案，1989年“长期”126，第25页。

③ 《群策群力，奋发进取，努力开创我省红十字工作新局面》，《江苏红十字》1990年第8期。

④ 《江苏省红十字会1990年工作总结》，江苏省红十字会档案，档案号：1991-002-0000-0276。

⑤ 《解放思想，转变观念，进一步开创红十字会工作新局面》，见江苏省红十字会编：《江苏省红十字会五届三次理事扩大会议文件汇编》，1993，第15—16页。

宗，为沟通海峡两岸交流，促进祖国和平统一大业发挥了一定作用①。

到省红十字会“六大”召开时，全省累计发往和收到台湾红十字组织的寻亲信件共达数千宗②。“六大”召开后，查人工作仍在继续。1995年，省红十字会还受理台胞、台属查人转信74宗，结案22宗，协助处理台胞探亲衍生事件36宗③。

综上可见，查人转信是台湾事务服务工作中一项起始性工作，它打开了台湾事务服务工作之门，也是最初几年中最重要的工作。在工作初期特别是1988年和1989年，全省红十字会系统的查人转信工作量相当繁重，但随着台湾赴大陆探亲人员的日益增多和多种查询渠道的建立，这一工作在数量上逐渐减少，但难度却日益加大。省红十字会“六大”召开后，台湾事务服务工作继续开展，并且得到了业内人士的认可和好评。1990年5月，省红十字会在总会于广州举办的台湾事务服务工作会议上做专题发言，受到与会者的欢迎④。同时，全省各级红十字会的工作还得到了省委有关部门的高度赞扬。例如，1991年，省红十字会台湾事务服务工作多次得到总会和省台办的肯定，省红十字会台湾事务部及徐州市红十字会被省台办评为“全省接待台胞工作先进集体”。在全省台湾工作会议上，省红十字会有关拓展台湾事务服务工作经验的介绍受到与会代表的关注与好评。

最难能可贵的是，由于在台湾事务服务工作中，全省红十字会能积极主动地采取行动，从而不断扩展了两岸交流的新领域。例如，徐州市红十字会主动与台湾曹氏基金会联系，落实了对伤残人士的捐助项目。1992年5月，省红十字会接待了台湾红十字组织代表团在苏州、宿迁、南京等地的参观访问，进一步增强了两岸红十字机构的了解与沟通⑤。1993年，台

---

① 《江苏省红十字会1993年工作总结和1994年工作重点》，苏州市红十字会档案，1994年“短期”1，第9页。

② 《全面贯彻红十字会法，加速发展江苏的红十字事业》，《江苏红十字》1994年第7期。

③ 《抓住机遇，依法兴会，开创红十字事业新局面》，见江苏省红十字会编：《江苏省红十字会六届二次理事（扩大）会议文件汇编》，1996，第16—17页。

④ 《江苏省红十字会1990年工作总结》，江苏省红十字会档案，档案号：1991-002-0000-0276。

⑤ 《解放思想，转变观念，进一步开创红十字会工作新局面》，见江苏省红十字会编：《江苏省红十字会五届三次理事扩大会议文件汇编》，1993，第11—16页。

湾红十字组织访问团一行13人到江苏友好访问，并和近几年接受台湾救灾物资较多的淮阴、盐城、扬州等市红十字会进行工作交流[①]。1995年，省红十字会还分别接待了专程到江苏访问的台湾红十字组织常务监事国永超，以及应邀来宁参加“三城会”的台湾红十字组织负责人徐亨，吴锡军会长会见了徐亨先生并进行了友好交谈，为今后进一步交流建立了联系。南通、盐城红十字会还选派两名红十字青少年，参加了总会举办的海峡两岸红十字青少年夏令营活动[②]。

第四节　走向规范化的红十字青少年运动

如果把红十字会看作一个大的组织，那么，红十字青少年就是红十字会组织肌体中必不可少的有机组成部分。在某种程度上，红十字青少年运动的发展是红十字会发展的缩影，亦是红十字事业不断深入的体现。

一、规范化：青少年运动的基本走向

谈到红十字青少年运动，首先必须了解两个概念，即“学校红十字会”和“红十字青少年”。“学校红十字会是以学生为主体、师生员工共同参加的中国红十字会的基层组织。在学校领导和教育行政部门、上级红十字会指导下，开展符合红十字宗旨的活动”[③]。可见，学校红十字会是红十字会在教育系统的基层组织，是中国红十字会的重要组成部分，而红十字青少年就是学校红十字会中的学生会员[④]。

红十字青少年是红十字事业的重要支撑，是红十字精神的重要传承

① 《江苏省红十字会1993年工作总结和1994年工作重点》，苏州市红十字会档案，1994年“短期”1，第9页。

② 《抓住机遇，依法兴会，开创红十字事业新局面》，见江苏省红十字会编：《江苏省红十字会六届二次理事（扩大）会议文件汇编》，1996，第16—17页。

③ 《学校红十字会工作规则》，《中国红十字报》2002年3月15日。

④ 《中国红十字会章程》中对此有着明确的规定：“在校学生加入红十字会的为红十字青少年会员。”见中国红十字会总会编：《中国红十字会历史资料选编，1950—2004》，民族出版社，2005，第509页。

者，红十字青少年运动是红十字运动的重要组成部分。对于江苏而言，红十字青少年运动更是有着不同寻常的历史意蕴，因为中国的“红十字青少年运动远自民国八年即已萌芽”，但未取得实质性进展①，而青少年组织的建立，则“以复员时期为嚆矢”②，在此期间，“红十字青少年组织首次在中国大地上生根发芽，她的诞生地就在江苏”③。当时，南京分会在全国率先创立了红十字青少年服务团和红十字少年会，缔造了真正意义上的中国红十字青少年运动④。

20 世纪 80 年代复会时期，江苏全省各地的红十字青少年积极配合和参加省红十字会及当地红十字会组织的各项活动，他们以高昂的热情和乐观向上的精神在校园内和社会上传播红十字知识，扩大了红十字的影响。到省红十字会“四大”召开前，全省红十字会会员共有 20.4 万余人，其中青少年会员 54859 名，约占 27%，由此可见这一群体的重要性。但总的来说，复会时期青少年活动在形式上略显单一，尚缺乏统一的指挥和规范的管理。这也体现出复会时期江苏红十字运动的整体特点：组织发展正处于恢复和调整时期，各项活动也处于草创和起步阶段。

（一）四届理事会任职时期的红十字青少年运动

省红十字会“四大”召开后，全省的红十字青少年工作进入新的发展阶段。根据“四大”的部署，“今后红十字青少年工作的重点应放在社会主义精神文明方面，在不影响教学的情况下，发动他们进行文明礼貌的宣传，以及尊师、敬老、助残，为‘五保老人’做好事等活动。各市、县（区）红十字会都应在本地培养一两个可以对外开放的典型学校，还应当因地制宜地举办小型多样的红十字青少年夏令营或冬令营”。这其实就是“四大”后一个时期内青少年工作的指导思想。由此可以看出，省红十字会把青少年工作的重点放在了“精神文明建设”这一着眼点上，这也正与

---

① 中国红十字会总会编：《中国红十字会历史资料选编，1904—1949》，南京大学出版社，1993，第 371 页。

② 吕志茹、池子华：《“复员时期”中国红十字青少年运动简论》，《河北大学学报》（哲学社会科学版）2006 年第 3 期，第 137 页。

③ 池子华、郝如一等：《近代江苏红十字运动研究（1904—1949）》，安徽人民出版社，2007，第 230 页。

④ 孙柏秋主编，池子华、杨国堂等：《百年红十字》，安徽人民出版社，2003，第 233—242 页。

党的“十二大”后的精神文明建设方针接轨，与总会和省红十字会“四大”后的总体工作方针相一致。

1985 年，江苏多数地区的红十字青少年运动已基本做到了活动经常、内容多样。省红会及南京、淮阴、江阴、扬州、无锡、徐州、连云港等地红会，都分别举办了不同形式和内容的夏令营活动。这年 7 月，江阴县举办了有 700 余名学生参加的红十字青少年夏令营，成立了夏令营总部及 6 个分营，活动的内容有急救“四大技术”比赛、慰问演出、学习会务知识、绘画与书法比赛等。无锡市红十字会组织了有 200 名红十字青少年参加的夏令营，除开展各种文娱活动外，还增加射击和乒乓球比赛等体育竞赛项目，受到青少年们的欢迎。

以红十字青少年为主体组织各种形式的社会服务活动，已成为学校红会一项重要的活动内容。红十字青少年走进街头巷尾、车站码头，宣传卫生防病知识，扶老携幼上下车，为旅客提行李。他们还组成“送温暖做好事小组”，定人定点定时为孤寡残老人做好事。苏州南浩街小学红十字青少年，长年为患脉管炎两腿截肢、双目失明的杨裕山老师送去温暖。在第一个教师节里，他们准备了礼物和文娱节目，一放学就赶到杨老师家进行慰问，并致以节日祝贺。杨老师抚摸着孩子们激动地说：“我虽看不见你们身上佩带的红十字徽章，但红十字已深深地印在我的心中。”① 他们的活动，受到了社会的普遍称赞。

1986 年 12 月，中国红十字会总会联合国家教委下发了《关于在学校中积极开展红十字青少年活动的通知》，对新时期的青少年工作提出了新的要求。省红十字会结合江苏具体情况，提出了贯彻意见②；同时还选择了红十字会工作恢复较早、有一定工作基础的南京、无锡、苏州，作为开展大、中、小学青少年工作的试点地区，并向全省各地红十字会做出“先选择 1 ~ 2 所有影响的重点学校，建立红十字会组织，开展各种红十字活动，扩大红十字会影响，取得经验后再逐步扩展”的部署。各地在试点工作中逐步摸索出一些经验，无锡、苏州两市红十字会制定了中小学红十字

---

① 《江苏省红十字会 1985 年工作情况》，江苏省红十字会内部资料，1986 年 1 月。

② 《转发中国红十字会总会、国家教育委员会〈关于在学校中积极开展红十字青少年活动的通知〉》，苏州市红十字会档案，1987 年“长期”89，第 1—2 页。

青少年工作条例，对推动全省青少年工作起到了促进作用。此外，南京、常州、无锡、苏州、盐城、常熟、武进等市、县还做出了具体部署。例如，无锡市红十字会与市教育局研究决定，建立“市红十字会教育系统委员会”，负责指导各校建立红十字组织和开展活动，并制定出在市区全部中学建立红十字会组织的规划；盐城市红十字会根据所属各县尚未建立组织的具体情况，会同市教育局、卫生局采取积极措施，将所属7个县划分为南、北两片，以射阳、大丰两县的县中和实小为开展青少年工作的试点学校，市红十字会及市教育局、卫生局有关领导亲临学校指导组建工作①。

学校中的红会组织是学校精神文明建设的生力军。1987年，各级红十字会在校内设立了红十字卫生岗、监督岗、五讲四美宣传岗等，组织青少年学习卫生常识，进行救护训练，为学校的卫生保健工作提供了组织保证和骨干力量；在校外，他们积极开展卫生宣传、防病治病、敬老助残以及参加救灾等活动。丰富的社会实践已成为红十字青少年学习的第二课堂。据统计，1987年全省在学校中新发展基层组织73个，红十字青少年会员2129人，有61102名青少年会员接受了卫生救护训练；防治常见病3076人次，开展社会服务6632次，举办夏令营和知识竞赛等活动251次②。

1987年11月，总会和国家教委联合在成都召开了青少年工作座谈会，来自全国31所大、中、小学校的代表介绍了学校建会、开展青少年活动的经验③，江苏省南京、盐城、无锡、苏州等地提交的5篇文章，被指定为大会交流和分组座谈的材料④。这次会议是“史无前例的，是具有历史意义的，是开创红十字青少年工作新局面的里程碑，是共同合作的良好开端”⑤。这次会议对于江苏红十字青少年运动的进一步发展也具有重要的指导意义。

---

① 《江苏省红十字青少年工作情况汇报》，苏州市红十字会档案，1987年“长期”79，第8页。

② 《江苏省红十字会四届三次理事会的工作报告（审议稿）》，江苏省红十字会内部资料，1988年3月14日。

③ 中国红十字会总会编：《中国红十字会的九十年》，中国友谊出版公司，1994，第257页。

④ 《红十字青少年工作新的里程碑》，《江苏红十字》1987年第12期。

⑤ 《积极开创红十字青少年工作新局面》，《中国红十字》1988年第1期，第4页。

1988 年 6 月，总会和国家教委制定下发了《学校红十字会工作暂行规程》（以下简称《规程》），要求全国各地红十字会和教育部门“因地因校制宜，在已建立红十字会的大、中、小学校中施行”[①]。《规程》对学校红十字会的性质、宗旨、任务、领导机构等做出了明确规定。“《规程》的贯彻实施，标志着我国红十字青少年工作开始步入规范化的轨道”[②]，因此 1988 年也是江苏青少年运动规范化的起始之年。根据《规程》的有关精神，江苏“各级红十字会结合实际制订了比较健全的组织制度、例会制度、目标管理制度、收缴使用会费制度和评比表彰制度等，把红十字工作作为学校整体工作的一部分，列为对学校进行考评、考核的条件之一”[③]。规范化建设促进了江苏青少年运动的发展。新建的青少年组织如雨后春笋，仅在 1988 年一年中就有 124 所学校建立了组织，新发展会员 5.7 万余人。到 1989 年初，全省拥有青少年组织 683 个，会员 14 万人，占全省会员总数的 40% 以上，这与复会末期的 27% 相比已有较大提高。

红十字青少年已成为各级红十字会开展活动的重要力量，同时也丰富了学校第二课堂的内容。为加强青少年工作，苏州市建立了红十字青少年工作委员会，无锡市建立了教育系统红十字会。各市、县红十字会还积极组织青少年投入“戒烟日”的宣传活动[④]。

1989 年 8 月，省红十字会联合省教委下发了《关于进一步加强学校红十字青少年工作的通知》，要求各地红十字会深入贯彻党的十三届四中全会精神，推动社会主义精神文明建设，为此，“各级教育部门与红十字会都要密切配合，加强领导，进一步贯彻落实‘全国红十字青少年工作座谈会’精神”，促进全省青少年组织的加快发展和各项活动的顺利展开。通知特别指出，“开展红十字青少年活动是一项长期的工作，各地要认真研究，做出规划，把红十字青少年工作抓紧、抓好，充分发挥红十字青少年组织在促进学生全面发展和社会主义精神文明建设中的积极作用”。通知

---

① 中国红十字会总会编：《中国红十字会历史资料选编，1950—2004》，民族出版社，2005，第 184 页。

② 中国红十字会总会编：《中国红十字会的九十年》，中国友谊出版公司，1994，第 257 页。

③《解放思想，开拓进取，努力开创江苏省红十字青少年工作新局面》，苏州市红十字会档案，1994 年“长期”20，第 15 页。

④《江苏省红十字会 1989 年工作会议报告》，江苏省红十字会档案，档案号：1988-002-0000-0132。

为省红十字会四届理事会任职时期的青少年工作画上了一个圆满的句号，也是“五大”召开后青少年工作开展的一个良好开端。

总的来说，省红十字会四届理事会任职时期，在总会相关精神的指导下，经过全省各级红十字会的不懈努力，红十字青少年工作有了很大进展，突出表现在青少年组织网络建设成绩突出、各项制度在全省各地也初见端倪、青少年工作的规范化建设迈出了关键的第一步。到1989年8月，全省已建立红十字青少年组织700多个，发展会员15万名。广大红十字青少年在推动学校卫生保健、社会服务，加强学生的德育教育等方面做了大量工作，发挥了积极作用。但也应该看到，全省“各地发展很不平衡，与中国红十字会总会及国家教委提出的‘到1990年沿海城市和计划单列市要有50%、其他城市要有30%左右的中、小学建立红十字会组织’的要求尚有很大差距”①。因此，红十字青少年工作仍然任重道远。

（二）五届理事会任职时期的红十字青少年运动

1990年7月，省红十字会“五大”要求“进一步抓好红十字青少年工作”，使之“为促进学生德、智、体、美、劳全面发展服务”②。在整个五届理事会任职期间，红十字青少年组织规模进一步扩大，制度化建设和规范化进程逐步推进。因此，对于红十字青少年工作来说，这一时期同样也是一个承前启后的关键时期。

1990年，全省发展红十字青少年会员11.67万名，累计会员数达37.27万名，占全部会员总数的50%，成为全省红十字运动中举足轻重的一支有生力量。无论是会员的发展速度，还是在会员总数中所占的比重，都达到前所未有的水平，这既是红十字青少年运动规范化进程所带来的成果，又为规范化建设的长足发展积蓄了力量。实践充分证明，在学校中开展红十字青少年工作，对于提高学生的身体素质和政治思想素质都大有裨益。

---

① 《关于进一步加强学校红十字青少年工作的通知》，苏州市红十字会档案，1989年“长期”128，第5—6页。

② 《群策群力，奋发进取，努力开创我省红十字工作新局面》，《江苏红十字》1990年第8期。

1991 年 7 月，全国红十字青少年工作会议在青岛召开，总会孙柏秋副会长在工作报告中提出：国家教委的高度重视、各地教育行政部门的密切配合是做好红十字青少年工作的关键；与学校的教育和工作紧密结合是深化青少年工作的基础；突出红十字特点，开展丰富多彩的活动是推动青少年工作蓬勃发展的有效措施①。此次会议对《学校红十字会工作暂行规程》进行了修订，并研究制定了《关于进一步加强全国红十字青少年工作的意见》，对红十字青少年工作的开展具有重要指导意义。

在这样的大背景下，江苏红十字青少年运动继续发展。到 1991 年，全省已有 3838 所学校建立了红十字组织，青少年会员累计达 45. 47 万名，青少年工作又上升到一个新的台阶。对于全省红十字青少年运动的规范化建设来说，这一年意义非同寻常。南通与苏州两个规范化建设的典型在 1991 年都取得了阶段性成果，对其之后的规范化之路具有重要启示。南通市红十字会在 10 月召开的青少年工作研讨会上，总结出做好工作必须深化认识、强化领导、优化活动、量化管理等经验。苏州市加强了学校红十字会规范化建设，在“硬件”和“软件”上进行正规化管理。例如，善耕小学的红十字青少年经过多年努力，使学校成为控制吸烟的先进单位；世界无烟日前夕，该校的青少年发出倡议书，由省委宣传部、省爱国卫生运动委员会、省卫生厅、省教委同省红十字会一起印发全省加以推广。同时，在总会支持下，这一年，省红十字会还拨出 100 万元专款用于中、小学校红十字卫生室的建设，促进了青少年工作的开展②。

借着总会青岛会议的东风，省红十字会为加强对全省青少年工作的指导，进一步推动学校红十字工作，1992 年 10 月，以总会的《学校红十字会工作暂行规程》为依据，省红十字会、省教委联合成立了江苏省红十字会学校工作委员会（详见表 2 - 6），并制定了《江苏省红十字会学校工作委员会组织规程（暂行）》③。

---

① 《全国红十字青少年工作会议在青岛召开》，《中国红十字报》1991 年 7 月 20 日。

② 《为努力开创我省红十字工作新局面而团结奋斗》，见江苏省红十字会编：《江苏省红十字会五届二次理事会议文件汇编》，1992，第 9—10 页。

③ 江苏省红十字会编著：《江苏红十字运动八十八年（1911—1999）》，东南大学出版社，2001，第 161 页。

表2-6 江苏省红十字会学校工作委员会组成人员名单表

职 务	人 员
主任委员	周德藩
副主任委员	徐 强、庄惠华
委 员	袁云亭、张 仁、张小林、孙建新、徐景山、孙仁静等
秘 书	周宁如、都秀谷

资料来源：《江苏省红十字会学校工作委员会组成名单》，苏州市红十字会档案，1992年“长期”11，第4页。

江苏省红十字会学校工作委员会是全省各类学校红十字会的协调机构，在省红十字会和省教委的指导下进行工作[①]。委员会的成立是江苏红十字青少年运动发展历程中的一件大事，从此，全省的青少年工作有了统一的指导和协调机构，推动了这一工作的规范化进程。

1992年，省红十字会还传达贯彻了全国红十字青少年工作会议精神，转发了总会、国家教委《关于进一步加强全国红十字青少年工作的意见》，要求各地红十字会和教育部门，把青少年工作与学校精神文明建设结合起来，为培养有理想、有道德、有文化、有纪律，德智体美劳全面发展的新一代社会主义事业接班人服务。在全省各级红十字会的共同努力下，这一年，全省青少年会员达到537341名[②]，实现了会员人数的又一次攀升。

1993年10月，《红十字会法》的颁布使中国红十字事业的发展步入法制化轨道，也为红十字青少年运动的发展提供了法律依据[③]。在法制化的轨道上，江苏红十字会的青少年工作规范化进程不断加速。据统计，1993年，全省青少年参加社会服务活动达82万人次；举办夏（冬）令营376期，13.6万人次参加；举办知识竞赛371次，近7万人次参加。南通市红十字会1993年重点抓量化管理，推进规范化建设。他们把红十字活动与学校其他工作有机结合，使之成为考核学校工作的一项内容，充分显示了青

---

① 《江苏省红十字会学校工作委员会组织规程（暂行）》，苏州市红十字会档案，1992年“长期”11，第5页。

② 陈萍：《解放思想，转变观念，进一步开创红十字会工作新局面》，见江苏省红十字会编：《江苏省红十字会五届三次理事扩大会议文件汇编》，1993，第13—14页。

③ 在《红十字会法》第三章“职责”中规定，红十字会有“开展红十字青少年活动”的职责。

少年组织的生机与活力。为解决部分重症学生因巨额医疗费而无力就医或因家贫而失学等问题，南通市、盐城市红十字会、教育局分别组建了中小学生重症住院医疗互助金、中小学红十字青少年互助基金，对病困学子就医和上学予以切实帮助。苏州市建立了13所红十字示范学校，全市学校红十字会工作档案实行规范化管理①。

综上，省红十字会五届理事会任职期间，全省青少年工作成绩斐然，基层组织数量和会员人数均达到全省总数的一半②。青少年队伍的壮大，不仅为红十字事业的发展提供了充足的后备力量，而且实践证明，青少年组织是红十字大家庭中富有创造力和想象力的一股有生力量，他们以生动而富有活力的方式传播红十字人道主义，以独特的视角和灵活多样的活动丰富和发展红十字人道主义。在组织壮大的同时，红十字青少年运动规范化建设也呈现出良好的发展态势并取得了前所未有的成绩，而这种势头在六届理事会任职时期得到了延续。

（三）六届理事会任职时期的红十字青少年运动

1994年6月，省红十字会“六大”提出，要“发挥学校红十字青少年工作委员会和教育系统红十字会的作用，围绕国家教育方针，依照《学校红十字会工作暂行规程》积极开展学校红十字会工作，把开展红十字青少年活动提高到精神文明建设和培养一代新人的高度来对待”。省红十字会“六大”为全省红十字青少年工作的规范化进程指明了方向。

在依法建会的新形势下，1994年11月，省教委、省红十字会在南通联合召开了全省红十字青少年工作会议，各地教育系统和红十字会代表出席会议，省红十字会常务副会长陈萍做了重要讲话，省教委副主任、省红十字会副会长、省红十字会学校工作委员会主任周德藩做了工作报告③。这次会议“既是工作会、研讨会，又是经验交流会、现场会”④，是对全省

① 《江苏省红十字会1993年工作总结和1994年工作重点》，苏州市红十字会档案，1994年“短期”1，第6—7页。

② 《全面贯彻红十字会法　加速发展江苏的红十字事业》，《江苏红十字》1994年第7期。

③ 《江苏省红十字青少年工作会议纪要》，苏州市红十字会档案，1994年“长期”20，第10页。

④ 《密切联系，共同合作，把我省红十字青少年工作提高到一个新水平》，苏州市红十字会档案，1994年“短期”3，第16页。

青少年工作的一个阶段性总结。会议展示了全省一线红十字工作者多年来的工作硕果，体现了江苏青少年工作的蓬勃生机①。这次会议是省教委与省红十字会联合召开的第一次全省性的红十字青少年工作会议②，是一次继往开来的重要会议，对推动青少年工作的加快发展具有重要意义。

1995 年，省红十字会以丰富多彩而又独具个性的青少年活动为规范化建设增添了色彩。在总会举办的“中国少年儿童‘我心中的红十字’绘画、征文竞赛”中，各级红十字会积极组织发动，全省有 1469 所学校 296768 人参赛，对红十字青少年进行了一次生动具体的自我教育。南通西公园中学为组织这次活动，多次举办红十字知识讲座，组织讨论会、报告会进行辅导，学生们踊跃参加，该校收到参赛征文 2938 篇，获得省红十字会组织奖。苏州善耕小学青少年在 1991 年倡议的“争当劝阻吸烟小尖兵”活动，已在全省逐步推开，越来越多的学校加入“无烟学校”行列③。

1996 年，红十字青少年组织建设又创佳绩，全省共有 6515 所大、中、小学校建立了组织，青少年会员达 159 万人④。

1997 年，红十字青少年组织增至 7964 个，会员达 1994563 人⑤。

1998 年，组织建设更上层楼，建会学校达 8309 所。同时，全省青少年工作的规范化进程又谱新篇。苏州、南通、扬州等市红十字会通过命名红十字青少年示范学校、提出达标目标、开展学校红十字会工作培训和检查考核，推动了学校红十字会工作进一步规范化。通州市红十字会和市教委共同组织了对 56 所学校青少年工作的考核验收。无锡市红十字会用台账“三簿二册”规范学校红十字会工作⑥。

---

① 《江苏省红十字会、教委联合召开红十字青少年工作会议》，《江苏红十字》1994 年第 12 期。

② 《在江苏省红十字青少年工作会议上的讲话》，苏州市红十字会档案，1994 年“长期”20，第 12 页。

③ 《抓住机遇，依法兴会，开创红十字事业新局面》，见江苏省红十字会编：《江苏省红十字会六届二次理事（扩大）会议文件汇编》，1996，第 15 页。

④ 《大力推进人道救助事业，主动参与社会保障和精神文明建设》，苏州市红十字会档案，1997 年“长期”19，第 16 页。

⑤ 陈萍：《学习贯彻党的十五大精神，全面推进我省红十字事业》，见江苏省红十字会编：《江苏省红十字会六届四次理事（扩大）会议文件汇编》，1998，第 17 页。

⑥ 《江苏省红十字会 1998 年工作总结》，江苏省红十字会档案，档案号：1999-001-0000-0026。

1999 年，规范化建设继续加强。苏州、南通、盐城、徐州、扬州等市红十字会对学校红十字会实行目标管理考核，加强规范化管理，开展创建红十字示范学校活动。苏州市对学校红十字会提出“五化”要求：活动主题化、工作制度化、资料档案化、服务社会化、管理规范化①。

2000 年，根据省红十字会对青少年工作逐步规范化的要求，各地加强对青少年的思想品德教育，把参与精神文明建设融入红十字青少年活动中，把红十字会倡导的“人道、博爱、奉献”精神纳入学校德育教育内容，开辟学校德育教育的第二课堂②。

2002 年 2 月，总会与国家教委联合制定并印发了《学校红十字会工作规则》，这是对总会 1988 年制定的《学校红十字会工作暂行规程》的完善和补充，同时也标志着红十字青少年运动规范化建设又达到了一个新的高度。因此，总会要求各地红十字会“结合素质教育的实施，因地因校制宜，在大、中、小学校施行”③。为贯彻实施这一新时期学校红十字工作的纲领性文件，省红十字会要求“学校红十字会应有专门的活动场所，要积极探索新形势下学校红十字会工作的途径和方法，努力做到制度化、规范化、知识化、趣味化”④。全省红十字青少年运动的规范化建设又开始了新的征程。

由江苏红十字青少年运动的基本发展轨迹不难看出，规范化建设是这一工作的基本方向和“行为准则”，正是在这一方向的指引下，全省的红十字青少年工作取得了不俗的成绩。虽然全省的青少年工作没有统一模板，但在总会和省红十字会的指导下，经过各地红十字会和广大基层组织的摸索，基本上遵循着一条“构建组织网络—创立制度—走向规范化”的道路。在规范化的探索过程中，全省各地都创造出了各具特色的规范化经验，这些经验值得进一步总结，并已逐渐形成规律性的共识和原则，从而进一步推动了全省青少年工作的开展。总的来说，全省红十字青少年工作

① 《江苏省红十字会 1999 年主要工作和 2000 年工作要点》，苏州市红十字会档案，1999 年“长期”14，第 6—7 页。

② 《江苏省红十字会 2000 年工作情况和 2001 年工作要点》，苏州市红十字会档案，2000 年“短期”1，第 9 页。

③ 中国红十字会总会编：《中国红十字会历史资料选编，1950—2004》，民族出版社，2005，第 431 页。

④ 张立明：《江苏省政府批转加强红十字工作的意见》，《中国红十字报》2002 年 9 月 13 日。

的发展趋势是在彰显地方特色的同时，逐渐在个性中寻求共性，并在共性中总结规律，确立规范，从而指导各地的青少年工作。应该说，这一发展趋势是根据全省青少年工作的实践而做出的总结，并且这一趋势仍处于不断的发展变化之中，其内容也会随之丰富和完善。

在前文所述“实现规范化”的3个阶段中，“构建网络”是基础，是指创建相当数量的学校红十字组织并发展会员；“创立制度”是指在组织发展的基础上，在零散烦冗的工作中确立可资遵循的各项工作制度，这既是组织发展的巩固，也是进一步扩展青少年工作的重要基础；“实现规范化”是指在一系列相关制度确立的基础上，对组织网络内的红十字青少年和青少年工作实现规范化管理和量化考核，以实现对青少年工作的阶段性总结和评估，并促进深化发展。应该指出的是，这3个阶段并无非常明显的分界线，在红十字青少年运动实际的发展过程中，这3个阶段是交织在一起的，只不过在不同时期侧重点不同而已。实践证明，走向规范化是江苏乃至全国红十字青少年运动发展的基本脉络。

二、苏州：红十字青少年工作规范化的典范

红十字青少年工作与其他工作相比，虽然也有总会和省红十字会的宏观部署与指导，但却没有“严格的限制和要求”，而且各地青少年工作的起步不一，步调和节奏各有区别，再加上各地的学校工作本来就各具特色，青少年工作因此成为各地红十字会工作中一块最具生机与活力的领域。在走向规范化的进程当中，全省各地红十字会结合实际，摸索出各具地方特色的青少年工作之路。

苏州市红十字青少年工作规范化建设走在全省前列，其经验具有一定的推广意义。早在1986年10月，为促进红十字青少年工作的开展，按照省红十字会的要求，苏州市红十字会出台了《苏州市红十字青少年活动规程》[①]。1988年6月，苏州市红十字会还根据总会有关精神，正式成立了苏州市红十字青少年工作委员会，并通过了《苏州市红十字青少年工作委员会工作条例（草案）》，开全省之先河。青少年工作委员会以教育广大青少

① 《苏州市红十字青少年活动规程》，苏州市红十字会档案，1986年“长期”54，第18—24页。

年和少年儿童发扬爱国主义、国际主义和人道主义精神为宗旨，指导和协调全市各大、中、小学校进一步开展各项红十字活动，使全市青少年工作逐步纳入制度化、经常化、规范化、系列化的轨道[①]。之后，苏州市红十字会“又相继在平江、沧浪、金阊、郊区4个区建立区级红十字少工委”。截至1989年9月，“市区各级红十字青少年工作委员会已组建完毕”[②]。这样，苏州“全市红少委的工作从市到区到校，建立起了条线指导体系”，接下来的工作即是“着手制定和完善各项工作制度，使我们的工作进入惯性运行的轨道，并不断有所创新”[③]。

1989年，苏州市红十字会制定了《苏州市红十字青少年工作规范（草案)》，主要针对小学红十字会的组织建设、会务工作、管理工作、经费来源等方面做出规定[④]。在此基础上，经过反复实践、探索和总结，1992年5月，苏州市红十字会又制定出《苏州市学校红十字会工作规范》，并由市教委和市红十字会联合行文出台，从而使青少年工作走上制度化、规范化、档案化的道路，在软硬件建设上都做到了有章可循、有案可查。苏州市红十字会还制定出针对《苏州市学校红十字会工作规范》实施情况的“百分制”考评标准，编制《苏州市小学校红十字工作规范化考评表》，由各区组织评定（先进学校由区评，示范学校再报市复评命名)[⑤]。

1990年，苏州市红十字会发出《关于市区学校红十字青少年工作规范化考评通知》，各区红十字少工委认真贯彻执行，各校红十字会在各区文教局和学校党政领导的支持下，组织了自查和互查考评，并进行了总结和交流。至1993年，苏州市共建立13所红十字示范学校，学校红十字会工

---

① 《关于建立苏州市红十字青少年工作委员会的意见》，苏州市红十字会档案，1988年“长期”104，第12—13、132页。

② 《针对青少年特点开展红十字活动》，苏州市红十字会档案，1990年“长期”140，第12页。

③ 《注重规范化，创新上水平，追求高层次》，苏州市红十字会档案，1994年“长期”22，第2页。

④ 《苏州市红十字青少年工作规范（草案)》，苏州市红十字会档案，1989年“长期”28，第8—9页。

⑤ 《苏州市小学校红十字工作规范化考评表》，苏州市红十字会档案，1992年“长期”5，第48页。

作档案全部实行规范化管理[①]。同年，苏州所辖常熟、昆山、吴江等县级市先后下达了学校红十字规范标准，并分别命名一所示范学校[②]。1995 年 9 月，苏州市红十字会颁布了《苏州市中学红十字会工作示范学校建设标准》。1996 年，苏州市红十字会制定《苏州市红十字青少年工作档案规范》，促进了青少年档案工作的规范化和制度化[③]；同时向全市推广市区学校红十字会规范化建设经验，促进了所辖各县级市青少年工作的开展。

1998 年以后，昆山市红十字会联合市教育局每年对学校红十字会工作进行目标考核，规范学校红十字会工作。1999 年，苏州市对学校红十字会提出“五化”要求：活动主题化、工作制度化、资料档案化、服务社会化、管理规范化[④]。2000 年，苏州市红十字会转发了《平江区学校红十字会理事会工作规程》，进一步促进了全市学校红十字会工作的规范化建设[⑤]。

制度化建设是规范化工作的中心环节，苏州市红十字青少年规范化建设在这方面的成绩尤其引人注目。在长期的工作实践中，苏州市红十字会形成了独具特色的制度化建设体系，具体包括以下几个方面。

第一，红少委例会制。通过召开例会，可以互通信息，取长补短，协调工作。市红少委每年召开 4 次例会（即每学期头尾各一次），听取各区学期或年度工作汇报，交流经验，制订计划，安排活动。市红十字会下达年度计划，区里安排学期活动（俗称“早知道”），常规活动和日常工作一般不列其中，而必须突出具有创新意识的主题活动或新任务、新要求。各区红少委例会一般在市例会后举行，每月一次，从 1992 年开始均有文教局长到会，各校校长参加。平江区红少委实行轮流例会制，每月一次，分别到各校召开，使例会成为现场交流会，每次都解决几个实际问题，产生了

① 《江苏省红十字会 1993 年工作总结和 1994 年工作重点》，苏州市红十字会档案，1994 年“短期”1，第 6—7 页。

② 《苏州市红十字会 1993 年主要工作实绩》，苏州市红十字会档案，1993“永久”1，第 2—8 页。

③ 《苏州市红十字青少年工作档案规范》，苏州市红十字会档案，1996 年“长期”1，第 1—2 页。

④ 《江苏省红十字会 1999 年主要工作和 2000 年工作要点》，苏州市红十字会档案，1999 年“长期”14，第 6—7 页。

⑤ 《苏州市红十字会 2000 年工作总结》，苏州市红十字会档案，2000 年“永久”1，第 1—7 页。

很好的互促效应。

第二，学校红十字会理事制。苏州市红十字会要求学校成立红十字会的同时，也需建立理事会，由校级领导、共青团组织、学生会、少先队、医务室等部门负责人共7～10人组成，领导全校红十字会工作。“理事制”规定：会长必须由校长担任；设副会长1～2人，其中含分管德育工作的部门领导；秘书长由会长提名，理事会讨论决定，主要负责日常工作；再配备热心红十字事业、有较强活动能力的老师（一般为保健老师）任秘书，红十字会秘书享有参加校务会议、研究工作的权利。“理事制”还规定，除会长、秘书及有关教师组成理事会外，还必须有几名学生担任“小理事”，让他们反映小会员的心声，代表小会员说话。理事会成员分工合作，分别负责组织、宣传、卫生救护、社会服务等工作。理事们一般每月“理事”一次，必要时随时“理事”。大中专学校红十字会可根据学校结构和会员人数情况设不同层次和类型的分会，分会设会长1人、副会长2～3人及理事若干人。1999年10月，平江区红十字青少年工作委员会制定了《平江区学校红十字会理事会工作规程（试行）》，苏州市红十字会在全市推广实施。

第三，小会员入会制。苏州市红十字会规定，小学三年级以上学生，能够了解、关心、热爱红十字事业，志愿积极参加红十字会活动并申请入会者，可加入红十字会。但为了维护红十字会的声誉，增强小会员的光荣感，每班吸收小会员人数控制在20%左右；并且每个新会员入会前要做到“四个一”，即为社会做一件好事、学会做一项家务或自我服务劳动、主动地搞一次卫生、学会一种救护本领。为了进一步增强青少年会员的庄严感、荣誉感和责任感，从1994年开始，市红十字会在市区各校全面推行红十字青少年会员入会宣誓仪式，仪式内容主要有：（1）校红十字会组织理事宣布入会仪式开始；（2）立正，出红十字旗；（3）唱《红十字青少年之歌》；（4）授红十字徽章和臂章；（5）宣誓；（6）新会员谈感想；（7）会长讲话等。宣誓的誓词统一为：“我是红十字会会员，我遵循红十字宗旨，实行人道主义，积极参加‘救死扶伤、扶危济困、敬老助残、助人为乐’的活动，为人类和平与进步，为祖国繁荣与昌盛，奉上一片爱心，做出一份贡献。”会员一定要佩戴红十字徽章。因该仪式的推行产生了良好的效果，苏州市红十字会决定从1997年4月1日起，全市城乡各级各类学校红十字会都要实施入会宣誓仪式，且将其作为今后学校红十字会工作检查考核的内容之一。截至1999年，入会宣誓仪式在苏州城乡学校全面推开，形成制度，并为外地红十字会“移植”，在全省全国广泛推广。

第四，红十字会业务档案制。1992年2月起，苏州全市统一使用市红十字会颁发的“三簿一册”，即小伤小病记载簿、好人好事记载簿、会务活动记载簿、红十字会员花名册，且派专人认真记载[①]。从1993年起，苏州市红十字会以平江区为试点，向市区各校推行档案制度，要求各校红十字会建立建会以来历届理事会成员变动情况、组织发展、社会服务、宣传报道、主题活动、卫生站建设等方面的业务档案。除大事记外，还需收集保存原始文件及文字记录、活动现场拍摄的图片、重要实物、新闻报道的样报样刊，等等。这项制度的实施为编纂史料集积累了素材。

1994年，苏州市红十字会又规定，各区红少委及有条件的学校建立录像带档案，且年终开展一次录像资料档案片展播评比，对优秀作品授予“人道奖”。1997年1月，在市一中分校召开的市区学校红十字会工作现场会上，与会人员参观了市一中分校红十字会工作规范化建设和档案管理现场，听取了平江区勤惜小学红十字会档案管理体会[②]。同时，市红十字会制定了《苏州市红十字青少年工作档案规范》，对组织建设档案、红十字青少年活动档案、宣传工作档案、会费管理档案、基础管理档案等方面进行了规定，使档案工作走上了规范化的道路，便于管理[③]。这项制度在苏州所辖的常熟、昆山、张家港、吴江等市也得到了全面推广。

第五，主题活动制。除常规活动外，开展红十字青少年主题活动长期以来在苏州已形成制度。市红少委每年或根据上级红十字会和“世界红十字日”主题来研究确定一个年度性主题口号，或根据某区某校业已开展过的主题进而向全市推广，或配合全市性的爱国主义教育选择适合青少年的主题；各区红少委除参加全市主题活动外，也可在本区范围内确定自己的主题。市红十字青少年工作中早期开展的“助残敬老、三定一包、救护训

① 《苏州市红十字青少年工作计划》，苏州市红十字会档案，1992年“长期”1，第3页。

② 《关于召开市区学校红十字会工作现场会的通知》，苏州市红十字会档案，1997年“长期”5，第1—22页。

③ 《苏州市红十字青少年工作档案资料》，苏州市红十字会档案，1996年“长期”1，第1—2页。

练、卫生清扫、扶危济困、募物捐钞、热心助人、不图回报”等项活动，已经成为届届相传的“传统节目”。市红十字青少年又在学校红十字会和市、区红少委的带领下、在“大人道主义”观念指导下，创造出许多有创意的主题活动，如金阊区的“一字节省”活动、沧浪区的“爱护东方威尼斯”活动等①。为更集中更有效地开展活动，2001 年，平江区学校红十字工作委员会针对学校工作特点，实行红十字日活动制度，将每周一定为“学校红十字活动日”，在红十字日中大力宣传《红十字会法》，吸纳更多青少年加入组织，同时开展卫生救护知识培训，让青少年掌握更多的知识、技能②。

除以上 5 项制度外，为使青少年工作尽快走上规范化的道路，苏州各校还普遍建立了“一站”（红十字卫生站）、“一窗”（红十字宣传窗口）、“三岗”（卫生岗、检查岗、宣传岗）、“三员”（卫生员、检查员、宣传员）制度③。多年的制度化建设，促进了苏州市红十字青少年工作年年有创新，整体水平不断提升且不断向纵深发展。

三、在活动中推进规范化

“红十字会的生命力在于活动”④，对于青少年工作来说，更是如此。广大红十字青少年通过多种形式的人道主义社会活动，不仅在校园内，而且在社会的各个领域，都产生了良好的社会效应。随着对红十字青少年工作认识的不断深化，红十字青少年活动也不断趋向多样化和个性化，且丰富多彩的青少年活动实践也推进了青少年工作规范化的进程。在历次全国、全省的大型红十字活动中，如复会时期的“五讲四美三热爱”、援非募捐、“’88 国际体育援助”以及大兴安岭火灾募捐、1991 年和 1998 年水灾救助等，青少年作为红十字大家庭中的一支重要力量，发挥了特有的作用。在实践中，江苏红会认识到，开展青少年活动，“可根据学校工作情

① 《注重规范化，创新上水平，追求高层次》，苏州市红十字会档案，1994 年“长期”22，第 12—18 页。

② 《平江区红十字会二〇〇二年工作总结》，苏州市红十字会档案，“2002 年工作总结”。

③ 《红十字青少年活动中的“四化”与“四性”》，苏州市红十字会档案，2002 年“长期”70，第 10—15 页。

④ 《红十字会的生命力在于活动》，《江苏红十字》1991 年第 11 期。

况，体现人道主义宗旨，做到与思想品德教育相结合，与其他群团活动相结合，与劳动教育相结合，与卫生保健工作相结合。开展优质活动，就是要求红十字青少年活动要突出人道主义奉献精神，多层次、多角度、多形式地开展活动，达到生动性、系列性、经常性、现实性”①。这也正是江苏红十字会青少年活动的特征体现。同时，青少年活动“要有自己的特色，逐渐形成自己的‘品牌’，这样才能使活动经常持久地开展，取得更好的效果，使人们更加认识它的价值”②。

（一）常规性活动

红十字青少年活动内容丰富，形式多样。在长期发展过程中，红十字青少年活动已经积累形成了多项常规性内容，同时随着时代的更迁，一些富于时代特色的创新性活动也不断涌现。在江苏红十字会的常规性活动中，卫生救护和社会服务是其中的重要内容③。围绕这两项主要业务，全省各级红十字青少年组织开展了丰富多彩的青少年活动，在完成业务工作的同时，丰富了校园生活，陶冶了青少年的情操，卓有成效地以青少年特有的方式传播了人道主义。首先，各地红十字会持续开展了救护训练和卫生常识教育。学校红十字会根据青少年的不同年龄层次和心理发育程度，由浅入深地开展了处理小伤小病、四项救护技术、心肺复苏训练和卫生常识、青春期生理与心理卫生等教育，对增强学生在意外伤害中的自救与互救意识，从小养成讲究卫生的习惯，提高自我保护的能力，发挥了积极作用。其次，在社会服务方面，“改善最易受损害群体的境况”是红十字会的工作目标。社会上的孤寡老人、残疾人、伤病员、烈军属等，最需要得到关心和帮助。众多学校红十字组织采取“三定一包”（定人、定时、定内容、包户）的服务方式，进行了大量的、不间断的系列社会服务，受到

---

① 江鸣皋：《红十字青少年工作是培育一代新人的好途径》，《中国红十字报》1994 年 5 月 13 日。

② 《彭珮云在全国红十字青少年工作会议上发表讲话》，见《中国红十字年鉴》编辑部编：《中国红十字年鉴·2005/2006》，台海出版社，2007，第 296 页。

③ 中国红十字会总会编：《中国红十字会历史资料选编，1950—2004》，民族出版社，2005，第 227 页。

了广泛赞誉[①]。值得一提的是，在社会服务工作中，苏州市红十字会坚持“两红”结合，活动个性鲜明，成效突出。“两红”结合“既有利于借助红领巾组织基础较好的优势，把学生们充分发动起来参与社会服务，又有利于在社会服务中体现红十字人道主义宗旨，扩大红十字影响”[②]。

此外，夏令营活动形式多样，内容丰富，是红十字青少年工作中广泛开展的一项传统活动。通过夏令营活动，青少年可以学到红十字会务知识和卫生救护技术；同时，通过学习、参观、游览，青少年可以增长见识，扩大视野，增强爱国主义精神及组织纪律性，从而树立青少年的荣誉感和责任感[③]。再有，全省红十字会还配合各时期的主题工作，开展了内容丰富的青少年知识竞赛和征文、演讲等活动。同时，为开阔青少年眼界，增进他们对社会的了解，还不定期地举办各种类型的社会调查活动。应该说，这些常规性活动构筑了青少年工作的主要内容，活动的开展使红十字人道主义在一代代青少年中薪火相传，从而推动了红十字青少年运动的发展。

红十字青少年讲演比赛

① 《解放思想，开拓进取，努力开创江苏省红十字青少年工作新局面》，苏州市红十字会档案，1994 年“长期”20，第 16—17 页。

② 《针对青少年特点开展红十字活动》，苏州市红十字会档案，1990 年“长期”140，第 13 页。

③ 郝如一、池子华主编：《苏州红十字会志》，安徽人民出版社，2008，第 104 页。

（二）创新性活动

在红十字青少年活动中，省红十字会还注重突破传统业务，使红十字人道主义走出校园，与社会接轨，与时代同行；使青少年活动与时俱进，与社会生活水乳交融，从而创造出一系列既符合青少年特点又具备红十字内涵的创新性内容，极大地丰富了青少年工作的范畴。例如，在1990年北京亚运会期间，宜兴市实验小学的红十字青少年特别制作了两只工艺精巧的“紫砂百寿瓶”，并如愿以偿地赠送给了中国队和中国台北队获得首枚奖牌的运动员邢芬、倪嘉萍。总会顾英奇副会长赞扬宜兴市的青少年“以无私奉献的精神去关注亚运会，体现了他们心系亚运、心系祖国的美好心灵”①；“你们不仅用自己的实际行动实践着红十字会人道主义的宗旨，还用自己的实际行动为祖国的和平统一做贡献，这将得到海峡两岸同胞的赞赏”②。

1997年，在香港回归前夕，宜兴市红十字会举办了“我同香港小朋友说家乡”征文活动。通过学生们对家乡的所见、所闻、所想、所感，向香港小朋友反映家乡的新面貌，激发同学们爱国、爱乡、爱港之情，促进了两地青少年的友好往来。连云港市海州区10所中小学校红十字会与贫困地区学校开展手拉手活动，为贫困地区学校和学生捐助款物达3.8万元。扬州市第二中学的红十字青少年，给远在广西、江西的3名受助学生捐款，表达了红十字青少年的一份情谊③。

1998年，徐州市红十字会在青少年中开展了“红十字颂”演讲活动；盐都县教育系统红十字会汇编的《我们播种爱心》一书，成为红十字青少年内心世界的精彩写照④。

2000年，南京市红十字会命名洪武北路小学为“南京市红十字会小学”。该校为提高师生的红十字意识，结合学校的升旗仪式，开展了升

---

① 《顾英奇副会长向海峡两岸运动员在第11届亚运会上首枚奖牌获得者赠紫砂百寿瓶》，《中国红十字》1990年第12期，第4页。

② 《顾英奇副会长给宜兴市实验小学红十字会的信》，《中国红十字》1990年第12期，第5页。

③ 《学习贯彻党的十五大精神，全面推进我省红十字事业》，见江苏省红十字会编：《江苏省红十字会六届四次理事（扩大）会议文件汇编》，1998，第17页。

④ 《江苏省红十字会1998年工作总结》，江苏省红十字会档案，档案号：1999-001-0000-0026。

“三旗”（国旗、会旗、校旗）的活动，作为对师生进行爱国主义、国际主义、集体主义教育的生动教材。此外，学校还成立百人红十字制服方队，把“人道、博爱、奉献”的红十字精神与培养新世纪小主人结合起来，为培育“四有”新人做贡献[①]。

在创新性活动方面，苏州仍是杰出代表。苏州的红十字青少年工作从务实创新入手，不断深化工作主题，在多年的活动实践中形成了一系列别具特色的活动项目，如昆山市红十字会举办了红十字知识竞赛，并组织青少年绘制宣传人道、博爱的百米画卷等，推动了青少年工作的顺利开展。同时，苏州市红十字会还注重赋予一些传统业务以时尚新元素，使常规业务焕发出崭新的风采。例如，苏州市红十字会在20世纪八九十年代开展的“争创全国无吸烟学校、自己的事自己做、红十字青少年与红领巾手拉手”等主题活动有声有色。进入21世纪后，各校在青少年中广泛开展“红十字小志愿者”活动。该活动又与“红领巾志愿者”结合，形成“哪里有‘两红志愿者’，哪里就有新道德新风尚”的“两红志愿者”活动。同时，苏州市要求青少年工作要渗透到学校综合实践中去，为学校课改服务，为德育教育工作服务。

（三）活动开展的趋势

江苏红十字会对学校中开展青少年工作的认识是逐步提高的，工作内容也随之不断丰富和扩展：开始是培养学生养成良好的卫生习惯和开展自我保健，如预防近视和龋齿、监督校园环境卫生、举办各种类型的夏（冬）令营丰富假期生活等，这些在复会时期有着明显的体现。之后又发展为尊老助残，为孤寡残疾人送温暖、做好事。随着红十字事业的不断发展，学校红十字会在学校精神文明建设中的作用愈加明显，广大青少年成为红十字会开展活动的重要力量。根据省红十字会对青少年工作逐步规范化的要求，各地十分注重对青少年的思想品德教育，把参与精神文明建设融入青少年活动中，把红十字会倡导的“人道、博爱、奉献”精神纳入学校德育教育内容，开辟了学校德育教育的第二课堂。与此同时，从红十字青

① 《江苏省红十字会2000年工作情况和2001年工作要点》，苏州市红十字会档案，2000年“短期”1，第9页。

少年工作的效应上看，其也有着由校园逐步走向广阔的社会空间的趋向。

红十字青少年活动丰富多彩、包罗万象，在某种程度上，青少年工作可以看作是红十字工作的“缩影”。但同时，由于青少年群体的特殊属性，又决定了其工作可以在红十字人道主义的旗帜下具有一定的灵活性和个性特征。青少年是“祖国的未来和希望”，青少年工作“是保证中国特色社会主义事业兴旺发达、后继有人的基础性工作，也是实现亿万家庭最大愿望和切身利益的民心工程”①。红十字运动是一个国家、民族文明进步及和谐程度的一个重要标志。组织尽可能多的青少年参加红十字知识的学习与相关活动，使其成为“人道、博爱、奉献”精神的实践者和传播者，不仅保证了红十字运动后继有人，更有助于培养构建和谐社会的促进者和建设者②。从这个意义上讲，红十字青少年运动是红十字事业的“希望工程”，也是建设中国特色社会主义事业的“希望工程”。

---

① 《彭珮云在全国红十字青少年工作会议上发表讲话》，见《中国红十字年鉴》编辑部编：《中国红十字年鉴·2005/2006》，台海出版社，2007，第294页。

② 张立明：《历史的责任，现实的要求，有感于全国红十字青少年工作会议》，《中国红十字报》2005年9月30日。

第三章　江苏红十字运动的体制重塑与法制依归（2002—2004）

进入21世纪后，红十字会管理体制的理顺实现了江苏红十字运动的转型。“抗非”工作是转型后的江苏红十字会面临的第一次重大挑战，向时代和社会昭示了红十字人道主义的巨大力量。而《江苏省实施〈中华人民共和国红十字会法〉办法》的出台，是江苏红十字运动依法建会的里程碑，为全省红十字运动的全面可持续发展指明了路径。

第一节　理顺管理体制

随着我国改革开放的日益深化，社会转型也进入新的历史阶段。对于江苏红十字运动而言，进入21世纪后的第一个具有全局意义的重大变化，是2002年初红十字会系统管理体制的理顺，这是江苏红十字会在组织结构和运行机制方面的全方位转变，对自身发展具有举足轻重的重要意义，标志着江苏红十字运动的转型。

一、理顺管理体制概念释析

红十字会的管理体制是在红十字运动发展过程中形成的特定的组织体系和制度，管理体制关系着和决定着红十字运动发展的态势、路径、节奏甚至是方向和结果，对于红十字会来说至关重要。

通俗而言，“管理体制”可以理解为由谁管理、怎样管理。就红十字会的自身特征和现实情况而言，其管理体制可以分为一般意义的管理体制和特殊意义的管理体制。一般意义的管理体制是针对红十字会作为社会团体这一角色而言的，因为它的社团特征，所以应实行社会的自我管理，与政府成为合作伙伴关系，由社会力量遵循市场规律配置资源，这应该是中国红十字会作为社团的学理化和理想化的管理体制。特殊意义的管理体制或称具体意义的管理体制，是针对红十字会的特殊性而言的。换句话说，红十字会是社会团体，但不是普通的社会团体。

红十字会作为政府在人道领域的助手，发挥着不可替代的民间外交和保护“最易受损害群体利益”的重要作用。同时，中国红十字会受政府委托，履行《日内瓦公约》规定的义务①。特殊意义的红十字会管理体制，是指在遵循社会团体特征进行社会运作的同时，也与政府保持着适度合理的联系。按照新修订的《红十字会法》，“各级人民政府对红十字会给予支持和资助，保障红十字会依法履行职责，并对其活动进行监督”。这种特殊的管理体制可以理解为政府（领导）授权下的社团管理体制，即一方面接受政府的支持、资助、保障、监督；另一方面，红十字会“遵循国际红十字和红新月运动确立的基本原则，依照中国批准或者加入的日内瓦公约及其附加议定书和《中国红十字会章程》，独立自主地开展工作”②。这种管理体制可以理解为，在外部管理上，红十字会在走向社会和市场的同时，仍有政府的宏观指导；在内部运行上，红十字会要严格遵循社团组织的法则和市场规则，以社会为目标，以民意为导向，独立自主地运行发展。应该说，前述一般意义的管理体制是中国红十字会的发展方向，但这种特殊意义的管理体制在一定时期内将长期存在。

红十字会的这种特殊管理体制是由以下几个方面决定的。首先，它具有国际性特征。中国红十字会是国际红十字组织的重要成员，要遵循国际性规则和符合国际惯例。在这方面，红十字会在国际上普遍与政府保持着密切合作关系，而且成为双边和多边联通的民间外交的重要畅行者。其次，它具有发展的阶段性特征。现阶段红十字会处于社会急剧转型的历史发展时期，国家在持续推进社会主义市场经济体制的完善和政府的行政体制改革，社团在逐渐回归本色，政府逐渐从社会组织中退出，成为社会和

① 中华人民共和国先后于1956年和1983年批准《日内瓦公约》和公约的两项附加议定书。
② 《受权发布：中华人民共和国红十字会法》，新华网，2018年8月1日。

市场的统筹者、监督者和公共服务的提供者。不可否认，在这一改革和转型的过程中，红十字会要与时俱进，要更多地融入社会，参与市场竞争，而相对更少地依赖政府，直至形成恰当明确、合情合理的政社关系。现阶段红十字会正处于这一发展过程中，不能忽视其发展的阶段性特征而冒进前行，也不能无视红十字会自身的组织特征。再次，它具有鲜明的中国特色，这也是最重要的一点。红十字会在中国有着100余年的发展历程，与国家和社会共沐风雨，携手同行，特别是改革开放以来，红十字会在人道领域愈益发挥着不可替代的重要作用，在维护“最易受损害群体利益”方面成为政府的得力助手，并成为中国特色社会主义事业不可或缺的组成部分。

“理顺红十字会管理体制是做好红十字会工作的组织保证和必要条件”[①]。所谓理顺红十字会管理体制，就是在特定的时代背景下，遵循社会发展规律，恰如其分地彰显红十字会的社团本色，适度合理地保持与政府和社会的关系。针对现实问题而言，现阶段所谈的理顺管理体制不是上述一般意义上的管理体制的理顺，而是特殊意义的管理体制的理顺，就是结合现阶段红十字会的具体特征，逐步释放其社团属性，将政府的过度控制变为适度干预，将红十字会从政府职能部门中解放出来，成为政府直接联系下的、独立自主运行的人道主义社会团体。具体而言，就是“将县级以上红十字会机构从原来由各级卫生部门代管，改由各级政府领导联系，使其真正成为能够独立自主开展工作、充满生机与活力、密切联系群众、符合自身特点的人道主义社会救助团体，在社会生活中发挥符合红十字会宗旨的作用，成为政府人道主义工作的助手”[②]。有人说，现阶段的理顺红十字会管理体制的实质，是行政体制改革和社会力量发展壮大的产物，同时也是将红十字会的机构从政府部门中分离出来，使其在政府的直接领导下发挥人道领域助手作用。在转变政府职能、理顺红十字会管理体制的进程中，还需要各级政府依法给予红十字会支持、资助、保障和监督，以保证

① 中国红十字会总会编：《理顺县级红十字会管理体制座谈会文件汇编》，2007，第3页。

② 江亦曼：《在理顺地级市红十字会管理体制座谈会上的讲话》（2005年6月21日），见《中国红十字年鉴》编辑部编：《中国红十字年鉴·2005/2006》，台海出版社，2007，第288—289页。

其依法履行职责，独立自主地开展工作①。这里所说的理顺体制是政府机构改革的一部分，是体制内的理顺，并非是使红十字会脱离政府，完全融入社会，形成“政府、市场、社会”三方中“社会”的一个部分；而是政府约束的减少，政府重视程度的提高，理顺之后红十字会不再局限于卫生部门的管辖之下，而是直接与同级政府发生联系，接受同级政府的指导和监督。

为什么要理顺红十字会管理体制？首先当然是红十字会的管理体制存在问题，存在着长期错位、不合理的因素，从而使红十字会不能彰显自身特色，按照自我合理和适当的运行机制有序运行。

二、管理体制的长期错位

理顺管理体制是改革开放以来特别是《红十字会法》颁布以后所提出的一个理论与现实命题，是针对实践中红十字会管理体制的失序错位而提出的。但管理体制自红十字会创立之日起即存在，为对这一问题有一个清晰和明确的认知，有必要追本溯源，对红十字会管理体制的发展脉络做一简单梳理。

在 100 余年的发展历程中，中国红十字会在不同历史时期的管理体制不尽相同。晚清时期，红十字会有一个从草创的民间社团发展为官办组织的过程。到了民国时期，几经动荡和调整，在控制与反控制的斗争中，红十字会最终被纳入官方体制。应该说，在半殖民地半封建的近代中国，红十字会不具备按照社团组织独立生存发展的外在条件和社会土壤，因此从总体上来看，近代中国红十字会的管理体制就是政府主导之下的行政管理体制。虽然在不同阶段，红十字会有过多次试图“民间化”的尝试与努力，但最终都归于沉寂。客观而言，从红十字会自晚清创办以来在近代所建立的丰功伟业来看，一定程度上这种行政化运作体制具有某种历史的合理性。因为近代中国的红十字组织毕竟处于中国社会从传统走向现代的转型阶段，还不具备现代社团组织的本质特征。在这种背景下，近代红十字会的外部管理某种程度上就是政府的管理，这种外部管理体制不符合社团

① 梁少华、沈南冰：《加快依法理顺红十字会管理体制的步伐》，《中国红十字报》2002 年 11 月 1 日。

的性质和运作规律，不具备学理的合法性，但具有现实的合理性，基本保障了在平时和战时红十字会公信力的建设以及资源动员能力的发挥。

新中国成立后，社会的进步与发展为处理红十字会与政府的适当关系提供了可能。1950 年，“鉴于红十字会的特殊性质及历史状况，采取改组而不是接管的方式”①，使中国红十字会获得了新生。改组后的中国红十字会成为“中央人民政府领导下的人民卫生救护团体”，直接由中央人民政府政务院政法委员会主管。红十字会作为“人民团体”，是“政府与人民结合的桥梁……其工作之进行应是依靠人民，而又为人民服务”②。应该说这是一个好的开始。因此，在新中国成立初期，作为政府的得力助手，中国红十字会在卫生知识普及、救护训练、赈灾救灾、援助朝鲜、协助日侨归国等方面做出了诸多贡献，出色地发挥了非政府组织的独特作用。

到了 1955 年，中国红十字会和中国人民救济总会由分工协作关系改为合署办公，并明确中国红十字会工作以国际为主，而国内工作则协助有关部门进行。1960 年 12 月，总会与卫生部合署办公，总会国际联络部与卫生部国际联络室合署办公，其他国内工作部门与爱委会合署办公③。由此可见，此时中国红十字会已经成为卫生部门的附属机构，不再具有独立性。

1978 年，国务院在批转《关于恢复红十字会国内工作的报告》时明确规定，“红十字会国内工作由卫生部负责，红十字会对外工作直接由外交部领导”④。改革开放后，随着中国红十字事业的逐步复苏和蓬勃发展，其组织建设、急救与输血工作、青少年工作、社会福利事业以及国际交往等都取得了显著成绩。为适应业务范围的不断拓展和社会作用日益增强的形势，1985 年，总会“四大”把中国红十字会的性质由“人民卫生救护团体”进一步界定为“全国性的人民卫生救护、社会福利团体”，这种性质

---

① 曲折主编：《中国红十字事业》，广东经济出版社，1999，第 41 页。

② 《关于中国红十字会体制改革设想》（1988 年 12 月 2 日），《对调整中国红十字会有关问题的报告》（1950 年 8 月 3 日），见中国红十字会总会编：《中国红十字会历史资料选编，1950—2004》，民族出版社，2005，第 189、2 页。

③ 中国红十字会总会编：《中国红十字会的九十年》，中国友谊出版公司，1994，第 155—157 页。

④ 《国务院批转关于恢复红十字会国内工作的报告》（1978 年 4 月 1 日），中国红十字会总会编：《中国红十字会历史资料选编，1950—2004》，民族出版社，2005，第 124 页。

的拓展，可以使红十字会在人道主义领域里做更多的工作[①]。

进入20世纪90年代后，红十字事业突飞猛进的发展也为正确处理红十字会与政府的关系提供了新的契机。在红会“五大”通过的《中国红十字会章程》中，第一次明确表明总会和各级地方红十字会在“国务院和各级地方政府领导下，独立自主地开展工作。具有社会团体的独立法人地位”[②]。可见，在建设社会主义法制的进程中，在政府的领导下，中国红十字会依法建会的观念以及“独立性与自主权”得到了前所未有的加强。

1993年，《红十字会法》的颁布使理顺红十字会管理体制有了法律的依据，也为红十字会与政府新型关系的确立提供了法律的保障。《红十字会法》规定，“人民政府对红十字会给予支持和资助，保障红十字会依法履行职责，并对其活动进行监督；红十字会协助人民政府开展与职责有关的活动”。这是对红十字会与政府关系的现实性、可行性和科学性认定，一定程度上为理顺管理体制奠定了基础，可以说是“历史性的跨越”，是建立在对中国红十字会近百年奋斗史进行客观评价、分析的基础上做出的水到渠成的释析。

到20世纪90年代中期，在江苏乃至全国范围内，红十字会机构的体制主要有3种状况：一种是和政府各部门并列的独立机构，这一种为数很少；第二种是挂靠在卫生行政部门，但日常工作、业务活动基本上独立开展，人、财、物自主管理，卫生部门仅在某些方面代管，有相当一部分红十字会属于这种情况；第三种是红十字会机构附设或隶属于卫生部门，类似卫生部门的一个处（科、股）室或直属单位，人、财、物、工作计划、重大活动等均由卫生行政部门决定，这种情况为数不少[③]。除此之外，在现实生活中还存在着第四种情况，即“挂牌型”，这种红十字会机构实际上是虚设机构，由各级政府办公室发函成立，仅挂牌而已，基本上没有什么活动[④]。这种虚设模式，客观上给人一种红十字会“可有可无”的印象，

---

① 孙柏秋主编，池子华、杨国堂等：《百年红十字》，安徽人民出版社，2003，第374页。

② 《中国红十字会章程》（1990年2月15日），见中国红十字会总会编：《中国红十字会历史资料选编，1950—2004》，民族出版社，2005，第189页。

③ 张立明：《走出襁褓天地宽——浅议红十字会机构独立的必然性》，《中国红十字报》1994年4月29日。

④ 陈跃进：《红十字会机构设置的一点思考》，《中国红十字报》1995年11月24日。

不利于红十字事业的健康发展。应该说，在前3种形式中，第一种独立机构的出现是一个可喜的现象，虽然数量不多，但至少证明随着红十字事业的发展，特别是《红十字会法》颁布以后，个别地区的相关领导已经认识到红十字会工作的重要性。这体现了红十字组织体制发展进步的趋势，但从几种红十字会机构体制的现实比例分布来看，理顺体制工作确实显得任重而道远。

客观地讲，这种管理体制的形成有其历史的合理性。“缘于卫生救护等红十字会传统业务与卫生部门交叉、联系的特点，加之红十字会自身建设不完备等现实条件的限制，因此在一定时期内不得不借助于卫生部门的人员、技术、设施开展工作，从而逐步形成了‘代管’‘挂靠’的关系”①。但不可否认的是，旧的管理体制不能充分发挥社团的积极性、优越性、创造性和潜能，不利于红十字事业的长足发展。在红十字会机构隶属于卫生部门的体制下，卫生行政领导的认识水平、领导方法对红十字会机构的工作、红十字事业的发展有很大影响②。在此体制下，实际上是把红十字会作为卫生部门的一个内设机构来对待的，而红十字会工作涉及的部门众多、社会面广，与卫生部门的工作不尽相同，因此一个内设机构规格的单位很难完成内容庞杂的红十字业务工作③。“体制没有理顺的红十字会不拥有属于自己的职能，无法获取资源，无法发挥其独特的作用”④。因此，理顺红十字会管理体制的关键在于还其社团本色，即“将红十字会机构单独设置，使其成为具有独立法人资格、能够依法独立自主开展工作的社会团体”⑤。其核心问题即在于组织机构的单独建制，不从属、不附属政府任何一个职能部门。

长期以来，不合理的管理体制，造成了人们对红十字的认识产生了极

① 张建国：《顺乎时代要求，加快理顺步伐：谈理顺市县红十字会管理体制的重要性》，《中国红十字报》2003年1月31日。

② 张立明：《走出襁褓天地宽——浅议红十字会机构独立的必然性》，《中国红十字报》1994年4月29日。

③ 张建国：《顺乎时代要求，加快理顺步伐：谈理顺市县红十字会管理体制的重要性》，《中国红十字报》2003年1月31日。

④ 清华大学NGO研究所：《中国红十字会个案研究报告》，苏州市红十字会档案，2005年“清华研究”，第6—7页。

⑤ 江苏省红十字会编：《崇高的事业——红十字工作基本知识手册》，2006，第8页。

大偏差。红十字代表什么？在很多人的意识中，它代表卫生事业，代表医院，代表医疗卫生单位。直到《红十字会法》已颁行20余年后的今天，这种认识在部分群众中依然存在。应该说，此种观念的形成与长期以来红十字会“错位的”角色扮演密切相关。很长时间里，我国红十字事业在这一点上已经偏离了国际红十字运动的基本准则①。

三、理顺管理体制的基本进程

理顺管理体制是中国红十字会的整体行为，因此谈江苏红十字会的体制理顺问题，首先要从总会谈起，因为没有总会在体制上的突破和转变，地方红十字会的理顺工作便无从谈起。

改革开放后，随着红十字事业的发展，1988年，总会即提出要“明确红十字会地位，恰当地解决红十字会体制问题”。总会认识到“任何一个行政主管部门单独领导红十字会都难以全面协调红十字会工作”，因此建议“红十字会机构体制大体恢复到50年代状态，直接隶属于国务院”②，但此项工作真正提上日程是在1993年《红十字会法》颁布实施后。

《红十字会法》的颁布实施使我国红十字事业逐步走上法制化轨道，为理顺管理体制提供了法律依据。根据该法，红十字会要实现两个重要转变：一是性质任务，即从“人民卫生救护团体”转变为“从事人道主义工作的社会救助团体”；二是组织体制的转变，即从依附、挂靠于卫生行政部门转变为单独建制，独立自主地开展工作。其实“两个转变”的核心问题即是理顺管理体制。由此，理顺工作进入正式实施阶段。

1994年4月开始，理顺工作拉开序幕③。1995年4月，总会六届二次理事会议提出，要在1999年“七大”召开前实现全国省级、计划单列市、

---

① 顾英奇：《学习贯彻十五大精神，积极推进两个转变，建构有中国特色红十字事业的基本框架》，见中国红十字会总会编：《中国红十字会第六届理事会第五次会议文件汇编》，1998，第29页。

② 《关于中国红十字会体制改革的设想》，中国红十字会总会编：《中国红十字会历史资料选编，1950—2004》，民族出版社，2005，第189页。

③ 《王立忠在中国红十字会理顺管理体制座谈会上的讲话》，苏州市红十字会档案，2003年“长期”，管理。

省会城市红十字会机构单独建制①。但由于诸种原因，直到 1998 年初，“全国绝大部分地方仍没有建立起机构独立的红十字组织”，仅有 1/3 的省级红十字会和 1/4 的计划单列市、省会城市红十字会，以及 1/5 的地级、1/15 的县级红十字会实现了独立建制或单独设置②，由此可见这一工作的艰巨性。

1995 年 3 月，中央编委印发了《中国红十字会总会机构改革方案》，明确中国红十字会是中央和国务院直接管理的 18 个社团之一，挂靠卫生部③。这项改革在理顺红十字会管理体制方面迈出了重要一步，可以说是“具有历史性的突破”。但由于种种原因，“这一改革方案直到 1998 年 3 月新任常务副会长兼党组书记王立忠到任后才开始组织实施，到 1999 年 4 月才‘尘埃落定’”④。

1996 年 11 月，中组部和人事部印发了《中国红十字会总会机关参照〈国家公务员暂行条例〉管理的实施方案》，要求各级红十字会机关参照《国家公务员暂行条例》进行管理。应该说，这是红十字会机关干部人事制度改革的一项重要工作，在总会的不懈努力下，到 1999 年 4 月，“总会机关工作已参照国家公务员制度入轨运行”。随着参照公务员管理工作的推进，“使机关逐步形成了‘公开、平等、竞争、择优’的用人环境，调动了广大干部的积极性、创造性；干部结构得到一定优化，为总会机关不断开拓工作新局面，提供了有力的组织保证”⑤。

1999 年是中国红十字会理顺管理体制工作中的重要一年。在这一年，除了完成上述机构和人事制度的改革外，最关键的是在 1999 年 12 月，经中央编办批准，“中国红十字会总会由‘卫生部代管’改由国务院领导联系，其机关党的工作由中央国家机关工委领导、干部按中组部有关规定进

---

① 钱正英：《在中国红十字会六届二次理事会议上的讲话》，见中国红十字会总会编：《中国红十字会六届二次理事会议文件汇编》，1995，第 7—8 页。

② 杜海岚：《实施红十字会法：为何举步维艰》，《中国红十字报》1998 年 1 月 16 日。

③ 顾英奇：《依法建会，依法兴会，建设有中国特色的红十字事业》，见中国红十字会总会编：《中国红十字会六届二次理事会议文件汇编》，1995，第 30 页。

④ 孙柏秋主编，池子华、杨国堂等：《百年红十字》，安徽人民出版社，2003，第 417 页。

⑤ 中国红十字会总会编：《中国红十字会历史资料选编，1950—2004》，民族出版社，2005，第 375、377 页。

行管理、经费列国管局”[①]。由此，总会的管理体制理顺，这是继《红十字会法》颁布后又一重大事件。经过第六届理事会5年（1994—1999）的努力，总会终于实现了理顺管理体制的目标，这有力地推动了理顺省级红十字会管理体制的工作。

到2001年2月，全国已有北京、天津、内蒙古等16个省（自治区、直辖市）红十字会理顺了管理体制，而吉林省更是所属地（市）级红十字会的管理体制也已全部理顺[②]。这种快速发展的势头让全国红十字工作者欢欣鼓舞，但对于各项工作一直处于全国前列的江苏而言，这也是一个巨大的压力。2001年，中国红十字会会长彭珮云在视察江苏红十字会工作时，针对全国已有25个省（区、市）理顺管理体制的情况，要求江苏发挥和利用自身优势，争取早日实现单独建制[③]。

江苏红十字会的体制理顺工作开始于1997年。该年，省委办公厅正式下达省红十字会机关机构改革方案，确定了省红十字会机关的工作任务、机构设置、人员编制和领导职数，增加了7名编制，设正、副处长4名。由此，省红十字会机关开始着手参照公务员管理的各项准备工作。此外，镇江以及丹阳、句容等地红十字会办事机构工作人员，也参加了当地政府和人事部门组织的国家公务员过渡培训和考核[④]。为了加强省红十字会机关建设，进一步保证工作人员的优化、精干、廉洁、高效，提高机关的工作效率，保障红十字会依法履行职责，更好地协助政府开展与其职责有关的活动，1998年6月，江苏省委印发了《江苏省红十字会机关参照〈国家公务员暂行条例〉管理的实施办法》，要求“各级党委要加强领导”，“保证参照管理工作顺利进行”[⑤]。2000年，为实现总会“两个转变”的要求，推动江苏红十字事业发展，省红十字会与省委研究室共同组成调查组，对

① 《中编办〈关于理顺中国红十字会总会管理体制〉的通知》，《中国红十字年鉴》编辑部编：《中国红十字年鉴·2004/2005（创刊号）》，台海出版社，2006，第212页。

② 王立忠：《贯彻中共十五届五中全会精神　加速发展红十字事业》，苏州市红十字会档案，2001年“长期”30，第4页。

③ 江苏省红十字会：《红十字工作简报》2001年第3期，苏州市红十字会档案，2001年“短期”10，第12页。

④ 陈萍：《学习贯彻党的十五大精神，全面推进我省红十字事业》，见江苏省红十字会编：《江苏省红十字会六届四次理事（扩大）会议文件汇编》，1998，第10页。

⑤ 《江苏省红十字会机关参照〈国家公务员暂行条例〉管理的实施办法》，苏州市红十字会档案，1998年“长期”25，第5—7页。

省内外红十字会工作进行调研，并形成专题报告报送省委、省政府及有关部门。报告中特别提出了红十字会工作中存在的困难和发展红十字事业的对策建议，为领导决策提供参考，同时为红十字会的机构改革工作和体制转变提供了依据[①]。2001年，《红十字会法》的学习贯彻，增强了江苏依法建会的力度，推进了理顺管理体制的进程[②]。

2002年1月，省编委发文，正式理顺省红十字会的管理体制。“省红十字会由省卫生厅代管改由省政府领导联系，其机关党的工作由省级机关工委领导，干部按省委组织部有关规定进行管理，经费由省财政单列”[③]。省红十字会管理体制的理顺是江苏省贯彻《红十字会法》的突破性进展，为江苏红十字事业的发展提供了强大动力。省级红十字会在红十字运动中处于重要位置，肩负着指导地（市）、县级红十字会工作的职能，发挥着桥梁和纽带作用[④]。因此，省红十字会管理体制的理顺对全省红十字事业发展和理顺各地红十字会管理体制起到了重要推动、促进作用。在此基础上，2003年，省编委批准了省红十字会机构“三定方案”，省红十字会机关建设得到进一步加强[⑤]。

2004年1月，省委决定“成立中共江苏省红十字会党组”，明确副厅级建制；2月，党组正式成立[⑥]。批准成立红十字会党组，体现了省委、省政府对理顺红十字会管理体制的重视，“这对省红十字会来讲是一个十分重要的里程碑，说明在新时期对红十字会工作的要求更高了，我们的任务更重了，机关的建设和全体工作人员的素质的提高更加紧迫了”[⑦]。

---

① 《江苏省红十字会2000年工作情况和2001年工作要点》，苏州市红十字会档案，2000年“短期”1，第8页。

② 《江苏省红十字会2001年工作情况和2002年工作要点》，苏州市红十字会档案，2001年“短期”2，第29—30页。

③ 《省编委〈关于理顺省红十字会管理体制的批复〉》，见江苏省红十字会编：《红十字工作法律、法规、文件选编（1993—2002）》，2002，第95页。

④ 中国红十字会总会编：《中国红十字会历史资料选编，1950—2004》，民族出版社，2005，第415页。

⑤ 刘洪祺：《在江苏省红十字会第七届理事会第二次会议上的工作报告》，江苏省红十字会档案，档案号：2004-001-0000-003。

⑥ 《2004年大事记》，江苏省红十字会网站。

⑦ 《省委决定成立中共江苏省红十字会党组》，《江苏红十字》2004年第2期。

在省红十字会理顺管理体制的基础上，市、县红十字会理顺管理体制的工作也提上日程。“地市级红十字会处于承上启下的位置，地市级红十字会的管理体制理顺了，就可以加强对县级红十字会的领导，帮助和推动县级红十字会做好工作”①。而“理顺县级红十字会管理体制是依法建会、依法兴会、依法治会的需要，是构建和谐社会的需要，是新形势下红十字事业发展的需要。应该本着‘积极推进、因地制宜、分类指导’的原则，加快理顺县级红十字会管理体制”②。无锡、盐城、徐州等市红十字会的体制理顺工作走在全省前列。2002 年 7 月，无锡市明确市红十字会为副处级单位，由原卫生局代管改为市政府直接领导联系，此举为红十字事业发展注入了新的活力。2002 年 9 月，盐城市决定“将市红十字会由市卫生局代管改为由市政府领导联系，其机关党的工作由市级机关工委领导，人员参照《国家公务员暂行条例》管理；市红十字会设专职副会长兼秘书长 1 名（副处级），办公室正科级建制，核定事业编制 6 名，干部按市委组织部有关规定进行管理，经费供给为财政全额拨款”③。2003 年 7 月，徐州市红十字会由市卫生局代管改为市政府领导联系，市红十字会参照国家公务员制度管理，内部机构设办公室、综合部两个职能部门，编制由 4 名增至 5 名。体制理顺，为徐州市红十字会的进一步发展提供了组织保障④。截至 2004 年底，全省已有 7 个市级红十字会理顺了体制⑤。

在理顺县（市）红十字会的体制方面，金坛、溧阳和句容等地最先实现单独建制，而盐城的整体工作推进最为迅速。2004 年，盐城市红十字会把理顺 9 个县级红十字会管理体制作为首要工作，制定了具体操作方案，明确了工作责任制和时间进度要求，研究了推进理顺体制的保证措施，争取年内把大部分县红十字会的管理体制理顺⑥。在全省各级红十字会的协同努力下，江苏红十字会的体制理顺工作加速进行，红十字事业如火如

---

① 江亦曼：《在理顺地级市红十字会管理体制座谈会上的讲话》，见《中国红十字年鉴》编辑部编：《中国红十字年鉴·2005/2006》，台海出版社，2007，第 290 页。

② 中国红十字会总会编：《理顺县级红十字会管理体制座谈会文件汇编》，2007，第 3 页。

③ 《盐城红十字》（第 7 期），苏州市红十字会档案，2002 年“短期”13，第 24 页。

④ 《徐州市红十字会管理体制圆满解决》，《江苏红十字》2003 年第 7 期。

⑤ 刘洪祺：《在江苏省红十字会第七届理事会第三次会议上的工作报告》，见江苏省红十字会编：《江苏省红十字会第七届理事会第三次会议文件汇编》，2005，第 15—16 页。

⑥ 《盐城市今年重点理顺县级红十字会管理体制》，《江苏红十字》2004 年第 2 期。

茶，江苏红十字运动在转型中呈现勃勃生机。

“理顺红十字会管理体制是做好红十字会工作的组织保证和必要条件”[①]，实践也充分证明，体制的理顺，为红十字会全面依法履行职责提供了组织保障；政府协调、支持、资助、保障、监督红十字会工作的力度明显加大；减少了办事层次，使得工作效率提高，自身建设加强；能够及时了解掌握中央精神，有利于发挥助手作用，在社会上有了新的形象；有利于当地两个文明建设[②]。具体来说，管理体制理顺后，首先确立了各级红十字会在当地社会生活中应有的地位，这样不仅有利于各级红十字会根据《红十字会法》独立自主地开展工作，而且能更好地发挥红十字会作为政府助手的作用。其次，党委政府更加重视红十字会。体制理顺后，既便于政府依法支持、资助、保障和监督红十字会的工作，也便于红十字会与各有关部门协调配合，减少了不必要的工作环节。再次，改善了红十字会的工作条件，增加了必要的编制和经费，工作人员、办公场所等问题都在陆续解决。最后，增强了红十字会干部的使命感和责任感，激发了干部的潜能，调动了群体的积极性、创造性。概括来说，管理体制的理顺使发展红十字事业有了一个更好的外部环境，而有了这个环境，红十字会就能发挥比过去更好的作用[③]。

进入21世纪，红十字会面临着前所未有的机遇和挑战。红十字会要实现全新的飞跃和发展，“关键是要加强自身建设，使红十字会真正成为一个充满生机与活力，密切联系群众，符合自身特点的群众团体”[④]。而要实现这一目标，最根本、最紧迫的就是首先要理顺红十字会的管理体制，否则其他都无从谈起。江苏红十字会在理顺管理体制工作顺利结束后，红十字运动开始了意义深远的转型。

---

① 中国红十字会总会编：《理顺县级红十字会管理体制座谈会文件汇编》，2007，第3页。

② 中国红十字会总会编：《中国红十字会历史资料选编，1950—2004》，民族出版社，2005，第416页。

③ 《全国人大常委会副委员长、中国红十字会会长彭珮云在中国红十字会理顺管理体制座谈会上的讲话》，苏州市红十字会档案，2003年“长期”，管理。

④ 彭珮云：《在中国红十字会第七届理事会第二次会议上的讲话》，苏州市红十字会档案，2001年“长期”30，第70页。

四、“七大”：转型后的盛会

2002 年 6 月，江苏省人民政府批转了省红十字会制定的《关于进一步加强红十字工作的意见》，指出“随着改革开放和现代化建设进入新阶段，红十字工作必须积极应对新的机遇和挑战，各地各有关部门及各级红十字会要进一步认清形势，充分认识加强红十字工作的重要意义，采取切实有效措施，加快发展红十字事业”。该《意见》是进入 21 世纪后特别是理顺管理体制后江苏省红十字会颁发的重要纲领性文件，为新时期全省的红十字工作指明了方向，同时也为省红十字会“七大”的召开奠定了基调。

2002 年 7 月，江苏省红十字会第七次会员代表大会在南京召开。全国人大常委会副委员长、中国红十字会会长彭珮云题词“弘扬人道精神，发展红十字事业”，对大会的召开表示祝贺。省红十字会常务副会长陈萍做了题为《奋发有为，与时俱进，开创江苏红十字事业新局面》的工作报告，报告回顾了六届理事会的工作，提出了今后的工作目标：“以邓小平理论为指导，认真实践‘三个代表’重要思想，坚持与时俱进、开拓创新，深入贯彻落实《红十字会法》，坚定不移地推进改革与发展，使全省红十字事业有较快发展。认真贯彻落实省政府批转的《关于进一步加强红十字工作的意见》，以建立充满生机与活力、符合自身特点、密切联系群众的组织机构和运行机制为目标，加快理顺管理体制，加强组织建设；突

江苏省红十字会第七次会员代表大会召开

出重点、全面推进，增强社会救助工作的实力，使红十字会作为政府人道工作助手的地位和作用明显增强，‘从事人道主义工作的社会救助团体’的形象在社会上更加鲜明。”①

大会审议通过了六届理事会的《工作报告》《江苏省实施〈中国红十字会章程〉细则》《江苏省红十字会2003—2007年工作规则纲要》，选举产生省红十字会七届理事会（详见表3-1），吴锡军当选为会长。

表3-1　江苏省红十字会第七届理事会成员名单表

姓　名	性　别	职　务	会内职务
吴锡军	女	江苏省红十字会	会　长
周加才	男	江苏省政协学习委员会主任	常务副会长
刘洪祺	男	江苏省政协人口资源环境委员会主任	
李一宁	男	江苏省政府副秘书长	副会长
周和平	男	中共江苏省委统战部副部长	
赵顺盘	男	江苏省台办主任	
赵庆侠	男	江苏省公安厅副厅长	
周　珉	女	江苏省卫生厅副厅长	
姜映梅	女	江苏省教育厅副厅长	
侯学元	男	江苏省民政厅副厅长	
黄晓平	男	江苏省财政厅副厅长	
张肖敏	女	江苏省药监局副局长	
杨炤明	男	江苏省旅游局副局长	
丛建国	男	江苏省侨办副主任	
许仲梓	男	南京市副市长	
黄　峻	男	南京医科大学副校长	
刘沈林	男	江苏省中医院院长、南京中医药大学副校长	
张立明	男	江苏省红十字会	秘书长
徐　强	男	江苏省红十字会	副秘书长

① 《奋发有为，与时俱进，开创江苏红十字事业新局面》，苏州市红十字会档案，2002年“长期”27，第57页。

（续表）

姓 名	性 别	职 务	会内职务
马津浦	男	太平洋保险南京分公司副总经理	理 事
王伦文	男	南京禄口国际机场有限公司副总经理	
王顶贤	男	仪征化纤集团职工医院院长兼卫生处处长	
王建邦	男	江苏省人大常委会教科文卫委员会主任	
王稳卿	男	江苏省计经委副主任、党组副书记	
戈雪芬	女	江苏省总工会副主席兼总工会女职工委员会主任	
尹 石	男	江苏省美协副秘书长	
尹 明	女	江苏省文化厅副厅长	
龙盱西	男	南京市政协教卫文体委员会副主任	
孙永如	男	扬州市副市长、市红十字会会长	
孙燕齐	男	艾欧史密斯（中国）热水器有限公司工会主席	
冯 义	男	连云港市副市长	
李 炎	男	南通市人大常委会副主任、市红十字会会长	
李彦贞	女	中国人寿江苏分公司副总经理	
李晓亚	女	江苏省医学会副秘书长	
李恩临	女	爱的基金会医卫部主任、副秘书长	
李慧秋	女	淮安市副市长、市红十字会会长	
谷容先	男	盐城市人大常委会副主任、市红十字会会长	
沈季姚	女	江苏省新闻出版局（版权局）纪检组长	
沈松泉	男	江苏省劳动保障厅党组成员、副厅长	
陈尚明	男	江苏省司法厅党组副书记、副厅长	
陈 勇	男	南京军区联勤部卫生部部长	
陈锦芳	女	江苏省电信公司副总经理、党组成员	
言恭达	男	江苏省书法家协会副主席兼秘书长	
吴世辉	男	江苏省演艺集团副总经理	
汪祝斌	男	南京铁路分局副分局长	
赵 龙	男	无锡市副市长、市红十字会会长	
赵永贤	男	江苏省人事厅副厅长	

（续表）

姓　名	性　别	职　务	会内职务
赵建明	男	南京国景水晶工艺有限公司总经理	理　事
周大炎	男	苏州市政协副主席、市红十字会会长	
周卫国	男	江苏省物价局副局长	
周跃敏	男	新华日报社副总编	
周亚瑜	男	常州市副市长、市红十字会会长	
周家新	男	泰州市副市长、市红十字会会长	
周建松	男	法尔胜集团公司董事长、总裁、党委书记	
张　仁	女	江苏省残联副理事长	
张吉生	男	镇江市委常委、常务副市长	
张苏明	男	江苏省广电总台副台长	
张耀东	男	江苏省政府法制办副主任	
杨　勇	男	江苏省工商局副局长	
柏志英	女	江苏省妇联副主席	
晁家宽	男	徐州市副市长	
高以俭	男	江苏省文联秘书长	
谈瑗声	女	江苏省护理学会理事长	
钱兴荣	男	江苏省外办副主任	
钱江浦	女	武警江苏省总队后勤部副部长兼卫生处处长	
徐树林	男	江苏省政协医卫体委员会副主任	
徐鑫荣	男	南医大一附院急诊中心及ICU主任	
唐荣才	男	江苏省血液中心书记、主任	
秦晓山	男	江苏省编办副主任	
龚祖英	女	江苏省国税局副局长	
盛占省	男	南京海关副关长	
顾长虹	男	江苏省地税局副局长	
韩同文	男	江苏省广电局助理巡视员	
谢　波	男	宿迁市副市长、市红十字会会长	
彭　慧	女	共青团江苏省委副书记	
蔡锦秀	男	江苏省对外友好协会副会长	

（续表）

<table>
<tr><th>姓　名</th><th>性　别</th><th>职　务</th><th>会内职务</th></tr>
<tr><td>翁振进</td><td>男</td><td>中共江苏省委统战部副部长、省民委主任、宗教局局长</td><td rowspan="5">理　事</td></tr>
<tr><td>鲍海宁</td><td>女</td><td>南京市新叶时装百货商店总经理</td></tr>
<tr><td>蒋华年</td><td>男</td><td>江苏省交通厅副厅长</td></tr>
<tr><td>谭　跃</td><td>男</td><td>中共江苏省委宣传部副部长</td></tr>
<tr><td>樊　明</td><td>男</td><td>江苏省军区后勤部副部长</td></tr>
</table>

资料来源：《七届理事会理事候选人简介》，苏州市红十字会档案，2002 年“长期”27，第 117—136 页。

七届理事会成员数比六届理事会增加了 2 人，平均年龄为 53.02 岁，与之前相比继续呈年轻化趋势。从七届理事会组成人员来看，已经显现出比较稳定的态势，说明到“七大”时，红十字会的组织建设已经达到成熟期，这也为今后的红十字事业发展奠定了坚实的组织基础。

“七大”是江苏省红十字会进入 21 世纪后召开的第一次会员代表大会，也是理顺全省红十字会管理体制后的第一次会员代表大会，具有继往开来的重要意义①。

第二节　江苏红十字会的“抗非”工作

2002 年岁末开始，“非典”疫情突起，“在局部区域，非典型肺炎还演变为一场社会危机”②。面对突如其来的“非典”危机，在总会的领导和部署下，江苏红十字会与国内兄弟红十字会和省内相关职能部门密切协作，为江苏乃至全国的“抗非”斗争做出了重要贡献。

---

① 《吴锡军会长在江苏省红十字会第七次会员代表大会上的开幕词》，苏州市红十字会档案，2002 年“长期”27，第 36 页。

② 房宁、负杰主编：《突发事件中的公共管理：“非典”之后的反思》，中国社会科学出版社，2005，第 1 页。

一、“非典”危机与江苏

公共危机是指“由于内部或外部的高度不确定的变化因素，对社会共同利益和安全产生严重威胁的一种危险境况和紧急状态”①。应对公共危机事件，政府理应也一贯扮演主导角色，但不可否认在危机管理中政府也有力所不及之处。非政府组织由于其具有的社会性特征，在公共危机事件处理中有着独特优势②。2003 年的“抗非”战役中，江苏红十字会以其独特的人道品格全程参与，书写了非政府组织应对公共危机的华章。

所谓“非典型肺炎”③（简称“非典”），是针对典型肺炎而言的，是指除肺炎链球菌以外的其他病原体引起的肺炎，其最大特点在于传染性。“非典型肺炎”占全部肺炎病例的 10% ~20%，年轻人多发，在人群密集处可能形成流行④。

2003 年的“非典”疫情是一起典型的公共卫生危机，具有“威胁性”“破坏性”“突发性和急迫性”“不确定性”“无序性”等基本特征⑤，其来势凶猛，且“爆发急、传播快、范围广、危害大”⑥。从 2002 年 11 月 16 日出现首例“非典”病例开始，到2003 年6 月24 日，我国内地有24 个省（自治区、直辖市）出现“非典”疫情，共波及266 个县（市、区）⑦。其间，“全国内地累计报告非典型肺炎临床诊断病例 5326 例（其中医务人员累计 1002 例），治愈出院 4901 例，占病例总数的 92%；死亡 347 例，病死率为 6. 5%”。在此过程中，广东和北京先后成为主要疫区，确诊病例分

---

① 王茂涛：《政府危机管理》，合肥工业大学出版社，2005，第 3 页。

② 黄文斌：《非政府组织：公共危机管理中的坚实力量》，《法制与社会》2008 年第18 期。

③ 随着对“非典”认识的深入，2003 年 3 月 15 日，世界卫生组织（WHO）用严重急性呼吸综合征（severe acute respiratory syndrome，SARS）的名称正式取代“非典”（ATP）。但本书依照民间习惯，仍然沿用“非典”的称谓。

④ 耿庆山编著：《非典型肺炎防治指南》，广东教育出版社，2003，第 3 页。

⑤ 董传仪：《危机管理学》，中国传媒大学出版社，2007，第 8—11 页。

⑥ 贾康、刘尚希：《公共财政与公共危机：“非典”引发的思考》，中国财政经济出版社，2004，第 19 页。

⑦ 《卫生部最后一次公布每日疫情：中国内地无“非典”病人》，中国新闻网，2003 年 8 月16 日。

别为1511人和2521人，死亡病例分别为51人和191人[①]。

对于2003年的中国而言，“非典”是不期而至的。人们对这一新型病毒缺乏了解，现实中也没有特效药物，疫苗又很难在短期内研制成功，因此对抗“非典”的举措以控制传播途径、实行人群隔离为主。正如一首诗[②]中所写：

愉快的人民啊，正阔步迈进小康时代，
未曾想，此时此刻，不测风云涌来。
没有征兆，没有准备，
一场灾难突然降临，
从岭南大地到内蒙古边境，
非典，非典，肆虐横行。
不明病毒，不知传染源在哪里，
不知不觉中，它像恶魔缠到你，
突然间，好好的亲人一病不起，
以至病危者也不能当面别离。
这是魔鬼向我们宣战啊！
这是暗藏的敌人猛然向你挥刀跃起，
虽没有硝烟，但比战争还要恐惧，
比真刀真枪更难驾驭……

在整个“抗非”战役中，江苏累计出现临床诊断病例7例、疑似病例8例，其中第一例疑似病例出现在4月21日，第一例确诊病例出现在4月30日的南通。江苏单日新增确诊病例最多为3例，出现在5月2日。也就是说，5月初为江苏疫情最为严重的时期[③]（具体疫情分布情况见表3-2）。

---

① 贾康、刘尚希：《公共财政与公共危机：“非典”引发的思考》，中国财政经济出版社，2004，第19页。

② 范匡夫：《打赢“抗非”的战斗》，《人民日报》2003年5月8日。

③ 陈焱、张维燕主编：《记忆“非典”》，华艺出版社，2003，第27页。

表3－2　江苏省“非典”疫情统计表

（截至2003年6月2日上午10时）

城　市	临床诊断病例	出院人数	疑似病例
南　京	2		3（已出院2）
无　锡			
徐　州	1		2（已出院1）
常　州			
苏　州			1（已出院）
南　通	1	1	
连云港			1（已出院）
淮　安	1	1	
盐　城	1	1	1（已出院）
扬　州			
镇　江			
泰　州			
宿　迁	1	1	
合　计	7	6	8（已出院6）

资料来源：《江苏省最新“非典”疫情统计表》，新浪网，2003年6月4日。

那么江苏疫情在全国来说处于什么位置呢？据统计，截至5月30日，在有临床诊断病例的24个省（自治区、直辖市）的排序中，江苏的7例病例处于第15位。由此可见，江苏属于疫情较轻的地区，但这并不等于说“抗非”工作无足轻重。像“非典”这种呼吸道传播类疾病，只要有人员的流动与接触，就有疫病传播的可能。因此在对“非典”的防控上，无所谓区域分别，在某种程度上可以说，全国乃至全世界都是一个整体。所以要全国一盘棋，共同应对“非典”，每个人都要肩负起抗击“非典”的职责，万众一心、众志成城，打一场史无前例的“抗非”攻坚战。

二、危机应对中的江苏红十字会

面对“非典”对国人造成的巨大伤害，以保护人的生命和健康为天职的中国红十字会在“抗非”战役中不畏艰险、勇往直前，特别是作为国家指定的接受“抗非”社会捐赠的4个部门（民政部、卫生部、中国红十字会总会、中华慈善总会及其下级或地方组织）之一，在社会各界捐赠款物的顺利接收和及时分发、转赠等工作方面，在协同有关部门抗击“非典”方面，红十字会都做出了重要贡献，切实履行了政府人道领域助手的职责。在这方面，江苏红十字会的工作可圈可点。

2003年4月，江苏省委、省政府召开联席会议，要求各级党政组织和干部群众紧急动员起来，实行全省防疫、全民防疫、齐心协力、全力以赴、严防死守，打一场预防“非典”的攻坚战。江苏省红十字会紧急启动救灾应急工作程序，并于28日向全省各级红十字会发出《关于积极参与防治“传染性非典型肺炎”工作的通知》，要求各级红会组织“充分认识防治‘传染性非典型肺炎’工作的重要性和紧迫性，要紧紧围绕保护人的生命和健康的主导思想，积极协助政府和卫生部门开展防治工作。各市红十字会可以向社会公布接受捐赠热线电话，接受社会各界捐赠，特别是消杀药具和器械的捐赠，并尽快将接收的款物分发到最需要的地方”①。

省红十字会及时制定了《抗非典捐赠款物使用规范》和抗“非典”配套工作表格，对较大数额捐款的使用，与卫生厅等有关部门共同研究，制定分配方案，以使每一笔捐款都能及时用于“抗非”前线；同时，省红会对每一笔款物的使用情况都填写“捐赠款物使用告知函”，及时向捐赠人报告。这一举措深得捐赠者的信任，有力地推动了工作的深入开展。

为安排好“抗非”时期接受社会捐赠工作，省红十字会对机关工作人员进行临时整合和分工，放弃节假日和公休假，保证热线电话畅通，并随时准备接收社会各界的捐赠②。由于省红十字会各方面工作到位，因此接受捐赠工作非常顺畅，既有企事业单位的集体捐赠，也有市民的个人爱心奉献；既有来自省内的捐赠，也有兄弟省市的支援，还包括部分外资企业和境外企业的人道赞助。这些都充分体现了“抗非”已经成为全社会的共识，社会捐赠的具体情况略述如下。

---

① 《江苏省红十字会关于积极参与防治“传染性非典型肺炎”工作的通知》，苏州市红十字会档案，2003年“长期”，“抗非”工作。

② 《关于参与防治“非典”工作的总结报告》，江苏省红十字会档案，档案号：2003-001-0000-123。

第一，省内单位和企业的捐赠。当省红十字会4月28日通过新闻媒体向社会公布接受捐赠热线和账号后，第二天就收到江苏省汇鸿集团医药保健品进出口公司送来的第一笔价值1.12万元的4000只卫生口罩，省红十字会第一时间将口罩转送给南京中北巴士、的士公司①。5月1日，南京鸿国集团送来第一笔捐款10万元。截至5月15日，省红十字会接收的最大一笔捐款是江苏省烟草公司的200万元，这笔捐款主要用于改善医疗机构的医疗设备，以提高对“非典”的临床诊断水平。另外特别值得一提的是，5与28日，江苏先声药业有限公司捐出100万元，与省红十字会、扬子晚报社建立“先声药业救助金”；在抗击“非典”时期，第一批救助金重点救助全省城镇范围内的贫困中小学师生和大中专院校贫困学生，以及部分国有企业中的下岗、失业的困难职工，第二批救助金向已收治“非典”临床病例或疑似病例的南京市第二人民医院、徐州市传染病医院、宿迁市人民医院、南通市传染病医院、盱眙县人民医院、阜宁县人民医院、连云港市第四人民医院、泰州市人民医院南院、镇江市第三人民医院捐赠9台床边X光机和防护服②。

除南京外，省内其他城市也纷纷向省红十字会捐款捐物。镇江美仑道路沥青有限公司捐赠价值13.92万元的300箱免洗洗手液；江苏爱特福药物保健公司捐赠价值22.55万元的“84消毒液”；苏州铃兰卫生用品有限公司捐赠价值6.5万元的口罩和卫生酒精棉；江苏恒顺集团送来价值5万元的“恒顺喷雾型白醋”；徐州联农畜禽有限公司送来价值3万元的360箱无污染鲜鸡蛋，以慰问一线医务人员；江苏雪亮电器机械有限公司送来20台空气电壁炉和2台消毒烘干机。众多事例，不一而足③。

第二，省外单位和企业的捐赠。5月26日，浙江仙琚制药股份有限公司得知江苏派出支援内蒙古医疗队的消息后，加班加点生产了价值10万元的药品“匹多莫德”7800袋，通过省红十字会转赠医疗队，这是省红十字会收到的外省捐赠的第一笔物资④。山东淄博新达制药有限公司

---

① 《万众一心，众志成城，捐款捐物，支援一线》，《江苏红十字》2003年第5期。

② 《先声药业向省红十字会捐赠医疗救助金，向收治“非典”的医院捐赠X光机》，《江苏红十字》2003年第6期。

③ 《奉献爱心，共抗“非典”》，苏州市红十字会档案，2003年“长期”，“抗非”工作。

④ 《省红十字会向支援内蒙古的江苏医疗队转赠药品》，《江苏红十字》2003年第6期。

和青岛国风药业股份有限公司，分别捐赠了价值57.04万元、12万元的抗病毒药品；中国TCL通讯设备股份公司和广东正野电器有限公司，分别捐赠价值10万元的100对2188型对讲机和价值3.6万元的200台双向换气扇。

第三，外资企业及境外捐赠。日本神户市政府通过省发展计划委员会，向省红十字会捐款100万日元；日本广岛县福山市梅得欣株式会社石田社长，向省红十字会捐赠了1台价值近15万元人民币的“卫生用空气清洁机”，以支持江苏“非典”防治工作；在苏州的日资三得利（中国）投资有限公司，通过省外贸厅向省红十字会捐款100万元人民币；新加坡金鹰国际集团主席、著名华商陈江和先生向省红十字会捐赠500万元，这是省红十字会接受的数目最大的一笔捐款①。省领导向陈江和先生颁发了荣誉证书和铜牌，省红十字会常务副会长周加才向陈江和先生颁发了“中国红十字会荣誉会员”证书和奖章②。对于陈先生的义举，省红十字会为他向民政部申报了“爱心捐助奖”，并获得表彰③。省红十字会用这笔捐款购置了23辆急救、采样、监督车，急救车发放给宿迁市和睢宁、新沂、沛县等县（市、区）人民医院，采样车发放给省疾控中心，监督车发放给省卫生监督所，服务于“抗非”一线④。新加坡金鹰国际集团在这次“抗非”战役中，先后向卫生部捐赠了2000万元、向广东省捐赠了500万元，加上向江苏省捐赠的500万元，累计捐赠达3000万元，这是截至6月初“抗非”战役中最大的一笔海外“抗非”捐款。

第四，特殊捐款，特别爱心。一些企业还采用特殊形式为抗击“非典”筹集捐款，奉献爱心。台资企业南京金旺食品有限公司向省红十字会捐赠价值6.75万元的公司产品“金旺猪肉松”，后又在苏果超市开展每销售金旺产品达5元、就从中捐款1元的“一袋产品、一份爱心”活动；南京老山药业股份有限公司开展“爱心用户卡”的“一卡捐一元”活动；南京麦当劳餐饮食品有限公司在省内12个城市的38家麦当劳餐厅设置红十

---

① 《奉献爱心，共抗“非典”》，苏州市红十字会档案，2003年“长期”，“抗非”工作。

② 《华商陈江和捐款五百万元，支援江苏抗击“非典”》，《江苏红十字》2003年第6期。

③ 刘洪祺：《在江苏省红十字会第七届理事会第二次会议上的工作报告》，江苏省红十字会档案，档案号：2004-001-0000-003。

④ 《省红十字会举行转赠救护车发放仪式》，《江苏红十字》2003年第6期。

字募捐箱，以方便“抗非”捐款[①]。“5·8”世界红十字日这一天，江苏移动向省红十字会捐赠了30万元款物（15万元现金、15万元手机充值卡），其中现金直接用于“抗非”工作，充值卡由省红十字会转交奋战在“抗非”一线的医护工作者，以方便他们的工作和与亲人沟通联系。此外，为进一步支援全省“抗非”工作，江苏移动又开通了红十字会“抗非”短信捐赠通道，以推动捐赠工作的开展[②]。

第五，博爱市民捐赠。在众多捐赠汇款中，一位署名“赵枫”的捐赠者曾为抗洪救灾、骨髓库建设等多次奉献爱心，这次又捐赠5万元；汇款单上没留下联系地址和电话，只附有一句话：用于支持抗击“非典”。一笔来自江宁的1万元的银行转账捐款，署名为“高玮全家”。一位女士在省红十字会捐款1万元后，当工作人员开具收据问其姓名和单位时，她只说是“民营企业”。合资公司职工濮华，3月刚刚为新疆地震捐款2000元，这次又慷慨解囊捐赠1000元。省财政厅社会保障处全体同志在捐款后委托省红十字会购置冰箱和微波炉，送给南京二院的一线工作人员。省财政厅国库处的同志在捐款信中写道：医务人员告别亲人，坚守岗位，用血肉之躯义无反顾地战斗在抗击“非典”第一线的先进事迹非常感人，向他们表达最崇高的敬意和由衷的感谢。此外，省红十字会还陆续收到省黄埔军校同学会、省信息中心、南京财经大学民盟和民建支部、扬州市三元桥小学、扬中市实验小学等团体和单位捐款；还有一些数额不等的匿名个人捐款，在省红十字会收到的捐赠款物中，个人捐赠共计20.53万元。

在“抗非”捐赠中涌现出许多感人事迹，这里不妨试举一例。年逾不惑的张文萍与丈夫先后下岗，仅以经营一个自行车店维持生计，每月收入只有1000多元。而且张文萍还患脑髓体瘤已经10多年了，每月药费就高达300多元，另要交纳购房贷款600多元，还要负担孩子上学，但就在如此拮据的家庭境况下，她还将价值2280元的10辆崭新自行车托省红十字会捐赠给定点收治“非典”病人的南京市二院，以表达对一线医护人员的敬意。10辆自行车不是一笔大的捐赠，但却是张文萍一家两个月的收入，

---

① 《奉献爱心，共抗“非典”》，苏州市红十字会档案，2003年“长期”，“抗非”工作。

② 《捐助三十万元，开通短信捐款》，《江苏红十字》2003年第5期。

其背后承载的是一位普通民众在社会危难面前的崇高境界。同时，这也从一个侧面体现出，红十字已成为广大群众奉献爱心的重要桥梁和平台。

对这些凝集了爱心的捐赠款物，省红十字会充分尊重捐赠者意愿，同时及时主动地与省有关部门联系，了解最急需支持的地区、单位及所需物资。截至6月3日，省红十字会累计收到73家单位和个人捐赠的款物合计1191万多元，其中捐款971万多元、物资价值人民币220万多元[①]。

在省红十字会的带动和指引下，各地红十字会在“抗非”募捐中积极主动，有力地配合了全省和当地的“抗非”工作，其中苏州、南通、盐城等地业绩尤为出色。篇幅所限，此处不一一赘述。

三、“抗非”工作启示录

在省委、省政府的统一部署和领导之下，在全省各有关部门的密切配合和全省人民的积极参与下，江苏省的“抗非”工作成绩突出。2003年5月24日，江苏首例病人经过医护人员精心治疗后从南通市第三人民医院康复出院[②]。6月7日，徐州市1例“非典”病例治愈，至此江苏7名确诊“非典”病例已经全部治愈出院，江苏“抗非”工作取得了重大的阶段性胜利。在整个“抗非”过程中，江苏保持着“双零”纪录：医务人员“零感染”、“非典”病人“零死亡”[③]。江苏“抗非”战役的胜利，全省红十字会系统的辛勤付出功不可没，特别是在社会捐赠款物接受方面，全省红十字会做出了重要贡献（详见表3－3）。

表3－3　全省红十字会系统接受抗“非典”捐赠统计表

（统计截至2003年5月29日）

单　位	捐款（万元）	捐物折合价值（万元）	合计（万元）
省红十字会	962.9962	218.3255	1181.3217
南京市红十字会	234.13	162.06	396.19
徐州市红十字会	35.2	57	92.2

① 《奉献爱心，共抗“非典”》，苏州市红十字会档案，2003年“长期”，“抗非”工作。
② 《江苏首例非典病人出院》，搜狐新闻，2003年5月26日。
③ 《江苏最后一名非典病人出院，还剩两“疑似”病人》，搜狐新闻，2003年6月9日。

（续表）

单　位	捐款（万元）	捐物折合价值（万元）	合计（万元）
常州市红十字会	9. 4	5. 5	14. 9
苏州市红十字会	349. 69	97. 74	447. 43
无锡市红十字会	20. 6	79. 38	99. 98
南通市红十字会	116. 53368	79. 828	196. 36168
淮安市红十字会	33. 3202	24	57. 3202
盐城市红十字会	25. 19	40. 13	65. 32
扬州市红十字会	6. 845	16. 835	23. 68
镇江市红十字会	34. 7365	78. 864	113. 6005
宿迁市红十字会	201. 6521	27. 3	228. 9521
连云港市红十字会	140. 566905	13. 8965	154. 463405
泰州市红十字会	360. 384185	41. 7104	402. 094585
合　计	2531. 244458	942. 5694	3473. 81417

资料来源：《全省红十字会系统接受抗“非典”捐赠统计》，苏州市红十字会档案，2003 年“长期”，“抗非”工作。

截至 6 月 26 日，全省各级红十字会共接受款物 4502. 961711 万元，其中钱款 3434. 924311 万元、物资价值 1068. 0374 万元。省红十字会机关直接接受款物 1229. 33625 万元，已发放款物 1173. 2636 万元，其中物资已全部发放完毕。省红十字会还先后接受并通过了国家财政部、省监察厅、省审计厅的检查和审计，南京、苏州、徐州、南通、宿迁等市红十字会也先后接受了有关部门的审计，并获得认可和好评[①]。

应该说，江苏省的“抗非”款物接受工作自始至终处于全国的领先地位。根据 5 月 19 日的统计，全省各级民政、卫生、红十字会、慈善总会共接收 88291 位个人和 1439 家单位的社会捐赠款物，总计 8455. 95 万元，其中资金 6959. 45 万元、物资折款 1496. 5 万元，社会捐赠款物总数列全国第

① 《关于参与防治“非典”工作的总结报告》，江苏省红十字会档案，档案号：2003-001-0000-123。

二[①]。又据2003年9月的统计，在全国接受的共计40.74亿元的社会捐赠款物中，数额达到亿元以上的单位和地区包括卫生部，以及上海、北京、河北、内蒙古、广东、山东、山西、江苏等省（区、市）[②]。总之，江苏此项工作之所以能够在全国名列前茅，与江苏各级红十字会的不懈努力密不可分，红十字会系统在江苏的社会捐赠接受工作中做出了重要贡献。

红十字会作为接受"抗非"捐赠的主要部门之一，从全国总体情况看，它接受捐赠的份额远低于民政部门和卫生部门，但高于慈善总会系统。据2003年9月统计，全国接受捐赠总额为40.74亿元，其中民政部门14.94亿元，卫生部门14.73亿元，中国红十字会总会和地方红十字会6.36亿元，中华慈善总会和地方慈善总会（协会）1.96亿元，其他指定机构接收2.75亿元，红十字会系统约占总数的15.6%。而从表3-4中可知，江苏红十字会系统接受捐赠比例要高于全国红会系统的总体份额，接受捐赠金额在省内也仅次于民政部门。由此也不难看出，江苏红十字会系统在接受捐赠方面在全国红会系统中处于领先位置。

表3-4　江苏全省接收捐赠情况及红十字会系统接收社会捐赠比例表

统计截止时间	民政系统（万元）	卫生系统（万元）	慈善总会系统（万元）	红十字会系统（万元）	捐赠总数[③]（万元）	红十字会所占比例
5月13日	2288.89	267.05	128	711.79	3395.73	21.0%
5月26日	4449.54	1425.37	2339.7	2913.77	11128.38	26.2%
6月2日	4904.96	2026.7	2392.3	4656.67[④]	13980.63	33.3%

资料来源：《江苏省民政厅权威发布，防"非典"捐赠逾三千万元》；《江苏省"非典"防治社会捐赠接收情况发布（第3号）》，南京报业网；《江苏省"非典"防治社会捐赠接收情况发布（第4号）》，无锡新传媒。

江苏红十字会在"抗非"战役中取得的不俗业绩，为我们提供了一条

① 《江苏省防"非"捐赠接收款物总数列全国第二》，搜狐新闻，2003年5月23日。

② 《抗击非典社会捐赠款物逾四十亿元，三十二点四五亿元捐赠款物已被分配》，《人民日报》2003年9月19日。

③ 捐赠总数包括捐款和物资折款两部分。

④ 关于江苏红十字会系统接收捐赠的总数，在不同资料中有不同的记录，如在《江苏省红十字会第七届理事会第二次会议上的工作报告》中提到的数字为4531万元。本文忠实于所引资料中的数字，特此说明。

应对公共危机的可资借鉴的思考路径：建立并完善政府危机管理机制，必须“建立社会力量的动员与参与机制”①。同时也启示江苏红十字会在新形势下，要不断加强自身素质建设，充实业务内容，从而打造红十字事业的光辉形象。

第三节　《江苏省实施〈中华人民共和国红十字会法〉办法》的出台

2004年6月17日，江苏省第十届人大常委会第十次会议通过了《江苏省实施〈中华人民共和国红十字会法〉办法》（以下简称《实施办法》）②，并于8月1日起正式施行。这是江苏省红十字事业法制建设的重大成果③，是江苏省红十字会在依法建会、依法治会、依法兴会轨道上不断发展的重要里程碑。

一、《实施办法》的制定过程

《实施办法》属于地方性法规，“地方性法规以国家法律为依据，对国家法律进行细化，以便于实施”④。《实施办法》制定的基础当然就是《红十字会法》。1993年10月，《红十字会法》颁布施行，它以国家法律形式明确了中国红十字会的性质、宗旨、职责以及与政府的关系，对红十字会的经费、财产、标志等都做了规定。这是一部重要法律，是中国红十字会的立会之本、治会之纲。《红十字会法》的颁布施行，标志着中国红十字事业走上了法制化轨道⑤。

《实施办法》是根据《红十字会法》而制定的地方性法规。为什么要

① 郭远远、何志扬：《从“非典”事件谈政府危机管理》，《湖北广播电视大学学报》2003年第3期，第90页。

② 《2004年大事记》，江苏省红十字会网站。

③ 江苏省红十字会等：《关于学习、宣传、贯彻〈实施办法〉的通知》，苏州市红十字会档案，2004年“长期”，管理。

④ 朱应平：《红十字会立法比较研究》，见袁惠章、田永波主编：《红十字理论与实践》，上海医科大学出版社，2000，第136页。

⑤ 中国红十字会总会编：《中国红十字会法律法规汇编》，2003，第1页。

制定《实施办法》呢？因为“中国是一个地域辽阔的多民族国家，各个地区的经济、文化、社会情况很不相同”；作为国家法律的《红十字会法》，“是面向全国而制定的，考虑的是全国共同的情况，很多规定比较原则和概括”[①]，具有全局性、抽象性和高度的概括性，因此对于各级红十字会组织而言，“由于各地具体情况不同，在贯彻实施《红十字会法》过程中，还需要制定相关的法规和政策措施，对一些问题予以明确，使之更具有操作性”[②]。也就是说，要根据各地实际，有的放矢地制定《红十字会法》的《实施办法》。另外，从《红十字会法》本身来看，制定《实施办法》也具有必要性。《红十字会法》“由于在许多方面立法难度比较大，为了免引起争议，所以有不少规定还比较原则，比较软，也给法律的实施带来了一定的困难”[③]。具体来说，《红十字会法》“强调红十字会这一社会团体的中立性、独立性，因此在名称、结构、条文内容等方面都设计得比较超脱”，“一方面此种设计对突出红十字会的性质、原则，更好地发挥红十字会的广泛的职能、职责，避免红十字会成为‘准行政部门’或者变成政府的附属部门等都有重要的意义；另一方面，从法律规定内容的实施来看，则有其不足。如《红十字会法》只规定红十字会与政府之间的关系，没有规定红十字会与政府具体职能部门的关系，这显然难以操作，因为政府的绝大多数具体行为是通过其职能部门来实现的”[④]。由此可见，制定《实施办法》是“贯彻落实《红十字会法》的需要，是红十字事业发展的需要”[⑤]，是切实实现依法建会、依法兴会的保障。

由此，各省（自治区、直辖市）红十字会和有立法权的城市红十字会，积极配合当地人大常委会，结合本地实际，制定了地方《实施办法》。1994年10月，在纪念《红十字会法》实施一周年之际，天津市出台了全国第一部《实施办法》[⑥]。截至2003年初，“全国已有23个省（自治区、

---

① 黄文艺、杨亚非主编：《立法学》，吉林大学出版社，2002，第178页。

② 中国红十字会总会编：《中国红十字会法律法规汇编》，2003，第1页。

③ 朱楚英：《切实把红十字事业纳入法制轨道》，苏州市红十字会档案，1998年“长期”22，第101页。

④ 朱应平：《红十字会立法比较研究》，见袁惠章、田永波主编：《红十字理论与实践》，上海医科大学出版社，2000，第137—138页。

⑤ 《红十字工作地方性法规在京出台》，《中国红十字报》1994年10月28日。

⑥ 《以实际行动纪念〈红十字会法〉颁布一周年》，《中国红十字报》1994年10月28日。

直辖市）、2个副省级城市和1个地级市的人大常委会相继制定了实施《红十字会法》的办法或条例”（具体见表3-5所示）。

表3-5　全国各省（自治区、直辖市）出台《实施办法》情况简表

（2003年初统计）

地　区	通过时间	名　称
天　津	1994年10月18日	天津市实施《中华人民共和国红十字会法》办法
北　京	1994年10月19日	北京市实施《中华人民共和国红十字会法》办法
上　海	1995年6月16日	上海市红十字会条例
内蒙古	1995年11月17日	内蒙古自治区实施《中华人民共和国红十字会法》办法
江　西	1995年12月20日	江西省实施《中华人民共和国红十字会法》办法
四　川	1996年4月16日	四川省《中华人民共和国红十字会法》实施办法
黑龙江	1996年4月26日	黑龙江省实施《中华人民共和国红十字会法》条例
河　南	1996年5月20日	河南省实施《中华人民共和国红十字会法》办法
云　南	1996年7月24日	云南省红十字会条例
山　西	1996年8月1日	山西省红十字会条例
湖　南	1996年8月5日	湖南省实施《中华人民共和国红十字会法》办法
湖　北	1996年9月21日	湖北省实施《中华人民共和国红十字会法》办法
吉　林	1996年11月22日	吉林省实施《中华人民共和国红十字会法》办法
河　北	1997年6月29日	河北省实施《中华人民共和国红十字会法》办法
浙　江	1997年9月1日	浙江省实施《中华人民共和国红十字会法》办法
安　徽	1998年4月10日	安徽省实施《中华人民共和国红十字会法》办法
新　疆	1998年5月28日	新疆维吾尔自治区实施《中华人民共和国红十字会法》办法
重　庆	2000年5月25日	重庆市实施《中华人民共和国红十字会法》办法
西　藏	2000年11月29日	西藏自治区实施《中华人民共和国红十字会法》办法

（续表）

地　区	通过时间	名　称
辽　宁	2001 年 9 月 29 日	辽宁省实施《中华人民共和国红十字会法》办法
青　海	2002 年 1 月 11 日	青海省实施《中华人民共和国红十字会法》办法
山　东	2002 年 9 月 28 日	山东省实施《中华人民共和国红十字会法》办法
广　西	2002 年 12 月 3 日	广西壮族自治区实施《中华人民共和国红十字会法》办法

资料来源：中国红十字会总会编：《中国红十字会法律法规汇编》，2003。

由表 3－5 可知，继天津在全国率先出台《实施办法》后，北京紧随其后，接着为上海。1996 年，各地迎来了立法工作的高潮，先后有四川、黑龙江、河南、云南、山西、湖南、湖北、吉林等 8 省通过了各自的《实施办法》。而江苏直到 2004 年才出台《实施办法》，可见在这方面江苏的工作已经落后于全国的大部分地区。

其实，在江苏红十字会依法建会的道路上，制定《实施办法》很早就提上了日程。《红十字会法》于 1993 年颁布施行后，省委、省人大、省政府和省直有关部门非常重视《红十字会法》在江苏的贯彻执行。1993 年 11 月，在省红十字会和省人大常委会教科文委员会共同召开的学习、宣传、贯彻《红十字会法》座谈会上，有关领导和同志就指出，为便于《红十字会法》在江苏的落实，应在适当时候制定《实施办法》①。1994 年，在省人大八届二次会议期间，31 位代表提出了制定《实施办法》的议案②。会后，在省人大常委会教科文委员会指导、督促，以及在省政府法制局的关心下，省卫生厅与省红十字会共同组织调研、座谈，为起草《实施办法》做了大量准备工作③。1996 年，省人大常委会将制定《实施办法》列入 1996 年至 1997 年法规调研计划，省卫生厅、省红十字会组织立

① 张立明：《学习贯彻〈江苏省实施《中华人民共和国红十字会法》办法〉》，苏州市红十字会档案，2005 年“短期”，省文件。

② 《我省贯彻〈中华人民共和国红十字会法〉情况》，苏州市红十字会档案，1998 年“长期”22，第 3 页。

③ 江苏省红十字会编著：《江苏红十字运动八十八年（1911—1999）》，东南大学出版社，2001，第 184 页。

法调研，起草《实施办法（草案)》，召开座谈会征求意见[①]。1996 年 9 月，有关部门依照《红十字会法》曾经修改出台了《江苏省红十字会条例》[②]。到 2000 年 5 月，《江苏省实施〈中华人民共和国红十字会法〉条例》已经过 6 次修改，与 1996 年的相比已相当完善，这也为江苏《实施办法》的正式出台奠定了基础[③]。

2002 年，省红十字会机构独立建制后，再次上报了立法申请。2003 年，省人大常委会将制定《实施办法》列入 2004 年立法计划，并委托省人大常委会教科文卫委员会与省红十字会一起起草《实施办法（草案)》。2004 年，《实施办法》初稿及征求意见稿形成后，分送省人大常委会法工委、省政府法制办，以及省发改、财政、公安、人事、民政、卫生、交通、教育、工商、税务、编办等 10 多个部门，广泛征求意见，在此基础上形成了《实施办法（草案)》。6 月 17 日，省十届人大常委会审议通过[④]。

江苏的《实施办法》经历了反复推敲、论证、修改的过程，虽然在出台时间上相对较晚，但由于有江苏红十字运动实践为依托，并可充分发挥后发优势，借鉴外省《实施办法》的成果，因此江苏的《实施办法》在内容上相对更加完备。

二、《实施办法》简介

《实施办法》是在总结江苏 10 年来贯彻《红十字会法》的成功经验和着眼于发展红十字事业等基础上制定的，一方面对县级以上地方各级人民政府及有关部门保障红十字会履行职责做出了明确规定；另一方面强化了红十字会在人道救助方面的职责，具有地方特色和可操作性，为红十字会

① 《江苏省红十字会关于开展立法调研工作的通知》，苏州市红十字会档案，1996 年“长期”17，第 1 页。

② 《江苏省红十字会条例（1996 年 9 月修改稿)》，苏州市红十字会档案，1996 年“长期”16，第 9 页。

③ 《江苏省实施〈中华人民共和国红十字会法〉条例》，苏州市红十字会档案，2000 年“长期”32，第 1 页。

④ 张立明：《学习贯彻〈江苏省实施《中华人民共和国红十字会法》办法〉》，苏州市红十字会档案，2005 年“短期”，省文件。

开展工作提供了法律依据和保证[①]。《实施办法》共29条，按照“有地方特色、可操作、讲究实效、质量更好、适度超前”的原则[②]而制定，对江苏“各级政府、社会团体、企事业单位以及公民与红十字会的法律关系及其应履行的义务，对各级红十字会的职责、权利和义务都做出了明确规定”[③]。

整体上看，《红十字会法》是国家法律，属于中央立法；《实施办法》是地方性法规，属于地方立法。“中央立法的主体是有立法权的中央国家机关”，包括全国人大及国务院等；“地方立法的主体是特定的地方国家机关”，包括地方人大及政府等[④]。“法律的效力高于法规的效力”[⑤]，《红十字会法》是有关中国红十字运动的基本法律，是制定《实施办法》的依据，而《实施办法》在精神实质和基本内涵上与《红十字会法》保持步调一致，是其在实践中的“具体化”。因为《红十字会法》作为统筹中国红十字事业全局的一项法律蓝图，对中国红十字事业起着基本的导向作用，奠定了中国红十字事业发展的基调和方向，但它不可能针对全国各个省区的红十字运动实践做出全面而有针对性的指导和决策。因此，各地在学习、宣传和贯彻《红十字会法》的过程中，就面临着在对《红十字会法》进行领悟、解读和坚持原则与方向前提下的进一步丰富与发展的任务。江苏《实施办法》正是由此而制定的，其具有下述特点。

（一）职责更为明确

作为国家法律的《红十字会法》，在“立法设计上的过于超脱带来的后果之一可能是虚化甚至架空红十字会的地位和职责，使之难以充分履行其职责，发挥应有的作用”[⑥]。很多地方的《实施办法》都认识到了这一点

---

① 刘洪祺：《在江苏省红十字会第七届理事会第三次会议上的工作报告》，见江苏省红十字会编：《江苏省红十字会第七届理事会第三次会议文件汇编》，2005，第15页。

② 《江苏省人大常委会审议通过〈实施办法〉》，《江苏红十字》2004第7期。

③ 江苏省红十字会等单位：《关于学习、宣传、贯彻〈实施办法〉的通知》，苏州市红十字会档案，2004年“长期”，管理。

④ 黄文艺、杨亚非主编：《立法学》，吉林大学出版社，2002，第143、165页。

⑤ 陈金钊主编：《法理学》，北京大学出版社，2002，第215页。

⑥ 朱应平：《红十字会立法比较研究》，见袁惠章、田永波主编：《红十字理论与实践》，上海医科大学出版社，2000，第142—143页。

并尝试有所突破，江苏亦不例外。《实施办法》在规定了各级政府对同级红十字会的支持、资助和监督、保障的职责外，还进一步明确“红十字会与政府是协助与联系的关系”①。“县级以上地方各级人民政府联系同级红十字会的工作”，“红十字会应当协助同级人民政府开展与其职责有关的活动”；“政府有关部门应当在各自职责范围内为红十字会开展工作创造条件，基层红十字会所在的行业和单位应当为其开展工作给予支持”。这样对政府职能部门职责的进一步明确化，有利于红十字会更好地、更实际地得到有关部门的支持，便于开展工作。

《实施办法》的明确化还体现在职责的设定上，例如，在《红十字会法》第十二条中对第一项职责的规定为：“在自然灾害和突发事件中，对伤病人员和其他受害者进行救助。”但具体该如何救助呢？言之不明。《实施办法》对此有明确规定：“各级红十字会应当在政府的统一协调下，协助卫生、民政等部门对伤病人员和其他受害者进行救护、救助，协助政府开展灾后重建工作。”这样就增强了法规的可操作性，为救助工作指明了方向。

（二）条文更加具体

《红十字会法》在具体条文上精炼、概括，“点到即止”，这就为地方红十字会的执行在大的原则下留下了可供发挥的空间，体现了《红十字会法》的灵活性和包容性。而地方红十字会在执行过程中同时也面临着对相关条款进行细化的任务。

在对红十字会职责的设定中，《红十字会法》只是概括性地谈到“开展红十字青少年活动”。这样的简约概括，一方面是法律行文的要求；另一方面，红十字青少年活动确实也是一项可充分展示地方特色的红十字运动的内容，不能也不宜在整体性的国家法律中做太多的描述。而《实施办法》对江苏红十字青少年活动进行了进一步的具体的规范：“各级红十字会应当与教育部门配合，将学校红十字会工作与学生素质教育、健康教育相结合，根据青少年的特点，开展体现红十字人道主义精神的教育和实践

---

① 张立明：《学习贯彻〈江苏省实施《中华人民共和国红十字会法》办法〉》，苏州市红十字会档案，2005年“短期”，省文件。

活动。”这样，在明确了江苏红十字会要开展青少年活动这一职责的同时，也指出了一条切实可行的实践路径。

关于募捐工作，《红十字会法》在第二十二条中规定：“红十字会为开展救助工作，可以进行募捐活动。”而《实施办法》中对各种募捐形式进行了具体而翔实的表述：“各级红十字会可以开展救灾救助募捐活动，可以采取义演、义卖及举办大型活动等形式进行募捐；可以在机场、车站、宾馆、商场、银行、公园、货币兑换处等公共场所设置红十字募捐箱；可以设立用于救灾救助的物资募集接收点。”长期以来，国内外组织和个人的捐赠在红十字会的经费来源中占有重要地位，江苏红十字会的募捐工作在全国处于领先地位。应该说，这一条文的具体化，与多年来江苏社会募捐工作的成功实践密不可分。据不完全统计，江苏“全省各级红十字会采取多种形式开展募捐工作，1995 年起在全省开展红十字备灾救助基金（后改为人道救助基金）募捐。到目前（2006 年）为止，全省已募集人道救助基金 4200 多万元人民币，在救助突发性的自然灾害中发挥了积极的作用。省和各市红十字会还积极拓展筹资渠道，把经常性的募捐和专项募捐结合起来，先后在超市、银行、宾馆等公共场所设置红十字募捐箱 663 只；同时，省红十字会与江苏电信、移动、联通三家公司联合开设爱心捐款通信业务，接受群众经常性的捐赠，并多次募集书画作品和其他物资义卖。近 10 年来，全省红十字会共募集救灾救助款物价值人民币 3 亿多元，其中，2003 年抗击‘非典’和抗洪救灾 8600 万元，2005 年接受援助印度洋海啸灾区捐款 3078 万元”①。应该说，在细化《红十字会法》条文内容方面，江苏的做法尤其令人称道。

（三）内涵更为丰富

《实施办法》内涵的丰富着重体现在对“法律责任”的重视和充实。《红十字会法》中未就“法律责任”作专门的设定，只是在“职责”一章中谈到对“拒绝、阻碍红十字人员履行职责”者的处罚，而“地方立法大

---

① 江苏省红十字会编：《蓬勃发展的江苏省红十字事业》，2006，第 24 页。

多也未设定相应的具体的法律责任”[①]。江苏的《实施办法》在这方面有了很大突破，除了沿袭《红十字会法》中的相关规定，还增加了“红十字会工作人员的法律责任”的条文：“红十字会工作人员在履行职务中，玩忽职守、滥用职权、徇私舞弊、索贿受贿、贪污挪用救灾救助款物，构成犯罪的，依法追究刑事责任；尚不构成犯罪的，依法给予行政处分。”这样就在一定程度上丰富了中国红十字会的法律体系。类似的规定还见于1996年制定的《云南省红十字会条例》[②] 中，这也从一个侧面体现了江苏在制定《实施办法》的过程中，充分吸收了兄弟省份先进的立法成果。

《实施办法》对“法律责任”的丰富还体现在对红十字会合法收入和其他资产的保护上。《红十字会法》规定，“任何组织和个人不得侵占和挪用红十字会的经费和财产”。而《实施办法》第二十五条有针对性地指出：“红十字会取得的合法收入以及其他资产受法律保护，任何组织和个人不得侵占、挪用。对侵占、挪用红十字会经费、财产以及捐赠款物的，依照有关法律、法规的规定处理。”这样就增强了对红十字会经费和财产的保护力度。

（四）具有江苏特色

《红十字会法》共有28条，《实施办法》共29条，在数量上基本相当，但二者在条文上并不是一一对应的关系，《实施办法》在内容的设定和结构的排列上“具有鲜明的江苏特色，而且某些方面还有突破”[③]。首先，对红十字会地位的设定上，《实施办法》第四条规定，“县级以上地方各级人民政府联系同级红十字会的工作，将红十字事业纳入国民经济和社会专项发展规划”。这明显地体现了江苏省委、省政府对红十字事业发展的重视。其次，对经费的有效保障。除了《红十字会法》规定的4项主要来源外，还明确规定“县级以上地方红十字会的专职工作人员经费和日常公用经费列入同级财政预算予以保证；所需专项经费由同级人民政府根据

① 朱应平：《红十字会立法比较研究》，见袁惠章、田永波主编：《红十字理论与实践》，上海医科大学出版社，2000，第136页。

② 中国红十字会总会编：《中国红十字会法律法规汇编》，2003，第139页。

③ 张立明：《学习贯彻〈江苏省实施《中华人民共和国红十字会法》办法〉》，苏州市红十字会档案，2005年“短期”，省文件。

实际情况确定”；“政府有关部门根据需要，从彩票公益金中安排一部分奖金用于支持红十字会的社会救助事业”。经费问题是长期困扰红十字事业发展的关键问题，《实施办法》的这些设定既是对江苏红十字会以往工作的经验总结，又体现出对发展红十字事业的积极务实的态度。再有，红十字会职责的与时俱进。《实施办法》在职责方面增加了一些近年来在江苏蓬勃发展并取得显著成绩的“生命工程”的内容：“各级红十字会应当开展捐献造血干细胞的宣传、发动、组织工作。省红十字会负责管理中国造血干细胞捐献者资料库江苏省分库，制定相应的管理制度”；“各级红十字会应当依法参与、推动无偿献血工作；配合有关部门开展人体器官、遗体捐献的宣传、组织工作；参与艾滋病防治的宣传、教育以及关怀艾滋病患者和感染者的工作。”

三、《实施办法》在全省的颁布施行

《实施办法》作为《红十字会法》的下位法，在遵循《红十字会法》的基本原则的同时也继承了它的一些基本特性，其中就包括在“执法主体上的特殊性”，即“作为社会团体的红十字会是《红十字会法》的执法主体，是不言而喻的。但红十字会又是一个公益团体，在推进红十字事业中，必然要求也必须由政府为它提供依法履行职责的条件保障，规范政府在红十字事业中的行政行为，所以各级人民政府也是这部法律的执法主体。这就是说，红十字会是《红十字会法》的执法主体，人民政府也是它的执法主体”①。因此，贯彻《实施办法》的工作不仅需要全省各级红十字会的努力，而且还需要相关部门的密切配合。为促进全省对《实施办法》的落实，2004 年 7 月，省红十字会与省委宣传部等多部门联合发出通知，要求全省各部门认真组织学习、宣传和贯彻《实施办法》，各级党委宣传部门以及新闻单位要把宣传《实施办法》和红十字活动，作为贯彻“三个代表”重要思想、加强三个文明建设的重要内容②。

7 月 28 日，即《实施办法》正式施行的前三天，江苏省人大常委会教

① 封日贤：《论〈中国红十字会法〉的特点》，见袁惠章、田永波主编：《红十字理论与实践》，上海医科大学出版社，2000，第 125—126 页。

② 《学习宣传贯彻江苏省实施〈红十字会法〉办法》，《江苏红十字》2004 年第 7 期。

科文卫委员会、省红十字会在南京联合召开了《实施办法》新闻发布会[1]，省人大常委会副主任赵龙就学习宣传贯彻《实施办法》提出3点意见：第一，充分认识制定颁布《实施办法》的重要意义；第二，全面掌握《实施办法》的宗旨和特点；第三，认真学习宣传《实施办法》，切实提高依法行政的水平[2]。这次新闻发布会是《实施办法》正式施行前的“热身”运动，有力地宣传了《实施办法》，在全省范围内扩大了影响，为全面推进《实施办法》的施行奠定了良好的基础，起到了舆论先导的作用。

《实施办法》颁布后，全省各地红十字会掀起了学习、贯彻的热潮。宿迁市红十字会组织全体工作人员、部分志愿工作者在学习和领悟《实施办法》的基础上，针对市红十字会工作现状提出了具体实施意见：一是进一步扩大并完善志愿服务组织，吸收自愿为红十字会工作的社会各界人士，充实志愿工作者队伍，协助红十字会开展工作；二是建立“宿迁市红十字会备灾救助基金”，筹措、储备救灾救助款物，以协助政府开展灾后重建工作；三是与教育部门配合，将学校红十字会工作与学生素质教育、健康教育相结合，开展体现红十字人道主义精神的教育活动；四是在社区建立红十字会服务站，组织会员和志愿工作者为社区的孤寡、残疾人员等提供人道主义服务。

无锡市红十字会召开常务理事会议，组织学习《实施办法》，并提出了全市红十字会要在强化地位、强化组织、强化实力、强化作用等方面更加努力，要把学习、宣传、贯彻《实施办法》作为落实“三个代表”重要思想，落实科学发展观的一件大事，抓紧、抓实、抓好；决定年内通过举办学习班和座谈会的形式，在学习宣传《实施办法》的基础上，由政府牵头，各有关部门协同解决红十字事业发展过程中遇到的困难。

盐城市红十字会联合市区部分基层组织，在广场散发宣传资料，宣讲《实施办法》。为推动贯彻实施，盐城市红十字会先后召开了四届一次常务理事会议、全市红十字会工作会议，提出要把学习宣传《实施办法》作为当前的一项主要工作抓紧抓好，进一步增强依法治会、依法兴会的意识。

镇江市红十字会提出，要做到深入持久地在社会各界广泛宣传、贯彻

---

① 江苏省红十字会办公室编：《红十字工作简报》（第1期），苏州市红十字会档案，2004年“长期”，管理。

② 《依法加快红十字事业发展步伐》，《江苏红十字》2004年第8期。

《实施办法》，红十字会干部必须先行一步，先行掌握《实施办法》的条款和内容，运用《实施办法》推动红十字会各项工作①。

综上所述，制定颁布《实施办法》是江苏红十字运动发展史上的又一重大事件，有利于全面贯彻实施《红十字会法》，确保全省各级红十字会组织依法履行职责，充分发挥人道主义救助团体的作用；有利于维护红十字会的合法权益，为红十字会的持续健康发展创造良好的环境和条件，推进全省红十字事业的法制化建设；有利于动员更多的社会力量支持和参与红十字事业，帮助灾区、贫困地区恢复和发展生产；有利于弘扬中华民族扶危济困、团结友爱的传统美德，促进社会主义精神文明建设；有利于维护社会安定，保障广大人民群众安居乐业，逐步达到共同富裕，更好地实现广大人民群众的根本利益②。

《实施办法》的出台对于江苏红十字会的未来发展也具有重要意义。可以说，它为红十字会插上了“法”的羽翼，是百十年来红十字会人的追求和梦想，她的诞生凝结着几代“博爱”人士的汗水和心血。《实施办法》的颁布和施行，标志着江苏红十字运动的发展进入了一个新的历史时期。

---

① 《各地学习宣传贯彻〈实施办法〉》，《江苏红十字》2004年第8期。

② 江苏省红十字会办公室编：《红十字工作简报》（第1期），苏州市红十字会档案，2004年“长期”，管理。

第四章　江苏红十字会“博爱工程”的整体考察

“红十字博爱系列工程”（简称“博爱工程”）是对红十字人道救助活动的经典概括，是红十字会与社会运行联系、沟通的桥梁和纽带，也是建设中国特色红十字事业理论的核心内容。改革开放以来，江苏红十字会在实现自身发展的基础上，在构建“博爱工程”的同时注重释放社会势能，关注社会问题，积极参与社会工作和社会保障。

第一节　三大“博爱工程”概述

“博爱工程”是中国红十字会根据长期的工作实践而对红十字业务集大成的总结和概括。中国红十字会作为从事人道主义工作的社会救助团体，其灾害救援、关爱生命、奉献爱心之义举源远流长。“在新的时代条件下，中国红十字会开拓进取，赋予‘传统’新内涵，逐渐形成‘博爱系列工程’。”[①] 其实，20 世纪 90 年代，“博爱工程”的概念在全国部分地方红十字会中已有一定流传，1997 年，总会六届四次理事会议充分肯定了这一提法，并正式提出创建“红十字博爱系列工程”的号召。由此，“博爱工程”理论体系框架经由业界和学界同人的共同探索而逐步清晰起来。

① 孙柏秋主编，池子华、杨国堂等：《百年红十字》，安徽人民出版社，2003，第 456 页。

一、“博爱工程”的基本内涵

“博爱工程”共包括三大组成部分：救援工程、生命工程、爱心工程。其中，救援工程包括：（1）确定与民政部门及中国国际减灾委员会的联系机制及协作方式，使红十字会担负的灾害救援任务更加定型和有序；（2）建立备灾物资的筹集、储存、管理和发放机制，对全省各地备灾救灾中心的内部管理和运作程序进行统一规范；（3）建立为救助自然灾害开展的国内募捐及非灾区红十字会支援受灾区红十字会的规范及运作方法。

生命工程包括：（1）卫生救护训练机构的设置，包括卫生救护训练学校、中心、基地，使这项工作规范化、经常化；（2）群众性救护机构的设置，包括红十字救护中心、救护站（点），使救护工作形成网络，全面扩展；（3）医疗机构的设置，包括红十字会医院、诊所、癌症康复疗养所、艾滋病防治院等；（4）无偿献血载体的设置，包括红十字会血站（血库）等；（5）联合社会力量建设中华骨髓库，提高其可持续发展的条件。以上各项事业都要制定管理规范，以切实承担起与红十字人道主义相对应的任务。

爱心工程是指：采取规范化的方式举办公益事业，通过建立老年颐乐楼、养老院、托老院、老人病（护理、康复）医院、弱（启）智儿童学校、孤儿之家、红恤班等形式，积极加入社会保障体系。那些散居在家庭中的孤老病残和因各种原因陷入困境的人群，无论社会发展到何种程度，都将不可避免地存在，而对之进行有针对性的服务，更具有现实意义①。

1998 年，总会六届五次理事会议就“博爱工程”进行了新的部署，提出要适应“国内外形势发展和要求，积极拓展人道主义救助工作领域，将创办红十字博爱系列社会工程与解决当前城乡社会的热点难点问题相结合，为政府分忧，为群众解难”。

首先，对于救援工程，主要是积极扩大和加强备灾救灾的基地建设，争取成为国家减灾、防震、扶贫等社会救济工作中的一支重要力量，发挥

---

① 顾英奇：《全面贯彻红十字法，加速两个转变，在国家两个文明建设中发挥更大作用》（1997 年 4 月 1 日），见中国红十字会总会编：《中国红十字会第六届理事会第四次会议文件汇编》，1997，第 33—35 页。

越来越大的作用。为此，“要进一步搞好备灾救灾中心（仓库）的建设，使它成为红会进行救济工作的基地和载体。已经建立的要加强管理，使它切实产生效益，发挥作用。没有建立的，应根据自身能力和条件，谋求尽早建立，特别是自然灾害多发的地区。救援工程的建设的目标是：经过若干年的努力，在全国形成备灾救灾工作基地化、网络化”。

其次，关于生命工程，重点是为保护人的生命和健康服务。“一方面，要加强红十字会医疗机构的建设，各地可普遍建立红十字卫生站（急救站），将最基层的红十字急救小组与市、县的急救中心连接起来，形成急救网络；在区域卫生规划指导下，因地制宜、灵活多样地创办一些红十字会的医疗卫生机构，如红十字会医院、医疗站、门诊部、医疗急救中心以及卫生学校等。另一方面，要加强红十字会血站的建设，在巩固和提高现有红十字会血站的同时，有条件的地方红十字会经充分论证，并报卫生行政部门批准，可开办红十字会血站并向着建成无偿献血基地的方向发展”。

再次，有关爱心工程，“则应侧重于动员群众和社会力量，开展社会服务活动，积极参与城乡社会保障工作”。会议提出了适合当时情况的几种爱心活动形式：（1）动员组织社会力量举办不同形式、内容和规模的事业实体，如孤儿院、孤儿之家、弱智儿童学校、老年护理院、养老院、抗癌家园等，对部分处于困境中的人群集中进行助养、助医、助教；（2）承担和参与公益互助性的社会保险，如给中小学生举办住院医疗保险等；（3）发扬传统做法，由基层红十字会组织会员和志愿工作者对散居在社会上的孤寡老人、病残人、孤儿和特困学生开展“献爱心、送温暖”活动①。

六届理事会任职期间，各地红十字会发挥自身优势，积极实施“博爱工程”，取得了可喜成绩。上海市红十字会的老年护理医院，北京市红十字会的“光明眼科诊所”，苏州市红十字会老年康复医院，中国红十字基金会的“97 复明行动”，鹤岗等地红十字会医院的面向社会、服务病人等活动，都以不同形式弘扬了红十字精神；山东省日照市等一些地方红十字会管理的血站，对推动无偿献血起到了良好作用。

---

① 顾英奇：《学习贯彻十五大精神　积极推进两个转变　建构有中国特色红十字事业的基本框架》（1998 年 3 月 31 日），见中国红十字会总会编：《第六届、第七届理事会主要文件汇编》，2005，第 143 页。

六届理事会任职期间，中国红十字会倡导和兴办的“博爱工程”，以积极参加国家的救灾和扶贫行动、参与初级卫生保健事业和建立城乡社会保障体系、救助最易受损害人群为目标，取得了骄人业绩。在开展传统业务的同时，红会不断拓展工作领域，以丰富多彩的实践，展现了社会救助团体的新形象。应该说，中国红十字会倡导并创建的“博爱工程”，以实实在在的人道主义救助行动，弘扬了红十字精神，产生了“启迪爱心，净化灵魂”的社会效应，促进了社会公德、职业道德、家庭美德建设，成为社会主义精神文明建设的组成部分①。

中国红十字会“七大”提出，要进一步加强“博爱工程”建设，要以“改善最易受损害群体境况”为目标，结合国家减灾扶贫攻坚计划、区域卫生规划、城乡社会保障工作，针对社会热点和难点，与社会同行，与时代同步。要积极探索总结“博爱工程”的内涵、管理体制、运作机制和发展后劲，使“博爱工程”向着规范化的方向深入发展。“七大”要求各级红会都要加强“博爱工程”和其他业务建设，要“结合本地实际，在巩固发展传统业务的同时，拓展新的领域。建立规范性的工作方法，配备和运用现代化的工作手段，提高工作效率”②；要根据实际，抓出特色，干出成绩，总结经验，逐步推广。

二、“博爱工程”的时代价值

根据总会的要求，举办系列红十字“博爱工程”一般应坚持以下原则：资金筹措实行国内募捐与国（境）外捐助相结合，以国内募捐为主；服务方式采取有偿服务与无偿服务相结合，以无偿服务为主；工程效果注意社会效益与经济效益相结合，以社会效益为主；创建途径坚持理论研讨与具体实践相结合，以实践为主的原则。可以看出，“博爱工程”的基本理念，使中国红十字会作为“从事人道主义工作的社会救助团体”的形象更加鲜明。

---

① 顾英奇：《坚持依法建会　加大改革力度　将中国红十字事业全面推向二十一世纪——中国红十字会第七次全国会员代表大会工作报告》（1999年10月11日），见中国红十字会总会编：《中国红十字会历史资料选编，1950—2004》，民族出版社，2005，第384、392—393页。

② 同上书，第384—386页。

“博爱工程”的概念虽然在20世纪90年代末提出，但其所涵盖的许多重要内容都是红十字会百年来的传统业务内容，如生命工程中的卫生救护、红十字医疗机构的设置等，救援工程中包含的救灾款物的募集、接收和发放，以及爱心工程中对老幼病残的救济与扶助等。当然，随着时代发展和社会变迁，中国红十字会的社会实践与时俱进，并且在与社会的互动和碰撞中，在不同的历史时期增加了富于时代特色的内容，特别是改革开放以后，红十字会与中国社会有了前所未有的交融与联结，许多全新的业务内容应运而生，如生命工程中无偿献血的大力推行、预防艾滋病的宣传和进入21世纪后蓬勃开展的中华骨髓库建设，救援工程中意义深远的备灾机制与募捐机制的建立，爱心工程中孤老病残等特殊群体的新型救助。由此可以说，“博爱工程”是新的时代条件下，中国红十字会开拓进取，赋予“传统”以新内涵①，是传统与现代交相辉映的重要的人道工程；“博爱工程”的创建是中国红十字运动厚积薄发的结果，是其发展到新的历史阶段的标志。同时，“博爱工程”并非一成不变，随着红十字运动实践的发展，其内容也随之进一步丰富和发展。

“博爱工程”理论的提出具有重要意义。从社会学的角度看，中国红十字运动的发展过程即为其组织运行的过程，“组织运行是指组织实现自身目标和发挥自身功能的过程”②。红十字组织因人道的理念诞生于世，人道也成为其一切活动的出发点和落脚点，从这个意义上讲，人道是红十字会最大、最基本的组织目标。中国红十字运动百年史正是坚定不移、矢志不渝地恪守人道、追求博爱、践行奉献的历史过程，而生命、救援、爱心三大“博爱工程”的提出，是对人道目标的纵深化、具体化和明确化，是中国红十字运动实践孕育出来的理论硕果，是根据中国国情对人道理念与时俱进的、客观而现实的理论解析。它让红十字“人道”的组织目标更加灵动和鲜活，充满了生机与活力。

应该说，“博爱工程”是对红十字业务内容科学而富有时代特色的界定和总结，是中国红十字运动理论发展的又一重要成果，是建设中国特色

① 孙柏秋主编，池子华、杨国堂等：《百年红十字》，安徽人民出版社，2003，第458、456页。

② 郑杭生主编：《社会学概论新修》，中国人民大学出版社，2000，第258页。

红十字事业的重要内容。“博爱工程”的创建，“使红十字会的社会救助工作逐步系统化、规范化”①。总会六届四次理事会议之后，各级红十字会坚持依法建会，开创性地开展工作，积极参与精神文明建设，展现了红十字会的新形象，在“两个转变”（性质任务和组织体制）、“博爱工程”等方面都有了新的进步和发展。

第二节　江苏红十字会的救援工程

一、江苏灾情简况

江苏位于我国大陆东部沿海地区，位居长江、淮河下游，东濒黄海。而“长江中下游江湖平原地区的主要自然灾害是洪涝、旱灾和沿海地带的风暴潮海啸等”②，江苏的灾情就是一个明证。全省“境内湖泊众多，河网、港湾纵横交错。全省地势低洼，平原洼地约占全省面积的69%，约有80%的地区行洪水位超过地面”。江苏雨量充沛，夏秋之间多风雨，约占全年雨量的一半以上。据史料记载：自公元前1766年至公元1937年的3703年中，全国共发生水灾1058次，其中江苏发生水灾151次，仅次于河南、河北；全国发生旱灾1074次，其中江苏发生旱灾100次，仅次于河北、河南、浙江、山东。1949—1987年的39年间，江苏有15年发生水灾、有6年发生旱灾、旱涝交错的年份有9年，其他还有冰雹、台风、龙卷风、地震、霜冻等灾情，正常年景仅9个年头③。

千百年来，江苏人民与各种灾害一直进行着艰苦卓绝的斗争，书写了壮丽的篇章。救灾是中国红十字会的传统业务，而“红十字会拯灾赈饥，开端于晚清时期”④。近代以来，红十字会一直是社会救灾的重要力量。新中国成立后，中国红十字会积极参与灾害的救助工作，特别是1987年，通

① 江苏省红十字会编著：《江苏红十字运动八十八年（1911—1999）》，东南大学出版社，2001，第190页。

② 杨达源：《自然灾害学》，测绘出版社，1993，第68页。

③ 江苏省地方志编纂委员会编：《江苏省志·民政志》，方志出版社，2002，第437页。

④ 池子华：《红十字与近代中国》，安徽人民出版社，2004，第193页。

过参与大兴安岭森林火灾的救助，中国红十字会的救灾工作进入了“自筹款物，自组队伍，独立工作”的新阶段[①]。1991年5月，随着《中国红十字会参与自然灾害救济工作的若干规定》出台，“红十字会救灾工作步入程序化、规范化和制度化的轨道”。作为中国国际减灾十年委员会[②]成员，中国红十字会自20世纪90年代以来，不断强化对减灾工作的参与和实践，使之逐渐形成系列“博爱工程”中的重点建设工程[③]。江苏红十字会自成立以来，即在总会的带领下，为救灾工作殚精竭虑，不遗余力，书写了救灾济民、纾难解危的壮丽篇章。

二、1991年抗洪：江苏红十字会全力投入

1991年5月以来，江苏遭受了历史上罕见的洪涝灾害，“这一年的梅雨季节比常年提前了月余，而且一反常态绵延了56天。从5月21日到7月15日，总降水量达到800～1300毫米，为往年梅雨量的3～5倍。降雨云带在江淮上空持续徘徊，使里下河、太湖湖西、秦淮河、滁河等地区连降大暴雨和特大暴雨，成为灾害最严重的地区。江苏的‘锅底洼’里下河地区一片汪洋，兴化水位7月15日达到3.35米，超过1954年历史最高水位0.26米。建湖、盐城及射阳水位自7月7日起，也都突破了历史最高水位。太湖平均水位7月7日突破历史最高纪录4.65米，7月19日达4.79米，而且前后在警戒水位3.5米以上持续了101天。太湖湖西的常州、无锡、宜兴、溧阳、金坛的水位都超过了历史最高水位0.2～0.8米……秦淮河东山水位及赤山湖水位也出现了历史最高纪录。长江干流南京站7月13日最高水位达9.69米，是上世纪以来第三个高水位。淮河7月10日入洪泽湖流量超过10000立方米每秒。7月17日蒋坝水位，在实施‘南下、东调、北分’的分洪措施后，仍高达14.06米，为仅次于1954年的第二高水位。洪泽湖和高邮湖大堤内外水位落差分别达8米和10米，恰似‘湖水天上来’，成为‘天湖’。‘君到姑苏见，人家尽枕河’的苏州古城海拔只在

---

① 中国红十字会总会编：《中国红十字会的九十年》，中国友谊出版公司，1994，第245页。

② 1989年因响应联合国的号召而成立，2000年10月更名为中国国际减灾委员会。

③ 孙柏秋主编，池子华、杨国堂等：《百年红十字》，安徽人民出版社，2003，第465页。

3～5米之间，而太湖水位却高达4.65米”①。

洪水成灾，给江苏国民经济及人民生命财产造成了巨大损失。据7月22日的不完全统计，损失夏粮20亿公斤、油菜籽1亿公斤，秋熟作物受灾面积300万公顷，其中40万公顷绝收，估计秋粮损失将达35亿公斤。有3.5万多家工矿企业和仓库进水，其中2.87万多家企业被迫停产、半停产，17726个村庄被洪水围困。有120多万户城乡居民家中进水受淹，47万多间房屋倒塌，88万多间受损，受灾人口4200万人，其中重灾民740万人。245人在洪涝灾害中丧生，1760人受伤，直接经济损失近200亿元人民币②。

面对灾情，全省各级红十字会在政府统一领导下积极参与抗洪救灾工作。早在灾害发生初期，省红十字会就与民政、卫生、气象等有关部门经常联系，密切注意水情与灾情变化。至7月中旬，省红十字会确立了“以救灾工作为中心，其他一切工作都要服从于和服务于救灾工作”的指导思想，打破机关部室界限，统一成立了省红十字会抗洪救灾小组，对全体工作人员重新分工，各司其职，全力以赴。为及时掌握第一手资料，省红十字会先后6次派人到12个灾情较重的县（市）实地了解灾情，20多次向有关市、县红十字会电话询问灾情，并多次向总会报告。常务副会长盛天任还赴京参加了总会和全国记协共同召开的抗洪救灾新闻发布会。之后，省红会又通过电话会议和书面通知的形式对全省各级红十字会进行了动员部署，要求各级红十字会把抗洪救灾作为当务之急，发动全省会员，发扬救死扶伤的人道主义精神，积极投入抗洪救灾斗争，为灾民（特别是孤老残疾者）提供救助。

为指导各地红十字会开展工作，省红十字会根据总会和中国国际减灾十年委员会有关文件精神，会同有关部门陆续发出了《进一步开展募捐活动的通知》《关于做好救灾款物发放工作的几点意见》《关于接收境外捐赠有关事宜的通知》《关于救灾物资中固定资产使用管理办法》等文件，要求各地红十字会必须在当地政府统一领导下，开展救灾工作。红十字会救灾款物的发放需与政府有关部门协商，报经当地政府或抗洪救灾领导机构

---

① 刘定汉主编：《当代江苏简史》，当代中国出版社，1999，第355—356页。

② 《江苏省红十字会抗洪救灾情况汇报》，江苏省红十字会档案，档案号：1991-002-0000-0024。

批准后，由红十字会系统组织实施。为了做好灾区防病防疫工作，兼任红十字会会长的吴锡军副省长主持了由省红十字会、省教委、团省委、省妇联等单位参加的会议，并用传真电报联合发出《紧急动员起来，迅速投入灾后防病防疫工作的通知》，要求在抗洪后方的妇女、共青团员、学生、红十字青少年投入防病防疫工作①。

各地红十字会根据省红十字会通知精神都做出相应部署。无锡市红十字会组织基层会员协助政府民政部门转移安置灾民，组织经过训练的会员到灾区参与对伤病灾民的救护。南通市红十字会在灾情发生后，迅速会同工会、共青团、妇联开展了广泛的募捐活动，在短短10多天内，共募集救灾款120余万元。淮阴市红十字会向全市会员发出了《紧急行动起来，积极参与政府抗洪救灾》的公开信，要求会员站到抗洪救灾第一线。苏州市红十字会为了发挥基层组织在抗洪救灾中的作用，组织各综合医院（团体会员单位）分别承担所在地的灾民救治任务，所辖各县（市）纷纷举办卫生救护训练班，紧急培训救护人员。南京市红十字会发动了募集药品的活动，还从专项事业收入中拨款支援灾区。金坛县红十字会是当地受灾后第一个到县政府请战的单位，并及时购买了粮食、煤炭送到灾民手中。常州市组织了680多名红十字青少年参加洪水退后环境消毒与清扫卫生突击队，积极投入灾后防病工作②。

在这次救灾中，苏州、淮阴、南通等地红十字会表现突出。苏州是这次水灾的重灾区之一，苏州市红十字会“全程投入救灾行动，部署周密，活动积极，为维护灾区人民的生命健康做出了重要贡献”。特别是在救灾款物的接收和分发工作方面，苏州市红十字会体现出“管理规范”“重点突出”“注重灾后重建工作”等特点，从而“成功地诠释了政府人道领域助手的角色”；同时，“这次救助活动使苏州市红十字会锻炼了队伍，积累了经验，为迎接更大的挑战奠定了坚实的基础”③。在之后的1998年抗洪中，苏州市红十字会的表现更为突出，与这次的经验积累不无关系。

---

① 《为努力开创我省红十字工作新局面而团结奋斗》，见江苏省红十字会编：《江苏省红十字会五届二次理事会议文件汇编》，1992，第3—4页。

② 同上书，第4—5页。

③ 杨红星：《略论苏州市红十字会’91抗洪救灾款物收发工作》，见郝如一、池子华主编：《〈红十字运动研究〉2008年卷》，安徽人民出版社，2009，第152—166页。

在同样是重灾区的淮阴，涌现出一位为群众称道的抗洪英雄——淮阴市红十字会秘书长方应登。洪灾中的淮阴情形危急，“船在堤上走，舟在屋里行”。面对灾情，年近花甲且患有高血压病的方应登义无反顾地丢下住院的老伴和久病卧床的82岁高龄的老母，号召红十字会一班人马，奔赴抗洪最前线。在他的带领下，淮阴市红十字会与卫生部门配合，先后组织了601支医疗队，派出医务人员21363人次，救治灾民30万人次①。方应登没有什么豪言壮语，只是把“抗洪救灾任务第一”放在心头，为此，他连母亲病危也不能回到她的身边，直到母亲去世1个多小时后，他才从灾情现场赶回。方应登及淮阴市红十字会的事迹受到总会的赞誉，1992年3月，在广州召开的中国红十字会五届三次理事会议上，方应登作为抗洪救灾先进典型做了经验介绍②。

南通市红十字会在特大洪涝灾害开始袭击城乡时，就主动积极地与各有关部门联系，了解灾情，及时上报，同时做好抗灾救灾的各项准备。经请示市政府同意后，市红会联合工会、团委、妇联，迅速于7月11日开展了声势较大的救灾募捐活动。由于各级党政领导的热情支持，社会各界人士反应热烈，迅速形成了募捐热潮。面对人少事多、时间紧、任务重的状况，南通市红十字会克服种种困难，夜以继日地工作，在短短的10多天中，收到市区610个单位、15万多人次捐赠的人民币120.15万元、粮票23.76万公斤，此外还直接收到香港宝通华行集团捐赠的价值7.7万美元的救灾物资。市红十字会将这些捐赠款物，连同省红十字会下拨的救灾款物及时发至灾民手中，且发放工作账册健全，手续完备，得到审计部门好评。南通市红十字会在抗洪救灾期间，还协同卫生部门开展了灾民救治和卫生防疫工作，并与台办、侨办一同走访慰问受灾的台胞、侨胞及其亲属，受到赞誉。总之，在这次灾情中，南通市红十字会主动参与救灾工作，以帮助灾民度过灾难为己任，表现出吃苦耐劳的工作精神、严谨踏实的工作作风以及热情负责的工作态度。为此，在9月16日召开的总结表彰

---

① 淮红：《抗洪救灾任务第一——记江苏省淮阴市红十字会秘书长方应登》，《中国红十字报》1992年3月13日。

② 孙柏秋主编，池子华、杨国堂等：《百年红十字》，安徽人民出版社，2003，第483—484页。

大会上，南通市红十字会被评为“南通市1991年度抗洪救灾先进集体”①。

在这次救灾工作中，全省各级红十字会配合政府卫生部门积极投入，据统计，到7月17日，先后派出红十字医疗救护队943个、3万多人次，救治伤病灾民100余万人次；派出红十字卫生防疫队806个、1.4万多人次，接受卫生宣传教育者2191万人次；全省各级红十字会共募集捐款100多万元，药品折价约40万元②。

省红十字会还通过总会进行援助呼吁，得到了红十字会与红新月会国际联合会及一些国家和地区红十字组织、团体、个人的响应，特别是香港、台湾地区各界人士，通过红十字组织多次捐赠救灾物资，总价值3000余万元，体现出炎黄子孙血浓于水的手足之情。总会孙柏秋副会长在谈到港、台同胞的赈灾义举时说：“通过我会接收的约合近3亿元人民币的救灾款物中，港、台同胞捐助的最保守的折价超过2.53亿元人民币，占总数的90%以上。”③ 港、台同胞还多次派人到灾区了解灾情，发放救灾物资，对江苏各级红十字会高效率的工作表示赞赏和信赖。另外，兄弟省、市的红十字会、团体与个人也给予江苏红十字会大量捐助。到1991年底，全省共接收境内外捐赠的物资（包括专项拨款购买的物资）1.63万多吨，折合人民币4900多万元。在省政府的领导和省抗洪救灾总指挥部的统一协调下，在民政、卫生、粮食、海关、民航、交通、银行等有关部门及驻沪办等单位的协助下，全省各级红十字会工作人员克服重重困难，不辞劳苦，加班加点，夜以继日，全力以赴，将大量救灾物资及时分发到灾民手中。

在抗洪救灾过程中，全省各级红十字会涌现出许多先进集体和个人，共评选出总会先进集体10个、先进个人55名；省红十字会先进集体16个、先进个人60名；还有众多个人和单位受到当地政府和卫生部门表

---

① 《主动参与　积极投入——南通市红十字会被评为市抗洪救灾先进集体》，《江苏红十字》1991年第10期。

② 《江苏省红十字会抗洪救灾情况汇报》，江苏省红十字会档案，档案号：1991-002-0000-0024。

③ 张虎、郑玉真：《血浓于水的深情——港台同胞赈灾救护车捐赠仪式侧记》，《中国红十字报》1992年5月29日。

彰[①]。在1991年11月召开的江苏省政府表彰大会上，省红十字会抗洪救灾小组被省委、省政府评为抗洪救灾先进集体[②]。这是对省红十字会抗洪救灾成绩的充分肯定。

特别值得指出的是，在整个抗洪救灾过程中，面对数额庞大、种类众多的救灾款物，江苏各级红十字会严格审计监督，保证了款物的顺利接收和分发，提高了红十字会的公信力。为了加强赈灾物资的管理和使用，严格接收和分发手续，省红十字会先后三次派出工作组，深入重点接收救灾物资的市县，跟踪审计、检查分发落实情况。每到一地，他们一查分发计划是否合理、分配使用是否得当、收发账册是否清楚；二查各种手续是否健全、各级收据是否完备和符合要求；三查各种救灾物资是否确实如数分发到灾区，灾民是否获益。通过严格的检查，省红十字会促进了全省红十字会系统款物收发工作的规范化。

在做好规范管理的同时，各级红十字会专、兼职干部的敬业精神更值得钦佩，他们把管好、用好救灾款物当作头等大事来抓，虽然守护着大量救灾食品，但即使在因为加班加点工作而错过吃饭的情况下也从未动过一分一毫，他们以实际行动赢得了群众的信任和赞誉。正是在全省红十字工作者的共同努力下，经全省各级红十字会分发和转运的所有救灾物资保证了“账册齐全、手续严密、分配合理、使用正确，全部分发到受灾地区，未发生挪用和截留现象”[③]。

1991年的抗洪救灾，“是中国红十字会工作重点刚刚转移到救灾工作的第一年”[④]，无论是在全国，还是在江苏，当时备灾救灾中心尚未建成，救灾设施基础薄弱，面对大的自然灾害还缺乏救灾的经验。但江苏红十字会强化救灾意识，加强对救灾工作的领导，加大抗洪救灾的宣传力度，有力地组织了全省各级红十字会参与救援，因而产生了广泛的社会影响，发挥了巨大的作用，成为改革开放以来规模空前的一次救灾活动。

---

① 《为努力开创我省红十字工作新局面而团结奋斗》，见江苏省红十字会编：《江苏省红十字会五届二次理事会议文件汇编》，1992，第5—6页。

② 《江苏表彰抗洪救灾先进单位，省红十字会成绩卓然名挂红榜》，《中国红十字报》1991年11月20日。

③ 《加强审计监督确保救灾款物到位》，《江苏红十字》1991年第11期。

④ 孙柏秋主编，池子华、杨国堂等：《百年红十字》，安徽人民出版社，2003，第487页。

三、1998 年抗洪：江苏红十字会再建新功

在经历了 1991 年的抗洪救灾磨炼后，江苏红十字会在之后历次灾害救援工作中愈益成熟。特别是在 7 年之后的 1998 年的抗洪救灾中，全省各级红十字会集中社会资源，为政府分忧，替群众解难，充分发挥了政府人道领域工作助手的作用。

（一）工作部署

1998 年是多灾之年。年初，河北张家口地区和青海、西藏部分地区先后发生严重地震和雪灾，省红十字会和丹阳、张家港两市红十字会为上述灾区及时援助了近 300 万元的棉被等救灾物资。而根据有关部门关于 1998 年可能发生特大灾害的预测，省红十字会把参与救灾作为全年的重要工作之一①。

每年的 7 月至 9 月，是江苏各种自然灾害频发的时期。1998 年入夏后，江苏大部分地区连降大到暴雨，加之江、淮上游洪水入境，全省沿江、沿淮潮位全线超过警戒水位。与往年相比，1998 年汛情来得早、来得急、来得大，形势严峻。7 月 6 日，省红十字会向各地红十字会发出《关于认真做好救灾工作的通知》②，提出如下要求：

1. 各地红十字会要强化备灾、报灾、救灾的意识。密切关注灾害发生和灾情的发展变化，同政府有关部门保持密切联系，注意新闻媒介对灾情的报道，及时向上级红十字会通报有关信息。

2. 加强救灾工作的领导和管理。各地红十字会要把备灾、救灾作为近阶段重要工作，有专人负责，按照总会不久前举办的备灾救灾和救灾财务管理培训班学习内容，规范开展工作。

3. 各地红十字会要根据省红十字会 1994 年《关于各级红十字会参与救灾工作的若干规定》和红十字医院必须成立红十字救护队的要求，积极

---

① 《江苏省红十字会 1998 年工作总结和 1999 年工作要点》，苏州市红十字会档案，1998 年“短期”1，第 3—7 页。

② 《江苏省红十字会关于认真做好救灾工作的通知》，苏州市红十字会档案，1998 年“长期”35，第 1—2 页。

配合、协助卫生部门，做好救灾防病工作。红十字医疗队应有红十字标志和旗帜。

4. 加强救灾款物和备灾救助基金的募集和管理。因地制宜地开展募捐活动，增强救灾应急能力，非灾区要支援受灾区，轻灾区要支援重灾区，以实际行动体现红十字会的互助精神。

与此同时，面对部分地区发生的洪涝及龙卷风、冰雹、暴雨等自然灾害，省及各地红会及时到灾区和抗洪第一线，慰问灾民和抗洪军民，了解和上报灾情，争取多方支援。例如，省红十字会工作人员及时到南京、镇江、句容、丹徒、江都、高邮等地，起早摸黑、冒雨涉水，了解水情灾情，援助部分救灾药品；又先后陪同国际联合会的救济代表和总会领导到南京、镇江、扬州等地进行实地查看①。随着全省范围募捐工作的展开，江苏红十字会的抗洪工作进入了关键阶段。

（二）募捐工作

在这次抗洪救灾中，社会各界踊跃捐赠，谱写了一曲曲奉献爱心的赞歌。1998 年的抗洪救灾募捐是江苏各级红十字会继 1991 年水灾后，开展的又一次大规模的赈灾募捐。

从 8 月上旬开始，全省各级红十字会开始争取和接收社会各界抗洪救灾捐赠。在新闻单位的大力支持下，在中央电视台播放民政部及总会开展募捐消息的第二天，省红十字会抗灾救灾小组即向吴锡军会长汇报，并当即通过新闻媒体率先公布省红十字会接收捐赠的联系电话、地址、账户、账号等信息。8 月 14 日，在与省级机关工委先期达成“一旦灾害形成，即在省级机关及企事业单位中开展募捐活动”的共识基础上，又与其联合印发了《抗洪救灾、贵在参与、奉献爱心、志愿捐赠的募捐倡议书》，得到省级机关、省属红十字医院干部职工和社会各界的积极响应与广泛参与②。在月余的捐赠活动中，涌现出一幕幕感人的事迹。

---

① 《江苏省红十字会 1998 年工作总结和 1999 年工作要点》，苏州市红十字会档案，1998 年“短期”1，第 3—7 页。

② 陈萍：《江苏省红十字会’98 抗洪救灾募捐情况通报》，苏州市红十字会档案，1998 年“长期”35，第 43—50 页。

在省红十字会发布捐赠消息的第二天，河海大学暑假留校的师生员工便捐款4万元；开学后，全校师生广泛动员，又募得40万元。在这次救灾中，河海大学的师生先后3次捐款，总额达59万多元，其中向省红十字会捐款就有47.2万元①。省人民医院在全院募捐动员会上，将8月份门诊挂号费连同职工捐款共32万元全部捐出；省建行系统1.8万余名职工捐款138万元，其中捐给省红十字会102万元；南京嘉腾系统电子公司几名职工自发捐款1万元，购买了20种常用药品送到省红十字会；南京一位女士在单位捐过款后，利用双休日又捐款3000元；一位年轻的父亲带着4岁儿子共同捐款1500元，其中以儿子名义捐款500元；一位不愿透露姓名及单位的民营外资企业主，雇车送来400件皮背心和一封写给抗洪一线军民的慰问信，信中说：“你们日夜守护着大堤，将千斤重担挑在肩上，将人民安危系在心间，‘人在堤在’，是你们用生命和汗水筑成了一道不垮的堤，有了你们，我们才得安全生产，我们的国家才克服一个又一个困难，走向繁荣昌盛”；省少管所十八中队的9名女少管犯，寄来1478元和一封信，信中写道：“虽然我们是大墙内失足浪子，但也是中华儿女，我们依然有一颗滚烫的爱国之心，由于特殊环境、特殊身份，家中送来的生活费有限，请收下我们这份微薄的心意，并转达灾区人民。”

中美合资苏州中化药品有限公司向苏州红十字会捐赠150万元药品，这是全省红十字会系统接收的最大一笔实物捐赠；苏州的一名小学生捐出了卖废品的几角钱，数额虽小，但反映了一颗金子般的心；旅美华人杨存国夫妇委托亲戚向苏州红十字会捐款3万元，体现了炎黄子孙血浓于水的拳拳爱心。宿迁市红恤班81名学生，是由宿豫县红十字会资助的一批孤儿，他们也捐出了自己的一份心意。这些事例，正如一位不愿透露姓名的捐赠者所说：我们的民族是一个伟大的民族，我们万众一心、众志成城，没有不可战胜的困难。

截至12月10日，全省各级红十字会共接收捐赠款物折合人民币4269.26万元，其中捐款1582.79万元、捐物折合人民币2686.47万元。省红十字会直接接收捐赠款物折合人民币878.37万元，其中捐款686.81万

① 张立明：《有难更显人间情——江苏省红十字会接收捐赠侧记》，《中国红十字报》1998年9月25日。

元、捐物折合人民币191.56万元；省红十字会收到地方红十字会上交的捐赠款物，折合人民币555.99万元，其中捐款211.18万元、捐物折合人民币344.81万元。在此期间，省红十字会还收到南京各界及昆山、江阴、丹阳等市（县）红十字会募集上交的旧衣被约30万件①。全省各市红十字会的募捐成绩具体见表4-1所示。

表4-1　1998年抗洪救灾各市红十字会募集款物情况统计表

（截至1998年12月10日）

城　市	捐款（万元）	捐物（折合人民币，万元）
南　京	118.28	1084.08
镇　江	92.84	288.53
常　州	0.03	
无　锡	120.98	29.03
苏　州	240.60	851.83
扬　州	15.73	52.28
南　通	198.64	163.05
淮　阴	21.54	4.30
盐　城	47.40	0.16
徐　州	33.68	18.45
连云港	6.15	
宿　迁	0.11	

资料来源：《1998年抗洪救灾各市募集款物情况》，苏州市红十字会档案，1998年"长期"35，第10页。

由表4-1可知，南京、苏州两市红十字会募捐成效尤为突出，接收捐赠款物总计均超过了千万元，这与两地红十字事业的发展水平和影响力，以及当地社会经济环境有很大关系，当然更离不开两地红十字会的大力宣传和依法运作。例如，苏州红十字会在募捐行动中行动早、规模大，并进

① 陈萍：《江苏省红十字会'98抗洪救灾募捐情况通报》，苏州市红十字会档案，1998年"长期"35，第43—50页。

行了全社会动员。早在7月11日，昆山市红十字会就将AB集团捐赠的价值80多万元的救灾物资发往当时受灾较重的江西、福建、广东等省[①]，这不仅是苏州地区最早开展的募捐活动，而且“是入汛以来，江苏省向省外最大的一批捐赠”[②]。

（三）款物分发和监督管理

在救灾款物的分发方面，江苏红十字会坚持抗洪救灾全局观念，尊重捐赠者意愿，使每一笔爱心捐赠都能发挥最大效益。入汛后，省红十字会主动加强与省民政厅、卫生厅及省防汛抗旱指挥部的联系，全面了解全省洪涝险情及其他自然灾害灾情，了解灾区群众需求。为了使有限的捐赠款物发挥最大效益，根据国际红十字运动及中国红十字会有关规定，省红十字会向省防汛抗旱指挥部通报接收款物情况，征求分配意见，促进了款物的科学使用，保障其全部用于抗洪救灾。

除定向捐赠外，省红十字会将南京、镇江、扬州列为重点支援地区，共援助款物408.82万元，同时兼顾其他灾区。例如，8月下旬苏北一些地区遭受龙卷风袭击，造成人员伤亡及群众财产损失，省红十字会当即向灾区派出赈灾慰问组，先后提供了数十万元款物援助。在沿江的抗洪抢险中，解放军、武警官兵用血肉之躯捍卫着国家财产和群众生命安全。省红十字会先后两次征求省军区意见，了解抗洪官兵的需求，分3组赶赴抢险一线慰问官兵，转赠了价值110多万元的衣物、生活用品和药品。截至12月10日，全省各级红十字会共分发捐赠款物折合人民币4020.17万元，占接收捐赠总数的94%，其中通过省红十字会分发的款物1281.03万元，分发旧衣被30万件[③]。

与此同时，省红十字会先后多次下发通知，要求各地红十字会严格遵循国际联合会及总会灾害救济原则与条例开展工作。如12月7日，省红十

---

① 《苏州市红十字会1998年抗洪募捐赈济救灾工作总结》，苏州市红十字会档案，1998年“永久”1，第42页。

② 苏宏轩：《江苏AB集团向省外灾区捐赠八十四万元服装》，《江苏红十字》1998年第7期。

③ 陈萍：《江苏省红十字会’98抗洪救灾募捐情况通报》，苏州市红十字会档案，1998年“长期”35，第43—50页。

字会发布了《关于再次强调严格救灾款物发放的通知》，要求各地在发放救灾款物时，严格遵循有关原则，合理分配，无偿用于贫困灾民；必须通过各级红十字会实施，不得交给其他部门分配，不得截留、挪用[①]。省红十字会对每一笔捐赠均进行登记，开具收据，专户存储，专账核算，以简报形式或通过新闻媒体向社会通报捐赠款物接收和使用情况，对每一批款物分发均注明来源，并通报省审计厅、民政厅或卫生厅等有关部门，主动接受社会监督。4个月中，省红会接受了省审计厅的两次审计，审计结果认为："红十字会在人手少、工作量大、时间紧张的情况下，为抗洪救灾做出了一定贡献，做到账账、账款、账物一致，未发现贪污、私分、挪用问题。"[②] 此外，在1998年抗洪救灾中，各级红十字会还协助、配合卫生部门向灾区派出红十字医疗队1924个，救治伤病员6.4万人次。

总之，在1998年抗洪救灾中，江苏红十字会表现出色，涌现出众多的先进集体和个人。全省红十字会系统有2名干部被推荐为卫生部表彰的抗洪救灾先进个人，受到总会表彰的有1个集体、5名个人。1998年12月，省红十字会召开抗洪救灾暨募捐表彰大会，表彰了24个先进集体和75名先进个人，对45名捐赠达5000元以上的个人授予"中国红十字会荣誉会员"称号[③]。

（四）1998年抗洪救援新特点

与1991年抗洪相比，1998年的抗洪有了新的变化。首先，虽然说这一年洪水依然来势汹汹，险情重重，但"由于江苏省委、省政府领导重视沿江沿湖堤坝基础设施建设，加上抗洪抢险军民的严防死守，长江数次洪峰虽对沿江地区造成了严重威胁，但并未造成严重损失"。因此，如果说1991年抗洪，江苏红十字会基本上属于"自救"的话，那么1998年在"自救"的同时，江苏红十字会又把相当一部分力量用到了"救他"上面，

---

① 《关于再次强调严格救灾款物发放的通知》，苏州市红十字会档案，1998年"长期"35，第15页。

② 陈萍：《江苏省红十字会'98抗洪救灾募捐情况通报》，苏州市红十字会档案，1998年"长期"35，第43—50页。

③ 《江苏省红十字会1998年工作总结和1999年工作要点》，苏州市红十字会档案，1998年"短期"1，第3—7页。

这是一个重要的转变。全省红会系统“本着一方有难、八方支援，轻灾区支援重灾区精神，先后支援湖北、湖南、江西、安徽、内蒙古、吉林、黑龙江等兄弟省市款物折合人民币1720.89万元，占接收捐赠总数的40%。为保证援助物资及时运送以上地区，省红十字会和苏州、镇江、江阴等市红十字会多次派员随车前往灾区，日夜兼程，将援助物资送往灾区红十字会”[①]。其中，苏州红十字会表现尤为突出。在这次水灾中，苏州虽处于灾区范围，但因水利设施坚固，全市城乡有灾而无险，受灾而无害。然而苏州市红十字会在此次抗洪救灾中依然心系灾区，积极做好募捐赈济工作，表现出色[②]。例如，为及时稳妥地将救灾物资运抵重灾区江西九江，市红十字会郝如一副会长亲自督运，日夜驰行，历时20小时，行程900公里，将价值226万元的医疗和消毒用品安全送抵目的地[③]。在这一行动的背后，是苏州红十字会和社会大众的一片爱心和奉献精神。

其次，与1991年相比，江苏红十字会的整体抗灾能力有了全面的提升。例如，“1991年特大洪灾，我会接受救灾款物近7000万元，90%以上来自国际联合会、总会和我国港、台地区的捐赠”；而“1998年‘三江流域’特大洪灾，全省红十字会接受捐赠款物4020多万元，90%以上则来自省内各界捐赠”[④]。这个不同寻常的变化首先与7年来江苏社会经济的发展有着重要关联，其次与江苏红十字会实力和影响力的增强密不可分，红十字人道主义随着各级红十字会诸多活动的开展逐渐深入人心。此外，与备灾救助基金的建立和救灾备灾中心的成功运作不无关系。据统计，在1998年抗洪中，“省红十字会救灾备灾中心在救灾物资接收、储存、整理和发运中发挥了重要作用，装卸、储存、发运各种救灾物资337车，其中各种衣被80多万件、药品463箱”[⑤]。

---

① 陈萍：《江苏省红十字会’98抗洪救灾募捐情况通报》，苏州市红十字会档案，1998年“长期”35，第43—50页。

② 沈燕燕：《略述’91抗洪救灾中苏州市红十字会的募捐赈灾活动》，见郝如一、池子华主编：《〈红十字运动研究〉2008年卷》，安徽人民出版社，2009，第145页。

③ 郝如一：《20小时日夜兼程900公里，苏州市红十字会首批救灾物资运抵九江》，《中国红十字报》1998年8月28日。

④ 张立明：《红十字人道事业：改革与发展管见》，合肥工业大学出版社，2013，第147页。

⑤ 《江苏省红十字会1998年工作总结和1999年工作要点》，苏州市红十字会档案，1998年“短期”1，第3—7页。

再次，在1998年抗洪中，全省各级红十字会的配合更加紧密，省红十字会居中调配救灾资源，统筹全省红十字会的救灾行动。各地红十字会在做好当地救灾工作的同时，还将一定数量的款物送交省红十字会（见表4-2），增强了省红十字会的救灾力量，有力地支援了省内外的重灾区，取得了较好的成效。

表4-2 各地红十字会救灾款物送交省红十字会情况统计表

（截至1998年12月31日）

市（县、市）	捐款（元）	捐物（折合人民币，元）	合计（元）
丹阳	81824.09	207000.00	288824.09
无锡	650000.00		650000.00
锡山	195319.40		195319.40
江阴	256631.65	860383.60	1117015.25
苏州	152677.41		152677.41
吴江	3788.50		3788.50
昆山		1221293.60	1221293.60
高邮	8662.00		8662.00
靖江	44849.60		44849.60
南通	609631.33	949872.00	1559503.33
通州	164818.39	6420.00	171238.39
海门	15780.88	203160.00	218940.88
淮阴县	25600.00		25600.00
淮阴市	15870.00		15870.00
盱眙	41241.40		41241.40
盐城	126455.20		126455.20
徐州	10379.39		10379.39
连云港	72178.00		72178.00
合计	2475707.24	3448129.20	5923836.44

资料来源：《1998年抗洪救灾各地募集款物上交省红十字会情况》，苏州市红十字会档案，1998年“长期”35，第11页。本表在此基础上进一步整理而成。

据统计，截至1998年12月31日，省红十字会接收捐赠款物总计14699103.38元[①]，而从表4-2中可以看到，各地红十字会送交省红十字会的款物即有5923836.44元，占40.3%。最重要的是，这种全省统一协调沟通的机制，有利于对整体救灾工作的掌控，其意义已不仅仅局限于救灾款物的处理了。

第三节　江苏红十字会的生命工程

一、遍布江苏的卫生救护网

红十字运动起源于战地救护。卫生救护“是红十字会与红新月会国际联合会四项核心任务之一；是《红十字会法》赋予红十字组织的七项职责之一；也是中国红十字会‘生命工程’的重要内容。我国红十字组织依法开展现场救护及培训工作，经过培训的红十字救生员在参与自然灾害救助、处理突发事件、保障安全生产、普及救护知识、提高群众自救互救能力方面发挥了积极作用，为保护人的生命和健康做出了贡献”[②]。

（一）卫生救护的目标：群众性自救互救网络

与医疗卫生部门的临床治疗相比，红十字会的卫生救护多针对自然灾害、突发意外事件等造成的伤害，因此具有应急性的特点，属于院前急救范畴，即在医生和正式急救人员到来之前，由临时救护人员对一些由于疾病、外伤及灾害等所引起的突发性伤害进行就地应急处理[③]。“院前急救是急诊医疗体系中非常重要的一部分，对于一些紧急危重伤员，最

---

① 《省红十字会1998年抗洪救灾收支情况》，苏州市红十字会档案，1998年“长期”35，第14页。

② 《中国红十字会〈关于广泛深入开展救护工作的意见〉》，《中国红十字年鉴》编辑部编：《中国红十字年鉴·2005/2006》，台海出版社，2007，第78页。

③ 中国红十字会总会编：《红十字手册》，辽宁科学技术出版社，1988，第183页。

宝贵的抢救时机在院前”①。如果院前急救工作得当，“约8%左右的各种急诊危重患者只要采取综合的复苏措施和确定性抢救治疗，即能够从根本上迅速有效地阻断各种严重危及患者生命的病理生理过程，及时纠正各系统功能紊乱状态”②。也就是说，有大约8%的急症患者的生命掌握在院前急救这一环节。红十字会开展的卫生救护，其目标就是针对这一环节中的救护，从这个意义上讲，红十字会的工作是对卫生部门医疗工作的有益补充和延伸。

“在我国现行体制下，医院对群体性突发事件的预警与救援机制还是以各大城市医院院前急救队伍为基础”③。虽然突发事件中，大部分地区都有“120”“999”及国际“SOS”等专业救护组织的职业救护人员积极参与，但面对急救工作中命悬一线的“黄金四分钟”“白金十分钟”等生命关节点，他们往往无可奈何，因为“即使再健全的城市急救网络系统，配备有再充裕的急救专业人员，在真正发生危重急症和意外伤害的现场，他们也不可能立即出现”④，原因在于城乡的交通状况、急救站点的布局等客观因素，必然存在一定的呼叫反应时间⑤。这一情况在心肺复苏工作中有着更加突出的反映。

心肺复苏（CPR）是针对呼吸和心搏骤停（即医学上的猝死）的一种急救方法，其精髓是及时、有效，因为“呼救响应间期、呼救反应间期和开始现场抢救时间是院前心肺复苏成功的核心问题”⑥。心肺复苏的成功率很大程度上取决于开始对患者实施复苏的时间（见表4-3所示）。

---

① 王位琼、岑美珠等：《急诊病人及家属对急救相关知识掌握情况的调查》，《家庭护士》2008年第9期。

② 李希宁：《6756例院前急救病例调查分析》，《川北医学院学报》2008年第2期。

③ 陈抗侵、周勇等：《重庆市涪陵区群体性突发事件医疗急救情况调查》，《现代医药卫生》2008年第13期。

④ 李宗浩：《救死扶伤，“第一目击者”在现场》，见中国红十字会总会编：《博爱中国——来自博爱论坛的声音》，中央广播电视大学出版社，2008，第46页。

⑤ 王坤、刘兰秋、王亚东：《试论公众现场急救》，《首都医科大学学报》2008年社会科学版增刊。

⑥ 贾晨光、宋建亭：《29例猝死患者院前急救体会》，《中国危重病急救医学》2006年第7期。

表4－3　心肺复苏的成功率与实施复苏时间的关系表

复苏开始时间（分）	复苏成功率
<1	60%
1～2	45%
2～4	27%
＞6	20%

资料来源：金锦春：《心肺复苏术现场急救要义》，《上海消防》2002年第7期。

在现实生活中，心跳、呼吸骤停可发生在任何时间、任何地点和任何人身上。据不完全统计，大约有70%此类患者发生在院外[①]，而“一般救护车最快到达事故现场需要15分钟”[②]，如果单纯指望急救人员的救援，很多患者的生还机会微乎其微。但如果在急救人员到来之前，“第一目击者”在第一时间对患者施以心肺复苏术，那么患者生还的希望就大大提高。而这“第一目击者”，可能就是家人、朋友、同事，甚至是路人等。

红十字会在和平时期的卫生救护工作，最主要的内容就是组织卫生救护培训，建立群众性自救互救网络。群众性自救互救网络建设，是“通过对各行各业人群普及现场、初级急救知识，使他们掌握初级急救技能，在日常生活中发生疾病或在突发事件中，在专业抢救力量没有赶到之前或因专业救护力量难以满足现场初级急救的需要时，由这些经过培训并掌握一定初级救护技能的社会人群，因地制宜，利用一切现场简易器具物品，抢救伤员，最大限度地降低死亡率，减轻伤害程度和伤员痛苦”[③]。

卫生救护培训的主要内容是“四大急救技术”和心肺复苏技术。“四大急救技术”包括止血、包扎、固定、搬运，心肺复苏是用于呼吸和心跳骤然停止的一种急救方法。红十字会的“四大急救技术”和心肺复苏训练具有现场性、群众性和初级性的特点。所谓现场性，指经过红十字会培训的急救员都能在伤害、事故、病痛发生的地点，也就是伤病、事故发生的

① 林丽峰：《心肺复苏院前急救成功率的影响因素探讨》，《当代护士》2008年第8期。

② 《95%“第一目击者”不会急救　市红十字会将进社区开展呼救常识培训》，《连云港日报》2005年5月9日。

③ 孙柏秋主编，池子华、杨国堂等：《百年红十字》，安徽人民出版社，2003，第523页。

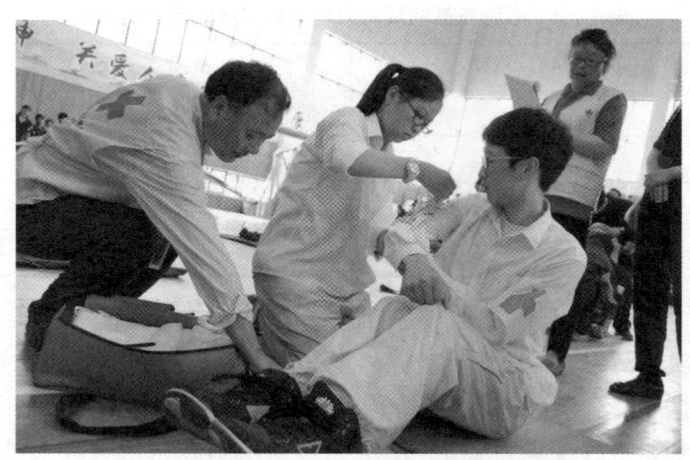

红十字急救员进行现场救护演习

现场实施抢救；所谓群众性，指接受救护训练的人员是处在事发、病发现场的或最先到达现场的人，即与伤者、病者一样都是普通群众；所谓初级性，指训练的内容和救护措施是最基本的、最简单的和最要紧的①。

1987年，总会要求各地红十字会在开展卫生救护训练时，根据不同行业的特点，有选择地增加中暑、溺水、触电、食物及药物中毒等急救内容，以增强卫生救护的实用性②。卫生救护培训的主要对象应首先是处于事故现场或易于最先到达事故现场的人员，如公交系统的列车员、船员、司售人员，民航系统的机组人员，宾馆、饭店和商店的服务人员、营业员及旅游系统的导游、司机等。这些人员经过短期（一般3～5天为1期）培训后，掌握了一般卫生救护知识和急救技术，可以成为群众性急救网络的骨干力量③。红十字会卫生救护培训的目标，就是“有计划、有步骤地在全国城乡形成一个院前的，同卫生部门县、乡、村三级医疗预防保健网

① 曲折主编：《中国红十字事业》，广东经济出版社，1999，第131—132页。

② 《总会与有关部（局）联合发出通知，要求各地积极开展群众性卫生救护训练》，《中国红十字报》1987年3月5日。

③ 中国红十字会等部门：《关于开展群众性卫生救护训练的通知》，苏州市红十字会档案，1987年“长期”92，第3页。

相衔接的群众性自救互救网络”[①]。

（二）江苏红十字会的卫生救护工作

江苏红十字会的卫生救护工作起步较早，复会时期的卫生救护工作“不仅提高了医疗单位中医务人员的急救专业水平，同时也为基层单位建立群众性救护网络，提供了技术和组织保证”。这一时期的工作多以师资培训及在医疗卫生系统内的普及为主，社会性、群众性不足。基于此，1985 年 7 月召开的省红十字会“四大”提出，卫生救护工作要在继续培训师资的基础上，首先“开展救护训练和群众性的救护活动”，“组织专业和群众相结合的急救网络”[②]。

1. 四届理事会任职时期

1987 年 1 月，总会明确提出了经过二三十年的努力，在全国城乡逐步建成群众性救护网络的战略设想[③]。而江苏在此之前已有动作，1986 年 5 月，省红十字会受总会的委托，在苏州举办了南方 12 省心肺复苏师资训练班，为江苏培训急救医师 34 名[④]。

1986 年 8 月，针对各类伤亡事故多发而群众性救护技能不足的情况，省红十字会与省交通厅、商业厅、卫生厅、公安厅联合发布《关于开展群众性救护训练的通知》，提出以公安、交通、商业等事故多发和与伤害接触频繁的部门为试点，拓展群众性救护训练的范围；同时提出了切实可行的行动步骤，确定“通过三四年的努力，使我省公安系统多数单独执行任务的交通、治安、刑侦干警，交通监理人员和汽车、轮船驾驶员逐步得到普及训练，使群体工作的公安系统的消防队，商业系统大、中型商店的商品部，以及旅社、饭店，都能有一至二名工作人员接受训练，并能正确掌握和运用”。这一《通知》提出了开展群众性救护训练的目标，为“四

---

① 《中国红十字会九十年代工作纲要》，国务院法制局、中国红十字会总会编：《中华人民共和国红十字会法使用手册》，中国友谊出版公司，1994，第 238 页。

② 盛立：《江苏省红十字会第四次代表大会工作报告》，苏州市红十字会档案，1985 年“长期”44，第 21、29 页。

③ 孙柏秋主编，池子华、杨国堂等：《百年红十字》，安徽人民出版社，2003，第 523 页。

④ 《江苏省红十字会 1986 年工作情况和 1987 年工作计划》，江苏省红十字会档案，档案号：1986-002-0000-0023。

大”后全省卫生救护工作的开展指明了方向[①]。

按照《通知》要求，1986 年 12 月，省红十字会与有关部门首先举办了“江苏省公安、交通、商业系统急救师资训练班”，74 名学员经考核全部结业，为下一步大规模的群众性培训奠定了基础[②]。在这一时期，镇江红十字会在公安系统的培训工作在全省乃至全国成为典范。

据统计，1986 年，江苏各地红十字会除积极举办心肺复苏培训班，培训学员 3542 人次外，还先后举办水上救护、战地救护、“三防”救护、触电救护训练班及卫生知识讲座，有 650 多人接受训练[③]。

从 1987 年开始，江苏红十字会的卫生救护训练由师资培训逐步转向行业性、地区性、群众性的普及训练阶段[④]。例如，为编织群众性的卫生救护网络，南京市在航运、电力、建筑、厂矿、街道等部门和地区的群众中扩大培训对象，在近两年的时间里，仅供电、化工、造船等单位就先后抢救了 6 名心跳、呼吸骤停的患者和 2 名掉入废乙炔水池而窒息的儿童。镇江市红会在公安系统，徐州市红会在商业、煤矿系统，连云港市红会在电力系统，南通市红会在外事部门，无锡市红会在公安、交通、商业、纺织系统都开展了群众性卫生救护普及训练。接受训练后的学员已将所学知识运用于实际工作中，并取得了一定的社会效益。还有一些部门主动联系红会，要求红会传授救护技术。例如，南京市体委做出“没有配备合格救生员的游泳池不准开放”的规定；在全市各种体育比赛、节假日游园以及其他大型群众集会活动中，主办单位都主动邀请市红会组织卫生救护队进行现场救护保障；南京旅游学校结合专业特点，把饮食卫生、救护训练等作为必修课列入教学计划。一些地区群众性的卫生救护网已初具雏形，如在南通市红会的倡导与努力下，位于人民西路上的 93 家单位联合组成了“一条街卫生救护网”。

---

① 该《通知》还得到总会的高度重视，正是在这一《通知》的基础上，1987 年 2 月，总会联合卫生部、公安部、铁道部、交通部、商业部、中国民航总局、国家旅游局联合发出了《关于开展群众性卫生救护训练的通知》。

② 《省红十字会举办公安、交通、商业急救师资训练班》，《江苏红十字》1986 年第 12 期。

③ 盛天任：《在江苏省红十字会四届二次理事会议上的工作报告》，江苏省红十字会档案，档案号：1986-001-0000-0008。

④ 江苏省红十字会编著：《江苏红十字运动八十八年（1911—1999）》，东南大学出版社，2001，第 132 页。

据统计，1986—1987年，江苏各地群众接受红会训练的达462209人次，其中接受一般卫生知识训练的394587人次、“四项技术”训练的14526人次、“三防”训练的1491人次、水上救护训练的2603人次，参加心肺复苏训练的19303人次，参加输血等其他训练的23699人次[①]。

1988年，在群众性卫生救护工作普遍开展的情况下，全省各地红十字会结合实际制定出规章制度或单项行政规定。同时，普及卫生救护知识与技能所取得的社会效益也进一步彰显。

总之，在各级红十字会的努力下，四届理事会任职时期，全省共举办各类培训班7220次，受训人数56.9万人次。“经过训练的红十字会会员已成为人民安全生产、生活方面的一支现场初级急救力量”[②]，受到了社会的广泛赞誉。

2. 五届理事会任职时期

1990年，总会“五大”提出了“用二三十年实现群众性的现场急救网络”的目标[③]。1990年7月，省红十字会“五大”召开，提出了“一个重点，两个网络”的工作目标，其中的“一个网络”即是进一步建立和完善卫生救护网[④]。卫生救护工作还要与“2000年人人享有初级卫生保健”的目标结合起来，因此“各级红十字会要继续巩固在现有各行业、各系统的培训成果，确立长远目标，制定规划，把群众性的救护培训工作搞得更好。同时，条条块块相结合地不断扩大培训覆盖面，逐步向电力、交通、矿井、建筑、公安、旅游、公用事业等行业发展，逐步向街道地区发展，逐步实现卫生救护网络化”。应该说，“五大”为全省的卫生救护工作指明了方向[⑤]。

---

① 江苏省红十字会编：《江苏省红十字会四届三次理事会的工作报告（审议稿）》，1988年3月14日。

② 盛天任：《群策群力，奋发进取，努力开创我省红十字工作新局面》，《江苏红十字》1990年第8期。

③ 《谭云鹤副会长在中国红十字会全国代表大会上的讲话》，《中国红十字报》1990年3月20日。

④ 吴锡军：《吴锡军同志在江苏省红十字会第五次代表大会上的讲话》，《江苏红十字》1990年第8期。

⑤ 盛天任：《群策群力，奋发进取，努力开创我省红十字工作新局面》，《江苏红十字》1990年第8期。

还在“五大”召开之前的1990年1月，省红十字会就与省公安厅在《关于转发中国红十字会总会、公安部〈在机动车驾驶员中开展卫生救护训练情况的简报〉的通知》中，要求各地红十字会、公安部门密切配合，“加强对此项工作的领导，有计划、有步骤地把救护训练开展起来，并逐步做到制度化”①。4月和8月，省红十字会又联合省体委、卫生厅和电力工业局分别发出《关于加强游泳场所安全救护工作的通知》② 和《关于在电业职工中开展群众性“紧急救护法”训练的通知》③，不断拓展培训工作领域。

五届理事会任职期间，为加强对各种卫生救护训练的领导与协调，全省大部分市、县建立了以分管领导（红十字会会长）为首的，公安、交通、卫生、劳动等部门参加的救护培训领导小组，统一协调本地的救护培训工作，奠定了培训工作系统化和规范化的组织基础。如南京、南通、无锡、苏州、徐州、连云港等市建立了区域性的卫生救护网络，由区、街道分管领导以及红十字会共同组成救护网络领导小组，以区或地区的医院为龙头、街道卫生院为骨干、辖区内各单位卫技人员及居委会卫生院为基础，建立地区救护总队，划块建立救护分队，联点成网，明确职责，分工负责，经常进行拉练演习，不断提高救护技能，在辖区内的意外伤害事故中发挥了积极作用，受到群众称赞。

经过4年努力，机动车驾驶员及电工等的普及培训、考核、发证工作，在全省范围内展开。几年中，培训工作一年一个台阶，不断推进。1990年，全省共有15649人经考核合格取得初级卫生救护培训合格证书，共进行心肺复苏、四项技术培训5.89万人次，水上救护1241人次，接受卫生知识学习70余万人次④。1991年，全省共有28680人取得证书，共进行心肺复苏、四项技术培训78694人次，水上救护842人次，接受卫生知识教

① 《关于转发中国红十字会总会、公安部〈在机动车驾驶员中开展卫生救护训练情况的简报〉的通知》，苏州市红十字会档案，1990年“长期”144，第1页。

② 《关于加强游泳场所安全救护工作的通知》，苏州市红十字会档案，1990年“长期”144，第10页。

③ 《关于在电业职工中开展群众性“紧急救护法”训练的通知》，苏州市红十字会档案，1990年“长期”144，第18页。

④ 《江苏省红十字会1990年工作总结》，苏州市红十字会档案，1990年“短期”2，第6—7页。

育116.55万人次[①]。1992年，全省共进行心肺复苏和四项技术培训80292人次，水上救护培训1031人次，接受卫生知识教育209.388万人次[②]。据统计，五届理事会任职期间，全省共进行以外伤救护四项技术和现场心肺复苏为主要内容的普及培训34万次，普及水上救护培训4700多人次，一般卫生知识教育480余万人次[③]。

从“1992年开始，结合村卫生室建设，江苏省红十字会在全省主要公路沿线，有计划地进行救护网点建设，把救护网扩展到公路沿线的农村”[④]。到1994年，“全省已设置救护点600余个。仅连云港市连云区境内的救护点，一年就救治各种伤病患者82人；大丰县境内的救护点建点仅三个月，即处理了交通事故伤员32人；东海县境内的救护点24小时有人值班，大大地方便了各类伤病患者；丹阳市境内312国道沿线红十字救护点，处理了几十起交通事故伤员，谢绝额外费用”。

由上述可知，五届理事会任职时期是江苏红十字会卫生救护工作发展的关键时期，群众性卫生救护培训网的建设取得了重大成就，为之后的发展奠定了基础。

3. 六届理事会任职时期

1994年，省红十字会“六大”提出，要“继续做好群众性现场初级卫生救护”，“积极开展以四项救护技术和心肺复苏为基本内容的卫生救护训练，在扩展行业卫生救护培训的同时，注意原有行业的补训与复训工作，继续抓好救护网络建设，要有计划地推广县、区公路干道救护网点的经验，发挥原有网点的作用，争取扩大新网点，使红十字卫生救护网成为三级医疗卫生网的延伸与补充”[⑤]。

“六大”是“江苏省红十字会史上的一个里程碑”[⑥]。六届理事会任职

① 《为努力开创我省红十字工作新局面而团结奋斗》，见江苏省红十字会编：《江苏省红十字会五届二次理事会议文件汇编》，1992，第7—9页。

② 陈萍：《解放思想，转变观念，进一步开创红十字会工作新局面》，见江苏省红十字会编：《江苏省红十字会五届三次理事扩大会议文件汇编》，1993，第9—10页。

③ 《全面贯彻红十字会法，加速发展江苏的红十字事业》，《江苏红十字》1994年第7期。

④ 江苏省红十字会编著：《江苏红十字运动八十八年（1911—1999）》，东南大学出版社，2001，第136页。

⑤ 《全面贯彻红十字会法，加速发展江苏的红十字事业》，《江苏红十字》1994年第7期。

⑥ 江苏省红十字会编著：《江苏红十字运动八十八年（1911—1999）》，东南大学出版社，2001，第181页。

期间，全省卫生救护工作发展到了一个新阶段。按照“六大”的要求，省红十字会于1994年3月向各地红十字会发出《关于对公路沿线红十字救护点管理的几点意见》，对救护点的“名称及标志设置”“组织”“任务”等提出了要求，以“使红十字救护点管理逐步规范化”[①]。为配合红十字会工作，省财政厅、物价局于1994年12月联合发文，明确了红十字会开展救护培训等方面服务的收费标准[②]。

六届理事会任职期间的卫生救护工作，主要体现在以下几个方面。

其一，拓展和完善救护网络。全省各级红十字会为救护培训工作的顺利开展和取得成果做了多项工作。省红十字会主要着手为基层提供师资和统筹规划。1996年，省红十字会配合省电力局举办了两期“心肺复苏”培训班，培训了电力系统100多名安检员和业务骨干[③]。1997年10月，省红十字会举办了红十字卫生救护普及培训教员学习班，全省各地29位专职干部及兼职教员参加了学习[④]。2000年，省红十字会与台湾高雄市红十字组织合作，在南京举办了一期水上救生员培训班，12个市的25名学员参加培训。2000年5月，为规范全省的培训工作，省红十字会拟定了《江苏省红十字会初级卫生救护培训规范》[⑤]。为推动群众性救护培训，省红十字会还与省电视台联合摄制了6集科普片《创伤的现场救护》，社会反响良好[⑥]。

各地红十字会也结合救护培训做了大量工作。1995年，常州市红十字会组织了包括部队在内的20多个单位参加的大规模救护演习[⑦]。徐州市红

---

① 《关于对公路沿线红十字救护点管理的几点意见》，苏州市红十字会档案，1994年“长期”9，第1—3页。

② 江苏省红十字会编著：《江苏红十字运动八十八年（1911—1999）》，东南大学出版社，2001，第201页。

③ 陈萍：《大力推进人道救助事业 主动参与社会保障和精神文明建设》，苏州市红十字会档案，1997年“长期”19，第14—15页。

④ 江苏省红十字会：《红十字工作简报》1997年第7期，苏州市红十字会档案，1997年“短期”5，第28页。

⑤ 《关于征求〈江苏省红十字会初级卫生救护培训规范〉意见的函》，苏州市红十字会档案，2000年“长期”33，第7页。

⑥ 陈萍：《奋发有为，与时俱进，开创江苏红十字事业新局面》，苏州市红十字会档案，2002年“长期”27，第47页。

⑦ 《抓住机遇，依法兴会，开创红十字事业新局面》，见江苏省红十字会编：《江苏省红十字会六届二次理事（扩大）会议文件汇编》，1996，第13页。

十字会向全市200多名出租车驾驶员赠送了急救包，受到欢迎。2000年，南京市红十字会为便于基层组织开展技术培训，编制了“四项急救技术操作方法”挂图；同时还把提高基层红十字会干部的现场救护技能与继续教育学分结合起来，对全市9区、5县的68名基层干部进行培训，并为考核合格者颁发了继续教育学分证书。

群众性自救互救网络在向纵深发展的同时，范围也在不断拓展。首先，机动车驾驶员的培训工作得到了进一步发展。1998年5月，省红十字会与省公安厅联合发出《关于对机动车驾驶员全面进行卫生救护培训的通知》，要求“各级公安交管部门及红十字会要提高对在机动车驾驶员中开展救护培训意义的认识，加强领导，互相配合，共同把此项工作抓紧、抓实”。为使此项工作落到实处，《通知》还提出：“对经过培训并考核合格者由县以上红十字会颁发‘卫生救护培训合格证’，对熟练掌握急救技能并考核合格者颁发中国红十字会制作的‘急救员证’。”[①] 这一系列措施的推行，有助于推进机动车驾驶员培训工作的制度化和规范化[②]。在此基础上，卫生救护训练覆盖面进一步扩大。1995年，吴江市率先在建筑行业开展救护培训[③]。无锡、苏州、盐城、南京、连云港、镇江等市红十字会还将救护培训进一步拓展到电工、餐饮服务员、水上救护员、建筑工人、高速公路交警、消防指挥学校毕业生和高中学生、离退休干部家属等特殊工种及部分人群中[④]。2000年，江阴市红十字会联合家政服务单位，共同举办了“急救与家庭护理培训班”，一方面为下岗待业人员创造了就业机会；另一方面提高了家政服务人员的素质，拓宽了救护培训的范围[⑤]。

在各级红十字会的共同努力下，救护培训业绩喜人。1995年，全省接

① 《关于对机动车驾驶员全面进行卫生救护培训的通知》，苏州市红十字会档案，1998年“长期”30，第10—11页。

② 《江苏省红十字会2000年工作情况和2001年工作要点》，苏州市红十字会档案，2000年“短期”1，第4—5页。

③ 《抓住机遇，依法兴会，开创红十字事业新局面》，见江苏省红十字会编：《江苏省红十字会六届二次理事（扩大）会议文件汇编》，1996，第13页。

④ 《江苏省红十字会1998年工作总结》，江苏省红十字会档案，档案号：1999-001-0000-0026。

⑤ 《江苏省红十字会2000年工作情况和2001年工作要点》，苏州市红十字会档案，2000年“短期”1，第4—5页。

受以救护四项技术及现场心肺复苏术为主要内容的普及培训达38万多人次[①]。1998年，全省参加红十字会救护培训人员达59万，其中3.6万人获得了急救员证；接受卫生知识普及教育达165万人次[②]。1999年，全省各级红十字会为48.1万人举办救护培训，10.6万人获得了培训合格或急救员证，接受卫生知识普及教育的达232.8万人[③]。据统计，在省红会六届理事会任职期间，各地红十字会结合安全生产、职业培训、社区保健，在公安、交通、电力、建筑、旅游等行业中开展水上救生、心肺复苏、创伤救护培训，参加人数达350多万人次，普及了自救互救知识和技能[④]。

其二，加强公路救护点的管理、审查和监督。1994年，按照“六大”的要求，省红十字会向各地红十字会发出《关于对公路沿线红十字救护点管理的几点意见》，对红十字救护点的“名称及标志设置”“组织”“任务”等提出了要求，以“使红十字救护点管理逐步规范化”[⑤]。1995年，省红十字会和公安厅、交通厅联合下发了《关于在公路沿线设置红十字救护点标志牌的通知》，对救护点的建设及更好地发挥作用提出了要求。由此，在1992年开始的救护点建设，经过3年的努力，日益完善，且不少地区对救护员的首轮培训也已完成[⑥]。1998年，在省公路管理局的大力支持下，淮阴至江都公路段红十字救护点标志牌已埋设完毕[⑦]。

为准确掌握红十字救护点设置因道路变迁而发生的变化，省红十字会还对救护点进行了多次的全面复查。1996年复查了483个，其中国道沿线

---

① 《抓住机遇，依法兴会，开创红十字事业新局面》，见江苏省红十字会编：《江苏省红十字会六届二次理事（扩大）会议文件汇编》，1996，第13页。

② 《江苏省红十字会1998年工作总结》，江苏省红十字会档案，档案号：1999-001-0000-0026。

③ 《江苏省红十字会1999年主要工作和2000年工作要点》，苏州市红十字会档案，1999年“长期”14，第5页。

④ 陈萍：《奋发有为，与时俱进，开创江苏红十字事业新局面》，苏州市红十字会档案，2002年“长期”27，第47页。

⑤ 《关于对公路沿线红十字救护点管理的几点意见》，苏州市红十字会档案，1994年“长期”9，第1—3页。

⑥ 《抓住机遇，依法兴会，开创红十字事业新局面》，见江苏省红十字会编：《江苏省红十字会六届二次理事（扩大）会议文件汇编》，1996，第13页。

⑦ 《江苏省红十字会1998年工作总结》，江苏省红十字会档案，档案号：1999-001-0000-0026。

315个[①]，1998年复查了400个[②]，1999年复查了395个。省红十字会还增加了对救护点的投入，1999年为救护点装备了60万元的急救器械、设备，并培训了急救人员。

各地救护点的规范化建设不断发展，部分地区还创造出自己的特色。如1999年，盐城所属的各县（市）和扬州所属高邮市的救护点已达到“四个一”的要求，即“一个规范到位的文件，一套科学的统计资料，一批派上用场的补充装备，一支经过培训的专业队伍”[③]。同年，张家港市红十字会组织了一次近似实战的“交通事故卫生救护模拟演练观摩现场会”[④]。

经过全省各级红十字会的共同努力，在规范建设和管理的基础上，公路救护点的工作成绩显著，社会效益良好。1995年，仅淮阴市70个救护点就抢救事故伤员1000多人次[⑤]。1997年，丹阳市境内312国道沿线救护点，一年救护交通事故402次，伤员500多名[⑥]。1998年，盐城市各救护点全年抢救伤员2437人，成功率达92%；东海县救护点抢救意外伤害伤员1000多人次，其中车祸200余起；公路沿线红十字救护点已被人们誉为“红十字生命守护神”[⑦]。2001年，据南京、南通、赣榆等67个救护点的统计，一年中抢救各种意外事故伤者达4330人次[⑧]。其中，仅2001年1月至3月，南通市的27个救护点就抢救伤员652人，除35人死亡外，抢救有效617人[⑨]。

---

① 陈萍：《大力推进人道救助事业，主动参与社会保障和精神文明建设》，苏州市红十字会档案，1997年“长期”19，第14—15页。

② 《江苏省红十字会1998年工作总结》，江苏省红十字会档案，档案号：1999-001-0000-0026。

③ 《江苏省红十字会1999年主要工作和2000年工作要点》，苏州市红十字会档案，1999年“长期”14，第5页。

④ 《江苏省红十字会2000年工作情况和2001年工作要点》，苏州市红十字会档案，2000年“短期”1，第4—5页。

⑤ 《抓住机遇，依法兴会，开创红十字事业新局面》，见江苏省红十字会编：《江苏省红十字会六届二次理事（扩大）会议文件汇编》，1996，第13页。

⑥ 陈萍：《学习贯彻党的十五大精神，全面推进我省红十字事业》，见江苏省红十字会编：《江苏省红十字会六届四次理事（扩大）会议文件汇编》，1998，第13页。

⑦ 《江苏省红十字会1998年工作总结》，江苏省红十字会档案，档案号：1999-001-0000-0026。

⑧ 《江苏省红十字会2001年工作情况和2002年工作要点》，苏州市红十字会档案，2001年“短期”2，第35页。

⑨ 南通市红十字会：《红十字信息》，苏州市红十字会档案，2001年“短期”10，第39页。

4. 七届理事会任职时期

2002年，省红十字会"七大"后，全省卫生救护工作继续发展。年初，省红会与省教育厅等15个部门联合发出《关于贯彻〈中国红十字会关于广泛深入开展救护工作的意见〉的通知》，要求各级红十字会与各部门要"进一步提高对开展救护工作重要意义的认识"，并提出了江苏卫生救护工作近期目标和长远规划。近期目标是"到2004年底，企事业单位一般员工要有1.5%的人接受现场救护知识与技能普及培训，0.5%的人进行急救员培训；单独作业或接触意外伤病事故机会较多的员工为重点人群，要有3%的员工接受现场救护知识和技能普及培训，1%的员工接受急救员培训；高危作业的员工为特殊人群，要有5%的员工接受现场救护知识和技能普及培训，1.5%的员工接受急救员培训。高等学校、中等专业技术学校、高中学生，接受现场救护知识与技能普及培训不低于在校学生人数的2%；社区居民普及培训面不低于社区总人口的0.5%"。长远规划为"争取经过若干年的努力，救护知识与技能普及人数达到总人口的5%；重点人群达到20%；特殊人群达到全员培训，并逐步做到将接受救护培训列为上岗条件之一，以达到在意外伤病事故现场，在专业人员到达前，都有经过培训的群众急救员进行自救互救的目标"。为实现设定的近期目标和长远规划，省红十字会提出了开展救护工作的具体措施，包括"加强领导""广泛宣传""相互配合""明确职责"等。

另外，从参与此次发布《通知》的主体就不难看出，这次卫生救护工作的开展在范围上已经具有相当的广泛性，卫生救护已经开始渗透进与群众日常生活相关的众多部门。《通知》的发布可以说为省红十字会在21世纪的卫生救护工作指明了方向，标志着江苏红十字会卫生救护工作新的历史阶段的到来①。

在江苏各级红十字会以及相关部门的积极配合下，从"七大"召开到2003年底，全省开展救护培训达60多万人次②。2003年，省红十字会连续举办了13期中国红十字会彩票公益金救护师资培训班，使培训工作得到

① 《关于贯彻〈中国红十字会关于广泛深入开展救护工作的意见〉的通知》，苏州市红十字会档案，2002年"长期"10，第1—4页。

② 刘洪祺：《在江苏省红十字会第七届理事会第二次会议上的工作报告》，江苏省红十字会档案，档案号：2004-001-0000-003。

了进一步规范和加强①。2004 年，江苏红十字会的卫生救护工作继续开展，“省红十字会举办了 12 期救护师资培训班，聘请专家讲课，严把考评考核关，对 392 名合格学员颁发了全国统一的‘救护培训师资证’。各地红十字会认真开展对机动车驾驶员的培训，拓展救护培训新的行业，全年对 50 万人次进行了初级救护培训”②。

在江苏红十字会的卫生救护工作发展历程中，各地红十字会积极尝试，积累了许多成功经验，得到省红十字会与总会的认可和广泛推介。四届理事会任职时期，镇江红十字会在公安系统的救护训练不仅在省内有积极影响，而且受到总会的重视，总会“五大”召开时曾特邀镇江市公安局代表出席并介绍经验③。盐城市在机动车驾驶员的培训和公路红十字救护点的规范化管理方面走在了全省的前列，省红十字会多次通过“简报”和“通知”等形式向全省推广盐城经验。继盐城后，南通市的卫生救护工作也取得了显著成绩并创出特色。进入 21 世纪后，在新的历史时期，扬州市紧扣时代脉搏，赋予卫生救护工作新的精神内涵，彰显出红十字事业的独特魅力，走出了一条特色之路。2003 年 4 月，中国红十字会会长彭珮云在了解到扬州红十字会的救护培训工作后批示：“扬州（红十字会）的经验很好，可发简报。希望各地红十字会认真学习和借鉴扬州市红十字会的做法，更好地推动救护培训工作的发展。”

二、江苏红十字会的献血工作

血液具有极其重要的生理意义，为生命机体的运转承担运输功能、调节功能和防御、保护功能④。因此，血液又被称为“生命之河”。血液既是人的生命的重要组成部分，又是医疗事业、救人治病的宝贵资源⑤。输血

---

① 《关于参加省红十字会救护师资培训班的通知》，苏州市红十字会档案，2004“长期”，“救护”。

② 刘洪祺：《在江苏省红十字会第七届理事会第三次会议上的工作报告》，见江苏省红十字会编：《江苏省红十字会第七届理事会第三次会议文件汇编》，2005，第 20 页。

③ 江苏省红十字会编著：《江苏红十字运动八十八年（1911—1999）》，东南大学出版社，2001，第 133—134 页。

④ 易学明：《无偿献血与输血知识问答》，第二军医大学出版社，2005，第 1—2 页。

⑤ 曲折主编：《中国红十字事业》，广东经济出版社，1999，第 143 页。

是挽救生命的重要手段，在军队战备和临床医疗中都起着重要作用[①]。

（一）无偿献血：血液事业的发展方向

就世界范围而言，献血可分为有偿（个体）献血、无偿献血和家庭或社会替代献血 3 种[②]。其中，无偿献血一直为国际社会所倡导，也是世界输血事业的前进方向。1946 年，在英国牛津召开的第 19 次红十字会与红新月会理事会议特别强调，供血者应当无偿提供血液，这是最初以正式文件形式通过的无偿献血原则[③]。国际输血事业经过几十年的发展实践，对无偿献血这一原则和方向已经有了明确而清晰的认识。根据有关国际组织的决议和忠告精神，输血事业应遵循如下原则：血液事业必须在无偿献血的基础上谋求发展；献血是相互帮助、无私奉献的精神体现；绝不能带有强制性。无论是献血者方面，还是献血组织者方面，都不能以金钱和利益作为行为动机[④]。

1. 实行无偿献血的意义

在现实社会中，个体供血往往严重地影响血液质量，因为有不少供血者受经济利益驱使，经常性地“大量频繁抽血，不少人还采用卖血前喝糖开水等手段，使血液质量不断下降”[⑤]。据统计，正常血细胞约占血浆的 50%，而个体卖血者的则不足 33%，血质明显下降[⑥]。除血液质量下降外，更为严重的是血液安全问题，主要表现在由血液买卖而带来的血源性疾病大幅度增加。输血相关传染病是指受血者通过输入含病原体的血液或血液制品而引起的疾病，已知经血液传播的疾病有十几种，其中最严重的是病毒性肝炎和艾滋病[⑦]。据资料分析，非甲、非乙肝炎的发生率在无偿和有偿两种输血体系中竟然有 10 倍的差别[⑧]。20 世纪 90 年代，我国“有些地

---

① 牛其厚：《献血与健康》，人民军医出版社，2003，前言。

② 易学明：《无偿献血与输血知识问答》，第二军医大学出版社，2005，第 3 页。

③ 峻岭译：《国际红十字组织及卫生组织关于血液事业的有关决议和建议》，《中国红十字报》1992 年 3 月 27 日。

④ 曲折主编：《中国红十字事业》，广东经济出版社，1999，第 144 页。

⑤ 冯颖平：《关于捐髓献血的话题》，《观察与思考》1999 年第 11 期。

⑥ 洪俊岭：《中国输血事业之我见》，《中国红十字报》1992 年 3 月 27 日。

⑦ 易学明：《无偿献血与输血知识问答》，第二军医大学出版社，2005，第 185 页。

⑧ 洪俊岭：《中国红十字会的血液事业与造血干细胞移植事业》，见《中国红十字年鉴》编辑部编：《中国红十字年鉴·2004/2005（创刊号）》，台海出版社，2006，第 950 页。

区个体供血者中乙肝病毒阳性率达30%以上，丙肝病毒阳性率达8%～13%”[①]。21世纪初，我国艾滋病毒感染者累计已达85万人，其中经血液途径传播的比例占到了11.2%（包括采血、血液和血制品感染）[②]。

除了对个体生命和健康带来危害之外，由有偿供血带来的社会恶果同样令人触目惊心。例如，二战后日本盛行“血液银行”制度[③]，血液买卖成风，多种血源性疾病泛滥，肝炎尤甚，患者输血后发病率竟高达50%。更让人吃惊的是，1964年3月，美国驻日大使也因输血感染肝炎，由此舆论大哗，世界愕然。随着事态的发展，一次突发的医疗事故导致了一次政治事件，而这次政治事件也引发了日本的一场社会风暴，矛头直指声名狼藉的卖血制。在日本政府和红十字会的努力下，经过10年的努力，日本终于取消了卖血制度，并由此成为亚洲的无偿献血大国[④]。日本所经历的“血路”以及“血”的教训，值得深思。因此，不治本清源，不改变有偿献血的状况，血源性疾病就难以得到有效控制，临床用血者的安全也难以得到保证[⑤]。

从本质上说，献血是一种人道行为，是人类互助友爱、呵护生命的一种体现。世界各国输血事业发展的历史和实践证明，推行无偿献血是满足临床用血需求、克服血源管理不善、保证输血质量和血液安全的根本方法。1981，第24次国际红十字大会曾指出，“由于献血者从自愿无偿献血制度中得不到任何经济好处，故被视为对受血者是最为安全的。献血者要能够毫不犹豫地主动说明对受血者可能带来的不利因素（例如：曾患过何种疾病），这是无偿献血者可以很自然地遵循的道德责任”[⑥]。

实行无偿献血，还是一种“我为人人，人人为我”的社会共济行为，是一种无私奉献和人道主义精神的重要体现，是社会文明程度的标志之

① 冯颖平：《关于捐髓献血的话题》，《观察与思考》1999年第11期。

② 周启梁：《走出“血荒”——中国血库忧思录》，《知识经济》2003年第1期。

③ 《日本献血事业集锦》，《江苏红十字》1984年第10期。

④ 水山：《一次突发事件使“卖血大国”日本走向无偿献血大国》，《中国红十字报》1992年3月27日。

⑤ 张文康：《学习、宣传“献血法”　采取措施贯彻实施》，《中国红十字报》1998年10月23日。

⑥ 峻岭编译：《国际红十字组织及卫生组织关于血液事业的有关决议和建议》，《中国红十字报》1992年3月27日。

一[①]。无偿献血闪烁着人性美的光环，无偿献血者不是用钱物，而是通过最直接的方式——用自己生命的一部分去补充、营养他人的生命。这是一种对于生命主体的关爱，对生命的推崇，对人类自身的爱护[②]。

2. 红十字会与无偿献血

红十字会与血液事业的渊源由来已久。由于红十字会的人道理念及其非营利性质与自愿无偿献血有着天生的契合性，所以红十字会注定成为全世界无偿献血事业最重要的推动者。据20世纪90年代末国际联合会的统计，“世界每年的采血量大约是7500万单位，其中的三分之一，即2500万单位是由红十字会直接负责采集的。另外还有3500万单位是由红十字会动员血源而采集来的”[③]。国际联合会一贯主张应以联合会为中枢，各国红十字会在血液事业上全力以赴，积极促进这一事业的发展。早在1936年于巴黎召开的第16次理事会议上，国际联合会即对各国红十字会提出建议，希望各国红十字会在本国的血液事业中起到中心作用。之后，国际红十字组织还在多次会议中不断做出各种决议，对各国红十字会提出积极参与血液事业的建议，同时要求红十字组织要与世界卫生组织积极配合，与政府紧密合作，共同推动血液事业的发展[④]。“目前，红十字会在95%的国家和地区有效参与了输血工作”[⑤]。

作为国际联合会的重要成员，中国红十字会很早就参与了我国的血液事业管理工作，例如，1965年，国务院“第344号文件”中就提到，红十字会应参加献血的领导组织；1978年，国务院“第242号文件”更明确指出：红十字会除应积极协助卫生部门搞好国内输血的宣传、动员、组织等工作，还应积极通过红十字会国际组织进行国际经验交流，参加国际红十字会组织的输血训练等科技活动，加速实现我国输血事业现代化[⑥]。改革

---

① 牛其厚：《献血与健康》，人民军医出版社，2003，第2—3页。

② 周东波：《无偿献血美的内涵》，《中国红十字报》1998年1月16日。

③ 王小华：《献血与输血的道德规范》《中国红十字报》1998年5月22日。

④ 峻岭编译：《国际红十字组织及卫生组织关于血液事业的有关决议和建议》，《中国红十字报》1992年3月27日。

⑤ 洪俊岭：《中国红十字会的血液事业与造血干细胞移植事业》，见《中国红十字年鉴》编辑部编：《中国红十字年鉴·2004/2005（创刊号）》，台海出版社，2006，第950页。

⑥ 孙柏秋：《中国输血事业的总方向是无偿献血》，见中国红十字会总会编：《中国红十字会国际无偿献血工作研讨会文件汇编》，1995，第16页。

开放后，随着我国血液事业的发展，为与国际社会接轨，也为了更好地发挥红十字会作为政府人道领域“助手”的作用，在卫生部的支持下，中国红十字会积极参与血液事业的管理事务，并发挥了突出的作用。

3. 我国血液事业的发展简况

我国输血事业发展大致经历了3个阶段：个体供血、义务献血、无偿献血。个体供血是公民向采供血机构提供自身血液而获取一定报酬的行为。义务献血是通过政府献血领导小组或献血委员会，向机关、企事业单位分配献血指标，下达献血任务，献血后给予献血者一定营养补助费的献血制度[①]。1978年11月，国务院明确指出，“实行公民义务献血制度，是改变我国输血工作落后面貌，解决医疗和战备储备用血的一项根本办法”，这标志着我国输血事业进入一个新的阶段[②]。从我国输血事业发展的整个历程来看，义务献血是从个体供血到无偿献血的一个过渡阶段，这一制度具有鲜明的中国特色，因为它是“中国传统上道德规则法律化的反映，也是计划经济体制下义务本位的法律观念的反映”[③]。应该说，义务献血的推行对于缓解我国输血事业的落后面貌，对于在整体上推动无偿献血的实施有着一定意义。

无偿献血是指公民自愿、无报酬地提供自身血液的行为。自20世纪初北京协和医院开始临床输血以来，无偿献血就一直伴随着中国输血事业在发展，“人道、博爱、奉献”的光芒也一直在闪耀[④]。1984年，卫生部和中国红十字会在全国倡导无偿献血，拉开了中国无偿献血的序幕[⑤]。1998年10月，《献血法》的颁布施行，极大地促进了无偿献血工作的开展。到2004年，“我国大部分地区已实现了从有偿献血向无偿献血的平稳过渡，公民自愿无偿献血的比例已达到全国临床用血的61.3%，全国已有75个城市的临床用血100%来自无偿献血”[⑥]。

---

① 易学明：《无偿献血与输血知识问答》，第二军医大学出版社，2005，第4页。

② 洪俊岭：《中国输血事业之我见》，《中国红十字报》1992年3月27日。

③ 覃有土、张加文：《公民义务献血与无偿献血的法律思考》，《法商研究》2002年第1期。

④ 中国红十字会总会编：《情系生命之河——中国无偿献血图文集》，人民出版社，1998，第10页。

⑤ 艾笑：《首批无偿献血者座谈会在京举行》，《人民日报》1998年5月9日。

⑥ 《我国大部分地区实现无偿献血　满足75城市临床需要》，搜狐新闻，2004年4月5日。

（二）无偿献血事业中的江苏红十字会

在江苏的无偿献血事业中，各级红十字会起了重要作用。江苏的输血工作开展较早，从1963年起，就曾先后建立了11个市血站和多个县级血库，为发展输血事业和实行公民义务献血制度打下了基础[①]。1978年11月，根据国务院“第242号文件”精神，江苏各市对输血工作进行了讨论，提出了贯彻意见。1979年2月，江苏省政府印发了《关于贯彻国务院批转卫生部〈关于加强输血工作的请示报告〉的通知》[②]，以指导全省的义务献血工作。

省红十字会复会后，把献血工作作为一项重要任务来抓。在1982年1月召开的省红十字会三届一次理事会议上，提出要把“宣传献血工作的意义”，以及“动员群众积极参加献血活动”作为复会初期的一项重要工作[③]。1984年12月，省政府转发了省卫生厅、省红十字会《关于进一步加强全省输血工作的报告》，要求各地加强对输血工作的领导，广泛宣传义务献血的意义和血液科学知识，健全机构，落实措施，保证公民义务献血制度的实施；同时颁发了《江苏省公民义务献血试行办法》[④]。1985年，省政府又批准成立了江苏省红十字中心血站。这些举措为大力推广公民义务献血制度，积极发展输血事业，提供了制度上和组织上的保障[⑤]。

省红十字会“四大”召开后，省红十字会进一步与卫生行政部门协作，积极着手推动江苏血液事业的发展。1985年12月上旬，省红十字会与省卫生厅联合召开了省和11个市红十字血站工作座谈会。之后，又在徐州联合召开了全省输血工作会议，各市卫生行政、红十字会、血站以及有

---

① 江苏省卫生厅、江苏省红十字会：《关于进一步加强全省输血工作的报告》，苏州市红十字会档案，1984年“长期”33，第3页。

② 陈萍：《加强领导，健全组织，积极发展我省输血事业》，苏州市红十字会档案，1985年“长期”43，第25页。

③ 《盛立同志在省红十字会理事会会议上的讲话》，江苏省红十字会档案，档案号：1982-002-0000-0041。

④ 《江苏省政府转发省卫生厅、省红十字会〈关于进一步加强全省输血工作的报告〉》，苏州市红十字会档案，1984年“长期”33，第1—2页。

⑤ 陈萍：《加强领导，健全组织，积极发展我省输血事业》，苏州市红十字会档案，1985年“长期”43，第25页。

关部门代表56人参加。这次会议是新中国成立以来江苏省第一次有关输血工作的专业性会议，具有重要意义[①]。会议对公民义务献血的组织机构、宣传工作、血站的扩建、输血技术人员的培训以及血源管理等问题进行了认真研究，制定了工作规划和有关办法[②]。会议要求“各级红十字会要把献血工作列入重要议事日程，作为一项经常性工作来抓，积极协助卫生部门，做好献血的宣传、动员、组织工作。要充分发挥红十字会的群众性作用，有条件的也可组织国内外经验交流，引进先进技术和管理经验，促进全省献血事业的发展”。

1986年9月，“江苏省公民义务献血领导小组”成立，副省长、省红十字会会长杨詠沂担任组长[③]。1987年4月，在公民义务献血领导小组的召集下，省公民义务献血会议在南京召开[④]。会议提出“为了把公民义务献血制度在全省切实推行并逐步向无偿献血过渡”，“年内要建立健全各市献血领导机构和输血机构”[⑤]。为加强血源管理，提高血液质量，促进献血工作“三统一”，1988年11月，省卫生厅与省红十字会在苏州联合召开了江苏省血源管理会议[⑥]。这次会议在总结全省输血工作成绩的基础上，着重分析了血源管理工作中存在的问题，讨论了如何进一步整顿输血秩序、加强血源统一管理的意见及政策措施，明确了有关输血机构建设，跨辖区采、供血审批程序等相关问题[⑦]。

实行无偿献血制度，“依靠无偿献血的方式来保障临床用血是一项十分宏伟的工程。要完成这一宏伟工程，政策法规是保障，宣传工作也是必不可少的”[⑧]。在无偿献血的宣传、组织、动员方面，红十字会的作用是有目共睹的，尤其是在打破无偿献血工作的瓶颈状态，在有法律保障的基础

---

① 《江苏省输血工作会议在徐州召开》，《江苏红十字》1986年第1期。

② 盛天任：《在江苏省红十字会四届二次理事会议上的工作报告》，江苏省红十字会档案，档案号：1986-001-0000-0008。

③ 江苏省红十字会编著：《江苏红十字运动八十八年（1911—1999）》，东南大学出版社，2001，第138—139页。

④ 《关于召开江苏省公民义务献血会议的通知》，苏州市红十字会档案，1987年“长期”90，第3页。

⑤ 《省公民义务献血会议在宁召开》，《江苏红十字》1987年第4期。

⑥ 《关于召开血源管理会议的通知》，苏州市红十字会档案，1988年“长期”117，第32页。

⑦ 《江苏省血源管理会议在苏州召开》，《江苏红十字》1988年第11期。

⑧ 李慧文：《无偿献血与健康教育》，《中国红十字报》1998年2月13日。

上普及生理知识，宣传适量献血无害健康，形成“献血光荣”的社会氛围上是至关重要的。

自1987年以来，省红十字会在参与、推动无偿献血方面做了大量工作，“先后印制了3万套（张）无偿献血彩色宣传画、连环画；摄制了《输血与健康》录像片，并在江苏电视台多次播放；在南京市几个闹市区设立了以‘献血无损健康、献血救人无上光荣’为内容的大型广告牌；在五台山体育馆组织以献血救人为主题的《爱的纽带》大型文艺义演；举办过有关血液工作的学习班；《江苏红十字》报还专版介绍过无偿献血先进典型的先进事迹和有关血液生理知识；在全国无偿献血知识竞赛中，江苏组织了12.6万人参加竞赛，获得中国红十字会颁发的最佳组织奖；还选派有关人员出国考察、学习献血先进经验；接待美国、日本等国血液工作访问团；接受境外捐赠，支援血站建设；省红十字会的正、副秘书长都以自己的实际行动，参加无偿献血，以表达对该项工作的重视与支持”[①]，其中省红十字会副秘书长徐强，为实现他在全省各省辖市至少无偿献血一次的夙愿，利用出差等机会，至1998年已在11个市献血12次，无偿献血2400毫升[②]。

1997年12月，《献血法》颁布实施，明确规定了我国实行无偿献血制度。该法“是我国关于发展输血事业的首部国家大法，也是我国推行无偿献血制度的新的里程碑，标志着我国输血事业已步入法制化管理轨道，具有十分重要的意义”[③]。《献血法》总结了我国多年来实行义务献血、推行无偿献血的实践经验，吸取了国内外卖血现象的深刻教训，对我国的献血制度、法律适用范围、无偿献血者的权利和义务、采供血机构的设置管理、血液及临床用血管理等都做了明确规定，为我国实行无偿献血制度、加强采供血监督管理提供了法律依据。

《献血法》颁布实施后，江苏各级红十字会为推进无偿献血事业而继续努力。经省红十字会与卫生厅共同筹备，省人大和省政府于1998年5月

---

① 《实行无偿献血保障人民健康，江苏省加大宣传贯彻献血法力度》，《中国红十字报》1998年6月5日。

② 陈萍：《学习贯彻党的十五大精神，全面推进我省红十字事业》，见江苏省红十字会编：《江苏省红十字会六届四次理事（扩大）会议文件汇编》，1998，第18页。

③ 谢钧：《我国输血事业的里程碑》，《中国红十字报》1998年3月13日。

上旬共同召开了宣传、贯彻《献血法》座谈会，陈萍常务副会长通报了省红十字会自1987年以来为推动无偿献血所做的工作。多年来，江苏各地、各有关部门高度重视，精心组织，推动无偿献血工作逐步深入开展，取得了显著成效。到《献血法》颁布时，“全省先后有20多万人次参加无偿献血，涌现了一批无偿献血先进城市、先进单位和先进个人，有27人荣获全国无偿献血金杯奖，无偿献血占临床用血比例不断增加，对缓解临床用血紧张状况发挥了重要作用”①。

省及南京市红十字会、卫生部门共同组织了《献血法》宣传周活动，省红十字会、红十字医疗服务中心和省红十字医疗单位上街设立咨询点，印发《献血法》和无偿献血宣传资料。吴锡军会长、陈萍常务副会长到现场看望每个咨询点的医护人员和无偿献血群众。南京市红十字会和献血办、团市委共同组织18岁公民无偿献血签字承诺仪式，市红十字会和血液中心在新街口、山西路等处设立4个街头流动采血点，每逢节假日都到现场采血。苏州市红十字会和市卫生局、团市委共同在全市范围内征集无偿献血口号。徐州市红十字会与献血办一起组织15名无偿献血金杯奖获得者上街现身说法进行宣传，并取消下达指标的做法，实行自愿报名无偿献血和街头采血车现场接受无偿献血。锡山市红十字会举行《献血法》知识竞赛，10个乡镇发动了11129人参赛。

经过各地红十字会的不懈努力，全省无偿献血工作呈现新气象。1998年，南京、苏州、徐州的无偿献血人数分别达到2.8万、2.7万和2.1万多人次；无锡、常州突破万人次大关；镇江、扬州两市也超过5000人次；张家港、昆山两市在1997年下半年的无偿献血量，已能完全满足临床用血的需要②。仅1998年上半年，南京全市就有8133人次无偿献血，无偿献血量达162.66万毫升，创历史最好成绩③。张家港市政府把无偿献血作为精神文明建设的重要内容纳入法制化管理，1998年上半年，“全市有2190

① 《张连珍同志在全省贯彻实施〈中华人民共和国献血法〉会议上的讲话》，苏州市红十字会档案，1998年“长期”38，第47页。

② 《江苏省红十字会1998年工作总结》，江苏省红十字会档案，档案号：1999-001-0000-0026。

③ 《南京市无偿献血势头猛，半年之内捐血人数达8000余人》，《中国红十字报》1998年7月17日。

人志愿无偿献血，献血总量为438000毫升，是前5年无偿献血量的总和”①。

自1998年10月开始，无锡市开展了全方位的《献血法》宣传活动，引起社会的广泛关注，市民的献血热情不断升温，当月无偿献血者就达1739人，为当年月献血人数的最高水平；11月又增至1848人，这两个月的无偿献血量均占医疗用血量的50%，创出全市历史上的最高水平②。

苏州城乡无偿献血热潮涌动，在血站和街头采血车前，人们争相捐血，人数逾千。到11月，“已有1.3万人次捐血（共）260万毫升，其中10人累计捐血分别达3600至上万毫升，均超过了全国无偿献血金杯奖标准，占江苏省‘献血状元’数的三分之一”③。

1999年，苏州、南京、徐州等市无偿献血人次分别达到了6.25万、5万、3.4万。在1999年底召开的全国无偿献血表彰大会上，徐州市荣获“先进城市”称号，无锡市广播电视局获“促进无偿献血先进单位奖”，全省有50人获得“无偿献血金杯奖”④。

2000年，《江苏省献血条例》（以下简称《条例》）经省九届人大常委会第十六次会议审议通过。《条例》对于贯彻实施《献血法》，进一步推动全省无偿献血工作广泛开展，加强血液管理，保证医疗临床用血需要和安全，保障献血者和用血者身体健康，发扬人道主义精神，促进“两个文明”建设，具有重要意义。《条例》的颁布实施，标志着江苏无偿献血事业发展到一个新的历史阶段。6月28日，省红十字会与省委宣传部等单位下发《关于学习宣传和贯彻实施〈江苏省献血条例〉的通知》，要求各地广泛开展《条例》的学习宣传活动，并与贯彻实施《献血法》结合起来，采取各种形式，对《条例》进行深入学习和广泛宣传⑤。为推动《条例》的学习和宣传，7月11日，省红十字会与省卫生厅共同举办“江苏省无偿

---

① 《无偿献血纳入法制化管理，张家港市上半年捐血量是前五年的总和》，《中国红十字报》1998年10月2日。

② 《江苏省无锡市无偿献血首次超过万人》，《中国红十字报》1998年12月25日。

③ 郝如一：《部分城市无偿献血势头良好》，《中国红十字报》1998年11月13日。

④ 《江苏省红十字会1999年主要工作和2000年工作要点》，苏州市红十字会档案，1999年“长期”14，第6页。

⑤ 《关于学习宣传和贯彻实施〈江苏省献血条例〉的通知》，苏州市红十字会档案，2000年“长期”28，第1—3页。

献血知识竞赛”[①]，全省共发放试卷 10 万份，参赛人数累计超过 44 万人，有 128 人获奖[②]。

《条例》的颁布实施，推动了江苏无偿献血事业的发展。在各级红十字会和各有关部门的携手努力下，无偿献血连创佳绩。2003 年，全省无偿献血达 614613 人次，献血量达到 13298. 34 万毫升。无偿献血量占临床用血比例达 86. 78%，其中自愿无偿献血比例达 52. 28%[③]。2004 年，江苏又有 173 人分别获得全国“无偿献血奉献奖”的金、银、铜奖，2 个单位和 3 位个人获得“无偿献血促进奖”[④]，全省“无偿献血量占临床医疗用血比例达到了 94%，同比增加了近 14 个百分点，创下历史最高纪录”。据省卫生厅的通报，2004 年“江苏各地共对 28 所采供血机构和 1665 所医疗机构进行了 2043 人次的全面检查。结果显示，全省各地采供血和血液质量检测、临床用血及一次性采输血器材使用全部合格，没有出现血头血霸、非法采供血、单采血浆等非法现象”[⑤]。

（三）徐州：无偿献血事业的传奇

在江苏，无偿献血活动开展最早的是南通[⑥]，而成绩最为显著的是徐州。徐州不仅是江苏而且是全国无偿献血的先进城市，它是全国第一个无偿献血超万人的城市[⑦]，是江苏第一个实现 100% 献血无偿化的城市[⑧]。从 1989 年开始，徐州市多次受到卫生部和总会的表彰与奖励，1997 年获得“全国无偿献血先进城市金质奖状”；至 1998 年底，有 15 位市民获

---

① 《关于举办“江苏省无偿献血知识竞赛”的通知》，苏州市红十字会档案，2000 年“长期”28，第 4 页。

② 《江苏省红十字会 2000 年工作情况和 2001 年工作要点》，苏州市红十字会档案，2000 年“短期”1，第 6 页。

③ 《江苏无偿献血占临床用血 86. 78%》，新浪网，2004 年 3 月 26 日。

④ 刘洪祺：《在江苏省红十字会第七届理事会第三次会议上的工作报告》，见江苏省红十字会编：《江苏省红十字会第七届理事会第三次会议文件汇编》，2005，第 20 页。

⑤ 《九成临床用血来自无偿献血》，南京报业网，2004 年 12 月 22 日。

⑥ 《江苏红十字会之最》，《中国红十字报》1989 年 12 月 5 日。

⑦ 中国红十字会总会编：《中国红十字会历史资料选编，1950—2004》，民族出版社，2005，第 224 页。

⑧ 《徐州：唯一 100% 献血无偿化城市》，《医疗保健器具》2005 年第 12 期。

"无偿献血金杯奖"，是江苏省获金杯奖最多的城市[①]。2001 年，徐州市又获"全国无偿献血先进城市奖"，这是江苏唯一获得此项殊荣的城市[②]。

在徐州，无偿献血已经成为一种风尚。6 月 2 日被定为徐州市的"公民无偿献血纪念日"，每年这一天都要开展大规模的献血活动。"'五一'献血、'七一'献血、国庆献血、入党献血、生日献血、结婚献血、升学献血、参军献血及个人、结伴、兄弟、父子、母女、夫妻、兄妹同来献血已屡见不鲜"[③]。有一首小诗[④]，可以给我们更直观的印象：

全华夏都看到彭城涨潮了
全彭城的黄皮肤伸出
粗壮、细嫩的胳膊
汩汩地唱出
——血之情
血浓于水
情深于海
是青春输入了衰弱的脉管
是爱心输入了苍白的呻吟

无影灯下
一毫升鲜血就升起
血压计上
一次鲜红的希望
献血台上
绿军装、花裙子、灰西装的五彩的激情
瞬间

① 孙柏秋主编，池子华、杨国堂等：《百年红十字》，安徽人民出版社，2003，第 542—543 页。

② 徐州市红十字会编：《红十字工作简报》2002 年第 2 期，苏州市红十字会档案，2002 年"短期"12，第 40 页。

③ 徐州市红十字会编：《徐州市红十字会简史》，1993，第 30 页。

④ 李继玲：《血之情——献给徐州市万人无偿献血者》，《中国红十字》1991 年第 1 期。

美丽变成友谊之桥的永恒

于是这块土地上高粱如血
于是廿层大厦快乐蓬勃
感受质朴温柔的情愫
彭城
处处流淌着红色的颂歌

徐州市的无偿献血开始于1988年6月，“起步较晚，但发展很快”①，在1989年首次突破万人大关后，至1997年末，已经连续9次无偿献血超万人，这在全国是独一无二的。到2005年6月，徐州在全省率先实现全市临床用血全部来自无偿献血②。1989—1997年徐州市无偿献血发展情况见表4-4所示。

表4-4　徐州市无偿献血发展情况简表（1989—1997年）

年份	无偿献血人次	备　注
1989	13000余③	全国第一个无偿献血超万人的城市，其中驻徐部队和院校官兵有3700多人④
1990	10515	再次超万人⑤
1991	11286	已获总会颁发的金质奖章1人，银质奖章3人，铜质奖章9人。3年来已有5位市长、3位将军带头献血⑥
1992	11235	驻徐部队有1157人参加；青年万海已献血19次，献血量达3800毫升，超过“金杯奖”标准；如按人口比例，当年徐州无偿献血居全国榜首⑦

① 徐州市红十字会编:《徐州市红十字会简史》，1993，第29页。
② 《临床用血几乎全靠“献”》，《现代快报》2005年8月23日。
③ 从1988年6月2日算起。
④ 《徐州无偿献血逾万人，总会致电祝贺》，《中国红十字报》1990年2月5日。
⑤ 《徐州、上海无偿献血破万人大关》，《中国红十字报》1991年1月20日。
⑥ 《徐州市连续三年无偿献血超万人》，《中国红十字报》1992年1月24日。
⑦ 《徐州无偿献血工作再次超万人，四川红十字会工作跃上新台阶》，《中国红十字报》1993年1月8日。

（续表）

年份	无偿献血人次	备　注
1993	11501	被卫生部誉为无偿献血先进城市；万海5年来连续23次无偿献血，荣获“金杯奖”，在他的带动下，其兄、弟也加入并分获金牌、银牌奖，成为知名的徐州无偿献血“万氏三兄弟”①
1994	12204	1754名官兵献血；万海已献血30次，总量达6000毫升②
1995	12790	获无偿献血先进城市银质奖；已有7人获金杯奖，13人获金质奖牌，78人获银质奖牌，71人获铜质奖牌③
1996	12843	献血量为252817毫升；1500余名官兵参与；市政府高度重视，将无偿献血超万人列入全市国民经济和社会发展的奋斗目标；又有4人达到金杯奖标准④
1997	13410	获“全国无偿献血先进城市金质奖状”；又有8人获金杯奖⑤

资料来源：《中国红十字报》历年报道的相关内容，具体见表中各栏注释。

从表4－4中可以看出，徐州市的无偿献血工作一直踏踏实实、一步一个脚印地稳步前进。9年中，既涌现出像“万氏三兄弟”这样的杰出代表，更包括众多默默无闻、奉献爱心的普通群众，正是他们的坚强支撑，才有了徐州无偿献血工作的卓越成绩。在这一过程中，徐州市红十字会全程参与，起到了重要推动作用。综观之，徐州无偿献血工作成绩的取得，其原因可以归结为以下几点。

第一，领导重视支持。徐州无偿献血工作持续发展的经验表明，各级领导的重视、关心和大力支持是搞好这一工作的关键所在。多年来，“市委、市政府连续将公民无偿献血作为加强全市精神文明建设的主要内容之

① 《徐州市无偿献血再传捷报，连续五年突破万人关》，《中国红十字报》1994年1月14日。
② 《彭城再奏凯歌，徐州无偿献血连续六年超万人》，《中国红十字报》1995年1月13日。
③ 《军民同心协力共进　无偿献血再创佳绩》，《中国红十字报》1996年1月5日。
④ 《徐州市公民无偿献血连续8年超万人》，《中国红十字报》1997年1月24日。
⑤ 《徐州市公民无偿献血连续9年超万人》，《中国红十字报》1998年1月23日。

一，列入徐州市经济和社会事业发展的奋斗目标，要求全市无偿献血继续年超万人”[①]。1988年6月2日，徐州无偿献血活动的诞生日，“6位市级领导和各区、局主要负责人都带头献血”[②]，无偿献血活动由此全面铺开，这才有了后面的辉煌业绩。到1993年底，“已有2位市委书记、5位正副市长、3位解放军将军参加无偿献血”[③]。

各级领导在重视和支持无偿献血工作的同时，还十分关心无偿献血者。市红十字会会长丁养华多次亲临献血现场，看望和鼓励献血者。各单位献血时，单位领导都亲临现场，给献血者以精神上的鼓励并认真做好后勤保障工作。“实践证明：哪个单位领导重视，哪个单位的无偿献血工作就一定会搞得好”[④]。

第二，工作的正规化、法制化、规范化。1988年5月，经市政府批准成立了“徐州市公民义务献血委员会”。7月，市政府制定了《徐州市市民实施公民义务献血暂行办法》，根据此《办法》第十七条的规定，又制定了《徐州市公民义务献血实施细则》，“这样，运用行政手段把公民义务献血纳入市政府法规建设”[⑤]。1994年4月，市政府颁布了《徐州市公民义务献血暂行办法》，对公民献血、公民用血及奖励和处罚等都做了明确而详细的规定，市献血委员会和市卫生局等单位还进一步制定了具体实施细则[⑥]。该《暂行办法》的颁布，“使全市无偿献血工作进一步走向制度化、法制化、规范化的轨道，广大公民的献血意识不断提高，自觉参与无偿献血的人数不断增加”[⑦]。

第三，卓有成效的宣传动员工作。要想使无偿献血成为公民的自觉行动，宣传动员至关重要。多年来，徐州市红十字会始终把无偿献血的宣传作为一项重要使命，并不断总结经验，促进此项工作不断创新发展。宣传

---

① 徐州市红十字会：《调动各方积极因素，保持先进城市荣誉，把无偿献血事业不断推向前进》，苏州市红十字会档案，1997年“长期”19，第32页。

② 《六位市领导第二次带头无偿献血》，《中国红十字报》1989年7月5日。

③ 《徐州市无偿献血再传捷报，连续五年突破万人关》，《中国红十字报》1994年1月14日。

④ 徐州市红十字会：《调动各方积极因素，保持先进城市荣誉，把无偿献血事业不断推向前进》，苏州市红十字会档案，1997年“长期”19，第32—33页。

⑤ 徐州市红十字会编：《徐州市红十字会简史》，1993，第27—28页。

⑥ 徐州市红十字会：《调动各方积极因素，保持先进城市荣誉，把无偿献血事业不断推向前进》，苏州市红十字会档案，1997年“长期”19，第32—33页。

⑦ 《军民同心协力共进，无偿献血再创佳绩》，《中国红十字报》1996年1月5日。

的内容和着眼点主要集中在3个方面：一是从当地血液供需矛盾的日益加剧及提高血液质量、保证临床供血的角度，宣传无偿献血的重要性和必要性；二是从血液生理知识的角度，宣传适量献血无害健康，消除人们的心理疑虑；三是宣传报道无偿献血中涌现出的先进人物和感人事迹，激发人们自觉参与无偿献血的意识。

多年来，徐州市红十字会的献血宣传取得了丰硕的成果。《人民日报》《光明日报》《新华日报》《中国红十字报》《健康报》及中央电视台等中央、省、市各类媒体先后发表500余篇文章、68次电视和广播报道，全方位介绍了徐州无偿献血工作的成绩。市红十字会还制作了宣传板600块，受到省卫生厅领导的高度评价。1993年3月，徐州市红十字会在市展览馆成功举办了徐州市首届“血情杯”美术作品展，94件以无偿献血为主题的展品，充分反映了徐州人民在新时期无偿献血、无私奉献的新风尚、新面貌。“以无偿献血为主题举办画展，在全国尚属首例，受到了市领导和美术界知名人士的好评”①。

第四，军民携手、市县联动。徐州是全国闻名的“双拥模范城”，驻徐部队拥政爱民，为徐州的建设和发展做出了积极贡献。自1988年徐州市开展公民无偿献血以来，驻徐部队和部队院校的广大官兵，每年都积极踊跃参加。1990年初，徐州驻军及军事院校组织3000多名官兵无偿献血，其中驻徐州某部党委还专门成立了义务献血领导小组，领导带头献血；在工程兵指挥学院的献血队伍中，引人注目的是一队身穿校官制服的军人，第一天参加献血的250人中，校官以上干部就达67人②。到1996年底，徐州已有1.3万余名官兵参加了无偿献血③。在徐州，“市长将军带头、军民同献热血”，无偿献血的场面蔚为壮观，一时传为佳话④。

自1990年以来，徐州所辖县（市）的无偿献血工作与市区形成有机互动，共同推进了全市的献血工作。邳县在1990年底的首次无偿献血活动

① 徐州市红十字会：《调动各方积极因素，保持先进城市荣誉，把无偿献血事业不断推向前进》，苏州市红十字会档案，1997年“长期”19，第34页。

② 《徐州三千子弟兵无偿献血》，《人民日报》1990年1月8日。

③ 徐州市红十字会：《调动各方积极因素，保持先进城市荣誉，把无偿献血事业不断推向前进》，苏州市红十字会档案，1997年“长期”19，第36页。

④ 《市长将军带头，军民同献热血》，《中国红十字报》1990年2月5日。

中，参与者即达到382人，成绩相当可观[①]。到1996年，各县（市）一直超额完成献血指标，其中丰县最为突出。丰县采取“自采自用”的办法，根据本地区临床用血情况合理安排各单位献血，既保证了本地区的医疗用血，又避免因集中突击采血而造成血液积压现象，同时减轻了市红十字中心血站的血液调剂压力。他们经过3年的实践，总结出一套成功经验，为县级无偿献血工作创出了一条新路，值得推介[②]。

三、江苏红十字会的捐髓工作

白血病是血液系统的一种恶性疾病，据统计，世界上每年患白血病者约为30万人，我国占1/10强，每年患病的达三四万人[③]。更可怕的是，这种病多发生于少年和青壮年群体。据调查，我国15岁以下儿童白血病的发病率约占该年龄段所有恶性肿瘤发病率的35%，平均每年约有1.5万名15岁以下儿童罹患白血病[④]。而目前治疗白血病最有效的方法，就是骨髓移植技术。作为一项有效的先进医疗技术，骨髓移植已广泛运用于临床，成功挽救了许多人的生命。

骨髓移植又称造血干细胞移植，“是指将供者的骨髓造血干细胞移植给受体（患者），以恢复后者正常造血功能的一种治疗手段”[⑤]。迄今为止，骨髓移植是挽救白血病人生命的有效手段，而“挽救一个患者的生命，等于维护了一个完整的家庭”[⑥]，当然也是对社会的重大贡献。因此，建立一个属于中国的具有足够容量的造血干细胞捐献者资料库，成为紧要的社会工程。对此，以“保护人的生命和健康”为天职的中国红十字会责无旁贷，把造血干细胞捐献者资料库的建设，作为生命工程的有机组成部分，

---

① 沙德奎、陈颖辉：《我县是怎样做好首次公民无偿献血的》，《中国红十字》1991年第3期，第28页。

② 徐州市红十字会：《调动各方积极因素，保持先进城市荣誉，把无偿献血事业不断推向前进》，苏州市红十字会档案，1997年“长期”19，第35—36页。

③ 孙柏秋主编，池子华、杨国堂等：《百年红十字》，安徽人民出版社，2003，第548页。

④ 张立明主编：《大爱无声——江苏省捐献造血干细胞工作纪实》，江苏科学技术出版社，2007，第2页。

⑤ 王颖等主编：《白血病》，河北科学技术出版社，2005，第86页。

⑥ 王立忠：《在中国造血干细胞捐献者资料库工作委员会会议上的讲话》，苏州市红十字会档案，2001年“长期”31，第39页。

给予了力所能及的关注①。

1992 年 3 月，由中国红十字会牵头的中国非血缘关系骨髓移植供者资料收集工作正式开始；与此同时，“中国非血缘关系骨髓移植供者资料检索库”——“中华骨髓库”也正式启动②。到 2001 年，中华骨髓库的库存资料达 3 万份③，但仍面临着日趋严峻的医疗需求，中华骨髓库的扩大势在必行。

（一）中华骨髓库江苏省分库的建设

2001 年 4 月，中国红十字会总会召开了“中国造血干细胞捐献者资料库”④ 工作委员会会议，要求“各省、自治区、直辖市应建立相应机构，服从中国造血干细胞捐献者资料库（中华骨髓库）的统一管理和工作指导”⑤。江苏作为首批“扩容”的省份之一，迅速参与到这项工作中来。

江苏与中华骨髓库的缘分可追溯至 2001 年初。这年 1 月，徐州市段庄第二小学全体少先队员和徐州彭城大学土建系全体同学先后给中国红十字会彭珮云会长写信，倡议捐献骨髓，加快中华骨髓库建设。随后，彭珮云会长的批语和两封复信在《中国红十字报》上发表，引起了广泛关注。江苏省红十字会吴锡军会长非常重视这项工作，要求省红十字会积极向社会宣传，争取各界的关心与支持⑥。

对于省红十字会而言，捐髓工作是一项全新的业务，既是机遇又是挑战。2001 年 6 月，省红十字会举办了造血干细胞捐献知识学习班，在传达有关会议精神和学习相关知识的同时，着重讨论了江苏开展造血干细胞捐

---

① 孙柏秋主编，池子华、杨国堂等：《百年红十字》，安徽人民出版社，2003，第 549 页。

② 《中国红十字会在京举行新闻发布会——我国将开展非血缘关系供者骨髓移植工作》，《中国红十字报》1992 年 3 月 20 日。

③ 王立忠：《在中国造血干细胞捐献者资料库工作委员会会议上的讲话》，苏州市红十字会档案，2001 年“长期”31，第 40 页。

④ 即原来的“中国非血缘关系骨髓移植供者资料检索库”，2000 年 11 月更名。

⑤ 池子华、郝如一主编：《中国红十字历史编年（1904—2004）》，安徽人民出版社，2005，第 424 页。

⑥ 《江苏省红十字会 2001 年工作情况和 2002 年工作要点》，苏州市红十字会档案，2001 年“短期”2，第 33—35 页。

献者资料库建设的工作安排[①]。之后，省红十字会又召开了论证会，与会专家一致认为，江苏有必要、有条件建立分库，并确定了分库在“十五”期间计划达到捐献造血干细胞志愿者3万人份资料的工作目标[②]。建立江苏分库是全省红十字会系统的一件大事，为了得到有关部门的支持，省红十字会还就经费和建立服务中心等问题向省政府和省编办进行请示，并专门向省领导及相关部门领导做了汇报。此外，省红十字会还专程到上海市红十字会进行学习考察[③]。

对于江苏的建库工作，首先面临的困难即是经费问题。仅就检测费一项而言，就是一个庞大的数字。因为检测1名供髓者约需500元，若建立一个10万供髓者的捐赠检测中心，就需5000万元[④]，这对于省红十字会来说，经费压力的确很大。捐髓建库工作是造福全省人民的生命工程和爱心事业，为了得到省政府及有关部门的支持和帮助，省红十字会做了不懈努力。2002年3月，省红十字会常务理事会将建立江苏省分库列为重点工作，全力推进，并向省政府上报《建立中华骨髓库江苏省分库所需经费的请示》[⑤]。6月，省政府批转了省红十字会《关于进一步加强红十字工作的意见》，明确指出“建设造血干细胞捐献者资料库是造福人类健康事业、体现人道主义精神的重要举措……为了实现这一目标，省红十字会要尽快建立骨髓库管理中心，并会同省卫生厅选定有条件的省辖市血站、医院建立组织配型实验室，严格按规定和标准开展技术检测和数据上报工作，省财政厅安排必要的补助经费。各地、各有关部门也要采取相应措施，从宏观上给予指导，从政策上给予扶持，从财力上给予资助”[⑥]。省政府在向全

---

① 江苏省红十字会：《关于举办“造血干细胞捐献知识学习班”的通知》，苏州市红十字会档案，2001年“长期”31，第48页。

② 张立明主编：《大爱无声——江苏省捐献造血干细胞工作纪实》，江苏科学技术出版社，2007，第2页。

③《江苏省红十字会2001年工作情况和2002年工作要点》，苏州市红十字会档案，2001年“短期”2，第34页。

④ 孙柏秋主编，池子华、杨国堂等：《百年红十字》，安徽人民出版社，2003，第553页。

⑤ 张立明主编：《大爱无声——江苏省捐献造血干细胞工作纪实》，江苏科学技术出版社，2007，第3—5页。

⑥ 江苏省红十字会：《关于进一步加强红十字工作的意见》，苏州市红十字会档案，2002年“长期”13，第5页。

省发出通知的同时，向省红十字会拨款300万元，作为分库建设的启动资金[①]。

捐髓救人既是拯救危重患者生命的现代医学手段，体现了一种人道主义精神，也体现了一个国家和民族的道德情操及素质，标志着社会文明进步的程度。但在21世纪的初年，大多数的民众对于捐髓工作还缺乏最基本的了解，这就影响了捐髓工作的开展。因此，“为了加快捐髓征募的步伐，除了要加强对这项工作的领导，做好服务工作，保护好捐髓者的热情外，更要加大捐髓工作的科普宣传力度”[②]。省红十字会通过各种途径、多种形式为建立中华骨髓库江苏省分库而宣传鼓动。

自2001年“5·8”世界红十字日起，全省各地红十字会开始了捐献骨髓的宣传活动，呼吁社会各界关心和支持这项工作[③]。省红十字会“七大”后，继续加大宣传力度，省及各地红十字会以“关爱生命、捐款捐髓”为主题，开展了多种形式的宣传活动，动员更多的人关心和支持捐献造血干细胞工作。例如，省红会和南京市红会联合开展宣传活动，编印了60万份宣传材料和5万份志愿捐献登记表发到各市，并在南京市公交站台和公交车身上设置公益广告，还先后与《服务导报》联合举办“捐献造血干细胞知识竞赛”，与省文联、作协联合召开作家、艺术家、医学专家座谈会，介绍造血干细胞捐献知识和捐髓救人事迹，为他们提供创作素材[④]。

通过省红十字会的一系列努力，中华骨髓库江苏省分库建设工作积极稳步推进。2002年10月，江苏省分库工作委员会成立，标志着江苏省分库建设工作正式启动。委员会由省领导“挂帅”，省委宣传部、省直机关工委、教育厅、财政厅、卫生厅、广电局、总工会、妇联、团省委、新华日报社、省广电总台、省军区后勤部、省红十字会等13个部门、团体的负责人，以及血液病及临床检验的专家担任委员[⑤]。

---

① 张立明：《江苏省政府批转加强红十字工作的意见》，《中国红十字报》2002年9月13日。

② 胡力进：《我国捐髓者征募工作中存在的问题和对策》，《中国健康教育》2004年第9期。

③ 《江苏省红十字会2001年工作情况和2002年工作要点》，苏州市红十字会档案，2001年“短期”2，第34页。

④ 刘洪祺：《在江苏省红十字会第七届理事会第二次会议上的工作报告》，江苏省红十字会档案，档案号：2004-001-0000-003。

⑤ 《中国造血干细胞捐献者资料库江苏省分库工作委员会成立》，《江苏红十字》2002年第11期。

工作委员会成立后，分库管理中心、分库计算机网络和数据库也相继建立。2003 年 1 月，江苏省分库定点在江苏省人民医院和苏州市中心血站的 HLA 组织配型实验室，经中国造血干细胞捐献者资料库管理中心和江苏省卫生厅认定批准后正式挂牌。HLA 组织配型实验室是建设造血干细胞捐献者资料库的重要组成部分，它的挂牌表明，江苏省分库已经进入正常运行状态，开始为临床提供服务①。

到 2002 年底，全省已有 2 万余名志愿者报名登记，采集血液标本 1.4 万余例，完成 HLA 配型检测 1 万余例、志愿者资料入库 9000 余例，接受医院和患者检索 90 余例，有 74 名志愿者与 33 例患者配型相合，为 23 例患者落实了捐献者，全省实现捐献造血干细胞 10 例②，已进入全国先进行列③。

2004 年，全省各地红十字会积极开展动员、报名、采样工作，认真做好配型相合志愿者再动员和实现捐献志愿者的服务工作。上半年，江苏省分库采集血液标本和入库资料超过了原定计划，完成采集标本 1.7 万多例，入库资料 1.1 万多例，接受医院和患者检索 107 例，有 258 名志愿者与 107 名患者 HLA 初次配型相合，其中 17 名志愿者为患者捐献了造血干细胞。至年底，江苏省分库共采集血液标本 3.4 万多例，入库资料 2.1 万多例，接受医院和患者检索 225 例，有 337 名志愿者与 114 名患者 HLA 初次配型相合，其中 26 名志愿者为患者捐献了造血干细胞④（详见表 4－5）。

表 4－5　2003 年 7 月—2004 年 12 月全省造血干细胞捐献者名单表

地　区	捐献者	捐献日期
徐　州	耿　森	2003 年 7 月 30 日
苏　州	周建青	2003 年 8 月 3 日
常　州	顾双林	2003 年 9 月 26 日

① 《中国造血干细胞捐献者资料库江苏省分库 HLA 组织配型实验室正式挂牌》，《江苏红十字》2003 年第 1 期。

② 另一说为 9 例，见张立明主编：《大爱无声——江苏省捐献造血干细胞工作纪实》，江苏科学技术出版社，2007，第 345 页的《江苏省造血干细胞捐献者名单》。

③ 《五万余人参与捐献造血干细胞知识竞赛，江苏捐献造血干细胞志愿者人数进入全国前列》，《江苏红十字》2004 年第 1 期。

④ 刘洪祺：《在江苏省红十字会第七届理事会第三次会议上的工作报告》，见江苏省红十字会编：《江苏省红十字会第七届理事会第三次会议文件汇编》，2005，第 17—18 页。

（续表）

地　区	捐献者	捐献日期
吴　锡	周国东	2003 年 10 月 25 日
镇　江	戚熙娟	2003 年 10 月 27 日
南　京	王淮滨	2003 年 11 月 5 日
常　州	吴智燕	2003 年 12 月 1 日
镇　江	杨荣康	2003 年 12 月 7 日
苏　州	周　萍	2003 年 12 月 23 日
常　州	吴燕云	2004 年 1 月 7 日
吴　锡	胡万里	2004 年 2 月 2 日
常　州	刘晓寅	2004 年 3 月 21 日
常　州	徐文华	2004 年 4 月 16 日
苏　州	徐治初	2004 年 5 月 25 日
苏　州	闻　波	2004 年 6 月 4 日
扬　州	陈　琳	2004 年 6 月 29 日
南　通	孙　娅	2004 年 9 月 10 日
常　州	柳　静	2004 年 9 月 16 日
徐　州	刘传荣	2004 年 10 月 14 日
吴　锡	王春来	2004 年 10 月 20 日
苏　州	王凤莲	2004 年 10 月 21 日
镇　江	葛永德	2004 年 11 月 14 日
苏　州	杨　波	2004 年 11 月 25 日
苏　州	曹　伟	2004 年 12 月 2 日
吴　锡	沈海华	2004 年 12 月 8 日
镇　江	刘吉明	2004 年 12 月 27 日

资料来源：《江苏省造血干细胞捐献者名单》，张立明主编：《大爱无声——江苏省捐献造血干细胞工作纪实》，江苏科学技术出版社，2007，第 345—346 页。

（二）众擎易举：捐髓事业的社会支持

正如中国红十字会彭珮云会长所说，建设中国造血干细胞捐献者资料库是一项巨大的社会工程，具有很强的社会性、公益性和科学性；它不仅要求各级红十字会逐步建立资料库总库和捐献者服务中心，制定一整套科学规范的运行机制和管理体系，还需要社会上广大志愿者的参与和奉献，更需要政府和社会各界在财力、物力上的支援以及新闻媒介的帮助①。中华骨髓库江苏省分库的建成和取得的成就离不开社会的支持，是社会大众的爱心力量滋润了它的成长和壮大。从江苏省分库纳入建设计划到2002年10月的正式启动，一年多来，“省红十字会共募集、接收各地红十字会上交捐款310万元，其中13个省辖市捐款188万元；全省志愿报名捐献造血干细胞者达13722人，采集血样1218人，检测血样880人”②。没有广大群众的支持和积极参与，就不可能有这一工作的顺利开展。从这个意义上讲，红十字事业真正是社会的事业、民众的事业，它造福于全社会，同时也需要全社会的响应与支持。

江苏各地红十字会为江苏省分库的建设而开展的以捐款捐髓为主题的活动，在2001年就已经陆续展开，而全省范围的大规模的社会动员工作，则开始于2002年“5·8”世界红十字日前后。

2002年5月8日，江苏省暨南京市红十字会在南京鼓楼市民广场联合开展了“为筹建中华骨髓库江苏省分库捐款捐髓”的纪念活动，其中包括有350多位医学专家参加的健康咨询服务活动，有10余所在宁高校学生参与的街头募捐活动，还有骨髓捐献者的现身说法，省政府领导参加活动并带头捐款等③。这次纪念活动在一定程度上提高了广大群众对造血干细胞相关知识的认知度，也带动了全省的捐款捐髓活动。

在省红十字会的带动下，在南京的部分团体和单位纷纷奉献爱心。2002年5月，电信、移动、联通3家公司与省红十字会联合召开了“筹建

① 彭珮云：《在中国造血干细胞捐献者资料库工作委员会会议上的讲话》，苏州市红十字会档案，2001年“长期”31，第33—34页。

② 《中国造血干细胞捐献者资料库江苏省分库工作委员会成立》，《江苏红十字》2002年第11期。

③ 《关爱生命　捐款捐髓——红十字在行动》，《江苏红十字》2002年第5期。

中华骨髓库江苏省分库开通爱心捐款通信业务新闻发布会”，决定在全省范围内同步开通“爱心电话（手机）号码”，为爱心人士搭建起了为骨髓库捐赠的桥梁，这在全国为首例[①]。6月，南京军区老战士书画协会向省红十字会捐赠了208幅书画作品，体现了“人道、博爱、奉献”的红十字精神[②]。7月，江苏省文联、省书协、省美协向省红十字会捐赠122幅书画作品，省红十字会将把这些书画作品赠予那些对江苏省分库建设做出重大贡献的单位和个人[③]。据统计，截至2002年7月17日，省红十字会在筹建中华骨髓库江苏省分库过程中，共收到捐款250余万元[④]。

全省各地红十字会组织的捐款捐髓活动也取得了丰硕的成果，下面以无锡、南通两地为例，略做介绍。

“关爱生命、人道万人捐”是无锡市红十字会2002年纪念“5·8”世界红十字日活动的主题，其主要目的是为筹建江苏省分库、拯救血液病患者募集资金[⑤]。围绕这一主题，无锡市红十字会开展了一系列活动：一是由市委、市政府办公室转发市红十字会《关于开展“关爱生命、人道万人捐”活动意见》；二是于4月26日召开“关爱生命、人道万人捐”活动动员会议，市政府有关领导作动员；三是在5月6日的《江南晚报》上刊登《无锡市红十字会就中国造血干细胞捐献者资料库答记者问》，同时市红十字会还编印下发“点燃生命的希望”呼吁书、劝募书2万份，爱心卡1万份；四是5月8日上午，组织100名青少年会员和30名高校志愿者，分成25个小组赴市区开展街头募捐活动，在短短3小时内即募款5684.31元；五是于5月15日在全市设6个点，由各区红十字会和基层单位组织大型街头咨询活动，开展现场募捐和报名登记，从而将活动推向高潮[⑥]。

---

① 《筹建中华骨髓库江苏省分库开通爱心捐款通信业务新闻发布会在宁召开》，《江苏红十字》2002年第6期。

② 《筹建中华骨髓库　拯救白血病人》，《江苏红十字》2002年第6期。

③ 《省文联、省书协、省美协向省红十字会捐赠书画作品》，《江苏红十字》2002年第7期。

④ 陈萍：《奋发有为，与时俱进，开创江苏红十字事业新局面》，苏州市红十字会档案，2002年“长期”27，第161—163页。

⑤ 无锡市红十字会：《红十字工作简报》2002年第5期，苏州市红十字会档案，2002年“短期”11，第15页。

⑥ 《纪念“五·八”世界红十字日——为中华骨髓库江苏省分库捐款捐髓》，《江苏红十字》2002年第5期。

在众多活动中，5 月 16 日，由无锡市红十字会与市委宣传部、市文明办联合主办的“点燃生命的希望——关爱生命、人道万人捐”专题电视访谈节目引起了全社会的关注。节目中，医院、红十字会和卫生行政部门有关领导首先对捐髓知识进行了详细介绍和解说；随后，年初刚为胞弟提供骨髓移植的严波介绍了自己的亲身感受；接着，两位白血病患儿的母亲在刚刚痛失爱子后向社会呼吁：为了让患病孩子的生命能够延续，希望更多的人加入“人道万人捐”的队伍中来。现场观众为母爱的伟大和超越自我的人道精神深深感染，纷纷慷慨解囊。市红十字会将这次访谈录制成光盘下发，以动员更多的人加入“关爱生命、人道万人捐”的队伍中来①。

在捐髓方面，无锡更是走在全省的前面。9 月 15 日，首批 93 名捐髓志愿者进行了 HLA 分型标本采集，这标志着无锡市“骨髓捐献工作由报名登记阶段转入血检资料入库的实质性阶段。93 份血标本也是我省 HLA 分型检测实验室收到的首批检测血样”②。

在江苏省分库的募捐活动中，南通市红十字会亦表现突出。按照省红十字会的有关精神，南通市红十字会认真部署、精心组织，提出了“突出主题，抓住重点；广造舆论，大做宣传；坚持自愿，不搞摊派”和各地各单位不得以任何理由截流捐款的具体要求，2002 年 5 月至 6 月，南通市红十字会在全市范围内开展了为江苏省分库的定向捐款活动③。

为动员全社会参与，南通市红十字会与新闻媒体广泛合作，《南通日报》《江海晚报》以及南通电视台、南通广播电台等新闻媒体全面出击，掀起了宣传热潮。与此同时，众多基层组织走上街头，通过散发宣传材料、表演文艺节目等多种形式，进一步营造捐款捐髓的社会氛围。截至 7 月 11 日，全市共收到捐款 578155.9 元，约占全省 13 个省辖市捐款总额的三分之一，其中市红十字会收到捐款 277247.96 元，各县（市）、区红十字会收到捐款 300907.94 元④。

---

① 无锡市红十字会：《红十字工作简报》2002 年第 6 期，苏州市红十字会档案，2002 年“短期”11，第 20 页。

② 无锡市红十字会：《红十字工作简报》2002 年第 10 期，苏州市红十字会档案，2002 年“短期”11，第 31 页。

③ 南通市红十字会：《红十字信息》2002 年第 1 期，苏州市红十字会档案，2002 年“短期”12，第 21 页。

④ 《关爱生命　红十字在行动》，《江苏红十字》2002 年第 8 期。

（三）捐髓的平凡与伟大

造血干细胞捐献事业是一项前所未有的公益事业，是对生命诠释的重大命题。这项事业是伟大的，它包含医学、社会学、心理学、伦理学、美学等众多学科，充满了对生命本体的关怀，闪耀着人性的光辉，张扬着“生命美丽、生活美好”的旗帜①。

捐髓是伟大的，也是平凡的，是平凡中的伟大、伟大中的平凡。首先，说捐髓这种行为是平凡的，是因为捐髓并不会减弱供者的免疫功能和造血能力，而且骨髓和血液一样，都是健康人体内的可再生资源②，捐髓后一周即可完全恢复，对身体并无大碍。随着科技的发展，近 10 年来，“骨髓移植”已渐渐被“造血干细胞移植”代替，也就是说，现在抽取的不是骨髓，而是外周血，只是仍沿用“骨髓移植”的说法而已。因此，捐髓既无碍健康，又无痛苦和危险③，对捐髓者来说是平凡的，并不是惊天动地和高不可攀的壮举。作为社会中人，尽一己之力拯救同伴之危难，既在情理之中，又是一种责任。

其次，捐髓又是伟大的。因为捐髓的实现等于挽救了一条生命，还有什么比生命更可贵呢？同时，捐髓的实现也是对一个家庭的救助，进而是对社会群体的贡献。因此我们说，捐髓的过程虽然平凡，但捐髓的结果却有太多的不平凡。下面，我们不妨从两位捐髓者的事例中感受这种平凡和伟大。

1. 江苏捐髓第一人——耿森

耿森是江苏捐髓第一人。2002 年，中华骨髓库江苏省分库启动后，时年 29 岁的他很快报名，成为徐州市红十字会首批志愿者。因为他的母亲就是一名白血病患者，所以他对病人的痛楚有着更深的了解，对捐髓的意义也有着更为深刻的认识。2003 年 4 月，经江苏省分库检索，耿森与一位浙江的患者小庄配型成功。对于江苏的骨髓库事业而言，这也是一个不寻常

---

① 张立明主编：《大爱无声——江苏省捐献造血干细胞工作纪实》，江苏科学技术出版社，2007，第 341 页。

② 郝如一：《捐髓其实很平常》，见郝如一、池子华主编：《〈红十字运动研究〉2007 年卷》，安徽人民出版社，2007，第 265 页。

③ 胡力进：《我国捐髓者征募工作中存在的问题和对策》，《中国健康教育》2004 年第 9 期。

的开始。

在江苏省和徐州市两级红十字会有关人员的陪同与照顾下，2003 年 7 月 29 日、30 日，耿森两次为小庄捐献了 125 毫升富含造血干细胞的外周血。成功捐髓后的耿森，不但身体健康，而且想到自己能为素昧平生的病人带来生的希望就感到欣慰。他的捐髓经历是一本生动的教材，鼓舞了更多的人参与到这项功德无量的事业中来。“在耿森带头捐献造血干细胞之后，一大批志愿者出现在街头报名处，出现在中华骨髓库江苏省分库的名册上，出现在各个造血干细胞采集站和医院里”。后来，镇江志愿者戚熙娟在为是否捐髓而犹豫时，就曾受到耿森真诚的鼓励[①]。

2. “微笑的天使”——周萍

周萍虽不是江苏第一位捐髓者，但她的捐献也具有不同寻常的意义。在众多实现骨髓捐献的志愿者中，她是首例向本省患者捐髓的捐献者、首例医护人员捐献者和昆山市捐献造血干细胞第一人[②]。

作为昆山市第一人民医院的护理人员，周萍是一位体重只有 80 多斤的身材纤瘦的女孩。她最典型的个人“名片”就是微笑，与外在的强悍相比，发自内心的微笑与爱，是一种更强大的生命的力量。从报名捐髓、配型成功到成功捐献，再到面对鲜花和掌声，她都微笑以对。一切对于她来说都那么自然，显得顺理成章。有一首诗[③]对周萍的笑进行了这样的描述：

静静地　静静地看着你/我们的同事/陌生的脸庞熟悉的微笑……

静静地　静静地看着你/我们的骄傲/匆急的步伐微笑的脸……

静静地　静静地看着你/我们的天使/不知不觉中你成了第一/

奉献后的美丽如此灿烂/天使的笑容圣母般的祥和……

周萍在成功捐髓救治徐州一位患者后，还将某企业捐给她用于保养身体的 5000 元转赠给治疗恢复中的患者。这种双重的捐赠，不仅令患者家属倍感激动，也让所有知情者由衷地钦佩。周萍的事迹在徐州、昆山两地引

---

① 张立明主编：《大爱无声——江苏省捐献造血干细胞工作纪实》，江苏科学技术出版社，2007，第 20 页。

② 于天霞：《用热血点亮生命——记江苏省苏州市红十字会爱心天使、昆山市一院护士周萍》，《现代护理报》2003 年 12 月 23 日。

③ 张月林：《就这样被你感动着——致“爱心天使”周萍》，苏州市红十字会档案，2004 年“短期”，简报。

起极大反响，一时之间南北两地刮起了“爱的旋风”。徐州也掀起了一股捐献造血干细胞的热潮[①]。

周萍的爱心之举，“为新世纪的昆山人竖起一面崭新的旗帜，她将带动昆山人民积极投入到公益事业中”[②]。2003 年 12 月，周萍被省红十字会授予“博爱”勋章和“爱心天使”荣誉称号；2004 年，周萍又被评为苏州市“十佳新人”[③]。

第四节 江苏红十字会的爱心工程

一、红十字青少年互助工程

红十字青少年互助基金，是青少年工作领域特有的一项“爱心工程”。1996 年，上海市红十字会携手市教委、卫生局创立了“上海市中小学生、婴幼儿住院医疗互助基金”，这项基金“是全国第一家在省市范围内推行的以社会互助共济为原则的少年儿童医疗保障基金”；到 2001 年，“有力地保障了全市 200 万 0～18 岁少年儿童的身体健康，有效地减轻了患儿家庭的经济负担，为上海市民的家庭幸福和社会稳定做出了贡献”，因此被上海广大市民誉为“少年儿童生命的保护神”[④]。其实，类似的互助基金早于上海几年即在江苏红十字会系统内出现，虽然一直未形成全省的规模，但在局部地区也产生了重要影响。

进入 20 世纪 90 年代，红十字青少年互助基金陆续出现在盐城、南通两市，以及淮阴、徐州、扬州所辖的部分县（市）。这项基金以在校学生为对象，本着自愿参加，取之于学生、用之于学生的原则，在执行过程中成立管理机构，制定管理办法，并规定互助范围及补助标准，同时做到专立账户、专人负责、专款专用。互助基金主要有两方面的功用，一是重症

---

① 韩斌：《“爱心天使”榜样力量感染徐州市民》，苏州市红十字会档案，2004 年“短期”，简报。

② 昆山市总工会等：《慰问信》，苏州市红十字会档案，2004 年“短期”，简报。

③ 成晓鹏：《爱心天使周萍入选十佳新人》，昆山日报网。

④ 《上海市少儿住院基金工作情况汇报》，苏州市红十字会档案，2002 年“长期”14，第 10、12 页。

治疗，一是助学[①]。红十字青少年互助基金是新时期红十字会工作的一项创举，为红十字人道主义的传播提供了更广阔的途径。

盐城市的互助基金最早出现于1992年。这年3月，东台市的教育系统红十字会率先创办了红十字青少年互助基金，收效良好。在此基础上，盐城市红十字会、教育局在全市范围内广泛宣传和大力推广东台市的成功做法[②]。1993年2月，阜宁县教育局在成立教育系统红十字会的同时，决定建立“阜宁县教育系统红十字青少年互助基金”，并制定了《阜宁县红十字青少年意外伤害、残疾及医疗给付补助标准（试行）》。红十字青少年互助基金本着救死扶伤、人道主义的宗旨，参考学生平安保险的条款，对红十字青少年遇到意外事故，造成残疾、死亡及生病医疗费用等给予补助[③]。之后，1993年9月，建湖、大丰、滨海、郊区等县（区）教育系统红十字会，在进行广泛调研的基础上，按照“服务于社会、服务于下一代、服务于教育”的原则，也为中小学生正式开设“红十字青少年互助基金”，主要用于支付患病学生的部分医疗费，以及为贫困学生提供学杂费。

据1994年3月的统计，上述盐城市6县（区）教育系统红十字会在1993—1994学年，共收取红十字青少年互助基金2409256.79元，有2477所中小学的680879名学生参加了基金。在半年时间内，共支付因意外伤害和疾病住院而产生的治疗费476333.46元，同时还拿出2万多元帮助500多名失学儿童重新回到课堂[④]。到1995年3月，盐城全市有8个县（市、区）相继建立互助基金组织，1.62万余名少年儿童得到“互助基金”资助。1995年，为加强对基金的管理、监督，盐城市红十字会制定了《盐城市红十字青少年互助基金暂行管理办法》，由市教育局、市红十字会联合行文下发全市执行。该《管理办法》从基金的筹集、使用、管理、监督等几方面都做了明确的规定，从而使这一“互助工程”形成制度，为在全市

① 《解放思想　开拓进取　努力开创江苏省红十字青少年工作新局面》，苏州市红十字会档案，1994年“长期”20，第18页。

② 《红十字精神救急济难——盐城市创办红十字青少年互助基金的启示》，见江苏省红十字会编：《团结奋斗　再创辉煌——纪念江苏省红十字会成立四十周年》，1996，第71页。

③ 《阜宁县建立红十字青少年互助基金》，《中国红十字报》1993年3月19日。

④ 《红十字青少年互助基金解难济贫　盐城市68万学生有了“保护伞”》，《中国红十字报》1994年4月29日。

继续完善和全面推开创造了条件[①]。到1996年，盐城市互助基金已扩展到4000多所中小学、104万学生，全市已累计支付基金800多万元，使意外伤亡和患病学生都能得到及时救助，同时使近万名失学儿童重新回到课堂，在保障学校教育、教学工作和青少年健康成长方面发挥了重要作用[②]。

盐城市红十字青少年互助基金运营的实践表明：一方面，基金向处于困难境地的儿童、青少年伸出了温暖之手；另一方面，互助活动又使红十字人道主义滋润了青少年的心田。正是由于基金的良性运作和积极的社会效应，盐城市红十字青少年互助基金得到了有关部门的充分肯定。到2004年，盐城市红十字会“创办红十字青少年互助金12年，累计救助大病重病、意外伤害和失学辍学青少年33700人次2700万元”[③]。对于一个市级红十字会而言，这的确是了不起的成就。

红十字青少年互助基金具有鲜明的社会群体互助性，每个人既是参加者，又是受益者。每个参与者以力所能及的投入，在付出爱心的同时也未雨绸缪，为自己的未来预做准备。这种方式具有极大的可操作性，在客观上起到了参与社会保障的作用。

和盐城市一样，1993年，南通市红十字会联合市教委，共同创建了“南通市中小学生重症医疗互助金”。1997年，全市已有10万多名中小学和幼儿园学生参加了互助金，已为266名重症学生患者支付医疗费114万多元。1999年，江苏电视台《大写真》栏目专程到南通进行采访，拍摄了专题节目，全面反映了互助金的组织管理、操作程序和实际效果，并于江苏卫视和中央电视台教育频道播放，受到社会的广泛好评。南通市中小学生重症医疗互助金被中国红十字会总会、省教委、省红十字会誉为“生命保障工程”[④]。到2007年，互助金已救助了1700余位身患重症的学生，受

---

① 《“盐城市红十字青少年互助基金暂行管理办法”出台》，《中国红十字报》1995年3月17日。

② 《大力推进人道救助事业，主动参与社会保障和精神文明建设》，苏州市红十字会档案，1997年“长期”19，第16页。

③ 谷容先：《盐城红十字运动九十年》，见盐城市红十字会编：《永恒的爱（1995—2005）》，2006，序。

④ 《弘扬红十字精神　提高青少年素质》，苏州市红十字会档案，2002年“长期”28，第100页。

到学校、家庭、社会的普遍欢迎，还曾受到中国红十字会彭珮云会长的嘉许①。

二、“母亲工程”：爱心工程的典范

20 世纪 90 年代，宿迁市创建的“母亲工程”，树立了红十字爱心工程的一面旗帜。“母亲工程”的创建缘于偶然。1992 年 5 月，宿迁市（县级）红十字会秘书长陈德江为一对因雷击而致父母双亡的学龄儿童的悲惨境遇所打动，由此他设想在帮助这对儿童的同时，可以尝试在全市开展一项助孤上学的人道主义行动。这个方案立即得到市委、市政府的重视和支持。为了做好这项工作，宿迁市红十字会在 17 万名在校学生中进行摸底调查，统计出全市共有在校孤儿 416 名。1992 年 8 月，市红十字会理事会会议决定，由 12 名最困难且品学兼优的孤儿组成“红十字孤儿抚恤班”（简称“红恤班”），并讨论通过了《宿迁市红十字会孤儿“红恤班”管理条例》。从此，这 12 名孤儿便同其他孩子一样，得到了母亲般的爱护②。这是全国第一个以帮助特困孤儿完成学业为宗旨的“红恤班”。这一人道善举，得到社会各界的支持与称赞，被誉为“母亲工程”③。

“母亲工程”在全省乃至全国具有先导性，为红十字会参与孤儿助学提供了一个成功的范例。“红恤班”自创建起，就坚持走集资助学之路，因为“母亲工程”本来就是社会的事业、民众的事业。开班之初，市红十字会发给每位孤儿每人每月 40 元生活费，每年 80 元穿衣费；考入高校的，每月发给 100 元生活费，每年发给 160 元穿衣费及 400 元奖学金；有特殊贡献的，还发给特别补助，一直资助到工作为止④。为了维持这项支出，市红十字会除每年自筹 1 万余元经费外，还向社会各方求援并得到积极响应。正是在市红十字会和社会爱心人士的共同努力下，“母亲工程”成功

---

① 李炎：《纪念南通市红十字会成立 80 周年》，见南通市红十字会编：《纪念南通市红十字会成立 80 周年史料画册》，2007，序言。

② 冯志国：《让孤儿享有母爱——记宿迁红十字会的“母亲工程”》，《中国红十字报》1994 年 4 月 22 日。

③ 周长东：《创建“母亲工程”，哺育孤儿成章——全国第一个“红恤班”纪事》，见江苏省红十字会编：《团结奋斗，再创辉煌——纪念江苏省红十字会成立四十周年》，1996，第 30 页。

④ 周屹：《社会各界爱孤助孤，“母亲工程”惠泽孤儿》，《中国红十字报》1995 年 2 月 14 日。

地迈出了第一步。1993 年，“红恤班”第一期中的 4 位同学高中毕业，其中 3 人考取高等院校，1 人光荣入伍，报效国家。应该说，这个成绩是对“母亲工程”的肯定与回报，但同时压在红十字会工作人员身上的经费负担却越来越重①。1993 年 9 月，为了不让孤儿们“断炊”，宿迁红十字会 4 名工作人员在连续 3 个月未领工资的情况下，还启动了每月 10 元“终身捐款”的行动，由此对“母亲工程”发展意义重大的“终身捐款制度”开始形成，到 1996 年，有 28 人加入“终身捐款”行列②。到 1999 年，自愿终身捐款者已达 95 人，这也从另一侧面反映了“母亲工程”的迅速成长。

“母亲工程”的发展势头喜人，但经费困难也是显而易见的。随着“母亲工程”资助对象人数的增加，市红十字会经常面临“囊中羞涩”的尴尬局面，应急性的和“临时抱佛脚式”的筹款模式已不能满足发展需求，亟须变革。因此，建立“母亲工程”基金提上日程。1995 年春节前夕，为“母亲工程”捐款的活动达到高潮③，社会各界共捐款 404711 元，“为这项义举增添了强劲的活力”④。而“母亲工程”基金的建立，更为这一爱心事业的可持续发展奠定了坚实的基础，进一步推动了“母亲工程”的全面发展。

几年中，“母亲工程”所取得的成绩及良好口碑得到了省红十字会的认可和高度评价。为了扩大“母亲工程”的影响和惠泽范围，江苏省红十字会力促“红恤班”扩大招生，决定在省内其他地级市中各招收两名特困孤儿⑤，以此“作为‘母亲工程’向全省推广的序曲”⑥。由此，“母亲工程”开始走出宿迁、走向全省，其社会影响也随之向全省波及，爱心暖流

---

① 冯志国：《让孤儿享有母爱——记宿迁红十字会的“母亲工程”》，《中国红十字报》1994 年 4 月 22 日。

② 周长东：《创建“母亲工程”，哺育孤儿成章——全国第一个“红恤班”纪事》，见江苏省红十字会编：《团结奋斗，再创辉煌——纪念江苏省红十字会成立四十周年》，1996，第 43—44 页。

③ 曲折主编：《中国红十字事业》，广东经济出版社，1999，第 177 页。

④ 周屹：《社会各界爱孤助孤，“母亲工程”惠泽孤儿》，《中国红十字报》1995 年 2 月 14 日。

⑤ 《关于协助原宿迁市红十字会“孤儿红恤班”扩招学生的通知》，苏州市红十字会档案，1996 年“短期”1，第 1 页。

⑥ 周长东：《创建“母亲工程”，哺育孤儿成章——全国第一个“红恤班”纪事》，见江苏省红十字会编：《团结奋斗，再创辉煌——纪念江苏省红十字会成立四十周年》，1996，第 47 页。

涌动江苏。

“母亲工程”走向全省后，得到省红十字会及全省各界的支援与襄助，其助孤事业也得到进一步发展。到 1997 年，“母亲工程”资助的孤儿已达 78 名，考入大学 31 名；已有 13 人走上工作岗位[①]。“母亲工程”的发展已成为宿迁乃至江苏的一个爱心品牌，其内涵不断丰富，到 20 世纪 90 年代末，已经在很大范围内形成了一个以“红恤班”助孤为中心、以多种志愿服务力量争相参与为伴生的爱心事业，其影响范围已超出江苏，映射全国。在这个爱心事业中，除了直接为“红恤班”筹资的“终身捐款联谊会”外，还包括为“红恤班”的生活和就业提供服务与帮助的各式志愿服务小组等。这些小组除关心孤儿的衣食住行，还注重思想上的教育和引导，帮助他们树立健全人格，从而以实际行动让孩子们真正理解家的温暖、“母亲”的含义。

“母亲工程”的爱心之火，已成燎原之势。截至省红十字会“七大”召开前夕，“红恤班”9 年来共资助 129 名孤儿学生，其中 2 名考取研究生、65 名考取中专以上院校，有 15 名学生毕业后回报社会，进入了为“红恤班”终身捐款行列[②]。到 2004 年，“红恤班”已有 72 人考上大专院校，其中包括博士 1 人、硕士 4 人，还有军官 1 人[③]。我们盛赞“母亲工程”，除了因其在全省乃至全国的先导性作用外，更重要的则在于它走出了一条以红十字会为主体、各种社会力量共同参与扶孤助学的爱心之路，其运作的成功之处在于以下几方面。

其一，社会各界的支持与参与。“母亲工程”最强有力的爱心支撑源自社会。“母亲工程”诠释的是爱心事业，而托起爱心的力量来自于社会各界。红十字会事业也是民众的事业，红十字组织是为社会服务的组织，它的运作也必须依托于社会[④]。“母亲工程”的经验为红十字会事业的发展指明了方向，即只有植根于社会，拥抱人群，才是红十字会未来前进的

---

① 陈萍：《学习贯彻党的十五大精神，全面推进我省红十字事业》，见江苏省红十字会编：《江苏省红十字会六届四次理事（扩大）会议文件汇编》，1998，第 14 页。

② 陈萍：《奋发有为，与时俱进，开创江苏红十字事业新局面》，苏州市红十字会档案，2002 年“长期”27，第 31 页。

③ 《“红恤班”学子再创佳绩》，《江苏红十字》2004 年第 9 期。

④ 吴彬、杨子其：《慈善捐款，万人同行——红十字事业在中山崛起》，《博爱》1996 年第 6 期。

方向。

其二，“母亲”角色的成功塑造。“红恤班”的爱心事业之所以被称为“母亲工程”，是因为这项事业使失去父母的孤儿重新找到母爱。“母亲工程”“不仅在物质上对特困孤儿给予资助，而且还在思想上给予引导，学习上给予帮助，感情上给予关怀。凡编入‘红恤班’的孩子都定期向红十字会和学校写思想汇报，红十字会邀请领导和老师与孤儿进行座谈，帮助他们树立正确的人生观”。例如，1993 年 11 月，宿迁红十字会的送温暖小组顶风冒雪，辗转数千里，将御寒衣物和每人 400 元的生活费及时送至在南京、无锡和盐城读书的“红恤班”同学手中①。类似的例子不胜枚举。这些生活中的点滴分明为我们清晰地呈现出一个平凡而伟大的“母亲”形象，而“母亲工程”对“母亲”角色的成功诠释，使孤儿们又找到了希望和勇气，恢复了其社会角色的扮演，并开始了新的人生历程。

其三，“母亲工程”建立的长效机制。“母亲工程”的建立并不断发展壮大，其根源即在于建立了一个长效机制。“母亲工程”并不是应景而设，在建立之初就坚定了“‘红恤班’不仅要坚持办下去，而且一定要办好”的指导思想②。有了这样的指导思想，在短短几年间，“红恤班”的“援助对象由初、高中生扩展到从小学到大中专院校各个教育层面的在校孤儿；援助方式由只解决吃饭问题，发展到给予精神、物质和情感的全方位关怀”③。这样的发展得益于“母亲工程”建立的长效机制。

“母亲工程”作为红十字会爱心工程的重要内容，像一粒爱心种子扎根于江苏的沃土，对江苏的爱心事业发展具有重要意义。“母亲工程”的爱心事业也鼓舞和激励更多的人加入扶孤助学的队伍中来。“母亲工程”的爱心模式在江苏各地被广泛复制。2000 年，响水县红十字会成立了“博爱班”，共赞助了 32 名孤儿④。2002 年 3 月，如皋市红十字会为了帮助社

---

① 周长东：《创建“母亲工程”，哺育孤儿成章——全国第一个“红恤班”纪事》，见江苏省红十字会编：《团结奋斗，再创辉煌——纪念江苏省红十字会成立四十周年》，1996，第 40 页。

② 冯志国：《让孤儿享有母爱——记宿迁红十字会的“母亲工程”》，《中国红十字报》1994 年 4 月 22 日。

③ 《把苦难留在昨天，让孤儿拥有“母爱”》，《中国红十字报》1997 年 3 月 14 日。

④ 《江苏省红十字会 2000 年工作情况和 2001 年工作要点》，苏州市红十字会档案，2000 年“短期”1，第 7 页。

会弱势群体，决定对在校孤儿予以资助[①]。长期以来，睢宁县王林地区红十字会坚持扶助孤儿上学，当地派出所的干警也加入救助活动中[②]。宜兴市张渚镇红十字会从1990年开始收养和资助了8名孤儿，在红十字会的努力和爱心付出之下，8名孤儿相继升学、就业，有了幸福的生活[③]。2001年，省红十字会与爱心企业合作，共同开展为期5年的爱心助学活动，资助响水、六合等地86名特困学生，其中70多名为孤儿[④]。虽然说这些助孤的爱心事业并不是对“母亲工程”的简单描摹，但在某种程度上也可以看作是对“母亲工程”爱心精神的复写。

三、“老康”：“夕阳事业”的“朝阳前景”

20世纪90年代以来，苏州市红十字会以其创建的“一老一小”[⑤] 两个具有中国特色的爱心工程知名品牌而享誉全国的红十字会系统，其中的“老”即是“苏州市红十字会老年康复医院”（以下简称“老康医院”）。

（一）创办缘起

创办老康医院首先是社会的需要。改革开放以来，苏州社会全面发展，尤其是经济与卫生事业发展水平位居全省乃至全国前列。1994年，苏州市就在全国率先实现以县为单位提前6年达到世界卫生组织提出的“2000年人人享有初级卫生保健”的目标。1996年，全市162个乡镇“初保”全部达标，居全国领先水平；同年，全市城乡人均期望寿命超过75岁，接近发达国家水平[⑥]。

与苏州社会经济发展相伴生，人口老龄化问题也日益突出。20世纪90

---

① 《如皋市红十字会援助孤儿大学生》，苏州市红十字会档案，2002年“短期”12，第32页。

② 《王林地区派出所资助三名特困生》，苏州市红十字会档案，2002年“短期”12，第39页。

③ 曲折主编：《中国红十字事业》，广东经济出版社，1999，第180—181页。

④ 《江苏省红十字会2001年工作情况和2002年工作要点》，苏州市红十字会档案，2001年“短期”2，第32页。

⑤ “一老一小”即指苏州市红会老年康复医院和博爱幼儿园。

⑥ 《办好“夕阳”事业　展现“朝阳”前景》，《中国红十字报》1998年9月25日。

年代后期，苏州市老年人口已占全市人口总数的15%以上，按照国际标准[①]，苏州已经进入老龄化社会。老有所养，老有所医，是社会保障工作的重要内容。兴办敬老院、托老所、老年公寓等，可以解决部分老人的生活问题，但对长期卧病在床的老人而言，医疗护理是一大难题，在苏州的社会保障体系中，这是一个尚未得到很好解决的问题[②]。而对这一问题的解决，不仅紧迫、棘手，也更具现实意义。

红十字会作为“以改善最易受损害群体境况”为目标的社会救助团体，有责任、有义务亦有能力解决这一社会问题。在这个领域，红十字会参与社会保障大有文章可做，既能为政府分忧，又可以为百姓解难，为爱心工程增光添彩，因此实为红十字会实践人道主义的好事、实事[③]。基于上述考虑，苏州市红十字会着手老康医院的创办。

经过多方调研论证，苏州市红十字会与横塘镇卫生院达成合作意向，决定共同兴办具有“朝阳前景”的“夕阳事业”——老年康复医疗机构。1994年8月，经省红十字会批准，该机构冠名为“苏州市红十字会老年康复医院”。1995年5月，老康医院正式运营。

（二）“老康”简况

老康医院在功能上集医疗、护理、保健、娱乐、康复和临终关怀于一体，服务对象包括孤寡老人，患晚期肿瘤、脑萎缩、卒中后遗症、阿尔茨海默症等的老年病人，处于骨折恢复期、肿瘤化疗休养期、慢性病调理期以及其他长期卧床的生活不能自理者。老人入院后，一切都交由医院包办，家属只需经常来院探视，以慰亲情[④]。由此可见，人性化和全方位的服务理念贯穿其中，这也是红十字精神的又一体现。

---

① 迄今为止，国际上老龄化社会的判定标准有3个：一是1956年联合国《人口老化及其社会经济后果》中采用的“老年人口比例占到7%以上”的标准；二是1975年美国人口咨询局“65岁及以上老年人口比例占到10%以上”的标准；三是1982年维也纳世界老龄问题大会提出的“60岁及以上老年人口比例占到10%以上”的标准。参见仝利民：《老年社会工作》，华东理工大学出版社，2006，第7页。

② 苏州市红十字会：《参与社会保障，爱心挽留夕阳》，苏州市红十字会档案，1997年“长期”19，第25页。

③ 郝如一：《丰富内涵　拓展外延——让“生命工程”参与社会保障事业》，《博爱》2000年第6期。

④ 《办好“夕阳”事业，展现“朝阳”前景》，《中国红十字报》1998年9月25日。

老康医院正式运营后，“坚持以红十字会的人道、博爱、奉献精神为兴院之本，以促进社会公德、职业道德和家庭美德建设为工作方向，以提供优质服务为中心内容”，由此赢得了广泛的社会赞誉，“从名气到名声，都‘蒸蒸日上’”[①]。医院社会效益的彰显和社会影响都在不断扩大，建院之初的40张床位已经难以满足需求，1997年10月，老康医院开始扩建工程[②]。一年后的重阳节，建筑面积2700平方米、床位100张、设备先进、功能齐全的老康医院新大楼正式落成，更加有利于老人的康复和疗养[③]，进一步促进了“老康”爱心事业的发展。到1998年，老康医院先后收治老年患者219名，其“业绩不仅为社会所公认、所称颂，为传媒所宣传，而且迎来了中国红十字会总会、省红十字会、省老龄委和市人大、政府、政协领导的亲临视察和关怀，并给予了一致好评”[④]。中央、省、市多家新闻单位也突出报道了医院的事迹[⑤]。到2000年，老康医院“先后收治患者370名，其中得到临终关怀者114人，近70%的病人在精心护理下得以好转、康复”[⑥]。

老康医院之所以能在同类机构中独树一帜并取得良好的社会效益，最关键的是始终把红十字人道主义精神作为其最核心的办院理念，注重彰显红十字特色。在刚开始运营的两年内，医院就先后为病人减免住院费3.6万多元，充分体现了红十字精神，使病家十分感动[⑦]。为了体现参与社会保障的红十字特色，老康医院还发挥专业所长，申报立项了省科委课题《老年期痴呆症的早期发现及诊断的研究》，提出了一些早期发现和预防老

---

① 苏州市红十字会：《参与社会保障，爱心挽留夕阳》，苏州市红十字会档案，1997年“长期”19，第26页。

② 《关于苏州市红十字会老年康复医院扩建病房大楼给予拨款的请示》，苏州市红十字会档案，1998年“长期”4，第1页。

③ 《苏州市红十字会老年康复医院简介》，《江苏晨报》2006年6月7日。

④ 《办好“夕阳”事业，展现“朝阳”前景》，《中国红十字报》1998年9月25日。

⑤ 《关于苏州市红十字会老年康复医院扩建病房大楼给予资助的报告》，苏州市红十字会档案，1998年“长期”4，第7页。

⑥ 郝如一：《丰富内涵，拓展外延——让“生命工程”参与社会保障事业》，《博爱》2000年第6期。

⑦ 曲折主编：《中国红十字事业》，广东经济出版社，1999，第173页。

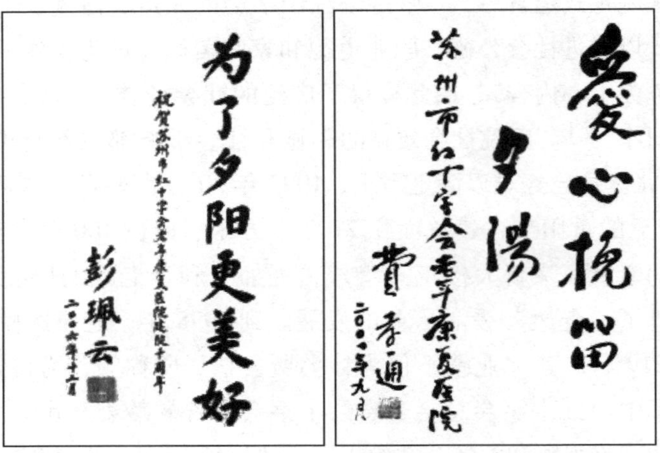

彭珮云、费孝通为老康医院的题词

年痴呆的对策，产生了良好的社会影响①。

在创办医院的过程中，红十字精神突出体现在以马姚娥院长为代表的医护人员身上。开办之初，马姚娥院长就与其他同事一起，“包揽”了病人入院后的一切料理工作，其辛苦程度可想而知。即便在医院扩建、条件改善后，护理的辛劳依然没有丝毫的降低。马姚娥经常告诫员工，要充分理解病人，用无微不至的关怀挽留“夕阳”。为此，她们在为老人做好医疗、心理和生活等全方位服务的同时，还记下了每位老人的生日，到时给老人送上寿面和生日蛋糕。最值得一提的是，马姚娥还将临终关怀作为医院人性化服务的特色来抓并带头示范。多年来，老康医院形成了一条规矩：凡有老人临终，能抽出身来的工作人员都要围在老人身边，握住老人的手，让老人在享受完最后的人间真情后含笑而去②。这可能就是爱心的力量，人道主义的力量吧！

---

① 郝如一：《丰富内涵，拓展外延，让“生命工程”参与社会保障事业》，《博爱》2000年第6期。

② 苏州市红十字会：《参与社会保障，爱心挽留夕阳》，苏州市红十字会档案，1997年“长期”19，第29页。

第五章　江苏红十字运动的特色发展之路

改革开放以来，江苏红十字运动不仅取得了突出的发展业绩，而且也成为推动中国特色红十字事业理论（以下简称“特色”理论）不断丰富与发展的重要力量，在农村工作和志愿服务工作等方面，江苏以其特色独具的风采彰显了红十字人道主义的力量。在“特色”理论的指引下，江苏红十字运动倚重募捐工作，培育特色文化，打造特色品牌，阔步奔向未来。

第一节　对“特色”理论的践行与探求

建设中国特色红十字事业，是建设中国特色社会主义的组成部分，是从我国正处于社会主义初级阶段的实际出发的，它服从和服务于建设中国特色的社会主义[①]。同时，百余年的奋斗历程也为中国红十字运动提供了别具特色的历史积淀，从而成为“特色”理论的重要来源。“红十字事业在中国由小到大，几经沉浮，于今踏上光明的坦途，证明其深具潜力，大有可为”[②]。

创建中国特色红十字事业，要从中国国情出发，并且要经过社会实践的检验。1985 年，在中国红十字会“四大”的工作报告中，首次指出“建立具有中国特色的红十字会”的任务，并要求“逐步探索出一条具有

---

① 钱正英：《在中国红十字会六届二次理事会议上的讲话》，见中国红十字会总会编：《中国红十字报》1995 年 4 月 14 日。

② 孙柏秋主编，池子华、杨国堂等：《百年红十字》，安徽人民出版社，2003，第 379 页。

中国特色的红十字工作的道路”[①]。“四大”明确了红十字会是政府人道领域助手的定位，是以人道主义为宗旨的卫生救护和社会福利团体，因此不能把红会办成“第二卫生部”或“第二民政部”，红会主要办一些人民群众需要的、群众性的卫生救护和群众性的社会福利工作。

总会四届理事会任职期间（1985—1990）的探索和进展，“无一不是贯彻党的实事求是，一切从实际出发的思想路线的结果，无一不是改革开放的结果，无一不是国际红十字人道主义宗旨同社会主义中国的实际相结合的结果”[②]。可见，四届理事会任职期间是中国红十字会探索“特色”理论的起步和初始阶段，从这一时期开始，中国红十字会即注重从中国国情和自身实际出发，整体考量中国红十字事业的发展方向。

在“特色”理论的形成和发展过程中，1990 年召开的中国红十字会“五大”都是一个具有标志意义的里程碑，总会五届理事会任职时期（1990—1994）也是一个重要的发展时期。在“五大”的工作报告中，把“继续探索建设具有中国特色的红十字会”作为“今后我国红会工作的基本指导思想”[③]。“五大”进一步总结和发展了“四大”的基本认识和探索成果，把建设“特色”理论的要点归纳为：（1）性质宗旨：中国红十字会是从事人道主义工作的社会救助团体，坚持发扬人道主义精神，保护人的生命和健康，促进和平进步事业。（2）发展道路：研究国际通行做法，紧密联系中国实际，沿着法制化轨道，建设有中国特色的红十字会。（3）与政府的关系：红十字会遵守国家的宪法和法律，发扬人道领域政府的助手作用，独立自主地开展工作，并接受政府的监督；政府对红十字会给予支持和资助，保障红十字会依法履行其职责。（4）主要任务：为改善最易受损害群体的境况，建立备灾救灾体系，参与自然灾害和突发事件救助，开展群众性卫生救护，减少各种因意外伤害造成的人员致残和死亡；参与血液事业的管理，推动无偿献血；开展与人道主义有关的工作，开拓新的服务领域。（5）组织模式：按行政区域和行业系统发展组织，县以上按行政

---

① 钱信忠：《中国红十字会第四次全国会员代表大会工作报告》（1985 年 5 月 31 日），见中国红十字会总会编：《中国红十字会历史资料选编，1950—2004》，民族出版社，2005，第 154 页。

② 谭云鹤：《振奋精神　群策群力　把建设具有中国特色的红十字事业继续推向前进——中国红十字会第五次全国会员代表大会工作报告》（1990 年 2 月 15 日），见中国红十字会总会编：《中国红十字会历史资料选编，1950—2004》，民族出版社，2005，第 209—210 页。

③ 同上书，第 212 页。

区域建立地方各级红十字会，各级现职行政领导出任红十字会会长；红十字会开展活动以基层组织和会员为基础。（6）国际性：在对外交往中坚持独立、平等、互相尊重的原则，积极发展与国际红十字运动和各国红十字会的友好合作关系，促进世界和平进步事业①。

应该说，上述理论体系只是探索“特色”理论的阶段性成果，但这些理论成果对中国红十字运动的实践和中国红十字事业未来发展的指导作用是不可低估的。从某种程度上说，《红十字会法》的出台就是对这一理论成果的借鉴、吸收和完善，正如“五大”的工作报告所指出的，“必须用立法的形式对红十字会在整个社会中的地位、作用，与有关部门的关系，以及开展群众性现场救护训练、兴办社会福利事业实体等，做出明确的规定，以保证红十字事业的健康发展和依法开展活动”。之后，随着对中国红十字事业“特色之路”的探索，中国红十字会立法工作不断取得重大进展，《红十字会法》的立法工作已提上日程。

总会六届理事会任职时期（1994—1999）的中心任务，是贯彻《红十字会法》，建设有中国特色的红十字事业②。1994 年召开的中国红十字会“六大”的工作报告明确提出，“建设有中国特色的红十字会，需要中国特色红十字会理论的指导，各级红十字组织和红十字会的广大干部，都要深入实际，调查研究，重视和加强对红十字理论的研究”③。其中，要着重研究中国特色红十字会的内涵，如在市场经济条件下如何更好地发挥红十字会的作用，红十字会的机构模式，红十字会的工作和政府、社会及群众之间的结合点，以及红十字会与各部门之间的工作关系等。

1999 年召开的中国红十字会“七大”，在工作报告中肯定了各级红十字组织“围绕建设具有中国特色的红十字会这一目标”较好地完成了各项任务，在“建设有中国特色的红十字事业”等方面做了许多工作；报告并明确提出要“依法建设有中国特色红十字事业”。我国是一个发展中国家，

---

①　曲折主编：《中国红十字事业》，广东经济出版社，1999，第 66—67 页。

②　钱正英：《用十五大精神指导红十字会工作——在中国红十字会第六届理事会第五次会议上的讲话》（1998 年 3 月 31 日），见中国红十字会总会编：《第六届、第七届理事会主要文件汇编》，2005，第 25 页。

③　顾英奇：《认真实施红十字会法　努力发展中国特色的红十字事业——中国红十字会第六次全国会员代表大会工作报告》（1994 年 2 月 23 日），见中国红十字会总会编：《中国红十字会历史资料选编，1950—2004》，民族出版社，2005，第 298 页。

多种自然灾害发生频繁，易受损害群体的人口数量也很多，人道主义的社会救助工作任务十分繁重。因此，“七大”报告对红十字会提出了新的要求，即有中国特色的红十字事业，“必须紧紧跟随国家改革开放和进行现代化建设的步伐，积极推进红十字会工作”①。

2004 年 10 月，中国红十字会“八大”召开。“八大”的工作报告总结了多年实践中积累的 5 条基本经验，提出这些基本经验“是建设中国特色红十字事业的重要指导原则，必须在实践中长期坚持并继续丰富和完善。”具体而言，第一条经验是“必须坚持以邓小平理论和‘三个代表’重要思想为指导，牢牢把握建设中国特色红十字事业的正确方向”；第二条经验是“必须依法建会、依法治会、依法兴会，积极争取党和政府的支持”；第三条经验是“必须发挥优势、服务大局，在人道救助领域发挥政府的助手作用”；第四条经验是“必须充分发挥地方和行业红十字会的积极性和创造性，因地制宜地开展工作”；第五条经验是“必须加强自身建设，把红十字会建成充满生机与活力、密切联系群众、符合自身特点的社会救助团体”②。

结合上述中国红十字会“四大”以来“特色”理论在探索中形成的“基本经验”“基本认识”“基本体会”和“理论雏形”等内容可知，“特色”理论体系的战略原则包括 6 个方面的内容：要坚持党的领导；要坚持发挥红十字会的桥梁和纽带作用；要坚持围绕中心、服务大局；要坚持服务群众的工作生命线；要坚持依法建会、依法治会、依法兴会；要坚持与时俱进、改革创新。这是中国红十字运动历史实践的客观总结，是发展中国特色红十字事业的必然要求，也应成为未来红十字事业发展的重要指南。

“特色”理论是一个开放的理论，因为理论来源于实践，而实践在不断发展，因此“特色”理论也处于不断的探索和丰富、发展当中。江苏红

---

① 顾英奇：《坚持依法建会　加大改革力度　将中国红十字事业全面推向二十一世纪——中国红十字会第七次全国会员代表大会工作报告》（1999 年 10 月 11 日），见中国红十字会总会编：《中国红十字会历史资料选编，1950—2004》，民族出版社，2005，第 390—391 页。

② 王立忠：《与时俱进　艰苦创业　为全面建设小康社会作贡献——中国红十字会第八次全国会员代表大会工作报告》（2004 年 10 月 27 日），见中国红十字会总会编：《中国红十字会历史资料选编，1950—2004》，民族出版社，2005，第 500—502 页。

十字运动是中国红十字运动的重要组成部分，江苏红十字会所创造出的独特成就，也是中国特色红十字事业的重要组成部分。这些成就，一方面既是对“特色”理论的践行和检验；另一方面，也以其独特的探索之路丰富了“特色”理论的内涵。下面以“农村工作”和“志愿服务工作”两个专题为重点，对江苏红十字会在探索“特色”理论方面的努力加以介绍。

第二节　农村：红十字事业的广阔田野

中国是一个农业大国，“农业作为基础产业是一个永恒的规律”，“在农业份额演变的任何阶段，农业始终是其他产业赖以发展的前提和基础”①。中国又是一个人口大国，根据2005年全国1%人口抽样调查数据推算，农村人口为7.37亿，占全国人口总数的56%②。因此，如果红十字工作不能深入农村，就谈不上红十字事业真正意义上的发展。而且，在农村大力开展红十字工作也是“特色”理论的客观要求。

一、面对红十字的“三农问题”

20世纪80年代初期，在注重城市恢复建立红十字组织的同时，总会开始对在农村建立组织提出了要求③。1989年，总会又提出：“在农村发展红十字事业，是创建具有中国特色的红十字事业的大胆尝试。”④ 中国的各级红十字会组织，是按国家行政区域划分的省、市、县、乡村逐步向下延伸的⑤。“中国红十字会的主要任务之一是为改善最易受损害群体的境况，建立救灾备灾体系，参与自然灾害和突发事件的救助，开展群众性卫生救护，减少各种因意外伤害造成的人员致残和死亡”⑥。而根据国家统计

---

① 龙方：《中国“三农”问题研究的新思维》，中国农业出版社，2005，第18页。

② 《国家统计局：中国农村人口占总人口56%》，《经济研究信息》2007年第10期。

③ 江亦曼：《在中国红十字会农村工作座谈会上的讲话》，见中国红十字会总会编：《中国红十字会领导讲话汇编》，2007，第156页。

④ 静湖：《“特色”从哪里来》，《中国红十字报》1989年5月5日。

⑤ 《中国红十字年鉴》编辑部编：《中国红十字年鉴·2004/2005（创刊号）》，台海出版社，2006，第37页。

⑥ 孙柏秋主编，池子华、杨国堂等：《百年红十字》，安徽人民出版社，2003，第381页。

局的调查，2004 年，全国农村绝对贫困人口仍有 2610 万人，贫困发生率为 2.8%；绝对贫困人口与低收入人口合计数量为 7587 万人，占农村人口比重的 8.1%①。

农村无疑是最易受损害群体的“聚集地”，亟须社会各界的关怀与救助。在很长一段时间内，农村的医疗卫生状况不容乐观，经费投入不足，专业医疗队伍力量薄弱，卫生人员占农村人口比例和病床数明显低于城市。到 20 世纪 90 年代，“全国卫生技术人员，在城市平均每千人口 7.68 人；在农村平均每千人口 2.10 人”②。但同时，农村人口遭受意外伤害的死亡率却远高于城市。仅就交通事故而言，1986 年，全国共发生车祸事故 221948 起，其中发生在农村的 115419 起，占 52%；伤 78410 人，占 54.36%；亡 29933 人，占 73.3%。而农村伤亡比例高的主要原因是救助不及时③。因此，农村是红十字会开展救助工作的“重中之重”，只有在农村尽快普及红十字救护知识，才能真正实现红十字会保护人的生命与健康的神圣职责。“实践证明，农村需要红十字会，农民需要红十字会，红十字会在农村开展的工作为保护农民的生命与健康发挥了积极作用”④。

中国红十字会的农村工作起步较晚，“四大”以后，总会在开展城市红十字会基层工作的同时，开始在农村进行建会试点⑤。“从 1989 年起，总会把发展农村红十字会工作列入议事日程”⑥，但由于多种原因，农村工作发展缓慢，“截至 2004 年底，全国乡镇红十字会有 9870 个，占全国 37166 个乡镇总数的 26.56%。农村红十字会会员约 600 万人，占全国会员总数的 28%”⑦。可见，红十字会的农村工作任重而道远。

---

① 国家统计局农村社会经济调查总队：《2004 年末全国农村绝对贫困人口 2610 万》，《调研世界》2005 年第 4 期。

② 杨学顺：《发展农村红十字会的必要性和必然性》，《中国红十字》1990 年第 1 期。

③ 尤德新编著：《闪光的红十字》，湖北科学技术出版社，1992，第 244 页。

④ 江亦曼：《发展公益事业，共建社会主义新农村——在首届博爱论坛上的讲话》，见中国红十字会总会编：《博爱中国——来自博爱论坛的声音》，中央广播电视大学出版社，2008，第 7 页。

⑤ 孙柏秋主编，池子华、杨国堂等：《百年红十字》，安徽人民出版社，2003，第 376 页。

⑥ 《中国红十字年鉴》编辑部编：《中国红十字年鉴·2004/2005（创刊号）》，台海出版社，2006，第 38 页。

⑦ 《中国红十字年鉴》编辑部编：《中国红十字年鉴·2005/2006》，台海出版社，2007，第 312 页。

长期以来，中国红十字事业中存在着严重的“三农问题”：农村红十字组织和会员的普及率低，农民对红十字知识的认知率低，农业与红十字业务的结合度低。这已经成为制约红十字事业深入和可持续发展的重要因素，值得深切关注。为促进中国特色红十字事业的健康发展，总会及各地红十字会对农村工作都有的放矢地进行了一定的探索，其中江苏红十字会的探索也取得了不俗的成绩，丰富和补充了“特色”理论中有关农村工作的内涵。

二、江苏红十字会的农村工作概观

江苏是一个人口大省。20 世纪 80 年代，全省农村人口 4200 万，占人口总数的66%[①]。随着经济和社会的发展，到2004 年，江苏农业人口 4182 万人，占全省人口总数的 58. 04%。农业人口比重的降低，与相对发达的城市化和工业化密切相关，但要看到，江苏农业人口的绝对数字仍然排在全国第 7 位[②]，因此农村工作始终是江苏红十字会的重要工作内容。

江苏红十字会的农村工作开始于 80 年代中期，在大力加强组织建设的背景下，1988 年 3 月，省红十字会四届三次理事会议对开展农村工作进行了认真研究，根据卫生部门“实现 2000 年人人享有初级卫生保健，建立健全三级医疗卫生网”的要求，认为有必要在农村发展红十字组织，以协助卫生部门开展卫生保健服务。为此，会议提出，每个市“都要选择一、二个条件较好的县（主要是三级卫生医疗网比较健全，各项工作基础较好的县），在乡村试点发展基层组织，发展会员，并探索农村红十字会的建会和开展工作的路子”[③]。同时重申，农村红十字会工作不是农村卫生工作的简单重复，而是三级卫生医疗网的延伸与补充。为便于指导全省工作，省红十字会分别在苏南、苏北选择了经济基础不同的金坛、宜兴和东海等县（市）进行试点，摸索建会经验。会后，全省各市红十字会根据会议精神，在当地陆续开展了农村建会试点工作和以尊老助残、助人为乐、扶危

① 《农村红十字会工作座谈会上部分试点单位代表的发言》，《中国红十字报》1989 年 11 月 5 日。

② 《2004 年全国非农业、农业人口分地区统计表》，《公安研究》2005 年第 9 期。

③ 《江苏省红十字会四届三次理事会工作报告》，苏州市红十字会档案，1988 年“长期”106，第 18 页。

济困、卫生宣传为主要内容的红十字活动。

在当地政府及有关部门的支持下，各地红十字会农村工作的开展取得了一定成效，创造出具有地方“个性”的发展形式，其中突出的有两种。

第一种是以点带面，稳步发展，依托三级医疗卫生网发展红十字组织。如金坛、东海根据本地是省“实现2000年人人享有初级卫生保健”试点，全县（市）三级医疗卫生网较健全的特点，制定了“以乡镇卫生院为枢纽，防疫组为渠道，村卫生室为基地，紧紧依靠乡村医生，发展农村红十字组织”的方案，并在试点乡的基础上，逐步向其他乡（镇）发展，做到成熟一个发展一个，一旦成立就要求能发挥作用。在实施过程中，由分管乡（镇）长、卫生院长、文化站长为核心，成立筹备小组，并分工负责对乡村干部、乡村医生及村民的宣传、动员工作。根据乡（镇）特点，乡（镇）红十字会由乡（镇）长、卫生院长、民政助理、文教助理任正、副会长，卫生院长、防疫组长为正、副秘书长，团委、妇联、人武部、中学、财政所、文化站、企业、公司、个体劳动者协会等方面的负责人任理事。村红十字会办事机构则由分管村领导、卫生室负责人、妇女主任、小学校长、民兵连长等人组成。

第二种形式为统一部署，分批建会，依靠各级地方行政部门的支持发展组织。宜兴等市根据本地乡镇工业较发达、地处太湖风景区等特点，重点在旅游景点、陶瓷及其他工业较集中的乡（镇）先行建会，依靠各级地方行政部门支持开展农村红十字工作。常熟、宿迁、丰县、淮阴等地也均通过行政渠道统一行文，提出建会意见，要求一至两年内分批建会，建会工作由乡（镇）政府出面牵头，乡（镇）政府办公室或文化站负责人具体负责，依靠村委会及乡（镇）企业发展组织，由分管乡（镇）长任会长，乡（镇）政府办公室主任、文化站长任副会长，吸取城市红十字会建会的经验，统筹考虑乡（镇）境内所有单位的红十字工作，吸取企业负责人参加理事会①。

这一时期，江苏红十字会农村工作的经验得到了总会的肯定。1989年11月，在总会召开的中国红十字会农村（牧区）工作座谈会上，省红十字

① 江苏省红十字会编著：《江苏红十字运动八十八年（1911—1999）》，东南大学出版社，2001，第128—129页。

会做了《让红十字旗帜在农村高高飘扬》的专题发言[①]，受到红十字会同人的高度评价。

为进一步探索农村工作经验，1992 年 6 月，省红十字会召开了江苏省农村红十字工作座谈会，总结了几年来的红十字会农村建会的试点工作[②]。会议期间，东海、金坛、宜兴、高淳等试点单位红十字会代表做了经验交流和研讨，还参观了东海县红十字会工作现场。大家认为，东海县及各地农村红十字工作的实践表明，单靠乡村医生，要做好居住分散、人数众多的农村卫生保健工作困难较大，而经过培训、掌握初级卫生救护知识、生活在广大群众中的红十字会会员队伍可以有力地配合乡村医生的卫生工作；即使在宜兴那样较为发达的地区，同样证明红十字组织大有可为[③]。因此，在农村建立组织、开展红十字工作乃势所必然。会议提出了下一阶段红十字会农村工作的指导思想，即不宜“全面推开”，仍然“继续扩大试点”，并“在试点的基础上，成熟一个，发展一个；发展一个，巩固一个”。在发展的同时，“注意数量和质量的关系。没有数量，质量就无从谈起，但没有质量，数量也是空的”。农村红十字会工作的任务，主要是开展“三救”，即救护、救济、救灾。为做好“三救”工作，要做到“开发领导，宣传群众”；“建立机构，发展组织”；“收缴会费，开展活动”；“建立制度，巩固提高”[④]。

这次座谈会推动了全省红十字会的农村工作，各级红十字会开展了许多有特色的活动。例如，1997 年，省红十字会成立医疗指导会诊服务网络，搭建平台，在农村落后地区开展扶贫医疗活动，取得了一定的成绩。2002 年，省红十字会参与了省委宣传部、省文明办等单位组织的“文化、科技、卫生”三下乡活动，受到有关领导和当地群众赞扬[⑤]。各级红会组

① 《农村红十字会工作座谈会上部分试点单位代表的发言》，《中国红十字报》1989 年 11 月 5 日。

② 《关于召开江苏省农村红十字工作座谈会的通知》，苏州市红十字会档案，1992 年“短期”1，第 3 页。

③ 江苏省红十字会编著：《江苏红十字运动八十八年（1911—1999）》，东南大学出版社，2001，第 129—130 页。

④ 《盛天任常务副会长在全省农村红十字工作座谈会结束时的讲话》，江苏省红十字会档案，档案号：1992-002-0000-0206。

⑤ 森林：《省红十字会参与“三下乡”活动》，《江苏红十字》2003 年第 1 期。

织还争取国内外慈善组织和人士支持实施长效救援项目，如邳州市的残疾儿童“希望之家”、响水县的孤儿“博爱小学”、溧水县的智障和残疾儿童特殊教育基地、睢宁县的养羊扶贫项目，以及结合灾后重建，在建湖县岗西镇和南京六合区回族村援建新农村住宅等。特别是2003年，省红十字会与爱德基金会在睢宁县邱集镇共同实施了扶贫养羊项目，投放帮扶资金50万元，对于红十字会农村工作而言，这是个有益的探索[①]。通过项目的实施，不仅集中改善了孤老贫残等最易受损害群体的境况，而且加强了救助力度，提高了资金使用效率，改善了救援机制，充分发挥了红十字会社会救助团体的积极作用。

三、地方红十字会农村工作简介——以王林红十字会为中心

我国农村地域广阔，各地情况千差万别，“要使农村红十字会工作开展得卓有成效，就不能千篇一律地套用一个模式”[②]。红十字会农村工作，要因地制宜地选择突破口以打开局面，再全面发展红十字事业。在这方面，江苏做出了表率。

例如，成立于1989年的宜兴市张渚镇红十字会，首先在台湾事务服务工作中崭露头角，并以此为契机协助政府招商引资，发展外向型经济。同时，张渚镇红十字会利用地处发达地区的优势，注重发挥红十字会理事作用，为社会救助工作广开善源，从而取得了红十字会事业的持续发展，塑造了江南农村红十字事业的典型。10余年间，张渚镇红十字会接待了北京、上海、天津、福建等多地红十字会的考察，并受邀多次在省及全国的红十字会议上做专题发言，受到一致赞誉[③]。

又如，东海县驼峰乡依据当地情况，以卫生救护工作为立足点，全面推进乡村红十字工作，摸索出红十字事业扎根农村的新路[④]。同样，建会

① 贾玉龙、洪星：《省红十字会、爱德基金会实施的扶贫养羊项目在睢宁县启动》，《江苏红十字》2003年第11期。

② 鲁波：《在农村开展红十字会工作要选好“突破口”》，《中国红十字报》1988年12月5日。

③ 贾林康：《创建中国特色乡镇红十字会》，《中国红十字报》2003年9月19日。

④ 连云港市红十字会：《以救护为立足点全面推进乡村红十字会工作》，苏州市红十字会档案，2002年“长期”28，第66页。

于1989年的睢宁县红十字会，长期以来，“充分发挥红十字会自身优势，积极探索适合农村特点的红十字会发展思路。从基础管理入手，着重抓好组织网络和规章制度的建设，以救助农村弱势群体为突破口，大力开展对弱势群体的医疗救助、社区服务、帮困助学等活动”①。睢宁县红十字会走出了一条欠发达地区农村工作的成功之路，对广大农村具有重要的借鉴意义。下面以睢宁县邱集镇王林办事处红十字会为例加以介绍。

邱集镇王林办事处（撤乡并镇前为王林乡）位于县城东南10公里，人口4.5万，可耕地5.6万亩。睢宁县是省级重点扶贫县，邱集镇王林办事处更是省级重点扶贫乡镇，且自然灾害频繁，易受损害群体人员多、分布广②。乡镇级红十字会一无编制，二无经费，开展工作本来就举步维艰，对于王林而言更是难上加难了。但就是在这种情况下，1996年初成立的王林红十字会，“本着花小钱办成事，不花钱也办事的原则，从小事做起，循序渐进，逐步拓展各项工作，取得明显的社会效果”③，从而走出了一条别具特色的乡镇红十字会之路。

王林红十字会以农村弱势群体为目标，在工作中注重抓重点、抓热点、抓难点，真抓实干，把红十字会工作建在农民的心坎上，解决农民的实际困难。1999年夏，暴雨成灾，红十字会人员冒酷暑开展灾情调查，走遍23个村、400多个家庭，了解到全乡230位60岁以上的孤寡老人存在不同程度的生活及就医困难，89户特困户的口粮不足，50名贫困儿童新学期面临辍学，14名孤儿亟待救助④。这一信息明确了红十字会着力的重点、难点，为今后的工作指明了方向。

在此基础上，王林红十字会的工作主要是做到了“三个参与，四件实事”。“三个参与”为：参与社区精神文明建设，参与农村社会保障体系，参与政府人道主义救助工作。“四件实事”包括：为社区68名“三老优

① 《以救助弱势群体为突破口，打开基层红十字会工作新局面》，苏州市红十字会档案，2003年“长期”，宣传。

② 《我们是如何开展农村红十字会工作的》，苏州市红十字会档案，2002年“长期”28，第130页。

③ 《发挥红十字志愿服务作用，为构建和谐新农村添砖加瓦》，见江苏省红十字会编：《江苏省红十字志愿服务工作会议文件汇编》，2007，第53页。

④ 王敬平、王启良：《结合农村实际，实干加宣传走出新路子》，《中国红十字报》2001年4月20日。

抚”对象（老烈属、老伤残军人、老退伍复员军人）和230位孤寡老人提供医疗救助；资助50名特困儿童和14名孤儿上学；对因各种原因致贫的特困户实施人道主义救助；建立志愿服务队伍，服务一方百姓。在开展“三个参与”和“四件实事”的实践中，自1999年建立救助基金以来，王林红十字会每年用于孤儿帮扶助学的经费达2万余元。而且“多年来，王林红十字会一直采取社会募捐一点、学校减免一点、红十字会资助一点的办法，确保辖区内无一人失学。97年以来（截至2003年）为优抚对象减免医疗费2万余元，上门医疗服务5000人次”①。此外，1997—2002年，王林红十字会在救助工作中共“发放棉被400多床，棉衣2000多件，单衣8000多件，大米、面粉300多袋，药品、生活用品、学习用具等折合人民币10多万元”②。2003年初，王林红十字会还组织了救护培训，20多人学到急救知识，400多名村民接受交通安全教育③。

王林红十字会农村工作业绩的取得，很大程度上要归于卓有成效的规范管理和成功运作。具体来说，包括以下几个方面。

其一，加强组织网络建设，发挥网络功能。王林红十字会历届理事会都聘请党委书记和镇长为名誉会长，选举镇政府领导为红十字会会长，把镇直各机关主要负责人及事业单位领导选为理事。除定期召开理事会议外，还经常向理事和会长汇报工作情况，传达信息，争取支持。应该说，这一工作不管在城市还是农村，都是各级红十字会工作取得成效的关键。在此基础上，为拓展工作，2002年，王林红十字会开始建立村级红十字会，村主任任会长，卫生室室长任秘书长，并吸收党团员及青年积极分子为会员④。到2003年，王林已建立村级红十字组织20个、学校红十字组织19个，形成了镇、村两级组织网络。王林特别注重发挥村、校红十字组织作用，因为村级红十字会能够与农民面对面接触，是红十字会与农民联系的纽带，是红十字会掌握乡情、民情、灾情第一手资料的来源，而且许

① 睢宁县红十字会：《以救助弱势群体为突破口，打开基层红十字会工作新局面》，苏州市红十字会档案，2003年“长期”，宣传。

② 《我们是如何开展农村红十字会工作的》，苏州市红十字会档案，2002年“长期”28，第131页。

③ 姜秀岚、王敬平：《一个为村民办实事的红十字会》，《中国红十字报》2005年6月3日。

④ 《我们是如何开展农村红十字会工作的》，苏州市红十字会档案，2002年“长期”28，第131页。

多具体救助救护工作也是由它们来完成的[①]。

其二，大力宣传、扩大影响。宣传可以产生社会效益，在建立组织网络的基础上，农村红十字会要想进一步扩大影响，占领农村宣传阵地十分重要。王林结合当地农村实际，利用多种形式全方位地宣传红十字知识和理念。首先，充分利用宣传媒体的作用。王林注重对总会“一报一刊”和省红十字会《江苏红十字》报的订阅和使用，到2003年已连续4年订阅“一报一刊”双超百份，《江苏红十字》超300份。在订阅中，还积累了“三早”（早宣传、早发动、早订阅）、“三勤”（腿勤、嘴勤、手勤）等经验，在全县推广并受到省红十字会肯定[②]。此外，宣传栏、阅报栏、画廊等也是颇有成效的宣传阵地。其次，利用农村集日，大作宣传，很受农民欢迎。除此之外，举办培训班和刊发新闻报道也是重要的宣传途径[③]。

其三，开展志愿服务，使红十字走入千家万户。志愿服务工作，对于农村红十字会而言同样重要。王林红十字会首先以卫生院的技术力量为依托，成立了4个志愿服务队伍；在街道设立了红十字志愿者活动室，以村为单位成立了红十字志愿者服务小组；志愿者经常开展义诊、为孤寡老人送医送药上门、免费维修农机具等活动。为了适应农村产业结构调整，王林动员一部分农技、农机、兽医方面的技术人员加入志愿服务组织，为群众免费咨询，开展技术指导，实施科技扶贫[④]。

其四，广筹善款，增强救助能力。经费对于农村红十字会而言至关重要，在经济落后地区尤其如此。王林主要通过下面几种途径筹集救助善款：（1）广泛宣传，使一些热心公益的爱心人士增强对红十字会的了解和信任，愿意捐款救助他人。（2）与政府领导、机关单位及各村负责人、个体工商户、种植与养殖大户等200多个单位和个人建立长期联系，对已捐款和有意捐款者进行登记，及时通报情况，争取各方支持。（3）广交朋友。采取登门拜访，召开座谈会，节日、生日问候，授予捐赠者荣誉称号等方式，广交朋友，增进感情交流。当救助工作遭遇资金短缺时，向各

---

① 王敬平：《探索乡镇红十字会工作新路子》，《中国红十字报》2003年10月20日。

② 王启良、王敬平：《让更多的人认识、支持红十字会》，《中国红十字报》2001年1月12日。

③ 《我们是如何开展农村红十字会工作的》，苏州市红十字会档案，2002年“长期”28，第133页。

④ 王敬平：《探索乡镇红十字会工作新路子》，《中国红十字报》2003年10月20日。

位“朋友”求助，一般都能慷慨解囊、鼎力相助。（4）因地制宜，创办实体[①]。

对于以王林为代表的农村落后地区而言，农村红十字会主要通过搭建救助平台来实现爱心捐助。红十字会一方面掌握所在区域内困难群众基本情况，为救助平台提供信息；另一方面，将先富者的爱心汇集到救助平台上来，让捐、受双方两见面，增加情感交流，并将捐助款物的收、发情况向社会公示，增加透明度，吸引更多善款[②]。总之，在实际工作中，王林办事处红十字会没有“等、靠、要”，而是以实干精神和在实干中体现“亮点”的策略，走出了乡镇红十字会工作的特色之路，不仅为农村而且也为城市红十字会工作提供了很多有价值的借鉴。

第三节　志愿服务：特色发展的希望工程

捐献不仅是物资的捐赠，还可以捐赠时间、奉献自己的劳动，即提供志愿服务。相对于物资捐赠，志愿服务往往能产生更大的社会价值和社会资本。志愿服务根源于志愿精神，志愿精神是人类对于社会发展的积极价值取向，是红十字运动的基本精神。提供志愿服务的志愿者是社会组织中最具特色的人力资源，是红十字会最宝贵的财富[③]。近些年来，随着红十字事业的不断发展，红十字志愿服务活动有了长足的发展。广大群众不分年龄、性别、职业、民族、宗教信仰、受教育程度，都参加到红十字志愿服务活动中来，在救灾、救护、救助等领域采取多种多样的方式，为困难群体提供人道服务。中国红十字会总会和各地红十字会已经初步形成了一些有特色、有影响力的志愿服务品牌项目，志愿者已经成为我国红十字事业中一支不可缺少的重要力量，他们为实现红十字会的宗旨和完成红十字会的各项任务做出了重要的贡献。

---

① 《我们是如何开展农村红十字会工作的》，苏州市红十字会档案，2002 年“长期”28，第 137 页。

② 王敬平：《探索乡镇红十字会工作新路子》，《中国红十字报》2003 年 10 月 20 日。

③ 《志愿者是红十字会最宝贵的财富》，《中国红十字报》2010 年 1 月 15 日。

一、红十字志愿服务的内涵及价值

作为一项重要的社会公益事业，志愿服务在世界各国已蓬勃开展，许多国家的志愿服务活动十分活跃，参加志愿服务活动，已经成为许多民众的自觉行动，甚至成为一种时代发展的潮流。1997 年，第 52 届联合国大会通过提案，决定把新世纪的第一年 2001 年确定为“国际志愿者年”。这一切为红十字志愿服务工作的开展带来了历史机遇。

我国正处于社会主义初级阶段，城乡、区域、经济社会发展仍然不平衡，劳动就业、社会保障、收入分配、教育卫生、居民住房、安全生产、司法和社会治安等方面关系群众切身利益的问题仍然较多，部分低收入群众生活比较困难。帮助困难群体改善生活，需要政府和社会共同努力。志愿服务倡导“奉献、友爱、互助、进步”精神，推崇“我为人人，人人为我”的理念。开展以相互关爱、服务社会为宗旨的志愿服务活动，可以弥补政府服务和市场服务的某些缺位与不足，对于加强社会主义市场经济条件下的精神文明建设，构建社会主义和谐社会可以发挥积极的作用。

志愿服务是国际红十字运动的七项基本原则之一，是红十字精神的具体体现，是红十字会从事人道救助工作的重要形式。《中国红十字会章程》① 明确规定：“各级红十字会应吸收热心红十字事业、志愿参加红十字会活动的各界人士为志愿工作者，组织开展人道主义服务工作。”《中国红十字会九十年代工作纲要》也指出：“在建设好红十字会专职干部队伍的同时，各级红十字会组织都要大力加强和发展志愿工作者队伍，充分发挥他们的作用，使他们为发展红十字事业做出积极的贡献。”② 可见，志愿服务也已进入中国特色红十字事业的视野。

根据国际联合会的规定，并结合我国的具体实际可以认为，“红十字志愿服务是指红十字会的会员和志愿工作者，出自完全自愿的动机，不谋取任何经济、物质的好处，用自己的经验、技能和时间，为最易受损害群体提供的服务”。志愿服务是红十字运动的基本价值观和态度，是“人道、

---

① 1999 年 10 月，中国红十字会第七次全国会员代表大会通过。

② 国务院法制局、中国红十字会总会编：《中华人民共和国红十字会法使用手册》，中国友谊出版公司，1994，第 242 页。

博爱、奉献”精神的集中体现，是实践红十字运动志愿服务基本原则的重要途径和方式。实践证明，开展志愿服务活动，有利于吸引社会各界人士参加红十字运动，使红十字事业植根于广大民众之中；有利于解决红十字会人力财力不足的矛盾，调动社会力量为民众服务，合理配置资源；有利于弘扬“人道、博爱、奉献”精神和中华民族的传统美德，改善人际关系，净化社会风气，促进社会主义精神文明建设①。

二、江苏红十字会志愿服务工作三部曲

在红十字运动的发展历程中，江苏红十字会走出了一条别具一格的志愿服务之路，丰富了中国特色红十字事业的内涵。下面分三个阶段加以介绍。

（一）起步阶段（1996—1997）

这一阶段的主要工作思路是宣传发动、提高认识；建立组织、制定规划；典型引路、以点带面。江苏红十字会很早即涉足志愿服务这一领域。多年来，全省各地有一批热心红十字事业的志愿工作者，以各种形式和途径参与红十字活动，帮助红十字会开展工作，为全省红十字事业的发展增添了生机和活力，但“有组织有计划地在全省范围内大力推进志愿服务工作，则是从1996年开始展开的”②。1996年，总会开始着手研究“建立全国性的红十字志愿工作者队伍”③。省红十字会在六届二次理事会议上也提出“结合社区服务开展志愿工作”，“学习外省市红十字会组织发挥红十字志愿者作用的先进经验，以便在我省逐步推开”④；同时要求把开展志愿服务与贯彻党的十四届六中全会提出的大力开展“服务人民、奉献社会”的

---

① 《关于进一步推进红十字志愿服务工作的意见》(2002年2月16日)，《中国红十字年鉴》编辑部编：《中国红十字年鉴・2005/2006》，台海出版社，2007，第110页。

② 《加强志愿服务工作，弘扬人道博爱精神》，苏州市红十字会档案，2001年“短期”1，第15页。

③ 《中国红十字会1996年工作设想》，见中国红十字会总会编：《中国红十字会第六届三次理事会议文件汇编》，1996，第52页。

④ 《抓住机遇，依法兴会，开创红十字事业新局面》，见江苏省红十字会编：《江苏省红十字会六届二次理事（扩大）会议文件汇编》，1996，第18页。

群众性精神文明创建活动结合起来，并作为“爱心工程”的重要组成部分[①]。省红十字会首先在常州开展志愿服务工作的试点，分别选择医院、街道、宾馆、商场、工厂、居民小区等公共场所建立了8个红十字志愿服务示范区，1000多名志愿工作者参与社区服务，社会效果良好。

在常州试点的基础上，省红十字会召开了第一次全省志愿服务工作会议，各地的红十字会干部和志愿工作者参加会议，大家在会上进行了交流发言并实地参观了常州的红十字志愿服务示范区。可以说，这次会议主要有4项成就：

其一，通过会议的学习、参观和研讨，提高和统一了对发展红十字志愿者队伍、开展志愿服务工作重要意义的认识。

其二，成立了“江苏省红十字志愿工作者工作委员会”和制定了《江苏省红十字志愿工作者工作委员会组织规程（暂行）》。江苏省红十字志愿工作者工作委员会是在省红十字会常务理事会领导下，组织、指导全省红十字志愿工作者开展活动的专门工作委员会，其成员名单如表5－1所示。

表5－1　江苏省红十字志愿工作者工作委员会名单表

委员会职务	姓　名	职　务
主任委员	陈　萍	省红十字会常务副会长
副主任委员	姚士春	省红十字会原秘书长
	朱　来	省红十字会原宣传部主任
	吴晓英	南京市红十字会秘书长
	王和盛	徐州市卫生局原党委书记、红十字会原常务副会长
	曹兴法	常州市红十字会专职副会长
	周洪奎	苏州市红十字会原秘书长
	江鸣皋	南通市红十字会专职副会长
	李鸿昌	盐城市红十字会常务副会长

① 江苏省红十字会编著：《江苏红十字运动八十八年（1911—1999）》，东南大学出版社，2001，第216页。

（续表）

委员会职务	姓　名	职　务
委　员	童宏祥	无锡市红十字会原秘书长
	李　瑾	徐州日报社纪委书记
	张　喧	南通市人民西路街道办事处主任
	包秀兰	常州市妇产医院院长
	李福民	连云港市卫生局原党委书记、市红十字会原专职副会长
	徐　源	淮阴市金湖县交通医院原院长
	章可行	盐城市红十字会原常务副会长
	周华瑞	扬州市老干部局原局长
	任湘慈	镇江市江滨中学校医

资料来源：《江苏省红十字志愿工作者工作委员会名单》，苏州市红十字会档案，1996年“长期”17，第30页。

由表5－1可以看出，委员会成员包括省红十字会领导，以及部分地市红十字会的工作人员，还包括多个行业的志愿工作者，可谓覆盖广泛。特别值得指出的是，委员会中有大量已经离任的红十字会干部，他们拥有丰富的红十字会工作经验，同时也是热心的志愿工作者，在委员会中发挥着重要的作用。

其三，为规范志愿工作者的组织管理，充分发挥志愿工作者的作用，制定了《江苏省红十字志愿工作者管理办法（暂行）》①。

其四，制订了《1997年度全省红十字志愿服务工作计划》，提出因地制宜、逐步推开的工作方法，要求加强“组织建设”和“制度建设”，多方位、经常化地开展活动②。

1996年的常州工作会议为江苏的志愿服务工作提供了一个较高的起点和平台，从组织机制、管理办法和工作模式等方面为全面推开志愿服务工作奠定了基础。总会在报道这次会议的“编后”中指出：“江苏省红十字

① 《江苏省红十字志愿工作者管理办法（暂行）》，苏州市红十字会档案，1996年“长期”17，第32页。

② 《1997年度全省红十字志愿服务工作计划》，苏州市红十字会档案，1996年“长期”17，第35—37页。

志愿服务工作会议通过了一些红十字志愿工作者管理办法和规定是极为有意义的事，希望各地红十字会也能以此为借鉴，结合自己的实际情况，制定一些切实可行的措施和办法，吸引更多的人加入志愿服务队伍，扩大志愿服务队伍，把红十字服务的领域和内容拓宽再拓宽。”①

江苏省红十字会志愿服务工作会议

1997 年，全省各地红十字会积极贯彻省红十字会常州会议精神，大力推进志愿服务工作，具体表现在如下方面：

一是建立工作委员会，规划指导本地区志愿服务工作。盐城、扬州、徐州、无锡、宿迁等市红十字会和部分县（市、区）红十字会相继成立了红十字志愿服务工作委员会，特别是盐城市、徐州市、盐都县及苏州市平江区还制定了红十字志愿服务工作者管理办法和实施方案，健全了组织，规范了管理。

二是依靠骨干带动和影响，壮大志愿者队伍。例如，徐州市红十字志愿工作者联谊会会长杨春芳，已连续 15 年在徐州长途汽车西站坚持为过往旅客和当地群众义务服务，她联合 10 多位志愿者开展经常性志愿服务工作。这些志愿者多为政府和一些部门、单位的负责同志，本职事务已很繁

① 《红十字志愿服务大有可为·编后》，《中国红十字报》1996 年 12 月 13 日。

忙，但仍利用业余时间投身志愿服务。在他们的带动下，志愿者队伍壮大到400余人，人员也由卫生、交通、公安系统发展到新闻、司法、纺织、商业等部门和单位，甚至一些得到帮助的外地旅客也要求加入志愿者行列。苏州市红十字会在教育系统命名了“十佳红十字志愿工作者”，工矿、园林系统的志愿服务骨干也经常性地协助红十字会工作，志愿工作者队伍已逐步向街道、居委会延伸。

三是发挥典型示范作用，不断拓宽志愿服务范围。常州市红十字会在建立8个示范区并出台服务规范后，进一步制定了“示范区实施细则”，经64个服务点的贯彻落实，受到社会各界的好评。经过一年的努力，全市志愿服务点增加到1000个，服务的地域和内容也大大拓宽。苏州市红十字会在建有基层组织的4个街道组织志愿者队伍，参与社区服务，形成特色。盐城市城区红十字会按照“以点带面、逐步推开、发展壮大”的原则，先建立4个志愿服务小组为试点，取得经验后，推广到全区4个街道和5个乡镇。扬州市红十字会选择商业、公园、医院等10多个部门和单位作为志愿服务窗口单位，从而在其行业内起到了示范作用①。

总结省红十字会常州会议后一年多的志愿服务工作，可以概括出3条经验：一是要健全组织，使红十字志愿服务从个体分散到整体行动、从随机无序走向经常、有序、持续发展的路子；二是必须依靠少数比较稳定的骨干力量、积极分子，来影响和带动、组织更多的人参与志愿服务；三是志愿服务工作要和红十字会宗旨相结合，围绕红十字会的“三救”和“三项博爱工程”开展活动②。

（二）全面拓展阶段（1998—2001）

这一阶段的工作思路是：总结试点经验，健全组织机制，发展壮大队伍，统一规范要求，拓展工作思路，体现红十字会特色。

1998年1月，省红十字会在苏州召开了第二次全省志愿服务工作会议，对一年多的试点经验进行交流和总结，并实地参观了苏州市红十字会

---

① 陈萍：《学习贯彻党的十五大精神，全面推进我省红十字事业》，见江苏省红十字会编：《江苏省红十字会六届四次理事（扩大）会议文件汇编》，1998，第14—15页。

② 《加强志愿服务工作，弘扬人道博爱精神》，苏州市红十字会档案，2001年“短期”1，第17页。

在街道、居委会组织志愿者参与社区服务的做法。这次会议在总结成绩和经验的基础上，对各市志愿服务工作提出了新的目标和要求。要求各地既要量力而行，又要尽力而为，同时要因地制宜、形式多样，探索和形成适合当地的志愿服务之路。

为便于统一管理和检查督促，这次会议还提出了“五个一”（一个组织、一套制度、一支队伍、一定活动内容、一定的保证措施）的要求，会后还向各市下发了《江苏省红十字会开展志愿服务工作的意见》，对全省志愿服务工作提出了“规范管理、加强领导、健全组织、壮大队伍、分类指导、持久发展的工作方针”。自1998年起，省红十字会每年都将落实“五个一”、开展志愿服务工作列为对市级红十字会年度目标管理考核的重要内容之一，有力地推动了各市志愿者队伍的建设和志愿服务工作的开展①。

苏州会议后，为及时交流工作经验，探讨解决实践中的问题，1998年第三季度末，全省分苏南、苏中、苏北三片，组织了对口检查交流活动，主要是以“五个一”为指标，检查对总会1997年《关于进一步组织红十字志愿工作者开展活动的通知》，以及省红十字会两次会议精神的贯彻落实情况。经检查，发现全省志愿服务组织建设和活动取得了显著进展，积累了许多具有特色的宝贵经验②。

通过两次会议的促进和对“五个一”的认真落实，江苏的红十字志愿服务工作初步形成规模，队伍壮大，力量增强，形式多样的志愿服务活动受到社会一致好评。下面对这一时期的工作略做剖析。

其一，健全组织，完善管理。志愿服务是一项长期性的工作，只有健全组织管理机制，才能取得可持续性的发展。到2001年，全省13个省辖市都已按照“五个一”要求，建立起“红十字志愿工作委员会”（泰州市成立了“红十字志愿服务工作领导小组”）。苏州、徐州、扬州、南通、宿迁、盐城等市的红十字志愿服务工作，并已经开始向县级市拓展。

其二，队伍建设。几年中，各市均把招募志愿者、扩大队伍、建立形式多样的志愿服务组织当作工作重点。到2001年，全省共有固定的、

---

① 陈萍：《在省红十字志愿工作者工作委员会第二次会议上的讲话（摘要）》，苏州市红十字会档案，2001年“短期”1，第3页。

② 江苏省红十字会编著：《江苏红十字运动八十八年（1911—1999）》，东南大学出版社，2001，第219页。

登记在册的（指按省红十字会统一设计的《红十字志愿工作者登记表》填写各种信息者）、招之即来的志愿者共计 8885 人，分布于 13 个市（详见表 5－2）。

表 5－2　江苏省红十字会志愿服务工作者分布一览表

单　位	志愿者人数	主要服务范围	特殊行业
江苏省红十字会	120	医疗保健、宣传、网络维护、外事接待、翻译、爱心服务	
南京市红十字会	1736	社区服务、社会服务、新闻宣传、遗体捐献、爱心服务	新闻、园林
无锡市红十字会	350	医疗保健、宣传、社区服务、社会服务	园林
镇江市红十字会	150	社区服务	
常州市红十字会	1008	医疗保健、社区服务、社会服务	示范点
苏州市红十字会	4200	社区服务、宣传、爱心服务、社会服务、遗体捐献、医疗保健	个体医生、园林、爱心工程
南通市红十字会	593	医疗保健、爱心服务、社会服务	
徐州市红十字会	300	社会服务、社区服务、爱心服务	希望工程
淮阴市红十字会	16	社会服务	
连云港红十字会	80	爱心服务	
扬州市红十字会	100	社会服务、宣传、爱心服务	老干部艺术团
宿迁市红十字会	120	爱心服务、宣传	母亲工程
盐城市红十字会	80	社区服务	
泰州市红十字会	32	医疗保健、社区服务	
合　计	8885		

注：表中所列志愿者人数除泰州市为新近统计外，其余均系各市红十字会 2001 年上半年登记在册的、相对固定的志愿工作者人数。服务项目系各市红十字会开展志愿服务活动的主要范围。

资料来源：《江苏省红十字会志愿服务工作者分布一览表》，苏州市红十字会档案，2001 年“长期”28，第 1 页。

由表5－2可知，志愿服务工作在全省已经普遍展开，服务范围相当广泛，大部分地区还根据当地实际开展了特色服务项目。但全省工作还存在着地区发展不平衡的问题，例如，从登记志愿者的人数上看，苏州、南京、常州等地发展较好，苏州更是一马当先，远远领先于其他地区；而淮阴、盐城、连云港、泰州等地参与服务的人数偏少，亟待发展。在服务范围上，一些地区也存在着服务项目过于单一的问题。

省红十字会除做好宏观指导外，也建立了自己的“新闻工作者志愿服务小组”“红十字会网络维护志愿服务小组”“大学生外事翻译志愿服务小组”“医疗专家志愿服务小组”“义工服务志愿服务小组”等，对壮大红十字会力量大有裨益。南京市红十字会在社区建立了93个志愿服务站，并专门对站长进行了业务培训；他们成立的“新闻志愿者志愿服务委员会”，对宣传红十字运动发挥了重要作用，被国际联合会主席海贝格誉为“是一个天才的创造”①。宿迁市招募了一支96人组成的为“母亲工程”终身捐款的志愿者队伍。此外，扬州市有“红十字志愿者艺术团”，南通市有“三定一包”志愿者小组，大丰市则把服务队伍建到了乡镇。

其三，开展活动，造福社会。活动是志愿服务的生命力所在。省红十字会医疗服务中心和“医疗指导会诊服务网络”组织的由100多名医疗专家组成的“医网专家委员会”，经常为群众提供导医、义诊、咨询等服务，还开展医疗扶贫、送医送药下乡等活动，在医患之间架起志愿服务的桥梁。南京、盐城、南通、镇江、扬州等地红十字会积极参与社区服务，开展对孤、老、残等特困人群的调查、登记，组织志愿者提供“三定一包”服务、定期上门看望、打扫卫生、购买生活用品、建立健康档案、提供医疗保健等。南京市红十字会的遗体捐献志愿者中，已有162人实现了遗体捐献，3名志愿者捐献的眼角膜已使4位盲人重见光明。南通市定期组织医疗专家志愿小组到农村送医送药。扬州市红十字志愿者艺术团、宿迁市红十字义演团的志愿者多次下乡向群众宣传红十字精神，表演的节目丰富了群众生活。宿迁市志愿军老战士、志愿工作者黄兆祥老人半年里手抄5000多份宣传材料，骑自行车行程3500多公里，跑遍宿豫县30个乡镇，

① 《江苏省红十字会2001年工作情况和2002年工作要点》，苏州市红十字会档案，2001年“短期”2，第37页。

散发宣传材料①。

这一时期江苏红十字会的志愿服务工作得到了国际社会的认可，国际联合会主席海贝格在考察省和南京红十字会工作后不禁赞誉道："我到过许多国家，可以很负责地说，你们的工作是很出色的。我要把这些经验带回去与其他国家共享。"②

（三）专业化发展阶段（2001—2004）

这一阶段的工作是在全面发展的基础上，以参与社区服务为重点。2001 年 9 月，省红十字志愿工作者工作委员会召开第二次会议，总结了 1996 年以来全省志愿服务工作开展的经验与教训，并提出了进一步推进工作的意见，要求全省志愿服务工作在落实"五个一"的基础上，向县区全面推进，并着重抓好组织指导、队伍建设、活动开展等环节，进一步深化、实化、细化志愿服务。所谓"深化"，即"在现有基础上，进一步向县（市、区）推进；继续加大工作力度，抓好以点带面，进一步拓展服务范围；发展和优化志愿者队伍；持久深入开展志愿服务活动"。所谓"实化"，指将"五个一"要求落到实处，不断拓展、创新，真正做到组织落实，特别是活动落实；要突出红十字特点，扎扎实实、深入持久地开展工作。所谓"细化"，是为了规范工作制度，加强队伍建设，完善活动内容，对志愿者的申请、登记、服务时间、服务内容、活动情况等资料统一管理③。这次会议"对指导和推动各地红十字志愿服务起了积极作用"④。

这一时期，志愿服务工作的重点和亮点是提倡红十字会的社区服务工作，这"是我国城市经济和社会发展到一定阶段的必然要求，是面向新世纪我国城市现代化建设的重要途径"⑤。2000 年 11 月，中共中央办公厅、

---

① 陈萍：《在省红十字志愿工作者工作委员会第二次会议上的讲话（摘要）》，苏州市红十字会档案，2001 年"短期"1，第 4—6 页。

② 《江苏省红十字会 2001 年工作情况和 2002 年工作要点》，苏州市红十字会档案，2001 年"短期"2，第 37 页。

③ 《关于现阶段进一步推进红十字志愿服务的意见》，苏州市红十字会档案，2001 年"短期"1，第 11—12 页。

④ 《江苏省红十字会 2001 年工作情况和 2002 年工作要点》，苏州市红十字会档案，2001 年"短期"2，第 37 页。

⑤ 《民政部关于在全国推进城市社区建设的意见》，苏州市红十字会档案，2001 年"短期"5，第 3 页。

国务院办公厅转发了《民政部关于在全国推进城市社区建设的意见》，要求“政府各有关部门和人民团体要充分发挥各自的作用，共同推动城市社区建设向前发展”①。为贯彻该《意见》精神和响应国际联合会关于将“社区卫生与关怀”列入4项核心工作之一的号召，中国红十字会在2001年提出了“积极争取政府支持，到2004年全国争取有三分之一省（自治区、直辖市）将红十字会工作列入政府社区建设规划”的目标；在总会成立“中国红十字志愿工作委员会”的基础上，要求“各级红十字会由专人负责社区服务工作，并成立相应机构，基层红十字会根据实际需要与条件，组建红十字志愿服务队”。

红十字会社区服务工作是指在各级红十字会的领导下，以街道红十字会为基础，以“红十字社区服务站”为立足点，组织会员和志愿者，为广大居民特别是弱势群体提供社会服务、宣传培训、募捐救助等人道主义服务②。在前期志愿服务工作取得重大成绩的基础上，江苏红十字会的社区服务工作继续发展。2003年9月，省红十字会与省民政厅转发了总会、民政部《关于开展社区红十字服务工作的通知》和《关于开展全国社区红十字服务示范活动的意见》，并提出“各市红十字会要在参与社区服务工作的基础上，积极开展争创‘全国社区红十字服务示范市（区）’活动”等贯彻意见。

2004年3月，省红十字会七届二次理事会议要求全省红十字会“重点抓好‘组织指导、队伍建设和活动开展’，组织志愿工作者因地制宜、多种渠道开展具有红十字特色的社区服务。各市要建立示范社区，使‘红十字关爱进社区’活动更加深入”③。10月，省红十字会与省民政厅共同召开了全省社区红十字服务工作现场交流会，各地代表参观了无锡市南长区社区红十字服务点并交流了经验④。这次会议“对以点带面推动社区红十

① 《中共中央办公厅、国务院办公厅关于转发〈民政部关于在全国推进城市社区建设的意见〉》，苏州市红十字会档案，2001年“短期”5，第2页。

② 《中国红十字会关于开展社区服务工作的意见（征求意见稿）》，苏州市红十字会档案，2001年“短期”5，第14页。

③ 刘洪祺：《在江苏省红十字会第七届理事会第二次会议上的工作报告》，江苏省红十字会档案，档案号：2004-001-0000-003。

④ 《关于召开社区红十字服务工作现场交流会的通知》，苏州市红十字会档案，2004年“长期”社区。

字服务工作提出了要求”。

到2004年，江苏红十字会的社区红十字工作取得了较大进展，南京和无锡共有8个区申报了全国社区红十字服务示范区并受到总会表彰。“全省有46个城区开展社区红十字服务工作，有21个城区开展了创建红十字服务示范区活动，建立了700多个社区红十字服务站，有47000多名社区志愿工作者开展各种形式的服务活动”①。由此可见，江苏社区红十字服务方兴未艾，蒸蒸日上。

红十字社区服务站为社区群众义务服务

三、江苏红十字会志愿服务工作的特色理念

“举人道之旗，倡文明之风；做慈善之事，走爱民之路”，已成为广大志愿工作者的共识，“一个全社会参与红十字人道主义事业的轰轰烈烈的局面，正在江苏全省形成”②。江苏红十字会志愿服务工作所取得的成绩，离不开其在实践中摸索出来的工作理念，下面予以简单介绍。

---

① 刘洪祺：《在江苏省红十字会第七届理事会第三次会议上的工作报告》，见江苏省红十字会编：《江苏省红十字会第七届理事会第三次会议文件汇编》，2005，第19页。

② 周屹：《红十字志愿服务大有可为》，《中国红十字报》1996年12月13日。

（一）“组织·队伍·活动”理念

首先，开展志愿服务工作，必须有健全的组织领导机制。红十字志愿服务工作是一项长期的工作，只有健全组织机制，才能使红十字志愿服务从个体分散到整体行动、从随机无序走向经常有序，才能健康发展，才能不断吸引更多的骨干力量、精英人士、积极分子，影响、带动和组织更多的人参与志愿服务。

其次，开展志愿服务活动必须有一支招之能来、来之能战的队伍。没有一支骨干队伍，志愿服务的内容难以实现。因此，要选择那些热心红十字事业，具有奉献精神，有一定专长，愿意和能够承担一定服务工作的人员作为骨干队伍。一般来说，招募的志愿者可以是长期固定的，也可以是短期不固定的，即使那些一次性参加服务活动的志愿者，也是一支最广泛、最普遍的力量，不容忽视。只有充分调动一切积极性，才能使志愿服务活动扎扎实实地开展。

再次，志愿服务工作的生命是开展活动。没有活动也就没有生命力。组织志愿者开展服务群众、奉献社会的活动，从群众急需的、看得见的、摸得着的事情做起，因地制宜地组织、发动和引导不同职业的志愿工作者，开展持之以恒的服务活动，志愿服务工作才有生命①。

可以说，江苏红十字会正是通过“注意抓好组织指导、队伍建设、活动开展这三个方面，辅以较规范的基础管理才使全省的志愿服务形成一定气候，这一点可以说是最重要的启示和最基本的经验”。

（二）“五个一”的工作指针

“五个一”的工作指针，是“组织·队伍·活动”理念在实际工作中的具体化，具有切实可行的操作性和指导性。“五个一”对全面持续开展志愿服务工作具有规范和便于检查监督的推动作用。“五个一”的要求，着重从组织、制度、队伍、活动、保证措施等5个方面对工作提出具体的规范要求，也使工作思路更加清晰。“五个一”同时也是志愿服务健康、

① 《加强志愿服务工作，弘扬人道博爱精神》，苏州市红十字会档案，2001年“短期”1，第21—22页。

有序、经常、持久开展的重要条件和保证。江苏的经验证明，凡是落实“五个一”较好的地方，志愿服务工作成绩就明显突出；反之，工作较薄弱者，也必定是在落实“五个一”的环节中出现了偏差①。

（三）3种模式共存的理念

江苏省红十字会认为，在“志愿服务工作的初级阶段”，应鼓励3种模式共存。这3种模式为：

（1）自主型。有条件、有基础的地方，可以由红十字会组织志愿工作者独立自主地开展志愿服务活动。

（2）联办型。力量薄弱的地方红十字会，可以联合其他团体、行业共同开展志愿服务活动，但要体现红十字会特色，树立红十字会形象。

（3）参与型。社区服务已具规模，但红十字活动开展较晚的地区，可以组织志愿工作者参与本地区、里弄或居民大院开展体现红十字精神的志愿服务活动，将红十字志愿服务纳入社区服务中②。实践证明，这种参与型的志愿服务工作发展迅速，并取得了很大成绩。

应该说，这3种模式的提出是符合省情、国情的，在一定时期内具有一定的指导意义。这种思路“对探索工作路子、拓宽工作范围、扩大红十字会影响是有利的，为各地在因地制宜、形式多样、确实可行的前提下开展不同的活动留出了空间”③。

（四）社区红十字服务理念

进入21世纪后，社区服务工作成为红十字工作的重头戏。江苏红十字会在实践的基础上对这一工作进行了深入研究和探讨。

首先，省红十字会认为参与社区服务是红十字会工作的“题中之意”。从红十字会的地位和作用来看，参与社区服务是应尽职责；从其性质和工

① 陈萍：《在省红十字志愿工作者工作委员会第二次会议上的讲话（摘要）》，苏州市红十字会档案，2001年“短期”1，第8页。

② 《加强志愿服务工作，弘扬人道博爱精神》，苏州市红十字会档案，2001年“短期”1，第21页。

③ 陈萍：《在省红十字志愿工作者工作委员会第二次会议上的讲话（摘要）》，苏州市红十字会档案，2001年“短期”1，第8页。

作目标来看，应把社区中的弱势群体作为关注和服务的对象，而且红十字会“保护人的生命和健康”的宗旨和发展社区卫生服务的要求是一致的。因此可以说，参与社区服务，是弘扬红十字精神、树立红十字形象、发展红十字事业的自身需要。

其次，红十字会开展社会服务的许多内容，客观上是社区服务的组成部分，包括“三定一包”、扶贫济困、邻里互助、送温暖活动，等等。

再次，在适应新形势以推进和规范社区服务工作方面，省红十字会提出，要“在社区中建立基层组织，发展会员和志愿工作者”；要“突出宗旨，选准切入点，形成优势”；“要有一支真正是红十字会的社区服务队伍，有一定的服务对象和服务项目”；同时“要争取把红十字会工作列入社区建设整体规划”①。

① 孙爱明：《在中国红十字会社区服务工作研讨会上的讲话》，苏州市红十字会档案，2002年“长期”29，第27—35页。

第六章　改革开放以来江苏红十字运动的历史省思

在中国特色社会主义建设进入新的历史时期之后，江苏红十字事业也面临着深化改革和持续创新的机遇与挑战。要想在新时期屹立潮头，引领人道事业长风万里，就需要深入总结历史经验教训，“有为、有位”地不懈前行；就需要倚重募捐工作，增强红十字会实力，打造红十字品牌，推进红十字事业的全面发展。

第一节　“有为、有位”地不懈前行

对于红十字事业而言，“要想有地位，必须有作为”是一个常讲常新的命题。“说轻点这是个工作方式、工作思路问题，说重了就是理论联系实际的工作作风问题，是关系到我国红十字事业能否加快发展的战略问题。”① 改革开放以来，江苏红十字会理顺了“有为”与“有位”的关系，并将两者有机结合起来，在人道实践中踏实有力，不懈前行。

一、“有为、有位”问题的提出

“要想有地位，必须有作为”，这是20世纪90年代中国红十字事业为谋取自身发展而不懈追求的主导思想。1993年，总会五届四次理事扩大会

① 任义德：《扎实工作，以有为促有位：红十字工作系列谈之三》，《中国红十字报》2010年2月5日。

议的工作报告中，较早地提出了“有为、有位”的关系问题。报告指出，过去一年工作取得了重要成绩，其经验和体会最重要的一条即是：各级干部把“要想有地位、必须有作为”当作座右铭，脚踏实地、艰苦奋斗、努力工作。

此次报告结合全国红十字会系统的实践探索，基本厘清了“有为、有位”之间的关系，首先提出“地位是靠作为争取来的”，这是经过实践检验的客观事实。中国红十字会在面临诸多困难的情况下，能在国家政治生活中有一定地位，是靠各级红十字工作者的不懈努力，在事业中有所作为争取来的。如果不进行艰苦的努力，没有做出突出的成绩，就得不到广大群众的理解和信任，就得不到政府领导的重视与支持，因此也就不可能有相应的地位。1992 年，“新疆红会，江西赣州、湖南大庸等地红会实现了‘三列’一步到位，在国家精简机构、控制编制、压缩开支的情况下，增编、列支是很难办到的，靠的就是这些地区红会的同志脚踏实地的工作，靠的就是有了作为”。

那么，如何才能做到有作为呢？“要有所作为，必须努力拼搏”。“只有靠自身拼搏，脚踏实地、一步一个脚印地干，才能出成绩，不拼搏就不会有作为，也就不可能有地位”。例如，中山市红会组建时，与其他沿海经济发达地区红会的条件相差无几，年经费不过万元左右。但他们善于钻研、努力拼搏，“靠‘慈善万人行’起步，建起了红十字门诊部、弱智儿童学校、老年颐乐楼、红十字血站等，使中山市红会在领导和群众中备受信赖”。事实证明：只有努力拼搏，才能有所作为。

“地位”靠“作为”争取，“作为”靠“拼搏”实现。有了地位该何去何从呢？报告指出，“有了一定地位更要有所作为”，因为“在争取到一定地位后，更要有所作为，才能推动事业的不断发展。北京市红会在本地有影响、有地位，但他们并不满足，而是追求事业，抓住申办 2000 年奥运会的时机，组织全市救护队进行‘盼奥运救护表演’，受到领导和社会各界的好评。山东省各级红会有一定的影响和地位，但他们并不满足，临沂地区红会在企业家中发展组织，为群众办了许多好事，在社会上产生了积极反响，使红十字会的影响越来越大，声誉越来越好”。

有所作为，才能争得相应地位；有了地位，作为就会更大，就能更好地发展事业。因此，“要想有地位，必须有作为”，这不但是红十字会成功经验的总结，更是进一步发展红十字事业的动力[①]。

1994 年，中国红十字会“六大”报告中明确要求，广大红会干部和会员应将“要想有地位，必须有作为”作为座右铭，凭着对事业的执着追求，艰苦奋斗、勇于奉献，以实际行动争取群众的理解与信任、政府的重视与支持；同时，要狠抓组织机构和会员队伍的建设，发挥广大干部和会员的作用，为红十字事业的发展打下比较坚实的基础[②]。

1996 年，总会六届三次理事会议上，又一次对“有为与有位”进行了深入阐释，“地位靠作为争取，作为靠卓有成效的业绩实现；只要艰苦奋斗，执着追求，不懈努力，就能够有所作为；有为才能有位，有了地位更要有所作为，地位才能巩固提高”。的确，改革开放之初中国红十字会国内工作全面恢复时，红十字会的名字几乎被人们所遗忘。但仅仅十几年，经过众多红十字工作者无私奉献、努力拼搏，在开展备灾救灾、社会服务、群众性卫生救护、推动无偿献血、培养红十字青少年文明行为、沟通海峡两岸关系以及开展国际交往等方面，红十字会做了大量工作，以工作实绩使红十字会在人民群众心目中的地位逐步提高。

实践证明，有了作为，才能够得到政府的重视和支持。例如，到 1995 年底，全国所有省级红十字会和 82% 的地级、38% 的县级红十字会配备有专职工作人员，其中 4 个省级、15 个地级、39 个县级红十字会机构实现了单独设置，县级以上各级红十字会机关专职人员编制 2685 人，两年内增加了 751 个编制。这些地方红会机构建设之所以进展较快，其中一个重要原因是当地政府从救灾、救护、救助工作中感受到红会的作为和作用[③]。

六届理事会任职时期的大量事例说明，要争取有较高的社会地位，红

---

① 顾英奇：《抓住时机，努力开拓 争取新的更大胜利——在中国红十字会五届四次理事扩大会议上的工作报告》（1993 年 1 月 30 日），见中国红十字会总会编：《中国红十字会五届四次理事（扩大）会议文件汇编》，1993，第 31—33 页。

② 顾英奇：《认真实施红十字会法 努力发展中国特色的红十字事业——中国红十字会第六次全国会员代表大会工作报告》（1994 年 2 月 23 日），见《中国红十字年鉴》编辑部编：《中国红十字年鉴·2004/2005（创刊号）》，台海出版社，2006，第 131 页。

③ 钱正英：《在中国红十字会第六届理事会第三次会议上的讲话》（1996 年 3 月 26 日），见中国红十字会总会编：《第六届、第七届理事会主要文件汇编》，2005，第 18—19 页。

十字会必须努力工作，以实绩取得政府和社会各界的信任。“云曙碧精神”[①] 的重要一点，就是以“作为”争取“地位”；吉林省红会开展社会救助工作创造了优异成绩，使政府认识到“红十字会是投入少，产出多的单位”，很快解决了红十字会机构和编制问题；云南省红会发挥自身优势，争取到1亿多元人民币的外援，为社会办了许多好事，政府呼吁社会各界“支持红十字会工作就是支持政府的工作”，并为红十字会创造了良好工作条件，红十字会又有了更大的作为。许多红十字组织及干部，做到了以优异成绩开创新局面，有了地位后，再创辉煌，使红十字事业步入良性循环的发展轨道[②]。

1999 年，中国红十字会“七大”的报告中对“有为与有位”的关系做了更加深入的论述，要求红十字工作者切实做到以有为求有位。“坚持有为才能有地位，有了地位更要有所作为，就能开创工作新局面，使红十字事业持续发展”。

应该说，经过长时间的摸索和思考，红十字工作者基本上达成了“要想有地位，必须有作为”的共识。当然，这里的“地位”，是指按照《红十字会法》和《中国红十字会章程》，红十字会所应具有的权责，是政府对红十字会的认可、支持和有效资助。具体而言，主要体现为红十字会在政府支持下管理体制的理顺。

二、“有为、有位”的理论解析

“要想有地位，必须有作为”这一思想对调动广大红十字工作者的工作热情，引领他们努力拼搏、不断进取起到了重要的号召、鼓舞和鞭策的

① 1987 年，64 岁的云曙碧从领导岗位上退下来后，服从组织决定，开始筹建内蒙古自治区红十字会。当时内蒙古是全国最晚一个恢复红十字会工作的省区。在从事红十字工作中，云曙碧经常深入灾区、贫困地区、革命老区开展救灾、巡回医疗、访贫问苦等活动，被群众亲切地称为“草原上的额吉”（“额吉”意为“母亲”）。在她的带领下，内蒙古红十字会的工作很快进入全国先进行列。1996 年 3 月，中国红十字会六届三次理事会议决定，号召全国红十字工作者学习“云曙碧精神”，并将这种精神概括为“忠于党，忠于人民，热爱红十字事业，以自己的形象体现红十字精神。靠高度的敬业精神、高尚的职业道德，团结群众，艰苦奋斗，执着追求，不懈努力，克服困难，使红十字事业不断开拓前进”。

② 顾英奇：《坚持依法建会　加大改革力度　将中国红十字事业全面推向二十一世纪——中国红十字会第七次全国会员代表大会工作报告》（1999 年 10 月 11 日），见中国红十字会总会编：《中国红十字会历史资料选编，1950—2004》，民族出版社，2005，第 390 页。

作用。当然，对于这一思想，也有人从不同的角度提出异议。比如有人提出，在《红十字会法》颁布实施的情况下，拥有地位是法律的内在要求，因此“应该是‘地位’在先。试想：无编制、无人员、无经费，还有什么作为?”[①] 还有一种观点认为，“地位”与“作为”相辅相成，缺一不可。“地位是‘作为’的先决条件，是‘作为’的基本保证，是‘作为’的物质基础”；而“‘作为’促进了地位，‘作为’创造了地位，‘作为’确立了地位”[②]。应该说，上述观点有一定的道理，但在对“有为”与“有位”的关系阐述中还不尽透彻。在“有为”与“有位”的问题上，首先应该正确认识“为”与“位”。“为”就是充分发挥主观能动性，去争取，去创造，这应不存异议。对于“位”，首先有两层含义，一是体制和机构中的“位”，再有就是社会大众心中的“位”。大众心中的“位”，的确是“要想有地位，必须有作为”，这是被实践证明的真理，也是为中国红十字运动的实践所证明了的。而对于体制和机构中的“位”，则需要进行具体分析。

对于中国红十字运动而言，长期以来不是“无位”而争取“有位”的问题，而是“位”是有的，但“位”不高、不明确、不适当，没有保障且难以落实。新中国成立后，伴随着改组，中国红十字会成为“中央人民政府领导下的人民卫生救护团体”[③]，这既是它的属性，也规定了它的“位”。但直到1993年，“只有三个直辖市的市级红十字会是独立的。地方红十字会绝大多数都是挂靠在卫生行政部门”[④]；大部分“红十字会组织在各级地方政府中没有得到一个适当的地位，突出表现为无编、无资、无办公场地，而且还要受各级地方民政部门及社团组织的制约”[⑤]。应该说，在《红十字会法》颁布前，对中国红十字会性质的探索，从“人民卫生救护团

---

① 刘鲁波：《也谈红十字会以“作为”取“地位”》，《中国红十字报》1995年5月12日。

② 鲁戈：《地位保证作为，作为促进地位——与石光志等同志商榷》，《中国红十字报》1995年12月22日。

③ 《中国红十字会会章》（1950年9月6日中央人民政府政务院批准公布），中国红十字会总会编：《中国红十字会历史资料选编，1950—2004》，民族出版社，2005，第3页。

④ 赵辉：《红十字会组织机构应该调整》，《中国红十字报》1993年11月5日。

⑤ 石光志：《中国的红十字会必须有地位》，《中国红十字报》1993年9月17日。

体”到总会“四大”报告提出的“全国性的人民卫生救护、社会福利团体”①，再到1993年总会五届四次理事会议提出的“国际性的人道主义救助和社会服务团体”②，总体来说，红十字会的位置关系并不十分清晰。《红十字会法》的颁布实现了中国红十字事业“历史性的跨越”，红十字会的“位”也史无前例地在国家法律的保障下明晰化了。根据《红十字会法》，“中国红十字会是中华人民共和国统一的红十字组织，是从事人道主义工作的社会救助团体”。“中国红十字会总会具有社会团体法人资格；地方各级红十字会、行业红十字会依法取得社会团体法人资格”。由此，红十字会的“位”有了法律的保障。但在现实中，红十字会不可能一步到“位”，明晰的“位”的取得，还需要一个过程。

到1999年底，江苏“全省仍有2/3的区和1/3的县没有解决编制和配备专职干部问题”③。2002年，省红十字会“七大”召开时，江苏“绝大多数市、县红十字会尚未理顺管理体制”④。这就需要《红十字会法》得到进一步的贯彻实施，需要红十字会系统与各级政府以及有关部门共同努力，有法必依，才能逐步使红十字会真正“有位”。由此可见，对江苏红十字会而言，不是“有位”还是“无位”的问题，而是一个“位”不断提升、逐渐走向明晰化并不断向其应有的适当位置前进的问题，这正是从“位”的角度透视出的中国红十字运动的发展轨迹。这一脉络也是中国红十字会逐步成长壮大的过程，当然，这一过程的实现离不开全体红十字工作者的“有为”奋斗。

“有为”与“有位”其实体现的是组织与环境之间的相互影响、相互依存的关系。“有位”是社会对红十字会组织的认可和接纳，是环境对组织的作用；而“有为”是红十字会为政府分忧、为群众解难，是把人道主义救助行为诉诸社会，体现了组织对环境的反作用。红十字运动就是在这

---

① 《中国红十字会章程》（1985年6月1日“四大”通过），中国红十字会总会编：《中国红十字会历史资料选编，1950—2004》，民族出版社，2005，第154页。

② 顾英奇：《抓住时机，努力开拓，争取新的更大胜利》，《中国红十字报》1993年2月19日。

③ 《江苏省红十字会1999年主要工作和2000年工作要点》，苏州市红十字会档案，1999年“长期”14，第7页。

④ 陈萍：《奋发有为，与时俱进，开创江苏红十字事业新局面》，苏州市红十字会档案，2002年“长期”27，第56页。

种“有为”与“有位”的相互促进中走过了百余年历程。

在红十字会“有为”的基础上，随着《红十字会法》贯彻的不断深入，江苏红十字会系统的“位”也在逐步落实。2002年，省红十字会管理体制理顺，实现单独建制，这既是贯彻实施《红十字会法》的重大成果，也是省红十字会实现“有位”的重要标志。此后，全省各级红十字会也开始了理顺体制的进程。2004年，《江苏省实施〈中华人民共和国红十字会法〉办法》颁行，使江苏红十字会的“有位”之路加速前行，也进一步促进了红十字会更加“有为”。在未来，要让红十字运动在“有为”与“有位”的相互作用中不断发展，创造辉煌。

第二节　倚重募捐工作，增强红十字会实力

募捐工作是红十字事业的支点，是红十字事业的动力之源，是红十字会综合实力的象征，它贯穿于中国红十字运动的百年历程。1904年3月11日，即上海万国红十字会成立的第二天，施则敬等人即集会于上海丝业会馆，决定“先行筹备五万金，以期及早开办”①，由此拉开了中国红十字会募捐工作的序幕。在改革开放的新时期，随着红十字会业务范围的逐渐扩大，募捐工作的重要性也日益凸现并在红十字运动实践中发挥着举足轻重的作用。大力开展募捐工作，增强红十字会救助实力，是江苏红十字运动未来发展的重要内容。

一、募捐工作的重要性

从中国红十字会的现实运作来看，募捐工作的必要性和迫切性就更加明显。中国红十字会是“从事人道主义工作的社会救助团体”，但人道主义救助不是纸上谈兵。即使是“纸上谈兵”的人道宣传，也需要资金和经费的支撑。红十字会的工作要一点一滴地从实处着手，每一步都离不开经费的支撑，会务的开展和三大“博爱工程”的实施更需要大量资金为后

① 《施君肇基笔译上海创设万国红十字支会会议大旨》，《申报》1904年3月14日。

盾。但经费何来呢？按照《红十字会法》的规定，经费来源包括："（一）红十字会会员缴纳的会费；（二）接受国内外组织和个人捐赠的款物；（三）动产和不动产的收入；（四）人民政府的拨款。"那么，在实际工作中这些经费来源的情况如何呢？下面分别加以分析。

改革开放初期，会费收缴工作一度缺乏统一的规范和管理。1983 年 9 月，总会印发了《中国红十字会会费缴纳、使用、管理条例》，由此会费的收缴工作开始有章可循，其中规定"青少年会员 0.5 元，自愿多缴者欢迎"①。但是会费数量有限，一般"只能作为红十字会会务活动经费的一个补充"②。1993 年，江苏全省红十字会共收缴会费 60 多万元③，这对于头绪众多的救助工作来说，只是杯水车薪。

中国红十字会的经费来源中，"动产和不动产的收入"主要指经济实体的收入。复会后，伴随着国家经济体制改革的深入，红十字会也曾适应变革，为增强实力而创办经济实体，在 20 世纪 90 年代还一度兴盛。江苏红十字会也曾大力提倡创办实体。不可否认，兴办经济实体在特定时期部分地"解决了红十字会'救助'工作中的实际问题，维护了红十字会的社会形象"④。但客观而言，长期受到"三列"问题困扰的江苏红十字会在面对市场经济大潮时，虽然有税收减免等优惠政策，亦不具备雄厚的资本和灵活的市场运作，以及技术革新的能力去参与市场角逐。近年来，红十字会上下呼吁创办实体的声音不再如以前响亮，也在事实上说明了这一点。所以，通过创办实体为社会救助积累大量资金的做法，在现阶段并不适用。

那么，可以通过"政府的拨款"获得大量经费支持吗？总体来看，当前"我国民间组织的主要收入来源之一是政府的财政拨款和补贴"⑤，对于

① 中国红十字会总会编：《中国红十字会历史资料选编，1950—2004》，民族出版社，2005，第 143 页。

② 方宝树：《募捐方法探讨》，《中国红十字》1991 年第 1 期，第 6 页。

③ 《江苏省红十字会 1993 年工作总结和 1994 年工作重点》，苏州市红十字会档案，1994 年"短期"1，第 2—3 页。

④ 吴厚冬：《红十字会要"救助"，钱从哪里来？（上）》，《中国红十字报》1994 年 9 月 30 日。

⑤ 郝珺：《红十字会参与社区服务：实际运作与问题分析》，见郝如一、池子华主编：《〈红十字运动研究〉2008 年卷》，安徽人民出版社，2009，第 210 页。

红十字会亦是如此。不可否认，“红十字会目前的人员工资与办公经费均来自财政预算。按照规定，各级红十字会的在编人员都‘参照’公务员的薪酬标准。在编人员的薪酬与日常办公经费均由同级财政部门拨付，俗称‘人头费’”①。但政府给红十字会拨款的数目有限，维持日常开支尚可，却难以支撑大的救助行动。以江苏为例，整个20世纪90年代，政府对省红十字会的投入在1000万元以内，包括行政事业费400多万元，支持备灾中心建设500多万元。到21世纪初，“全省三级红十字会每年行政和事业经费分别在110多万元，市级红十字会每年事业经费1万~5万元，县（区）一级只有300~5000元，制约了工作的正常开展”②。江苏红十字会工作在全国处于前列，政府支持尚且如此，经济较落后地区就可想而知了。

最后看看经费的另一来源“接受捐赠所得”。一般来说，“民间组织的筹资很大程度上取决于公民的志愿性和社会经济发展水平。我国目前的经济发展和人民收入水平还不足以普及自愿捐赠行为”③。而且目前我国“红十字会组织发展所必要的法律制度、社会支持、文化背景和经济基础等，相对来说还不完善”，由此造成“筹款能力不足”，影响了“可持续发展”④。江苏红十字会长期坚持“重大救援活动和经常性募捐相结合”，但由于上述原因的存在，造成“经常性的募捐效果不甚理想”⑤。到1999年底，全省“筹集备灾救灾、社会救助的款物没有相对稳定的途径和渠道，开展募捐活动难度很大，全省少数市和多数县没有建立备灾救助基金，即使已建立备灾救助基金的地方红十字会，资金数量也很少，与《红十字会法》赋予的备灾救灾职责极不适应”⑥。到2002年省红十字会“七大”召

---

① 沈亮、杨瑞春、蔡木子：《中国红十字会直面信任风波》，《南方周末》2008年6月5日。

② 《积极发挥红十字会作用，更好地为我省经济和社会发展服务》，苏州市红十字会档案，2000年“长期”34，第9—10页。

③ 郝珺：《红十字会参与社区服务：实际运作与问题分析》，见郝如一、池子华主编：《〈红十字运动研究〉2008年卷》，安徽人民出版社，2009，第211页。

④ 清华大学NGO研究所：《中国红十字会个案研究报告》，苏州市红十字会档案，2005年“清华研究”，第2页。

⑤ 张立明：《红十字人道事业：改革与发展管见》，合肥工业大学出版社，2013，第146页。

⑥ 《江苏省红十字会1999年主要工作和2000年工作要点》，苏州市红十字会档案，1999年“长期”14，第7页。

开时，全省“红十字会开展社会募捐难度较大，救灾救助能力薄弱”[①]。虽然日常性募捐效果并不理想，但面对大灾大难时，红十字会的募捐工作仍然是救助工作的重大支撑，这已被历史所充分证明。1991 年特大洪灾，截至当年 12 月底，江苏共“接收境内外捐赠的物资（包括专项拨款购买的物资）16300 多吨，折合人民币 4900 多万元”[②]。1998 年“三江流域”特大洪灾，“全省各级红十字会共分发捐赠款物 4020 多万元人民币，其中支援外省灾区 1720 多万元，占接收总数的 43%。省红十字会拨发抗洪抢险救灾款物 1517.7 多万元，其中支援外省水灾地区 455.6 万元，抗洪一线部队 111.9 万元，本省抗洪抢险和其他灾区 945.7 万元”[③]。2003 年“抗非”时，“截至 6 月 26 日，全省各级红十字会共接收款物 4502.961711 万元”[④]。

“用募捐款‘救助’需要救助的人，从来就是红十字会开展人道主义救助活动的主渠道”[⑤]，上述分析已充分证实了这一点，由此我们可以看到募捐对于红十字工作的重要性。其实大力推动募捐工作也是由红十字会作为公益型慈善团体和民间组织这一性质所决定的。中国红十字会是从事人道主义工作的社会救助团体，作为民间非营利组织，红十字会主要是通过整合社会资源以达到其“人道、博爱”的救助目的，因此“从某种意义上说，红十字会的行为带有很强的社会转移支付的性质，是社会财富的第三次分配”[⑥]。“在道德的影响下、法律的鼓励下，个人自愿把部分可支配的收入与财产捐赠出去，或者提供义务劳动等，以救助贫困家庭和个人，这就是第三次分配”[⑦]。而红十字会正是以人道主义为旗帜，通过开展募捐、

---

① 陈萍：《奋发有为，与时俱进，开创江苏红十字事业新局面》，苏州市红十字会档案，2002 年“长期”27，第 56 页。

② 江苏省红十字会编：《江苏省红十字会五届二次理事会议文件汇编》，1992，第 5—6 页。

③ 《江苏省红十字会 1998 年工作总结和 1999 年工作要点》，苏州市红十字会档案，1998 年“短期”1，第 3—7 页。

④ 《关于参与防治“非典”工作的总结报告》，江苏省红十字会档案，档案号：2003-001-0000-123。

⑤ 吴厚冬：《红十字会要“救助”，钱从哪里来？（上）》，《中国红十字报》1994 年 9 月 30 日。

⑥ 王凯：《关于红十字会筹资几个基本问题的探讨》，见郝如一、池子华主编：《〈红十字运动研究〉2007 年卷》，安徽人民出版社，2008，第 18 页。

⑦ 宋林飞：《第三次分配是构建和谐社会的重要途径》，见郝如一、池子华主编：《〈红十字运动研究〉2007 年卷》，安徽人民出版社，2008，第 39 页。

搭建社会救助平台，以实现捐助者与“最易受损害群体”之间的爱心对接，这在客观上也就实现了“红十字式”的第三次分配。从这个角度上讲，大力开展募捐工作，是红十字会作为第三次分配施动者的必然要求。同时，大力发展社会募捐，可以提高民间捐赠在组织资金中的比例，对于进一步增强我国非营利组织的自治性也大有益处。随着改革的深入，以及红十字会管理体制和社团机制的理顺与健全，这一工作也将日益完备并彰显出更强劲的社会效能。

结合历史与现实可以看到，以募捐促救助是中外红十字会的共同经验。在这方面，中山市红十字会是一个成功的范例。中山市红十字会在建会之初只有1万元活动经费和没有1名专职工作人员的情况下，靠着“慈善捐款、万人同行”的“慈善万人行”活动，“汇集了社会各界博爱情怀的力量，凝聚了万众慈善的爱心，集腋成裘，聚沙成塔，为中山市红十字事业的发展奠定了坚固的基础”①。由此，中山“为我们提供了在特定条件下以募捐推动福利事业发展的成功经验”②，值得深思。

综上所述，募捐是增强红十字会综合实力和提高红十字会素质的重要手段，因此可以说，“募捐工作的好坏将决定红十字会的竞争力与生命力。正因如此，募捐工作应成为各级红十字会的首要工作，并给予充分重视”。

二、江苏红十字会的募捐成就

江苏红十字会在具体工作实践中，不断拓展募捐渠道，拓展救助领域。例如，早在1984年，常州市红十字会为发展社会福利事业，以一些厂矿企业和工贸联营的实业集团为主要对象开展了社会募捐工作③，用募得的20余万元开展了针对孤、老、伤、残的社会服务以及对特殊群体的义诊工作，并有选择地资助了部分基层红十字会组织④。这次募捐活动对于常州和江苏红十字运动都具有重要意义，为改革开放后的江苏红十字会工作

---

① 吴彬、杨子其：《慈善捐款，万人同行——红十字事业在中山崛起》，《博爱》1996年第6期，第24页。

② 侯锡斋：《关于中山市红十字会募捐模式及推广价值的思考》，《中国红十字》1991年第5期。

③ 韩良：《社会福利事业所需经费的来源在哪里》，《中国红十字》1986年第10期。

④ 中国红十字会总会编：《红十字手册》，辽宁科学技术出版社，1988，第31页。

注入了活力。又如，省红十字会以及各地红十字会开创了发行博爱一卡通、设募捐箱、募集书画、发倡议、上门宣传等多种形式争取社会捐赠，取得了不错的成绩；自1995年起，还开展了红十字备灾救助基金的募捐，到2002年全省基金已达2000万元①。

在总结全省募捐工作实践和参考其他省市经验的基础上，省红十字会在2004年的《江苏省实施〈中华人民共和国红十字会法〉办法》中对募捐工作进行了规定："各级红十字会可以开展救灾救助募捐活动，可以采取义演、义卖及举办大型活动等形式进行募捐；可以在机场、车站、宾馆、商场、银行、公园、货币兑换处等公共场所设置红十字募捐箱；可以设立用于救灾救助的物资募集接收点。县级以上地方红十字会可以依照国家有关规定设立红十字会备灾救助基金，接受国内外组织和个人向红十字会的捐赠，用于发展红十字救助事业。"② 这些规定为新时期全省的募捐工作指明了方向。

"博爱在江苏、人道万人捐"活动

改革开放以来，江苏红十字会的募捐工作取得了重大成绩，并在此基础上"为政府分忧、为群众解难"，受到社会各界的赞誉。1986—1996年，"省红十字会为援助非洲灾民、大兴安岭火灾、国际体育援助、华东水灾

① 陈萍：《奋发有为，与时俱进，开创江苏红十字事业新局面》，苏州市红十字会档案，2002年"长期"27，第28页。

② 江苏省红十字会编：《崇高的事业——红十字工作基本知识手册》，2006，第40页。

和备灾救助基金，在全省开展了较大规模募捐活动，共募集善款1000多万元和40多万件衣物；先后接受和拨发境内外捐赠的救灾款物近8000万元，使1000多万灾民受益”①。1996年后的10年间，“全省红十字会共募集救灾救助款物达3亿多元、支援灾区2亿多元，支援外省灾区4000多万元；省红十字会连续十年在冬季开展博爱送万家慰问活动，为困难群众送去3000万元的款物和从社会募集的100多万件衣被”②。

特别需要指出的是，江苏红十字会在募捐工作的进程中已经实现了款物来源的一个重大转变，即由境外捐赠为主转变为省内捐赠占绝对优势。如1991年特大洪灾，江苏红十字会“接受救灾款物近7000万元，90%以上来自国际联合会、总会和我国港、台地区的捐赠”；而到1998年“三江流域”特大洪灾，“全省红十字会接受捐赠款物4020多万元，90%以上则来自省内各界捐赠，其中支援外省300多万元”。这是一个重要的转折。到2003年“抗击SARS和抗洪救灾，全省红十字会共接受款物8000多万元，主要也来源于省内”。在这些变化的后面，除了红十字会积极主动、广泛宣传争取外，江苏经济社会发展特别是民营、外资企业的发展，以及广大群众收入的提高是重要因素。这也启示我们，随着经济社会发展和文明程度的进一步提升，江苏的社会募捐工作将取得更大的成绩。

第三节　“5·8”：培育红十字特色文化的落脚点

一、红十字文化对红十字运动的重要作用

红十字文化伴随着红十字运动百余年的起承转合，书写了人类社会变迁的历史进程。红十字文化对于红十字运动的推动作用是不可低估的。

从经典意义上讲，红十字文化“是人道主义思想的自然延伸，它摒弃了一切种族、肤色、国籍、财产、地位的差别，以爱护人生的博大胸怀关

① 江苏省红十字会编：《团结奋斗　再创辉煌——纪念江苏省红十字会成立四十周年》，1996，第11—12页。

② 张立明：《红十字人道事业：改革与发展管见》，合肥工业大学出版社，2013，第145页。

注每一位处于危急和困难之中的人，帮助他们摆脱困境，克服困难”。从人道主义的角度看，“红十字文化吸收了世界上各种传统文化的基础思想，却又超越了各种文化的局限性，它是从多方面去研究了减轻人们痛苦的具体性质和方法。红十字运动的强大生命力，是蕴藏于它对人类不存歧见的人道主义思想”。红十字文化是在红十字运动的实践中积淀和发展起来的，“具有行为文化的一切特征，它在理想准则的指导下演化出人道主义的种种实践性”①。因此，红十字文化对红十字人道主义的实践具有极其重要的指导意义。

发展红十字文化，首先有助于凸显“红十字特色”，使红十字会在众多的社团组织中彰显独特的个性特征，有助于团结红十字会会员和志愿者为人道事业携手共进，有助于扩大和巩固红十字会组织，转换管理体制和运行机制，最终有助于建设中国特色的红十字事业。

“5·8”世界红十字日（为叙述方便，以下行文中也简称为“5·8”）某种意义上可以看作是红十字运动的文化符号，通过对它的解读，我们可以找到了解红十字运动并推动其发展的一条路径。

中国红十字会在抗战时期曾举办过以“征募工作”为主要内容的“红十字周活动”，“与当今世界盛行的‘五·八’世界红十字日颇为相似”②。但真正意义上的“5·8”世界红十字日纪念活动源于欧洲，且早期的“红十字日”并没有统一的主题，1961年以后，红十字会与红新月会协会每年提出纪念活动口号。到1996年，各国红十字会在本国公众活动的基础上选择自己的主题，给予世界红十字日一个新的方向，赋予世界红十字日以全球性的意义③。在某种程度上可以说，世界红十字日是红十字运动发展的风向标。

二、江苏红十字会“5·8”世界红十字日的活动轨迹

“5·8”是全世界红十字工作者、红十字会员、红十字志愿工作者共

① 袁惠章、田永波主编：《红十字理论与实践》，上海医科大学出版社，2000，第46—47页。

② 池子华：《红十字与近代中国》，安徽人民出版社，2004，第389页。

③ 《历年世界红十字日主题》，红十字运动研究中心网站。

同的节日，是集“纪念、宣传、实践”于一体的红十字文化舞台。复会后，江苏各级红十字会“都极为重视通过这一纪念活动，广泛宣传红十字精神、会务知识，开展服务活动，多年来已成惯例”①。“5·8”首先是纪念“人道、博爱、奉献”的红十字精神，寄托人们要使这种精神发扬光大、永久流传的期许和愿望。宣传是为了纪念，也是为了发展，是让红十字理念深入人心，植根社会，让红十字文化真正成为人们生活的一部分，让人们成为红十字大家庭中的一员。实践也是为了更好地纪念和宣传，正是在各种实践活动中，纪念和宣传找到了行动的归宿，使人们看到了纪念和宣传的亮点，使社会深切体会到了红十字文化的温暖和光芒。下面从江苏红十字运动的历史轨迹中梳理一些“5·8”世界红十字日的行踪。

首先，各地红十字会把纪念活动延伸到了总会以及各地红十字会成立的周年纪念。1993 年，南京市红十字会在“5·8”期间，结合市红十字会建会 80 周年，在全市开展《我与红十字》演讲比赛、卫生救护比赛等，并召开有各界人士参加的纪念大会②。1994 年，省红十字会与南京市红十字会共同开展纪念中国红十字会成立 90 周年活动，“进入五月，高潮迭起，在社会上引起巨大反响”③。1995 年是盐城市红十字会建会 80 周年，3 月初即拉开了准备活动的序幕，5 月 6 日至 8 日，盐城市召开隆重纪念活动，宣传牌、宣传车以及 18 个宣传服务点遍布全市，洋溢着一派节日气氛④。2004 年是中国红十字会的百年华诞，省红十字会联合南京市红十字会在“5·8”期间开展了以“办实事、庆百年——红十字在行动”为主题的一系列纪念活动⑤。苏州市红十字会在 1994 年、1999 年和 2004 年，结合“5·8”开展了纪念市红十字会成立 70 周年、75 周年和 80 周年的活动，其中 2004 年的活动还与纪念“5·12”国际护士节暨无偿献血先进

---

① 江苏省红十字会编著：《江苏红十字运动八十八年（1911—1999）》，东南大学出版社，2001，第 163 页。

② 《江苏省红十字会 1993 年工作总结和 1994 年工作重点》，苏州市红十字会档案，1994 年“短期”1，第 8 页。

③ 苏红：《南京：纪念活动高潮迭起》，《江苏红十字》1994 年第 6 期。

④ 周屹、李书万：《红十字日温情满盐城》，《中国红十字报》1995 年 5 月 12 日。

⑤ 《各地红十字会开展丰富多彩的活动庆祝五·八暨中国红十字会百年诞辰》，《中国红十字报》2004 年 5 月 14 日。

“十佳”护士表彰大会结合起来，隆重而热烈①。

其次，在纪念的基础上，各地开展了形式多样的宣传活动。红十字知识是“5·8”宣传的“保留曲目”。1992年“5·8”宣传周内，围绕“人道——团结起来，共御灾害”的口号，省红十字会散发宣传资料5000份，有13万人参观了红十字图片、资料展览②。1995年“5·8”期间，全省“有15万多名会员参加各项活动，印发宣传材料32万余份”③。1997年“4月下旬以来，各地红十字会以召开纪念会、座谈会，举办广播讲座、广播热线电话，设立街头宣传站，布置宣传橱窗、板报，组派流动宣传车、小分队等形式进行宣传。据南京、徐州、常州、淮阴等地不完全统计，上街宣传达4万多人，发宣传资料30多万份”④。

在红十字法律法规宣传方面，“5·8”亦有涉及。1994年的“5·8”是《红十字会法》颁布实施后的第一个红十字日，在5月6日的集会活动上，省领导“要求各级党委和政府认真宣传贯彻《红十字会法》，一如既往地关心和支持红十字事业，按照《红十字会法》的要求，支持、资助、保障红十字会工作，解决各级红十字会必要的工作条件，支持红十字会依法独立自主地开展工作”⑤。5月7日至8日，南通市65个医疗卫生单位和中小学校的3000名红十字会员在广场、文化宫等地，开展了宣传《红十字会法》的活动⑥。连云港市领导也和红会会员一道，向过往群众宣传《红十字会法》，散发有关材料，促进了《红十字会法》的宣传⑦。1996年，苏州的活动以宣传贯彻《中华人民共和国红十字标志使用办法》为主要内容，以“逐步纠正滥用现象”为目标⑧。

---

① 郝如一、池子华主编：《苏州红十字会志》，安徽人民出版社，2008，第270—274页。

② 江苏省红十字会编著：《江苏红十字运动八十八年（1911—1999）》，东南大学出版社，2001，第163页。

③《抓住机遇，依法兴会，开创红十字事业新局面》，见江苏省红十字会编：《江苏省红十字会六届二次理事（扩大）会议文件汇编》，1996，第16页。

④《全国各地红十字会以各种形式纪念世界红十字日》，《中国红十字报》1997年5月16日。

⑤ 江苏省红十字会编著：《江苏红十字运动八十八年（1911—1999）》，东南大学出版社，2001，第222页。

⑥ 周锦鑫：《春潮涌江城——南通市采用多种形式纪念世界红十字日》，《江苏红十字》1994年第6期。

⑦ 张坤琳：《红十字旗飘扬在“五·八”》，《江苏红十字》1994年第6期。

⑧ 郝如一、池子华主编：《苏州红十字会志》，安徽人民出版社，2008，第270页。

此外，业务活动的宣传也是重要内容。根据每一年的工作特点，各地红十字会也在“5·8”活动中有的放矢地开展重点业务的宣传，如多年坚持的无偿献血宣传和2002年的大型捐髓宣传，以及2003年的“抗非”宣传等，不一而足。宣传是“5·8”活动的重头戏，且在保留“传统曲目”的基础上，与时俱进，不断更新。

为了使纪念和宣传达到预期的效果，丰富多彩的实践活动在纪念和宣传的同时也相继展开，无偿献血是活动中的重要内容。如1997年，全省无偿献血活动在“5·8”期间掀起高潮。据苏州、无锡、常州、南京、扬州、徐州等市初步统计，无偿献血者达2600多人①。无偿献血一直是苏州“5·8”活动的重头戏，1996年“5·8”期间，有200多人无偿献血4万毫升②；1997年“5·8”前后，有市直医务人员和郊区干部群众600多人参加了“捐热血、献爱心”活动，仅5月8日就有40多人冒雨捐血③；1998年的“5·8”期间，参加无偿献血者达600余人④。

社会服务活动也是“5·8”的又一重要项目，这些活动以敬老助残、扶危济困为主要内容。如1995年，省红十字会和盐城市红十字会慰问了盐城市残疾儿童教育康复中心的孩子们，向他们赠送了毛毯、眼膏等物品。1997年，“各地普遍开展了对福利院、敬老院的孤老、残疾儿童慰问、体检和生活系列服务活动”⑤。此外，“5·8”期间的经常性项目还包括募捐、义诊咨询、义卖、吸收会员、收缴会费、表彰先进等。盐城市在1998年推出的“八个一”活动，内容广泛，具有一定代表性。这“八个一”包括：一是学习法律法规和会务知识的活动；二是组织整顿活动；三是会费收缴活动；四是敬老助残慰问活动；五是医务人员的咨询活动；六是青少年的公益卫生活动；七是下乡义诊活动；八是献血活动⑥。

---

① 《全国各地红十字会以各种形式纪念世界红十字日》，《中国红十字报》1997年5月16日。

② 《苏州纪念“五·八”活动丰富多彩》，《中国红十字报》1996年5月17日。

③ 郝如一：《苏州市纪念“五·八”世界红十字日系列活动丰富多彩》，《中国红十字报》1997年5月16日。

④ 郝如一：《苏州举办博爱系列活动　二十多万会员踊跃参加》，《中国红十字报》1998年5月22日。

⑤ 《全国各地红十字会以各种形式纪念世界红十字日》，《中国红十字报》1997年5月16日。

⑥ 李书万：《盐城纪念“五·八”国际红十字日　开展“八个一”系列宣传活动》，《中国红十字报》1998年5月8日。

除此之外，各地在特定时期还创造出了一些特色项目，为“5·8”增色不少。1989 年，苏州 40 多所学校 1299 名红十字青少年设立红十字宣传点，高举“保护人类生命”“爱护环境卫生”“吸烟有害健康”等小旗，向群众宣传；这种宣传活动“人数多、气氛浓、效果好，受到市爱卫委等有关部门称赞”[①]。1997 年，连云港市海州区红十字会组织医务人员深入尼姑庵，为尼姑免费体检；云台区红十字会还在连云港市首届玉兰花会及朝阳庙会期间设立咨询点，开展宣传、义诊活动[②]。具有特色的“5·8”活动在各地均有体现，不一一列举。

由以上所述可以看出，在“5·8”的文化舞台上，纪念、宣传与实践都不是特立独行的，而是同时展现在世人面前。它们组合起来为世人所呈现的立体影像，生动再现了红十字人道主义的光彩。可以说，“5·8”见证了江苏乃至中国红十字运动改革开放以来的发展轨迹[③]，特别是自省红十字会“四大”正式全面开展“5·8”系列活动以来，“5·8”参与了各个时期红十字会的重要活动。从这个意义上讲，“5·8”具有时代特征，反映了红十字事业变迁。且在这一过程中，各地红十字会结合当年红十字运动的主题口号，根据当地红十字会发展态势和工作重点，总能在“5·8”活动中为红十字事业发展贡献一臂之力。更为重要的是，“5·8”还可以说是红十字事业的缩影，是社会了解红十字的独特窗口，也是红十字会展现自身文化的平台。

第四节　打造红十字品牌

品牌与红十字并不遥远，中国红十字会会长彭珮云在总会八届二次理事会议上提出，要“着力打造红十字会的品牌项目，动员更多热心于公益

---

① 郝如一、池子华主编：《苏州红十字会志》，安徽人民出版社，2008，第 269 页。

② 张坤琳：《献热血涌春潮，庆“五·八”见行动》，《中国红十字报》1997 年 5 月 9 日。

③ 据《江苏红十字》记载，早在 1983 年，江苏红十字会即开始了“5·8”纪念活动。见周正范：《沈阳市、南京市、苏州市纪念“五·八”世界红十字日》，《中国红十字》1983 年第 7 期，第 10 页。

事业的社会力量参与到公益事业中来"[①]。对于各级红十字会而言，"在现今的大环境下，生存将不成问题，但要创新，要发展，要在构建和谐社会中发挥更大作用，不打造红十字会特色的公益品牌是不行的"[②]。

一、打造红十字品牌的意义

打造品牌对红十字事业具有重要意义。首先，品牌有利于提高红十字会的公信力。公信力"是公益组织机构赖以立足的基石和生存发展的源泉"[③]，红十字会"既没有政府机构的行政权力，也不具备营利机构的经济实力，必须依靠社会公信力作为立身之本。良好的社会信誉是红十字会的无形资产。公信度越高，无形资产就越大，所带来的有形资产也会越多"[④]。在当今国际慈善事业发展中，"普遍存在着'慈善不足'的现象，即非营利活动所需要的资金与其所能募集到的资源之间存在着巨大的缺口"[⑤]。要在众多慈善组织参与竞争的情况下，获取更多的慈善资源，最重要的就是拥有超强的公信力。通俗地讲，就是要有良好的口碑并赢得大众的认可，而品牌正是红十字会诚信度和敬业精神的保证。品牌可以增强红十字会的公信力，从而激发公众的参与热情，广泛吸引社会资源。

其次，品牌可以促进红十字人道主义文化的弘扬。有专家认为，"品牌背后是文化"[⑥]。还有的专家认为："品牌实际上是一种文化，已经融入各民族、各阶层和各种职业中。"[⑦] 红十字品牌是红十字文化的精髓和集大成者，也是红十字文化强有力的支撑。同时，品牌以其强大的信誉度和号召力，对于红十字文化的传播可以起到事半功倍的效果。前文谈到的

① 彭珮云：《发扬成绩，坚定信心，努力开创红十字会工作的新局面》，见中国红十字会总会编：《中国红十字会领导讲话汇编》，2007，第 21 页。

② 郝如一：《打造品牌》，见郝如一、池子华主编：《〈红十字运动研究〉2007 年卷》，安徽人民出版社，2008，第 256 页。

③ 张曙光：《公益事业的发展离不开政府的支持和保护?》，《中国红十字报》2006 年 10 月 6 日。

④ 彭珮云：《发扬成绩，坚定信心，努力开创红十字会工作的新局面》，见中国红十字会总会编：《中国红十字会领导讲话汇编》，2007，第 22 页。

⑤ 郝珺：《红十字会参与社区服务：实际运作与问题分析》，见郝如一、池子华主编：《〈红十字运动研究〉2008 年卷》，安徽人民出版社，2009，第 211 页。

⑥ 乔春洋：《品牌文化》，中山大学出版社，2005，第 20 页。

⑦ 余明阳：《品牌学》，安徽人民出版社，2002，第 76 页。

“5·8”，即可认为是红十字会的一大品牌。

再次，品牌可以进一步彰显红十字特色。红十字会本身就是一个历史悠久、驰名中外的经典品牌。但由于诸种原因，红十字特色在中国还未得到足够彰显，因此打造红十字品牌，可以让红十字的独特魅力为社会公众所认知。近年来，红十字会的“中华骨髓库”建设、遗体与器官捐献工作，以及艾滋病宣传等都已成为具有很高知名度和号召力的红十字品牌，其发展前景值得期待。伴随着这些独具魅力的红十字品牌的声名远播，红十字特色将更为社会大众所知晓。

二、江苏打造红十字品牌的实践

改革开放以来，江苏各级红十字会在省红十字会的带领下，在品牌建设上取得了不俗的成绩。南京的遗体捐献和社区服务、徐州的无偿献血和农村工作、南通的青少年工作、盐城与扬州的卫生救护工作，以及昆山的台资企业服务工作等都创出了品牌，在全省乃至全国红十字会系统有着一定的影响。苏州是江苏的“品牌大户”，在红十字工作的多个领域皆有建树，尤其是早期的“一老一小”以及进入21世纪以来的德善、义善、诚善、明善、爱善等“善字系列工程”，在全国引起不小的反响。宣传工作是苏州市红十字会实施品牌建设最早也是最为成熟的领域，同时在整体上可以说是苏州市红十字会工作最大的品牌。在这方面，苏州市红十字会已经形成了独具特色的理论体系和实践经验。

在理论方面，苏州市红十字会总结多年经验，着重在整体上把握5个方面的辩证关系：第一，“自己宣传与宣传自己”的关系；第二，“志愿新闻者与新闻志愿者”的关系；第三，“人道传播与人为运作”的关系；第四，“设备投入与广告投入”的关系；第五，“订阅报刊与运用报刊”的关系。通过对这5对关系的梳理以及灵活运用，使苏州红十字会的宣传工作在品牌建设上有了坚实的理论基础①。

在实践上，苏州红十字会宣传工作的品牌之路稳扎稳打、步步为营。简单地说，就是策划、手段、促进、评估的有机结合。策划包括年度活动

① 郝如一：《红十字宣传中的“辩证论治”》，见郝如一、池子华主编：《〈红十字运动研究〉2007年卷》，安徽人民出版社，2008，第11—17页。

的策划、定期活动的策划、临时活动的策划；宣传包括新闻宣传、网络宣传、广告宣传、会议宣传、慰问宣传、演讲宣传、文艺宣传、征文宣传、赠品宣传、应急宣传；促进主要指领导重视、加大投资、人才培训、创新意识等方面；评估内容包括投入、产出和结果，有效利用评估数据，保持纪录等方面①。

在宣传品牌的打造上，苏州市红十字会坚持全面发展与重点建设相结合的原则，取得了很好的成效。苏州市红十字会"把宣传工作作为红十字工作的'半壁江山'，同时认为新闻报道又是红十字宣传工作中的'半壁江山'"②。他们认为，"充分利用新闻媒介传播信息快、舆论覆盖广、宣传能量大的特点，可收事半功倍之效果"。因此，新闻报道成为苏州市红十字会工作中的"重中之重"。为打造"新闻报道"这个品牌中的品牌，苏州市红十字会从 3 个方面着手：第一，"抓队伍，精兵强将是本钱"。第二，"抓管理，制度建设打基础"，具体包括例会交流制度、互通信息制度、业务培训制度、考核奖励制度、自然淘汰制度。第三，"抓质量，多出好稿为方向"。一是由侧重写短讯变为长篇与短篇并重；二是由侧重消息报道转变为通讯与消息并重；三是由侧重写动态报道转变为系列报道与动态报道并重；四是由侧重文字报道转变为图文并重。除此之外，为提高报道质量，还实行了专项奖励政策和全年用稿情况质量分析③。

苏州市红十字会宣传工作的品牌建设取得了可观的成果。2000 年，市红十字会开通了全国首家地市级红十字会网站；2001 年，根据 10 多年工作体会写成的《红十字宣传中的"辩证论治"》一文发表后，"引起广泛反响，不少兄弟省市红十字会来函来电探讨交流体会或索取相关资料"；2003 年，在红十字宣传工作保持 10 多年全国领先的基础上，市红十字会的经验已"走出国门"，受到红十字国际委员会的重视，并通过网站向全球推介。红十字国际委员会出版的《宣传指南》一书中，苏州红会秘书长

① 郝如一：《策划·手段·评估——如何开展红十字会宣传工作》，见郝如一、池子华主编：《〈红十字运动研究〉2007 年卷》，安徽人民出版社，2008，第 4—10 页。

② 郝如一、池子华主编：《苏州红十字会志》，安徽人民出版社，2008，第 249 页。

③ 郝如一：《新闻报道：红十字宣传工作的"半壁江山"》，苏州市红十字会档案，2000 年"永久"5，第 9—14 页。

郝如一成为中国地方红十字会唯一既刊登照片又发表文章的人物。2004年，总会编印出版的《外宣通讯》，向全球红十字会同行推介苏州市红十字会，扩大了国际影响。2005年，郝如一副会长总结归纳的红十字工作"三四五"，被列为市红十字会红十字宣传的"普及要目"。所谓"三四五"，即"三人"（人道、人权、人文理念），"四救"（救护、救灾、救济、救助），"五捐"（捐款物、捐血液、捐骨髓、捐器官、捐遗体）。"三四五"非常适合向市民百姓进行宣传，并得到总会彭珮云会长的首肯。据了解，用如此简明扼要、好懂好记、朗朗上口的"数字化"语言向民众宣传红十字会的主要工作内容，尚属全国红十字会系统首创。

在江苏红十字运动的未来发展道路上，需要总结其打造品牌的经验与教训，以品牌战略推动红十字事业的发展。

首先，要有全方位的品牌意识和品牌观念，以及科学有效的品牌策略。品牌打造是一个系统工程。红十字会要有强烈的创品牌意识，要善于抓典型、抓机遇，努力去寻找、发现和挖掘社会爱心的源泉，并使打造公益品牌的行动成为红十字会的共同行动。要打破单干独干的工作模式，实现跨部门、跨系统、跨区域的发动与合作。同时，各级红十字会要运用科学的管理方法，从品牌体系的构建入手，完善品牌创建体系，并通过逐步培育和发展使其系统化。经营品牌要坚持可持续发展的思路，要不断丰富品牌的内涵，不断延伸品牌的空间，不断挖掘品牌的精神。红十字品牌的经营需要有可持续发展的理念，在这一理念的指导下，公益品牌才能保持永久的生机与活力，才能具有长久的生命力①。

其次，创建红十字品牌要始终"从社会中来、到社会中去"，要在社会中去获取创建品牌的灵感。社会蕴藏着丰富的爱心资源，只要善于发现和引导，就能启动和挖掘这一资源，使奉献爱心成为人们的自觉行动。可以说，社会中蕴藏着丰富的红十字精神，蕴藏着红十字事业发展的不竭动力、潜力和实力。

再次，创建红十字品牌要深刻把握与时俱进的原则，在时代背景下去寻找创建品牌的契合点。对红十字工作而言，所谓创新，就是要挖掘、汇集群众智慧，搭建好的平台，以新的形式、方法，全力打造一批精品工

---

①　李福兰：《"微尘"给我们的启示》，《中国红十字报》2006年6月9日。

程，增强红十字会工作的感染力、吸引力；就是要全方位宣传红十字会的重点工作，使其成为全社会普遍认识的公益事业。

第五节　红十字与社会同行

百余年来，江苏红十字会参与社会变迁并已成为社会变迁的一部分。在社会转型加速的今天，红十字会要在社会变革中求得可持续发展，必须与社会大环境同步共行。不同时期红十字会有不同的工作重点，要更好地发挥其社会救助的人道职能，必须与政府携手，与社会相衔接。红十字会作为一个慈善团体，要“紧紧围绕党和政府各个时期的中心工作，服从大局、服务大局，及时了解和掌握政府的救助政策，通过政府的信息平台了解社会困难群体情况，从而确定救助项目，力所能及地与政府救助工作做好衔接，起到拾遗补阙的作用”①。江苏红十字会复会以来在改革大潮中，与社会同甘共苦、患难与共，在参与社会保障、推动社会发展的同时也实现了自身的飞跃。

与社会同行是江苏红十字运动百年历程的基本脉络，改革开放以来尤其如此。改革开放“使我国成功实现了从高度集中的计划经济体制到充满活力的社会主义市场经济体制的伟大历史转折”，“实现了从封闭半封闭到全方位开放的伟大历史转折”②。在江苏改革开放以来社会变迁的关节点上，都留有红十字会的印记。从“五讲四美三热爱”活动到“援非募捐”，从遍布城乡的经济体制改革到精神文明建设大潮，从参与两岸和平互动到港澳的回归，从举办亚运会到申办奥运会，从国家的机构改革到社会主义法制建设，从引进外资到扩大对外交往，等等，都可以看到红十字会别具特色的风采。

长期以来，江苏各级红十字会坚持既唱常规工作的“四季歌”，又奏体现时代特征的“流行曲”，为红十字事业注入了“青春气息”和生命活

① 上海市慈善基金会、上海慈善事业发展研究中心编：《转型期慈善文化与社会救助·代序》，上海社会科学院出版社，2006，第3页。

② 中共中央文献研究室编：《十七大以来重要文献选编》上，中央文献出版社，2009，第790、791页。

力。不妨试举几例，1992 年，邓小平同志南方谈话发表，“这是把我国改革开放和现代化建设事业推进到新阶段的又一个‘解放思想，实事求是’的宣言书”，谈话“站在时代的高度深刻回答了长期束缚人们思想的许多重大认识问题”，“提出了 20 世纪 90 年代到 21 世纪中国发展的大战略”①。在深化改革的新形势下，江苏省红十字会提出要“进一步解放思想，抓住机遇，大胆探索，使红十字会工作适应改革的新形势”②。是年 11 月，省红十字会协同省计经委、财政厅、民政厅、卫生厅、税务局共同签发了《关于兴办红十字企事业有关问题的联合通知》，“对红十字会兴办经济实体的必要性、具体要求和规定都有比较详尽的表述，对红十字企事业的健康发展有着不可估量的积极的保证作用”。这是江苏红十字会适应新时期社会变革的一大举措。最重要的是，在这一点上江苏走在了全国的前头，总会号召各地向江苏学习③。1996 年，党的十四届六中全会审议通过了《中共中央关于加强社会主义精神文明建设若干重要问题的决定》，这是“与实现跨世纪宏伟目标相配套的指导精神文明建设的行动纲领”④，具有重要意义。在这个大背景下，盐城市红十字会结合本地实际，拟定了《盐城市红十字会参与社会主义精神文明建设“九五”发展规划》，提出“以建设有中国特色红十字事业为载体……依靠红十字组织和广大会员及志愿工作者，开展人道主义活动，弘扬红十字精神，为社会主义精神文明建设做出应有贡献”⑤。

进入 21 世纪以后，国家全面实施西部大开发战略。省红十字会和苏州、盐城、南通等地红十字会联合起来支援灾区，帮助四川、广西、陕西、湖北、江西等省（区）筹建了 8 所“红十字博爱小学”。尤其引人注目的是，苏州市红十字会与四川内江市红十字会所达成的“天堂”与“天府”的携手，两地从市县对口支持、互通信息、培训人员等方面进行全方

---

① 庞松主编：《简明中华人民共和国史》，广东教育出版社，2001，第 642 页。

② 盛天任：《红十字会工作要适应改革的新形势》，《中国红十字报》1992 年 6 月 5 日。

③ 《江苏省计经委等发出〈关于兴办红十字企事业有关问题的联合通知〉》，《中国红十字报》1992 年 12 月 4 日。

④ 《跨世纪精神文明建设行动纲领》编写组编：《跨世纪精神文明建设行动纲领：学习十四届六中全会决议讲话》，中共党史出版社，1996，第 6 页。

⑤ 江苏省红十字会：《红十字工作简报》，苏州市红十字会档案，1997 年“短期”5，第 11 页。

位友好合作：苏州市红会并援建了内江市红十字会网站；吴中区以一个家庭认养一个孤儿的形式，资助内江市资中县37名孤儿；昆山市每学期向内江市隆昌县捐款助学；张家港市帮助内江市威远县红十字会建立了医疗门诊部①。“这是我国东西地区缔结的第一对跨省份城市间红十字事业姐妹关系”，总会领导对“天堂”与“天府”间的良好合作给予了充分肯定，认为贯彻中央关于西部大开发的精神，红十字会应当有所作为，苏州和内江的做法值得推广②。

“改革与开放是社会发展的推动力”③。在改革开放的进程中，江苏红十字会实现了自身的发展与嬗变。如今，创建和谐社会已成为时代主题，“红十字会的宗旨、性质与构建和谐社会的总体要求完全一致，在构建和谐社会中能发挥独特的优势作用”④。“社会要和谐，首先要发展”，这其中也包括红十字会等社会力量的壮大。在神州大地携手共建和谐社会的今天，江苏红十字运动面临的第一要务就是首先实现自身的和谐发展，壮大组织，扩展业务，继续理顺管理体制，完善运行机制，依法建会，依法兴会，依法治会。在此基础上，要充分发挥江苏各级红十字会的社会效能，为江苏和谐社会的创建，为实现江苏的“两个率先”⑤ 而发挥独特的历史作用。

应该说，与社会同行、与时代同步是江苏红十字会改革开放以来取得辉煌业绩的经验所在，也应该是江苏各级红十字会未来发展所应遵循的一条基本原则。红十字会是社会的一部分，社会是红十字会“犁耕的田野”和“成长的家园”，红十字会的成功和荣誉离不开社会的进步与发展；同时，现阶段红十字会所面临的困境和阻碍也不能单单从红十字会本身去探求，相信随着社会的文明与进步，红十字的人道光辉将会更加灿烂。

---

① 陈萍：《奋发有为，与时俱进，开创江苏红十字事业新局面》，苏州市红十字会档案，2002年“长期”27，第52—53页。

② 《苏州市红十字会2000年工作总结》，苏州市红十字会档案，2000年“永久”1，第1—7页。

③ 王义祥编著：《发展社会学》，华东师范大学出版社，2004，第365页。

④ 江亦曼：《在“以博爱心怀构建和谐社会”国际交流研讨会上的讲话稿》，红十字运动研究中心网站。

⑤ 2003年，为全面贯彻落实党的十六大精神，江苏省委、省政府根据全省经济社会发展基础，明确提出了在21世纪头20年“率先全面建成小康社会、率先基本实现现代化”的奋斗目标。

附　录

江苏红十字运动大事年表（1976—2004）

1976 年

10 月，党中央一举粉碎了“四人帮”，宣告 10 年“文化大革命”的结束。红十字事业的发展迎来春天。

1978 年

4 月 10 日，经国务院批准，南京成为“文革”后江苏第一个恢复红十字组织的城市。

1981 年

9 月 18 日，经江苏省委批准，江苏省红十字会恢复工作。省红十字会会长由省卫生厅厅长盛立担任。

1982 年

1 月 20 日，江苏省红十字会在南京召开了恢复工作后的第一次理事会会议，28 名理事与会。

9 月 11 日，南京市红十字会会员杨开禄的摄影作品《绣》，在红十字国际委员会与国际红十字协会举办的摄影比赛中荣获一等奖。国际红十字协会官员西瓦拉特南博士在南京为杨开禄授奖。

9月13日至19日，斯里兰卡红十字会会长阿贝塞克拉、秘书长玛纳通伽在江苏进行友好访问，总会顾锦心副会长陪同。

10月25日至11月1日，省红十字会在南京举办了一期红十字会专职干部短训班。省及12个市、县和南京、徐州的部分区属红十字会专职干部共23人参加学习。

1983年

5月30日，省红十字会会长盛立、南京市红十字会会长于福厚等慰问了南京市儿童福利院的残疾儿童，并将日本红十字会援助的一批残疾人轮椅转赠给福利院。

6月9日至10日，以铃木久雄为团长的日本红十字会代表团在南京、无锡两市访问。

6月25日至27日，江苏省经委、省卫生厅、省红十字会在苏州召开“江苏省厂矿红十字会暨医疗卫生机构整顿工作经验交流会”，全国总工会、劳动人事部、卫生部等部门有关领导出席会议。

8月1日至6日，省红十字会在连云港举办“江苏省红十字会青少年夏令营”。

1984年

1月4日至9日，省红十字会举办两期心肺复苏训练班，118名学员接受培训。

3月1日，省编委核定省红十字会行政编制8人。

4月8日至11日，省红十字会三届二次理事扩大会议在南京召开。省红十字会理事和12市、4县的专职干部以及有关部门的负责同志共60余人出席会议。

5月3日至4日，省卫生厅、省红十字会在南京召开全省输血工作会议。

5月8日至14日，省红十字会在无锡举办心肺复苏训练班，培训高年资医师92人。

5月25日至30日，江苏省暨南京市红十字会在南京北极阁地下宫举办纪念中国红十字会成立80周年书画展，观众达4万余人次。

5 月 29 日，省红十字会在南京饭店举行茶话会，纪念中国红十字会成立 80 周年。

6 月 12 日，江苏省暨南京市红十字会在南京人民大会堂召开纪念中国红十字会成立 80 周年大会。

7 月 3 日，受总会委托，省红十字会在无锡举办了“中国红十字会志愿工作者夏令营”，全国 21 个省、自治区、直辖市的 248 名代表参加活动。

本年，无锡市惠山小学红十字青少年沈培欣，在世界卫生组织、国际红十字协会联合举办的日内瓦世界儿童宣传画比赛中获奖。

1984 年

4 月，省红十字会会长盛立随总会代表团访问日本红十字会。

5 月，全省 11 个省辖市开展援非募捐活动，至 7 月底，共收到捐款 2078668.11 元。

6 月 19 日至 20 日，省红十字会接待了来访的法国国立输血中心实验室主任李怀安博士。

7 月 3 日至 4 日，省红十字会第四次代表大会在南京隆重召开，全省各地方红十字会专职干部和先进单位、先进个人代表，以及相关人士 170 余人参加大会。“四大”根据总会新制定的《中国红十字会章程》的规定，首次实行代表无记名投票选举理事会。杨詠沂当选为会长。

7 月 31 日至 8 月 4 日，省红十字青少年夏令营在扬州举办，11 市的青少年及专职干部近 80 人参加。

10 月 25 日至 30 日，中国红十字会全国宣传工作会议在连云港召开，26 个省、自治区、直辖市的红十字会代表参加会议，总会杨纯、王敏副会长等领导出席会议。

11 月下旬，省红十字会在无锡市举办输血技术血液质控学习班。

1986 年

5 月 20 日至 26 日，省红十字会受总会委托，在苏州举办了“中国红十字会南方十二省心肺复苏师资训练班”。

6 月 26 日至 29 日，省红十字会接待了以古川泰龙为团长的日本熊本县“中国人殉难者慰灵塔保护会代表团”的来访。

8月5日至8日，省红十字会、教育厅、卫生厅、省电视台等7家单位，在南京举办了江苏省红十字青少年知识竞赛。

8月14日，省红十字会与省公安厅、交通厅、商业厅、卫生厅联合发出《关于开展群众性救护训练的通知》。

8月24日至28日，以吴妙盛为团长的缅甸红十字会代表团一行4人到江苏访问。

9月18日，芬兰红十字会中央委员会成员、米克里地区红十字会主席塔帕尼·里拉先生访问江苏。

11月5日至9日，为纪念江苏省红十字会成立30周年，省红十字会举办书法、绘画、邮票展览。

11月6日至7日，省红十字会四届二次理事会议在南京召开，会议讨论通过了《江苏省红十字会组织规程》和《江苏省红十字会医院工作条例》。

12月12日至16日，省红十字会在扬州举办了全省范围的公安、交通、商业及红十字医院等部门人员参加的心肺复苏培训班。

1987年

1月26日，省红十字会慰问镇江市聋哑学校。

4月6日至15日，省红十字会举办《江苏红十字》报通讯员学习班，45名学员参加学习。

4月9日至10日，省红十字会与省卫生厅、计生委、妇联等10家单位联合举办“家庭科学育儿知识竞赛”活动。

7月20日，省红十字会常务副会长盛天任随总会代表团访问朝鲜。

8月6日，省红十字会在无锡举办红十字青少年工作夏令营。

9月，经省政府批准，省红十字会设立“江苏省红十字会社会救济基金”，并通过了有关条例。

10月3日，省红十字会、省公民义务献血领导小组、文化厅等7个单位在南京五台山体育馆举办“爱的纽带”献血文艺晚会。

1988年

3月14日至17日，省红十字会四届三次理事会议暨全省工作会议在南京召开，有关部门和各市、部队的理事、专职干部共48人出席会议。

5月10日，省编制委员会发文，同意省红十字会设立台湾事务服务部，事业编制3名。

5月24日，经省政府批准，“’88国际体育援助计划”中国组委会江苏分会成立。

7月3日至7日，省红十字会在镇江举办“江苏省红十字会干部讲习班”，全省24个县（市、区）的专职干部参加学习。

8月13日至16日，省红十字会在常熟市举办江苏省红十字青少年体育夏令营，60余名青少年参加活动。

10月11日至15日，南方7省红十字会工作研讨会在无锡召开。

11月1日至5日，中国红十字会组织工作座谈会在南京召开，总会领导及各省、自治区、直辖市代表60余人参加会议，副省长、省红十字会会长杨詠沂出席开幕式。

11月15日至17日，省卫生厅、省红十字会在苏州联合召开“江苏省血源管理会议”。

1989年

1月10日，江苏省暨南京市红十字会组成5个小组，检查南京市10个区的红十字工作，同时慰问了辖区的“五保”老人。

5月8日至13日，美国国际援助公司理事会主席吉姆斯·弗兰克斯等一行5人到南京、常州、苏州等地访问。

7月12日至16日，省红十字会、省教委联合在苏州举办“江苏省红十字青少年、学校卫生先进工作者夏令营”，全省各地60余名代表参加。

9月1日至14日，无锡一中唐燕蕾同学赴意大利参加国际红十字青少年夏令营。

1990年

1月19日，省红十字会在南京军区后勤部的支持下，冒雪将1000套棉衣、棉裤送往响水、滨海灾区。

3月6日，省卫生厅、省台办、省红十字会召开驻宁有关医疗卫生单位收治伤病台胞工作座谈会，下发《部分驻宁医疗单位救治伤病台胞工作座谈会纪要》，规范伤病台胞就医有关问题。

4月19日至26日，应日本熊本县“三井三池煤矿中国人殉难者慰灵塔保护会”的邀请，以常务副会长盛天任为团长的江苏省红十字会代表团一行5人访问日本九州。

4月22日至23日，红十字会与红新月会协会亚洲巡回代表卡尔·诺克勒先生考察南通灾区。

4月24日至5月3日，美国宾夕法尼亚州红十字会艾滋病防治专家塞宏斯及其夫人来江苏进行学术交流。

6月21日至23日，美国红十字会李政道博士偕夫人到南京访问。

7月12日至13日，省红十字会第五次代表大会在南京召开，来自全省各市、县（区）红十字会及省卫生、民政、教育、台事等有关部门和工、青、妇、宗教等群众团体以及企事业单位的代表共216人与会。吴锡军当选为会长。

8月7日，省电力工业局、省红十字会联合发出《关于在电业职工中开展群众性“紧急救护法”训练的通知》，并联合举办了两期师资培训班。

9月下旬，省红十字会和淮阴市红十字会组派红十字慰问小组，赴泗阳、泗洪、沭阳、宿迁4县慰问灾民。

10月26日至29日，日本熊本县友好人士古川泰龙先生率团访问江苏。

12月1日至6日，由深浦隆二为团长的日本熊本县“中国人殉难者慰灵塔保护会代表团”一行6人访问江苏。

1991年

5月8日，省红十字会与省卫生厅在南京联合召开大会，纪念“5·8”世界红十字日、“5·12”国际护士节。

7月23日至25日，香港红十字会在扬州里下河地区考察灾情，慰问灾民。

7月23日至26日，以斯维尔特为团长的红十字会与红新月会协会代表团，到江苏遭受严重洪涝灾害的地区视察。

7月30日至8月1日，台湾红十字组织业务组主任谢世伟先生到扬州、兴化等地察看灾情。

8月3日，香港星岛有限公司蔡浩贤一行4人，到江苏察看灾情并将价值122万元港币的药品、净水杯通过省红十字会捐赠给灾区。

8月10日，省红十字会通过与联合国计划开发署官员艾沙特会谈，接受联合国日内瓦官员个人为重建南京市六合县新集乡头桥小学捐献的65600元。

8月22日至30日，联邦德国红十字会古扎特博士到达江苏灾区，对由联邦德国红十字会援助的1700吨大米的购买、分发、账目进行监督，并参与分发工作。

8月24日至26日，以香港红十字会助理总监欧成威先生为首的赈灾慰问团一行5人，到江苏进行赈灾慰问，并举行捐赠救护车、净水杯交接仪式。

9月14日至16日，省红十字会接待了台湾红卍字会秘书长崔宝丰先生，并接受了其向江苏灾区捐赠的购买大米款15万元人民币。

9月20日至23日，红十字会与红新月会协会救济代表斯图尔特先生，将欧共体捐赠的价值130万元人民币的866顶帐篷拨发到灾民手中。

9月23日至10月23日，无锡血站工作人员王浦南参加日本红十字会举办的亚太地区输血研讨班。

10月9日至11日，香港净水器公司执行董事刘家辉、技术顾问伍天得，到江苏察看净水器使用情况。

10月13日至17日，台湾红十字组织常松茂、徐祖安先生到江苏了解台湾捐赠物资分发使用情况。

10月20日，盐城爱心人士王汉仁在北京接受国家副主席万里颁发的全国无偿献血金杯奖，从而成为江苏首位金杯奖得主。

10月23日至26日，香港星岛有限公司通过省红十字会，将价值70万元港币的X光机、超声波诊断仪、心电图机送给苏州、金坛、句容红十字会。

12月16日至19日，香港红十字会赈灾慰问团到江苏灾区慰问灾民。

本年，省红十字会抗洪救灾小组被省委、省政府评为抗洪救灾先进集体。

1992年

1月25日，以日本友好人士古川龙树为团长的友好代表团访问江苏。

2月8日，江苏省红十字会学校工作委员会成立，省教委副主任周德藩担任主任委员，同时《江苏省红十字会学校工作委员会组织规程》出台。

3月18日至19日，省红十字会五届二次理事扩大会议及抗洪救灾表彰会在南京召开。会议通过了省红十字会的工作报告和1992年工作计划，表彰了1991年抗洪救灾工作先进集体和先进个人，通过了增补副会长、理事事宜。

5月8日，省红十字会与南通市红十字会联合举办纪念“5·8”世界红十字日活动。

5月17日，香港红十字会郑栋材主席、冼柏华秘书长等人在总会孙柏秋副会长陪同下到无锡参观访问。

5月18日，台湾红十字组织常松茂、薛明园先生在总会领导的陪同下到苏州参观访问。

6月24日至26日，以副委员长崔昌植为团长的朝鲜红十字会代表团一行4人，对江苏进行友好访问。

7月21日至24日，省红十字会、省教委在徐州联合举办了江苏省红十字青少年工作者和学校卫生工作者夏令营，全省各地共44名代表参加。

8月1日至2日，美国红十字会血液专家李政道博士及助手爱丽丝·李女士在苏州进行学术访问，省红十字会副会长盛天任会见了客人。

10月19日至20日，红十字会与红新月会国际联合会审计部负责人克协毕先生等在总会负责人的陪同下，对省红十字会接收的救灾款物进行了审计，副省长、省红十字会会长吴锡军会见客人。

10月31日，省红十字会接待了香港星岛日报社捐赠救灾物资代表。

11月上旬，省红十字会联合省计经委、财政厅、民政厅、卫生厅、税务局等单位发出《关于举办红十字企事业有关问题的联合通知》，就有关兴办红十字企事业的必要性和优惠政策做了说明和规定。

12月21日至25日，总会在南京召开《中国红十字会九十年》编写工作座谈会。省红十字会参加了《中国红十字会九十年》《中国红十字会历史资料选编》两书的编写工作。

1992年，江苏有46个县401个乡镇遭受干旱、龙卷风、地陷等灾害袭击。截至年底，省红十字会接收了国内外捐赠722.89万元，使144万多人受益。

1993 年

3 月 26 日至 27 日，省红十字会五届三次理事扩大会议在南京召开，来自全省各地的理事及代表 112 人与会。会议传达了总会五届四次理事会议精神，通过了省红十字会工作报告，表彰了先进集体和个人。

4 月 25 日至 26 日，施纯仁先生率领的台湾红十字组织访问团一行 13 人访问江苏，吴锡军会长会见了客人。

5 月 17 日至 20 日，陈萍副会长在南京会见了日本熊本县友好人士古川泰龙先生。

5 月 26 日，红十字会与红新月会国际联合会代理秘书长乔治·韦伯先生、亚太部官员中田先生一行对江苏进行工作访问。吴锡军会长与客人进行了交流。

8 月 23 日至 24 日，红十字会与红新月会国际联合会备灾项目代表耶舍明女士等访问江苏。

9 月 7 日，省卫生厅、省红十字会在南通召开全省输血工作会议。

9 月 26 日，省红十字会为援助遭受洪涝灾害的邳州市滩上乡老龙潭村而开展定向募捐，共募捐款 34700 余元、衣物 5000 多件。

10 月 6 日，日本红十字会血液事业代表团对昆山市红十字会血站进行友好访问。

11 月 27 日，省人大常委会教科文委员会与省红十字会联合召开宣传、贯彻《红十字会法》座谈会。会后，省红十字会与省委宣传部、省人大常委会教科文委员会、省司法厅、省政府法制局联合下发了《关于学习、宣传、贯彻〈中华人民共和国红十字会法〉的通知》。

1994 年

6 月 21 日至 23 日，省红十字会第六次代表大会在南京召开，来自全省的 218 名代表出席会议。会议选举吴锡军继任会长。

8 月 16 日，省红十字会常务副会长陈萍与省红十字医院、省红十字中医院、省第二红十字中医院领导携带各院捐赠的救灾物资，到句容县慰问灾民。

9 月 30 日至 10 月 3 日，省红十字会秘书长张立明随同南京金陵中学赴日代表团对日本熊本县荒尾市进行友好访问。

10月31日至11月3日，省红十字会、省教委在南通市联合召开江苏省红十字青少年工作会议。

12月6日，省物价局、财政厅联合发文，批准各级红十字会在开展卫生救护培训、台事与外事服务、咨询、复印打印文件等方面实行有偿服务收费。

12月15日至20日，省人大常委会教科文委员会组织的部分全国和省人大代表，到镇江、金坛、昆山、太仓等地检查《红十字会法》执法情况。

1995年

3月，江苏20多万人参加总会举办的《红十字会法》知识竞赛，省红十字会获竞赛组织奖。

4月11日，总会六届二次理事会议在南京召开，来自全国各地的200名理事及代表参加会议。

5月22日，省红十字备灾救助基金募捐活动动员会在南京召开，驻宁党、政、军、社会团体和企事业共73个单位150多名代表出席会议。至11月中旬，共收到近100个单位捐款123万多元。

5月24日至25日，台湾红十字组织国永超、薛明园先生在江苏参观访问。

7月，常州市第一人民医院护理部主任孙静霞荣获第35届南丁格尔奖章。

7月14日至15日，红十字会与红新月会国际联合会灾害政策部特别顾问杰根·维亚德先生考察南京、镇江等地灾区。

7月25日至26日，为筹集红十字备灾救助基金，省文化厅、省广电厅、新华日报社、省红十字会、省美术馆、省国画院等6单位在省美术馆举办书画义卖展览。

7月27日至8月2日，省红十字会干部周宁如作为总会代表队成员之一，参加了香港红十字会举办的亚太地区卫生救护竞赛及研讨会。

8月8日，省红十字会接受成都迪康制药有限公司捐赠的价值20万元的药品。

9月16日至19日，红十字会与红新月会国际联合会代表布鲁沃先生到江苏灾区考察灾情。

10月9日，由古川泰龙为团长的日本、意大利友好人士访华团一行14人访问江苏。

10月中旬，省红十字会在南京举办第四期专职干部讲习班，26名专职干部参加学习。

10月22日，吴锡军会长在南京会见了台湾红十字组织负责人徐亨先生。

10月27日至11月11日，省红十字会郝宁代表总会参加了日本红十字会举办的'95国际红十字青少年和志愿工作者交流活动。

11月27日至29日，省政协医卫体委员会视察组在徐州视察《红十字会法》执行情况。

12月4日至6日，全国红十字（会）医疗救护机构管理工作座谈会在昆山召开。参加会议的有来自25个省、市的40多名代表，总会孙柏秋副会长出席开幕式并讲话。

12月28日，省红十字会与省公安厅、交通厅联合发出通知，对全省公路沿线红十字救护点标志牌的设置、管理和保护做了明确规定。

1996年

1月16日，省红十字会六届二次理事会议在南京召开，80多位理事及特邀的金坛、宿迁、句容等市领导出席会议。

3月13日，省红十字会备灾救灾中心在南京迈皋桥举行开工典礼。

3月20日，以美国红十字会西雅图–金县分会会长寇历·肯努森为团长的访问团一行6人在南京、扬州进行访问。

5月3日，省红十字会与省人大常委会教科文委员会、省司法厅、省政府法制局联合在南京召开学习、宣传、贯彻《红十字标志使用办法》座谈会。

5月7日，省红十字会召开"5·8"世界红十字日纪念大会，吴锡军会长等出席大会。

5月13日至15日，省红十字会配合省人大常委会教科文委员会检查组，到常州、泰州两市检查《红十字会法》执法情况。

6月，江苏境内先后6次遭暴雨袭击，省红十字会常务副会长陈萍带领救灾小组，先后到扬州、高邮、姜堰、镇江、丹徒等市、县察看灾情，慰问灾民，并向灾区送去价值10万余元的药品。

7月30日，省红十字会在南京举行仪式，接受泰国协联集团向江苏受灾地区捐赠的12.7万元人民币捐款。

9月3日，省政府办公厅为全面贯彻《红十字标志使用办法》，向各市、县政府及省各委办厅局发出通知。

9月10日至13日，省人大常委会教科文委员会检查组到南通市的海安、盐城市的东台和泰州市检查《红十字会法》执法情况。

10月15日至18日，第八届地方红十字报研讨协作会在无锡市召开。

11月2日，省卫生厅、省红十字会根据卫生部门误用、滥用红十字标志的具体情况，向各级卫生部门、红十字会、医疗卫生单位发出《关于贯彻实施〈中华人民共和国红十字标志使用办法〉的通知》，提出限期清理滥用红十字标志的要求。

11月6日，省红十字会在南京召开大会，隆重纪念江苏省红十字会成立40周年。

11月19日至22日，省红十字会与省教委在南京联合举办心肺复苏及四项救护技术讲习班。

12月3日至5日，省红十字会在常州召开全省红十字志愿服务工作会议，来自各市、县的80多位代表参加。会上成立了“江苏省红十字志愿工作者工作委员会”，通过了《江苏省红十字志愿工作者管理办法（暂行）》《江苏省红十字志愿工作者工作委员会组织规程（暂行）》及《1997年度全省红十字志愿服务工作计划》。

1997年

1月28日，省红十字会备灾救灾中心竣工并投入使用，同时举行救灾物资发放仪式。

1月28日至30日，省红十字会举办志愿服务工作培训班。

4月21日至22日，省红十字会召开六届三次理事扩大会。

5月8日，江苏省暨徐州市红十字会在徐州联合举办纪念“5·8”世界红十字日活动。

7月29日，中保人寿保险有限公司江苏省分公司向省红十字会捐赠20

万元人民币，吴锡军会长出席捐赠仪式。

8月14日至23日，省红十字会秘书长张立明率领4名高中生赴台湾参加“海峡两岸红十字青少年夏令营”。

8月19日，省红十字会荣获中国红十字会颁发的《红十字会法》和无偿献血知识竞赛先进奖。

8月29日，省红十字会医疗指导会诊服务网络在南京举行成立大会。

9月8日至15日，以盐城市红十字会常务副会长李鸿昌为团长的江苏省红十字会代表团一行6人，考察访问了日本红十字会福冈县支部。

9月16日至17日，省红十字会与省人大常委会教科文委员会、省卫生厅在南京联合举办《红十字会法》《红十字标志使用办法》学习班。

9月25日，中共江苏省委办公厅下发《关于印发江苏省红十字会机关机构改革方案的通知》，批准了江苏省红十字会机关机构改革方案，确定了省红十字会机关的主要工作任务、机构设置、人员编制和领导职数。

10月1日至14日，以秘书长张立明为团长的省红十字会代表团一行8人，访问了荷兰库克市红十字会和德国沃尔姆斯市红十字会。

10月8日至9日，省红十字宣传信息员培训班暨报刊发行会议在南京召开。

10月29日，在全国无偿献血表彰大会上，江苏有14人获金杯奖。

1998年

1月9日至11日，省红十字志愿服务第二次工作会议在苏州召开，70多名红十字会干部和志愿服务工作者代表出席。

1月10日，省红十字会向张家口地震灾区运送价值4万元的300床棉被和250床棉毯。

1月20日，省红十字会在备灾救灾中心举行“扶贫送温暖衣被发运仪式”。

3月5日，省红十字会六届四次理事扩大会议在备灾救灾中心召开。

5月5日，省卫生厅批准江苏省红十字会机关内设机构和职位设置方案。

5月8日，江苏省暨南京市红十字会联合在鼓楼广场举行了“5·8”世界红十字日宣传纪念活动。

6月1日至5日，中国红十字会“备灾救灾及财务管理培训班”在江苏举办。

6月29日，中共江苏省委组织部、江苏省人事厅下发《关于印发〈江苏省红十字会参照国家公务员暂行条例管理的实施办法〉的通知》，批准江苏省红十字会机关人员参照《国家公务员暂行条例》管理。

8月至9月，长江、嫩江、松花江流域发生百年罕见的特大洪水。省红十字会及时通过新闻媒体向社会公布接收救灾捐赠热线电话、地址和账号，共有225个单位的干部职工捐款7013425.8元，捐赠物资价值4728641.99元。

10月7日，省政府办公厅发文，批准省红十字会备灾救灾中心为涉外单位。

10月23日，省人大常委会科教文卫委员会、省红十字会在南京联合召开纪念《红十字会法》颁布实施5周年座谈会。

11月9日至11日，香港红十字会同人对江苏进行工作访问。

11月10日至12日，日本红十字会访华团访问江苏。

11月20日，省红十字会向遭受洪涝袭击的南京、镇江、扬州等地发运价值110多万元的救灾物资。

11月28日至30日，省人大常委会教科文卫委员会检查组，到张家港、昆山两市进行《红十字会法》执法检查。

12月8日，日本福冈县红十字会考察团访问江苏。

12月8日至19日，省红十字会一行9人在陈萍副会长的带领下赴台湾考察。

12月16日至22日，以张立明秘书长为团长的江苏省红十字会代表团对香港红十字会进行友好访问。

12月24日，省红十字会在南京举行'98抗洪救灾暨募捐表彰大会。来自全省红十字会系统的先进集体、先进个人和社会捐赠单位代表，以及捐赠额在5000元以上的个人共600多人出席大会。

1999年

1月27日，省红十字会与团省委联合举办的“希望工程送温暖服务团”在省红十字会备灾救灾中心举行出征仪式。

2月4日，省红十字会制定《1998年度市红十字会目标管理考核标准》，首次对各市红十字会的工作实行目标管理和检查考核。

2月5日，省红十字会组织的春节“送温暖”慰问车队在陈萍副会长的带领下，将价值60多万元的棉被、服装和食品送往苏北贫困地区。

4月25日，省红十字会和香港红十字会、南京市红十字会、南京市脑科医院共同在南京举行“港宁携手送温馨”关怀病人交流活动。

5月8日，省国画院伍霖生、尚君励等20多位书画家在省红十字会备灾救灾中心，向省红十字会捐赠了56幅书画作品。

5月8日，省红十字会组织省红十字医疗单位123名医疗专家和护理人员在南京鼓楼广场为群众开展义诊咨询活动。

6月8日至11日，总会党组书记、副会长王立忠等领导到南京、扬州、无锡等地进行调查研究和工作考察。

6月17日，江苏省政府决定，张连珍副省长担任省红十字备灾救助基金募捐组委会主任。

6月29日至7月1日，省红十字会举办“国际人道主义法”和备灾救灾工作培训班。

7月26日，省红十字会接收卫材（苏州）制药有限公司捐赠的85辆轮椅。

8月28日，艾力斯曼·万仕企业在南京向省红十字会捐赠价值66万元的服装。

9月9日，省红十字会荣获总会报刊发行特别奖。

11月25日至12月4日，以副秘书长徐强为团长的江苏省红十字会代表团一行6人赴德国考察访问。

12月2日，台湾高雄市红十字组织代表团访问江苏。

2000年

3月5日至10日，总会在苏州举办“国际人道法与红十字运动基本知识”传播培训班。

5月，为规范全省的培训工作，省红十字会拟定了《江苏省红十字会初级卫生救护培训规范》。

5月，省红十字会与南京市红十字会联合在南京鼓楼广场开展了一系列纪念世界红十字日活动。

5月24日，《江苏省献血条例》经省九届人大常委会第十六次会议审议通过，并于8月1日起正式实施。

6月28日，省红十字会与省委宣传部等单位发布《关于学习宣传和贯彻实施〈江苏省献血条例〉的通知》，要求各地要广泛开展《条例》的学习宣传活动，并与贯彻实施《献血法》结合起来，采取各种形式，对《条例》进行深入学习和广泛宣传。

10月中旬，省红十字会为夏季曾遭受强龙卷风和洪涝灾害袭击的苏北地区开展募集衣被活动，到12月中旬，共募集衣被42万多件。

10月18日至19日，江苏省红十字报刊工作会议在无锡召开，会议传达了总会报刊工作精神，表彰了报刊发行工作先进单位。

12月1日，苏州与内江两地红十字会签约缔结友好关系，成为东西部地区第一对跨省份城市间红十字会姐妹关系。

本年，省红十字会协助省人大常委会教科文卫委员会对淮阴、泰州两市贯彻执行《红十字会法》情况进行检查。

本年，全省参加各项红十字志愿服务达677838人次，受益107676人次。

本年，为实现总会提出的“两个转变”的要求，省红十字会与省委研究室共同组成调研组，对省内外红十字工作进行调研，并形成专题调研报告。

本年，省红十字会与台湾高雄市红十字组织合作，在南京举办了一期水上救生员培训班，12个市的25名学员参加。

2001年

1月，徐州市段庄第二小学全体少先队员和徐州彭城大学土建系全体同学先后给中国红十字会彭珮云会长写信，倡议捐献骨髓，加快中华骨髓库的建设。

1月18日，省红十字会向内蒙古雪灾灾区捐款4万元人民币，用于救助内蒙古灾民。

2月5日至16日，以徐强副秘书长为团长的省红十字会参观交流团应邀到台湾高雄等地进行参观、交流。

2月26日，省红十字会召开机关各部室负责人会议，传达总会七届二次理事会议精神。

3月7日至9日，省红十字会召开工作会议，提出2001年要继续改革运行机制，以改革促发展，为江苏经济建设和社会发展做出新的贡献。

5月30日，艾欧史密斯（中国）热水器有限公司全体员工通过省红十字会向家境贫困的青少年捐资助学仪式在南京举行。

6月8日，经南京市红十字会4年的努力，南京红十字眼库在南京市第一医院正式挂牌。

6月8日，李岚清副总理视察苏州市红十字中心血站。

6月中旬，省红十字会在备灾救灾中心举办造血干细胞捐献知识学习班。在传达有关会议精神和学习相关知识的同时，着重讨论了江苏开展造血干细胞捐献者资料库建设的工作安排。

7月18日，苏果超市“江苏省红十字会募捐箱”放置仪式在南京城区苏果超市建邺路店举行。

7月29日，全程式描写祖国大陆和香港、台湾红十字组织联手拯救江苏白血病姑娘陈霞的公益图书——《生命20小时》首发式先后在南京、苏州举行。中国红十字会彭珮云会长为该书签发了“爱心卡”。

8月，省红十字会在南京举办了造血干细胞移植知识学习班，12个省辖市红十字会秘书长、专职干部和医院、血站的专业人员，以及省红十字会机关工作人员参加了学习。

9月，省红十字会志愿工作者工作委员会召开第二次会议，会议总结了1996年以来全省志愿服务工作的经验教训，并提出了进一步推进工作的意见。

11月17日，中国红十字会彭珮云会长到江苏省红十字会调研。

本年，徐州市获全国无偿献血先进城市奖，这是江苏唯一获得此项殊荣的城市。

2002年

1月21日，省机构编制委员会发文，正式理顺省红十字会的管理体制。

2月1日，总会在响水县举行“红十字博爱送万家”活动。

2月6日，吴锡军会长、陈萍副会长率工作人员前往省军区，互通情

况，共叙友谊。

1月30日至2月2日，总会副会长孙爱明等在省红十字会和南通、盐城、南京等地红十字会开展工作调研。

3月27日，省红十字会与省卫生厅、省军区后勤部在南京联合召开1999—2001年度全省无偿献血先进表彰电视电话会议。

4月10日至11日，省红十字会在南京召开工作会议，13个省辖市红十字会秘书长和8个省属红十字医疗卫生单位有关人员参加会议。

5月8日，江苏省暨南京市红十字会联合在南京市鼓楼市民广场开展了围绕“为筹建中华骨髓库江苏省分库捐款捐髓、关爱生命”的一系列纪念活动。

5月21日，电信、移动、联通的江苏分公司在南京与省红十字会联合召开了“筹建中华骨髓库江苏省分库开通爱心捐款通信业务新闻发布会”。

6月14日，为帮助筹建中华骨髓库江苏省分库，南京军区老战士书画协会向省红十字会捐赠了208幅书画作品。

6月16日，江苏省人民政府向全省批转了省红十字会制定的《关于进一步加强红十字工作的意见》，该《意见》是进入新世纪后特别是理顺管理体制后江苏省红十字会颁发的重要纲领性文件，为新时期全省的红十字工作指明了方向。

6月19日至21日，中国红十字会社区服务工作研讨会在南京召开。

7月10日，为支持筹建中华骨髓库江苏省分库，江苏省文联、省书协、省美协向省红十字会捐赠了122幅书画作品。

7月21日至22日，省红十字会第七次会员代表大会在南京隆重召开。全国人大常委会副委员长、中国红十字会会长彭珮云为大会题词“弘扬人道精神，发展红十字事业”。大会选举吴锡军继续担任会长。

8月10日至12日，应省红十字会的邀请，以日本友人古川龙树为团长的访问团一行17人访问南京。

9月10日至11日，全省红十字宣传工作会议在镇江市召开。

9月24日，省红十字会在南京市举办造血干细胞捐献管理学习班，有关方面人员30多人参加学习。

10月31日，在省委宣传部、卫生厅、财政厅和有关团体的支持下，中华骨髓库江苏省分库工作委员会成立，标志着江苏省分库建设工作正式启动。

11 月 5 日至 7 日，东南 9 省（市）红十字会工作研讨会在南京召开。

12 月 25 日，省红十字会在备灾救灾中心举行向苏北贫困地区扶贫送温暖物资发运仪式。

12 月 25 日，省红十字会参加省委宣传部、省文明办等组织开展的文化、科技、卫生“三下乡”活动。

2003 年

1 月 18 日，经中国造血干细胞捐献者资料库管理中心和江苏省卫生厅认定批准后，中华骨髓库江苏省分库定点在江苏省人民医院和苏州市中心血站的 HLA 组织配型实验室正式挂牌。

2 月 10 日，中共江苏省委宣传部、省红十字会联合向各市委宣传部、各市红十字会和省有关部门及单位发出《关于加强全省红十字会宣传工作的通知》。

2 月 14 日，省红十字会召开七届二次常务理事会议，副省长张连珍到会做重要讲话。

3 月 3 日至 5 日，省红十字会工作会议在徐州市召开。

3 月 24 日，吴锡军会长，刘洪祺、周加才副会长等视察南京市红十字会工作。

3 月 31 日，省红十字会、省文联、省作协联合召开“支持中华骨髓库建设”江苏文学艺术家座谈会。

4 月 9 日，张桃林副省长听取了吴锡军会长等的工作汇报，在充分肯定成绩的同时，就如何认识和加强新时期红十字会工作做了重要讲话。

4 月 28 日，省红十字会紧急启动救灾应急工作程序，并向全省各级红十字会发出《关于积极参与防治“传染性非典型肺炎”工作的通知》，要求各级红十字会组织要充分认识防治“传染性非典型肺炎”工作的重要性和紧迫性，要紧紧围绕保护人的生命和健康的主导思想，积极协助政府和卫生部门开展防治工作。

5 月 8 日，江苏移动向省红十字会捐赠了 30 万元款物（15 万元人民币、15 万元手机充值卡），其中现金直接用于“抗非”工作，充值卡由省红十字会转交给奋战在“抗非”一线的医护工作者，以方便他们的工作和与亲人的沟通联系。

5月14日，省红十字会在备灾救灾中心向抗击“非典”一线的南京市第二人民医院和省直医院、鼓楼医院发放价值33.85万元的捐赠物资。

5月29日，新加坡金鹰国际集团主席、著名华商陈江和先生向省红十字会捐赠500万元支持江苏抗击“非典”，这是“抗非”工作中省红十字会接收的数目最大的一笔捐款。

7月7日，省红十字会召开办公会，号召全省红十字组织和广大会员积极投入抗洪救灾工作中。

7月13日至15日，在总会有关领导陪同下，红十字会与红新月会国际联合会官员赴盱眙、泗洪、金湖等洪涝重灾区考察灾情。

7月24日，省红十字会在省军区的大力支持下，将164万多元的救灾物资运往洪涝灾区。截至8月1日，省红十字会共接收捐赠款物3061965元，其中捐款1321088元，捐物价值1740877元。

8月23日至25日，总会联络部李立东、香港特别行政区红十字会刘兵在省红十字会秘书长张立明陪同下，到沭阳灾区了解灾情，慰问灾民。

9月3日，省红十字会与省民政厅转发了总会、民政部《关于开展社区红十字服务工作的通知》和《关于开展全国社区红十字服务示范活动的意见》，并提出各市红十字会要在参与社区服务工作的基础上，积极开展争创“全国社区红十字服务示范市（区）活动”等贯彻意见。

9月22日至23日，江苏省红十字宣传与报刊工作会议在盐城市召开。

9月26日，艾欧史密斯（中国）热水器有限公司向省红十字会捐款61万元人民币的捐赠仪式在备灾救灾中心举行。

10月16日，由省红十字会、爱德基金会共同实施的扶贫养羊项目在睢宁县邱集镇正式启动。

10月31日，省红十字会、省人大常委会教科文卫委员会、省政协社会法制委员会、省司法厅、省政府法制办组织干部群众收听收看了《红十字会法》颁布施行10周年电视电话会议。

12月11日至14日，中国红十字会彭珮云会长视察南京、徐州、扬州等地红十字会工作。

12月12日至15日，中国红十字会对外交往与合作培训班在镇江市举办。

2004年

1月9日，省红十字会召开顾问组会议，吴锡军会长，刘洪祺、周加才常务副会长等参加。

1月12日，中国红十字会秘书长苏菊香、事业发展部部长蓝军等到江苏举行“博爱送万家”活动。此次活动，省红十字会共筹集了420多万元物资，受益人数达138700多人。

1月14日，中共江苏省委发文，决定成立中共江苏省红十字会党组。

1月14日，省红十字会举行已捐献造血干细胞志愿者联谊会，吴锡军会长给10位志愿者颁发博爱勋章。

2月9日，省红十字会全体人员在备灾救灾中心开会，吴锡军会长宣布省委决定：成立中共江苏省红十字会党组，张立明同志任党组书记。

2月20日，省红十字会向王湛副省长汇报工作，王湛副省长听取汇报后做了重要指示。

3月10日，省红十字会在鼓楼广场举办“中国红十字会成立100周年”大型纪念活动，省政协副主席林玉英参加广场活动和纪念封发放仪式，并到备灾救灾中心视察省红十字会工作。

3月17日上午，省红十字会七届二次理事会议在南京召开，王湛副省长、吴锡军会长出席会议并做重要讲话。会议听取、审议并原则通过常务理事会工作报告，增补张立明同志为省红十字会副会长，增补马嘉梁等9位同志为理事，聘请黄翠玉同志为省红十字会七届理事会顾问。

4月15日，张立明副会长列席省十届人大常委会第九次会议，审议《江苏省实施〈中华人民共和国红十字会法〉办法》，刘洪祺常务副会长、徐强副秘书长参加小组讨论。

4月18日，为纪念中国红十字会成立100周年，省红十字会向社会宣布要为困难群体做10件实事。

4月开始，省红十字会面向社会公开征选“爱心大使”，各地群众踊跃投票参评，根据公众评选情况确定了8名“爱心大使”，他们中有省民营企业家张近东、奥运冠军葛菲、电视节目主持人孟非和省首位女性捐献骨髓志愿者戚熙娟等人。

4月18日至25日，德国红十字会勃莱登堡州分会会长托马斯·白若特先生一行5人到江苏访问，省红十字会会长吴锡军、省政府副秘书长朱步楼、南京市副市长许仲梓、南通市红十字会会长李炎、苏州市红十字会会长周大炎等先后会见了托马斯·白若特会长一行。

5月8日，江苏省和南京市红十字会联合开展纪念“5·8世界红十字日”大型活动。王湛副省长一行前往鼓楼广场看望、慰问了参加活动的人员。

6月17日，省十届人大常委会第十次会议通过《江苏省实施〈中华人民共和国红十字会法〉办法》。

6月18日，省红十字会党组书记、副会长张立明率领由部分地区红十字会代表共18人组成的“江苏省红十字会赴西藏学习考察团”，对西藏自治区红十字会进行工作考察和交流，并出席了向西藏自治区红十字会捐赠救灾指挥车仪式。

6月28日，为纪念中国共产党诞生83周年，省红十字会在南京举行慰问响水、滨海、阜宁3县革命老区新中国成立前入党老同志活动的出发仪式。

7月至8月，上海、北京、四川、江西、云南等省、市红十字会相继组团，到江苏参观、学习社区红十字服务、救护培训、备灾救灾等方面的工作经验。

7月28日，省人大常委会、省政府及省红十字会举行《江苏省实施〈中华人民共和国红十字会法〉办法》新闻发布会。

8月17日，省红十字会、省文明办、扬子晚报社在备灾救灾中心举行江苏省红十字会“爱心大使”荣誉称号授予仪式。

8月27日，为纪念中国红十字会成立100周年，省文联、省书协、省美协和省红十字会联合举办“江苏省著名书画家捐赠作品展览”。

9月7日，省红十字会会长吴锡军、常务副会长周加才等会见了美国加利福尼亚州阿拉米达市红十字会主席吉姆·弗米兹一行，双方介绍了各自红会的情况，表示今后将建立友好关系。

9月8日，第20个教师节即将到来之际，省红十字会党组书记、副会长张立明在灌云县慰问当地100名特困教师。

9月11日至13日，总会彩票公益金使用绩效评估专家组一行6人到江苏开展工作。

9月28日，省红十字会到南京秦淮区慰问老人，赠送40张轮椅及慰问物资，张立明副会长和南京市、秦淮区红十字会负责同志共同参加活动。

10月9日至11日，全省红十字宣传工作会议在徐州市召开。

10月15至21日，省红十字会常务副会长周加才赴香港、澳门，与有关企业界人士协商为红十字人道事业捐款事宜，共募得捐款折合人民币315万元。

10月18日至19日，全省红十字社区服务现场交流会议在无锡市召开，省民政厅副厅长侯学元、省红十字会副会长刘洪祺参加会议。

10月20日，省红十字会张立明副会长等赴京参加全国无偿献血表彰大会，江苏有42人、22人、109人分别获无偿献血金、银、铜奖，2个单位和3位个人分别获无偿献血促进奖。

10月27日，中国红十字会第八次全国会员代表大会在京开幕。江苏红十字会吴锡军、刘洪祺、张立明等18位代表出席大会。

11月7日，湖北省红十字会考察团一行7人到省红十字会参观。

11月8日至20日，徐强副秘书长率省红十字会考察团一行8人赴美访问。

11月25日至28日，全省红十字会领导干部培训班在南京举办。

11月25日至30日，省红十字会接待了日本红十字会代表团。

12月12日至19日，以常务副会长周加才为团长的省红十字会代表团一行6人赴台湾，与台湾红十字组织进行了友好交流，商谈了合作意向。

12月14日至15日，总会宣传工作座谈会在苏州召开。

12月20日，省红十字会“博爱送万家”扶贫送温暖活动出发仪式在备灾救灾中心举行，吴锡军会长等出席仪式。

12月22日，副省长王湛等一行5人到省红十字会调研。

12月26日，东南亚地区发生强烈地震，引起大海啸，造成泰国、印度尼西亚、孟加拉国、斯里兰卡等国家伤亡数十万人，省红十字会主动与总会联系募捐事宜。

12月31日，省红十字会参加省委宣传部、省文明办在东海县温泉镇举行的“三下乡”集中活动启动仪式，张立明副会长代表省红十字会向连云港市捐赠50万元款物。

2004年12月至2005年3月，为援助印度洋海啸灾区，江苏各界民众踊跃捐款献爱心。全省各级红十字会认真开展捐款接收工作，共接收捐款3000多万元，其中省红十字会直接接收捐款400多万元。

主要参考文献

一、文献资料

中国红十字会总会编：《红十字手册》，辽宁科学技术出版社，1988。

江苏省红十字会编：《江苏省红十字会五届二次理事会议文件汇编》，1992。

江苏省红十字会编：《江苏省红十字会五届三次理事扩大会议文件汇编》，1993。

国务院法制局、中国红十字会总会编：《中华人民共和国红十字会法使用手册》，中国友谊出版公司，1994。

张应忠主编：《苏州卫生志》，江苏科学技术出版社，1995。

江苏省红十字会编：《江苏省红十字会六届二次理事（扩大）会议文件汇编》，1996。

江苏省红十字会编：《团结奋斗　再创辉煌——纪念江苏省红十字会成立四十周年》，1996。

江苏省红十字会编：《江苏省红十字会六届四次理事（扩大）会议文件汇编》，1998。

朱君辑、李纯华主编：《江苏省志·卫生志》，江苏人民出版社，1999。

江苏省地方志编纂委员会编：《江苏省志·民政志》，方志出版社，2002。

江苏省红十字会编：《红十字工作法律、法规、文件选编（1993—2002）》，2002。

新华月报社编:《中华人民共和国大事记(1949—2004)》,人民出版社,2004。

中国红十字会总会编:《中国红十字会历史资料选编,1950—2004》,民族出版社,2005。

江苏省红十字会编:《江苏省红十字会第七届理事会第三次会议文件汇编》,2005。

《中国红十字年鉴》编辑部编:《中国红十字年鉴·2004/2005(创刊号)》,台海出版社,2006。

《中国红十字年鉴》编辑部编:《中国红十字年鉴·2005/2006》,台海出版社,2007。

江苏省红十字会编:《江苏省红十字志愿服务工作会议文件汇编》,2007。

江苏省红十字会、苏州市红十字会档案。

《人民日报》 《光明日报》 《中国红十字报》 《江苏红十字》

《健康报》 《中国红十字》 《博爱》 《新华日报》

《南京日报》 《苏州日报》

二、学术专著

中共江苏省委党史工作委员会、江苏省经济体制改革委员会编:《江苏改革开放纪事(1979—1988)》,中共党史出版社,1990。

尤德新编著:《闪光的红十字》,湖北科学技术出版社,1992。

徐州市红十字会编:《徐州市红十字会简史》,1993。

杨达源:《自然灾害学》,测绘出版社,1993。

中国红十字会总会编:《中国红十字会的九十年》,中国友谊出版公司,1994。

孙敬敏编纂:《北京市红十字会的六十五年(1928—1993)》,文津出版社,1995。

曲折主编:《中国红十字事业》,广东经济出版社,1999。

刘定汉主编:《当代江苏简史》,当代中国出版社,1999。

袁惠章、田永波主编:《红十字理论与实践》,上海医科大学出版社,2000。

袁惠章、叶家宪主编:《红十字会现代管理简明教程》，上海医科大学出版社，2000。

赵辉主编:《天津红十字会九十年》，天津人民出版社，2001。

江苏省红十字会编著:《江苏红十字运动八十八年（1911—1999)》，东南大学出版社，2001。

凌航主编:《跨世纪的中国民政事业·江苏卷》，中国社会出版社，2002。

牛其厚:《献血与健康》，人民军医出版社，2003。

孙柏秋主编，池子华、杨国堂等:《百年红十字》，安徽人民出版社，2003。

池子华:《红十字与近代中国》，安徽人民出版社，2004。

彭珮云:《奋进中的红十字事业》，社会科学文献出版社，2004。

王立忠、江亦曼、孙隆椿主编:《中国红十字会百年》，新华出版社，2004。

王永作:《江苏经济发展研究》，中国农业出版社，2004。

乔春洋:《品牌文化》，中山大学出版社，2005。

池子华、郝如一主编:《中国红十字历史编年（1904—2004)》，安徽人民出版社，2005。

龙方:《中国“三农”问题研究的新思维》，中国农业出版社，2005。

易学明:《无偿献血与输血知识问答》，第二军医大学出版社，2005。

周秋光、曾桂林:《中国慈善简史》，人民出版社，2006。

张立明主编:《大爱无声——江苏省捐献造血干细胞工作纪实》，江苏科学技术出版社，2007。

中国红十字会总会编:《博爱中国——来自博爱论坛的声音》，中央广播电视大学出版社，2008。

池子华、郝如一等:《近代江苏红十字运动研究（1904—1949)》，安徽人民出版社，2007。

郝如一、池子华主编:《〈红十字运动研究〉2007年卷》，安徽人民出版社，2007。

郝如一、池子华主编:《苏州红十字会志》，安徽人民出版社，2008。

郝如一、池子华主编:《〈红十字运动研究〉2008年卷》，安徽人民出版社，2008。

杨红星：《挫折后的振起：1966—2004》，安徽人民出版社，2009。

吴佩华：《中国红十字外交，1949—2009》，合肥工业大学出版社，2012。

张立明：《红十字人道事业：改革与发展管见》，合肥工业大学出版社，2013。

池子华总主编，徐国普：《中国红十字运动通史（1904—2014）》第2卷，合肥工业大学出版社，2018。

池子华总主编，杨红星：《中国红十字运动通史（1904—2014）》第3卷，合肥工业大学出版社，2018。

池子华总主编，郭进萍：《中国红十字运动通史（1904—2014）》第5卷，合肥工业大学出版社，2018。

三、研究论文

冯颖平：《关于捐髓献血的话题》，《观察与思考》1999年第11期。

覃有土、张加文：《公民义务献血与无偿献血的法律思考》，《法商研究》2002年第1期。

金锦春：《心肺复苏术现场急救要义》，《上海消防》2002年第7期。

周启梁：《走出“血荒”——中国血库忧思录》，《知识经济》2003年第1期。

郭远远、何志扬：《从“非典”事件谈政府危机管理》，《湖北广播电视大学学报》2003年第3期。

胡力进：《我国捐髓者征募工作中存在的问题和对策》，《中国健康教育》2004年第9期。

杨红星：《抗击“非典”战役中中国红十字会慈善行动简论》，《文化学刊》2007年第6期。

林丽峰：《心肺复苏院前急救成功率的影响因素探讨》，《当代护士》2008年第8期。

杨红星、池子华：《近年来中国红十字运动研究综述》，《河北大学学报》（哲学社会科学版）2009年第3期。